AUFBAU BIBLIOTHEK

Casanova – der größte Dandy des Ancien Régime, ein Don Juan, der wirklich gelebt hat – so lautet der zweihundert Jahre alte Casanova-Mythos. Am Ende seines Lebens (Casanova wurde 1725 in Venedig geboren und starb 1798) verfaßte der faszinierende Abenteurer im böhmischen Dux jene Lebenserinnerungen, die durch ihre schonungslose Offenheit in der europäischen Literatur ihresgleichen suchen.

Er frönte den Sinnenfreuden wie kaum ein anderer: er liebte die Frauen, das Essen und das Reisen. Phantasievoll schlug sich der Lebenskünstler in den verschiedensten Berufen durch, seine Abenteuer führten ihn von Italien bis England, von Spanien über Frankreich und Deutschland bis nach Rußland – ein weltmännischer Libertin, der sich bei Hofe ebenso zu Hause fühlte wie im philosophischen Gespräch mit den großen Denkern seiner Zeit.

Diese neue fünfbändige Auswahl zeigt die Höhepunkte seines facettenreichen Lebens und damit die Quintessenz der europäischen Gesellschaft vor der Französischen Revolution.

In Venedig aufgewachsen, erhält Casanova dort die niederen Weihen, vertauscht jedoch bald die Kutte mit dem Soldatenrock. Er reist nach Konstantinopel. Wenig später quittiert er den Dienst und macht sich auf den Weg, der ihn 1750 nach Paris führen wird. Gewandt bewegt er sich in der guten und weniger guten Pariser Gesellschaft. Am Hof Ludwigs XV. begegnet er Madame Pompadour. Der Rückweg nach Venedig führt Casanova über Dresden und Wien. Zu seinen ersten zärtlichen Bekanntschaften zählen die raffinierte Bettina, die Schwestern Nannetta und Martina und der Kastrat Bellino. In Cesena trifft er seine erste große Liebe, die geheimnisvolle Henriette.

Giacomo Casanova

GESCHICHTE MEINES LEBENS I

Auf der Grundlage der von B. und G. Albrecht herausgegebenen Ausgabe ausgewählt und mit einem Nachwort versehen von Johanna von Koppenfels

Aus dem Französischen von Heinrich Conrad

Aufbau Taschenbuch Verlag

Titel der Originalausgabe
Histoire de ma vie

ISBN 3-7466-6028-9 (I–V)

1. Auflage 1998
Aufbau Taschenbuch Verlag GmbH, Berlin

Umschlaggestaltung Torsten Lemme
nach einem Gestaltungskonzept von Andreas Heilmann,
freigestellt nach einem Kupferstich von J. Berka, AKG Berlin
Druck Ebner Ulm
Printed in Germany

INHALT

Nicolaus Sombart

SCHULE DER ZÄRTLICHKEIT

Der Glücksritter Giacomo Casanova

Ich las Casanovas Memoiren zum ersten Mal mit fünfzehn: zehn zitronengelbe, flexible Leinenbändchen standen in einem kleinen weißen Schleiflackregal, zum übrigen Mobiliar passend, im Schlafzimmer meiner Mutter, abgestützt von einem Eisvogel in Kopenhagener Porzellan. Ich habe mir nie Gedanken gemacht, wie das offenbar eher als Dekorationsstück denn für die Nachtlektüre gedachte bibliophile Schmuckstück an diesen Platz gekommen ist, nur so viel war mir klar, daß es nicht für mich bestimmt war. So entnahm ich heimlich einen Band nach dem anderen, damit niemand bemerken konnte, daß er fehlte.

Ich hatte natürlich schon längst von Casanova gehört und las seine Memoiren, wie man es in dem Alter tut, auf »Stellen« (so hatten wir es auch mit der Bibel gehalten). Sehr schnell entdeckte ich, daß die Passagen zwischen den »Stellen« bei weitem interessanter waren. »Was liest du denn da?« fragte mein Mathematiklehrer, der mich bei meiner unerlaubten Lektüre erwischt hatte, und nahm mir den kleinen gelben Band aus der Hand. »Ich sehe, Schweinereien.« – »Nein«, sagte ich, »europäische Kulturgeschichte.« Das machte ihm Eindruck. Er gab mir das Buch zurück und lies mich weiterlesen. So habe ich immer wieder Casanova gegen seinen schlechten Ruf in Schutz nehmen müssen.

Casanovas Memoiren muß man lesen als den Erfahrungsbericht einer Lebensreise, deren Sinn es war, die gesellschaftlichen Möglichkeiten zu erkunden, die einem freien, autonomen Individuum gegeben sind, sich selbst zu verwirklichen. Im Zeitalter, in dem sich eine feudale Standesgesellschaft zu einer offenen Gesellschaft freier Individuen wandelt, gehörte er zu jenen Grenzgängern und klassenlosen Gesellen, die nicht auf ihre Herkunft, sondern ihr Genie zählten, um sich einen Platz an der Spitze zu erobern. Er war das, was man einen Abenteurer nannte, ein im

18. Jahrhundert gängiger Sozialtypus, die Präfiguration des modernen bürgerlichen Subjekts: amoralisch, hedonistisch, berechnend, risikobewußt, selbstreferentiell, mit einem Wort: souveränanarchistisch. Er fürchtete weder Gott noch Teufel und folgte seinem guten Stern. Er wußte, wie sich »Verdienst und Glück verketten«. Zwischen Fortuna und virtu setzte er auf die Chancen, die Fortuna ihm bot. Er war, wie man sagt, ein Glücksritter, ein »chevalier d'industrie«.

Seine Reisen durch das Europa des 18. Jahrhunderts sind für uns eine unerschöpfliche und unerläßliche Quelle zum Studium dieser Epoche. Von Lissabon bis Konstantinopel, von London bis Neapel, im Zentrum Venedig, das damals der unbestrittene Mittelpunkt des europäischen Kulturkreises war, kein Machtzentrum mehr, aber der Sitz aller ästhetischen Maßstäbe, aller Geheimnisse der Lebenskunst, der Inbegriff aller Raffinessen einer urbanen Zivilisation, wie es sie vielleicht nie wieder gegeben hat. Casanova war Venezianer. Als Venezianer konnte er, wo immer er sich befand, Verhältnisse, die er vorfand, von oben sehen als einer, der mehr wußte von der Gesellschaft und vom Leben als alle anderen. Er war der ideale Beobachter. Sein venezianisches Superioritätsgefühl verbunden mit der Sensibilität dessen, der seinen Weg als Fremder unter Fremden sucht, schärfte seinen Blick und machte ihn empfänglich für die feinen Unterschiede.

Casanova war ein Mann, der die Frauen liebte und den die Frauen liebten, nicht wegen seiner virilen Potenz, sondern seines Einfühlungsvermögens und seiner Zärtlichkeit. Er ist kein Don Juan, der auf seinem Wege Opfer zurückläßt. Seine amourösen Abenteuer sind für den, der sie liest, eine Schule der Zärtlichkeit. Er verführt die Frauen, um ihnen zu Gefallen zu sein. Nein, sie verführen ihn, und er läßt sich verführen. Das Liebesspiel ist für ihn nie der Schauplatz eines Machtkampfes. Er ist kein Machtmensch, er ist Erotiker. Bei den Affären, die er kunstvoll inszeniert oder, die Gelegenheit am Schopfe packend, improvisiert, geht es ihm immer um den gemeinsamen Lustgewinn. Sein Ehrgeiz ist es, schöne Erinnerungen zu hinterlassen – und mitzunehmen. Ohne Frauen wäre das Leben für ihn nicht lebenswert gewesen. Aber sie waren für ihn kein Lebenszweck, sie waren für ihn die unerläßliche Voraussetzung einer absoluten Glückserfahrung, die er immer wiederholen mußte, um sich des letzten Sinnes des Lebens zu vergewissern.

Was ihn reizte, war die Herausforderung des Unbekannten, die Entdeckung des Neuen. Er sah sich als Erfinder, der mit seiner Ingeniosität dazu beitragen konnte, die Welt zu verbessern. Es gehört zu seiner Biographie, daß er nicht nur der Verfasser unzähliger technischer und wissenschaftlicher Projekte war, sondern auch einen vielbändigen utopischen Roman geschrieben hat.

Wie er Frauen jeden Alters und jeden Standes lieben konnte und beglückte, konnte der Klassen- und Standeslose sich mit jedermann gemein machen, ob Schankwirt, Schuster, Cagliostro oder gekröntes Haupt. Er suchte ganz selbstverständlich den Zugang zu den Mächtigen, weil es nur die Mächtigen waren, die seine Pläne verwirklichen konnten. Seine idealen Ansprechpartner waren die Könige – denen er sich ebenbürtig fühlte. Sein Traum wäre es gewesen, der Vertraute und Berater eines Königs zu sein. Das war die Rolle, für die er bestimmt war. Er war der vollendete Cortegiano, was nicht heißen soll Höfling, sondern »Mann von Welt« auf der höchsten sozialen Stufe. Es war Casanova nicht vergönnt, seinen Traum zu verwirklichen, »conseiller du Prince« zu sein. Gott sei Dank gab es die Erfolge bei Frauen, die Erinnerungen an sie, um die Mißerfolge bei den Fürsten wettzumachen.

Das Leben als Glücksspiel, in der ständigen Hoffnung zu gewinnen, mit dem ständigen Risiko, die Partie zu verlieren! Casanova hat seine Memoiren verfaßt als Lebensbilanz mit dem traurigen Ergebnis, sich eingestehen zu müssen, daß er am Spieltisch des Lebens, trotz aller Gewinne, die er dankbar in Empfang genommen hatte, letztlich als Verlierer saß. So wurde für ihn das Alter, das er unter demütigenden Bedingungen als Bibliothekar eines böhmischen Magnaten verbrachte, eine lange Qual. Er hätte es anders verdient.

VORREDE

Nequicquam sapit qui sibi non sapit
[Wer sich nicht selber kennt, weiß gar nichts][1]

Vor allen Dingen erkläre ich meinem Leser, daß ich überzeugt bin, bei allem, was ich im Laufe meines Lebens Gutes oder Böses getan habe, für den guten oder bösen Ausgang selber verantwortlich zu sein. Es folgt daraus, daß ich an die Freiheit des Willens glaube.

Der denkende Leser wird aus diesen meinen Erinnerungen ersehen, daß ich niemals ein bestimmtes Ziel im Auge gehabt habe und daß das einzige System, das ich hatte – wenn es überhaupt eines ist –, darin bestand, mich von Wind und Wellen treiben zu lassen. Welche Wechselfälle entstehen aus dieser Unabhängigkeit von einer bestimmten Methode! Was mir auch immer an Erfolg und Mißerfolg, was mir an Gutem und Bösem zuteil wurde: alles hat mir gezeigt, daß in der physischen wie in der moralischen Welt das Gute stets aus dem Bösen und das Böse stets aus dem Guten entsteht. Meine Abwege zeigen den denkenden Lesern die rechten Wege; sie können auch aus meinen Verirrungen die große Kunst lernen, wie man sich über dem Abgrund in der Schwebe erhält. Es kommt nur darauf an, Mut zu haben; denn Kraft oder Selbstvertrauen führt zu nichts. Sehr oft sah ich das Glück mir lächeln infolge eines unbesonnenen Schrittes, der mich in den Abgrund hätte stürzen müssen; dann dankte ich Gott, aber ich vergaß darüber nicht, mich selber zu tadeln. Im Gegenteil sah ich aber auch ein niederschmetterndes Unglück aus einem weisen und maßvollen Verhalten hervorgehen. Dies demütigte mich; aber ich tröstete mich leicht darüber, weil ich gewiß war, daß ich recht gehabt hatte.

Die göttlichen Grundsätze, die in meinem Herzen wurzelten, mußten notwendigerweise die Frucht einer ausgezeichneten Moral hervorbringen; trotzdem bin ich mein ganzes Leben lang das Opfer meiner Sinne gewesen. Ich gefiel mir darin, vom rechten Wege abzugehen, ich lebte beständig im Irrtum und hatte dabei nur den Trost, zu wissen, daß ich im Irrtum war. Darum hoffe ich, lieber Leser, du wirst meiner Geschichte nicht den Charakter unverschämter Überhebung beimessen, sondern im Gegenteil darin den Ton finden, der einer Generalbeichte geziemt. Du wirst in meinen Erzählungen weder eine Büßermiene finden noch die Verlegenheit eines Sünders, der errötend seine Verirrungen bekennt. Es sind Jugendtorheiten; du wirst sehen, daß ich darüber lache, und wenn du gut bist, so wirst du mit mir lachen.

Meine Geschichte muß mit der entferntesten Begebenheit beginnen, die mein Gedächtnis mir darbieten kann; sie beginnt daher mit dem Alter von acht Jahren und vier Monaten. Vor dieser Zeit habe ich, wenn wirklich *vivere cogitare est* [Leben ist denken][2] noch nicht gelebt; ich vegetierte. Da das Denken des Menschen nur in einem vergleichenden Prüfen verschiedener Beziehungen besteht, so kann es unmöglich vorhanden sein, bevor es ein Gedächtnis gibt. Das Organ dafür entwickelte sich in meinem Kopf erst acht Jahre und vier Monate nach meiner Geburt; in diesem Augenblick erlangte mein Geist zuerst die Fähigkeit, Eindrücke aufzunehmen. Wie eine immaterielle Substanz, die *nec tangere nec tangi* [weder berühren noch berührt werden][3] kann, imstande ist, Eindrücke zu empfangen, das ist etwas, was der Mensch nicht erklären kann.

Eine tröstende Philosophie behauptet, im Einklang mit der Religion, die Abhängigkeit der Seele von Sinnen und Organen sei nur zufällig und vorübergehend; sie werde frei und glücklich sein, wenn der Tod des Körpers sie aus dieser sklavischen Abhängigkeit erlöst habe. Das ist sehr schön, aber – abgesehen von der Religion – welche Gewähr haben wir? Da ich also aus eigenem Augenschein die vollkommene Gewißheit der Unsterblichkeit erst dann erlangen kann, wenn ich nicht mehr lebe, so wird man mir verzeihen, daß ich es nicht sehr eilig habe, zur Erkenntnis dieser Wahrheit zu gelangen; denn eine Erkenntnis, die das Leben kostet, scheint mir zu teuer bezahlt zu sein. Einstweilen verehre ich Gott, hüte mich vor jeder ungerechten Handlung und verabscheue die Bösewichte, ohne ihnen jedoch Böses zuzufügen. Es genügt mir, wenn ich mich enthalte, ihnen Gutes zu tun; ich bin überzeugt: Schlangen soll man nicht füttern.

Auch über mein Temperament und über meinen Charakter muß ich einiges sagen. Möge der Leser recht nachsichtig sein; das wird weder seiner Redlichkeit noch seiner Verständigkeit Abbruch tun.

Ich habe nach und nach alle Temperamente gehabt: in meiner Kindheit war ich phlegmatisch, in meiner Jugend sanguinisch; später wurde ich cholerisch und endlich melancholisch, und das werde ich wahrscheinlich bleiben. Indem ich meine Nahrung meiner Leibesbeschaffenheit anpaßte, habe ich mich stets einer guten Gesundheit erfreut. Schon frühzeitig lernte ich, daß jede Schädigung der Gesundheit stets von einem Übermaß in der Ernährung oder in der Enthaltsamkeit herrührt. Darum habe ich niemals einen anderen Arzt gehabt als mich selber. Bei dieser Gelegenheit muß ich sagen, daß ich das Übermaß in der Enthaltsamkeit viel gefährlicher gefunden habe als das Übermaß im anderen Sinne; wohl führt dieses zur Überladung, ersteres aber führt zum Tod.

Heutzutage in meinem hohen Alter brauche ich trotz meines vorzüglichen Magens nur eine einzige Mahlzeit täglich; aber für diese Entbehrung früherer Genüsse entschädigt mich ein süßer Schlaf und die Leichtigkeit, womit ich meine Gedanken schriftlich ausdrücken kann, ohne Paradoxe oder Sophismen zu bedürfen, durch die ich mehr mich selber als meine Leser betrügen würde; denn niemals könnte ich mich entschließen, wissentlich ihnen falsche Münze zu geben.

Mein sanguinisches Temperament machte mich sehr empfänglich für die Lockungen der Sinnlichkeit; ich war stets fröhlich und immer geneigt, von einem Genusse zu einem neuen überzugehen; dabei war ich zugleich sehr erfinderisch im Ersinnen neuer Genüsse. Daher stammt ohne Zweifel meine Neigung, neue Bekanntschaften anzuknüpfen, und meine große Geschicklichkeit, solche wieder abzubrechen; doch geschah dieses stets mit voller Überlegung und niemals aus bloßer Leichtfertigkeit. Temperamentsfehler sind unverbesserlich, weil das Temperament nicht von unseren Kräften abhängt. Etwas anderes ist es mit dem Charakter. Diesen bilden Geist und Herz; das Temperament hat fast gar nichts damit zu tun. Darum hängt der Charakter von der Erziehung ab und läßt sich folglich bessern und formen.

Ich überlasse anderen die Entscheidung, ob mein Charakter gut oder schlecht ist; aber so, wie er ist, malt er sich in meinen Zügen, und jeder Kenner kann ihn leicht danach beurteilen. Nur in den Gesichtszügen des Menschen stellt sich ein Charakter dem Blicke dar; in ihnen hat er seinen Sitz. Man beachte, daß die Menschen, die keinen Gesichtsausdruck haben – und deren gibt es gar viele –, ebensowenig haben, was man Charakter nennt.

Wir können daraus die Regel ableiten, daß es ebenso viele verschiedene Physiognomien gibt wie verschiedene Charaktere.

Ich habe eingesehen, daß ich mein Leben lang mehr nach der Eingebung meines Gefühls als aus Überlegung gehandelt habe; ich glaube daraus folgern zu dürfen, daß mein Verhalten mehr von meinem Charakter als von meinem Verstande abhängig gewesen ist. Mein Verstand und mein Charakter liegen beständig im Krieg miteinander, und bei ihren fortwährenden Zusammenstößen habe ich stets gefunden, daß ich nicht Verstand genug für meinen Charakter und nicht Charakter genug für meinen Verstand besaß. Doch genug davon! Denn wenn das Wort wahr ist: *si brevis esse volo, obscurus fio* [wenn ich kurz sein will, werde ich dunkel][4] so glaube ich, ich kann ohne Unbescheidenheit die Worte meines geliebten Virgil auf mich anwenden: *Nec sum adeo informis: nuper me in litore vidi / Cum placidum ventis staret mare* [Auch nicht bin ich so schlecht von Gestalt; mich sah ich am Ufer / Jüngst, da des Meers Windstille mir spiegelte][5]

Der Kultus der Sinneslust war mir immer die Hauptsache: niemals hat es für mich etwas Wichtigeres gegeben. Ich fühlte mich immer für das andere Geschlecht geboren; daher habe ich es immer geliebt und mich von ihm lieben lassen, soviel ich nur konnte. Auch die Freuden der Tafel habe ich leidenschaftlich geliebt, und ich habe mich für alles begeistert, was meine Neugier erregte.

Ich habe Freunde gehabt, die mir Gutes getan haben, und ich hatte das Glück, ihnen bei jeder Gelegenheit Beweise meiner Dankbarkeit geben zu können. Ich habe auch abscheuliche Feinde gehabt, die mich verfolgt haben und die ich nicht vernichtet habe, weil es nicht in meiner Macht stand, dies zu tun. Ich hätte ihnen niemals verziehen, wenn ich nicht das Böse vergessen hätte, das sie mir angetan haben. Wer eine Beleidigung vergißt, vergibt sie darum noch nicht; denn um vergeben zu können, muß man heroisches Gefühl, ein edles Herz, einen großmütigen Sinn haben; das Vergessen dagegen beruht auf Gedächtnisschwäche oder auf sanftmütiger Nachlässigkeit, der eine friedfertige Seele sich so gerne hingibt; oft auch auf einem Bedürfnis nach Ruhe und Frieden. Denn der Haß tötet mit der Zeit den Unglücklichen, der ihn groß werden läßt.

Wenn man mich sinnlich nennt, so tut man mir unrecht; denn meiner Sinne wegen habe ich niemals Pflichten vernachlässigt, sooft ich deren hatte. Aus demselben Grunde hätte man niemals

Homer einen Trinker nennen dürfen: *laudibus arguitur vini vinosus Homerus* [weil er den Wein gelobt, gilt als Weintrinker Homer][6].

Ich liebte alle scharfgewürzten Speisen: Makkaronipastete von einem guten neapolitanischen Koch, die *olla potrida*[7] der Spanier, recht klebrigen Neufundländer Stockfisch, Wildbret im höchsten Stadium des Duftes und von Käse gerade diejenigen Sorten, deren Vollendung sich dadurch zeigt, daß die Tierchen, die sich in ihnen bilden, sichtbar werden. Süß fand ich stets den Geruch der Frauen, die ich geliebt habe, und je stärker eine roch, um so süßer schien sie mir.

Was für ein verderbter Geschmack! wird man sagen; welche Schamlosigkeit, ihn ohne Erröten einzugestehen! Diese Kritik macht mich lachen; denn ich glaube, dank meinem derben Geschmack glücklicher zu sein als andere Menschen; ich bin überzeugt, daß er mich genußfähiger macht. Glücklich, wer sich Genüsse zu verschaffen weiß, ohne anderen zu schaden! Töricht, wer sich einbildet, das Höchste Wesen könnte Wohlgefallen daran finden, daß ihm zum Opfer Schmerzen, Qualen und Entbehrungen geweiht werden, und Es liebe nur die Überschwenglichen, die sich dergleichen auferlegen.

Ich erhebe Anspruch auf die Freundschaft, die Achtung und die Dankbarkeit meiner Leser. Auf ihre Dankbarkeit: wenn das Lesen meiner Erinnerungen sie belehrt und ihnen Vergnügen macht. Auf ihre Achtung: wenn sie mir Gerechtigkeit widerfahren lassen und mich reicher an guten Eigenschaften als an Fehlern finden. Auf ihre Freundschaft: wenn sie mich dieser würdig finden wegen des Freimutes und des Vertrauens, womit ich mich ohne Verkleidung, ganz wie ich bin, ihrem Urteil überliefere.

Sie werden finden, daß ich stets die Wahrheit so leidenschaftlich geliebt habe, daß ich oft zunächst gelogen habe, um Menschen, die ihre Reize nicht ahnten, mit der Wahrheit bekannt zu machen. Sie werden mich nicht verurteilen, wenn sie mich die Börse meiner Freunde leeren sehen, um meine Launen zu befriedigen; denn diese Freunde trugen sich mit chimärischen Plänen, und indem ich ihnen Hoffnung auf deren Erfüllung machte, hoffte ich selber, sie von ihrer Torheit zu heilen, indem ich sie sich erkennen ließ. Ich betrog sie, um sie zur Vernunft zu bringen, und ich hielt mich nicht für schuldig; denn ich handelte nicht aus Habsucht. Die Summen, die ich benutzte, um mir meine Vergnügungen zu verschaffen, waren zu Zwecken bestimmt, die von Natur unmöglich sind. Ich würde mich schuldig fühlen, wenn ich heute reich wäre. Aber ich habe nichts; ich habe alles verschwendet; und dies tröstet mich und rechtfertigt mich. Es war Geld, das zu Torheiten bestimmt war. Ich habe es seiner Bestimmung nicht entfremdet, indem ich es für meine eigenen Torheiten verwandte.

Sollte ich mich in meiner Hoffnung getäuscht haben und dem Leser nicht gefallen, so gestehe ich: dies würde mir leid tun; aber doch nicht so sehr, um mich bereuen zu lassen, meine Lebensgeschichte niedergeschrieben zu haben; denn trotz alledem bleibt es dabei, daß mir dies Spaß gemacht hat. Grausame Langeweile! Nur aus Versehen können die Schilderer der Höllenstrafen dich übergangen haben!

Man wird in diesen Erinnerungen nicht alle meine Abenteuer finden; ich habe diejenigen ausgelassen, die den daran beteiligten Personen hätten mißfallen können, denn sie würden eine schlechte Figur dabei spielen. Trotz dieser Zurückhaltung wird man mich bisweilen nur allzu indiskret finden; das tut mir leid. Wenn ich vor meinem Tode noch vernünftig werde und die Zeit dazu finde, werde ich alles verbrennen; jetzt habe ich nicht den Mut dazu.

Sollte man bisweilen finden, daß ich gewisse Liebesszenen zu sehr im einzelnen ausmale, so tadle man mich doch nicht; es sei denn, daß man mich für einen schlechten Maler hält. Denn man darf doch meiner alten Seele keinen Vorwurf daraus machen, daß sie nur noch in der Erinnerung genießen kann. Übrigens können tugendhafte Gemüter alle jene Schilderungen überschlagen, durch die sie sich verletzt fühlen könnten; diesen Rat glaube ich hier geben zu müssen. Wenn jemand meine Vorrede nicht liest, um so schlimmer für ihn! Ich werde dann keine Schuld tragen; denn jeder muß wissen, daß eine Vorrede für ein Werk dasselbe bedeutet wie der Theaterzettel für eine Komödie: man muß sie lesen.

Ich habe diese Erinnerungen nicht für die Jugend geschrieben; denn diese muß in der Unwissenheit erhalten werden, damit sie nicht zu Fall komme. Ich schrieb sie für solche, die durch das Leben der Verführung unzugänglich geworden sind, gleichsam wie der Salamander dadurch, daß er im Feuer lebt, feuerfest wird[8]. Da die wahren Tugenden nur Gewohnheiten sind, so erkühne ich mich zu sagen: wahrhaft tugendhaft ist nur, wer Tugend übt, ohne daß es ihm die geringste Mühe macht. Solchen ist jede Unduldsamkeit fremd, und für sie habe ich geschrieben.

ERSTES KAPITEL

Casanovas Mutter Zanetta reist mit einer Schauspieltruppe durch Europa. Währenddessen wächst Casanova bei seiner Großmutter Marzia auf.

Kommen wir jetzt zum Beginn meiner Existenz als denkendes Wesen.

Das Organ des Gedächtnisses entwickelte sich bei mir Anfang August 1733; ich war also damals acht Jahre und vier Monate alt. Ich habe nicht die geringste Erinnerung an Ereignisse, die vor dieser Zeit liegen. Meine erste Erinnerung betrifft folgendes:

Ich stand in der Ecke eines Zimmers gegen die Wand gebeugt; meinen Kopf hielt ich in den Händen und blickte unverwandt auf das Blut, das mir in Strömen aus der Nase floß und auf die Erde rann.

Meine Großmutter Marzia, deren Liebling ich war, kam zu mir heran, wusch mir das Gesicht mit kaltem Wasser, ließ mich, ohne daß im Hause jemand etwas davon merkte, mit sich in eine Gondel steigen und führte mich nach der sehr volkreichen Insel Murano, die nur eine halbe Stunde von Venedig liegt.

Hier stiegen wir aus und gingen in eine Spelunke, wo wir ein altes Weib fanden, das mit einem schwarzen Kater in den Armen auf einem schmutzigen Bett saß und noch fünf oder sechs Katzen um sich hatte. Es war eine Hexe. Die beiden alten Frauen hatten ein langes Gespräch miteinander, das wahrscheinlich mich betraf. Zum Schluß dieser Zwiesprache, die in Friauler Mundart[1] gehalten wurde, bekam die alte Hexe von meiner Großmutter einen Silberdukaten. Sie öffnete eine Kiste, nahm mich auf die Arme, legte mich hinein und schloß den Deckel, indem sie mir sagte, ich solle keine Angst haben. Diese Bemerkung wäre nun gerade genug gewesen, um mir Angst zu machen, wenn ich überhaupt irgendwelche Denkkraft besessen hätte; aber ich war ganz betäubt. Ich lag ruhig in einer Ecke zusammengekauert, hielt mir das Taschentuch unter die Nase, weil ich immer noch blutete, und kümmerte mich übrigens nicht im geringsten um den Lärm, den ich draußen machen hörte. Ich hörte abwechselnd lachen, weinen, singen, schreien und an die Kiste klopfen; mir war das alles gleichgültig. Endlich holte sie mich aus der Kiste hervor, mein Blut war gestillt. Das sonderbare Weib machte mir hundert Liebkosungen, entkleidete mich, legte mich auf das Bett, verbrannte Kräuter, fing den Rauch davon mit einem Tuch auf, wickelte mich in dieses ein, machte Beschwörungen, wickelte mich darauf wieder aus und gab mir fünf sehr angenehm schmeckende Zuckerplätzchen. Gleich darauf rieb sie mir Schläfen und Nacken mit einer lieblich duftenden Salbe ein, und dann kleidete sie mich wieder an. Sie sagte mir, meine Blutungen würden ganz allmählich aufhören; nur dürfte ich niemandem erzählen, was sie gemacht hätte, um mich zu heilen; sie drohte mir, ich würde all mein Blut verlieren und sterben, wenn ich es wagte, zu irgendeinem Menschen von ihren Geheimnissen zu sprechen. Nachdem sie mir dies alles eingeprägt hatte, sagte sie noch, eine reizende Dame würde mir nächste Nacht einen Besuch machen und von dieser würde mein Glück abhängen, wenn ich nur soviel Willenskraft hätte, niemandem von diesem Besuch zu erzählen. Hierauf nahmen wir Abschied und kehrten nach Hause zurück.

Kaum lag ich im Bett, so schlief ich ein, ohne wieder an den schönen Besuch zu denken, der mir bevorstand; aber als ich einige Stunden später aufwachte, sah ich – oder glaubte wenigstens, sie zu sehen – eine blendend schöne Frau, die aus dem Kamin kam. Sie war im Reitrock, trug ein prachtvolles Kleid und hatte auf dem Kopf eine mit Edelsteinen besetzte Krone, von der – wie es mir vorkam – Funken sprühten. Sie kam langsamen Schrittes mit majestätischer und sanfter Miene auf mein Bett zu und setzte sich auf dieses; dann zog sie aus ihrer Tasche kleine Büchschen, die sie über meinen Kopf ausleerte, wobei sie Worte flüsterte. Nachdem sie mir eine lange Ansprache gehalten hatte, von der ich nichts verstand, küßte sie mich und verschwand auf demselben Wege, auf dem sie gekommen war. Hierauf schlief ich wieder ein.

Am anderen Morgen kam meine Großmutter mich ankleiden; kaum an mein Bett getreten, sagte sie, ich müsse unbedingt schweigen; ich sei des Todes, wenn ich über das von mir in der

Nacht Gesehene zu sprechen wage. Diese Rede aus dem Munde der einzigen Frau, die auf mich einen unbeschränkten Einfluß hatte und die mich gewöhnt hatte, allen ihren Befehlen blindlings zu gehorchen, bewirkte, daß ich mich der Erscheinung wieder erinnerte und daß ich sie unter Siegel im geheimsten Winkel meines eben erwachenden Gedächtnisses aufbewahrte. Übrigens fühlte ich mich gar nicht versucht, das Begebnis irgendeinem Menschen zu erzählen; zunächst weil ich nicht wußte, was man überhaupt daran interessant finden könnte, dann aber auch, weil ich niemand kannte, an den ich mich mit meiner Erzählung hätte wenden können; denn da meine Krankheit mich trübsinnig und nicht im geringsten unterhaltend machte, so bedauerten mich alle Leute und ließen mich in Ruhe; man glaubte, ich würde nicht lange leben, und meine Eltern sprachen niemals ein Wort mit mir.

Nach der Reise nach Murano und dem nächtlichen Besuch der Fee blutete ich zwar noch, aber die Blutungen wurden von Tag zu Tag geringer, und allmählich entwickelte sich mein Gedächtnis. In weniger als einem Monat lernte ich lesen.

Ohne Zweifel wäre es lächerlich, meine Heilung diesem tollen Zauber zuzuschreiben; ich glaube aber auch, daß man unrecht hätte, wollte man rundweg leugnen, daß er vielleicht dazu beigetragen hat. Die Erscheinung der schönen Königin habe ich immer für einen Traum gehalten – wenn es nicht etwa ein zu meinem Besten veranstalteter Mummenschanz war; die Heilmittel für die schwersten Krankheiten sind ja nicht immer in Apotheken zu finden. Tagtäglich beweist irgendein Phänomen uns unsere Unwissenheit, und ich glaube, dies ist der Grund, warum wir so selten einen Gelehrten finden, dessen Geist von jedem Aberglauben frei ist. Ganz gewiß hat es auf dieser Welt niemals Hexen und Hexenmeister gegeben; aber ebenso unleugbar haben zu allen Zeiten Leute an Betrüger geglaubt, die das Talent besaßen, als Zauberer aufzutreten: *somnio nocturnos lemures portentaque Thessalia rides* [Im Traum lachst du über Nachtgespenster und thessalische Ungeheuer][2].

An meinem neunten Geburtstag, dem 2. April 1734, nach dem Nachtessen zwei Stunden vor Mitternacht, brachte man mich in einem Burchiello[3] auf dem Brentakanal nach Padua. Der Burchiello kann für ein kleines schwimmendes Haus gelten. Es befindet sich darauf ein Saal mit einem Kabinett am oberen und unteren Ende, und für die Dienerschaft ist Unterkunft am Bug und am Stern des Fahrzeugs vorhanden; die Form des Saales ist ein Rechteck; er ist mit Glasfenstern und Holzläden versehen, und darüber befindet sich noch ein Sitzdeck. Die Dauer der Reise beträgt acht Stunden. Abbate Grimani, Signor Baffo und meine Mutter begleiteten mich; ich schlief mit meiner Mutter im Saal, und die beiden Freunde verbrachten die Nacht in einem der beiden Kabinette. Mit Tagesanbruch stand meine Mutter auf und öffnete ein Fenster gegenüber dem Bett; die Strahlen der aufgehenden Sonne trafen mein Gesicht, so daß ich die Augen aufschlug. Das Bett war so niedrig, daß ich das Land nicht sehen konnte; ich sah durch das Fenster nur die Wipfel der Bäume, die den Fluß umsäumen. Die Barke bewegte sich, aber so gleichmäßig und ruhig, daß ich davon nichts merkte; es überraschte mich daher aufs höchste, daß ein Baum nach dem anderen meinen Blicken entschwand. »Oh, liebe Mutter !« rief ich, »was ist denn das? Die Bäume laufen ja!« Im selben Augenblick traten die beiden Signori ein und fragten mich, als sie mein verdutztes Gesicht sahen, woran ich denn dächte. »Woher kommt es«, wiederholte ich, »daß die Bäume laufen?«

Sie lachten; meine Mutter aber stieß einen Seufzer aus und sagte ganz traurig: »Das Schiff bewegt sich, und nicht die Bäume. Zieh dich an!« Ich begriff, dank meiner erwachenden, sich immer mehr entwickelnden und noch gar nicht voreingenommenen Vernunft, sofort den Grund der Erscheinung. »Dann ist es also möglich«, sagte ich zu meiner Mutter, »daß auch die Sonne sich nicht bewegt und daß im Gegenteil unsere Erde von Westen nach Osten rollt.« Meine gute Mutter entsetzte sich über diesen Unsinn, Abbate Grimani beklagte meine Dummheit, und ich stand da ganz verdutzt, traurig und dem Weinen nahe. Signor Baffo brachte mich wieder zu mir! Er schloß mich in seine Arme, küßte mich zärtlich und sagte: »Du hast recht, mein Kind; die Sonne bewegt sich nicht, sei getrost! Brauche immer deine Vernunft, und laß die Leute lachen!«

Wir kamen frühzeitig in Padua an und gingen zu Ottaviani, der uns sofort nach dem Hause führte, wo ich in Kost gegeben werden sollte. Es gehörte einer alten Slawonierin, die den ersten Stock an Signora Mida, die Frau eines slawonischen Obersten, vermietet hatte. Man öffnete vor ihr mein Köfferchen und gab ihr ein Verzeichnis des gesamten Inhalts; hierauf zählte man ihr sechs Zechinen auf, womit Kost und Wohnung für mich auf ein halbes

Jahr bezahlt waren. Für diese geringe Summe sollte sie mich beköstigen, meine Wäsche sauberhalten und mir Schulunterricht geben lassen. Man ließ sie reden, es sei nicht genug; man umarmte mich, befahl mir, immer ihren Befehlen recht artig nachzukommen, und ließ mich in dem Hause. So entledigte man sich meiner.

Sobald ich mit der Slawonierin allein war, führte sie mich auf den Dachboden, wo sie mir mein Bett zeigte, das in einer Reihe mit vier anderen stand; von diesen waren drei für drei Knaben meines Alters bestimmt, die in diesem Augenblick in der Schule waren; das vierte gehörte der Magd, die den Auftrag hatte, unsere Gebete zu überwachen und aufzupassen, daß wir uns nicht den üblichen Schülerausschweifungen hingäben. Nach diesem Besuch gingen wir wieder hinunter, und sie führte mich in den Garten; dort könnte ich bis zum Mittagessen spazierengehen, sagte sie.

Ich war weder glücklich noch unglücklich; ich sagte kein Wort. Ich empfand gar nichts, weder Furcht noch Hoffnung noch Neugier; ich war weder lustig noch traurig. Anstößig war mir nur das Gesicht der Hausherrin; denn obwohl ich keinen bestimmten Begriff von Schönheit oder Häßlichkeit hatte, so stieß mich doch alles an ihr ab: ihr Gesicht, der Ausdruck ihrer Miene, ihr Ton und ihre Sprache. Ihre männlichen Gesichtszüge brachten mich jedesmal in Verwirrung, sooft ich sie ansah, um zu hören, was sie mir sagte. Sie war groß und breit wie ein Soldat; sie hatte eine gelbe Hautfarbe, schwarze Haare, lange dichte Augenbrauen, und ihr Kinn war mit etlichen langen Barthaaren geschmückt. Um dies Bildnis zu vervollständigen, will ich noch erwähnen, daß ein häßlicher, von Runzeln durchfurchter, halbentblößter Busen ihr bis zur Hälfte ihres langen Oberkörpers herabhing; sie mochte etwa fünfzig Jahre alt sein. Die Magd war eine dicke Bäuerin, die für alle Verrichtungen angenommen war, und der sogenannte Garten war ein Viereck von dreißig mal vierzig Schritt, an dem nichts Angenehmes war außer der grünen Farbe. Gegen Mittag sah ich meine drei Kameraden ankommen, die mir, wie wenn wir alte Bekannte gewesen waren, sehr viel erzählten; sie setzten bei mir Vorkenntnisse voraus, die ich nicht besaß. Ich antwortete ihnen nicht, aber dadurch ließen sie sich nicht aus der Fassung bringen; schließlich nötigten sie mich, an ihren unschuldigen Vergnügungen teilzuhaben. Es handelte sich um Wettlaufen, Huckepackreiten, Kobolzschießen, und ich ließ mich in alle diese Wunder recht gern einweihen, bis wir zum Essen gerufen wurden. Ich setzte mich zu Tisch; als ich aber einen Holzlöffel vor mir sah, stieß ich diesen zurück und verlangte mein silbernes Besteck, das ich sehr liebte, weil es ein Geschenk meiner guten Großmutter war. Die Magd antwortete mir, die Hausfrau wolle, daß wir alle gleich seien, und ich müsse mich dem Brauch fügen; dies tat ich denn auch, obwohl es mir mißfiel; ich schickte mich darein und begann wie die anderen, die Suppe aus der Schüssel zu löffeln, ohne mich über die Schnelligkeit zu beklagen, womit meine Kameraden aßen, doch nicht ohne mich zu wundern, daß so etwas erlaubt sei.

Nach der sehr schlechten Suppe bekamen wir eine kleine Portion gedörrten Stockfisch, hierauf einen Apfel, und damit war das Mittagessen zu Ende; wir befanden uns in der Fastenzeit. Wir hatten keine Gläser oder Becher, sondern tranken alle aus demselben irdenen Krug ein elendes Getränk, das man Graspia nennt; es wird zubereitet, indem man Weinbeerenstiele in Wasser kocht. Das Essen überraschte mich, denn ich wußte nicht, ob es mir erlaubt war, es schlecht zu finden.

Nach Tisch führte mich die Magd in die Schule zu einem jungen Priester namens Doktor Gozzi; mit ihm hatte die Slawonierin verabredet, ihm monatlich vierzig Soldi zu bezahlen, das ist der elfte Teil einer Zechine.

Da ich erst schreiben lernen mußte, wurde ich zu den fünf- bis sechsjährigen Kindern gesetzt, die sich sofort über mich lustig machten.

Wieder ins Haus meiner Slawonierin zurückgekehrt, erhielt ich mein Abendessen, das natürlich noch schlechter war als die Mittagsmahlzeit. Ich war erstaunt, daß es mir nicht erlaubt war, mich darüber zu beklagen. Man legte mich in ein Bett, wo ich wegen des Ungeziefers, der genugsam bekannten drei Arten, kein Auge zutun konnte. Außerdem jagten die Ratten, die überall herumliefen und auf mein Bett sprangen, mir eine Angst ein, daß mir das Blut in den Adern erstarrte. In dieser Nacht empfand ich zum ersten Mal, was Unglück ist, und lernte es mit Geduld ertragen.

Die Insekten, die mich verzehrten, verminderten die Angst, die ich vor den Ratten hatte; und zum Ausgleich machte mich die Angst weniger empfindlich gegen die Bisse. Meiner Seele kam dieser Widerstreit meiner Leiden zustatten. Die Magd war völlig taub gegen mein Geschrei.

Sobald der Tag zu grauen begann, verließ ich mein trauriges Lager, und nachdem ich mich bei dem Mädchen ein bißchen über alle die ausgestandenen Leiden beklagt hatte, verlangte ich von ihr ein Hemd, denn das meinige war ekelhaft anzusehen. Sie antwortete mir aber, das Hemd werde nur sonntags gewechselt, und lachte mich aus, als ich ihr drohte, ich wurde mich bei der Hausfrau beklagen.

Zum ersten Mal in meinem Leben weinte ich vor Kummer und Zorn, als ich meine Kameraden mich verspotten hörte; die Unglücklichen waren in derselben Lage wie ich, aber sie waren daran gewöhnt. Damit ist alles gesagt.

Von Traurigkeit niedergeschmettert, schlief ich in der Schule den ganzen Vormittag. Einer meiner Kameraden sagte dem Doktor den Grund hierfür, aber nur in der Absicht, mich lächerlich zu machen. Der junge Priester aber, den ohne Zweifel die Vorsehung für mich ausgesucht hatte, ließ mich in sein Kabinett kommen. Nachdem er alles angehört und sich mit eigenen Augen von der Wahrheit meiner Erzählung überzeugt hatte, wurde er ganz bewegt, als er die Beulen sah, von denen meine unschuldige Haut bedeckt war. Schnell legte er seinen Mantel an, führte mich nach meiner Pension und zeigte der Lästrygonin[4], in welchem Zustand ich mich befand. Diese spielte die Erstaunte und schob alle Schuld auf die Magd. Sie mußte jedoch dem dringenden Wunsche des Priesters nachgeben, ihm mein Bett zu zeigen; da war ich denn nicht weniger erstaunt als er, als ich sah, wie schmutzig die Tücher waren, in denen ich die schreckliche Nacht verbracht hatte. Das verdammte Weib gab immer noch der Magd die Schuld und erklärte, sie werde sie aus dem Hause jagen; diese aber, die in demselben Augenblick dazukam, wollte sich den Tadel nicht gefallen lassen und sagte ihr gerade ins Gesicht, sie habe selber schuld; und indem sie gleichzeitig die Betten der anderen Knaben aufdeckte, konnten wir uns überzeugen, daß sie nicht besser dran waren als ich. Wütend gab ihre Herrin ihr sofort eine Ohrfeige; die Magd aber wollte diese nicht auf sich sitzen lassen, gab ihr eine noch kräftigere wieder und ergriff die Flucht. Der Doktor ließ mich bei der Alten und ging, indem er ihr sagte, er würde mich nicht eher wieder in seine Schule aufnehmen, als bis ich ebenso sauber wäre wie die anderen Schüler. Ich mußte nun kräftige Schelte über mich ergehen lassen, die in die Drohung ausklang, sie würde mich aus dem Hause werfen, wenn ich ihr noch einmal eine derartige Schererei bereitete.

ZWEITES KAPITEL

Casanova wohnt nun im Hause seines Lehrers, Doktor Gozzi. Gemeinsam mit ihm fährt er nach Venedig, um dort seine Mutter zu besuchen, die kurz darauf nach St. Petersburg abreisen wird. Im Haus lebt außerdem Bettina, die 13jährige Schwester Gozzis, die von Casanovas Mutter ein Geschenk erhalten hat.

Als wir wieder in Padua waren, sprach mein guter Lehrer drei oder vier Monate lang tagtäglich und bei jeder Gelegenheit immerzu von meiner Mutter. Bettina, die in dem Paket fünf Ellen schwarze Glanzseide und zwölf Paar Handschuhe gefunden hatte, faßte eine große Neigung zu mir und nahm sich mit solcher Sorgfalt meiner Haare an, daß ich nach sechs Monaten meine Perücke ablegen konnte. Jeden Tag kam sie zu mir, um mich zu kämmen, und oft geschah dies, ehe ich noch aufgestanden war; sie sagte, sie habe keine Zeit, so lange zu warten, bis ich aufgestanden sei. Sie wusch mir Gesicht, Hals, Brust; sie erwies mir kindliche Liebkosungen, die ich für unschuldig erachtete und die mich gegen mich selber aufbrachten, weil sie mich aufregten. Da ich drei Jahre jünger war als sie, so schien mir, sie könne sich wohl gar nichts dabei denken, wenn sie mich liebkoste, und es ärgerte mich, daß ich mir etwas dabei dachte. Wenn sie, auf meinem Bette sitzend, mir sagte, ich nähme zu, und sich mit ihren Händen davon überzeugte, so regte sie mich sehr heftig auf; ich ließ sie aber ruhig gewähren, weil ich befürchtete, sie könnte meine Erregung bemerken. Und wenn sie mir sagte, ich hätte eine zarte Haut, und mich dabei kitzelte, mußte ich mich zurückbeugen; dann ärgerte ich mich über mich selber, daß ich's nicht wagte, es mit ihr ebenso zu machen, zugleich aber freute ich mich, daß sie nicht merkte, wie große Lust ich dazu hatte. Wenn ich angezogen war, gab sie mir die süßesten Küsse und nannte mich ihr liebes Kind; so große Lust ich aber auch hatte, ihrem Beispiel zu folgen, so wagte ich es doch nicht. Als dann jedoch später Bettina sich über meine Schüchternheit lustig machte, faßte ich Mut und gab ihr ihre Küsse noch kräftiger zurück; doch hörte ich stets auf, sobald ich die Lust verspürte, weiter zu gehen. Ich drehte den Kopf zur Seite, als ob ich irgend etwas suchte, und sie entfernte sich. Sobald sie zur Tür hinaus war, war ich in Verzweiflung darüber, daß ich nicht meinem Naturtrieb gefolgt war. Ich war erstaunt, daß Bettina, ohne sich aufzuregen, alles mit mir machen konnte, wozu sie Lust hatte, während es mich die größte Mühe kostete, nicht weiter zu gehen, und ich nahm mir jedesmal vor, von nun an solle es anders werden.

Zu Anfang des Herbstes bekam der Doktor drei neue Pfleglinge; einer von diesen, namens Candiani, der fünfzehn Jahre alt war, schien mir in weniger als einem Monat mit Bettina auf sehr gutem Fuß zu stehen.

Diese Wahrnehmung erweckte in mir ein Gefühl, wovon ich bis dahin keinen Begriff gehabt hatte und dessen Wesen ich auch erst mehrere Jahre später mir klarmachte. Es war weder Eifersucht noch Entrüstung, sondern eine edle Verachtung, die ich nicht glaubte unterdrücken zu dürfen, denn Candiani war unwissend, ungeschliffen, geistlos, unerzogen, der Sohn eines gewöhnlichen Bauern und in keiner Weise imstande, einen Vergleich mit mir auszuhalten; denn er hatte vor mir weiter nichts voraus, als daß er schon in mannbarem Alter war; er schien mir nicht danach angetan, mir vorgezogen zu werden; mein erwachendes Selbstgefühl sagte mir, daß ich besser sei als er. Ein Gefühl von Stolz, mit Verachtung gemischt, erhob sich in mir gegen Bettina, die ich liebte, ohne es zu wissen. Sie merkte es an der Art und Weise, wie ich ihre Liebkosungen aufnahm, wenn sie mich in meinem Bett frisierte: ich stieß ihre Hand zurück und antwortete nicht mehr auf ihre Küsse. Eines Tages fragte sie mich, warum ich denn gegen sie so sei; es ärgerte sie, daß ich keinen Grund angeben wollte, und sie sagte mir mit einer Miene, wie wenn ich ihr leid täte: ich sei eifersüchtig auf Candiani. Dieser Vorwurf erschien mir als eine erniedrigende Verleumdung; ich antwortete ihr: meiner Meinung nach sei Candiani ihrer würdig wie sie seiner! Sie ging lächelnd hinaus; aber indem sie nachdachte, wie sie sich rächen könnte, fand sie, daß dies nur geschehen könnte, indem sie mich eifersüchtig machte.

Diesen Zweck konnte sie freilich nicht erreichen, ohne mich verliebt zu machen. Das fing sie folgendermaßen an:

Eines Morgens kam sie an mein Bett und brachte mir ein Paar weiße Strümpfe, die sie für mich gestrickt hatte. Nachdem sie mein Haar in Ordnung gebracht hatte, sagte sie, sie müsse mir die Strümpfe selber anpassen, um zu sehen, was daran verkehrt sei, und um sich bei den anderen, die sie mir noch machen wollte, danach zu richten. Der Doktor war ausgegangen, um seine Messe zu lesen. Während sie mir die Strümpfe anzog, sagte sie, meine Beine seien unsauber, und ohne mich erst um Erlaubnis zu fragen, fing sie sofort an, sie zu waschen. Ich hätte mich geschämt, ihr irgendwelche Scham zu zeigen; darum ließ ich sie gewähren, zumal da ich nicht voraussah, was noch kommen sollte. Auf meinem Bett sitzend, trieb Bettina ihren Reinlichkeitseifer zu weit, und ihre Neugier verursachte mir solche Wollust, daß diese nicht eher aufhörte, als bis sie nicht weiter gehen konnte. Nachdem ich wieder ruhig geworden war, fühlte ich mich als den schuldigen Teil und hielt mich für verpflichtet, sie um Verzeihung zu bitten. Dies hatte sie nicht erwartet; sie dachte einen Augenblick nach und sagte mir dann in gütigem Ton, sie selber habe schuld, aber es solle nicht wieder vorkommen. Hierauf ging sie und überließ mich meinen Gedanken.

Diese waren bitter! Ich bildete mir ein, ich hätte sie entehrt, hätte das Vertrauen ihrer Familie getäuscht, die heiligen Gesetze der Gastfreundschaft verletzt, mit einem Wort: ich hätte ein furchtbares Verbrechen begangen, das ich nur dadurch wiedergutmachen könnte, daß ich sie heiratete – das heißt, wenn Bettina sich überhaupt entschließen könnte, einen ihrer unwürdigen schamlosen Menschen zum Gatten zu nehmen.

Diesen Betrachtungen folgte eine düstre Traurigkeit, die von Tag zu Tag schlimmer wurde, da Bettina überhaupt nicht mehr zu mir ans Bett kam. Während der ersten acht Tage erschien die Zurückhaltung des Mädchens mir vernünftig, und meine Traurigkeit hätte bald den Charakter einer idealen Liebe angenommen, wenn nicht ihr Verhalten Candiani gegenüber in meine Seele das Gift der Eifersucht geträufelt hätte, obgleich ich nicht im entferntesten daran dachte, sie könne etwa mit ihm dieselbe Sünde begangen haben wie mit mir.

Aus gewissen Gründen nahm ich an, Bettina hätte damals wohl gewußt, was sie tat, und käme nur deshalb nicht wieder, weil sie es jetzt bereute. Dies schmeichelte meiner Eitelkeit; denn nun nahm ich an, sie sei in mich verliebt. In diesen falschen Ideen befangen, entschloß ich mich, sie brieflich zu ermutigen.

Ich entwarf ein Briefchen; es war nur kurz, genügte aber, um sie zu beruhigen, falls sie sich schuldig fühlte oder falls sie mir etwa andere Gefühle zutraute, als ihr Selbstbewußtsein sie verlangen mußte. Mein Brief schien mir ein Meisterwerk zu sein und mehr als hinreichend, um zu bewirken, daß sie mich anbetete und mir den Vorzug vor Candiani gäbe, der nach meiner Meinung kaum der Mensch war, sie nur einen Augenblick in der Wahl zwischen ihm und mir schwanken zu lassen. Eine halbe Stunde nach Empfang des Briefes antwortete sie mir mündlich, sie würde am nächsten Morgen wieder wie früher in mein Zimmer kommen. Aber ich erwartete sie vergeblich. Ich war empört darüber, wie groß aber war mein Erstaunen, als sie bei Tisch mich fragte, ob ich mich nicht von ihr als Mädchen verkleiden lassen wollte, um den Ball zu besuchen, den einer unserer Nachbarn, der Arzt Olivo, fünf oder sechs Tage später zu geben gedachte! Da alle Anwesenden diesen Vorschlag vortrefflich fanden, so willigte ich ein. Ich erblickte hierin eine günstige Gelegenheit, eine Aussprache zu haben, uns gegenseitig zu rechtfertigen und wieder vertraute Freunde zu werden, ohne daß wir eine Überraschung infolge fleischlicher Schwachheit befürchten müßten. Aber nun kam etwas dazwischen, und es entwickelte sich eine richtige Tragikomödie.

Ein alter, wohlhabender Pate des Doktors, der auf dem Lande wohnte, glaubte nämlich nach langer Krankheit dem Ende nahe zu sein und schickte ihm einen Wagen mit der Bitte, er und sein Vater möchten unverzüglich zu ihm kommen, damit sie bei seinem Tode zugegen wären und seine Seele Gott empfahlen. Der alte Schuster leerte zunächst eine Flasche, zog dann seinen Sonntagsrock an und machte sich mit seinem Sohne auf den Weg. Diese Gelegenheit schien mir günstig, und ich gedachte sie auszunützen, zumal da es für meine Ungeduld bis zum Ballabend noch viel zu lange hin war. Es gelang mir, Bettina zu sagen, ich würde die Tür meines Zimmers nach dem Korridor zu offenlassen, und ich erwartete sie, sobald alle anderen zu Bett wären. Sie antwortete, sie werde bestimmt kommen. Sie schlief im Erdgeschoß in einer Kammer, die nur durch eine einfache Scheidewand von der Schlafkammer ihres Vaters getrennt war.

Der Doktor war verreist; ich schlief also allein im großen Zimmer. Die drei Pensionäre hatten einen Saal, der für sich lag; ich hatte also kein Hindernis zu befürchten, und ich war entzückt, daß endlich der ersehnte Augenblick da war.

Kaum war ich in meinem Zimmer, so schob ich den Riegel vor und öffnete die nach dem Korridor führende Tür, so daß Bettina sie nur aufzustoßen brauchte, um eintreten zu können. Dann löschte ich mein Licht, zog mich aber nicht aus.

Wenn man in einem Roman derartige Situationen beschrieben findet, scheinen sie einem übertrieben. Aber das ist nicht der Fall, und Ariostos Beschreibung von Ruggiero[1], wie er auf Alcina wartet, ist ein schönes Bildnis nach der Natur.

Ich wartete bis Mitternacht, ohne mich zu beunruhigen. Als ich aber die zweite, die dritte, die vierte Morgenstunde verstreichen sah, ohne daß Bettina erschien, da erhitzte sich mein Blut, und ich wurde wütend. Der Schnee fiel in dicken Flocken, aber ich litt noch mehr von meinem Zorn als von der Kälte. Eine Stunde vor Tagesanbruch konnte ich meine Ungeduld nicht mehr bemeistern; ich entschloß mich, ohne Schuhe hinunterzugehen, um den Hund nicht aufzuwecken, und mich unten auf die Treppe zu setzen, die nur vier Schritt von Bettinas Tür entfernt war. Wäre Bettina nicht in ihrer Kammer gewesen, so hätte diese Tür offen sein müssen. Ich ging auf die Tür zu und fand sie geschlossen; und da sie nur von innen verschließbar war, so dachte ich mir, Bettina müsse eingeschlafen sein. Ich wollte anklopfen, tat es aber nicht, weil ich fürchtete, der Hund könnte aufwachen. Von dieser Tür bis zu Bettinas Kammertür waren noch zehn bis zwölf Schritte. Von Kummer erdrückt und nicht wissend, wozu ich mich entschließen sollte, setzte ich mich auf die unterste Treppenstufe; kurz vor Tagesanbruch aber war ich so niedergeschlagen, so erstarrt und vor Kälte schlotternd, daß ich mich entschloß, wieder in mein Zimmer zu gehen; ich fürchtete auch, die Magd könnte mich auf der Treppe finden und denken, ich wäre verrückt geworden. Ich stand auf; im selben Augenblick hörte ich ein Geräusch in Bettinas Zimmer. Nun war ich sicher, daß sie kommen würde, die Hoffnung gab mir neue Kräfte, ich eilte auf die Tür zu, sie öffnete sich. Aber statt daß Bettina herauskommt, sehe ich Candiani, der mir einen so furchtbaren Fußtritt vor den Bauch gibt, daß ich weit zur Tür hinausfliege und draußen im Schnee liege. Ohne sich bei mir aufzuhalten, läuft Candiani weg und schließt sich in den Saal ein, den er gemeinsam mit seinen Kameraden, den beiden aus Feltre, bewohnt.

Schnell springe ich auf, um mich sofort an Bettina zu rächen, die in diesem Augenblick nichts vor meiner Wut hätte retten können. Ich finde ihre Tür verschlossen und versuche sie mit einem kräftigen Fußtritt zu sprengen. Der Hund fängt an zu bellen, und ich laufe schnell die Treppe hinauf in mein Zimmer, wo ich mich einschließe und zu Bett gehe, um Leib und Seele wieder warm zu bekommen; denn ich war mehr als tot.

Betrogen, erniedrigt, mißhandelt, ein Gegenstand der Verachtung für einen glücklichen, triumphierenden Candiani, so verbrachte ich drei Stunden damit, den schwärzesten Racheplänen nachzuhängen. Sie alle beide zu vergiften schien mir in diesem furchtbaren und unglücklichen Augenblick sehr milde zu sein. Diesen Plan ließ ich fallen und ging zu einem anderen über, der ebenso unbesonnen wie niederträchtig war: ich wollte sofort mich aufmachen, um ihrem Bruder alles zu hinterbringen. Ich war erst zwölf Jahre alt, mein Geist hatte noch nicht gelernt, kalten Blutes heroische Rachepläne zu überlegen, die ihren Ursprung nur in falschem Ehrgefühl hatten. Ich war noch ein Neuling in Dingen dieser Art.

In solcher Stimmung befand ich mich, als ich plötzlich vor meiner Tür die heisere Stimme von Bettinas Mutter hörte; sie bat mich, schnell herunterzukommen, ihre Tochter liege im Sterben. Es hätte mich geärgert, wäre sie gestorben, ehe ich mich an ihr gerächt; schnell sprang ich aus dem Bett und ging hinunter. Ich sah sie auf dem Bett ihres Vaters in fürchterlichen Krämpfen liegen; alle Hausgenossen standen um sie herum. Ihr halbnackter Leib bog sich; sie drehte sich nach links und rechts, schlug wild mit Händen und Füßen um sich und vereitelte durch ihre heftigen Stöße alle Bemühungen, sie festzuhalten.

Noch ganz erregt von den Ereignissen der Nacht, wußte ich bei diesem Anblick nicht, was ich dazu sagen sollte. Ich kannte weder die Natur noch die Listen der Menschen, und ich war erstaunt, mich hier als kühlen Zuschauer zu sehen und beim Anblick von zwei Menschen, von denen ich den einen zu töten, dem anderen die Ehre zu nehmen gedachte, meine Selbstbeherrschung bewahren zu können. Nach einer Stunde schlief Bettina ein. In diesem Augenblick kamen gleichzeitig eine Hebamme und der Arzt Olivo an. Die Frau sagte, Bettinas Krämpfe würden durch ein hysterisches Leiden verursacht, der Doktor behauptete, es habe mit der Gebärmutter nichts zu tun, und verordnete Ruhe und kalte Bäder. Ich sagte dazu kein Wort, aber ich lachte im stillen über beide, denn ich wußte oder glaubte zu wissen, daß des Mädchens Krankheit nur von ihren nächtlichen Arbeiten herrührte oder auch vielleicht von ihrer Angst wegen meines Zusammentreffens mit Candiani. Wie dem auch sein mochte, ich entschloß mich, meine Rache bis zur Ankunft ihres Bruders zu verschieben, obwohl ich die Krankheit Bettinas keineswegs für erheuchelt hielt; denn es schien mir unmöglich zu sein, daß sie soviel Kraft hätte.

Um in mein Zimmer zu gelangen, mußte ich durch Bettinas Zimmer gehen; auf ihrem Bett lag ihre Tasche, und bei diesem Anblick bekam ich Lust, sie zu untersuchen. Ich fand darin ein Briefchen, und da ich Candianis Schrift erkannte, nahm ich es mit, um es auf meinem Zimmer in aller Ruhe zu lesen. Erstaunt war ich über die Unvorsichtigkeit des Mädchens, denn ihre Mutter konnte den Brief finden, und da sie nicht lesen konnte, würde sie ihn ihrem Sohn, dem Doktor, gegeben haben. Ich dachte, sie müsse den Kopf verloren haben, aber man stelle sich meine Empfindungen vor, als ich folgende Worte las:

›Da Ihr Vater verreist ist, brauchen Sie nicht wie sonst Ihre Tür offen zu lassen. Sofort nach Tisch werde ich mich in Ihre Kammer begeben; dort werden Sie mich finden.‹

Zuerst war ich ganz starr vor Staunen; dann dachte ich über die Sache nach und mußte lachen, als ich sah, wie gründlich ich angeführt worden war; ich glaubte mich von meiner Liebe geheilt. Candiani schien mir entschuldbar, Bettina verächtlich. Ich wünschte mir Glück, eine ausgezeichnete Lehre für mein ganzes Leben erhalten zu haben. Ich ging sogar so weit, zu finden, daß Bettina recht gehabt, mir, der ich noch ein Kind war, den fünfzehnjährigen Candiani vorzuziehen. Obwohl ich aber geneigt war, zu vergeben und zu vergessen, lag mir doch Candianis Fußtritt schwer auf der Seele; den vergab ich ihm nicht.

Als wir mittags in der Küche, wo wir der Kälte wegen aßen, bei Tisch saßen, ertönte plötzlich von neuem Bettinas Geschrei. Alle liefen zu ihr; nur ich blieb ruhig sitzen und aß zu Ende; hierauf ging ich wieder an meine Arbeit.

Als ich abends zum Essen herunterkam, sah ich in der Küche

Bettinas Bett neben dem ihrer Mutter; aber ich kümmerte mich nicht darum, ebensowenig wie um den Lärm, der die ganze Nacht anhielt, und um die allgemeine Aufregung, als sie am nächsten Morgen wieder Krämpfe bekam.

Am Abend kamen der Doktor und sein Vater zurück. Candiani, meine Rache fürchtend, kam zu mir und fragte mich, was ich zu tun gedachte. Als er mich aber, das offene Messer in der Hand, auf sich zukommen sah, lief er eilends davon. Daran, dem Doktor die ärgerliche Geschichte zu erzählen, hatte ich gar nicht wieder gedacht; ein Plan dieser Art konnte in meinem Geist nur in einer augenblicklichen zornigen Aufwallung auftauchen. *Irasci celerem tamen ut placabilis essem* [Ich geriet schnell in Zorn, beruhigte mich aber ebenso rasch][2].

Am anderen Morgen unterbrach die Mutter uns während der Lehrstunde, um nach vielen Umschweifen dem Doktor zu sagen, sie glaube herausgebracht zu haben, was es mit der Krankheit ihrer Tochter auf sich habe. Diese sei von einer Hexe bezaubert, und sie kenne diese Hexe.

»Das kann ja sein, liebe Mutter, aber man darf sich in solchen Sachen nicht täuschen. Wer ist die Hexe?«

»Unsere alte Magd; ich habe mich eben davon überzeugt.«

»Wieso denn?«

»Ich habe meine Zimmertür mit zwei kreuzweis gelegten Besen versperrt; wer hineinwollte, mußte das Kreuz zerstören. Als aber die Magd sie sah, ist sie umgekehrt und durch die andere Tür hineingegangen. Es ist doch klar: wenn sie keine Hexe wäre, hätte sie das Besenkreuz fortgeräumt.«

»Das ist gar nicht so klar, liebe Mutter. Laßt doch mal die Frau hereinkommen.«

»Warum«, fragte der Abbate die Magd, sobald sie erschien, »bist du heute morgen nicht durch die gewöhnliche Tür ins Zimmer gekommen?«

»Ich weiß nicht, was Sie von mir wollen.«

»Hast du nicht vor der Tür das Andreaskreuz gesehen?«

»Was ist das für'n Kreuz?«

»Es nützt dir nichts, daß du die Dumme spielst!« rief die Mutter. »Wo hast du vorigen Donnerstag geschlafen?«

»Bei meiner Nichte. Sie hat ein Kind gekriegt.«

»Das ist nicht wahr. Zum Sabbat bist du gewesen, denn du bist 'ne Hexe, und du hast meine Tochter behext!«

Entrüstet spuckte das arme Weib ihr ins Gesicht; die Mutter ergreift in ihrer Wut einen Stock, um sie durchzuprügeln; der Abbate will seine Mutter zurückhalten, aber er muß der Magd nacheilen, die schon die Treppe hinunterläuft und schreit und flucht, um die Nachbarschaft zu alarmieren. Er holt sie ein, und es gelingt ihm endlich, sie zu beschwichtigen, indem er ihr ein bißchen Geld gibt.

Nach diesem ebenso komischen wie ärgerlichen Auftritt legte der Abbate seinen priesterlichen Ornat an, um seine Schwester zu beschwören und festzustellen, ob sie wirklich den Teufel im Leibe hätte.

Die Neuheit all dieser Mysterien erregte meine ganze Aufmerksamkeit; die ganze Gesellschaft schien mir verrückt oder blödsinnig dumm zu sein; denn ich mußte lachen, wenn ich mir bloß vorstellte, daß in Bettinas Leib Teufel sein sollten. Als wir an ihr Bett traten, schien sie keine Luft kriegen zu können, und von den Beschwörungen ihres Bruders wurde es mit ihrer Atemnot nicht besser. Darüber kam der Doktor Olivo zu; er fragte den Doktor, ob er dabeisein dürfte. Dieser antwortete: ja; wenn er den Glauben hätte. Olivo antwortete, sein Glaube beschränke sich auf die Wunder des Evangeliums, und entfernte sich.

Als kurz darauf der Doktor wieder auf sein Zimmer gegangen war und ich mich mit Bettina allein befand, flüsterte ich ihr ins Ohr: »Fassen Sie Mut; werden Sie gesund, und verlassen Sie sich auf meine Verschwiegenheit.« Sie drehte den Kopf nach der anderen Seite, ohne mir zu antworten; aber der ganze Tag verging ohne Krämpfe. Ich glaubte sie geheilt zu haben; den nächsten Tag jedoch stieg das Fieber ihr ins Gehirn, und sie sprach in ihrem Delirium griechische und lateinische Worte ohne Zusammenhang. Nun zweifelte man nicht mehr, daß sie wirklich vom Teufel besessen sei. Die Mutter ging aus und kam nach einer Stunde mit dem berühmtesten Teufelsaustreiber von Padua zurück. Dies war ein sehr häßlicher Kapuziner, genannt Bruder Prospero da Bovolenta.

Sobald Bettina den Teufelsbeschwörer erblickte, sagte sie ihm laut lachend die fürchterlichsten Beleidigungen; darüber freuten sich alle Anwesenden, denn nur der Teufel konnte so frech sein, einen Kapuziner dermaßen zu behandeln. Dieser aber, als er sich Dummkopf, Eindringling, Stinkbock schimpfen hörte, schlug mit einem großen Kruzifix auf Bettina los; er sagte aber, er schlage den Teufel. Er hörte erst auf, als er sah, daß sie den Nachttopf ergriffen hatte und ihm diesen an den Kopf werfen wollte.

»Wenn der, der dich mit Worten verletzt hat«, so rief sie, »der Teufel ist, so schlage ihn mit deinen Worten, du Esel! Aber wenn ich es bin, so merke dir, du Flegel, daß du mich zu respektieren hast. Mach, daß du fortkommst.«

Ich sah den Doktor Gozzi rot werden. Der Kapuziner aber blieb unentwegt, in seiner Glaubensrüstung vom Kopf zum Fuß gepanzert; er las einen furchtbaren Bannfluch herunter und forderte zum Schluß den bösen Geist auf, ihm seinen Namen zu sagen.

»Ich heiße Bettina.«

»Nein! Denn das ist der Name eines getauften Mädchens!«

»Du glaubst also, ein Teufel müsse einen männlichen Namen haben? Erfahre, du unwissender Kapuziner, ein Teufel ist ein Engel, der kein Geschlecht haben kann. Da du aber glaubst, daß der, der aus meinem Munde zu dir spricht, ein Teufel sei, so versprich mir, die Wahrheit zu antworten, und ich verspreche dir, mich deinen Beschwörungen zu fügen.«

»Ja, ich verspreche es dir.«

»Sage mir also: Glaubst du, gelehrter zu sein als ich?«

»Nein, aber ich halte mich für stärker namens der allerheiligsten Dreieinigkeit und kraft meiner geheiligten Priesterwürde.«

»Wenn du stärker bist, so hindere mich doch, dir die Wahrheit über dich zu sagen: du bist eitel auf deinen Bart; du kämmst ihn täglich zehnmal, und es würde dir nicht einfallen, die Hälfte davon abzuschneiden, wenn du mich dadurch aus diesem Leibe austreiben könntest. Schneide ihn ab, und ich schwöre dir, ich werde ausfahren.«

»Vater der Lüge, ich werde deine Strafen verdoppeln!«

»Tu's nur!«

Bei diesen Worten brach Bettina in ein solches Gelächter aus, daß ich unwillkürlich ebenfalls lachen mußte. Darauf wandte der Kapuziner sich zum Doktor und sagte ihm, ich hätte keinen Glauben und müsse hinausgehen. Dies tat ich, indem ich ihm sagte, er habe richtig geraten. Ich war noch nicht draußen, als der Mönch, der Bettinen seine Hand zum Kusse reichte, das Vergnügen hatte, sie darauf spucken zu sehen.

Unbegreifliches, talentvolles Mädchen! Sie ließ den Kapuziner abfahren, und kein Mensch wunderte sich darüber, denn alle ihre Antworten wurden dem Teufel zugeschrieben. Ich begriff nicht, was sie damit beabsichtigen konnte.

Der Kapuziner speiste mit uns und brachte während des Essens eine Masse Dummheiten vor. Nach der Mahlzeit ging er wieder in Bettinas Kammer, um ihr seinen Segen zu geben; aber sobald sie ihn erblickte, nahm sie ein großes Glas mit einem schwarzen Mischmasch, den der Apotheker ihr geschickt hatte, und warf es ihm an den Kopf. Candiani, der dicht neben ihm stand, bekam ein gutes Teil davon ab, was mir ungeheuer viel Vergnügen machte. Bettina hatte recht, daß sie sich die Gelegenheit zunutze machte, denn alles wurde dem armen Teufel auf Rechnung geschrieben. Jedenfalls wenig befriedigt, sagte Pater Prospero beim Abschied zum Doktor, das Mädchen sei ohne Zweifel besessen, aber er müsse einen anderen Teufelsbanner suchen, denn ihm habe Gott nicht die Gnade erweisen wollen, sie von dem bösen Geist zu befreien.

DRITTES KAPITEL

Casanova hält sich zum Studium der Rechte ein Jahr in Padua auf, verschuldet sich und wird deshalb 1739 von seiner Großmutter nach Venedig zurückgeholt.

»Er kommt von Padua, wo er studiert hat« – so lautete die Formel, mit der ich überall vorgestellt wurde und die mir flugs die schweigende Beobachtung meiner Standes- und Altersgenossen, die Komplimente aller Familienväter und die Liebkosungen aller alten Damen eintrug; es fanden sich auch mehrere Damen, die eigentlich zu den alten rechneten, um mich in allen Ehren küssen zu können. Der Pfarrer von San Samuele, Tosello, teilte mich seiner Kirche zu und stellte mich dem Patriarchen von Venedig, Monsignore Correr, vor, der mir die Tonsur schnitt und vier Monate später, aus besonderer Gnade, mir die vier niederen Weihen erteilte. Die freudige Genugtuung meiner Großmutter war ungeheuer. Zunächst wurden nun gute Lehrer für mich gesucht, bei denen ich meine Studien fortsetzen konnte.

Ich begab mich zum Pfarrer, um ihm eine Arbeit vorzulesen; da ich ihn aber nicht zu Hause traf und auf ihn warten wollte, so unterhielt ich mich mit seiner Nichte Angela und verliebte mich in sie. Sie arbeitete an einem Stickrahmen und sagte mir, als ich mich zu ihr setzte, sie möchte mich gern kennenlernen. Meine Liebe zu Angela wurde für mich verhängnisvoll; denn sie wurde der Anlaß zu zwei anderen Liebschaften, die wieder zu vielen, vielen anderen führten und schließlich mich dahin brachten, den geistlichen Stand aufzugeben. Aber wir wollen gemächlich weitererzählen und nicht dem Gang der Ereignisse vorgreifen.

Den ganzen Sommer über schwärmte ich meine Angela an, die ich bei ihrer Sticklehrerin traf; aber ihre außerordentliche Zurückhaltung regte mich auf, und meine Liebe war schon eine Qual für mich geworden. Bei meinem glühenden Naturell brauchte ich eine Geliebte in der Art Bettinas, die meine Liebe zu befriedigen wußte, ohne sie auszulöschen. Da ich selber noch in gewissem Sinne rein war, brachte ich dem jungen Mädchen die größte Verehrung entgegen. Sie war in meinen Augen gewissermaßen wie das Palladium des Kekrops[1]. Ich war noch Neuling und oft schüchtern im Verkehr mit Damen; meine Albernheit ging so weit, daß ich sogar auf deren Ehemänner eifersüchtig war.

Angela war höchst abweisend, obgleich sie keine Kokette war; meine Leidenschaft für sie verzehrte mich. Die pathetischen Reden, die ich ihr hielt, hatten mehr Wirkung auf zwei junge Schwestern, Freundinnen von ihr, als auf sie; und wären meine Blicke nicht ausschließlich von der Grausamen in Anspruch genommen gewesen, so hätte ich ohne Zweifel bemerkt, daß die beiden anderen schöner und gefühlvoller waren; aber meine geblendeten Augen sahen nur sie. Auf alle meine Zärtlichkeiten antwortete sie, sie sei bereit, meine Frau zu werden, und sie glaube, weiter dürften meine Wünsche nicht gehen; und wenn sie sich herabließ, mir zu sagen, sie leide ebensosehr wie ich, so glaubte sie mir die größte Gnade erwiesen zu haben.

In dieser Gemütsverfassung befand ich mich, als ich zu Beginn des Herbstes einen Brief von der Gräfin Montereale erhielt; sie bat mich, einige Zeit auf dem ihr gehörenden Landgut Pasiano zu verbringen. Sie erwartete glänzende Gesellschaft und den Besuch ihrer Tochter, die in Venedig einen Nobile geheiratet hatte; diese Tochter war geistvoll und schön und hatte ein so herrliches Auge, daß dessen Schönheit sie für den Verlust des anderen Auges entschädigte. Ich folgte ihrer Einladung und fand in Pasiano Vergnügen und Fröhlichkeit; es wurde mir nicht schwer, auch meinerseits zu deren Vermehrung beizutragen, und ich vergaß für einige Zeit die Härte meiner grausamen Angela.

Man hatte mir im Erdgeschoß ein hübsches Zimmer gegeben, das nach dem Garten hinaus lag, und ich befand mich darin sehr wohl, ohne mich darum zu kümmern, wer meine Nachbarn wären. Am Morgen nach meiner Ankunft war ich noch nicht richtig wach, da entzückte meine Augen der Anblick einer reizenden Person, die mir meinen Kaffee brachte. Es war ein ganz junges Mädchen, doch hatte sie bereits die Körperformen einer Siebzehnjährigen, obwohl sie erst vierzehn Jahre zählte. Ihre Haut war weiß wie Alabaster, ihr Haar schwarz wie Ebenholz, ihr schwarzes Auge feurig und unschuldig zugleich, ihr Haar in einer reizenden Unordnung; ihre Kleidung bestand nur aus einem Hemde und einem kurzen Rock, der ein wohlgeformtes Bein und den reizendsten kleinen Fuß sehen ließ; dies alles ließ sie meinen Blicken als eine eigenartige und vollkommene Schönheit erscheinen. Ich sah sie mit der größten Teilnahme an, und ihr Auge ruhte auf mir, wie wenn wir alte Bekannte gewesen wären.

»Sind Sie mit Ihrem Bett zufrieden gewesen?« fragte sie mich.

»Sehr zufrieden. Ich bin überzeugt, es war von Ihnen zurechtgemacht worden. Wer sind Sie?«

»Ich bin die Tochter des Hausmeisters und heiße Lucia, ich habe weder Brüder noch Schwestern und bin vierzehn Jahre alt. Es freut mich, daß Sie keinen Diener haben; ich werde Ihnen aufwarten, und ich bin überzeugt, Sie werden mit mir vollkommen zufrieden sein.«

Entzückt über diesen Anfang, richte ich mich im Bette auf, und sie hilft mir, meinen Schlafrock anzuziehen, wobei sie hunderterlei sagt, was ich nicht verstehe. Ebenso verlegen, wie das Mädchen unbefangen ist, fange ich an, meinen Kaffee zu trinken; ihre Schönheit, gegen die man unmöglich gleichgültig bleiben konnte, hatte mich ganz verblüfft gemacht. Sie hatte sich die Freiheit genommen, sich auf das Fußende meines Bettes zu setzen, und entschuldigte dieses Benehmen nur mit einem vielsagenden Lachen.

Ich war noch dabei, meinen Kaffee zu trinken, als Lucias Vater und Mutter eintraten. Sie rührte sich nicht von ihrem Platz und schien, indem sie ihre Eltern ansah, sich noch damit zu brüsten, daß sie auf meinem Bette saß. Die guten Leute machten ihr sanfte Vorwürfe, baten mich ihrer Tochter wegen um Entschuldigung, und Lucia ging hinaus, um ihre häuslichen Pflichten zu erledigen.

Sobald sie draußen war, sagten ihr Vater und ihre Mutter mir tausend Höflichkeiten; dann begannen sie das Lob ihrer Tochter zu singen. »Sie ist«, sagten sie, »unser einziges Kind, ein herziges Mädchen, die Hoffnung unseres Alters. Sie liebt uns, ist gehorsam und gottesfürchtig; sie ist gesund wie ein Fisch, und wir wissen an ihr nur einen einzigen Fehler.«

»Und was für einen?«

»Sie ist zu jung.«

»Das ist ein reizender Fehler, der mit der Zeit verschwinden wird.«

Als der Friseur kam, entfernten sich die einfachen, braven Leute, und nachdem ich mich angekleidet hatte, ging ich hinauf und verbrachte den Tag sehr heiter, wie es ja auf dem Lande im allgemeinen der Fall ist, wenn man erlesene Gesellschaft hat.

Am andern Morgen klingelte ich sofort nach dem Erwachen, und Lucia erschien, einfach und natürlich wie am Tage vorher und doch so überraschend in ihren Bemerkungen und in ihrem Benehmen.

Alles an ihr glänzte unter dem reizenden Firnis der Aufrichtigkeit und Unschuld. Ich konnte nicht begreifen, wie ein keusches, anständiges und durchaus nicht dummes Mädchen so vertraulich zu mir kommen konnte und gar nicht befürchtete, daß ich mich in sie verlieben würde. Es kann nicht anders sein, dachte ich bei mir selber, als daß sie gewissen Tändeleien keine Wichtigkeit beimißt und es darum nicht so genau nimmt. Ich beschloß, sie zu überzeugen, daß ich ihr Gerechtigkeit widerfahren lasse. Ihren Eltern gegenüber fühlte ich mich nicht schuldig, denn ich nahm an, daß sie ebensowenig Wert darauf legten wie sie selber; ebensowenig fürchtete ich, daß ich der erste wäre, der ihre schöne Unschuld beunruhigte und das gefährliche Licht der Erkenntnis in ihre Seele trüge. Ich wollte mich weder von meinem Gefühl betölpeln lassen noch auch dagegen handeln; darum beschloß ich, mir Aufklärung zu verschaffen. Ich mache eine kühne Handbewegung; unwillkürlich weicht sie zurück und wird rot, ihre Heiterkeit verschwindet; sie dreht den Kopf zur Seite, wie wenn sie irgend etwas suchen wollte, und wartet, bis ihre Verlegenheit vorüber ist. Dieser ganze Vorgang spielte sich in weniger als einer Minute ab. Sie näherte sich mir wieder, scheinbar ein wenig beschämt, als ob ich sie hätte etwas unartig finden können und als ob sie befürchtete, sie hätte eine Handlungsweise falsch aufgefaßt, die von meiner Seite vielleicht ganz unschuldig gemeint sein könnte oder in der guten Gesellschaft üblich wäre. Schnell hatte sie ihr natürliches Lachen wiedergefunden. Alles, was ich hier beschrieben habe, las ich in einem Augenblick in ihrer Seele, und ich beeilte mich, sie wieder sicher zu machen. Da ich sah, daß ich durch Tätlichkeiten zuviel wagte, nahm ich mir vor, am nächsten Morgen sie zum Plaudern zu bringen.

Meinem Plan gemäß ergriff ich denn auch die Gelegenheit und

sagte infolge einer Bemerkung, die sie machte: es sei kalt; sie werde aber die Kälte nicht spüren, wenn sie neben mir liege.

»Würde ich Ihnen nicht unbequem sein?« fragte sie.

»Nein; aber ich denke mir, wenn deine Mutter dazukäme, würde sie böse sein.«

»Sie wird sich nichts Böses dabei denken.«

»So komm! Aber, Lucia, du weißt, welcher Gefahr du dich aussetzest?«

»Gewiß; aber Sie sind vernünftig, und, was mehr ist: Sie sind Abbate.«

»Komm! Aber zuvor schließe die Tür.«

»Nein, nein! denn dann würde man denken ... was weiß ich ...«

Schließlich legte sie sich neben mich; sie plauderte fortwährend, aber ich verstand nichts von allem, was sie sagte. Ich befand mich in einer sehr eigentümlichen Lage; da ich meinen Begierden nicht nachgeben wollte, mußte es aussehen, als sei ich über die Maßen schwerfällig.

Die Sicherheit des Mädchens – eine Sicherheit, die ganz gewiß nicht erheuchelt war – machte auf mich einen solchen Eindruck, daß ich mich geschämt haben würde, sie zu mißbrauchen. Endlich sagte sie mir, es habe zehn Uhr geschlagen, und wenn der alte Graf Antonio herunterkäme und uns so fände, würde er Witze machen, worüber sie sich ärgern müßte. »Das ist ein Mensch«, sagte sie, »vor dem ich davonlaufe, sobald ich ihn sehe.« Mit diesen Worten verließ sie ihren Platz und ging.

Lange Zeit blieb ich unbeweglich liegen; ich war vor Erstaunen wie betäubt, und meine Sinne befanden sich ebensosehr in Aufruhr wie meine Gedanken.

Am nächsten Morgen hieß ich sie auf meinem Bett sitzen bleiben, denn ich wollte meine Ruhe behalten; ihre Äußerungen über Verschiedenes, worauf ich die Rede brachte, überzeugten mich vollends, daß sie mit Recht von ihren ehrenwerten Eltern vergöttert wurde und daß die Freiheit ihres Geistes und ihr zwangloses Benehmen nur von ihrer Unschuld und von der Reinheit ihrer Seele herrührten. Ihre Naivität, ihre Lebhaftigkeit, ihre Neugier und die schamhafte Röte, die ihr schönes Gesicht überzog, wenn die spaßhaften Dinge, die sie ohne jeden Arg mir sagte, mich unwillkürlich zum Lachen brachten – dies alles zeigte mir, daß sie ein Engel war, der unfehlbar dem ersten besten Wüstling, der sie verführen wollte, zum Opfer fallen müßte.

Ich fühlte mich stark genug, um so zu handeln, daß ich mir keine Vorwürfe zu machen brauchte. Der bloße Gedanke daran machte mich schaudern, und meine Selbstachtung gewährleistete Lucias Ehre ihren guten Eltern, die infolge der guten Meinung, die sie von meinem Charakter hatten, sie mir vertrauensvoll überließen. Ich wäre in meinen eigenen Augen verächtlich gewesen, hätte ich das Vertrauen täuschen können, das sie in mich setzten. Ich beschloß also, mich zu bezähmen; und da ich sicher war, stets den Sieg zu behalten, so entschloß ich mich, mich selber zu bekämpfen und in ihrer bloßen Gegenwart den Lohn meiner Anstrengungen zu finden. Ich kannte noch nicht das Wort, daß der Sieg ungewiß ist, solange der Kampf dauert.

Da ihre Unterhaltung mir gefiel, so sagte ich ihr, ohne mir etwas Besonderes dabei zu denken: sie würde mir Vergnügen machen, wenn sie morgens frühzeitiger käme; sie möchte mich sogar aufwecken, wenn ich schliefe. Und um meiner Bitte mehr Gewicht zu verleihen, fügte ich hinzu: je weniger ich schliefe, desto wohler befinde ich mich. Durch dieses Mittel gelang es mir, die Dauer unserer Unterhaltung von zwei Stunden auf drei zu verlängern; trotzdem aber verging mir die Zeit mit Blitzesschnelle.

Zuweilen kam ihre Mutter, während wir plauderten; sobald die gute Frau sie auf meinem Bett sitzen sah, hatte sie mir nichts mehr zu sagen; sie bewunderte nur meine Güte; daß ich das duldete. Lucia gab ihr hundert Küsse, und die überaus gutmütige Frau bat mich, ich möchte sie doch Weisheit lehren und ihr Bildung beibringen. Wenn sie hinaus war, glaubte Lucia deshalb nicht, nunmehr freier zu sein; sie behielt unverändert immer denselben Ton bei.

Die Gesellschaft dieses Engels ließ mich die grausamsten Qualen erdulden, während sie mir gleichzeitig die süßesten Wonnen verschaffte. Oft, wenn ihre Wangen zwei Fingerbreit von meinem Mund entfernt waren, packte mich der Wunsch, sie mit Küssen zu bedecken, und mein Blut geriet in heiße Wallung, wenn ich sie sagen hörte, sie hätte wohl meine Schwester sein mögen. Aber ich besaß Zurückhaltung genug, um die geringste Berührung zu vermeiden; denn ich fühlte wohl, ein einziger Kuß wäre der Funke gewesen, der das ganze Gebäude in die Luft gesprengt hätte. Wenn sie von mir ging, war ich jedesmal ganz erstaunt, den Sieg behalten zu haben; aber stets nach neuen Lorbeeren begierig, seufzte ich schon nach dem nächsten Morgen, um den süßen und gefährlichen Kampf zu erneuern. – Kleine Begierden machen einen Jüngling kühn; große nehmen ihn ganz und gar in Anspruch und halten ihn in Schranken.

Nach zehn oder zwölf Tagen erkannte ich, daß ich entweder ein Ende machen müßte oder als Schurke an ihr handeln würde. Ich entschloß mich zu dem ersten um so leichter, da ich nicht die geringste Gewißheit hatte, daß ich im zweiten Falle Erfolg haben würde; denn wenn Lucia die Heldin spielte und sich gegen meine Angriffe verteidigte, so wäre, da die Zimmertür offenstand, vielleicht Schande und zwecklose Reue mein Lohn gewesen – und dieser Gedanke erschreckte mich. Andererseits wußte ich nicht, wie ich es anfangen sollte, um ein Ende zu machen. Ich konnte nicht mehr einer Schönheit widerstehen die im Morgengrauen, kaum bekleidet, fröhlich in mein Zimmer hüpfte, an mein Bett kam, mich fragte, ob ich gut geschlafen hatte, zutraulich ihr Gesicht an meine Wange schmiegte und mir sozusagen die Worte auf die Lippen legte. In einem so gefährlichen Augenblick wandte ich den Kopf zur Seite; dann warf sie in ihrem unschuldigen Ton mir vor, ich hätte Furcht, während sie selber sich doch ganz sicher fühlte; ich zog die Sache ins Lächerliche und antwortete ihr, sie irrte sich, wenn sie glaubte, ich hätte vor einem Kinde Angst, darauf versetzte sie dann, der Unterschied von zwei Jahren hätte nichts zu bedeuten.

Ich fühlte mit jedem Augenblick die Glut wachsen, die mich verzehrte, trotz des Notbehelfs der Schuljungen, der Erleichterung schafft, aber die Natur nur noch mehr reizt. Schließlich konnte ich nicht mehr, und ich faßte den Entschluß, sie selber zu bitten, sie möchte nicht mehr zu mir kommen. Dieser Entschluß schien mir erhaben und von unfehlbarer Wirkung zu sein; da ich jedoch die Ausführung auf den folgenden Tag verschoben hatte, verbrachte ich eine Nacht, die ich schwer beschreiben kann. Immer sah ich Lucias Bild vor mir, und der Gedanke wollte nicht weichen, daß ich sie am nächsten Tag zum letzten Male sehen würde. Ich stellte mir vor, Lucia würde nicht nur meinem Plan beistimmen, sondern für ihr ganzes Leben einen hohen Begriff von meinem Charakter behalten.

Kaum dämmerte der Morgen, da erschien Lucia strahlend, leuchtend, das Lächeln des Glückes auf ihrem hübschen Munde, ihr schönes Haar in der entzückendsten Unordnung; mit ausgebreiteten Armen stürzt sie auf mein Bett zu; plötzlich aber bleibt sie stehen, ihr Gesicht wird traurig und unruhig, als sie mich bleich, verstört, traurig sieht.

»Was haben Sie denn?« fragte sie mich teilnahmsvoll.

»Ich habe die ganze Nacht nicht schlafen können.«

»Und warum nicht?«

»Weil ich mich entschlossen habe, Ihnen einen Plan mitzuteilen – einen Plan, der für mich sehr traurig ist, mir aber Ihre volle Achtung verschaffen wird.«

»Wenn der Plan Ihnen meine Achtung verschaffen soll, muß er im Gegenteil so sein, daß er Sie heiter macht. Aber sagen Sie mir doch, Signor Abbate, warum Sie mich gestern noch geduzt haben und mich heute wie eine Signorina behandeln? Ich will Ihnen jetzt Ihren Kaffee holen, und wenn Sie ihn getrunken haben, sollen Sie mir alles sagen; ich bin sehr neugierig, was das für ein Plan ist.«

Sie geht hinaus, kommt wieder, ich nehme meinen Kaffee; als sie mich immer noch ernst sieht, bemüht sie sich, mich aufzuheitern; es gelingt ihr, mich zum Lachen zu bringen, und sie freut sich darüber. Nachdem sie das Geschirr abgeräumt hatte, schloß sie die Tür, weil es zog; um von dem, was ich ihr zu sagen hätte, kein Wort zu verlieren, sagte sie mir naiverweise, ich möchte ihr neben mir ein Plätzchen einräumen. Ich tat, was sie wollte, denn mir war zumute, als wäre ich halbtot.

Nachdem ich ihr getreulich berichtet hatte, in welchen Zustand ihre Reize mich versetzt hätten, und nachdem ich ihr geschildert, was für Qualen ich ausgestanden hätte, um meinem lebhaften Verlangen, ihr meine Liebe zu beweisen, widerstehen zu können, erklärte ich ihr: ich könnte meine Leiden nicht mehr ertragen und müßte sie bitten, nicht mehr vor meinen Augen zu erscheinen. Die Wichtigkeit des Gegenstandes, die Wahrheit meiner Leidenschaft, mein Wunsch, daß sie in meinem Plan die erhabene Willensanstrengung einer vollkommenen Liebe sehe – dies alles machte mich ungewohnt beredt, und besonders bemühte ich mich, ihr recht lebhaft zu schildern, welche furchtbaren Folgen ein anderes Verhalten als das von mir vorgeschlagene haben könnte und wie unglücklich wir dann vielleicht sein würden.

Als am Ende meiner langen Rede Lucia meine Augen feucht von Tränen sah, entblößte sie sich, um sie mir abzutrocknen, ohne zu bedenken, daß sie dadurch zwei Halbkugeln enthüllte, deren Schönheit imstande gewesen wäre, den erfahrensten Lotsen schiffbrüchig werden zu lassen.

Nachdem wir einige Augenblicke beide geschwiegen hatten, sagte das reizende Kind mir in traurigem Ton, meine Tränen betrübten sie; sie hätte niemals geglaubt, daß ich ihretwegen welche vergießen könnte. »Alles, was Sie mir da gesagt haben«, fuhr sie fort, »beweist mir, daß Sie mich sehr liebhaben; aber ich weiß nicht, wie Sie deshalb so in Sorgen sein können, während mir Ihre Liebe eine unendliche Wonne bereitet. Sie wollen mich aus Ihrer Gegenwart verbannen, weil Ihre Liebe Ihnen Furcht macht; aber was würden Sie denn tun, wenn Sie mich haßten? Bin ich strafbar, weil ich Ihnen gefallen habe? Wenn die Liebe, die ich Ihnen eingeflößt habe, ein Verbrechen ist, so versichere ich Ihnen, ich habe nicht die Absicht gehabt, ein solches zu begehen; somit können Sie mit gutem Gewissen mich nicht deswegen bestrafen. Eines freilich kann ich Ihnen nicht verschweigen: es freut mich, daß Sie mich lieben. Wohl läuft man Gefahr, wenn man liebt, und ich kenne diese Gefahr sehr wohl; aber wir können ihr trotzen. Ich wundere mich, daß mir dies nicht schwierig erscheint, die ich doch nur ein unwissendes Mädchen bin, während dagegen Sie, ein so gelehrter Mann, wie alle Leute sagen, solche Angst davor zu haben scheinen. Es überrascht mich, daß die Liebe, die doch keine Krankheit ist, Sie hat krank machen können, auf mich aber eine ganz entgegengesetzte Wirkung ausübt. Wäre es möglich, daß ich mich täuschte und daß das Gefühl, das ich für Sie empfinde, etwas anderes wäre als Liebe? Sie sahen, wie lustig ich war, als ich heute morgen zu Ihnen kam; das kam davon, daß ich die ganze Nacht geträumt habe. Trotzdem habe ich sehr gut geschlafen; nur bin ich fünf- oder sechsmal aufgewacht, um mich zu vergewissern, ob mein Traum nicht Wirklichkeit wäre; denn ich träumte, ich wäre bei Ihnen; und als ich sah, daß dies nicht der Fall war, schlief ich recht bald wieder ein, weil ich gern weiterträumen wollte, und dies gelang mir auch. Hatte ich also heute morgen nicht recht, so lustig zu sein? Mein lieber Abbate, wenn die Liebe eine Qual für Sie ist, so tut mir das leid; aber könnten Sie wirklich geboren sein, um nicht zu lieben? Ich werde alles tun, was Sie mir befehlen; nur werde ich niemals – selbst wenn Ihre Genesung davon abhinge –, niemals aufhören, Sie zu lieben; denn das ist nicht möglich. Sollte es aber, damit Sie gesund werden, nötig sein, daß Sie mich nicht mehr lieben, so tun Sie, was Sie wollen; denn ich will lieber, daß Sie ohne Liebe leben, als daß Sie sterben, weil Sie zuviel lieben. Nur bitte ich Sie, denken Sie doch darüber nach, ob Sie nicht ein anderes Hilfsmittel finden können, denn das von Ihnen vorgeschlagene betrübt mich. Denken Sie darüber nach; es wäre doch möglich, daß dieses Mittel nicht das einzige wäre und daß Sie ein weniger schmerzvolles entdecken könnten. Schlagen Sie mir eines vor, das leichter ausführbar ist, und verlassen Sie sich auf Lucia.«

Diese aufrichtige, naive und natürliche Rede lehrte mich, wie weit die Beredsamkeit der Natur der Beredsamkeit des philosophischen Geistes überlegen ist. Zum ersten Mal schloß ich das himmlische Mädchen in meine Arme und sagte: »Ja, meine teure Lucia, ja, du kannst dem Leiden, das mich verzehrt, die köstlichste Linderung bringen: überlasse meinen glühenden Küssen deinen göttlichen Mund, der mir versichert, daß du mich liebst!«

So verbrachten wir eine Stunde in einem entzückenden Schweigen, das nur von den Worten unterbrochen wurde, die Lucia von Zeit zu Zeit wiederholte: »O mein Gott, ist es wahr? träume ich nicht?« Ich ehrte indessen ihre Unschuld, und vielleicht tat ich dies nur deshalb, weil sie sich mir ganz und gar ohne den geringsten Widerstand überlieferte. Endlich aber entwand sie sich sanft meinen Armen und sagte unruhig: »Mein Herz beginnt zu sprechen – ich muß gehen!« Und sofort stand sie auf. Nachdem sie ihre Kleider ein wenig in Ordnung gebracht hatte, setzte sie sich; einige Augenblicke nachher kam ihre Mutter herein und beglückwünschte mich zu meinem guten Aussehen und zu meinen frischen Farben; hierauf sagte sie zu ihrer Tochter, sie solle sich ankleiden und in die Messe gehen. Eine Stunde darauf kam Lucia zurück und sagte mir, das Wunder, das sie bewirkt habe, mache sie glücklich und sie sei ganz stolz darauf; denn meine augenscheinliche Gesundheit sei für sie ein viel sichereres Zeichen meiner Liebe als der klägliche Zustand, in dem sie mich am Morgen gefunden habe. »Wenn die Vollkommenheit deines Glückes«, fuhr sie fort, »nur von mir abhängt – so nimm es dir; ich habe dir nichts zu verweigern.«

Sobald sie hinausgegangen war, dachte ich über meine Lage nach. Ich schwankte noch zwischen Trunkenheit und Furcht; aber es wurde mir klar, daß ich am Rande des Abgrundes stände und daß ich einer übernatürlichen Kraft bedürfen würde, um nicht hinabzustürzen.

Ich blieb in Pasiano den ganzen Monat September, und die letzten elf Nächte meines Aufenthaltes verbrachte ich in ruhigem und freiem Besitz Lucias, die des Schlafes ihrer Mutter sicher war und zu mir kam, um in meinen Armen die köstlichsten Stunden zu verleben. Meine Glut verminderte sich nicht, sondern vermehrte sich im Gegenteil durch meine Enthaltsamkeit, von der mich Lucia mit allen möglichen Mitteln abzubringen versuchte. Sie konnte die Süße der verbotenen Frucht nur dann kosten, wenn sie sie mich ohne Rückhalt pflücken ließ, und die Wirkung der beständigen Berührung war zu stark, als daß ein junges Mädchen ihr hätte widerstehen können. Darum bot denn auch Lucia alles auf, um mir etwas vorzutäuschen; sie sagte, ich hätte bereits ihre höchste Gunst genossen. Aber ich hatte bei Bettina einen so guten Unterricht gehabt, daß ich sehr wohl wußte, woran ich war; und so kam das Ende meines Aufenthalts heran, ohne daß ich der süßen Versuchung unterlag.

Als ich von Pasiano abreiste, versprach ich ihr, im nächsten Frühjahr wiederzukommen. Unser Abschied war ebenso traurig wie zärtlich; ich ließ sie in einer Geistesverfassung zurück, die ohne Zweifel die Ursache ihres Unglücks geworden ist – ihres Unglücks, das ich mir vorzuwerfen hatte, als ich sie zwanzig Jahre später in Holland traf, und das ich mir ewig zum Vorwurf machen werde.

Kaum war ich ein paar Tage in Venedig, so hatte ich wieder meine alte Lebensweise angenommen und bewarb mich wieder eifrig um Angela, bei der ich es wenigstens ebensoweit zu bringen hoffte wie bei Lucia. Eine Furcht, die ich heute nicht mehr in meiner Natur finde, eine Art von panischem Schrecken vor den Folgen, die vielleicht ungünstig auf meine Zukunft hätten einwirken können, hinderten mich am Genießen. Ich weiß nicht, ob ich jemals ein vollkommen ehrenhafter Mensch gewesen bin; soviel aber weiß ich sehr gut, daß die Gefühle, die ich in meiner Jugend hegte, viel zarter waren als diejenigen, die ich später durch das Leben gewonnen habe. Eine skeptische Philosophie vermindert zu sehr die Zahl der sogenannten Vorurteile.

Die beiden Schwestern, die zusammen mit Angela das Sticken lernten, waren ihre vertrauten Freundinnen und in alle ihre Geheimnisse eingeweiht. Als ich später ihre Bekanntschaft gemacht hatte, erfuhr ich, daß sie ihre Härte gegen mich verurteilten. Da ich sie beständig mit Angela zusammen sah und ihre vertraute Freundschaft kannte, trug ich ihnen meine Klagen vor; ganz erfüllt von dem Bilde meiner Grausamen, war ich nicht ein solcher

Geck, um zu glauben, die jungen Mädchen könnten sich in mich verlieben; oft aber geschah es, daß ich zu ihnen mit dem ganzen Feuer sprach, das mich durchlohte – was ich in Gegenwart des von mir angebeteten Mädchens niemals zu tun wagte. Wahre Liebe macht immer zurückhaltend; man fürchtet, es könnte wie Übertreibung aussehen, wenn man alle Gefühle ausspricht, die eine edle Leidenschaft eingeflößt hat; der bescheidene Liebhaber sagt oft zuwenig, aus Furcht, er könnte zuviel sagen.

Nannetta und ihre Schwester Martina waren Waisen, Schwestertöchter der Signora Orio. Das ganze Vermögen der guten Dame bestand nur aus dem Hause, worin sie wohnte und dessen erstes Stockwerk sie vermietete, und aus einem Jahrgeld, das ihr Bruder, Sekretär des Rates der Zehn[2], ihr ausgesetzt hatte. Sie hatte nur ihre beiden reizenden Nichten bei sich, von denen die ältere sechzehn, die jüngere fünfzehn Jahre alt war. Anstatt eines Dienstboten hatte sie nur eine alte Frau, die für vier Lire monatlich jeden Tag Wasser holte und das Haus in Ordnung brachte. Der Sachwalter Rosa war ihr einziger Freund; er war wie sie sechzig Jahre alt und wartete, um sie zu heiraten, nur auf den Augenblick, wo er Witwer sein würde.

Die beiden Schwestern schliefen zusammen im dritten Stock in einem breiten Bett, das Angela an allen Festtagen als Dritte teilte. An den Werktagen gingen sie alle zu der Stickerin, die ihnen Unterricht gab.

Am bestimmten Tage hatte Nannetta schon auf mich gewartet; sie steckte mir geschickt ein Briefchen zu, wobei sie mir sagte, ich möchte es auf alle Fälle lesen, bevor ich das Haus verließe. Ich trat ein und sah in Signora Orios Gesellschaft Angela, den alten Sachwalter und Martina. Da es mich drängte, meinen Brief zu lesen, schlug ich den mir angebotenen Stuhl aus.

»Ich kann es nicht, Signora.«

»Warum denn nicht, bitte?«

»Ich habe ...«

»Ich verstehe. Nannetta, zeige dem Signor Abbate ...«

»Liebe Tante, erlassen Sie mir das, bitte!«

»So geh du, Martina.«

»Liebe Tante, lassen Sie doch meine ältere Schwester tun, was Sie ihr gesagt haben.«

»Signora«, sagte ich, »die jungen Damen haben vollkommen recht. Ich gehe.«

»Nein, Signor Abbate, meine Nichten sind mir recht dumme Gänschen; Signor Rosa wird die Güte haben.«

Der gute Sachwalter nimmt mich freundlich bei der Hand und führt mich zu dem gewissen Ort in den dritten Stock, wo er mich allein läßt. Sowie ich ungestört bin, lese ich folgendes Briefchen:

›Meine Tante wird Sie zum Abendessen bitten, nehmen Sie nicht an! Entfernen Sie sich, sobald wir uns zu Tische setzen; Martina wird Ihnen bis an die Straßentür leuchten und aufschließen, aber gehen Sie nicht hinaus. Sobald die Tür wieder geschlossen ist, werden alle glauben, daß Sie fort seien; dann steigen Sie leise im Dunklen bis zum dritten Stock hinauf. Die Treppen sind gut im Stande. Dort warten Sie auf uns drei. Wir kommen, sobald Signor Rosa fortgegangen ist und unsere Tante sich zu Bett gelegt hat. Es kommt dann nur auf Angela an, Ihnen die ganze Nacht ein Stelldichein zu gewähren, von dem ich hoffe, daß es Sie sehr glücklich machen wird.‹

Welche Freude! Wie dankbar war ich dem Zufall, der es veranstaltete, daß ich diesen Brief an demselben Ort las, wo ich den Gegenstand meiner Liebe erwarten sollte! Ich war sicher, mich ohne die geringste Schwierigkeit zurechtzufinden, und begab mich, ganz voll von meinem Glück, wieder zu Signora Orio hinunter.

Als es Zeit zum Abendessen war, brachte ich so geschickte Entschuldigungen hervor, daß Signora Orio sie gelten lassen mußte. Martina nahm die Lampe, um mir hinunterzuleuchten; die Tante aber gab in dem Glauben, daß Nannetta die von mir Bevorzugte sei, dieser so energischen Befehl, mich zu begleiten, daß sie gehorchen mußte. Schnell läuft sie die Treppe hinunter, öffnet die Tür, schlägt sie geräuschvoll wieder zu, bläst die Lampe aus und geht wieder hinauf, mich im Dunkel lassend. Leise steige ich die Treppen hinauf bis zum dritten Stock, gehe in das Zimmer der jungen Damen, setze mich auf ein Sofa und erwarte die glückliche Schäferstunde.

Dreiviertel Stunden später hörte ich die Haustür verschließen, und bald danach sehe ich Nannetta und Martina vor mir erscheinen.

»Wo ist denn Angela?« fragte ich Nannetta.

»Sie muß verhindert worden sein, zu kommen, ja sogar, uns Mitteilung zu machen. Und doch muß sie überzeugt sein, daß Sie hier sind.«

»Sie glaubt mich angeführt zu haben; und ich war allerdings hierauf nicht gefaßt. Übrigens kennen Sie sie jetzt. Sie macht sich über mich lustig; sie triumphiert. Sie hat sich Ihrer bedient, um mich in die Falle zu locken. Und dazu kann sie sich gratulieren.«

»Oh! daran gestatten Sie mir doch zu zweifeln!«

»Zweifeln Sie nicht daran, schöne Nannetta! Sie werden davon überzeugt werden durch die angenehme Nacht, die wir ohne sie verbringen werden.«

»Das will ich sagen, daß Sie als geistvoller Mann sich mit einem Mißgeschick abzufinden wissen; aber Sie werden sich hier ins Bett legen, und wir beide schlafen auf dem Kanapee im Nebenzimmer.«

»Daran werde ich Sie nicht hindern; aber wenn Sie das täten, würden Sie mir einen sehr häßlichen Streich spielen. Übrigens werde ich mich nicht zu Bett legen.«

»Wie? Sie würden sich überwinden, sieben Stunden mit uns allein zu verbringen? Ich bin überzeugt: wenn Sie nichts mehr zu sagen wissen, werden Sie einschlafen.«

»Das werden wir sehen. Einstweilen habe ich hier eine Zunge und Zyperwein. Werden Sie so grausam sein, mich allein essen zu lassen? Haben Sie Brot?«

»Ja, und wir werden nicht grausam sein; wir werden zum zweitenmal mit Ihnen zu Abend essen.«

»In Sie hätte ich mich verlieben müssen! Sagen Sie mir, schöne Nannetta, wenn ich in Sie so verliebt wäre wie in Angela, würden Sie mich unglücklich machen wie diese?«

»Glauben Sie wirklich, daß eine solche Frage zulässig sei? Nur ein Geck kann sie stellen. Ich kann Ihnen weiter nichts sagen als: ich weiß nichts davon.«

Schnell legten sie drei Gedecke auf und brachten mit fröhlichem Lachen Brot, Parmesankäse und Wasser. Dann gingen sie ans Werk. Der Zyperwein, an den sie nicht gewöhnt waren, stieg ihnen zu Kopf, und ihre Lustigkeit wurde entzückend. Wie ich sie sah, war ich erstaunt, daß ich ihre Vorzüge nicht früher zu würdigen gewußt hatte.

Nach unserem köstlichen kleinen Abendessen setzte ich mich zwischen die beiden, ergriff ihre Hände, die ich an die Lippen führte, und fragte sie, ob sie meine wahren Freundinnen seien und ob sie nicht die unwürdige Art und Weise mißbilligten, wie

Angela mich behandelt hätte. Sie antworteten mir wie aus einem Munde, sie hätten meinetwegen Tränen vergossen. »So gestatten Sie denn«, rief ich aus, »daß ich Ihnen die Zärtlichkeit eines Bruders entgegenbringe, und teilen Sie sie, wie wenn Sie meine Schwestern wären; geben wir uns in der Unschuld unserer Herzen Pfänder dafür, und schwören wir uns ewige Treue!«

Der erste Kuß, den ich ihnen gab, war frei von verliebtem Gefühl und von jedem Wunsch, sie zu verführen; die beiden Mädchen versicherten mir einige Tage später, sie hätten meine Küsse nur erwidert, um mich zu überzeugen, daß sie meine ehrenwerten brüderlichen Gefühle teilten; aber diese unschuldigen Küsse entzündeten sehr bald in uns eine Feuersbrunst, über die wir sehr erstaunt sein mußten; denn einige Augenblicke später hielten wir inne und sahen uns ganz überrascht und mit sehr ernsten Gesichtern an. Beide Mädchen standen in ungezwungener Weise auf, und ich befand mich mit meinen Gedanken allein. Es war kein Wunder, daß diese Küsse in meiner Seele ein Feuer entzündet hatten und daß die Glut, die durch meine Adern rollte, mich plötzlich mit leidenschaftlicher Liebe zu den reizenden jungen Mädchen erfüllte. Sie waren beide hübscher als Angela, und Nannetta war ihr an Klugheit, Martina an sanftem und naivem Charakter weit überlegen. Ich war ganz überrascht, daß ich ihre vortrefflichen Eigenschaften nicht früher gewürdigt hatte; da aber die jungen Damen aus adeliger und sehr ehrenwerter Familie waren, so durfte der Zufall, der sie in meine Arme geführt hatte, ihnen nicht verhängnisvoll werden. Ich war nicht so eitel, zu glauben, daß sie mich liebten; aber ich konnte annehmen, daß meine Küsse auf sie dieselbe Wirkung gehabt hatten wie die ihrigen auf mich.

Indem ich hierüber nachdachte, sah ich klar und deutlich, daß ich mit List und mit Hilfe von Kunstgriffen, deren Tragweite sie nicht kennen konnten, im Laufe der langen Nacht, die ich mit ihnen verbringen sollte, sie leicht zu Gefälligkeiten bewegen könnte, deren Folgen möglicherweise sehr bedeutsam wären. Dieser Gedanke erfüllte mich mit Entsetzen, und ich machte es mir zum strengen Gesetz, ihre Unschuld zu schonen; daß ich die Kraft haben würde, meinem Vorsatz getreu zu bleiben, daran zweifelte ich nicht.

Als sie wieder erschienen, sah ich auf ihren Gesichtern den Ausdruck der Sicherheit und Zufriedenheit, und ich nahm schnell dieselbe Miene an, fest entschlossen, mich der Gefahr ihrer glühenden Küsse nicht mehr auszusetzen.

Wir verbrachten eine Stunde damit, von Angela zu sprechen, und ich sagte ihnen, ich fühlte mich entschlossen, sie nicht mehr zu sehen, denn ich sei überzeugt, daß sie mich nicht liebe. »Sie liebt Sie«, sagt mir die naive Martina, »dessen bin ich sicher. Aber wenn Sie nicht die Absicht haben, sie zu heiraten, so werden Sie gut tun, gänzlich mit ihr zu brechen; denn sie ist entschlossen, Ihnen nicht einmal einen einzigen Kuß zu bewilligen, solange Sie nur ihr Liebhaber sind; Sie müssen sich also entschließen, sie aufzugeben, oder Sie müssen darauf gefaßt sein, daß sie Ihnen nicht im geringsten entgegenkommen wird.«

»Sie sprechen wie ein Engel; aber wie können Sie so bestimmt wissen, daß sie mich liebt?«

»Dies weiß ich ganz bestimmt; und da wir uns geschwisterliche Freundschaft versprochen haben, so kann ich Ihnen auch sagen, warum: Wenn Angela bei uns schläft, umarmt sie mich zärtlich und nennt mich ihren lieben Abbate.«

Bei diesen Worten lachte Nannetta laut auf und legte ihr die Hand auf den Mund. Aber dieses naive Geständnis regte mich so auf, daß ich große Mühe hatte, mich zu beherrschen.

Martina sagte zu Nannetta, da ich doch so sehr klug wäre, so könnte es mir unmöglich unbekannt sein, wie es unter jungen Mädchen zuginge, die zusammen schliefen.

»Natürlich«, beeilte ich mich zu sagen, »sind diese kleinen Scherze jedermann bekannt, und ich glaube nicht, meine liebe Nannetta, daß Sie dieses freundschaftliche Eingeständnis Ihrer Schwester zu indiskret gefunden haben.«

»Es ist einmal geschehen; aber solche Sachen sagt man nicht. Wenn Angela es wüßte ...!«

»Sie würde in Verzweiflung sein; aber Martina hat mir damit einen solchen Freundschaftsbeweis geliefert, daß ich ihr bis an mein Lebensende dankbar dafür sein werde. Übrigens ist die Sache erledigt. Ich verabscheue Angela und werde kein Wort mehr mit ihr reden. Sie ist eine falsche Person; sie will mich nur zugrunde richten.«

»Aber wenn sie Sie liebt, hat sie nicht unrecht, daß sie von Ihnen geheiratet sein will.«

»Zugegeben; aber sie denkt nur an sich selber; denn da sie weiß, was ich leide – könnte sie wohl so handeln, wenn sie mich um meiner selbst willen liebte? Unterdessen liefert ihre Phantasie ihr die Mittel, ihre Begierden mit unserer reizenden Martina zu beschwichtigen, die so freundlich ist, bei ihr Gattenstelle zu vertreten!«

Über diese Worte lachte Nannetta noch herzlicher; ich blieb aber ernst und sprach noch eine Weile zu ihrer Schwester immer in demselben Ton, wobei ich ihrer Aufrichtigkeit das höchste Lob zollte. Zuletzt sagte ich ihr, ohne Zweifel müßte Angela in Erwiderung ihrer Gefälligkeit auch ihr als Gatte dienen; aber sie antwortete lachend, Angela sei nur Nannettas Mann, und Nannetta mußte dies zugeben.

»Aber wie nennt denn«, fragte ich von neuem, »Nannetta in ihren Liebesverzückungen ihren Mann?«

»Das weiß kein Mensch.«

»Sie lieben also einen, Nannetta?«

»Das ist wahr; aber niemand wird mein Geheimnis je erfahren.«

Diese Zurückhaltung brachte mich auf den Gedanken, daß das süße Geheimnis möglicherweise etwas mit meiner eigenen Person zu tun haben könnte und daß vielleicht Nannetta eine Nebenbuhlerin Angelas wäre. Durch unsere anziehende Unterhaltung bekam ich allmählich Lust, mit zwei so reizenden Mädchen, die zur Liebe geschaffen waren, die Nacht nicht müßig zu verbringen. »Ich bin recht glücklich«, sagte ich zu ihnen, »daß ich für Sie nur freundschaftliche Gefühle empfinde, denn sonst würde ich in großer Verlegenheit sein, wie ich mit Ihnen die Nacht verbringen wollte, ohne in Versuchung zu geraten, Ihnen Beweise meiner Zärtlichkeit zu liefern und von Ihnen solche zu empfangen; denn Sie sind alle beide entzückend hübsch und ganz danach angetan, jedem Manne den Kopf zu verdrehen, den Sie in den Stand setzen, Sie genauer kennenzulernen.«

Während ich in ähnlichem Sinne noch weiter sprach, tat ich, als bekäme ich Lust zu schlafen. Nannetta bemerkte es zuerst und sagte mir: »Machen Sie nur keine Umstände; legen Sie sich zu Bett. Wir gehen ins andere Zimmer und schlafen auf dem Kanapee.«

»Ich würde mir selber als ein ganz erbärmlicher Mensch vorkommen, wenn ich das täte. Wir wollen weiterplaudern; meine Müdigkeit wird vorübergehen. Es tut mir nur um Ihretwegen leid. Legen Sie sich ins Bett, meine reizenden Freundinnen; ich werde ins Nebenzimmer gehen. Wenn Sie Angst vor mir haben, so schließen Sie sich ein; aber Sie würden mir unrecht tun, denn ich liebe Sie nur aus brüderlichem Herzen.«

»Das werden wir niemals tun!« rief Nannetta. »Aber lassen Sie sich überreden: schlafen Sie hier!«

»In meinen Kleidern kann ich nicht schlafen.«

»So ziehn Sie sich doch aus! Wir werden nicht hinsehen.«

»Davor habe ich keine Angst; aber ich könnte niemals einschlafen, wenn ich sähe, daß Sie um meinetwillen wachen müßten.«

»Wir werden uns ebenfalls ins Bett legen«, sagte Martina, »aber ohne uns auszuziehen.«

»Das ist ein Mißtrauen, das eine Beleidigung für meine Ehrenhaftigkeit enthält. Sagen Sie mir, Nannetta, ob Sie mich für einen ehrenhaften Menschen halten?«

»Ja, gewiß!«

»Schön; aber Sie müssen mich davon überzeugen. Legen Sie sich daher entkleidet neben mich und rechnen Sie auf mein Ehrenwort, daß ich Sie nicht berühren werde. Übrigens sind Sie zwei gegen einen; was können Sie fürchten? Stände es Ihnen nicht frei, das Bett zu verlassen, sobald ich unartig werden sollte? Kurz und gut, wenn Sie nicht einwilligen, mir diesen Vertrauensbeweis zu geben, wenigstens sobald Sie mich eingeschlafen sehen, so werde ich mich nicht ins Bett legen.«

Hierauf schwieg ich und tat, als ob ich einschliefe.

Nachdem sie sich einen Augenblick leise besprochen hatten, sagte Martina mir, ich möchte nur zu Bett gehen; sie würden mir folgen, sobald sie mich eingeschlafen sähen. Nachdem auch Nannetta mir dieses Versprechen bestätigt hatte, wandte ich ihnen den Rücken zu, kleidete mich aus und legte mich ins Bett, nachdem ich ihnen gute Nacht gewünscht hatte. Sobald ich im Bett lag, tat ich, als ob ich einschliefe; bald aber überfiel mich der Schlaf wirklich, und ich wachte erst auf, als sie sich zu mir legten. Ich legte mich auf die andere Seite, wie wenn ich wieder einschlafen wollte, und blieb ruhig liegen, bis ich annehmen konnte, daß sie eingeschlafen wären; und wenn sie noch nicht eingeschlafen waren, so konnten sie doch so tun. Sie hatten mir den Rücken zugedreht, und das Licht war ausgeblasen; ich ging also aufs Geratewohl vor und wandte mich mit meinen ersten Huldigungen an die, die mir zur Rechten lag, ohne zu wissen, ob es Nannetta oder Martina war. Ich fand sie zusammengekauert und in das Hemd eingewickelt, das sie allein anbehalten hatte. Ohne Gewalt anzuwenden und ihre Schamhaftigkeit schonend, brachte ich sie allmählich so weit, daß sie sich für besiegt erklären mußte und nichts Besseres tun konnte, als mich gewähren zu lassen und sich schlafend zu stellen. Langsam und vorsichtig wickelte ich sie aus ihrem Hemd, sie hob und streckte sich dabei, um mir zu helfen. Nicht lange, so wirkte die Natur in ihr, und sie brachte sich durch langsame Bewegungen in eine Stellung, wie ich sie mir nicht angenehmer hätte verschaffen können. Ich nahm darauf meine Sache in Angriff, doch um zum Ziel zu gelangen, mußte sie sich so beteiligen, daß sie nichts bereute. Schließlich siegte ihre Zärtlichkeit.

Meine Anstrengungen waren von vollem Erfolge gekrönt, und es blieb mir kein Zweifel, daß ich eine Debütantin gehabt hatte, auf die wir vielleicht nur aus Vorurteil so hohen Wert legen. Entzückt, einen Genuß gekostet zu haben, den ich in vollem Umfange selber jetzt zum ersten Mal kennengelernt hatte, verließ ich leise meine Schöne, um der anderen einen neuen Tribut meiner Liebesglut darzubringen. Ich fand sie unbeweglich auf dem Rücken liegen, in der Stellung einer Person, die in einen tiefen, ruhigen Schlaf versunken ist. Vorsichtig mich ihr nähernd, wie wenn ich sie aufzuwecken fürchtete, begann ich zunächst ihren Sinnen zu schmeicheln, wobei ich mich überzeugte, daß sie ebenso unberührt war wie ihre Schwester. Sobald ich aber an einer unwillkürlichen Bewegung gemerkt hatte, daß der Liebesgott die Gabe anzunehmen bereit war, begann ich das Opfer zu vollziehen. Da gab sie plötzlich dem lebhaften Gefühl nach, das sie erregte; wie wenn sie es müde wäre, noch weiter Komödie zu spielen, schloß sie mich im Augenblick der Krise eng in ihre Arme, bedeckte mich mit Küssen, erwiderte meine Ekstase mit gleichen Verzückungen, und die Liebe verschmolz unsere Seelen in gleicher Wollust.

An diesen Zeichen glaubte ich Nannetta zu erkennen; ich sagte es ihr.

»Ja, ich bin's!« sagte sie, »und ich erkläre mich und meine Schwester für glücklich, wenn du ehrenhaft und treu bist.«

»Bis in den Tod, meine Engel! Und da alles, was wir getan haben, das Werk der Liebe ist, so sei unter uns von Angela nicht mehr die Rede!«

Ich bat sie dann, aufzustehen und Kerzen anzuzünden; aber Martina sprang dienstwillig sofort aus dem Bett und ließ uns beisammen liegen. Als ich Nannetta, vom Feuer der Liebe beseelt, in meinen Armen hielt, während Martina, eine Kerze in der Hand, vor uns stand und mit ihren Blicken uns der Undankbarkeit zu bezichtigen schien, weil wir ihr nichts sagten, während sie doch zuerst sich meinen Liebkosungen ergeben und dadurch ihre Schwester ermutigt hatte, es ihr nachzutun – da fühlte ich mein ganzes Glück.

»Stehen wir auf«, rief ich aus, »um uns ewige Freundschaft zu schwören und uns zu erfrischen!«

Sobald wir aufgestanden waren, machten wir uns gegenseitig Abwaschungen, über die sie herzlich lachten und bei denen unsere Begierden sich erneuerten; dann aßen wir im Kostüm des Goldenen Zeitalters den Rest der Zunge und tranken die andere Flasche. Nachdem wir uns hunderterlei gesagt hatten, was nur die Liebe in der Trunkenheit der Sinne verdolmetschen darf, legten wir uns wieder zu Bett, und die köstliche Nacht verging in gegenseitigen Bezeugungen unserer Glut. Nannetta empfing den letzten Beweis meiner Zärtlichkeit; denn da Signora Orio bereits in die Messe gegangen war, mußte ich meinen Abschied beschleunigen; ich gab ihnen noch einmal die Versicherung, daß sie in meinem Herzen alle Gefühle für Angela ausgelöscht hätten. In meiner Wohnung angekommen, legte ich mich zu Bett und sank in süßen Schlaf, bis es Zeit zum Mittagessen war.

Ich verbrachte die Fastenzeit zum Teil mit meinen beiden Engeln, die mich immer mehr beglückten, zum Teil mit dem Studium der Experimentalphysik im Kloster S. Maria della Salute; abends besuchte ich die im Hause des Signor Malipiero sich versammelnde Gesellschaft. Nach Ostern aber begab ich mich infolge einer Einladung der Gräfin von Montereale nach Pasiano, ungeduldig, meine liebe Lucia wiederzusehen. Ich traf dort eine ganz andere Gesellschaft, als die vom vorigen Herbst gewesen war. Graf Daniele, der älteste Sohn der Familie, hatte eine Gräfin Gozzi geheiratet, und ein junger reicher Pächter, der eine Patin der alten Gräfin geheiratet hatte, war mit seiner Frau und Schwägerin zu Besuch. Das Abendessen kam mir sehr lang vor. Man hatte mich wieder in meinem alten Zimmer untergebracht, und ich sehnte mich, Lucia zu sehen, die ich nicht mehr wie ein Kind zu behandeln gedachte. Da ich sie vor dem Zubettgehen nicht gesehen hatte, erwartete ich sie unfehlbar am anderen Morgen beim Erwachen; aber wen sehe ich statt ihrer erscheinen? Eine häßliche dicke Magd. Ich frage sie nach der Familie aus, sie antwortet mir jedoch in ihrer Mundart, und ich verstehe nichts.

Unruhig frage ich mich, was aus Lucia geworden sein mag. Sollte man unser vertrautes Miteinander entdeckt haben? Sollte sie etwa krank sein oder tot? Ich sage nichts, ziehe mich an und nehme mir vor, sie zu suchen. »Wenn man ihr verboten hat, mich zu besuchen«, sage ich bei mir selber, »so werde ich mich rächen; denn ich werde auf irgendeine Art ein Mittel finden, mit ihr zu sprechen, und werde aus Rache mit ihr machen, was ich trotz meiner Liebe aus Ehrenhaftigkeit nicht getan habe.« Da tritt mit trauriger Miene der Hausmeister ein. Ich frage ihn, wie es seiner Frau, seiner Tochter gehe; aber beim Namen der letzteren kommen ihm die Tränen in die Augen.

»Ist sie tot?«

»Wollte Gott, sie wäre es!«

»Was hat sie getan?«

»Sie ist mit L'Aigle, dem Laufburschen des Grafen Daniele, durchgegangen, und wir wissen nicht, wo sie sein mag.«

Seine Frau kommt dazu; und durch unser Gespräch erneuert sich ihr Schmerz; sie wird ohnmächtig. Als der Hausmeister sieht, daß ich aufrichtig an ihrer Trauer Anteil nehme, sagt er mir, das Unglück habe sie erst vor acht Tagen getroffen.

»Ich kenne L'Aigle«, sage ich, »er ist ein Schuft. Hat er Sie um die Hand Ihrer Tochter gebeten?«

»Nein! Denn er war sicher, daß wir sie ihm nicht gegeben haben würden.«

»Ich wundere mich über Lucia.«

»Er hat sie verführt, und erst nach ihrer Flucht haben wir die Wahrheit geahnt; sie war sehr dick geworden.«

»Sie hatten also schon seit langer Zeit miteinander verkehrt?«

»Sie hat ihn ungefähr einen Monat nach Ihrer Abreise kennengelernt. Er muß sie behext haben, denn Lucia war unschuldig wie eine Taube; das können Sie, glaube ich, mit gutem Gewissen bezeugen.«

»Und niemand weiß, wo sie sind?«

»Kein Mensch! Und Gott weiß, was der elende Kerl aus ihr machen wird!«

Ebenso betrübt wie diese braven Leute, ging ich und wanderte im Wald herum, um meine Traurigkeit zu verwinden. Ich verbrachte zwei Stunden in guten und schlechten Betrachtungen, die alle mit ›wenn‹ anfingen. Wäre ich, wie ich es leicht hätte tun können, schon vor acht Tagen hingekommen, so hätte meine zärtliche Lucia alles mir anvertraut, und ich hätte diese Schandtat verhindert. Hätte ich es mit ihr gemacht wie mit Nannetta und Martina, so wäre sie nicht bei meiner Abreise in einer Aufregung gewesen, die ohne Zweifel die Hauptursache ihres Fehlgriffs war. Hätte sie mich nicht vor dem Lumpen gekannt, so würde ihre bis dahin reine Seele nicht auf ihn gehört haben. Voll Verzweiflung gestand ich mir selber ein, daß ich das Werkzeug des niederträchtigen Verführers war. Ich hatte für ihn gearbeitet. *E'l fior che sol potea pormi fra dei, / Quel fior che intatto io mi venia serbando / Per non turbar, ohimè! l'animo casto, / Ohimè il bel fior colui m'ha colto, e guasto* [Die Blume, die zu einem Gott mich machte, / Die Blume, die ich unberührt gelassen, / Um ihrer Seele Keuschheit nicht zu töten / Er hat sie, ach! gepflückt, hat sie zertreten][3].

Hätte ich gewußt, wo ich sie finden könnte, ich wäre ganz gewiß auf der Stelle aufgebrochen, sie ihren Eltern zurückzuführen; aber es fehlte jedes Anzeichen, wo sie sich aufhalten könnte.

Bevor Lucias Unglück mir bekannt wurde, war ich eitel, ja sogar stolz darauf gewesen, daß ich soviel Selbstbeherrschung besessen hatte, sie unberührt zu lassen; jetzt aber schämte ich mich und bereute meine Zurückhaltung; ich nahm mir fest vor, in Zukunft in dieser Beziehung mich vernünftiger zu benehmen. Untröstlich machte mich der Gedanke, daß das unglückliche Mädchen dem Elend und vielleicht der Schande verfallen sei, daß sie mein Andenken verfluchen und mich als ersten Urheber ihres Unglücks hassen werde. Infolge dieses traurigen Ereignisses wandte ich mich einem neuen System zu, das ich dann in der Folge oft zu weit trieb.

Ich ging in den Garten zu der fröhlich lärmenden Gesellschaft, die mich so gut aufnahm und mich in so gute Laune versetzte, daß ich beim Essen die ganze Tafel erheiterte. Meine Betrübnis war so groß, daß ich nur durch tolle Lustigkeit mich über sie hinwegsetzen konnte; sonst hätte ich abreisen müssen. Einen mächtigen Antrieb gab mir das schöne Gesicht und noch mehr der für mich ganz neue Charakter der Neuvermählten. Ihre Schwester war hübscher; aber ich fing an, vor solchen noch unverführten Mädchen Angst zu bekommen; sie machen einem zuviel Arbeit.

Die junge Ehefrau, die etwa neunzehn oder zwanzig Jahre alt war, fiel der ganzen Gesellschaft durch ihr geziertes Benehmen auf; sie war redselig, ihr Gedächtnis war mit Denksprüchen überladen, die sie oft am falschen Platze anwandte, weil sie damit paradieren zu müssen glaubte; sie war fromm und in ihren Mann so verliebt, daß sie ihren Verdruß nicht verbergen konnte, wenn er bei Tisch seiner Schwägerin, der er gegenübersaß, den Hof machte und so tat, als sei er von deren Schönheit entzückt. So wirkte sie sehr komisch. Ihr Mann war ein Wirbelkopf, der vielleicht seine Frau sehr liebhatte, aber es für guten Ton hielt, sich gleichgültig gegen sie zu zeigen, und der aus Eitelkeit Spaß daran fand, ihr allerlei Gründe zur Eifersucht zu geben. Sie ihrerseits fürchtete, für dumm gehalten zu werden, wenn sie nicht zu erkennen gäbe, daß sie alles merkte. Die gute Gesellschaft machte sie linkisch, gerade weil sie tat, als sei sie nur an einen Verkehr wie solchen gewöhnt. Wenn ich allerlei Unsinn vorbrachte, hörte sie mich aufmerksam an und lachte am unrechten Ort, weil sie nicht für beschränkt gelten wollte. Ihr eigentümliches, linkisches und geziertes Wesen machte mir Lust, sie besser kennenzulernen, und ich begann ihr den Hof zu machen.

Meine großen und kleinen Aufmerksamkeiten, meine Gefälligkeiten, selbst meine Narrenpossen machten es bald jedem klar, daß ich Absichten auf sie hatte. Der Ehemann wurde offen vor mir gewarnt; er aber spielte den Helden und nahm die Sache von der scherzhaften Seite, wenn man ihm sagte, er solle sich vor mir in acht nehmen. Ich meinerseits spielte den Bescheidenen, manchmal aber auch den Unbekümmerten. Seiner Rolle getreu, stachelte er mich noch an, seiner Frau den Hof zu machen, die ihrerseits sehr ungeschickt die *disinvolta* [die Unbefangene] herauskehrte.

Seit fünf oder sechs Tagen hatte ich ihr eifrig den Hof gemacht, als sie bei einem Spaziergang im Garten so unvorsichtig war, mir zu sagen, warum sie so unruhig sei und daß ihr Mann unrecht habe, ihr Anlaß dazu zu geben. Ich sagte ihr im Ton der Freundschaft, es gäbe kein besseres Mittel, ihn zu bessern, als scheinbar die Aufmerksamkeiten ihres Mannes für ihre Schwester gar nicht zu bemerken und sich zu stellen, als sei sie in mich verliebt; um sie recht geneigt zu machen, meinen Vorschlag zu befolgen, sagte ich ihr, mein Plan sei sehr schwer auszuführen, denn man müsse viel Geist haben, um eine Rolle zu spielen, die solche Verstellungskunst erfordere. Damit hatte ich den empfindlichen Punkt getroffen; denn sie versicherte mir, sie werde diese Rolle ausgezeichnet spielen. Trotz dieser Versicherung benahm sie sich höchst ungeschickt, denn alle bemerkten, daß der Plan von mir stammte.

Eines Tages befand ich mich allein mit ihr in einer Gartenallee, und da ich sicher war, daß uns niemand sehen konnte, so wollte ich aus der Komödie Ernst machen. Da wurde sie hochfahrend und ergriff das gefährliche Mittel, fortzulaufen und allein zu der übrigen Gesellschaft zurückzukehren; natürlich verspottete man mich, als ich wieder erschien, als ungeschickten Jäger. Sobald ich Gelegenheit dazu fand, tadelte ich sie wegen ihres Davonlaufens und stellte ihr vor, daß sie dadurch ihrem Gatten einen großen Triumph verschafft habe. Ich lobte ihre Klugheit und tadelte ihre falsche Erziehung. Ich sagte ihr, der Ton, den ich ihr gegenüber anschlage, entspreche den Umgangsformen der guten Gesellschaft und sei ein Beweis, wie hoch ich ihre Klugheit schätze. Am zehnten oder zwölften Tage aber brachte sie mich mitten in meinen schönsten Redensarten außer Fassung, indem sie mir sagte, als Priester müsse ich wissen, daß außerehelicher Liebesverkehr eine Todsünde sei; Gott sehe alles, und sie wolle nicht zur Hölle verdammt werden, andererseits aber auch nicht einem Beichtvater sagen müssen, daß sie sich soweit vergessen habe, mit einem Priester zu sündigen. Ich brachte den Einwand vor, ich sei kein Priester; aber sie schmetterte mich zu Boden, indem sie mich fragte, ob etwa das von mir Beabsichtigte nicht zu den Sünden gehöre. Da ich nicht den Mut hatte, diese Frage zu verneinen, so fühlte ich, daß ich meinem Abenteuer ein Ende machen müßte.

Indem ich über die Sache nachdachte, gewann ich gleich meine Ruhe wieder; mein neues Verhalten wurde bei Tisch bemerkt, und der alte Graf, der gern einen Scherz machte, sagte laut heraus, man sehe, daß die Sache abgemacht sei. Dies schien mir ein günstiger Umstand zu sein; ich sagte meiner hartherzigen, frommen Schönen, so werde unser Fall von der Gesellschaft aufgefaßt; aber das nutzte mir nichts, und ich war mit meinem Latein zu Ende. Der Zufall kam mir besser zur Hilfe; die Intrige nahm plötzlich eine ganz andere Wendung:

Am Himmelfahrtstage machten wir alle einen Besuch bei Signora Bergalli, der berühmten Zierde des italienischen Parnasses. Als wir am selben Abend nach Pasiano zurückfahren sollten, wollte meine schöne Pächtersfrau in einem viersitzigen Wagen Platz nehmen, worin schon ihr Mann und ihre Schwester saßen, während ich allein in einer hübschen zweirädrigen Kalesche mich befand. Ich schlug Lärm; das sei ein Zeichen von Mißtrauen; und die Gesellschaft stellte ihr vor, sie könne mir doch solchen Schimpf nicht antun. Sie stieg zu mir ein; ich sagte dem Kutscher, ich wolle den kürzesten Weg fahren, und er trennte sich von dem anderen Wagen und wählte den Weg durch den Wald von Cecchini. Bei unserer Abfahrt war der Himmel heiter, aber es war noch keine halbe Stunde vergangen, da erhob sich ein Gewitter, wie sie im Süden häufig vorkommen: es sieht aus, als wollten die Elemente die ganze Welt auf den Kopf stellen, aber es kommt gar nichts dabei heraus: der Himmel ist bald wieder klar und die Luft ist gereinigt und erfrischt. Daher sind solche Unwetter im Grunde nur angenehm.

»O Himmel!« rief meine Pächtersfrau; »wir werden ein Gewitter kriegen.«

»Ja, und trotz dem Verdeck unserer Kalesche wird der Regen Ihr schönes Kleid verderben; das tut mir recht leid.«

»Auf das Kleid kommt es nicht an; aber ich habe Angst vor dem Donner.«

»Halten Sie sich die Ohren zu.«

»Und der Blitz?«

»Kutscher, wir wollen irgendwo einkehren.«

»Die nächsten Häuser, Signor Abbate, sind eine halbe Stunde entfernt; bevor wir dahin kommen können, wird das Gewitter vorüber sein.«

Er fuhr ruhig weiter. Blitze zucken, Donner rollen, meine Pächterin zittert an allen Gliedern. Der Regen fällt in Strömen; ich ziehe meinen Mantel aus, um uns von vorn damit zu bedekken; im selben Augenblick sind wir wie geblendet: hundert Schritte vor uns schlägt der Blitz ein, die Pferde bäumen sich, und meine arme Begleiterin fällt in Krämpfe. Sie wirft sich auf mich und umschlingt mich eng. Ich bücke mich, um den hinuntergefallenen Mantel aufzuheben, mache mir die Gelegenheit zunutze und hebe ihren Rock hoch. Sie macht eine Bewegung, um ihr Kleid wieder hinunterzustreifen, aber im selben Augenblick bricht ein neuer Donnerschlag los, und sie kann vor Angst kein Glied rühren. Ich suche sie mit meinem Mantel zu bedecken und ziehe sie an mich; die Bewegung des Wagens kommt mir dabei zu Hilfe, und sie sinkt rittlings, also in der glücklichsten Stellung, über mich hin. Ich verliere keine Zeit, tue, als brächte ich meine Uhr in der Westentasche in Ordnung, und mache mich sturmfertig. Sie fühlt, daß sie mir nicht entwischen kann, wenn sie mich nicht schnell an meinem Vorhaben hindert; sie sträubt sich; ich halte sie aber fest und sage ihr: wenn sie nicht tue, als sei sie ohnmächtig, so werde der Kutscher alles sehen, sobald er sich umdrehe. Ich gönne ihr das Vergnügen, mich einen ruchlosen Taugenichts und sonst noch allerlei zu schimpfen, presse sie auf meine Wurzel und erringe den vollständigsten Sieg, den je ein Athlet davongetragen hat.

Der Regen fiel immer noch in Strömen, der sehr starke Wind blies uns gerade entgegen; sie mußte daher in ihrer Stellung bleiben, aber sie sagte mir, ich richte ihre Ehe zugrunde, denn der Kutscher könne alles sehen.

»Ich sehe ihn ja«, antwortete ich; »er denkt nicht dran, sich umzudrehen; aber selbst wenn er dies täte, so schützt uns der Mantel vor seinen Blicken; seien Sie vernünftig, und bleiben Sie so, wie wenn Sie ohnmächtig wären; denn loslassen werde ich Sie nicht.«

Sie scheint sich in ihr Schicksal zu ergeben und fragt mich, wie ich es wagen könne, den Blitz herauszufordern.

»Der ist mit mir im Bunde!« antworte ich. Sie ist beinahe geneigt, zu glauben, daß ich die Wahrheit spreche, ihre Angst verschwindet, und da sie fühlt, daß ich in Ekstase bin, fragt sie mich, ob ich nun endlich zufrieden sei. Lächelnd verneine ich diese Frage; ich müsse ihre Einwilligung bis zum Ende des Gewitters verlangen. »Willigen Sie ein, oder ich lasse den Mantel fallen!«

»Abscheulicher Mensch, der mich für mein ganzes Leben unglücklich gemacht hat! Sind Sie jetzt zufrieden?«

»Nein.«

»Was wollen Sie denn noch?«

»Eine Sintflut von Küssen!«

»Wie bin ich unglücklich! aber – da!«

»Sagen Sie, daß Sie mir verzeihen, und geben Sie zu, daß Sie meinen Genuß geteilt haben!«

»Sie wissen es wohl; ja, ich verzeihe Ihnen.«

Jetzt wischte ich ihr die Spuren unserer Liebe weg und bat sie, mir dieselbe Gefälligkeit zu gönnen. Dies tat sie mit einem Lächeln auf den Lippen.

»Sagen Sie mir, daß Sie mich lieben!« rief ich.

»Nein! Sie sind ein gottloser Mensch; Sie werden in die Hölle kommen.«

Inzwischen war das Wetter wieder schön geworden; ich brachte alles in Ordnung, küßte ihr die Hände und sagte, sie könne sich darauf verlassen, der Kutscher habe nichts gesehen; ich sei überzeugt, ich habe sie von dem angstvollen Gewitter geheilt und sie werde keinem Menschen das Geheimnis verraten, wodurch ihre Heilung bewirkt worden sei. Sie antwortete mir: zum mindesten wisse sie soviel, daß niemals eine Frau durch ein ähnliches Mittel kuriert worden sei.

»Das muß«, versetzte ich, »in tausend Jahren eine Million Male vorgekommen sein. Ich will Ihnen sogar eingestehen, daß ich darauf gerechnet habe, als ich in die Kalesche stieg; denn ich sah kein anderes Mittel, in Ihren Besitz zu gelangen. Trösten Sie sich, und glauben Sie mir: es gibt keine furchtsame Frau, die im gleichen Falle hätte widerstehen können.«

»Ich glaube es, aber künftighin werde ich nur noch mit meinem Mann fahren.«

»Da täten Sie unrecht; denn Ihr Mann hätte nicht den Geist besessen, Sie so zu trösten, wie ich es getan habe.«

»Das ist auch wieder wahr. Man lernt von Ihnen eigentümliche Dinge; aber wir werden nicht mehr allein miteinander fahren.«

Unter solchen Gesprächen kamen wir eine Stunde vor den anderen in Pasiano an. Wir stiegen aus, und meine Schöne lief spornstreichs in ihr Zimmer, während ich in meiner Börse einen Taler für den Kutscher suchte. Ich sah, daß er lachte.

»Worüber lachst du?«

»Sie wissen es wohl!«

»Na gut, da hast du einen Dukaten; aber – halte den Mund!«

VIERTES KAPITEL

Casanova hält sich in Diensten des Kardinals Acquaviva in Rom auf, lernt französisch und wird in die Gesellschaft eingeführt. Doch schon bald macht er sich auf den Weg nach Konstantinopel, der ihn über Ancona führt.

Ich traf in Ancona am 25. Februar des Jahres 1744 spätabends ein und stieg im besten Gasthof ab. Mein Zimmer gefiel mir. Ich sagte dem Wirt, ich wolle Fleisch essen, aber er antwortete mir, in der Fastenzeit äßen Christenmenschen Fastenspeisen.

»Der Heilige Vater hat mir die Erlaubnis gegeben, Fleisch zu essen.«

»Zeigen Sie mir diese Erlaubnis.«

»Er hat sie mir mündlich gegeben.«

»Signor Abbate, ich bin nicht verpflichtet, Ihnen zu glauben.«

»Sie sind ein Dummkopf!«

»In meinem Hause bin ich der Herr, und ich bitte Sie, in einen anderen Gasthof zu gehen!«

Eine derartige Antwort und Aufforderung, auf die ich ganz und gar nicht gefaßt war, brachte mich in Zorn. Ich fluche, schimpfe, schreie, als plötzlich ein würdevoller Herr ins Zimmer tritt und zu mir sagt: »Signore, Sie haben unrecht, daß Sie Fleisch essen wollen, während in Ancona die Fastenspeisen viel besser sind. Sie haben unrecht, daß Sie den Wirt zwingen wollen, Ihnen auf Ihr Wort zu glauben, und wenn Sie die Erlaubnis des Papstes haben, so haben Sie unrecht, daß Sie in Ihrem Alter sie verlangt haben. Sie haben unrecht, daß Sie sich die Erlaubnis nicht schriftlich geben ließen. Sie haben unrecht, daß Sie den Wirt Dummkopf nennen, denn das ist ein Kompliment, das kein Mensch sich in seinem eigenen Hause gefallen zu lassen braucht. Und endlich haben Sie unrecht, daß Sie solchen Lärm machen.«

Dieser Mensch, der da in mein Zimmer kam, bloß um mich

abzukanzeln und mir alles mögliche Unrecht aufzubinden, reizte meine Lachlust, statt mich noch verdrießlicher zu machen, und ich antwortete:

»Gern, Signore, gebe ich alles Unrecht zu, dessen Sie mich beschuldigen; aber es regnet, es ist spät, ich bin müde und habe guten Appetit; mit anderen Worten: ich habe ganz und gar keine Lust, ein anderes Quartier zu suchen. Wollen Sie mir ein Abendessen geben, da der Wirt sich weigert?«

»Nein«, sagte er sehr bestimmt; »denn ich bin ein guter Christ und faste. Aber ich erbiete mich, den Wirt zu besänftigen; der wird Ihnen ein ausgezeichnetes Abendessen, wenn auch aus Fastenspeisen, geben.«

Mit diesen Worten ging er die Treppen hinunter; und indem ich meine Ungebärdigkeit mit seiner Ruhe verglich, erkannte ich ihn als würdig an, mir einen Denkzettel zu geben. Gleich darauf kam er zurück und sagte mir, alles wäre beigelegt, ich würde gut bedient werden und er würde mir Gesellschaft leisten.

Ich nahm dies Anerbieten mit Freuden an; um seinen Namen zu erfahren, stellte ich mich ihm vor, wobei ich mich als Sekretär des Kardinals Acquaviva bezeichnete.

»Ich heiße Sancho Pico«, sagte er, »bin Kastilianer und verpflege die Armee Seiner Katholischen Majestät[1], die der Graf Gages unter dem Oberbefehl des Generalissimus, des Herzogs von Modena, kommandiert.«

»Wenn Sie gute Musik hören wollen«, sagte er einen Augenblick darauf, »so kommen Sie mit mir ins Nebenzimmer; die Primadonna wohnt da.«

Das Wort »Primadonna« erregte meine Neugier, und ich folgte ihm. Ich sehe an einem Tisch eine schon ältere Frau mit zwei Mädchen und zwei Knaben, vergebens aber suche ich die Primadonna. Don Sancho Pico stellte sie mir vor, indem er auf den einen Knaben zeigte, der von entzückender Schönheit und höchstens siebzehn Jahre alt war. Ich dachte, es sei ein Castrato, der als Primadonna auftrete, denn das Theater zu Ancona[2] ist den Gesetzen für die römische Bühne gleichfalls unterworfen. Die Mutter stellte mir ihren anderen Sohn vor, der ebenfalls sehr hübsch war; doch sah er, obwohl jünger, männlicher aus als der Castrato, er hieß Petronio. Dieser setzte die Serie der Verwandlungen fort, denn er trat als erste Tänzerin auf. Das älteste der beiden Mädchen, die mir von der Mutter ebenfalls vorgestellt wurden, hieß Cecilia und lernte Musik. Sie war erst zwölf Jahre alt; die jüngere, Marina, zählte elf und war wie ihr Bruder dem Kultus Terpsichores[3] geweiht. Beide waren sehr hübsch.

Die Familie war aus Bologna und lebte vom Ertrag ihrer Talente; Gefälligkeit und Frohsinn ersetzten ihr den fehlenden Reichtum.

Bellino, so hieß der Kastrat, gab endlich den dringenden Bitten Don Sanchos nach, setzte sich ans Klavier und sang mit einer Engelsstimme und mit bezaubernder Anmut. Der Kastilianer hörte mit geschlossenen Augen und in einer Art von Verzückung zu; ich aber schloß keineswegs meine Augen, sondern bewunderte Bellinos schwarze und feurige Augen, welche Funken zu sprühen schienen, von denen ich, wie ich bald fühlte, entflammt wurde. Ich entdeckte an ihr mehrere Züge Lucrezias und die anmutigen Manieren der Marchesa, und alles an ihr verriet mir ein schönes Weib; denn ihre Männertracht verbarg nur unvollkommen den schönsten Busen. Trotz der Vorstellung durch Don Sancho setzte ich mir daher in den Kopf, der angebliche Bellino sei eine verkleidete Schönheit; meine entfesselte Phantasie nahm freien Lauf, und ich war bis über die Ohren verliebt.

Nachdem wir bei der Familie zwei köstliche Stunden verbracht hatten, entfernte ich mich mit dem Kastilianer, der mich nach meinem Zimmer brachte. »Ich reise«, sagte er zu mir, »in aller Frühe mit dem Abbate di Vilmarcati nach Senigallia, aber ich werde übermorgen abend zum Nachtessen zurück sein.« Ich wünsche ihm glückliche Reise und sagte, wir würden uns gewiß unterwegs begegnen, denn ich würde wahrscheinlich am übernächsten Tage abreisen, da ich hier nur einen Besuch bei meinem Bankier zu machen hätte, um mir einen neuen Kreditbrief für Bologna ausstellen zu lassen.

Ganz erfüllt von dem Eindruck, den Bellino auf mich gemacht hatte, legte ich mich zu Bett, und es ärgerte mich, abreisen zu sollen, ohne ihm bewiesen zu haben, daß ich mich von der Verkleidung nicht täuschen ließe. Ich war daher natürlich sehr angenehm überrascht, als ich ihn am anderen Morgen bei mir eintreten sah, sobald ich meine Tür geöffnet hatte. Er wollte mir das Anerbieten machen, ich solle während meines Aufenthaltes seinen jüngeren Bruder als Bedienten anstellen, statt des Lohndieners, den ich sonst hätte nehmen müssen. Gern erklärte ich mich einverstanden und schickte sofort Petronio hinunter, um Kaffee für mich und die ganze Familie zu holen.

Ich ließ Bellino sich auf mein Bett setzen, in der Absicht, ihm Komplimente zu machen und ihn als Mädchen zu behandeln, aber plötzlich kommen die beiden jungen Schwestern herein und laufen auf mich zu; dies warf meine Pläne über den Haufen. Indessen bildete das Trio vor meinen Augen ein Gemälde, das mir nicht mißfallen konnte: ungeschminkte Schönheit und naive, natürliche Fröhlichkeit von dreifach verschiedener Art, nämlich zarte Zutraulichkeit, Theatergeist und die hübschen Bologneser Scherzchen und kleinen Possierlichkeiten, die ich noch nicht kannte. Dies alles war reizend und würde mich in gute Laune versetzt haben, wenn es solchen Antriebes überhaupt bedurft hätte. Cecilia und Marina waren zwei liebliche Rosenknospen, die ich Bellino vorgezogen hätte, wenn ich mir nicht in den Kopf gesetzt hätte, er wäre ein Mädchen wie sie. Denn trotz ihrer Jugend verrieten die beiden liebenswürdigen Mädchen durch ihre hübschen sprossenden Brüste frühzeitige Mannbarkeit.

Petronio kam mit dem Kaffee und wartete uns auf; der Mutter schickte ich ihren Anteil in ihr Zimmer, das sie niemals verließ. Dieser Petronio war ein richtiger *giton*[4], sogar ein berufsmäßiger. Das ist nicht selten in Italien, wo in dieser Beziehung weder eine so unvernünftige Unduldsamkeit herrscht wie in England noch eine so wilde und grausame Verfolgung wie in Spanien. Ich hatte ihm eine Zechine gegeben, um den Kaffee zu bezahlen, und als ich ihm den Überschuß, achtzehn Paoli, schenkte, bezeigte er mir seine Dankbarkeit dafür, indem er mir mit halbgeöffnetem Munde einen wollüstigen Kuß auf die Lippen drückte; allerdings hatte ich ganz und gar nicht den Geschmack, den er bei mir voraussetzte. Ich klärte ihn darüber auf, und er schien es sich keineswegs zu Herzen zu nehmen. Dann befahl ich ihm, Mittagessen für sechs Personen zu bestellen, aber er sagte mir, er werde nur für vier bestellen, denn er müsse seiner lieben Mutter Gesellschaft leisten, die stets im Bett speise. Jedes nach seinem Geschmack! Ich ließ ihm seinen Willen.

Zwei Minuten darauf kam der Wirt zu mir und sagte: »Signor Abbate, ich mache Sie darauf aufmerksam, daß die von Ihnen Eingeladenen für zwei essen; ich kann Ihnen daher nur aufwarten, wenn ich Sie entsprechend bezahlen lasse. Unter sechs Paoli auf den Kopf kann ich nicht anrichten.«

»Schon recht«, antwortete ich, »aber bedienen Sie uns gut!«

Sobald ich angezogen war, glaubte ich, der gefälligen Mutter guten Tag sagen zu müssen. Ich trat in ihr Zimmer ein und machte ihr ein Kompliment über ihre Kinder. Sie dankte mir für das Geschenk, das ich ihrem geliebten Sohn gemacht hatte, und begann mir darauf ihre Not zu schildern: »Der Theaterunternehmer Rocco Argenti ist ein Barbar, der mir für den ganzen Karneval nur fünfzig römische Scudi hat geben wollen. Diese haben wir für unseren Lebensunterhalt verbraucht, und jetzt können wir nur nach Bologna zurückkehren, wenn wir zu Fuß wandern und unterwegs betteln.«

Ihr Vertrauen erweckte mein Mitleid; ich zog aus meiner Börse einen Goldquadrupel und gab ihr diesen, worüber sie Tränen der Freude und Dankbarkeit vergoß.

»Ich verspreche Ihnen einen zweiten, Signora, wenn Sie mir ein Geständnis machen wollen: sagen Sie mir offen, daß Bellino ein hübsches, verkleidetes Mädchen ist.«

»Verlassen Sie sich darauf, er ist es nicht; aber er sieht so aus.«

»Er hat das Aussehen und den Klang der Stimme, Signora; ich bin Kenner.«

»Natürlich ist er ein Knabe; er hat sich ja untersuchen lassen müssen, um auf der Bühne auftreten zu können.«

»Von wem denn?«

»Vom hochwürdigsten Beichtvater Seiner Eminenz des Herrn Bischofs.«

»Von einem Beichtvater!«

»Ja, und Sie können sich davon überzeugen; Sie brauchen ihn nur zu fragen.«

»Ich werde meiner Sache nur gewiß sein, wenn ich selber ihn untersuche.«

»Tun Sie das, wenn er einverstanden ist; aber ich kann mich mit gutem Gewissen nicht in die Sache einmischen, denn ich kenne Ihre Absichten nicht.«

»Diese sind ganz natürlicher Art.«

Ich ging in mein Zimmer zurück und ließ mir von Petronio eine Flasche Zyperwein holen. Er führte den Auftrag aus und brachte mir als Rest auf eine Dublone, die ich ihm mitgegeben hatte, sieben Zechinen zurück. Diese verteilte ich unter Bellino, Cecilia und Marina und bat dann die beiden kleinen Mädchen, mich mit ihrem Bruder allein zu lassen.

»Mein lieber Bellino, ich bin überzeugt, daß Sie anders gebaut sind als ich. Meine Liebe, Sie sind ein Mädchen!«

»Ich bin Mann, aber Kastrat. Man hat mich untersucht.«

»Lassen Sie sich auch von mir untersuchen; ich gebe Ihnen eine Dublone.«

»Das kann ich nicht; denn offenbar lieben Sie mich – und das verbietet mir die Religion.«

»Beim Beichtvater des Bischofs haben Sie nicht solche Schwierigkeiten gemacht.«

»Der war ein alter Priester; Übrigens hat er nur einen flüchtigen Blick auf meine Mißbildung geworfen.«

»Ich werde es gleich wissen!« sagte ich mit einem kühnen Griff. Bellino stieß mich zurück und stand auf.

Diese Halsstarrigkeit ärgerte mich, denn ich hatte schon fünfzehn oder sechzehn Zechinen ausgegeben, um meine Neugierde zu befriedigen. Mit verdrießlichem Gesicht setzte ich mich zu Tisch; aber der ausgezeichnete Appetit meiner hübschen Gäste gab mir meine gute Laune wieder, und ich dachte, eigentlich sei es doch besser, fröhlich zu sein, als zu schmollen; in dieser Stimmung beschloß ich, mich an den beiden reizenden jüngeren Schwestern schadlos zu halten, die mir zu losen Scherzen sehr geneigt zu sein schienen.

Ich saß in ihrer Mitte an einem guten Feuer, und wir aßen geröstete Kastanien, die wir mit Zyperwein befeuchteten; bald begann ich nach rechts und nach links einige unschuldige Küsse auszuteilen. Aber es dauerte nicht lange, so betasteten meine gierigen Hände alles, was meine Lippen küssen konnten, und Cecilia und Marina ergötzten sich sehr an diesem Spiele. Da Bellino lächelte, so umarmte ich auch ihn, und da sein halboffenes Spitzenjabot meine Hand herauszufordern schien, so erkühnte ich mich und drang ein, ohne Widerstand zu finden. Niemals hatte der Meißel des Praxiteles einen so schönen Busen geformt. »An diesem Zeichen«, sagte ich zu ihr, »erkenne ich zweifellos, daß Sie ein Mädchen sind.«

»Dies ist«, antwortete sie, »ein Mangel, den ich mit allen meinesgleichen teile.«

»Nein, es ist die höchste Vollkommenheit aller Ihresgleichen. Bellino, glauben Sie mir, ich bin Kenner genug, um den häßlichen Busen eines Kastraten von dem einer schönen Frau unterscheiden zu können; und dieser Alabasterbusen gehört einer jungen Schönheit von siebzehn Jahren.«

Wer wüßte nicht, daß eine von den höchsten Reizen entflammte Liebe in der Jugend erst dann einhält, wenn sie Befriedigung gefunden hat, und daß das Erlangen einer Gunstbezeigung nur dazu antreibt, eine noch größere Gunst zu gewähren? Ich war auf gutem Wege, und darum wollte ich noch weiter gehen und mit glühenden Küssen den Busen bedecken, der meiner Hand preisgegeben war; aber der falsche Bellino tat, wie wenn er erst in diesem Augenblick bemerkte, daß ich eines unerlaubten Vergnügens genösse; er stand auf und entfloh. In das Feuer der Liebe mischte sich nun Zorn; es war mir unmöglich, ihn zu verachten, weil ich dann zuerst mich selber hätte verachten müssen, aber ich fühlte das Bedürfnis, mich zu beruhigen, indem ich meine Leidenschaft befriedigte oder ablenkte; ich bat daher Cecilia, die Bellinos Schülerin war, mir einige neapolitanische Lieder zu singen. Hierauf ging ich aus und begab mich zu Signor Bucchetti aus Ragusa, wo ich mir zum Austausch für den ihm fälligen Wechsel einen Sichtwechsel auf Bologna geben ließ. Nach meiner Rückkehr nahm ich ein leichtes Abendessen mit den kleinen Mädchen ein; hierauf zog ich mich aus, um mich zu Bett zu legen, nachdem ich Petronio befohlen hatte, mir für Tagesanbruch einen Wagen zu bestellen.

Im Augenblick, wo ich die Tür verschließen wollte, kam Cecilia halb ausgezogen und sagte mir, Bellino lasse mich fragen, ob ich ihn nach Rimini mitnehmen wolle, wo er nach Ostern in der Oper singen wolle.

»Sage ihm, mein kleiner Engel, ich werde ihm sehr gerne dieses Vergnügen bereiten, wenn er mir in deiner Gegenwart das von mir gewünschte Vergnügen machen will; ich will durchaus wissen, ob er ein Knabe oder ein Mädchen ist.«

Sie ging, kam sofort wieder und sagte mir, Bellino sei schon zu Bett, aber er verspreche mir, am nächsten Tage meinen Wunsch zu erfüllen, wenn ich meine Abreise nur um vierundzwanzig Stunden verschieben wolle.

»Sage mir die Wahrheit, Cecilia, und ich gebe dir sechs Zechinen.«

»Ich kann sie mir nicht verdienen, denn ich habe ihn niemals ganz nackt gesehen, und ich kann nicht darauf schwören, ob er ein Mädchen ist oder nicht. Aber er muß doch wohl ein Knabe sein, denn sonst hätte er nicht hier auf dem Theater auftreten dürfen.«

»Gut, ich werde erst übermorgen abreisen, wenn du mir diese Nacht Gesellschaft leisten willst.«

»Sie lieben mich also?«

»Sehr – wenn du lieb sein willst.«

»Sehr lieb will ich sein; denn ich habe Sie ebenfalls sehr lieb. Ich werde meiner Mutter Bescheid sagen.«

»Du hast gewiß einen Liebhaber?«

»Ich habe niemals einen gehabt.«

Sie ging und kam gleich darauf freudestrahlend zurück, um mir zu sagen, ihre Mutter halte mich für einen Ehrenmann. Die Hauptsache war ohne Zweifel, daß sie mich für freigebig hielt. Cecilia schloß die Tür, warf sich in meine Arme und küßte mich. Sie war hübsch und lieblich, aber ich war nicht in sie verliebt und konnte nicht zu ihr sagen: du hast mein Glück gemacht. Aber sie sagte mir dieses, ohne daß ich mich jedoch dadurch besonders geschmeichelt fühlte; indessen tat ich so, als glaubte ich es ihr. Bei meinem Erwachen erhielt sie von mir einen zärtlichen Morgengruß, und nachdem ich ihr drei Dublonen gegeben hatte, worüber jedenfalls ihre Mutter sich ganz besonders freuen mußte, entließ ich sie, ohne ihr erst ewige Treue zu schwören; denn diese Schwüre sind ebenso leichtfertig wie abgeschmackt, und selbst der verständigste Mann sollte sie niemals auch der schönsten Frau gegenüber anwenden.

Nach dem Frühstück ließ ich den Wirt heraufkommen und bestellte bei ihm ein ausgezeichnetes Abendessen für fünf Personen, denn ich war überzeugt, daß Don Sancho, der am Abend zurückkehren sollte, mir nicht die Ehre verweigern würde, mit mir zu Nacht zu speisen; in dieser Hoffnung beschloß ich, nicht zu Mittag zu essen. Die Bologneser Familie hatte es nicht nötig mein Vorbild nachzuahmen, um eines guten Appetits für den Abend sicher zu sein.

Ich ließ Bellino rufen und forderte ihn auf, sein Versprechen zu halten; aber er sagte mir lachend, der Tag sei noch nicht zu Ende und es sei sicher, daß er mit mir abreisen werde.

»Ist es Ihnen recht«, fragte ich ihn, »wenn wir zusammen einen Spaziergang machen?«

»Gern – ich werde mich anziehen.«

Während ich auf ihn warte, kommt Marina und fragt mich mit schmollendem Gesicht, womit sie es verdient habe, daß ich sie verachte. »Cecilia hat die Nacht mit Ihnen verbracht; morgen reisen Sie mit Bellino ab; nur ich allein bin unglücklich.«

»Willst du Geld?«

»Nein; denn ich liebe Sie.«

»Aber, Marina, du bist zu jung!«

»Das Alter sagt gar nichts. Ich habe schon eine bessere Figur als meine Schwester.«

»Es ist aber auch möglich, daß du einen Liebhaber hast.«

»Oh, gewiß nicht!«

»Schön denn; wir werden heute abend sehen.«

»Ich werde also Mama sagen, daß sie für morgen frische Betttücher bereithalten soll; denn sonst würde man es im Gasthof merken.«

Ich bewunderte die Früchte einer Theatererziehung; aber es machte mir Spaß.

Bellino kam, wir gingen aus und lenkten unsere Schritte nach dem Hafen. Ich kaufte dort ein Fäßchen Austern aus Venedig, um Don Sancho gut zu bewirten, und schickte es in den Gasthof. Auf der Reede lagen mehrere Schiffe, unter anderen ein venezianisches und ein türkisches. Ich ließ mich an Bord des ersteren fahren, das gerade seine Quarantäne beendet hatte, und besichtigte es mit Interesse; da ich aber keinen Bekannten fand, verließ ich es bald wieder und fuhr mit Bellino zu dem türkischen Schiff hinüber, das bald nach Alexandria segeln sollte, wo mich die romanhafteste Überraschung erwartete. Die erste Person, die ich bemerkte, war die schöne Griechin, die ich vor sieben Monaten zu Ancona im Lazarett verlassen hatte. Sie stand neben dem alten Kapitän. Seine schöne Gefangene scheinbar gar nicht bemerkend, fragte ich ihn, ob er schöne Waren zu verkaufen habe. Er führte uns in die Kajüte, und indem ich einen Seitenblick auf seine schöne Griechin warf, las ich in ihren Augen die höchste Freude über unser Wiedersehen.

Ich tat, als gefiele mir nichts von dem, was der Türke mir zeigte; schließlich sagte ich ihm, wie wenn ich eine plötzliche Eingebung hätte, ich würde gerne etwas Hübsches kaufen, das seiner schönen Gattin gefiel. Er lächelte und verließ die Kajüte, nachdem die Griechin ihm etwas auf türkisch gesagt hatte. Kaum war er unseren Blicken entschwunden, so fiel die neue Aspasia mir um den Hals und rief: »Der Augenblick des Glücks ist da!«

Ich hatte nicht weniger Mut als sie. Ich setzte mich, und sie nahm dazu eine geeignete Stellung ein. Ich machte ihr in einem Nu, was ihr Gebieter ihr in fünf Jahren nicht gemacht hatte. Ich pflückte die Frucht, aß sie, doch als ich sie gerade hinunterschlucken wollte, hörte die unglückliche Griechin ihren Herrn zurückkommen; mit einem Seufzer entriß sie sich meinen Armen und stellte sich so geschickt vor mich, daß ich Zeit hatte, meine Kleider wieder in Ordnung zu bringen; sonst hätte das Abenteuer mir das Leben oder wenigstens all mein Hab und Gut gekostet. Lachen mußte ich in dieser sehr gefährlichen Lage über Bellinos Überraschung; er stand wie erstarrt da und zitterte an allen Gliedern.

Die Nippsachen, die die schöne Sklavin auswählte, kosteten mich nur etwa dreißig Zechinen. »*Spolaitis!* [Vielen Dank]« sagte sie mir in ihrer Sprache; der Türke befahl ihr, mich zu umarmen, sie aber verhüllte ihr Gesicht und lief hinaus. Ich verließ das Schiff mehr traurig als zufrieden; denn es tat mir leid, daß dieses reizende Wesen trotz ihrem Mut nur eine unvollständige Befriedigung hatte erreichen können. Sobald wir wieder in unserer Feluke[5] waren, sagte Bellino, der sich von seiner Furcht erholt hatte, ich hätte ihm ein wahres Wunder gezeigt, das kaum glaublich wäre, ihm aber einen eigentümlichen Begriff von meinem Charakter gäbe; der Charakter der Griechin sei überhaupt nicht verständlich, ich müßte ihm denn etwa versichern können, daß alle Weiber ihres Landes ebenso wären wie sie.

»Wie unglücklich müssen sie sein!« rief er aus.

»Glauben Sie denn«, fragte ich ihn, »daß die Koketten glücklicher sind?«

»Nein; aber ich verlange, daß ein Weib, wenn es aufrichtig ist, sich erst ergibt, nachdem es mit sich selber gekämpft hat; sie darf nicht dem ersten Antrieb eines wollüstigen Wunsches nachgeben, sie darf nicht dem ersten besten, der ihr gefällt, sich hingeben wie ein Tier, das nur den Trieben seiner Sinne folgt. Geben Sie mir zu, daß diese Griechin Ihnen ein sicheres Zeichen gegeben hat, daß Sie ihr gefallen haben; daß sie Ihnen aber ein nicht weniger sicheres Zeichen ihrer rohen Sinnlichkeit gegeben hat, und zwar mit einer Schamlosigkeit, die sie der Gefahr aussetzte, schimpflich zurückgewiesen zu werden; denn sie konnte nicht wissen, ob Sie sich ebenso stark zu ihr hingezogen fühlten wie sie sich zu Ihnen. Sie ist sehr hübsch, und alles ist gut gegangen; aber der ganze Vorfall hat mich in eine Aufregung versetzt, von der ich mich noch nicht erholt habe.«

Ich hätte Bellino leicht aus seinem Erstaunen reißen und ihm seinen Irrtum benehmen können; aber eine derartige Aufklärung hätte nicht im Interesse meiner Eitelkeit gelegen; daher schwieg ich. Denn wenn Bellino, wie ich bestimmt glaubte, ein Mädchen war, so wünschte ich ihr die Überzeugung beizubringen, daß ich auf die körperliche Betätigung der Liebe im Grunde einen sehr geringen Wert legte und daß es sich nicht lohnte, zur List zu greifen, um ihre Folgen zu verhindern.

Wir kehrten in das Wirtshaus zurück.

Gegen Abend hörte ich Don Sanchos Wagen in den Hof einfahren; ich beeilte mich, ihn zu empfangen, und sagte ihm, er werde mir hoffentlich verzeihen, daß ich darauf gerechnet habe, er werde mir die Ehre erweisen, mit mir und Bellino zur Nacht zu speisen. Würdevoll und höflich bedeutete er mir, meine Aufmerksamkeit mache ihm das größte Vergnügen, und nahm die Einladung an.

Die auserlesensten und vortrefflich zubereiteten Speisen, die besten spanischen Weine, die köstlichen Austern und, mehr als alles dieses, die Fröhlichkeit und die entzückenden Stimmen Bellinos und Cecilias, die Duette und Seguedillas[6] vortrugen, ließen den Kastilianer fünf köstliche Stunden verbringen. Um Mitternacht verließ er mich mit den Worten, er könne sich nicht für völlig befriedigt erklären, wenn ich ihm nicht das Versprechen gebe, am nächsten Tage in seinem Zimmer mit derselben Gesellschaft zu Abend zu speisen. Ich mußte also meine Abreise noch um einen Tag aufschieben; aber ich nahm an.

Kaum war Don Sancho gegangen, so forderte ich Bellino auf, sein Wort zu halten; aber er sagte mir, Marina erwarte mich, und da ich ja den nächsten Tag noch bleibe, so werde er schon einen günstigen Augenblick finden, um mich zufriedenzustellen. Hierauf wünschte er mir gute Nacht und ging.

Marina lief freudestrahlend an die Tür, schob den Riegel vor und eilte dann mit flammenden Blicken auf mich zu. Obgleich sie ein Jahr jünger war als Cecilia, waren ihre Formen schon reifer entwickelt, und sie schien mich überzeugen zu wollen, daß sie mehr wert sei als ihre Schwester. Da sie jedoch fürchtete, die Anstrengung der vergangenen Nacht möchte meine Kräfte erschöpft haben, so kramte sie alle verliebten Ideen ihrer Seele vor mir aus, sprach lang und breit über alles, was sie von dem großen Mysterium wußte, das sie mit mir vollziehen sollte, und von allen Versuchen, die sie gemacht hatte, sich Kenntnisse zu verschaffen; dies alles brachte sie mit der Zusammenhanglosigkeit ihres kindlichen Alters vor. Wie ich bald merkte, fürchtete sie, ich möchte sie nicht als Jungfer befinden und ihr Vorwürfe darüber machen. Ihre Unruhe machte mir Spaß, und ich beruhigte sie, indem ich ihr sagte, die sogenannte Mädchenblume sei etwas, das die Natur vielen Mädchen verweigere, und Männer, die sich darüber beklagten, seien in meinen Augen Dummköpfe.

Mein Sachverständnis gab ihr Mut und Vertrauen, und ich sah mich genötigt, ihr zu gestehen, daß sie ihrer Schwester weit überlegen sei. »Ich bin entzückt darüber!« rief sie; »wir wollen die ganze Nacht verbringen, ohne einen Augenblick zu schlafen.«

»Der Schlaf, liebes Kind, wird uns zustatten kommen; er wird uns neue Kräfte geben, und diese werden dich morgen früh für eine nach deiner Meinung vielleicht verlorene Zeit entschädigen.«

Und in der Tat wurde nach einem süßen Schlummer das Erwachen für sie zu einer Reihe von neuen Triumphen; sie war überselig, als ich ihr beim Abschied drei Dublonen gab, die sie ihrer Mutter überbrachte, wodurch in dieser der unersättliche Wunsch erregt wurde, neue Wohltaten von der Vorsehung anzunehmen.

Ich ging zu meinem Bankier, um mir Geld zu holen, da ich nicht wissen konnte, was mir auf der Reise bis Bologna noch zustoßen würde; denn ich hatte genossen, aber ich hatte zuviel ausgegeben. Außerdem blieb mir noch Bellino, der, wenn er Mädchen war, mich gegen sich nicht weniger freigebig finden durfte als gegen seine jungen Schwestern. Dies mußte sich im Laufe des Tages entscheiden; ich glaubte übrigens des Ergebnisses sicher zu sein.

Es gibt Leute, die da sagen, das Leben sei nur eine Anhäufung von lauter Unglück, was darauf hinausliefe, daß unser Dasein ein Unglück wäre; aber wenn das Leben ein Unglück ist, so ist der Tod gerade das Gegenteil, also Glück; denn der Tod ist dem Leben genau entgegengesetzt. Diese Schlußfolgerung kann etwas gezwungen erscheinen. Aber die Menschen, die eine solche Sprache führen, sind sicherlich entweder krank oder arm. Denn wenn sie einer guten Gesundheit genossen, wenn sie eine wohlgespickte Börse hätten, Fröhlichkeit im Herzen, dazu eine Cecilia, eine Marina und Hoffnung auf noch viel Besseres – oh, gewiß, da würden sie ihre Meinung ändern. Ich halte solche Leute für Pessimisten, die es nur unter bettelhaften Philosophen und unter heuchlerischen oder schwarzgalligen Pfaffen gegeben haben kann. Wenn es Freude gibt, und wenn man Freude nur genießen kann, solange man am Leben ist – dann ist das Leben ein Glück. Es gibt Unglück, davon weiß ich selber etwas; aber das Vorhandensein gerade dieses Unglücks beweist, daß im großen und ganzen das Glück überwiegt. Weil man bei einer Fülle von Rosen einige Dornen findet, darf man deshalb die Existenz dieser schönen Blume verkennen? Nein; man verleumdet das Leben, wenn man behauptet, es sei kein Gut. Wenn ich in einem dunklen Zimmer bin, bereitet es mir einen unendlichen Genuß, durch ein Fenster einen unermeßlichen Horizont vor mir sich ausbreiten zu sehen.

Als es Zeit zum Abendessen war, begab ich mich zu Don Sancho, den ich in einem prachtvollen Zimmer untergebracht fand. Sein Tisch war mit Silbergeschirr bedeckt, und seine Bedienten trugen große Livree. Er war allein, aber bald kamen Cecilia, Marina und Bellino, der aus Neigung oder aus Laune weibliche Tracht angelegt hatte. Die beiden jüngeren Schwestern waren gut angezogen und sahen reizend aus; aber Bellino in seiner Damentoilette stellte sie dermaßen in den Schatten, daß ich nicht mehr den geringsten Zweifel hatte. Man konnte sich kein hübscheres Mädchen vorstellen.

»Sind Sie überzeugt«, fragte ich Don Sancho, »daß Bellino kein Mädchen ist?«

»Ob Mädchen oder Junge, was macht das mir aus? Ich halte ihn für einen sehr hübschen Kastraten, und ich habe Kastraten gesehen, die ebenso hübsch waren wie er.«

»Aber sind Sie dessen sicher?«

»*Valgame Dios!* [Gott behüte]«, antwortete der würdevolle Kastilianer; »ich habe durchaus keine Lust, mir solche Gewißheit zu verschaffen.«

Oh! da dachten wir aber sehr verschieden! Ich respektierte jedoch in ihm die Weisheit, die mir fehlte, und erlaubte mir keine indiskrete Frage mehr. Bei Tische aber vermochten meine gierigen Augen sich nicht von dem entzückenden Geschöpf abzuwenden; infolge meiner natürlichen Lasterhaftigkeit fand ich eine süße Wollust in dem Glauben, Bellino gehöre einem Geschlecht an, dem er angehören mußte, wenn ich nicht unglücklich sein sollte.

Don Sanchos Nachtmahl war köstlich und natürlich dem meinigen weit überlegen; denn sonst hätte der kastilianische Stolz sich gedemütigt geglaubt. Er bewirtete uns mit weißen Trüffeln, mit Muschelgerichten verschiedener Art und den besten Fischen des Adriatischen Meeres; dazu gab es nichtmoussierenden Champagner, Peralta, Xeres und Pedro-Ximenes.

Nach diesem lukullischen Abendessen sang uns Bellino mit einer Stimme, die uns das letzte Restchen von Vernunft benahm, das die ausgezeichneten Weine uns noch gelassen hatten. Ihre Gebärden, der Ausdruck ihres Blickes, ihr Benehmen, ihr Gang, ihre Haltung, ihre Gesichtszüge, ihre Stimme und vor allem mein Instinkt, der mir nicht für einen Kastraten die Gefühle einflößen konnte, die ich für sie empfand – dies alles bestärkte mich in meiner Hoffnung. Indessen mußte ich mich mit eigenen Augen überzeugen.

Nach tausend Komplimenten und tausend Danksagungen verließen wir den prachtliebenden Spanier und gingen in mein Zimmer, wo endlich das Geheimnis sich enthüllen sollte. Ich forderte Bellino auf, mir Wort zu halten; sonst würde ich am nächsten Morgen in aller Frühe allein abreisen.

Ich nehme Bellino an der Hand, und wir setzen uns zusammen an das Kaminfeuer. Ich schicke Cecilia und Marina fort und sage zu ihm: »Bellino, alles hat seine Grenzen. Sie haben mir Ihr Versprechen gegeben: die Sache wird bald entschieden sein. Wenn Sie sind, was Sie sagen, werde ich Sie bitten, sich auf Ihr Zimmer zu begeben. Sind Sie dagegen, wofür ich Sie halte, und wollen Sie bei mir bleiben, so werde ich Ihnen morgen hundert Zechinen geben, und wir werden zusammen abreisen.«

»Sie werden allein abreisen und werden meiner Schwäche verzeihen, wenn ich Ihnen nicht Wort halten kann. Ich bin, was ich Ihnen gesagt habe, und ich kann mich nicht entschließen, Sie zum Zeugen meiner Schande zu machen, noch auch mich den furchtbaren Folgen auszusetzen, die diese Aufklärung haben könnte.«

»Sie kann keine einzige haben; sobald ich mich überzeugt habe, daß Sie das Unglück haben, das zu sein, wofür ich Sie nicht halte, werde ich Sie selbst bitten, in Ihr Zimmer schlafen zu gehen; es wird mit keinem Wort mehr davon die Rede sein, wir reisen morgen zusammen ab, und ich werde Sie in Rimini absetzen.«

»Nein, es ist entschieden; ich kann Ihre Neugierde nicht befriedigen.«

Über diese Worte war ich außer mir, und ich war nahe daran,

Gewalt anzuwenden; doch beherrschte ich mich und versuchte, mit meiner Hand dorthin zu gelangen, wo die Lösung des Problems lag. Fast hatte ich den Punkt erreicht, da setzte seine Hand mir einen kräftigen Widerstand entgegen.

»Nehmen Sie die Hand weg, lieber Bellino.«

»Nein und nochmals nein, denn Sie befinden sich in einem Zustand, der mir Angst einflößt. Ich wußte es, und ich werde niemals Ihren schrecklichen Absichten zustimmen. Ich gehe und schicke Ihnen meine Schwestern.«

Ich halte ihn zurück und gebe mir den Anschein, als würde ich mich beruhigen. Doch plötzlich, in der Hoffnung, ihn überrumpeln zu können, versuche ich mit der Hand zwischen seine Beine zu greifen, und beinahe hätte ich mir auf diese Weise Aufklärung verschafft. Aber ich fand sie vereitelt, indem Bellino plötzlich aufstand und meine Hand, die nicht loslassen wollte, mit derselben Hand abwehrte, die seinen, wie er es nannte, Makel bedeckt hielt. Aber es war schon zu spät, denn wider seinen Willen erkannte ich ihn im selben Augenblick als Mann, noch dazu als verachtungswürdigen Mann, teils wegen seiner Verstümmelung, teils wegen seiner Gefühlslosigkeit, die ich auf seinem Gesicht zu lesen glaubte. Verwirrt, aufgebracht, gekränkt und angeekelt ließ ich ihn gehen.

Seine Schwestern kamen zu mir; ich verabschiedete mich von ihnen und beauftragte sie, ihrem Bruder zu sagen, er würde mit mir reisen und brauchte keine Zudringlichkeiten mehr von meiner Seite zu befürchten. Ich schloß meine Tür und legte mich sehr unzufrieden ins Bett. Jedoch trotz der Überzeugung, die ich erlangt zu haben glaubte, beherrschte Bellino, den meine Phantasie mir als Weib vorgestellt hatte, immer noch alle meine Gedanken. Dies war mir unbegreiflich.

Am anderen Morgen, nachdem ich eine gute Suppe gegessen hatte, reiste ich mit ihm ab, begleitet von den Tränen der beiden reizenden Schwestern und von den Segenswünschen der Mutter, die mit dem Rosenkranz in der Hand Pater noster murmelte und ihren ewigen Refrain wiederholte: *»Dio provedera* [Gott wird uns beistehen].«

Dieses Vertrauen, das die meisten Leute, die von unerlaubten oder durch die Religion verbotenen Gewerben leben, auf die Vorsehung setzen, ist durchaus nicht abgeschmackt, erkünstelt oder heuchlerisch; sondern es ist wahr, echt und sogar fromm, denn es entstammt einer ausgezeichneten Quelle. Welche Wege auch immer die Vorsehung wählen mag, die Sterblichen müssen sie stets in ihrem Wirken erkennen, und wer sie unabhängig von jedem Nebengedanken anruft, kann im Grunde immer ein guter Mensch sein, wenn er auch einer Ausschreitung schuldig sein mag.

Pulchra Laverna
Da mihi fallere; da iusto sanctoque videri;
Noctem peccatis, et fraudibus obiice nubem.

[O schöne Laverna, / gib zu meinem faschen Spiele / Mir fernes Glück! Verleih mir, tadellos / Zu scheinen und gerecht! Mach, wenn ich sündige, / Nacht um mich her und wirf wie einen Schild / die dickste Wolke meiner Schalkheit vor!][7]

So sprachen zur Zeit des Horaz die Diebe lateinisch zu ihrer Göttin, und ich erinnere mich, daß eines Tages ein Jesuit mir sagte, der Dichter habe nicht Latein gekonnt, wenn er gesagt habe: *iusto sanctoque*. Aber es gab auch unter den Jesuiten Ignoranten, und ohne Zweifel pfiffen die Diebe auf die Grammatik.

So war ich also unterwegs mit Bellino, der in dem Glauben war, daß ich von meiner Meinung abgekommen sei, und sich daher vielleicht einbildete, ich sei nicht mehr neugierig auf ihn; aber schon nach einer knappen Viertelstunde sah er, daß er sich täuschte; denn ich konnte meine Blicke nicht in seine schönen Augen versenken, ohne mich von einer Glut entflammt zu fühlen, die der Anblick eines Mannes niemals in mir hätte erzeugen können. Ich sagte ihm, seine Augen und alle Züge seien die eines Weibes und ich müsse mich mit eigenen Augen der Tatsache vergewissern, weil der von mir bemerkte Auswuchs möglicherweise eine abnorm große Klitoris sei.

»Wenn dies der Fall wäre, würde ich Ihnen gern eine solche Verunstaltung verzeihen, die im Grunde doch nur lächerlich ist. Aber wenn es keine Klitoris ist, muß ich mich davon überzeugen, was sehr leicht ist. Ich möchte nichts weiter als Sie ansehen. Ich verlange nicht, Sie dort zu berühren, und ich versichere Ihnen, daß ich sanft wie eine Taube sein werde, sobald Sie mir Gewißheit verschafft haben; denn nachdem ich in Ihnen einen Mann erkannt habe, wird es mir unmöglich sein, Sie weiterhin zu lieben, da ich an dieser Art von Liebe gottlob keinen Geschmack finden kann. Bellino, Ihre magnetische Anziehungskraft auf mich und mehr noch Ihr Busen, den Sie meinen Händen und meinen Augen überlassen haben, um mich dadurch von meinem falschen Glauben abzubringen, haben mich im Gegenteil in meiner Ansicht bestärkt, in Ihnen ein Weib zu sehen. Ihre ganze Erscheinung, Ihre Beine, Ihre Knie, Ihre Schenkel, Ihre Hüften, Ihre Fesseln sind das vollkommene Abbild der Anadyomene, die ich schon hundertmal gesehen habe. Wenn es aber wirklich wahr ist, daß Sie nichts anderes als ein einfacher Kastrat sind, dann muß ich annehmen, daß Sie aus dem Bewußtsein heraus, einem Weibe zu gleichen, mit mir das grausame Spiel treiben, mich in Sie verliebt zu machen und verrückt werden zu lassen, indem Sie mir die Gewißheit über Ihre Person verweigern, die das einzige Mittel wäre, mich zur Vernunft zu bringen. Als ausgezeichneter Beobachter der Natur haben Sie in der verdammtesten aller Schulen gelernt, daß es, um einem Jüngling die Heilung von einer Liebesleidenschaft unmöglich zu machen, kein besseres Mittel gibt, als ihn unaufhörlich in Erregung zu halten. Aber Sie werden mir zugeben, lieber Bellino, daß Sie eine solche Tyrannei nur ausüben können, wenn Sie den Mann hassen, an dem Sie solche Wirkung erproben. Und wenn dies der Fall wäre, so müßte ich meine mir noch verbleibende Vernunft zu Hilfe rufen, um auch Sie meinerseits zu hassen, seien Sie nun Weib oder Mann. Sie müssen doch ebenso fühlen, daß durch Ihre hartnäckige Weigerung, mir die geforderte Aufklärung zu verschaffen, Sie mich zwingen, in Ihnen den Kastraten zu verachten. Die Wichtigkeit, die Sie dieser ganzen Angelegenheit beimessen, ist kindisch und boshaft zugleich. Wenn sie menschlich fühlen, können Sie nicht auf dieser Ablehnung bestehen, die mich infolge meiner Urteilskraft dazu bringt, an der Wahrheit Ihrer Worte stärkstens zu zweifeln. Sie müssen auch fühlen, daß ich in dem gegenwärtigen Zustand der Erregung gezwungen sein werde, mich der Gewalt zu bedienen; und da Sie in diesem Augenblick mein Feind sein werden, muß ich Sie ohne Schonung auch als solchen behandeln.«

Ohne mich ein einziges Mal zu unterbrechen, hatte er meinen erbarmungslosen Worten zugehört, und als ich geendet hatte, antwortete er mir ernst:

»Bedenken Sie, daß Sie nicht mein Herr sind, daß ich mich im Vertrauen auf ein Versprechen, das Sie mir durch Cecilia gegeben haben, in Ihren Händen befinde und daß Sie sich eines Überfalls schuldig machen würden, wenn Sie mir Gewalt antäten. Sagen Sie dem Kutscher, er soll anhalten: ich werde aussteigen und mich bei niemandem beklagen!«

Dieser kurzen Anrede folgte eine Sintflut von Tränen, und das ist ein Mittel, dem ich niemals habe widerstehen können. Ich fühlte mich bis auf den Grund meiner Seele gerührt und glaubte fast, ich hätte unrecht gehabt. Ich sage beinahe, denn wenn ich überzeugt gewesen wäre, so hätte ich mich ihm zu Füßen geworfen und ihn auch um Verzeihung gebeten; da ich mich jedoch nicht imstande fühlte, über den Fall zu urteilen, so begnügte ich mich damit, mich in ein düsteres Schweigen zu hüllen, und ich besaß die Standhaftigkeit, kein einziges Wort zu sprechen, bis wir eine halbe Poststrecke von Senigallia entfernt waren, wo ich zu Abend essen und übernachten wollte. Dort endlich ergriff ich das Wort, nachdem ich lange genug mit mir selber gekämpft hatte, und sagte zu ihm: »Wir hätten als gute Freunde in Rimini zur Ruhe gehen können, wenn Sie ein bißchen Freundschaft für mich empfunden hätten; denn wenn Sie nur ein wenig gefällig gewesen wären, so hätten Sie mich von meiner Leidenschaft heilen können.«

»Sie wären nicht geheilt worden«, antwortete Bellino mir mutvoll, aber in einem Tone, dessen Sanftheit mich überraschte. »Nein, Sie wären nicht geheilt worden, einerlei, ob ich Mädchen oder Knabe bin; denn Sie sind in meine Person verliebt, und Ihre Verliebtheit hat mit meinem Geschlecht nichts zu tun; wenn Sie Gewißheit erlangt hätten, wären Sie rasend geworden. Hätten Sie mich in diesem Zustande unerbittlich gefunden, so hätten Sie sich ganz gewiß zu Ausschreitungen hinreißen lassen, worüber Sie später unnütze Tränen würden vergossen haben.«

»Sie glauben, durch diese schönen Vernunftgründe mich zu dem Eingeständnis zu bringen, daß Ihr Widerstand vernünftig sei; aber Sie befinden sich vollkommen im Irrtum, denn ich fühle, daß ich völlig ruhig sein würde und daß Ihre Gefälligkeit Ihnen meine Freundschaft sichern würde.«

»Sie würden rasend werden, sage ich Ihnen!«

»Bellino, was mich rasend gemacht hat, ist die Schaustellung Ihrer allzu wirklichen oder allzu trügerischen Reize, deren Wirkung Ihnen sicherlich nicht unbekannt sein kann. Damals haben Sie meine Liebesraserei nicht gefürchtet; wie soll ich denn glauben, daß Sie sich jetzt fürchten, da ich von Ihnen nichts weiter verlange, als daß Sie mich ein Ding anfassen lassen, das mir nur Ekel erregen kann?«

»Ach? Ihnen Ekel erregen? Ich bin vom Gegenteil völlig überzeugt. Hören Sie mich an! Wenn ich ein Mädchen wäre, so stände es nicht in meiner Macht, Ihnen meine Liebe zu versagen, das fühle ich; da ich aber ein Knabe bin, so ist es meine Pflicht, die von Ihnen gewünschte Gefälligkeit nicht zu gewähren; denn Ihre Leidenschaft, die jetzt noch erklärlich ist, würde dann widernatürlich werden. Ihre glühende Natur würde stärker sein als Ihre Vernunft, und Ihre Vernunft selber würde leicht eine Bundesgenossin Ihrer Sinne werden und würde mit Ihrer Natur Halbpart machen. Wenn Sie diese Aufklärung erhielten, so würde sie Sie in Flammen setzen, und Sie würden die Herrschaft über sich selbst verlieren. Sie würden suchen, was Sie nicht finden können; Sie würden sich an dem, was Sie wirklich fänden, befriedigen wollen, und es würde ohne Zweifel zum Abscheulichsten kommen, was es zwischen Männern gibt. Sie sind doch so klug; wie können Sie sich mit der Hoffnung schmeicheln, es werde Ihnen möglich sein, mich plötzlich nicht mehr zu lieben, wenn Sie in mir einen Mann fänden? Werden die Reize, die Sie an mir bemerkten, nicht mehr vorhanden sein? Ihre Macht wird sich vielleicht sogar noch vermehren; alsdann wird Ihre Glut brutal werden, und Sie werden, um sie zu befriedigen, zu allen Mitteln greifen, auf die Ihre Phantasie nur verfallen kann. Es wird Ihnen gelingen, sich zu überreden, Sie könnten mich zum Weibe umwandeln; oder, schlimmer noch, Sie könnten mir gegenüber zum Weibe werden. Ihre Leidenschaft wird tausend Spitzfindigkeiten aushecken, um Ihre Liebe zu rechtfertigen, die Sie mit dem schönen Namen Freundschaft schmücken werden; und um Ihr Verhalten zu verteidigen, werden Sie nicht verfehlen, mir tausend Beispiele ähnlicher Schändlichkeiten anzuführen.

Betört von dem falschen Glanz Ihrer Argumente, würden Sie zu einem Wildbach werden, den kein Deich aufhalten könnte, und mir würden die Worte fehlen, um Ihren Überredungskünsten zu widerstehen, und die Kraft, um Ihrer wilden Leidenschaft zu wehren. Wer weiß, ob Sie mich nicht mit dem Tode bedrohen würden, wenn ich Sie hinderte, in einen unverletzlichen Tempel vorzudringen, dessen Tor von der weisen Natur nur als Ausgang geschaffen wurde. Das wäre eine schändliche Entweihung, die Sie niemals gegen meine Zustimmung vollziehen könnten, und ganz gewiß würde ich lieber sterben, als sie Ihnen zu geben.«

Von der Länge ihrer Auseinandersetzung ein wenig ermüdet, antwortete ich ihr: »Nichts von alledem, Bellino, würde geschehen; wahrhaftig, nichts! Und ich bin überzeugt, Sie übertreiben;

denn so weit kann Ihre Furcht unmöglich gehen. Doch muß ich Ihnen sagen: Selbst wenn es dazu käme, so dünkt mich, es wäre weniger schlimm, der Natur eine Verirrung zu verzeihen, die strenggenommen nur als eine Geistesverwirrung betrachtet werden kann, als wenn Sie eine Geisteskrankheit unheilbar machen, die bei vernünftigem Verhalten nur vorübergehend sein würde.«

Solche Reden hält ein armer Philosoph, wenn er in Augenblicken, wo eine aufrührerische Leidenschaft alle Fähigkeiten seiner Seele in die Irre führt, vernünftige Reden halten will. Um von seiner Vernunft den rechten Gebrauch zu machen, darf man weder verliebt noch zornig sein, denn diese beiden Leidenschaften haben das miteinander gemein, daß sie in ihren Ausartungen uns den Tieren gleich machen, die nur den Antrieben ihrer Instinkte folgen; unglücklicherweise sind wir niemals so dazu aufgelegt, Vernunftschlüsse zu ziehen, wie wenn wir unter dem Einfluß der einen oder anderen dieser Leidenschaften stehen.

Mit Einbruch der Nacht kamen wir in Senigallia an, wo ich im Gasthof ›Zur Post‹ abstieg; nachdem ich mir ein gutes Zimmer hatte anweisen lassen, bestellte ich ein Abendessen. Da in dem Zimmer nur ein einziges Bett war, fragte ich mit der ruhigsten Miene Bellino, ob er sich in einem anderen Zimmer Feuer machen wolle. Man stelle sich meine Überraschung vor, als er in sanftem Tone mir sagte, er habe durchaus nichts dagegen, mit mir im selben Bett zu schlafen. Auf diese Antwort war ich durchaus nicht gefaßt; aber sie war mir nötig, um die düstere Stimmung zu verscheuchen, die mich quälte. Ich sah wohl, daß der Knoten der Komödie sich entschürzen sollte, aber ich hütete mich wohl, mir dazu Glück zu wünschen, denn ich befand mich noch in Ungewißheit, ob die Lösung mir günstig sein würde oder nicht. Sicher wußte ich, daß Bellino mir im Bett nicht entwischen konnte, selbst wenn er so unverfroren wäre und sich nicht entkleiden würde. Indessen empfand ich eine aufrichtige Befriedigung über meinen Sieg, denn ich war gewiß, vollkommen Herr und Meister meiner selbst zu bleiben, wenn meine Sinne und mein Instinkt mich getäuscht haben sollten; das heißt, ich würde ihn respektieren, wenn er ein Mann wäre. Im entgegengesetzten Falle glaubte ich, die süßesten Gunstbeweise erwarten zu dürfen.

Wir setzten uns bei Tische einander gegenüber, und während des Essens ließen seine Reden, seine Miene, der Ausdruck seiner schönen Augen, sein sanftes, wollüstiges Lächeln mich vorausahnen, daß er es müde war, noch fernerhin eine Rolle zu spielen, die für ihn ebenso peinlich hatte sein müssen wie für mich.

Von einer großen Last befreit, kürzte ich das Abendessen nach Möglichkeit ab. Sobald wir vom Tisch aufgestanden waren, ließ mein liebenswürdiger Begleiter eine Nachtlampe bringen, verschloß die Tür, zog sich aus und ging zu Bett. Unverzüglich folgte ich ihm. Nun lagen wir nebeneinander.

Sobald ich im Bett lag, erbebte ich, denn ich sah, wie er sich mir näherte. Ich zog ihn an mich und sah ihn ebenfalls erregt. Der Beginn unserer Unterhaltung war eine Sintflut von Küssen, die miteinander verschmolzen. Seine Arme umfingen mich, und er begann meinen Rücken zu liebkosen. Doch seine Hände wagten sich nur bis zu den Lenden vor, während die meinen kühn weiter vordrangen. Jetzt endlich ist alles klar, und ich spüre in mir ein starkes Gefühl des Glückes. Ich begreife, daß ich nicht träume. Ich hatte also recht, es gibt keinen Zweifel mehr, man hatte mich getäuscht, aber ich mache mir keine Gedanken, wie es geschah, denn ich fürchte, wenn ich jetzt spreche, daß alles nicht mehr so sei, wie ich es wünschte. Und so liefere ich meinen Körper und meine Seele dem Gefühl aus, das mich völlig überflutet und das offensichtlich auch Bellino teilt. Das Übermaß meines Glückes nimmt von all meinen Sinnen Besitz, als die überströmende Natur sich im Höhepunkt des Genusses erschöpft.

Ich verharre in einem Augenblick der Besinnung und eigener Bewunderung, den vollkommensten Sieg errungen zu haben. Hatte ich geglaubt, daß meine Augen und meine Hände in diesem Stück die Hauptdarsteller sein würden – mußte ich nun doch feststellen, daß sie nur eine untergeordnete Rolle spielten. Meine Augen begehrten kein größeres Glück als jenes, auf dem Antlitz des Wesens zu verweilen, das mich so bezauberte, und ich hütete mich, die Stellung meiner Hände zu verändern, weil sie keinen besseren Platz finden konnten. Ich hätte die Natur der niederträchtigsten Feigheit angeklagt, wenn sie ohne meine Zustimmung den Ort verlassen hätten, in dessen Besitz ich mich fühlte.

Nach einigen Augenblicken der Verzückung entzündeten wir in uns erneut ein Feuer, das uns zu neuen gegenseitigen Beteuerungen unseres Glückes führte: Bellino, indem er mich alle Augenblicke durch die zärtlichsten Seufzer seines Glückes versicherte, und ich – der ich mein ganzes Leben von der Angst beherrscht wurde, daß mein Streitroß sich weigern könnte, erneut in den Kampf zu ziehen – zögerte das Ende meines Rittes immer wieder hinaus. Diese Zurückhaltung war von mir nie als Qual empfunden worden, denn ich hatte immer die Schwäche, vier Fünftel meines eigenen Genusses in der Wonne zu finden, die ich dem reizenden Wesen verschaffte, dem ich mein Glück verdankte. Dieses Gefühl muß leider Abscheu vor dem Alter geben, das sich wohl Genuß verschaffen, aber niemals welchen zu geben vermag. Die Jugend flieht das Alter, denn dieses ist ihr furchtbarster Feind, der sie schließlich traurig und schwach, mißgestaltet und häßlich werden läßt und immer leider zu früh kommt.

Endlich kam ein Augenblick der Ruhe, der durch die außerordentliche Lebhaftigkeit unserer Liebesfreuden notwendig geworden war. Unsere Sinne waren noch nicht ohnmächtig, aber sie bedurften jener Ruhe, die ihnen ihr Wohlbefinden wiedergibt und ihnen jene Spannkraft verleiht, die für die Spiele der Liebe notwendig ist. Bellino brach zuerst das Schweigen. »Mein Freund, bist du zufrieden? Hast du mich recht verliebt gefunden?«

»Verliebt? Verräterin! Du gibst also zu, daß ich mich nicht täuschte, als ich in dir ein reizendes Weib erriet? Und wenn es wahr ist, daß du mich liebtest – sage mir, wie hast du so lange dein und mein Glück hinausschieben können; aber ist es auch ganz gewiß, daß ich mich nicht geirrt habe?«

»Ich bin ganz dein; überzeuge dich.«

Welche Untersuchung! Welche Reize! Welche Genüsse! Als ich aber nicht das geringste Zeichen von einer Mißbildung fand, die mich so sehr abgestoßen hatte, fragte ich sie: »Aber was ist denn aus der ungeheuerlichen Klitoris geworden, die ich gestern gesehen habe?«

»Höre zu!« antwortete sie, »ich werde deine Neugierde befriedigen.

Ich heiße Teresa. Bei meinem Vater, einem armen Beamten am Institut von Bologna, wohnte der berühmte Kastrat Salimbeni, der wundervolle Sänger. Er war jung und schön, er schloß sich an mich an, und ich fühlte mich geschmeichelt, ihm zu gefallen und mich von ihm loben zu hören. Ich war erst zwölf Jahre alt; er erbot sich, mich in der Musik zu unterrichten, und da er meine Stimme schön fand, wandte er mir alle Sorgfalt zu, und in Jahresfrist wußte ich mich tadellos auf dem Klavier zu begleiten. Ich ahmte die graziöse Art des großen Meisters nach, der später bei dem Kurfürst von Sachsen[8] und König von Polen in Diensten stand.

Er erhielt den Lohn, den seine Zärtlichkeit ihn von mir zu erbitten zwang, und ich gewährte ihm diesen, ohne mich für erniedrigt zu halten, denn ich betete ihn an. Ohne Zweifel sind Männer wie du im allgemeinen Männern seiner Art weit überlegen; aber Salimbeni bildete eine Ausnahme. Seine Schönheit und Klugheit, sein Benehmen, sein Talent und die hohen Vorzüge seines Herzens stellten ihn in meinen Augen weit über alle Männer, die ich bis dahin gekannt hatte. Er war bescheiden und zartfühlend, reich und freigebig, und ich bezweifle, daß er einer Frau hätte begegnen können, die ihm Widerstand geleistet hätte; trotzdem habe ich ihn niemals sich seiner Triumphe bei Frauen rühmen hören. Die Verstümmelung hatte aus ihm eine Mißgestalt gemacht, aber alle Eigenschaften, die ihn schmückten, machten aus ihm einen Engel. Als ich mich ihm hingab, machte er mich glücklich, wie auch ich ihn glücklich gemacht zu haben glaube.

Salimbeni unterhielt in Rimini bei einem Musiklehrer einen jungen Knaben meines Alters. Dessen Vater war arm und hatte eine zahlreiche Familie; als er sein Ende herannahen fühlte, wußte er nichts Besseres zu tun, als seinen unglücklichen Sohn verschneiden zu lassen, damit er durch seine Stimme für den Unterhalt seiner Geschwister sorgen könnte. Dieser junge Knabe hieß Bellino. Die gute Frau, die du in Ancona gesehen hast, war seine Mutter, und alle Welt hält sie für die meine.

Seit einem Jahre gehörte ich Salimbeni an, als er eines Tages mir weinend die Mitteilung machte, er müsse mich verlassen, um nach Rom zu gehen. Diese Nachricht versetzte mich in Verzweiflung, aber er versprach mir, ich würde ihn wiedersehen. Er hatte alle Anordnungen getroffen, damit mein Vater meine Ausbildung fortsetzen lassen könnte; aber gerade in jenem Augenblick wurde mein Vater von einem tückischen Fieber befallen; er starb, und ich stand als Waise da. Als Salimbeni mich in diesem Zustand sah, besaß er nicht die Kraft, meinen Tränen zu widerstehen; er beschloß, mich nach Rimini zu bringen und mich in dieselbe Pension zu geben, wo er seinen jungen Schützling, Cecilias und Marinas Bruder, erziehen ließ. Wir verließen Bologna um Mitternacht. Niemand sah, daß er mich mitnahm. Dies war um so leichter, da mich kein anderer kannte oder sich für mich interessierte als Salimbeni. Als wir in Rimini ankamen, stiegen wir in einem Gasthof ab. Er verließ mich und begab sich zu dem Musiklehrer, um mit ihm die nötigen Abreden wegen meiner Ausbildung zu treffen; kurz darauf aber sah ich ihn traurig und niedergeschlagen zurückkommen: Bellino war den Tag vorher gestorben.

Indem er sich vorstellte, welchen Schmerz der Verlust des jungen Mannes der Mutter verursachen würde, kam ihm der Gedanke, mich unter dem Namen Bellino nach Bologna zu bringen und bei dessen Mutter in Pension zu geben; da sie arm war, mußte sie ein Interesse daran haben, das Geheimnis zu bewahren. ›Ich werde ihr‹, sagte er zu mir, ›alle Mittel geben, deine Ausbildung zu vollenden; in vier Jahren werde ich dich nach Dresden kommen lassen, und zwar nicht als Mädchen, sondern als Kastraten. Dort werden wir miteinander leben, ohne daß jemand etwas dagegen einwenden könnte, und du wirst mich bis zu meinem Tode glücklich machen. Es handelt sich nur darum, dich für Bellino auszugeben; und nichts ist leichter als das, denn in Bologna kennt dich kein Mensch. Nur Bellinos Mutter wird in das Geheimnis eingeweiht sein; denn ihre anderen Kinder, die ihren Bruder nur im zartesten Alter gesehen haben, werden von dem wahren Sachverhalt keine Ahnung haben. Aber du mußt, wenn du mich liebst, auf dein Geschlecht verzichten, du mußt sogar die Erinnerung verlieren, bis jetzt ein Mädchen gewesen zu sein, und mußt unter dem Namen Bellino und als Knabe gekleidet augenblicklich nach Bologna abreisen. Du hast dich um weiter nichts zu kümmern, als daß niemand dich als Mädchen kennt. Du wirst allein schlafen, dich niemals in Gegenwart anderer Leute an- und auskleiden, und wenn in einem oder zwei Jahren dein Busen sich gebildet hat, so wird das eine Eigentümlichkeit sein, die du mit vielen von uns gemeinsam hast. Außerdem werde ich dir, ehe ich fortgehe, ein kleines Instrument geben und werde dich lehren, es so zu befestigen, daß man dich leicht für einen Mann halten kann, wenn du dich jemals einer Untersuchung solltest unterwerfen müssen. Wenn mein Plan dir gefällt, so bin ich sicher, daß ich in Dresden mit dir werde leben können, ohne daß die Königin[9], die sehr fromm ist, Anstoß daran nimmt. Bist du einverstanden?‹

An meiner Einwilligung brauchte er nicht zu zweifeln. Für

mich konnte es kein größeres Glück geben, als alle seine Wünsche zu erfüllen, denn ich betete ihn an. Sobald ich als Junge verkleidet war und allen weiblichen Putz abgelegt hatte, reisten wir nach Bologna ab, wo wir mit Einbruch der Nacht ankamen. Seinem Diener gab er Befehl, in Rimini auf ihn zu warten. Nachdem er mit Bellinos Mutter um den Preis einer kleinen Summe Geldes alles vereinbart hatte, trat ich bei ihr ein, indem ich sie Mutter nannte, und sie umarmte mich und nannte mich ihren lieben Sohn. Salimbeni ließ uns allein und kehrte einige Augenblicke darauf mit dem Instrument zurück, das meine Umwandlung zum Mann vollständig machen sollte. Du hast es ja gesehen: das Ding ist so etwas wie ein kleiner weicher Darmschlauch, daumendick, weiß und aus geschmeidiger Haut. Ich mußte heute morgen im stillen lachen, weil du es Klitoris genannt hast. Es ist an einer sehr feinen durchscheinenden Haut befestigt, von ovaler Form und fünf oder sechs Zoll lang und zwei Zoll breit. Man befestigt es im Schoß mit Tragantgummi und verdeckt so völlig das weibliche Geschlecht. Er lehrte mich in Gegenwart meiner neuen Mutter, es mit diesem Klebgummi zu befestigen, und ich fand mich nun meinem Freunde so ähnlich, daß jedermann sich hätte täuschen können. Dies würde mich belustigt haben, hätte mir nicht die plötzliche Abreise des angebeteten Wesens das Herz zerrissen; denn Salimbeni fuhr ab, sobald das eigentümliche Experiment gemacht worden war. Man spottet über Vorgefühle, und ich selber glaube nicht daran; aber die Ahnung, die ich in dem Augenblick hatte, wo er mich umarmte, hat mich nicht betrogen. Ich fühlte einen Todesschauer durch alle meine Glieder rinnen, ich glaubte ihn zum letztenmal zu sehen: ich sank in Ohnmacht. Ach! meine Ahnung war nur zu richtig gewesen. Salimbeni ist in ganz jugendlichem Alter vor einem Jahr in Tirol als wahrer Philosoph gestorben. Sein Verlust zwang mich, aus meinen Talenten Vorteil zu ziehen, um meinen Lebensunterhalt zu bestreiten. Meine Mutter riet mir, mich auch künftighin für einen Kastraten auszugeben; sie hoffte, mich auf diese Weise in Rom auf dem Theater auftreten lassen zu können. Ich erklärte mich einverstanden, denn mir fehlte der Mut, einen bestimmten Entschluß zu fassen. Inzwischen nahm sie für mich ein Engagement beim Theater zu Ancona an und bestimmte Petronio dazu, dort als Tänzerin aufzutreten. So bildeten wir also die verkehrte Welt.

Nach Salimbeni bist du der einzige Mann, den ich geliebt habe;

und wenn du willst, so steht es nur bei dir, mich meinem Frauenberuf zurückzugeben und mich den Namen Bellino ablegen zu lassen, den ich seit dem Tode meines Beschützers verabscheue und der mir allerlei unangenehme Verdrießlichkeiten zu verursachen beginnt.

Ich bin nur in zwei Theatern aufgetreten, und jedesmal bin ich gezwungen gewesen, mich der schmachvollen und demütigenden Prüfung zu unterwerfen; denn man findet überall, ich gleiche zu sehr einem Mädchen, und will mich stets nur zulassen, nachdem man sich die Überzeugung vom Gegenteil verschafft hat.

Bis jetzt habe ich zum Glück nur mit alten Priestern zu tun gehabt, die in gutem Glauben sich mit einer leichten Besichtigung begnügt und dem Bischof einen entsprechenden Bericht abgestattet haben; aber es kann der Fall eintreten, daß ich an einen jungen Priester gerate, und dann würde die Untersuchung viel gründlicher vorgenommen werden. Außerdem finde ich mich täglichen Verfolgungen von zwei Sorten Männern ausgesetzt: von denen, die sich in mich verlieben, weil sie wie du nicht glauben können, daß ich ein Mann sei, und von solchen, die, um einen widernatürlichen Geschmack zu befriedigen, sich Glück dazu wünschen, daß ich es sei, oder die zum mindesten ihre Rechnung dabei finden, mich für einen Kastraten gelten zu lassen. Besonders die letzteren belästigen mich. Ihre Leidenschaften sind so niederträchtig, ihre Gewohnheiten sind so gemein, daß ich in tiefster Seele darüber empört bin und daß ich fürchte, ich werde einmal eines Tages einen von ihnen erdolchen, wenn die lange verhaltene Wut über ihre schändlichen Anträge sich einen Ausweg sucht.

Um Gottes willen, mein Engel, wenn du mich liebhast, sei edel! Befreie mich aus dem schimpflichen Zustande der Verworfenheit. Nimm mich mit dir! Ich verlange nicht, deine Frau zu werden; das wäre zuviel des Glückes; ich will nur deine Freundin sein, wie ich Salimbenis Freundin gewesen wäre. Mein Herz ist rein; ich fühle mich für ein ehrenhaftes Leben geschaffen, indem ich meinem Geliebten unverbrüchliche Treue halte. Verlaß mich nicht! Die Zärtlichkeit, die du mir eingeflößt hast, ist echt; meine Zärtlichkeit für Salimbeni war unschuldig und hatte ihre Ursachen nur in meiner Jugend und in meiner Dankbarkeit; wirklich zum Weibe geworden bin ich erst durch dich.«

Die zärtliche Rührung, mit der sie sprach, ein unbeschreiblicher

Reiz, der ihren Lippen die Gabe der Überredung verlieh, ließen mich Tränen der Liebe und zärtlicher Teilnahme vergießen. Ich vermischte sie mit denen, die ihren schönen Augen entströmten, und versprach ihr tief gerührt aufrichtigen Herzens, sie nicht zu verlassen und ihr Schicksal mit dem meinen zu verbinden. Ihre höchst eigentümliche Geschichte machte auf mich den Eindruck vollkommener Wahrheit, und es drängte mich wirklich, sie glücklich zu machen; nur konnte ich mich nicht überreden, daß ich ihr während des kurzen Aufenthaltes in Ancona wirklich eine ewige Neigung eingeflößt haben sollte, da im Gegenteil mehrere Auftritte in ihr nur flüchtige Wünsche erweckt haben konnten. Ich sagte daher zu ihr: »Wenn du mich wirklich geliebt hättest, wie hättest du dann dulden können, daß ich aus Verdruß über deinen Widerstand mich deinen Schwestern hingab?«

»Ach, lieber Freund! Bedenke unsere große Armut; bedenke, wie schwer es mir fallen mußte, mich zu entdecken. Ich liebte dich; aber mußte ich nicht denken, daß das Feuer, das du mir zeigtest, nur vorübergehende Glut einer Laune sei? Indem ich dich so leicht von Cecilia zu Marina übergehen sah, glaubte ich, du würdest mich ebenso behandeln, sobald du deine Wünsche befriedigt hättest. Meine Meinung von deinem flatterhaften Charakter und Mangel an Zartgefühl wurde bestärkt, als ich sah, was du auf dem türkischen Schiff machtest, ohne dir durch meine Gegenwart einen Zwang auferlegen zu lassen. Es würde dir peinlich gewesen sein, wenn du mich geliebt hättest. Ich habe gefürchtet, mich verachtet zu sehen; und Gott weiß, was ich gelitten habe. Du hast mich, lieber Freund, auf hundert verschiedene Arten beleidigt; trotzdem verteidige ich dich bei mir selbst, denn ich sah, daß du gereizt und nach Rache begierig warst. Hast du mich nicht heute im Wagen bedroht? Ich gestehe, du hast mir Furcht eingejagt; aber glaube nur nicht, daß Furcht mich bestimmt hat, deinem Verlangen nachzugeben. Nein, ich war dazu entschlossen seit dem Augenblick, wo du mir durch Cecilia sagen ließest, du würdest mich nach Rimini mitnehmen, und deine heutige Zurückhaltung während eines Teiles der Fahrt hat mich in meinem Entschluß bestärkt; denn ich habe geglaubt, mich deinem edlen Charakter ruhig überliefern zu können.«

»Gib doch«, rief ich, »dein Engagement in Rimini auf! Wir wollen weiterreisen, uns ein paar Tage in Bologna aufhalten, und von dort wirst du mit mir nach Venedig gehen; wenn du als Frau gekleidet bist und einen anderen Namen trägst, so will ich es ruhig darauf ankommen lassen; der Impresario der Oper von Rimini mag nur versuchen, dich ausfindig zu machen.«

»Einverstanden. Dein Wille wird stets der meine sein. Ich bin meine eigene Herrin, und ich ergebe mich dir rückhaltlos; mein Herz gehört dir, und ich hoffe, daß ich mir das deine werde zu erhalten wissen.«

Es lebt in dem Menschen ein Trieb, immer über das Ziel hinauszustreben, das er bereits erreicht hat. Ich hatte alles erlangt, jetzt wollte ich noch mehr. »Zeige mir«, sagte ich, »wie du warst, als ich dich für einen Mann hielt.« Sie stand auf, öffnete ihren Koffer, holte das nachgebildete Glied nebst Gummi hervor und befestigte es sich; ich mußte die Erfindung bewundern. Das bezaubernde Mädchen sah mit diesem Gerät noch reizvoller aus, das weiße Anhängsel tat ihrer Weiblichkeit keinen Abbruch. Es war gut, daß sie mir die Berührung nicht gestattet hatte, sonst wäre ich in einen Rauschzustand versetzt worden, und sie hätte mich zu dem gemacht, was ich von Natur aus nicht bin. Nachdem meine Neugierde befriedigt war, verbrachte ich in ihren Armen eine glückliche Nacht.

Als ich am Morgen erwachte, betrachtete ich ihr entzückendes Gesicht, während sie noch schlief. Jedes Wort des Mädchens, ihre Schönheit, ihre Gaben, ihre Reinheit der Seele, die Kraft ihres Gefühles und ihre Unglücksfälle, von denen ohne Zweifel der bitterste der war, daß sie ein anderes Wesen vorstellen mußte, wodurch sie der Erniedrigung und Schmach preisgegeben wurde – dies alles brachte mich zu dem Entschluß, ihr Schicksal an das meinige zu knüpfen, oder meines an das ihrige; denn unsere Lage war ungefähr die gleiche. Aber das Schicksal hatte anders bestimmt.

FÜNFTES KAPITEL

Von Ancona reist Casanova weiter nach Bologna, wo er die Kutte mit dem Soldatenrock vertauschen will.

Bei meiner Ankunft in Bologna quartierte ich mich in einem kleinen Gasthof ein. Dabei kam mir die Erwägung, daß ich in Zukunft kaum mehr mein Glück im geistlichen Stande machen würde; ungewiß indes über die von mir zu treffende Wahl, hatte ich den Einfall, mich in einen Offizier zu verwandeln, da ich über meine Handlungen ja sicherlich niemandem Rechenschaft zu geben hatte. Dieser Gedanke war in meinem Alter natürlich, denn ich kam von zwei Heeren, wo ich nur den Soldatenrock in Ehren gesehen hatte, und ich fand es gut, mir ebenfalls Achtung zu verschaffen. Da ich überdies nach Venedig zurückkehren wollte, entzückte mich der Gedanke, mich in dem Gewande der Ehre dort zu zeigen, da man mich ja in dem der Religion dort ziemlich schlecht behandelt hatte.

Ich fragte nach einem guten Schneider; man ließ mir »den Tod« kommen; der Mann nämlich, den man mir brachte, hieß Morte. Nachdem ich das Tuch gewählt und ihm erklärt hatte, wie ich meine Uniform wünschte, nahm er mir Maß, und am folgenden Tag schon war ich in einen Jünger des Mars verwandelt. Ich versah mich mit einem langen Degen. Meinen schönen Stock in der Hand, einen keck aufgekrempelten Hut mit schwarzer Kokarde auf dem Kopf und einen langen künstlichen Zopf auf dem Rükken, so ging ich aus und sah mich überall in der Stadt um.

Ich glaubte, meine neue Würde erheische eine imposantere Wohnung als die von mir bei meiner Ankunft genommene, und so zog ich in den besten Gasthof: ›Zum Pilger‹. Noch heute erinnere ich mich gern des angenehmen Eindrucks, den ich auf mich selbst machte, als ich mich nach Herzenslust in einem schönen Spiegel bewundern konnte. Ich war von mir entzückt!

Ich erschien mir bewundernswert und dazu geschaffen, den Soldatenrock, den ich in einer glücklichen Eingebung gewählt hatte, zu tragen und zu Ehren zu bringen. Da ich sicher war, von niemandem gekannt zu sein, malte ich mir mit lebhafter Freude im voraus die Vermutungen aus, die man bei meinem Erscheinen im ersten Kaffeehaus der Stadt an meine Person knüpfen würde.

Meine Uniform war weiß, die Weste blau, mit goldenen und silbernen Fangschnüren und gleicher Degenquaste. Von meinem imponierenden Aussehen sehr befriedigt, ging ich ins Kaffeehaus, las, während ich meine Schokolade trank, ganz unbefangen die Zeitung und freute mich innerlich, als ich sah, daß alle Leute sich für mich interessierten, während ich selbst darauf gar nicht zu achten schien. Ein kecker Mensch richtete unter irgendeinem Vorwand das Wort an mich; ich antwortete ihm nur einsilbig und machte so die Geriebensten irre. Nachdem ich mich im Kaffeehaus zur Genüge hatte bewundern lassen, führte ich meine Wichtigkeit in den belebtesten Bogengängen der Stadt spazieren und kehrte dann in meinen Gasthof zurück, wo ich allem zu Mittag aß.

Gleich nach dem Essen kam mein Wirt mit einem Buch, in das er mich meine Personalien einzuschreiben bat.

»Casanova.«

»Ihr Stand, mein Herr, bitte?«

»Offizier.«

»In wessen Dienst?«

»In keinem.«

»Ihr Vaterland?«

»Venedig.«

»Woher kommen Sie?«

»Das geht Sie nichts an!«

Diese mit einem, wie ich glaubte, meinem Äußeren entsprechenden Ton hervorgestoßenen Worte taten ihre Wirkung: der Wirt ging, und ich war mit mir sehr zufrieden, denn ich erriet, daß der Wirt auf Antrieb irgendwelcher Neugieriger gekommen war, und ich wußte, daß man in Bologna in voller Freiheit lebte.

Am nächsten Tag ging ich zu dem Bankier Orsi, um mir meinen Wechsel bezahlen zu lassen; ich nahm einen neuen von sechshundert Zechinen auf Venedig und hundert Zechinen in Gold. Dann führte ich wie am Tag zuvor meine neue Würde auf der Montagnola spazieren. Acht Tage später reiste ich nach Venedig.

Um nach Venedig zu gelangen, mußte man Quarantäne halten, doch bestand diese Formalität nur noch, weil beide Regierungen auf gespanntem Fuß standen. Die Venezianer wünschten, der Papst sollte zuerst seine Grenzen öffnen, und der Pontifex verlangte, die Venezianer sollten den ersten Schritt tun. Aus all diesen Zwistigkeiten entsprangen große Nachteile für den Handel, aber bloße Bedürfnisse der Völker werden ja oft sehr leichtfertig behandelt. Ich wollte mich dieser Formalität nicht unterwerfen und wußte mich mit ihr auf folgende Weise abzufinden. Die Sache war bedenklich, denn in Venedig herrscht in Gesundheitsmaßregeln außerordentlich große Strenge; doch damals fand ich ein besonderes Vergnügen daran, alles zu tun, was verboten oder doch mindestens sehr schwierig war.

Ich wußte, daß man vom Staat Mantua nach Venedig frei passieren konnte, ich wußte ebenfalls, daß der Verkehr zwischen Mantua und Modena unbeschränkt war. Wenn ich folglich nach Mantua gehen und den Schein erwecken konnte, ich käme aus Modena, ging die Sache; denn von dort konnte ich irgendwo den Po passieren und mit dem Wagen nach Venedig reisen. Ich nahm einen Wagen nach Revere, einer Stadt am Po im Staate Mantua.

Der Kutscher sagte mir, er könnte auf Seitenwegen nach Revere fahren und erklären, wir kämen von Modena; der einzige Hinderungsgrund wäre nur, daß wir das Gesundheitszeugnis von Modena, das von uns am Tore gefordert würde, nicht vorzeigen könnten. Ich forderte ihn auf, zu erklären, er hätte es verloren, und alles andere nur mir zu überlassen. Ein wenig Geld bestimmte ihn, nach meinem Willen zu tun.

Am Tor von Revere gab ich mich für einen Offizier des spanischen Heeres aus und sagte, ich ginge nach Venedig, um mit dem Herzog von Modena, der damals dort weilte, in sehr wichtigen Angelegenheiten zu sprechen. Man fragte nicht nur den Kutscher nicht nach dem Gesundheitszeugnis, sondern man erwies mir auch die militärischen Ehrenbezeigungen und war außerordentlich höflich gegen mich. Man gab mir sofort ein Attest, als käme ich von Revere, und damit passierte ich bei Ostiglia den Po, von wo ich mich nach Legnago begab. Dort entließ ich meinen Kutscher, der mit meiner Freigebigkeit ebenso zufrieden war wie mit der Leichtigkeit der Reise, nahm die Post und kam am Abend in Venedig an und stieg in einem Gasthof am Rialto ab. Ich bemerkte, daß es der 2. April 1744 war, mein Geburtstag, der zehnmal in meinem Leben durch ein besonderes Ereignis gekennzeichnet worden ist.

Am nächsten Tag schon ging ich auf die Börse, um eine Überfahrt nach Konstantinopel zu suchen. Da ich aber kein Schiff fand, das vor zwei oder drei Monaten absegeln sollte, mietete ich eine Kajüte auf einem Linienschiff, das im Laufe des Monats nach Korfu abgehen sollte. Es war ein venezianisches Schiff: ›Unsere Liebe Frau vom Rosenkranz‹, von Kapitän Zane befehligt.

Nachdem ich mich so darauf vorbereitet hatte, meinem Schicksal zu gehorchen, das mich nach meinem abergläubischen Sinn nach Konstantinopel rief, ging ich auf den Markusplatz, um dort zu sehen und gesehen zu werden. Im voraus genoß ich schon die Überraschung meiner Bekannten, die sehr erstaunt darüber sein mußten, in mir nicht mehr den Abbate zu finden. Ich darf nicht vergessen, meinen Lesern zu sagen, daß ich in Revere meinen Hut mit einer roten Kokarde[1] geschmückt hatte.

Am folgenden Tag ging ich ins Kriegsministerium, doch trug ich Sorge, ohne Kokarde mich dort einzufinden, um jede Verlegenheit zu vermeiden. Ich fand dort den Major Pelodoro, der vor Freude, mich im Soldatenrock zu sehen, mir um den Hals fiel. Sobald ich ihm gesagt hatte, ich müßte nach Konstantinopel gehen und wäre trotz meiner Uniform frei, drang er lebhaft in mich, mir den Vorteil zu sichern, mit dem Bailo[2] nach der Türkei zu reisen, da dieser in zwei Monaten spätestens abreisen sollte; ja er riet mir sogar, ich möchte doch den Versuch machen, in den Dienst Venedigs zu treten. Dieser Rat gefiel mir.

Ich fand mich bei Tisch mit dem Major Pelodoro und einigen anderen Offizieren zusammen; alle redeten mir einstimmig zu, in den Staatsdienst zu treten, und ich entschloß mich dazu.

»Ich kenne«, sagte mir der Major, »einen jungen Leutnant, dessen Gesundheit ihm nicht gestattet, nach der Levante zu gehen, und der seine Stelle verkaufen will: er verlangt dafür hundert Zechinen; aber das würde nicht genügen, denn Sie müssen die Einwilligung des Kriegsministers haben.«

»Sprechen Sie mit ihm«, entgegnete ich ihm, »die hundert Zechinen sind bereit.« Er verpflichtete sich dazu.

Gegen Ende des Monats trat ich in den Dienst der Republik als Fähnrich im Regiment Bala, das in Korfu stand. Mein Vorgänger, der es gegen Empfang meiner hundert Zechinen verlassen hatte, war Leutnant; doch der Kriegsminister führte mir Gründe an, denen ich mich unterwerfen mußte, wenn ich in das Heer eintreten wollte, doch versprach er mir, mich unfehlbar am Ende des Jahres zum Leutnant zu befördern, und erklärte, daß er mir einen Urlaub bewilligen werde, um nach Konstantinopel zu gehen. Ich nahm an, weil ich durchaus dienen wollte. Der erlauchte Senator Pietro Vendramin erwirkte mir die Gunst, nach Konstantinopel mit dem Cavaliere Venier zu gehen, der sich als Bailo dorthin begab; doch da dieser erst einen Monat nach mir in Korfu eintreffen sollte, versprach er mir sehr freundlich, mich auf seinem Wege dort abzuholen.

Am fünften Mai begab ich mich an Bord, reich ausgestattet und mit Schmucksachen und fünfhundert Zechinen barem Gelde gut versehen. Unser Schiff trug vierundzwanzig Kanonen und zweihundert slawonische Soldaten. Wir fuhren nachts vom Malamocco[3] nach Istrien und warfen im Hafen von Orsera Anker, um Saroma zu machen.[4]

Am nächsten Tage ging wir unter Segel, und am vierten bekamen wir hinter Curzola einen Sturm, der mich beinahe das Leben gekostet hätte. Dies ging auf folgende Weise zu:

Ein slawonischer Priester, der als Kaplan auf dem Schiffe war, ein ganz unwissender, frecher und roher Mensch, über den ich bei jeder Gelegenheit spottete, war natürlich mein Feind geworden. Die Seele eines Betbruders kann so gallig sein! Während des stärksten Unwetters plazierte er sich auf das oberste Deck und trieb, sein Gebetbuch in der Hand, beschwörend die Teufel davon, die er in den Wolken zu sehen glaubte und die er allen Matrosen zeigte. Sie hielten sich für verloren, weinten, waren verzweifelt und vernachlässigten so die nötigen Manöver, um das Schiff vor den Felsen zu bewahren, die man rechts und links sah.

Ich erkannte die Gefahr, die wir liefen, und die böse Wirkung seiner Exorzismen auf die Mannschaft, die der einfältige Priester entmutigte, anstatt ihr Mut einzuflößen, und hielt es für klug, mich einzumischen. Ich stieg in die Takelage, rief die Matrosen an die Arbeit und sagte ihnen, es gäbe gar keine Teufel und der Priester, der sie ihnen zeigen wollte, wäre ein Narr. Ich konnte sprechen, was ich wollte, mich selber der größten Gefahr aussetzen und ihnen zeigen, daß nur von tatkräftigem Eingreifen die Rettung zu hoffen sei: ich vermochte nicht den Priester zu hindern, mich für einen Atheisten zu erklären und den größten Teil der Mannschaft gegen mich aufzuhetzen. Die Winde wühlten während der zwei folgenden Tage die Wogen unaufhörlich auf, und der Schurke wußte den Matrosen, die aufmerksam ihm zuhörten, einzureden, das Unwetter würde sich nicht legen, solange ich auf dem Schiff wäre. Von diesem Gedanken durchdrungen, hielt einer von ihnen den Augenblick für günstig, um die Wünsche des Priesters zu erfüllen, und versetzte mir, der ich am Rande des Oberdecks stand, einen so heftigen Schlag mit einem Tau, daß ich hinfiel. Es wäre um mich geschehen gewesen, hätte sich nicht mein Rock an der Spitze eines Ankers verfangen und mich so vor dem Sturz ins Meer bewahrt; es war im eigentlichsten Wortsinn mein Rettungsanker. Man kam mir zu Hilfe, und ich wurde gerettet. Ein Korporal zeigte mir den Matrosen, der den mörderischen Anschlag auf mich gemacht hatte, ich nahm den Korporalstock und prügelte den Kerl tüchtig durch; doch die Matrosen und der wütende Priester eilten auf sein Geschrei herbei, und ich wäre unterlegen gewesen, wenn die Soldaten sich nicht auf meine Seite gestellt hätten. Der Kapitän des Schiffes kam mit Signor Dolfin hinzu, sie mußten den Priester anhören und der Bande zu deren Beruhigung versprechen, mich so bald wie möglich ans Land zu setzen. Damit noch nicht zufrieden, forderte der Priester, ich sollte ihm ein Pergament überliefern, das ich in Malamocco im Augenblick der Einschiffung von einem Griechen gekauft hatte. Ich erinnerte mich dessen nicht mehr, aber es war wahr. Lachend übergab ich es Signor Dolfin, und dieser lieferte es dem fanatischen Priester aus, der ein Siegesgeschrei ausstieß, sich das Kohlenbecken aus der Küche holen ließ und darauf ein Autodafé[5] hielt. Das unglückselige Pergament wand und krümmte sich eine halbe Stunde lang, es zerfiel, und der Priester stellte das als eine wundersame Erscheinung dar, was alle Matrosen davon überzeugte, daß es ein Höllenpakt gewesen sei. Die angebliche Kraft dieses Pergaments sollte darin bestehen, alle Frauen in den Mann, der es trug, verliebt zu machen. Ich hoffe, der Leser wird mir die Gunst schenken und glauben, daß ich nicht im mindesten an Zaubertränke, Talismane und Amulette glaubte. Ich hatte das Pergament nur aus reinem Scherz gekauft.

In ganz Italien, in Griechenland und im allgemeinen überall, wo die Massen unwissend sind, gibt es Griechen, Juden, Astrologen und Exorzisten, die den Dummköpfen Wische und Tand verkaufen, die nach ihrem Glauben wunderbare Eigenschaften besitzen; Zauber, um sich unverwundbar zu machen, Lumpen, um sich vor dem Behexen zu sichern, kleine Kräuterkissen, um die sogenannten bösen Geister abzuhalten, und tausend ähnliche Albernheiten. Diese Waren sind in Frankreich, Deutschland und England, überhaupt im ganzen Norden, wertlos; dagegen aber verübt man in diesen Ländern andere Betrügereien von noch viel bedeutenderem Umfange. Man arbeitet an dem Stein der Weisen und wird niemals müde.

Das Unwetter nahm gerade ein Ende, als das unschuldige Pergament verbrannt war; die Matrosen glaubten die bösen Geister gebannt, dachten nicht mehr daran, sich meiner Person zu entledigen, und nach acht Tagen einer glücklichen Fahrt kamen wir nach Korfu. Sobald ich mir eine gute Wohnung genommen hatte, brachte ich meine Briefe Seiner Exzellenz dem Generalprovveditore und allen höheren Beamten, an die ich empfohlen war; dann machte ich meinem Obersten meine Aufwartung, und nachdem ich mit den Offizieren des Regiments Bekanntschaft geschlossen hatte, dachte ich darauf, wie ich mich bis zur Ankunft des Cavaliere Venier, der mich nach Konstantinopel mitnehmen sollte, möglichst gut unterhalten könnte. Er kam gegen Mitte Juni, da ich mich aber inzwischen dem Bassettespiel[6] hingegeben hatte, verlor ich all mein Geld und verkaufte oder verpfändete all meine Schmuckgegenstände.

Das ist das Geschick eines jeden, der zu Hasardspielen geneigt ist, wenn er nicht das Glück zu fesseln versteht, indem er mit einem sicheren Vorteil spielt, der von der Berechnung oder der Geschicklichkeit abhängt, vom Zufall aber unabhängig ist. Ich glaube, ein verständiger und vorsichtiger Spieler kann beides tun, ohne sich dadurch dem Tadel auszusetzen oder ein Betrüger genannt werden zu dürfen.

Während des Monats, den ich in Korfu in der Erwartung des Cavaliere Venier verbrachte, beschäftigte ich mich nicht im mindesten mit der Erforschung des Landes, weder in physischer noch in moralischer Beziehung; denn abgesehen von den Tagen, an denen ich auf Wache ziehen mußte, lebte ich im Kaffeehaus, an der Pharaobank und unterlag natürlich dem Unglück, dem ich zu trotzen unternahm. Nicht ein einziges Mal kam ich mit dem Trost, gewonnen zu haben, nach Hause, und erst wenn ich nichts mehr besaß, hatte ich die Kraft, aufzuhören. Der einzige alberne

Trost, den ich zu hören bekam und der vielleicht nicht frei von Spott war, war das Lob des Bankhalters, der mich stets einen noblen Spieler nannte, wenn ich eine entscheidende Karte verlor. So befand ich mich in einer trostlosen Lage, und ich atmete erst wieder auf, als ich die Kanonenschüsse hörte, die die Ankunft des Bailo meldeten. Er befand sich auf dem Linienschiff ›Europa‹, das 72 Kanonen führte; es hatte nur acht Tage zur Fahrt von Venedig bis Korfu gebraucht. Kaum war der Anker ausgeworfen, als er seine Flagge als Generalkapitän der Seestreitkräfte der Republik hissen und der Provveditore die seine streichen ließ.

Die Republik Venedig hat auf dem Meere keine Autorität, die über der des Bailo bei der Ottomanischen Pforte[7] steht. Cavaliere Venier hatte ein glänzendes und distinguiertes Gefolge, und Graf Annibale Gambara und Graf Carlo Zenobia, beide venezianische Nobili, sowie der Marchese d'Archetti aus Brescia begleiteten ihn aus Neugier nach Konstantinopel. Er verbrachte acht Tage auf Korfu, und alle Befehlshaber zur See gaben nach der Reihe ihm und seinem Gefolge ein Fest, so daß die großen Soupers und die Bälle nicht aufhörten. Sobald ich mich Seiner Exzellenz vorstellte, sagte er mir, er hätte schon mit dem Generalprovveditore gesprochen, der mir einen Urlaub von sechs Monaten gewährte, um ihn als Adjutant zu begleiten; sobald ich den Urlaub erhielt, ließ ich mein geringes Gepäck an Bord bringen, und das Schiff lichtete gleich am nächsten Tage die Anker.

Die stets günstigen Winde brachten uns in acht oder zehn Tagen zu den Dardanellen; dort nahmen uns türkische Boote auf, um uns nach Konstantinopel zu bringen. Der Anblick der Stadt auf die Entfernung von einer Stunde ist staunenerregend, und ich glaube, die ganze Welt bietet nirgends ein so entzückendes Schauspiel.

Wir kamen im venezianischen Palast zu Pera[8] gegen Mitte Juli an, und man sprach, was sehr selten ist, in diesem Augenblick in Konstantinopel nicht von der Pest. Wir wurden alle sehr gut untergebracht; doch die große Hitze bestimmte die Baili, die Frische in einem Landhaus zu genießen, das der Bailo Donà gemietet hatte. Es lag in Böjükdere. Ich erhielt sofort den Befehl, niemals ohne Wissen des Bailo und ohne Begleitung eines Janitscharen[9] auszugehen. Ich gehorchte aufs Wort. Zu dieser Zeit hatten die Russen noch nicht die Unverschämtheit des türkischen Volkes gezügelt.[10] Jetzt können, wie man erzählt, die Fremden in voller

Sicherheit überall hingehen, wo sie wollen. Am Tag nach meiner Ankunft ließ ich mich zu Osman Pascha von Karamanien führen, diesen Namen hatte Graf von Bonneval nach seinem Übertritt zum Islam angenommen.[11] Sobald ich ihm meinen Brief hatte überreichen lassen, wurde ich in ein französisch möbliertes Zimmer des Erdgeschosses geführt, wo ich einen dicken, französisch gekleideten, bejahrten Herrn sah, der, sobald ich erschien, sich erhob, mir lächelnd entgegenkam und mich fragte, was er in Konstantinopel für den Schützling eines Kardinals der römischen Kirche, die er nicht mehr seine Mutter nennen könnte, zu tun imstande wäre. Ich erzählte ihm ganz ausführlich meine Geschichte, wie ich in einem Augenblick der Verzweiflung den Kardinal um Empfehlungsbriefe für Konstantinopel gebeten hätte, und fügte hinzu, nach deren Empfang hätte ich aus Aberglauben mich für verpflichtet gehalten, sie zu überbringen. »Also würden Sie ohne diesen Brief«, meinte er, »niemals hierhergekommen sein, wo Sie meiner nicht bedürfen.«

»Das ist wahr, aber ich halte mich für sehr glücklich, daß mir so die Ehre der Bekanntschaft Eurer Exzellenz zuteil geworden ist, eines Mannes, von dem ganz Europa gesprochen hat, von dem es noch spricht und noch lange sprechen wird.«

Nachdem wir Betrachtungen über das Glück eines jungen Menschen in meiner Lage angestellt hatten, der ohne alle Sorgen, ohne Absicht und bestimmten Zweck sich mit einem furchtlosen Vertrauen dem Glück überläßt, sagte er mir, der Brief des Kardinals Acquaviva verpflichte ihn, etwas für mich zu tun, und er wollte mich daher mit drei oder vier seiner türkischen Freunde, bei denen sich dies der Mühe lohne, bekannt machen. Er lud mich ein, jeden Donnerstag bei ihm das Mittagsmahl einzunehmen, und versprach, mir einen Janitscharen zu schicken, der mich gegen die Unverschämtheit des Pöbels schützen und mir alle Sehenswürdigkeiten zeigen würde.

Der Brief des Kardinals bezeichnete mich als Gelehrten; er erhob sich und sagte mir, er wolle mir seine Bibliothek zeigen. Ich folgte ihm quer durch den Garten, und wir betraten ein mit vergitterten Schränken gefülltes Zimmer; hinter den Gittern von Eisendraht sah man Vorhänge, und hinter diesen Vorhängen befanden sich ohne Zweifel Bücher.

Er zog einen Schlüssel aus der Tasche und öffnete; aber statt Foliobänden sah ich Flaschen der besten Weine aufgereiht, und wir lachten beide von ganzem Herzen. »Das hier«, sagte mir der Pascha, »ist meine Bibliothek und mein Harem; denn da ich alt bin, würden die Frauen mein Leben verkürzen, während der gute Wein es mir nur erhalten kann oder wenigstens es angenehmer gestalten muß.«

»Ich vermute, Eure Exzellenz haben einen Dispens vom Mufti erhalten?«

»Sie irren, der Papst der Türken hat bei weitem nicht soviel Macht wie der Papst der Christen. Er kann in keinem Fall etwas im Koran Verbotenes erlauben; doch das hindert niemanden, sich in Verdammnis zu stürzen, wenn ihm das Vergnügen macht. Die frommen Türken beklagen die Freidenker, aber sie verfolgen sie nicht. Es gibt in der Türkei keine Inquisition. Wer die Vorschriften der Religion nicht beachtet, sagen sie, wird im andern Leben schon unglücklich genug sein, so daß man ihm nicht noch in diesem Leben Leiden zuzufügen braucht. Der einzige Dispens, den ich erbeten und erlangt habe, obgleich man es kaum so nennen kann, ist der von der Beschneidung; denn in meinem Alter hätte sie gefährlich sein können. Das ist eine Zeremonie, die man im allgemeinen beobachtet, die aber nicht vorgeschrieben ist.«

Während der zwei Stunden, die ich mit ihm verbrachte, fragte er mich nach mehreren ihm befreundeten Venezianern und besonders nach Marcantonio Diedo. Ich erwiderte ihm, man liebe ihn immer noch und beklage nur seinen Abfall; er antwortete mir, er wäre Türke wie er Christ gewesen, und der wußte nicht mehr vom Koran, als er vom Evangelium gewußt hätte. »Ich bin überzeugt«, erklärte er, »daß ich ruhig sterben werde und daß ich in diesem Augenblick viel glücklicher sein werde als Prinz Eugen. Ich habe sagen müssen: Gott ist Gott, und Mohammed ist sein Prophet. Ich habe es gesagt, und die Türken kümmern sich nicht darum, ob ich es auch gedacht habe. Ich trage den Turban, wie ein Soldat die Uniform seines Gebieters tragen muß. Ich verstand nur das Kriegshandwerk und entschloß mich erst dann, Generalleutnant des Padischa zu werden, als ich nicht mehr wußte, wovon ich leben sollte. Als ich Venedig verließ, war die Suppe samt der Schüssel verzehrt; und hätte die jüdische Nation mir das Kommando über fünfzigtausend Mann angetragen, so würde ich Jerusalem belagert haben.«

Bonneval war ein schöner Mann, aber etwas zu wohlbeleibt. Er hatte einen Säbelhieb in den Unterleib empfangen und war dadurch gezwungen, ständig eine Binde mit einer silbernen Platte zu tragen. Er war nach Asien verbannt gewesen, doch nur für kurze Zeit; »denn«, so sagte er, »in der Türkei sind die Intrigen nicht so hartnäckig wie in Europa und besonders am Wiener Hof.« Als ich ihn verließ, hatte er die Güte, mir zu erklären, er habe seit seiner Ankunft in der Türkei noch nicht zwei so angenehme Stunden wie die verbracht, die ich ihm verschafft, und er werde dem Bailo dafür danken.

Der Bailo Donà, der ihn in Venedig gut gekannt hatte, beauftragte mich, ihm tausend Grüße zu sagen, und Signor Venier bedauerte sehr, nicht seine Bekanntschaft machen zu können.

Der zweite Tag nach meinem ersten Besuch war ein Donnerstag, und der Pascha verfehlte nicht, seinem Versprechen gemäß mir einen Janitscharen zu schicken. Er kam gegen elf Uhr, ich folgte ihm und fand diesmal den Pascha türkisch gekleidet. Seine Gäste fanden sich bald ein, und wir setzten uns, acht an der Zahl, zu Tisch, sämtlich in heiterer Stimmung. Die Mahlzeit war ganz französisch, im Zeremoniell sowohl wie in der Zubereitung der Speisen, sein Staatshofmeister und sein Koch waren zwei rechtschaffene französische Renegaten. Er stellte mich allen Tischgenossen vor und nannte mir ihre Namen; doch zu sprechen bot sich hier erst am Ende der Mahlzeit Gelegenheit. Die Unterhaltung wurde ausschließlich italienisch geführt, und ich beobachtete, daß die Türken nicht ein einziges Wort in ihrer Sprache redeten, um sich die geringste Bemerkung mitzuteilen. Jeder Gast hatte zu seiner Rechten eine Flasche stehen, welche Weißwein oder auch Hydromel[12] enthalten konnte. Ich weiß nur so viel, daß ich wie auch Monsieur Bonneval, der zu meiner Rechten saß, ausgezeichneten weißen Burgunder trank.

Ich mußte von Venedig, besonders aber von Rom erzählen, und das brachte das Gespräch auf die Religion, doch nicht auf das Dogma. Man beschränkte sich auf die Lehren und liturgischen Zeremonien. Einer der Gäste, den man Effendi[13] nannte, weil er Minister der auswärtigen Angelegenheiten gewesen war, sagte, er hätte in Rom einen Freund in dem Gesandten Venedigs, von dem er mit Lob sprach. Ich stimmte als Echo ein und sagte ihm, ich hätte von demselben einen Brief an einen muselmanischen Herrn, den er ebenfalls seinen Freund nenne. Er fragte nach dessen Namen, doch da ich ihn vergessen hatte, blätterte ich in meiner Brieftasche, um in ihr den Brief zu suchen, und bereitete ihm große Freude, als ich seinen auf der Adresse verzeichneten Namen nannte. Er bat mich um Erlaubnis, den Brief lesen zu dürfen, und erhob sich, nachdem er die Unterschrift geküßt hatte, um mich zu umarmen. Dieser Auftritt rührte Monsieur Bonneval und die ganze Gesellschaft. Der Effendi, namens Ismail, lud Osman Pascha ein, mich an einem von ihm bestimmten Tage zu ihm zum Essen zu begleiten.

Trotz aller Zuvorkommenheit des edlen Effendi interessierte mich am meisten während dieses reizenden Mahls ein schöner Mann, der etwa sechzig Jahre alt zu sein schien und dessen Physiognomie den Ausdruck der Weisheit mit dem der vollendetsten Sanftmut vereinte. Zwei Jahre später fand ich seine Züge in dem schönen Kopf des venezianischen Senators Signor Bragadin wieder, von dem ich sprechen werde, wenn wir soweit gekommen sind. Er hatte mich mit der größten Aufmerksamkeit angehört, ohne das geringste Wort zu sprechen. In einer Gesellschaft reizt ein Mann, dessen Gesicht und Haltung interessieren, gewaltig die Neugier derer, die ihn nicht kennen, wenn er ein auffallendes Schweigen beobachtet. Als wir den Speisesaal verließen, fragte ich Graf de Bonneval, wer er wäre. Er antwortete mir, es wäre ein reicher Mann, ein Philosoph von anerkannter Rechtschaffenheit, dessen Sittenreinheit ebensogroß wäre wie seine Achtung für seine Religion. Er riet mir, seinen Umgang zu pflegen, wenn er mir entgegenkommen sollte.

Dieser Rat erfreute mich, und nachdem wir einen Gang durch die Alleen seines Gartens gemacht hatten und wieder in den nach türkischer Art möblierten Salon zurückgekehrt waren, setzte ich mich absichtlich in die Nähe von Jussuf Ali. Dies war der Name des Türken, der mich interessiert hatte. Er bot mir mit freundlichstem Wesen seine Pfeife an. Ich wies sie artig zurück und nahm die, die mir ein Diener Bonnevals reichte. Ich habe stets in Gesellschaft von Rauchern geraucht oder mich entfernt; denn sonst hätte ich mir eingebildet, den Rauch der anderen zu schlucken, und dieser Gedanke, der ebenso wahr wie widerlich ist, empörte mich.

Jussuf, erfreut, mich an seiner Seite zu sehen, richtete sogleich ähnliche Fragen an mich wie die bei Tisch behandelten, besonders aber fragte er nach den Gründen, die mich bewogen hätten, den friedlichen geistlichen Stand aufzugeben, um Soldat zu werden; um seine Neugier zu befriedigen, ohne mich bei ihm herabzusetzen, erzählte ich ihm mit Vorsicht die hauptsächlichsten Züge aus der Geschichte meines Lebens; denn ich glaubte, ihn überzeugen zu müssen, daß ich die geistliche Laufbahn nicht aus innerem Drang eingeschlagen hätte. Er schien durch meine Erzählung befriedigt zu sein, und da er als stoischer Philosoph von der Berufung gesprochen hatte, erkannte ich deutlich, daß er Fatalist war. Ich war so klug, sein System nicht geradezu anzugreifen; meine Einwände gefielen ihm ohne Zweifel, weil er sich für stark genug hielt, um sie zu widerlegen.

Ich mußte wohl dem wackeren Muselman große Achtung eingeflößt haben, daß er mich für wert hielt, sein Schüler zu werden; denn da ich erst neunzehn Jahre zählte und, wie er glauben mußte, in einen Unglauben verstrickt war, konnte er unmöglich daran denken, der meinige zu werden.

Nachdem er eine Stunde damit hingebracht hatte, mich zu katechisieren und meine Grundsätze anzuhören, sagte er mir, er hielte mich dazu geboren, die Wahrheit zu erkennen, denn er sähe, daß ich mich damit ernstlich beschäftigte und nicht überzeugt zu sein glaubte, sie schon erreicht zu haben. Er lud mich ein, einen Tag bei ihm zuzubringen, und bezeichnete mir die Tage der Woche, an denen ich ihn unfehlbar treffen würde. »Ehe Sie mich aber besuchen«, setzte er hinzu, »ziehen Sie Osman Pascha zu Rate.« Ich entgegnete ihm, er hätte schon mit mir von ihm gesprochen und mich für ihn eingenommen, was ihm sehr schmeichelte. Nachdem ich ihm versprochen hatte, ihn an dem und dem Tage zu besuchen, trennten wir uns. Ich teilte alles Monsieur Bonneval mit, der sich sehr darüber freute und mir sagte, sein Janitschar sollte sich täglich im venezianischen Gesandtschaftsgebäude einfinden, um meinen Befehlen nachzukommen.

Die Herren Baili, denen ich von meinen Bekanntschaften erzählte, beglückwünschten mich, und Cavaliere Venier riet mir, in einem Lande, wo die Langeweile für die Fremden fürchterlicher ist als die Pest, derartige Bekanntschaften nicht zu vernachlässigen. Am verabredeten Tage begab ich mich früh zu Jussuf, doch er war ausgegangen. Sein Gärtner, den er benachrichtigt hatte, bezeigte mir alle möglichen Aufmerksamkeiten, und ich verbrachte in angenehmer Weise zwei Stunden mit der Besichtigung aller Schönheiten des Gartens und besonders der Blumen. Dieser Gärtner war ein Neapolitaner, der dem Effendi seit dreißig Jahren gehörte. Nach seinem Benehmen nahm ich an, daß er wohlunterrichtet und von guter Familie war; er sagte mir aber offen, er hätte nie lesen gelernt, wäre Matrose gewesen, als er zum Sklaven gemacht worden wäre, und fühlte sich im Dienst Jussufs so glücklich, daß er es für eine Strafe ansehen würde, wenn er ihm die Freiheit gäbe. Ich hütete mich wohl, ihn über die Angelegenheit seines Herrn zu befragen; denn wäre er verschwiegen gewesen, so hätte ich vielleicht wegen meiner Neugier erröten müssen.

Jussuf kam zu Pferde zurück, und nach den gewöhnlichen Komplimenten speisten wir ganz allein in einem Pavillon, von dem wir das Meer sehen konnten und wo wir uns eines angenehmen, die große Hitze mildernden Windes erfreuten. Dieser Wind, der sich täglich zur selben Stunde erhebt, ist der Nordwest, den man Mistral nennt. Wir aßen sehr gut, obwohl als einziges Gericht Kavurma[14] aufgetragen wurde. Ich trank Wasser und Honigwasser und versicherte Jussuf, ich zöge dies Getränk dem Wein vor, von dem ich damals überhaupt nur wenig genoß. »Ihr Honigwasser«, sagte ich ihm, »ist ausgezeichnet, und die Muselmanen, die das Gesetz verletzen, indem sie Wein trinken, verdienen kein Mitleid, denn sie können nur von ihm trinken, weil er verboten ist.«

»Es gibt viele Gläubige«, versetzte er, »die ihn wie Arznei genießen zu können glauben. Der Leibarzt des Padischa hat diese Arznei in Mode gebracht und dadurch sein Glück gemacht, denn er gewann die ganze Gunst seines Herrn, der ständig krank ist, zweifellos aber nur, weil er ständig betrunken ist.«

Ich sagte ihm, bei uns wären die Trunkenbolde selten und Trunksucht nur in den niedersten Klassen der Bevölkerung zu finden. Das überraschte ihn sehr.

»Ich verstehe nicht«, meinte er, »wie der Wein durch alle Religionen außer der unsrigen erlaubt sein kann, da er den Menschen des Gebrauchs seiner Vernunft beraubt.«

»Alle Religionen«, erwiderte ich, »verbieten seinen übermäßigen Genuß, und das Verbrechen kann also nur in dem damit getriebenen Mißbrauche bestehen.« Ich überzeugte ihn davon, indem ich darauf hinwies, daß das Opium dieselben Wirkungen, ja sogar noch viel stärker, hervorbrächte und daß der Islam folglich auch dessen Gebrauch verbieten müsse.

»Ich«, sagte er, »habe, solange ich lebe, weder Wein noch Opium genossen.«

Nach dem Essen brachte man die Pfeifen, die wir uns selbst stopften. Ich rauchte mit Vergnügen, aber ich spuckte dabei aus. Jussuf, der auf Türkenart rauchte, das heißt ohne zu spucken, sagte zu mir:

»Der Tabak, den Sie rauchen, ist ein ausgezeichnetes Gewächs, und Sie tun unrecht, den balsamischen Teil, der sich mit dem Speichel mischt, nicht zu verschlucken.«

»Ich glaube es; denn man kann nur dann einen Genuß an der Pfeife haben, wenn der Tabak vortrefflich ist.«

»Diese Vortrefflichkeit ist ohne Zweifel zum Vergnügen des Rauchens notwendig; doch das Vergnügen hieran ist nicht das größte, da es nur sinnlich ist. Die wahren Freuden sind die, die nur die Seele berühren und von den Sinnen ganz unabhängig sind.«

»Ich kann mir, lieber Jussuf, keine Freuden denken, die die Seele ohne Vermittlung der Sinne erfreuen.«

»Höre mich an! Wenn du deine Pfeife stopfst, macht dir das Vergnügen?«

»Ja.«

»Welchem deiner Sinne schreibst du das zu, wenn nicht deiner Seele? Weiter. Ist es nicht wahr, daß du dich befriedigt fühlst, wenn du sie erst fortlegst, nachdem du sie ganz ausgeraucht hast? Freut es dich nicht, wenn du siehst, daß nur Asche übrigbleibt?«

»Das ist wahr!«

»Das sind also zwei Genüsse, an denen die Sinne gewiß keinen Anteil haben; aber ich bitte dich, den dritten, den wesentlichsten, zu erraten.«

»Den wesentlichsten? Das ist der Wohlgeruch.«

»Durchaus nicht. Das ist ein Vergnügen des Geruchsorgans, er ist also sinnlich.«

»Ich wüßte nicht.«

»Höre! Das größte Vergnügen beim Rauchen besteht im Anblick des Rauches. Du darfst ihn nie aus der Pfeife kommen sehen, sondern nur aus dem Mundwinkel in bestimmten Zeitabständen und nie zu oft. Daß dieses Vergnügen das größte ist, geht daraus hervor, daß du nie einen Blinden wirst rauchen sehen. Versuche selbst in deinem Zimmer nachts, ohne Licht, zu rauchen: einen Augenblick, nachdem du die Pfeife angezündet hast, wirst du sie weglegen.«

»Was du sagst, ist sehr wahr; doch du mußt mir verzeihen,

wenn ich finde, daß mehrere Freuden, die die Sinne reizen, den Vorzug vor denen verdienen, die nur die Seele berühren.«

»Vor vierzig Jahren dachte ich so wie du; wenn du in vierzig Jahren weise geworden bist, wirst du wie ich denken. Die Freuden, mein teurer Sohn, die die Sinne erregen, stören die Ruhe der Seele; und das muß dir beweisen, daß sie als wahre Genüsse nicht genannt zu werden verdienen.«

»Mir scheint aber, als genügte es, sie zu wirklichen Genüssen zu machen, wenn sie mir als solche erscheinen.«

»Zugestanden; doch wenn du dir die Mühe nehmen wolltest, sie nach dem Genuß zu prüfen, würdest du sie nicht mehr dafür halten.«

»Das ist möglich, aber wozu sollte ich mir eine Mühe machen, die lediglich nur der Minderung meiner Freuden dienen würde?«

»Das Alter wird kommen, in dem du ein Vergnügen daran finden wirst, dir diese Mühe zu machen!«

»Mir scheint, mein teurer Vater, du ziehst das Alter der Jugend vor.«

»Sage kühn: das Greisenalter.«

»Du überraschst mich. Soll ich glauben, daß du in deiner Jugend unglücklich warst?«

»Weit entfernt. Ich war stets glücklich und wohlauf, niemals ein Opfer meiner Leidenschaften; doch was ich bei meinen Altersgenossen sah, war eine gute Schule, die mich lehrte, den Menschen kennenzulernen und den Weg zum Glück zu unterscheiden. Der glücklichste Mensch ist aber nicht der wollüstigste, sondern der, der die höchste Wollust zu wählen versteht; die großen Freuden, ich wiederhole es dir, sind nur die, die nicht die Leidenschaften aufregen und den Frieden der Seele mehren.«

»Diese Wollüste nennst du rein?«

»Ja, und ein solcher Genuß ist der Anblick einer weiten grünen Wiese. Die grüne Farbe, die unser göttlicher Prophet so hoch gepriesen hat, trifft mein Auge, und in diesem Augenblick fühle ich meinen Geist in einer so köstlichen Ruhe schwimmen, daß er sich mir dem Schöpfer der Natur zu nähern scheint. Ich empfinde denselben Frieden, eine gleiche Ruhe, als säße ich am Ufer eines Flusses und betrachtete die ruhige und doch stets sich bewegende Woge, die unablässig flieht, ohne meinen Augen doch je zu entschwinden, ohne daß ihre unaufhörliche Bewegung ihr etwas von ihrer Klarheit nimmt. Sie zeigt mir das Bild meines Lebens und die Seelenruhe, die ich mir wünsche, um gleich dem Wasser, das ich betrachte, ans Ziel zu gelangen, das ich nicht sehe und das erst am Ende seines Laufes liegt.«

So urteilte dieser Türke, und mit einem auf diesen Ton gestimmten Gespräch brachten wir vier Stunden hin. Er hatte zwei Frauen gehabt, die ihm zwei Söhne und eine Tochter geboren hatten. Der älteste Sohn hatte den ihm gebührenden Anteil an den Gütern seines Vaters erhalten und sich in Saloniki niedergelassen, wo er einen Großhandel betrieb; er war reich. Der zweite war im Serail im Dienste des Padischa, und sein Erbteil befand sich in den Händen eines Vormunds. Seine fünfzehnjährige Tochter Zelmi sollte die Erbin all seines Gutes werden. Er hatte ihr eine Erziehung gegeben, die zum Glück des ihr vom Himmel zum Gatten bestimmten Mannes genügen mußte. Wir werden bald von dieser Tochter sprechen. Die Mütter dieser drei Kinder waren tot. Seit fünf Jahren hatte er eine dritte Gattin genommen, aus Chios gebürtig, jung, eine vollkommene Schönheit. Er sagte mir aber, er könnte von ihr weder Sohn noch Tochter erhoffen, da er zu alt wäre. Er zählte indes nur sechzig Jahre. Ehe ich ihn verließ, mußte ich ihm versprechen, jede Woche wenigstens einen Tag bei ihm zuzubringen.

Beim Abendessen erzählte ich den Herren Baili, welch angenehmen Tag ich verlebt hatte. »Wir beneiden Sie«, erklärten sie mir, »daß Sie die Aussicht haben, drei Monate angenehm in einem Lande zu verbringen, in dem wir als Beamte dazu verurteilt sind, vor Langerweile zu vertrocknen.«

Wenige Tage darauf nahm mich Monsieur Bonneval mit sich zum Essen zu Ismail, wo ich im großen das Bild des asiatischen Luxus sah; doch die Gesellschaft war zahlreich, die Unterhaltung wurde beinahe ganz in türkischer Sprache geführt, was mich ebenso wie Monsieur Bonneval sehr langweilte. Ismail, der das bemerkt hatte, bat mich nach der Tafel, mit ihm, sooft ich wollte, zu frühstücken, indem er mir versicherte, daß ich ihm damit ein großes Vergnügen bereiten würde. Ich versprach es ihm und ging zehn oder zwölf Tage später hin. Ich werde den Leser bitten, an der Partie teilzunehmen, wenn wir soweit sind; doch jetzt muß ich zu Jussuf zurückkehren, der bei meinem zweiten Besuch einen Charakter offenbarte, der mich mit der größten Achtung und Zuneigung für ihn erfüllte.

Nachdem wir wie das erstemal allein miteinander gegessen

hatten, kam das Gespräch auf die Künste, und ich sagte meine Ansicht über eine Vorschrift des Korans, die die Ottomanen des unschuldigen Vergnügens beraubt, Erzeugnisse der Malerei und Bildhauerei zu genießen. Er sagte mir, Mohammed hätte als weiser Gesetzgeber alle Bilder von den Augen der Moslemiten entfernen müssen. »Denke daran, mein Sohn, daß alle Nationen, die der Prophet mit Gott bekannt machte, Götzendiener waren. Die Menschen sind schwach; hätten sie dieselben Gegenstände gesehen, so hätten sie leicht in dieselben Irrtümer zurückfallen können.«

»Ich glaube, mein teurer Vater, daß niemals irgendeine Nation ein Bild angebetet hat, sondern nur die Gottheit, an die sie dadurch erinnert wurde.«

»Ich will es glauben, aber da Gott nicht Stoff sein kann, muß man von gewöhnlichen Köpfen den Gedanken fernhalten, daß er es sein könnte. Ihr Christen seid die einzigen, die Gott zu sehen glauben!«

»Das ist wahr, wir sind dessen sicher, doch merke wohl, bitte, was uns diese Gewißheit gibt, ist nur der Glaube.«

»Ich weiß es, aber ihr seid darum nicht weniger Götzendiener, denn was ihr seht, ist nur Stoff; ihr seid aber eurer Vision vollständig gewiß, es sei denn, daß du behaupten willst, daß der Glaube sie schwächt.«

»Gott bewahre mich davor! Ganz im Gegenteil: der Glaube stärkt sie.«

»Das ist eine Täuschung, deren wir, Gott sei Dank, nicht bedürfen, und es gibt keinen Philosophen auf der Welt, der mir die Notwendigkeit davon beweisen könnte.«

»Das, mein teurer Vater, gehört nicht zur Philosophie, sondern zur Theologie, die hoch über ihr steht.«

»Du redest dieselbe Sprache wie unsere Theologen, die sich von den euren nur dadurch unterscheiden, daß sie ihre Wissenschaft dazu anwenden, die Wahrheiten, die wir kennenlernen müssen, deutlicher zu machen, während die eurigen es sich angelegen sein lassen, sie zu verdunkeln.«

»Bedenkt, mein teurer Jussuf, daß es sich um ein Mysterium handelt.«

»Die Existenz Gottes ist eins, und zwar ein so großes, daß die Menschen es nicht wagen dürfen, etwas hinzuzufügen. Gott kann nur eins sein. Jede Zusammensetzung würde sein Wesen zerstören, und er ist der Gott, den der Prophet uns verkündet hat und der für alle Menschen und für alle Zeiten derselbe sein muß. Gib zu, daß man der Einheit Gottes nichts zuzusetzen weiß. Wir sagen, er ist der alleinige Gott: das ist ein Bild der Einfachheit. Ihr sagt, er ist Eins und Drei zugleich. Und das erscheint mir als eine widerspruchsvolle, lächerliche und gottlose Erklärung.«

»Es ist ein Mysterium!«

»Sprichst du von Gott oder von Definition? Ich spreche von der Definition, die kein Mysterium sein darf und die der Verstand verwerfen muß. Der gesunde Verstand, mein Sohn, muß eine Versicherung, die auf einer Abgeschmacktheit beruht, unverschämt finden. Beweise mir, daß Drei keine Zusammensetzung ist oder es nicht sein kann, und ich werde Christ!«

»Meine Religion gebietet mir, zu glauben, ohne zu urteilen, und ich bebe, mein teurer Jussuf, bei dem Gedanken, daß ich durch eine tiefgründige Beweisführung dazu gebracht werden könnte, die Religion meines Vaters abzuschwören. Zunächst müßte ich die Überzeugung haben, daß er im Irrtum gelebt hat. Sag mir, ob ich, wenn ich sein Andenken ehre, mich selbst zu seinem Richter machen darf mit der Absicht, seine Verurteilung auszusprechen?«

Dieser lebhafte Widerspruch rührte den wackeren Jussuf, doch nach einigen Augenblicken des Schweigens sagte er mir:

»Mit diesen Gesinnungen, mein Sohn, kannst du Gott nur wert sein und mußt folglich auserkoren sein. Bist du im Irrtum, so kann nur Gott dich demselben entreißen; denn ich kenne keinen rechtschaffenen Menschen, der imstande wäre, das Gefühl, das du mir gegenüber ausgesprochen hast, zu widerlegen.«

Wir sprachen noch von tausend anderen freundlichen Dingen, und gegen Abend trennten wir uns mit den Versicherungen der aufrichtigen Freundschaft und Ergebenheit.

Als ich, den Kopf noch ganz voller Gedanken an unsere Unterhaltung, mich zurückzog, dachte ich nach und fand, daß alles, was Jussuf mir über das Wesen Gottes gesagt hatte, wohl wahr sein könnte, denn ganz sicher konnte das Wesen aller Wesen in seiner Wesenheit nur das einfachste aller Wesen sein; doch ich fand es auch unmöglich, mich wegen eines Irrtums der christlichen Religion überreden zu lassen, die türkische anzunehmen, die wohl eine wahre Ansicht von Gott haben konnte, die aber meine Lachlust herausforderte, weil sie ihre Existenz nur dem ausschweifendsten aller Betrüger verdankte. Übrigens hatte, wie ich glaubte, Jussuf auch nicht die Absicht, aus mir einen Proselyten zu machen.

Als ich zum drittenmal bei ihm saß, kam das Gespräch noch einmal auf die Religion.

»Bist du überzeugt, mein teurer Vater, daß man nur in deiner Religion sein Heil finden kann?«

»Nein, mein teurer Sohn, diese Gewißheit habe ich nicht, und kein Mensch würde sie haben, doch habe ich die Überzeugung, daß die christliche Religion falsch ist, denn sie kann nicht allgemein werden!«

»Warum nicht?«

»Weil es auf zwei Dritteln der Erde weder Brot noch Wein gibt. Bemerke, daß der Koran überall befolgt werden kann.«

Ich wußte ihm nichts zu antworten und glaubte, keine Umschweife machen zu dürfen.

»Wenn Gott nicht Stoff ist«, sagte ich ihm, »muß er also Geist sein?«

»Wir wissen, was er nicht ist, aber nicht, was er ist, und der Mensch kann nicht behaupten, daß er Geist ist, denn wir können uns nur einen abstrakten Begriff von ihm machen. Gott ist immateriell, das ist alles, was wir wissen, und mehr werden wir niemals erfahren.«

Das erinnerte mich an Plato, der genau dasselbe gesagt hatte, und ganz gewiß hatte Jussuf niemals Plato gelesen.

Er sagte mir am selben Tage, daß die Existenz Gottes nur denen nützlich sein könnte, die an ihr nicht zweifelten, und daß folglich die unglücklichsten Sterblichen die Atheisten wären. »Gott hat den Menschen nach seinem Ebenbilde geschaffen, damit unter allen Wesen, die er schuf, eins sei, das ihm huldigte. Ohne den Menschen hätte Gott keinen Zeugen seines eigenen Ruhms; und der Mensch muß folglich begreifen, daß seine erste Pflicht darin besteht, ihn zu rühmen, indem er Gerechtigkeit übt und sich seiner Vorsehung anvertraut.

Bemerke, daß Gott nie den Menschen verläßt, der sich in seinem Unglück vor ihm niederwirft und seine Hilfe anfleht, und daß er so oft den Unglücklichen untergehen läßt, der das Gebet für unnütz hält.«

»Es gibt indes auch glückliche Atheisten.«

»Das ist wahr, doch trotz der Ruhe ihrer Seele scheinen sie

mir beklagenswert, da sie nichts nach diesem Leben hoffen und sich folglich dem Tiere nicht überlegen halten können. Sind sie Philosophen, so müssen sie außerdem noch in der Ungewißheit schmachten. Und wenn sie an nichts glauben, haben sie keine Hilfe im Mißgeschick. Endlich hat Gott den Menschen so geschaffen, daß er nur glücklich sein kann, indem er nicht an seiner göttlichen Existenz zweifelt. In welchem Zustand er sich auch befinden mag, er hat das unbedingte Bedürfnis, dies zuzugestehen; sonst hätte der Mensch niemals einen Gott als Schöpfer aller Dinge zugestanden.«

»Doch ich möchte wissen, warum der Atheismus niemals anders als im System irgendeines Weisen bestanden hat, während es kein Beispiel gibt, daß er jemals im System einer ganzen Nation existierte.«

»Das kommt daher, daß der Arme viel mehr als der Reiche seine Bedürfnisse fühlt. Es gibt unter uns eine Menge Gottloser, die die Gläubigen verspotten, weil diese ihr ganzes Vertrauen in die Pilgerfahrt nach Mekka setzen. Die Unglücklichen! Sie müßten die Denkmäler ehren, die die Frömmigkeit der glaubensfreudigen Seelen erwecken, sie in ihrer Religion nähren und sie zur Erduldung des Mißgeschickes ermutigen. Ohne diese tröstlichen Gegenstände würde das Volk sich bei jedem Anlaß einem Übermaß der Verzweiflung hingeben.«

Entzückt von der Aufmerksamkeit, mit der ich ihn anhörte, überließ Jussuf sich seiner Neigung, mich zu belehren, und ich meinerseits fühlte mich zu ihm durch die Anziehungskraft hingezogen, die die liebenswürdige Tugend auf alle Herzen ausübt; so brachte ich meine Tage ohne besondere Einladung bei ihm zu, und Jussufs Freundschaft wurde zur zärtlichsten Neigung.

Eines Morgens befahl ich meinem Janitscharen, mich zu Ismail Effendi zu begleiten, um meinem Versprechen gemäß bei ihm zu frühstücken. Nachdem er mich mit dem edelsten Anstand empfangen hatte, lud er mich zu einem Spaziergang in einem kleinen Garten ein; von hier aus traten wir in ein Landhaus ein, wo er Einfälle bekam, die ich nicht nach meinem Geschmack fand. Ich erklärte ihm lachend, daß ich kein Freund solcher Dinge sei; als mir dann seine Zärtlichkeiten lästig wurden, stand ich etwas hastig auf. Nun erklärte der Türke, er habe nur mein Zartgefühl auf die Probe stellen und sich nur einen Scherz machen wollen. Wenige Augenblicke später verließ ich ihn mit der Absicht, nicht mehr zu ihm zurückzukehren. Ich war indes genötigt, ihn wiederzusehen, und werde später erzählen, weshalb. Sobald ich den Grafen de Bonneval sah, erzählte ich ihm dies Geschichtchen, und er sagte mir, nach türkischen Sitten hätte Ismail mir einen großen Beweis seiner Freundschaft geben wollen; doch dürfte ich überzeugt sein, daß ich von seiner Seite keinen Rückfall zu befürchten hätte, und in dieser Überzeugung erforderte es die Höflichkeit, daß ich ihn noch weiterhin besuchte; übrigens wäre Ismail der Frauenliebe sehr zugetan und hätte die schönsten Sklavinnen der Türkei zu seiner Verfügung.

Als unser vertrauter Umgang etwa fünf oder sechs Wochen gedauert hatte, fragte Jussuf mich eines Tages, ob ich verheiratet wäre. Als ich verneinend geantwortet hatte, wandte sich die Unterhaltung verschiedenen Gegenständen der Moral zu und fiel endlich auf die Keuschheit, die seiner Ansicht nach nur unter dem Gesichtspunkte der Enthaltung als eine Tugend angesehen werden könnte, doch, weit entfernt, Gott angenehm zu sein, ihm vielmehr nicht gefallen müßte, da sie das erste den Menschen gegebene Gebot verletzte.

»Ich möchte wissen«, sagte er, »was die Keuschheit eurer Malteserritter ist. Sie legen das Gelübde der Keuschheit ab, doch verzichten sie damit nicht auf die Frauen, sondern nur auf die Ehe. Ihre Keuschheit und folglich die Keuschheit überhaupt kann also nur durch die Ehe verletzt werden; und doch ist die Ehe eines eurer Sakramente. Diese Herren versprechen also nur, den Geschlechtsakt in dem einzigen ihnen von Gott gestatteten Fall nicht zu vollbringen; aber sie behalten sich vor, diese Freiheit auf unerlaubte Weise sich anzumaßen, sooft es ihnen beliebt und gut scheint. Und diese unerlaubte und unmoralische Freiheit ist ihnen in so hohem Grade gewährt, daß sie einen Sohn anerkennen dürfen, den sie nur bekommen konnten, indem sie ein doppeltes Verbrechen begingen. Besonders empörend ist, daß sie diese Kinder des Verbrechens, die ohne Zweifel unschuldig sind, natürliche Kinder nennen, wie wenn die aus der ehelichen, als Sakrament anerkannten Verbindung auf widernatürliche Weise geboren würden. Endlich, mein lieber Sohn, ist das Gelübde der Keuschheit der göttlichen Moral und menschlichen Natur derart widersprechend, daß es weder Gott noch der Gesellschaft oder den Personen, die es ablegen, angenehm sein kann; und da es diesem allem widerspricht, ist es notwendigerweise ein Verbrechen.«

Er wiederholte die Frage, ob ich verheiratet wäre, und als ich ihm verneinend geantwortet hatte und hinzufügte, ich glaubte, daß ich nie gezwungen sein würde, das Band der Ehe zu knüpfen, unterbrach er mich mit den Worten:

»Wie? Ich muß also glauben, daß du kein vollkommener Mann bist oder daß du dich selbst verdammen willst, wenn du mir nicht wenigstens sagst, daß du nur scheinbar ein Christ bist!«

»Ich bin vollkommener Mann und Christ. Ich will dir sogar sagen, daß ich das schöne Geschlecht anbete und durchaus keine Lust habe, den süßesten Freuden abzuschwören.«

»Du wirst nach deiner Religion verdammt sein.«

»Sicherlich nicht, denn wenn wir unsere Sünden bekennen, müssen uns unsere Priester ledigsprechen.«

»Ich weiß es; doch gib mir zu, daß es eine Einfalt ist, zu behaupten, Gott verzeihe dir ein Verbrechen, das du vielleicht nicht begehen würdest, wenn du nicht den Glauben hättest, daß ein Priester, ein Mensch wie du, dich, wenn du es beichtest, absolvieren wird. Gott sieht nur auf die Reue.«

»Das ist nicht zweifelhaft, und die Beichte setzt es voraus; wäre dem nicht so, so ist die Absolution unwirksam.«

»Ist die Masturbation bei euch auch eine Sünde?«

»Eine viel größere als der außereheliche Beischlaf.«

»Ich weiß es, und das hat mich stets überrascht; denn jeder Gesetzgeber, der ein Gesetz erläßt, dessen Ausübung unmöglich ist, ist ein Dummkopf. Ein Mann, der sich wohl befindet und keine Frau hat, muß unbedingt zur Masturbation kommen, wenn die gebieterische Natur sie ihm zur Notwendigkeit macht; und wer aus Furcht, seine Seele zu beflecken, sich derselben enthielte, würde einer tödlichen Krankheit verfallen.«

»Man glaubt bei uns das gerade Gegenteil. Man ist überzeugt, daß die jungen Leute durch dies Verfahren ihr Temperament verderben und ihr Leben verkürzen. In manchen Erziehungsanstalten überwacht man sie und nimmt ihnen soviel wie tunlich die Möglichkeit, dies Verbrechen an sich zu begehen.«

»Diese Aufpasser sind einfältige Dummköpfe, und die Leute, die sie dafür bezahlen, sind noch dümmer; denn das Verbot muß den Drang mehren, ein so tyrannisches, auch widernatürliches Gesetz zu verletzen.«

»Doch mir scheint, das Übermaß dieser Unordnung muß der Gesundheit schädlich sein, denn es entnervt und schwächt.«

»Gewiß, denn alles Übermaß ist schädlich und verderblich. Aber dies Übermaß kann nur da vorkommen, wo dazu herausgefordert wird, und durch das Verbot fordert man dazu heraus. Wenn man in dieser Beziehung bei euch die Mädchen nicht hindert, so sehe ich nicht ein, warum man gegen die Knaben anders verfährt.«

»Das kommt daher, weil die Mädchen bei weitem nicht die gleiche Gefahr laufen; denn sie haben nur einen geringen Verlust; außerdem strömt dieser nicht aus der gleichen Quelle, aus der der Same der Männer kommt.«

»Davon weiß ich nichts, doch wir haben Ärzte, die behaupten, die bleiche Farbe rühre bei den Mädchen nur von dem Mißbrauch dieses Vergnügens her.«

Nachdem Jussuf Ali diese und andere Gespräche mit mir gepflogen hatte, bei denen er mich sehr vernünftig zu finden schien, selbst wenn ich seiner Ansicht widersprach, machte er mir fast wörtlich folgenden Vorschlag, der mich in großes Staunen versetzte. »Ich habe«, sagte er mir, »zwei Söhne und eine Tochter. Ich denke nicht mehr an die Söhne, da sie schon den ihnen gebührenden Teil von meinen Gütern erhielten. Meine Tochter wird nach meinem Tode all meinen Besitz erhalten; außerdem bin ich imstande, das Glück des Mannes zu machen, den sie zu meinen Lebzeiten heiraten wird. Ich habe vor fünf Jahren eine junge Frau genommen, doch hat sie mir keine Nachkommen gegeben, und ich bin überzeugt, daß sie mir auch keine mehr schenken wird. Meine Tochter Zelmi ist fünfzehn Jahre, sie ist schön, hat schwarze und glänzende Augen wie ihre Mutter, die schönsten schwarzen Haare, eine Brust wie Alabaster, ist groß, wohlgewachsen und von sanftem Charakter, ich habe ihr eine Erziehung gegeben, die sie würdig machen würde, das Herz unseres Gebieters zu besitzen. Sie spricht fließend griechisch und italienisch; sie singt zum Entzücken und begleitet sich dazu auf der Harfe; sie zeichnet, stickt und ist stets köstlich heiter. Kein Mann auf Erden kann sich rühmen, je ihr Gesicht gesehen zu haben, und sie selbst kennt nur meinen Willen. Diese Tochter ist ein Schatz, und ich biete sie dir an, wenn du ein Jahr in Adrianopel bei einem meiner Verwandten wohnen willst, wo du unsere Sprache und unsere Sitten lernen könntest. Nach Verlauf eines Jahres kommst du zurück, und sobald du dich zum Islam bekehrt hast, wird meine Tochter deine Frau werden. Du findest ein eingerichtetes Haus, Sklaven, deren

Gebieter du bist, und ein Einkommen, von dem du im Überfluß leben kannst. Das ist alles. Du sollst mir nicht heute, auch nicht morgen noch an einem bestimmten Tage antworten. Du sollst mir antworten, wenn du dich durch deinen Geist dazu getrieben fühlst, und deine Antwort wird die Annahme meines Anerbietens sein. Wenn du es zurückweist, brauchen wir nicht mehr davon zu sprechen. Ich empfehle dir auch nicht, an diese Angelegenheit zu denken; denn von dem Augenblick an, wo ich den Keim in deine Seele senkte, wirst du nicht mehr Herr sein, deren Erfüllung zuzugestehen oder dich ihr zu widersetzen. Ohne dich zu übereilen, ohne zu zögern, ohne dich zu beunruhigen, wirst du nur den Willen Gottes tun, indem du dem unwiderruflichen Ausspruch deines Schicksals folgst. So wie ich dich kenne, bedarfst du nur der Gesellschaft Zelmis, um glücklich zu werden, und du wirst, ich sehe es voraus, eine Säule des Ottomanischen Reiches werden.«

Nachdem Jussuf diese Worte gesprochen hatte, drückte er mich an sein Herz, und um mir keine Zeit zur Antwort zu gewähren, verließ er mich. Was ich gehört hatte, beschäftigte mich so sehr, daß ich heimkam, ohne es zu merken. Die Baili fanden mich nachdenklich und fragten mich nach dem Grunde; aber wie man sich denken kann, hütete ich mich wohl, ihre Neugierde zu befriedigen. Ich fand Jussufs Worte nur zu wahr; die Sache war so wichtig, daß ich sie nicht nur niemandem mitteilen durfte, sondern daß ich mich sogar des Gedankens daran enthalten mußte, bis mein Geist ruhig genug war, um mir die Überzeugung zu gewähren, daß nichts Fremdes in die Waagschale fallen und meine Entscheidung beeinflussen könnte. Alle meine Leidenschaften mußten schweigen; Vorurteile, Befangenheit, Liebe und persönliches Interesse, alles mußte in der vollkommensten Ruhe und Untätigkeit bleiben.

Am nächsten Tage drängte sich mir beim Erwachen eine kleine Betrachtung über die Sache auf, und ich sah, daß ich ganz gewiß nicht daran denken durfte, wollte ich mich entschließen; eine derartige Entscheidung durfte mir nur wie durch Eingebung und ohne alle Überlegung kommen. Es war der Fall des *sequere deum* [Folge Gott!] der Stoiker.

Ich verbrachte vier Tage, ohne Jussuf zu sehen, und als ich am fünften bei ihm war, plauderten wir heiter miteinander, ohne von der Sache mit einem Wort zu sprechen, obwohl wir ganz unbedingt daran denken mußten. Wir verlebten so vierzehn Tage, ohne über das, was uns am meisten beschäftigte, zu sprechen: doch da unser Schweigen nicht von Heuchelei noch von irgendeinem unserer gegenseitigen Achtung und Freundschaft widersprechenden Gefühle herrührte, sagte er mir eines Tages, er dächte sich, ich hätte seinen Vorschlag irgendeinem Weisen mitgeteilt, um mich durch einen guten Rat zu stärken. Ich beeilte mich, ihm das Gegenteil zu versichern, indem ich ihm sagte, bei einer Sache von so zarter Natur glaubte ich, nicht dem Rat irgendeines andern folgen zu dürfen. »Ich habe mich Gott überlassen, mein teurer Jussuf, und da ich ihm volles Vertrauen schenke, bin ich überzeugt, daß ich das Richtige wählen werde, sei es, daß ich mich entschließe, dein Sohn zu werden, sei es, daß ich glaube, bleiben zu müssen, was ich bin. Inzwischen beschäftigt der Gedanke an diese Sache meine Seele morgens und abends und in allen Augenblicken, da ich mit mir ganz allein, ruhig und gesammelt bin. Wenn ich entschlossen bin, werde ich nur dir allein die Kunde mitteilen, und von diesem Augenblick an sollst du über mich die Autorität eines Vaters ausüben.«

Bei diesen Worten lege der tugendhafte Jussuf, die Augen voller Tränen, seine linke Hand auf meinen Kopf und die beiden ersten Finger der rechten Hand auf meine Stirn mit den Worten:

»Fahre so fort, mein teurer Sohn, und sei überzeugt, daß du dich nicht täuschen wirst.«

»Aber«, sagte ich ihm, »könnte es nicht geschehen, daß Zelmi mich nicht nach ihrem Geschmack fände?«

»Darüber beruhige dich. Meine Tochter liebt dich, sie hat dich gesehen. Sie sieht dich mit meiner Frau und ihrer Gouvernante, sooft wir zusammen essen, und hört dir mit Vergnügen zu.«

»Aber sie weiß nicht, daß du mich ihr zum Gatten zu geben gedenkst?«

»Sie kennt meinen Wunsch, daß du ein Gläubiger werdest, um dein Geschick mit dem ihrigen zu verbinden.«

»Es freut mich, daß es dir nicht erlaubt ist, sie mich sehen zu lassen; denn sie könnte mich blenden, und dann gäbe die Leidenschaft den Ausschlag für die Waagschale. Ich könnte mir nicht mehr schmeicheln, mich in der ganzen Reinheit meiner Seele entschieden zu haben.«

Als Jussuf mich so sprechen hörte, freute er sich außerordentlich, und ich meinte es gewiß ganz aufrichtig. Schon der Gedanke, Zelmi zu sehen, ließ mich erheben. Ich fühlte, ich wäre, wenn ich in sie verliebt gewesen wäre, Muselman geworden, um sie zu besitzen, und hätte es zweifellos bereut; denn die mohammedanische Religion bot meinen Augen und meinem Geist ein unangenehmes Bild, sowohl in bezug auf dieses wie auf jenes Leben. Und der Reichtum rechtfertigte meiner Meinung nach keinen Schritt gleich dem von mir geforderten. Übrigens konnte ich gleiche Reichtümer in ganz Europa finden, ohne deshalb meiner Stirn den schmachvollen Flecken der Abtrünnigkeit aufzudrücken. Ich hielt auf die Achtung der ausgezeichneten Personen, die mich kannten, und wollte mich derselben nicht unwürdig zeigen. Außerdem ward ich von dem Wunsch getrieben, mir bei den zivilisierten und gebildeten Nationen entweder in den schönen Künsten oder in der Literatur oder in einer anderen ehrenvollen Laufbahn Ruhm zu erwerben, und ich konnte mich nicht entschließen, meinen Zeitgenossen die Triumphe zu überlassen, die meiner vielleicht warteten, wenn ich in ihrer Mitte lebte. Es erschien mir und erscheint mir noch, als könnte der Entschluß, den Turban zu nehmen, nur einem verzweifelten Christen beikommen, und ein solcher war ich zum Glück nicht. Besonders empörte mich der Gedanke, ein Jahr in Adrianopel leben zu müssen, um dort eine barbarische Sprache zu lernen, gegen die ich nur Widerwillen empfand und die ich folglich schlecht gelernt hätte. Wie konnte ich auch in meinem Alter auf das für mein Selbstgefühl schmeichelhafte Vorrecht verzichten, für einen Schönredner zu gelten? Und diesen Ruf hatte ich überall, wo ich bekannt war. Außerdem dachte ich manchmal, Zelmi, dies achte Wunder in den Augen ihres Vaters, könnte den meinen nicht ebenso erscheinen, und das würde zu meinem Unglück genügt haben; denn Jussuf konnte leicht noch zwanzig Jahre leben, und ich fühlte, daß Achtung und Dankbarkeit mir nie gestatten würden, den guten Greis zu kränken, was gewiß geschehen wäre, wenn ich seiner Tochter nicht alle Rücksichten eines guten Gatten gezeigt hätte. Das waren die Gedanken, die mich beschäftigten, und da Jussuf sie nicht erraten konnte, brauchte ich sie ihm nicht anzuvertrauen.

Wenige Tage danach fand ich bei Osman Pascha meinen Ismail Effendi zum Essen. Er bekundete mir große Freundschaft, und ich antwortete darauf, indem ich über seine Vorwürfe, so lange nicht bei ihm gefrühstückt zu haben, hinwegglitt. Ich konnte es nicht abschlagen, bei ihm zu essen, und er gewährte mir ein reizendes Schauspiel: neapolitanische Sklaven beider

Geschlechter führten eine Pantomime auf und tanzten Kalabreser Tänze. Monsieur Bonneval sprach von dem venezianischen Tanz Furlana, und da Ismail mir das lebhafte Verlangen kundgab, diesen kennenzulernen, sagte ich ihm, es wäre mir unmöglich, ihn zu befriedigen, wenn ich nicht eine Tänzerin aus meinem Lande hätte und einen Violinisten, der die Melodie kenne. Danach ergriff ich selbst eine Violine und spielte die Melodie des Tanzes. Aber selbst wenn eine Tänzerin gefunden worden wäre, hätte ich doch nicht zugleich tanzen und spielen können.

Ismail erhob sich und sprach heimlich mit einem seiner Eunuchen. Dieser ging hinaus, kam wenige Minuten danach zurück und sagte ihm etwas ins Ohr. Darauf sagte mir der Effendi, die Tänzerin wäre gefunden; ich entgegnete ihm, der Violinspieler würde sich ebenfalls bald finden, wenn er ein Briefchen in den venezianischen Botschaftspalast schicken wollte, was auch sogleich geschah. Der Bailo Donà schickte mir einen seiner Leute, einen trefflichen Violinisten. Sobald der Musiker bereit war, öffnete sich eine Pforte, und herein trat eine schöne Frau, das Gesicht mit einer jener Sammetmasken bedeckt, die man in Venedig Moretta[15] nennt. Die Erscheinung dieser schönen Maske überraschte und entzückte die Anwesenden, denn es ist unmöglich, sich eine einnehmendere Erscheinung zu denken. Vollendet schön war, was man von ihrem Gesicht sehen konnte, und die größte Teilnahme erregte die Anmut ihrer Formen, die Schönheit ihres Wuchses, die wollüstige Weichheit ihrer Umrisse und der ausgezeichnete Geschmack ihres Putzes. Die Nymphe wählte ihre Stellung, ich machte es wie sie, und wir tanzten hintereinander sechs Furlanen.

Ich war sehr erhitzt und außer Atem, denn es gibt keinen feurigeren Nationaltanz. Die Schöne aber stand da, ohne das mindeste Zeichen der Ermüdung zu geben, und schien mich herauszufordern. Bei der Ronde des Balletts, dem schwierigsten Teil, schien sie zu schweben. Ich war vor Erstaunen außer mir, denn ich konnte mich nicht erinnern, dies Ballett selbst in Venedig je so schön tanzen gesehen zu haben. Nach einigen Minuten der Ruhe trat ich, ein wenig beschämt über meine Ermüdung, an sie heran und sagte: »*Ancora sei, e poi basta, se non volete vedermi a morire.* [Noch sechs, aber dann genug, wenn Sie mich nicht sterben sehen wollen].« Sie hätte mir, wenn sie gekonnt hätte, geantwortet, doch sie trug eine jener barbarischen Masken, die jedes Sprechen unmöglich machen. In Ermanglung eines Wortes ließ ein Druck der Hand, den niemand sehen konnte, mich alles erraten. Sobald die zweiten sechs Furlanen beendet waren, öffnete ein Eunuch die Tür, und meine schöne Partnerin verschwand.

Ismail erschöpfte sich in Danksagungen, und doch hätte ich sie ihm machen sollen, denn dies war das einzige wahre Vergnügen, das ich in Konstantinopel hatte. Ich fragte ihn, ob die Dame Venezianerin wäre; doch er antwortete mir nur durch ein bedeutungsvolles Lächeln. Gegen Abend trennten wir uns.

»Der gute Mann«, sagte mir Monsieur Bonneval, als wir uns zurückzogen, »hat sich heute von seiner Prachtliebe verleiten lassen, und ich bin überzeugt, daß er schon seine Tat bereut hat. Seine schöne Sklavin mit Ihnen tanzen zu lassen! Nach dem Vorurteil des Landes gefährdet das seinen guten Ruf; denn Sie haben ganz sicher das arme Mädchen in Flammen gesetzt. Ich rate Ihnen, auf der Hut zu sein und sich in acht zu nehmen, denn sie wird mit Ihnen einen Liebeshandel anzuknüpfen versuchen. Doch seien Sie klug, denn nach den hierzulande herrschenden Sitten sind derartige Umtriebe stets gefährlich.«

Ich versprach ihm, keinen falschen Schritt zu machen, doch ich hielt nicht Wort; denn drei oder vier Tage später begegnete mir eine alte Sklavin auf der Straße und bot mir einen goldgestickten Tabaksbeutel für einen Piaster an, und indem sie ihn mir in die Hände drückte, ließ sie mich fühlen, daß er einen Brief enthielt.

Ich bemerkte, daß sie die Augen des hinter mir gehenden Janitscharen vermied. Ich gab ihr einen Piaster, sie ging davon, und ich setzte meinen Weg nach dem Hause Jussufs fort. Da ich den guten Türken nicht fand, ging ich in seinem Garten spazieren, um in aller Ruhe den Brief lesen zu können. Er war versiegelt und ohne Adresse, die Sklavin konnte sich getäuscht haben. Das vermehrte meine Neugier. Ich brach das Siegel und las folgende Zeilen in richtig geschriebenem Italienisch: ›Wenn Sie neugierig sind, die Person zu sehen, die mit Ihnen die Furlana getanzt hat, so machen Sie gegen Abend im Garten jenseits des Teiches einen Spaziergang, und machen Sie sich mit der alten Magd des Gärtners bekannt, indem Sie um Limonade bitten. Sie können sie vielleicht sehen, ohne Gefahr zu laufen, selbst wenn Ismail Sie sehen sollte; sie ist Venezianerin. Es ist wichtig, daß Sie von dieser Einladung zu niemandem sprechen.‹

»Ich bin nicht so einfältig, meine schöne Landsmännin!« rief ich, als wäre sie zugegen gewesen, und steckte den Brief in meine

Tasche. Da trat eine schöne alte Frau hinter einem Gebüsch hervor, nannte meinen Namen und fragte mich, was ich wünschte und wie ich sie bemerkt hätte. Ich antwortete ihr lächelnd, ich hätte in die Luft gesprochen, da ich nicht geglaubt hätte, daß mich jemand hörte. Nun sagte sie geradeheraus, sie wäre erfreut, mich zu sprechen, denn sie wäre Römerin, hätte Zelmi erzogen und sie singen und Harfe spielen gelehrt. Dann sprach sie mir lobend von den Schönheiten und vortrefflichen Eigenschaften ihrer Schülerin und sagte, ich würde gewiß in sie verliebt werden, wenn ich sie sähe, und es verdrösse sie, daß es nicht erlaubt wäre.

»Sie sieht uns in diesem Augenblick«, fügte sie hinzu, »hinter dieser grünen Jalousie, und wir lieben Sie, seit uns Jussuf gesagt hat, Sie könnten Zelmis Gatte werden.«

»Darf ich zu Jussuf von unserer Unterhaltung sprechen?« fragte ich sie.

»Nein.«

Dies Nein gab mir zu verstehen, daß, wäre ich nur ein wenig in sie gedrungen, sie sich hätte bestimmen lassen, mir ihre reizende Schülerin zu zeigen, und vielleicht hatte sie sogar in dieser Hoffnung mich aufgesucht. Der Gedanke aber, einen meinem teuren Gastgeber mißfallenden Schritt zu tun, hielt mich zurück. Außerdem, und noch mehr als das sicherlich, fürchtete ich den Eintritt in ein Labyrinth, wo der Anblick eines Turbans schon mich hätte erbeben lassen.

Jussuf kam hinzu, und weit entfernt, böse darüber zu sein, daß er mich mit der Frau zusammen fand, wünschte er mir Glück zu dem Vergnügen, das es mir machen mußte, mich mit einer Römerin zu unterhalten. Er gratulierte mir dann noch zu dem Vergnügen, das ich bei dem Tanz mit einer der Schönheiten des Harems des wollüstigen Ismail hatte finden müssen!

»Ist denn das eine so seltene Sache, da man davon spricht?«

»Sehr selten, weil bei uns das Vorurteil besteht, die Schönheiten des Harems nicht den Augen Neidischer auszusetzen; doch jeder kann im eigenen Haus nach Belieben handeln. Ismail ist übrigens ein Ehrenmann und ein kluger Mann.«

»Kennt man die Dame, mit der ich getanzt habe?«

»Oh, das glaube ich nicht. Übrigens war sie maskiert, und man weiß, daß Ismail ein halbes Dutzend hat, die alle sehr schön sind.«

Wir verbrachten den Tag heiter, und als ich von ihm schied, ließ ich mich zu Ismail führen. Da man mich hier kannte, ließ man mich eintreten, und ich ging nach dem Ort, den der Zettel mir angezeigt hatte. Als der Eunuch mich sah, kam er mir entgegen und sagte mir, sein Herr wäre ausgegangen; doch würde er sehr erfreut sein, wenn er vernähme, daß ich bei ihm einen Spaziergang gemacht hätte. Ich erklärte ihm, ich wünschte ein Glas Limonade zu trinken, und er führte mich nach dem Gartenhäuschen, wo ich die alte Botin erkannte. Der Eunuch ließ mir ein köstliches Getränk reichen und hinderte mich, der Alten ein Silberstück zu geben. Nun gingen wir auf der andern Seite des Teiches spazieren, doch der Eunuch sagte mir, wir müßten umkehren, da er drei Damen, die er mir zeigte, kommen sähe; der Anstand verlange, ihnen auszuweichen. Bald darauf dankte ich ihm für seine Gefälligkeit, trug ihm auf, Ismail meine Komplimente auszurichten, und zog mich zurück, recht zufrieden mit meinem Spaziergang und voller Hoffnung, ein anderes Mal glücklicher zu sein.

Am nächsten Morgen erhielt ich von Ismail ein Billett, worin er mich bat, am Tage darauf mit ihm zum Fischen zu fahren, und mir erklärte, wir würden bis tief in die Nacht hinein bei Mondenschein fischen. Ich hoffte, was ich wünschte, und ging so weit, Ismail zuzutrauen, daß er mich mit meiner schönen Landsmännin bekannt machen wollte. Die Gewißheit, daß er zugegen sein würde, konnte mich nicht abstoßen. Ich bat den Cavaliere Venier um die Erlaubnis, eine Nacht außerhalb verbringen zu dürfen, und nur mit vieler Mühe gab er sie mir, denn er fürchtete irgendein Liebesabenteuer und die daraus folgenden Zwischenfälle. Wie man sich wohl denken kann, beruhigte ich ihn, so gut ich konnte, aber ich setzte ihn trotzdem nicht von allem in Kenntnis; denn Verschwiegenheit schien mir bei diesem Anlaß sehr notwendig.

Zur festgesetzten Stunde fand ich mich pünktlich ein, und Ismail empfing mich mit den herzlichsten Freundschaftsbezeigungen; doch als ich ins Boot stieg, fand ich zu meiner Überraschung mich mit ihm allein. Er hatte zwei Ruderer und einen Steuermann, und wir fingen einige Fische, die wir in einer Laube in Öl braten ließen und aßen. Wir hatten Vollmond, und es war eine jener köstlichen Nächte, von denen man sich keine Vorstellung machen kann, wenn man sie nicht selber gesehen hat. Ganz allein mit Ismail und wohlbekannt mit seiner widernatürlichen Geschmacksrichtung, fühlte ich mich nicht ganz behaglich; denn trotz den Versicherungen des Graf de Bonneval fürchtete ich, der Türke würde Lust bekommen, mir Beweise einer allzu großen

Freundschaft zu geben, und dies Alleinsein beunruhigte mich. Doch es kam eine überraschende Wendung.

»Wir wollen ganz sacht gehen«, sagte er mir, »ich höre ein Geräusch, das mich irgend etwas Amüsantes ahnen läßt.« Er schickte seine Leute fort, nahm mich dann bei der Hand und sagte zu mir: »Wir wollen in ein Kabinett gehen, zu dem ich glücklicherweise den Schlüssel habe; doch dürfen wir nicht das geringste Geräusch machen. Das Kabinett hat ein Fenster nach dem Teich hinaus, wo, wie ich glaube, zwei oder drei meiner jungen Mädchen in diesem Augenblicke ein Bad nehmen. Wir werden sie sehen und uns eines sehr hübschen Schauspiels erfreuen, denn sie wissen nicht, daß sie gesehen werden. Sie wissen, daß außer mir niemandem dieser Ort zugänglich ist.«

Wir traten ein und sahen bei dem Licht des Mondes, das voll auf das Wasser des Teiches fiel, drei Nymphen, die bald schwimmend, bald aufrecht oder auf den Marmorstufen sitzend sich unsern Augen von allen möglichen Seiten, in allen Stellungen der Anmut und Wollust darboten.

Dieses entzückende Schauspiel entflammte mich auf der Stelle, und Ismail, den ich außer sich vor Freude sah, überzeugte mich, daß ich keinerlei Hemmungen haben mußte. Vielmehr ermutigte er mich, mich den Gefühlen hinzugeben, die dieser wollüstige Anblick in meinen Sinnen erwecken mußte, da ich ihn in demselben Zustande fand. Genau wie er war ich darauf angewiesen, mich an dem Gegenstand zu erfreuen, der sich in meiner Nähe befand, um jenes Feuer zu löschen, das von den drei Nymphen entfacht worden war, die wir bald im Wasser, bald außerhalb bewunderten und die, ohne jenes Fenster zu beachten, ihre sinnlichen Spiele nur zu betreiben schienen, um ihre aufmerksamen Zuschauer verbrennen zu lassen. Jedenfalls wollte ich glauben, daß es so war und daß ich kein anderes Vergnügen gehabt habe. Ismail aber trug den Sieg davon, denn da er sich in meiner Nähe befand, mußte er den Gegenstand meiner Wünsche ersetzen, den ich nicht erreichen konnte. Und ich mußte erfahren, daß auch er mir Genugtuung verschaffte. Ich hätte wenig Großmut bewiesen, wenn ich mich dagegen gewehrt hätte; außerdem wäre ich ihm gegenüber undankbar gewesen. Dazu war ich aber auf Grund meines Charakters nicht fähig. Niemals in meinem Leben war ich so verrückt noch so verzückt. Da ich nicht wußte, welche der drei Nymphen meine Venezianerin war, sah ich auf Kosten von

Ismail, der mir ruhig zu werden schien, in jeder von ihnen meine Angebetete. Dieser brave Mann belehrte mich auf die angenehmste Weise eines Besseren und genoß dabei die süßeste aller Rachen. Wenn er aber auf seine Rechnung kommen wollte, sollte auch er bezahlen. Ich überlasse es der Rechenkunst des Lesers, zu erfahren, wer von uns beiden besser bedient worden ist, denn mir scheint, daß Ismail alle Kosten zu tragen hatte und die Waage zu seinen Gunsten ausschlägt. Was mich betrifft, so bin ich nie wieder an diesen Ort zurückgekehrt und habe niemandem von diesem Abenteuer erzählt. Die Orgie endete, als die drei Nymphen sich zurückzogen und wir, nicht wissend, was wir uns sagen sollten, anfingen zu lachen. Nachdem wir uns mit vortrefflicher Konfitüre beköstigt und einige Tassen Kaffee zu uns genommen hatten, trennten wir uns. Dieses Abenteuer, bei dem die Phantasie einen größeren Anteil hat als die Wirklichkeit, war das einzige dieser Art während meines Aufenthaltes in Konstantinopel.

Einige Tage nach dieser herrlichen Mondscheinpartie mit Fischen und Badenden war ich schon früh zu Jussuf gegangen, und da ein leichter Regen mich an einem Spaziergang im Garten hinderte, trat ich in den Saal, in dem wir speisten und wo ich bisher niemals einen Menschen gefunden hatte. Sobald ich erschien, stand ein reizendes weibliches Wesen auf und bedeckte sein Gesicht mit einem dichten Schleier, der bis auf den Boden fiel. Eine Sklavin, die am Stickrahmen neben dem Fenster saß, regte sich nicht. Ich entschuldigte mich und tat, als wollte ich gehen; doch sie hielt mich zurück und sagte mir mit lieblicher Stimme in gutem Italienisch, Jussuf, der ausgegangen wäre, hätte ihr befohlen, mich zu unterhalten. Sie lud mich ein, Platz zu nehmen, und deutete auf ein kostbares, auf zwei andern größeren liegendes Kissen; ich gehorchte, während sie selbst, die Beine kreuzend, sich auf ein anderes mir gegenüber setzte. Ich glaubte, Zelmi vor mir zu haben, und dachte mir, Jussuf hätte sich vielleicht entschlossen, mir zu zeigen, daß er ebenso mutig wäre wie Ismail; doch überraschte mich dieser Schritt, der seinen Grundsätzen widersprach, da er die Reinheit meiner Zustimmung zu gefährden drohte, indem er mich verliebt machte. Indes brauchte ich hier keine Furcht zu haben, denn um mich zu entschließen, hätte ich ihr Gesicht sehen müssen.

»Ich glaube«, sagte die schöne Verschleierte, »du weißt nicht, wer ich bin?«

»Ich kann es in der Tat nicht erraten.«

»Ich bin seit fünf Jahren die Gattin deines Freundes und bin in Chios geboren. Ich war dreizehn Jahre alt, als ich seine Frau wurde.«

Ich war sehr überrascht, daß mein philosophischer Muselman sich so weit über alle Vorurteile hinwegsetzte, mir eine Unterhaltung mit seiner Frau zu gestatten; doch fühlte ich mich ruhiger und glaubte das Abenteuer weitertreiben zu können. Dazu hätte ich indes ihr Gesicht sehen müssen; denn ein bekleideter schöner Körper, dessen Kopf man nicht sieht, kann nur Begierden erwecken, die leicht zu befriedigen sind. Das Feuer der Begierden gleicht dem Strohfeuer; sobald es brennt, hat es auch schon seine größte Höhe erreicht. Ich sah ein reizendes Bild, doch nicht die Seele, denn ein dichter Flor verbarg sie meinen gierigen Blicken. Ich sah Alabasterarme, die die Grazien gerundet hatten, und ihre Hände glichen denen Alcinas, *dove nè nodo appar nè vena eccede* [an denen man weder Muskel noch Ader sah][16], und meine tätige Einbildungskraft schuf alles übrige in Harmonie zu diesen schönen Mustern; denn die anmutigen Falten des Musselins ließen den Umrissen ihren ganzen Zauber und verbargen mir nur den lebenden Abriß der Oberfläche: alles mußte schön sein, doch ich empfand das Bedürfnis, in ihren Augen zu lesen, daß alles, was ich mir einbildete, Leben habe und mit Gefühl begabt sei. Die orientalische Tracht ist nur ein schöner, über eine Meißner Porzellanvase gezogener Firnis, um die Farben der Blumen und Figuren der Berührung zu entziehen, ohne dem Vergnügen der Augen irgend etwas zu nehmen. Jussufs Frau war nicht als Sultana gekleidet; sie trug das Kostüm von Chios, mit einem Rock, der mich weder hinderte, die Vollkommenheit ihres Beins noch die Rundung ihrer Schenkel und den wollüstig gerundeten Vorsprung ihrer Hüften zu sehen, auf die sich ein schlanker und wohlgebildeter Rumpf stützte, den ein prächtiger, silbergestickter und mit Arabesken bedeckter Gürtel umspannte. Über dem allen sah ich zwei Halbkugeln, die Apelles zum Modell für die seiner schönen Venus hätte nehmen können, und ihre lebhafte, doch ungleiche Bewegung zeigte mir, daß diese bezaubernden Hügel belebt seien. Der kleine Raum zwischen ihnen, den ich mit meinen Augen verschlang, schien mir eine Nektarquelle zu sein, nach der meine heißen Lippen mit größerer Gier sich sehnten als nach dem Göttertrank, um ihren Durst zu stillen.

Entzückt und außer mir, streckte ich mit einer beinah unwillkürlichen Bewegung meinen Arm aus, und meine kühne Hand wollte schon den Schleier heben, da hinderte sie mich daran, indem sie sich leicht auf die Spitzen ihrer schönen Füße erhob und mir mit gebieterischer Stimme und Haltung meine treulose Keckheit vorwarf. »Verdienst du«, sagte sie mir, »Jussufs Freundschaft, da du die Gastfreundschaft durch eine Beschimpfung seiner Frau verletzest?«

»Sie müssen mir verzeihen, Signora, denn ich hatte nicht die Absicht, Sie zu beleidigen. Nach unseren Sitten kann der niedrigste Mensch seine Augen auf das Gesicht der Königin heften.«

»Ja, aber ihr nicht den Schleier fortreißen, wenn sie mit ihm verhüllt ist. Jussuf wird mich rächen.«

Diese Drohung und der Ton, in dem sie ausgesprochen wurde, erfüllten mich mit Furcht. Ich warf mich ihr zu Füßen und wußte sie schließlich zu beruhigen. »Setze dich!« sagte sie zu mir. Und sie setzte sich selbst, indem sie die Beine mit so großer Nachlässigkeit kreuzte, daß ich Reize erblickte, die mir den Kopf verdreht haben würden, hätte ich sie noch einen einzigen Augenblick länger sehen können. Ich sah nun, daß ich mich ungeschickt benommen hatte, und bereute es, obwohl zu spät.

»Bist du entflammt?« fragte sie mich.

»Wie sollte ich es nicht sein«, antwortete ich ihr, »wenn du mich mit dem heißesten Feuer brennst?«

Klüger geworden, ergriff ich ihre Hand, ohne mich mehr um ihr Gesicht zu kümmern. »Da kommt mein Gatte«, rief sie mir zu; und Jussuf trat ein. Wir erhoben uns, Jussuf umarmte mich; ich begrüßte ihn, die stickende Sklavin entfernte sich. Er dankte mir, daß ich seiner Frau Gesellschaft geleistet hatte, und bot ihr seinen Arm, um sie in ihr Gemach zu führen. Sie verließ das Zimmer, doch neben der Tür hob sie ihren Schleier, umarmte ihren Gatten und ließ mich, scheinbar unabsichtlich, ihr schönes Profil sehen. Ich folgte ihr mit den Augen bis zum letzten Zimmer, wo Jussuf sie verließ. Sobald er wieder bei mir war, erklärte er mir lächelnd, seine Frau hätte sich erboten, mit uns zu essen.

»Ich glaubte«, bemerkte ich ihm, »mich Zelmi gegenüber zu befinden.«

»Das hätte unseren guten Sitten zu sehr widersprochen. Was ich tat, hat gar nichts zu sagen. Doch ich kenne keinen anständigen Mann, der kühn genug wäre, seine Tochter den Blicken eines Fremden auszusetzen.«

»Ich glaube, deine Gattin ist schön; ist sie schöner als Zelmi?«

»Die Schönheit meiner Tochter ist lächelnd und sanft, Sophias Schönheit trägt den Charakter des Stolzes. Sie wird nach meinem Tode glücklich sein. Wer sie heiratet, wird sie jungfräulich finden.«

Ich erzählte mein Abenteuer Monsieur Bonneval, indem ich besonders die Gefahr hervorhob, in die ich hätte laufen können, als ich den Schleier der schönen Chiotin hob. »Die Griechin«, sagte mir der Graf, »hat sich nur über Sie lustig machen wollen; von Gefahr war keine Rede. Sie war, glauben Sie mir, ärgerlich, daß sie mit einem Neuling zu tun gehabt hat. Sie haben eine französische Posse gespielt, während Sie gerade auf das Ziel hätten losgehen sollen. Wozu brauchten Sie ihre Nase zu sehen? Sie wußte ganz gut, daß sie, wenn Sie die gesehen hätten, nichts dabei gewonnen haben würde. Sie hätten auf das Wesentliche gehen sollen. Wäre ich jung, so würde es mir vielleicht gelingen, Sie zu rächen und meinen Freund Jussuf zu strafen. Sie haben der Schönen einen traurigen Begriff von der italienischen Tüchtigkeit beigebracht. Der sittsamsten Türkin wohnt Schamhaftigkeit nur auf dem Gesicht; sobald sie ihren Schleier davor hat, weiß sie bestimmt, daß sie über nichts erröten wird. Ich bin überzeugt, die Dame trägt ihr Gesicht stets bedeckt, wenn ihr Mann mit ihr kosen will.«

»Sie ist Jungfrau!«

»Das ist schwer zu glauben, lieber Freund; ich kenne die Chiotinnen. Sie besitzen aber die Kunst, den äußeren Anschein der Jungfräulichkeit zu bewahren.«

Jussuf kam nie mehr auf den Gedanken, mir eine ähnliche Höflichkeit erweisen zu wollen, und gewiß hatte er recht.

Einige Tage später war ich bei einem armenischen Kaufmann, wo ich einige schöne Waren besah, als Jussuf hinzukam; er lobte meinen Geschmack bei der Auswahl der Sachen, die ich schön fand, aber nicht kaufte, da sie meiner Ansicht nach zu teuer waren. Jussuf dagegen behauptete, die Waren wären nicht zu teuer, er kaufte sie alle, und wir trennten uns. Am nächsten Morgen sah ich alle Waren bei mir: das war eine Galanterie Jussufs, und damit ich keine Veranlassung haben konnte, dies Geschenk zurückzuweisen, hatte er einen hübschen Brief hinzugefügt, worin er mir schrieb, bei meiner Ankunft in Korfu würde ich erfahren, wem ich diese Sachen zuzustellen hätte. Es waren mit Gold und Silber durchwebte glänzende Damaststoffe, Börsen, Brieftaschen, Gürtel, Schärpen, Taschentücher und Pfeifen: alles zusammen im Werte von vier- bis fünfhundert Piastern. Als ich ihm danken wollte, nötigte ich ihn zu dem Geständnis, es wäre ein Geschenk der Freundschaft, das er mir machen wollte.

Am Tage vor meiner Abreise brach der wackere Mann in Tränen aus, als er von mir Abschied nahm; doch die, die ich vergoß, waren ebenso aufrichtig und reichlich wie die seinigen. Er sagte mir: dadurch, daß ich sein Anerbieten nicht angenommen, hätte ich seine Achtung so sehr gewonnen, daß er sich nur schwer denken könnte, daß er mich mehr geachtet hätte, wenn ich sein Sohn geworden wäre. Sobald ich auf dem Schiff war, auf dem ich mich mit dem Bailo Giovanni Donà einschiffte, fand ich eine Kiste, die er mir noch zum Geschenk machte und die zwei Zentner Mokkakaffee bester Güte, hundert Pfund Blättertabak und zwei große Krüge enthielt, von denen der eine mit Zapanditabak[17], der andere mit Camussade gefüllt war; außerdem noch ein prachtvolles Pfeifenrohr von Jasminholz, mit Goldfiligran verziert, das ich in Korfu um hundert Zechinen verkaufte. Ich konnte dem freigebigen Türken erst von Korfu aus die Versicherung meiner Dankbarkeit geben und versäumte es nicht. Ich verkaufte alle seine Geschenke, was mir ein kleines Vermögen einbrachte.

Ismail gab mir einen Brief für den Cavaliere da Lezze, doch konnte ich diesen nicht bestellen, da ich ihn verlor. Auch schenkte er mir ein Faß Honigwasser, das ich ebenfalls zu Geld machte. Monsieur Bonneval übergab mir einen Brief für den Kardinal Acquaviva. Ich sandte ihm denselben samt einer Beschreibung meiner Reise, aber Seine Eminenz glaubte nicht, mir zur Bestätigung des Empfangs verpflichtet zu sein. Bonneval schenkte mir zwölf Flaschen Ragusaner Malvasiers und zwölf andere echten Scopolos. Es war eine seltene Gabe, die mir in Korfu dazu diente, ein Geschenk zu machen, das mir, wie man später sehen wird, großen Nutzen brachte. Der einzige fremde Gesandte, den ich oft in Konstantinopel sah, war der schottische Marschall Mylord Keith[18], der für den König von Preußen hier residierte und dessen Bekanntschaft mir sechs Jahre später zu Paris sehr nützlich ward.

Wir segelten Anfang September auf demselben Kriegsschiff ab, das uns nach Konstantinopel gebracht hatte, und kamen nach vierzehn Tagen in Korfu an. Der Bailo Donà blieb an Bord; er führte acht prächtige türkische Pferde mit sich, von denen ich im Jahre 1773 in Görz noch zwei am Leben fand.

Kaum war ich mit meinem Gepäck gelandet und hatte mich ziemlich ärmlich einquartiert, als ich mich Signor Andrea Dolfin, dem Generalprovveditore, vorstellte, der mir abermals die Versicherung gab, daß ich bei der ersten Truppenbesichtigung Leutnant werden sollte. Von ihm begab ich mich zu meinem Kapitän, Signor Camporese, der mich sehr freundlich empfing. Die Stabsoffiziere meines Regiments traf ich nicht an. Mein dritter Besuch galt dem Befehlshaber der Galeassen[19], Signor D. R., dem Signor Dolfin, mit dem ich von Venedig nach Korfu gekommen war, mich zu empfehlen die Güte gehabt hatte. Nach den ersten üblichen Höflichkeitsformeln fragte er mich, ob ich bei ihm als Adjutant bleiben wollte. Ich antwortete ihm sogleich, daß sein Anerbieten mich ehrte, daß ich es annähme und daß er mich stets zu seinem Befehl finden würde. Ohne weitere Umstände ließ er mich nach dem mir von ihm bestimmten Zimmer führen, und schon am nächsten Tag sah ich mich bei ihm eingerichtet. Ich erhielt von meinem Kapitän einen französischen Soldaten zu meiner Bedienung, und da dieser von Beruf Friseur und außerdem ein großer Schwätzer war, machte er mir viel Vergnügen, denn er konnte mein schönes Haar pflegen, und ich bedurfte der Übung in der französischen Sprache. Mein Soldat war ein Bauer aus der Pikardie, ein Taugenichts, Trunkenbold und Wüstling; er konnte kaum seinen Namen kritzeln; doch das machte mir wenig aus, denn es genügte mir, daß er ziemlich gut sprechen konnte. Er war ein unterhaltender Narr; er kannte eine Menge Schwänke und schlüpfrige Geschichten, die er zum Totlachen zu erzählen wußte.

Als ich meine aus Konstantinopel mitgebrachten Sachen verkauft hatte, indem ich nur den Wein zurückbehielt, sah ich mich im Besitz von ungefähr fünfhundert Zechinen. Ich löste von den Juden alles ein, was ich vor meiner Abreise nach Konstantinopel versetzt hatte, und machte es zu Geld, fest entschlossen, nicht mehr als Dummkopf zu spielen, sondern nur mit allen Vorteilen, die ein vorsichtiger junger Mann sich verschaffen kann, ohne daß man seine Ehre antasten könnte.

SECHSTES KAPITEL

Casanova hat einige Monate auf Korfu gedient. Als die versprochene Beförderung ausbleibt, kehrt er 1748 empört nach Venedig zurück, um seinen Abschied zu nehmen.

Meine Krankheit war nicht der einzige Kummer, der mich verzehrte. Ich hatte noch andere Verdrießlichkeiten, die zwar anderer Art, aber darum nicht weniger drückend waren. Es stand geschrieben, daß ich als einfacher Fähnrich, wie ich ausgezogen war, nach Venedig zurückkehren sollte; denn der Generalprovveditore hatte mir sein Wort gebrochen, und der Bankert eines Patriziers war mir vorgezogen worden. Von diesem Augenblick an verabscheute ich den Militärstand, der mehr als alle anderen Stände der Willkür despotischer Laune ausgesetzt ist, und ich beschloß, einen andern Beruf zu wählen.

Gleich am nächsten Morgen begab ich mich auf das Kriegsministerium, wo ich das Vergnügen hatte, meinen lieben Major Pelodoro zu finden, der jetzt das Fort Chioggia befehligte. Ich sprach mit ihm von meiner Absicht, meine Fähnrichstelle aufzugeben. Er versprach mir, er wolle mir, sobald er die Zustimmung des Kriegsministers erlangt habe, den Verkauf meines Patents zu dem von mir dafür bezahlten Preise vermitteln.

Ich brauchte nur einen Augenblick zu warten; der Kriegsminister kam, und in weniger als einer halben Stunde war alles in Ordnung. Er versprach mir, meinen Abschied zu bewilligen, sobald er sich von der Tauglichkeit des Herrn, der mein Patent kaufen wollte, überzeugt hätte.

Ein paar Tage später erhielt ich meinen Abschied und hundert Zechinen, zog die Uniform aus und wurde wieder mein eigener Herr.

Da ich nun daran denken mußte, einen Beruf zu ergreifen, um meinen Lebensunterhalt zu gewinnen, so entschied ich mich dafür, gewerbsmäßiger Spieler zu werden. Dame Fortuna war jedoch anderer Ansicht, denn sie verließ mich schon bei meinen ersten Schritten in dieser neuen Laufbahn, und acht Tage später hatte ich keinen Soldo in der Tasche. Was nun? Ich mußte leben und wurde Geigenspieler. Beim Doktor Gozzi hatte ich genug gelernt, um in einem Theaterorchester mitfiedeln zu können. Ich trug Signor Grimani meine Wünsche vor, und er brachte mich in dem Orchester seines Theaters San Samuele unter. Dort verdiente ich täglich einen Scudo, woran ich mir einstweilen Genüge leisten konnte, bis bessere Zeiten kommen würden.

Meiner Lage mir bewußt, betrat ich von nun an kein einziges der Häuser von gutem Ton, in denen ich verkehrt hatte, bevor ich so tief gesunken war. Ich wußte, daß man mich als Taugenichts ansehen mußte; aber daraus machte ich mir nichts. Ohne Zweifel verachtete man mich: ich tröstete mich mit dem Bewußtsein, daß ich nicht verächtlich war. Die Stellung, in der ich mich befand, nachdem ich eine ziemlich glänzende Rolle gespielt hatte, demütigte mich; dieses Gefühl behielt ich jedoch für mich, und wenn ich mich auch schämte, so war ich deshalb doch nicht erniedrigt. Denn ich hatte nicht auf das Glück verzichtet und hoffte daher, noch darauf rechnen zu können, weil ich jung war und weil die wankelmütige Gottheit es mit der Jugend nicht böse meint.

Bei einer Erziehung, die mir einen ehrenvollen Stand in der Welt hätte sichern können, bei geistigen Eigenschaften, einer guten Grundlage literarischer und wissenschaftlicher Bildung und außerdem mit jenen zufälligen physischen Eigenschaften ausgestattet, die in der Welt ein so vorteilhafter Empfehlungsbrief sind, sah ich mich im Alter von zwanzig Jahren als Jünger einer erhabenen Kunst, bei deren Ausübung man mit Recht die Mittelmäßigkeit ebenso verachtet, wie man die Überlegenheit des Talentes anerkennt. Durch meine Lage gezwungen, wurde ich Mitglied eines Orchesters, wo ich weder Achtung noch Beachtung fordern konnte, während ich natürlich erwarten mußte, zum Gelächter der Leute zu werden, die mich als Doktor der Rechte, dann als Anwärter auf die Laufbahn eines Geistlichen und Offizier gekannt hatten und die mich in der besten Gesellschaft aufgenommen und gefeiert gesehen hatten.

Ich wußte alles das, denn ich verschloß keineswegs meine

Augen gegenüber meinen Verhältnissen. Allein die Verachtung, das einzige, demgegenüber ich nicht gleichgültig sein konnte, zeigte sich nirgends auf solche Art, daß ich sie nicht hätte übersehen können. Ich forderte sie heraus, weil ich die Überzeugung hatte, daß sie nur der Erbärmlichkeit gebührt, und ich wußte, daß ich mir keine vorwerfen konnte. Nach Achtung war ich stets begierig gewesen, aber mein Ehrgeiz schlummerte, und zufrieden damit, mir selbst anzugehören, genoß ich meine Unabhängigkeit, ohne mir wegen der Zukunft den Kopf zu zerbrechen. Ich fühlte, daß ich in meinem ersten Beruf, zu dem ich mich keineswegs berufen gefühlt hatte, meinen Weg nur als Heuchler hätte machen können und daß ich mir selber ein Gegenstand der Verachtung geworden wäre. Wenn ich im Gegenteil auch weiterhin mein Glück im Waffenhandwerk gesucht hätte, so hätte ich eine Geduld haben müssen, worauf ich keinen Anspruch erheben konnte. Übrigens dachte ich, daß jeder Beruf, den der Mensch sich wählt, ihm einen hinlänglichen Unterhalt gewähren sollte, um seine Bedürfnisse zu befriedigen. Die mittelmäßigen Bezüge eines Offiziers der Armee der Republik aber würden zu meiner Existenz nicht genügt haben, weil ich infolge meiner Erziehung größere Bedürfnisse hatte, als die eines Offiziers im allgemeinen sind. Indem ich die Geige spielte, verdiente ich genug, um mich durchzubringen, ohne jemanden nötig zu haben, und ich habe immer den Menschen für glücklich gehalten, der sich rühmen kann, sich selber zu genügen. Meine Stellung war freilich nicht glänzend, aber daraus machte ich mir nichts, und indem ich alle Gefühle, die sich in mir gegen mich selbst auflehnten, als Vorurteile behandelte, nahm ich schließlich bald die Gewohnheiten meiner niederen Kameraden an. Nach dem Schauspiel ging ich mit ihnen in die Schenke, die wir betrunken verließen, um die Nacht gewöhnlich in üblen Häusern zu verbringen. Wenn wir den Platz besetzt fanden, zwangen wir die Inhaber zum Rückzuge und beraubten die unglücklichen Mädchen der Verdorbenheit ihres kargen Lohnes, den ihnen das Gesetz zuerkennt, indem wir sie zwangen, sich unserer Brutalität zu unterwerfen. Aber durch eine so tadelnswerte Aufführung setzten wir uns mutwillig großer Gefahr aus.

Häufig kam es vor, daß wir in der Nacht durch verschiedene Stadtteile liefen, indem wir allen möglichen Unfug erfanden und ausführten. Einer unserer Lieblingsspäße bestand darin, die Privatgondeln vom Ufer des Canal Grande loszumachen und sie in den Kanälen der Strömung zu überlassen, indem wir uns im voraus über alle Flüche ergötzten, die die Gondolieri am Morgen gegen uns ausstoßen würden. Oft weckten wir auch in aller Eile die ehrenwerten Hebammen auf, indem wir sie beschworen, sich zu dieser oder jener Dame zu begeben, die dann, da sie niemals schwanger gewesen war, sie bei ihrer Ankunft wie eine Verrückte behandelte. Ebenso verfuhren wir mit den Ärzten, die wir, halb angekleidet, zu diesem oder jenem großen Herrn laufen ließen, der angeblich einen Schlaganfall erlitten hatte, sich aber ganz gesund befand. Auch die Geistlichen kamen an die Reihe. Wir schickten sie, um durchaus gesunden Personen die Letzte Ölung bringen zu lassen, weil sie angeblich im Sterben lagen. Wir rissen die Glockenzüge an allen Häusern ab, und wenn wir eine Tür offen fanden, schlichen wir uns hinauf und erschreckten die Schläfer, indem wir ihnen zuschrien, daß das Tor ihres Hauses offenstände. Dann stiegen wir lärmend wieder hinunter und ließen das Tor weit offen.

Während einer sehr dunklen Nacht verschworen wir uns, eine große Marmortafel umzuwerfen, die als eine Art Denkmal mitten auf der Piazza Sant' Angelo stand. Man erzählte, daß zur Zeit des Krieges, den die Republik gegen die Liga von Cambrai[1] führte, die Werber auf dieser Tafel die Rekruten auszahlten, die sich für den heiligen Markus[2] anwerben ließen. Das verschaffte ihr eine Art Verehrung.

Als wir in die Glockentürme eindringen konnten, war es für uns ein großes Vergnügen, die ganze Gemeinde alarmieren zu können, indem wir die Sturmglocke läuteten, als ob ein großer Brand wütete. Aber darauf beschränkten wir uns nicht, wir schnitten die Glockenstricke ab. Zuweilen setzten wir, jeder in einer besonderen Gondel, über den Kanal, und wenn wir auf der anderen Seite waren, ergriffen wir die Flucht, ohne zu zahlen, so daß die Gondolieri uns wütend nachliefen.

Die ganze Stadt ertönte von Klagen, wir aber machten uns über die Verfolgungen lustig, die man anstellte, um die Störer der öffentlichen Ruhe zu entdecken. Wir hatten keine Lust, etwas auszuplaudern, denn wenn man uns entdeckt hätte, so hätte man uns wohl für einige Zeit auf der Galeere des Rates der Zehn, die gegenüber den beiden großen Säulen auf dem Platze San Marco lag, rudern lassen.

Wir waren unser sieben und manchmal acht, denn da ich viel Zuneigung für meinen Bruder Francesco hegte, so gestattete ich ihm von Zeit zu Zeit Zutritt zu unseren nächtlichen Orgien. Indessen legte endlich die Furcht diesen Schändlichkeiten, die ich damals für Jugendstreiche hielt, einen Zügel an, und zwar auf folgende Weise.

In jedem der zweiundsiebzig Kirchspiele der Stadt Venedig gibt es eine große Schenke, die man Magazzeno nennt. Sie ist die ganze Nacht geöffnet, und der Wein wird dort im kleinen billiger verkauft als in den anderen Schenken. Man kann dort auch essen, aber man muß von einem benachbarten Metzger holen lassen, was man wünscht, da er für diesen Verkauf privilegiert ist und daher seinen Laden die ganze Nacht offenhält. Gewöhnlich ist dies ein Garkoch, der ein sehr schlechtes Essen zubereitet, allein da er es billig gibt, so lassen die armen Leute es sich gern schmecken, und diese Anstalten genießen den Ruf, für die niedere Klasse sehr nützlich zu sein. Niemals sieht man an diesen Orten weder den Adel noch die gute Bürgerschaft, nicht einmal die wohlhabenden Handwerker, denn auf Reinlichkeit wird hier nicht eben großer Wert gelegt. Übrigens gibt es kleine abgesonderte Zimmer, wo an einem von Bänken umgebenen ungedeckten Tisch eine ehrbare Familie oder einige Freunde sich auf eine anständige Weise der Heiterkeit hingeben können.

Es war während des Karnevals, daß wir in einer Nacht nach zwölf Uhr alle acht maskiert herumstrichen. Damit beschäftigt, irgendeinen neuen Streich zu erfinden, der uns ergötzen konnte, traten wir in ein Magazzeno des Kirchspiels Santa Croce, um dort zu trinken. Wir fanden niemand darin, aber in einem kleinen Zimmer nebenan entdeckten wir drei Männer, die sich sehr friedlich mit einer jungen und hübschen Frau unterhielten und dabei ihre Flaschen leerten.

Unser Führer, ein edler Venezianer aus der Familie Balbi, sagte zu uns: »Es wäre ein ausgezeichneter Streich, diese drei Spitzbuben einzeln dieser hübschen Frau zu entführen, die dann notwendigerweise unter unserm Schutz zurückbleiben würde.« Sofort setzte er uns seinen Plan in allen Einzelheiten auseinander; durch unsere Masken begünstigt, traten wir in ihr Zimmer; Balbi an unserer Spitze. Unser Erscheinen überraschte die armen Leute sehr, ganz bestürzt aber wurden sie, als sie Balbi sagen hörten: »Bei Todesstrafe und auf Anordnung der Häupter des Rates der

Zehn befehle ich euch, uns sogleich zu folgen, ohne den geringsten Lärm zu machen. Ihr, gute Frau, fürchtet nichts, man wird Euch nach Hause führen.« Kaum waren diese Worte ausgesprochen, als zwei unserer Kumpane sich der Frau bemächtigten, um sie an den ihnen von unserem Führer bezeichneten Ort zu bringen; wir anderen ergriffen die drei armen, ganz zitternden Männer, die an nichts weniger dachten, als uns Widerstand zu leisten.

Der Kellner des Magazzeno eilte mit seiner Rechnung herbei, und unser Anführer bezahlte ihn, indem er ihm bei Todesstrafe Stillschweigen gebot. Wir führten die drei Männer in ein großes Boot, Balbi trat zum Steuer und befahl dem Schiffer, am Vorderteil zu rudern. Dieser mußte gehorchen, ohne zu wissen, wohin die Fahrt ginge. Der Weg wurde vom Steuermann bestimmt, und keiner von uns wußte, wohin unser Führer die armen Teufel bringen würde.

Er schlug den Weg über den Kanal ein, verließ ihn dann, und in einer Viertelstunde langten wir in San Giorgio Maggiore an, wo er die drei Gefangenen aussteigen ließ, die sich sehr glücklich fanden, sich in Freiheit zu erblicken. Hierauf ließ unser Anführer, da er ermüdet war, den Schiffer ans Steuer treten und befahl ihm, uns nach San Geremia zu bringen, wo wir nach unserer Landung ausstiegen, nachdem wir ihn gut bezahlt hatten.

Hierauf begaben wir uns auf den kleinen Platz Remer in San Marcuola, wo mein Bruder mit einem anderen der Bande uns erwarteten, indem sie mit der hübschen Frau, die weinte, auf der Erde saßen.

»Weinen Sie nicht, meine Schöne«, sagte Balbi zu ihr, »denn man wird Ihnen nichts zuleide tun. Wir werden am Rialto einen Schluck trinken, hierauf werden wir Sie sicher nach Hause geleiten.«

»Wo ist mein Mann?«

»Seien Sie ruhig, Sie werden ihn morgen früh wiedersehen.«

Durch dieses Versprechen getröstet, folgte sie uns sanft wie ein Lamm zu dem Gasthof ›Alle Spade‹ [Zu den Schwertern], wo wir in einem Zimmer des zweiten Stocks ein gutes Feuer machen ließen; nachdem wir zu essen und zu trinken bestellt hatten, schickten wir den Kellner weg und blieben allein. Dann nahmen wir unsere Masken ab, und der Anblick von acht jungen und frischen Gesichtern erfüllte die Seele der schönen Entführten mit Befriedigung. Durch die Galanterie unseres Benehmens versetzten wir sie in eine ganz behagliche Stimmung. Durch den Wein und das gute Essen ermutigt und vorbereitet durch unsere Gespräche und einige Küsse, sah sie wohl, was ihrer wartete, und schien sich gutwillig darein zu fügen. Unser Chef mußte natürlich den Tanz eröffnen; durch Höflichkeiten besiegte er das natürliche Widerstreben, das sie anfangs bezeigte, das Opfer in so zahlreicher Gesellschaft zu vollbringen. Ohne Zweifel erschien ihr die Opfergabe süß, denn nachdem ich mich als mutiger Opferpriester zur zweiten Opfergabe angeboten hatte, empfing sie mich mit einer Art Erkenntlichkeit; und sie konnte ihre Freude nicht verbergen, sobald sie sah, daß sie bestimmt war, ebenso viele Glückliche zu machen, als wir Gäste waren. Mein Bruder allein entzog sich dem Tribute, indem er vorgab, krank zu sein, der einzige Grund, der seine Weigerung entschuldigen konnte, denn es war zu einer Art von Gesetz geworden, daß jeder von uns bei jeder Gelegenheit dasselbe tun mußte, was die anderen taten.

Nach dieser schönen Heldentat banden wir die Masken wieder vor, bezahlten die Rechnung und führten das glückliche Opfer nach San Giobbe, wo sie wohnte; wir verließen sie erst, als wir sie in ihr Haus eintreten und das Tor geschlossen sahen.

Möge man sich denken, daß wir Lust hatten zu lachen, als sie uns gute Nacht wünschte und sich dabei in der herzlichsten und aufrichtigsten Weise bei uns bedankte! Wir trennten uns hierauf, und jeder ging nach Hause.

Am zweiten Tag darauf begann diese nächtliche Saturnalie Lärm zu machen. Der Gatte der jungen Frau war Weber, ebenso seine zwei Freunde. Sie vereinigten sich, um bei dem Rat der Zehn zu klagen. Diese Klage war sehr offenherzig abgefaßt und schilderte die ganze Wahrheit; aber was sie an Abscheulichem berichtete, war durch einen Umstand gemildert, der auch die strengen Stirnen der Richter entrunzeln mußte, da er dem öffentlichen Gelächter einen ergiebigen Stoff bot. Die Klage besagte nämlich, daß die acht Masken an der Frau keine unangenehme Handlung begangen hätten. Die beiden Masken, die sie entführt hatten, hätten sie an den und den Ort gebracht, wohin eine Stunde später die sechs anderen gekommen wären, und alle hätten sich dann zusammen in den Gasthof ›Alle Spade‹ begeben, wo sie eine Stunde mit Zechen zugebracht hätten. Die Frau wäre von den Masken sehr gut bewirtet und dann nach Hause geführt worden, wo man sie gebeten hätte, sie möchte doch entschuldigen, man hätte gern ihrem Mann einen Streich spielen wollen. Die Klagesteller hätten die Insel San Giorgio Maggiore nicht vor Tagesanbruch verlassen können, und der Mann hätte bei seiner Rückkehr seine Frau friedlich schlafend gefunden. Bei ihrem Erwachen hätte sie ihm alles erzählt, was ihr zugestoßen wäre. Sie beklagte sich nur über die große Angst, die sie um ihren Mann ausgestanden hätte, und verlangte deswegen Gerechtigkeit und exemplarische Strafe.

In dieser Klage war alles komisch, denn die drei Trottel spielten darin die Tapferen, indem sie sagten, daß wir sie sicher nicht so folgsam gefunden hätten, wenn der Anführer nicht den ehrfurchtgebietenden Namen des Gerichtes ausgesprochen hätte.

Die Klage brachte drei Wirkungen hervor. Zunächst machte sie die ganze Stadt lachen; zweitens gingen alle Müßiggänger nach San Giobbe, um die Geschichte aus dem Munde der Heldin selbst zu hören, was ihr mehr als ein Geschenk eintrug; und drittens endlich veranlaßte sie, daß das Gericht öffentlich eine Belohnung von 500 Dukaten versprach für jeden, der die Urheber der Freveltat angeben würde, selbst wenn er einer von den Übeltätern wäre, mit Ausnahme des Anführers.

Diese Bekanntmachung würde uns Furcht eingejagt haben, wäre nicht unser Anführer, gerade der einzige, der an uns zum Verräter zu werden imstande gewesen wäre, ein Patrizier gewesen. Diese Eigenschaft unseres Hauptes beruhigte mich sogleich, denn ich wußte, daß, selbst wenn einer von uns sich so hätte erniedrigen können, daß er sich die Summe um den Preis eines Verrates hätte verschaffen wollen, das Gericht nichts unternommen haben würde, um nicht verpflichtet zu sein, einen Patrizier bloßzustellen. Der Verräter fand sich aber nicht unter uns, obwohl wir alle arm waren, allein die Furcht brachte eine heilsame Wirkung hervor, und unsere nächtlichen Ausschweifungen erneuerten sich nicht wieder.

SIEBENTES KAPITEL

1748/49 verläßt Casanova Venedig und reist über Mailand nach Mantua, wo er ein ausschweifendes Spielerleben führt. Als er genug davon hat, will er nach Neapel weiterfahren, kommt aber nur bis Cesena, wo eine unerwartete Begegnung seine Pläne durchkreuzt.

Graf Spada, der eine Zuneigung zu mir gefaßt hatte, bat mich, mit ihm nach Brisighella zu gehen, aber ich widerstand, denn ich wollte durchaus nach Neapel reisen.

Am andern Morgen wurde ich durch einen furchtbaren Spektakel aufgeweckt, den man fast unmittelbar vor meiner Zimmertür vollführte. Ich sprang aus dem Bett und öffnete meine Tür, um zu sehen, was los wäre. Ich sah eine Bande von Sbirren und einen anständig aussehenden Mann, der auf lateinisch aus vollem Halse auf dies Gezücht, eine wahre Pest Italiens, schimpfte sowie auf den dabeistehenden Wirt, der die Schändlichkeit begangen hätte, ihnen die Tür zu öffnen.

Ich fragte den Wirt, worum es sich handle, und der Kerl antwortete mir: »Dieser Signor, der dem Anschein nach nur Latein spricht, liegt mit einem Mädchen im Bett, und die Häscher des Bischofs sind gekommen, um festzustellen, ob sie seine Frau ist; die Sache ist ganz einfach; ist es seine Frau, so braucht er es den Leuten nur durch irgendein Papier zu beweisen, und alles ist in Ordnung; ist sie es aber nicht, so muß er freilich sich gefallen lassen, mit dem Mädchen ins Gefängnis zu gehen; dazu wird es jedoch nicht kommen, denn ich verpflichte mich, mittels zwei oder drei Zechinen die Sache gütlich beizulegen. Ich werde mit ihrem Anführer sprechen, und alle die Leute hier werden sofort gehen. Wenn Sie Latein sprechen, so gehen Sie hinein und bringen Sie ihn zur Vernunft.«

»Wer hat die Zimmertür gesprengt?«

»Man hat sie nicht gesprengt, sondern ich habe sie geöffnet; das ist meine Pflicht.«

»Solche Pflicht mag ein Straßenräuber haben, aber nicht ein ehrenwerter Wirt.« Entrüstet über eine derartige Niedertracht, glaubte ich mich in die Sache einmischen zu müssen. Die Nachtmütze auf dem Kopf, trat ich ein und erzählte dem Signor alle einzelnen Umstände dieser Schererei. Er antwortete mir lachend: erstens könnte man überhaupt nicht wissen, ob die Person, die neben ihm im Bett liege, eine Frau wäre, denn man hätte sie nur als Offizier gekleidet gesehen; zweitens wäre er der Meinung, daß kein Mensch ihn zwingen könnte, Rechenschaft darüber abzulegen, ob sie seine Frau oder seine Geliebte wäre, angenommen, daß die im Bette liegende Person überhaupt ein Weib wäre. »Übrigens«, fuhr er fort, »bin ich entschlossen, nicht einen einzigen Paolo auszugeben, um diese Geschichte zu erledigen; ich werde das Bett nicht eher verlassen, als bis meine Tür wieder verschlossen ist. Sobald ich angezogen bin, werde ich Ihnen einen hübschen Ausgang der Komödie zeigen: ich werde die ganze Spitzbubenbande mit Säbelhieben hinausjagen.«

Ich blickte mich um und sah in der einen Ecke des Zimmers einen Säbel und eine ungarische Tracht, die wie eine Uniform aussah. Ich fragte ihn, ob er Offizier sei.

»Ich habe«, antwortete er, »meinen Namen und Stand in das Fremdenbuch des Wirtes eingeschrieben.« Erstaunt über die Frechheit des Wirts, befragte ich diesen, und er gab zu, daß es die Wahrheit wäre; aber nichtsdestoweniger behielte doch das geistliche Gericht das Recht, darüber zu wachen, daß kein Ärgernis stattfände.

»Der Schimpf, den Sie dem Offizier angetan haben, wird Sie teuer zu stehen kommen, Wirt!«

Zur Antwort lachte er mir ins Gesicht. Ärgerlich, daß solch ein gemeiner Kerl mich zu verhöhnen wagte, wurde ich Feuer und Flamme für die Sache und fragte den Offizier, ob er das Vertrauen zu mir hätte, mir für ein paar Augenblicke seinen Paß zu geben.

»Ich besitze zwei und kann Ihnen sehr wohl den einen anvertrauen.« Mit diesen Worten zog er den Paß aus seiner Brieftasche und übergab ihn mir; er war vom Kardinal Albani unterschrieben. Der Offizier war Hauptmann in einem ungarischen Regiment der Kaiserin und Königin. Er kam von Rom nach Parma, um Monsieur Dutillot, dem ersten Minister des Infanten, Herzogs von Parma, Depeschen vom Kardinal Alessandro Albani zu überbringen. In diesem Augenblick kam mit lautem Fluchen ein Kerl ins Zimmer und bat mich, dem Signor zu sagen, er möchte sich mit den Leuten auseinandersetzen, denn er wollte abreisen und könnte nicht länger warten. »Wer sind Sie?« – Er antwortete mir, er wäre der Fuhrmann, mit dem der Hauptmann abreisen sollte.

Ich sah nun, daß es sich um eine abgekartete Geschichte handelte, und bat den Offizier, die Angelegenheit mir zu überlassen, ich würde sie in Ehren zu Ende führen.

»Machen Sie alles, wie Sie wollen«, antwortete er mir. Ich wandte mich nun zum Fuhrmann und sagte zu ihm:

»Bringen Sie den Koffer des Hauptmanns herauf; Sie werden bezahlt werden.«

Sobald der Koffer im Zimmer war, zog ich acht Zechinen aus meiner Börse und gab sie ihm, nachdem ich eine Quittung auf den Namen des Hauptmanns erhalten hatte, der nur deutsch, ungarisch und lateinisch sprach.

Der Fuhrmann ging, und mit ihm verschwanden, sehr verblüfft, die Sbirren, mit Ausnahme von zweien, die im Saal blieben.

»Signor«, sagte ich zum Ungarn, »wollen Sie bitte bis zu meiner Rückkehr in Ihrem Bett bleiben, ich gehe zum Bischof, um diesem die Sache vorzutragen und ihm klarzumachen, daß er Ihnen eine Genugtuung schuldet. Übrigens ist General Spada in Cesena und ...«

Er ließ mich nicht ausreden.

»Ich kenne ihn!« rief er, »und hätte ich gewußt, daß er hier ist, so hätte ich dem Schuft von Wirt, der dem Gesindel meine Tür geöffnet hat, eine Kugel durch den Kopf gejagt!«

Ich zog mich in aller Hast an und begab mich unfrisiert und im Überrock zum Bischof, wo ich großen Lärm schlug und die Dienerschaft beinahe mit Gewalt zwang, mich in sein Zimmer zu führen. Der Lakai an der Tür sagte mir, Seine Gnaden lägen noch im Bett.

»Einerlei! Ich habe keine Zeit zum Warten.« Ich schob ihn zur Seite und trat ein. Ich erzählte dem Prälaten die ganze Geschichte, indem ich den Wirrwarr im Zimmer des fremden Signor in den lebhaftesten Farben schilderte, auf die Unbilligkeit eines derartigen Vorgehens hinwies und gegen die Polizeischikanen wetterte, die sich einfach über Menschen- und Völkerrechte hinwegsetzten.

Der Bischof antwortete mir nicht, aber er befahl, mich in seine Kanzlei zu führen.

Ich fand den Kanzler und wiederholte ihm, was ich bereits dem Bischof gesagt hatte, aber in wenig maßvollen Worten, die mehr aufreizend als besänftigend wirken mußten und durchaus nicht dazu angetan waren, die Freilassung des Offiziers herbeizuführen. Ich verstieg mich bis zu Drohungen und sagte, wenn ich der Offizier wäre, so würde ich eine eklatante Genugtuung fordern. Der Priester lachte mir ins Gesicht. Das war gerade, was ich wollte. Er fragte mich, ob ich vielleicht nicht ganz richtig im Kopfe sei, und sagte mir, ich solle mich an den Anführer der Sbirren wenden.

Hocherfreut, die Angelegenheit verschlimmert zu haben, ging ich fort und begab mich geraden Weges zu General Spada. Man sagte mir, er sei vor acht Uhr nicht zu sprechen, und ich kehrte nach dem Gasthof zurück.

Aus dem Feuer, das mich beseelte, aus dem Eifer, womit ich mich der Angelegenheit angenommen hatte, hätte man schließen können – und ich könnte meine Leser bei diesem Glauben lassen –, daß meine Entrüstung nur von dem Abscheu herrührte, womit ich sah, wie eine zügellose, unsittliche und schikanöse Polizei sich eine schändliche Verfolgung gegen einen Fremden erlaubte. Warum ich aber so entrüstet war, hatte einen mehr persönlichen Grund; ich stellte mir das unter der Bettdecke verborgene Mädchen als entzückend vor; ich brannte vor Ungeduld, ihr Gesicht zu sehen, das ohne Zweifel die Scham ihr verboten hatte mir zu zeigen. Sie hatte mich gehört, und mein Selbstbewußtsein erlaubte mir nicht, daran zu zweifeln, daß sie von mir eine bessere Meinung gefaßt hätte als von ihrem Hauptmann.

Da die Zimmertür offengeblieben war, trat ich ein und erstattete dem Hauptmann Bericht über alles, was ich getan hatte. Ich versicherte ihm, es werde im Laufe des Tages in seinem Belieben stehen, auf Kosten des Bischofs abzureisen, denn der General würde ihm auf jeden Fall volle Genugtuung verschaffen. Er dankte mir herzlich, gab mir meine acht Zechinen wieder und sagte, er würde erst am nächsten Tage abreisen.

»Was für ein Landsmann«, fragte ich ihn, »ist Ihr Reisekamerad?«

»Er ist Franzose und spricht nur seine Sprache.«

»Sie sprechen also Französisch?«

»Kein Wort.«

»Das ist scherzhaft; Sie spielen also Pantomime?«

»Absolut.«

»Da tun Sie mir leid; denn das ist eine schwere Sprache.«

»Soweit es sich um die feineren Abstufungen der Gedanken handelt, allerdings; aber in materieller Hinsicht verstehen wir uns ausgezeichnet.«

»Kann ich Sie bitten, mit Ihnen frühstücken zu dürfen?«

»Fragen Sie ihn, ob ihm das Vergnügen machen wird.«

»Liebenswürdiger Begleiter des Hauptmanns«, sagte ich zu ihm, »wollen Sie mich als Dritten zu Ihrem Frühstück zulassen?«

Sofort sah ich unter der Decke einen entzückenden, frischen, lachenden Kopf mit ausgelösten Haaren hervorkommen, der trotz seiner Männernachtmütze einem Geschlecht angehörte, ohne welches der Mann das unglücklichste Tier auf der Erde sein würde.

Entzückt über diese anmutige Erscheinung, sagte ich ihr, ich hätte das Glück gehabt, mich für sie zu interessieren, bevor ich sie noch gesehen hätte; jetzt aber, da ich das Vergnügen hätte, sie zu sehen, könnte mein Eifer, ihr nützlich zu sein, sich nur verdoppeln.

Sie antwortete mir mit einer Grazie und Lebhaftigkeit des Geistes, wie sie nur ihrer liebenswürdigen Nation eigen sind, und gab mir mein Kompliment mit einer Freiheit des Ausdrucks zurück, von der ich ganz entzückt war. Da meine Bitte genehmigt war, ging ich hinaus, um das Frühstück zu bestellen und sie allein zu lassen, damit sie sich in ihrem Bett aufrecht setzen könnten; denn sie waren entschlossen, das Bett nicht eher zu verlassen, als bis ihre Türe wieder verschlossen wäre. Der Bediente kam. Ich trat wieder ein und sah meine hübsche Französin im blauen Überrock und nachlässig als Mann frisiert, aber selbst in diesem Anzug entzückend. Ich konnte es kaum erwarten, sie aufgestanden zu sehen. Während des Frühstücks unterbrach sie mit keinem Wort den Offizier, der fortwährend auf mich einsprach und dem ich gar nicht oder nur halb zuhörte, denn ich war förmlich wie behext von dem Gesicht dieses Wesens, das mich nicht ansah und dem es der *pudor infans* [kindliche Scham] meines geliebten Horaz verbot, etwas zu sagen.

Um acht ging ich zum General und erzählte ihm die Geschichte mit einigen Übertreibungen, die darauf berechnet waren, seine militärische Eitelkeit zu stacheln. Ich sagte ihm: wenn er nicht Ordnung schaffte, wäre der Offizier entschlossen, einen reitenden Boten an seinen Beschützer, den Kardinal, zu schikken. Aber meine Beredsamkeit war überflüssig, denn der General wünschte, daß die Priester um die Himmelsangelegenheiten sich bekümmerten und die Nase nicht in die Angelegenheiten dieser Welt steckten.

»Ich werde«, sagte er, »dies Possenspiel zum guten Ende führen, indem ich daraus eine Sache von höchster Wichtigkeit mache.«

»Gehen Sie in den Gasthof«, sagte er zu seinem Adjutanten, »und laden Sie den Offizier und seinen Kameraden zum Mittagessen ein. Hierauf begeben Sie sich zum Bischof und teilen ihm mit, der Offizier, dem ein blutiger Schimpf widerfahren wäre, würde nicht eher abreisen, als bis er eine glänzende Genugtuung und die Summe Geldes empfangen werde, die er selbst als Entschädigung bestimmen würde. Sagen Sie ihm, daß ich, der General, dies mitteilen ließe und daß im übrigen alle Ausgaben, die der Offizier hier machen würde, auf Rechnung des Bischofs gingen.«

Welcher Genuß für mich, bei diesem Befehl zugegen zu sein! Denn voller Eitelkeit betrachtete ich mich als Urheber desselben. Ich ging mit dem Adjutanten fort und stellte ihn dem Hauptmann vor. Dieser empfing ihn mit der Freude eines Soldaten, der einen Kameraden sieht. Der Adjutant gab ihm den Paß zurück und lud ihn und seinen Freund ein und sagte ihm, er möchte aufschreiben, welche Genugtuung und Entschädigung er verlangte. Die Sbirren waren verschwunden, sobald sie den Adjutanten des Generals gesehen hatten. Ich gab dem Hauptmann Papier, Feder und Tinte, und er schrieb seine Forderung in einem für einen Ungarn recht guten Latein nieder. Der brave Mann wollte durchaus nur dreißig Zechinen verlangen, obwohl ich in ihn drang, er solle hundert fordern. Auch in bezug auf die Genugtuung war er viel zu bescheiden; denn er verlangte nur, daß der Wirt und die Sbirren ihn in Gegenwart des Adjutanten auf den Knien um Verzeihung bitten sollten. Er drohte dem Bischof, er würde einen reitenden Boten nach Rom an den Kardinal Alessandro Albani schicken, wenn ihm sein Verlangen nicht binnen zwei Stunden erfüllt würde, und er würde auf seine Kosten in Cesena bleiben und täglich zehn Zechinen berechnen.

Der Offizier ging. Einen Augenblick darauf trat der Wirt ehrfurchtsvoll ein und sagte dem Hauptmann, er sei frei; als aber dieser ihm durch mich sagen ließ, er sei ihm zwanzig Stockhiebe schuldig, machte er schnell, daß er hinauskam.

Ich ließ die beiden allein, um mich anzukleiden, da ich mit ihnen zum General gehen wollte, der uns zum Essen eingeladen hatte. Eine Stunde später sah ich sie in sehr gut sitzenden Uniformen. Die Französin trug eine Phantasieuniform, aber eine sehr elegante, ich gab sofort meinen Plan der Reise nach Neapel auf und beschloß, mit ihnen nach Parma zu gehen. Die Schönheit der hübschen Französin hatte mich bereits ganz gefangengenommen. Der Hauptmann streifte bereits die Sechzig, und ich fand natürlich, daß ein solches Paar sehr schlecht zueinander passe. Ich setzte mir in den Kopf, mein Vorhaben müsse sich auf freundschaftliche Weise erreichen lassen.

Der Adjutant kam mit einem Priester von der bischöflichen Kanzlei zurück, und dieser sagte dem Hauptmann, die von ihm geforderte Genugtuung und Entschädigung würde ihm zuteil werden; doch müßte er sich mit fünfzehn Zechinen begnügen.

»Dreißig oder nichts!« antwortete der Ungar trocken. Er erhielt sie, und alles war erledigt. Da dieser schöne Sieg meinen Bemühungen zu verdanken war, trug er mir die Freundschaft des Hauptmanns und seiner schönen Begleiterin ein.

Um sofort zu bemerken, daß der Reisekamerad des Hauptmanns kein Mann war, brauchte man nur die Hüften zu sehen. Sie war eine zu schöne Frau, um für einen Mann gelten zu können. Gewiß haben die Frauen sehr unrecht, wenn sie durch Verkleidung eine Ähnlichkeit mit uns Männern erreichen wollen; denn sie gestehen dadurch, daß ihnen einer der schönsten Vorzüge ihres Geschlechtes fehlt.

Kurz vor Essenszeit begaben wir uns zum General, der sich beeilte, die beiden Offiziere allen anwesenden Damen vorzustellen. Keine von ihnen ließ sich täuschen; da jedoch alle bereits die Geschichte kannten, so waren sie entzückt, mit dem Helden der Komödie zusammen zu speisen, und alle behandelten den jungen Offizier, wie wenn er ein Mann gewesen wäre, die Herren dagegen bezeigten ihm Huldigungen, die seinem wirklichen Geschlecht besser entsprachen.

Nur Signora Querini schmollte; denn da die schöne Französin die ganze Aufmerksamkeit auf sich lenkte, so litt die Eitelkeit der

Venezianerin unter der Vernachlässigung. Sie richtete das Wort nur an sie, um mit ihrem Französisch großzutun, das sie in der Tat ziemlich gut sprach. Der arme Hauptmann sagte beinahe kein Wort, denn kein Mensch hatte Lust, lateinisch zu sprechen, und der General hatte ihm nicht viel auf deutsch zu sagen.

Ein alter Abbate, der mit bei Tische war, suchte den Bischof zu rechtfertigen, indem er versicherte, der Wirt und die Sbirren hätten nur auf Befehl des Heiligen Offiziums der Inquisition so gehandelt. »Aus diesem Grunde«, sagte er, »befinden sich in den Gasthöfen keine Türriegel, damit die Fremden sich nicht einschließen können. Man will durchaus nicht erlauben, daß jemand mit einer anderen Frau schläft als mit seiner eigenen.«

Zwanzig Jahre später fand ich in Spanien alle Türen mit einem Riegel von außen versehen, so daß die Reisenden sich im Gasthof wie in einem Gefängnis befanden und allen Plackereien nächtlicher Haussuchungen ausgesetzt waren.

Die Unterhaltung war belebt, und der junge weibliche Offizier beschäftigte alle Anwesenden, selbst Signora Querini, obgleich sie sich nicht viele Mühe gab, ihren geheimen Verdruß zu verbergen.

»Ich finde es eigentümlich«, sagte sie zu ihm, »daß Sie miteinander leben können, ohne jemals ein Wort zusammen zu sprechen!«

»Warum eigentümlich, Signora? Wir verstehen uns ausgezeichnet; denn bei dem, was wir miteinander abzumachen haben, sind Worte kaum notwendig.«

Bei dieser sehr anmutig und lebhaft gegebenen Erwiderung brach die ganze Gesellschaft in Lachen aus, ausgenommen allerdings Signora Giulietta Querini, die dummerweise die Zimperliche spielte und die Antwort zu deutlich fand.

»Ich kenne«, sagte sie zum jungen Offizier, »nichts, was man ohne Hilfe des Wortes oder der Feder abmachen könnte.«

»Sie werden entschuldigen, Signora, es gibt dergleichen; das Spiel zum Beispiel.«

»Ja, spielen Sie denn miteinander?«

»Wir tun gar nichts anderes: wir spielen Pharao, und ich halte die Bank.«

Die Feinheit dieser ausweichenden Antwort wurde allgemein gewürdigt; das Gelächter begann von neuem, und Giulietta lachte wie alle anderen.

»Aber«, sagte der General, »gewinnt denn die Bank viel?«

»Ach, der Gewinn ist so unbedeutend, daß es nicht der Mühe verlohnt, davon zu sprechen.«

Natürlich dachte niemand daran, dem biederen Hauptmann diese Bemerkung zu übersetzen. Die ganze Unterhaltung bewegte sich von nun an in diesem pikanten Ton, und als die Gesellschaft auseinanderging, waren alle entzückt von der Anmut und dem Witz des reizenden Offiziers.

Gegen Abend begab ich mich unmittelbar vor der Abreise zum General, um mich von ihm zu verabschieden; ich wünschte ihm gute Reise.

»Leben Sie wohl«, antwortete er mir, »ich wünsche Ihnen ebenfalls gute Reise und viel Vergnügen in Neapel.«

»Dorthin reise ich jetzt nicht; ich habe meine Pläne geändert und gehe nach Parma, wo ich den Infanten[2] zu sehen wünsche. Zugleich gedenke ich, den beiden Offizieren als Dolmetscher zu dienen, da sie sich nicht untereinander und im Verkehr mit den Leuten verständlich machen können.«

»Ich verstehe; und wenn ich an Ihrer Stelle wäre, würde ich es ebenso machen.«

Ich verabschiedete mich auch von Signora Querini, die mich bat, ihr von Bologna aus zu schreiben. Ich versprach es ihr mit der Absicht, es nicht zu tun.

Die junge Französin hatte mich interessiert, als sie unter der Bettdecke versteckt lag; sie hatte mir gefallen, sobald sie mich ihr Gesicht sehen ließ, und noch viel mehr, als ich sie angekleidet gesehen hatte. Sie hatte mich vollends für sich gewonnen, als sie bei Tisch eine Art von Geist entfaltete, den ich sehr liebe, den man in Italien selten findet, der aber in Frankreich ziemlich allgemein dem schönen Geschlecht eigen ist. Ihre Eroberung schien mir nicht schwierig, und ich sann daher auf die Mittel und Wege dazu. Ohne eitel zu sein, durfte ich glauben, daß ich besser zu ihr paßte als ihr alter Ungar. Mir schien, ich brauchte von seiten des Offiziers kein Hindernis zu befürchten, denn er gehörte allem Anscheine nach zu den Menschen, die die Liebe als reine Phantasiesache ansehen, sich daher leicht in die Umstände finden und sich gerne den Verhältnissen anpassen, wie eben der Zufall sie bietet. Das Glück konnte mir keine günstigere Gelegenheit zur Erreichung meines Zieles bieten, als daß es mich zum Reisegenossen dieses schlecht zusammenpassenden Paares machte. Ich hielt es für unmöglich, zurückgewiesen zu werden, denn mein Anerbieten, sie zu begleiten, mußte ihnen sehr angenehm sein, da sie für sich allein nicht imstande waren, sich einen einzigen Gedanken mitzuteilen.

Des Erfolges gewiß, beschloß ich, das Abenteuer zu wagen, und fragte, sobald wir uns im Gasthof sahen, den Offizier, ob er nach Parma mit der Post oder mit anderer Fahrgelegenheit zu reisen gedächte.

»Da ich keinen eigenen Wagen habe, fahre ich lieber mit der Post.«

»Ich besitze einen sehr bequemen Reisewagen und biete Ihnen die beiden Rücksitze an, wenn meine Gesellschaft Ihnen angenehm ist.«

»Das ist ja geradezu ein Glück! Tun Sie mir die Liebe und machen Sie Henriette[3] den Vorschlag!«

»Wollen Sie, Madame, mich die Ehre haben lassen, Sie nach Parma zu begleiten?«

»Ich würde entzückt sein, denn dann könnten wir doch wenigstens sprechen. Aber, Monsieur, nehmen Sie sich in acht, Ihre Aufgabe wird nicht leicht sein; denn Sie werden oft genötigt sein, es mit uns beiden aufzunehmen.«

»Das werde ich mit großem Vergnügen tun; es tut mir nur leid, daß die Reise so kurz ist. Wir können beim Nachtessen darüber sprechen, unterdessen gestatten Sie, daß ich Sie verlasse, um einige Geschäfte zu erledigen.«

Diese Geschäfte betrafen einen Wagen, den ich bis dahin nur in der Einbildung besaß. Ich begab mich ins Caffè della Nobiltà; wie wenn der Zufall selbst sich in meinen Dienst gestellt hätte, teilte man mir mit, es stehe ein Wagen zum Verkauf, aber niemand wolle ihn haben, weil er zu teuer sei. Man verlange zweihundert Zechinen dafür, und er hatte nur zwei Sitze mit einem Klappsitz. Es war gerade das, was ich suchte. Ich ließ mich nach der Remise führen und sah dort einen prachtvollen englischen Wagen, der zweihundert Guineen gekostet haben mußte. Der Graf Dandini, dem der Wagen gehörte, war beim Abendessen; ich ließ ihn bitten, er möchte auf keinen Fall den Wagen vor dem nächsten Morgen verkaufen, und kehrte sehr befriedigt in meinen Gasthof zurück. Beim Essen sprach ich mit dem Hauptmann nur so viel, wie nötig war, um mit ihm abzumachen, daß wir am nächsten Tage nach dem Mittagessen abreisen wollten; die ganze übrige Unterhaltung war nur ein Zwiegespräch zwischen Henriette und mir. Ein reizendes Zwiegespräch: es lehrte mich einen anmutigen Witz kennen, der mir bis dahin unbekannt gewesen war, denn ich hatte niemals Gelegenheit gehabt, mich mit einer Französin zu unterhalten. Ich fand die junge Frau mit jedem Augenblick entzückender, und da ich trotzdem in ihr doch immer nur eine Abenteurerin erblicken konnte, so war ich ganz erstaunt, edle und zarte Gefühle an ihr zu entdecken, die nur die Frucht einer guten Erziehung sein konnten. Ich verwarf jedoch diesen Gedanken sofort, als er in mir aufstieg; denn er paßte nicht zu den Absichten, die ich auf sie hatte. Sooft ich das Gespräch auf den Offizier zu bringen versuchte, wich sie meinen Andeutungen mit einem feinen Takt aus, der mich in Erstaunen setzte und mir trotzdem sehr gefiel, weil sie es so anmutig machte. Immerhin wich sie nicht aus, als ich folgende Frage stellte: »Sagen Sie mir wenigstens, Madame, ob der Hauptmann Ihr Gemahl oder Ihr Vater ist?« – »Keins von beiden!« antwortete sie mir lächelnd. – Hiermit gab ich mich zufrieden, denn im Grunde brauchte ich ja nicht mehr zu wissen. Der brave alte Herr war eingeschlafen; als er aufwachte, wünschte ich ihnen gute Nacht und ging zu Bett, das Herz voller Liebe und den Kopf voller Pläne. Ich sah, daß alles die denkbar günstigste Wendung nahm, und ich war überzeugt, daß ich Erfolg haben würde; denn ich war dreiundzwanzig Jahre alt, besaß Gold, die glänzendste Gesundheit und viel Mut. Das Abenteuer erschien mir um so köstlicher, da ich in zwei oder drei Tagen die Entscheidung sehen mußte.

Am nächsten Morgen ging ich in aller Frühe zum Grafen Dandini. Dieser erkannte mich sofort, als er mich sah. Er hatte mich in Parma bei seinem Vater gesehen, der damals während meiner Studienzeit den Lehrstuhl für römisches Zivilrecht innehatte. Ich kaufte von ihm den Wagen unter der Bedingung, daß er ihn mir um ein Uhr nachmittags durch seinen Sattler in gutem Zustande schicken sollte.

In den Gasthof zurückgekehrt, betrieb ich mit einer Eile, die meinen Wünschen entsprach, alle Vorbereitungen zu unserer Abreise.

Henriette brauchte nur den Mund zu öffnen, so entdeckte ich eine neue Vollkommenheit an ihr; denn ihr Geist bezauberte mich noch weit mehr als ihre Schönheit. Mir schien, als sähe der alte Hauptmann mit Vergnügen, daß ich mich mit ihr beschäftigte, und alles deutete darauf hin, daß Henriette die ihr von mir erwiesenen Aufmerksamkeiten angenehm waren; mit einem Wort, mir schien es klar und deutlich zu sein, daß sie durchaus nichts dagegen haben würde, ihren alten Liebhaber mit mir zu vertauschen. Mit dieser Hoffnung durfte ich mir um so eher schmeicheln, da ich in physischer Beziehung alle Eigenschaften besaß, die einen Musterliebhaber zieren können, und da ich den Eindruck eines sehr reichen Mannes machte, obgleich ich keinen Bedienten hatte. Ich sagte ihr, ich gäbe das Doppelte aus, um das Vergnügen zu haben, keinen solchen Menschen mit mir herumschleppen zu müssen; indem ich mich selber bediente, hätte ich die Genugtuung, stets nach meinem Gefallen bedient zu werden, und hätte dabei den Vorteil, nicht bestohlen zu werden und keinen Spion und keinen Privilegierten auf dem Halse zu haben. Nach dem Mittagessen reisten wir ab.

Da etwas an dem Wagen entzweigegangen war, machten wir in Forli halt, um ihn ausbessern zu lassen.

Nachdem wir sehr heiter zu Abend gespeist hatten, ging ich in ein besonderes Zimmer, um mich zu Bett zu legen. Ich war ganz erfüllt von dem Bilde der reizenden Frau, die mich immer mehr fesselte.

Henriette war mir während der ganzen Fahrt so sonderbar vorgekommen, daß ich es nicht wagte, in einem zweiten Bett zu schlafen, das in ihrem Zimmer stand. Ich fürchtete, das Mädchen könnte auf den Einfall kommen, seinen alten Freund zu verlassen und sich zu mir zu legen, und ich wußte nicht, wie der brave Hauptmann den Scherz würde aufgenommen haben. Ich wollte allerdings das reizende Geschöpf in meinen Besitz bringen, aber ich wollte auch, daß alles in freundschaftlicher Weise abgemacht würde, denn ich empfand eine gewisse Achtung vor dem Offizier.

Das junge Mädchen besaß nur den Männeranzug, den es auf dem Leibe trug, außerdem nicht den geringsten Toilettegegenstand, den eine Frau nötig hat, nicht einmal ein Hemd! Sie trug die Hemden des Hauptmanns. Eine solche Lage war so neu für mich, daß sie mir rätselhaft vorkam.

Wir kamen nach Bologna. Von dem guten Essen, das wir am Abend zu uns nahmen, und von dem Feuer, das immer heißer in meinem Herzen brannte, in eine angeregte Stimmung versetzt, fragte ich sie, durch welches sonderbare Abenteuer sie die Freundin des prächtigen alten Herrn geworden sei, der mehr danach angetan scheine, ihr Vater als ihr Liebhaber zu sein »Wenn Sie das zu wissen wünschen«, antwortete sie mir lachend, »so lassen Sie sich die ganze Geschichte von ihm selbst erzählen; aber sagen Sie ihm, er solle nichts auslassen.« Natürlich folgte ich ihrer Aufforderung; und nachdem sich der gute Hauptmann durch Zeichensprache vergewissert hatte, daß seine Erzählung der liebenswürdigen Französin nicht mißfallen würde, begann er folgendermaßen:

»Ein mir befreundeter Offizier wurde nach Rom geschickt, um einen Auftrag auszurichten; ich nahm einen sechsmonatigen Urlaub und begleitete ihn.

Mit großem Vergnügen ergriff ich die Gelegenheit, eine Stadt zu sehen, deren Name durch die große Vergangenheit, die er beschwört, einen machtvollen Klang bewahrt hat. Ich zweifelte nicht, daß dort von der guten Gesellschaft ganz allgemein die lateinische Sprache gesprochen würde und daß diese Sprache dort zum mindesten ebenso verbreitet wäre wie in Ungarn. Hierin habe ich mich sehr unangenehm getäuscht, denn kein Mensch spricht Latein, nicht einmal die Geistlichen, die nur darauf Wert legen, daß sie es schreiben können, was in der Tat mehrere mit großer Reinheit zu tun verstehen. Ich befand mich also in Rom in großer Verlegenheit, und mit Ausnahme meiner Augen fanden meine Sinne dort nur sehr geringe Beschäftigung.

Nach einem Monat gab Kardinal Alessandro Albani meinem Freunde Depeschen für Neapel. Vor seiner Abreise empfahl er mich Seiner Eminenz so eindringlich, daß der Kardinal mir versprach, ich solle binnen wenigen Tagen Briefschaften zur Beförderung an Monsieur Dutillot, Minister des Infanten-Herzogs von Parma, Piacenza und Guastalla erhalten; zugleich sagte er mir, meine Reise würde mir bezahlt werden. Da ich den Hafen zu sehen wünschte, der im Altertum »Centum Cellae« und jetzt Civitaveccia heißt, machte ich mir die freie Zeit, die mir noch blieb, zunutze und begab mich mit einem Führer, der Latein sprach, dorthin.

Als ich am Hafen spazierenging, sah ich aus einer Tartane[4] einen alten Offizier aussteigen und in seiner Begleitung dieses junge Mädchen in derselben Kleidung, in der Sie sie hier vor sich sehen. Sie machte großen Eindruck auf mich; aber ich würde nicht mehr an sie gedacht haben, wäre nicht der Offizier in demselben Gasthof abgestiegen, wo auch ich eingekehrt war, und hätte er nicht eine Wohnung erhalten, in die ich unwillkürlich hineinsehen mußte, sobald ich einen Blick aus meinem Fenster warf. Am Abend sah ich sie an demselben Tisch einander gegenübersitzen und zu Nacht essen, wobei der Offizier nicht ein einziges Wort an sie richtete. Nach dem Essen stand das Mädchen auf und ging hinaus, ohne daß ihr Begleiter seine Augen von einem Brief erhob, den er, wie es mir vorkam, mit großer Aufmerksamkeit las. Eine Viertelstunde darauf schloß der Offizier die Fenster, das Licht wurde ausgelöscht, und ohne Zweifel gingen die Herrschaften zu Bett. Als ich am anderen Morgen nach meiner Gewohnheit in aller Frühe aufgestanden war, sah ich den Offizier ausgehen, und das Mädchen blieb allein im Zimmer.

Ich sagte meinem cicerone[5], den ich zu gleicher Zeit als Bedienten benutzte, er möchte dem als Offizier gekleideten Mädchen sagen, wenn sie mit mir eine Stunde zusammen sein wollte, würde ich ihr zehn Zechinen geben. Er richtete den Auftrag aus und überbrachte mir den Bescheid, sie habe ihm in französischer Sprache geantwortet, sie würde gleich nach dem Frühstück nach Rom abreisen, und dort würde ich leicht Mittel und Wege finden, mit ihr zu sprechen. ›Ganz gewiß werde ich‹, fuhr mein Führer fort, ›vom *vetturino*[6] erfahren, wo sie absteigt, und ich werde nicht vergessen, mich danach zu erkundigen.‹ Wirklich reiste sie mit dem Offizier ab; ich selber kehrte am gleichen Morgen nach Rom zurück.

Am zweiten Tage nach meiner Rückkunft übergab der Kardinal mir meine an den herzoglichen Minister Dutillot adressierten Depeschen mit einem Paß und dem nötigen Reisegeld, indem er mir sehr liebenswürdig sagte, ich brauchte mich nicht zu beeilen. Ich mietete mir für acht Zechinen einen nach Parma zurückfahrenden Wagen.

Schon gar nicht mehr dachte ich an die schöne Abenteurerin, da sagte mir zwei Tage vor meiner Abreise mein Cicerone, er habe ihre Wohnung entdeckt, und sie sei immer noch in der Gesellschaft desselben Offiziers. Ich sagte ihm, er möchte versuchen, sie zu sehen, und ihr sagen, daß ich am zweitnächsten Tage abreisen müßte. Sie ließ mir antworten: wenn ich ihr die Stunde meiner Abreise mitteilen wolle, würde sie dicht vor der Stadt auf mich warten und zu mir in den Wagen steigen, um mit mir weiterzufahren. Ich fand diese Anordnung sehr sinnreich und ließ ihr im Laufe des Tages mitteilen, wann ich abreisen und wo ich sie vor der Porta del Popolo in Richtung auf den Ponte Molle erwarten würde.

Sie war pünktlich zur Stelle, und wir haben uns seitdem nicht mehr verlassen. Sobald sie im Wagen neben mir saß, gab sie mir zu verstehen, daß sie mit mir zu speisen wünschte. Sie können sich denken, wie mühsam wir uns verständigten; aber wir errieten gegenseitig unsere Gedanken mit Hilfe von Gebärden, und ich nahm ihren Vorschlag mit Vergnügen an.

Wir speisten sehr heiter miteinander, wobei wir manchmal sprachen, ohne uns zu verstehen; nach dem Dessert aber verstanden wir uns ausgezeichnet. Ich glaubte, damit sei die Sache zu Ende; aber stellen Sie sich meine Überraschung vor, als ich ihr die zehn Zechinen geben wollte und sie diese entschieden zurückwies und mir vollkommen verständlich bedeutete, sie wollte lieber mit mir nach Parma gehen, wo sie etwas zu erledigen hätte, und nach Rom wollte sie nicht zurückkehren. Da das Abenteuer mir nicht mißfiel, so willigte ich ein; es tat mir nur leid, ihr nicht begreiflich machen zu können, daß ich nicht imstande wäre, sie gegen Gewalt zu beschützen, falls man sie etwa verfolgen könnte, um sie nach Rom zurückbringen zu lassen. Leid tat es mir auch, daß ich infolge unserer gegenseitigen Unkenntnis der Sprache des anderen Teiles auf keine Gesprächsunterhaltung hoffen durfte; auch hätte es mir viel Vergnügen gemacht, mir ihre Erlebnisse erzählen zu lassen, die, wie ich vermute, interessant sind. Wie Sie sich denken können, habe ich keine Ahnung, wer sie ist. Ich weiß nur, daß sie angeblich Henriette heißt, daß sie nur Französin sein kann, daß sie sanft ist wie ein Lamm, daß sie allem Anscheine nach eine gute Erziehung genossen hat und daß sie vollkommen gesund ist. Sie muß Geist und Mut haben, denn das haben beide bemerken können – ich in Rom und Sie in Cesena an der Tafel des Generals. Wenn sie Ihnen ihre Geschichte erzählen und Ihnen erlauben würde, mir diese ins Lateinische zu übersetzen, so, sagen Sie ihr, würde sie mir damit viel Vergnügen machen; denn ich bin ihr aufrichtiger Freund, und ich kann Ihnen versichern, daß es mir großen Kummer machen wird, wenn wir in Parma uns werden trennen müssen. Sagen Sie ihr bitte auch, ich würde ihr die dreißig Zechinen geben, die ich vom Bischof von Cesena erhalten habe, und wenn ich reich wäre, so würden sich die Zeugnisse meiner Zärtlichkeit und innigen Zuneigung nicht hierauf beschränken. Und nun, Signore, bitte ich Sie, ihr dies alles auf französisch recht deutlich auseinanderzusetzen.«

Ich fragte sie, ob nicht etwa eine große Genauigkeit meiner Übertragung ihr peinlich sei, und nachdem ich die Versicherung bekommen hatte, daß sie im Gegenteil eine solche wünschte, erzählte ich ihr Wort für Wort alles wieder, was der Hauptmann mir gesagt hatte. Mit dem edelsten Freimut, dem ein leichter Anflug von Scham einen erhöhten Reiz verlieh, bestätigte mir Henriette die Wahrheit der Erzählung ihres Freundes; sie bat mich jedoch, ihm zu sagen, daß sie seine Wißbegierde in bezug auf ihre Erlebnisse nicht befriedigen könnte. »Sagen Sie ihm bitte, daß derselbe Grundsatz, der mir nicht erlaubt, zu lügen, mir verbietet, die Wahrheit zu sagen. Versichern Sie ihm ferner, daß ich von den dreißig Zechinen, die er mir zu geben gedenkt, nicht eine einzige annehmen werde und daß er mich betrüben würde, wenn er auf seinem Anerbieten bestände. Ich wünsche, daß er nach unserer Ankunft in Parma mich für mich allein wohnen läßt, wo mir's gut dünkt, daß er sich nicht danach erkundigt, was aus mir geworden sein mag, und daß er, sollte er zufällig mir begegnen, seiner Güte die Krone aufsetzt, indem er tut, als kenne er mich nicht.«

Zum Schluß dieser kleinen Ansprache, die sie mit großem Ernst und in einem bescheidenen und festentschlossenen Ton vorgebracht hatte, umarmte sie ihren alten Freund auf eine Art, die mehr von Gefühl als von Zärtlichkeit sprach. Der Offizier, der nicht wußte, aus welchem Anlaß sie ihn plötzlich küßte, war sehr betroffen, als ich ihm den Inhalt von Henriettes Rede wiedergegeben hatte. Er bat mich, ihr zu sagen, daß er nur dann ihr ohne Widerspruch gehorchen könne, wenn er wüßte, daß sie nach ihrer Ankunft in Parma unbedingt über alles für ihre Bedürfnisse Notwendige verfügen zu können sicher wäre.

»Sie können ihm versichern«, sagte sie mir, »daß er sich über mein Schicksal durchaus nicht zu beunruhigen braucht.«

Dieses Gespräch machte uns alle drei traurig; lange Zeit saßen wir mit niedergeschlagenen Blicken da, ohne ein einziges Wort zu sprechen; als ich endlich, der peinlichen Situation müde, aufstand und ihnen gute Nacht wünschte, sah ich, daß Henriettes Gesicht ganz glühendrot war.

Sobald ich in meinem Zimmer war, begann ich, von dem lebhaftesten Gefühl der Liebe, Überraschung und Unruhe bewegt, laut mit mir selber zu sprechen, wie ich es stets tue, wenn ich von irgendeinem Gedanken ganz und gar durchdrungen bin. Der stumme Gedanke genügt mir dann nicht: ich muß sprechen. Ich halte diese Selbstgespräche mit der größten Lebhaftigkeit und vergesse schließlich ganz, daß ich allein bin. Ich war Henriette gegenüber vollständig mit meinem Latein am Ende.

»Wer ist denn dieses Mädchen«, rief ich aus, »das die erhabensten Gefühle mit allen Anzeichen zynischer Sittenlosigkeit vereinigt? In Parma, sagt sie, will sie unbeachtet bleiben, ihre eigene Herrin sein, und ich habe nicht das Recht, mir zu schmeicheln, daß sie mir nicht dasselbe Gebot auferlegen wird, das sie dem Offizier auferlegt hat. Fahrt also wohl, meine Hoffnung, mein Geld und meine Zukunftsträume! Aber wer kann sie sein? Sie muß entweder in Parma einen Geliebten oder Gatten haben, oder sie muß einer achtbaren Familie angehören, oder sie will in grenzenlosem Leichtsinn, auf ihre Reize vertrauend, das Schicksal herausfordern, sie in den tiefsten Abgrund der Verworfenheit zu stürzen oder sie irgendeinen vornehmen Herrn finden zu lassen, den sie vor ihren Triumphwagen spannen kann. Einen solchen Plan könnte nur eine Wahnsinnige oder eine Verzweifelte haben, und in solchem Fall scheint Henriette mir nicht zu sein. Andererseits freilich besitzt sie gar nichts; aber wie wenn sie mit allem reichlich versehen wäre, will sie nichts von einem ehrenwerten Mann annehmen, der das Recht hat, ihr eine Hilfe anzubieten, die sie mit Fug ohne Erröten annehmen könnte, da sie ohne Erröten Gefälligkeiten für ihn gehabt hat, die ihr nicht von der Liebe geboten waren. Glaubt sie vielleicht gar, daß es eine geringere Schande sei, sich den Wünschen eines Mannes zu ergeben, den man nicht kennt und der kein zärtliches Gefühl einflößen kann, als wenn man ein Geschenk von einem Freunde empfängt, dem man selber hohe Achtung zollt, und besonders in einem Augenblick, da man ohne alle Hilfsmittel sozusagen sich auf der Straße befindet und noch dazu mitten in einer fremden Stadt, deren Sprache man nicht einmal kennt?

Möchte sie vielleicht dadurch den Fehltritt rechtfertigen, den sie mit dem Hauptmann begangen hat, etwa ihm zu verstehen geben, daß sie sich ihm nur hingegeben hat, um dem Offizier zu entrinnen, der sie zu Rom in seinem Besitz hatte? Aber sie muß doch ganz sicher sein, daß der Hauptmann keine andere Meinung haben kann; denn er ist doch offenbar zu vernünftig, als daß man ihm die Einbildung zutrauen kann, einem solchen Mädchen eine lebhafte Leidenschaft eingeflößt zu haben, das ihn in Civitavecchia ein einziges Mal am Fenster gesehen hatte. Sie konnte aber wohl recht haben und durfte sich ihm gegenüber für gerechtfertigt halten – nicht aber mir gegenüber; denn klug, wie sie war, mußte sie recht gut wissen, daß ich nicht mit ihnen gereist sein würde, wenn sie mir keine Gefühle eingeflößt hätte; und sie mußte unbedingt wissen, daß es für sie nur ein einziges Mittel gab, Verzeihung zu erlangen. Sie mag wohl Tugenden gehabt haben, aber sie besitzt nicht jene Tugend, die mich hindern müßte, nach der einzigen Belohnung zu streben, die ein Mann von der Frau erwarten kann, in die er verliebt ist.

Wenn sie glaubt, mir gegenüber die erhabene Tugend spielen und mich zum besten haben zu können, so glaube ich, erfordert von mir meine Ehre, ihr zu beweisen, daß sie sich täuscht.«

Es schien mir handgreiflich zu sein, daß sie mir wahre oder falsche Zärtlichkeitsbeweise nur verweigern könnte, wenn sie eine Tugend zur Schau trug, die sie nicht besaß; da nun diese Tugend nur erheuchelt war, so dachte ich, ich dürfte mich von ihr nicht zum Narren halten lassen. Was den Offizier anbetraf, so war ich nach dem, was er mir gesagt hatte, sicher, daß er's nicht übel auffassen würde, wenn ich mich erklärte; denn als Mann von gesundem Menschenverstand konnte er sich nur neutral verhalten.

Zufrieden mit diesen, wie mir schien, sehr klugen Überlegungen schlief ich ein. In einem Traum, der in nichts dem Reiz der Realität nachstand, erschien mir Henriette, lachend und, was mich viel mehr überraschte, frisiert wie eine Frau. Sie verteidigte sich und bewies mir den Mangel meiner Beweisführung mit folgenden Worten: »Um deinen beleidigenden Trugschlüssen den Boden zu entziehen, komme ich, um dir zu sagen, daß ich dich liebe, und um es dir zu beweisen. Ich kenne niemanden in Parma, aber ich bin weder verrückt noch verzweifelt, denn ich will nichts anderes als bei dir sein.« Nachdem sie mir diese Worte gesagt hat, enttäuschte sie mich nicht und überließ sich meiner Liebesglut, die auch in ihr das Feuer der Liebe entfachte.

In Träumen dieser Art erwacht der Träumende gewöhnlich einen Augenblick vor dem Höhepunkt, denn die Natur, als eifersüchtige Hüterin der Wahrheit, duldet es nicht, daß die Illusion den Sieg davonträgt. Ein Mensch, der schläft, ist nicht im Vollbesitz seiner geistigen und physischen Kräfte; jedoch muß er es in dem kurzen Augenblick sein, da er einem Wesen, das ihm selbst gleicht, das Leben schenkt. Aber o Wunder! Ich erwachte nicht und verbrachte die ganze Nacht in Henriettes Armen. Was für ein herrlicher Traum! Ich konnte ihn nur als Traum erkennen, da ihn mein Erwachen bei Tagesanbruch zwang zu entfliehen. Eine gute Viertelstunde lang lag ich starr vor Erstaunen und versuchte, mir die Details dieser Nacht in mein Gedächtnis zurückzurufen. Ich erinnerte mich, daß ich während des Schlafens mehrere Male gesagt habe: »Nein, ich träume nicht.« Ich wäre auch weiterhin überzeugt gewesen, nicht nur geträumt zu haben, wenn ich nicht die Tür meines Zimmers von innen verriegelt gefunden hätte. Ohne diesen Umstand hätte ich geglaubt, daß Henriette mich kurz vor meinem Erwachen verlassen hatte, nachdem sie die ganze Nacht bei mir gewesen war.

Bei meinem Erwachen fand ich, daß dieser glückliche Traum mich rasend in das schöne Weib verliebt gemacht hatte. Es konnte auch nicht anders sein. Wer mit großem Hunger zu Bett geht und im Traum die ganze Nacht an einer reich gedeckten Tafel verbringt, muß beim Erwachen einen alles verzehrenden Heißhunger in sich verspüren. Schnell zog ich mich an, fest entschlossen, mich des Besitzes von Henriette zu versichern, bevor wir noch in den Wagen stiegen oder, wenn es mir nicht glücken sollte, in Bologna zu bleiben. Sie aber wollte ich trotzdem an der Seite des Offiziers mit meinem Wagen nach Parma reisen lassen. Um nicht den guten Ton zu verletzen, fühlte ich mich verpflichtet, offen mit dem ungarischen Hauptmann zu sprechen, noch bevor ich mich ihr erklärt hatte.

An dieser Stelle glaube ich einen sehr wissenden Leser ausrufen zu hören: »Wie kann man denn einer solchen Kleinigkeit eine derartige Wichtigkeit beimessen?« Dieser Leser, der wohl niemals in seinem Leben richtig verliebt gewesen sein kann, hat recht; denn für ihn kann es nur eine Bagatelle sein.

Als ich angezogen war, ging ich in das Zimmer meiner beiden Reisegefährten. Nachdem ich ihnen ein Kompliment über ihr gutes Aussehen gemacht hatte, sagte ich dem Offizier, ich wäre in Henriette stark verliebt, und wollte ihn fragen, ob er es mir übelnehmen würde, wenn ich sie zu überreden versuchte, meine Geliebte zu werden. Ich sagte: »Was sie nötigt, Sie zu bitten, daß Sie sie in Parma für sich allein gehen lassen, wie wenn Sie sie gar nicht kennten, kann nur ein Liebhaber sein, den sie wahrscheinlich dort zu finden hofft; wenn Sie nun mich eine halbe Stunde mit ihr unter vier Augen lassen wollen, so schmeichle ich mir, sie überreden zu können, daß sie mir diesen Geliebten aufopfert. Gibt sie mir einen abschlägigen Bescheid, so bleibe ich hier; Sie gehen mit ihr nach Parma, lassen meinen Wagen auf der Post und schicken mir eine Bestätigung, damit ich jederzeit darüber verfügen kann.«

»Gleich nach dem Frühstück«, antwortete der wackere Hauptmann mir, »werde ich ausgehen, um mir das Institut[7] anzusehen, und Sie bleiben mit ihr allein. Versuchen Sie, mit ihr Ihr Ziel zu erreichen; ich würde mich außerordentlich freuen, wenn sie in Ihre Hände überginge. Beharrt sie bei dem Entschluß, den sie kundgegeben hat, so werde ich hier leicht einen Fuhrmann finden, und Sie können Ihren Wagen behalten. Ich danke Ihnen für Ihr Anerbieten, und ich werde mich mit Bedauern von Ihnen trennen.« Entzückt, daß ich bereits den halben Weg zurückgelegt hatte und daß die Lösung der Frage nicht mehr fern war, fragte ich meine schöne Französin, ob sie nicht Lust hätte, die Sehenswürdigkeiten von Bologna zu besichtigen.

»Ich möchte es gern, wenn ich Kleider hätte, wie sie sich für mein Geschlecht schicken. Aber so, wie ich bin, habe ich kein Vergnügen daran, mich vor der ganzen Stadt sehen zu lassen.«

»Sie werden also nicht ausgehen?«

»Nein!«

»Ich werde Ihnen Gesellschaft leisten.«

»Das wird mich sehr freuen.«

Wir frühstückten in fröhlicher Laune selbdritt; dann ging der Hauptmann aus. Sobald er fort war, sagte ich zu Henriette, ihr Freund ginge aus, um mich mit ihr allein zu lassen, weil ich ihm gesagt hätte, daß ich unter vier Augen mir ihr sprechen müßte.

»Sie haben ihm gestern den Befehl gegeben, sofort nach unserer Ankunft in Parma Sie zu vergessen, sich nicht nach Ihnen zu erkundigen und so zu tun, als ob er Sie nicht kennte, falls er zufällig Ihnen begegnen sollte; betrifft dieser Befehl auch mich?«

»Einen Befehl habe ich ihm nicht gegeben; dazu habe ich nicht das Recht, und ich würde mich niemals so weit vergessen; ich habe nur eine Bitte an ihn gerichtet, mir einen Dienst zu erweisen, den ich meiner Verhältnisse wegen von ihm erwarten muß. Da er durchaus kein Recht hat, mir diese Bitte abzuschlagen, so habe ich nicht einen Augenblick daran gezweifelt, daß er sie mir erfüllen würde. Was nun Sie anbetrifft, so hätte ich ganz gewiß nicht versäumt, die gleiche Bitte auch an Sie zu richten, wenn ich hätte denken können, daß Sie irgendwelche Absichten auf mich hätten. Sie haben Freundschaft für mich an den Tag gelegt; aber Sie müssen fühlen, daß, wenn in meiner Lage die Fürsorge, die der Hauptmann mir angedeihen lassen wollte, mir schaden konnte, die Ihrige nur noch mehr würde schaden können. Da Sie Freundschaft für mich hegen, so hätten Sie dies alles wohl ahnen können.«

»Da Sie wissen, daß ich Freundschaft für Sie empfinde, so müssen Sie auch erraten, daß es mir nicht möglich ist, Sie ohne Geld, ohne Hilfsmittel in einer Stadt alleinzulassen, wo Sie sich nicht einmal verständlich machen können. Glauben Sie wirklich, daß ein Mann, dem Sie die innigste Freundschaft eingeflößt haben, Sie im Stich lassen könnte, nachdem er Sie kennengelernt und aus Ihrem eigenen Munde erfahren hat, in welcher Lage Sie sich befinden? Wenn Sie dies glauben, so haben Sie keinen rechten Begriff von der Freundschaft, und wenn ein solcher Mann Ihrer Bitte nachgibt, so ist er nicht Ihr Freund.«

»Ich bin überzeugt, daß der Hauptmann mein Freund ist, und Sie haben es ja selber gehört: er wird mich vergessen.«

»Ich weiß nicht, von welcher Art die Freundschaft ist, die dieser brave Mann für Sie vielleicht empfindet, und ich weiß auch nicht, wie weit die Macht geht, die er über sich selber ausübt; aber soviel weiß ich: wenn er Ihnen den Gefallen erweisen kann, worum Sie ihn gebeten haben, so ist seine Freundschaft von einer ganz anderen Art als die meinige; denn ich glaube, Ihnen sagen zu müssen, daß es mir nicht nur nicht möglich ist, Ihnen leichten Herzens den eigentümlichen Gefallen zu tun, in der Lage, in der ich Sie erblicke, Sie Ihrem Schicksal zu überlassen, sondern daß es mir, wenn ich nach Parma gehe, überhaupt unmöglich ist, zu tun, was Sie von mir wünschen; denn ich liebe Sie auf eine solche Art, daß Sie mir entweder versprechen müssen, die Meinige werden zu wollen, oder daß ich hier bleiben muß. Sie werden also mit dem Hauptmann allein nach Parma reisen; denn ich fühle, daß ich der unglücklichste Mensch werden würde, wenn ich Sie noch weiter begleitete. Ich könnte es nicht ertragen, Sie mit einem anderen Liebhaber, mit einem Gatten oder im Kreise Ihrer Familie zu sehen; mit einem Wort, es wäre mir unerträglich, wenn ich Sie nicht beständig sehen und mit Ihnen zusammen leben könnte. Vergessen Sie mich – das sind drei Worte, die man leichthin ausspricht; aber, schöne Henriette, wenn Vergessen einem Franzosen möglich ist, so besitzt ein Italiener – wenn ich nach mir urteilen darf – nicht ein solches eigentümliches Talent. Mit einem Wort, Madame, mein Entschluß steht fest: Sie müssen die Güte haben, sich jetzt zu erklären und mir zu sagen, ob ich Sie nach Parma begleiten oder ob ich hierbleiben soll. Antworten Sie mit ja oder nein. Wenn ich hierbleibe, so ist alles in Ordnung. Ich reise morgen nach Neapel ab, und ich bin sicher, daß ich von der Leidenschaft genesen werde, die Sie mir eingeflößt haben; aber wenn Sie mir sagen, daß ich Sie nach Parma begleiten kann, dann müssen Sie mir die Versicherung geben, daß ich Ihr Herz ganz und gar besitzen werde. Ich will alleiniger Besitzer Ihrer Reize sein; doch mögen Sie immerhin die Bedingung stellen, daß Sie erst dann mich vollkommen glücklich machen, wenn Sie finden, daß ich durch meine Aufmerksamkeiten für Sie mich dessen würdig gemacht habe. Treffen Sie Ihre Wahl, bevor der allzu glückliche, brave Hauptmann zurückkommt; er weiß alles; ich habe ihm alles gesagt.«

»Was hat er geantwortet?«

»Daß er entzückt sein würde, Sie meiner Obhut zu überlassen. Doch was bedeutet dieses Lächeln?«

»Ich bitte Sie, lassen Sie mich lachen; niemals in meinem Leben habe ich etwas von einer derartigen rasenden Liebeserklärung gehört. Eine Liebeserklärung sollte wohl lebhaft, aber sie muß auch zärtlich und sanft sein; begreifen Sie wohl, was es heißt, in einer solchen Erklärung einer Frau zu sagen: Madame, eins von beiden! Wählen Sie auf der Stelle!«

»Ich begreife es vollkommen. Es ist nicht sanft, es ist nicht galant, es ist nicht pathetisch. Aber es ist leidenschaftlich. Bedenken Sie, daß es sich um eine ernste Sache handelt und daß ich mich niemals in einer derartigen Lage befunden habe. Fühlen auch Sie, in welcher peinlichen Lage ein Verliebter sich befindet, der im Nu einen Entschluß fassen muß, der sogar über Leben und Tod entscheiden kann! Beachten Sie, daß ich trotz der Glut meiner Leidenschaft in keiner Weise einen Verstoß gegen Sie begehe; daß der Entschluß, den ich fassen werde, wenn Sie bei Ihrer Meinung verharren, keine Drohung ist, sondern eine heldenmütige Selbstüberwindung, die mich Ihrer vollen Achtung würdig machen muß. Endlich bitte ich Sie, zu bedenken, daß wir keine Zeit zu verlieren haben. Das Wort ›Wählen Sie!‹ darf Ihnen nicht schroff erscheinen; im Gegenteil, es legt ja in Ihre Hände die Entscheidung über mein Schicksal wie über das Ihrige. Um sich zu überzeugen, daß ich Sie liebe, möchten Sie doch nicht etwa, daß ich wie ein Tölpel mich Ihnen zu Füßen werfe und Sie weinend bitte, Mitleid mit mir zu haben; nein, Madame, es würde Ihnen ohne Zweifel mißfallen und würde mich nicht zum Ziel führen. Ich bin gewiß, daß ich den Besitz Ihres Herzens verdiene; drum bitte ich Sie um Liebe und nicht um Mitleid. Wenn ich Ihnen nicht gefalle, so trennen Sie sich von mir! Aber lassen Sie mich abreisen; denn wenn Sie noch Mitgefühl haben und wünschen, daß ich Sie vergesse, so erlauben Sie, daß ich fern von Ihnen diesen Kampf leichter bestehe. Wenn ich mit Ihnen nach Parma gehe, kann ich nicht für mich einstehen, denn dort würde ich in einer Art von Verzweiflung sein. Ich bitte Sie um die Gnade: Überlegen Sie sich dies! Sie werden sehen, daß Sie mir ein unverzeihliches Unrecht antun würden, wenn Sie mir sagten: ›Kommen Sie nach Parma; aber ich bitte Sie, versuchen Sie nicht, mich dort zu sehen.‹ Geben Sie zu, daß Sie billigerweise mir so etwas nicht sagen können.«

»Ich gebe es zu, wenn es wahr ist, daß Sie mich lieben.«

»Gott sei gelobt! Ja, seien Sie überzeugt, daß ich Sie ganz aufrichtigen Herzens liebe; also wählen Sie, und sprechen Sie das Urteil!«

»Also immer noch in demselben Ton?«

»Ja.«

»Aber wissen Sie auch, daß Sie aussehen, wie wenn Sie zornig wären?«

»Nein; denn dies ist nicht der Fall; ich befinde mich nur in einer Art von starker Erregung. Dies ist für mich ein entscheidender Augenblick, und ich schwebe in einer entsetzlichen Ungewißheit. Ich muß meinem eigentümlichen Schicksal und den verfluchten Sbirren von Cesena fluchen; denn ohne diese hätte ich Sie niemals gesehen.«

»Es tut Ihnen also leid, mich kennengelernt zu haben?«

»Ja! – Habe ich denn da nicht sehr recht?«

»Ganz und gar nicht; denn ich habe noch nichts entschieden.«

»Ich beginne aufzuatmen; denn ich wette, Sie werden mir sagen, daß ich mit Ihnen nach Parma kommen soll.«

»Ja, kommen Sie nach Parma!«

ACHTES KAPITEL

In diesem Augenblick änderte sich die Szene sofort. Ich fiel ihr zu Füßen, umschlang liebend ihre Knie und küßte sie ihr voll Zärtlichkeit und Dankbarkeit. Keine Spur mehr von dem zornigen und drohenden Tone, der so wenig zum sanftesten aller Gefühle paßt. Zärtlich, unterwürfig, dankbar schwor ich ihr, ich würde von ihr keine einzige Gunstbezeigung, nicht einmal einen Handkuß verlangen, bevor ich ihre Liebe verdient hätte. Das göttliche Weib war angenehm überrascht, mich so schnell vom Tone der Verzweiflung zur lebhaftesten Zärtlichkeit übergehen zu sehen; und sie sagte mir mit einem Ausdruck, der noch zärtlicher war als der meine, ich möchte doch aufstehen.

»Ich bin überzeugt«, sagte sie mir, »daß Sie mich lieben, aber glauben Sie auch, daß ich alles tun werde, was von mir abhängt, um mir Ihre Beständigkeit zu sichern.«

Selbst wenn sie mir gesagt hätte, daß sie mich ebensosehr liebte wie ich sie, so hätte sie mir doch damit nicht mehr gesagt; denn diese Worte drückten alles aus. Ich hielt meine Lippen auf ihre schöne Hand gepreßt, als der Hauptmann eintrat. Er beglückwünschte uns in dem Ton der größten Aufrichtigkeit, und ich sagte ihm mit strahlendem Gesicht, ich würde die Pferde bestellen. Ich ging hinaus, ihn mit ihr allein lassend, und bald darauf machten wir uns vergnügt und zufrieden auf den Weg.

Vor unserer Ankunft in Reggio sagte der ehrenwerte Kapitän zu mir, nach seiner Meinung erfordere der Anstand, daß wir ihn allein nach Parma reisen ließen; denn wenn er mit uns zusammen ankäme, würde das Anlaß zu allerlei Bemerkungen geben, man würde Fragen an ihn richten und man würde überhaupt viel mehr über uns sprechen, als wenn wir allein ankämen. Henriette sowohl als ich fanden diese Gründe sehr vernünftig, und wir entschlossen uns auf der Stelle, die Nacht in Reggio zu verbringen und ihn in einem Postwagen nach Parma fahren zu lassen.

Nachdem dies alles besprochen war, wurde sein Koffer auf das Wägelchen geladen, das man ihm lieferte. Er sagte uns Lebewohl und fuhr ab, nachdem er uns noch versprochen hatte, am nächsten Tage mit uns zu Mittag zu essen.

Das Verhalten des biederen Ungarn mußte meiner Freundin ebensosehr gefallen wie mir, denn unser Zartgefühl nötigte uns, in seiner Gegenwart uns eine große Zurückhaltung aufzuerlegen.

Wie wäre es uns bei der veränderten Sachlage möglich gewesen, in Reggio in demselben Gasthofe zu wohnen? Henriette hätte in Ehren nicht mehr das Bett des Hauptmanns teilen können; sie hätte sich aber auch nicht in das meinige legen können, ohne den Anstand zu verletzen. Wir hätten alle drei über eine solche Zurückhaltung gelacht; wir hätten sie lächerlich gefunden und uns dennoch ihr unterworfen.

Die Liebe ist eine Feindin der Scham, obgleich sie oft Dunkelheit und Geheimnis sucht; aber wenn die Liebe sich schämen muß, fühlt sie sich erniedrigt und verliert sofort drei Viertel ihrer Würde und einen großen Teil ihres Reizes. Man wird leicht begreifen, daß Henriette und ich nur glücklich sein konnten, wenn wir uns die Erinnerung an den braven Hauptmann fernhielten.

Wir speisten unter vier Augen zu Abend; ich war berauscht von meinem Glück, das mir zu groß erschien, und war doch traurig. Aber Henriette hatte mir nichts vorzuwerfen, denn auch sie schien traurig zu sein. Es war im Grunde nur Verlegenheit; denn wir liebten uns, aber wir hatten keine Zeit gehabt, uns kennenzulernen. Wir sprachen wenig; unsere Reden kamen uns selber abgeschmackt vor, und deshalb versenkten wir uns lieber in unsere Gedanken. Wir wußten, daß wir die Nacht zusammen verbringen würden; aber wir hätten befürchtet, indiskret zu sein, wenn wir eine Anspielung darauf gemacht hätten. Welche Nacht! Was für eine herrliche Frau war diese Henriette, die ich so sehr geliebt habe, die mich so glücklich gemacht hat!

Erst drei oder vier Tage darauf erkühnte ich mich, sie zu fragen, was sie ohne einen Soldo und ohne Bekannte in Parma würde angefangen haben, wenn ich ihr trotz meiner Liebeserklärung gesagt hätte, ich sei entschlossen, nach Neapel zu gehen. Sie antwortete mir, sie würde wahrscheinlich in die entsetzlichste Verlegenheit geraten sein; aber sie wäre überzeugt gewesen, daß ich sie liebte, und hätte vorausgesehen, daß es so kommen würde, wie es denn auch wirklich gekommenen wäre. Da sie ungeduldig gewesen wäre zu erfahren, wie ich über sie dächte, so hätte sie mich gebeten, dem Offizier ihren Entschluß zu verdolmetschen; denn sie hätte gewußt, daß er sich diesem nicht widersetzen und auch nicht weiter hätte mit ihr zusammen sein können. Da sie ferner mich nicht in die Bitte mit einbegriffen hätte, die sie durch mich an den Hauptmann richtete, so hätte sie es unmöglich gefunden, daß ich sie nicht hätte fragen sollen, ob ich ihr nicht irgendwie von Nutzen sein könnte. Auf diese Weise würde sie meine Gesinnungen kennengelernt haben, und wenn sie danach an ihrem Entschluß zugrunde gegangen wäre, so hätten daran ihr Gatte und ihr Schwiegervater schuld gehabt; das wären Ungeheuer.

In Parma angekommen, gab ich auf der Torwache wieder den Namen Farussi an, den ich auch in Cesena geführt hatte; es war der Familienname meiner Mutter. Henriette schrieb mit eigener Hand den Namen, den sie angenommen hatte: Anne d'Arci, Französin. Während wir die Fragen des Torschreibers beantworteten, bot ein gewandter und artiger junger Franzose mir seine Dienste an; er sagte mir, statt in der Post abzusteigen, würde ich gut tun, zu d'Andremont zu gehen, wo ich Wohnung und Küche nach französischer Art und die besten französischen Weine bekäme. Da ich sah, daß der Vorschlag Henriette gefiel, ließ ich mich hinführen, und wir erhielten eine ausgezeichnete Wohnung. Ich nahm den Bedienten zu einem bestimmten Tagelohn an und traf ganz genaue Abmachungen mit Monsieur d'Andremont. Hierauf besorgte ich selber eine Remise für meinen Wagen.

Nachdem ich noch einen Augenblick eingetreten war, um meiner Freundin zu sagen, daß wir uns zum Mittagessen wiedersehen würden, und dem Lakaien, daß er im Vorzimmer auf meine Befehle warten sollte, ging ich allein aus.

Parma stand unter der Zuchtrute einer neuen Regierung; ich konnte daher mit Fug annehmen, daß es überall von Spionen in allen möglichen Formen wimmeln würde, und wollte deshalb keinen Lakaien auf den Fersen haben, der mir vielleicht mehr geschadet als gedient hätte.

Ich war in der Heimatstadt meines Vaters, wo ich keinen Menschen kannte; aber obwohl ich allein war, war ich doch sicher, daß ich nicht lange Zeit brauchen würde, um mich zurechtzufinden.

Als ich die Straßen betrat, kam es mir vor, als wäre ich nicht mehr in Italien. Von den Vorübergehenden hörte ich nur Französisch oder Spanisch sprechen, und die Leute, die sich nicht dieser Sprachen bedienten, flüsterten sich dem Anscheine nach ihre Bemerkungen ins Ohr. Ich ging aufs Geratewohl die Straße entlang, um ein Wäschegeschäft zu suchen; denn nach einem solchen mich erkundigen wollte ich nicht; schließlich fand ich das Gewünschte.

Ich trat ein und sagte zu einer guten dicken Matrone, die an der Kasse saß: »Madame, ich möchte einige Einkäufe machen.«

»Signore, ich werde jemanden holen lassen, der französisch spricht.«

»Das ist unnötig, ich bin Italiener.«

»Gott sei gelobt! Denn nichts ist heutzutage so selten!«

»Warum selten?«

»Sie wissen also nicht, daß Don Philip angekommen und daß seine Gemahlin, Madame de France, unterwegs ist?«

»Ich gratuliere Ihnen dazu. Das muß den Handel beleben; es bringt Geld unter die Leute, und man wird jedenfalls alles finden.«

»Allerdings; aber alles ist teuer, und wir können uns nicht an diese neuen Gebräuche gewöhnen; es ist ein schlechtes Gemisch von französischer Leichtfertigkeit und spanischer Eifersucht, das macht uns die Köpfe ganz wirbelig. – Was für Wäsche wünschen Sie?«

»Vor allen Dingen muß ich Sie darauf aufmerksam machen, daß ich nicht handle, also nehmen Sie sich in acht: wenn Sie mich überteuern, komme ich nicht wieder. Ich brauche feine Leinwand für vierundzwanzig Frauenhemden, Bombasin zu Unterröcken und Miedern; Musselin; Batist zu Taschentüchern und noch andere Sachen, von denen ich hoffe, daß Sie sie haben; denn da ich Fremder bin, so weiß Gott, in was für Hände ich fallen werde.«

»Sie werden nur in gute Hände fallen, wenn Sie mir Ihr Vertrauen schenken wollen.«

»Ich denke, Sie verdienen es; ich vertraue mich also Ihnen an. Sie müssen mir auch Näherinnen besorgen, die bei der Dame, die sich in größter Eile alles Notwendige anfertigen lassen muß, auch auf dem Zimmer arbeiten können.«

»Und Kleider?«

»Kleider auch; dazu Hüte, Mäntelchen, mit einem Wort alles. Nehmen Sie an, daß sie nackt sei.«

»Wenn sie Geld hat, so bürge ich Ihnen dafür, daß sie alles bekommt, was sie wünschen kann; ist sie jung?«

»Sie ist vier Jahre jünger als ich und ist meine Frau.«

»Ach, Gott segne sie! Sie haben Kinder?«

»Nein, gute Frau; aber das wird schon kommen, denn wir arbeiten dran.«

»Das versteht sich. Ach, wie mich das freut! Signor, ich werde Ihnen die Perle aller Schneiderinnen schicken. Unterdessen machen Sie sich den Spaß und suchen Sie aus, was Sie brauchen.«

Ich nahm das Beste, was sie hatte, und bezahlte. Unterdessen war die Schneiderin angekommen; ich gab der Besitzerin des Ladens meine Adresse an, bat sie, mir Kleiderstoffe zuzuschicken, und sagte der Schneiderin und ihrer Tochter, die sie begleitet hatte, sie möchten mit mir kommen. Sie nahmen die Wäsche, die ich gekauft hatte, und wir gingen. Unterwegs kaufte ich seidene und leinene Strümpfe und bestellte einen Schuster, der neben dem Gasthof wohnte.

Und nun kam ein köstlicher Augenblick: Henriette, der ich vorher nichts gesagt hatte, besah sich alles mit einem Ausdruck vollkommener Befriedigung, aber ohne irgendwelche Selbstsucht zu verraten. Sie bewies mir ihre Erkenntlichkeit durch zartfühlende Lobsprüche über meine Auswahl und über die Schönheit der von mir gekauften Gegenstände. Sie war deshalb nicht fröhlicher als zuvor; aber auf ihrem Gesicht lag ein Ausdruck von Zärtlichkeit, der mehr wert war als alle Dankbarkeit.

Der Lohndiener war mit den Schneiderinnen eingetreten; Henriette sagte ihm freundlich, er möchte hinausgehen und warten, bis er wieder hereingerufen würde. Die Schneiderin ging an die Arbeit, der Schuster nahm Maß, und ich sagte ihm, er möchte uns Pantoffeln holen. Eine Viertelstunde darauf kam er zurück, und mit ihm trat ungerufen auch der Lohndiener ein. Der Schuster sprach französisch und erzählte Henriette allerlei komische Geschichten; plötzlich unterbrach sie ihn und fragte den Bedienten, der sich ganz gemütlich im Zimmer aufhielt, was er denn wolle.

»Nichts, Madame; ich bin nur hier, um Ihre Befehle entgegenzunehmen.«

»Habe ich Ihnen nicht gesagt, man würde Sie rufen, sobald man Sie brauche?«

»Ich möchte wissen, wer von Ihnen beiden mein Herr ist.«

»Keiner!« rief ich lachend. »Hier haben Sie Ihren Tageslohn; gehen Sie!«

Als der Schuster bemerkte, daß Henriette nur französisch sprach, empfahl er ihr einen Sprachlehrer.

»Aus welchem Lande stammt er?« fragte sie.

»Er ist Flame, Madame«, sagte Meister St. Crispin, »und er ist ein Gelehrter von ungefähr fünfzig Jahren. Er wohnt bei Bornisa. Er soll, wie man sagt, ein sehr tugendhafter Mann sein. Er nimmt drei Lire hiesiger Währung für eine Stunde und das Doppelte für zwei Stunden, und er läßt sich nach jeder Unterrichtsstunde bezahlen.«

»Lieber Freund«, fragte Henriette mich, »möchtest du, daß ich diesen Lehrer annehme?«

»Ich bitte dich darum, liebes Herz; es wird dich unterhalten.«

Der Schuster empfahl sich mit dem Versprechen, daß er ihr am nächsten Morgen den Flamen zuschicken werde; die Schneiderinnen arbeiteten tüchtig. Während die Mutter zuschnitt, nähte die Tochter; da aber eine einzige nicht viel schaffen konnte, sagte ich der Mutter, sie würde uns einen Gefallen tun, wenn sie uns eine zweite Näherin besorgte, die französisch spräche. »Sie sollen sie«, antwortete sie, »noch heute haben. Zugleich erlaube ich mir, Ihnen meinen Sohn als Bedienten anzubieten. Wenn Sie ihn nehmen, so haben Sie weder einen Dieb noch einen Spitzel um sich herum, und er weiß sich ganz leidlich auf französisch auszudrücken.«

»Ich glaube, lieber Freund«, sagte Henriette zu mir, »wir würden gut tun, ihn zu nehmen.«

Dies war genug, um meine sofortige Zustimmung zu veranlassen; denn für einen Mann, der liebt, ist der geringste Wunsch des geliebten Wesens allerhöchster Befehl.

Die Mutter holte ihn und kam mit ihm und der halbfranzösischen Näherin zurück; diese war für meine Göttin eine Erleichterung und ein wahrer Zeitvertreib.

Der Sohn der Schneiderin war ein junger Mensch von achtzehn Jahren, ziemlich gut unterrichtet, sanft, bescheiden und von angenehmen Gesichtszügen. Ich fragte ihn nach seinem Namen; er antwortete mir, er heiße Caudagna.

Wie der Leser weiß, stammte mein Vater aus Parma, und er hat vielleicht nicht vergessen, daß eine seiner Schwestern einen Caudagna[1] geheiratet hatte. – Es wäre scherzhaft, sagte ich bei mir selber, wenn diese Schneiderin meine Tante und mein Bedienter mein leiblicher Vetter wäre! Aber schweigen wir! – Henriette fragte mich, ob es mir recht wäre, wenn die Schneiderin mit uns äße. – »Ich bitte dich, angebetete Henriette, sehr, mich in Zukunft nicht mehr zu beschämen, indem du derartige Kleinigkeiten von meiner Einwilligung abhängig machst. Sei versichert, meine zärtliche Freundin, daß meine Einwilligung deinen geringsten Handlungen vorauseilen wird, wenn das möglich ist!« Sie dankte mir mit einem Lächeln. Ich zog hierauf eine Börse aus meiner Tasche und sagte ihr: »Da hast du fünfzig Zechinen; bezahle selber alle Kleinigkeiten, die du nötig hast und die ich nicht erraten habe.« Sie nahm das Geld, indem sie mir versicherte, daß ich ihr ein großes Vergnügen mache.

Einen Augenblick, bevor wir uns zu Tische setzten, kam unser guter ungarischer Hauptmann. Henriette lief ihm entgegen, um ihn zu umarmen, indem sie ihn ihren lieben Papa nannte, und ich folgte ihrem Beispiel, indem ich ihn meinen Freund nannte. Meine liebe Gattin bat ihn, alle Tage zu uns zum Essen zu kommen. Als der brave Soldat alle die weiblichen Wesen sah, die für Henriette zu arbeiten hatten, empfand er eine außerordentliche Befriedigung, die sich deutlich auf allen seinen Zügen ausdrückte. Er wünschte sich Glück, daß er seine Abenteurerin so gut untergebracht hatte, und seine Freude erreichte ihren Höhepunkt, als ich ihm sagte, daß ich ihm mein Glück verdankte.

Wir hatten eine ausgezeichnete und fröhliche Mahlzeit. Ich bemerkte, daß Henriette ein Leckermaul und mein alter Offizier ein Feinschmecker war. Auch ich war beides in nicht geringem Maße, und ich fühlte mich imstande, ihnen die Spitze zu bieten. Wir genossen verschiedene ausgezeichnete Weine, die Monsieur d'Andremont mir mit Recht gerühmt hatte, und hatten auf diese Weise eine ganz reizende Mahlzeit.

An meinem jungen Bedienten gefiel mir die Ehrerbietung, womit er uns alle bediente, und seine Mutter ebensowohl wie die Herrschaft. Giannetta, seine Schwester, und die anderen Näherinnen hatten für sich allein gegessen.

Beim Nachtisch meldete man uns die Wäschehändlerin mit einer anderen Frau und eine Modistin, die französisch sprach. Die andere hatte Muster für alle möglichen Arten von Kleidern bei sich. Ich ließ Henriette Hüte, Mützen, Besätze und so weiter nach ihrem Belieben bestellen, aber ich bestand darauf, bei der

Auswahl der Kleider ein Wort mitsprechen zu dürfen; indessen bequemte ich mich dabei dem Geschmack meiner anbetungswürdigen Freundin an.

Ich nötigte sie, Stoff zu vier Kleidern auszuwählen, und ich fühle noch jetzt, daß ich Dank schuldete für ihre Gefälligkeit, sie anzunehmen; denn je mehr ich mir das Herz des reizenden Weibes errang, desto mehr fühlte ich mein Glück sich steigern. So verbrachten wir den ersten Tag, an welchem wir unmöglich mehr hätten tun können, als wir taten.

Als wir am Abend allein miteinander aßen, kam es mir vor, als entdeckte ich eine Wolke von Traurigkeit auf ihrem hübschen Gesicht; ich sagte es ihr.

»Mein Freund«, antwortete sie mir mit einem Ton in ihrer Stimme, der mir ins Herz drang: »du gibst viel Geld für mich aus; und wenn du es tust, damit ich dich noch mehr lieben soll, so sage ich dir im voraus: dieses Geld ist verloren; denn ich liebe dich nicht mehr als vorgestern, aber ich liebe dich von ganzer Seele. Alles, was du über die einfache Notwendigkeit hinaus tust, kann mir nur dadurch Vergnügen machen, daß ich immer mehr sehe, wie sehr du meiner würdig bist; aber um dich zu lieben, wie du es verdienst, bedarf ich solcher Beweise nicht.«

»Ich glaube es, geliebte Freundin, und wünsche mir Glück zu meinem Glück, wenn du fühlst, daß deine Zärtlichkeit einer Steigerung nicht fähig ist. Aber laß auch du, angebetetes Weib, dir sagen, daß ich nur deshalb so handle, um dich immer noch mehr zu lieben, wenn mir dies möglich ist. Ich wünsche dich in dem ganzen Staat deines Geschlechts glänzen zu sehen, und wenn mich etwas bekümmert, so ist es nur das Gefühl, daß ich nicht imstande bin, dich so glänzen zu lassen, wie du es verdienst. Wenn es dir Vergnügen macht, liebe Freundin, muß ich nicht entzückt darüber sein?«

»Du darfst nicht daran zweifeln, daß es mir großes Vergnügen macht; und in gewisser Weise hast du recht, da du gesagt hast, daß ich deine Frau bin. Aber wenn du nicht sehr reich bist, so wirst du fühlen, welche Vorwürfe ich mir machen muß.«

»Ach, mein Engel, laß mich doch, ich bitte dich, mich für reich zu halten, und glaube selber, daß du unmöglich die Ursache meines Ruins sein kannst; du bist zu meinem Glück geboren. Denke an weiter nichts, als daß du mich niemals verläßt, und sage mir, ob ich darauf hoffen kann.«

»Ich wünsche es, mein zärtlicher Freund, aber wer kann auf die Zukunft zählen! Bist du frei? Hängst du von irgend jemandem ab?«

»Ich bin frei im vollen Sinne des Wortes, und ich hänge von niemandem ab als einzig allein von dir, meine köstliche Herrin.«

»Ich wünsche dir Glück dazu, und meine Seele freut sich dessen; niemand kann dich mir entreißen, aber leider kann ich, wie du weißt, von mir nicht dasselbe sagen. Ich bin überzeugt, daß man mich sucht, denn ich weiß, daß man sich leicht meiner bemächtigen wird, sobald man mich entdeckt. Ach, wie unglücklich werde ich sein, wenn es ihnen gelingt, mich deinen Armen zu entreißen!«

»Du machst mich zittern! Kannst du dieses Unglück hier befürchten?«

»Nein – ich müßte denn von irgend jemandem gesehen werden, der mich kennt.«

»Ist es wahrscheinlich, daß dieser Irgendjemand hier in Parma ist?«

»Das scheint mir schwer möglich zu sein.«

»Dann laß uns doch nicht unsere Zärtlichkeit durch eine Furcht beunruhigen, die, wie ich hoffe, sich nicht bewahrheiten wird. Vor allem, liebenswürdige Freundin, sei fröhlich, wie du es in Cesena warst!«

»Ich will es mit aufrichtigem Herzen sein, lieber Freund; denn in Cesena war ich unglücklich, und jetzt bin ich glücklich. Fürchte nicht, daß du mich traurig finden wirst; denn Fröhlichkeit ist der Grundzug meines Charakters.«

»Ich glaube, in Cesena mußtest du jeden Augenblick befürchten, von dem Offizier eingeholt zu werden, dem du in Rom durchgegangen warst.«

»Durchaus nicht, es war mein Schwiegervater, der, davon bin ich sicher überzeugt, nicht die geringsten Schritte getan hat, um zu erfahren, wohin ich gegangen sei. Er kann nur sehr froh gewesen sein, daß er mich loswurde. Nein, ich war unglücklich, weil ich einem Mann zur Last fiel, den ich nicht lieben konnte, mit dem ich nicht einmal einen Gedanken austauschen konnte. Obendrein konnte ich mir nicht einmal einbilden, daß ich ihn glücklich machte, denn ich hatte ihm nur eine Phantasie eingeflößt, die er auf zehn Zechinen bewertet hatte. Ich mußte fühlen, daß diese Phantasie nach ihrer Befriedigung bei seinem Alter nicht wieder erwacht war und daß ich ihm nur lästig sein konnte, denn offenbar war er nicht reich. Mein geheimer Kummer wurde noch durch eine klägliche Denkweise vermehrt: ich hielt mich für verpflichtet, ihm Liebkosungen zu erweisen, er seinerseits hielt es vielleicht für seine Pflicht, mir diese zu vergelten, und nun hatte ich Angst, er könnte seine Gesundheit opfern, und dieser Gedanke war für mich eine wahre Qual. Wir empfanden gegenseitig keine Liebe zueinander und legten uns aus Höflichkeit einen dummen Zwang auf. Wir vergeudeten an ein vermeintliches Gebot des Anstandes, was man nur der Liebe geben soll. Sehr peinlich war mir auch ein Gedanke, der mir oft die Schamröte ins Gesicht trieb: ich fürchtete, man könnte annehmen, daß der Mann mich seines Vorteils wegen mit sich führte; denn wenn ich darüber nachdachte, so mußte ich mir sagen, daß ein solches Urteil, so falsch es war, nicht einer gewissen Wahrscheinlichkeit entbehrte. Diesem Gefühl hast du ohne Zweifel meine Zurückhaltung zuzuschreiben; denn ich befürchtete, du möchtest diese beschämende Meinung von mir bekommen, wenn du in meinen Blicken den Eindruck lesen könntest, den du auf mich gemacht hattest.«

»Diese Zurückhaltung war also nicht von Stolz veranlaßt?«

»Nein, ich muß dir gestehn, dies war nicht der Fall; denn du konntest über mich nur das Urteil fällen, das ich verdiente. Ich beging die dir bekannte Torheit, weil mein Schwiegervater mich in ein Kloster stecken wollte, was durchaus nicht nach meinem Geschmack war. Übrigens, mein Freund, erlaube mir, dir meine Geschichte zu verschweigen.«

»Ich achte dein Geheimnis, mein Engel; fürchte nicht, daß ich dir in dieser Hinsicht lästig fallen werde; laß uns uns lieben und laß uns nicht durch Furcht vor der Zukunft unser gegenwärtiges Glück stören!«

Am anderen Morgen war ich nach der glücklichsten Nacht verliebter als am Tage vorher. Und so verbrachten wir drei Monate in einem Freudentaumel des Glücks.

Um neun Uhr ließ der italienische Sprachlehrer sich melden. Ich sah einen Mann von achtbarem Aussehen, höflich, bescheiden, wenig, aber gut sprechend, zurückhaltend in seinen Antworten und wohlunterrichtet nach der altmodischen Art. Wir plauderten, und ich mußte darüber lachen, daß er mir mit ganz überzeugter Miene sagte, ein Christ könne das Kopernikussche

Weltsystem nur als eine gelehrte Hypothese zulassen. Ich antwortete ihm, dieses System könne nur das System Gottes sein, da es das der Natur sei, und die Heilige Schrift sei nicht das Buch, woraus die Christen Naturgeschichte lernen könnten.

Er verzog sein Gesicht zu einem heuchlerischen Lächeln; wenn es sich nur um mich gehandelt hätte, so hätte ich den armen Menschen fortgeschickt; aber wenn er Henriette unterhalten und ihr die italienische Sprache beibringen konnte, so war das alles, was ich von ihm verlangen konnte. Meine teure Gattin sagte ihm, sie würde ihm jeden Tag sechs Lire für zwei Unterrichtsstunden geben. Sechs Lire von Parma haben einen Wert von dreißig französischen Sous. Sie nahm am selben Tage ihren ersten Unterricht und gab ihm nach dessen Beendigung zwei Zechinen, um ihr einige Romane zu kaufen, deren Wert bereits anerkannt sei.

Während meine teure Henriette ihre Stunde nahm, machte ich mir den Spaß, mit der Schneiderin zu plaudern, um mich zu vergewissern, ob wir miteinander verwandt wären.

»Welchen Beruf hat Ihr Mann?«

»Er ist Haushofmeister beim Marchese Sissa.«

»Lebt Ihr Vater noch?«

»Nein, Signore, er ist tot.«

»Wie lautete sein Familienname?«

»Scotti.«

»Und hat Ihr Mann noch Vater und Mutter?«

»Sein Vater ist tot, aber seine Mutter lebt noch bei ihrem Oheim, dem Domherrn Casanova.«

Mehr brauchte ich nicht zu wissen. Die gute Frau war meine Base im zweiten Grade, und ihre Kinder waren meine Neffen und Nichten. Meine Nichte Giannetta war nicht hübsch, aber sie sah aus wie ein braves Mädchen. Ich setzte mein Gespräch mit der redseligen Mutter fort.

»Sind die Parmesaner zufrieden, daß sie Untertanen eines spanischen Prinzen geworden sind?«

»Zufrieden? Da müßte man leicht zufriedenzustellen sein, denn wir befinden uns in einem wahren Labyrinth. Alles ist auf den Kopf gestellt: wir wissen nicht mehr, woran wir sind. Glückliche Zeit, da das Haus Farnese[2] regierte, du bist nicht mehr! Ich war vorgestern in der Komödie, und das ganze Haus lachte aus vollem Halse über Harlekin. Nun denken Sie sich: Don Philipp, unser neuer Herzog, der ganz in seinem Spanien hätte bleiben können, machte alle möglichen Anstrengungen, um sich das Lachen zu verhalten, und wenn er durchaus einmal herausplatzen mußte, steckte er das Gesicht in seinen Hut, damit man es nicht sehe; denn man sagt, das Lachen mache die Haltung eines Infanten von Spanien zuschanden, und wenn er seine Freude nicht verberge, würde man es an seine Mutter[3] nach Madrid schreiben, die es für einen großen Fürsten unwürdig finden würde. Was sagen Sie dazu? Können solche Sitten uns passen – uns, die wir so gerne lachen? Oh! Der gute Herzog Antonio[4], Gott habe ihn selig, war ganz gewiß ein großer Fürst, wie dieser, und er verbarg es seinen Untertanen nicht, wenn er lustig war; denn er lachte zuweilen so herzlich, daß man ihn auf der Straße hörte. Jetzt sind wir in einen unglaublichen Wirrwarr hineingeraten, und seit drei Monaten weiß in Parma kein Mensch mehr, wieviel Uhr es ist.«[5]

»Hat man denn die Uhren zerstört?«

»Das nicht; aber seitdem Gott die Welt erschaffen hat, ist die Sonne stets um dreiundzwanzigeinhalb Uhr untergegangen, und um vierundzwanzig Uhr hat man das Angelus geläutet: alle braven Leute wußten, daß dann die Kerze angezündet wurde. Jetzt aber ist es ganz unbegreiflich Die Sonne ist verrückt geworden, denn sie geht jeden Tag zu verschiedener Zeit unter. Unsere Bauern wissen nicht mehr, zu welcher Stunde sie zu Markt gehen müssen. Man nennt das eine Regulierung; aber wissen Sie, warum? Weil jetzt jedermann weiß, daß man um 12 Uhr zu Mittag ißt. Eine schöne Regulierung, meiner Seel! Zur Zeit der Farnese aß man, wenn man Appetit hatte, und so war es viel besser.«

Henriette hatte keine Uhr; ich wollte mir den Genuß bereiten, ihr eine zu schenken, und ging in dieser Absicht aus, aber nachdem ich eine sehr schöne Uhr gekauft hatte, dachte ich auch an Handschuhe, einen Fächer, Ohrringe und eine Menge hübscher Kinkerlitzchen und kaufte diese ebenfalls. Sie empfing alle diese Gaben der Liebe mit einer feinfühlenden Zärtlichkeit, die mir eine große Wonne war. Ihr Lehrer war noch bei ihr, als ich zurückkam. »Ich hätte«, sagte er zu mir, »Madame in Heraldik, Geographie, Geschichte und Astronomie unterrichten können, aber sie weiß das alles schon. Madame hat eine sehr sorgfältige Erziehung erhalten.« Der Lehrer hieß Valentin de la Haye. Er sagte mir, er sei Ingenieur und Professor der Mathematik.

Wir speisten heiter mit unserem Ungarn. Henriette war immer

noch als Offizier gekleidet, und ich brannte vor Verlangen, sie als Frau zu sehen. Am nächsten Tage sollte ihr ein Kleid gebracht werden; Unterröcke und Hemden hatte sie schon.

Henriette sprühte von Geist und feinem Witz. Die Modistin, eine Lyonerin, trat eines Morgens ein und sagte: »Madame und Monsieur, ich habe die Ehre, Ihnen guten Tag zu wünschen.«

»Warum«, fragte meine Freundin sie, »sagen Sie nicht Monsieur und Madame?«

»Ich habe stets gesehen, daß man in der Welt den Damen die erste Ehre erweist.«

»Aber von wem erstreben wir diese Ehre?«

»Von den Männern natürlich.«

»Und Sie sehen nicht, daß die Frauen sich lächerlich machen, wenn sie nicht den Männern dieselben Ehren erweisen, die sie von ihnen verlangen? Damit sie es uns gegenüber niemals an Höflichkeit fehlen lassen, müssen wir darauf halten, ihnen mit gutem Beispiel voranzugehen.«

Diejenigen, die da glauben, eine Frau genüge nicht, um einen Mann durch alle vierundzwanzig Stunden des Tages glücklich zu machen, haben niemals eine Henriette besessen. Das Glück, das mich ganz und gar erfüllte – der Ausdruck ist nicht übertrieben –, war viel vollkommener, wenn ich mich mit ihr unterhielt, als wenn ich sie nachts in meinen Armen hielt. Sie hatte viel gelesen, sie besaß viel Takt und natürlichen Geschmack; ihr Urteil war sicher, und ohne gelehrt zu sein, sprach sie logisch wie ein Mathematiker, aber leichthin und anspruchslos, und in alles mischte sie jene natürliche Anmut, die jedem Dinge Reiz verleiht. Da sie niemals die Absicht hatte, mit ihrem Geist zu prunken, so begleitete sie, wenn sie einmal eine bedeutende Bemerkung machte, diese mit einem Lächeln, das ihren Worten einen Anstrich von Frivolität gab und sie zugleich für jedermann verständlich machte. Hierdurch machte sie sogar solche Leute geistreich, die gar keinen Geist besaßen, und gewann dadurch alle Herzen. Eine Schönheit ohne Geist bietet der Liebe nur den materiellen Genuß ihrer Reize; eine geistreiche Häßliche dagegen fesselt durch die Reize ihres Geistes und läßt schließlich dem Manne, den sie für sich einnimmt, nichts mehr zu wünschen übrig. Wie mußte ich mich also fühlen, der ich eine Henriette besaß? Glücklich, dermaßen glücklich, daß ich mein Glück nicht mehr ermessen konnte!

Man frage eine Schönheit ohne Geist, ob sie gerne einen kleinen

Teil ihrer Reize gegen eine hinreichende Menge Geist vertauschen wolle. Wenn sie nicht heuchelt, wird sie sagen: Nein, ich bin zufrieden mit dem, was ich habe – aber warum ist sie zufrieden? Weil sie ihr Bedürfnis nicht empfindet. Man frage eine geistreiche Häßliche, ob sie ihren Geist gegen Schönheit vertauschen wolle. Sie wird ohne Zögern nein sagen. Warum? Weil sie ihren Geist kennt und weiß, daß dieser ihr alles andere ersetzt.

Eine geistreiche Frau, die nicht dazu geschaffen ist, einen Mann glücklich zu machen, ist die gelehrte Frau. Gelehrsamkeit ist für eine Frau nicht angebracht, denn sie beeinträchtigt die Sanftheit ihres Charakters, ihre Lieblichkeit, jene zarte Schüchternheit, die dem weiblichen Geschlecht so viele Reize verleiht; übrigens hat noch niemals eine Frau es im Wissen über gewisse Grenzen hinaufgebracht, und der Wortschwall gelehrter Frauen imponiert nur Dummköpfen. Keine einzige große Entdeckung ist von einer Frau gemacht worden. Das weibliche Geschlecht entbehrt jener geistigen Kraft, die ein Ausfluß der körperlichen Kraft ist; aber im Ziehen einfacher Vernunftschlüsse, an Zartheit des Gefühls und an vielen Verdiensten, die mehr dem Herzen als dem Geist zuzuschreiben sind, da sind die Frauen uns weit überlegen.

Wirf einer geistvollen Frau einen Trugschluß an den Kopf, sie wird ihn nicht zu erklären wissen, aber sie wird trotzdem sich nicht davon betrügen lassen; und wenn sie es dir auch nicht sagt, so wird sie dich doch fühlen lassen, daß sie etwas Derartiges von sich weist. Der Mann dagegen, der diesen Trugschluß unlösbar findet, nimmt ihn schließlich wörtlich, und in dieser Hinsicht ist die gelehrte Frau vollständig Mann. Welch eine schwer zu ertragende Bürde wäre eine Frau, die einen Verstand hätte wie Madame Dacier![6] Gott behüte jeden braven Mann davor.

Als die Kleidermacherin kam, sagte Henriette mir, ich dürfte ihrer Umwandlung nicht beiwohnen; sie forderte mich auf, spazierenzugehen, bis sie wieder sie selbst geworden wäre.

Ich gehorchte; denn wenn man liebt, ist es eine wahre Verdoppelung des Glückes, den geringsten Wunsch des angebeteten Wesens zu erfüllen.

Da mein Spaziergang kein bestimmtes Ziel hatte, trat ich bei einem französischen Buchhändler ein und machte dort die Bekanntschaft eines geistreichen Buckligen; und bei dieser Gelegenheit muß ich sagen, daß nichts so selten ist wie ein Buckliger ohne Geist. Diese Erfahrung habe ich in allen Ländern gemacht. Nicht, daß der Geist bucklig macht – denn es sind, Gott sei Dank, nicht alle geistreichen Leute bucklig. Aber man kann als einen im allgemeinen gültigen Satz aufstellen, daß der Buckel Geist verleiht; denn die kleine Zahl von Buckligen, die wenig oder gar keinen Geist haben, macht die Regel nicht zuschanden. Der Bucklige, um den es sich hier handelt, hieß Dubois-Chatellerault. Er war ein geschickter Kupferstecher und zugleich Münzdirektor des Infanten-Herzogs von Parma, obgleich dieser kleine Fürst eine eigene Münze nicht besaß.

Ich verbrachte eine Stunde mit diesem geistreichen Buckligen, der mir mehrere von ihm selbst gestochene Kupfer zeigte; hierauf ging ich ins Hotel zurück, wo ich unsern Ungarn traf, der darauf wartete, daß Henriette sich zeigen würde. Er wußte nicht, daß sie uns in Frauenkleidern empfangen würde. Die Tür öffnet sich, und eine reizende Frau begrüßt uns mit einer Verbeugung voller Anmut, die ebensoweit entfernt ist von der Steifheit wie von der Freiheit, die mit der militärischen Tracht verbunden sind. Ihr Anblick brachte mich außer Fassung: wir verloren wirklich die Haltung. Sie lud uns ein, uns an ihre Seiten zu setzen, warf dem Hauptmann einen Blick voller Freundschaft zu und drückte mir die Hand mit einer Zärtlichkeit voll innigen Gefühls, aber ohne jene äußerliche Vertraulichkeit, die ein junger Offizier sich erlauben kann, ohne der Liebe Abbruch zu tun, die sich aber für eine wohlerzogene Frau nicht schickt. Ihre edle und züchtige Haltung nötigte mich zu einem gleichen Benehmen, ohne mir darum einen Zwang anzutun; denn sie spielte keine Komödie, und da sie nur ihr natürliches Temperament wieder annahm, war es mir nicht schwierig, mich ihrem Benehmen anzupassen.

Ich betrachtete sie mit einer Art von Bewunderung. Hingerissen von einem Gefühl, über das ich mir nicht Rechenschaft abzulegen versuchte, ergriff ich ihre Hand, um sie zu küssen; aber bevor ich sie an meine Lippen führen konnte, reichte sie mir ihren schönen Mund, und niemals hat ein Kuß mir so köstlich gedünkt.

»Bin ich denn nicht immer noch dieselbe?« fragte sie mich in einem Ton voll innigen Gefühls.

»Nein, meine göttliche Freundin! Sie sind es nicht mehr, in meinen Augen nicht mehr, denn es ist mir unmöglich, Sie zu duzen. Sie sind nicht mehr jener geistreiche, aber freie Offizier, der

der Signora Querini antwortete, Sie spielten Pharao, Sie hielten die Bank, aber der Gewinn wäre so klein, daß es nicht der Mühe verlohne, davon zu sprechen.«

»Ganz gewiß würde ich in meinen Frauenkleidern solche Worte nicht noch einmal zu sagen wagen. Indessen, mein Freund, ich bin deswegen nicht weniger deine Henriette – Henriette, die in ihrem Leben drei tolle Streiche begangen hat, von denen ohne dich der letzte mich zugrunde gerichtet haben würde; nun aber nenne ich ihn einen reizenden tollen Streich, weil er Ursache ist, daß ich dich kennengelernt habe.«

Diese Worte machten auf mich einen so starken Eindruck, daß ich nahe daran war, mich ihr zu Füßen zu werfen und sie dafür um Verzeihung zu bitten, daß ich sie nicht mehr respektiert hätte. Aber Henriette bemerkte meinen Zustand und begann, um diesem pathetischen Auftritt ein Ende zu machen, unseren guten Hauptmann zu schütteln, der wie ein versteinertes Bild dasaß. Er schämte sich, eine Frau dieser Art wie eine Abenteurerin behandelt zu haben, denn an eine Täuschung seiner Sinne konnte er nicht glauben. Er sah sie ganz verwirrt an und machte unaufhörlich ehrfurchtsvolle Verbeugungen, wie wenn er dadurch sein Unrecht wiedergutmachen wollte. Sie aber schien ihm zu sagen, jedoch ohne den allergeringsten Vorwurf: »Es ist mir recht lieb, daß Sie mich jetzt kennen.«

Wir setzten uns zu Tisch, und sie spielte die Dame des Hauses mit einer Leichtigkeit des Benehmens, die von langer Gewohnheit zeugte. Sie behandelte den Hauptmann als geehrten Freund und mich als geliebten Gatten.

Der Hauptmann bat mich, ihr zu sagen, wenn er sie so gesehen hätte, als sie aus der Tartane ausstieg, wäre es ihm niemals eingefallen, seinen Cicerone zu ihr zu schicken.

»Oh! Sage ihm, davon sei ich fest überzeugt; aber es ist doch recht eigentümlich, daß ein Weiberfähnchen mehr Achtung einflößt als eine Uniform.«

»Bitte, zürne nicht dieser Uniform, denn ihr verdanke ich mein Glück!«

»Ja«, sagte sie zu mir mit einem liebenswürdigen Lächeln, »wie ich den Sbirren von Cesena.«

Wir verwandten den ganzen Tag darauf, unserer vollkommenen Liebe zu huldigen, und es schien mir, als läge ich zum ersten Mal mit ihr im Bett.

NEUNTES KAPITEL

Nach der Trennung von Henriette unternimmt Casanova 1750 seine erste Reise nach Paris. Er reist in Gesellschaft des Tänzers Balletti.

Da ich die Absicht hatte, eine Reise nach Frankreich zu machen, übergab ich Signor Bragadin[1] tausend Zechinen. Ich besaß die Standhaftigkeit, den ganzen Karneval zu verbringen, ohne mein Geld im Pharao zu riskieren. Ein sehr ehrenwerter Patrizier hatte mich mit einem Viertel an seiner Bank beteiligt und übergab mir in den ersten Tagen der Fastenzeit eine ziemlich bedeutende Summe.

Etwa um Mittfasten kam mein Freund Balletti von Mantua nach Venedig zurück. Er war am Theater San Moisè engagiert, um dort während des Himmelfahrt-Jahrmarktes das Ballett zu leiten.

Ich gedachte, auf meiner Reise zunächst den Jahrmarkt zu Reggio zu besuchen, dann nach Turin zu gehen, wo aus Anlaß der Heirat des Herzogs von Savoyen mit einer spanischen Infantin, einer Tochter Philipps V., ganz Italien versammelt war; von dort wollte ich nach Paris reisen, wo in der Erwartung eines Prinzen, den die Dauphine[2] gebären sollte, prachtvolle Feste in Vorbereitung waren. Balletti hatte die Absicht, dieselbe Reise zu machen, da er von seinen Eltern nach Hause berufen wurde; seine Mutter war die berühmte Silvia.

Er sollte in der Comédie Italienne[3] tanzen und dort die ersten Rollen als jugendlicher Liebhaber spielen. Ich konnte mir keine angenehmere Gesellschaft denken, da er imstande war, in Paris mir tausend Vorteile und zahlreiche Bekanntschaften zu verschaffen.

Ich verabschiedete mich von meinen Freunden, indem ich ihnen versprach, in zwei Jahren zurückzukommen. Ich ließ meinen Bruder Francesco als Schüler des Schlachtenmalers Simonetti[4], genannt »il Parmigiano«, zurück, ich versprach ihm, an ihn zu denken, wenn ich in Paris wäre, wo das Genie stets sicher ist, sein Glück zu machen, und es besonders damals war. Der Leser wird sehen, wie ich ihm Wort hielt.

Ich ließ in Venedig auch meinen Bruder Giovanni zurück, der dorthin zurückgekehrt war, nachdem er mit Guarienti[5] ganz Italien bereist hatte. Er stand im Begriff, nach Rom abzureisen, wo er vierzehn Jahre lang als Schüler von Raphael Mengs[6] blieb. Er ging 1764 nach Dresden zurück und starb dort 1795.

Balletti reiste vor mir ab, und ich verließ Venedig am 1. Juli 1750, um in Reggio mit ihm zusammenzutreffen. Ich war sehr gut ausgerüstet, reichlich mit Geld versehen und sicher, daß es mir daran niemals fehlen würde, wenn ich mich gut aufführte. Eine Peota setzte mich mittags um zwölf Uhr in Pontelagoscuro ab, und ich nahm sofort eine Kalesche.

Nach Schluß der Messe, bei der mir nichts Bemerkenswertes begegnete, verließ ich Reggio mit meinem Freunde Balletti, und wir gingen nach Turin, das ich gerne kennenlernen wollte; denn als ich zum ersten Mal mit Henriette dort durchgereist war, hatte ich mich nur so lange aufgehalten, um die Pferde zu wechseln.

In Turin fand ich alles gleichermaßen schön: Stadt, Hof, Theater und Frauen, in erster Linie die Herzoginnen von Savoyen. Aber ich mußte unwillkürlich lachen, als man mir sagte, die Polizei sei ausgezeichnet; denn ich sah die Straßen voll von Bettlern. Dieser Polizei galt jedoch die Hauptsorge des Königs[7], der sehr klug war, wie uns die Weltgeschichte lehrt. Hier muß ich gestehen, daß ich so einfältig war, über die lächerliche Figur des Monarchen in Erstaunen zu geraten.

Da ich niemals in meinem Leben einen König gesehen hatte, hatte ich mir die verschrobene Idee in den Kopf gesetzt, ein König müsse in seinen Gesichtszügen einen sehr seltenen Ausdruck an Schönheit oder an Majestät tragen, mit einem Wort etwas, was ihn den übrigen Menschen überlegen erscheinen ließe. Für einen denkenden, jungen Mann aus einer Republik war meine Auffassung nicht ganz und gar dumm; aber ich kam sehr schnell von ihr zurück, als ich diesen König von Sardinien sah: denn er war häßlich, bucklig, mürrisch und gewöhnlich in seinen geringsten Bewegungen.

Ich hörte auf der Bühne die Astrua und Gafarello, diese beiden herrlichen Stimmen, und ich sah die Geoffroi tanzen, die ein sehr ehrenwerter Tänzer namens Bodin gerade um dieselbe Zeit heiratete.

Während meines Turiner Aufenthaltes störte keine verliebte Neigung den Frieden meiner Seele; doch hatte ich mit der Tochter meiner Wäscherin ein Erlebnis, das ich nur deshalb hier erwähne, weil es auf eine sonderbare Art meine naturkundlichen Kenntnisse vermehrte.

Meine Bemühungen, ein Stelldichein von ihr zu bekommen, waren vergeblich; dies ärgerte mich ein wenig, und ich erkühnte mich eines Tages zu einem Versuch, mich mit ein bißchen Gewalt in ihren Besitz zu setzen. Zu diesem Zweck verbarg ich mich am Fuße einer Hintertreppe, die sie hinaufsteigen mußte, um zu mir zu gelangen, in einem Augenblick, da ich wußte, daß sie bald erscheinen mußte. Es gelang mir, sie zu überraschen, und halb meinem Zureden, halb meinem Angriff nachgebend, befand sie sich im Nu in der günstigsten Lage, und ich war am Werk. Aber im ersten Augenblick der Vereinigung ertönte eine starke Explosion, die meinen Eifer bedeutend herabsetzte, besonders da das junge Mädchen mit der Hand das Gesicht verdeckte, wie wenn sie ihre Schamröte verbergen wollte. Ich glaubte, sie durch einen zärtlichen Kuß beruhigen zu müssen, und fing von neuem an. Aber großer Gott, ein noch stärkerer Knall, mit Geruch verbunden, traf im selben Augenblick mein Ohr und meine Nase. Ich fuhr fort – ein drittesmal, ein viertesmal genau dasselbe! Und so ging es bei jeder Bewegung mit der Regelmäßigkeit eines Metronoms, das bei einem Musikstück den Takt bezeichnet. Dieses seltsame Phänomen, die Verwirrung des armen Mädchens, unsere Stellung, alles dies erschien mir so komisch, und ich mußte dermaßen lachen, daß ich gezwungen war, jeglichen Versuch aufzugeben. Beschämt und verwirrt lief das junge Mädchen davon, und ich suchte sie nicht zurückzuhalten. Seit diesem Tage wagte sie sich nicht mehr vor mir sehen zu lassen. Ich blieb, nachdem sie fort war, länger als eine Viertelstunde auf der Treppe sitzen und dachte über das Komische eines Auftritts nach, der noch jetzt in der Erinnerung meine Heiterkeit erregt.

Ich vermute, dieses Mädchen hatte seine Keuschheit vielleicht dieser lästigen Erscheinung zu verdanken, die von einer leichten organischen Fehlbildung herrühren konnte. In diesem Falle sollte sie es als ein Geschenk ansehen, auf ewig geschützt zu sein. Nur aus einem Gefühl der Undankbarkeit könnte ihr diese

Erscheinung als Mangel vorkommen. Ich glaube, daß drei Viertel der Frauen aufhören würden, galant zu sein, wenn sie ein derartiges Gebrechen hätten, es sei denn, daß auch ihre Liebhaber derselben Erscheinung ausgesetzt sind. In diesem Falle könnte diese eigentümliche Musik zu einer zusätzlichen Lust bei der beglückenden Vereinigung werden. Ja, man könnte sogar leicht an der Schleuse eine geeignete Vorrichtung anbringen, mit deren Hilfe man wohlriechende Geräusche hervorbringen könnte, denn es ist nicht einzusehen, daß der Genuß eines Sinnes auf Kosten des anderen geht, zumal Wohlgerüche bei den Liebesspielen der Venus nicht unwichtig sind.

Balletti hatte es eilig, nach Paris zu kommen, wo in Erwartung der Geburt eines Herzogs von Burgund prachtvolle Feste in Vorbereitung waren; denn die Dauphine sah ihrer Niederkunft entgegen. Er überredete mich mit leichter Mühe, meinen Aufenthalt in Turin abzukürzen. Wir reisten ab und gelangten in fünf Tagen nach Lyon, wo ich eine Woche blieb. Lyon ist eine sehr schöne Stadt, wo zu meiner Zeit keine drei oder vier adligen Häuser den Fremden offenstehen, dafür fand man aber bei den Kaufleuten, Manufakturbesitzern und Großhändlern, die viel reicher waren als die Adligen, die beste Aufnahme, und die Gesellschaft lebt dort auf einem ausgezeichneten Fuß. Man findet dort Zuvorkommenheit, Höflichkeit, offenes Wesen und guten Ton, ohne die Steifheit und den dummen Hochmut, der, abgesehen von einigen ehrenvollen Ausnahmen, in den adligen Häusern der Provinz herrscht. Allerdings steht der Ton nicht auf der Höhe des Parisers; aber man gewöhnt sich an ihn. Der Reichtum Lyons beruht auf dem guten Geschmack und der Wohlfeilheit, und die Gottheit, der die Stadt ihr Gedeihen verdankt, ist die Mode. Sie wechselt jedes Jahr, und ein Stoff, dem der Tagesgeschmack einen Wert von dreißig verleiht, gilt im nächsten Jahr nur noch zwanzig oder fünfzehn. Dann schickt man ihn ins Ausland, wo er als neueste Mode gerne gekauft wird.

Die Lyoner bezahlen ihren Zeichnern, die Geschmack haben, hohen Lohn; das ist das Geheimnis. Die Billigkeit beruht auf der Konkurrenz, die eine befruchtende Quelle von Reichtümern und eine Tochter der Freiheit ist. Daher muß ein Staat, der einen blühenden Handel haben will, diesem volle Handlungsfreiheit lassen; er muß nur darauf achten, Hinterziehungen zu verhindern, die vielleicht von dem privaten Interesse, das oft in falscher

Auffassung befangen ist, erfunden werden können, um das allgemeine Interesse zu schädigen. Die Regierungen müssen das Maß eichen, dessen sich die Bürger dann nach Belieben bedienen mögen.

Ich fand in Lyon die berühmteste Kurtisane von Venedig. Man war allgemein der Ansicht, niemals ihresgleichen gesehen zu haben; ihr Name war Ancilla. Wer sie sah, begehrte sie, und sie hatte ein so gutes Herz, daß sie sich keinem versagen konnte; denn wenn alle Männer sie einzeln liebten, so vergalt sie ihnen dies, indem sie sie alle zusammen liebte. Wer das wenige Geld nicht hatte, das man brauchte, um ihre Gunst zu erlangen, bekam sie umsonst, wenn er ihr nur richtig seine Liebe erklären konnte.

Venedig hat stets Kurtisanen gehabt, die mehr durch ihre Schönheit berühmt waren als durch ihren Geist; die hervorragendsten waren zu meiner Zeit diese Ancilla und eine andere namens Spina; beide waren Töchter von Gondolieri, beide starben in jungen Jahren an ihrer übermäßigen Hingabe an einen Beruf, der in ihren Augen ihnen einen Adelstitel verlieh. Ancilla wurde mit zweiundzwanzig Jahren Tänzerin, und Spina wollte Sängerin sein. Ein berühmter Tänzer aus Venedig namens Campioni bildete die schöne Ancilla zu der ganzen Anmut aus, wozu ihre vollkommenen körperlichen Schönheiten sie veranlagten, und heiratete sie. Spina hatte als Lehrer einen Kastraten namens Beppino della Mammana, der aus ihr nur eine mittelmäßige Sängerin machen konnte; in Ermangelung von Talent sah sie sich gezwungen, sich die Hilfsmittel ihres Körpers zunutze zu machen, um leben zu können.

In Lyon verschaffte ein ehrenwerter Herr, dessen Bekanntschaft ich bei Monsieur de Rochebaron machte, mir die Huld, zu dem Bund der Freimaurer zugelassen zu werden. Ich kam als Lehrling nach Paris und wurde dort einige Monate später Geselle und Meister. Die Meisterschaft ist sicherlich der höchste Grad der Freimaurerei, denn alle anderen, die man mich in der Folge hat erlangen lassen, sind nur angenehme Erfindungen, die wohl einen symbolischen Wert haben, aber zur Würde des Meisters nichts hinzufügen.

Keinem Menschen auf der Welt kann es gelingen, alles zu wissen, aber jeder, der sich begabt fühlt und der sich einigermaßen über seine geistige Kraft Rechenschaft abzulegen weiß, muß so viel wie möglich kennenzulernen suchen. Ein junger Mensch von guter Herkunft, der auf Reisen die Welt und die sogenannte große Gesellschaft kennenlernen will und der sich nicht in gewissen Fällen hinter seinesgleichen zurückgesetzt und von der Teilnahme an allen ihren Vergnügungen ausgeschlossen sehen will, muß sich in die sogenannte Freimaurerei einweihen lassen, wäre es auch nur, um, wenn auch bloß oberflächlich, zu erfahren, was sie ist.

Er muß allerdings in der Wahl der Loge sehr sorgfältig sein; denn obgleich in der Loge schlechte Gesellschaft keinen Einfluß ausüben kann, so kann sie doch dort anzutreffen sein, und der Kandidat muß sich vor gefährlichen Verbindungen hüten. Wer sich nur unter die Freimaurer aufnehmen läßt, um das Geheimnis der Loge zu ergründen, der hat sehr zu befürchten, daß er unter der Kelle alt werden wird, ohne jemals in das Geheimnis dieser Bruderschaft einzudringen. Das Geheimnis der Freimaurerei ist durch seine eigene Natur unverletzlich. Wer das Geheimnis der Freimaurerei errät – denn man erfährt es nur, wenn man es selbst errät –, der gelangt zu dieser Kenntnis nur durch häufigen Besuch der Logen, durch Beobachten, Überlegen und Schlüsseziehen. Hat er das Geheimnis dann erraten, so hütet er es streng und vertraut es selbst seinem besten Freund in der Freimaurerei nicht an, denn er weiß, daß es keinen Zweck haben würde, es ihm ins Ohr zu flüstern, weil jener doch nicht das Talent haben würde, Vorteil daraus zu ziehen, wenn er es von einem anderen zugeflüstert bekäme. Er schweigt, und das Geheimnis bleibt stets Geheimnis.

Alles, was in der Loge geschieht, muß geheim sein; diejenigen aber, die mit einer unehrenhaften Indiskretion sich kein Gewissen daraus gemacht haben, die Vorgänge in den Logen zu enthüllen – die haben das Wesentlichste nicht enthüllt: sie kannten es nicht; denn wenn sie es gekannt hätten, so würden sie sicherlich das Zeremoniell nicht verraten haben.

Die Neugier, die heutzutage die Laien bewegt, ich meine diejenigen, die nicht Freimaurer sind, ist von derselben Art wie einst die Neugier der Griechen, die nicht zu den in Eleusis zu Ehren der Ceres gefeierten Mysterien zugelassen wurden. Aber die Eleusinischen Mysterien interessierten ganz Griechenland, und alle hervorragenden Männer der damaligen Gesellschaft strebten danach, zugelassen zu werden; die Freimaurerei dagegen umfaßt außer einer großen Zahl hochverdienter Männer eine Menge

Lumpen, die keine Gesellschaft anerkennen dürfte, weil sie in sittlicher Beziehung der Abschaum des Menschengeschlechtes sind.

Über den Geheimdienst der Ceres wurde lange Zeit ein undurchdringliches Schweigen bewahrt, weil er in solcher Verehrung stand. Was konnte man übrigens enthüllen? Die drei Worte, die der Hierophant[8] zu den Eingeweihten sagte. Aber welchen Zweck hätte das gehabt? Dadurch wäre nur der Indiskrete entehrt worden; denn er enthüllte nur barbarische Worte, die von der großen Masse nicht verstanden werden konnten. Ich habe irgendwo gelesen, die heiligen und geheimen drei Worte der Eleusinischen Mysterien hätten bedeutet: »Wachet und tuet nichts Böses.«

Die Einweihung dauerte neun Tage; die Zeremonien waren sehr eindrucksvoll, und die Gesellschaft war sehr ehrenwert. Wie Plutarch uns berichtet, wurde Alkibiades zum Tode verurteilt und sein ganzes Vermögen eingezogen, weil er mit Polythion und Theodoros gegen die Eumolpiden[9] in seiner Wohnung die großen Mysterien lächerlich zu machen gewagt hätte. Man verlangte sogar, er sollte von den Priestern und Priesterinnen verflucht werden. Aber der Fluch wurde nicht ausgesprochen, weil eine Priesterin sich weigerte, indem sie erklärte: Ich bin Priesterin, um zu segnen, nicht um zu fluchen. Erhabene Worte! Sie enthalten eine Lehre der Moral und der Weisheit, die der Papst mißachtet, die aber das Evangelium lehrt und der Heiland der Welt vorschreibt.

Einer gewissen Klasse von Kosmopoliten gilt heutzutage nichts für wichtig, wie ihr nichts heilig ist.

Bottarelli veröffentlicht in einer Druckschrift alle Bräuche der Freimaurer, und man begnügt sich, zu sagen, der Kerl ist ein Lump. Man wußte es im voraus. In Neapel machen ein Fürst und Sir Hamilton[10] im Hause des letzteren das Wunder des heiligen Januarius[11]; ohne Zweifel lachen sie darüber, und viele andere lachen mit ihnen. Aber der König tut so, als wisse er nicht, daß er auf seiner königlichen Brust einen Ordensstern trägt, der um die Figur des heiligen Januarius herum die Inschrift hat: *in sanguine foedus* [Die ist das Blut des Bundes]. Heutzutage ist alles unlogisch, und nichts hat mehr Bedeutung; trotzdem wird man gut tun, immer weiter vorwärtszugehen; denn wenn man auf halbem Wege einhalten wollte, so wäre das noch schlimmer.

Wir reisten von Lyon aus mit der Schnellpost und brauchten fünf Tage, um nach Paris zu gelangen. Balletti hatte seiner Familie mitgeteilt, wann er abreisen würde; sie kannte also den Augenblick unserer Ankunft.

Wir waren unserer acht im Postwagen, den man Diligence nennt, und saßen sehr unbequem; denn es war ein großer Rumpelkasten von ovaler Gestalt, so daß niemand einen Eckplatz hatte, denn den gab es nicht. Ich fand ganz einfach die Gründe für die Einführung eines solchen Wagens sehr schlecht angebracht; aber ich war in fremdem Lande, und so schwieg ich. Würde es übrigens mir als Italiener gut angestanden haben, nicht alles Französische zu bewundern, besonders in Frankreich selbst? Ovaler Wagen: ich beugte mich ehrfürchtig vor der Mode, während ich sie zugleich verfluchte, denn die eigentümliche Bewegung des Wagens übte auf mich dieselbe Wirkung aus wie das Rollen eines Schiffes auf bewegter See. Übrigens hing der Wagen in sehr guten Federn; aber selbst ein starkes Rütteln würde mir viel weniger lästig gewesen sein. Da der Wagen bei schneller Fahrt sich auf und ab wiegte, hatte man ihn Gondel genannt; aber ich war Kenner, und ich fand nicht die geringste Ähnlichkeit mit jenen von zwei kräftigen Ruderern vorwärts bewegten venezianischen Gondeln, die so schnell und so sanft dahingleiten. Die Bewegung wirkte auf mich so stark, daß ich alles, was ich im Magen hatte, wieder von mir geben mußte. Infolgedessen erblickte man in mir einen schlechten Reisegefährten, aber man sagte es mir nicht: ich war in Frankreich und unter Franzosen, die die Gebote der Höflichkeit kannten. Man begnügte sich damit, mir zu sagen, ich hätte zuviel zu Abend gegessen; und ein Pariser Abbé sagte zu meiner Verteidigung, ich hätte einen schwachen Magen. Hierüber wurde nun disputiert. Schließlich riß mir die Geduld, und ich sagte: »Messieurs, Sie haben sämtlich unrecht: ich habe einen ausgezeichneten Magen, und ich habe überhaupt nicht zu Abend gegessen.« Auf diese Bemerkung hin sagte mir ein älterer Herr, der einen Knaben von zwölf oder dreizehn Jahren neben sich hatte, in honigsüßem Ton: ich dürfte den Messieurs nicht sagen, sie hätten unrecht; wohl aber hätte ich ihnen sagen können, sie hätten nicht recht, ähnlich wie Cicero, der den Römern nicht sagte, daß Catilina und seine Mitverschworenen tot wären, sondern daß sie gelebt hätten.

»Ist das nicht dasselbe?«

»Ich bitte um Verzeihung, Monsieur, das eine ist höflich, das andere nicht.«

Hierauf begann er mir einen langen Vortrag über die Höflichkeit zu halten, den er damit schloß, daß er mit lachender Miene mich fragte: »Ich denke mir, Monsieur ist Italiener?«

»Ja, das bin ich; aber würden Sie mir das Vergnügen machen, mir zu sagen, woran Sie das erkannt haben?«

»Oh! an der Aufmerksamkeit, womit Sie mein langes Geschwätz angehört haben.«

Alle lachten. Entzückt von seiner Originalität, begann ich, ihm Schmeicheleien zu sagen. Er war Erzieher des Knaben, der neben ihm saß. Ich machte ihn mir während der ganzen Reise zunutze, um mir von ihm Unterricht in französischer Höflichkeit geben zu lassen, und als wir uns trennen mußten, nahm er mich freundschaftlich beiseite und sagte mir, er wolle mir ein kleines Geschenk machen.

»Was denn?«

»Sie müssen das Wörtchen ›non‹, von dem Sie bei allen möglichen Gelegenheiten häufigen Gebrauch machen, aufgeben und sozusagen vergessen. ›Non‹ ist kein französisches Wort; statt dieser unhöflichen Sitte sagen Sie lieber: ›pardon‹. ›Non‹ ist ein Dementi; unterlassen Sie, es zu gebrauchen, Monsieur, oder halten Sie sich bereit, alle Augenblicke Degenstöße auszuteilen und zu bekommen.«

»Ich danke Ihnen, Monsieur; Ihr Geschenk ist kostbar, und ich verspreche Ihnen, in meinem ganzen Leben nicht mehr ›non‹ zu sagen.«

Während der ersten zwei Wochen meines Pariser Aufenthalts kam es mir vor, als machte ich die größten Fehler, denn ich hörte gar nicht mehr auf, um Verzeihung zu bitten. Eines Abends im Theater glaubte ich sogar, es wolle jemand Händel mit mir anfangen, weil ich ihn in unangebrachter Weise um Verzeihung gebeten hätte. Im Parkett trat mir ein junger Stutzer auf den Fuß, und ich beeilte mich, ihm zu sagen: »Verzeihung, Monsieur!«

»Monsieur, verzeihen Sie selber!«

»Nein, Sie!«

»Nein, Sie!«

»Ei, Monsieur, verzeihen wir uns alle beide, und umarmen wir uns!«

Mit dieser Umarmung war der Streit beigelegt.

Während der Reise war ich eines Abends in der Gondel-Postkutsche vor Ermüdung eingeschlafen; plötzlich wurde ich stark am Arm geschüttelt, und mein Nachbar sagte mir:

»Ach, Monsieur, sehen Sie doch dieses Schloß!«

»Ich sehe es. Nun?«

»Ach, ich bitte Sie, finden Sie es nicht ...?«

»Ich finde nichts daran; und was finden denn Sie selber daran?«

»Es wäre weiter nicht erstaunlich, wenn es nicht vierzig Wegstunden von Paris läge. Aber hier! Ah, werden meine Maulaffen von Landsleuten mir glauben, daß es vierzig Meilen von der Hauptstadt ein so schönes Schloß gibt? Wie unwissend ist man doch, wenn man nicht gereist ist!«

»Da haben Sie recht.«

Der Mann war selber Pariser und Maulaffe im Grunde seiner Seele wie nur ein Gallier zu Caesars Zeit.

Indessen, wenn die Pariser vom Morgen bis zum Abend Maulaffen feilhalten und sich über alles amüsieren, so mußte ein Fremder wie ich es ihnen darin weit zuvortun. Der Unterschied zwischen ihnen und mir bestand darin, daß ich gewöhnt war, die Dinge zu sehen, wie sie sind, und daß ich daher überrascht war, sie oft unter einer Maske zu sehen, die sie ihrem Wesen nach veränderte; ihre Überraschung dagegen rührt oft davon her, daß man sie ahnen läßt, was unter der Maske verborgen ist.

Was mir bei dieser Reise nach Paris sehr gefiel, waren die prachtvollen Straßen, das unsterbliche Werk Ludwigs XV.; die Sauberkeit der Gasthöfe, das gute Essen, das man in ihnen bekommt, die Schnelligkeit, mit der man bedient wird, die ausgezeichneten Betten, die bescheidene Miene der Person, die bei Tisch aufwartet. Meistens ist dies die tüchtigste von den Töchtern des Hauses, und ihre anstellige Miene, bescheidene Haltung, Sauberkeit und guten Manieren flößen dem schamlosesten Wüstling Achtung ein. Welcher Italiener sieht wohl mit Vergnügen unsere Wirtsdiener in Italien mit ihren frechen Gesichtern und ihrer Unverschämtheit? Zu meiner Zeit wußte man in Frankreich gar nicht, was jemand überfordern heißt: es war wirklich das Vaterland der Fremden. Ist es heute noch das Vaterland der Franzosen? Allerdings mußte man leider oft Handlungen eines abscheulichen Despotismus sehen: *lettres de cachet*[12] usw.; es war der Despotismus eines Königs. Seither haben die Franzosen den Despotismus eines stets unbändigen, heißblütigen und unbezähmbaren Volkes, das sich zusammenrottet, Leute aufhängt, Köpfe abhackt und alle umbringt, die ihre Meinung frei zu sagen wagen.

Wir aßen in Fontainebleau zu Mittag, und zwei Meilen vor Paris bemerkten wir eine Berline, die uns entgegen fuhr. Als sie dicht bei uns war, rief Balletti dem Kutscher zu, er solle halten. In dem Wagen saß seine Mutter; sie empfing mich wie einen Freund, den sie erwartete. Es war die berühmte Schauspielerin Silvia.

Als ich ihr vorgestellt wurde, sagte sie zu mir: »Ich hoffe, Signore, der Freund meines Sohnes wird die Güte haben, heute abend bei uns zu speisen.«

Ich nahm die Einladung an, machte ihr eine Verbeugung und stieg wieder in die Diligence, während Balletti bei seiner Mutter in der Berline blieb. So setzten wir die Reise fort.

Bei meiner Ankunft in Paris fand ich einen Bedienten Silvias mit einem Mietwagen, der mich nach meiner Wohnung brachte, um dort meine Sachen abzulegen; hierauf ging ich zu Balletti, der ganz in der Nähe wohnte.

Balletti stellte mich seinem Vater vor, der sich Mario nannte; Mario und Silvia waren die Namen, die Signor und Signora Balletti in den von ihnen gespielten Stegreifkomödien führten; die Franzosen hatten damals die Gewohnheit, die italienischen Schauspieler nur mit den Namen zu bezeichnen, die sie auf der Bühne trugen. »Bonjour, Monsieur Arlequin, bonjour, Monsieur Pantalon!«[13], so grüßte man die Schauspieler im Palais-Royal, die diese Rollen spielten.

Silvia war der Abgott Frankreichs, und ihr Talent war die Stütze aller Komödien, die die größten Schriftsteller für sie verfaßten, besonders Marivaux[14]. Ohne sie wären diese Komödien nicht auf die Nachwelt gekommen. Man hat niemals eine Schauspielerin gefunden, die sie hätte ersetzen können, denn diese hätte alle Vorzüge vereinigen müssen, die Silvia in ihrer schwierigen Kunst besaß: Beweglichkeit, Stimme, Geist, Gesichtsausdruck, Haltung und eine große Kenntnis des menschlichen Herzens. Alles an ihr war Natur, und die Kunst, die diese Natur vervollkommnete, blieb stets verborgen.

Zu ebendiesen Eigenschaften fügte Silvia noch eine andere hinzu, die ihr einen neuen Glanz verlieh, obwohl sie auch ohne diesen Vorzug auf der Bühne stets an erster Stelle geglänzt haben würde: ihr Lebenswandel war stets makellos. Sie wollte nur Freunde haben, niemals Liebhaber. Somit lachte sie eines Vorrechtes, das sie hätte genießen können, das sie aber in ihren eigenen Augen verächtlich gemacht haben würde. So gewann sie den Ruf einer achtbaren Frau in einem Alter, wo ein solcher allen ihren Berufsgenossinnen lächerlich oder gar beleidigend hätte erscheinen können. Zahlreiche Damen von höchstem Range beehrten sie mehr noch mit ihrer Freundschaft als mit ihrer Protektion. Niemals wagte das launenhafte Pariser Publikum, Silvia auszuzischen, nicht einmal in den Rollen, die ihm nicht gefielen; man sagte einmütig, die berühmte Schauspielerin sei eine Frau, die hoch über ihrem Beruf stehe. Silvia war der Meinung, daß ihre gute Aufführung ihr nicht als Verdienst angerechnet werden könnte, denn sie wußte, daß sie auch deshalb so ehrbar war, weil ihr Selbstgefühl bei dieser Ehrbarkeit seine Rechnung fand; deshalb zeigte sie niemals Stolz oder Überlegenheit in ihren Beziehungen zu ihren Kolleginnen, obgleich diese sich wenig draus machten, durch Tugend berühmt zu werden, sondern zufrieden waren, wenn sie durch ihre Begabung oder ihre Schönheit glänzten. Silvia hatte sie alle gern und wurde von allen wiedergeliebt; sie ließ ihrem Verdienst öffentlich Gerechtigkeit widerfahren und lobte sie aufrichtig; aber man fühlte, daß sie dabei nichts verlor, denn da sie sie an Talent übertraf und ihr Ruf unantastbar war, konnten die anderen sie nicht in den Schatten stellen.

Die Natur hat dieser einzigen Frau zehn Jahre ihres Lebens geraubt; denn im Alter von sechzig Jahren, zehn Jahre nach unserer Bekanntschaft, wurde sie schwindsüchtig; das Pariser Klima spielt den italienischen Schauspielerinnen ziemlich oft solche Streiche. Zwei Jahre vor ihrem Tode sah ich sie die Rolle der Marianne im Marivauxschen Stücke[15] spielen, und trotz ihres Alters und ihres Zustandes war die Illusion vollständig. Sie starb in meiner Gegenwart, ihre Tochter umschlungen haltend; fünf Minuten vor ihrem Verscheiden gab sie ihre letzten Ratschläge. Sie erhielt ein ehrenvolles Begräbnis in Saint-Sauveur[16], ohne daß der ehrwürdige Geistliche den geringsten Widerspruch erhob; er sagte: trotz ihres Berufs als Schauspielerin sei sie doch eine gute Christin gewesen.

Du wirst mir verzeihen, lieber Leser, daß ich, ohne jede Absicht, ein Wunder zu vollbringen, dich zehn Jahre vor Silvias Tode an ihrem Begräbnis habe teilnehmen lassen; hierfür werde ich dir diese Mühe ersparen, wenn wir so weit sind.

Ihre einzige Tochter, die sie zärtlich liebte, saß bei Tisch neben ihrer Mutter; sie war damals erst neun Jahre alt. Ganz in Anspruch genommen von der Aufmerksamkeit, die ich ihrer Mutter widmete, beachtete ich sie damals gar nicht; sie sollte mich aber später beschäftigen. Nach dem Abendessen, das sehr lange dauerte, begab ich mich zu meiner Wirtin, Madame Quinson, bei der ich mich sehr gut aufgehoben fand. Als ich am anderen Morgen erwachte, kam Mademoiselle Quinson in mein Zimmer und sagte mir, es wäre ein Bedienter draußen, der mir seine Dienste anbieten wollte. Ich ließ ihn eintreten und sah einen Menschen von sehr kleinem Wuchs, was mir nicht gefiel. Ich sagte es ihm.

»Meine Kleinheit, Durchlaucht, wird Ihnen dafür bürgen, daß ich nicht Ihre Kleider anziehen werde, um auf Liebesabenteuer auszugehen.«

»Wie heißen Sie?«

»Wie Sie wollen!«

»Wie? Ich frage nach dem Namen, den Sie führen!«

»Ich habe gar keinen. Jeder Herr, dem ich diene, gibt mir einen nach seinem Gefallen, und ich habe in meinem Leben mehr als fünfzig gehabt. Ich werde bei Ihnen den Namen führen, den Sie mir geben.«

»Aber Sie müssen doch einen Familiennamen haben?«

»Ich habe niemals Familie gehabt. In meiner Jugend hatte ich einen Namen; aber in den zwanzig Jahren, seitdem ich diene und mit meinem Herrn auch meinen Namen wechsle, habe ich ihn vergessen.«

»Nun, ich werde Sie Esprit nennen.«

»Sie erweisen mir eine große Ehre.«

»Holen Sie mir für diesen Louis Kleingeld!«

»Hier, Monsieur.«

»Ich sehe, Sie sind reich.«

»Ganz zu Ihren Diensten.«

»Bei wem kann ich mich nach Ihnen erkundigen?«

»Im Dienstbotenvermittlungsbüro. Übrigens wird Madame Quinson Ihnen Auskunft über mich geben können: ganz Paris kennt mich.«

»Das genügt. Ich gebe Ihnen täglich dreißig Sous; ich kleide

Sie nicht, Sie schlafen, wo Sie wollen, und stehen jeden Morgen um sieben Uhr zu meinem Befehl.«

Balletti besuchte mich und bat mich, täglich bei ihm zu essen. Ich ließ mich nach dem Palais-Royal führen und ließ Esprit am Eingang.

Neugierig auf diesen so vielgepriesenen Ort, begann ich zunächst, alles ein bißchen zu beobachten. Ich sah einen ziemlich schönen Garten, Alleen von großen Bäumen, Wasserbecken, hohe Häuser rundherum, viele spazierengehende Herren und Damen und überall Verkaufsstände, wo man neuerschienene Druckschriften, wohlriechende Wässer, Zahnstocher und allerlei kleinen Kram haben konnte. Ich sah eine Menge Strohstühle, die für einen Sou vermietet wurden; Zeitungsleser, die im Schatten saßen, Freudenmädchen und Herren, die allein oder in Gesellschaft frühstückten, und Kaffeekellner, die schnell eine durch Gesträuch verdeckte kleine Treppe herauf und hinunter liefen.

Ich setzte mich an einen kleinen Tisch; sofort kam ein Kellner und fragte mich, was ich wünschte. Ich verlangte Wasserschokolade; er brachte mir eine abscheulich schlechte in einer prachtvollen Vermeiltasse[17]. Ich bestellte Kaffee, wenn er guten hätte.

»Ausgezeichneten! Ich habe ihn selber gestern gemacht.«

»Gestern? Den will ich nicht.«

»Unsere Milch ist ausgezeichnet!«

»Milch? Die trinke ich niemals. Machen Sie mir eine Tasse Kaffee mit Wasser!«

»Mit Wasser? Solchen machen wir nur nachmittags. Wollen Sie eine gute Bavaroise[18], eine Karaffe Mandelmilch?«

»Jawohl! Mandelmilch.«

Ich fand das Getränk ausgezeichnet und beschloß, es täglich zum Frühstück zu nehmen; ich fragte den Kellner, ob es etwas Neues gäbe; er antwortete, die Dauphine sei mit einem Prinzen niedergekommen. Ein Abbé, der dicht nebenan an einem Tische saß, sagte zu ihm: »Unsinn! Sie hat eine Prinzessin zur Welt gebracht.«

Ein Dritter trat heran und sagte: »Ich komme eben von Versailles; die Dauphine hat weder einen Prinzen noch eine Prinzessin geboren.«

Er sagte mir, ich schiene ihm ein Fremder zu sein, und als ich ihm geantwortet hatte, ich sei Italiener, begann er mit mir über den Hof, die Stadt, die Schauspiele zu sprechen und erbot sich schließlich, mich überallhin zu begleiten. Ich dankte ihm, stand auf und ging. Der Abbé begleitete mich und sagte mir die Namen aller galanten Mädchen, die im Garten spazierengingen.

Ein junger Mann in Amtsrobe begegnet ihm, sie umarmen sich, und der Abbé stellt ihn mir als einen gelehrten Kenner der italienischen Literatur vor. Ich sprach mit ihm italienisch; er antwortete mir geistvoll, aber ich mußte über seinen Stil lachen und sagte ihm den Grund. Er sprach nämlich genau in der Art des Boccaccio. Meine Bemerkung gefiel ihm; aber ich überzeugte ihn bald, daß man nicht so sprechen dürfte, obschon die Sprache dieses alten Schriftstellers vollkommen wäre. In weniger als einer Viertelstunde waren wir gute Freunde, weil wir bemerkten, daß wir dieselben Neigungen hatten. Er war Dichter, ich war es auch; er war neugierig auf die italienische Literatur, ich auf die französische. Wir tauschten unsere Adressen aus und versprachen einander, uns zu besuchen.

In einer Ecke des Gartens sah ich viele Leute, die unbeweglich dastanden und die Nase in die Luft streckten. Ich fragte meinen neuen Freund, was es denn da Wunderbares gäbe.

»Man paßt auf die Sonnenuhr auf; jeder hat seine Uhr in der Hand, um sie auf Punkt zwölf zu stellen.«

»Gibt es denn nicht überall Sonnenuhren?«

»Freilich; aber die vom Palais-Royal ist die genaueste.«

Ich lachte laut auf.

»Warum lachen Sie?«

»Weil es unmöglich ist, daß nicht alle Sonnenuhren gleich sind. Da haben Sie eine Pariser Gedankenlosigkeit nach allen Regeln.«

Er dachte einen Augenblick nach, lachte dann ebenfalls und lieferte mir reichlichen Stoff, an den guten Parisern Kritik zu üben.

Wir verließen das Palais-Royal durch das Haupttor, und ich sah eine Menge Leute vor einem Laden sich drängen, der das Zeichen einer Zibetkatze trug.

»Was ist das?«

»Da werden Sie wieder einmal lachen. Alle diese guten Leute warten darauf, daß sie an die Reihe kommen, um sich ihre Tabaksdose füllen zu lassen.«

»Gibt es denn keinen anderen Tabakhändler?«

»Tabak wird überall verkauft; aber seit drei Wochen will man nur noch den Tabak von der Zibetkatze.«

»Ist er dort besser als anderswo?«

»Vielleicht nicht so gut! Aber seitdem die Herzogin von Chartres ihn in Mode gebracht hat, will man keinen andern mehr.«

»Aber wie hat sie es gemacht, ihn in Mode zu bringen?«

»Sie hat zwei- oder dreimal ihre Kutsche vor dem Laden halten lassen, um ihre Dose füllen zu lassen, und hat der jungen Person, die sie ihr wieder hinausbrachte, öffentlich gesagt, ihr Tabak sei der beste in ganz Paris. Die herumstehenden Gaffer wiederholten in der Stadt die Worte der Herzogin, und mehr war nicht nötig, um alle Schnupfer der Hauptstadt auf die Beine zu bringen. Die Frau wird sich ein Vermögen erwerben, denn sie verkauft täglich für mehr als hundert Taler Tabak.«

»Die Herzogin hat natürlich keine Ahnung, welche Wohltat sie der Frau erzeigt hat.«

»Im Gegenteil, es ist eine Kriegslist von ihr. Die Herzogin interessiert sich für die junge Frau, die sich erst kürzlich verheiratet hat; sie wollte ihr auf eine zarte Art Gutes tun und ist auf dieses Mittel verfallen, das ja auch vollkommen eingeschlagen hat. Sie können nicht glauben, was für wackere und gute Leute die Pariser sind; Sie sind im einzigen Lande der Welt, wo es ganz einerlei ist, ob der Geist Wahres oder Falsches zu Markte bringt: er kann auf beide Arten sein Glück machen; denn im ersten Fall wird er von den geistreichen und verdienstvollen Leuten anerkannt, im zweiten ist stets die Dummheit da, bereit, ihn zu belohnen. Die Dummheit ist nämlich charakteristisch für Paris, und das Erstaunliche bei der Sache ist, daß diese Pariser Dummheit eine Tochter des Geistes ist. Es ist daher auch kein Paradox, wenn man sagt, daß der Franzose klüger sein würde, wenn er weniger Geist hätte.

Die Götter, die man hier anbetet, obgleich man ihnen keine Altäre errichtet, sind die Neuigkeit und die Mode. Ein Mensch braucht nur auf der Straße schnell zu laufen, und alles läuft hinter ihm her. Die Menge bleibt erst stehen, wenn man entdeckt, daß der Mann verrückt ist; aber solche Entdeckungen können niemals ein Ende nehmen, denn wir haben hier eine Menge von Leuten, die von Geburt an verrückt sind, aber noch für vernünftig gelten.

Der Tabak der Zibetkatze ist nur ein schwaches Beispiel, wie der geringfügigste Umstand eine große Menschenmenge an einem Ort zusammenbringen kann. Eines Tages kam der König auf der

Jagd nach Neuilly und bekam Lust auf ein Glas Ratafia[19]. Er hält vor der Tür der Schenke an, und der allerglücklichste Zufall will es, daß der arme Schenkwirt wirklich eine Flasche hatte. Der König trank ein Gläschen und verlangte darauf ein zweites, indem er sagte, er habe in seinem ganzen Leben keinen so köstlichen Ratafia getrunken. Dies war mehr als genug, um den Ratafia des braven Wirtes von Neuilly in den Ruf zu bringen, er sei der beste in ganz Europa: der König hatte es gesagt. Es kehrten denn auch ununterbrochen die glänzendsten Gesellschaften bei dem armen Schenkwirt ein; dieser ist heutzutage ein sehr reicher Mann und hat an derselben Stelle ein prachtvolles Haus bauen lassen. Es trägt eine ziemlich komische Inschrift, die wir einem der Herren von der Akademie verdanken: *ex liquidis solidum* [aus dem Flüssigen das Feste]. Welches ist die Gottheit, die dieser Schenkwirt anbeten muß? Die Dummheit, die Leichtfertigkeit und die Lachlust.«

»Mir scheint«, versetzte ich ihm, »diese Art von Beifall, den man den Meinungen des Königs, der Prinzen von Geblüt usw. zollt, ist eher ein Beweis für die Liebe der Nation, die sie anbetet; denn die Franzosen halten ja geradezu diese Leute für unfehlbar.«

»Ganz gewiß erweckt alles, was hier bei uns vorgeht, in den Fremden den Glauben, das Volk bete seinen König an; aber die Denkenden unter uns erkennen schließlich bald, daß es keine bare Münze ist; denn der Hof zählt dabei nicht mit.

Wenn der König nach Paris kommt, schreit alles: Es lebe der König! weil eben ein Tagedieb damit den Anfang macht oder weil irgendein Polizist in der Menge das Zeichen dazu gegeben hat; aber diese Rufe haben keine Bedeutung, sie gehen aus lustiger Stimmung hervor, manchmal auch aus Furcht, und es fällt dem König gar nicht ein, sie für bare Münze zu nehmen. In Paris fühlt er sich gar nicht behaglich, und er befindet sich viel besser in Versailles inmitten von fünfundzwanzigtausend Mann, die ihn vor der Wut desselben Volkes beschützen, das am Ende auch einmal vernünftig werden und ebensogut schreien könnte: Es sterbe der König! Ludwig XIV. wußte dies sehr wohl, und es hat einigen Räten der Großen Kammer das Leben gekostet, daß sie davon zu sprechen wagten, die Generalstände[20] einzuberufen, um für die Übel, unter denen der Staat litt, Abhilfe zu schaffen. Frankreich hat niemals seine Könige geliebt, mit Ausnahme

Ludwigs des Heiligen wegen seiner Frömmigkeit, Ludwigs XII. und des guten und großen Heinrichs IV. nach ihrem Tode. Der jetzige König, ein schwacher Mann, den seine Minister am Gängelbande führen, sagte einmal nach einer überstandenen Krankheit ganz aufrichtig: ›Ich bin erstaunt über die lauten Freudenbezeigungen aus Anlaß meiner Genesung, denn ich kann mir nicht vorstellen, warum man mich so liebt.‹ – Viele Könige könnten dasselbe sagen, zum wenigsten, wenn das Maß der Liebe sich nach dem Maße des von ihnen geleisteten Guten richten würde. Man hat den naiven Ausspruch des Herrschers in den Himmel erhoben, aber ein philosophischer Hofmann hätte ihm sagen müssen, man liebe ihn so sehr, weil er den Beinamen des Vielgeliebten[21] trage.«

»Den Beinamen oder Spitznamen? Findet man übrigens bei Ihnen philosophische Hofleute?«

»Philosophen nein; denn das sind zwei Dinge, die einander ausschließen wie Licht und Schatten; aber es gibt bei uns geistreiche Leute, die aus Ehrgeiz und Eigennutz in die Zügel beißen.«

Es ist noch nicht lange her, daß der König bei einer Unterhaltung mit einem Hofmann, dessen Namen ich nicht nennen möchte, von seinen Freuden schwärmte, wenn er mit Madame la M.[22] die Nacht verbrachte. Er sagte, er glaube nicht, daß es eine andere Frau auf der Welt gäbe, die gleiches zu geben vermöchte. Der Hofmann antwortete ihm, daß Ihre Majestät so denke, weil sie noch niemals im B.[23] gewesen wäre. Der Hofmann mußte sich auf seine Ländereien zurückziehen.

»Die Könige von Frankreich scheuen, wie es scheint, mit Recht die Einberufung der Generalstände, denn sie befänden sich dann in der gleichen Situation wie ein Papst, der ein Konzil einberuft.«

»Nicht ganz, aber es fehlt wenig daran. Die Generalstände würden gefährlich werden, wenn das Volk, das ja der Dritte Stand verkörpert, bei der Abstimmung ein echtes Gegengewicht zu den Wahlstimmen des Adels und des Klerus sein könnte.[24] Aber das wird niemals sein, denn es ist nicht wahrscheinlich, daß diejenigen, die die Politik machen, das Schwert in die Hände von Rasenden geben. Das Volk strebt danach, den gleichen Einfluß zu haben, aber es wird niemals weder einen König noch einen Minister geben, der ihm diesen Einfluß gewähren wird. Ein solcher Minister wäre entweder dumm oder verräterisch.«

Der junge Mann, der mir diese Worte sagte und mir damit eine echte Vorstellung von der Nation und dem Volk von Paris, dem königlichen Hofe und von dem König selbst vermittelte, hieß Patu. Ich werde später noch von ihm zu sprechen haben. Unter solchen Gesprächen führte mich Monsieur Patu bis an die Tür von Silvias Haus, zu deren Bekanntschaft er mir Glück wünschte; hier trennten wir uns. Ich fand die liebenswürdige Schauspielerin in schöner Gesellschaft. Sie stellte mich allen Anwesenden vor und nannte mir die Namen jedes einzelnen. Der Name Crébillon[25] erfüllte mich mit Freude.

»Wie, Monsieur«, rief ich, »so schnell glücklich? Seit acht Jahren bezaubern Sie mich; seit acht Jahren wünschte ich, Sie kennenzulernen. Bitte, hören Sie!«

Und nun deklamierte ich ihm die schönste Stelle aus ›Zénobie et Rhadamiste‹, die ich in Blankverse übersetzt hatte.

Silvia freute sich über das Vergnügen, das Crébillon empfand, als er mit achtzig Jahren sich in einer Sprache hörte, die er kannte und wie seine eigene liebte. Er deklamierte die gleiche Szene auf französisch und hob höflich die Stellen hervor, bei denen ich nach seiner Meinung ihn verschönert hatte. Ich dankte ihm, ohne mich jedoch von dem Kompliment fangen zu lassen.

Wir setzten uns zu Tisch, und da man mich fragte, was ich denn in Paris Schönes gesehen hätte, erzählte ich alles, ausgenommen meine Unterhaltung mit Patu. Nachdem ich sehr lange gesprochen hatte, sagte Crébillon, der besser als alle anderen den von mir eingeschlagenen Weg, um die guten und schlechten Seiten seiner Nation kennenzulernen, erkannt hatte, folgendes zu mir:

»Für den einen ersten Tag, Monsieur, finde ich Ihre Beobachtungen vielversprechend, und ohne Zweifel werden Sie sehr schnelle Fortschritte machen. Sie erzählen gut, und Sie sprechen französisch auf eine Art, daß Sie sich vollkommen verständlich machen; aber alles, was Sie sagen, drücken Sie mit italienischen Redewendungen aus. Man hört Ihnen mit Interesse zu, und durch die Neuheit Ihrer Sprechweise fesseln Sie doppelt die Aufmerksamkeit Ihrer Zuhörer. Ich muß Ihnen sogar sagen, daß diese Sprechweise dazu angetan ist, den Beifall der Hörer zu gewinnen; denn sie ist eigenartig und neu, und Sie befinden sich in dem Lande, wo man dem Eigenartigen und Neuen nachläuft. Aber Sie müssen sich schon von morgen ab die größte Mühe geben, unsere Sprache gut sprechen zu lernen; denn in zwei oder drei Monaten werden dieselben Leute, die Ihnen heute Beifall klatschen, anfangen, sich über Sie lustig zu machen.«

»Ich glaube es, Monsieur, und fürchte es; der Hauptzweck meiner Reise nach Paris ist ja auch, mich mit aller Kraft auf das Studium der französischen Sprache und Literatur zu verlegen; aber, Monsieur, wie soll ich es anfangen, einen Lehrer zu finden? Ich bin ein unerträglicher Schüler; fragelustig, neugierig, hartnäckig, unersättlich. Und angenommen, ich könnte wirklich den richtigen Lehrer finden, so bin ich nicht reich genug, um ihn bezahlen zu können.«

»Seit fünfzig Jahren, Monsieur, suche ich einen solchen Schüler, wie Sie sich soeben selbst geschildert haben; und ich werde Sie sogar bezahlen, wenn Sie zu mir kommen und Unterricht bei mir nehmen wollen. Ich wohne im Marais in der Rue des Douze Portes; ich besitze die besten italienischen Dichter. Ich werde Sie diese ins Französische übersetzen lassen und werde Sie niemals unersättlich finden.«

Voller Freude nahm ich an. Ich war in großer Verlegenheit, wie ich ihm meine Dankbarkeit ausdrücken sollte.

Crébillon war ein Riese; er war sechs Fuß hoch; um vier Zoll größer als ich.[26] Er aß gut und erzählte in scherzhafter Weise und ohne dabei zu lachen. Er war berühmt wegen seiner witzigen Aussprüche und war ein ausgezeichneter Gesellschafter; aber er verbrachte sein Leben in seinem Hause, ging selten aus und empfing fast niemals Besuch, weil er immer die Pfeife im Munde hatte und von etwa zwanzig Katzen umgeben war, mit denen er den größten Teil des Tages spielte. Er hatte eine alte Haushälterin, eine Köchin und einen Bedienten. In seinen Gesichtszügen ähnelte Crébillon einem Löwen oder einem Kater, was dasselbe ist. Er war königlicher Zensor, und diese Stelle machte ihm Spaß, wie er mir sagte. Seine Haushälterin las ihm die Werke vor, die bei ihm eingereicht wurden, und sie unterbrach die Vorlesung, wenn sie glaubte, daß etwas seine Zensur verdiente. Zuweilen waren sie aber auch verschiedener Meinung, dann wurde ihr Streit wirklich komisch. Eines Tages hörte ich, wie die Haushälterin jemand mit den Worten wegschickte: »Kommen Sie nächste Woche wieder; wir haben noch keine Zeit gehabt, Ihr Manuskript zu prüfen.«

Ein ganzes Jahr lang ging ich dreimal wöchentlich zu Monsieur Crébillon, und ich lernte von ihm alles Französisch, das ich weiß; aber es ist mir stets unmöglich gewesen, mich von meinen italienischen Wendungen freizumachen. Ich bemerke sie sehr gut, wenn ich ihnen bei anderen begegne; aber sie fließen mir beim Schreiben aus der Feder, und es will mir nicht gelingen, sie zu fühlen. Ich bin überzeugt, daß ich es niemals dahin bringen werde, sie zu erkennen, ebensowenig, wie ich jemals habe herausfinden können, worin die fehlerhafte Latinität bestehe, die man dem Titus Livius[27] zum Vorwurf macht.

Ich machte aus irgendeinem Anlaß einen Achtzeiler in freien Versen und zeigte ihn Monsieur Crébillon, um ihn mir von diesem verbessern zu lassen. Er las die Verse aufmerksam und sagte mir:

»Die acht Verse sind gut und sehr richtig, der Gedanke ist schön und sehr poetisch, die Sprache ist vollkommen; und trotzdem ist der Achtzeiler schlecht.«

»Wieso denn?«

»Das weiß ich nicht. Es fehlt ein gewisses Etwas.[28] Stellen Sie sich vor, Sie sehen einen Mann, Sie finden ihn schön, wohlgewachsen, liebenswürdig, geistreich, mit einem Wort vollkommen, obgleich Sie den strengsten Maßstab anlegen. Eine Frau kommt dazu, sieht ihn, betrachtet ihn und geht, indem sie Ihnen sagt, der Mann gefalle ihr nicht. ›Aber welchen Fehler finden Sie denn?‹ – ›Keinen. Aber er mißfällt mir.‹ Sie wenden sich wieder zu jenem Mann, prüfen ihn noch einmal und merken endlich, daß er ein Kastrat ist; und so müßten Sie einräumen, daß ihr unbewußtes Gefühl der Frau das Richtige eingegeben hatte.«

Durch dieses Gleichnis erklärte Crébillon mir eine fast unerklärliche Sache; denn wirklich, nur der Geschmack und das Gefühl können eine Erscheinung erklären, die allen Regeln spottet.

Wir sprachen bei Tisch viel von Ludwig XIV., um dessen Huld Crébillon fünfzehn Jahre sich beworben hatte, und er erzählte uns ganz eigentümliche Anekdoten, die kein Mensch kannte. Unter anderem versicherte er uns, die siamesischen Gesandten seien Betrüger gewesen, die von der Madame de Maintenon[29] bezahlt gewesen wären. Er sagte uns, er hätte seine Tragödie ›Cromwell‹ nicht vollendet, weil der König ihm eines Tages gesagt habe, er solle seine Feder nicht dazu mißbrauchen, einen Schelm zu verherrlichen.

Crébillon sprach mit uns auch über seinen ›Catilina‹, er sagte, er halte das Drama für das schwächste unter allen seinen Stücken; aber das Stück hätte nur gut werden können, wenn er Caesar als jungen Mann auf die Bühne gebracht hätte, und das hätte er nicht gewollt; denn dadurch würde Caesar lächerlich gewirkt haben, gerade wie Medea lächerlich wirken müßte, wenn man sie als junges Mädchen vor ihrer Bekanntschaft mit Jason auftreten ließe. Dem Talent Voltaires zollte er großes Lob, aber er beschuldigte ihn des Diebstahls; denn er hätte ihm die Senatsszene gestohlen. Doch sei er ein geborener Historiker und ganz der Mann dazu, Weltgeschichte sowohl wie Tragödien zu schreiben; leider verfälschte er die Geschichte, indem er sie mit kleinen Geschichtchen, Märchen und Anekdötchen anfülle, bloß um die Lektüre interessant zu machen. Nach Crébillon war der ›Mann mit der eisernen Maske‹[30] ein Märchen, er sagte, Ludwig XIV. habe ihm dies mit eigenem Munde versichert.

Am Abend diese Tages gab man im Italienischen Theater das Drama ›Cénie‹ von Madame de Graffigny.[31] Ich ging zeitig hin, um einen guten Platz im Amphitheater[32] zu bekommen.

Mich interessierten die Damen, die, ganz mit Diamanten bedeckt, in den vordersten Logen Platz nahmen, und ich beobachtete sie aufmerksam. Ich trug einen schönen Anzug, aber an meinen offenen Manschetten und meinen ganz bis unten herabgehenden Knöpfen erkannte ein jeder mich als Fremden, denn diese Mode gab es in Paris nicht. Während ich so dastand und auf meine Art Maulaffen feilhielt, trat ein reichgekleideter Herr, der dreimal so dick war wie ich, an mich heran und fragte mich höflich, ob ich fremd sei. Ich bejahte, und er fragte weiter, wie ich Paris fände. Während ich das Loblied von Paris sang, betrat eine mit Edelsteinen bedeckte riesige Dame die Loge nebenan. Ihr ungeheurer Umfang verblüffte mich, und ich sagte dummerweise zu dem Herrn:

»Was ist denn das für ein dickes Schwein?«

»Die Frau dieses dicken Schweins.«

»Oh, Monsieur, ich bitte Sie vieltausendmal um Entschuldigung!«

Aber mein dicker Herr brauchte meine Entschuldigung nicht; weit entfernt, böse zu sein, wollte er vor Lachen platzen.

Ich war in Verzweiflung, und der dicke Herr hielt sich den Bauch vor Lachen. Endlich steht er auf und verläßt das Amphitheater; einen Augenblick darauf sehe ich ihn in die Loge treten und mit seiner Frau sprechen. Ich wage nicht, ihnen ins Gesicht zu sehen, und beobachtete sie aus den Augenwinkeln.

Plötzlich sah ich die Dame in die Heiterkeit ihres Gemahls einstimmen und herzlich lachen. Ihre Heiterkeit vermehrte noch meine Verlegenheit, und ich beschloß, fortzugehen. Plötzlich aber hörte ich rufen: »Monsieur! Monsieur!«

Ich konnte nicht hinausgehen, ohne unhöflich zu sein, und trat an ihre Loge heran. Nun bat er mich mit ernster Miene und im edelsten Ton um Verzeihung, daß er so übermäßig gelacht habe. In der liebenswürdigsten Weise lud er mich ein, ich möchte ihm die Ehre erweisen, an demselben Abend noch bei ihm zu speisen.

Ich dankte ihm höflich und entschuldigte mich, indem ich ihnen sagte, ich sei schon eingeladen. Er wiederholte seine dringenden Aufforderungen, und auch seine Frau lud mich in der zuvorkommendsten Weise ein. Um sie zu überzeugen, daß ich mich nicht unter einem leeren Vorwand ihrer Einladung zu entziehen suchte, sagte ich ihnen endlich, ich würde bei Silvia erwartet.

»Ich bin überzeugt, Sie frei machen zu können, wenn es Ihnen nicht unangenehm ist. Ich werde persönlich zu ihr gehen.«

Es wäre unhöflich von mir gewesen, nicht nachzugeben. Er stand auf, ging hinaus und kam wenige Augenblicke darauf mit meinem Freunde Balletti wieder, der mir sagte, seine Mutter wäre entzückt, daß ich so schöne Bekanntschaften machte, und sie erwartete mich am nächsten Tage zum Mittagessen. Dann nahm mein Freund mich auf die Seite und sagte mir, der Herr sei der Generalsteuereinnehmer Monsieur de Beauchamp.

Als der Vorhang gefallen war, reichte ich Madame meinen Arm, wir stiegen alle drei in eine prachtvolle Equipage und fuhren nach ihrem Palais. Es herrschte dort der Überfluß oder vielmehr die Verschwendung, die man in Paris bei allen Leuten dieser Klasse findet: große Gesellschaft, hohes Kartenspiel, prachtvolles Essen und ungezwungene Heiterkeit bei Tisch. Das Souper dauerte bis ein Uhr nachts; die Kutsche von Madame brachte mich nach Hause. Dieses Haus stand mir während der ganzen Zeit meines Pariser Aufenthaltes offen, und ich darf nicht versäumen, zu sagen, daß es mir von großem Nutzen war. Wenn man sagt, ein Fremder langweile sich in Paris während der ersten vierzehn Tage, so hat man recht; denn man braucht Zeit, um eingeführt zu werden; ich jedoch hatte das Glück, schon in den ersten vierundzwanzig Stunden nach Wunsch untergebracht zu sein, und konnte daher gewiß sein, daß ich mich behaglich fühlen würde.

ZEHNTES KAPITEL

Im August fand im Louvre die öffentliche Gemäldeausstellung der Mitglieder der Königlichen Malerakademie statt, und da ich dort kein einziges Schlachtenbild sah, beschloß ich, meinen Bruder nach Paris zu rufen. Er lebte in Venedig und hatte Talent für diesen Zweig der Malerei.

Da Parrocel, der einzige Schlachtenmaler Frankreichs, gestorben war, so glaubte ich, Francesco könnte Erfolg haben und sein Glück machen. Ich schrieb infolgedessen an Signor Grimani[1] und an meinen Bruder, und es gelang mir, sie zu überzeugen; indessen kam er erst zu Beginn des nächsten Jahres nach Paris.

Ludwig XV. liebte leidenschaftlich die Jagd und hatte die Gewohnheit, jedes Jahr sechs Wochen in Fontainebleau zu verbringen. Mitte November war er stets wieder in Versailles. Diese Reise kostete ihn oder vielmehr Frankreich fünf Millionen. Er nahm alles mit sich, was zur Unterhaltung aller auswärtigen Gesandten und seines zahlreichen Hofes beitragen konnte. Daher folgten ihm die Mitglieder der Italienischen und Französischen Komödie und seine Künstler und Künstlerinnen von der Oper.

Während dieser sechs Wochen war Fontainebleau viel glänzender als Versailles; trotzdem fielen die Pariser Vorstellungen der Oper, des Französischen und des Italienischen Theaters nicht aus, so zahlreich waren die Mitglieder dieser Bühnen.

Ballettis Vater, dessen Gesundheit wiederhergestellt war, sollte mit Silvia und der ganzen Familie nach Fontainebleau gehen. Sie luden mich ein, sie dorthin zu begleiten und bei ihnen in einem Hause zu wohnen, das sie gemietet hatten. Die Gelegenheit war schön; das Anerbieten kam von Freunden, und ich glaubte es nicht abschlagen zu dürfen, denn ich hätte mir niemals eine bessere Gelegenheit verschaffen können, den ganzen Hof Ludwigs XV. und alle fremden Gesandten kennenzulernen. Ich stellte mich Signor Morosini vor, der heutzutage Prokurator von San Marco ist und damals Botschafter der Republik in Paris war.

Am ersten Tage, an dem eine Oper gegeben wurde, erlaubte er mir, ihn zu begleiten. Man spielte eine Musik von Lulli.[2] Ich saß im Parkett genau unterhalb der Loge von Madame de Pompadour, die ich nicht kannte. Beim ersten Auftritt sah ich die berühmte Le Maure auf der Bühne erscheinen und hörte sie einen so unerwarteten Schrei ausstoßen, daß ich glaubte, sie sei verrückt geworden. Ich lachte darüber in aller Unschuld, denn ich dachte nicht, daß irgend jemand mir dies übelnehmen könnte. Ein Kavalier mit blauem Ordensband[3], der neben der Marquise saß, fragte mich in schroffem Ton, aus welchem Lande ich wäre. Ich antwortete im selben Ton:

»Aus Venedig.«

»Ich bin dort gewesen und habe sehr über das Rezitativ Ihrer Opern gelacht.«

»Ich glaube es Ihnen, Monsieur, und ich bin überzeugt, daß es keinem Menschen eingefallen ist, Sie am Lachen zu hindern.«

Über meine etwas schneidende Antwort lachte Madame de Pompadour; sie fragte mich, ob ich wirklich von da unten wäre.

»Von wo da unten?«

»Von Venedig.«

»Venedig, Madame, liegt nicht da unten, sondern da oben.«

Diese Antwort fand man noch sonderbarer als die erste, und die ganze Loge beriet sich darüber, ob Venedig da unten oder da oben liege. Offenbar fand man, daß ich recht hätte, denn ich wurde nicht weiter angegriffen. Ich hörte nun der Oper zu, ohne zu lachen; da ich aber einen Schnupfen hatte, brauchte ich oft mein Taschentuch. Derselbe Herr mit dem blauen Ordensband richtete von neuem das Wort an mich und sagte mir, offenbar schlössen die Fenster meines Zimmers nicht gut. Dieser Herr, den ich nicht kannte, war der Marschall von Richelieu.[4]

Ich antwortete ihm, er irre sich, meine Fenster seien luftdicht zugestopft. Sofort brach die ganze Loge in ein lautes Gelächter[5] aus, und ich saß ganz verdutzt da, denn ich fühlte sofort mein Versehen, ich hatte das letzte Wort schlecht ausgesprochen.

Eine halbe Stunde später fragte Monsieur de Richelieu mich, welche von den beiden Hauptdarstellerinnen ich am schönsten fände.

»Diese da, Monsieur.«

»Aber sie hat häßliche Beine.«

»Man sieht sie nicht, Monsieur; außerdem, wenn ich die Schönheit einer Frau prüfe, schiebe ich zuallererst die Beine beiseite.«

Dieses zufällig hingeworfene Wort, an dessen Tragweite ich gar nicht dachte, machte die ganze Loge neugierig, mich kennenzulernen. Der Marschall erfuhr von Signor Morosini, wer ich sei, und dieser sagte mir im Auftrag des Herzogs, ich würde ihm Vergnügen machen, wenn ich mich ihm vorstellte. Mein zufällig gemachter Witz wurde berühmt, und der Marschall Richelieu empfing mich in der liebenswürdigsten Weise. Unter den fremden Gesandten schloß ich mich besonders einem Botschafter des Königs von Preußen, Lordmarschall von Schottland, Keith[6], an. Ich werde noch Gelegenheit haben, von ihm zu sprechen.

Am zweiten Tage meiner Ankunft in Fontainebleau ging ich allein zu Hofe; ich sah Ludwig XV., den schönen König, zur Messe gehen; ich sah die ganze königliche Familie und alle Hofdamen, deren Häßlichkeit mich ebensosehr überraschte, wie die Turiner Hofdamen mich durch ihre Schönheit überrascht hatten. Um so mehr erstaunte mich inmitten aller dieser Häßlichen der Anblick einer wirklichen Schönheit. Ich fragte, wer diese Dame sei. Ein Kavalier, der neben mir stand, antwortete mir: »Es ist Madame de Brionne, deren Tugendhaftigkeit noch größer ist als ihre Schönheit; denn es gibt nicht nur keine Skandalgeschichten über sie, sondern sie hat nicht einmal der Lästersucht den geringsten Anlaß geliefert, etwas über sie zu erfinden.«

»Vielleicht hat man nur nichts über sie erfahren.«

»Oh, Monsieur, bei Hofe erfährt man alles.«

Ich schlenderte allein in den inneren Gemächern umher, als ich plötzlich ein Dutzend häßliche Damen sah, die eher zu laufen als zu gehen schienen: sie standen so unsicher auf ihren Beinen, daß sie fortwährend vornüber zu fallen schienen. Da ein Herr in meiner Nähe stand, so trieb mich die Neugier, ihn zu fragen, woher die Damen kämen und warum sie so merkwürdig gingen.

»Sie kommen von der Königin, die gleich zum Essen gehen wird, und sie sind so schlecht auf den Füßen, weil ihre Schuhe sechs Zoll[7] hohe Absätze haben, weshalb sie mit krummen Knien gehen müssen, um nicht auf die Nase zu fallen.«

»Warum tragen sie keine niederen Absätze?«

»Es ist Mode.«

»Oh, die dumme Mode!«

Ich betrete aufs Geratewohl eine Galerie und sehe den König vorüberkommen, den einen Arm der Länge nach auf die Schultern von Monsieur d'Argenson gestützt.

Ludwig hatte den schönsten Kopf, den man nur sehen konnte, und er trug ihn mit ebensoviel Anmut wie Majestät. Niemals ist es dem geschicktesten Maler gelungen, den Ausdruck dieses wundervollen Kopfes wiederzugeben, wenn der Herrscher ihn wohlwollend zur Seite wandte, um jemanden anzusehen. Seine Schönheit und seine Anmut rissen auf den ersten Blick zur Liebe hin. Als ich ihn sah, glaubte ich, der idealen Majestät begegnet zu sein, die ich zu meiner Enttäuschung an dem König von Sardinien nicht gefunden hatte. Ich bezweifelte nicht, daß Madame de Pompadour in dieses schöne Gesicht verliebt war, als sie sich um die Bekanntschaft ihres Gebieters bemühte. Vielleicht täuschte ich mich; aber wer König Ludwigs Gesicht sah, der mußte so denken.

Ich kam in einen prachtvollen Saal und sah dort etwa ein Dutzend auf und ab gehender Hofkavaliere und eine Tafel für mindestens zwölf Personen, die jedoch nur für eine einzige Person hergerichtet war.

»Für wen ist dieses Gedeck?«

»Für die Königin. Dort kommt sie.«

Ich sah die Königin von Frankreich[8]; sie hatte kein Rot aufgelegt und war einfach gekleidet, den Kopf mit einer großen Mütze bedeckt. Ihr Gesicht war alt und ihre Miene fromm. Sie trat an den Tisch heran und dankte freundlich zwei Nonnen, die einen Teller mit frischer Butter hinsetzten. Die Königin nahm Platz, und sofort stellten die zwölf Hofkavaliere sich zehn Schritte vom Tische entfernt in einem Halbkreis auf. Ich gesellte mich zu ihnen, indem ich ihr ehrfurchtsvolles Schweigen nachahmte.

Ihre Majestät begann zu essen, ohne jemanden anzusehen, denn sie hielt die Augen auf ihren Teller gesenkt. Eine Speise, die ihr vorgesetzt wurde, schmeckte ihr; sie ließ sich zum zweitenmal davon geben, und nun durchmaßen ihre Augen den Halbkreis vor ihr, ohne Zweifel, um zu sehen, ob nicht unter diesen Beobachtern jemand wäre, dem sie über ihre Leckerhaftigkeit Rechenschaft geben müßte. Sie fand ihn und sagte: »Monsieur de Lowendal!«[9]

Auf diesen Anruf trat eine prächtige Männergestalt vor, neigte den Kopf und sagte: »Madame.«

»Ich glaube, dieses Ragout ist ein Hühnerfrikassee.«

»Ich bin derselben Ansicht, Madame.«

Nach dieser Antwort, die im ernstesten Ton gegeben wurde, fuhr die Königin fort zu essen, und der Marschall begab sich, rückwärts schreitend, wieder auf seinen Platz. Die Königin beendete ihre Mahlzeit, ohne ein weiteres Wort zu sagen, und kehrte in ihre Gemächer zurück, wie sie gekommen war.

Ich war entzückt, den berühmten Kriegsmann gesehen zu haben, dem Bergen-op-Zoom[10] sich hatte ergeben müssen, aber mit innerem Schmerz hatte ich's angehört, daß ein so großer Mann auf eine Frage wegen eines Hühnerfrikassees in demselben Tone antworten mußte, worin ein Richter ein Todesurteil ausspricht.

Um diese Anekdote bereichert, gab ich sie bei Silvia während eines ausgezeichneten Diners zum besten, bei dem ich die Auslese der angenehmen Gesellschaft fand.

Ich nahm immer noch meine französischen Unterrichtsstunden bei meinem guten alten Crébillon. Trotzdem wimmelte meine Sprache von Italianismen, und ich sagte oft in Gesellschaft das Gegenteil von dem, was ich ausdrücken wollte; aber meine Reden liefen fast immer auf eigentümliche Scherze hinaus, die Erfolg hatten, und das beste dabei war, daß mein Jargon mir keinen Schaden tat, indem er mich nicht als Dummkopf erscheinen ließ. Er verschaffte mir im Gegenteil schöne Bekanntschaften. Mehrere Damen der ersten Kreise baten mich, sie Italienisch zu lehren, um, wie sie sagten, sich selber das Vergnügen zu verschaffen, mich Französisch zu lehren: bei diesem Austausch gewann ich mehr als sie.

Madame Préaudeau, eine meiner Schülerinnen, empfing mich eines Tages in ihrem Bett, indem sie mir sagte, sie habe keine Lust, ihre Stunden zu nehmen, weil sie am Abend vorher Medizin genommen habe. Dummerweise einen italienischen Ausdruck wörtlich übersetzend, fragte ich sie im Ton der tiefsten Teilnahme, ob sie tüchtig entladen habe.

»Monsieur, was fragen Sie da! Sie sind unerträglich.«

Ich wiederhole meine Frage; neuer Zornausbruch auf seiten der Dame: »Sprechen Sie niemals dies abscheuliche Wort aus!«

»Sie mögen sich entrüsten, soviel Sie wollen: es ist gerade das passende Wort.«

»Im Gegenteil, höchst unpassend, Monsieur; aber lassen wir das Thema. Wollen Sie frühstücken?«

»Nein, ich habe schon; ich habe ein Kaffee mit Savoyarden genommen.«

»Ach, guter Gott, ich bin verloren! Was für ein rasendes Frühstück! Erklären Sie sich!«

»Ich habe ein Kaffee genommen und zwei Savoyarden gegessen, die ich hineingetaucht, wie ich es jeden Morgen mache.«

»Aber das ist dumm, lieber Freund, ein Kaffee ist die Wirtschaft, worin man ihn verkauft; man trinkt eine Tasse Kaffee.«

»Gut! Trinken Sie die Tasse; wir sagen in Italien ein Kaffee und haben so viel Witz, nicht zu glauben, daß dies die Wirtschaft sei.«

»Er will durchaus recht haben! Und die beiden Savoyarden? Wie haben Sie denn die verschlungen?«

»Ich habe sie in den Kaffee gesteckt, denn sie waren nicht größer als die, die Sie hier auf dem Tische haben.«

»Und das nennen Sie Savoyarden? Sagen Sie Zwiebäcke.«

»In Italien nennen wir sie Savoyarden, weil man sie in Savoyen erfunden hat, und es ist nicht meine Schuld, wenn Sie geglaubt haben, ich hätte zwei Dienstleute von der Ecke verschluckt, große Bengel, die Sie in Paris Savoyarden nennen und die oft genug niemals in Savoyen gewesen sind.«

In diesem Augenblick trat ihr Mann ein, und schleunigst erzählte sie ihm unsere ganze Unterhaltung.

Er lachte sehr darüber, aber er gab mir recht. Während wir noch darüber sprachen, kam seine Nichte, ein junges Mädchen von vierzehn Jahren, sittsam, bescheiden und klug. Ich hatte ihr fünf oder sechs Unterrichtsstunden gegeben, und da sie die italienische Sprache sehr liebte und sich unaufhörlich darin übte, so begann sie schon zu sprechen. Sie wollte mir ein Kompliment auf italienisch machen und sagte: *»Signore, sono incantata di vi vedere in buona salute* [Ich bin entzückt, Sie bei guter Gesundheit zu sehen, mein Herr].«

»Ich danke ihnen, Mademoiselle; aber um *je suis charmé* zu übersetzen, muß man sagen: *ho piacere*, und *de vous voir* heißt: *di vedervi* und nicht *di vi vedere*.«

»Ich glaubte, Monsieur, man müßte das vi vorsetzen.«

»Nein, Mademoiselle, wir setzen es an den Hinteren.«

Sofort platzen Monsieur Préaudeau und seine Frau los; Mademoiselle errötet, ich bin sprachlos und ganz verzweifelt, eine so ungeheure Dummheit gesagt zu haben, aber es war nun einmal geschehen. Schmollend nahm ich ein Buch, in der Hoffnung, ihr Gelächter würde doch einmal aufhören: es dauerte eine Woche. Meine unbeabsichtigte Zote[11] wurde in ganz Paris belacht und verschaffte mir eine Art von Berühmtheit, die erst dann sich verminderte, als es mir allmählich gelang, die Bedeutung der Sprache besser kennenzulernen. Crébillon lachte sehr über meinen Schnitzer und sagte mir, ein anderes Mal müßte ich *après* [nach] sagen und nicht *derrière* [Hinterteil]; aber warum haben auch nicht alle Sprachen denselben Geist! Übrigens, wenn die Franzosen sich über die Fehler erheiterten, die ich in ihrer Sprache machte, so vergalt ich es ihnen nicht übel, indem ich gewisse lächerliche Gebräuche bloßstellte.

»Monsieur«, sagte ich zu einem, »Wie befindet sich Ihre Gemahlin?«

»Sie erweisen ihr viel Ehre!«

»Ei, ich bitte Sie, um was für Ehre kann es sich handeln, wenn man nur von Gesundheit spricht?«

Ich sehe im Bois de Boulogne einen jungen Mann sein Pferd tummeln; er hat es aber nicht in der Gewalt, und schließlich wirft es ihn ab. Ich halte das Pferd an und eile dem jungen Mann zu Hilfe, der sich mit meiner Unterstützung wieder aufrichtet.

»Haben Sie sich weh getan?«

»Oh! danke, Monsieur, im Gegenteil!«

»Wie zum Teufel, im Gegenteil! Sie haben sich also wohlgetan, dann fangen Sie nur gleich wieder an, Monsieur!«

Und tausend Widersinnigkeiten dieser Art! Aber so ist nun einmal der Geist der Sprache.

Im Frühling 1751 kam mein Bruder nach Paris und nahm Wohnung bei Madame Quinson, wo auch ich wohnte. Er begann mit Erfolg für Privatleute zu arbeiten; seine Hauptabsicht war jedoch, ein Gemälde zu vollenden, um es dem Urteil der Akademie zu unterbreiten.

Ich stellte ihn daher Monsieur de Marigny vor, der ihn ausgezeichnet aufnahm und ihn ermutigte, indem er ihm seine Protektion versprach.

Infolgedessen legte mein Bruder sich wieder aufs Studium und betrieb es mit großem Eifer.

Signor Morosini war nach Venedig zurückgekehrt, und an seiner Stelle war Signor Mocenigo Botschafter geworden. Ich war an ihn durch Signor Bragadin empfohlen, und er öffnete mir sein Haus, wie auch meinem Bruder; denn er hielt es für seine Pflicht, diesen als Venezianer und als jungen Künstler zu beschützen, der durch sein Talent sein Glück zu machen suchte.

Signor Mocenigo war von sehr mildem Charakter. Er liebte das Spiel und verlor stets; er liebte die Frauen und war unglücklich, weil er sie nicht zu nehmen wußte. Zwei Jahre nach seiner Ankunft in Paris verliebte er sich in Madame de Colande, und da er sich nicht ihre Gegenliebe erringen konnte, nahm er sich das Leben.

Madame la Dauphine gebar einen Herzog von Burgund[12], und die Freudenfeste, die bei dieser Gelegenheit stattfanden, erscheinen mir heute unglaublich, wenn ich sehe, was dieselbe Nation gegen ihren König[13] macht.

Die Nation will sich frei machen. Ihr Ehrgeiz ist edel und vernünftig, und sie wird ihr Unternehmen bis zur Vollendung führen unter der Herrschaft dieses Monarchen, der durch eine wunderbare, einzigartige Verbindung eine Seele ohne jeglichen Ehrgeiz besitzt und der Nachfolger von fünfundsechzig Königen ist, die alle mehr oder weniger darauf bedacht waren, ihre Autorität als das Wichtigste anzusehen. Aber ist es wahrscheinlich, daß sein Geist in den Körper seines Nachfolgers übergeht?

Frankreich hat auf seinem Thron andere Monarchen gesehen; träge, arbeitsscheu, sorglos und einzig und allein um ihre Ruhe besorgt. In ihre Paläste zurückgezogen, überließen sie die Ausübung der Herrschaft ihren Statthaltern, die dann in ihren Namen handelten. Auf diese Weise blieben sie Könige und echte Monarchen. Aber noch niemals hat die Welt einen König wie diesen gesehen, der sich nach bestem Wissen und Gewissen zum Herrscher einer Nation gemacht hat, die sich jetzt darin einig geworden ist, ihm den Thron zu entreißen. Er scheint sogar begeistert zu sein, endlich an nichts anderes als an Gehorsam denken zu müssen. Er war also nicht zum Herrscher geboren, und es scheint sicher, daß er alle diejenigen für seine Feinde hält, die aus einem Gefühl der Freundschaft für ihn nicht den Beschlüssen der Nationalversammlung zustimmen, die darauf abzielten, die Königliche Majestät zu erniedrigen.

Eine Nation, die sich erhebt, um das Joch des Despotismus anzugreifen, das sie als Tyrannei bezeichnet und stets so bezeichnen wird, ist nicht selten, denn das ist nur zu natürlich. Es gibt einen einfachen Beweis: Ein Monarch ist sich dieser Gefahr stets bewußt und hütet sich vor zu großer Nachsichtigkeit, denn er ist sich dessen gewiß, daß die Nation sich nicht davon abhalten lassen wird, diese Großzügigkeit auszunutzen. Es ist daher selten, einzigartig und ohne Beispiel, daß ein Monarch, der sich zum Herrscher von dreiundzwanzig Millionen Bürgern einer solchen Nation macht, nichts anderes fordert, als daß man ihm die eitle Bezeichnung König und Herrscher zubilligt, nicht etwa um zu befehlen, sondern um die Befehle seiner Bürger auszuführen.

»Machen Sie die Gesetze«, so sagt er ihnen, »und ich werde sie alle befolgen, vorausgesetzt, Sie leisten mir Beistand bei Auseinandersetzungen mit den Aufrührern, die nicht gehorchen wollen. Übrigens werden Sie es sein, die an ihnen kein gutes Haar lassen werden und ihnen eine blutige Niederlage beibringen können, denn wer könnte sich Ihrem Willen widersetzen? Sie werden praktisch meinen Platz einnehmen. Die Adligen und die Pfaffen werden zwar etwas daran auszusetzen haben, aber im Verhältnis zu Ihnen sind das nur eins zu fünfundzwanzig. Es liegt an Ihnen, ihnen physisch und moralisch die Flügel zu beschneiden, um sie außerhalb des Zustandes zu setzen, Ihre Macht einzuschränken oder Sie gar zu schädigen. Um das zu erreichen, müssen Sie den Stolz der Pfaffen zähmen, indem Sie ihnen kirchliche Würden zusprechen und ihnen eine Vergütung zubilligen, die für mehr als nur den einfachen Unterhalt ausreicht. Was nun den Adel betrifft, so ist es nicht nötig, ihm seine Reichtümer zu nehmen. Es genügt schon, wenn Sie ihn nicht mehr um seiner unnützen vererbten Adelstitel respektieren. Es wird dann eines Tages keinen Adel mehr geben, denken Sie an das Beispiel der sehr weisen Regelungen in der Türkei.[14] Sobald diese Herren sich nicht mehr als Marquis oder Graf sehen werden, wird sich auch ihr Ehrgeiz etwas mäßigen, und das einzige Vergnügen, das ihnen verbleibt, wird darin bestehen, ihr Geld freigebig auszugeben, sehr zum Nutzen der Nation, denn ihr Geld wird in die Banken der Nation fließen, die es zirkulieren lassen und zur Belebung des Handels verwenden werden. Was nun meine Minister betrifft, so werden sie in Zukunft klug sein, denn sie werden nicht von mir, sondern von Ihnen abhängig sein. Der Form wegen werde ich sie selbst wählen, aber ich werde sie wegschicken, sobald Sie es wünschen. So werde ich endlich das Ende der Tyrannei erleben, mit der sie mich unterdrückten, indem sie mich alles machen ließen, was sie wollten, indem sie mich oft kompromittierten und den Staat in meinem Namen in Schulden stürzten. Ich habe dazu geschwiegen, aber ich konnte nicht mehr weiter. Ich habe mich schließlich davon befreit. Meine Frau, mit der Zeit auch meine Kinder, meine Geschwister, meine Vettern, sogenannte Prinzen von Blut, werden mich verdammen. Ich weiß es, aber sie werden es in sich verschließen, denn sie werden nicht wagen, es mir ins Gesicht zu sagen. Ich werde ihnen noch furchtbarer vorkommen, jetzt, da ich unter Ihrem hohen Schutz stehe, als zu der Zeit, da ich zu meinem Schutz nur mein Haus hatte.

Diejenigen, die unzufrieden sind und die beschlossen haben, außerhalb unseres Landes zu leben, werden über kurz oder lang hierher zurückkehren, wenn sie Lust dazu haben. Wenn es aber nicht so sein wird, muß man sie alles das tun lassen, was sie wollen. Sie sagen, daß sie mir wahre Freunde sind, aber sie bringen mich zum Lachen, denn ich habe keine anderen wahren Freunde als diejenigen, die ihre Meinung der meinen anpassen. Alles, was auf der Welt wichtig ist, sind ihrer Meinung nach die alten Rechte unseres mit dem Despotismus verwachsenen Königshauses. Aber alles das, was für mich wichtig ist auf der Welt, ist erstens meine Ruhe, zweitens die Beseitigung der Tyrannei, die meine Minister auf mich ausübten, und drittens Ihre Zufriedenstellung. Wenn ich ein Schwindler wäre, könnte ich Ihnen noch sagen, daß mein Interesse dem Reichtum des Königreiches gilt, aber das ist nicht mehr meine Sorge. Daran haben Sie zu denken, das betrifft nur Sie, weil das Königreich nicht mehr mir gehört. Ich bin, Gott sei Dank, nicht mehr König von Frankreich, aber ich bin noch, wie es besser ausgedrückt ist, König der Franzosen. Alles, worum ich Sie bitte, ist, daß Sie sich beeilen mögen und mir endlich gestatten, auf die Jagd zu gehen, denn ich bin es müde, mich zu langweilen.«

Ich glaube, daß diese historische und wortgetreue Rede der Beweis ist, daß es keine Gegenrevolution geben konnte. Aber sie ist auch der Beweis, daß es sie geben wird, wenn der König seine Meinung ändern wird. Das aber ist nicht zu vermuten, so wie auch nicht zu vermuten ist, daß man einen Nachfolger finden könnte, der mit ihm zu vergleichen wäre.

Die Nationalversammlung wird alles tun, was sie für richtig

hält, auch gegen den Willen des Adels und des Klerus, weil hinter ihr das Volk steht, entfesselt und bereit, all ihre Befehle auszuführen. Die französische Nation könnte man heute mit Kanonenpulver oder mit einem Stück Schokolade vergleichen. Das eine wie das andere besteht aus drei Zutaten, und ihre Qualität konnte und kann einzig und allein von deren Menge abhängen. Die Zeit wird uns zeigen, welche Zutaten vor der Revolution oder welche in der Gegenwart überwiegen. Ich weiß nur, daß Schwefelgestank widerlich und Vanille ein Gift ist.

Was nun das Volk betrifft, so ist es überall von derselben Beschaffenheit. Geben Sie einem gemeinen Menschen sechs Francs, damit er ausruft: »Es lebe der König!«, so wird er Ihnen diesen Gefallen tun. Aber für drei Francs wird er einen Augenblick später schreien: »Tod dem König!« Setzen Sie an die Spitze eines Volkes einen Unruhestifter, und er zerstört Ihnen an einem einzigen Tag eine marmorne Festung. Er kennt weder Gesetze noch System noch Religion. Seine Götter sind Brot, Wein und Müßiggang. Er glaubt, daß Freiheit Straflosigkeit, ein Aristokrat ein Tiger bedeutet und daß ein Demagoge der seine Herde liebende Hirte sei. Das Volk ist schließlich nichts anderes als ein Tier von ungeheurer Größe und ohne jegliche Vernunft. Die Gefängnisse von Paris bersten vor Gefangenen, die alle dem aufständischen Volke angehörten. Was wäre, wenn jemand käme und ihnen sagte: »Ich öffne euch die Gefängnistore, wenn ihr den Sitzungssaal der Nationalversammlung in die Luft sprengt.« Sie stimmen zu und machen sich ans Werk. Das Volk ist eine Horde von Henkern. Der Klerus von Frankreich weiß es; deswegen kann er auf dieses Volk nur dann zählen, wenn es ihm gelingt, es für die Religion zu begeistern, die noch stärker sein kann als die Freiheit, da sie für das Volk nur eine Abstraktion ist, deren konkrete Seiten kaum wahrnehmbar sind.

Man darf übrigens nicht glauben, daß es in der Nationalversammlung ein einziges Mitglied gäbe, das nur vom Wohle des Vaterlandes beseelt wäre. Die Triebfeder eines jeden ist das Interesse, so zu sein wie der König. Aber es gibt nicht einen einzigen, der als König so wäre wie Ludwig XVI.[15]

Durch den Herzog von Matalona machte ich die Bekanntschaft der römischen Fürsten Don Marcantonio und Don Giambattista Borghese, die sich in Paris amüsierten, wo sie ohne Verschwendung lebten.

Ich hatte Gelegenheit, zu bemerken, daß man diesen römischen Fürsten, wenn sie am Hof von Frankreich vorgestellt wurden, nur den Titel Marquis gab. Man verweigerte den Fürstentitel auch den russischen Fürsten, die sich bei Hofe vorstellen ließen. Man nannte sie »Knez«, und das war ihnen einerlei; denn dieses Wort bedeutet Fürst. Der französische Hof war stets in dummer Weise kleinlich in bezug auf Titel. Man geizte und geizt noch jetzt mit dem einfachen Titel »Monsieur«, den man auf allen Straßen hört: man sagt »Sieur« zu jeder Person, die keinen Adelstitel führt. Ich habe beobachtet, daß der König seine Bischöfe nur mit Abbé anredete, obgleich diese Herren sehr viel auf ihre Titel halten. Wenn ein adliger Herr seines Reiches nicht seinen Namen in die Liste der Kavaliere eintragen ließ, die dem Hofe ihre Dienste zur Verfügung stellten, so tat er, als kenne er ihn nicht.

Sein Hochmut war jedoch dem König Ludwig XV. nur durch seine Erziehung eingeflößt; er war ihm nicht natürlich; wenn sein Gesandter ihm jemanden vorstellte, so zog der Vorgestellte sich mit der Gewißheit zurück, daß der König ihn gesehen hatte, aber das war auch alles. Im übrigen war der König sehr höflich, besonders gegen die Damen, auch gegen seine Mätressen bei öffentlichem Auftreten. Wer gegen sie den geringsten Verstoß beging, der fiel in Ungnade. Niemand besaß in höherem Maße als er die große königliche Tugend, die man Verstellung nennt. Er war ein getreuer Hüter eines Geheimnisses, und er war entzückt, wenn er sicher zu sein glaubte, daß niemand außer ihm es wußte. Der Chevalier d'Eon ist ein kleines Beispiel dafür; denn der König allein wußte und hatte stets gewußt, daß er eine Frau war, und der ganze Streit des falschen Chevaliers mit dem Ministerium des Auswärtigen war eine Komödie, die der König zu seiner Belustigung bis zu ihrem Ende spielen ließ.

Ludwig XV. war groß in allem, und er wäre ohne Fehler gewesen, hätte nicht die Schmeichelei ihn gezwungen, welche zu haben. Aber wie hätte er Fehler an sich erkennen können, wenn man ihm jeden Tag wiederholte, er sei der beste aller Könige?

Um diese Zeit bekam die Prinzessin von Ardore einen jungen Prinzen. Ihr Gemahl, der neapolitanischer Gesandter war, sprach den Wunsch aus, Ludwig XV. möchte Patenstelle übernehmen, und der König willigte ein. Er schenkte seinem Patensohn ein Regiment, aber die Mutter, die das Militär nicht liebte, wollte davon nichts wissen. Der Marschall de Richelieu erzählte mir, er habe den König niemals so herzlich lachen sehen wie über diese eigentümliche Weigerung.

Zu dieser Zeit hatte ich eine kleine Affäre mit der französischen Gerichtsbarkeit.

Die jüngere Tochter meiner Wirtin, ein Mädchen von fünfzehn bis sechzehn Jahren, kam oft zu mir, ohne gerufen zu sein. Ich bemerkte bald, daß sie mich liebte, und ich wäre mir selber lächerlich vorgekommen, wenn ich gegenüber einer pikanten, lebhaften, liebenswürdigen Brünetten den Grausamen hätte spielen wollen. Sie hatte eine entzückende Stimme, las alle neuen Broschüren und plauderte reizend über alles und jedes.

Während der ersten vier oder fünf Monate kamen zwischen ihr und mir nur kindliche Scherze vor; eines Nachts aber kam ich sehr spät nach Hause und fand sie in tiefem Schlaf auf meinem Bett; ich glaubte sie nicht wecken zu dürfen, zog mich aus und legte mich neben sie; das weitere versteht sich von selbst. Mimi, so hieß sie, verließ mich mit Tagesanbruch.

Es war noch keine drei Stunden her, daß Mimi mich verlassen hatte, als eine Modistin mit einer reizenden Tochter mich besuchte und sich bei mir zum Frühstück einlud. Ich fand das junge Mädchen wohl eines Frühstücks würdig, da ich jedoch Bedürfnis nach Ruhe hatte, so bat ich sie, zu gehen, nachdem ich mich eine Stunde mit ihnen unterhalten hatte. Gerade als sie hinausgingen, traten Madame Quinson und ihre Tochter ein, um mein Bett zu machen. Ich zog meinen Schlafrock an und setzte mich an den Schreibtisch.

»Oh, diese widerlichen Frauenzimmer!« rief plötzlich die Mutter.

»Auf wen schimpfen Sie denn, Madame Quinson?«

»Das Rätsel ist nicht sehr dunkel, Monsieur; sehen Sie nur, wie die Bettücher beschmutzt sind.«

»Entschuldigen Sie, gute Frau, das tut mir leid; aber wechseln Sie sie, und der Schaden wird beseitigt sein.«

Sie ging hinaus, indem sie Drohungen murmelte: wenn die Weiber jemals wiederkämen, würden sie es mit ihr zu tun bekommen. Als Mimi mit mir allein war, machte ich ihr Vorwürfe über ihre Unvorsichtigkeit. Sie antwortete mir lachend, die Liebe habe diese Frauen gesandt, um die Unschuld zu beschützen.

Von diesem Tage an tat Mimi sich keinen Zwang mehr an; sie

teilte mein Bett, sooft sie Lust hatte und falls ich sie nicht etwa fortschickte. Am Morgen schlich sie sich dann unbemerkt wieder in ihr Zimmer. Nach vier Monaten aber teilte die Schöne mir mit, daß sie schwanger sei.

»Das tut mir leid«, antwortete ich ihr, »aber ich kann nichts dagegen machen.«

»Man muß an irgendeine Abhilfe denken.«

»So denke dran.«

»Woran soll ich denn denken? Ach, mag kommen, was will, ich denke überhaupt nicht mehr dran.«

Etwa im sechsten Monat wurde die Rundung ihres Leibes so stark, daß ihre Mutter nicht mehr an der Sache zweifeln konnte; sie geriet in Wut und schlug das Mädchen, um auf diese Weise den Vater zu erfahren. Mimi nannte mich, und vielleicht log sie nicht.

Im Besitze dieser Entdeckung stürzte Madame Quinson wie eine Furie zu mir ins Zimmer. Sie warf sich in einen Lehnsessel, um Atem zu schöpfen; dann überhäufte sie mich mit Schimpfworten und bedeutete mir schließlich, ich müßte ihre Tochter heiraten. Da ich wußte, worum es sich handelte, und der Sache schnell ein Ende machen wollte, so antwortete ich ihr auf ihre Aufforderung, ich sei bereits in Italien verheiratet.

»So? Warum haben Sie dann meiner Tochter ein Kind gemacht?«

»Ich versichere Ihnen, ich habe nicht die Absicht gehabt; wer hat Ihnen übrigens gesagt, daß gerade ich es gemacht habe?«

»Sie selbst, Monsieur, und sie ist ihrer Sache gewiß.«

»Ich wünsche ihr Glück dazu; aber ich, Madame, ich erkläre Ihnen, daß ich vollkommen zu schwören bereit bin, daß dies durchaus nicht sicher ist.«

»Also?«

»Also nichts. Wenn sie schwanger ist, wird sie ein Kind kriegen.«

Sie ging unter Flüchen und Drohungen hinaus, und am nächsten Tage wurde ich vor den Kommissar des Viertels zitiert. Ich kam der Aufforderung nach und fand bei ihm die Dame Quinson, mit allen möglichen Beweisstücken bewaffnet. Nach den üblichen einleitenden Protokollierungen fragte der Kommissar mich, ob ich zugebe, worüber die anwesende Mutter sich beklagte.

»Verehrter Kommissar, wollen Sie, bitte, Wort für Wort die Antwort niederschreiben, die ich Ihnen geben werde.«

»Sehr gern.«

»Ich habe Mimi, der Tochter der Klägerin, überhaupt keinen Schimpf angetan; zum Zeugnis berufe ich mich auf das Mädchen selbst, das für mich stets ebensoviel Freundschaft gehabt hat, wie ich für sie empfinde.«

»Sie erklärt, von Ihnen schwanger zu sein.«

»Das ist möglich, aber es ist nicht sicher.«

»Sie sagt, es sei gewiß; denn sie versichert, außer Ihnen keinen Mann gesehen zu haben.«

»Wenn das wahr ist, so ist sie unglücklich; denn in diesem Punkt kann kein Mann einer anderen Frau glauben als seiner eigenen.«

»Was hatten Sie ihr gegeben, um sie zu verführen?«

»Nichts; denn weit entfernt, sie verführt zu haben, bin ich von ihr verführt worden; wir waren jedoch sofort einig, denn ich bin durch ein hübsches Weib leicht zu verführen.«

»War sie unberührt?«

»Dies zu wissen, bin ich weder vorher noch nachher neugierig gewesen; davon, Monsieur, weiß ich also nichts.«

»Ihre Mutter verlangt von Ihnen eine Genugtuung, und das Gesetz verurteilt Sie.«

»Ich habe der Mutter durchaus keine Genugtuung zu geben, und dem Gesetz werde ich mich nur unterwerfen, wenn man mir nachgewiesen und mich überführt hat, daß ich es verletzt habe.«

»Sie sind dessen bereits überführt; denn finden Sie nicht, daß ein Mann, der in einem Hause, wo er wohnt, einem anständigen Mädchen ein Kind macht, dadurch die Gesetze der Gesellschaft verletzt?«

»Ich gebe dies zu, wenn die Mutter hintergangen wird. Aber wenn diese selbe Mutter ihre Tochter einem jungen Mann ins Zimmer schickt, muß man da nicht annehmen, daß sie gesonnen ist, in Frieden alles hinzunehmen, was die Folge davon sein kann?«

»Sie hat sie nur zu Ihnen hineingeschickt, um Sie zu bedienen.«

»Sie hat mich ja auch genauso bedient, wie ich sie bedient habe; und wenn Madame Quinson sie heute abend zu mir schickt, und wenn es Mimi paßt, so werde ich sie bedienen, so gut es nur geht; aber niemals mit Gewalt und niemals außerhalb meines Zimmers, für das ich stets pünktlich die Miete bezahlt habe.«

»Sie mögen sagen, was Sie wollen, aber Sie werden die Buße bezahlen.«

»Ich zahle nur, was ich für recht halte, und ich werde nichts bezahlen; denn unmöglich kann eine Buße zu bezahlen sein, wo keine Rechtsverletzung vorliegt. Wenn man mich verurteilt, werde ich mich beschweren und werde bis zur höchsten Instanz gehen, bis mir Recht und Billigkeit zuteil wird; denn, Monsieur, ich weiß, daß ich, so wie ich nun einmal bin, niemals so ungeschickt und so jämmerlich sein werde, einem hübschen, jungen Mädchen meine Liebkosungen abzuschlagen, wenn sie mir gefällt und wenn sie darum in mein eigenes Zimmer kommt, besonders wenn ich fest überzeugt bin, daß sie mit der Einwilligung ihrer Mutter kommt.«

Ich las das Protokoll durch, unterschrieb es und entfernte mich. Am nächsten Tage ließ der Polizeistatthalter mich rufen; nachdem er mich, die Mutter und die Tochter angehört hatte, sprach er mich frei und verurteilte die Mutter zur Bezahlung der Kosten. Dies hinderte mich jedoch nicht, Mimis Tränen nachzugeben und ihrer Mutter die Kosten der Entbindung und des Wochenbettes zu vergüten. Sie bekam einen Jungen, der zum Besten der Nation ins Hôtel-Dieu[16] geschickt wurde. Bald darauf entfloh Mimi aus der mütterlichen Wohnung, um bei Monnet in der Komischen Oper auf dem Jahrmarkt von St. Laurent die Bretter der Bühne zu betreten. Da sie nicht bekannt war, fand sie ohne Mühe einen Liebhaber, der sie für eine Jungfrau hielt. Ich fand sie sehr hübsch, als ich sie einmal wiedertraf.

»Ich wußte ja gar nicht«, sagte ich zu ihr, »daß du musikalisch seist.«

»Ich bin es, wie alle meine Kameradinnen, von denen keine einzige eine Note kennt. Die Mädchen von der Oper verstehen auch nicht mehr davon, und trotzdem singt man zum Entzücken, wenn man ein bißchen Stimme und Geschmack hat.«

Ich lud sie ein, mir und Patu ein Abendessen zu geben, und er fand sie reizend. Später verliebte sie sich in den Geiger Bérard, der alles durchbrachte, was sie hatte; seitdem ist sie verschollen.

Um diese Zeit erhielten die Italiener die Erlaubnis, auf ihren Theatern Parodien von Tragödien und Opern zu geben. Ich lernte in diesem Theater die berühmte Chantilly kennen, die frühere Geliebte des Marschalls von Sachsen, die man Favart nannte, weil der Dichter dieses Namens sie geheiratet hatte. Sie sang unter donnerndem Beifall die Rolle des Tonton in der Parodie auf ›Thetis und Peleus‹ von Fontenelle. Sie bezauberte durch ihre Anmut und ihr Talent einen Mann von höchstem Verdienst, den Abbé de Voisenon, mit dem ich ebenso intim bekannt wurde wie mit Crébillon. Alle Theaterstücke, die als Werke der Madame Favart gelten und deren Namen tragen, stammen von diesem berühmten Abbé, der nach meiner Abreise von Paris zum Mitglied der Akademie erwählt wurde. Ich pflegte eifrig eine Bekanntschaft, die ich zu schätzen wußte, und er beehrte mich mit seiner Freundschaft. Durch mich wurde der Abbé von Voisenon auf den Gedanken gebracht, Oratorien in Versen zu dichten; sie wurden zum ersten Mal in den Tuilerien bei den Kirchenkonzerten gesungen an den Tagen, wo die Theater aus religiösem Anlaß geschlossen sind. Dieser liebenswürdige Abbé, geheimer Verfasser mehrerer Komödien, hatte eine sehr zarte Gesundheit und einen sehr kleinen Körper: er war ganz Geist und Feinheit und berühmt wegen seiner treffenden scharfen Witzworte, die trotzdem niemanden beleidigten. Er konnte unmöglich Feinde haben, denn seine Kritik streifte kaum die Haut. Eines Tages kam er von Versailles zurück, und ich fragte ihn, was es Neues gäbe: »Der König gähnt«, antwortete er mir, »weil er morgen ins Parlament kommen muß, um dort ein ›Lit de Justice‹[17] zu halten.«

»Warum nennt man das ein ›Lit de Justice‹?«

»Das weiß ich nicht; vielleicht, weil die Justiz darauf schläft.«

Ich fand das lebende Abbild des berühmten Schriftstellers in Prag wieder in der Person des Herrn Grafen Franz Hartig, des gegenwärtigen bevollmächtigten Ministers des Kaisers am kurfürstlich-sächsischen Hofe.

Abbé de Voisenon stellte mich Fontenelle[18] vor, der damals dreiundneunzig Jahre alt war. Fontenelle war Schöngeist, liebenswürdiger Gelehrter, tiefer Kenner der Naturwissenschaften, berühmt durch seine witzigen Bemerkungen. Er konnte kein Kompliment machen, ohne es durch Geist und Liebenswürdigkeit zu beleben. Ich sagte ihm, ich käme eigens aus Italien, um ihn zu sehen.

»Gestehen Sie, Monsieur«, antwortete er, »daß Sie recht lange haben auf sich warten lassen!« Eine höfliche und zugleich kritische Antwort, die auf geistreiche und zugleich feine Art die Lüge meines Komplimentes bloßstellte.

Er schenkte mir seine Werke und fragte mich, ob die französischen Schauspiele mir gefielen; ich antwortete, ich hätte in der Oper ›Thetis und Pellus‹ gesehen. Dieses Stück ist von ihm, und als ich mich sehr lobend darüber aussprach, antwortete er mir, es wäre nichts wert.

»Ich war gestern im Théâtre Français; man gab ›Athalie‹.«

»Es ist das Meisterwerk Racines, und Voltaire hat mich mit Unrecht beschuldigt, ich hätte ihn kritisieren wollen, indem er mir ein Epigramm zuschrieb, dessen Verfasser niemals bekannt geworden ist; es endet mit den beiden sehr schlechten Versen: ›Noch Schlecht'res als Esther zustande zu bringen, / zum Teufel, wie konnte dir das bloß gelingen?‹«

Ich habe erzählen hören, Monsieur de Fontenelle sei der zärtliche Freund von Madame de Tencin[19] gewesen. Monsieur d'Alembert[20] sei die Frucht ihres vertrauten Umganges, und Le Rond sei nur sein Pflegevater gewesen. D'Alembert lernte ich bei Madame de Graffigny[21] kennen. Der große Philosoph besaß das Geheimnis, niemals gelehrt zu erscheinen, wenn er sich in Gesellschaft liebenswürdiger Personen befand, die keine Ansprüche auf wissenschaftliche Bildung machten, und er verstand die Kunst, Leute, die sich mit ihm unterhielten, geistreich zu machen.

Als ich nach meiner Flucht aus den Bleikammern zum zweitenmal nach Paris kam, bereitete ich mir einen Freudentag vor, indem ich den liebenswürdigen und verehrungswürdigen Fontenelle wieder aufsuchen wollte; aber er starb vierzehn Tage nach meiner Ankunft zu Beginn des Jahres 1757.

Als ich zum drittenmal nach Paris zurückkam, mit der Absicht, dort meine Tage zu beschließen, zielte ich auf die Freundschaft von Monsieur d'Alembert; aber er starb wie zuvor Fontenelle vierzehn Tage nach meiner Ankunft, gegen Ende des Jahres 1783. Heute fühle ich, daß ich Paris und Frankreich zum letztenmal gesehen habe. Ich scheue die revolutionäre Bewegung des Volkes, und ich bin zu alt, um hoffen zu dürfen, daß ich deren Ende erleben werde.

ELFTES KAPITEL

Mein Bruder hatte inzwischen mehrere Gemälde vollendet; er beschloß, eins davon Monsieur de Marigny[1] zu zeigen, und eines schönen Morgens begaben wir uns zu dem hohen Herrn, der im Louvre wohnte. Dort machten alle Künstler ihm ihre Aufwartung. Wir waren an diesem Morgen die ersten und warteten in einem Saal unmittelbar vor seinen Gemächern auf sein Erscheinen. Das Gemälde war zur Besichtigung ausgestellt; es war ein Schlachtstück im Geschmack von Bourguignon.[2] Der erste Besucher, der erschien, blieb vor dem Bilde stehen, besah es aufmerksam und ging dann weiter, indem er zu sich selber sagte: »Schlecht!«

Einen Augenblick darauf kamen zwei neue Besucher, sahen das Bild und sagten lachend: »Schülerarbeit!«

Ich schielte nach meinem Bruder, der neben mir saß; er schwitzte Blut und Wasser. Es dauerte keine Stunde, so war der Saal voll von Leuten, und ein jeder machte seine Witze über das unglückselige Bild. Mein armer Bruder fühlte sich dem Tode nahe und dankte Gott, daß ihn wenigstens kein Mensch kannte.

Da er mir leid tat, so stand ich auf, um mit ihm in einen anderen Saal zu gehen, und sagte, nur um ihn zu trösten: Monsieur de Marigny würde kommen und sein Bild gut finden; dies würde dann eine Rache für alle beleidigenden Bemerkungen sein. Zum Glück war er nicht derselben Meinung, und so gingen wir schnell hinaus, stiegen in einen Fiaker und fuhren nach Hause, wo wir unserem Bedienten befahlen, das Bild wieder abzuholen.

Sobald das arme Gemälde bei uns im Hause war, machte mein Bruder ein wirkliches Schlachtstück daraus, denn er durchbohrte es mit zwanzig Degenstößen. Sodann faßte er den Entschluß, sofort seine Angelegenheiten in Ordnung zu bringen, Paris zu verlassen und an einem anderen Ort eine Kunst zu studieren, die er abgöttisch liebte. Wir beschlossen, uns nach Dresden zu begeben. Etwa Mitte August reiste ich mit meinem Bruder von Paris ab.

Ich hatte zwei Jahre lang in der einzigartigen Stadt gelebt, hatte dort viel Vergnügen gefunden und keine andere Unannehmlichkeit, als daß ich zuweilen ein bißchen knapp bei Gelde war. Wir reisten über Metz, Mainz und Frankfurt und kamen gegen Ende desselben Monats in Dresden an. Meine Mutter nahm uns mit der zärtlichsten Liebe auf und war entzückt über das Wiedersehen. Mein Bruder verbrachte vier Jahre in dieser hübschen Stadt mit beständigem Studium seiner Kunst; er kopierte in der kurfürstlichen Galerie alle schönen Schlachtenbilder der größten Meister.

Nach Paris kehrte er erst zurück, als er die Gewißheit erlangt hatte, der Kritik die Spitze bieten zu können; ich werde später erzählen, wie wir fast zur gleichen Zeit dort ankamen. Was bis dahin gutes und schlechtes Glück abwechselnd für und gegen mich machten, das, mein lieber Leser, wirst du sehen.

Das Leben, das ich bis zum Ende des Karnevals 1753 in Dresden führte, bietet nichts Besonderes. Um den Schauspielern und besonders meiner Mutter ein Vergnügen zu machen, verfaßte ich eine Tragikomödie, worin ich zwei Harlekine auftreten ließ. Es war eine Parodie der ›Feindlichen Brüder‹ von Racine. Der König[3] lachte herzlich über die komischen Bosheiten, mit denen mein Stück gespickt war, und ich erhielt von ihm und seinem Minister[4], dessen Prachtliebe nirgends in Europa ihresgleichen fand, ein herrliches Geschenk.

Bald darauf reiste ich von Dresden ab. Ich ließ dort meine liebe Mutter, meinen Bruder und meine Schwester zurück, die sich mit dem Hofklavierlehrer Peter August verheiratet hatte. Er ist vor zwei Jahren gestorben und hat seine Witwe in behaglichem Wohlstand und seine Familie in glücklichen Verhältnissen zurückgelassen.

Die ersten drei Monate meines Dresdner Aufenthaltes verbrachte ich damit, alle käuflichen Schönheiten kennenzulernen. Ich fand, daß sie die Italienerinnen und Französinnen, was ihre körperlichen Reize anbelangt, noch übertrafen. Was aber Anmut, Geist und Charme betrifft, so konnten sie sich mit diesen nicht messen, denn ihr Charme besteht vor allem darin, in denjenigen verliebt zu erscheinen, der sie liebenswert findet und sie bezahlt. Diesem Mangel an Charme verdanken sie den Ruf, kühl zu sein. Ich mußte meinen Dresdner Streifzug wegen eines Liebesangebindes, das mir eine schöne Ungarin aus der Gesellschaft der

Creps[5] überließ, aufgeben. Das war das siebte Mal, daß ich mich auf diese Weise indisponiert fand, und ich mußte mich, wie bereits früher, durch eine sechswöchige Enthaltsamkeit davon befreien.

Ich hatte in Dresden häufig Gelegenheit, den König zu sehen; er liebte seinen Minister, den Grafen Brühl, weil sein Günstling das doppelte Geheimnis besaß, noch verschwenderischer zu sein als sein Gebieter und ihm alles zu ermöglichen.

Niemals war ein Monarch ein so angesagter Feind der Sparsamkeit; er lachte über die Schelme, die ihn bestahlen, und gab viel aus, um viel lachen zu können. Da er nicht Geist genug hatte, um über die Dummheiten anderer Fürsten und über die Lächerlichkeiten des menschlichen Geschlechtes lachen zu können, so hatte er vier Spaßmacher in seinem Lohn; man nennt sie in Deutschland »Narren«, obgleich diese herabgekommenen Menschen für gewöhnlich klüger sind als ihre Herren. Diese Spaßmacher sind amtlich dazu angestellt, ihren Herrn durch alle möglichen Späße zum Lachen zu bringen; für gewöhnlich sind dies ekelhafte Fratzenschneidereien oder seichte Grobheiten.

Zuweilen gewinnen jedoch diese berufsmäßigen Narren solchen Einfluß auf ihren Herrn, daß sie von ihm bedeutende Gnadenbeweise für Personen, für die sie sich interessieren, zu erwirken imstande sind. Infolgedessen werden sie von den ersten Familien ausgezeichnet behandelt. Welchen Menschen brächte nicht das Bedürfnis dazu, Niedrigkeiten zu begehen? Sagt nicht bei Homer[6] Agamemnon zu Menelaos, sie wären in einer Lage, daß sie solche begehen müßten. Und diese Herren lebten doch lange, lange vor uns. Dies scheint zu beweisen, daß zu allen Zeiten die Menschen sich von denselben Antrieben bewegen lassen, nämlich dem Eigennutz.

Man tut unrecht, wenn man sagt, Graf Brühl sei Sachsens Verderber gewesen, denn er war nur der getreue Diener der Wünsche und Neigungen seines Herrn. Er hat seine Kinder in Armut zurückgelassen, und damit ist sein Andenken hinreichend gerechtfertigt.

Dresden hatte den glänzendsten Hof, den es damals in Europa gab. Die Künste standen in hoher Blüte. Galanterie sah man jedoch nicht. Denn König August war nicht galant, und die Sachsen sind nicht zur Galanterie veranlagt, wenn ihnen nicht ihr Herrscher das Beispiel gibt.

In Prag, wo ich nicht zu verweilen gedachte, bestellte ich nur einen Brief Amorevolis an den Opernunternehmer Locatelli[7]; dann machte ich einen Besuch bei einer alten Bekannten, Signora Morelli, die ich liebte und bei der ich für zwei oder drei Tage alles fand, was mein Herz begehrte. Im Augenblick, da ich abreisen wollte, traf ich auf der Straße meinen Freund Fabris, der damals Oberst war. Er nötigte mich, mit ihm zu speisen. Ich umarmte ihn und machte ihm klar, daß ich sofort abreisen müßte. Vergeblich!

»Du kannst heute abend mit einem meiner Freunde abfahren; ihr werdet den Postwagen einholen.«

Ich mußte nachgeben und war nachher entzückt, daß ich's getan, denn wir verbrachten den ganzen Tag auf eine köstliche Weise. Fabris sehnte sich nach Krieg, und seine Wünsche wurden zwei Jahre später[8] erhört. Er gewann in diesem Kriege großen Ruhm. Ich muß noch ein Wort über Locatelli sagen. Er war ein origineller Charakter, dessen Bekanntschaft zu machen sich lohnte. Er hielt jeden Tag Tafel von dreißig Gedecken, und die Gäste bestanden aus seinen Schauspielern und Schauspielerinnen, Tänzern und Tänzerinnen sowie einigen Freunden. Mit vornehmer Würde führte er den Vorsitz beim leckeren Mahl; denn gutes Essen war seine Leidenschaft. Ich werde noch Gelegenheit haben, von ihm zu sprechen, wenn wir zu meiner russischen Reise kommen. In Petersburg traf ich ihn wieder; dort ist er vor kurzem im Alter von neunzig Jahren gestorben.

Ich verließ Prag und war bald darauf zum ersten Mal in der Österreichischen Hauptstadt. Ich war achtundzwanzig Jahre alt, gut mit Sachen versehen, aber ein bißchen knapp an Geld, weshalb ich bis zum Eintreffen eines auf Signor Bragadin gezogenen Wechselbetrages meine Ausgaben einschränken mußte. Der einzige Empfehlungsbrief, den ich hatte, war vom Dresdner Dichter Migliavacca[9] an den berühmten Metastasio[10] gerichtet, dessen Bekanntschaft zu machen ich sehr begierig war. Ich gab den Brief gleich am Tage nach meiner Ankunft ab und fand in einer stundenlagen Unterhaltung den Dichter noch gelehrter, als er in seinen Werken erscheint. Metastasio war außerdem so bescheiden, daß ich anfangs diese Bescheidenheit nicht für natürlich hielt; sehr bald aber überzeugte ich mich, daß sie vollkommen echt war, denn wenn er etwas von seinen Versen hersagte, verlor sie sich, und er war der erste, der auf die guten Stellen und auf die

Schönheiten aufmerksam machte. Dies tat er mit derselben Einfachheit, womit er schwache Partien hervorhob. Ich erwähnte seinen Lehrer Gravina[11], und er sagte bei dieser Gelegenheit fünf oder sechs noch ungedruckte Stanzen her, die er auf dessen Tod gedichtet hatte. Gerührt durch die Erinnerung an den Verlust seines Freundes und durch die Süßigkeit seiner eigenen Verse, hatte er während des Sprechens die Augen voll von Tränen. Als er geendet hatte, fragte er mich in einem Ton wahrhaft rührender Biederkeit: *»Ditemi il vero: si può dir meglio?* [Sagen Sie mir die Wahrheit: kann man es besser ausdrücken?]«

Ich antwortete, nur ihm selber stände es zu, dies für möglich zu halten. Als ich ihn hierauf fragte, ob seine schönen Verse ihm viele Mühe kosteten, zeigte er mir vier oder fünf Seiten Geschriebenes mit vielen Ausstreichungen. Es waren im ganzen nur vierzehn Verszeilen, und er versicherte mir, an einem Tage hätte er niemals mehr machen können. Er bestätigte mir damit eine mir schon bekannte Tatsache, nämlich die, daß gerade die Verse den Dichter am meisten Mühe kosten, von denen der Durchschnittsleser glaubt, er habe sie nur so aus dem Ärmel geschüttet.

»Welche von Ihren Opern«, fragte ich ihn, »lieben Sie am meisten?«

»Attilio Regolo: ma questo non vuol già dire, che sie il migliore. [Attilus Regulus; aber damit ist noch nicht gesagt, daß sie die beste ist].«

»Man hat in Paris Ihre sämtlichen Werke in französische Prosa übersetzt; aber der Herausgeber hat sich damit zugrunde gerichtet, denn man kann sie nicht lesen: dies beweist, wie erhaben und kräftig Ihre Poesie ist.«

»Vor etlichen Jahren verlor ein anderer Dummkopf sein Vermögen, indem er Ariostos schöne Verse in französische Prosa übertrug. Ich lache, wenn jemand behauptet, ein Prosawerk könne Anspruch darauf erheben, für ein Gedicht zu gelten.«

»Ich bin vollkommen Ihrer Meinung.«

»Und mit Recht.«

Hierauf erzählte er mir, er habe niemals kleine Lieder gedichtet, ohne sie selber in Musik zu setzen; doch zeige er für gewöhnlich seine Musik keinem Menschen.

»Es ist komisch«, fuhr er fort, »wie die Franzosen glauben können, daß es möglich sei, Verse einer bereits vorhandenen Musik anzupassen. Das ist gerade, wie wenn man einem Bildhauer sagte:

Da hast du einen Marmorblock; mache mir eine Venus daraus. Aber ihr Gesicht muß zu erkennen sein, ehe du noch ihre Züge herausgemeißelt hast.«

Bei einem Besuch der Hofbibliothek begegnete ich zu meiner großen Überraschung Monsieur de la Haye mit zwei Polen und einem jungen Venezianer, der von seinem Vater ihm zur Vollendung seiner Erziehung übergeben worden war. Ich hatte geglaubt, er wäre in Polen, und das Wiedersehen mit ihm war mir angenehm, da es interessante Erinnerungen in mir weckte. Ich umarmte ihn herzlich mehrere Male. Er sagte mir, er sei geschäftehalber in Wien und werde im Laufe des Sommers nach Venedig kommen. Wir machten uns gegenseitig Besuche, und als ich ihm sagte, daß ich nicht recht gut bei Kasse sei, lieh er mir fünfzig Zechinen, was ich ihm hoch anrechnete. Er teilte mir mit, daß sein Freund Baron de Bavois bereits Oberstleutnant in venezianischen Diensten sei, und diese Nachricht machte mir wirklich Freude. Er hatte das Glück gehabt, von Signor Morosini zu seinem Generaladjutanten erwählt zu werden, als dieser nach seinem Rücktritt vom Pariser Botschafterposten zum Grenzkommissar ernannt worden war. Ich war entzückt, zwei Menschen glücklich zu wissen, die mich als den ersten Urheber ihres Glükkes ansehen mußten. In Wien erfuhr ich bestimmt, daß de la Haye Jesuit gewesen war, aber darüber durfte man mit ihm nicht sprechen.

Da ich nicht wußte, wohin ich gehen sollte, jedoch große Lust hatte, mich zu amüsieren, so besuchte ich die Probe der Oper, die nach Ostern gegeben werden sollte; dort traf ich den mir von Turin her bekannten ersten Tänzer Bodin, der die schöne Geoffroi geheiratet hatte. Ferner traf ich dort den Gatten der schönen Ancilla, Campioni. Er sagte mir, er sei zur Trennung gezwungen gewesen, weil sie ihn zu öffentlich entehrt habe. Dieser Campioni war ein ebenso großer Spieler wie großer Tänzer; ich nahm Wohnung bei ihm.

In Wien war alles schön. Viel Geld und viel Luxus. Aber auch große Hemmnisse für die Anbeter der Venus. Eine Legion erbärmlicher Spitzel, die man mit dem schönen Namen Keuschheitskommissäre schmückte, waren die unerbittlichen Verfolger aller Mädchen. Die Herrscherin besaß in bezug auf die sogenannte illegitime Liebe nicht die erhabene Tugend der Duldsamkeit; fromm bis zur Bigotterie, glaubte sie sich ein großes

Verdienst vor Gott zu erwerben, indem sie den natürlichsten Trieb beider Geschlechter auf das kleinlichste verfolgte. Indem sie das Verzeichnis der Todsünden in ihre kaiserliche Hand nahm, glaubte sie über sechs von ihnen hinwegsehen zu dürfen, um nur die Wollust zu treffen, die ihr unverzeihlich schien.

»Man kann«, sagte sie, »den Stolz verkennen, denn die Würde trägt sein Kleid. Der Geiz ist allerdings abscheulich; aber man kann sich dabei täuschen, denn er hat große Ähnlichkeit mit der Sparsamkeit. Der Zorn ist eine mörderische Krankheit, wenn er lostobt; aber auf Totschlag steht Todesstrafe. Die Völlerei mag vielleicht nur Naschhaftigkeit sein, und diese Sünde wird von der Religion nicht bestraft; denn in guter Gesellschaft gilt sie sogar für einen Vorzug; übrigens ist sie vom Appetit abhängig, und wenn einer an einer Unverdaulichkeit stirbt, nun, so hat er eben seine Strafe weg. Der Neid ist eine niedrige Leidenschaft, die sich niemals offen kundgibt; um die Neidischen noch anders zu bestrafen als durch das ätzende Gift, das sie ohnehin verzehrt, müßte ich zunächst meinen ganzen Hof auf die Folter spannen lassen. Die Faulheit wird schon durch die Langeweile bestraft. Etwas anderes aber ist es mit der Unenthaltsamkeit; dieser kann meine keusche Seele nicht verzeihen, und ich erkläre ihr offenen Krieg. Mögen meine Untertanen alle hübschen Frauen hübsch finden, mögen die Frauen alles aufbieten, um hübsch auszusehen, möge man sich unterhalten, soviel man will. Das kann ich nicht verbieten; aber ich will nicht, daß man Begierden, von denen die Erhaltung der menschlichen Rasse abhängt, befriedigt, wenn man nicht in aller Form rechtens verheiratet ist. Man wird daher alle jene Unglücklichen, die ihre Liebe und ihre von der Natur empfangenen Reize verkaufen, nach Temesvar[12] schicken. Ich weiß wohl, man ist in dieser Hinsicht in Rom sehr milde; denn dort hat ja jede Eminenz ihre Geliebte, um ein größeres Verbrechen zu verhindern – das trotzdem doch nicht verhindert wird. Aber in Rom macht man dem Klima Zugeständnisse, die ich hier nicht zu machen brauche, denn hier ersetzen Flasche und Pfeife alle anderen Genüsse. Auch Unordnungen, die in den Häusern vorkommen, werde ich nicht verschonen; sobald ich erfahre, daß eine Frau ihrem Gatten untreu ist, werde ich sie einfach einsperren lassen, mag man auch noch soviel behaupten, der Mann allein sei Herr über seine Frau; denn dieser Einwand ist nicht stichhaltig in meinen Staaten, wo die Ehemänner zu gleichgültig sind. Fanatische

Ehemänner mögen meinetwegen schreien, soviel sie Lust haben, und mögen sich beklagen, ich entehre sie, indem ich ihre Frauen bestrafe; sie sind durch deren Untreue schon vorher entehrt.«

»Aber, Madame, die Entehrung kann nur darin bestehen, daß sie bekannt wird; übrigens können Sie sich geirrt haben, obgleich Sie Kaiserin sind.«

»Das weiß ich. Aber schweigen Sie!« Dieser grimmigen Anschauung, der Folge des einzigen Fehlers, den die große Maria Theresia *sub specie recti* [unter dem Anschein des Rechts][13] hatte, entsprangen alle jene Niederträchtigkeiten, die die Henker von Keuschheitskommissären ungestraft in ihrem Namen begingen. Zu allen Stunden des Tages und in allen Straßen Wiens wurden allein gehende Mädchen, die oft nur ausgegangen waren, um sich in Ehren ihren Lebensunterhalt zu verdienen, verhaftet und ins Gefängnis geschleppt. Es war eine Gemeinheit; denn wie konnte man wissen, daß das Mädchen zu einem Mann ging, um sich trösten zu lassen, oder daß sie auf der Straße einen Tröster suchte? Das war doch nicht so einfach. Ein Spion – die Polizei bezahlte ganze Scharen von solchen – folgte ihnen von fern, und da diese Halunken keine Uniform trugen, konnte man sie nicht erkennen. Die Folge war, daß man gegen jeden unbekannten Menschen mißtrauisch war.

Wenn ein Mädchen in ein Haus eintrat, wartete der sie verfolgende Spion unten an der Tür, hielt sie an, sobald sie wieder herauskam, und nahm sie ins Verhör. Wenn das arme Ding ein verlegenes Gesicht machte, wenn sie nur einen Augenblick zögerte, eine Antwort zu geben, die den Spitzel befriedigte, brachte der Kerl sie ins Gefängnis, nachdem er zunächst ihr alles Geld und allen Schmuck abgenommen hatte; diese Wertgegenstände waren verloren, denn niemals gelang es, ihre Rückerstattung zu bewirken. Wien war in dieser Beziehung eine wahre Räuberhöhle, voll von privilegierten Spitzbuben. Eines Tages drückte bei einem Straßenauflauf in der Leopoldstadt ein junges Mädchen mir eine goldene Uhr in die Hand, damit der Spion, der sie verfolgte und ins Stockhaus[14] bringen wollte, sie nicht bekäme. Ich kannte das arme Mädchen gar nicht, aber ich hatte das Glück, sie einen Monat später wiederzusehen. Sie war hübsch und hatte durch mehr als ein Opfer ihre Freiheit wiedererlangt. Ich freute mich sehr, ihr ihre Uhr wiedergeben zu können, und verlangte keinen Lohn für meine Ehrlichkeit, obgleich die Schöne der Mühe wert war. Um den Belästigungen zu entgehen, gab es für die Mädchen nur ein Mittel: sie mußten gesenkten Kopfes und mit einem Rosenkranz in der Hand über die Straße gehen; denn alsdann durfte das ekelhafte Gezücht sich nicht erlauben, sie ohne weiteres zu verhaften. Es wäre ja möglich gewesen, daß sie in die Kirche gehen wollten, und in diesem Fall hätte Maria Theresia den Keuschheitskommissär hängen lassen.

Diese Bande machte für die Fremden den Aufenthalt in Wien sehr unangenehm; denn es war schwer, selbst ganz natürliche Bedürfnisse zu befriedigen. Ich war sehr überrascht, als ich eines Tages in einem Gäßchen an der Mauer stand, von einem Strolch in runder Perücke angefahren zu werden, der mir sagte, ich sollte mich anderswohin scheren, sonst würde er mich verhaften lassen.

»Und warum, bitte?«

»Weil da links von Ihnen eine Frau ist, die Sie sehen kann.«

Ich blickte auf und sah im vierten Stock den Kopf einer Frau, die mit einem Fernrohr wohl hätte unterscheiden können, ob ich Christ oder Jude war. Lachend kam ich dem Befehl nach. Ich erzählte mein Erlebnis überall, aber kein Mensch wunderte sich darüber, denn so etwas kam jeden Tag hundertmal vor.

Um die Wiener Bräuche kennenzulernen, aß ich bald hier, bald dort. Als ich eines Tages mit Campioni zum Essen in den Gasthof ›Zum Krebs‹ ging, sah ich zu meiner großen Überraschung an der Gasttafel jenen Bepe il Cadetto sitzen, den ich während meiner Gefangenschaft beim spanischen Heere kennengelernt, später in Venedig und dann noch in Lyon unter dem Namen Don Giuseppe Marcati wiedergesehen hatte. Campioni, der in Lyon sein Teilhaber gewesen war, umarmte ihn, sprach dann mit ihm abseits und sagte mir schließlich, der Herr habe seinen richtigen Namen wieder angenommen und heiße jetzt Graf Afflisio. Nach dem Essen werde man eine Pharaobank auflegen[15], woran ich beteiligt sein solle; man bitte mich daher, nicht zu spielen. Ich erklärte mich einverstanden. Afflisio gewann, und ein gewisser Hauptmann Beccaria warf ihm die Karten ins Gesicht – ein kleiner Scherz, woran der angebliche Graf bereits gewöhnt war und der daher nicht weiter auffiel. Nach dem Spiel gingen wir in ein Kaffeehaus, wo ein gutaussehender Offizier mich aufmerksam ansah. Endlich lächelte er, doch in einer Weise, die durchaus nichts Beleidigendes an sich hatte.

»Mein Herr«, fragte ich ihn höflich, »über wen mögen Sie wohl lachen?«

»Über Sie, mein Herr. Ich sehe, Sie erinnern sich meiner nicht.«

»Es ist mir so, als müßte ich bereits die Ehre gehabt haben, Sie irgendwo zu sehen. Aber wo? Das kann ich nicht sagen.«

»Vor neun Jahren, als ich auf Befehl des Fürsten Lobkowitz Sie ans Tor von Rimini brachte.«

»Sie sind Baron Weiss!«

»Ganz recht!«

Wir umarmten uns, und er bot mir seine Freundschaft an, indem er mir versprach, mir in Wien alle nur möglichen Vergnügungen zu verschaffen. Ich nahm dies natürlich an, und an demselben Abend stellte er mich einer Gräfin vor, bei der ich die Bekanntschaft des Abbate Testagrossa machte, den man auch Grossatesta nannte. Er war Gesandter des Herzogs von Modena und bei Hofe gern gesehen, weil er die Heirat eines Erzherzogs mit der Prinzessin Beatrice d'Este vermittelt hatte. Ich machte dort auch die Bekanntschaft der Grafen Roggendorf und Sarotin und mehrerer adliger junger Damen, die man nach der Etikette nur als Fräulein anreden darf. Auch war dort eine Baronin, die danach aussah, als ob sie ein lockeres Leben geführt hätte, die aber wohl noch gefallen konnte. Wir speisten zu Abend, und ich wurde dabei fortwährend als Baron angeredet. Vergebens sagte ich, ich wäre kein Baron und hätte überhaupt keinen Titel. »Sie müssen doch irgend etwas sein«, antwortete man mir, »und weniger als Baron können Sie nicht sein. Sie müssen sich Baron nennen lassen, wenn Sie in Wien irgendwo in Gesellschaften zugelassen werden wollen.«

»Nun, so will ich denn meinetwegen Baron sein. Es hat ja nichts weiter auf sich.«

Die Baronin gab mir bald zu verstehen, daß sie mich nach ihrem Geschmack finde und daß es ihr angenehm sein würde, wenn ich ihr den Hof machte. Ich besuchte sie schon am nächsten Tage, und sie sagte mir: »Wenn Sie gern spielen, so kommen Sie heute abend.« Ich lernte bei ihr mehrere Spieler kennen, auch Tramontini, dessen Frau ich unter dem Namen Madame Tesi[16] kannte. Auch traf ich drei oder vier Fräulein, die sich ohne Furcht vor Keuschheitskommissären dem Dienst der Venus geweiht hatten. Da merkte ich, daß die Herren Keuschheitskommissäre nur für solche unbequem waren, die nicht in guten Häusern verkehrten.

Da die Baronin mir sagte, ich könne ihr meine Freunde vorstellen, so führte ich den Baron Weiss, Campioni und Afflisio bei ihr ein. Der Graf spielte, hielt die Bank und gewann; Tramontini stellte ihn seiner Frau vor, und durch ihre Vermittlung machte Afflisio die ausgezeichnete Bekanntschaft des Prinzen von Sachsen-Hildburghausen. Dies war der Ausgangspunkt für die glänzende Laufbahn des Grafen eigener Mache; denn Tramontini, der sein Teilhaber bei allen großen Spielpartien geworden war, ließ durch seine Frau den Prinzen bewegen, ihm zunächst den Rang eines Hauptmanns im Dienst Ihrer Kaiserlichen und Königlichen Majestäten zu verschaffen. Drei Wochen später trug Afflisio die Uniform mit seinen Rangabzeichen. Als ich von Wien abreiste, war er im Besitz von hunderttausend Gulden. Die Majestäten liebten das Spiel, aber sie setzten nicht. Der Kaiser[17] ließ vielmehr eine Bank halten. Er war ein guter, prachtliebender und haushälterischer Fürst. Ich sah ihn einmal in vollem kaiserlichem Ornat und war überrascht, daß er spanische Kleidung[18] trug. Ich glaubte, Karl V. zu sehen, der diese Etikette eingeführt hatte; sie war noch immer im Brauch, obwohl nach ihm kein Kaiser Spanier gewesen ist und Franz I. mit der spanischen Nation gar nichts gemein hatte.

Später sah ich die gleiche Sonderbarkeit in Polen bei der Krönung von Stanislaus August Poniatowski[19], und die alten Paladine weinten vor Ärger, als sie diese Tracht sahen; aber sie mußten gute Miene zum bösen Spiel machen, denn unter dem russischen Despotismus war ihnen nichts anderes übriggeblieben, als sich in Geduld zu fassen.

Kaiser Franz I. war schön, und ich würde sein Gesicht stets angenehm gefunden haben, ob er nun ein Lodenwams oder den kaiserlichen Purpur getragen hätte. Er behandelte seine Frau mit der größten Rücksicht und hinderte sie nicht, verschwenderisch zu sein, weil es nur Kremnitzer[20] waren, die sie verspielte oder als Gnadengabe verschenkte; er ließ auch zu, daß sie den Staat in Schulden stürzte, weil er die Kunst verstand, dessen Gläubiger zu werden. Er begünstigte den Handel, weil dieser ihm seine Kassen füllte. Er war galant, und die Kaiserin, die ihn stets nur ihren Herrn nannte, tat, als merkte sie nichts davon; denn sie wollte in der Welt nicht den Glauben aufkommen lassen, daß ihre Reize nicht mehr genügten, ihren erlauchten Gemahl zu fesseln, um so mehr, da man allgemein die Schönheit ihrer zahlreichen Nachkommenschaft bewunderte. Alle Erzherzoginnen, mit Ausnahme der ältesten, schienen mir schön; von den Knaben konnte ich nur den Erstgeborenen[21] genauer beobachten; ich fand seine Gesichtszüge unglücklich, obwohl Abbé Testagrossa, der sich etwas auf seine physiognomischen Kenntnisse zugute tat, anderer Meinung war.

»Was bemerken Sie«, fragte er mich eines Tages, »an der Physiognomie des Prinzen?«

»Eigendünkel und Selbstmord.«

Ich war ein guter Prophet; denn Joseph II. hat sich tatsächlich selbst getötet, allerdings absichtslos, und sein Eigendünkel war schuld daran, daß er es nicht merkte. Er wußte etwas; aber seine eingebildeten Kenntnisse zerstörten die, die er wirklich besaß.

Als ich vor sieben Jahren in Laxenburg[22] bei ihm war, sprach er mit berechtigtem Spott von einem Menschen, der mittels riesiger Summen und durch alle möglichen Kriechereien einen elenden Adelsbrief erworben hatte. Bei dieser Gelegenheit sagte er zu mir: »Ich verachte alle, die den Adel kaufen.«

»Mit Recht. Aber was soll man von denen halten, die ihn verkaufen?«

Nach dieser Frage drehte er mir den Rücken zu und hielt mich nicht mehr für würdig, ein Wort an mich zu richten.

Der hohe Herr hatte eine Leidenschaft fürs Erzählen, und er erzählte in der Tat hübsch und wußte die Einzelheiten einer Anekdote geschickt auszuschmücken; aber er wollte durchaus seine Zuhörer lachen sehen, denn wer nicht zu seinen Späßen lachte, war in seinen Augen ein Dummkopf, und leider blieben gerade die ernst, die ihn am besten kannten. Er zog Brambillas Rat[23], der ihm schließlich den Tod brachte, den Meinungen der Ärzte vor, die ihm sagten, *principiis obsta* [Wehre den Anfängen][24]. Übrigens hat niemand ihm Furchtlosigkeit abgestritten; aber von der Kunst des Regierens hatte er keine Ahnung, denn er hatte nicht die geringste Kenntnis vom menschlichen Herzen, und er wußte weder sich zu verstellen noch ein Geheimnis zu bewahren. Er hatte seine Gesichtszüge so wenig in der Gewalt, daß er nicht einmal sein Vergnügen zu verbergen wußte, wenn er eine Strafe verhängte. Wenn er jemand sah, dessen Züge ihm nicht gefielen, schnitt er stets eine Grimasse, die zu sagen schien: »Wer ist denn dieser Tropf?«

Joseph II. ist einer wirklich furchtbaren Krankheit erlegen;

denn er blieb bis zum letzten Augenblick bei vollem Bewußtsein, während er doch den unvermeidlichen Tod vor Augen sah. Ihm ist das Unglück widerfahren, alles bereuen zu müssen, was er getan hatte, und es nicht rückgängig machen zu können; teils weil das meiste nicht wiedergutzumachen war, teils weil er geglaubt hätte, sich zu entehren, wenn er aus Gründen der Vernunft zerstörte, was er aus Unvernunft geschaffen hatte; denn ohne Zweifel bewahrte er bis zum letzten Augenblick das Gefühl der seiner hohen Geburt anhaftenden Unfehlbarkeit, obgleich der schwankende Zustand seiner Seele ihm die Fehlbarkeit seiner Natur hätte zum Bewußtsein bringen müssen. Er hegte die größte Achtung für seinen Bruder[25], der heute an seiner Stelle regiert; trotzdem hatte er nicht den Mut, die wichtigen Ratschläge zu befolgen, die dieser ihm gab. In einer Regung von Seelengröße gab er dem geschickten und klugen Arzt, der ihm sein Todesurteil ankündigte, eine hohe Belohnung; aber in einer Schwäche entgegengesetzter Art hatte er einige Monate vorher die Ärzte und den Quacksalber belohnt, die ihm weismachten, er sei geheilt. Ferner hatte er das Unglück, genau zu wissen, daß man seinen Tod nicht betrauern würde – ein trostloser Gedanke, besonders für einen Herrscher. Seine von ihm innig geliebte Nichte[26] starb vor ihm, und wenn die Personen seiner Umgebung ihn geliebt hätten, so würde ihm die herzzerreißende Nachricht erspart worden sein; denn es war handgreiflich, daß sein Ende unmittelbar bevorstand, und sein Groll wegen Vorenthaltens der Nachricht wäre daher nicht mehr zu fürchten gewesen. Aber man hatte Sorge, daß der Nachfolger gegenüber der kaiserlichen Nichte, die sogleich hunderttausend Gulden erhielt, nicht freigebig gewesen wäre. Dabei hätte Leopold niemanden zu kurz kommen lassen.

Ich war entzückt von dem Wiener Leben und von den Genüssen, die ich bei den schönen Fräulein fand, deren Bekanntschaft ich bei der Baronin gemacht hatte. Kurz vor meiner Abreise aus der schönen Stadt traf Baron Weiss mich beim Hochzeitsfest des Grafen Durazzo und lud mich zu einem Picknick in Schönbrunn ein. Wir fuhren hin, und ich war dort in keiner Weise enthaltsam; als wir nach Wien zurückkamen, hatte ich mir denn auch dermaßen den Magen verdorben, daß ich vierundzwanzig Stunden später dem Tode nahe war.

Das letzte Fünkchen Vernunft, das ich in meinem erschöpften Zustand noch besaß, benutzte ich dazu, mir das Leben zu retten. Campioni und die Grafen Roggendorf und Sarotin standen an meinem Bett. Sarotin, mit dem ich sehr befreundet geworden war, hatte einen Arzt mitgebracht, obgleich ich auf das bestimmteste erklärt hatte, ich wollte keinen. Der neue Sangrado[27] glaubte mir seine Kunst als Despot aufdrängen zu können und hatte einen Wundarzt kommen lassen, der mich gegen meinen Willen zur Ader lassen sollte. Ich war schon halbtot, aber einer mir selber unbegreiflichen Eingebung folgend, schlug ich die Augen auf und sah den Mann mit der Lanzette in der Hand und grade im Begriff, mir die Ader zu öffnen. »Nein, nein!« sagte ich und zog matt meinen Arm zurück; der Kerl aber wollte mir, wie der Arzt sich ausdrückte, auch gegen meinen Willen das Leben retten und packte von neuem meinen Arm. Grade in diesem Augenblick verspürte ich eine Belebung meiner Kräfte; ich streckte die Hand aus, ergriff eine meiner Pistolen, und die Kugel riß ihm eine seiner Locken vom Kopf. Dies genügte. Alle Anwesenden machten sich aus dem Staube, ausgenommen meine Magd, die nicht von mir ging und mir so viel Wasser zu trinken gab, wie ich verlangte. Am vierten Tag war ich völlig wiederhergestellt.

Mein Erlebnis gab allen Wiener Müßiggängern ein paar Tage lang Stoff zur Erheiterung, und Abbate Testagrossa versicherte mir: wenn ich den armen Wundarzt erschossen hätte, so wäre er eben tot gewesen und weiter nichts, denn die anwesenden Zeugen würden der Wahrheit gemäß erklärt haben, man hätte mich mit Gewalt zur Ader lassen wollen; demgemäß wäre ich also in der Notwehr gewesen. Von mehreren Seiten wurde mir auch berichtet, die Wiener Ärzte hätten die Ansicht ausgesprochen, daß ich nicht mit dem Leben davongekommen wäre, wenn man mir Blut abgezapft hätte. Ich fühlte jedoch, daß ich mich in acht nehmen müßte, um nicht krank zu werden. Denn höchstwahrscheinlich hätte ich nur mit großer Schwierigkeit einen Arzt gefunden.

Ich reiste sehr bald darauf ab, und am vierten Tag war ich in Triest, wo ich mich sofort nach Venedig einschiffte; dort kam ich zwei Tage vor Himmelfahrt des Jahres 1753 an.

ANMERKUNGEN

Vorrede

1 *Nequicquam sapit qui sibi non sapit* – nach Cicero, »Episteln« [»Ad familiares«] VII, 6: »An Trebatius«.
2 *vivere cogitare est* – Cicero, »Tusculanae« V, V. 38, 111.
3 *nec tangere nec tangi* – frei nach Lukrez, »De rerum natura«, I, V. 305.
4 *si brevis esse volo, obscurus fio* – frei nach Horaz, »De arte poetica«, 25–26.
5 *nec sum adeo informis ...* – Vergil, »Bucolica« II, 25–26.
6 *laudibus arguitur ...* – Horaz, »Episteln« I, 19, V. 6.
7 *olla potrida* – scharf gewürzte spanische Suppe, aus verschiedenen Fleisch- und Gemüsesorten hergestellt.
8 *der Salamander, ... feuerfest wird* – Im Aberglauben des Mittelalters galten die Salamander (Molche) als menschenähnliche Wesen, die im Feuer lebten. Paracelsus zählte sie unter griechischem Einfluß (Aristoteles) zu den Elementargeistern und unterschied die des Feuers (Salamander), die des Wassers (Undinen), die der Luft (Sylphen) und die der Erde (Gnomen).

Erstes Kapitel

1 *in Friauler Mundart* – Friaul, Landschaft im Osten Venedigs.
2 *somnio nocturnos* – frei nach Horaz, »Episteln« II, 2, V. 209.
3 *Burchiello* – So wurde eine große bedeckte Gondel genannt, die von Pferden gezogen wurde.
4 *Lästrygonin* – Die Lästrygonen sind bei Homer (Odyssee X, V. 118 bis 124) Riesen, die Menschen fressen.

Zweites Kapitel

1 *Ruggiero* – Anspielung auf die Verführung Ruggieros durch die Zauberin Alcina in Ludovico Ariostos Epos »Orlando furioso« (Der rasende Roland, 1516), Gesang VII, Oktaven 23–27.
2 *Irasci celerem ...* – Horaz, »Episteln« I, 20, V. 25.
3 *Andreaskreuz* – Schrägkreuz in der Form eines X.

Drittes Kapitel

1 *Palladium des Kekrops* – Kultbild der jungfräulichen Göttin Pallas Athene. Kekrops war in der griechischen Mythologie der Gründer und erste König von Athen.
2 *Rates der Zehn* – höchstes Gericht der Republik Venedig, das seit 1310 bestand und sich aus dem Dogen, sechs Räten und zehn gewählten Senatoren zusammensetzte.
3 *E'l fior che sol potea pormi fra dei, ...* – Ariost, »Orlando furioso« VIII, Oktave 77; von Casanova leicht geändert.

Viertes Kapitel

1 *Katholische Majestät* – König Philipp V. von Spanien.
2 *Theater zu Ancona* – Nach den römischen Bühnengesetzen mußten alle Frauenrollen von Männern gespielt werden.
3 *Terpsichores* – griechische Muse des Tanzes.
4 *giton* – ein schöner Lustknabe; Gestalt aus dem antiken Roman »Satyricon« (um 55/56) von Petronius.
5 *Feluke* – leichtes Küstensegelschiff im Mittelmeergebiet, das sowohl mit Segeln als auch mit Rudern ausgestattet ist.
6 *Seguedilla* – spanischer Tanz mit Kastagnettenbegleitung.
7 *Pulchra Laverna ...* – Horaz, »Episteln« I, 16, V. 60-62. Laverna war die römische Schutzgöttin der Diebe und Räuber.
8 *Kurfürst von Sachsen* – Friedrich August II., Kurfürst von Sachsen, als August III. König von Polen.
9 *Königin* – Elisabeth Maria Josepha von Polen, Frau des Kurfürsten von Sachsen.

Fünftes Kapitel

1 *rote Kokarde* – Eine rote Kokarde trugen die Truppen Spaniens und des Königreichs beider Sizilien, eine schwarze die Österreicher.
2 *Bailo* – offizieller Titel des venezianischen Gesandten in Konstantinopel seit dem 13. Jh.
3 *Malamocco* – Schiffshafen von Venedig.
4 *Saroma zu machen* – Vermehrung des Ballastes; um die Seetüchtigkeit der Schiffe zu erhöhen, staute man z. B. Steine im unteren Schiffsraum.
5 *Autodafé* – Verbrennung ketzerischer Schriften.
6 *Bassettespiel* – ein Kartenspiel.
7 *Bailo bei der Ottomanischen Pforte* – Titel des Gesandten der Republik Venedig bei der türkischen Regierung, der jedoch nicht Generalkapitän der venezianischen Seestreitkräfte war.
8 *Pera* – Stadtteil von Konstantinopel.
9 *Janitscharen* – türkische Soldaten, die vorwiegend zur Leibwache des Sultans gehörten.

10 *türkischen Volkes gezügelt* – Anspielung auf den russisch-türkischen Krieg 1787–92; im Frieden von Jasi (1792) erhielt Rußland die Schwarzmeerküste bis zum Dnestr.
11 *Übertritt zum Islam angenommen* – nicht Osman, sondern Ahmed Pascha.
12 *Hydromel* – Honigwasser.
13 *Effendi* – Ehrentitel für hohe geistliche und weltliche Würdenträger.
14 *Kavurma* – türkisches Gericht, das vor allem aus kleingehacktem Fleisch besteht.
15 *Moretta* – Maske, die durch einen Knopf im Mund festgehalten wurde, so daß der Träger nicht sprechen konnte.
16 *dove nè nodo ...* – Ariost, »Orlando furioso« VII, 15.; Alcina ist die schöne Zauberin in dem Epos, die Ruggiero verführt.
17 *Zapanditabak* – wertvolle Tabaksorte; Camussade hingegen war ein billiger Tabak, der vor allem von den Soldaten geraucht wurde.
18 *Keith* – George Keith, Earl Marshal of Scotland.
19 *Galeassen* – große Kriegsschiffe mit einer Besatzung von etwa 700 Mann, die aus Matrosen und Galeerensträflichen bestand.

Sechstes Kapitel

1 *Liga von Cambrai* – Bündnis, abgeschlossen am 10. Dezember 1508, zwischen Ludwig XII. von Frankreich, Kaiser Maximilian, Ferdinand dem Katholischen von Spanien und Papst Julius II. gegen Venedig.
2 *heiligen Markus* – Schutzheiliger Venedigs.

Siebentes Kapitel

1 *pudor infans* – nach Horaz, »Satiren«, I, 6, V. 57.
2 *Infanten* – Philipp I., (1720–1765), zweiter Sohn des bourbonischen Königs Philipp V. von Spanien (1683–1746) und der Elisabetta Farnese (1692–1766), war Infant [Prinz] von Spanien.
3 *Henriette* – fiktiver Name. Es handelt sich wahrscheinlich um Jeanne-Marie d'Albert de St.-Hyppolyte (1718–1795).
4 *Tartane* – kleines Fischereifahrzeug mit Mast und Segel im Mittelmeer.
5 *cicerone* – Fremdenführer.
6 *Vetturino* – Kutscher.
7 *Institut* – Gemeint ist das »Istituto delle Szienze«, die Akademie der Wissenschaften, in Bologna.

Achtes Kapitel

1 *einen Caudagna* – Casanova hat jedoch früher an keiner Stelle seiner Memoiren erwähnt, daß eine seiner Tanten einen Caudagna geheiratet hat.

2 *Farnese* – Das Geschlecht der Farnese erlosch mit Antonio Fransesco (geb. 29. November 1678, gest. 20. Januar 1731); da seine Ehe kinderlos war, fiel das Land an Spanien.

3 *seine Mutter* – vgl. Kap. 7, Anm. 2.

4 *Herzog Antonio* – Antonio Francesco Farnese (vgl. Anm. 2).

5 *wieviel Uhr es ist* – Anspielung auf die Änderung der Stundenzählung in Italien, die jedoch erst im Januar 1755 offiziell erfolgte; zweifellos wurde durch den Einfluß der Franzosen am Hof von Parma schon seit 1749 die französische Stundenzählung verwendet. Bisher begann die italienische Stundenzählung mit dem Angelus-Läuten allabendlich, also eine halbe Stunde nach dem Sonnenuntergang, mit der ersten Stunde und reichte bis zur dreiundzwanzigsten. Entsprechend der Jahreszeit verschob sie sich mit den wechselnden Zeiten des Sonnenuntergangs.

6 *Madame Dacier* – Anne Dacier, geb. Lefèvre (1654–1720), eine französische Schriftstellerin, galt als eine der gelehrtesten Frauen ihrer Zeit.

Neuntes Kapitel

1 *Bragadin* – Matteo Giovanni Bragadin (1689–1767), venezianischer Patrizier und Senator, Freund und Gönner Casanovas.

2 *Dauphine* – Maria Josepha (1731–1767), Tochter des Kurfürsten Friedrich August II. von Sachsen, seit dem 9. Februar 1747 zweite Gemahlin des Dauphin Louis.

3 *Comédie Italienne* – In Frankreich spielten seit der Regierungszeit Heinrichs III. (1574–1589) Wandertruppen italienischer Komödianten. 1660 ließ sich die Truppe Loscatelli, später Ancienne Troupe de la Comédie Italienne genannt, endgültig in Paris nieder.

4 *Simonetti* – Gemeint ist Francesco Simonini (1686–1753), Maler aus Parma, der von 1740 bis 1745 in Venedig wirkte.

5 *Guarienti* – Pietro Maria Guarienti (1676–1753), italienischer Konservator an der Dresdner Galerie.

6 *Mengs* – Anton Raphael Mengs (1728–1779), seit 1745 Hofmaler Augusts III. von Sachsen, lebte seit 1754 bis zu seiner Übersiedlung als Hofmaler des spanischen Königs Karl III. 1762 nach Madrid ständig in Rom, war seit 1752 Mitglied und seit 1754 Direktor der Accademia di San Lucca.

7 *des Königs* – Carlo Emmanuele I. (1701–1773), als Herzog von Savoyen Carlo Emmanuele III., regierte seit dem 17. September 1730 als König von Sardinien.

8 *Hierophant* – Oberpriester, zeigte bei den eleusischen Mysterien die heiligen Symbole vor.

9 *Eumolpiden* – Nachkommen des Eumolpes, Sohn des Meeresgottes Poseidon (der als Stifter der Eleusinischen Mysterien galt); sie stellten die Priesterkaste der Hierophanten im Demeter-Tempel in Eleusis.

10 *Hamilton* – Sir William Hamilton (1730–1803), Archäologe und Kunstsammler, war von 1767 bis 1800 Bevollmächtigter Gesandter Englands in Neapel.

11 *heiligen Januarius* – Schutzheiliger der Stadt Neapel (San Gennaro). Casanova spielt darauf an, daß im 18. Jh. dort Reliquien des Schutzheiligen von

zwölf Adligen streng bewacht wurden. Es handelt sich dabei um zwei Röhrchen in der Capella del Tesoro, in denen sich geronnenes Blut des Heiligen befinden soll. An seinem Namenstag (19. September) und auch bei Gefahr für die Stadt soll das Blut angeblich flüssig werden.

12 *lettres de cachet* – Die berüchtigten königlichen Haftbriefe unter dem Ancien régime, durch die Mißliebige ohne Gerichtsverhandlung und Anklage (oft auf Grund von Denunziationen oder aus Launen von Mätressen des Königs oder seiner mächtigen Minister) in der Bastille eingekerkert wurden; wurden durch Dekret vom 16. März 1790 von der Nationalversammlung abgeschafft.

13 *Pantalon* – französische Form von Pantalone, der Familienvater, ebenso wie der Diener Harlekin (ital. Arlecchino) maskierte Typengestalten der Commedia dell'arte.

14 *Marivaux* – Pierre Carlet de Chamblain de Marivaux (1688–1763); er war der bedeutendste französiche Komödienautor zwischen Molière und Beaumarchais.

15 *im Marivauxschen Stücke* – »Le Jeu de l'Amour et du Hasard« [Das Spiel von Liebe und Zufall] (1730).

16 *Saint-Sauveur* – alte Pfarrkirche aus dem 13. Jh. im 2. Arrondissement. Im Gegensatz zu den anderen Schaupielern hatten die italienischen im 18. Jh. das Privileg, in geweihter Erde auf dem Friedhof bestattet zu werden.

17 *Vermeiltasse* – Tasse aus leicht feuervergoldetem Silber.

18 *Bavaroise* – Getränk, das aus starkem, mit Rohrzucker gesüßtem Tee mit Eigelb, Milch und Kirschwasser bestand.

19 *Ratafia* – sehr süßer Fruchtsaftlikör, der im 18. Jh. als Heilmittel bei Magenverstimmungen Verwendung fand.

20 *Generalstände* – Sie bestanden seit 1302 als Vertretung der drei Stände (Klerus, Adel, dritter Stand); sie sollten den König, der sie einzuberufen hatte, in allen wichtigen politischen Fragen beraten. Seit 1614 wurden sie unter der absolutistischen Herrschaft jedoch kein einziges Mal einberufen. In der Revolution ging 1789 aus den Generalständen die Nationalversammlung (Assemblée Nationale) hervor.

21 *Vielgeliebten* – Der Beiname des Vielgeliebten spielt auf die zahlreichen Amouren Ludwigs XV. an.

22 *Madame la M.* – Jeanne Antoinette Poisson, (1721–1764), als Mätresse Ludwigs XV. seit 1745 Marquise de Pompadour. Wohl kaum eine Mätresse des 18. Jh. gewann wie sie einen fast unbeschränkten Einfluß auf die Politik.

23 *B.* – Bordell.

24 *des Adels und des Klerus sein könnte* – Klerus und Adel hatten in den Generalständen je die gleiche Stimmenzahl wie der dritte Stand, also das Volk, so daß die privilegierten Stände zusammen stets über die doppelte Stimmenzahl verfügten.

25 *Crébillon* – Prosper Jolyot de Crébillon, genannt der »ältere Crébillon« (1674–1762), wurde 1734 Mitglied der Académie Française. 1749 spielte ihn die Pompadour gegen Voltaire aus; doch in diesem Kampf gegen den schon berühmten Schriftsteller unterlag er.

26 *größer als ich* – Also war Crébillon 1,95 m und Casanova 1,87 m groß.

27 *Titus Livius* – der gefeierte römische Historiker (56 v.u.Z.–17 u.Z.) stammte aus Patavium (Padua), verbrachte aber den größten Teil seines

Lebens in Rom; seine dichterisch schwungvolle, von Dialektausdrücken durchsetzte Sprache wurde kritisiert.

28 *ein gewisses Etwas* – im französischen Original »Je ne sais quoi« (Ich weiß nicht was), seit dem 17. Jh. in Frankreich gebräuchlicher Ausdruck für die männlichen Geschlechtsorgane.

29 *Maintenon* – Françoise d'Aubigné, Marquise de Maintenon (1635–1719), übernahm 1669 die Erziehung der Kinder Ludwigs XIV. und wurde die Geliebte des Königs; 1683 (nach dem Tod der Königin) ließ sich Ludwig heimlich mit ihr trauen.

30 *Mann mit der eisernen Maske* – geheimnisvoller französischer Staatsgefangener zur Zeit Ludwigs XIV. in Pignerol, dann auf der Insel Sainte-Marguerite und seit 18. September 1698 in dr Bastille; starb am 19. November 1703; trug stets eine schwarze Samtmaske. Die Behauptung, daß sie aus Eisen gewesen sei, geht auf Voltaires Werk »Le Siècle de Louis XIV« (1751) zurück, wo er (im Kap. 24) behauptet, der Gefangene sei ein Bruder des Königs gewesen.

31 *Graffigny* – Françoise d'Issembourg d'Happoncourt de Graffigny (1695 bis 1758). Seit 1743 lebte sie in Paris, wo ihr Salon Treffpunkt der großen Philosophen und Literaten war. Berühmt wurde sie durch ihren Briefroman »Lettres d'une Péruvienne« [Briefe einer Peruanerin] (1747), der bei ihren Zeitgenossen ähnlich beliebt und verbreitet war wie Montesquieus »Lettres persanes« [Persische Briefe] (1721).

Zehntes Kapitel

1 *Grimani* – Der Abbate Alvise Grimani war der Vormund des Autors und seiner Geschwister.

2 *Lulli* – Giovanni Battista Lulli [Jean-Baptiste Lully] (1632–1687), französischer Komponist, Schauspieler, Tänzer, Opernunternehmer und Dirigent.

3 *Kavalier mit blauem Ordensband* – Der Herzog von Richelieu (vgl. Anm. 4) trug das Ordensband des 1574 von König Heinrich III. von Frankreich anläßlich seiner Thronbesteigung gestifteten Ordens vom Heiligen Geist, der 1789 durch die Revolution abgeschafft, von den Bourbonen wieder eingeführt und 1830 endgültig aufgehoben wurde.

4 *Richelieu* – Louis-François-Armand de Vignerot du Plessis, Herzog von Richelieu und Fronsac (1696–1788), Diplomat und Offizier unter Ludwig XV.

5 *lautes Gelächter* – »calfeutré« bedeutet: die Ritzen eines Fensters mit Werg verstopft. Casanova aber sagt: »calfoutré«. Das Verb »foutrer« wird häufig durch »ficher« ersetzt und ist die ordinäre Bezeichnung für den Geschlechtsverkehr. Daraus erklärt sich die besondere Peinlichkeit dieses Sprachschnitzers für Casanova.

6 *Keith* – vgl. I, Kap. 5, Anm. 18.

7 *sechs Zoll* – etwa 16 cm.

8 *Königin von Frankreich* – Maria Leszczynska, (1703–1768), Tochter des entthronten polnischen Königs Stanislav I. Leszczynski (1677–1766), wurde am 5. September 1725 in Fontainebleau mit dem sieben Jahre jüngeren französischen König Ludwig XV. verheiratet, der sie später immer

mehr vernachlässigte. Sie hatte zwei Söhne und acht Töchter und galt als eine fromme, durch Wohltaten beliebte Dulderin.

9 *Lowendal* – Ulrik-Frederik-Volmar Freiherr von Lowendal (1700–1755), berühmter Feldherr unter Ludwig XV.

10 *Bergen-op-Zoom* – Die Erstürmung dieser Festung in Brabant am 16. September 1747 im österreichischen Erbfolgekrieg war Lowendals größte Heldentat.

11 *unbeabsichtigte Zote* – »le vi« (geschrieben »vis«) ist eine obszöne Bezeichnung für das männliche Glied.

12 *Herzog von Burgund* – Der älteste Sohn des Dauphins erhielt des Titel Duc de Bourgogne.

13 *König* – Ludwig XVI. (1754–1793), war seit 1774 König von Frankreich; wurde am 10. August 1792 von der Nationalversammlung abgesetzt und nach einem Prozeß vom 10. Dezember 1792 bis 17. Januar 1793 wegen Verschwörung gegen den Staat und die Sicherheit der Nation zum Tode verurteilt; er wurde am 21. Januar 1793 auf dem Revolutionsplatz in Paris guillotiniert.

14 *in der Türkei* – Es gab in der Türkei keine regelrechte Adelsschicht.

15 *so wäre wie Ludwig XVI.* – die letzten Absätze zeigen Casanova als ironischen Kritiker des »Ancien régime«, aber zugleich auch als erbitterten Gegner der Französischen Revolution.

16 *Hôtel-Dieu* – größtes Krankenhaus in Paris; hier meint Casanova aber wohl das Findelkinderheim, das seit 1670 dem Hôtel-Dieu gegenüber lag.

17 *Lit de Justice* – Bis zur Revoution waren die Parlamente in Frankreich nur gerichtliche Institutionen, denen es oblag, die königlichen Erlasse zu registrieren. Taten sie das nicht, wie 1788, so mußte der König ein lit de justice, einen großen Gerichtstag, einberufen, um die Registrierung zu befehlen. Bei diesem Gerichtstag saß er unter einem Baldachin auf dem königlichen Richterthron (lit de justice).

18 *Fontenelle* – Bernard de Bovier de Fontenelle (1657–1757), vielseitiger Schriftsteller, beschäftigte sich mit Problemen der Philosophie, Naturwissenschaften, Religion und Politik, gilt als Vorläufer der Aufklärung, schrieb aber auch Verse, Dialoge, Tragödien und Opernlibretti.

19 *Madame de Tencin* – Claudine-Alexandrine Guérin, Marquise de Tencin (1687–1749). In ihrem literarischen Salon, einem der berühmtesten in Paris zwischen 1726 und 1749, versammelten sich die bedeutendsten Geister ihrer Zeit.

20 *Monsieur d'Alembert* – Der bedeutende französische Philosph und Mathematiker (1717–1783) wurde als uneheliches Kind von Madame de Tencin auf der Treppe der Kirche Saint-Jean-le-Rond ausgesetzt und erhielt nach dem Fundort als Findelkind den Namen Jan le Rond.

21 *Madame de Graffigny* – vgl. Kap. 9, Anm. 31

Elftes Kapitel

1 *Monsieur de Marigny* – der Bruder der Madame Pompadour Abel-François Poisson (1725–1781), seit 1754 Marquis de Marigny.

2 *Bourguignon* – Jacques Courtois [Cortese], (1621–1876), genannt le Bourguignon, französischer Schlachtenmaler.

3 *König* – August III., König von Polen und Kurfürst von Sachsen (1696 bis 1763), trat hinsichtlich des Aufwands und der Verschwendung ganz in die Fußstapfen seines Vaters.

4 *Minister* – Heinrich Graf von Brühl, (1700–1763), trat 1720 in den Dienst Augusts des Starken. Als Premierminister (seit 1746) unter dessen Nachfolger August III. war schließlich sein Einfluß grenzenlos.

5 *Gesellschaft der Creps* – zweifellos ein Bordell in Dresden; offensichtlich hat Casanova das deutsche Wort »Krebs« französisiert, jedoch nicht übersetzt; der Krebs galt in dieser Zeit häufig als Sinnbild für »öffentliche Häuser«.

6 *bei Homer* – »Ilias«, X, 69–80.

7 *Locatelli* – Giovanni-Battista Locatelli, (1713–1785), italienischer Schauspieler und Theaterunternehmer.

8 *zwei Jahre später* – Der Siebenjährige Krieg begann 1756.

9 *Migliavacca* – Giovanni Ambrosio Migliavacca, (geb. um 1718), italienischer Dichter, war seit 1752 Hofpoet des polnischen Königs und Legationsrat in Dresden.

10 *Metastasio* – Pietro Metastasio (1698–1782). Seinen Ruhm verdankte der 26 Melodramen, mit denen er eine Reform der italienischen Opernbühne durchführte. Im Jahre 1729 wurde er von Karl VI. zum Hofdichter ernannt und siedelte 1730 nach Wien über.

11 *Gravina* – Gian Vincenzo Gravina, (1664–1718), Dramatiker und berühmter Literaturkritiker.

12 *Temesvar* – Temesvar in Westrumänien war der Verbannungsort für die aus Wien abgeschobenen Prostituierten.

13 *sub specie recti* – nach Horaz, Epistel »De arte poetica«, V. 25.

14 *Stockhaus* – alte Bezeichnung für Gefängnis; hier ist wohl das Wiener »Zucht- und Arbeitshaus« oder »Spinnhaus« gemeint, in dem die Prostituierten auf ihre Deportation warten mußten.

15 *Pharaobank auflegen* – Glücksspiel mit hohen Einsätzen.

16 *Madame Tesi* – Vittoria Tesi-Tramontini war eine der berühmtesten Sängerinnen Europas; sie wurde zwischen 1695 und 1700 in Florenz geboren und starb 1775 in Wien.

17 *Kaiser* – Franz I. (1708–1765), Gatte von Maria Theresia, seit 1745 deutscher Kaiser; stammte aus Lothringen.

18 *spanische Kleidung* – Noch im 18. Jh. galt diese Kleidung (schwarz mit weißer Halskrause) als spanisch-habsburgische Tradition in Wien als besonders vornehm.

19 *Stanislaus August Poniatowski* – Vgl. V, Kap. 6, Anm. 5.

20 *Kremnitzer* – österreichische Goldmünze.

21 *Erstgeborenen* – Joseph II. (1741–1790), Kaiser seit 1765. Casanovas Bemerkung über die absichtslose Selbsttötung des Kaisers zielt auf die rastlose, ehrgeizige Arbeit des Monarchen, der lange im Schatten seiner Mutter Maria Theresia gestanden hatte und der früh seine Gesundheit dadurch ruinierte.

22 *Laxenburg* – Lustschloß und Sommerresidenz der Habsburger bei Wien.

23 *Brambillas Rat* – Gian Allessandro Brambilla (1728–1800), Leibarzt Josephs II.

24 *principiis obsta* – nach Ovid »Remedia amoris«, V. 91.

25 *seinen Bruder* – Leopold II. (1747–1792), der 1790 die Nachfolge Josephs II. antrat.

26 *Nichte* – Elisabeth Prinzessin von Württemberg (1767–1790), heiratete 1788 Erzherzog Franz von Österreich, starb im Kindbett zwei Tage vor dem Kaiser am 18. Februar 1790.

27 *Sangrado* – Gestalt eines Arztes, der das Blut des Menschengeschlechts durch warmes Wasser und Aderlaß dünner zu machen versuchte, in dem Roman »Gil Blas de Santillane« (1715/35) des französischen Schriftstellers Alain-René Lesage (1668–1747).

AUFBAU BIBLIOTHEK

Die Liebe zu Signorina C. C., der einzigen Frau, um deren Hand er jemals formell anhält, führt Casanova in ein Kloster auf der Insel Murano. Dort lernt er die Nonne M. M. kennen, mit der er nächtliche Liebesorgien feiert. Bald darauf wird er als Magier und Freimaurer denunziert, der angeblich mit dem Teufel im Bunde steht. Die Staatsinquisition läßt ihn verhaften und in die berüchtigten Bleikammern des Dogenpalastes sperren. Es gelingt ihm jedoch, aus dem Kerker zu fliehen. Erst zwanzig Jahre später wird er wieder venezianischen Boden betreten.

Giacomo Casanova

GESCHICHTE MEINES LEBENS II

Auf der Grundlage der von B. und G. Albrecht herausgegebenen Ausgabe ausgewählt und mit einem Nachwort versehen von Johanna von Koppenfels

Aus dem Französischen von Heinrich Conrad

Aufbau Taschenbuch Verlag

Titel der Originalausgabe
Histoire de ma vie

ISBN 3-7466-6028-9 (I–V)

1. Auflage 1998
Aufbau Taschenbuch Verlag GmbH, Berlin

Umschlaggestaltung Torsten Lemme
nach einem Gestaltungskonzept von Andreas Heilmann,
freigestellt nach einem Kupferstich von J. Berka, AKG Berlin
Druck Ebner Ulm
Printed in Germany

INHALT

ERSTES KAPITEL

1753 hält Casanova um die Hand von Signorina C.C.[1] an. Deren Vater will jedoch von einer Hochzeit der 14jährigen nichts wissen und läßt sie in ein Kloster auf der Insel Murano bei Venedig bringen. Mit Hilfe von Laura, einer Frau aus Murano, kann Casanova Briefe mit seiner Geliebten austauschen. Außerdem besucht er regelmäßig die Messe in der Klosterkirche, um in ihrer Nähe zu sein.

Gegen Ende Juli weckte eines Morgens bei Tagesanbruch mein Diener mich, indem er sagte, Laura wolle mich sprechen. Ich ahne ein Unglück und ließ sie sofort eintreten. Sie übergab mir einen Brief, der folgendermaßen lautete:

›Sonntag abend. Ein Unglück, das mir heute morgen zugestoßen ist, macht mich untröstlich, um so mehr, da ich gezwungen bin, es vor dem ganzen Kloster geheimzuhalten. Ich habe eine schreckliche Blutung und weiß nicht, was ich anfangen soll, um das Blut zu stillen, denn ich habe nicht viel Wäsche, und Laura hat mir gesagt, ich würde eine große Menge nötig haben, wenn die Blutung anhalten sollte; ich kann mich keinem Menschen anvertrauen außer Dir, und ich bitte Dich, mir soviel Weißzeug zu schicken, wie Du nur kannst. Du siehst, ich habe mich Laura anvertrauen müssen, denn sie allein kann zu jeder Stunde bei mir aus und ein gehen. Wenn ich sterbe, mein teurer Gatte, so wird das ganze Kloster erfahren, woran ich gestorben bin; aber ich denke an Dich, und ich zittere. Was wirst Du in Deinem Schmerz anfangen? Ach, mein Herz, wie schade!‹

In aller Hast mich ankleidend, fragte ich Laura aus. Sie sagte mir ganz offen, es sei eine Frühgeburt und wir müßten mit der größten Vorsicht handeln, um den Ruf meiner Freundin zu schonen. Übrigens brauchte sie weiter nichts als eine große Menge Wäsche; es hätte sonst nichts auf sich. Es waren die üblichen Redensarten, und sie besänftigten durchaus nicht die Angst, die ich empfand. Ich ging mit Laura zu einem Juden ins Ghetto[2], dem ich eine Anzahl Bettlaken und zweihundert Handtücher abkaufte; nachdem ich alles in einen großen Sack gesteckt hatte, fuhr ich mit ihr nach Murano. Unterwegs schrieb ich meiner Freundin mit Bleistift, sie solle in Laura volles Vertrauen setzen; ich versicherte ihr, ich würde Murano nicht eher verlassen, als bis sie außer Gefahr wäre. Ehe wir ausstiegen, sagte Laura zu mir: damit ich nicht bemerkt würde, täte ich gut daran, mich bei ihr verborgen zu halten. Zu jeder anderen Zeit wäre das so gut gewesen, wie wenn sie den Wolf in die Hürde eingelassen hätte. Sie ließ mich noch in einem armseligen Kämmerchen im Erdgeschoß allein, brachte selber an ihrem Leibe soviel Weißzeug unter, wie sie nur verstecken konnte, und eilte dann zu der Kranken, die sie seit dem vorigen Abend nicht gesehen hatte. Ich hoffte, sie würde sie außer Gefahr finden, und sah sehnsüchtig dem Augenblick entgegen, wo sie mir diese Nachricht bringen würde.

Sie war eine volle Stunde fort; endlich kam sie mit sehr traurigem Gesicht zurück und sagte mir, meine arme Freundin hätte während der Nacht viel Blut verloren; sie läge sehr schwach im Bett, und wir müßten sie Gottes Gnade empfehlen; denn wenn die Blutung nicht bald aufhörte, könnte sie unmöglich noch vierundzwanzig Stunden leben.

Als ich die Wäsche sah, die sie unter ihrem Rock hervorzog, wich ich entsetzt zurück und glaubte mich dem Tode nahe. Eine wahre Schlächterei. Laura glaubte mich zu trösten, indem sie mir sagte, ich könnte sicher sein, daß das Geheimnis nicht verraten würde.

»Ei, was macht mir das aus!« rief ich; »wenn sie nur am Leben bleibt, dann mag die ganze Welt wissen, daß sie mein Weib ist!« In einem andern Augenblick hätte ich über die dumme Bemerkung der guten Laura lachen müssen; aber in dieser traurigen Minute besaß ich nicht die Kraft dazu und auch nicht die Lust.

»Die liebe Kranke«, sagte sie, »hat gelächelt, als sie Ihr Briefchen las; sie hat mir versichert, da Sie so dicht in ihrer Nähe seien, so werde sie nicht sterben.«

Ich schauderte, als sie mir die kleine formlose Masse zeigte, die im Blut schwamm.

»Wenn die Nonnen beim Essen sind«, fuhr Laura fort, »werde ich wieder hingehen und soviel Wäsche mitnehmen, wie ich tragen kann; unterdessen werde ich diese hier waschen.«

»Hat sie Besuche gehabt?«

»Oh, natürlich das ganze Kloster. Aber kein Mensch hat eine Ahnung.«

»Aber bei dieser Hitze kann sie nur eine leichte Decke haben, und man muß doch unbedingt die vielen Handtücher bemerken, die so großen Raum einnehmen.«

»Das ist nicht zu befürchten, denn sie sitzt im Bett aufrecht.«

»Was ißt sie?«

»Nichts; denn sie darf nicht essen.«

Bald darauf ging Laura fort und ich ebenfalls. Ich suchte den Arzt Payton auf, bei dem ich Zeit und Geld verlor, um mir ein langes Rezept schreiben zu lassen, das ich nicht verwenden konnte, denn dadurch würde die Sache sofort im ganzen Kloster bekannt geworden sein oder vielmehr in der ganzen Welt, denn Nonnengeheimnis dringt gar bald durch die Klostermauern. Übrigens wäre der Klosterarzt vielleicht der erste gewesen, aus Rachsucht das Geheimnis auszuplaudern. In Lauras Hause ging ich traurig wieder in meine armselige Kammer, und eine halbe Stunde später kam die Botin mit Tränen in den Augen zurück und übergab mir einen fast unleserlichen Brief:

›Mein lieber Freund! Ich habe nicht mehr die Kraft, Dir zu schreiben, denn ich werde immer schwächer; ich verliere all mein Blut und fange an zu glauben, daß meine Krankheit unheilbar ist. Ich überlasse mich Gottes Willen und danke ihm, daß meine Ehre nicht in Gefahr ist. Sei nicht zu traurig! Mein einziger Trost ist, daß ich Dich so dicht bei mir weiß. Ach, wenn ich Dich nur einen Augenblick sehen könnte, würde ich zufrieden sterben.‹

Der Anblick von einem Dutzend Tüchern, die Laura mir zeigte, machte mich erschaudern. Die gute Frau glaubte mich zu trösten, indem sie mir sagte, mit einer einzigen Flasche Blut könnte man ebenso viele Tücher völlig durchtränken. Meine Seele war nicht in der Stimmung, aus derartigen Versicherungen Trost zu schöpfen. Ich war in Verzweiflung und machte mir die furchtbarsten Vorwürfe, den Tod des unschuldigen Mädchens herbeigeführt zu haben. Ich warf mich auf ein Bett und blieb dort länger als sechs Stunden wie betäubt liegen, bis Laura mit etwa zwanzig blutgetränkten Tüchern aus dem Kloster zurückkehrte. Da es inzwischen Nacht geworden war, konnte sie bis zum nächsten Morgen nicht wieder hingehen. Ich verbrachte eine entsetzliche Nacht, ohne etwas zu essen, ohne schlafen zu können; ich war mir selber zum Ekel und wies schroff die Pflege zurück, die Lauras Töchter mir anboten.

Kaum war der Tag angebrochen, da kam Laura und sagte mir mit kläglicher Miene, meine Freundin blute nicht mehr. Ich glaubte, sie sei tot, und schrie: »Sie lebt nicht mehr!«

»Sie lebt, Signore! Aber ich fürchte, sie wird den Tag nicht überleben, denn sie ist völlig erschöpft; sie hat fast nicht mehr die Kraft, die Augen zu öffnen, und ihr Puls ist kaum noch zu spüren.«

Ich atmete auf. Ich fühlte, mein Engel war gerettet.

»Laura«, sagte ich, »diese Nachricht ist durchaus nicht schlecht; wenn nur die Blutung gänzlich aufgehört hat, so ist weiter nichts nötig, als ihr etwas leichte Nahrung zu geben.«

»Man hat einen Arzt rufen lassen; er wird anordnen, was ihr gegeben werden soll; aber wenn ich Ihnen die Wahrheit sagen soll – ich habe keine große Hoffnung.«

»Gib mir nur die Versicherung, daß sie lebt!«

»Ja, das versichere ich Ihnen; aber Sie werden begreifen, daß sie dem Doktor nicht die Wahrheit sagen wird, und Gott mag wissen, was er ihr verschreibt. Ich habe ihr ins Ohr geflüstert, sie solle keine Medizin einnehmen, und sie hat mich verstanden.«

»Du bist ein göttliches Weib! Ja, wenn sie nicht von heute auf morgen an Schwäche stirbt, ist sie gerettet; Natur und Liebe werden sie geheilt haben!«

»Das gebe Gott! Heute mittag sehen Sie mich wieder.«

»Warum nicht vorher?«

»Weil ihr Zimmer voll von Leuten sein wird.«

Ich war ganz schwach vor Erschöpfung; da ich aber stark sein mußte, um meine Hoffnung aufrechtzuerhalten, ließ ich mir etwas Essen zurechtmachen und setzte mich hin, meiner Freundin zu schreiben, damit sie den Brief in dem Augenblick erhielte, da sie ihn lesen könnte. Die Augenblicke der Reue sind sehr traurig, und ich war wirklich zu beklagen. Ich hatte das größte Bedürfnis, Laura zu sehen, um zu erfahren, was der Arzt gesagt hätte. Ich hatte starke Gründe, über Orakel zu lachen; ich weiß nicht, woher diese Schwachheit kam, aber ich brauchte das Orakel des Arztes, und zwar vor allen Dingen ein günstiges Orakel.

Lauras junge Töchter brachten mir das Essen, aber es war mir unmöglich, einen Bissen hinunterzubringen; doch machte es mir Spaß, die drei Schwestern mein Essen verschlingen zu sehen, sobald ich sie nur dazu eingeladen. Die älteste, ein sehr appetitlicher Bissen, schlug nicht ein einziges Mal ihre großen Augen zu mir auf; die beiden jüngeren kamen mir so vor, als ob sie wohl liebenswürdig sein könnten; aber ich beschäftigte mich mit ihnen nur, um mich noch tiefer in meine bittere Reue zu verbeißen.

Endlich kam Laura, die ich schon mit der größten Ungeduld erwartet hatte; sie sagte mir, meine geliebte Kranke läge immer noch in demselben Zustand völliger Ermattung da; ihre Schwäche hätte den Arzt überrascht, und er könnte sie sich nicht erklären. »Er hat ihr Stärkungsmittel und leichte Suppen verordnet, und wenn sie schlafen kann, wird sie nach seiner Behauptung sicher davonkommen. Der Doktor hat ferner angeordnet, daß nachts eine Wärterin bei ihr sein soll, und die Kranke hat ihre Hand nach mir ausgestreckt, wie wenn sie mich bezeichnen wollte. Jetzt verspreche ich Ihnen, sie Tag und Nacht nicht mehr zu verlassen, außer um Ihnen Bescheid zu bringen.«

Ich dankte ihr und versprach ihr, sie reichlich zu belohnen. Mit großer Freude vernahm ich, daß die Mutter zum Besuch dagewesen, nichts bemerkt habe und sehr liebevoll und zärtlich gewesen sei.

Ich fühlte mich viel ruhiger, gab Laura sechs Zechinen und jeder ihrer Töchter eine und aß etwas zu Abend; dann legte ich mich in eines der elenden Betten, die in demselben Zimmer standen. Als die beiden Jüngeren mich im Bett sahen, zogen sie sich ohne Umstände aus und legten sich beide in das zweite Bett, das ganz dicht neben dem meinigen stand. Dies unschuldige Vertrauen gefiel mir. Die Älteste, die wohl schon Erfahrungen hatte, legte sich im Nebenzimmer zu Bett; sie hatte einen Liebhaber, der sie binnen kurzem heiraten sollte.

Am anderen Morgen in aller Frühe kam Laura und brachte Nachrichten, die ein Balsam für mich waren. Mit fröhlichem Gesicht sagte sie mir, die Kranke habe gut geschlafen, und sie würde gleich wieder hingehen, um ihr ein Süppchen zu geben. Ich war wie berauscht, als ich dies hörte, und Äskulaps Orakel schien mir tausendmal sicherer zu sein als das Orakel Apolls[3]. Doch waren wir noch nicht soweit, Viktoria rufen zu können, denn meine Freundin mußte erst wieder zu Kräften kommen und all das verlorene Blut wieder ersetzen; dies konnten nur die Zeit und fortwährende sorgsame Pflege bewirken. Ich blieb noch acht Tage bei Laura und verließ Murano erst, als meine Freundin in einem vier Seiten langen Brief es mir sozusagen befohlen hatte.

In Venedig nahm ich meine alten Gewohnheiten wieder auf; aber wie hätte ich bei meinem Naturell ohne ein wirkliches Liebesverhältnis glücklich sein können? Ich hatte kein anderes Vergnügen als das, jeden Mittwoch einen Brief von meiner lieben Gefangenen zu erhalten; sie ermutigte mich, auf sie zu warten, anstatt mich aufzufordern, sie zu entführen. Nachdem ich zwei oder drei Messen gehört hatte, nahm ich ein Traghettoboot[4], dessen Bootsmann nicht neugierig sein konnte, mich zu kennen. Indessen war ich vorsichtig, denn ich wußte, daß C.C.'s Vater wollte, seine Tochter sollte mich ver-gessen, und daß er sie Gott weiß wohin gebracht haben würde, wenn er nur den geringsten Argwohn gehabt hätte, daß ich ihren Aufenthalt wüßte.

Ich hatte erst etwa einen Monat oder fünf Wochen lang meine Feiertagsbesuche gemacht, als meine liebe C.C. mir scherzend schrieb, ich sei das Rätsel des ganzen Klosters geworden, und zwar für die Pensionärinnen wie für die Nonnen, selbst die ältesten nicht ausgenommen. Der ganze Chor warte auf die Minute, wo ich erscheinen würde; man stoße sich an, wenn man mich eintreten und das Weihwasser nehmen sehe. Man habe bemerkt, daß ich niemals nach dem Gitter blicke, hinter welchem die Klosterinsassen sitzen müßten, und daß ich niemals eine Frau ansehe, die die Kirche betrete oder verlasse. Die Alten sagten, ich müßte irgendeinen großen Kummer haben, von dem ich nur durch die Gnade ihrer Heiligen Jungfrau mich zu befreien hoffte; die Jungen sagten, ich müßte ein Melancholiker oder ein Menschenfeind sein. Meine liebe Frau, die es besser wußte als die anderen und nicht auf Mutmaßungen angewiesen war, amüsierte sich sehr darüber und amüsierte auch mich, indem sie mir das alles erzählte. Ich schrieb ihr: wenn sie befürchtete, daß ich erkannt werden könnte, würde ich nicht mehr hingehen. Sie antwortete mir, ich könnte ihr keine schmerzlichere Entbehrung auferlegen, und sie bäte mich, nach wie vor zu kommen. Immerhin glaubte ich, nicht mehr zu Laura gehen zu sollen, denn möglicherweise hätten die klatschhaften Betschwestern dies erfahren, und dadurch konnten sie viel mehr entdecken, als sie wissen durften. Aber diese Lebensweise mergelte mich aus und konnte nicht lange mehr so fortgehen. Ich war dazu geschaffen, eine Geliebte zu haben und mit ihr glücklich zu leben. Da ich nicht wußte, was ich anfangen sollte, spielte ich und gewann fast immer; trotzdem wurde ich infolge meiner unbefriedigten Stimmung zusehends magerer.

Nachdem ich in Padua fünftausend Zechinen gewonnen hatte, war ich dem Rat Signor Bragadins gefolgt, hatte ein Kasino[5] gemietet und hielt dort eine Pharaobank auf gemeinsame Rechnung mit einem Berufsspieler, der mich gegen die hinterlistigen Streiche gewisser gewalttätiger Aristokraten schützte, gegen deren Tyrannei ein einfacher Privatmann in meiner Vaterstadt stets unrecht bekommt.

Als ich am Allerheiligentage des Jahres 1753 nach dem Anhören der Messe in eine Gondel steigen wollte, um nach Venedig zurückzufahren, sah ich eine Frau von der Art Lauras, die, als sie an mir vorüberging, mich ansah und einen Brief fallen ließ. Ich hob diesen auf und bemerkte, daß die Frau, als sie den Brief in meinen Händen sah, ruhig ihren Weg fortsetzte. Der Brief war weiß und mit schillerndem spanischem Wachs verschlossen, das Siegel stellte eine Schlinge dar. Ich sprang schnell in die Gondel, und sobald ich auf dem offenen Wasser war, brach ich das Siegel und las folgendes:

›Eine Nonne, die seit zweieinhalb Monaten Sie jeden Feiertag in ihrer Kirche sieht, wünscht Ihre Bekanntschaft zu machen. Eine Broschüre, die Sie verloren haben und die durch Zufall in ihre Hände geraten ist, läßt vermuten, daß Sie Französisch sprechen; wenn Sie jedoch vorziehen, ihr auf italienisch zu antworten, so können Sie dies tun, denn ihr kommt es vor allem auf Klarheit und Genauigkeit an. Sie ladet Sie nicht ein, sie ins Sprechzimmer rufen zu lassen, denn sie wünscht, daß Sie sie erst sehen, bevor Sie mit ihr sprechen; deshalb wird sie Ihnen eine Dame bezeichnen, die Sie ins Sprechzimmer begleiten können. Diese Dame wird Sie nicht kennen und wird folglich nicht nötig haben, Sie vorzustellen, wenn Sie etwa zufällig wünschen sollten, nicht bekannt zu werden.

Sollten Sie glauben, daß diese Art, eine Bekanntschaft zu schließen, nicht passend sei, so wird die Nonne Ihnen ein Kasino in Murano nennen, wo Sie sie an einem beliebigen, von Ihnen zu bestimmenden Tage um sieben Uhr abends allein finden werden. Sie können bei ihr zum Abendessen bleiben oder auch nach einer Viertelstunde sich entfernen, wenn Sie anderweitig zu tun haben.

Würden Sie vielleicht lieber ihr in Venedig ein Abendessen geben? Bestimmen Sie Tag, Stunde und Ort, wohin sie kommen soll, und Sie werden sie maskiert aus einer Gondel steigen sehen; nur müssen Sie maskiert und mit einer Laterne in der Hand allein am Ufer sein.

Ich bin überzeugt, daß Sie mir antworten werden und daß Sie erraten, mit welcher Ungeduld ich Ihre Antwort erwarte; ich bitte Sie daher, diese morgen derselben Frau zu übergeben, von der Sie diesen Brief bekommen werden; Sie finden sie eine Stunde vor Mittag in der Kirche San Canciano am ersten Altar rechter Hand.

Bedenken Sie, daß ich mich niemals zu einem Schritt entschlossen haben würde, der Ihnen einen ungünstigen Begriff von mir beibringen könnte, wenn ich Ihnen nicht ein edles Herz und einen hohen Geist zutraute.‹

Der Ton dieses Briefes, den ich wörtlich abschreibe, überraschte mich noch mehr als die Sache selbst. Ich hatte zu tun, aber ich ließ alles liegen, um mich in meinem Zimmer einzuschließen und zu antworten. Dem Anschein nach kam der Brief von einer überspannten Person, aber ich fand darin zugleich eine Art Würde und eine Originalität, die mich anzogen. Mir kam der Gedanke, es könnte wohl die Nonne sein, die meiner Freundin Unterricht gäbe. Sie hatte sie mir als schön, reich, galant und freigebig geschildert. Meine liebe Frau konnte irgendeine Unvorsichtigkeit begangen haben; tausend Gedanken gingen mir durch den Kopf; aber ich wies jeden Gedanken zurück, der nicht der mir zulächelnden Aussicht günstig war. Übrigens hatte meine Freundin mir geschrieben, die Nonne, die ihr französische Stunden gebe, sei nicht die einzige, die diese Sprache spreche. Ich konnte durchaus nicht zweifeln, daß C.C. es mir gesagt haben würde, wenn sie ihrer Freundin etwas von unserem Geheimnis anvertraut hätte. Trotzdem konnte die Nonne, die an mich schrieb, wohl die schöne Freundin meiner kleinen Frau sein; es konnte aber auch eine ganz andere sein. Diese Möglichkeit setzte mich in eine ziemliche Verlegenheit. Schließlich glaubte ich, ihr folgendes schreiben zu können, ohne mich bloßzustellen:

›Ich antworte Ihnen französisch, Madame, und hoffe, daß mein Brief die Klarheit und Genauigkeit besitzen wird, von denen Sie mir ein Beispiel geben.

Die Sache ist außerordentlich interessant, und sie scheint mir in Anbetracht der Umstände von der größten Wichtigkeit zu sein. Da ich nun antworten muß, ohne zu wissen, wem ich antworte, so begreifen Sie, Madame, daß ich ein eitler Geck sein müßte, wenn ich nicht eine Mystifikation befürchtete, und daß ich daher auf der Hut sein muß.

Wenn es also wahr ist, daß die Feder, die mir schrieb, von einer ehrenwerten Dame geführt wurde, die mir Gerechtigkeit widerfahren läßt, indem sie bei mir dieselben edlen Gesinnungen voraussetzt wie bei sich selber, so wird sie, wie ich hoffe, finden, daß ich ihr nicht anders antworten kann, als wie ich hiermit die Ehre haben werde zu tun.

Wenn Sie, Madame, mich der Ehre für würdig gehalten haben, Ihre persönliche Bekanntschaft zu machen, obgleich Sie nur nach dem äußeren Anschein sich ein Urteil über mich haben bilden können, so halte ich mich für verpflichtet, Ihnen zu gehorchen, sei es auch nur, damit Sie Ihren Irrtum einsehen können, falls ich Sie etwa ohne meinen Willen zu einem solchen verleitet haben sollte.

Von den drei Wegen, die Sie mir gütigst vorgeschlagen haben, wage ich nur den ersten zu wählen, und zwar mit der Einschränkung, die Ihr durchdringender Geist mir angedeutet hat: ich werde eine Dame, die mich nicht kennt und mich daher nicht vorstellen kann, in Ihr Sprechzimmer begleiten.

Urteilen Sie nicht zu streng, Madame, über die heiklen Gründe, die mich nötigen, mich nicht zu nennen, und empfangen Sie mein ehrenwörtliches Versprechen, daß ich Ihren Namen nur erfahren werde, um Ihnen Ehre zu erweisen. Wenn Sie es für angebracht halten, das Wort an mich zu richten, werde ich Ihnen nur mit den Bezeigungen tiefster Ehrfurcht antworten. Erlauben Sie mir, die Hoffnung zu hegen, daß Sie allein an das Gitter kommen werden, und gestatten Sie mir, Ihnen nebenbei zu sagen, daß ich Venezianer und in der vollsten Bedeutung des Wortes mein freier Herr bin. Wenn ich nicht einen der beiden Vorschläge wähle, die mir an sich besser gefallen hätten als der erste – denn sie bedeuten für mich eine unendliche Ehre –, so geschieht das, gestatten Sie mir, es zu wiederholen, einzig und allein deshalb, weil ich fürchte, zum besten gehalten zu werden. Aber diese beiden anderen Möglichkeiten sind ja nicht verloren, sobald Sie mich kennen und ich Sie gesehen habe. Ich bitte Sie, an meine Aufrichtigkeit zu glauben und meine Ungeduld nach der Ihrigen zu bemessen. Morgen werde ich mir zur selben Stunde und am selben Ort Ihre Antwort holen.‹

Ich begab mich nach der bezeichneten Stelle, fand die Liebesbotin, gab ihr meinen Brief und eine Zechine und sagte ihr, ich würde am nächsten Tage wieder ebendort sein, um die Antwort zu holen. Pünktlich war ich da und fand sie. Sobald sie mich sah, kam sie auf mich zu und gab mir die Zechine zurück, die ich ihr geschenkt hatte, und einen Brief, indem sie mich bat, ich möchte diesen lesen und ihr dann sagen, ob sie auf Antwort zu warten hätte. Ich entfernte mich, um den Brief zu lesen, der folgendermaßen lautete:

›Ich glaube, Signore, mich in keiner Hinsicht getäuscht zu haben. Ich verabscheue wie Sie die Lüge, wenn sie wichtige Folgen haben kann; aber ich betrachte sie nur als einen Spaß, wenn sie niemandem schaden kann. Sie haben von meinen drei Vorschlägen denjenigen gewählt, der Ihrem Geist am meisten Ehre macht. Ich achte die Gründe, die Sie abhalten, sich zu erkennen zu geben, und schreibe der Gräfin S. beiliegenden Brief, den ich Sie zu lesen bitte. Wollen Sie ihn, bitte, versiegeln, ehe Sie ihn ihr überbringen; sie wird durch einen anderen Brief vorher davon in Kenntnis gesetzt sein. Gehen Sie zu ihr, wann es Ihnen paßt; sie wird Ihnen die Stunde nennen, und Sie begleiten sie in ihrer Gondel hierher. Die Gräfin wird keine einzige Frage an Sie richten, und Sie brauchen ihr durchaus keine Erklärung zu geben. Von einer Vorstellung ist nicht die Rede; da Sie aber bei dieser Gelegenheit meinen Namen erfahren werden, können Sie dann später maskiert kommen und nach mir fragen; lassen Sie mich im Namen der Gräfin ins Sprechzimmer rufen. Auf diese Weise wird unsere Bekanntschaft gemacht sein, ohne daß Sie sich einen Zwang anzutun brauchen und ohne daß Sie bei Nacht Zeit verlieren, die Ihnen vielleicht kostbar ist. Ich habe der Magd befohlen, auf Ihre Antwort zu warten, für den Fall, daß die Gräfin Ihnen nicht angenehm sein sollte, weil Sie ihr vielleicht bekannt sind. Wenn meine Wahl Ihnen gefällt, sagen Sie dem Mädchen, Sie haben mir keine Antwort zu geben.‹

Da ich sicher war, daß Gräfin S. mich nicht kannte, sagte ich dem Mädchen, ich habe ihrer Herrin keine Antwort zu geben, und sie ging.

Das Briefchen, das meine Nonne der Gräfin schrieb und das ich dieser überbringen sollte, lautete:

›Ich bitte Dich, liebe Freundin, zu einer Besprechung zu mir zu kommen, sobald Du Zeit hast, und der Maske, die Dir diese Zeilen überbringt, eine Dir passende Stunde zu nennen, damit sie Dich begleiten kann. Sie wird pünktlich sein. Lebe wohl; mit bestem Dank Deine Freundin.‹

Der Brief war an Gräfin S., Fondamenta Rio Marin gerichtet und schien mir großartig zu sein durch den Geist der Intrige, der daraus sprach, und mich dünkte, er habe etwas Erhabenes an sich, das mich sehr anzog, obgleich ich wohl fühlte, daß man mich eine Rolle spielen ließ, als ob man mir eine Gnade erwiese.

In ihrem letzten Brief tat meine Nonne, als sei es ihr einerlei, wer ich wäre; sie billigte meine Wahl und heuchelte Gleichgültigkeit in bezug auf nächtliche Zusammenkünfte; aber sie schien gewiß zu sein, daß ich sie würde ins Sprechzimmer rufen lassen, nachdem ich sie gesehen hätte. Ich wußte schon, woran ich war, denn worauf sollte die Intrige hinauslaufen, wenn nicht auf eine Liebschaft und ein Stelldichein? Indessen vermehrte ihre Sicherheit oder vielmehr ihre Zuversicht meine Neugier, und ich fühlte, daß sie ein Recht hatte, darauf zu hoffen, wenn sie jung und hübsch war. Es hätte nur an mir gelegen, die Sache um ein paar Tage hinauszuschieben und von C. C. zu erfahren, wer wohl die Nonne sein mochte; aber erstens wäre das unredlich gewesen, zweitens fürchtete ich, mir damit das Abenteuer zu verderben, was mir vielleicht hinterher leid getan hätte. Sie sagte mir, ich möchte die Gräfin aufsuchen, wann es mir paßte; aber dies war nur geschehen, weil ihre Würde von ihr verlangte, sich nicht zu eifrig zu zeigen; außerdem konnte sie sich denken, daß ich selber ungeduldig sein würde. Sie schien mir in Dingen der Galanterie wohl zu bewandert zu sein, als daß ich sie für eine unerfahrene Anfängerin hätte halten können; ich fürchtete daher meine Zeit zu verlieren; aber mit dieser Möglichkeit fand ich mich ab und beschloß, mich selber tüchtig auszulachen, wenn ich mich irgendeiner bejahrten Schönen gegenüberfinden sollte. Ganz gewiß hätte ich nicht den geringsten Schritt getan, wäre ich nicht neugierig gewesen; ich wollte durchaus wissen, wie eine Nonne aussah, die sich erboten hatte, nach Venedig zu kommen und mit mir zu soupieren. Übrigens war ich sehr erstaunt über die Freiheit, die die frommen Nonnen genossen, und über die Leichtigkeit, womit sie den Klosterbann zu brechen wußten.

Um drei Uhr begab ich mich zur Gräfin und ließ ihr mein Briefchen zustellen. Sie erschien kurz darauf aus dem Raum, wo sie Gesellschaft gab, und sagte mir, ich würde ihr ein Vergnügen bereiten, wenn ich am nächsten Tage zur selben Stunde wiederkäme. Wir machten uns gegenseitig eine schöne Verbeugung und trennten uns. Diese Gräfin war eine famose Frau, zwar schon etwas über die Blüte hinaus, aber immer noch schön.

Der nächste Tag war ein Sonntag, und ich versäumte nicht, zur Messe zu gehen. Ich war elegant gekleidet und frisiert und in der Phantasie bereits meiner lieben C.C. untreu; denn ich dachte mehr daran, mich der Nonne zu zeigen, mochte sie nun jung oder alt sein, als mich den Blicken meiner reizenden kleinen Frau darzubieten. Am Nachmittag legte ich wieder meine Maske an und ging um die verabredete Stunde zur Gräfin, die mich bereits erwartete. Wir stiegen in eine Gondel mit zwei Ruderern und kamen beim Kloster der XXX[6] an, ohne von etwas anderem gesprochen zu haben als vom schönen Wetter. Am Gitter angekommen, ließ sie M.M.[7] rufen. Dieser Name setzte mich in Erstaunen, denn seine Trägerin war berühmt. Man ließ uns in ein kleines Besuchszimmer eintreten, und einige Minuten später sah ich eine Nonne erscheinen, die geraden Weges auf das Gitter losging und auf einen Knopf drückte. Vier Fensterscheiben sprangen zur Seite und ließen eine geräumige Öffnung frei, durch die die beiden Freundinnen sich in aller Bequemlichkeit umarmen konnten. Unmittelbar darauf wurde das sinnreiche Fenster sorgfältig wieder verschlossen. Die Öffnung war mindestens achtzehn Zoll im Geviert groß, und ein Mann von meinem Wuchs hätte bequem hindurchschlüpfen können. Die Gräfin setzte sich der Nonne gegenüber, und ich nahm ein wenig zur Seite Platz, jedoch so, daß ich ganz bequem eine der schönsten Frauen betrachten konnte, die man überhaupt zu sehen vermag. Ich bezweifelte nicht, daß es die Nonne war, die meiner lieben C.C. französische Stunden gab und von der diese mir gesprochen hatte. Vor Bewunderung war ich in einer Art von Verzauberung befangen, so daß ich kein Wort von ihrem ganzen Gespräch vernahm. Meine schöne Nonne richtete kein Wort an mich, sondern gönnte mir nicht einmal die Ehre eines einzigen Blickes. Sie konnte zweiundzwanzig oder dreiundzwanzig Jahre alt sein, und der Schnitt ihres Gesichtes war von der schönsten Form. Ihr Wuchs ging weit über das Mittelmaß hinaus, ihre sehr weiße Gesichtsfarbe war ein wenig blaß, ihr Ausdruck edel und kühn, aber zugleich zurückhaltend und bescheiden; ihre wohlgeschnittenen Augen waren von schöner himmelblauer Farbe, ihre Miene war sanft und lachend, ihre Lippen waren schön und feucht von der süßesten Sinnlichkeit, ihre Zähne zwei Reihen Perlen vom glänzendsten Schmelz. Die Haare konnte ich ihrer Haube wegen nicht sehen; aber wenn sie welche hatte, mußten sie schön hellbraun sein; das konnte ich an den Augenbrauen sehen. Was mich am meisten entzückte, war ihre Hand und ihr Vorderarm, den ich bis zum Ellbogen sah; etwas Vollkommeneres läßt sich nicht denken. Er zeigte keine Ader, statt Muskeln sah ich nur Grübchen. Trotz allem, was ich sah und erriet, bereute ich es nicht, die beiden Stelldichein ausgeschlagen zu haben, die die Schöne mir angeboten hatte, denn ich fühlte mich sicher, daß ich binnen wenigen Tagen sie besitzen würde, und es war mir ein Genuß, ihr meine Begierden zum Opfer weihen zu können. Ich sehnte mich nach dem Augenblick, wo ich mit ihr allein am Sprechgitter sein würde, und ich hätte ihr einen Schimpf anzutun geglaubt, wenn ich nicht gleich am nächsten Tage hingegangen wäre, um ihr zu versichern, daß ich ihr alle Gerechtigkeit widerfahren ließe, die sie verdiente. Sie sah mich während der ganzen Zeit nicht einen einzigen Augenblick an, aber diese Art von Zurückhaltung gefiel mir im Grunde. Plötzlich senkten die beiden Freundinnen die Stimme, und Zartgefühl machte mir zur Pflicht, mich zu entfernen. Ihre geheime Unterhaltung dauerte eine Viertelstunde, die ich damit verbrachte, mir zum Schein ein Gemälde anzusehen. Nach Ablauf dieser Zeit umarmten sie sich wie zu Anfang; die Nonne schloß das bewegliche Gitter wieder zu, drehte uns den Rücken und ging, ohne mir auch nur einen einzigen Blick zuzuwerfen.

Auf der Rückfahrt nach Venedig wurde die Gräfin vielleicht meines Schweigens überdrüssig und sagte lächelnd zu mir: »M. M. ist schön und sehr geistvoll.«

»Das eine habe ich gesehen, und das andere glaube ich.«

»Sie hat kein Wort zu Ihnen gesagt.«

»Da ich ihr nicht vorgestellt werden wollte, hat sie mich bestraft, indem sie so tat, ab ob sie meine Anwesenheit gar nicht bemerkte.«

Die Gräfin antwortete nicht, und wir kamen bei ihrem Hause an, ohne noch ein weiteres Wort auszutauschen. Ich verließ sie an der Tür, da eine schöne Verbeugung und die Worte: ›Leben Sie wohl, Signore!‹ mir bedeuteten, daß ich nicht weiter mitzugehen hätte. Übrigens hatte ich dazu auch gar keine Lust; ich ging an einen anderen Ort, um meinen Gedanken über dieses eigenartige Abenteuer nachzuhängen, auf dessen Weiterentwicklung ich sehr gespannt war.

ZWEITES KAPITEL

Meine schöne Nonne hatte nicht mit mir gesprochen, und das war mir ganz recht; denn ich war so verblüfft, so von Bewunderung hingerissen, daß sie durch die unzusammenhängenden Antworten, die ich wahrscheinlich auf ihre Fragen gegeben hätte, vielleicht einen sehr niedrigen Begriff von meinem Geiste bekommen haben würde. Ich sah ein, daß sie überzeugt sein müßte, sie würde die Demütigung einer verneinenden Antwort nicht zu befürchten haben; aber ich bewunderte trotzdem ihren Mut, daß sie in ihrer Lage sich immerhin einer solchen Gefahr aussetzte. Ich konnte mir die Kühnheit nur schwer erklären, und ich begriff nicht, wie sie sich ihre Freiheit verschaffen konnte, deren sie sich offenbar erfreute. Ein Kasino in Murano! Die Möglichkeit, in Venedig mit einem jungen Mann unter vier Augen zu Nacht zu speisen! Dies alles war mir unklar, und ich kam schließlich zu der Annahme, daß sie einen offiziellen Liebhaber haben müßte, der seine Freude daran hätte, sie glücklich zu machen, indem er ihre Launen befriedigte. Dieser Gedanke verletzte allerdings meinen Stolz ein wenig; aber das Ergebnis war zu pikant, die Schöne selber zu anziehend, als daß ich mich nicht über meine Bedenken hätte hinwegsetzen sollen. Ich sah mich auf bestem Wege, meiner lieben C.C. untreu zu werden, oder ich war es vielmehr in Gedanken bereits; aber ich gestehe, daß ich trotz meiner Liebe zu dem reizenden Mädchen durchaus keine Gewissensbisse darüber verspürte. Mir schien, an einer Untreue dieser Art könnte sie keinen Anstoß nehmen, wenn sie sie zufällig entdecken sollte; denn diese kleine Abweichung vom Wege war nur dazu angetan, mich in Atem zu halten und mich ihr zu retten, denn dadurch konnte ich dem Kummer entgehen, der mich dahinsiechen ließ.

Durch eine mit Signor Dandolo verwandte Nonne war ich der Gräfin Coronini vorgestellt worden. Diese Gräfin war sehr schön gewesen und hatte viel Geist; als sie sich nicht mehr mit den Hofintrigen beschäftigen mochte, die bis dahin ihr ganzes Leben ausgefüllt hatten, zog sie sich ins Kloster Santa Giustina zurück, um dort die Ruhe zu suchen, nach der sie verlangte, als alles andere ihr zum Ekel geworden war. Da sie einen hohen Ruf genossen hatte, sah sie an ihrem Sprechgitter noch immer alle fremden Gesandten und die ersten Würdenträger der Republik. Die Kosten der Unterhaltung wurden auf beiden Seiten von der Neugierde bestritten; die Gräfin wußte in ihren Klostermauern alles, was in der Stadt vorfiel, und zuweilen behauptete sie sogar, mehr zu wissen als dies. Die Dame nahm mich stets sehr gut auf, indem sie mich als jungen Menschen behandelte, dem sie jedesmal, wenn er sie besuchte, sehr angenehme moralische Lehren gab. Ich war sicher, bei geschicktem Verhalten irgend etwas über M.M. zu erfahren, und beschloß daher, gleich am nächsten Morgen nach meinem Besuch bei der schönen Nonne der Gräfin meine Aufwartung zu machen.

Sie empfing mich auf die gewohnte Weise. Nachdem wir über allerlei Nichtigkeiten geplaudert hatten, wie man es in der guten Gesellschaft zu tun pflegt, bevor man zu einem vernünftigen Gespräch kommt, brachte ich die Unterhaltung auf die Klöster von Venedig. Wir sprachen von dem Geist und Ansehen einer Nonne, namens Celsi, die trotz ihrer Häßlichkeit in allen Angelegenheiten, die ihr am Herzen lagen, einen bedeutenden Einfluß ausübte. Hierauf unterhielten wir uns über die reizende junge Schwester Micheli, die den Schleier genommen hatte, um ihrer Mutter zu beweisen, daß sie die Klügere sei. Dann kam das Gespräch auf mehrere andere, von denen man sagte, daß sie galant seien, und ich nannte M.M., indem ich die Bemerkung machte, diese müsse wohl auch zu den Galanten gehören, aber sie sei ein Rätsel. Die Gräfin antwortete mir lächelnd, im allgemeinen sei das allerdings richtig, aber das Rätsel bestehe nicht für alle Welt. »Unbegreiflich ist nur, warum sie die Laune gehabt hat, den Schleier zu nehmen, obgleich sie schön, reich, unabhängig, klug, sehr gebildet und, soviel ich weiß, ein Freigeist ist. Sie nahm den Schleier ohne jeden körperlichen oder moralischen Grund, es war einfach eine Laune von ihr.«

»Halten Sie sie für glücklich, Gräfin?«

»Ja; wenn sie nicht etwa ihren Schritt bereut oder später dazu kommt, ihn zu bereuen. Sollte aber dieser Fall je eintreten, so halte ich sie für vernünftig genug, es niemanden merken zu lassen.«

Die geheimnisvolle Miene der Gräfin brachte mich zu der Überzeugung, daß M.M. einen Liebhaber haben müsse. Ich beschloß jedoch, mir darüber nicht den Kopf zu zerbrechen, sondern maskierte mich und fuhr am Nachmittag nach Murano. An der Klosterpforte läutete ich und fragte klopfenden Herzens nach M.M.; ich käme im Auftrage der Gräfin S. Das kleine Sprechzimmer war geschlossen; die Pförtnerin zeigte mir ein anderes, in das ich eintreten sollte. Ich tat dies, nahm meine Maske ab, setzte mich und wartete auf das Kommen meiner Göttin.

Mein Herz schlug Sturmmarsch. Ich wartete voll Ungeduld, und trotzdem war das Warten mir angenehm; denn ich fürchtete mich vor dem Augenblick der ersten Begegnung. Eine Stunde verging mir ziemlich schnell; dann aber begann mir das Warten doch ein bißchen lang zu werden. Ich dachte, die Pförtnerin hätte mich vielleicht nicht richtig verstanden; daher klingelte ich nochmals am Eingang und fragte, ob man Schwester M.M. benachrichtigt hätte. Eine Stimme antwortete mir: ja. Ich setzte mich wieder, und nach einigen Minuten kam eine zahnlose alte Nonne zu mir herein und sagte mir: »Schwester M.M. ist für den ganzen Tag beschäftigt.« Hierauf ging sie hinaus, ohne mir soviel Zeit zu lassen, daß ich ein einziges Wort hätte sprechen können.

Dies war nun einer von den schrecklichen Augenblicken, wie sie einer, der Abenteuern nachjagt, zuweilen erlebt. Sie sind der bitterste Schmerz, den es gibt. Sie demütigen, schmettern nieder, töten!

Ich fühlte mich erniedrigt. Meine erste Empfindung war größte Verachtung meiner selbst, die an Wut grenzte; mein zweites Gefühl war unwillige Verachtung der Nonne, über die ich das strenge Urteil fällte, das sie zu verdienen schien und das allein mich in meinem Schmerz tröstete. Wahnsinnig, elend, schamlos mußte ich sie nennen, um nur mich selbst zu trösten. So konnte sie gegen mich nur gehandelt haben, wenn sie das schamloseste aller Weiber und wenn sie jeder Vernunft bar war; denn die beiden Briefe, die ich von ihr hatte, genügten, um ihre Ehre zu vernichten, wenn ich mich hätte rächen wollen; und auf meine Rache mußte sie doch gefaßt sein. Sie mußte wahnsinnig sein, diese Rache herauszufordern. Ich hätte sie auch unbedingt für wahnsinnig gehalten, wenn ich nicht ihr Gespräch mit der Gräfin angehört hätte.

Aber ich erhob mich aus dem Tumult von Scham und Zorn, der meine Seele niederbeugte, *affixa humo* [der Erde verhaftet][1] während einzelner heller Momente, die mir anbrachen. ›Zeit bringt Rat‹, sagte ich bei mir selber; sie bringt auch Ruhe, und durch Überlegung kommt Klarheit in die Gedanken. Im Grunde war es doch ein ganz gewöhnliches Erlebnis, und es würde mir als solches von Anfang an erschienen sein, wenn nicht die Reize der Nonne und meine eigene Eitelkeit mich geblendet hätten. Schließlich fühlte ich, daß es nur an mir läge, über das Mißgeschick zu lachen, und daß kein Mensch würde merken können, ob ich wirklich aufrichtig darüber lachte oder nur so täte.

Trotz allen diesen schönen Vorsätzen dachte ich aber doch an Rache. Nur durfte nichts Niedriges sich in diese einmischen. Ich wollte ihr nicht den Triumph gönnen, mich mit ihrem schlechten Spaß angeführt zu haben, und darum durfte ich mich nicht beleidigt zeigen. Sie hatte mir sagen lassen, sie wäre beschäftigt. So war mir meine Rolle vorgeschrieben, ich mußte den Gleichgültigen spielen. ›Ohne Zweifel‹, sagte ich mir, ›wird sie ein anderes Mal nicht beschäftigt sein; aber sie soll es nur versuchen, mich noch einmal in ihr Netz zu locken! Ich werde ihr zeigen, daß ich über ihr schändliches Benehmen nur gelacht habe.‹ Selbstverständlich mußte ich ihre Briefe zurückschicken; aber dies mußte mit einem Briefchen geschehen, dessen Galanterie ihr kein Lächeln der Befriedigung entlocken würde. Am unangenehmsten war es mir, daß ich verpflichtet war, in ihre Kirche zu gehen; aller Wahrscheinlichkeit nach wußte sie nicht, daß ich C.C. zuliebe hinging, und sie hätte sich einbilden können, ich käme nur in der Hoffnung, ihr Gelegenheit zu geben, daß sie sich bei mir entschuldigte und mit mir ein neues Stelldichein verabredete. Sie sollte an meiner Verachtung durchaus nicht zweifeln können; außerdem glaubte ich, daß die Zusammenkünfte, die sie mir angeboten hatte, nur in ihrer Phantasie möglich wären und daß sie sie mir nur vorgespiegelt hätte, um damit Eindruck auf mich zu machen.

Mit dem Bedürfnis der Rache legte ich mich zu Bett; darüber nachdenkend schlief ich ein, und ich erwachte mit dem Entschluß, dieses Bedürfnis zu befriedigen. Ich schrieb an sie; da ich aber sicher sein wollte, daß meinem Brief nicht der Liebesverdruß anzumerken wäre, der an mir nagte, so ließ ich ihn auf meinem Schreibtisch liegen, um ihn am nächsten Tag ruhigen Blutes noch mal zu lesen. Diese Vorsicht war gut, denn als ich vierundzwanzig Stunden später den Brief wieder durchlas, fand ich ihn unwürdig und zerriß ihn in tausend Fetzen. In dem Brief kamen Sätze vor, in denen sich meine Schwäche, meine Liebe, mein Verdruß verrieten, was daher nicht nur nicht sie gedemütigt, sondern im Gegenteil ihr Stoff geliefert hätte, sich über mich lustig zu machen.

Am Mittwoch schrieb ich an C.C., triftige Gründe zwängen mich, die Messen in ihrer Klosterkirche nicht mehr zu besuchen. Hierauf verfaßte ich einen anderen Brief an meine Nonne, der am Donnerstag dasselbe Schicksal wie der vorige hatte, weil ich beim Durchlesen wieder die gleichen Mängel entdeckte. Es kam mir vor, als könnte ich überhaupt nicht mehr schreiben; nach Verlauf von zehn Tagen bemerkte ich, daß ich zu verliebt war, um mich anders ausdrücken zu können, als mein Herz es verlangte: *sincerum est nisi vas, quodcumque infundis acescit* [Ist das Gefäß nicht rein, wird alles, was du hineingießt, sauer][2].

M.M.'s Gesicht hatte auf mich einen so tiefen Eindruck gemacht, daß dieser nur durch das abstrakteste aller Wesen, die Zeit, verwischt werden konnte.

In der dummen Lage, in der ich mich befand, war ich zwanzigmal in der Versuchung, zur Gräfin S. zu gehen und mich bei ihr zu beklagen; Gott sei Dank aber war ich so vorsichtig, niemals ihre Schwelle zu überschreiten. Der Gedanke, daß die unbedachte Nonne in tausend Ängsten schweben müßte, da in meinen Händen zwei Briefe sich befanden, die ihren guten Ruf vernichten und dem Kloster großen Schaden zufügen konnten – dieser Gedanke brachte mich endlich nach zehn Tagen zu dem Beschluß, ihr die Briefe mit folgendem Begleitschreiben zurückzuschicken:

›Ich bitte Sie, mir zu glauben, Madame, daß ich nur aus reiner Vergeßlichkeit Ihnen Ihre beiden Briefe noch nicht zurückschickte. Sie finden sie anbei. Niemals habe ich daran gedacht, den Grund meines Wesens zu verleugnen und gegen Sie eine feige Rache auszuüben. Ich verzeihe Ihnen recht leicht die beiden riesigen Unbesonnenheiten, die Sie begangen haben, sei es, daß Sie dabei ganz gedankenlos Ihrer Natur gefolgt sind, sei es, daß Sie vielleicht sich über mich lustig machen wollten. Gestatten Sie mir jedoch, Ihnen den Rat zu geben, einem anderen gegenüber es nicht ebenso zu machen, denn Sie könnten an jemanden geraten, der nicht so zartfühlend wäre wie ich. Ich kenne Ihren Namen, ich weiß, wer Sie sind. Aber seien Sie ruhig, es ist so gut, wie wenn ich gar nichts wüßte. Übrigens ist es ja möglich, daß Sie meiner Verschwiegenheit wenig Wert beimessen; aber wenn das der Fall ist, so finde ich Sie sehr bedauernswert. Wie Sie sich wohl denken können, Madame, werden Sie mich nicht mehr in Ihrer Kirche sehen; aber seien Sie überzeugt, daß dies für mich kein Opfer bedeutet: ich brauche nur einfach anderswohin zu gehen, um die Messe zu hören. Doch muß ich Ihnen sagen, aus welchem Grunde ich künftighin nicht mehr in Ihrem Kloster erscheinen werde: Ich finde es ganz natürlich, wenn Sie zu den beiden von Ihnen begangenen Unbesonnenheiten noch eine dritte, nicht minder große hinzugefügt haben, nämlich die, sich Ihrer Heldentaten einer Mitnonne gegenüber zu rühmen, und ich will Ihnen keinen Stoff liefern, in Ihrer Zelle oder in Ihrem Boudoir über mich zu lachen. Finden Sie es nicht allzu lächerlich, daß ich trotz der fünf oder sechs Jahre, die ich älter bin als Sie, noch nicht alle Scham abgestreift und noch nicht das ganze mir überkommene Anstandsgefühl mit Füßen getreten habe – oder, wenn Sie es lieber so ausgedrückt sehen wollen: daß ich noch einige Vorurteile mir bewahrt habe. Ich bin der Meinung, es gibt Vorurteile, die man niemals gänzlich von sich abschütteln darf. Lassen Sie sich, Madame, diesen kleinen Denkzettel gefallen, denn auch ich nehme ja gutmütig genug den hin, den Sie offenbar nur zum Spaß mir erteilt haben; ich verspreche Ihnen, ihn für mein ganzes Leben mir zur Lehre dienen zu lassen.‹

Ich hielt diesen Brief den Umständen nach für sehr zahm. Nachdem ich ihn fertig gemacht hatte, maskierte ich mich und suchte mir einen Forlanen oder Friauler, der mich nicht kennen konnte. Ich gab ihm eine halbe Zechine und versprach ihm den gleichen Betrag für den Augenblick, da er mir melden würde, daß er den Brief richtig im Kloster auf Murano abgegeben hätte. Ich gab ihm alle nötigen Weisungen und nahm ihm das Versprechen ab, daß er sich entfernen würde, sobald er den Brief der Pförtnerin übergeben hätte, selbst wenn man ihm sagen sollte, daß er warten möchte. Ich muß hier bemerken, daß die Forlanen in Venedig Dienstmänner waren, die ein besonderes Vertrauen genossen; man hatte niemals gehört, daß einem von ihnen auch nur der geringste Vertrauensbruch vorgeworfen werden konnte. Dasselbe galt früher auch von den Savoyarden in Paris; aber alles wird anders auf dieser Welt.

Ich begann die Geschichte zu vergessen – jedenfalls weil ich unbewußt dachte, ich hätte zwischen ihr und mir eine unüberschreitbare Schranke aufgerichtet. Da bemerkte ich zehn Tage später beim Verlassen der Oper denselben Forlanen mit seiner Laterne in der Hand. Ohne mir etwas dabei zu denken, rief ich ihn an und fragte ihn, ob er mich kenne. Die Maske behielt ich vor dem Gesicht. Er sah mich an, musterte mich von oben bis unten und verneinte meine Frage.

»Hast du deinen Auftrag in Murano gut ausgerichtet?«

»Ah, Gott sei gelobt, Signore, daß ich das Glück habe, Sie zu finden. Ich habe Ihnen wichtige Dinge mitzuteilen. Ich habe Ihren Brief hingebracht, habe ihn abgeliefert, wie Sie mir's befohlen hatten, und bin sofort weggegangen, als ich ihn in den Händen der Pförtnerin sah, obgleich die Nonne mir sagte, ich möchte warten. Bei meiner Rückkehr fand ich Sie nicht mehr vor – aber einerlei. Am anderen Morgen in aller Frühe kam einer meiner Kameraden, der an der Klosterpforte gewesen war, als ich den Brief abgab, weckte mich auf und sagte mir, ich müßte nach Murano kommen, die Pförtnerin wollte durchaus mit mir sprechen. Ich ging hin. Nachdem ich ein paar Augenblicke hatte warten müssen, ließ die Schwester mich ins Sprechzimmer eintreten, wo eine Nonne, schön wie der Tag, länger als eine Stunde mich mit allen möglichen Fragen bestürmte, die sämtlich darauf hinausgingen, daß ich ihr sagen sollte, wer Sie wären, oder doch wenigstens, an welchem Orte ich Sie finden könnte. Wie Sie wissen, konnte ich ihr keine befriedigende Antwort geben. Schließlich ging sie hinaus, befahl mir aber zu warten und kam zwei Stunden darauf mit einem Brief wieder, den sie mir übergab. Sie sagte mir, wenn es mir gelänge, diesen Brief an Sie zu bestellen und ihr eine Antwort zu überbringen, so würde sie mir zwei Zechinen geben. Unterdessen sollte ich, bis ich Sie aufgefunden hätte, jeden Tag ins Kloster kommen und ihr den Brief zeigen; dafür würde ich jedesmal vierzig Soldi erhalten. Bis jetzt habe ich auf diese Art zwanzig Lire verdient; ich fürchte aber, sie wird der Angelegenheit überdrüssig, und es steht nur bei Ihnen, mich zwei Zechinen verdienen zu lassen, indem Sie zwei Zeilen auf den Brief antworten.«

»Wo ist dieser Brief?«

»Bei mir zu Hause, eingeschlossen; denn ich habe immer Angst, ich könnte ihn verlieren.«

»Ja, wie soll ich ihn denn dann beantworten?«

»Haben Sie die Güte, hier auf mich zu warten; in weniger als einer Viertelstunde bin ich mit dem Brief wieder hier.«

»Ich werde nicht auf dich warten, denn diese Antwort hat gar kein Interesse für mich. Aber sage mir, wie hast du der Nonne Hoffnung machen können, daß du mich auffinden würdest? Du bist ein Spitzbube; denn es ist nicht wahrscheinlich, daß sie dir den Brief anvertraut haben würde, wenn du ihr nicht Hoffnung gemacht hättest, du würdest mich ausfindig machen!«

»Ich bin kein Spitzbube, denn ich habe genau ausgeführt, was Sie mir aufgetragen hatten. Aber ich habe ihr allerdings Ihren Anzug, Ihre Schnallen, Ihren Wuchs genau beschrieben; und ich versichere Ihnen, seit zehn Tagen sehe ich mir ganz genau jede Maske von Ihrer Figur an. Aber vergeblich. Jetzt erkenne ich allerdings Ihre Schuhschnallen wieder, ich glaube aber, Sie haben heute einen anderen Rock an. Ach, Signore! Es kostet Sie doch nichts, eine einzige Zeile zu schreiben. Seien Sie doch so gut und warten Sie in dem Kaffeehause hier einen Augenblick auf mich!«

Ich konnte meiner Neugier nicht länger widerstehen und entschloß mich, nicht auf ihn zu warten, wohl aber, ihn nach seinem Hause zu begleiten. Ich brauchte nur zu schreiben: ›Ich habe den Brief erhalten.‹ Damit verschaffte ich mir eine Genugtuung und ließ sogleich den Forlanen zwei Zechinen verdienen. Am nächsten Tage wechselte ich Schuhschnallen und Maske und konnte dann aller Nachforschungen lachen.

Ich begleitete also meinen Forlanen bis an seine Tür; er ging hinein und brachte mir den Brief heraus. Ich gehe mit ihm in ein Wirtshaus, lasse mir ein Zimmer geben, ein gutes Feuer anmachen und sage dem Mann, er solle warten. Ich öffne den dicken Brief, und das erste, was meine Augen sehen, sind die beiden Briefe, die ich ihr zurückgeschickt hatte, um sie wegen der Folgen ihrer Unbesonnenheit zu beruhigen.

Bei diesem Anblick bekam ich so heftiges Herzklopfen, daß ich mich setzen mußte: die Rücksendung der Briefe war ein sicheres Zeichen meiner Niederlage. Außer diesen beiden Briefen sah ich ein kleines Briefchen, das an M.M. überschrieben und mit S. unterzeichnet war. Ich las es, es enthielt nur folgende Worte: ›Die Maske, die mich hin- und herbegleitete, hätte, glaube ich, überhaupt nicht den Mund aufgetan, wenn ich nicht die Bemerkung gemacht hätte, die Reize Deines Geistes seien noch verführerischer als die Deines Antlitzes. Er antwortete mir: ›Das eine habe ich gesehen, und das andere glaube ich.‹ Ich fuhr fort, ich könnte nicht begreifen, warum Du gar nicht mit ihm gesprochen hättest, und er antwortete lächelnd: ›Ich wollte mich ihr nicht vorstellen lassen; sie hat mich dafür bestraft, indem sie von meiner Anwesenheit keine Notiz nahm.‹ Das war unser ganzes Gespräch. Ich wollte Dir dies Briefchen heute früh schicken, aber es war mir unmöglich. Lebe wohl.‹

Nachdem ich dies Billett gelesen hatte, das genau der Wahrheit entsprach und der Nonne als Entlastungsbeweis dienen konnte, verminderte sich mein Herzklopfen. Die Aussicht, mich einer Ungerechtigkeit überführt zu sehen, entzückte mich; ich faßte Mut und las folgenden Brief:

›Eine Schwachheit, die ich für sehr verzeihlich halte, machte mich neugierig, zu erfahren, was Sie unterwegs zur Gräfin über mich gesagt hätten; ich benutzte einen günstigen Augenblick, um ihr unbemerkt zu sagen, sie möchte mir spätestens am nächsten Morgen Mitteilung darüber machen, denn ich sah voraus, daß Sie mir im Laufe des Nachmittags einen pflichtschuldigen Besuch abstatten würden. Ihr Briefchen, das ich Ihnen sende, mit der Bitte, es zu lesen, ist mir erst zugegangen, als Sie seit einer halben Stunde fort waren. Erstes Verhängnis.

Da ich diesen Brief noch nicht erhalten hatte, als Sie mich rufen ließen, besaß ich nicht die Kraft, Ihren Besuch anzunehmen. Dies war eine gräßliche Schwachheit – die Sie aber, wie ich hoffe, für ebenso verzeihlich halten werden. Denn es war das zweite Verhängnis. Ich befahl der Laienschwester, Ihnen zu sagen: ich sei für den ganzen Tag krank. Dies war eine sehr berechtigte Entschuldigung, einerlei, ob sie wahr oder falsch war; denn es war eine Anstandslüge, die durch die Worte ›für den ganzen Tag‹ als bloße Ausrede erkennbar war. Sie waren schon fortgegangen, und es war mir nicht mehr möglich, Sie zurückholen zu lassen, als das alberne Weib mir meldete, sie habe Ihnen gesagt, ich sei beschäftigt. Dies war das dritte Verhängnis!

Sie können sich nicht vorstellen, was ich der dummen Nonne am liebsten alles gesagt und angetan hätte; aber hier im Kloster darf man gar nichts sagen oder tun; man muß Geduld haben und sich verstellen und noch obendrein Gott danken, daß die Versehen in Dummheit und nicht in Bosheit ihren Ursprung haben; denn das letztere kommt in Klöstern gar nicht selten vor. Ich sah sofort – wenigstens zum Teil – voraus, wie es denn auch wirklich gekommen ist; denn alles konnte wohl, glaube ich, menschliche Vernunft doch nicht voraussehen. Ich erriet, daß Sie sich für genasführt hielten und daß Sie empört sein würden, und ich empfand darob einen unaussprechlichen Kummer; denn ich sah keine Möglichkeit, Ihnen vor dem nächsten Feiertag die Wahrheit kundzugeben. Mein Herz rief diesen Tag mit glühender Sehnsucht herbei: wie hätte ich wohl ahnen können, daß Sie den Entschluß fassen würden, nicht mehr in unsere Messe zu gehen! Geduldig trug ich mein Unglück bis zum nächsten Sonntag; aber als ich mich in meiner Hoffnung getäuscht sah, da wurde mein Schmerz unerträglich; und er wird mich töten, wenn Sie sich weigern, meine Rechtfertigung anzuerkennen. Ihr Brief hat mich völlig unglücklich gemacht, und ich werde meiner Verzweiflung erliegen, wenn Sie bei dem grausamen Entschluß beharren, von dem Ihr Brief mir spricht. Sie halten sich für gefoppt. Weiter können Sie nichts sagen. Aber wird nun dieser mein Brief Sie von Ihrem Irrtum befreien? Selbst wenn Sie glaubten, ich hätte Sie schmachvoll betrogen, so konnten Sie – dies müssen Sie zugeben! – mir einen so schrecklichen Brief doch nur schreiben, wenn Sie mich für ein gradezu abscheuliches Ungeheuer hielten, wie eine Frau von vornehmer Geburt und Erziehung es unmöglich sein kann. Ich lege die beiden Briefe wieder bei, die Sie mir zurückschickten, weil Sie glaubten, dadurch meine Unruhe zu beschwichtigen, die Sie aber grausamerweise einer ganz falschen Ursache zuschreiben. Ich verstehe mich besser als Sie auf Gesichter; seien Sie überzeugt: Was ich tat, habe ich nicht aus Unbesonnenheit getan; denn ich habe Sie niemals auch nur einer unschönen Handlungsweise für fähig gehalten, geschweige denn einer Schlechtigkeit. Sie müssen in meinen Gesichtszügen nur die Seele eines schamlosen Tollkopfes entdeckt haben – und das bin ich nicht. Sie werden vielleicht an meinem Tode schuld sein oder zum mindesten mich für mein ganzes Leben unglücklich machen, wenn Sie es unterlassen, nun auch sich zu rechtfertigen; denn ich meinerseits glaube, mich im vollsten Maße gerechtfertigt zu haben.

Ich hoffe, Sie werden, selbst wenn Ihnen an meinem Leben nichts liegen sollte, doch einsehen, daß Ihre Ehre erheischt, mich zu einer Unterredung aufzusuchen. Kommen Sie selber, und nehmen Sie alles zurück, was Sie mir geschrieben haben! Sie müssen es, und ich verdiene es! Sollten Sie nicht begreifen, wie verhängnisvoll Ihr Brief auf mich gewirkt hat, wie verhängnisvoll er auf das Herz jeder unschuldigen und nicht gradezu wahnwitzigen Frau wirken müßte – so könnte ich, trotz meinem Unglück, Sie nur bedauern; denn alsdann hätten Sie gar keine Kenntnis vom Menschenherzen. Aber ich bin gewiß, Sie werden wiederkommen – wenn es nur dem Mann, dem ich diesen Brief übergebe, gelingt, Sie aufzufinden. M.M.‹

Ich brauchte diesen Brief nicht zweimal zu lesen. Ich war verwirrt, verzweifelt. M.M. hatte recht. Ich ließ sofort den Friauler hereinkommen und fragte ihn, ob er am Morgen mit ihr gesprochen und ob sie krank ausgesehen hätte. Er antwortete mir, er hätte sie jeden Tag trauriger und abgespannter gefunden, und sie hätte rote Augen.

»Warte draußen auf mich!«

Ich setzte mich zum Schreiben nieder und war erst bei Tagesanbruch mit meinem wortreichen Geschreibsel fertig. Mein Brief an das edelste Weib, das ich in meinem Ärger so falsch beurteilt hatte, lautete folgendermaßen:

›Ich bin schuldig, Madame, und kann gar nichts zu meiner Verteidigung anführen. Von Ihrer Unschuld aber bin ich vollkommen überzeugt. Ich wäre untröstlich, wenn ich nicht die süße Hoffnung hegte, meine Verzeihung zu erlangen, und Sie werden mir diese nicht verweigern, wenn Sie gütigst bedenken, was mich hat schuldig werden lassen. Ich sah Sie, Sie blendeten meine Augen, und ich konnte ein Glück nicht fassen, das mir als ein Trugbild erschien; ich glaubte, ich wäre in einem jener köstlichen Träume befangen, die beim Erwachen verschwinden. Erst vierundzwanzig Stunden später konnte ich Gewißheit erlangen, ob meine Zweifel wirklich unberechtigt wären; und wer könnte die Ungeduld schildern, womit ich auf diesen glücklichen Augenblick wartete! Endlich war er da, und von Begierde und Hoffnung getrieben, flog mein Herz Ihnen entgegen, während ich im Sprechzimmer saß und die Minuten zählte. Eine Stunde verging mir jedoch ziemlich schnell; dies war eine natürliche Wirkung meiner Ungeduld und der Art von Rührung, in die mich der Gedanke versetzte, daß ich Sie würde eintreten sehen. Aber gerade in dem Augenblick, als ich ganz sicher glaubte, ich würde das geliebte Gesicht sehen, dessen Züge sich auf den ersten Blick unauslöschlich in mein Herz eingegraben hatten – da sah ich die widerlichste alte Vettel, die mir mit kalter, mürrischer Miene sagte,

Sie seien für den ganzen Tag beschäftigt. Ehe ich noch zu mir kommen konnte, war sie schon wieder fort. Stellen Sie sich meine Betäubung und alle meine Gefühle vor. Der Blitz hätte mich nicht plötzlicher und furchtbarer treffen können. Hätten Sie mir durch dieselbe Laienschwester zwei Zeilen geschickt, zwei Zeilen von Ihrer Hand – ich wäre, wenn auch nicht zufrieden, so doch gefaßt und Ihrem Willen gehorsam, fortgegangen.

Aber nun kommt ein viertes Verhängnis, das Sie bei Ihrer köstlichen pikanten Rechtfertigung nicht mit angeführt haben. Ich hielt mich für gefoppt, mein Stolz empörte sich, und Entrüstung brachte für einen Augenblick meine Liebe zum Schweigen. Die Scham erstickte mich. Ich glaubte, jedermann müßte auf meinem Gesicht das ganze Entsetzen lesen, das ich in mir verspürte; ich sah in Ihnen nur ein entsetzliches Ungeheuer in Engelsgestalt. Mein Geist war ganz über den Haufen geworfen, und nach elf Tagen verlor ich den kleinen Rest von Vernunft, der mir noch geblieben war. Dies muß ich wenigstens annehmen, denn an jenem Tage schrieb ich den Brief, über den Sie mit Recht sich beklagen, den ich aber damals für ein Meisterstück von Mäßigung hielt.

Jetzt ist, hoffe ich, alles in Ordnung, und schon heute früh um elf Uhr werden Sie mich zärtlich, gehorsam und reuig zu Ihren Füßen sehen. Sie werden mir vergeben, Madame, oder ich selber räche Sie für die Unbill, die ich Ihnen angetan habe. Nur um eine einzige Gnade wage ich Sie zu bitten: Verbrennen Sie meinen Brief und lassen Sie zwischen uns niemals mehr von ihm die Rede sein. Ich habe ihn erst abgesandt, nachdem ich vier andere einen nach dem anderen zerrissen hatte, weil ich darin Sätze entdeckte, von denen ich fürchten mußte, daß sie die ungestüme Liebe verrieten, die Sie in mir entflammt hatten. Eine Frau, die mich verhöhnt hatte, war meiner zärtlichen Liebe nicht würdig, selbst wenn sie engelsgleich gewesen wäre. Ich war nicht im Unrecht, aber ... ich war ein Unglücklicher! Konnte ich Sie solcher Haltung für fähig halten, nachdem ich Sie gesehen hatte? Ich werde mich auf mein Bett niederwerfen und drei oder vier Stunden vergehen lassen, meine Tränen werden das Kissen durchnässen. Ermessen Sie daraus, in welcher Gemütsverfassung ich mich befand.

Ich lasse den Dienstmann sofort nach Ihrem Kloster gehen, damit Ihnen beim Erwachen schon mein Brief übergeben wird.

Der Mann würde mich niemals entdeckt haben, wenn mich nicht mein guter Geist getrieben hätte, ihn anzusprechen, als ich aus der Oper kam. Ich werde seiner nicht mehr bedürfen. Antworten Sie mir nichts, und empfangen Sie die aufrichtigsten Beteuerungen eines Herzens, das Sie anbetet!‹

Als der Brief fertig war, rief ich meinen Friauler herein, gab ihm eine Zechine und ließ mir von ihm versprechen, sofort nach Murano zu fahren und der Nonne meinen Brief nur zu ihren eigenen Händen zu übergeben. Sobald er fort war, warf ich mich auf das Bett, aber vor Ungeduld und Sehnsucht konnte ich kein Auge zutun.

Der Leser kann sich denken, daß ich in meiner Ungeduld pünktlich zur Stelle war. Man ließ mich in das kleine Sprechzimmer eintreten, wo ich sie zum erstenmal gesehen hatte, und bald kam sie.

Als ich sie hinter dem Gitter sah, sank ich auf beide Knie nieder; aber sie bat mich schnell wieder aufzustehen, weil man mich sehen könnte. Ihr Gesicht war wie von Feuer übergossen, ihr Blick aber erschien mir himmlisch. Sie setzte sich, und ich nahm auf einem Stuhle ihr gegenüber Platz. So saßen wir mehrere Minuten lang und sahen uns an, ohne ein Wort zu sagen. Endlich brach ich jedoch das Schweigen, indem ich in zärtlichem, aber halb ersticktem Ton sie fragte, ob ich auf meine Vergebung hoffen könnte. Sie steckte mir durch das Gitter hindurch ihre schöne Hand entgegen, und ich bedeckte diese mit Tränen und mit Küssen.

»Unsere Bekanntschaft«, hub sie an, »hat mit einem heftigen Gewitter begonnen; hoffen wir, daß sie fortan vollkommen und auf die Dauer ruhig sein werde. Wir sprechen uns heute zum erstenmal, aber nach dem zwischen uns Vorgefallenen müssen wir uns gegenseitig vollkommen kennen. Ich hoffe, unser Bund wird ebenso zärtlich wie aufrichtig sein, und wir werden uns gegenseitig unsere Fehler zu vergeben wissen.«

»Kann ein Engel wie Sie Fehler haben?«

»Oh, lieber Freund, wer hätte denn keine?«

»Wann werde ich das Glück haben können, Sie, ohne allen Zwang und ganz der Freude meines Herzens folgend, von der Tiefe meiner Gefühle überzeugen zu dürfen?«

»Wir speisen in meinem Kasino zu Abend, sobald Sie wollen; nur muß ich es zwei Tage vorher wissen. Oder auch: Ich komme nach Venedig, und wir essen bei Ihnen, wenn Ihnen das nicht unbequem ist.«

»Es würde nur mein Glück erhöhen. Ich glaube Ihnen sagen zu müssen, daß ich mich in sehr angenehmen Verhältnissen befinde; daß ich Geldausgaben nicht scheue, sondern im Gegenteil liebe. Alles aber, was ich habe, gehört dem Wesen, das ich anbete.«

»Ihre Mitteilung, lieber Freund, ist mir sehr angenehm, um so angenehmer, da auch ich Ihnen sagen kann, daß ich reich bin und meinem Geliebten keinen Wunsch versagen muß.«

»Sie haben aber gewiß schon einen?«

»Ja; und er ist es, der mich reich macht. Er ist mein unumschränkter Gebieter. Ich habe niemals Heimlichkeiten vor ihm. Wenn wir übermorgen unter vier Augen sind und ich ganz die Ihre bin, sollen Sie mehr darüber erfahren.«

»Aber ich hoffe doch, Ihr Liebhaber ...«

»Wird nicht dabeisein – verlassen Sie sich darauf. Haben Sie auch eine Geliebte?«

»Ich hatte eine. Aber ach, man hat sie mir mit Gewalt entrissen, und ich lebe seit sechs Monaten in vollkommenem Zölibat.«

»Sie lieben sie noch?«

»Ich kann nicht an sie zurückdenken, ohne sie zu lieben. Sie kommt Ihnen fast gleich an Schönheit und Reiz, aber ich sehe voraus, um Ihretwillen werde ich sie vergessen!«

»Wenn Sie glücklich waren, beklage ich Sie aufrichtig. Man entriß sie Ihnen, und Sie flohen die Welt, um sich Ihrem Kummer hinzugeben. Ich habe Sie erraten; aber wenn es so kommt, daß ich mich des Platzes bemächtige, den sie noch in Ihrem Herzen einnimmt, dann, mein holder Freund, soll kein Mensch mich daraus vertreiben!«

»Aber was wird Ihr Liebhaber dazu sagen?«

»Er wird entzückt sein, mich mit einem Geliebten wie Sie zärtlich und glücklich zu sehen. Dies ist nun mal sein Charakter.«

»Ein bewunderungswürdiger Charakter! Zu solchem Heroismus würden mir Charakter und Kraft fehlen.«

»Was für ein Leben führen Sie in Venedig?«

»Ich besuche Theatergesellschaften, Kasinos und kämpfe dort mit dem Glück, das mir bisweilen hold, bisweilen auch feindlich ist.«

»Besuchen Sie die fremden Gesandten?«

»Nein; ich stehe in allzu engen Beziehungen zu Patriziern; aber ich kenne sie alle.«

»Wie kommt es, daß Sie sie kennen, da Sie doch nicht mit ihnen verkehren?«

»Ich habe sie im Ausland kennengelernt: in Parma den spanischen Botschafter, Herzog di Montealegre; in Wien den Grafen Rosenberg, in Paris vor ungefähr zwei Jahren den französischen Botschafter.«

»Es wird gleich Mittag läuten, lieber Freund, es ist Zeit, daß wir uns trennen. Kommen Sie übermorgen zur selben Stunde, und ich werde Ihnen die nötigen Unterweisungen geben, damit Sie abends mit mir zusammen speisen können.«

»Unter vier Augen?«

»Das versteht sich.«

»Darf ich wagen, Sie um ein Unterpfand Ihres Versprechens zu bitten? Denn das Glück, das Sie mir verheißen, ist ja so groß!«

»Was für ein Unterpfand wollen Sie?«

»Daß Sie sich an das kleine Fenster stellen und mir erlauben, mich in die Stelle der Gräfin S. zu versetzen.«

Sie stand auf und drückte mit dem anmutigsten Lächeln auf die Feder; nachdem ich den innigsten Kuß empfangen hatte, ging ich. Ihre Augen begleiteten mich bis an die Tür, und ihr liebevoller Blick hätte mich dort festgehalten, wenn sie nicht endlich gegangen wäre.

Ich verbrachte die beiden Tage des Wartens in solcher Freude und Ungeduld, daß ich nicht essen noch schlafen konnte; mir schien, ich hätte noch niemals solches Glück in der Liebe gehabt, oder vielmehr: mir schien, als sollte ich zum erstenmal in meinem Leben wirklich glücklich sein.

Meine neue Eroberung war von vornehmer Herkunft, war schön und geistvoll; aber zu diesen tatsächlichen Vorzügen kam noch ein eingebildeter hinzu, der mir mein Glück beinahe unfaßbar machte: Ich hatte mit einer Vestalin[3] zu tun. Eine verbotene Frucht wurde mir geboten, und wer wüßte nicht, daß seit Evas Tagen bis auf unsere Zeit gerade die verbotene Frucht uns immer am süßesten dünkt? Ich sollte einem allmächtigen Gatten ins Gehege kommen; und darum stand in meinen Augen M.M. hoch über allen Königinnen.

Wäre nicht in diesen Augenblicken meine Vernunft von der Leidenschaft verblendet gewesen, so hätte ich wohl gesehen, daß diese Nonne auch nicht anders beschaffen sein konnte als alle die hübschen Frauen, die ich in den dreizehn Jahren gekannt, seitdem ich zum erstenmal das Schlachtfeld der Liebe betreten hatte. Aber welcher Verliebte würde sich wohl mit solchem Gedanken abgeben! Er weist ihn verächtlich von sich, wenn er ihm zufällig sich aufdrängen sollte. M.M. mußte durchaus hoch über der schönsten Frau der Welt stehen.

Die animalische Natur – was die Alchimisten das animalische Reich nennen – verschafft sich instinktmäßig die drei Mittel, die sie notwendig braucht, um sich in Ewigkeit fortzupflanzen.

Diese Mittel sind drei wirkliche Bedürfnisse, die die Natur allen Geschöpfen eingepflanzt hat. Sie müssen sich nähren, und diese Notwendigkeit wäre eine dumme und verdrießliche Last für sie, wenn sie nicht die Empfindung des Hungers hätten und ein Vergnügen daran fänden, diesen zu befriedigen. Sie müssen ihre Art fortpflanzen; dies ist eine unumgängliche Notwendigkeit, in der sich die ganze Weisheit des Schöpfers offenbart; denn ohne Fortpflanzung und Vermehrung würde nach dem immer gültigen Gesetz der Entartung, des Vergehens und des Sterbens alles zunichte werden. Mögen nun der heilige Augustinus und andere, die nicht vernünftiger sind als er, sagen, was sie wollen – die Geschöpfe würden sich mit der Arbeit der Fortpflanzung nicht befassen, wenn sie nicht ihr Vergnügen daran fänden und wenn das große Werk sie nicht durch einen unwiderstehlichen Reiz anzöge. Endlich haben alle Geschöpfe eine ganz entschiedene und unbesiegliche Neigung, ihre Feinde zu vernichten. Und sicherlich kann es nichts Vernünftigeres geben; denn der Selbsterhaltungstrieb macht es ihnen zur Pflicht, die Zerstörung alles dessen, was ihnen schaden kann, mit allen Kräften zu wünschen und zu erstreben.

Wenn nun aber auch diese Gesetze allgemein gültig sind, so handelt doch jede Art für sich allein. Die drei Empfindungen Hunger, Lustbegierde, Haß werden von den Tieren rein gewohnheitsmäßig befriedigt, und wir brauchen sie nicht zu den Genüssen zu rechnen; denn von Genuß kann nur in bezug auf ein Individuum die Rede sein. Der Mensch allein ist mit vollkommenen Organen begabt; daher ist wirklicher Genuß nur ihm eigentümlich, denn mit der erhabenen Fähigkeit des Denkens begabt, erkennt er den Genuß: er sucht ihn, mischt ihn mit anderen Genüssen, vervollkommnet ihn und erweitert ihn durch Überlegung und Erinnerung. Ich bitte dich, lieber Leser: Ärgere dich nicht und begleite mich noch ein bißchen weiter. Ich schwatze gern. Aber wenn du mir deshalb davonliefest, so wäre das nicht höflich oder jedenfalls nicht nett von dir.

Der Mensch ist nicht besser als ein Tier, wenn er sich den erwähnten drei Neigungen hingibt, ohne Vernunft und Urteil zu Hilfe zu rufen. Aber wenn die Neigungen durch ein geistiges Element ins Gleichgewicht gebracht werden, dann werden diese Empfindungen Genüsse, und zwar vollkommene Genüsse. Es ist ein unerklärliches Gefühl, durch das allein es uns möglich ist, sogenanntes Glück zu genießen, und das wir nur empfinden, ohne es beschreiben zu können.

Ein mit Vernunft begabter sinnlicher Mensch verschmäht die Völlerei, weist mit Verachtung Ausschweifung und Wollust von sich und will nichts von jener brutalen Rache wissen, die der ersten Zornesaufwallung entspringt. Aber er ist Feinschmecker und befriedigt seinen Appetit nur auf eine Weise, die seiner Natur entspricht. Er ist verliebt, aber er genießt des geliebten Wesens nur, wenn er sicher ist, daß es seinen Genuß teilt, und dies kann nur der Fall sein, wenn ihre Liebe gegenseitig ist. Wenn ihm eine Beleidigung widerfährt, rächt er sich erst, nachdem er mit kaltem Blut die sichersten Mittel erwogen hat, die ihm die Rache zu einem Genuß machen. Wenn er zuweilen grausamer ist, so tröstet er sich, weil er mit Überlegung gehandelt hat; endlich ist zuweilen seine Rache so edel, daß sie im Verzeihen besteht. Bei solcher Auffassung sind die drei Wandlungen das Werk der Seele, die sich zur Dienerin der Leidenschaften macht, um Genuß davon zu haben, *quae nisi parent imperant* [die, wenn sie nicht gehorchen, befehlen][4]. Wir erdulden zuweilen Hunger, um uns die Speisen, die ihn stillen sollen, besser schmecken zu lassen; wir verzögern den Liebesgenuß, um ihn lebhafter zu machen, und wir verschieben den Augenblick der Rache, um sie sicherer zu machen. Andererseits freilich kann man an einem verdorbenen Magen sterben; in der Liebe lassen wir uns oft durch Trugschlüsse täuschen, und der Mensch, den wir vernichten wollen, entgeht oft unserer Rache. Aber Vollkommenes gibt es eben nicht, und dieses Risiko nehmen wir daher gern in Kauf.

DRITTES KAPITEL

Nichts ist dem denkenden Menschen teurer als sein Leben. Trotzdem verstehen gerade die sinnlichsten Menschen, nämlich diejenigen, die vom Leben den höchsten Genuß zu haben trachten, am vollkommensten die schwierige Kunst, das Leben schnell verstreichen zu lassen und es abzukürzen. Nicht daß Sie die Absicht hätten, es zu verkürzen, denn im Gegenteil, man möchte es ewig dauern machen, um ewig zu genießen; aber man wünscht, daß im Genießen das Leben unmerklich verstreicht, und darin hat man recht – vorausgesetzt, daß man nicht gegen seine Pflichten verstößt. Doch darf der Mensch sich nicht einbilden, nur das als Pflicht ansehen zu können, was seinen Sinnen angenehm ist; dies wäre ein großer Irrtum, dem er schließlich wohl gar zum Opfer fallen könnte. Ich glaube, mein Lieblingsdichter Horaz irrte, als er zu Julius Florus sagte: »*Nec metuam quid de me judicet heres, quod non plura datis inveniet*« [Ich bin unbesorgt, wie einst urteile mein Erbe, weil er nicht mehr vorfand, als vermacht war][1].

Der ist der glücklichste Mensch, der sich die größte Menge Glück zu verschaffen weiß, ohne jemals seine Pflichten zu verletzen, und der unglücklichste ist der, der einen Beruf erwählt hat, in welchem er sich unaufhörlich in der traurigen Notwendigkeit befindet, Vorsichtsmaßregeln treffen zu müssen.

Überzeugt, daß M.M. mir nicht ihr Wort brechen würde, begab ich mich gegen zehn Uhr vormittags ins Sprechzimmer und sah sie eintreten, sobald ich ihr gemeldet worden war.

»Um Gottes willen, lieber Freund, sind Sie krank?«

»Nein, göttliche Freundin; aber es ist wohl möglich, daß ich so aussehe, denn die unruhige Erwartung meines Glückes greift mich furchtbar an. Ich habe Appetit und Schlaf verloren, und sollte mein Glück verschoben sein, so stehe ich nicht dafür, daß ich am Leben bleibe.«

»Es ist nicht verschoben, lieber Freund; aber welch eine

Ungeduld! Setzen wir uns. Hier ist der Schlüssel zum Kasino, wohin Sie sich begeben werden. Das Haus ist bewohnt, denn wir brauchen natürlich Leute zur Bedienung; aber niemand wird mit Ihnen sprechen, und Sie brauchen mit keinem Menschen zu sprechen. Sie werden maskiert sein und kommen erst um die zweite Stunde nach Sonnenuntergang, nicht früher. Sie steigen die Treppe hinauf, die der Haustür gegenüber ist, oben werden Sie beim Licht einer Laterne eine grüne Tür sehen, die Sie öffnen, um in die Wohnung zu gelangen. Diese wird erleuchtet sein. Im zweiten Zimmer werden Sie mich finden; sollte ich noch nicht dasein, so werden Sie ein paar Minuten auf mich warten; Sie können sich auf meine Pünktlichkeit verlassen. Sie können Ihre Maske ablegen und sich's bequem machen; Sie werden Bücher und ein gutes Feuer finden.«

Die Beschreibung war klar und deutlich; ich küßte die Hand, die mir den Schlüssel zu diesem geheimnisvollen Tempel reichte, und fragte die reizende Frau, ob ich sie als Nonne sehen würde.

»Ich gehe als Nonne aus dem Kloster, aber ich habe im Kasino eine vollständige Garderobe, um mich weltlich zu kleiden; ich kann mich sogar maskieren.«

»Ich hoffe, Sie werden mir das Vergnügen machen, in Ihrer Nonnentracht zu bleiben.«

»Warum denn, bitte?«

»Ich liebe so sehr, Sie in dieser Tracht zu sehen.«

»Haha! Ich verstehe. Sie stellen sich meinen geschorenen Kopf vor, und der macht Ihnen angst. Aber beruhigen Sie sich, lieber Freund; ich habe eine Perücke, die so ausgezeichnet gemacht ist, daß sie der Natur nichts nachgibt.«

»Gott, was sagen Sie da! Das bloße Wort Perücke ist niederschmetternd. Aber nein! seien Sie versichert, ich werde Sie reizend finden, wie Sie auch erscheinen mögen. Nur setzen Sie die böse Perücke bitte nicht in meiner Gegenwart auf! Ach, ich beleidige Sie – Verzeihung! Ich bin in Verzweiflung, davon gesprochen zu haben. Sind Sie sicher, daß niemand Sie das Kloster verlassen sieht?«

»Sie können sich selber davon überzeugen, wenn Sie um die Insel herumfahren und sich das Pförtchen ansehen, das auf das andere Ufer führt. Ich habe den Schlüssel zu einem Zimmer, das nach diesem Ufer hinausliegt, und ich kann mich auf die Laienschwester verlassen, die mich bedient.«

»Und die Gondel?«

»Mein Freund bürgt mir für die Treue der Bootsführer.«

»Was für ein Mann ist Ihr Liebhaber! Ich denke mir, er ist alt.«

»Sie irren sich. Wenn das der Fall wäre, würde ich mich schämen. Er ist keine vierzig Jahre alt und besitzt alle Eigenschaften, um geliebt zu werden: Schönheit, Geist, sanften Charakter, vornehme Handlungsweise.«

»Und er sieht Ihnen Ihre Launen nach?«

»Was nennen Sie Launen? Vor einem Jahr hat er mich erobert, und vor ihm hatte ich niemals einen Mann gekannt, wie Sie der erste sind, der in mir phantastische Wünsche erregte. Als ich ihm diese gestand, war er erst ein wenig erstaunt, dann aber fing er an zu lachen und hielt mir in ein paar Worten vor, daß ich Gefahr liefe, an einen Indiskreten zu geraten. Es wäre ihm lieber gewesen, wenn ich zum mindesten erst erfahren hätte, wer Sie wären, bevor ich weiter ginge; aber es war schon zu spät. Ich bürgte ihm für Sie, und natürlich lachte er darüber, daß ich so entschieden für jemanden eintrat, den ich gar nicht kannte.«

»Wann haben Sie ihm alles gebeichtet?«

»Vorgestern. Und ich habe ihm nichts verschwiegen. Ich habe ihm meine und Ihre Briefe gezeigt, und er hält Sie für einen Franzosen, obgleich Sie sich für einen Venezianer ausgeben. Er ist sehr neugierig, wer Sie wohl sein mögen. Aber seien Sie unbesorgt, ich verspreche Ihnen, niemals den geringsten Schritt zu tun, um dies zu erfahren.«

»Und ebensowenig werde ich mich bemühen, zu erfahren, wer dieser Mann ist, der ebenso selten ist wie Sie! Ich bin in Verzweiflung, wenn ich daran denke, welchen Kummer ich Ihnen gemacht habe.«

»Reden wir nicht mehr davon! Denn wenn ich selber recht nachdenke, sehe ich ein, daß nur ein Geck anders hätte handeln können.«

Zum Abschied erhielt ich am Fensterchen ein neues Pfand ihrer Zärtlichkeit, und ihre Blicke geleiteten mich bis zur Tür.

Am Abend begab ich mich zur bestimmten Stunde zum Ort unseres Stelldicheins. Genau ihren Weisungen folgend, gelangte ich in einen Salon, wo ich meine neue Eroberung in der elegantesten Gesellschaftstoilette vorfand. Der Salon war durch Armleuchter erhellt, deren Schein von den Spiegeln zurückgeworfen wurde, und von vier schönen Kerzen, die auf einem mit Büchern bedeckten Tische standen. Sie erschien mir von einer ganz andersartigen Schönheit als früher, da ich sie als Nonne gesehen hatte. Sie trug eine Frisur mit einem prachtvollen Knoten; aber ich sah gar nicht näher danach hin, so unangenehm war mir der bloße Gedanke an eine Perücke, und ich hätte mich wohl gehütet, ihr ein Kompliment darüber zu machen. Ich warf mich vor ihr auf die Knie, um ihr meine lebhafte Dankbarkeit zu bezeigen, und küßte in Verzückung ihre schönen Hände, um damit den Liebeskampf einzuleiten, zu dem es ja kommen mußte; aber M. M. glaubte, mir Widerstand entgegensetzen zu müssen. Wie reizend ist doch diese Weigerung einer verliebten Geliebten, die den Augenblick des Glückes nur deshalb hinausschiebt, um seine Wonnen besser auskosten zu können! Als zärtlicher, ehrerbietiger, zugleich aber kühner und unternehmender Werber, der seines Sieges gewiß war, mischte ich zarte Rücksicht mit feurigem Ungestüm. Dem allerschönsten Munde die heißesten Küsse raubend, glaubte meine Seele vor Wonne zu vergehen. Wir verbrachten zwei Stunden mit diesen einleitenden Kämpfen, und als diese aufhörten, wünschten wir uns beide Glück: sie, daß sie hatte widerstehen können; ich, daß ich meine Ungeduld zu mäßigen gewußt hatte.

Wir hatten beide einen Augenblick der Ruhe nötig; sie erriet meine Wünsche und sagte gegen elf Uhr zu mir: »Lieber Freund, ich habe einen Hunger, der mir Hoffnung gibt, daß ich dem Abendessen alle Ehre erweisen werde; willst du mir versprechen, mir die Spitze zu bieten?«

Sie klingelte, eine sehr gut gekleidete und sehr anständig aussehende Frau in mittleren Jahren kam herein, deckte einen Tisch für zwei Personen, stellte auf einen anderen, was wir brauchten, um uns selber bedienen zu können, und setzte uns dann acht Gerichte in Sèvresporzellanschüsseln auf silbernen Wärmpfannen vor. Es war eine leckere und reichliche Mahlzeit.

Schon an den ersten Gerichten erkannte ich die französische Küche, und sie bestritt mir meine Wahrnehmung nicht. Wir tranken nur Burgunder und Champagner. Sie bereitete den Salat sauber und geschickt, und ich mußte bei jeder Bewegung ihre Anmut und Eleganz bewundern. Offenbar war ihr Liebhaber ein Kenner, der ihr alle diese Künste beigebracht hatte. Ich war neugierig, ihn kennenzulernen, und als wir beim Punsch angelangt waren, sagte ich ihr: wenn sie meine Neugierde befriedigen wolle, sei ich bereit, ihr meinen Namen zu sagen. Sie antwortete mir jedoch: »Überlassen wir, lieber Freund, der Zeit die Befriedigung unserer gegenseitigen Neugierde!«

M.M. hatte unter ihren Uhranhängseln ein kleines Bergkristallfläschchen von ganz genau der gleichen Form wie das, das ich an meiner Kette trug. Ich machte sie darauf aufmerksam, und da ich in meinem Fläschchen ein Wattebäuschchen mit Rosenöl hatte, gab ich es ihr zum Riechen.

»Ich habe ebensolches«, sagte sie und ließ auch mich riechen.

»Die Essenz ist sehr selten und kostet viel Geld.«

»Deshalb ist sie auch nicht käuflich zu haben.«

»Das ist wahr. Der Erzeuger dieser Essenz ist ein gekröntes Haupt, der König von Frankreich. Er hat ein Pfund davon hergestellt, das ihn zehn Taler gekostet hat.«

»Mein Liebhaber hat das Rosenöl zum Geschenk erhalten und hat mir davon abgegeben.«

»Madame de Pompadour hat ein Fläschchen voll durch Vermittlung des jetzigen hiesigen französischen Gesandten, Monsieur A. de B.[2], an den venezianischen Gesandten in Paris, Signor Mocenigo, geschickt.«

»Kennen Sie Monsieur de B.?«

»Ich hatte die Ehre, gerade an dem Tage, als er sich bei unserem Gesandten verabschiedete, mit ihm zusammen zu speisen. Monsieur de B. ist vom Glück begünstigt worden, und er hat es durch sein Verdienst an sich zu fesseln gewußt; er ist ebenso vornehm von Geist wie von Geburt; er ist, wie ich glaube, Graf von Lyon[3]. Ich erinnere mich, daß er wegen seines hübschen Gesichtes den Spitznamen Belle-Babet[4] erhalten hat. Wir besitzen von ihm eine kleine Sammlung von Gedichten, die ihm Ehre machen.«

Es war nahe an Mitternacht; wir hatten ausgezeichnet gegessen und saßen vor einem guten Feuer. Da die Zeit mich kostbar dünkte, wurde ich dringend. Aber sie sträubte sich immer noch.

»Grausame Freundin!« rief ich aus; »hast du mir nur darum die Glückseligkeit versprochen, um mich alle Qualen des Tantalus erleiden zu lassen? Wenn du dich nicht der Liebe ergeben willst, so gib doch wenigstens der Natur nach. Wir haben ein köstliches Mahl eingenommen; laß uns jetzt zu Bett gehen!«

»Bist du schläfrig?«

»Nein, gewiß nicht; aber zu so später Stunde legt man sich zu Bett. Gestatte, daß ich dich zu Bett bringe; ich werde neben deinem Kopfkissen sitzen, oder ich werde hinausgehen, wenn du das wünschst.«

»Wenn du von mir gingst, würdest du mir einen empfindlichen Schmerz bereiten.«

»Der meinige wäre nicht geringer, glaube mir! Aber wenn ich nun bleibe – was machen wir dann?«

»Wir können uns völlig angekleidet auf dieses Sofa ausstrecken.«

»Angekleidet! Meinetwegen. Ich werde dich schlafen lassen können, wenn du es wünschst. Mir aber wirst du verzeihen, wenn ich nicht schlafe. Denn an deiner Seite schlafen zu sollen, noch dazu in meinen Kleidern – das heißt Unmögliches verlangen!«

»Warte!«

Sie steht auf, zieht mit einem leichten Ruck das Kanapee auseinander, holt Kissen, Tücher und Decken hervor, und im Handumdrehen ist ein prachtvolles, breites und bequemes Bett bereit. Sie nimmt ein großes Taschentuch und bindet es mir um den Kopf; dann gibt sie mir ein zweites und fordert mich auf, ihr denselben Dienst zu erweisen. Ich machte mich ans Werk, ohne mir meinen Abscheu vor ihrer Perücke merken zu lassen; da verschaffte eine köstliche Entdeckung mir die angenehmste Überraschung: statt einer Perücke hatte ich das allerschönste Haar in der Hand. Ich stieß vor Glück und Bewunderung einen lauten Schrei aus, über den sie herzlich lachte; dann sagte sie mir, einer Nonne obliege keine weitere Verpflichtung, als ihre Haare vor den Augen der profanen Menge zu verbergen. Nachdem sie mir das gesagt hatte, warf sie sich ausgestreckt auf das Kanapee. In einer Minute meiner Kleider entledigt, strampelte ich meine Schuhe von den Füßen und warf mich mehr auf als neben sie. Sie umschlang mich kräftig mit ihren beiden Armen, aber sie sagte, sie glaube, ich müsse ihr alle Leiden verzeihen, die sie mir durch ihr Widerstreben bereite.

Meine Augen baten sie, mir wenigstens ein Almosen ihrer Liebe zu geben, und ich begann schüchtern und mit zitternden Händen sechs breite Schleifen ihres Mieders zu lösen. Mein Herz klopfte vor Freude, als sie mich gewähren ließ, und ich mich im Besitz des schönsten Busens sah. Es gibt keinen Aufschub mehr. Sie muß, nachdem ich sie bewundert habe, mir gestatten, daß ich sie ganz besitze. Ich schaue sie an und lese in ihren Augen die Sanftheit ihrer Liebe, die von mir fordert:

›Bescheide dich damit und fasse dich in Geduld.‹ Geleitet von meiner Liebe und meiner starken Natur, verzweifelt, daß sie meinen Händen nicht erlauben will, einen anderen Ort aufzusuchen, versuche ich mit allen Mitteln, eine ihrer Hände dorthin zu führen, wo sie sich überzeugen könnte, daß ich ihre Gnade verdiene. Aber mit einer Kraft, die stärker ist als meine, ist sie um nichts in der Welt zu bewegen, ihre Hände von meiner Brust loszureißen, wo sie doch nichts Interessantes finden kann. Dennoch fand ihr Mund dorthin, als er sich von dem meinen löste.

Nachdem ich mehrere Stunden auf diese Weise mit ihr verbracht und doch nichts anderes erreicht hatte, als sie unaufhörlich zu küssen, wobei sich ihr Speichel mit dem meinen vermischte, schlief ich schließlich, sie eng umschlungen haltend, ermattet in ihren Armen ein. Ein rasselndes Geräusch ließ mich plötzlich auffahren.

»Was ist's?« rief ich emporfahrend.

»Lieber zärtlicher Freund, wir müssen aufstehen; es ist Zeit für mich, ins Kloster zurückzukehren.«

»Zieh dich an und gönne mir das Vergnügen, dich im Kleide der Heiligen zu sehen, denn du scheidest ja als Jungfrau von mir.«

»Sei für diesmal zufrieden, mein süßer Schatz, und lerne von mir Enthaltsamkeit üben; ein anderes Mal werden wir glücklicher sein. Wenn ich fort bin, kannst du dich hier ausruhen, falls du nichts Dringlicheres vorhast.«

Sie klingelte, und es erschien dieselbe Frau, die am Abend gekommen war und die ohne Zweifel ihre Vertraute und geheime Vermittlerin bei ihren Liebesgeheimnissen war. Nachdem meine Geliebte sich hatte frisieren lassen, zog sie ihr Kleid aus, schloß ihren Schmuck in einen Schrank ein und legte ein Nonnenmieder an, das ihre beiden prachtvollen Halbkugeln verbarg, die während dieser anstrengenden Nacht am meisten zu meinem Glück beigetragen hatten. Hierauf zog sie ihr Nonnenkleid an. Als die Vertraute hinausgegangen war, um dem Gondoliere Bescheid zu sagen, küßte sie mich zärtlich und feurig und sagte: »Ich erwarte dich übermorgen; dann wirst du mir sagen, welche Nacht ich mit dir in Venedig verbringen soll. Und dann, zärtlicher Freund, wirst du ganz glücklich sein und ich auch. Leb wohl.«

Glücklich, wenn auch nicht befriedigt, legte ich mich wieder hin und schlief bis zum Mittag.

Ich verließ das Haus, ohne einen Menschen zu sehen, und begab mich wohlmaskiert zu Laura, bei der ich einen Brief von meiner teuren C. C. vorfand; er lautete folgendermaßen:

›Ich gebe Dir hiermit, lieber Freund, ein Pröbchen meiner Denkungsart, und ich hoffe, daß diese mir nicht nur bei Dir nicht schaden wird, sondern daß Du dadurch die Überzeugung erlangen wirst, daß ich trotz meiner Jugend imstande bin, ein Geheimnis zu bewahren, und daß ich würdig bin, Deine Frau zu werden. Da ich Deines Herzens mich sicher weiß, so tadle ich Dich nicht wegen der Zurückhaltung, die Du mir gegenüber beobachtet hast, und da ich nur auf das eifersüchtig bin, was Deinen Geist ablenken und Dich zu einem geduldigen Ertragen unserer grausamen Trennung veranlassen kann, so muß ich mich über alles freuen, was Dir Vergnügen verschafft. Höre mich an!

Als ich gestern einen Korridor entlangging, ließ ich einen Zahnstocher fallen, den ich in der Hand hielt; um ihn wieder aufzuheben, mußte ich einen Schemel zur Seite schieben, und hierbei entdeckte ich eine Ritze in der Wand. Ich bin schon so neugierig geworden wie eine Nonne – denn dieses Laster ist im Müßiggange des Klosterlebens ganz natürlich – und preßte schnell mein Auge an diese Ritze. Da sah ich nun – rate, wen? Dich, mein süßer Freund! Du unterhieltest Dich sehr lebhaft mit meiner reizenden Freundin, Schwester M. M. Du kannst Dir schwerlich meine Überraschung und meine Freude vorstellen! Diese beiden Gefühle wichen jedoch schnell der Furcht, daß ich gesehen werden und die Neugierde irgendeiner Indiskreten wecken könnte. Schnell schob ich den Schemel wieder an seinen Platz und entfernte mich. Sage mir alles, mein holder Freund – Du wirst mich glücklich machen! Wie sollte ich, die ich Dich mit aller Kraft meiner Seele liebe, nicht neugierig sein, Näheres über einen so fabelhaften Anblick zu erfahren! Sage mir, ob sie Dich näher kennt und wie Du sie kennengelernt hast. Sie ist meine zärtliche Freundin, von der ich Dir schon schrieb, deren Namen zu nennen ich aber nicht für nötig hielt. Sie unterrichtet mich im Französischen, und sie hat mir Bücher gegeben, durch die ich auf einem Gebiet, das nur sehr wenig Frauen vertraut ist, Kenntnisse gewonnen habe. Ohne sie, mein Freund, hätte man die Ursache des Unwohlseins entdeckt, das mich beinahe das Leben gekostet hätte. Sie gab mir sofort Wäsche und Tücher. Ihr verdanke ich meine Ehre. Aber zugleich mußte sie natürlich erfahren, daß ich einen Geliebten habe, wie übrigens auch ich weiß, daß sie einen hat! Wir sind aber alle beide nicht neugierig gewesen, tiefer in die Geheimnisse der anderen einzudringen. Schwester M.M. ist eine einzigartige Frau! Ich bin gewiß, teurer Freund, Ihr liebt Euch; das kann nicht anders sein, denn Ihr kennt Euch ja; aber da ich nicht eifersüchtig bin, so verdiene ich, daß Du mir alles sagst. Aber ich beklage Euch beide; denn alles, was Ihr zu tun vermögt, kann, fürchte ich, nur dazu dienen, Eure Leidenschaft anzureizen. Das ganze Kloster glaubt, Du seist krank, und ich, ich sterbe vor Verlangen, Dich zu sehen. Komme also doch mindestens ein einziges Mal. Lebe wohl!‹

Obwohl dieser Brief mir nur Achtung für C.C. einflößen konnte, machte er mich doch unruhig. Meiner teuren C.C. war ich zwar sicher, aber diese Ritze konnte uns anderen neugierigen Blicken preisgeben. Außerdem sah ich mich gezwungen, meiner liebenswürdigen und vertrauensvollen Freundin ein Märchen aufzubinden; denn Ehre und Zartgefühl erlaubten mir nicht, ihr die Wahrheit zu sagen. Ich antwortete ihr umgehend: Ihre Freundschaft mit M.M. verlange, daß sie dieser sofort sage, sie habe sie im Sprechzimmer mit einem maskierten Kavalier plaudern sehen; ich wäre durch M.M.'s Ruf neugierig geworden, sie kennenzulernen, hätte mich unter einem falschen Namen melden und sie ins Sprechzimmer bitten lassen; sie solle sich ja hüten, ihr zu sagen, wer ich sei, doch könne sie ihr sagen, sie habe in mir den Herrn erkannt, der immer in ihre Kirche komme, um die Messe zu hören. Ich versicherte ihr dreist, von einem Liebesverhältnis zwischen M.M. und mir sei gar keine Rede; doch wolle ich nicht leugnen, daß ich sie für eine in jeder Hinsicht ausgezeichnete Frau halte.

Am Tag der heiligen Katharina[5], dem Namenstag meiner lieben C.C., glaubte ich der reizenden Gefangenen, die nur um meinetwillen litt, das Vergnügen meines Anblicks verschaffen zu sollen. Als ich die Kirche verlassen hatte, bemerkte ich gerade in dem Augenblick, als ich in eine Gondel stieg, einen Menschen, der mir folgte. Ich wurde argwöhnisch und beschloß, mir Aufklärung zu verschaffen. Der Mann nahm ebenfalls eine Gondel und fuhr mir nach. Das konnte reiner Zufall sein; um mich aber vor Überraschungen zu schützen, stieg ich in Venedig beim Palazzo Morosini del Giardino aus. Mein Mann stieg ebenfalls aus; nun war kein Zweifel mehr möglich. Ich ging durch den Palast hindurch und schlug die Richtung nach der

Flandrischen Post[6] ein. In einer engen Gasse blieb ich stehen und erwartete mit gezogenem Messer den Spion, packte ihn am Kragen, drückte ihn in eine Ecke, setzte ihm die Spitze des Messers an die Kehle und forderte ihn auf, mir zu sagen, was er von mir wolle. Er zitterte und wollte alles gestehen, als unglücklicherweise jemand das Gäßchen betrat. Der Spion entwischte mir, und ich erfuhr nichts; aber ich war überzeugt, daß dieser Kerl sich künftighin in respektvoller Entfernung halten würde. Zugleich jedoch fühlte ich, daß ein hartnäckiger Neugieriger leicht mußte herausbringen können, wer ich wäre. Ich beschloß daher, nur noch maskiert oder bei Nacht nach Murano zu gehen.

Am nächsten Tage sollte ich meine schöne Nonne sehen, um von ihr zu erfahren, wann sie mit mir in Venedig zu Abend essen würde; ich fand mich bereits in aller Frühe im Sprechzimmer ein. Sie erschien sofort, und die Freude stand ihr auf dem Gesicht geschrieben. Sie machte mir ein Kompliment darüber, daß ich mich wieder in ihrer Kirche hätte sehen lassen. Alle Nonnen wären entzückt gewesen, nach dreiwöchiger Abwesenheit mich wiederzusehen.

»Die Äbtissin«, erzählte sie mir, »sprach mir ihre Freude darüber aus, daß du wiedergekommen wärest, und sagte mir, sie wäre sicher, daß sie herausbringen würde, wer du seist.« Ich erzählte ihr nun den Vorfall mit dem Spion, und uns beiden erschien es höchst wahrscheinlich, daß dies wohl das Mittel gewesen sein möchte, wodurch die fromme Frau Näheres über mich hätte erfahren wollen.

»Ich bin, göttliche Freundin, entschlossen, nicht mehr die Messe zu besuchen!«

»Das wird für mich eine Entbehrung sein; aber in unserem gemeinsamen Interesse kann ich deinen Entschluß nur billigen.«

Sie erzählte mir darauf von der verräterischen Ritze in der Wand; »aber«, setzte sie hinzu, »sie ist bereits verstopft, und von dieser Seite brauchen wir nichts mehr zu fürchten. Ich wurde durch eine junge Pensionärin darauf aufmerksam gemacht, die ich sehr lieb habe und die sehr an mir hängt.«

Ich bezeigte keine Neugier, den Namen dieser Freundin zu erfahren, und sie nannte ihn mir auch nicht.

»Und nun, mein Engel, sage mir, ob mein Glück hinausgeschoben ist?«

»Allerdings – aber nur um vierundzwanzig Stunden; die

neueingetretene Schwester hat mich zum Abendessen auf ihr Zimmer eingeladen, und du begreifst, daß es keinen einleuchtenden Vorwand gibt, um so etwas abzulehnen.«

»Du würdest ihr also nicht anvertrauen, daß ich den sehr berechtigten Wunsch hege, daß sie niemals zu Abend essen möge?«

»Nein, gewiß nicht. So weit geht in Klöstern das Vertrauen niemals. Außerdem, mein Freund, kann man eine derartige Einladung nur ausschlagen, wenn man den Wunsch hat, sich eine unversöhnliche Feindin zu machen.«

»Kann man nicht sagen, man sei krank?«

»Ja. Aber dann die Besuche?«

»Ich verstehe; wenn du Besuche ablehnst, könnte man Verdacht schöpfen, daß du nicht im Kloster anwesend wärest.«

»Solcher Verdacht wäre unmöglich. Denn hier glaubt man nicht an die Möglichkeit, daß eine von uns das Kloster verlassen kann.«

»Du bist also die einzige hier, die dieses Wunder zuwege bringen kann?«

»Verlaß dich darauf! Aber das Wunder wird hier, wie überall, vom Gelde bewirkt.«

»Es bewirkt vielleicht noch andere.«

»Die Zeiten sind vorüber. Aber sage mir, Liebling, wo willst du morgen abend zwei Stunden nach Sonnenuntergang auf mich warten?«

»Könnte ich dich nicht hier in deinem Kasino erwarten?«

»Nein; denn mein Liebhaber selber wird mich nach Venedig bringen.«

»Er selber?«

»Ja, er selber.«

»Das ist unglaublich.«

»Aber wahr.«

»Ich werde auf der Piazza dei S.S. Giovanni e Paolo hinter dem Denkmal der Reiterstatue des Bartolomeo Colleoni auf dich warten.«

»Ich habe den Platz und das Denkmal stets nur auf Abbildungen gesehen. Aber das genügt. Ich werde pünktlich kommen. Nur ein ganz abscheuliches Wetter könnte mich hindern, zu einem Stelldichein zu erscheinen, wozu mein Herz mich ruft.«

»Und wenn solches Wetter einträte?«

»Dann, lieber Freund, wäre nichts verloren; wir würden uns einfach wieder hier treffen und einen anderen Tag verabreden.«

Ich hatte keine Zeit mehr zu verlieren, denn ich hatte ja noch gar kein Kasino. Ich nahm einen zweiten Ruderer an und war in weniger als einer Viertelstunde auf dem Markusplatz. Dann machte ich mich sofort auf die Suche. Ich mußte daher fünf oder sechs Stunden Häuser besichtigen, um ein Kasino zu finden, wie ich es wünschte. Es war das schönste in ganz Venedig und dessen Umgebung; dafür war es natürlich auch das teuerste. Es hatte dem englischen Gesandten Lord Holderness gehört, der es seinem Koch um billigen Preis überlassen hatte, als er von Venedig fortging. Der neue Besitzer vermietete es mir bis Ostern für hundert Zechinen, die ich ihm im voraus zahlte, unter der Bedingung, daß er persönlich mir die Diners und Soupers herstellte, die ich bei ihm zu bestellen Lust hätte.

Ich hatte fünf Zimmer, die im besten Geschmack ausgestattet waren, und alles schien darauf berechnet zu sein, der Liebe, dem Vergnügen und den Freuden der Tafel zu dienen. Das Essen wurde durch ein blindes Fenster ins Speisezimmer gereicht; es war in die Wand eingelassen und mit einem drehbaren Speisenträger versehen, der die Öffnung genau ausfüllte, so daß Herrschaft und Bedienung sich nicht sehen konnten. Dieser Speisesaal war mit prachtvollen Spiegeln, mit Kronleuchtern aus Bergkristall und mit Wandleuchtern aus vergoldeter Bronze geschmückt; ein herrlicher Standspiegel befand sich über einem Kamin aus weißem Marmor, der mit kleinen Vierecken aus chinesischem Porzellan ausgelegt war, worauf nackte Liebespaare in allen möglichen, die Phantasie entflammenden Stellungen abgebildet waren. Elegante und bequeme Sofas standen rechts und links vom Kamin. Nebenan befand sich ein achteckiges Zimmer, dessen Wände, Fußboden und Decke ganz und gar mit den schönsten venezianischen Spiegeln belegt waren, so daß das Liebespaar, welches dieses Gemach benutzte, alle seine Stellungen hundertfach vervielfältigt sah. Dicht daneben war ein schöner Alkoven mit zwei geheimen Zugängen; rechts ein elegantes Ankleidezimmer, links ein Boudoir mit einer Badewanne und einem englischen Örtchen[7]. Die Deckentäfelung war überall mit Malergold ausgelegt oder mit Blumen und Arabesken bemalt.

Nachdem ich befohlen hatte, alle Leuchter mit Kerzen zu versehen und überall, wo es nötig war, die schönste Wäsche aufzulegen, bestellte ich das üppigste und leckerste Essen für zwei Personen; auf die Kosten solle er nicht sehen und vor allen Dingen die ausgesuchtesten Weine besorgen. Hierauf ließ ich mir den Schlüssel zur Haustür geben und belehrte den Meister Koch darüber, daß ich beim Kommen wie beim Gehen von keinem Menschen gesehen zu werden wünschte.

Ich bemerkte mit Vergnügen, daß die Stutzuhr im Alkoven mit einem Wecker versehen war; denn ich begann, trotz aller meiner Liebe, der Macht des Schlafes untertan zu werden.

Nachdem im Hause alles nach meinen Wünschen angeordnet war, ging ich als aufmerksamer und zartfühlender Liebhaber hin und kaufte die schönsten Pantoffeln, die überhaupt zu haben waren, und eine Nachtmütze mit Alençonspitzen.

Der Leser wird hoffentlich nicht finden, ich habe mich bei diesem Anlaß zu sehr um die Einzelheiten gekümmert; er möge bedenken, daß ich die vollkommenste Sultanin des Erdkreises zu Tische haben sollte und daß ich ihr gesagt hatte, ich besäße ein Kasino. Durfte ich damit den Anfang machen, daß ich ihr einen schlechten Begriff von meiner Wahrheitsliebe gab? Zur bestimmten Stunde, um acht Uhr abends, begab ich mich nach meinem Kasino; man kann sich kaum vorstellen, was für ein erstauntes Gesicht der französische Koch machte, als er mich allein ankommen sah. Da ich nicht alles erleuchtet fand, wie ich's befohlen hatte, machte ich ihm harte Vorwürfe und bedeutete ihm, daß ich es nicht liebte, etwas zweimal sagen zu müssen.

»Ein anderes Mal werde ich nicht verfehlen, die Anordnungen von Monsieur genau auszuführen.«

»Tragen Sie das Essen auf.«

»Monsieur haben für zwei bestellt.«

»Servieren Sie für zwei, und seien Sie für dieses Mal bei meiner Mahlzeit zugegen, damit ich Ihnen sagen kann, was ich gut oder schlecht finde.«

Das Essen kam durch das Drehfenster in guter Ordnung herein, immer zwei Schüsseln zu gleicher Zeit. Ich machte meine Bemerkungen über alles, im Grunde aber fand ich alles ausgezeichnet: Wild, Stör, Trüffeln, Austern, Weine, Nachtisch; alles wurde in schönem sächsischen Porzellan[8] oder auf Silber serviert. Ich sagte ihm, er habe vergessen, harte Eier, Anchovis und verschieden gewürzte Essige aufzusetzen, um Salat zu machen. Er erhob die Augen zum Himmel, wie wenn er sich eines großen Verschuldens bezichtigen wollte. Außerdem verlangte ich für das nächste Mal bittere Orangen, um dem Punsch Aroma zu geben, und statt Arrak wollte ich Rum haben.

Nach einer Mahlzeit, die zwei Stunden dauerte und mir die Bewunderung meines Wirtes erwecken mußte, verlangte ich von ihm die Rechnung. Er brachte sie mir eine Viertelstunde später, und ich fand sie vernünftig. Ich entließ ihn und legte mich in das prachtvolle Bett, das im Alkoven stand. Das ausgezeichnete Abendessen verschaffte mir bald den süßesten Schlaf, der ohne Wirkung des Burgunders und Champagners mich wahrscheinlich würde geflohen haben, weil ich dann immerzu daran hätte denken müssen, daß ich die nächste Nacht an demselben Ort eine Göttin in meinem Besitz haben sollte. Ich erwachte erst am hellen Tage. Nachdem ich noch für den Abend das schönste Obst und Eis bestellt hatte, ging ich. Um einen Tag zu kürzen, den die Sehnsucht mir sehr lang erscheinen lassen mußte, spielte ich; ich sah mit Vergnügen, daß das Glück mich nicht weniger gut behandelte als die Liebe. Da nun alles so herrlich nach meinen Wünschen ging, machte ich mir eine Wonne daraus, mein Glück dem guten Geist meiner Nonne zuzuschreiben.

Eine Stunde vor der bestimmten Zeit war ich am verabredeten Ort; die Nacht war kalt, aber ich spürte nichts vom Frost. Pünktlich zur abgemachten Stunde sah ich eine Gondel mit zwei Ruderern sich nähern; eine maskierte Person sprang heraus, sobald das Boot das Ufer berührt hatte. Sie sprach mit dem Bootsmann am Bug und schritt dann auf das Denkmal zu. Als sie näher kam, klopfte mein Herz vor Wonne; plötzlich aber bemerkte ich, daß die Maske ein Mann schien. Ich wich ihr aus und machte mir im stillen Vorwürfe, daß ich meine Pistolen nicht eingesteckt hatte. Die Maske ging jedoch um das Denkmal herum, trat auf mich zu und streckte mir freundschaftlich die Hand entgegen; ich erkannte meinen Engel. Sie lachte über meine Überraschung und hängte sich an meinen Arm; ohne ein Wort zu wechseln, gingen wir nach dem Markusplatz und von dort nach meinem Kasino, das nur etwa hundert Schritte vom Theater San Moisè entfernt lag.

Ich fand alles nach Wunsch hergerichtet. Wir gingen nach oben, und schnell warf ich meinen Domino ab, M.M. aber machte sich einen Spaß daraus, in der Wohnung hin und her zu laufen und alle Winkel des entzückenden Liebesnestes zu durchstöbern. Sie war entzückt, daß ich von allen Seiten ihre anmutig geschmückte Person betrachtete, und sie bat mich, in diesem Schmuck die verschwenderische Güte ihres Liebhabers zu bewundern. Sie war überrascht von dem Wunder, daß sie, ohne sich zu rühren, ihre reizende Person in tausendfach verschiedener Art sah. Ihr Abbild, das von den Spiegeln, dank einer sinnreichen Anordnung der Kerzen, vervielfältigt wurde, bot ihr ein neues Schauspiel, von dem sie ihre Blicke nicht abwenden konnte. Auf einem Schemel sitzend, musterte ich voll Entzücken die ganze Eleganz ihrer Person. Sie trug eine Jacke von rosafarbenem Samt mit goldenen Stickereien, eine dazu passende Weste mit überaus reicher Handstickerei, schwarze Atlaskniehosen, Brillantohrringe, einen sehr wertvollen Solitär am kleinen Finger und an der anderen Hand einen Ring, dessen Kasten nur ein mit Kristall überdecktes Stückchen weißen Atlas aufwies. Ihr Umhang aus schwarzer Seidenspitze war von auffallender Schönheit in bezug auf ihre Feinheit und das Muster. Damit ich sie besser ansehen könnte, stellte sie sich vor mich hin. Ich untersuchte auch ihre Taschen und fand darin: eine goldene Tabaksdose, eine reich mit Perlen besetzte Bonbonniere, Fläschchen, ein Zahnstocheretui, eine prachtvolle Lorgnette, Taschentücher vom allerfeinsten Batist, die mit den kostbarsten Essenzen nicht nur parfümiert, sondern geradezu getränkt waren. Ich bewunderte aufmerksam das reiche Material und die sorgfältige Arbeit ihrer beiden Uhren, ihrer Ketten und ihrer von kleinen Diamanten funkelnden Uhranhängsel; zum Schluß fand ich ein Pistol – aber es war ein englisches Feuerzeug aus reinem und schön poliertem Stahl.

»Alles, was ich hier sehe, meine göttliche Freundin, reicht nicht annähernd an deine eigenen Vorzüge heran; aber ich kann mich nicht enthalten, dir meine Bewunderung auszusprechen für den erstaunlichsten, ich möchte fast sagen: anbetungswürdigen Menschen, der dich offenbar überzeugen will, daß du in Wirklichkeit seine Herrin bist.«

»Dies hat er mir gesagt, als ich ihn bat, mich nach Venedig zu bringen und hier allein zu lassen. ›Amüsiere dich‹, sagte er, ›ich wünsche nur, daß der Mann, den du glücklich machen willst, sich dessen würdig erweist.‹«

»Ich wiederhole: es ist ein erstaunlicher Mensch; es gibt keinen anderen von solchem Zuschnitt. Ein Liebhaber von solcher Art ist einzig, und ich fühle, daß ich es ihm nicht gleichtun kann, wie ich anderseits befürchte, daß ich mein Glück, das mich blendet, nicht verdiene.«

»Erlaube mir, allein ins Nebenzimmer zu gehen und mich zu demaskieren.«

»Sei freie Herrin deiner Wünsche.«

Eine Viertelstunde darauf trat meine Geliebte wieder ein. Sie war als Mann frisiert, aber ihre langen Seitenlocken fielen ihr über die Augen herab, und ihr mit einem schwarzen Band zusammengehaltener Haarschopf reichte bis über die Kniekehlen hinab. In ihren Formen glich sie Henriette, als Mann einem Gardeoffizier namens L'Etorière[9] aus Paris oder auch jenem Antinoos[10], von dem es Statuen gibt; hätte sie nicht ihren französischen Anzug getragen, so wäre die Illusion vollständig gewesen. Ich war wie verzaubert, und mein Glück erschien mir unbegreiflich.

»Nein«, rief ich, »nein, anbetungswürdiges Weib, du bist nicht für einen Sterblichen geschaffen, und mir ist's, als fühle ich, daß du niemals mein sein wirst. Im Augenblick, da ich dich besitzen soll, wird irgendein Wunder dich meiner Glut entreißen. Vielleicht wird dein göttlicher Gemahl, eifersüchtig auf einen einfachen Sterblichen, alle meine Hoffnungen zerstören. In einer Viertelstunde lebe ich vielleicht nicht mehr.«

»Bist du rasend, mein Freund? Ich gehöre ja dir in diesem Augenblick, wenn du willst!«

»Ah! Ob ich will! Ich habe zwar den ganzen Tag noch nichts gegessen – aber komm! Liebe und Glück werden meine Nahrung sein.«

Sie fror. Wir setzten uns vor das Feuer. Sie sagte, daß sie keine Weste trage. Ich konnte meine Ungeduld nicht mehr zügeln und löste eine Brillantschnalle in Form eines Herzens, die ihre Spitzenkrause zusammenhielt. Bevor meine Augen sahen, berührten meine Hände diesen zauberhaften Busen, den ich jetzt frei von allem Zwang fühlte.

Ich brannte vor Begierden, und ich schickte mich an, diese zu befriedigen, aber es bedurfte nur eines Kusses, um mich zu beruhigen, und der Worte: »Warten wir bis nach dem Essen!«

Ich klingelte. Sie erzitterte, aber ich sagte zu ihr: »Beruhige dich, Geliebte!«, und zeigte ihr das Geheimnis. »Du wirst deinem Liebhaber sagen können, daß kein Mensch dich gesehen hat.«

»Er wird deine Aufmerksamkeit bewundern und wird erraten, daß du kein Neuling in der Lebenskunst bist. Aber offenbar bin ich nicht die einzige, die mit dir sich dieses wonnigen Liebesnestes erfreut.«

»Du irrst dich. Glaube mir auf mein Wort: Du bist die erste Frau, die ich hier gesehen habe. Du bist, göttliche Freundin, nicht meine erste Leidenschaft, aber du wirst meine letzte sein!«

»Ich werde glücklich sein, wenn du beständig bist. Mein Liebhaber ist es. Er ist freundlich, gut und liebenswürdig; trotzdem blieb mein Herz stets leer, solange ich ihn kenne.«

»Auch sein Herz muß leer sein; denn wenn seine Liebe von der Art der meinigen wäre, hättest du mich niemals glücklich gemacht.«

»Er liebt mich, wie ich dich liebe. Und glaubst du, daß ich dich liebe?«

»Das will ich sehr gerne glauben; aber du ließest mich nicht ...«

»Schweig! Denn ich fühle, daß ich dir alles verzeihen könnte, wenn du nur nichts vor mir geheimhieltest. Die Freude, die mich in diesem Augenblick beseelt, entspringt mehr aus meiner Hoffnung, alle deine Wünsche erfüllen zu können, als aus dem Gedanken, daß ich mit dir eine köstliche Nacht verbringen werde. Sie wird die erste meines Lebens sein.«

»Wie? Du hast niemals eine Nacht mit deinem Geliebten verbracht?«

»Mehrere. Aber Freundschaft, Gefälligkeit und Dankbarkeit bestritten vielleicht alle Kosten; das Wesentliche, die Liebe, war ausgeblieben. Dabei ist mein Liebhaber dir ähnlich; er hat ein fröhliches Temperament, ähnlich dem deinen, und sein Gesicht ist sehr hübsch. Aber trotzdem – er ist nicht du! Ich halte ihn auch für reicher als dich, obwohl ich nach der Ausstattung deines Kasinos das Gegenteil annehmen könnte. Aber was macht die Liebe sich aus Reichtum! Und bilde dir nur nicht etwa ein, daß ich geringer von dir denke, weil du dir nicht den Heroismus zutraust, mir eine Abwesenheit zu erlauben! Ich weiß, du würdest mich nicht so lieben, wie du zu meinem Entzücken mich liebst, wenn du mir sagtest, du könntest für eine Laune von mir dieselbe Nachsicht haben wie er.«

»Wird er neugierig sein, die Einzelheiten dieser Nacht zu erfahren?«

»Er wird mir ein Vergnügen zu machen glauben, indem er sich bei mir danach erkundigt, und ich werde ihm alles erzählen, ausgenommen die Umstände, die ihn beschämen könnten.«

Nach dem Essen, das sie köstlich fand, bereitete sie Punsch, worauf sie sich trefflich verstand. Ich fühlte jedoch meine Ungeduld immer mehr anwachsen und sagte zu ihr: »Bedenke, daß wir nur sieben Stunden vor uns haben und daß wir uns selber betrügen würden, wenn wir sie bei Tisch verbrächten!«

Sie führte mich in das galante Ankleidezimmer; dort schenkte ich ihr die schöne Nachtmütze und bat sie, ihre Haare nach Frauenart zu ordnen. Sie empfing mein Geschenk mit Freuden und bat mich, ich möchte mich im Salon entkleiden; sie würde mich rufen, sobald sie im Bett läge.

Ich brauchte nur zwei Minuten zu warten, denn wenn es sich um Genüsse solcher Art handelt, in alles schnell getan. Trunken vor Liebe und Glück sank ich in ihre Arme, und sieben Stunden lang gab ich ihr die untrüglichsten Beweise meiner Liebesglut, die wir nur durch ebenso viele Viertelstunden unterbrachen, um uns mit zärtlichen Worten erneut anzufeuern. Ich lernte von ihr nichts Neues in bezug auf das Sinnliche des Aktes; aber viel an Seufzern, an Verzückungen, an Ekstasen, an Gefühlen, wie sie nur in einer empfindsamen Seele in den süßesten Augenblicken sich entwickeln. Ich brachte auf tausenderlei Art Abwechslung in den Genuß. Jede Entdeckung erhöhte das Gefühl zur Liebe, die mir neue Kräfte verlieh, um ihr meine Dankbarkeit zu beweisen, und sie war erstaunt, sich für die Wollust noch empfänglicher zu finden, als sie selber geglaubt hatte. Endlich ließ der fatale Wecker sich hören. Wir mußten unseren Verzückungen Einhalt gebieten; aber ehe sie sich meinen Armen entwand, hob sie die Augen zum dritten Himmel[11] auf, wie wenn sie Mutter und Sohn dafür danken wollte, daß sie es über sich vermocht hatte, mir ihre Leidenschaft zu erklären.

Wir zogen uns an. Als ich ihr das schöne Spitzenhäubchen in die Tasche steckte, versicherte sie mir, sie würde es ihr Leben lang aufbewahren zur Erinnerung an das Glück, womit sie in dieser Nacht überströmt worden sei. Nachdem wir noch eine Tasse Kaffee getrunken hatten, verließen wir mein Kasino, und ich begleitete sie bis zur Piazza dei S.S. Giovanni e Paolo, wo ich ihr versprach, ich würde sie am übernächsten Tage besuchen. Nachdem ich sie sicher in ihre Gondel hatte einsteigen sehen, ging ich nach Hause und legte mich zu Bett. Zehn Stunden ununterbrochenen Schlafs gaben mir alle meine Kräfte zurück.

VIERTES KAPITEL

Wie ich's M.M. versprochen hatte, besuchte ich sie am dritten Tage; aber sobald sie das Sprechzimmer betrat, sagte sie mir, ihr Geliebter habe sich anmelden lassen, sie erwarte ihn jeden Augenblick und hoffe, mich am nächsten Tage wiederzusehen. Ich ging also. In der Nähe der Brücke sah ich einen schlecht maskierten Kavalier aus einer Gondel steigen. Ich sah mir den Gondoliere an und bemerkte, daß er einer von den Leuten des französischen Gesandten war.

›Also der ist's!‹ sagte ich zu mir selber. Ohne ihn anscheinend zu beobachten, sah ich ihn ins Kloster eintreten. Jetzt war kein Zweifel mehr möglich, und ich fuhr ganz entzückt über meine Entdeckung nach Venedig zurück; aber ich beschloß, meiner Geliebten nichts zu sagen.

Am nächsten Morgen sah ich sie, und wir hatten folgendes Gespräch miteinander:

»Mein Freund«, sagte sie, »kam gestern, um bis zum Weihnachtsfest Abschied von mir zu nehmen. Er geht nach Padua. Aber es sind alle Anordnungen getroffen, daß wir in seinem Kasino soupieren können, sobald wir Lust haben.«

»Und warum nicht in Venedig?«

»Er hat mich gebeten, während seiner Abwesenheit nicht nach Venedig zu gehen. Er ist klug und vorsichtig; ich durfte ihm seine Bitte nicht abschlagen.«

»Das läßt sich hören. Wann werden wir miteinander speisen?«

»Sonntag, wenn du willst.«

»Wenn ich will – ist nicht gut gesagt. Denn ich will immer. Sonntag werde ich also in der Dämmerung hingehen, werde auf dich warten und mir die Zeit mit Lesen vertreiben. Hast du deinem Freund gesagt, daß du in meinem kleinen Palazzo nicht übel aufgehoben warst?«

»Alles – er weiß alles. Aber, mein Herz, eins beunruhigt ihn: er fürchtet die verhängnisvolle Schwangerschaft.«

»Ich will sterben, wenn ich daran gedacht habe! Aber meine Liebe, bist du bei ihm nicht derselben Gefahr ausgesetzt?«

»Nein, das ist ausgeschlossen.«

»Ich verstehe. Da müssen wir also in Zukunft recht vernünftig sein. Da fällt mir ein: Neun Tage vor Weihnachten hört die Maskenfreiheit[1] auf. Da werde ich mich in der Gondel nach deinem Kasino begeben müssen; sonst könnte ich leicht von dem Spion erkannt werden, der mir schon einmal nachgegangen ist.«

»Ja, das ist ein sehr verständiger Gedanke. Ich werde dir die Lage des Hauses am Kanal so beschreiben, daß du es leicht finden kannst. Ich hoffe, du wirst auch während der Fastenzeit kommen können, obwohl es, wie man sagt, Gottes Wille ist, daß wir dann unser Fleisch abtöten. Ist es nicht seltsam, daß es eine Zeit gibt, wo wir nach Gottes Willen uns wie toll belustigen sollen, und eine andere, wo wir ganz enthaltsam leben müssen, um ihm zu gefallen? Was kann denn nur dieser oder jener Gedenktag mit der Gottheit zu tun haben, und wie kann die Handlungsweise des Geschöpfes dem Schöpfer irgend etwas ausmachen, den meine Vernunft sich doch nur als unabhängig vorstellen kann? Mir scheint, wenn Gott den Menschen so geschaffen hätte, daß er ihn beleidigen könnte, so hätte der Mensch recht, wenn er alles täte, was Gott ihm verboten hat, denn seine mangelhafte Anlage wäre Gottes Werk. Kann man sich vorstellen, daß Gott während der Fastenzeit traurig ist?«

»Meine reizende Freundin, du sprichst ausgezeichnet. Aber willst du mir nicht sagen, wo du so denken gelernt hast? Wie hast du, in einem Kloster, über den Graben springen können?«

»Mein Freund hat mir gute Bücher gegeben, die ich eifrig gelesen habe, und das Licht der Wahrheit hat die Finsternisse verscheucht, die meinen Blick umhüllten. Ich versichere dir: Wenn ich über mich selber nachdenke, finde ich mein Glück, daß ich jemanden fand, der meinen Geist aufklärte, viel größer als mein Unglück, daß ich den Schleier nahm. Denn das größte Glück besteht ohne Zweifel darin, ruhig leben und ruhig sterben zu können; und darauf kann man kaum hoffen, wenn man auf das Gefasel hört, womit die Priester uns die Ohren sprengen.«

»Ich bin ganz deiner Meinung. Aber ich bewundere dich. Denn einen Geist aufzuklären, der so voreingenommen sein mußte wie der deine, das kann nicht das Werk einiger Monate gewesen sein.«

»Mir wäre ohne Zweifel das Licht viel später aufgegangen, wenn ich weniger von Vorurteilen erfüllt gewesen wäre. Ein dichter Vorhang trennte in meinem Geist die Wahrheit vom Irrtum, und nur die Vernunft konnte ihn zur Seite schieben; aber man hatte es mir ja zum Gesetz gemacht, diese arme Vernunft zu fürchten, sie mir fernzuhalten, wie wenn ihre Fackel mich hätte verbrennen müssen, statt mich aufzuklären. Seitdem mir nachgewiesen wurde, daß ein vernünftiges Wesen sich nur von der Vernunft dürfte leiten lassen, habe ich mich rückhaltlos ihrer Führung überlassen, und die Binde, die mir die Wahrheit verbarg, ist von meinen Augen gefallen. Die Wahrheit zeigte sich mit Glanz, die Dummheit ist verschwunden, und ich brauche nicht zu befürchten, daß sie wieder die Oberhand gewinnt, denn jeden Tag werde ich stärker, und ich kann sagen, ich habe Gott erst zu leben begonnen, seitdem ich mich von dem Begriff frei gemacht habe, den die Priester mir von ihm gegeben hatten.«

»Dazu wünsche ich dir Glück. Du bist glücklicher gewesen als ich, denn du hast in einem Jahre einen längeren Weg zurückgelegt als ich in zehn.«

»Du hast also nicht damit begonnen, die Schriften von Lord Bolingbroke[2] zu lesen?«

»Vor fünf Monaten las ich Charrons Buch ›Über die Weisheit‹[3], und unser Beichtvater bekam, ich weiß nicht wie, Kenntnis davon. Er wagte mir bei der Beichte zu sagen, ich müßte das Lesen derartiger Bücher aufgeben. Ich antwortete ihm: da mein Gewissen keine Unruhe empfände, könnte ich ihm nicht gehorchen. ›Dann werde ich Sie nicht absolvieren‹, versetzte er. ›Ich werde trotzdem zum Abendmahl kommen‹, sagte ich. – Hierüber ärgerte er sich, und da er nicht wußte, was er machen sollte, sprach er mit dem Bischof Diedo. Seine Eminenz besuchte mich, um mir klarzumachen, daß ich mich meinem Beichtvater fügen müßte. Ich antwortete ihm, wir hätten gegenseitige Pflichten: Die Aufgabe eines Priesters im Beichtstuhl wäre, mich anzuhören, mir eine angemessene Buße aufzuerlegen und mich freizusprechen; denn er dürfte sich nicht einmal erlauben, mir Ratschläge zu geben, wenn ich ihn nicht danach fragte. Der Beichtvater müßte jedenfalls Skandal vermeiden; wenn er sich aber sollte einfallen lassen, mir die Absolution zu verweigern – was er ja tun könnte –, so würde ich trotzdem mit den anderen Nonnen zum Abendmahl gehen. Der Bischof sah, daß er bei mir sein Latein verlor, und befahl dem Beichtvater, mich nach meinem Gewissen handeln zu lassen. Dies war mir aber noch nicht genug. Mein Liebhaber verschaffte mir vom Papst ein Breve, das mich ermächtigt, zu beichten, bei wem ich will. Alle meine Mitschwestern sind eifersüchtig auf dieses Vorrecht; ich habe mich desselben aber nur ein einziges Mal bedient, gewissermaßen, um einen Präzedenzfall zu schaffen und mein Recht durch eine Tatsache zu bekräftigen; denn die ganze Geschichte ist nicht der Mühe wert. Ich beichte stets bei demselben Priester, und es wird ihm nicht schwer, mich zu absolvieren, denn ich sage ihm nur, was ich will.«

»Wegen des übrigen absolvierst du dich selber?«

»Ich beichte Gott, der meine innersten Gedanken kennen und der allein darüber urteilen kann, ob meine Handlungen gut oder böse sind.«

Ich erkannte aus diesem Gespräch, daß meine Schöne ein sogenannter Freigeist war. Ich war darüber keineswegs erstaunt, denn sie hatte ein noch größeres Bedürfnis, ihr Gewissen zu beschwichtigen als ihre Sinnenlust zu befriedigen.

Am Sonntagnachmittag nahm ich eine Gondel mit zwei Ruderern und fuhr um die Insel Murano herum, um mir die Lage des Klosters von der Wasserseite einzuprägen und um mir die kleine Pforte zu merken, durch die meine Freundin das Kloster verließ. Es war verlorene Zeit und Mühe. Denn das Ufer, woran das Kloster lag, lernte ich erst während der Novene[4] kennen und die kleine Pforte erst sechs Monate später, noch dazu mit Gefahr meines Lebens; ich werde davon sprechen, wenn wir soweit sind.

Als die Stunde nahte, ging ich in den Tempel der Liebe. Während ich auf meine Göttin wartete, belustigte ich mich damit, mir die Bücher einer kleinen Bibliothek anzusehen, die sich im Boudoir befand. Sie waren nicht zahlreich, aber sorgsam ausgewählt und so recht des Ortes würdig. Man fand da alle Schriften gegen die Religion und alles, was die wollüstigsten Federn über die Freuden der Liebe geschrieben haben – verführerische Bücher, deren Stil den Leser in Flammen setzt und ihn nötigt, die Wirklichkeit zu suchen, von der sie nur das Abbild schildern. Mehrere reich gebundene Foliobände enthielten nur laszive

Kupferstiche. Ihr großes Verdienst bestand weit mehr in der Reinheit der Zeichnung als in der Geilheit der Stellungen. Es waren die englischen Stiche zum ›Portier des Chartreux‹[5], die Bilder zu Meursius' Aloisia Sigea Toletana[6] und andere, und alle waren von seltener Schönheit. Zahlreiche kleine Gemälde bedeckten außerdem die Wände des Kabinetts – lauter Meisterwerke in derselben Art wie die Kupferstiche.

Seit einer Stunde, die mir wie im Fluge verging, war ich damit beschäftigt, alle diese Sachen mir anzusehen, und ihre Betrachtung hatte mich in eine nicht mehr zu bändigende Erregung versetzt, als ich meine schöne Geliebte in Nonnentracht eintreten sah. Ihr Anblick war nicht eben ein Beruhigungsmittel, und ich rief daher: »Du kommst gerade im günstigsten Augenblick, um eine Selbstbefriedigung zu verhindern. Alle diese erotischen Bilder haben ein verzehrendes Feuer in meine Adern gegossen, und in deinem Nonnenkleide mußt du mir das Heilmittel gewähren, das meine Liebe von dir verlangt.«

»Laß mich erst mein gewöhnliches Kleid anziehen, Liebster; in einem Augenblicke bin ich ganz dein!«

»In fünf Minuten werde ich schon glücklich gewesen sein; nachher kannst du gehen und dich umkleiden.«

»Aber laß mich doch mich meiner Wollröcke entledigen, die ich nicht liebe.«

»Nein, du mußt die Huldigung meiner Liebe in demselben Kleide empfangen, das du trugst, als du sie in mir wecktest.«

Mit dem demütigsten Gesicht sprach sie ein: *»Fiat voluntas tua«* [Dein Wille geschehe] und ließ sich auf ein Sofa niedersinken, wo ich sie trotz ihres Sträubens beglückte. Wir vergaßen einen Augenblick die ganze Welt. Nach dieser süßen Entzückung half ich ihr, sich auszukleiden, und bald verwandelte ein einfaches Kleid aus indischem Musselin meine liebenswürdige Nonne in eine ganz entzückende Nymphe.

Nach einem köstlichen Mahl verabredeten wir uns, daß wir uns erst am ersten Tage der Novene wiedersehen wollten. Sie gab mir die Schlüssel zum Eingang von der Wasserseite und sagte mir, ich könnte bei Tage die Tür an einem aus dem Fenster unmittelbar darüber heraushängenden blauen Bande erkennen, damit ich mich abends nicht irrte. Ich versetzte sie in die höchste Freude, als ich ihr sagte, ich würde bis zur Rückkehr ihres Freundes einfach in ihrem Kasino wohnen bleiben. Während der zehn Tage, die ich in dem Hause verweilte, besaß ich sie viermal, und jedesmal überzeugte ich sie, daß ich nur für sie lebte.

Ich vertrieb mir die Zeit mit Lesen und indem ich an C.C. schrieb; aber meine Zärtlichkeit für diese war ruhig geworden. In den Briefen, die sie mir schrieb, interessierte mich am meisten, was sie von ihrer Freundin sagte. Sie tadelte mich, daß ich die Bekanntschaft mit M.M. nicht eifriger gepflegt hatte, und ich antwortete, ich hätte das nicht getan, weil ich befürchtet hätte, erkannt zu werden. Zugleich forderte ich sie auf, unverbrüchliches Schweigen zu beobachten.

Ich glaube nicht, daß es möglich ist, zwei Wesen gleichzeitig in gleichem Maße zu lieben. Auch bleibt die Liebe nicht auf ihrer Höhe, wenn man ihr zu reichliche Nahrung oder wenn man ihr gar keine gibt. Meine Leidenschaft für M.M. bewahrte immer dieselbe Stärke, weil ich sie stets nur unter der größten Gefahr, sie zu verlieren, besitzen konnte. »Es ist unmöglich«, sagte ich zu ihr, »daß nicht ein oder das andere Mal irgendeine Nonne das Bedürfnis verspürt, mit dir zu sprechen, während du gerade abwesend bist.« – »Nein«, antwortete sie mir, »das kann nicht vorkommen, denn jede Nonne muß das Recht haben, sich unzugänglich zu machen, und kein Recht wird im Kloster heiliger gehalten, selbst von seiten der Äbtissin. Nur der Ausbruch eines Brandes wäre zu fürchten, denn alsdann würde alles in schrecklichster Verwirrung sein, und es würde unnatürlich erscheinen, wenn eine Nonne ruhig in ihrer Zelle bliebe, während sie in so großer Gefahr schwebte: dadurch würde dann ohne Zweifel ihre Abwesenheit bekannt werden. Ich habe die Laienschwester, den Gärtner und eine andere Nonne auf meine Seite zu bringen gewußt; meine Gewandtheit im Bunde mit dem Gelde meines Geliebten hat dieses Wunder gewirkt. Mein Geliebter bürgt mir für die Treue des Kochs und seiner Frau, deren Obhut das Kasino anvertraut ist. Desgleichen ist er auch der beiden Gondoliere sicher; obwohl der eine von ihnen zweifelsfrei ein Spion der Staatsinquisitoren ist.«

Am Tage vor Weihnacht sagte sie mir, ihr Liebhaber würde zurückkommen; sie würde am Stephanstage[7] mit ihm die Oper besuchen, und sie würden hierauf die Nacht miteinander verbringen. »Ich erwarte dich, mein süßer Freund, am letzten Tage des Jahres, und hier hast du einen Brief, den ich dich erst in deiner Wohnung zu lesen bitte.«

Da ich also ausziehen mußte, um einem anderen Platz zu machen, schnürte ich in aller Herrgottsfrühe mein Bündel und verließ das Asyl, wo ich zehn Tage lang so viele Wonnen genossen hatte. Ich begab mich nach dem Palazzo Bragadin und las dort folgenden Brief:

›Du hast mich ein wenig verletzt, lieber Freund, als Du in bezug auf das Geheimnis, worin ich Dir gegenüber die Person meines Liebhabers hüllen muß, zu mir bemerktest, Du seist zufrieden, mein Herz zu besitzen, und lassest mir die volle Freiheit meines Geistes. Diese Scheidung von Herz und Geist erscheint mir als durchaus sophistisch, und wenn sie Dir nicht so erscheint, so mußt Du zugeben, daß Du mich nicht voll und ganz liebst. Denn unmöglich kann ich ohne Geist existieren, und unmöglich kannst Du mein Herz lieben, wenn es nicht mit meinem Geiste in Einklang steht. Wenn Deine Liebe sich mit dem Gegenteil begnügen kann, so ist sie nicht übermäßig zartfühlend. Da jedoch der Fall eintreten könnte, daß Du mich vielleicht überführen würdest, Dir gegenüber nicht mit der vollen Aufrichtigkeit gehandelt zu haben, die eine wahre Liebe einflößt und verlangen kann, so habe ich mich entschlossen, Dir ein Geheimnis zu entdecken, das meinen Freund betrifft, obwohl ich weiß, daß er fest auf meine Verschwiegenheit rechnet. Ich werde einen Verrat begehen, aber Du wirst mich darum nicht weniger lieben; denn da ich in der Zwangslage bin, zwischen Euch beiden wählen und entweder den einen oder den anderen belügen zu müssen, so hat die Liebe den Sieg davongetragen. Aber bestrafe mich nicht dafür, denn ich habe meine Wahl nicht blindlings getroffen, und Du wirst die Gründe abwägen, die die Waagschale sich zu Deinen Gunsten senken ließen.

Als ich mich nicht mehr imstande fühlte, meinem Verlangen nach Deiner näheren Bekanntschaft zu widerstehen, konnte ich nur dadurch zum Ziel gelangen, daß ich mich meinem Freunde offenbarte, und ich zweifelte keinen Augenblick an seiner gefälligen Hilfe. Er bekam von Deinem Charakter einen sehr vorteilhaften Begriff, als er Deinen ersten Brief las – einmal, weil Du das Sprechzimmer für unsere erste Zusammenkunft wähltest, ferner, weil Du sein Kasino in Murano Deinem eigenen vorzogst. Aber er bat mich auch um die Gefälligkeit, ihm zu erlauben, bei unserem ersten Beisammensein anwesend zu sein, und zwar in einem kleinen Kabinett, einem richtigen Versteck, von wo aus man, ohne selber gesehen zu werden, alles sehen kann, was im Salon vorgeht, und alles hören kann, was dort gesprochen wird. Du hast dieses Kabinett noch nicht gesehen, denn man kann dessen Vorhandensein unmöglich erraten; aber Du wirst es am Silvesterabend sehen. Sage mir, mein Herz, konnte ich dem Manne, der mir so großes Entgegenkommen zeigte, diesen eigentümlichen Wunsch versagen? Ich stimmte seiner Bitte zu, und da war es dann ganz natürlich, daß wir die Sache vor Dir geheimhielten. Jetzt weißt Du, daß mein Freund Zeuge war von allem, was wir während unserer ersten Liebesnacht taten und sagten. Aber laß Dich dies nicht verdrießen, denn ihm hat alles an Dir gefallen, Dein Benehmen sowohl wie die hübschen Bemerkungen, mit denen Du mich erheitert hast. Als das Gespräch auf ihn kam, hatte ich eine rechte Angst, Du könntest etwas sagen, was seinem Selbstgefühl nicht schmeichelhaft sein würde; glücklicherweise aber hat er nur lauter Schmeichelhaftes hören können. Hiermit, mein Herz, habe ich Dir aufrichtig meinen ganzen Verrat gebeichtet; aber als Verliebter und kluger Mann wirst Du ihn mir verzeihen, und zwar um so leichter, da Du keinen Schaden davon gehabt hast. Mein Freund ist höchst neugierig zu erfahren, wer Du bist. Aber höre: In jener Nacht warst Du natürlich und ganz und gar liebenswürdig; wärst Du es auch gewesen, wenn Du gewußt hättest, daß Du Dich unter den Augen eines Zeugen befandest? Das ist nicht wahrscheinlich, und wenn ich Dich eingeweiht hätte, so würdest Du möglicherweise Dich gar geweigert haben, und vielleicht hättest Du recht gehabt.

Jetzt, da wir uns kennen und da Du, wie ich hoffe, nicht mehr an unserer zärtlichen Liebe zweifelst, will ich mein Gewissen beruhigen und alles wagen, um alles zu gewinnen. Erfahre also, lieber Freund, daß am letzten Tag des Jahres mein Geliebter im Kasino sein und daß er es erst am nächsten Morgen verlassen wird. Du wirst ihn nicht sehen, aber er wird uns sehen. Da er annimmt, daß Du von nichts wissest, so begreifst Du, wie natürlich in jeder Hinsicht Dein Benehmen sein muß; denn wenn Du nicht natürlich wärest, könnte er auf den Verdacht kommen, daß ich das Geheimnis verraten habe. Am meisten mußt Du auf Deine Worte achtgeben. Mein Freund besitzt alle Tugenden mit Ausnahme der theologischen Tugend, die man Glauben nennt, und auf diesem Gebiet magst Du Dich nach Herzenslust ergehen. Über Literatur, Reisen, Politik wirst Du nach Deinem Belieben sprechen; in bezug auf Anekdoten brauchst Du Dich nicht zu genieren; Du kannst seiner Billigung gewiß sein.

Jetzt, mein Freund, bleibt mir nur noch eins zu fragen: Bist Du in der Laune, Dich in den Augenblicken, da Du Dich der süßesten Wollust der Sinne überlieferst, von einem anderen Manne sehen zu lassen? Diese Ungewißheit ist jetzt meine Qual; und ich bitte Dich recht sehr: antworte mir mit einem Ja oder Nein. Begreifst Du, wie peinlich mir diese Befürchtung ist? Fühlst Du, wie schwer es mir werden muß, mich zu einem solchen Schritt zu entschließen? Ich sehe voraus, daß ich die nächste Nacht kein Auge schließen werde, denn ich werde keine Ruhe haben, bevor ich nicht Deine Antwort gesehen habe. Solltest Du glauben, in Gegenwart eines Dritten, zumal eines Unbekannten, nicht zärtlich sein zu können, so werde ich den Entschluß fassen, den die Liebe mir eingeben wird. Ich hoffe indessen, Du wirst kommen! Denn wenn Du auch die Rolle des Liebenden nicht ganz vollkommen spielen solltest, so würde das weiter nicht schaden. Ich würde ihm einreden, Deine Liebe stände nicht mehr auf ihrem Höhepunkt.‹

Dieser Brief überraschte mich. Aber wenn ich es mir recht überlegte, fand ich meine Rolle schöner als die, die der Liebhaber zu spielen gedachte, und so lachte ich herzlich darüber. Ich gestehe indessen, ich würde nicht gelacht haben, wenn ich nicht gewußt hätte, von welcher Art der Mann war, den ich zum Zeugen haben sollte. Da ich wußte, daß meine Freundin in großer Unruhe war, und da ich sie beruhigen wollte, schrieb ich ihr sofort folgendes:

›Du wünschest, mein Engel, daß ich Dir mit Ja oder Nein antworte. Voller Liebe zu Dir, will ich Dir meine Antwort noch vor Mittag zukommen lassen, damit Du ohne alle Unruhe essen kannst.

Ich werde die Silvesternacht mit Dir verbringen, und ich versichere Dir, wir werden dem Freunde ein Schauspiel bieten. Er wird nichts sehen und hören, was ihn auf die Vermutung bringen könnte, ich wäre in sein Geheimnis eingeweiht; und verlaß Dich drauf, ich werde meine Rolle nicht als Dilettant, sondern als Meister spielen. Wenn der Mensch die Pflicht hat, stets Sklave seiner Vernunft zu sein; wenn er, soweit es von ihm selber abhängt, nichts sich erlauben darf, ohne ihrer Führung zu folgen – so werde ich niemals zu begreifen vermögen, daß ein Mensch sich schämen kann, sich einem Freunde in einem Augenblick zu zeigen, wo Natur und Liebe ihn gleichermaßen begünstigen.

Ich will Dir jedoch gestehen, daß Du übel daran getan haben würdest, mir das Geheimnis gleich beim erstenmal anzuvertrauen, und daß ich mich ohne Zweifel geweigert haben würde, in dieser Weise Dir gefällig zu sein. Nicht daß ich Dich damals weniger liebte, als ich Dich heute liebe – aber es gibt in der Natur so absonderliche Geschmacksverirrungen, daß ich mir vielleicht eingebildet hätte, es sei der Geschmack Deines Liebhabers, seinen Genuß im Anblick der Genüsse eines leidenschaftlichen und der süßesten Vereinigung sich schrankenlos hingebenden Liebespaares zu suchen. Dieser Gedanke hätte mir vielleicht einen unvorteilhaften Begriff von Dir gegeben, und der Verdruß hätte vielleicht die Liebe abgekühlt, die Du mir eingeflößt hattest, die aber doch nur im ersten Entstehen begriffen war. So ist das menschliche Herz! Heute, meine reizende Freundin, liegt der Fall ganz anders, denn ich weiß vollkommen, welch einen Schatz ich in Deiner Liebe besitze. Aus allem, was Du mir über Deinen Freund erzählt hast, habe ich eine genaue Kenntnis seines Charakters gewonnen; ich liebe ihn und ich halte ihn für meinen Freund. Wenn Dich nicht ein Gefühl von Scham abhält, Dich in glühender zärtlicher Vereinigung mit mir von ihm sehen zu lassen, wie soll denn ich selber mich schämen, da doch im Gegenteil alles mich nur stolz machen kann? Ich kann, meine Göttin, weder deswegen erröten, daß ich Dich erobert habe, noch kann ich mich schämen zu zeigen, mit welcher Freigebigkeit die Natur mir Schönheit und Kraft schenkte, die mir so lebhafte Genüsse geben und denen ich die Gewißheit verdanke, das von mir angebetete Weib an diesen Genüssen teilnehmen zu lassen. Ich weiß wohl, daß infolge eines Gefühls, das man natürlich nennt, das aber vielleicht nur ein Produkt der Zivilisation ist und aus jugendlichen Vorurteilen entspringt – ich weiß wohl, sage ich, daß es den meisten Menschen widerstrebt, sich in solchen Augenblicken sehen zu lassen. Diejenigen aber, die keine guten Gründe für solche Abneigung anführen können, müssen wohl etwas von der Natur der Katzen an sich haben; übrigens haben sie vielleicht recht gute Gründe und brauchen sich deshalb doch nicht für verpflichtet zu halten, sie irgendeinem Menschen mitzuteilen, außer der Frau, die sich dadurch täuschen läßt. Ich entschuldige von ganzem Herzen alle diejenigen, die da wissen, daß sie nur das Mitleid der Zuschauer erregen würden; wir aber wissen, daß wir dieses traurige Gefühl gewiß nicht auslösen können! Alles, was Du mir von Deinem Freunde gesagt hast, gibt mir die Gewißheit, daß er unsere Genüsse teilen wird. Aber weißt Du auch, wie es kommen wird? Das Feuer unserer Leidenschaften wird die seine entflammen, und – es tut mir leid um diesen ausgezeichneten Menschen – er wird nicht mehr an sich halten können, er wird sich mir zu Füßen werfen und mich bitten, ihm Dich abzutreten, die allein seine Erregung beruhigen kann. Was soll ich machen, wenn dieser Fall eintritt? Dich ihm überlassen? Ich könnte mich anstandshalber nicht weigern; aber ich würde gehen, denn es wäre mir unmöglich, ruhiger Zuschauer zu sein.

Leb also wohl, mein Engel, alles wird gut gehen. Ich versiegle diesen Brief geschwind und werde ihn Dir ohne Aufschub ins Haus bringen.‹

Ich verbrachte die sechs freien Tage mit meinen Freunden und im Ridotto[8], der zu jener Zeit am Stephanstage eröffnet wurde. Da ich nicht abziehen konnte – denn nur den Adligen war es erlaubt, im Patriziertalar die Bank zu halten –, so spielte ich morgens und abends und verlor ständig; denn wer nur setzt, muß verlieren. Der Verlust von vier- bis fünftausend Zechinen, die meinen ganzen Reichtum ausmachten, hatte aber nicht die Wirkung, meine Liebe abzukühlen, sondern schien ihr nur neue Glut zu verleihen.

Gegen Ende des Jahres 1774 erließ der Große Rat ein Gesetz, das alle Glücksspiele verbot, und dessen erste Wirkung darin bestand, daß der Ridotto geschlossen werden mußte. Dieses Gesetz war ein wirkliches Wunder. Als die Stimmkugeln[9] der Urne entnommen waren, sahen die Senatoren sich gegenseitig ganz verdutzt an. Sie hatten ein Gesetz beschlossen, das sie gar nicht beschließen konnten, denn drei Viertel der Abstimmenden wollten nichts davon wissen, und trotzdem waren drei Viertel der Stimmkugeln zugunsten des Gesetzes. Man sagte, es sei ein Wunder des heiligen Markus, den der damalige Primo dei Correttori[10], jetzige Kardinal Monsignore Flangini, und die drei Staatsinquisitoren darum angefleht hätten.

Am verabredeten Tage erschien ich zur gewöhnlichen Stunde am gewöhnlichen Ort, und meine Freundin ließ mich nicht warten. Sie war im Kabinett, wo sie sich bereits hatte umkleiden können; sobald sie mich hörte, trat sie zu mir ins Zimmer. Sie war mit seltener Eleganz gekleidet.

»Der Freund ist noch nicht auf seinem Posten; sobald er aber da ist, werde ich dir einen Wink mit den Augen geben.«

»Wo ist denn dieses geheimnisvolle Kabinett?«

»Dort! Betrachte die Rücklehne des Kanapees an der Wand. Alle diese in Reliefs gearbeiteten Blumen haben in der Mitte ein Loch, durch welches man von dem dahinter befindlichen Kabinett aus hindurchsehen kann. Dieses enthält ein Bett, einen Tisch und was jemand sonst noch braucht, der darin die Nacht verbringen und zu seiner Belustigung sich ansehen will, was hier im Salon vorgeht. Ich werde es dir zeigen, sobald du willst.«

»Hat dein Liebhaber es so einrichten lassen?«

»Nein, gewiß nicht; denn er konnte nicht voraussehen, daß er je davon Gebrauch machen würde.«

»Ich begreife, daß solches Schauspiel ihm großes Vergnügen bereiten kann. Aber was wird er machen, wenn er in einem Augenblick, da die Natur es gebieterisch fordert, dich nicht besitzen kann?«

»Das ist seine Sache. Übrigens kann er ja gehen, wenn er sich langweilt, oder schlafen, wenn er müde wird. Aber wenn du dich nach deiner Natur benimmst, wird er sich nicht langweilen.«

»Das werde ich tun; nur werde ich höflicher sein.«

»Keine Höflichkeiten, bitte, bitte! Denn wenn du höflich bist – ade, Natur! Wo hast du je gesehen, ich bitte dich, daß zwei Liebende in der vollen Raserei der Liebe daran denken, Höflichkeitsformen zu beobachten?«

»Du hast recht, mein Herz; aber ich werde zart sein.«

»Das lasse ich gelten; Zartgefühl verdirbt nichts. Aber sei nicht anders als sonst. Dein Brief hat mir Freude gemacht; du hast das Thema als Sachverständiger behandelt.«

Meine Geliebte hatte ihre Haare frisiert, allerdings lässig. Ein himmelblaues gestepptes Kleid war ihr ganzer Putz. Sie trug Brillantohrringe und um den Hals ein mit Silberfäden durchwirktes Tüchlein aus Seidenmusselin. Die Schönheit ihres Busens ließ der Ausschnitt des Kleides ahnen. Ihre Füße steckten in Pantoffeln. Ihr ängstliches und leise lächelndes Gesicht schien mir zu sagen: ›Das ist die Frau, die du liebst!‹ Auffallend fand ich nur, daß sie sich geschminkt hatte; doch gefiel es mir, weil sie die Schminke nach Art der Versailler Damen aufgelegt hatte. Der Reiz dieser Malerei besteht in der Nachlässigkeit, womit man sie auf die Wangen aufträgt. Man will gar nicht, daß dieses Rot natürlich aussehen soll; man legt es auf, um den Augen eine Lust zu bereiten; denn diese sehen darin Anzeichen einer Trunkenheit der Sinne, die ihnen außergewöhnliche Genüsse und zauberhafte Liebesrasereien verspricht.

Sie sagte mir, sie habe sich dem Neugierigen zuliebe so geschmückt, denn er habe an dieser Art des Schminkens viel Vergnügen.

»An diesem Geschmack«, sagte ich, »erkenne ich, daß er Franzose ist.«

Bei diesen Worten gab sie mir einen Wink: der Freund war auf seinem Posten. Die Komödie begann:

»Je mehr ich dein Antlitz betrachte, desto mehr ärgere ich mich über deinen Gatten.«

»Man sagt, er sei garstig.«

»Das hat man also gesagt; dann verdient er also, daß er zum Hahnrei wird, und wir werden die ganze Nacht daran arbeiten.«

»Du wirst mich nicht unempfindlich gegen deine Opfer finden.«

»Ich würde sie sofort beginnen, aber ich glaube, um ihrer Wirksamkeit um so gewisser zu sein, müssen wir erst soupieren; denn ich habe heute noch nichts zu mir genommen als eine Tasse Schokolade und Eiweiß von sechs frischen Eiern mit Luccaöl[11] und Kräuteressig als Salat angerichtet.«

»Aber, lieber Freund, welche Torheit! Du mußt krank sein!«

»Ja, in diesem Augenblick; aber ich werde mich vortrefflich befinden, wenn ich diese Eier eins nach dem anderen deiner Liebeskammer eingeflößt habe.«

»Ich glaube nicht, daß du Reizmittel nötig hättest.«

»Wer hätte solche bei dir nötig! Aber ich habe eine begründete Furcht: Sollte es mir zustoßen, daß das Zündhütchen Feuer fände, ohne daß der Schuß losginge – so würde ich mir eine Kugel durch den Kopf schießen.«

»Mein lieber Braunschopf, das wäre gewiß ein Unglück; aber deswegen braucht man sich doch noch lange keine Kugel in den Kopf zu schießen.«

»Was machst du?«

»Ich ziehe dir diesen Mantel aus. Gib mir auch deinen Muff.«

»Das wird schwierig sein, denn er ist festgenagelt.«

»Wieso denn angenagelt?«

»Stecke eine Hand hinein! Sieh selbst!«

»Oh, dieser Schelm! Sind das die Eiweiß, die dir diesen Nagel liefern?«

»Nein, mein Engel, das ist einzig und allein deine reizende Gestalt.«

Ich hob sie ein wenig hoch, und sie umfaßte meine Schultern, um sich leichter zu machen. Dabei ließ ich meinen Muff fallen.

Ich packe sie bei den Schenkeln, und sie verschanzt sich auf dem Nagel. Nachdem wir auf diese Weise einen kleinen Spaziergang durch das Zimmer gemacht haben und Folgen befürchteten, stelle ich sie auf den Teppich. Ich setze mich und fordere sie auf, sich auf mich zu setzen. Gefällig wie sie ist, führt ihre zarte Hand das begonnene Werk zu Ende, indem ihre hohle Hand das Weiße vom ersten Ei erntet. »Bleiben noch fünf«, sagt sie. Nachdem sie ihre schöne Hand mit einem Sträußchen wohlriechender Kräuter gereinigt hat, überläßt sie sie mir, damit ich diese mit hundert Küssen bedecke.

Ich beruhigte mich allmählich und verbrachte eine Stunde damit, ihr lustige Geschichten zu erzählen. Danach setzten wir uns zu Tisch.

Sie aß für zwei und ich für vier, denn unser ausgezeichneter Appetit wurde durch die Vortrefflichkeit der Speisen noch angespornt. Der prachtvolle Nachtisch wurde in Schüsseln aus vergoldetem Silber aufgetragen, die zu den beiden vierarmigen Tischleuchtern paßten. Als sie bemerkte, daß ich deren Schönheit bewunderte, sagte sie: »Sie sind ein Geschenk von meinem Geliebten.«

»Ein prachtvolles Geschenk. Hat er dir auch die Lichtputzer dazu gegeben?«

»Wieso denn?«

»Große Herren wissen nicht, daß man die Kerzen putzt.«

»Unsere Kerzen haben Dochte, die man nicht zu putzen braucht.«

»Sage mir doch, von wem du dein Französisch gelernt hast? Denn du sprichst es zu gut, als daß ich nicht wißbegierig wäre.«

»Vom alten La Forêt, der im vergangenen Jahr gestorben ist. Ich war sechs Jahre lang seine Schülerin. Er hat mich auch Verse machen gelehrt. Aber von dir habe ich Wörter gelernt, die ich niemals aus seinem Mund gehört habe, wie zum Beispiel *à gogo, frustratoire, rater, dorloter*[12]. Von wem hast du sie gelernt?«

»Von der Pariser guten Gesellschaft, zum Beispiel von Madame de Boufflers, einer sehr geistreichen Frau, die mich einmal fragte, warum man *con rondo*[13] italienisch ausspricht. Ich mußte darüber lachen, aber ich war ratlos, was ich antworten sollte.«

Nachdem sie den Punsch bereitet hatte, machten wir uns den Spaß, Austern auf die wollüstigste Art zu essen, die nur zwei sich anbetenden Liebenden möglich ist. Wir schlürften sie abwechselnd einander aus dem Munde, nachdem wir sie auf die Zunge gelegt hatten. Ist es auch komisch, so nimmt die Komik ihm doch nichts von seinem Reiz, denn das Lachen ist nur für Glückliche gemacht. Was für eine Austernsauce, aus dem Mund des angebeteten Geschöpfs geschlürft, ist doch ihr Speichel! Es ist unmöglich, daß die Kraft der Liebe sich nicht versucht, wenn ich solche Auster zermalme, wenn ich sie verschlinge.

Endlich war genug getändelt; wir mußten an ausgiebigere Genüsse denken, und ich erinnerte sie daran. »Warte!« sagte sie; »ich werde das Kleid wechseln, in einem Augenblick bin ich dein.« Ich wußte nicht recht, was ich allein anfangen sollte, und stöberte in den Schubfächern ihres Schreibtisches herum. Mehrere Briefe, die ich fand, ließ ich unberührt; als ich aber eine Schachtel mit Kondomen[14] fand, nahm ich den Inhalt an mich und legte an die Stelle des Gestohlenen folgende Verse:

Kinder der Freundschaft, Diener der Furcht,
Ich bin Amor. Zittert! Respekt vor dem Dieb!
Und du, göttliche Braut, fürchte nicht Mutter zu werden,
Denn wenn du es wirst, ist Gott allein der Vater.
Doch wenn du durchaus dich versperren willst,
So sprich: Meine Mannheit zu opfern bin ich bereit!

Es dauerte nicht lange, so kehrte meine Liebste, wie eine Nymphe gekleidet, zurück. Ein Kleid aus indischem Musselin, mit goldenen Lilien bestickt, ließ zum Entzücken ihre wollüstigen Formen hervortreten, und ihr Häubchen aus echten Spitzen war einer Königin würdig. Ich warf mich ihr zu Füßen und bat sie, mein Glück nicht länger zu verzögern.

»Mäßige dein Feuer noch wenige Augenblicke«, sagte sie; »da ist der Altar, und in zwei Minuten wird das Opfer in deinen

Armen liegen. Ich will nicht Sorge haben«, fügte sie mit lachender Miene hinzu, »daß Deine ›Hauptsache‹ auf den Teppich herunterfällt. Du wirst sehen.«

Sie ging auf den Schreibtisch zu und fuhr fort: »Du sollst sehen, wie weit die zartfühlende Sorgfalt meines Freundes sich erstreckt!« Sie holte die Schachtel hervor und öffnete sie; aber statt der gesuchten Überzieherchen fand sie meine Verse. Nachdem sie diese gelesen und dann laut noch einmal gelesen hatte, nannte sie mich einen Dieb, gab mir eine Menge Küsse und bat mich, ich möchte meine Beute wieder herausgeben. Aber ich stellte mich, als wüßte ich von nichts. Sie las meine Verse noch einmal, langsam, tat, als denke sie darüber nach und ging unter dem Vorwand, sie wolle eine bessere Feder holen, hinaus. »Ich will dich in gleicher Münze bezahlen«, rief sie dabei lachend. Einen Augenblick darauf kam sie wieder und schrieb folgenden Sechszeiler:

Seit ein Engel mich f…, bin ich gewiß,
Er ist Geliebter und Schöpfer zugleich.
Aber, um ohne Furcht mich seinem Geschlecht hinzugeben,
Muß er mir sogleich zurückgeben, was er mir gestohlen hat.
Und so, unterworfen seinem heiligen Willen,
Ermutige ich ihn, meinen Freund, mich zu f… ohne Furcht.

Ich gebe ihr die Kondome sogleich zurück, wobei ich mich sehr glaubhaft erstaunt stelle; denn, um bei der Wahrheit zu bleiben, das war doch ein starkes Stück.

Es hatte Mitternacht geschlagen. Ich zeigte ihr den sehnsüchtigen kleinen Helden, und sie machte das Sofa zurecht, wobei sie sagte, im Alkoven wäre es zu kalt, und wir wollten lieber hier schlafen. Der wahre Grund war aber, daß ihr Freund uns im Alkoven nicht hätte beobachten können.

Während ich auf sie wartete, wickelte ich mein Haar unter einem indischen Tuch aus Mazulipatan, das ich viermal um meinen Kopf schlang und mir dadurch das furchteinflößende Aussehen eines asiatischen Despoten in seinem Harem gab. Nachdem ich mich und meinen kleinen Sultan gebieterisch in die natürliche Stellung gebracht hatte, legte ich meine reizende Freundin hin und bezwang sie nach allen Regeln der Kunst, wobei ich mich am Anblick ihrer Verzückungen erfreute. Ein Kopfkissen, das ich ihr unter den Hintern gelegt hatte, und ihre zur entgegengesetzten Seite der Rückenlehne des Sofas angewinkelten Beine mußten für unseren versteckten Freund ein besonders wollüstiger Anblick sein. Nachdem wir uns eine Stunde auf diese Weise vergnügt hatten, hob sie ihr Hemd, und als sie den Erfolg unseres Herumtollens sah, war sie hocherfreut. Da sie sich aber auch durch ihre eigenen Liebessäfte überschwemmt fühlte, überzeugten wir uns, daß eine kurze Waschung uns in den alten Zustand zurückversetzen würde. Nachdem dies geschehen war, stellten wir uns vor einen großen Spiegel und legten dabei jeder den Arm um den Rücken des anderen. Die Schönheit unseres Anblickes bewundernd, bekamen wir Lust, uns erneut an ihr zu ergötzen, und fochten diesmal unseren Kampf in allen Variationen stehend aus. Nach diesem letzten Kampf ließ meine Geliebte sich auf den Perserteppich fallen, der den Parkettboden bedeckte. Auf dem Rücken liegend, mit geschlossenen Augen, den Kopf zur Seite geneigt, Arme und Beine von sich gestreckt, lag sie so da, als hätte man sie gerade vom Andreaskreuz[15] abgenommen. Sie machte den Eindruck einer Toten, wäre nicht der Schlag ihres Herzens zu sehen gewesen. Dieser letzte Kampf hatte sie total erschöpft. Ich hatte sie die aufrechte Kerze[16] machen lassen und sie in dieser Stellung hochgehoben, um ihrem Tempel der Liebe mit Mund und Zunge meine Gunst zu erweisen, womit ich ihr zu verstehen geben wollte, daß auch sie ihrerseits meiner Waffe dieselbe Gunst erweisen sollte, die sie dem Tode so nahe gebracht hatte.

Nach dieser Heldentat erschöpft, stellte ich sie wieder auf den Boden zurück und mußte sie um einen Waffenstillstand bitten. Aber schon einen Augenblick später forderte sie mich auf, ihr Revanche zu bieten. Diesmal machte ich die aufrechte Kerze. Sie faßte mich bei den Hüften, hob mich hoch, wobei sie sich in dieser Stellung mit gespreizten Schenkeln abstützte. Sie erschrak jedoch zu Tode, als sie ihren Busen mit einigen Tropfen Blut bespritzt sah.

»Was ist das«, schrie sie auf, ließ mich fallen und fiel dabei selbst zu Boden. Da schlug die Uhr. Lachend rief ich sie ins Leben zurück.

»Hab keine Angst, mein Engel«, sagte ich ihr, »das war das Gelbe des letzten Eis, das sehr oft rot wie Blut ist.«

Ich wusch ihren wundervollen Busen, der bis zu diesem Augenblick niemals von menschlichem Blut besudelt worden war. Sie hatte Furcht, einige Tropfen davon verschluckt zu haben. Ich beruhigte sie leicht, indem ich ihr sagte, daß, selbst wenn es so wäre, es ihr nicht schaden würde. Sie zog ihr Nonnenkleid wieder an. Bevor sie ging, beschwor sie mich, zu Bett zu gehen und ihr noch vor meiner Rückkehr nach Venedig zu schreiben, wie es mir gehe. Sie versprach mir ebenfalls, am nächsten Tag zu schreiben. Die Pförtnerin würde den Brief haben. Ich versprach es ihr. Erst eine halbe Stunde später hörte ich sie das Haus verlassen. Gewiß war sie die Zeit über bei ihrem Freund gewesen.

Ich schlief bis zum Abend. Als ich erwachte, teilte ich ihr sofort mit, daß es mir gut ginge. Ich fuhr nach Venedig. Um mein Versprechen einzulösen, suchte ich denselben Maler auf, der mein Porträt für C.C. gemacht hatte. Es waren nur drei Sitzungen nötig. Ich ließ für M.M. ein etwas größeres als das erste anfertigen, weil sie es als Medaillon wollte, von irgendeinem Heiligenbild bedeckt, um es niemanden sehen zu lassen. Nur sie sollte das Geheimnis kennen, wie man es öffnen konnte. Es war die Aufgabe des Goldschmieds, einen Geheimverschluß so anzubringen, daß er sich von dem Verschluß des ersten Porträts unterschied. Der Maler malte mir die Verkündigung, auf der man den Engel Gabriel mit braunem Haar und die Heilige Jungfrau mit blonden Haaren sah, die mit geöffneten Armen die heilige Botschaft empfing. Der berühmte Maler Mengs übernahm dieselbe Idee der Verkündigung auf einem Bild, das er zwölf Jahre später in Madrid malte.

FÜNFTES KAPITEL

Casanova hat sich überreden lassen, M.M., deren Gönner und C.C. zum Abendessen in sein Kasino einzuladen.

Die Partie, die ich mit meiner lieben M.M. verabredet hatte, erfüllte mich mit der größten Freude, und dem Anschein nach hätte ich glücklich sein müssen. Aber ich war es nicht. Woher kam denn nun die Unruhe, die mich quälte? Woher sie kam? Von meiner unglückseligen Gewohnheit des Spielens. Diese Leidenschaft war tief in mir eingewurzelt: leben und spielen war für mich gleichbedeutend; da ich nun nicht Bank halten konnte, spielte ich im Ridotto als Gegenspieler und verlor vormittags und abends. Dies machte mich unglücklich. Ohne Zweifel wird man mich fragen: Warum spieltest du denn? Du hattest es doch nicht nötig, denn es fehlte bei dir an nichts, und du hattest soviel Geld, um jede Laune befriedigen zu können. Diese Frage würde mich in Verlegenheit bringen, wenn ich es mir nicht zum Gesetz gemacht hätte, die Wahrheit zu sagen. Nun, meine Herren Neugierigen: Wenn ich trotz der fast sicheren Gewißheit des Verlierens spielte, obgleich vielleicht kein Mensch je empfindlicher gegen Spielverluste gewesen ist als ich, so geschah das, weil ich den Teufel des Geizes in mir hatte. Ich liebte das Geldausgeben, sogar die Verschwendung, aber das Herz blutete mir, wenn ich anderes Geld ausgeben mußte als solches, das ich im Spiel gewonnen hatte. Dies war ein häßlicher Charakterfehler, lieber Leser – und ich will ihn nicht verteidigen. Wie dem auch sein möge – genug, in den vier Tagen des Wartens verlor ich alles Geld, das ich durch M.M. gewonnen hatte.

An dem heißersehnten Tage begab ich mich nach meinem Kasino, wo ich zur verabredeten Stunde M.M. und ihren Freund erscheinen sah. Sie stellte ihn mir in aller Form vor, sobald er seine Maske abgenommen hatte.

»Es drängte mich«, sagte der Gesandte, »die Bekanntschaft mit Ihnen zu erneuern, denn wie Madame mir sagt, haben wir uns in Paris kennengelernt.«

Bei diesen Worten sah er mich prüfend an, wie jemand, der sich an einen zu erinnern sucht, den er aus den Augen verloren hatte. Ich sagte ihm zur Aufklärung, wir hätten niemals miteinander gesprochen, er würde daher mein Gesicht wohl nicht genau genug gesehen haben, um sich noch meiner Züge erinnern zu können.

»Ich hatte die Ehre, bei Monsieur Mocenigo mit Eurer Exzellenz zu speisen; aber Sie waren ständig vom preußischen Gesandten, Lord-Marschall Keith, in Anspruch genommen, und ich hatte nicht den Vorzug, auch nur einen Augenblick Ihre Aufmerksamkeit auf mich zu lenken. Da Sie vier Tage darauf nach Venedig abreisen sollten, so hatten Sie es eilig und verabschiedeten sich fast sofort nach dem Essen. Seither habe ich nicht mehr die Ehre gehabt, Sie zu sehen.«

»Jetzt besinne ich mich!« rief er; »ich erinnere mich, jemanden gefragt zu haben, ob Sie nicht der Gesandtschaftssekretär seien. Von heute an werden wir uns nicht mehr vergessen, denn die Geheimnisse, die uns verbinden, sind der Art, daß sie ein dauerndes inniges Verhältnis zwischen uns herstellen müssen.«

Das seltsame Pärchen machte sich's schnell bequem, und bald setzten wir uns zu Tisch. Selbstverständlich übernahm ich die Aufwartung. Der Minister war ein Feinschmecker; er fand meine Weine, den Burgunder, den Champagner und den Graves, den ich ihm nach den Austern vom Arsenal[1] reichte, ausgezeichnet und war erfreut, als er hörte daß ich sie vom Grafen Algarotti bezöge. Dieser stand in dem Ruf, die besten Keller zu haben.

Mein Souper war lecker, reichlich und voller Abwechslung, und ich wartete dem schönen Paare auf wie etwa ein Privatmann, der seinen König mit dessen Mätresse bei sich zu Tisch hatte. Ich sah M.M. entzückt über mein ehrerbietiges Benehmen ihr gegenüber und über meine Bemerkungen, die den Gesandten veranlaßten, mir mit größtem Interesse zuzuhören. Wenn auch der Gesprächston, einem ersten Zusammensein entsprechend, im ganzen ernst war, so schloß er doch feinen Scherz nicht aus, und auf dem Gebiet des Esprit war Monsieur de Bernis Franzose in der vollen Bedeutung des Wortes. Ich bin viel gereist und habe die Menschen als Individuen und als Masse gründlich studiert, aber wahre Geselligkeit habe ich nur bei den Franzosen gefunden; denn sie allein verstehen zu scherzen, und der feine und witzige Scherz, der die Unterhaltung belebt, macht den Reiz der Gesellschaft aus.

Heitere Worte begleiteten das hübsche Souper während seiner ganzen Dauer; die liebenswürdige M.M. brachte geschickt das Gespräch auf den romanhaften Zufall, durch den sie meine Bekanntschaft gemacht hatte. Hierdurch kamen wir ganz natürlich auf meine Leidenschaft für C.C. zu sprechen, und sie entwarf von dem reizenden Mädchen eine äußerst interessante Schilderung, welcher der Gesandte so aufmerksam zuhörte, wie wenn er C.C. niemals gesehen hätte. Dies gehörte zu seiner Rolle, denn er wußte nichts von meiner Kenntnis des Umstandes, daß er meine dumme nächtliche Zusammenkunft mit ihr von seinem Versteck aus belauscht hatte. Er sagte zu M.M., sie würde ihm das allergrößte Vergnügen bereitet haben, wenn sie sie zu unserem Souper mitgebracht hätte. »Ich hätte«, antwortete die schlaue Nonne, »zu vielen Gefahren mich aussetzen müssen, und das Wagnis wäre zu groß gewesen. Aber«, fuhr sie fort, indem sie sich ebenso vornehm wie liebenswürdig an mich wandte, »wenn es Ihnen Freude macht, könnte ich Sie in meinem Kasino zum Souper mit ihr zusammenbringen, denn wir schlafen in demselben Zimmer.«

Über dieses Anerbieten wunderte ich mich sehr; aber es war nicht der rechte Augenblick, mir meine Überraschung anmerken zu lassen.

»Man kann, Madame«, versetzte ich, »das Vergnügen, mit Ihnen zusammen zu sein, durch keinen anderen Umstand erhöhen; doch gestehe ich, daß ich gegen einen solchen Gunstbeweis nicht unempfindlich sein würde.«

»Nun, ich werde daran denken.«

»Aber«, sagte jetzt der Gesandte, »ich glaube, wenn ich an der Partie teilnehmen soll, so würden Sie doch gut tun, es ihr vorher zu sagen.«

»Das ist nicht nötig«, sagte ich, »denn ich werde ihr schreiben, sie solle blindlings alles tun, was Madame ihr sagen werde. Ich werde mich dieser Pflicht schon morgen entledigen.«

Dann bat ich den Gesandten, einem fünfzehnjährigen Mädchen gegenüber, das noch keine Welterfahrung besitze, recht nachsichtig zu sein. Hierauf erzählte ich ihm die Geschichte der O-Morphi[2], die ihm sehr viel Vergnügen machte. Er bat mich, ihm ihr Bild zu zeigen, und teilte mir mit, sie sei immer noch im Parc aux Cerfs[3], und der König, von dem sie schon ein Kind gehabt habe, sei immer noch entzückt von ihr. Um ein Uhr früh verabschiedeten meine Gäste sich sehr befriedigt, und ich blieb allein in meinem Kasino.

Am nächsten Morgen schrieb ich, um der schönen Nonne mein Versprechen zu halten, einen Brief an C. C. Daß eine vierte Person zugegen sein würde, erwähnte ich nicht. Ich gab Laura diesen Brief und ging sodann nach dem Kasino von Murano, wo die Hausbesorgerin mir folgenden Brief meiner M. M. einhändigte:

›Ich würde, mein lieber Schatz, nicht auf eine ruhige Nacht hoffen können, wenn ich nicht noch vor dem Schlafengehen meine Seele von einem Gewissensbedenken befreite, das auf ihr lastet. Vielleicht hast Du dem Plan, mit unserer Freundin zu viert zu soupieren, nur aus einfacher Höflichkeit beigestimmt. Sei aufrichtig, mein Herz, denn wenn Du die Partie nicht gerne siehst, werde ich sie in Dunst aufgehen lassen, ohne Dich im mindesten bloßzustellen. Verlaß Dich auf mich! Bist Du jedoch von Herzen damit einverstanden, so wird alles der Verabredung gemäß vor sich gehen. Glaube mir, ich liebe Deine Seele noch inniger als Dein Herz, ich wollte sagen, Deinen Körper. Addio.‹

Ihre Furcht war natürlich; aber eine falsche Scham hielt mich ab, mein Wort zurückzunehmen. M. M. kannte mich genau und packte mich als geschickte Taktikerin an meiner schwachen Seite.

Ich antwortete ihr folgendes:

›Ich hatte Deinen Brief erwartet, liebe Freundin – daran wirst Du nicht zweifeln; denn da Du mich gründlich kennst, so mußt Du wissen, daß ich auch Dich kenne. Ja, ich kenne Deinen Geist, und ich weiß, welchen Begriff Du Dir von dem meinigen machen mußt; denn durch meine Sophismen habe ich mich in Deinen Augen in meiner ganzen Schwachheit und Reizbarkeit gezeigt. Ich büße dafür, liebe Freundin, durch den Gedanken, daß ich Dir verdächtig geworden bin und daß dadurch Deine Zärtlichkeit sich ein wenig abgeschwächt haben muß. Bitte, vergiß meine Grillen, und glaube mir, daß in Zukunft meine Seele stets im Gleichklang mit der Deinen sein wird. Das verabredete Souper muß stattfinden; es wird mir ein Vergnügen sein, aber gestatte mir, Dir zu sagen, daß ich meine Einwilligung mehr noch aus Dankbarkeit als aus Höflichkeit gegeben habe. C.C. ist Neuling, und es ist mir durchaus nicht unlieb, wenn sie anfängt, sich in der Welt bewegen zu lernen. In welcher Schule könnte sie besser aufgehoben sein als unter Deiner Vormundschaft? Ich lege sie Dir also ans Herz, und Du wirst mir eine Freude machen, wenn Du ihr auch fernerhin Deine freundschaftliche Fürsorge widmest und Deine Güte gegen sie noch verdoppelst – falls das überhaupt möglich ist. Ich fürchte nur, Du überredest sie, den Schleier zu nehmen; wenn dieser Fall einträte, würde ich auf ewig untröstlich sein. Dein Freund hat mich ganz und gar für sich eingenommen; er ist ein überlegener Mensch und wirklich reizend.‹

Hierdurch machte ich es mir also freiwillig unmöglich, noch zurückzutreten; aber viele Gedanken ließ meine Kenntnis des Menschenherzens mir durch den Kopf gehen. Ich begriff leicht, daß ohne Zweifel der Gesandte in C.C. verliebt war, daß er sich darüber mit M.M. ausgesprochen hatte, und daß diese nicht in der Lage war, seiner Liebe Hindernisse in den Weg zu legen; gewiß hatte sie als eine getreue Schülerin des Gesandten sich zu allem hergeben müssen, was seiner Leidenschaft förderlich sein konnte. Natürlich konnte sie ohne meine Zustimmung nichts machen, und die Geschichte war ihr zu heikel erschienen, um mir so mir nichts, dir nichts die Partie vorschlagen zu mögen. Sie gingen daher auf Vereinbarung so vor, daß sie scheinbar ohne Absicht das Gespräch darauf brachten und daß ich aus Höflichkeit, vielleicht sogar aus Überzeugung, den Plan billigen und ihnen auf diese Weise ins Netz gehen mußte. Der Gesandte, dessen Beruf das Intrigieren war, hatte seine Absicht vollkommen erreicht; ich hatte ganz nach Wunsch auf den Köder angebissen. Mir blieb nichts weiter übrig, als gute Miene zum bösen Spiel zu machen, teils um nicht als ganz dummer Tölpel dazustehen, teils um nicht einem Manne gegenüber, der mir unerhörte Vorrechte eingeräumt hatte, als undankbar zu erscheinen. Die Folge dieses ganzen Ränkespiels konnte jedoch eine Abkühlung meines Gefühls gegen die eine wie gegen die andere meiner beiden Geliebten sein. M.M. hatte dies alles vollkommen richtig empfunden, als sie nach Hause gekommen war, und um sich selber zu decken und jeder Gefahr vorzubeugen, hatte sie mir schleunigst geschrieben, sie würde den Plan, wenn ich diesen nicht billigen sollte, zum Scheitern bringen, ohne mich dabei bloßzustellen; aber sie wußte im voraus, daß ich ihr Anerbieten nicht annehmen würde. Die Eitelkeit ist eine noch stärkere Leidenschaft als die Eifersucht. Sie verbietet es einem Menschen, der nicht für dumm gelten will, sich eifersüchtig zu zeigen, besonders einem anderen gegenüber, bei dem das Fehlen dieser niedrigen Leidenschaft glänzend hervortritt.

Am nächsten Tage ging ich ziemlich früh ins Kasino und fand dort den Gesandten, der mich aufs freundschaftlichste empfing. Er sagte mir: Wenn er mich in Paris gekannt hätte, würde er mich leicht bei Hofe haben einführen können, wo ich nach seiner Meinung mein Glück gemacht haben würde. (Wenn ich heute zufällig daran denke, sage ich: Das ist wohl möglich; aber was hätte es mir genützt? Ich wäre vielleicht wie so viele andere ein Opfer der Revolution geworden. Dies Los wäre ohne Zweifel auch ihm beschieden gewesen, wenn das Schicksal ihm nicht bestimmt hätte, im Jahre 1794 in Rom zu sterben. Er starb, wenn auch im Reichtum, so doch unglücklich; es sei denn, daß er vor dem Tode seine ganze Denkart geändert hätte; und das glaube ich nicht!) Ich fragte ihn, ob es ihm in Venedig gefiele, und er antwortete mir, er müsse sich dort sehr wohl fühlen, da er sich einer ausgezeichneten Gesundheit erfreute und da er sich für teures Geld besser als irgendwo anders alle Annehmlichkeiten des Lebens verschaffen könnte. »Indessen bezweifle ich, daß man mich noch lange Zeit auf dem hiesigen Gesandtenposten belassen wird. Behalten Sie aber, bitte, dieses für sich; ich möchte M.M. nicht gerne betrüben.«

Wir waren noch in dieser gewissermaßen vertraulichen Unterhaltung begriffen, als wir M.M. und ihre junge Freundin eintreten sahen. Diese fuhr überrascht zusammen, als sie mich mit einem anderen Herrn zusammen sah. Aber ich ermutigte sie, indem ich sie auf das zärtlichste empfing, und sie beruhigte sich vollständig, als sie sah, daß der Unbekannte entzückt war, sie sein an sie gerichtetes Kompliment in gutem Französisch beantworten zu hören. Dies gab ihnen beiden Gelegenheit, dem Wissen und der Geschicklichkeit der Lehrerin, von der sie die Sprache so gut gelernt hatte, ein hohes Lob zu zollen.

C.C. war entzückend. Ihr lebhafter und doch bescheidener Blick schien mir zu sagen: Du mußt mein bleiben! Zugleich wünschte ich, sie glänzen zu sehen, und dieses doppelte Gefühl half mir, eine schnöde Eifersucht zu überwinden, die sich ohne mein Zutun meiner bemächtigen wollte. Indem ich das Gespräch auf Themen brachte, von denen ich wußte, daß sie ihr vertraut waren, setzte ich sie in den Stand, ihren natürlichen Geist zu entwickeln, und ich hatte die Genugtuung, sie in ihrem Glanz zu bewundern.

Mit Beifall und Schmeicheleien überschüttet, angefeuert durch den Ausdruck der Befriedigung, die sie in meinen Blicken las, erschien C.C. Monsieur de Bernis als ein wahres Wunder. Und ich – merkwürdige Widersprüche des menschlichen Herzens –, ich freute mich dessen und zitterte doch zugleich davor, er könnte sich in sie verlieben!

Welches Rätsel: Ich arbeitete selber mit an einem Werk, um dessentwillen ich jeden hätte ermorden können, der sich daran zu beteiligen wagte.

Während des Mahles, das eines Königs würdig war, überhäufte der Gesandte C.C. mit allen erdenklichen Aufmerksamkeiten. Geist, Fröhlichkeit, Anstand und guter Ton herrschten in unserer reizenden Gesellschaft; sie schlossen jene amüsanten Bemerkungen nicht aus, mit denen der französische Geist alle Gespräche zu würzen weiß.

Ein kritischer Beobachter, der, ohne uns zu kennen, hätte erraten wollen, ob auch Liebe mit im Spiele wäre, hätte vielleicht so etwas vermuten, aber er hätte es niemals bestimmt behaupten können. M.M. verkehrte mit dem Gesandten nur im Ton und mit dem Benehmen einer Freundin; mir zeigte sie nur vollkommene Achtung und ihrer C.C. weiter nichts als schwesterliche Zärtlichkeit. Monsieur de Bernis war liebenswürdig, höflich und wohlwollend gegen M.M.; dies hinderte ihn aber nicht, fortgesetzt das größte Interesse für jede Bemerkung C.C.'s an den Tag zu legen, indem er sie in ihrem günstigsten Licht erscheinen ließ und mit seinem Beifall sich jedesmal an mich wendete. Am besten spielte meine junge Freundin ihre Rolle; diese entsprach ihrer Natur; die Natur war schön, und so mußte C.C. denn wohl entzückend sein.

Wir hatten fünf köstliche Stunden verbracht. Besonders der Gesandte schien sich ausgezeichnet unterhalten zu haben. Auf M.M.'s Gesicht lag der Ausdruck der Freude über ihr Werk; ich steckte die Miene des zufriedenen Kritikers auf. C.C. strahlte vor Vergnügen, daß sie uns allen gefallen hatte; vielleicht war sogar ein Fünkchen Eitelkeit dabei, weil der Gesandte sich ganz besonders mit ihr beschäftigt hatte. Sie sah mich lächelnd an, und ich verstand vollkommen die Sprache ihrer Seele: sie wollte mir sagen, daß sie durchaus den Unterschied fühlte, der zwischen dieser Gesellschaft und jener anderen bestände, wobei ihr Bruder sich so ekelhaft roh benommen hatte. Nach Mitternacht war es Zeit zum Aufbruch; Monsieur de Bernis übernahm es, die Komplimente zu machen. Er dankte M.M. dafür, daß sie ihm das angenehmste Souper gegeben, das er je erlebte, und nötigte sie dadurch, ihm ein gleiches für den übernächsten Tag anzubieten. So ganz obenhin fragte er mich dabei, ob es mir nicht ebensoviel Vergnügen machen würde wie ihm. Konnte er an meiner Zustimmung zweifeln? Ich glaube es nicht, zumal da ich mich für verpflichtet halten mußte, ihm gefällig zu sein. Im herzlichsten Einvernehmen trennten wir uns.

Als ich am anderen Morgen über dieses Mustersouper nachdachte, sah ich leicht ein, worauf das Ganze hinauslaufen mußte. Der Gesandte verdankte sein Glück lediglich dem schönen Geschlecht, da er im höchsten Grade die Kunst besaß, Gefühle der Liebe einzuflößen. Da er von Natur sehr sinnlich war, kam er auf seine Rechnung dabei; denn er erregte Begierden, und dies verschaffte ihm Genüsse, wie sie seiner verfeinerten Art entsprachen. Ich sah ihn rasend verliebt in C.C., und er schien keineswegs der Mann zu sein, sich mit der Bewunderung ihrer schönen Augen zu begnügen. ›Ganz gewiß hat er schon einen bestimmten Plan, dessen Ausführung M.M. wird übernehmen müssen, so aufrichtig auch die Liebe zu mir sein mag; sie wird sich dabei so geschickt und so fein benehmen, daß es mir wahrscheinlich an greifbaren Beweismitteln fehlen wird.‹ Obgleich ich keine Neigung fühlte, die Gefälligkeit weiter zu treiben, als man billigerweise von mir verlangen konnte, sah ich doch voraus, daß ich schließlich der Angeführte sein und daß meine arme C.C. einem Taschenspielerstückchen zum Opfer fallen würde. Ich konnte mich weder dazu entschließen, dies gutwillig geschehen zu lassen, noch dazu, dem Plan Hindernisse in den Weg zu legen. Auch hielt ich meine kleine Frau nicht für fähig, sich zu irgendeiner Ausschreitung hinreißen zu lassen, die mir hätte mißfallen können, und darum wiegte ich mich in einer gewissen Sicherheit, darauf vertrauend, daß es doch einige Schwierigkeiten machen würde, sie zu verführen. Dumme Einbildung!

Eitelkeit und falsche Scham hinderten mich, von meinem gesunden Menschenverstand Gebrauch zu machen. Das ganze Ränkespiel versetzte mich in eine Art von Fieber, denn ich fürchtete die Folgen, und doch stachelte die Neugier mich dermaßen an, daß ich selber die Entwicklung beschleunigte. Ich wußte, daß das folgende Souper jedenfalls nicht eine Wiederholung derselben Komödie bedeuten könnte; ich sah voraus, daß es sehr beträchtliche Abänderungen geben würde.

Um es kurz zu machen – ich glaubte, meine Ehre verlange von mir, mein Verhalten nicht zu ändern. Immerhin stand es bei mir, den Ton anzugeben, und ich nahm mir vor, alle Klugheit aufzubieten, um ihre Absichten zuschanden zu machen.

Alle diese Überlegungen wiegten mich in eine halbe Zuversicht, zittern machte mich nur C.C.'s Unerfahrenheit; denn mit allen Kenntnissen, die sie sich neuerdings erworben hatte, war sie doch immerhin noch Anfängerin. Sie konnte sich verpflichtet glauben, höflich zu sein, und diesen Glauben konnte man mißbrauchen. Diese Besorgnis war bald zerstreut durch mein Vertrauen in M.M.'s Zartgefühl. Sie hatte gesehen, in welcher Weise ich zehn Stunden mit dem jungen Mädchen verbrachte; sie wußte bestimmt, daß ich die Absicht hatte, sie zu heiraten: und so dünkte mich, ich dürfte sie eines so niedrigen Verrates nicht für fähig halten. Aber alle diese Überlegungen waren weiter nichts als Gedanken eines schwachen und sich vor sich selber schämenden Eifersüchtigen, und deshalb führten sie zu nichts. Ich mußte die Dinge geschehen lassen und dann sehen, was zu tun wäre.

Zur verabredeten Stunde war ich im Kasino und fand meine schönen Freundinnen vor dem Feuer sitzen. »Guten Abend, meine beiden Göttinnen! Wo ist unser liebenswürdiger Franzose?«

»Er ist noch nicht gekommen«, antwortete M.M.; »aber kommen wird er ohne Zweifel.«

Ich nahm die Maske ab, setzte mich zwischen sie und gab ihnen tausend Küsse, wobei ich sorgfältig darauf achtete, keine von ihnen zu bevorzugen; obgleich sie ja beide wußten, daß ich unbestreitbare Rechte auf sie beide hatte, blieb ich doch in den Schranken einer anständigen Zurückhaltung. Ich machte ihnen tausend Komplimente über ihre gegenseitige Zuneigung und bemerkte, daß sie sehr befriedigt waren, darüber nicht erröten zu brauchen.

Länger als eine Stunde verbrachten wir mit galanten und freundschaftlichen Gesprächen, ohne daß ich mir, obwohl vor Liebe glühend, irgendeine Befriedigung meines Verlangens erlaubt hätte; denn M.M. zog mich mehr an als C.C., aber um alles in der Welt hätte ich das reizende Kind nicht kränken mögen.

M.M. begann wegen des Ausbleibens des Monsieur de Bernis einige Unruhe zu zeigen, da trat die Hausmeisterin ein und gab ihr einen Brief von ihm:

›Ein Kurier‹, schrieb er, ›der vor zwei Stunden ankam, hindert mich, heute nacht glücklich zu sein, denn ich bin genötigt, sie mit der Beantwortung der empfangenen Depeschen zu verbringen. Ich hoffe, daß Sie nicht nur mir verzeihen, sondern mich auch beklagen werden. Darf ich hoffen, daß Sie mir für Freitag das Vergnügen bewilligen, dessen das Schicksal mich heute beraubt? Lassen Sie mich dies morgen wissen. Ich wünsche Sie in derselben Gesellschaft zu finden, die ich Sie herzlich von mir zu grüßen bitte.‹

»Schade!« sagte M.M.; »aber es ist nicht seine Schuld, so werden wir zu dritt soupieren. Wirst du Freitag kommen?«

»Gewiß, mit Vergnügen. Aber was hast du denn, meine liebe C.C.? Du machst ja ein ganz trauriges Gesicht.«

»Traurig – nein. Das könnte höchstens wegen meiner Freundin sein; denn ich habe niemals einen so höflichen und zuvorkommenden Menschen gesehen.«

»Nun, es freut mich sehr, meine Liebe, daß er Eindruck auf dich gemacht hat.«

»Eindruck auf mich! Kann man denn gegen seine Vorzüge blind sein?«

»Noch besser! Aber ich bin vollkommen mit dir einverstanden. Sage mir nur, ob du ihn liebst.«

»Nun, wenn ich ihn liebte, so wäre damit noch nicht gesagt, daß ich es ihm gestehen würde. Übrigens bin ich gewiß, daß er meine Freundin liebt.«

Mit diesen Worten stand sie auf und setzte sich M.M. auf den Schoß. Sie nannte sie ihre kleine Frau, und meine beiden Schönen fingen an, sich auf eine Art zu liebkosen, daß ich mich hätte totlachen mögen. Weit entfernt, sie in ihrem Spiel zu stören, trieb ich sie noch an, um den Genuß eines Schauspiels zu haben, das ich seit langer Zeit kannte.

M.M. nahm eine Mappe mit Kupferstichen von Meursius, auf denen die wollüstigsten Stellungen zwischen Frauen abgebildet waren, und fragte mich mit einem bedeutungsvollen Augenzwinkern: »Ist es dir recht, wenn ich im Alkovenzimmer Feuer machen lasse?« Auf ihren Gedanken eingehend, antwortete ich: »Du wirst mir damit ein Vergnügen machen; das Bett ist ja so groß, daß wir alle drei ganz bequem darin liegen können.« Ich erriet, daß sie befürchtete, ich könnte ihren Freund im Verdacht haben, sich den Anblick unseres Trios verschaffen zu wollen; sie wollte durch ihren Vorschlag diesen Verdacht beseitigen, ohne näher darauf einzugehen.

Der Tisch wurde vor dem Alkoven gedeckt und das Essen aufgetragen. Wir aßen mit erstaunlichem Appetit, und die Damen blieben nicht hinter mir zurück. Während M.M. ihrer Freundin zeigte, wie der Punsch zubereitet wird, betrachtete ich mit Vergnügen die Fortschritte, die C.C.'s Schönheit gemacht hatte. »Dein Busen«, sagte ich zu ihr, »muß in den letzten neun Monaten vollendet schön geworden sein.«

»Er ist wie der meinige«, sagte M.M., »willst du selber darüber urteilen?«

Bei diesen Worten unterbrach sie die Zubereitung des Punsches und schnürte ihrer teuren Freundin, die sich das ruhig gefallen ließ, und sich selber das Mieder auf, um mir das Urteil zu erleichtern. Augenblicklich war ich trunken von dem Wunsche, beide in ihrer vollen Schönheit zu vergleichen. Ausgelassen warf ich die ›Akademie der Damen‹ auf den Tisch und zeigte M.M. eine Stellung, die ich in Natur zu sehen wünschte. Sie bat C.C. um ihr Einverständnis, und diese antwortete, daß sie sich ausziehen und auf das Bett legen müßten. Ich bat sie, mir dieses Vergnügen zu machen.

Während ich über das, was sie mir zeigten, fröhlich lachte, stellte ich den Wecker auf drei Uhr, und in weniger als fünf Minuten sahen wir uns alle drei im Naturzustand, der Wollust und der Liebe preisgegeben. Sie begannen ihr Wirken mit einer Wildheit, ähnlich zweier Tigerinnen, die sich gegenseitig zu verschlingen drohten.

Den Kampf dieser beiden Schönheiten zu sehen brachte mein Blut in Wallung, aber ich war noch zu verwirrt, um eingreifen zu können. Dem Gefühl nach mußte ich meiner C.C. den Vorzug geben, aber ich fürchtete, daß die Sticheleien von M.M. den Sieg davongetragen haben würden, wenn ich sie nicht unterstützte. C.C. war schmaler als M.M., wenn auch ihre Hüften und Schenkel stärker waren. Die eine hatte braunen Flaum, die andere blonden. Beide waren sie sehr gewandt in diesem Kampfe, der ihre Kräfte ermüden ließ, ohne daß sie zum Ziel gelangen konnten.

Schließlich konnte ich nicht mehr widerstehen. Ich stürzte mich auf sie, und unter dem Vorwand, sie zu trennen, zog ich M.M. unter mich, die mir aber entwich und mich dabei so zu Fall brachte, daß ich auf C.C. stürzte. Diese empfing mich mit offenen Armen, ließ mich in weniger als einer Minute vergehen und begleitete meinen Liebestod im gleichen Augenblick durch den ihren, ohne die geringste Vorsicht walten zu lassen.

Aus unserer Ekstase erwacht, wandten wir uns M.M. zu, C.C. aus einem Gefühl der Dankbarkeit und ich aus einem Gefühl der Rache, da sie mich vorher zur Untreue ihr gegenüber gezwungen hatte. Eine gute Stunde hielt ich sie in meiner Gewalt. Dabei gefiel es mir, C.C. zu sehen, die mich beobachtete und die mir stolz zu sein schien, ihrer Freundin einen Geliebten gebracht zu haben, der ihrer würdig war.

Als ich meine Heldinnen ermahnte, uns jetzt dem Schlafe zu überlassen, waren sie sofort einverstanden, und wir schliefen, bis die Uhr schlug. Wir waren sicher, die zwei Stunden, die uns bis zu unserer Trennung noch blieben, gehörig zu nutzen.

Nachdem wir uns von unserer Begegnung mit der Natur erholt hatten, spürten wir, wie wir wieder zu Kräften kamen. C.C. beklagte sich würdevoll, daß sie mich nur einen Atemzug lang genossen habe. M.M. forderte mich heraus, indem sie ihr recht gab. Ich war nicht abgeneigt, ihr Genugtuung zu geben. Nach einem längeren Scharmützel, das von beiden Seiten mit dem Ziel geführt wurde, es durch innige Vereinigung zu vollenden, war M.M. bereit, das gleiche Risiko auf sich zu nehmen und sich von nichts anderem als von der Liebe verzehren zu lassen. Sie gab mir den Befehl, sie nicht zu schonen, und ich stellte sie zufrieden. Alle drei fühlten wir, wie wir durch Wollust und mißlungene Attacken erneut erregt wurden, und berauscht von unaufhörlichen Leidenschaften, nutzten wir alles, was uns die Natur so verschwenderisch geschenkt hatte, indem wir um die Wette all das in Besitz nahmen, was wir sehen und fühlen konnten; und wir spürten, wie wir in diesem Dreikampf zu einem einzigen Geschlecht verschmolzen.

Beim Morgengrauen trennten wir uns; wir waren erschöpft, matt, müde und satt und mußten zu unserer Beschämung uns dies eingestehen, aber zugleich waren wir miteinander zufrieden und voller Sehnsucht nach einer baldigen Wiederkehr der gleichen Wonnen.

Als ich am anderen Morgen an diese allzu muntere Nacht zurückdachte, fühlte ich Gewissensbisse. Wie üblich hatte die Liebe die Vernunft über den Haufen geworfen. M.M. wollte mich überzeugen, daß sie mich liebte; darum schmückte sie ihre Liebe mit allen Tugenden, auf die meine Liebe Wert legte: Ehre, Zartgefühl und Aufrichtigkeit. Aber ihr Geist war Sklave ihres Temperaments, und dieses riß sie zu Ausschweifungen fort. Auf solche zielten alle ihre Vorbereitungen ab, und sie wartete nur auf den Augenblick, da sie mich zu ihrem Partner machen würde. Sie streichelte den Gegenstand ihrer Liebe, um ihn schmiegsam und fügsam zu machen, weil ihr Herz von ihren Sinnen beherrscht wurde und ihr keinen Vorwurf machte. Sie suchte sich selber zu täuschen, indem sie sich nicht eingestehen wollte, daß ich mich vielleicht darüber beklagen konnte, von ihr überrumpelt worden zu sein. Aber sie wußte, daß ich dies nur tun konnte, wenn ich mich als schwächer oder weniger tapfer bekannte, und sie rechnete auf mein Schamgefühl. Ich bezweifelte nicht im geringsten, daß das Ausbleiben des Gesandten absichtlich und mit ihr verabredet gewesen war. Ja noch mehr: Für mich lag es auf der Hand, daß die beiden Verschwörer vorausgesehen hatten, ich würde ihren feinen Plan durchschauen und würde, an meiner empfindlichsten Stelle gepackt, nicht weniger hochherzig erscheinen wollen als sie.

Der Gesandte hatte mir zuerst eine köstliche Nacht verschafft – wie konnte es mir einfallen, ihm eine gleiche vorzuenthalten? Meine Freunde hatten ganz richtig gerechnet; sosehr sich auch mein Gefühl dagegen auflehnte, so sah ich doch, daß ich für meine Person mich ihrem Siege nicht entgegenstellen durfte. C.C. machte ihnen keine Verlegenheit; sie waren ihres Sieges über sie gewiß, sobald ich sie nicht mehr durch meine Anwesenheit störte. Dafür hatte M.M. zu sorgen, die sie völlig unter ihre Herrschaft gebracht hatte. Das arme junge Ding! Ich sah sie auf schlechten Wegen – und ich war schuld daran! Ich seufzte vor Schmerz bei dem Gedanken, daß ich bei unserer letzten Orgie die beiden Mädchen nicht geschont und nicht aufgepaßt hatte, und was wäre geschehen, wenn sie sich nach einiger Zeit beide schwanger fühlen würden! Ich sah bereits, wie ich sie alle beide auf dem Halse hatte, und die Aussicht auf so reichen Segen war nicht glänzend! Es war ein sehr wenig angenehmes Zuviel des Guten. In diesem unglückseligen Widerstreit zwischen Vernunft und Vorurteil, Natur und Gefühl konnte ich zu keinem Entschluß kommen, ob ich am Souper teilnehmen sollte oder nicht. ›Wenn ich hingehe, wird die Nacht in vollkommenstem Anstand verlaufen; aber ich werde mich lächerlich machen, werde als eifersüchtig, undankbar, ja sogar unhöflich dastehen; bleibe ich fort, so ist C. C. verloren, wenigstens für mich; denn ich fühle, daß ich sie nicht mehr lieben werde, und jedenfalls kann von Heiraten nicht mehr die Rede sein.‹ Ich fühlte in meiner Ratlosigkeit, daß ich das Bedürfnis hatte, mich auf etwas Gewisseres als auf Wahrscheinlichkeiten zu stützen. Ich maskierte mich und ging stracks zum Palazzo des französischen Gesandten. Ich wandte mich an den Pförtner und sagte ihm, ich hätte einen Brief für Versailles, und es wäre mir sehr angenehm, ihn dem Kurier mitgeben zu können, der zurückreisen sollte, sobald er die Depeschen von Seiner Exzellenz erhalten hätte.

»Aber, Monsieur«, sagte der Pförtner, »seit zwei Monaten haben wir keinen Außerordentlichen Kurier hier gehabt!«

»Wie! Es muß doch gestern einer angekommen sein!«

»Der müßte durch die Dachluke oder den Schornstein gekommen sein; durch die Tür, darauf gebe ich Ihnen mein Wort, ist keiner gekommen.«

»Aber der Gesandte muß die ganze Nacht gearbeitet haben.«

»Das ist wohl möglich, aber nicht hier. Denn Seine Exzellenz hat beim spanischen Gesandten soupiert und ist erst sehr spät nach Hause gekommen.«

Ich hatte richtig geraten; ein Zweifel war nicht mehr möglich. Der Würfel war gefallen, ich konnte in Ehren nicht mehr zurücktreten. C. C. mußte sich selber ihrer Haut wehren, wenn die Sache nicht nach ihrem Geschmack war; Gewalt würde man ihr ja nicht antun.

Gegen Abend begab ich mich eigens nach Murano ins Kasino, um M. M. ein Briefchen zu schreiben. Ich bat sie, zu entschuldigen, daß eine wichtige Angelegenheit, die Signor Bragadin beträfe, mich hinderte, die Nacht mit ihr und unseren beiden

Freunden zu verbringen; ich bat sie, diese von mir zu grüßen und mich auch bei ihnen zu entschuldigen. Nachdem ich diese schöne Tat vollbracht hatte, fuhr ich nach Venedig zurück; um mich zu zerstreuen, ging ich in den Spielsaal und verlor die ganze Nacht hindurch.

Am dritten Tage ging ich wieder nach Murano, da ich überzeugt war, dort einen Brief von M. M. vorzufinden. Wirklich gab die Hausmeisterin mir ein Päckchen, worin ich einen Brief von meiner Nonne und einen von C. C. fand, denn zwischen ihnen war jetzt alles gemeinschaftlich geworden.

C. C. schrieb mir:

›Es tat mir wirklich sehr leid, lieber Freund, als wir hörten, daß wir nicht das Glück haben würden, Dich zu sehen. Eine Viertelstunde darauf kam der Freund meiner teuren M. M.; auch ihm tat es sehr leid, als er Dein Briefchen las. Wir glaubten, wir würden ein sehr trübes Souper haben; aber die hübschen Bemerkungen unseres Kavaliers machten uns lustig, und Du kannst Dir gar nicht vorstellen, wie ausgelassen wir wurden, als wir Champagnerpunsch getrunken hatten. Unser Freund war ebenso ausgelassen wie wir, und wir verbrachten die ganze Nacht mit Trios, die uns nicht ermüdeten, sondern sehr belustigten. Ich versichere Dir, er ist ein reizender Mensch, den man liebhaben muß; aber er muß sich selber eingestehen, daß er in jeder Beziehung unter Dir steht. Sei überzeugt, daß ich Dich stets lieben werde und daß Du stets der Herr meines Herzens sein wirst.‹

Trotz meinem Verdruß mußte ich über diesen Brief lachen. Aber M. M.'s Brief war noch viel eigentümlicher. Er lautete: ›Ich bin überzeugt, mein Herz, Du hast aus reiner Höflichkeit gelogen; aber Du hattest erraten, daß ich das erwartete. Du wolltest damit unserm Freund ein prachtvolles Gegengeschenk machen für jenes, das Du von ihm erhalten hast, indem er sich nicht widersetzte, als Deine M. M. Dir ihr Herz hingab. Du besitzest es ganz und gar, mein Freund, und Du würdest es auch ganz allein besitzen, wenn es nicht so süß wäre, die Freuden der Liebe mit allen Reizen der Freundschaft zu würzen. Es hat mir leid getan, Dich nicht zu sehen; aber ich habe wohl gefühlt, daß es nicht sehr lustig für uns geworden wäre, wenn Du dabeigewesen wärst; denn unser Freund hat trotz all seinem Geist doch noch einige ihm angeborene Vorurteile. C. C.'s Geist ist jetzt so frei wie der unsrige, und ich schätze mich glücklich, daß sie diese Wohltat mir verdankt. Auch Du mußt mir Dank dafür wissen, daß ich ihre Ausbildung vollendet und sie ganz und gar Deiner würdig gemacht habe. Recht gern hätte ich Dich in dem Versteck des Kämmerchens in unserer Nähe gehabt: ich bin überzeugt, Du hättest dort köstliche Stunden verbracht. Mittwoch werde ich in Deinem Kasino in Venedig mit Dir allein und ganz Dein sein: laß mich wissen, ob Du Dich zur gewöhnlichen Stunde beim Denkmal des Helden Colleoni einfinden wirst; willst Du nicht kommen, so bestimme mir irgendeinen anderen Tag, der Dir paßt.‹

Ich mußte diese beiden Briefe im gleichen Ton beantworten, und trotz der Bitterkeit, die ich durch alle meine Adern strömen fühlte, mußten meine Antworten süß sein wie Honigseim. Dies kostete mich viel Überwindung; aber mir fiel zur rechten Zeit das Wort ein: Du hast's gewollt, Georges Dandin[5]. Ich konnte mich nicht sträuben, die Strafe für meine Handlungen auf mich zu nehmen, und es ist mir niemals ganz klar gewesen, ob die Scham, die ich empfand, sogenannte falsche Scham war. Ich will denn auch dieses Problem ungelöst lassen.

In meinem Brief an C.C. besaß ich den Mut oder die Unverschämtheit, ihr Komplimente zu machen und sie sogar zu ermutigen, sie möchte es so machen wie M.M.: ein besseres Vorbild könnte ich ihr nicht empfehlen.

Meiner Nonne schrieb ich, sie würde mich pünktlich beim Denkmal finden; doch sagte ich ihr auch unter einer Menge von falschen Komplimenten, aus denen sie den Zustand meines Herzens hätte entnehmen können: ich bewunderte die vollendete Erziehung, welche C.C. durch sie erhalten hätte, aber ich wünschte mir Glück, nicht zur Folter des Beobachterpostens verdammt gewesen zu sein; denn ich fühlte, daß ich diese nicht hätte aushalten können.

Pünktlich war ich am Mittwoch zur Stelle, und ich brauchte nicht lange auf M.M. zu warten. Sie kam, als Mann verkleidet. »Heute abend kein Theater!« rief sie; »wir wollen nach dem Ridotto gehen und unser Geld verspielen oder verdoppeln.« Sie hatte sechshundert Zechinen bei sich, ich etwa hundert. Das Glück wandte uns den Rücken, und wir verloren alles. Ich hoffte, wir würden jetzt die Spielhölle verlassen, aber sie entfernte sich für einen kurzen Augenblick und kam mit einer

Börse voll Gold wieder; ihr Freund, den sie zu finden gewußt, hatte ihr dreihundert Zechinen gegeben. Dieses Geld der Liebe oder der Freundschaft brachte ihr einen Augenblick Glück, denn sie gewann alles zurück, was wir verloren hatten; aber aus Habsucht oder Unverstand spielten wir weiter und hatten bald keinen Soldo mehr.

Als wir durchaus nicht mehr weiterspielen konnten, sagte sie sofort: »Komm! Jetzt brauchen wir keine Räuber mehr zu fürchten. Auf zum Souper!«

Als wir allein waren, fand sie mich traurig und zerstreut, obgleich ich mir Mühe gab, es nicht merken zu lassen. Sie aber war genauso wie sonst: schön, glänzend, fröhlich und verliebt.

Sie glaubte mich zu erheitern, indem sie mir die Vorgänge der mit C. C. und ihrem Freunde verbrachten Nacht in allen Einzelheiten erzählte; aber sie hätte ahnen müssen, daß dies ein Mißgriff von ihr war. Jedoch ist dies ein Irrtum, den alle Welt begeht. Er beruht auf einer falschen Anschauung: man nimmt an, daß die anderen in der gleichen Stimmung sind, in der man sich selber befindet.

Ich fühlte mich wie auf glühenden Kohlen und drehte und wand mich, um dem Thema auszuweichen und die Unterhaltung auf ein anderes Gebiet zu bringen; denn die wollüstigen Einzelheiten, die sie mir mit besonderem Vergnügen beschrieb, verdrossen mich, und da Verdruß abkühlend wirkt, so fürchtete ich, ich würde vielleicht in der bevorstehenden Liebesvereinigung eine traurige Figur spielen. Und wenn ein Liebender an seinen Kräften zweifelt, kann er fast immer annehmen, daß diese ihm versagen werden.

Nach dem Essen legten wir uns im Alkoven zu Bett. Die Schönheit, die körperlichen und geistigen Reize, die Anmut und das Feuer meiner herrlichen Nonne verjagten bald meine schlechte Laune und versetzten mich in die beste Stimmung. Da die Nächte schon kürzer waren, verbrachten wir die ganzen zwei Stunden, die uns zu Gebote standen, mit den süßesten Liebesspielen; dann trennten wir uns zufrieden und glücklich. Vorher bat M. M. mich noch, in ihr Kasino zu gehen, dort Geld zu holen und für sie auf Halbpartbasis zu spielen. Ich tat es und nahm alles Geld, das ich fand. Damit spielte ich die Martingale, indem ich stets die Sätze verdoppelte; ich gewann bis zum Ende des Karnevals täglich drei- bis viermal. Ich hatte das Glück, niemals die sechste Karte zu verlieren; denn wenn mir das passiert wäre, so hätte ich kein Spielkapital mehr gehabt, denn dieser sechste Satz betrug zweitausend Zechinen. Ich freute mich, den Schatz meiner teuren Geliebten vermehrt zu haben. Sie schrieb mir, wir müßten anstandshalber am Rosenmontag zu viert soupieren, und ich erklärte mich bereit.

Dieses Souper war zugleich mein letztes Beisammensein mit C. C. Sie war sehr vergnügt; als sie aber sah, daß ich meinen Entschluß gefaßt hatte und mich nur mit M. M. beschäftigte, machte sie es, ohne sich zu genieren, genauso wie ich und widmete sich ausschließlich ihrem neuen Liebhaber.

Ich sah voraus, daß wir ein bißchen später unfehlbar uns gegenseitig im Wege sein würden, und bat daher M. M., es so einzurichten, daß wir getrennt wären; dies machte sie denn auch ganz vortrefflich.

Nach dem Essen schlug der Gesandte vor, eine Pharaobank aufzulegen. Dieses Spiel kannten unsere Schönen nicht. Er ließ Karten kommen, legte hundert Doppellouisdor auf den Tisch und hielt die Bank, wobei er es so einzurichten wußte, daß C. C. die ganze Summe gewann. Es war das Nadelgeld, das er ihr schuldig zu sein glaubte. Das junge Mädchen war ganz verwirrt, sie wußte nicht, was sie mit all dem Golde anfangen sollte, und bat ihre liebe Freundin, es für sie aufzuheben, bis sie das Kloster verließe, um sich zu verheiraten.

Als das Spiel zu Ende war, sagte M. M., sie habe Kopfweh und wolle sich im Alkoven zu Bett legen; mich bat sie, ich möchte sie einschläfern. Wir ließen also den Neuverliebten freie Hand, sich miteinander zu vergnügen. Als sechs Stunden später der Wecker uns mahnte, daß es Zeit zur Trennung sei, fanden wir sie, schlafend einander in den Armen liegend. Ich selber hatte eine ungestörte Nacht der Liebe verbracht; ich war mit meiner M. M. zufrieden und hatte nicht einen einzigen Augenblick an C. C. gedacht. So ging der Karneval zu Ende.

SECHSTES KAPITEL

Nach einem anonymen Drohbrief und persönlichen Anfeindungen entstehen Gerüchte, Casanova sei ein Magier, Freimaurer und mit dem Teufel im Bunde. Die Staatsinquisition beginnt, Erkundigungen über ihn einzuziehen. Im Bewußtsein seiner Unschuld mißachtet Casanova den Rat seiner Freunde, die Republik Venedig für einige Zeit zu verlassen.

Im Juli 1755 erteilte das furchtbare Tribunal dem Messergrande[1] den Befehl, sich meiner Person lebend oder tot zu versichern. So lautete die Formel aller Haftbefehle von dem gestrengen Triumvirat; denn der geringste seiner Befehle enthält die Androhung der Todesstrafe für den Übertreter.

Drei oder vier Tage vor meinem Namenstage, dem Jacobustag[2], schenkte M.M. mir mehrere Ellen Silberspitzen, um damit einen Taffetrock zu besetzen, den ich zu meinem Namenstage zum erstenmal anziehen wollte. Ich besuchte sie in meinem schönen neuen Anzug und sagte ihr, ich würde am nächsten Tage wiederkommen und sie bitten, mir Geld zu leihen; denn ich wußte nicht mehr, was ich anfangen sollte, um welches aufzutreiben. Sie besaß noch die fünfhundert Zechinen, die sie beiseite gelegt hatte, als ich ihre Diamanten verkaufte.

Da ich sicher war, am nächsten Tage Geld zu bekommen, spielte ich die ganze Nacht hindurch und verlor fünfhundert Zechinen auf Ehrenwort. Mit Tagesanbruch fühlte ich das Bedürfnis, mich zu beruhigen, und ging nach der Erberia[3] am Canal Grande, der die Stadt durchfließt. Es ist der Gemüse-, Obst- und Blumenmarkt.

An jedem einigermaßen schönen Morgen gehen viele Mitglieder der guten Gesellschaft auf der Erberia spazieren. Sie tun dies angeblich, um das Vergnügen zu haben, die Hunderte von Booten ankommen zu sehen, die mit Gemüse, Obst und Blumen von den zahlreichen Inseln in der Nachbarschaft der Stadt kommen; aber jedermann weiß, daß es lauter junge Herren und Damen sind, die die Nacht mit den Freuden der Liebe oder der Tafel verbracht oder die durch Unglück oder Unvorsichtigkeit im Spiel ihre letzte Hoffnung verloren haben: diese kommen hierher, um eine freiere Luft zu atmen und ihre Erregung zu besänftigen. Daß man an diesem Spaziergang Gefallen findet, beweist, wie sehr der Charakter einer Nation sich ändern kann.

Die Venezianer von einst, die ebenso geheimnisvoll in ihrer Galanterie wie in ihrer Politik waren, sind von den modernen verdrängt worden, die gerade daran Geschmack finden, daß sie alles vor der Öffentlichkeit betreiben. Die Kavaliere, die in Gesellschaft von Damen dort hinkommen, wollen den Neid von ihresgleichen erregen, indem sie ihre Liebeserfolge zur Schau stellen. Wer allein kommt, sucht etwas zu entdecken oder andere eifersüchtig zu machen. Die Damen kommen eigentlich nur, um sich sehen zu lassen; ihnen ist es ganz recht, wenn alle Welt erfährt, daß sie sich nicht genieren. Übrigens kann an diesem Ort von Koketterie nicht die Rede sein, denn die Kleider sind oft in bösem Zustand. Es sieht fast so aus, als hätten sich die Damen verabredet, recht unordentlich zu erscheinen, um dadurch den Zuschauern Stoff zu allerhand Mutmaßungen zu geben. Die Kavaliere, an deren Armen sie erscheinen, geben durch unordentlichen Anzug und nachlässige Haltung zu erkennen, daß die Galanterie gegen Damen eigentlich veraltet und lästig sei: man soll in der vernachlässigten Kleidung ihrer Begleiterinnen ein Zeichen ihres Triumphes erblicken. Kurz, es ist sozusagen guter Ton, bei diesem Morgenspaziergang recht abgespannt auszusehen, wie wenn man es sehr nötig hätte, sich zu Bett zu legen.

Nachdem ich eine halbe Stunde auf der Erberia herumspaziert war, ging ich nach Hause. Da ich glaubte, alles liege noch im Bett, zog ich meinen Schlüssel aus der Tasche, um die Haustür zu öffnen; aber zu meiner großen Überraschung erwies sich dies als überflüssig, denn die Tür war offen und dazu das Schloß aufgebrochen. Ich ging nach oben, trat ein und fand die Damen außer Bett. Meine Wirtin erging sich in bitteren Klagen. »Der Messergrande«, sagte sie mir, »ist mit einer Truppe von Sbirren gekommen und mit Gewalt in mein Haus eingedrungen. Er hat das Unterste zuoberst gekehrt, um, wie er sagte, einen Koffer voll Salz zu suchen.« Das Salzschmuggeln war streng verboten. Der Messergrande wußte, daß am Tage vorher von einer Gondel ein Koffer gebracht worden war. Dies war auch richtig, aber der Koffer gehörte dem Grafen S. und enthielt nur Wäsche und Kleider. Nachdem er diesen Koffer gesehen, war er gegangen, ohne ein Wort zu sagen. Er hatte auch mein Zimmer durchsucht. Sie sagte mir, sie verlange unbedingt eine Genugtuung. Damit hatte sie meiner Meinung nach recht, und ich versprach ihr, noch an demselben Tage mit Signor Bragadin darüber zu sprechen.

Da ich sehr ruhebedürftig war, legte ich mich zu Bett; aber eine innere Unruhe, die ich dem im Spiel erlittenen Verlust zuschrieb, hinderte mich am Einschlafen. Darum stand ich nach drei oder vier Stunden auf und ging zu Signor Bragadin. Ich erzählte ihm die ganze Geschichte und bat ihn, nachdrücklich Genugtuung zu fordern. Ich trug ihm lebhaft die Gründe vor, warum meine ehrenwerte Wirtin eine Genugtuung wünschte, die der Beleidigung angemessen war; denn die Gesetze mußten doch jeder Familie von untadelhafter Aufführung ihre Ruhe verbürgen.

Meine Rede machte die drei Freunde sehr traurig, und der weise Greis sagte mir mit ruhiger, aber nachdenklicher Miene, er würde mir nach Tische antworten.

De la Haye speiste mit uns, aber er sprach während der ganzen Mahlzeit, die sehr traurig verlief, nicht ein einziges Wort.

Die Traurigkeit meiner drei Freunde schrieb ich der Freundschaft zu, die sie für mich empfanden.

Meine Verbindung mit diesen drei ehrwürdigen Herren war stets für die ganze Stadt ein Gegenstand der Verwunderung gewesen. Alle waren sich darüber einig, daß die Sache nicht mit richtigen Dingen zugehen konnte, und so mußte denn irgendeine Zauberei im Spiel sein. Die drei Herren waren über alle Maßen tugendhaft und fromm: ich dagegen war nichts weniger als fromm, und es gab in Venedig keinen entschiedeneren Wüstling als mich. »Die Tugend«, sagte man, »kann wohl nachsichtig gegen das Laster sein, aber sie kann nicht ein Bündnis mit ihm schließen.«

Nach dem Essen nahm Signor Bragadin mich und seine beiden Freunde, die bei solchen Anlässen nicht fehlen durften, mit sich in sein Arbeitszimmer. Er sagte mir sehr ruhig: statt an Rache für den Schimpf zu denken, den der Messergrande dem Hause angetan hätte, worin ich wohnte, sollte ich lieber darauf bedacht sein, mich in Sicherheit zu bringen.

»Der Koffer voll Salz ist nur ein Vorwand, mein lieber Freund; ohne Zweifel suchte man dich zu finden. Da dein Schutzgeist es so gefügt hat, daß man dich verfehlte, so rette dich; morgen wird vielleicht keine Zeit mehr dazu sein. Ich bin acht Monate[4] Staatsinquisitor gewesen und kenne den Stil, in welchem das Tribunal bei Verhaftungen verfährt. Man schlägt keine Türen ein, um einen Koffer voll Salz zu suchen. Vielleicht hat man gar gewußt, daß du nicht zu Hause warst, und ist deshalb hingegangen, um dir Zeit zur Flucht zu geben. Glaube meinem Rat, mein lieber Sohn: fahre augenblicklich nach Fusina und reise von dort so schnell wie möglich nach Florenz. Dort bleibe, bis ich dir schreibe, daß du ohne Gefahr zurückkehren kannst. Solltest du kein Geld haben, so werde ich dir einstweilen hundert Zechinen geben. Sei vernünftig! Die Klugheit verlangt, daß du sofort abfährst.«

In meiner Verblendung antwortete ich ihm, ich sei mir keiner Schuld bewußt und könne daher das Tribunal nicht fürchten; folglich könne ich auch seinen Rat nicht befolgen, obgleich ich diesen als sehr weise anerkenne.

»Das gestrenge Tribunal«, antwortete er mir, »kann dich schuldig finden, ohne dir darüber Rechenschaft abzulegen. Frage dein Orakel, ob du meinen Rat befolgen sollst oder nicht!«

Diese Mühe ersparte ich mir, weil ich die Lächerlichkeit meines Orakels am besten selber kannte; doch sagte ich ihm, um meine Weigerung zu mildern, ich befrage mein Orakel nur, wenn ich im Zweifel wäre. Endlich führte ich als letzten Grund an, durch meine Abreise würde ich ein Zeichen von Furcht geben und dadurch mich schuldig bekennen; denn ein Unschuldiger könne keine Gewissensbisse und folglich vernünftigerweise auch keine Furcht haben.

Ich sagte zu ihm: »Wenn Schweigen die Seele des gestrengen Tribunals ist, so wird es Ihnen nach meiner Abreise unmöglich sein, zu erfahren, ob ich gut oder schlecht daran getan habe, die Flucht zu ergreifen. Dieselbe Vorsicht, die nach der Meinung Eurer Exzellenz mir abzureisen gebietet, wird mich hindern, zurückzukehren. Soll ich also meiner Vaterstadt und allem, was mir teuer ist, auf ewig Lebewohl sagen?«

Nun machte er noch einen letzten Versuch und bot alles auf, um mich zu überreden, zum mindesten den Tag und die nächste Nacht in seinem Palazzo zu verbringen. Ich schäme mich noch heute, dem würdigen Greis, dem ich soviel Liebe und Dankbarkeit schuldete, diese Bitte abgeschlagen zu haben; denn der Palazzo eines Patriziers ist für die Häscher heilig; sie würden niemals wagen, die Schwelle eines solchen ohne ausdrücklichen Befehl des Tribunals zu überschreiten, und solcher Befehl wird niemals gegeben. Ich wäre also einem großen Unglück entgangen und hätte dem würdigen alten Herrn einen tiefen Kummer erspart.

Ich war gerührt, als ich Signor Bragadin weinen sah, und vielleicht hätte ich seinen Tränen doch noch gewährt, was ich seinen Bitten und Vernunftgründen hartnäckig verweigert hatte. »Ich bitte Sie«, rief ich aus, »ersparen Sie mir den herzzerreißenden Anblick Ihrer Tränen!« Sofort nahm er alle seine Kraft zusammen. Er machte nur noch einige nebensächliche Bemerkungen, dann umarmte er mich mit einem Lächeln der Güte und sagte zu mir: »Vielleicht, mein Freund, ist es mir nicht mehr beschieden, dich zu sehen; aber *fata viam inveniunt* [Das Schicksal weist den Weg][5].«

Ich umarmte ihn zärtlich und ging. Seine Voraussage traf ein, denn ich habe ihn nicht wiedergesehen; er starb elf Jahre darauf.

Ich ging durch die Straßen, ohne die geringste Furcht zu empfinden, aber ich machte mir große Sorgen um meine Schulden. Ich hatte nicht den Mut, nach Murano zu gehen und M.M. ihre letzten fünfhundert Zechinen abzunehmen, die ich dann sofort an den Signore hätte bezahlen müssen, der sie während der letzten Nacht mir abgewonnen hatte. Ich zog es vor, ihn um acht Tage Frist zu bitten, und ich tat wohl daran. Nachdem ich diesen peinlichen Besuch gemacht hatte, ging ich nach Hause. Ich tröstete meine Wirtin mit allen Gründen, die ich ausfindig machen konnte; dann umarmte ich ihre Tochter und ging zu Bett. Dies war am Abend des 25. Juni 1755. Und am Morgen des nächsten Tages betrat der schreckliche Messergrande mein Zimmer. Ich erwachte, sah ihn und hörte ihn fragen, ob ich Giacomo Casanova sei.

»Ja, ich bin Casanova.«

Er befahl mir aufzustehen, mich anzukleiden und alles zu übergeben, was ich an eigenen und fremden Schriften hätte, und ihm zu folgen.

»In wessen Auftrag geben Sie mir diesen Befehl?«

»Im Auftrage des Tribunals.«

Das Wort Tribunal versteinerte mich, und ich hatte nur noch so viel Kraft, um mechanisch gehorchen zu können. Mein Sekretär stand offen; alle meine Papiere lagen auf einem Tisch, den ich zum Schreiben benutzte.

»Nehmen Sie!« sagte ich zum Sendboten des furchtbaren Gerichtshofes, indem ich mit der Hand auf die Papiere zeigte, die den Tisch bedeckten. Er füllte damit einen Sack, den er einem Sbirren gab. Hierauf sagte er mir, ich hätte ihm auch die eingebundenen Manuskripte auszuliefern, die ich besitzen müßte, und ich zeigte ihm den Ort, wo sie lagen. Mir gingen die Augen auf. Ich sah jetzt klar und deutlich, daß der elende Manuzzi mich verraten hatte, der sich unter dem Vorwande, den Verkauf dieser Bücher vermitteln zu wollen, bei mir eingeschlichen hatte. Es waren der ›Schlüssel Salomons‹[6], der ›Zecor-ben‹[7], die ›Picatrix‹[8], eine ausführliche Belehrung über die Planetenstellungen, ferner die Beschwörungen, die erforderlich sein sollen, um mit den Dämonen der verschiedenen Rangstufen zu verkehren. Die Leute, welche wußten, daß ich diese Bücher besaß, hielten mich für einen großen Zauberer, und dies war mir nicht unangenehm.

Der Messergrande nahm auch die Bücher, die ich auf meinem Nachttisch hatte, darunter Petrarca, Ariost, Horaz, den ›Soldat als Philosoph‹[9], ein Manuskript, das Mathilde[10] mir gegeben hatte, den ›Pförtner der Karthäuser‹[11] und den Aretino über die Liebesstellungen. Diesen hatte Manuzzi denunziert, denn der Messergrande fragte mich ausdrücklich danach. Der Spitzel sah aus wie ein anständiger Mann, und dies ist eine notwendige Eigenschaft für das Geschäft, das er betrieb. Sein Sohn machte in Polen sein Glück, indem er eine Frau Opeska heiratete, die er später ermordete. Dies behauptete man wenigstens. Beweise habe ich nicht dafür, und ich gehe sogar in der christlichen Liebe so weit, daß ich es nicht glaube, obgleich er der Tat sehr wohl fähig war.

Während der Messergrande meine Handschriften, Bücher und Briefe einheimste, zog ich mich mechanisch an, weder schneller noch langsamer als sonst. Ich wusch und rasierte mich, C.D. kämmte mich, dann zog ich ein Spitzenhemd und meinen schönen Anzug an. Und dies alles tat ich, ohne mir etwas dabei zu denken und ohne ein Wort zu sagen. Der Messergrande, der mich nicht einen Augenblick aus den Augen ließ, hatte nichts dagegen, daß ich mich anzog, als wenn ich zu einer Hochzeit ginge.

Als wir mein Zimmer verließen, sah ich zu meiner großen Überraschung etwa vierzig Sbirren im Vorzimmer: man hatte mir die Ehre erwiesen, diese Anzahl für notwendig zu halten, um sich meiner Person zu bemächtigen, während nach dem Satze *ne Hercules quidem contra duos* [Nicht einmal Herkules kann gegen zwei kämpfen][12] nur zwei nötig gewesen wären. Es ist eigentümlich, daß man in London, wo ein jeder tapfer ist, nur einen ausschickt, um einen Menschen zu verhaften, während man in meinem lieben Vaterlande, wo man im allgemeinen sehr feige ist, dreißig braucht. Vielleicht kommt es daher, daß ein Feigling als Angreifer mehr Furcht haben muß als ein angegriffener Feigling; daher kann ein für gewöhnlich furchtsamer Mensch unter Umständen tapfer sein. So viel ist sicher, daß man in Venedig oft einen einzelnen sich gegen zwanzig Sbirren verteidigen sieht und daß er ihnen schließlich entrinnt, nachdem er sie tüchtig durchgebleut hat. Ich erinnere mich, daß ich in Paris einmal einem meiner Freunde half, vierzig Polizisten zu entkommen, und daß wir das ganze elende Gesindel in die Flucht schlugen.

Der Messergrande ließ mich in eine Gondel steigen und setzte sich neben mich; vier Mann nahm er als Schutzwache mit. In seinem Hause angelangt, bot er mir Kaffee an, den ich ablehnte; dann schloß er mich in ein Zimmer ein. Hier schlief ich vier Stunden, wachte aber jede Viertelstunde auf, um Wasser zu lassen. Dies war eine eigentümliche Erscheinung; denn ich litt durchaus nicht an Harnzwang, es war sehr heiß, und ich hatte am Tage vorher nicht zu Abend gespeist, trotzdem füllte ich zwei große Nachttöpfe mit Urin. Ich hatte früher einmal die Erfahrung gemacht, daß eine Überraschung durch eine Gewaltmaßregel auf mich wie ein starkes Betäubungsmittel wirkte; jetzt aber bemerkte ich, daß eine Überraschung noch höheren Grades harntreibend wirkte. Ich schenke diese Entdeckung den Ärzten: vielleicht gelingt es irgendeinem Gelehrten, sie zur Erleichterung der Menschheit zu verwerten. In Prag mußte ich vor sechs Jahren herzlich lachen, als ich hörte, daß einige sehr zart besaitete Damen sich darüber entrüstet hätten, daß ich in meiner Flucht aus den Bleikammern, die ich damals bereits veröffentlichte, diese Schweinerei mitgeteilt hätte, die ich nach ihrer Meinung sehr gut hätte auslassen können. Vielleicht hätte ich sie aber auch ausgelassen, wenn ich einer Dame die Geschichte erzählt hätte; aber das Publikum ist keine hübsche Frau, die ich zu schonen wünschen könnte; meine Absicht zielt auf Belehrung. Übrigens sehe ich nichts Unpassendes bei der von mir berichteten Tatsache; denn Männer wie Frauen sind diesem Bedürfnis unterworfen, geradeso, wie sie essen und trinken müssen; und wenn dabei etwas für empfindliche Nerven anstößig sein könnte, so wäre es höchstens der für unsere Eitelkeit peinliche Gedanke, daß wir dies Bedürfnis mit Schweinen gemein haben.

Es scheint, daß, als mein mutlos gewordener Geist durch die Unfähigkeit zu denken Zeichen der Schwäche aufwies, auch mein Körper, gleichsam als befände er sich in einer Kelter, einen großen Teil jener Säfte abgeben mußte, die in einer unaufhörlichen Zirkulation unsere Denkfähigkeit anregen; so kann auch ein zu großer Schreck unseren plötzlichen Tod verursachen und uns, Gott bewahre, ins Paradies schicken, denn er kann unserer Seele den lebensnotwendigen Saft entziehen.

Beim Schlag der Campana di Terza[13] trat der Sbirrenhäuptling ein und sagte mir, er habe Befehl, mich unter die Bleidächer[14] zu bringen. Ohne ein Wort zu sagen, folgte ich ihm. Wir stiegen in eine Gondel und fuhren auf tausend Umwegen durch die kleinen Kanäle nach dem Canal Grande. Am Rio delle Prigioni[15] stiegen wir aus. Nachdem wir mehrere Treppen hinaufgestiegen waren, gingen wir über eine geschlossene Brücke[16], die über den Rio di Palazzo hinweg die Verbindung zwischen den Gefängnissen und dem Dogenpalast herstellt. Jenseits dieser Brücke befindet sich eine Galerie, die wir durchschritten. Dann kamen wir in ein Zimmer und von diesem in ein anderes, wo der Messergrande mich einem Herrn vorstellte, der die Patrizierrobe trug. Dieser musterte mich vom Kopf bis zu den Füßen und sagte dann zu ihm: »Er ist's, bringt ihn ins Gefängnis!«

Dieser Mann war der Sekretär der Inquisitoren, der Circospetto Domenico Cavalli, der sich augenscheinlich schämte, in meiner Gegenwart venezianisch zu sprechen, denn er gab seinen Befehl in toskanischer Mundart.

Der Messergrande übergab mich nun dem Gefängniswärter der Bleikammern, der mit einem ungeheuren Schlüsselbunde dabeistand. Unter der Bedeckung von zwei Bütteln ließ er mich zwei kleine Treppen hinaufsteigen, die auf einen Korridor führten; von diesem gelangten wir durch eine verschlossene Tür in einen zweiten Korridor, von diesem in einen dritten, an dessen Ende der Wächter wieder eine Tür aufschloß. Diese führte zu einem schmutzigen Dachboden, der sechs Klafter[17] lang und zwei Klafter breit war und durch eine sehr hoch oben befindliche Dachluke sein Licht empfing. Ich hielt diese Dachkammer für mein Gefängnis, aber ich befand mich im Irrtum, denn der Wächter nahm einen schweren, großen Schlüssel und öffnete eine dick mit Eisen beschlagene Tür, die nur dreieinhalb Fuß hoch war und in der Mitte ein rundes Loch von acht Zoll[18] im Durchmesser hatte, und befahl mir einzutreten. Ich war gerade damit beschäftigt, mir eine eiserne Maschine anzusehen, welche fest in die dicke Mauer eingelassen war. Diese Maschine hatte die Form eines Hufeisens, war ungefähr einen Zoll dick und von dem einen Ende zum andern etwa fünf Zoll breit. Ich dachte darüber nach, wozu wohl diese schreckliche Maschine gebraucht werden möchte, da sagte der Schließer lächelnd zu mir: »Ich sehe, Signor, Sie möchten gerne wissen, wozu dieser Apparat dient, und ich kann Ihren Wunsch erfüllen. Wenn Ihre Exzellenzen befehlen, daß irgend jemand erdrosselt werden soll, läßt man ihn, mit dem Rücken gegen dieses Halseisen, sich auf einen Schemel setzen; der Kopf befindet sich in einer solchen Lage, daß das Eisen die Hälfte seines Halses umspannt. Ein seidenes Band, das die andere Hälfte umschließt, läuft durch dieses Loch; die beiden Enden sind an der Achse eines Drehrades befestigt, und ein Mann dreht dieses Rad, bis der Übeltäter seine Seele unserm Herrn und Gott übergeben hat, denn der Beichtvater geht Gott sei Dank nicht von seiner Seite, bis er den letzten Atemzug getan hat.«

»Das ist sehr sinnreich, und ich denke mir, daß Sie der Mann sind, der die Ehre hat, das Rad zu drehen.«

Er antwortete mir nicht, sondern winkte mir nur, ich solle eintreten. Dies tat ich, indem ich mich halb bis zur Erde bückte, da ich fünf Fuß neun Zoll[19] groß bin. Er schloß mich ein und fragte mich dann durch das vergitterte Loch in der Tür, was ich essen wolle. »Ich habe noch nicht daran gedacht«, antwortete ich ihm. Hierauf entfernte er sich, indem er sorgfältig alle Türen verschloß.

Niedergeschlagen und halb betäubt stützte ich meine Ellenbogen auf die Brüstung des vergitterten Zellenfensters. Dieses war zwei Fuß hoch und ebenso breit; sechs Zoll dicke Eisenstangen kreuzten sich und bildeten sechzehn Öffnungen von etwa fünf Zoll im Geviert. Durch diese Öffnung wäre mein Gefängnis ziemlich hell gewesen, aber ein anderthalb Fuß breiter Balken vom Dachgerüst befand sich unterhalb der Dachluke, die ich schräg gegenüber hatte, und fing das Licht ab, das ich von dem abscheulichen Dachboden her hätte erhalten können. Ich untersuchte beinahe tastend dieses traurige Loch, wobei ich den Kopf gesenkt halten mußte, denn es war nur fünfeinhalb Fuß hoch. Ich fand, daß es drei Viertel eines Quadrates von zwei mal zwei Klaftern[20] bildete. Das fehlende vierte Viertel wurde durch eine Art von Alkoven eingenommen, worin ein Bett stehen konnte; aber ich fand weder Bett noch Tisch noch Stuhl noch überhaupt ein Möbel irgendwelcher Art, mit Ausnahme eines Kübels, dessen Zweck der Leser erraten kann, und eines an der Wand angebrachten Brettes, das einen Fuß breit war und sich vier Fuß hoch über dem Fußboden befand. Auf dieses Brett legte ich meinen Mantel von matter Seide, meinen so unglücklich eingeweihten Rock und meinen Hut, der mit spanischen Spitzen eingefaßt war und eine schöne weiße Feder trug. Die Hitze war fürchterlich, und der Instinkt führte mich mechanisch an das kleine Gitterfenster, das die einzige Stelle war, wo ich meine Ellbogen aufstützen konnte. Die Dachluke konnte ich nicht sehen, aber in dem Licht, das durch diese Luke in den Dachboden fiel, sah ich Ratten, groß wie Hasen, die da nach Herzenslust herumspazierten; denn die häßlichen Tiere, deren Anblick mir verhaßt ist, kamen ohne die geringste Angst bis unter mein Gitterfenster. Bei diesem unangenehmen Anblick schloß ich schnell mittels eines inneren Ladens das runde Loch in der Mitte der Tür, denn bei einem Besuch von ihnen wäre mir das Blut erstarrt. Ich versank in tiefstes Nachsinnen, meine Arme auf die Fensterbrüstung aufgestützt. So verbrachte ich acht Stunden schweigend, ohne eine Bewegung zu machen.

Beim Klang der Uhr, die die sechste Stunde anzeigte, erwachte ich; ich wurde etwas unruhig, daß niemand kam, um mir etwas zu essen zu bringen und mir meine Sachen und ein Bett zu besorgen, was ich brauchte, um schlafen zu können. Mir schien, man hätte mir doch mindestens einen Stuhl, Brot und Wasser bringen müssen. Ich hatte keinen Appetit; aber konnte man das wissen? Und niemals in meinem Leben war mir der Mund so trocken und der Geschmack so bitter gewesen. Ich war jedoch überzeugt, daß vor Einbruch der Nacht irgend jemand erscheinen würde; als ich es aber neun schlagen hörte, wurde ich wütend, ich trommelte mit den Fäusten und stieß mit den Füßen gegen die Tür, fluchte und schrie. Nachdem ich dies länger als eine Stunde getrieben hatte, sah ich noch immer keinen Menschen und hatte nicht einmal ein Anzeichen, ob irgendeiner mein Geschrei gehört hatte. Dichte Finsternis umgab mich. Aus Furcht, daß die Ratten in mein Gefängnis springen könnten, schloß ich das Gitterfenster und warf mich dann der Länge nach auf den Fußboden. Eine so grausame Vernachlässigung schien mir nicht natürlich zu sein, und ich kam zu dem Schluß, die barbarischen Inquisitoren hätten mir den Tod geschworen. Ich brauchte nicht länger darüber nachzudenken, womit ich eine so elende Behandlung verdient haben könnte; denn so sorgfältig ich auch meine Handlungen prüfte, so fand ich doch nicht den geringsten Anhaltspunkt. Ich war Wüstling, Spieler, kühn in meinen Worten und dachte grundsätzlich nur daran, mein Leben zu genießen; aber in all diesem sah ich kein Staatsverbrechen. Trotzdem sah ich mich wie einen Verbrecher behandelt, und in meiner Wut und Verzweiflung brauchte ich gegen die fürchterliche Tyrannei, die mich verfolgte, Ausdrücke, die zu erraten ich meinen Lesern überlassen muß, da der Anstand mir verbietet, sie hier zu wiederholen. Aber trotz der Aufregung, trotz des Hungers, der sich fühlbar zu machen begann, trotz des Durstes, der mich verzehrte, trotz der Härte des Fußbodens, auf dem ich ausgestreckt war, forderte die erschöpfte Natur ihre Rechte, und ich schlief ein. Mein kräftiger Körper brauchte Schlaf; bei einem jungen und gesunden Menschen treten vor diesem gebieterischen Bedürfnis alle anderen zurück, und besonders in dieser Hinsicht kann man den Schlaf den Wohltäter der Menschheit nennen.

Ich erwachte, als es Mitternacht schlug. Wie furchtbar ist das Erwachen, wenn es einen aus dem Nichts oder den Illusionen des Traumes reißt! Ich konnte mir nicht vorstellen, daß ich drei Stunden verbracht hatte, ohne irgendeinen Schmerz zu empfinden. Ich lag auf der linken Seite; ohne mich im übrigen zu rühren, streckte ich die rechte Hand aus, um mein Taschentuch zu erfassen, das ich, wie ich mich erinnerte, links von mir auf den Boden gelegt hatte. Ich taste danach – Gott! Welche Überraschung! Meine Hand ergreift eine andere eiskalte Hand! Der Schreck durchfuhr mich vom Kopf bis zu den Füßen, und mir standen die Haare zu Berge.

Nie in meinem ganzen Leben ist mir ein solcher Schreck in die Seele gefahren; niemals hätte ich geglaubt, daß ich eine solche Angst haben könnte. Drei oder vier Minuten lag ich in einer Art von Betäubung, ich konnte mich nicht nur nicht bewegen, sondern nicht einmal denken. Als ich wieder etwas zu mir selbst gekommen war, glaubte ich, die Hand, die ich zu berühren gemeint hatte, könnte doch wohl nur in meiner erhitzten Phantasie vorhanden sein. In dieser Hoffnung streckte ich abermals die Hand aus – und fand wieder dieselbe kalte Hand. Entsetzt stieß ich einen gellenden Schrei aus; ich schob die Hand, die ich hielt, zur Seite und zog schaudernd meinen Arm zurück.

Bald jedoch wurde ich etwas ruhiger und konnte nachdenken. Ich kam zu dem Schluß, man müßte während meines Schlafes einen Leichnam an meiner Seite niedergelegt haben. Daß er nicht dagewesen war, als ich mich hingelegt hatte, wußte ich bestimmt. ›Es wird‹, sagte ich zu mir selber, ›der Leichnam irgendeines Unglücklichen sein, den man erdrosselt hat, und man will mir auf diese Art das Schicksal zeigen, das auch mir bevorsteht.‹ Dieser Gedanke machte mich wild; an Stelle der Furcht trat die Wut, und ich streckte zum dritten Male meinen Arm nach der eisigen Hand aus. Ich packte sie fest, um mich von der abscheulichen Tatsache völlig sicher zu überzeugen. Ich wollte aufstehen; ich stützte mich auf meinen linken Ellbogen und fühlte, daß die Hand, die ich hielt, meine eigene war. Sie war von dem Gewicht meines Körpers und von der Härte des Fußbodens, der mir als Bettpfühl diente, völlig abgestorben und hatte Wärme, Beweglichkeit und Empfindung verloren.

Dieses Erlebnis hatte zwar etwas Komisches an sich, aber es erheiterte mich keineswegs; es rief vielmehr die schwärzesten Gedanken in mir wach. Ich bemerkte, daß ich an einem Ort war, wo die Wahrheit falsch erscheinen müßte, da ja das Falsche wahr erschien; wo der Verstand die Hälfte seiner Vorzüge verlor und wo durch die krankhafte Phantasie die Vernunft entweder einer sinnlosen Hoffnung oder einer entsetzlichen Verzweiflung zum Opfer fallen mußte. Ich beschloß, in dieser Beziehung auf meiner Hut zu sein, und rief zum erstenmal in meinem Leben, im Alter von dreißig Jahren, die Philosophie zu Hilfe. Wohl trug ich alle Veranlagung in mir, aber ich hatte bis dahin nicht nötig gehabt, von ihr Gebrauch zu machen.

Ich glaube, die meisten Menschen sterben, ohne jemals gedacht zu haben, und daran ist nicht sowohl Mangel an Geist und Vernunft schuld, sondern es ist eben einfach der notwendige Anstoß zur Erweckung der Denkfähigkeit niemals durch ein außerordentliches Ereignis gegeben worden, der sie aus ihren Alltagsgewohnheiten herausreißt.

Ich saß bis etwa fünf Uhr morgens, als das Dämmerlicht des jungen Tages erschien. Die Sonne sollte aufgehen, und ich sehnte mich nach dem Tage; ein Vorgefühl, das ich für untrüglich hielt, sagte mir, daß man mich entlassen würde. Ich brannte vor Begier nach Rache; dies verhehlte ich mir nicht. Ich sah mich an der Spitze des Volkes die Regierung stürzen, die mich vergewaltigt; erbarmungslos metzelte ich alle Aristokraten nieder, alles mußte zu Staub zerrieben werden. Ich raste wie im Fieberwahn. Ich kannte die Urheber meiner Leiden und zerstörte in Gedanken die Quelle, aus der sie entsprangen. Ich stellte das Naturrecht wieder her, wonach alle Menschen nur dem Gesetz gehorchen müssen und nur von ihresgleichen auf Grund der von ihnen anerkannten Gesetze gerichtet werden können; mit einem Wort: Ich baute Luftschlösser. So geht es dem Menschen, wenn eine große Leidenschaft ihn bewegt. Er merkt es nicht, daß das, was ihn so in Bewegung setzt, nicht die Vernunft, sondern sein größter Feind, der Zorn, ist.

Ich brauchte weniger lange zu warten, als ich selber angenommen hatte, und dies beruhigte mich schon ein wenig. Um sechs wurde die tiefe Stille des Ortes, einer wahren Hölle für lebende Menschen, durch das Kreischen von Riegeln unterbrochen: man öffnete die Türen der Gänge, die man durchschreiten mußte, um bis zu mir zu gelangen.

»Haben Sie nun Zeit gehabt, sich zu überlegen, was Sie essen wollen?« rief die rauhe Stimme meines Kerkermeisters mir durch das Guckloch zu.

Man ist sehr glücklich, wenn die Unverschämtheit eines gemeinen Menschen sich nur unter der Maske von Spott und Hohn zeigt. Ich antwortete ihm, ich wünschte eine Reissuppe, Kochfleisch, Braten, Brot, Wein und Wasser. Ich bemerkte, daß der Lümmel erstaunt war, nicht die Klagen zu hören, die er erwartet hatte. Er ging und kam eine Viertelstunde darauf wieder, um mir zu sagen: »Ich wundere mich, daß Sie nicht ein Bett und die notwendigen Möbel haben wollen; denn wenn Sie sich einbilden, man habe Sie nur für eine Nacht hierhergebracht, so irren Sie sich.«

»Bringen Sie mir also alles, was Sie für notwendig halten.«

»Wo soll ich es holen? Da haben Sie Bleistift und Papier. Schreiben Sie alles auf!«

Ich schrieb ihm auf, wo er mir Hemden, Strümpfe, Kleider aller Art, ein Bett, einen Tisch und einen Stuhl holen sollte; außerdem verlangte ich die Bücher, die der Messergrande mir abgenommen hatte, Papier, Federn und so weiter. Als ich ihm dies alles vorgelesen hatte – denn der Kerl konnte nicht lesen –, sagte er zu mir: »Streichen Sie aus, Signore, streichen Sie aus! Streichen Sie Bücher, Papier, Federn, Spiegel, Rasiermesser!

Dies alles ist hier verboten. Dann geben Sie mir Geld, um Ihr Mittagessen zu kaufen.«

Ich hatte drei Zechinen bei mir; davon gab ich ihm eine, und er ging. Er war eine Stunde lang, wie ich später erfuhr, in den verschiedenen Gängen beschäftigt, sieben andere Gefangene zu bedienen, die alle voneinander getrennt saßen, um jeden Verkehr untereinander unmöglich zu machen.

Gegen Mittag kam der Schließer wieder; bei ihm befanden sich fünf Gefängnisknechte, die die Staatsgefangenen zu bedienen hatten. Er öffnete meinen Kerker, damit die von mir verlangten Möbel und mein Mittagessen hineingebracht werden konnten. Das Bett wurde im Alkoven untergebracht und mein Essen auf einen kleinen Tisch gestellt; mein Besteck bestand aus einem Elfenbeinlöffel, den er für mein Geld gekauft hatte; Gabel, Messer und alle Gegenstände aus Metall waren verboten. Zum Schluß sagte er mir: »Bestellen Sie, was Sie morgen essen wollen; denn ich kann nur einmal täglich, gleich nach Sonnenaufgang, hierherkommen. Der hochedle Sekretär hat mir befohlen, Ihnen zu sagen, er werde Ihnen passende Bücher schicken; die von Ihnen gewünschten sind verboten.«

»Danken Sie ihm für die Gnade, daß er mich in ein Gefängnis allein gesetzt hat.«

»Ich werde tun, was Sie wünschen; aber Sie tun unrecht, daß Sie sich auf solche Weise über ihn lustig machen.«

»Ich mache mich nicht lustig; ich denke, es ist doch wohl besser, allein zu sein, als mit den Verbrechern zusammen zu sitzen, die sich hier oben befinden müssen.«

»Wie, Signore, Verbrecher? Dafür würde ich mich bedanken! Hier sind nur ehrenwerte Leute, die man, allerdings aus Gründen, die nur Ihren Exzellenzen bekannt sind, von der Gesellschaft getrennt halten muß. Man hat Sie allein gesetzt, um Sie noch härter zu bestrafen. Wollen Sie wirklich, daß ich in Ihrem Namen dafür danken soll?«

»Das wußte ich nicht.«

Der Dummkopf hatte recht; dies merkte ich sehr bald. Ein Mensch, der allein eingesperrt ist, hat keine Möglichkeit, sich zu beschäftigen. Wenn man an einem dunklen Ort allein ist, wo man nichts sehen kann, wohin nur einmal am Tage der Mann kommt, der das Essen bringt, wo man nur in gebückter Haltung herumgehen kann, dann ist man der allerunglücklichste Mensch.

Man wünscht sich, wenn man daran glaubt, in die Hölle, nur um Gesellschaft zu haben. Dieses Gefühl ist so gebieterisch, daß ich schließlich mir sogar einen Mörder, einen Verrückten, einen Pestkranken, einen Bären als Kerkergenossen wünschte. Einsamkeit hinter Schloß und Riegel bringt einen Menschen zur Verzweiflung; aber um an die Wahrheit dieses Satzes zu glauben, muß man vielleicht selber die Erfahrung gemacht haben. Und solche Erfahrung zu machen, möchte ich selbst meinen Feinden nicht wünschen. Wenn ein wissenschaftlich gebildeter Mensch in meiner Lage Federn, Tinte und Papier erhält, vermindert sich sein Unglück um neun Zehntel; aber die Henker, die mich verfolgten, dachten nicht daran, mir Erleichterungen zu bewilligen.

Als der Schließer fort war, stellte ich meinen Tisch unter das Loch, um ein wenig Licht zu haben, und setzte mich zum Essen hin, aber es war mir nicht möglich, mehr als ein paar Löffel Suppe hinunterzubringen. Ich war seit fast fünfundvierzig Stunden nüchtern, und so war es nicht zu verwundern, daß ich krank war. Ich verbrachte den ganzen Tag in meinem Lehnstuhl sitzend und dachte nur an die Bücher, die man mir gnädigst versprochen hatte. Die ganze Nacht konnte ich kein Auge schließen, denn die Ratten machten einen entsetzlichen Lärm, und die Turmuhr von San Marco schlug so betäubend laut, daß ich glaubte, sie müßte in meinem Zimmer sein. Diese doppelte Qual war aber nicht die einzige, die ich zu ertragen hatte. Ich glaube, wohl wenige Leser können sich einen Begriff von dem machen, was ich jetzt berichten will. Tausende von Flöhen belustigten sich an meinem ganzen Leibe. Die kleinen Insekten saugten mir mit unbeschreiblicher Hartnäckigkeit und Begier das Blut aus. Von ihren unaufhörlichen Stichen bekam ich geradezu Krämpfe; sie vergifteten mein ganzes Blut.

Mit Tagesanbruch kam Lorenzo – so hieß mein Kerkermeister –, ließ mein Bett machen und das Zimmer ausfegen und reinigen. Einer seiner Sbirren reichte mir Wasser, damit ich mich waschen konnte. Ich wollte auf den Dachboden hinausgehen, aber Lorenzo sagte mir, das sei nicht erlaubt. Er gab mir zwei dicke Bücher. Ich öffnete sie nicht, weil ich nicht sicher war, daß ich eine erste Regung des Unwillens hätte unterdrücken können, zu der sie mich vielleicht gereizt hätten und die der Spitzel selbstverständlich seinen Herren hinterbracht hätte. Er ging, nachdem er mir mein Essen und zwei zerschnittene Zitronen hingesetzt hatte.

Sobald ich allein war, aß ich schnell meine Suppe, um sie warm zu bekommen; hierauf trat ich mit einem Buch an meine Luke und sah mit Vergnügen, daß es mir möglich sein konnte, zu lesen. Ich sah mir den Titel an; er lautete ›Die mystische Gottesstadt‹[21], von Schwester Maria de Agreda. Ich hatte keinen Begriff, was dies für ein Buch sein konnte. Das zweite war von einem Jesuiten, dessen Namen ich vergessen habe. Dieser Jesuit, ein Heuchler wie alle seinesgleichen, empfahl eine neue Anbetung des Heiligen Herzens unseres Herrn Jesu Christi. Von allen Körperteilen unseres göttlichen Mittlers mußte man nach der Meinung des Verfassers gerade dieses besonders anbeten. Eigentümliche Idee eines unwissenden Narren, über die ich mich von der ersten Seite an ärgerte; denn das Herz schien mir kein ehrwürdigeres Eingeweide zu sein als Lunge, Magen oder irgendein anderer Teil. Die mystische Stadt dagegen interessierte mich ein wenig.

Ich las alles, was die aufgeregte Phantasie einer spanischen Jungfrau nur hervorbringen kann – einer spanischen Jungfrau, die, über alle Maßen fromm, melancholisch, in der Einsamkeit ihres Klosters nur unwissende, heuchlerische, bigotte Pfaffen zu Ratgebern ihres Gewissens hatte. Alle ihre phantastischen und ungeheuerlichen Visionen waren mit dem schönen Namen Offenbarungen geschmückt. Als geliebte und besonders innige Freundin der Heiligen Jungfrau hatte sie von Gott selber den Befehl erhalten, das Leben seiner göttlichen Mutter zu beschreiben. Die erforderlichen Anweisungen, die kein Mensch irgendwo gelesen haben konnte, waren ihr vom Heiligen Geist erteilt worden.

Sie begann das Leben Mariens nicht mit dem Tage ihrer Geburt, sondern mit dem ihrer unbefleckten Empfängnis im Schoße ihrer Mutter Anna. Diese Schwester Maria de Agreda war Oberin eines Klosters von Klarissinnen[22], das sie selber in ihrer Vaterstadt gegründet hatte. Nachdem sie ausführlich alles erzählt hat, was ihre göttliche Heldin in den neun Monaten tat, die sie im Mutterleib verbrachte, teilt sie uns mit, daß sie im Alter von drei Jahren das Haus fegte. Dabei hätten ihr neunhundert Bediente geholfen, lauter Engel, die Gott selber zu diesem Dienst bestimmt habe. Diese Engel standen unter dem besonderen Befehl ihres Fürsten Michael, der den Verkehr von ihr zu Gott und von Gott zu ihr besorgte.

Das Erstaunliche an diesem Buche ist, daß der urteilsfähige

Leser stets die Überzeugung haben muß, daß die mehr als fanatische Verfasserin nichts erfunden hat, denn so weit kann die Erfindung nicht gehen: alles ist in gutem Glauben, aus voller Überzeugung gesagt. Es sind Visionen eines überspannten Gehirns, das, ohne einen Schatten von Stolz, trunken von Gott, nichts weiter zu enthüllen glaubt, als was der Heilige Geist ihr eingibt.

Dieses Buch war mit Erlaubnis der allerheiligsten und allerschrecklichsten Inquisition gedruckt. Ich konnte mich vor Erstaunen nicht fassen. Das Werk erregte oder vermehrte in meinem Geist durchaus keine fromme Inbrunst oder auch nur einen einfachen Glaubenseifer, sondern veranlaßte mich im Gegenteil, alle, überhaupt alle unsere mystischen und sogar unsere dogmatischen Überlieferungen für Fabeln zu halten.

Bücher wie dieses können nicht ohne Wirkung bleiben, denn zum Beispiel ein Leser, dessen Geist für Eindrücke empfänglicher und mehr als der meinige dem Wunderbaren zugänglich ist, läuft Gefahr, Geisterseher und Graphomane zu werden, wie diese arme Jungfrau.

Da ich mich mit irgend etwas beschäftigen mußte, so verbrachte ich eine volle Woche über diesem Meisterwerk der Unvernunft, das aus einem überspannten Gehirn hervorgegangen war. Ich hütete mich wohl, dem Schließer etwas über das schöne Werk zu sagen, aber ich begann allmählich, mich selber davon beeinflußt zu fühlen.

Sobald ich einschlief, spürte ich die Pest, womit Schwester de Agreda meinen Geist ansteckte, der von Melancholie, schlechter Nahrung, Mangel an Luft und Bewegung und von der entsetzlichen Ungewißheit über das mir Bevorstehende geschwächt war. Über meine tollen Träume mußte ich lachen, wenn ich beim Erwachen mich ihrer erinnerte. Hätte ich das notwendige Schreibzeug gehabt, so würde ich sie aufgezeichnet haben, und vielleicht hätte ich in meinem Kerker ein Werk geschaffen, das noch verrückter gewesen wäre als das von Signor Cavalli so sinnreich für mich ausgewählte.

Durch diese Erfahrung habe ich erkannt, wie sehr diejenigen sich täuschen, die dem menschlichen Geist eine gewisse positive Kraft zuschreiben; diese Kraft ist nur relativ, und wenn ein Mensch sich selber gründlich beobachtete, würde er nur Schwäche in sich entdecken. Ich sah, daß der Mensch wohl wahnsinnig werden kann, obgleich es selten geschieht; denn unsere Vernunft gleicht dem Pulver, das zwar sehr leicht entzündlich ist, aber dennoch sich niemals entzündet, wenn es nicht mit einem Funken in Berührung kommt; das Buch der Spanierin besitzt alle Eigenschaften, um einen Menschen verrückt zu machen; aber damit das Gift diese Wirkung auf ihn übe, muß man ihn isolieren – unter die Bleidächer stecken – und ihm jede andere Beschäftigung rauben.

Als ich im November 1767 von Pamplona nach Madrid reiste, hielt mein Fuhrmann Andrea Capello zum Mittagessen in einer Stadt von Altkastilien an. Ich fand sie so traurig und so häßlich, daß ich Lust bekam, ihren Namen zu erfahren. Oh! wie herzlich mußte ich lachen, als man mir sagte, es sei die Stadt Agreda.

›Hier also‹, sagte ich zu mir, ›hat das Gehirn der verrückten Heiligen das wunderbare Meisterwerk ausgeheckt, das ich ohne Signor Cavalli niemals kennengelernt hätte!‹ Ein alter Priester, dem ich sofort die größte Achtung einflößte, als ich ihn nach der wahrheitsliebenden Geschichtsschreiberin der Muttergottes befragte, zeigte mir sogar den Raum, wo sie geschrieben hatte, und versicherte mir, Vater, Mutter, Schwester und alle Anverwandten der seligen Biographin seien lauter sehr große Heilige gewesen. Er sagte mir – und es war wahr –, daß die spanische Regierung in Rom ihre Heiligsprechung zugleich mit der des ehrwürdigen Palafox betreibe. Vielleicht war es diese mystische Stadt, die dem Pater Malagrida das notwendige Talent verlieh, um das Leben der heiligen Anna zu schreiben, das ebenfalls vom Heiligen Geist ihm diktiert wurde. Aber der arme Teufel von einem Jesuiten mußte dafür das Martyrium erleiden. Ein Grund mehr, um ihm die Heiligsprechung zu verschaffen, falls jemals die Gesellschaft[23] wieder auferstehen und zu der Allmacht gelangen sollte, die das geheime Ziel ist, wonach sie strebt.

Nach neun oder zehn Tagen hatte ich kein Geld mehr. Lorenzo verlangte welches von mir.

»Ich habe keins!«

»Wo soll ich welches holen?«

»Nirgendwo.«

Was diesem unwissenden, habsüchtigen, schwatzhaften und neugierigen Menschen an mir mißfiel, war mein Schweigen und meine Einsilbigkeit.

Am nächsten Tage sagte er mir, das Tribunal bewillige mir täglich fünfzig Soldi; das Geld bleibe in seinen Händen, aber er würde mir jeden Monat Rechenschaft ablegen und den Überschuß nach meinem Wunsch verwenden.

»Du wirst mir wöchentlich zweimal die ›Gazette de Leyde‹ bringen.«

»Unmöglich! Das ist nicht erlaubt.«

Fünfundsiebzig Lire monatlich waren mehr, als ich brauchte, da ich nichts mehr essen konnte; die ungeheure Hitze und die durch schlechte Ernährung verursachte Erschöpfung hatten mich ganz entkräftet.

Wir befanden uns in den Hundstagen: die Sonnenstrahlen fielen mit solcher Gewalt auf meinen Kerker, daß ich mich wie in einer Badestube befand. Der Schweiß rann an meinem armen Leibe rechts und links von dem Lehnstuhl, auf dem ich ganz nackt sitzen mußte, auf den Fußboden hinunter.

Seit vierzehn Tagen schmachtete ich in dieser Hölle und hatte noch nicht eine einzige Darmentleerung gehabt. Nach Verlauf dieser fast unglaublichen Zeit verlangte die Natur nach ihrem Recht, und ich glaubte, mein letztes Stündlein sei gekommen. Die Hämorrhoidaladern waren derart angeschwollen, daß ihre Spannung mir unerträgliche, stechende Schmerzen verursachte. Ich verdankte diesem traurigen Aufenthalt die Entwicklung des schmerzhaften Leidens, dessen Heilung mir seitdem niemals gelungen ist. Dieselben Schmerzen stellen sich von Zeit zu Zeit wieder ein, wenngleich weniger heftig; sie erinnern mich an die Ursache und tragen nicht dazu bei, mir die Erinnerung an diese Zeit angenehm zu machen. Wenn die Heilkunde uns nicht die Mittel lehrt, um alle Leiden zu heilen, so gibt sie uns dafür sichere Mittel an die Hand, uns Leiden von mehr als einer Art zuzuziehen. Diese Krankheit trug mir in Rußland Komplimente ein; dort legt man so großen Wert auf sie, daß ich mich nicht darüber zu beklagen wagte, als ich mich zehn Jahre später in jenem Lande aufhielt. Ganz Ähnliches war mir in Konstantinopel begegnet; als ich einmal einen Schnupfen hatte und in Gegenwart eines Türken darüber klagte, stellte er die Betrachtung an, daß ein Christenhund eines solchen Glückes nicht würdig sei.

Am fünfzehnten Tage befiel mich ein heftiges Fieber, und ich blieb im Bett liegen. Ich sagte Lorenzo nichts davon; als er aber am übernächsten Tage das ganze Essen, das er mir gebracht hatte, unberührt fand, fragte er mich, wie es mir ginge.

»Sehr gut.«

»Das ist nicht möglich, Signore, denn Sie essen nicht. Sie sind krank und Sie werden die Großmut des Tribunals erkennen, das Ihnen Arzt, Wundarzt und Medizin umsonst besorgen wird.«

Er ging und kam drei Stunden darauf ohne seine Trabanten wieder. Er trug eine Kerze in der Hand, und ihm folgte eine würdevolle Persönlichkeit: der Arzt. Ich lag in der Glut des Fiebers, das mich seit drei Tagen nicht verlassen hatte. Er trat an mein Bett und befragte mich. Ich sagte, mit einem Beichtvater und mit einem Arzt spräche ich nur unter vier Augen. Der Doktor sagte zu Lorenzo, er solle hinausgehen, aber der Wächter weigerte sich. Nun ging der Arzt, indem er mir sagte, ich sei in Lebensgefahr. Dies wünschte ich gerade; denn so, wie es war, war das Leben nicht das höchste Gut für mich. Übrigens empfand ich eine gewisse Genugtuung bei dem Gedanken, daß dadurch meine unbarmherzigen Verfolger vielleicht gezwungen wären, einzusehen, wie unmenschlich und schauderhaft die Behandlung war, mit der sie mich bedachten.

Vier Stunden darauf hörte ich abermals das Geräusch der Riegel, und der Arzt trat wieder ein. Diesmal trug er selber die Kerze, und Lorenzo blieb draußen. Ich war so schwach, daß ich meiner Schwäche eine wirkliche Ruhe verdankte. Die wohltätige Natur hat den wirklich kranken Menschen von den Qualen der Langeweile befreit. Ich war entzückt, daß mein niederträchtiger Kerkermeister draußen blieb; denn seitdem er mir das Halseisen erklärt hatte, verabscheute ich ihn.

Ich brauchte keine Viertelstunde, um den Doktor von allem zu unterrichten.

»Wenn Sie wieder gesund werden wollen«, sagte er zu mir, »dürfen Sie nicht mehr traurig sein.«

»Schreiben Sie das Rezept und tragen Sie es zu dem einzigen Apotheker, der es anfertigen kann. Signor Cavalli ist der schlechte Arzt, der mir das ›Herz Jesu‹ und die ›Mystische Gottesstadt‹ gegeben hat.«

»Es ist sehr wohl möglich, daß Sie diesen beiden Giften das Fieber und die Hämorrhoiden verdanken. Ich werde Sie nicht im Stich lassen.«

Er ging erst, nachdem er eigenhändig eine sehr schwache Limonade zubereitet hatte, von der er mich aufforderte recht oft zu trinken. Ich verbrachte die Nacht in halber Betäubung und träumte von tausend mystischen Dummheiten.

Am nächsten Morgen kam er wieder mit Lorenzo und einem Wundarzt, der mich zur Ader ließ. Er gab mir eine Flasche Fleischbrühe und eine Arznei, die ich am Abend einnehmen sollte.

»Ich habe die Erlaubnis erhalten«, sagte er mir, »Sie in den Dachraum bringen zu lassen, wo die Hitze weniger stark und die Luft nicht so stickig ist wie hier.«

»Ich verzichte auf diese Gnade, denn ich verabscheue diese Ratten, von denen Sie nichts wissen und die gewiß in mein Bett kommen würden.«

»Welches Elend! Ich habe Signor Cavalli gesagt, daß er Sie mit seinen Büchern beinahe getötet hätte; er hatte mich beauftragt, sie ihm zurückzubringen und Ihnen dafür den Boëthius[24] zu geben. Hier ist er.«

»Ich bin Ihnen sehr dankbar dafür; er ist noch besser als Seneca: er wird mir wohltun.«

»Ich lasse Ihnen Gerstenwasser hier und ein sehr notwendiges Instrument für Darmeinläufe; sehen Sie zu, daß Sie wieder gesund werden.«

Er machte mir vier Besuche und brachte mich glücklich durch. Mein Temperament tat das übrige, und bald kehrte der Appetit zurück. Zu Anfang des September befand ich mich vollständig wohl; mich quälten keine anderen leiblichen Leiden als die fürchterliche Hitze, das Ungeziefer und die Langeweile – denn ich konnte nicht fortwährend Boëthius lesen.

Eines Tages sagte Lorenzo zu mir, ich hätte die Erlaubnis, meinen Kerker zu verlassen, um mich draußen zu waschen, während man mein Bett machte und ausfegte, das einzige Mittel, das Ungeziefer zu verringern. Ich benutzte diesen Gnadenbeweis, um während der zehn Minuten, die das Aufräumen dauerte, mir Bewegung zu machen. Da ich sehr schnell hin- und herlief, hatten die Ratten Angst und wagten sich nicht zu zeigen. An demselben Tage legte Lorenzo mir Rechenschaft über mein Geld ab; er war mir noch fünfundzwanzig oder dreißig Lire schuldig, die ich leider nicht in die Tasche stecken durfte. Ich ließ sie ihm, indem ich ihm sagte, er solle dafür Messen für mich lesen lassen. Ich war überzeugt, daß er einen ganz anderen Gebrauch davon machen würde, und er dankte mir in einem Tone der Befriedigung, dem ich entnahm, daß er selber der Priester sein würde. Ebenso machte ich es jeden Monat, und ich habe niemals eine Quittung von einem Meßprediger gelesen. Lorenzo hatte recht, daß er das Opfer in der Schenke vornahm; so hatte das Geld doch einen Nutzen.

Ich lebte so in den Tag hinein. Jeden Abend tröstete ich mich mit der Hoffnung, daß man mir am nächsten Tage meine Freiheit wiedergeben würde. Als ich mich jeden Tag in meiner Erwartung getäuscht sah, kam mein armer Kopf auf den Gedanken, es werde unfehlbar am ersten Oktober geschehen. An diesem Tage begann nämlich der Amtsantritt der neuen Inquisitoren. Nach dieser schönen Berechnung mußte meine Haft bis zum Abgang der gegenwärtigen Inquisitoren dauern: aus diesem Grunde hatte ich niemals den Sekretär gesehen, der sonst ohne Zweifel mich besucht hätte, um mich zu verhören, auszuforschen, meiner Verbrechen zu überführen und schließlich mir mein Urteil[25] zu verkünden. Gegen dies alles schien mir kein Einwand möglich, weil alles natürlich war; aber dieser Schluß war falsch unter den Bleidächern, wo nichts nach der natürlichen Beobachtung vor sich geht. Ich bildete mir ein, die Inquisitoren müßten meine Unschuld und ihre Ungerechtigkeit eingesehen haben und behielten mich nur noch der Form wegen im Gefängnis, um nicht ihren Ruf durch den Makel der Ungerechtigkeit zu beflecken. Infolgedessen zog ich den Schluß, sie würden mir die Freiheit wiedergeben in dem Augenblick, da sie das Zepter ihrer unerhörten Gewalt niederlegten. Mein Geist befand sich in einem Zustande so vollkommener Ruhe, daß ich mich imstande fühlte, ihnen zu verzeihen und die Beleidigung zu vergessen, die sie mir angetan hatten. Wie könnten wohl die Herren, so sagte ich zu mir, mich hier der Gnade ihrer Nachfolger überlassen, denen sie doch nichts Genügendes vorlegen konnten, um meine Verurteilung zu rechtfertigen? Ich fand es unmöglich, daß man mich hätte verurteilen und meinen Urteilsspruch ausfertigen können, ohne mir ihn mitzuteilen, ohne mir auch nur den Grund meiner Haft anzugeben. Mein gutes Recht erschien mir unbestreitbar. Dementsprechend zog ich meine Folgerungen; aber ich hätte mich nicht auf die Gründe der Vernunft stützen dürfen einem Tribunal gegenüber, das sich von allen Tribunalen der Erde durch Willkür und Eigenmächtigkeit unterscheidet. Es genügt, daß die Inquisitoren gegen irgend jemand ein Verfahren einleiten. Damit ist er schon schuldig, und wozu braucht man dann erst mit ihm zu sprechen? Und wenn man ihn verurteilt hat, wozu braucht man ihm sein Urteil zu verkünden? Seine Einwilligung ist nicht notwendig. Und so denken sie, es sei besser, einem Unglücklichen die Hoffnung zu überlassen; denn selbst wenn man ihm alles sagte, würde er darum nicht eine Stunde früher aus dem Gefängnis herauskommen.

Wer weise ist, läßt sich in seine Angelegenheiten von anderen nicht hineinreden, und die Angelegenheiten des Tribunals von Venedig sind Richten und Verurteilen. Der Schuldige ist eine Maschine, die sich nicht in ihre Angelegenheiten zu mischen braucht, um daran mitzuwirken. Er ist wie ein Nagel, den man nur auf den Kopf schlägt, um ihn in die Mauer zu treiben.

Ich kannte zum Teil die Gebräuche des Kolosses, unter dessen Füßen ich lag; aber es gibt auf der Erde Dinge, die man nicht eher gut kennen kann, als bis man sie in eigener Erfahrung durchgemacht hat. Wenn unter meinen Lesern jemand ist, dem diese Regeln ungerecht erscheinen, so nehme ich ihm das nicht übel; denn ich weiß, daß es allerdings vollkommen so aussieht. Aber er wolle mir gestatten, ihm zu sagen, daß diese Regeln als Teil der Staatsverfassung notwendig sind, weil ein Tribunal dieser Art nur durch sie bestehen kann. Die Aufrechterhalter sind Senatoren, die unter den geeignetsten ausgewählt werden und im Rufe stehen, tugendhafte Männer zu sein.

Am letzten Septembertag verbrachte ich eine schlaflose Nacht; ich war entsetzlich ungeduldig, den neuen Tag erscheinen zu sehen, so sicher fühlte ich mich, daß ich an diesem Tage wieder meine Freiheit erlangen würde. Die Herrschaft der Unerbittlichen, die mich ihrer beraubt hatten, ging zu Ende; aber es wurde Tag, Lorenzo kam wie gewöhnlich und meldete mir nichts Neues. Fünf oder sechs Tage lang war ich in Wut und Verzweiflung. Dann bildete ich mir ein, man wolle aus Gründen, die ich unmöglich ahnen könnte, mich auf Lebzeiten einsperren. Über diese scheußliche Idee mußte ich lachen, denn ich fühlte, daß ich nur noch sehr kurze Zeit Sklave zu bleiben brauchte, sobald ich beschlossen hätte, meiner Haft, wäre es auch mit Gefahr meines Lebens, ein Ende zu machen. Ich wußte, daß es mir gelingen würde, zu entfliehen oder den Tod zu finden.

Deliberata morte ferocior [Durch die Bereitschaft zu sterben, wurde ich kühner][26] faßte ich zu Anfang November ernstlich den Entschluß, mich gewaltsam von einem Orte zu entfernen, wo man mich widerrechtlich festhielt, und dieser Plan wurde mein einziger Gedanke. Zunächst zerbrach ich mir den Kopf, um ein Mittel zu finden, wie ich meinen Plan ausführen könnte. Ich dachte mir wohl hundert aus, von denen eins immer kühner war als das andere; aber immer wieder tauchte ein neuer Plan auf, und ich verwarf wieder den, welchem ich zuletzt den Vorzug gegeben hatte.

Während dieser mühevollen Arbeit meiner Einbildungskraft trat ein eigentümliches Ereignis ein, das mir zum Bewußtsein brachte, in welchem traurigen Zustande mein Geist sich befand.

Ich stand auf dem Dachboden und blickte nach oben zur Dachluke und zu dem darunter befindlichen dicken Balken. Plötzlich sah ich diesen Balken schwanken und dann langsam und gleichmäßig wieder in die alte Stellung zurückkehren. Da ich zugleich mein Gleichgewicht verlor, so erkannte ich, daß es ein Stoß von einem Erdbeben war. Lorenzo und die Sbirren, die in diesem Augenblick aus dem Kerker herauskamen, sagten mir, sie hätten gleichfalls eine schwankende Bewegung verspürt. Meine Stimmung war so, daß dieses Ereignis mich in eine freudige Stimmung versetzte, die ich aber in mir verschloß, ohne ein Wort zu sagen. Vier oder fünf Sekunden darauf wiederholte sich die gleiche Bewegung, und ich rief unwillkürlich: *»Un' altra, un' altra, gran Dio, ma più forte!«* [Noch einen, noch einen, lieber Gott, aber stärker]. Die Sbirren entflohen entsetzt über diese vermeintliche Ruchlosigkeit eines verzweifelten Wahnsinnigen.

Als sie fort waren, dachte ich über mich selber nach und fand, daß ich es zu den Möglichkeiten rechnete, ich könnte meine Freiheit wiedererlangen, indem der Dogenpalast einstürzte, das Riesengebäude mußte zusammenbrechen, und ich mußte heil und gesund und folglich frei auf dem Markusplatze anlangen, wo ich schlimmstenfalls unter ungeheuren Trümmermassen begraben worden wäre. In einer Lage wie die, worin ich mich befand, hält man die Freiheit für alles und das Leben für nichts oder doch für sehr wenig. Im Grunde war ich bereits auf dem Wege, wahnsinnig zu werden.

Dieses Erdbeben hing mit dem großen Erdbeben zusammen, wodurch zu gleicher Zeit Lissabon zerstört wurde.[27]

SIEBENTES KAPITEL

Damit der Leser meine Flucht aus den Bleikammern begreifen kann, muß ich ihn mit der Örtlichkeit bekannt machen. Die Bleikammern, die als Gefängnisse für die Staatsverbrecher dienen, sind weiter nichts als die Dachkammern des Dogenpalastes, und die Gefängnisse haben ihren Namen von den großen Bleiplatten[1], die drei Fuß im Geviert und ein zwölftel Zoll stark sind, mit denen der Palazzo gedeckt ist. Man kann zu ihnen nur durch die Eingangstüren des Palastes oder durch das Gefangenenhaus und endlich über die von mir bereits erwähnte Brücke, die sogenannte Seufzerbrücke, gelangen. Der Weg zu ihnen geht nur durch den Saal, worin die Staatsinquisitoren sich versammeln, und nur der Sekretär hat den Schlüssel dazu, den er dem Schließer nur für die kurze Zeit anvertraut, die dieser braucht, um morgens in aller Frühe die Gefangenen zu bedienen. Diese Bedienung findet bei Tagesanbruch statt, weil späterhin die Büttel beim Kommen und Gehen zu sehr von den Leuten gesehen werden würden, die mit den Mitgliedern des Rates der Zehn zu tun haben. Dieser Rat versammelt sich nämlich jeden Tag in einem anstoßenden Saal, der sogenannten Bussola, und durch diesen Saal müssen die Wächter jedesmal hindurchgehen, wenn sie nach den Bleikammern wollen.

Die Gefängnisse liegen verteilt in den Dachstühlen von zwei Fassaden des Palazzo. Drei liegen nach Westen – dazu gehört auch das meinige – und vier nach Osten. Die Dachrinne der westlichen Seite führt in den Hof des Palazzo; die andere führt senkrecht in den Kanal, den man Rio di Palazzo nennt. Die Gefängnisse dieser Seite sind sehr hell, und man kann in ihnen aufrecht stehen; dies ist nicht der Fall in dem Gefängnis, worin ich mich befand und das man *il trave*[2] nennt. Der Fußboden meines Gefängnisses lag unmittelbar über der Decke des Saales der Inquisitoren, die sich dort gewöhnlich nur nachts versammeln, unmittelbar nach der täglichen Sitzung des Rates der Zehn, dessen Mitglieder sie alle drei sind.

Ich kannte genau die Örtlichkeit und die stets sich gleichbleibenden Gewohnheiten der Inquisitoren. Das einzige Mittel zur Flucht, oder wenigstens das einzige, wovon ich mir Erfolg versprach, war die Durchbohrung des Fußbodens meines Gefängnisses. Aber dazu waren Werkzeuge nötig, und das war eine schwierige Sache an einem Ort, wo jeder Verkehr mit der Außenwelt verboten war, wo man weder Besuche noch Briefwechsel mit irgendeinem anderen Menschen erlaubte. Um einen Sbirren zu bestechen, hätte ich viel Geld haben müssen, und ich besaß nichts. Angenommen auch, der Schließer und die beiden Büttel hätten sich gutwillig erwürgen lassen – denn ich hatte keine andere Waffe als meine Hände –, so stand ein dritter Wächter stets vor der Korridortür Wache. Er hielt diese verschlossen und öffnete sie nur, wenn der Kamerad, der hinauswollte, ihm das Losungswort gab. Trotz allen Hindernissen beschäftigte ich mich doch nur noch mit dem Gedanken an meine Flucht, und da ich im Boëthius kein Mittel dazu fand, so las ich diesen nicht mehr. Ich war überzeugt, daß ich ein solches Mittel nur durch Nachdenken finden könnte, und deshalb erlaubte ich mir nicht den geringsten Gedanken, der sich nicht darauf bezog.

Ich bin stets der Meinung gewesen, daß jemand, der es sich in den Kopf setzt, etwas zu erreichen, und der sich nur mit der Verfolgung dieses Planes beschäftigt, seinen Zweck erreichen muß, trotz aller Schwierigkeiten; dieser Mensch wird Großwesir oder Papst werden, oder er wird eine Monarchie stürzen, vorausgesetzt, daß er zur rechten Zeit anfängt und daß er die erforderliche Klugheit und Ausdauer besitzt: denn das Glück verachtet das Alter; ohne Hilfe des Glücks kann man nichts hoffen, und darum bringen alte Leute es zu nichts mehr. Man muß, um Erfolg zu haben, auf sein Glück bauen und über Fehlschläge sich hinwegsetzen; dies ist aber eine der schwierigsten politischen Berechnungen.

Gegen Mitte November sagte Lorenzo zu mir, der Messergrande habe einen neuen Gefangenen; der neue Sekretär, Signor Businello, habe ihm befohlen, ihn in den schlechtesten Kerker zu bringen, folglich werde er ihn zu mir bringen. Er versicherte mir, er habe ihm vorgestellt, daß ich es für eine Gnade betrachtet hätte, ein Gefängnis für mich allein zu haben. Der Sekretär hätte ihm geantwortet, ich würde doch wohl in den vier Monaten vernünftiger geworden sein. Diese Nachricht war mir nicht zuwider; noch weniger war es mir unangenehm, von dem

Wechsel des Sekretärs zu hören. Dieser Pietro Businello war ein braver Mann, den ich in Paris kennengelernt hatte, als er als Resident der Republik nach London ging.

Am Nachmittag hörte ich die Riegel kreischen. Lorenzo kam mit zwei Sbirren und brachte einen jungen Menschen, der ganz in Tränen aufgelöst war. Er nahm ihm die Handschellen ab, schloß die Tür wieder zu und ging, ohne ihm ein Wort zu sagen. Ich lag auf meinem Bett, wo er mich nicht sehen konnte. Seine Überraschung machte mir Spaß. Da er das Glück hatte, sieben oder acht Zoll kleiner zu sein als ich, konnte er aufrecht stehen. Zunächst betrachtete er meinen Lehnstuhl, den er ohne Zweifel zu seinem eigenen Gebrauch bestimmt glaubte. Dann sah er auf der Fensterbrüstung den Boëthius liegen; er nahm das Buch, öffnete es und warf es in einer Art von Verdruß wieder hin – vielleicht, weil es lateinisch geschrieben war und ihm daher nichts nützen konnte. Nun setzte er die Untersuchung des Kerkers fort: er wandte sich nach links, tastete sich an der Wand entlang und war sehr überrascht, als er Kleider fand. Er kam an den Alkoven, streckte die Hand aus, berührte mich und bat ehrerbietig um Verzeihung. Ich lud ihn ein, Platz zu nehmen, und damit war unsere Bekanntschaft gemacht.

»Wer sind Sie?«

»Ich heiße Maggiorin und bin aus Vicenza. Mein Vater ist Kutscher im Palazzo Poggiana, er ließ mich bis zum elften Jahre in die Schule gehen, wo ich lesen und schreiben lernte; hierauf war ich fünf Jahre lang Lehrling bei einem Friseur und habe dieses Handwerk gut gelernt. Dann kam ich als Kammerdiener zum Grafen XX. Seit zwei Jahren diente ich bei diesem Herrn, als seine einzige Tochter aus dem Kloster nach Hause kam. Man beauftragte mich, sie zu frisieren. Mit der Zeit verliebte ich mich in sie und flößte auch ihr eine Leidenschaft ein, die ebensogroß war wie die meinige.

Nachdem wir uns hundertmal geschworen hatten, stets nur einander angehören zu wollen, gaben wir dem gebieterischen Bedürfnis nach, uns gegenseitig unsere Zärtlichkeiten zu beweisen. Die Folge war, daß bald der Zustand der jungen Gräfin unsere Verbindung verriet. Eine Dienerin des Hauses, eine fromme alte Person, entdeckte zuerst unser Einverständnis und den Zustand meiner Geliebten. Sie sagte ihr daher, sie müsse es ihrem Vater melden, aber es gelang meiner jungen Freundin, sie zum Schweigen zu bewegen, indem sie ihr die Versicherung gab, sie selber werde in der nächsten Woche ihm alles durch ihren Beichtvater sagen lassen. Sie teilte mir dies alles mit, und anstatt zur Beichte zu gehen, trafen wir unsere Vorbereitungen zur Flucht. Sie bemächtigte sich einer ansehnlichen Summe Geldes und einiger Diamanten, die ihrer verstorbenen Mutter gehört hatten, und in der Nacht sollten wir nach Mailand fahren. Aber nach dem Essen wurde ich zum Grafen gerufen; er gab mir einen Brief und sagte mir, ich müßte sofort nach Venedig abreisen und diesen Brief an die Person, an die er adressiert sei, zu eigenen Händen abgeben. Er sprach so ruhig und gütig mit mir, daß ich nicht den geringsten Verdacht schöpfen konnte, was für ein Schicksal er mir zugedacht hatte. Ich holte meinen Mantel und nahm nur noch schnell von meiner kleinen Frau Abschied, indem ich ihr versicherte, ich werde bald wieder zurück sein. Sie war scharfsichtiger als ich, oder hatte sie auch nur ein Vorgefühl von meinem Unglück – genug, ihr wurde unwohl. Ich reiste in aller Hast nach Venedig und beeilte mich, den verhängnisvollen Brief zu bestellen. Man ließ mich auf die Antwort warten, und sobald ich sie erhalten hatte, ging ich in eine Schenke, um etwas zu mir zu nehmen. Ich wollte sofort wieder abreisen, um wieder bei meiner lieben Frau zu sein. Aber als ich aus der Schenke herauskam, verhaftete man mich und brachte mich auf die Wache; dort behielt man mich bis zum Augenblick, da man mich hierherbrachte. Ich glaube, Signore, ich kann doch wohl die junge Gräfin als meine Frau betrachten.«

»Sie irren sich.«

»Aber die Natur …«

»Die Natur verleitet den Menschen, der nur auf sie hört, nur dazu, Dummheiten zu machen, bis man ihn unter die Bleidächer steckt.«

»Ich bin also unter den Bleidächern?«

»Wie ich.«

Der arme junge Mensch weinte bitterlich. Er war ein sehr hübscher Bursche, aufrichtig, anständig und über alle Maßen verliebt. Ich verzieh innerlich der Gräfin und verurteilte sehr entschieden ihren Vater, den Grafen, daß er seine Tochter der Versuchung des Verkehrs mit einem hübschen und sinnlichen jungen Menschen ausgesetzt hatte. Seine Tränen und Klagen galten nicht ihm selber. Alle seine Gefühle gehörten nur seiner Freundin, er tat mir leid. Er glaubte, der Schließer werde wiederkommen, um ihm ein Bett und etwas zu essen zu bringen; ich befreite ihn von diesem Irrtum und bot ihm von meinen Vorräten an. Ihm war das Herz so schwer, daß er nichts essen konnte.

Den ganzen Tag über hörte ich ihn wehklagen. Niemals jedoch über sein eigenes Schicksal, sondern über das seiner Geliebten, die er durch sein Verhältnis mit ihr ins Unglück gestürzt hatte, der er jetzt nicht beistehen und von der er sich nicht vorstellen konnte, was aus ihr werden sollte. In meinen Augen war ihr Verhalten schon lange mehr als verziehen, und ich war sicher, daß, wenn die Inquisitoren in meinem Kerker versteckt gewesen wären, um alles mitzuhören, was mir der arme Junge sagte, sie hätten nicht nur darauf verzichtet, ihn wegzuschicken, sondern sie hätten ihn sogar mit seiner Geliebten verheiratet, ohne dabei auf Gesetze und Gebräuche zu achten. Sie hätten vielleicht den Vater des Mädchens, der das Leben zweier Menschen in Gefahr gebracht hatte, selbst einsperren lassen.

Am Abend gab ich ihm meinen Strohsack, und auf diesem verbrachte er die Nacht; denn obwohl er augenscheinlich sauber war, wollte ich ihn nicht mit mir zusammen schlafen lassen, weil ich die Wirkungen der Träume eines Verliebten fürchtete. Er sah seine Schuld nicht ein und begriff auch nicht, warum der Graf das Bedürfnis haben konnte, ihn im geheimen bestrafen zu lassen, um die Ehre seiner Tochter und seiner Familie dadurch zu retten.

Am nächsten Tage brachte man ihm einen Strohsack und ein Essen für fünfzehn Soldi, die das Tribunal ihm aus Gnade oder Barmherzigkeit zukommen ließ; denn das Wort Gerechtigkeit war offenbar dieser abscheulichen Behörde fremd. Ich sagte dem Schließer, mein Essen würde für uns beide genügen, und er könnte das für den jungen Menschen bewilligte Geld dafür verwenden, für ihn auf seine Art Messen lesen zu lassen. Dies übernahm er gern. Nachdem er ihm Glück gewünscht hatte, daß er zu mir gekommen war, sagte er uns, wir könnten uns eine halbe Stunde lang auf dem Dachboden Bewegung machen. Ich fand diesen Spaziergang ausgezeichnet für meine Gesundheit und für meinen Fluchtplan, den ich erst elf Monate später zur Ausführung bringen konnte. An dem einen Ende dieses Tummelplatzes der Ratten sah ich einen Haufen von alten Möbeln, die rechts und links von zwei großen Kisten auf den Fußboden geworfen waren; hinter ihnen lag ein großer Haufen von Papieren, die zu Heften zusammengenäht waren. Ich nahm ein Dutzend von diesen Heften an mich und sah, daß es Akten von Kriminalprozessen waren. Ich fand ihre Lektüre sehr unterhaltend; denn es war mir erlaubt, zu lesen, was man sicherlich seinerzeit sehr geheimgehalten hatte. Ich las eigentümliche Antworten auf verfängliche Fragen; die Akten betrafen Verführungen von Jungfrauen, zu weit getriebene Zärtlichkeiten von Vorstehern von Mädchenerziehungsanstalten, Verfehlungen von Beichtvätern gegen ihre Beichtkinder, päderastischen Verkehr von Schullehrern mit ihren Zöglingen, Unterschlagungen und Betrügereien von Vormündern. Einige von diesen Prozessen waren zwei- oder dreihundert Jahre alt; der altväterische Stil und die eigentümlichen Gebräuche jener Vorzeit unterhielten mich stundenlang. Unter den Möbeln, die auf der Erde lagen, sah ich eine Wärmpfanne, einen Wasserkessel, eine Feuerschaufel und Feuerzange, alte Leuchter, irdene Töpfe und sogar eine Klistierspritze. Ich dachte mir, es müßte irgendein vornehmer Gefangener durch die Erlaubnis bevorzugt worden sein, alle diese Gegenstände benützen zu dürfen. Am meisten von allem aber interessierte mich ein ganz gerader, daumendicker, anderthalb Fuß langer eiserner Riegel.[3] Ich rührte nichts an; denn meine Pläne waren noch nicht reif genug, um eine bestimmte Richtung anzunehmen.

Eines Morgens gegen Ende des Monats holte man meinen Kameraden ab, und Lorenzo sagte mir, er sei in die Gefängnisse gebracht worden, die man die ›Quattro‹ nennt. Diese Gefängnisse befinden sich innerhalb des gewöhnlichen Gefangenenhauses und gehören den Staatsinquisitoren. Die dort eingesperrten Gefangenen haben das Vorrecht, den Schließer rufen zu dürfen, wenn sie etwas brauchen. Sie sind dunkel, aber es ist eine Öllampe vorhanden, um den Gefangenen Licht zu spenden. Feuersgefahr fürchtet man nicht, denn alles ist aus Marmor. Ich habe lange nachher erfahren, daß der arme Maggiorin in diesem Gefängnis fünf Jahre zugebracht und daß er von dort auf zehn Jahre nach Cerigo geschickt wurde. Ob er von dort jemals wieder freigekommen ist, weiß ich nicht. Er hatte mir gute Gesellschaft geleistet, und ich bemerkte dies, sobald er fort war, denn ich verfiel sogleich wieder in meine Traurigkeit. Ich hatte das Glück, daß man mir den bewilligten halbstündigen Spaziergang auf dem Dachboden nicht wieder entzog. Ich machte mich nun daran, mir alle darin befindlichen Gegenstände aufmerksamer zu betrachten. Die eine von den beiden Kisten war ganz voll von schönem Schreib- und Zeichenpapier, von ungeschnittenen Federn und Bindfadenknäueln;

die andere war zugenagelt. Ein Stück geglätteten schwarzen Marmors[4], einen Zoll dick, sechs Zoll lang und drei Zoll breit, lenkte meine Blicke auf sich; ich nahm es an mich, obgleich ich noch nicht wußte, was ich damit machen sollte, und versteckte es sorgfältig in meinem Kerker unter meinen Hemden.

Acht Tage nach Maggiorins Entfernung sagte Lorenzo zu mir, ich würde allem Anschein nach bald wieder Gesellschaft haben. Der Mann war im Grunde nur ein Schwätzer, und es machte ihn ungeduldig, als er sah, daß ich niemals eine Frage an ihn richtete. Da es meinem Kerkermeister durchaus nicht gelingen wollte, durch seine Zurückhaltung zu glänzen, bildete er sich ein, ich fragte ihn nur deshalb niemals, weil ich glaubte, er wüßte nichts. Dies stachelte seine Eitelkeit an: um mir zu beweisen, daß ich mich irrte, fing er an zu schwätzen, ohne daß ich ihn fragte. So sagte er denn:

»Ich glaube, Signore, Sie werden oft neue Besucher haben, denn jedes der anderen sechs Gefängnisse enthält bereits zwei Personen, die man nicht in die Quattro schicken kann.« Da ich ihm nicht antwortete, fuhr er nach einigen Augenblicken fort: »In die Quattro bringt man bunt durcheinander alle möglichen Leute, die zu einer ihnen unbekannten Strafe verurteilt worden sind. Die Gefangenen, die wie Sie in den Bleikammern unter meiner Obhut stehen, sind lauter Leute von der höchsten Auszeichnung und werden nur wegen Sachen bestraft, von denen Neugierige nichts erfahren sollen. Wenn Sie wüßten, Signore, welche Schicksalsgefährten Sie haben! Sie würden sich wundern, denn man sagt Ihnen mit Recht nach, daß Sie ein kluger Mann sind ... aber Sie werden mir verzeihen ... Sie wissen wohl, alle Klugheit nützt einem nichts, wenn man hier oben ist ... Sie verstehen mich wohl ... fünfzig Soldi täglich, das ist schon was ... ein venezianischer Bürger bekommt drei Lire, ein Edelmann vier und ein ausländischer Graf acht. Ich muß das wohl wissen, denke ich, denn alles geht durch meine Hand.«

Nun fing er an und sang sein eigenes Lob, und zwar in lauter Negativen: »Ich bin kein Dieb, kein Verräter, kein Lügner; ich bin nicht habgierig, nicht boshaft, nicht brutal wie alle meine Vorgänger, und wenn ich einen Schoppen zuviel getrunken habe, werde ich nur immer besser. Wenn mein Vater mich in die Schule geschickt hätte, so würde ich lesen und schreiben gelernt haben, und ich wäre vielleicht heute Messergrande; aber das ist nicht meine Schuld. Signor Andrea Diedo schätzt mich, und meine Frau, die erst vierundzwanzig Jahre alt ist und die jeden Tag das Essen für Sie kocht, besucht ihn, wann sie will, und er läßt sie ohne Umstände eintreten, selbst wenn er im Bett liegt – eine Huld, die er keinem Senator erweist. Ich verspreche Ihnen, Sie sollen alle neuen Ankömmlinge erhalten; aber es ist immer nur für kurze Zeit; denn sobald der Sekretär aus ihrem eigenen Munde alles Wissenswerte vernommen hat, schickt er sie an ihren Bestimmungsort: in die Quattro, in irgendein Fort oder nach der Levante. Wenn es Ausländer sind, bringt man sie über die Grenze; denn die Regierung glaubt nicht das Recht zu haben, über die Untertanen eines anderen Fürsten zu bestimmen, es wäre denn, daß sie in Diensten der Republik ständen. Die Milde des Tribunals ist ohnegleichen; es gibt auf der Welt kein Gericht, das seinen Gefangenen mehr Annehmlichkeiten gewährt. Man findet es grausam, daß das Tribunal nicht erlauben will, zu schreiben oder Besuche zu empfangen, aber das ist Unsinn, denn mit Schreiben und Besuch empfangen verliert man nur seine Zeit. Sie werden mir sagen, Sie hätten ja nichts zu tun; aber das können wir anderen nicht von uns sagen.«

So lautete ungefähr die erste Ansprache, womit der Halunke mich beehrte, und ich muß gestehen, er amüsierte mich. Ich sah, daß der Mensch, ein bißchen weniger dumm, sicherlich viel boshafter gewesen wäre. Ich beschloß, mir seine Dummheit zunutze zu machen.

Am anderen Tage führte man mir einen neuen Kameraden zu, den man am ersten Tage genauso behandelte, wie man es mit Maggiorin getan hatte. Ich merkte nun, daß ich mir einen zweiten Elfenbeinlöffel kaufen lassen mußte; denn da der neu Angekommene am ersten Tage nichts erhielt, so mußte ich ihn bewirten.

Mein neuer Gefährte machte mir eine tiefe Verbeugung, denn durch meinen Bart, der bereits vier Zoll[5] lang war, wirkte ich noch imponierender als durch meinen Wuchs. Lorenzo lieh mir oft eine Schere, damit ich mir die Nägel schneiden konnte, aber es war ihm bei strenger Strafe verboten, mich meinen Bart berühren zu lassen. Den Grund davon weiß ich nicht; aber ich hatte mich schließlich an meinen Bart gewöhnt, wie man sich an alles gewöhnt.

Der Neue war ein Mann von fünfzig Jahren, ungefähr von meinem Wuchs, ein wenig gebeugt und mager. Er hatte einen großen Mund und schlechte Zähne; unter zwei dicken roten Augenbrauen sahen kleine braune Augen hervor. Der Eindruck wurde vervollständigt durch eine runde Perücke von schwarzem Roßhaar, die einen sehr unangenehmen Ölgeruch verbreitete, und durch einen Rock von dickem grauem Tuch. Mein Essen nahm er an; aber er war zurückhaltend und sagte mir den ganzen Tag kein Wort. Ich machte es wie er und schwieg; denn ich war überzeugt, daß er bald die Sprache wiederfinden würde: dies war denn auch schon am nächsten Tage der Fall.

Man brachte ihm in aller Frühe ein Bett, das ihm gehörte, und eine Handtasche voll Wäsche. Der Schließer fragte ihn, wie er mich gefragt hatte, was er essen wolle, und verlangte Geld, um es zu bezahlen.

»Ich habe kein Geld.«

»Was? Ein reicher Knopf wie Sie hat kein Geld?«

»Ich habe keinen Soldo.«

»Schön, da werde ich Ihnen Schiffszwieback und Wasser bringen. So gehört es sich.«

Er ging und brachte gleich darauf anderthalb Pfund davon und einen Krug Wasser, stellte alles neben den Gefangenen, ging und schloß die Tür wieder zu.

Als ich mit dem Gespenst wieder allein war, hörte ich ihn seufzen; ein mitleidiges Gefühl kam über mich, und ich brach das Schweigen: »Seufzen Sie nicht, Signore, Sie werden mit mir speisen; aber mich dünkt, Sie haben einen großen Fehler begangen, daß Sie ohne Geld hierhergekommen sind.«

»Ich habe wohl welches, aber so etwas muß man diesen Harpyien nicht sagen.«

»Schöne Klugheit, die Sie zu Wasser und Brot verurteilt! Kennen Sie den Grund Ihrer Verhaftung?«

»Jawohl, ich kenne ihn und werde Ihnen in kurzen Worten meine Geschichte erzählen:

Ich heiße Sgualdo Nobili. Mein Vater war ein Bauer. Er ließ mich schreiben lernen und vererbte mir bei seinem Tode sein Häuschen und das bißchen Land, das dazu gehörte. Ich stamme aus dem Friaul; mein Dorf ist eine Tagereise von Udine entfernt. Ein Wildbach, der Corno, verwüstete oft meine kleine Besitzung; dies brachte mich zu dem Entschluß, sie zu verkaufen und mich in Venedig niederzulassen. Dies geschah vor zehn Jahren. Ich bekam für meinen Besitz achttausend Lire in schönen Zechinen, und da ich wußte, daß in unserer glücklichen Republik jedermann eine ehrenwerte Freiheit genießt, so war ich überzeugt, ich könnte es zu einem kleinen Wohlstand bringen, indem ich mein Kapital nutzbar machte. Ich fing nun an, auf Pfänder auszuleihen. Da ich wußte, daß ich sparsam, gescheit und geschäftsgewandt bin, so entschloß ich mich gerade zu diesem Gewerbe. Ich mietete ein Häuschen im Viertel Cannaregio und richtete es ein. Hier lebte ich allein und sehr ruhig und fand mich nach Verlauf von zwei Jahren im Besitz von zehntausend Lire außer meinem Kapital, obwohl ich gut gelebt und nicht weniger als tausend für meine Bedürfnisse ausgegeben hatte. Ich sah mich nun auf gutem Wege, um mit der Zeit ein anständiges Vermögen zu erwerben, wenn ich so fortführe. Eines Tages hatte ich einem Juden zwei Zechinen auf mehrere Bücher geliehen, und unter diesen fand ich eines, das ›Über die Weisheit‹[6] hieß und von Charron war. Ich bemerkte nun, wie glücklich man ist, wenn man lesen kann; denn dieses Buch, das Sie vielleicht nicht kennen, ist ganz allein soviel wert wie alle anderen Bücher, denn es enthält alles, was der Mensch zu wissen braucht. Es befreit ihn von allen Vorurteilen, die er in der Kindheit angenommen hat. Kennt man Charron, so gibt es keine Hölle mehr und kein Schreckbild eines künftigen Lebens; er öffnet die Augen, man erkennt den Weg zum Glück, man ist weise. Verschaffen Sie sich dieses Buch zum Lesen und lachen Sie die Dummköpfe aus, die Ihnen sagen, daß dieser Schatz verboten sei!«

Als ich diese eigentümliche Rede gehört hatte, wußte ich, woran ich mit dem Manne war. Den Charron hatte ich gelesen, aber es war mir unbekannt, daß er ins Italienische übersetzt war. Charron war ein großer Bewunderer von Montaigne[7]; er glaubte sein Vorbild noch zu übertreffen, aber seine Bemühung war vergebens. Er hat mehrere Themata, die bei dem großen Philosophen regellos durcheinandergeworfen sind, methodisch behandelt; aber als Priester und Theologe verdiente Charron die Verurteilung, die ihn traf. Er ist übrigens nicht viel gelesen worden. Der dumme Italiener, der ihn übersetzt hat, wußte nicht einmal, daß man das Wort Weisheit mit ›sapienza‹ wiedergibt. Charron war so anmaßend, seinem Buch denselben Titel zu geben wie dem biblischen Buche Salomons; dies spricht nicht zugunsten seiner Bescheidenheit. Mein Gesellschafter fuhr folgendermaßen fort:

»Charron befreite mich von den Gewissensbedenken, die ich bis dahin noch gehabt hatte, und von den falschen Vorstellungen, die man nur mit großer Mühe abstreift. Ich betrieb nun mein Geschäft so, daß ich mich in sechs Jahren im Besitze von über neuntausend Zechinen sah. Sie dürfen sich hierüber nicht wundern, denn in dieser reichen Stadt bringen Spiel, Ausschweifung und Müßiggang alle Welt in unordentliche Vermögensverhältnisse. Es herrscht ein ständiger Geldmangel, und was die Narren verschwenden, benutzen die Klugen zu ihrem Vorteil.

Vor drei Jahren bat ein Graf Seriman mich, fünfhundert Zechinen von ihm anzunehmen, sie in meinem Geschäft zu verwenden und ihm die Hälfte des Gewinnes zu geben, den ich mit dieser Summe erzielen würde. Er verlangte nur eine einfache Quittung, durch die ich mich verpflichtete, ihm auf sein Verlangen die gleiche Summe zurückzugeben. Nach einem Jahre gab ich ihm fünfundsiebzig Zechinen, was einer Verzinsung von fünfzehn aufs Hundert gleichkommt. Er gab mir eine Quittung darüber, zeigte sich aber unzufrieden. Er hatte unrecht; denn da es mir nicht an Geld fehlte, hatte ich mich des seinigen nicht bedient, um damit Geschäfte zu machen. Nach dem zweiten Jahr handelte ich aus reinem Edelmut wieder ebenso; aber es kam zwischen uns zu beleidigenden Worten, und er verlangte von mir die Rückzahlung der fünfhundert Zechinen.

›Gern‹, sagte ich zu ihm, ›aber ich werde die hundertfünfzig davon abziehen, die Sie schon erhalten haben.‹ Dies machte ihn wütend, und er ließ mich mit einem Stragiudiziale[8] zur Bezahlung der ganzen Summe auffordern. Ein geschickter Anwalt übernahm meine Vertretung und wußte zwei Jahre lang das Verfahren günstig für mich zu erhalten. Vor drei Monaten bot man mir einen Vergleich an. Ich weigerte mich; da ich jedoch einen Gewaltstreich fürchtete, wandte ich mich an den Abbate Giustiniani, den Geschäftsträger des spanischen Gesandten, Herzogs di Montealegre; für eine kleine Extraentschädigung vermietete er mir ein Häuschen auf der Lista, das zum Botschafterpalast gehört, wo man also vor Überraschungen sicher ist. Ich war durchaus bereit, dem Grafen Seriman sein Geld wiederzugeben, aber ich beanspruchte, hundert Zechinen davon abziehen zu dürfen, die der Prozeß mich gekostet hatte. Vor acht Tagen kamen mein Anwalt und der des Grafen zu mir; ich zeigte ihnen zweihundertfünfzig Zechinen in meiner Börse und sagte ihnen, ich sei bereit, ihnen dieses Geld zu geben, aber nicht einen Soldo mehr. Sie entfernten sich, ohne ein Wort zu sagen, und sahen beide sehr unzufrieden aus; aber darum kümmerte ich mich nicht. Vor drei Tagen ließ Abbate Giustiniani mir sagen, der Botschafter habe es für gut befunden, den Staatsinquisitoren zu erlauben, bei mir eine Haussuchung vornehmen zu lassen. Ich hielt dies für unmöglich, da ich doch unter dem Schutz eines fremden Gesandten stand. Anstatt die Vorsichtsmaßregeln zu treffen, die sonst in solchen Fällen üblich sind, brachte ich nur mein Geld in Sicherheit und erwartete entschlossen den angekündigten Besuch. Mit Tagesanbruch kam der Messergrande zu mir und verlangte dreihundertfünfzig Zechinen. Auf meine Antwort, ich hätte keinen Soldo, verhaftete er mich, und so bin ich hier.«

Ich schauderte, aber weniger deswegen, weil ich mich in Gesellschaft eines solchen gemeinen Menschen sah, sondern weil ich erkannte, daß er mich für seinesgleichen hielt; denn wenn er einen anderen Begriff von mir gehabt hätte, so würde er mich ganz gewiß nicht mit seiner langen Geschichte beglückt haben. Ohne Zweifel nahm er doch an, daß ich ihm meinen Beifall zollen würde. Die törichten Reden, die ich während der drei Tage seines Aufenthaltes von ihm anhören mußte, während welcher er unaufhörlich von Charron sprach, bestätigten mir die Wahrheit des Sprichwortes: *Guardati da colui che non ha letto che un libro solo* [Hüte dich vor denen, die nur ein einziges Buch gelesen haben]. Das Buch Charrons hatte ihn zum Atheisten gemacht, und er rühmte sich dessen bei jeder Gelegenheit. Am Nachmittag kam Lorenzo und sagte ihm, er müsse mit ihm kommen, um mit dem Sekretär zu sprechen. Er zog sich in aller Eile an und nahm statt seiner Schuhe die meinigen, ohne daß ich es bemerkte. Eine halbe Stunde später kam er weinend zurück und zog aus seinen Schuhen zwei Börsen hervor, in denen sich dreihundertundfünfzig Zechinen befanden; diese brachte er, vom Schließer begleitet, dem Sekretär. Einige Augenblicke darauf kam er zurück, nahm seinen Mantel und ging. Lorenzo sagte mir, man habe ihn in Freiheit gesetzt. Ich dachte mir, und wohl mit Grund, der Sekretär habe ihn mit der Folter bedroht, um ihn zur Anerkennung und zur Bezahlung seiner Schuld zu bewegen. Wenn die Folter nur dazu angewendet würde, um solches zu bewirken, so wäre ich, der ich sie grundsätzlich verabscheue, der erste, der ihren Nutzen verteidigen würde.

Am ersten Januar 1756 erhielt ich meine Neujahrsgeschenke. Lorenzo brachte mir einen mit Fuchspelz gefütterten Schlafrock, eine wattierte seidene Decke und einen Fußsack aus Bärenfell. Ich empfing diese Geschenke voller Freude, denn es herrschte eine Kälte, die ebensoschwer zu ertragen war wie die Hitze, unter der ich im August hatte leiden müssen. Er sagte mir auch, der Sekretär teile mir mit, ich könnte monatlich über sechs Zechinen verfügen, um mir nach meinem Belieben Bücher zu kaufen und die Zeitung zu halten; dies wäre ein Geschenk des Signor Bragadin. Ich bat Lorenzo um einen Bleistift und schrieb auf ein Stück Papier: ›Ich danke für die Großmut des Tribunals und die Güte des Signor Bragadin.‹

Man muß sich selber in einer ähnlichen Lage befunden haben, um die Gefühle zu begreifen, die dieser Vorfall in meiner Seele erregte. Im ersten Gefühlsüberschwang verzieh ich meinen Verfolgern und hätte beinahe meinen Fluchtplan aufgegeben; so schwankend ist der Mensch, wenn das Unglück ihn zu Boden drückt und erniedrigt. Lorenzo sagte mir, Signor Bragadin habe die drei Inquisitoren aufgesucht, habe sich mit Tränen in den Augen vor ihnen auf die Knie geworfen und sie um die Gnade angefleht, mir dieses Zeichen seiner beständigen Liebe zukommen zu lassen, wenn ich noch am Leben sei. Die Inquisitoren seien gerührt gewesen und hätten es ihm nicht abschlagen können.

Ich schrieb sofort die Titel der Werke auf, die ich zu haben wünschte.

Als ich eines schönen Morgens meinen Spaziergang auf dem Dachboden machte, fielen meine Blicke auf den Riegel, von dem ich schon gesprochen habe, und ich sah, daß sich eine ausgezeichnete Angriffs- und Verteidigungswaffe daraus machen ließ. Ich nahm den Riegel, verbarg ihn unter meinem Schlafrock und brachte ihn glücklich in meinen Kerker. Sobald ich allein war, nahm ich das Stück schwarzen Marmor, das ich ebenfalls bereits erwähnte, und erkannte bald, daß dies ein ausgezeichneter Schleifstein war; denn nachdem ich den Riegel eine Zeitlang auf diesem Stein gerieben hatte, sah ich, daß er an der betreffenden Stelle völlig glatt abgeschliffen war.

Ich war ein vollkommener Neuling in solcher Arbeit, aber ich war begierig, sie zu beginnen, weil ich dadurch ein Werkzeug erlangen konnte, das, jedenfalls unter den Bleidächern, gänzlich verboten war. Vielleicht trieb mich auch die Eitelkeit, mir eine Waffe anzufertigen, ohne ein einziges der dazu notwendigen Werkzeuge zu besitzen. Die Schwierigkeiten waren nur ein neuer Ansporn für mich. Diese Schwierigkeiten waren allerdings nicht gering, denn ich mußte den Riegel fast im Dunkeln auf der Brüstung reiben, ich konnte den Stein nur mit meiner linken Hand festhalten und hatte keinen Tropfen Öl, um den Stein anzufeuchten und das Eisen, das ich zuspitzen wollte, leichter zu schleifen. Trotz alledem entschloß ich mich also zu der schweren Aufgabe. Statt des Öls diente mir mein Speichel, und ich arbeitete vierzehn Tage, um acht pyramidenförmige Facetten zu schleifen, die so zusammenliefen, daß sie eine vollkommene Spitze bildeten; die Facetten waren einen halben Zoll lang. Mit dieser Spitze bildete mein Riegel ein achtkantiges Stilett von so gleichmäßiger Arbeit, wie man sie von einem guten Messerschmied nicht besser hätte verlangen können. Aber man kann sich kaum die Mühe und Anstrengungen vorstellen, die ich zu erdulden hatte. Ich mußte alle Energie aufbieten, um die unangenehme Arbeit ohne anderes Werkzeug als einen fortwährend wegrutschenden Stein zu Ende zu bringen.

Es war eine Arbeit, *quam siculi non invenere tyranni* [wie sie die Tyrannen Siziliens nicht erfunden haben][9]. Mein rechter Arm war so steif geworden, daß ich ihn fast nicht bewegen konnte. Der Ballen der linken Hand war ganz zerfleischt und bildete eine große Wunde – eine Folge der zahlreichen Blasen, die mir die Härte des Steins und die Länge der Arbeit verursacht hatten. Man macht sich kaum einen Begriff, welche Schmerzen es mich kostete, sie fertig zu machen.

Ich war ganz stolz auf mein Werk, obgleich ich noch nicht daran gedacht hatte, auf welche Art ich es verwenden wollte. Meine erste Sorge war nun, das Werkzeug so zu verstecken, daß es selbst bei genauer Durchsuchung nicht zu finden wäre. Nachdem ich mir tausenderlei ausgedacht hatte, was alles nicht das Rechte war, warf ich die Augen auf meinen Lehnstuhl, und es gelang mir, den Riegel so zu verbergen, daß er keinen Verdacht erregen konnte. So half mir die Vorsehung, den ersten Schritt zu einer Flucht zu tun, welche bewunderungswürdig, ja sogar wunderbar werden sollte. Ich gestehe, ich bin stolz darauf. Aber ich bin nicht eitel auf das Gelingen, denn das Glück hatte einen guten Anteil daran, sondern darauf bin ich stolz, daß ich die Sache für möglich hielt und daß ich den Mut hatte, trotz allen ungünstigen Aussichten das Unternehmen zu wagen; denn wenn meine Pläne gescheitert wären, so hätte sich meine Lage unendlich verschlechtert, und meine Rückkehr in die Freiheit wäre vielleicht für immer unmöglich geworden.

Aus meinem Riegel war ein Spieß geworden, der die Dicke eines Spazierstockes hatte und etwa zwanzig Zoll lang war. Nachdem ich drei oder vier Tage darüber nachgedacht hatte, wozu ich ihn gebrauchen könnte, schien es mir das einfachste zu sein, unter meinem Bett ein Loch in den Fußboden zu machen.

Ich war sicher, daß das Zimmer unter meinem Kerker kein anderes sein konnte als jenes, in dem ich damals Cavalli gesehen hatte. Ich wußte, daß dieses Zimmer jeden Morgen geöffnet wurde, und ich zweifelte nicht daran, daß ich durch ein Loch in der Decke leicht hinuntersteigen konnte, indem ich meine Betttücher aneinanderknüpfte und sie am Bettfuß befestigte. Ich hätte mich unter dem großen Tisch des Tribunals versteckt, wäre am Morgen sofort nach dem Öffnen der Tür hinausgelaufen und hätte mich in Sicherheit gebracht, bevor man mir gefolgt wäre. Allerdings war es möglich, daß in diesem Saal sich ein Sbirre als Wache aufhielt; aber von diesem mußte mein Spieß mich schnell befreien.

Der Fußboden konnte doppelt oder gar dreifach sein. Dies war eine große Ungelegenheit; denn meine Arbeit würde vielleicht ein oder zwei Monate dauern, und wie sollte ich die Gefängniswärter daran hindern, den Fußboden zu fegen? Wenn ich es ihnen verbot, so erregte ich Verdacht, um so mehr, als ich der Flöhe wegen von ihnen verlangt hatte, daß sie alle Tage ausfegten. Der Besen hätte ihnen sofort meine Arbeit verraten. Es galt, ein Mittel zu finden, um dieser Gefahr zu begegnen.

Ich verbot zunächst das Ausfegen, ohne einen Grund anzugeben. Nach acht bis zehn Tagen befragte Lorenzo mich darum. Ich schützte vor, daß der Staub mir Beschwerden mache; ich bekäme davon heftige Hustenanfälle, und es könnte mir einmal etwas Schlimmes zustoßen.

»Ich werde den Fußboden besprengen lassen.«

»Das wäre noch schlimmer, Lorenzo, denn von der Feuchtigkeit könnte ich einen Blutsturz bekommen.«

Dies verschaffte mir eine Woche lang Ruhe; nach Verlauf dieser Zeit aber befahl der Kerl auszufegen. Er ließ das Bett in die Dachkammer bringen und zündete eine Kerze an, damit sorgfältiger ausgefegt werde, wie er sagte. Ich merkte, daß der Mann irgendwie Verdacht geschöpft hatte, aber es gelang mir, anscheinend völlig gleichgültig zu bleiben. Ich gab meinen Plan durchaus nicht auf, sondern dachte im Gegenteil nur desto stärker daran. Am nächsten Morgen brachte ich mir eine Wunde am Finger bei und machte damit mein ganzes Taschentuch blutig. Ich erwartete Lorenzo in meinem Bett und sagte ihm, sobald er kam, ich hätte einen so heftigen Hustenanfall gehabt, daß mir irgendein Gefäß gesprungen wäre, und davon wäre all das Blut, das er sehe. Er solle mir einen Arzt kommen lassen.

Der Doktor kam, verordnete einen Aderlaß und schrieb ein Rezept. Ich sagte ihm, an meinem Unglück wäre Lorenzo schuld, weil er durchaus hätte fegen lassen wollen. Er machte ihm Vorwürfe darüber und erzählte uns, wie wenn ich ihn darum gebeten hätte, die Geschichte von einem jungen Perückenmacher, der kürzlich aus derselben Ursache gestorben sei. Er sagte, nichts sei so gefährlich, als Staub einzuatmen. Lorenzo schwor bei allen Heiligen, er habe nur ausfegen lassen, um mir einen Gefallen zu tun, und versprach, es solle nicht wieder vorkommen. Ich lachte bei mir selber, denn der Doktor hätte seine Sache nicht besser machen können, selbst wenn ich ihn ins Einvernehmen gezogen hätte. Die dabei anwesenden Büttel waren hochentzückt und nahmen sich fest vor, nur noch bei solchen Gefangenen auszufegen, die sie ärgerten oder schlecht behandelten.

Als der Arzt fort war, bat Lorenzo mich um Entschuldigung und versicherte mir, alle seine anderen Gefangenen befänden sich wohl, obgleich er regelmäßig bei ihnen ausfegen ließe. »Aber die Sache ist wichtig«, schloß er, »und ich werde sie darauf aufmerksam machen, denn ich betrachte sie alle als meine Kinder.«

Der Aderlaß tat mir wohl, denn er gab mir meinen Schlaf wieder und heilte mich von den krampfartigen Zuckungen, die mich zuweilen zu erschrecken begannen. Ich hatte wieder Appetit, und meine Kräfte nahmen täglich zu. Aber der Augenblick, mich ans Werk zu machen, war noch nicht gekommen; der Frost war zu stark, und meine Hände konnten nicht längere Zeit den Spieß halten, ohne steif zu werden. Mein Unternehmen erforderte viel Überlegung. Ich mußte alles vermeiden, was sich leicht voraussehen ließ. Ich mußte kühn und unerschrocken sein, um jeden Vorteil wahrzunehmen, den der Zufall mir darböte. Wer so vorgehen muß wie ich, befindet sich in einer sehr unglücklichen Lage; aber das Unangenehme und Schreckliche derselben vermindert sich um die Hälfte, sobald man alles gegen alles riskiert.

Die langen Winternächte waren fürchterlich für mich; denn ich mußte neunzehn tödlich lange Stunden im Finstern zubringen, und an den Nebeltagen, die in Venedig nicht selten sind, war das durch das Fenster einfallende Licht nicht stark genug, um dabei lesen zu können. Da kein fremder Gedanke meinen Geist beschäftigte, verfiel ich immer wieder auf meine Flucht; ein Gehirn aber, das stets sich mit dem gleichen Gegenstand beschäftigt, kann leicht an einer Monomanie erkranken. Der Besitz einer elenden Öllampe hätte mich glücklich gemacht; aber wie sollte ich es anfangen, um mir solche Freude zu verschaffen! O edles Vorrecht des Denkens! Wie glücklich fühlte ich mich, als ich das Mittel gefunden zu haben glaubte, diesen Schatz zu erlangen! Um diese Lampe zu machen, brauchte ich ihre einzelnen Bestandteile: ein Gefäß, Dochte, Öl, einen Feuerstein, einen Stahl, Zunder und Späne. Das Gefäß konnte ein Tiegel sein, und ich besaß den, worin man mir Spiegeleier zubereitete. Unter dem Vorwand, das gewöhnliche Öl mache mir Beschwerden, ließ ich mir Luccaöl für meinen Salat kaufen. Meine baumwollene Steppdecke konnte mir Dochte liefern. Zu Lorenzo sagte ich, ich hätte heftige Zahnschmerzen, er müsse mir Bimsstein besorgen; da er nicht wußte, was ich damit meinte, sagte ich ihm, ein Flintstein würde dieselben Dienste tun, wenn man ihn einen Tag in starkem Essig liegen ließe; ich würde ihn dann eine Zeitlang auf den Zahn legen, und das würde meine Schmerzen lindern. Lorenzo sagte mir, mein Essig sei ausgezeichnet und ich könne selbst einige Steine hineinlegen. Mit diesen Worten zog er drei oder vier aus der Tasche und warf sie mir zu. Eine starke Stahlschnalle, die ich am Gürtel meiner Hose hatte, konnte mir als Feuerstahl dienen. Jetzt blieb mir noch übrig, Schwefel und Zunder zu beschaffen, und um diese beiden Gegenstände zu erlangen, mußte ich alle meine Gedanken aufbieten. Endlich kam mir das Glück zu Hilfe. Ich hatte eine Art Röteln gehabt; nach der Heilung waren auf meinen Armen rote Flecke zurückgeblieben, die mir zuweilen ein Jucken verursachten. Ich sagte Lorenzo, er möchte den Arzt um ein Heilmittel bitten, und am nächsten Tage brachte er mir einen Zettel, den der Sekretär gelesen hatte. Der Doktor verordnete: ›Einen Tag Diät und vier Unzen Süßmandelöl, und die Haut wird heilen; oder eine Einreibung mit Salbe aus Schwefelblüte; aber dieses örtliche Heilmittel ist gefährlich.‹

»Aus der Gefahr mache ich mir nichts«, sagte ich zu Lorenzo.

»Kauft mir diese Salbe oder bringt mir noch besser Schwefel; denn Butter habe ich hier, und ich werde mir die Salbe selber machen. Habt Ihr Holzspäne? So gebt sie mir.«

Zufällig hatte er solche in seinen Taschen. Er gab sie mir. Wie wenig braucht es doch, um einen Menschen, der im Unglück ist, Freude und Trost zu bereiten! Aber in meiner Lage waren freilich diese Späne keine Kleinigkeit; sie waren ein wahrer Schatz für mich.

Nun zerbrach ich mir mehrere Stunden lang den Kopf, um für das einzige, was mir noch fehlte, den Zunder, einen Ersatz zu schaffen, denn ich wußte nicht, unter welchem Vorwand ich ihn verlangen sollte. Da fiel mir ein, daß ich meinem Schneider gesagt hatte, er solle unter den Achseln meines Rockes Zunder einlegen, damit der Stoff nicht vom Schweiß verdorben würde.

Der ganz neue Rock hing vor mir. Mir klopfte das Herz. Der Schneider konnte vergessen haben, den Zunder einzulegen. Ich schwebte zwischen Furcht und Hoffnung. Ich brauchte nur einen Schritt zu machen, um mir Gewißheit zu verschaffen; aber dieser Schritt war entscheidend, und deshalb wagte ich nicht, ihn zu tun. Endlich ging ich auf den Rock zu, aber ich fühlte mich so hoher Gnade beinahe unwürdig, fiel auf die Knie und betete mit heißer Inbrunst zu Gott, der Schneider möchte meinen Befehl nicht vergessen haben. Nach diesem heißen Gebet nahm ich den Rock, schnitt das Futter auf und fand den Zunder. Ich war fast wahnsinnig vor Freude. Es war nicht mehr als natürlich, daß ich Gott dankte: denn voll Vertrauen zu ihm hatte ich den Mut gehabt, meinen Zunder zu suchen; so dankte ich ihm denn auch von ganzem Herzen.

Als ich ein wenig später über diesen Gnadenbeweis nachdachte, wünschte ich mir Glück, dem Antrieb meines dankbaren Herzens gefolgt zu sein, aber ich lachte mitleidig über meine Dummheit, daß ich den Herrn aller Dinge gebeten hatte, mich den Zunder finden zu lassen. Ich hätte dieses lächerliche Gebet nicht gesprochen, bevor ich unter die Bleidächer kam, und ich würde es auch heute nicht tun.

Die Beraubung der körperlichen Freiheit führt zur Entartung der geistigen Fähigkeiten. Man muß Gott bitten, etwas zu gewähren, was der Natur entspricht, nicht aber, die natürliche Ordnung durch Wunder auf den Kopf zu stellen. Wenn der Schneider den Zunder nicht unter die Achseln gelegt hätte, so konnte ich sicher sein, dort keinen zu finden; und wenn er ihn angebracht hatte, so konnte ich darauf rechnen, daß er auf keine Weise verschwunden war. Was wollte ich also vom Herrn der Natur?

Der Sinn meiner ersten Bitte läßt sich durch die Worte wiedergeben: ›Lieber Gott! mache, daß ich den Zunder unter den Achseln finde, einerlei, ob der Schneider ihn eingenäht hat oder nicht!‹

Ohne Zweifel könnten manche Theologen und viele gute Leute meine Bitte fromm finden, denn sie würde ihnen auf der Stärke des Glaubens zu beruhen scheinen, und damit würden sie recht haben. Aber ich selber habe ebenfalls recht, wenn ich sie abgeschmackt und sogar strafbar finde; denn wenn wir allen Ernstes Gott um etwas bitten, was außerhalb der Ordnung der natürlichen Dinge liegt, so heißt das, ihn zum Diener unserer Leidenschaften machen zu wollen. Wenn ich aber Gott dafür gedankt hatte, daß mein Schneider nicht vergeßlich gewesen war, so fand ich mich im Einklang mit meiner gesunden Philosophie.

Da ich nunmehr alle Bestandteile besaß, so hatte ich bald eine Lampe. Man stelle sich die Befriedigung vor, die ich darüber empfand, daß ich sozusagen aus Finsternis Licht geschaffen hatte, und die nicht weniger süße Genugtuung, die Befehle meiner niederträchtigen Verfolger zu übertreten. Es gab keine Nächte mehr für mich, aber auch keinen Salat; denn obgleich ich ihn sehr gerne aß, opferte ich ihn doch auch gern dem Bedürfnis, das Öl für meine Beleuchtung zu sparen. Ich setzte nun den Beginn des schwierigen Aufbrechens des Fußbodens auf den ersten Sonntag der Fastenzeit an; denn ich befürchtete zu sehr, daß der Karnevalstrubel mir Besuche verschaffen könnte. Meine Vorsicht war klug.

Am Faschingssonntag hörte ich mittags das Geräusch der Riegel und sah Lorenzo mit einem dicken Mann eintreten, in welchem ich den Juden Gabriel Schalon erkannte. Er war berühmt wegen seiner Geschicklichkeit, jungen Leuten Geld zu besorgen und sie dadurch in schlechte Händel zu bringen. Da wir uns kannten, begrüßten wir uns natürlich.

Seine Gesellschaft konnte mir nicht angenehm sein; aber man hatte mich natürlich nicht vorher gefragt. Er sagte Lorenzo, er solle in seine Wohnung gehen und ihm sein Essen, ein Bett und alles Notwendige holen; der Schließer antwortete ihm aber, das hätte noch Zeit bis zum andern Tage.

Dieser Jude war ein törichter Schwätzer, unwissend und

dumm, außer in seinem Geschäft. Zunächst wünschte er mir Glück, daß man mich vor allen anderen bevorzugt habe, mit seiner Gesellschaft erfreut zu werden. Statt ihm zu antworten, bot ich ihm die Hälfte meines Essens an; er lehnte es ab, indem er mir sagte, er esse nur koscher und wolle lieber warten, um dafür zu Hause um so besser zu Abend zu essen.

»Wann denn?«

»Heute abend. Haben Sie nicht gehört? Als ich mein Bett verlangte, sagte er mir, davon würden wir morgen sprechen. Dies will offenbar bedeuten, daß ich keins nötig habe. Finden Sie es wahrscheinlich, daß man einen Mann wie mich ohne Essen lassen kann?«

»Mit mir hat man's so gemacht.«

»Das mag sein; aber zwischen uns ist doch ein gewisser Unterschied. Außerdem haben die Inquisitoren einen Mißgriff begangen, indem sie mich verhaften ließen. Ich bin überzeugt, sie sind schon in Verlegenheit, wie sie ihren Fehler wiedergutmachen sollen.«

»Sie werden Ihnen vielleicht eine Pension aussetzen; denn ein Mann von Ihrer Bedeutung muß gut behandelt werden.«

»Da haben Sie ganz recht; es gibt an der Börse keinen Makler, der dem Handel mehr Nutzen brächte als ich, und die fünf Savii[10] haben von den Ratschlägen, die ich ihnen gab, großen Nutzen gehabt. Meine Verhaftung ist ein ganz außerordentliches Ereignis, und der Zufall hat es so gefügt, daß dadurch auch Sie Ihr Glück gemacht haben.«

»Ach wirklich, wieso denn, bitte?«

»Es wird kein Monat vergehen, und ich werde Sie frei machen. Ich weiß, auf welche Art und mit wem ich darüber zu sprechen habe.«

»Ich rechne also auf Sie.«

»Das können Sie.«

Dieser blöde Gauner glaubte wirklich, er sei etwas. Er wollte mir erzählen, was man in der Stadt von mir sagte; da er aber nichts weiter wußte als albernes Geschwätz von Dummköpfen gleicher Art, so langweilte er mich, und um ihn nicht mehr anhören zu müssen, nahm ich ein Buch. Der Kerl besaß die Frechheit, mich zu bitten, ich möchte doch nicht lesen. Seine Leidenschaft war Sprechen; aber er sprach nur immer von sich selber.

Ich wagte in seiner Gegenwart nicht, meine Lampe anzuzünden. Als es Nacht wurde, entschloß er sich, etwas Brot und Zypernwein anzunehmen; dann mußte er sich's auf meinem Strohsack bequem machen, der von allen neuen Ankömmlingen als Bett benützt wurde.

Am nächsten Morgen bekam er ein Bett und Nahrungsmittel von zu Hause. Ich mußte diese elende Last acht bis neun Wochen lang erdulden; denn bevor er ihn in die Quattro schickte, verhörte der Sekretär ihn mehrere Male, um allerlei Gaunereien aufzuklären und ihn eine ganze Anzahl unerlaubter Verträge rückgängig machen zu lassen. Er gestand mir selber, daß er von Signor Domenico Micheli Renten gekauft hatte, die dem Käufer erst nach dem Tode von dessen Vater, des Ritters Antonio, gehören konnten. »Allerdings«, sagte er mir, »hat er sich einverstanden erklärt, fünfzig Prozent zu verlieren, aber man muß in Betracht ziehen, daß der Käufer hätte alles verlieren können, wenn der Sohn vor dem Vater gestorben wäre.«

Als ich endlich sah, daß der verdammte Geselle nicht ging, entschloß ich mich, meine Lampe wieder anzuzünden, nachdem ich mir von ihm hatte versprechen lassen, daß er schweigen würde. Er hielt sein Versprechen nur, solange er bei mir war, denn Lorenzo erfuhr es. Glücklicherweise legte er keinen Wert darauf.

Der Tölpel wurde mir wirklich zur Last, erstens, weil ich seinetwegen nicht für meine Flucht arbeiten konnte, zweitens, weil er mich am Lesen hinderte. Er war anspruchsvoll, unwissend, abergläubisch, prahlerisch, ängstlich und zuweilen verzweifelt. Er meinte, ich sollte mit lautem Geschrei in seine Klagen einstimmen, sooft er vor Angst Tränen vergoß, und er wiederholte unaufhörlich, die Haft richte seinen guten Ruf zugrunde. Hierüber beruhigte ich ihn mit einer Ironie, die er nicht verstand, indem ich ihm versicherte, sein Ruf stehe schon so lange fest, daß er von dieser neuen Schlappe nichts zu fürchten habe. Er hielt dies für ein Kompliment. Er wollte nicht zugeben, daß er habsüchtig sei; eines Tages jedoch zwang ich ihn hierzu, indem ich ihm das Geständnis entriß, daß er bereit sein würde, sein ganzes Leben unter den Bleidächern zu verbringen, wenn die Inquisitoren ihm für jeden Tag der Haft hundert Zechinen geben wollten.

Er war Talmudist wie alle heutigen Juden, und er wollte mich glauben machen, er sei gelehrt in seiner Religion und hänge sehr an ihr. Als Sohn eines Rabbiners besaß er große Kenntnisse im Zeremoniell seiner Religion; aber er glaubte, das Wesentliche der Religion bestehe in der Beobachtung der äußeren Form; eine Meinung, die ich bei den meisten Menschen gefunden habe.

Dieser Jude war außerordentlich fett; drei Viertel seines Lebens verbrachte er im Bett, und da er oft bei Tage schlief, lag er nachts wach und ärgerte sich, daß er nicht schlafen konnte, um so mehr, da er meine ruhigen Atemzüge hörte. Eines Tages weckte er mich auf, als ich im schönsten Schlummer lag.

»Was wollen Sie?« rief ich emporfahrend.

»Mein lieber Freund, ich kann nicht schlafen; haben Sie Mitleid mit mir und lassen Sie uns ein bißchen plaudern.«

»Und Sie nennen mich Ihren Freund? Abscheulicher Mensch! Ich glaube gern, daß Ihre Schlaflosigkeit eine wahre Qual für Sie ist; aber wenn Sie sich noch einmal einfallen lassen, mir das einzige Gut zu rauben, das ich habe, so stehe ich auf und erdrossele Sie!« rief ich in heller Wut.

»Bitte, verzeihen Sie mir und verlassen Sie sich darauf, es wird nicht wieder vorkommen.«

Vielleicht würde ich ihn nicht erwürgt haben; aber ganz gewiß hatte ich die größte Lust dazu. Ein Gefangener, der das Glück hat, im festen Schlafe zu liegen, ist während dieser Zeit kein Sklave mehr; im Schlafe fühlt er nicht die Last seiner Ketten. Ein Gefangener muß also den Unbescheidenen, der ihn aufweckt, als einen Henkersknecht ansehen, der ihn seiner Freiheit beraubt, um ihn wieder ins Elend zurückzustoßen; denn das Erwachen bringt ihn wieder zum Gefühl seines ganzen Unglücks. Dazu kommt noch, daß der schlafende Gefangene meistens träumt, daß er frei sei, gerade wie ein unglücklicher Hungernder im Traume sich an einer besetzten Tafel sitzen sieht. Ich wünschte mir Glück, daß ich meine große Arbeit nicht vor seiner Ankunft begonnen hatte, um so mehr, da er verlangte, daß ausgefegt würde. Als er es zum erstenmal verlangte, mußte ich über die Büttel lachen; sie sagten ihm nämlich, ich würde den Tod davon haben. Er bestand auf seiner Forderung, und da blieb mir denn nichts anderes übrig, als mich krank zu stellen; denn ich mußte in meinem eigenen Interesse entgegenkommend sein.

Am Mittwoch der heiligen Woche meldete Lorenzo uns, am Nachmittag werde der Sekretär uns den üblichen Osterbesuch machen, um diejenigen zu beruhigen, die das Sakrament des heiligen Abendmahls zu empfangen wünschten, und um zu erfahren, ob sie nichts gegen den Kerkermeister vorzubringen hätten.

»Also, Signori, wenn Sie sich über mich zu beschweren haben, so tun Sie es. Kleiden Sie sich vollständig an; denn dies verlangt die Etikette.«

Ich befahl Lorenzo, mir für den nächsten Tag einen Beichtvater kommen zu lassen.

Ich zog mich vollständig an, und der Jude folgte meinem Beispiel; doch nahm er im voraus Abschied von mir, so sicher glaubte er zu sein, der Sekretär würde ihm die Freiheit wiedergeben, sobald er mit ihm gesprochen hätte.

»Mein Vorgefühl«, sagte er zu mir, »ist von der Art derer, die mich noch niemals getäuscht haben.«

»Ich wünsche Ihnen dazu Glück, aber machen Sie die Rechnung nicht ohne den Wirt.«

Er verstand mich nicht.

Der Sekretär kam. Sobald unser Kerker aufgestoßen war, lief der Jude hinaus und warf sich auf beide Knie vor ihm nieder. Vier oder fünf Minuten lang hörte ich nur sein Weinen und Geschrei; denn der Sekretär sagte kein Wort zu ihm. Der Jude kam zurück, und Lorenzo sagte mir, ich solle herauskommen. Mit meinem acht Monate alten Bart und in einem Rock, der für Liebesabenteuer im Monat Juli gemacht worden war, mußte ich bei der herrschenden Kälte einen recht komischen Anblick darbieten. Ich schlotterte vor Frost, und dies war mir sehr unangenehm, denn ich fürchtete, der Sekretär könnte sich einbilden, daß ich vor Furcht zitterte. Da ich mich tief bücken mußte, um aus meinem Loch hinauszugelangen, so war die Verbeugung bereits gemacht. Ich richtete mich wieder auf, sah ihn mit ruhigem Gesicht an, ohne einen übel angebrachten Stolz zu zeigen, und wartete, daß er das Wort an mich richten würde. Der Sekretär schwieg ebenfalls, und so standen wir wie zwei Bildsäulen einander gegenüber. Als er nach zwei Minuten sah, daß ich nichts zu ihm sagte, grüßte der Sekretär mich mit einer leichten Neigung des Kopfes und ging. Ich kehrte in meinen Kerker zurück, zog mich so schnell wie möglich aus und legte mich in mein Bett, um mich wieder zu erwärmen. Der Jude war erstaunt, daß ich dem Sekretär nichts gesagt hatte, während doch in Wirklichkeit mein Schweigen viel mehr ausdrückte als sein feiges Geschrei. Ein Gefangener wie ich durfte nur vor seinem Richter den Mund auftun, um auf dessen Fragen zu antworten.

Am Gründonnerstag nahm ein Jesuit mir die Beichte ab, und zwei Tage darauf reichte ein Priester von San Marco mir das heilige Abendmahl. Meine Beichte schien dem Jesuiten zu wortkarg zu sein, und er hielt es für angebracht, Ermahnungen an mich zu richten, bevor er mich ledig sprach.

»Beten Sie zu Gott?« fragte er mich.

»Vom Morgen bis zum Abend und vom Abend bis zum Morgen! Denn in der Lage, worin ich mich befinde, kann alles, was in mir vorgeht, mein Denken, meine Ungeduld und sogar jede Verirrung meines Geistes in den Augen der göttlichen Weisheit, die allein mein Herz sieht, nichts anderes als ein Gebet sein.«

Der Jesuit lächelte leise und antwortete mit einer mehr metaphysischen als moralischen Betrachtung, die mit meiner Bemerkung gar nichts zu tun hatte. Ich würde ihn in allen Punkten widerlegt haben, hätte er mich nicht durch eine Prophezeiung erstaunt, welche großen Eindruck auf mich machte. Er sagte: »Da Sie von uns die Religion gelernt haben, so üben Sie sie wie wir, beten Sie wie wir und erfahren Sie, daß Sie erst am Tage des Heiligen, dessen Namen Sie tragen, von hier loskommen werden!«

Nach diesen Worten erteilte er mir die Absolution und verließ mich. Es ist unglaublich, welchen Eindruck der Mann mir hinterließ; ich wehrte mich dagegen; aber es war mir unmöglich, mich von dem Gedanken frei zu machen. Ich machte mich ans Werk und nahm im Kalender alle Heiligen durch.

Der Jesuit war der Gewissensrat des alten Senators Flaminio Corner, der damals Staatsinquisitor war. Der alte Herr war ein berühmter Schriftsteller, großer Politiker, sehr fromm und Verfasser von Erbauungsbüchern und asketischen Schriften in lateinischer Sprache. Sein Ruf war ohne Makel.

Da ich also erfahren hatte, daß ich am Tage meines Schutzheiligen mein Gefängnis verlassen sollte, und da ich annehmen durfte, daß der Jesuit, der es mir mitgeteilt hatte, es aus sicherer Quelle wußte, so freute ich mich vor allem, einen Schutzheiligen zu haben. Aber wer ist es? fragte ich mich. Das hätte mir selbst der Jesuit nicht sagen können. Santiago de Compostela, dessen Namen ich trug, konnte es nicht sein; denn gerade am Tage dieses Heiligen hatte der Messergrande meine Tür zerbrochen. Ich nahm den Kalender her und fand als nächsten Heiligen Georg, der ja in einigem Rufe steht, an den ich aber niemals gedacht hatte. Ich hielt mich also an den heiligen Markus, dessen Fest auf den Fünfundzwanzigsten des Monats fiel und dessen Schutz ich als Venezianer beanspruchen konnte. An ihn richtete ich nun meine Gebete, aber vergebens; denn sein Fest ging vorüber, und ich war immer noch eingesperrt. Nun wählte ich mir den heiligen Jakobus, den Bruder Jesu Christi, der vor dem heiligen Philippus kommt, aber wiederum sah ich mich getäuscht. Dann wandte ich mich an den heiligen Antonius, der, wie man in Padua sagt, täglich dreizehn Wunder tut. Für mich tat er kein einziges. So ging ich von einem zum anderen und gewöhnte mich unmerklich daran, auf den Schutz der Heiligen nur in der Weise zu hoffen, wie man auf alles hofft, das man wünscht. Ich glaubte nicht mehr daran und setzte zuletzt ein wahres Zutrauen nur in meinen heiligen Spieß und in die Kraft meiner Arme. Indessen hat die Verheißung des Jesuiten sich doch erfüllt, denn ich verließ die Bleikammern am Allerheiligentage, und ganz gewiß mußte, wenn ich einen Heiligen für mich hatte, dieser sich unter denen befinden, zu deren Ehre das Fest gefeiert wird.

Zwei oder drei Wochen nach Ostern befreite man mich von meinem lästigen Israeliten; anstatt nach Hause zu kommen, wurde der arme Teufel auf zwei Jahre in die Quattro geschickt; als er wieder loskam, ließ er sich in Triest nieder, wo er seine Tage beschloß.

Sobald ich mich allein sah, ging ich eifrig ans Werk. Ich mußte mich beeilen, weil ich immer zu befürchten hatte, daß man mir irgendeinen neuen Gast schickte, der ebenso lästig war wie der Jude und das Ausfegen verlangte. Ich schob mein Bett zur Seite, zündete meine Lampe an und warf mich platt auf den Fußboden; meinen Spieß hatte ich in der Hand, und ein Tuch lag neben mir, um die Splitter des Fußbodens aufzunehmen. Ich mußte die Bretter dadurch zerstören, daß ich die Spitze meines Werkzeugs hineinbohrte. Die Stücke, die ich losbrach, waren anfangs mir so groß wie ein Weizenkorn, bald aber wurden sie größer.

Das Brett war aus Lärchenholz und sechzehn Zoll breit[11]. Ich begann meine Arbeit an der Stelle, wo das Brett sich an ein anderes anfügte, und da kein Nagel oder eiserner Beschlag vorhanden war, so ging die Arbeit ganz glatt. Nach sechsstündiger Arbeit knotete ich mein Tuch zusammen und legte es auf die Seite, um es am nächsten Morgen hinter den Papierhaufen auszuleeren, der sich auf dem Dachboden befand. Die Splitter bildeten einen vier- oder fünfmal größeren Haufen als das Loch, woraus ich sie hervorgeholt hatte. Die Krümmung mochte etwa dreißig Grad betragen und ihr Durchmesser zirka zehn Zoll[12]. Ich rückte mein Bett wieder an seine Stelle, und als ich am nächsten Tage mein Tuch ausleerte, vergewisserte ich mich, daß meine Splitter nicht gesehen werden konnten.

Am nächsten Tage hatte ich das erste Brett, das zwei Zoll dick war, durchbrochen; aber unter demselben fand ich ein zweites, das mir von derselben Beschaffenheit zu sein schien. In meiner Furcht, neue Besuche zu erhalten, verdoppelte ich meine Anstrengungen und war in drei Wochen mit drei Brettern fertig, aus denen der Fußboden bestand. Nun aber glaubte ich mich verloren, denn ich stieß auf eine Schicht von Marmorstücken, die man in Venedig *terrazzo marmorin* nennt. Es ist der gewöhnliche Fußboden aller venezianischen Häuser, ausgenommen in den Wohnungen der Armen; denn selbst die vornehmsten Herren ziehen den Terrazzo dem schönsten Parkett vor. Ich war betroffen, als ich sah, daß mein Spieß nicht in diese zusammengekittete Masse eindrang. Dieses Hindernis hätte mich beinahe gänzlich entmutigt. Da fiel mir ein, daß, nach Titus Livius, Hannibal sich einen Weg durch die Alpen gebahnt, indem er die Felsen durch Hacken oder andere Werkzeuge zerbrechen ließ, nachdem er sie vorher mit Essig erweicht hatte. Ich glaubte, daß Hannibal dies nicht durch *aceto* [Essig] vollbracht hätte, sondern durch *asceta*, was im paduanischen Latein recht wohl dasselbe wie *ascia* [Axt] bedeuten konnte; wer kann übrigens dafür bürgen, daß ein Abschreiber keine Fehler macht? Nichts destoweniger goß ich eine Flasche starken Weinessig, den ich besaß, in mein Loch hinein; und sei es nun die Wirkung des Essigs gewesen, sei es, daß ich ausgeruht war und mehr Kraft und Geduld zur Arbeit mitbrachte – genug, ich sah bald, daß ich die neue Schwierigkeit überwinden würde. Ich mußte nicht die Marmorstücke zerbrechen, sondern vielmehr mit der Spitze meines Werkzeugs den Zement, der sie verband, zerkleinern. Bald bemerkte ich zu meiner großen Freude, daß die Hauptschwierigkeit nur an der Oberfläche lag. In drei Tagen war das ganze Mosaik zerstört, ohne daß die Spitze meines Spießes den geringsten Schaden gelitten hatte.

Unter der Steinschicht fand ich wieder ein Brett, aber dies hatte ich erwartet. Es mußte meiner Meinung nach das letzte sein, das heißt: das erste, von unten an gerechnet, in der Decke, die sich über dem Saal befand. Ich nahm es mit einiger Schwierigkeit in Angriff; denn da mein Loch schon zehn Zoll tief war, war die Handhabung meines Spießes recht unbequem. Tausendmal empfahl ich mich der Barmherzigkeit Gottes. Die Freigeister, welche behaupten, das Gebet sei nichts wert, wissen nicht, was sie sagen. Ich aber weiß aus Erfahrung, daß ich immer viel stärker war, nachdem ich zu Gott gebetet hatte. Dies genügt, um die Nützlichkeit des Gebetes zu beweisen, mag nun die Vermehrung der Kraft unmittelbar von Gott herrühren oder nur von dem Vertrauen, das man zu ihm hat.

Am 25. Juni feiert allein auf der ganzen Welt die Republik Venedig die wunderbare Erscheinung des heiligen Markus unter der symbolischen Gestalt eines geflügelten Löwen in der Kapelle des Dogen. Man ist überzeugt, diese Erscheinung habe gegen Ende des elften Jahrhunderts stattgefunden; sie zeigte der hohen Weisheit des zu jener erleuchteten Zeit herrschenden Senates an, daß es angebracht war, den heiligen Theodor, der nicht mehr Einfluß genug hätte, den Venezianern bei ihren Vergrößerungsplänen zu helfen, nunmehr auf die Seite zu schieben und dafür den Schüler des heiligen Paulus oder, nach Eusebius, des heiligen Petrus zu erwählen. An diesem Tage lag ich gegen drei Uhr nachmittags völlig nackt und schweißüberströmt glatt auf dem Bauch und arbeitete an der Fertigstellung meines Loches; neben mir stand meine angezündete Lampe, um mir bei der Arbeit zu leuchten. Plötzlich hörte ich zu meinem tödlichen Entsetzen den Riegel des ersten Korridors kreischen und dessen Tür sich öffnen. Entsetzlicher Augenblick! Ich blies die Lampe aus, ließ meinen Spieß im Loch, warf das Tuch mit den Holzsplittern hinein und brachte schnell, so gut ich es konnte, mein Bett in Ordnung, indem ich Strohsack und Matratze darüber hinwarf. Dann sank ich wie tot auf mein übriges Bettzeug hin. In demselben Augenblick öffnete sich die Tür meines Kerkers. Wäre er zwei Minuten früher gekommen, so hätte Lorenzo mich überrascht. Er wäre beinahe auf mich getreten; als ich aber einen Schmerzensschrei ausstieß, trat er zurück und rief:

»Mein Gott, Signore, Sie tun mir wirklich leid; man erstickt ja hier wie in einem Backofen. Stehen Sie auf, und danken Sie Gott, der Ihnen ausgezeichnete Gesellschaft schickt! Nur herein, herein, Illustrissimo Signore!« [hochverehrter Herr] sagte er zu dem Unglücklichen, der ihm folgte. Ohne auf meine Nacktheit Rücksicht zu nehmen, ließ der Kerl den ›Illustrissimo‹ eintreten, der bei meinem Anblick entsetzt zurückwich, während ich vergeblich nach meinem Hemd suchte.

Der Neue glaubte, in die Hölle gekommen zu sein, und rief:

»Wo bin ich? In was für ein Loch steckt man mich, großer Gott! Welche Hitze! Welcher Gestank! Wer ist hier drinnen?«

Lorenzo ließ ihn hinausgehen und bat mich, ein Hemd anzuziehen und einen Augenblick auf den Dachboden einzutreten. Dann sagte er dem neuen Gefangenen, er habe Befehl, ihm ein Bett und alles Notwendige zu besorgen, und lasse uns bis zu seiner Rückkehr auf dem Dachboden; unterdessen werde der schlechte Geruch, der nur von Öl herrühre, sich aus dem Gefängnis verziehen. Welche Überraschung für mich, ihn diese letzten Worte sagen zu hören! In der Übereilung hatte ich versäumt, den Docht auszudrücken, nachdem ich die Lampe ausgeblasen hatte. Da Lorenzo mich nicht darüber befragte, so nahm ich an, er müsse alles wissen, und nur der unglückselige Jude hätte mich verraten. Wie freute ich mich, daß er ihm nicht noch mehr hatte sagen können!

In diesem Augenblick fühlte ich den Abscheu schwinden, den ich bisher gegen Lorenzo empfand.

Nachdem ich ein Hemd angezogen und meinen Schlafrock übergeworfen, ging ich hinaus und fand meinen neuen Gefährten beschäftigt, mit Bleistift aufzuschreiben, was der Schließer ihm bringen sollte. Kaum war sein Blick auf mich gefallen, so rief er aus: »Ah, Casanova!«

Ich erkannte sofort den Abbate Graf Fenaroli aus Brescia, einen Mann von etwa fünfzig Jahren, liebenswürdig, reich und in der guten Gesellschaft beliebt. Er umarmte mich, und als ich ihm sagte, ich hätte eher ganz Venedig hier oben zu sehen erwartet als ihn, konnte er seine Tränen nicht zurückhalten, und auch ich weinte vor Rührung.

Sobald wir allein waren, sagte ich ihm, ich würde ihm, wenn sein Bett gebracht würde, den Alkoven anbieten, aber ich bäte ihn, diesen nicht anzunehmen. Ferner bat ich ihn, er möchte nicht verlangen, daß ausgefegt würde; den Grund würde ich ihm später mitteilen. Er versprach mir, er werde alles aufs strengste geheimhalten, und sagte mir, er schätze sich glücklich, daß man ihn zu mir geführt habe. Er erzählte mir ferner: Da niemand das Verbrechen kenne, wegen dessen ich unter den Bleidächern sei, so wolle ein jeder es erraten. Die einen behaupteten, ich sei das Oberhaupt einer neuen Religion; andere, Signora Memmo habe den Inquisitoren eingeredet, ich verführe ihre Söhne zum Atheismus; noch andere behaupteten, Antonio Condulmer habe als

Staatsinquisitor mich wegen Störung des öffentlichen Friedens einsperren lassen, weil ich die Theaterstücke des Abbate Chiari ausgepfiffen habe und mit dem Gedanken umgegangen sei, eigens nach Padua zu reisen, um ihn zu töten.

Alle diese Anschuldigungen waren bis zu einem gewissen Grade begründet und erhielten dadurch einen Anstrich von Wahrscheinlichkeit; im Grunde aber waren sie alle vollständig falsch. Ich machte mir zuwenig aus der Religion, um mir mit der Begründung einer neuen den Kopf zu zerbrechen. Die geistvollen Söhne der Signora Memmo waren eher dazu angetan zu verführen, als verführt zu werden, und der Signor Condulmer hätte viel zu tun gehabt, wenn er alle Leute hätte einsperren lassen, die den Abbate Chiari auspfiffen. Diesem Abbate aber und Exjesuiten hatte ich verziehen, denn der berühmte Pater Origo, ebenfalls Exjesuit, hatte mich gelehrt, mich dadurch an Chiari zu rächen, daß ich in allen Gesellschaften Gutes von ihm sagte, wodurch die boshaften Zuhörer dazu angeregt wurden, tausend Spöttereien gegen ihn vorzubringen; so fand ich mich gerächt, ohne mir selber Mühe zu machen.

Gegen Abend brachte man ein gutes Bett, schöne Wäsche, wohlriechende Wasser, ein gutes Abendessen und ausgezeichnete Weine. Der Abbate bezahlte den gewöhnlichen Tribut, das heißt, er aß nichts. Dafür speiste ich ausgezeichnet für zwei. Sobald Lorenzo uns guten Abend gewünscht und bis zum nächsten Tage wieder eingeschlossen hatte, holte ich meine Lampe hervor, die ich leer fand, denn das Tuch hatte alles Öl aufgesaugt. Ich mußte darüber herzlich lachen, indem ich mir die Verwirrung vorstellte, die dadurch hätte hervorgerufen werden können, daß durch den Docht das Tuch angezündet worden und dadurch eine Feuersbrunst ausgebrochen wäre. Ich teilte meine Gedanken meinem Gefährten mit, der darüber ebenfalls lachte; hierauf zündete ich meinen Lichtspender wieder an, und wir verbrachten die Nacht in sehr angenehmen Gesprächen. Folgendes war die Geschichte seiner Verhaftung:

»Gestern nachmittag um fünf Uhr stiegen Signora Alessandri, Graf Paolo Martinengo und ich in eine Gondel. Wir fuhren über Fusina nach Padua, um dort die Oper zu sehen und dann sofort nach Venedig zurückzukehren. Während des zweiten Aktes trieb mich mein böser Geist, einen Augenblick in den Spielsaal zu gehen, wo ich das Unglück hatte, den österreichischen Gesandten

Graf Rosenberg mit abgenommener Maske zu sehen. Zehn Schritte von ihm stand Signora Ruzzini, deren Mann als Gesandter der Republik nach Wien gehen soll. Ich begrüßte beide und wollte mich entfernen, als der Gesandte laut zu mir sagte: ›Sie sind recht glücklich, daß Sie einer so liebenswürdigen Dame den Hof machen können. In solchen Augenblicken macht die Stellung, die ich hier einnehme, das schönste Land für mich zu einer Galeere. Bitte, sagen Sie ihr, die Gesetze, die mich hier hindern, mit ihr zu sprechen, seien in Wien nicht in Geltung; dort würde ich sie nächstes Jahr sehen und ihr dann den Krieg erklären!‹ Signora Ruzzini sah, daß von ihr gesprochen wurde, und fragte mich, was der Graf gesagt habe; ich erzählte es ihr Wort für Wort. ›Antworten Sie ihm‹, sagte sie zu mir, ›ich nehme die Kriegserklärung an, und wir werden sehen, wer von uns beiden am besten fechten kann.‹ Ich glaubte, kein Verbrechen zu begehen, indem ich diese Antwort überbrachte, die doch im Grunde nur ein Kompliment war. Nach der Oper nahmen wir ein leichtes Abendessen zu uns; dann fuhren wir zurück und kamen um Mitternacht hier an. Ich wollte gerade zu Bett gehen, als ein Bote mir einen Brief überbrachte. Dieser enthielt den Befehl, mich um vier Uhr mittags in der Bussola einzufinden, da der Circospetto Segretario des Rates der Zehn, Signor Businello, mit mir zu sprechen habe. Erstaunt über einen solchen Befehl, der stets von schlimmer Vorbedeutung ist, und ärgerlich, ihm gehorchen zu müssen, begab ich mich zur bestimmten Stunde an den bezeichneten Ort; der Sekretär würdigte mich nicht eines einzigen Wortes und befahl, mich hierherzubringen.«[13]

Gewiß war der vom Grafen Fenaroli begangene Fehltritt nichts weniger als ein Verbrechen; aber es gibt Gesetze, die man in aller Unschuld übertreten kann und deren Übertretung trotzdem strafbar ist. Ich wünschte ihm Glück dazu, daß ihm sein Verbrechen bekannt sei, und sagte ihm, man werde ihn nach achttägiger Haft entlassen und ihn zugleich bitten, sechs Monate in Brescia zu verbringen. »Ich glaube nicht«, sagte er zu mir, »daß man mich acht Tage hierläßt.« Ich ließ ihn in seinem Glauben; aber meine Vorhersage erfüllte sich. Ich beschloß, ihm gute Gesellschaft zu leisten, um seine Erbitterung über die Verhaftung zu lindern, und ich versetzte mich so vollständig in seine Lage, daß ich meine eigene völlig vergaß.

Am nächsten Tage gleich nach Sonnenaufgang brachte Lorenzo Kaffee und einen Korb mit allem, was zu einem guten Mittagessen nötig ist. Der Abbate war sehr überrascht, denn er begriff nicht, wie man von ihm annehmen konnte, daß er zu solcher Stunde Lust zum Essen habe. Man ließ uns eine Stunde auf dem Dachboden spazierengehen; hierauf schloß man uns wieder ein, und damit waren wir für den Tag erledigt. Die Flöhe, die uns peinigten, veranlaßten ihn, mich zu fragen, warum ich nicht ausfegen ließe. Unmöglich konnte ich ihn glauben lassen, daß ich an solcher Unsauberkeit Gefallen fände oder daß meine Haut härter sei als die seinige. Ich sagte ihm alles. Er war betrübt, mich gewissermaßen gezwungen zu haben, ihm ein so wichtiges Geständnis zu machen; aber er ermutigte mich, meine Arbeit eifrig fortzusetzen und sie womöglich noch an demselben Tage zu beendigen. Er wolle mir helfen, mich in den unteren Saal hinabzulassen, und wolle hierauf den Strick wieder hochziehen; indessen wolle er seine eigene Angelegenheit nicht durch eine Flucht verschlimmern. Ich zeigte ihm das Modell einer Vorrichtung, mittels derer ich sicher war, das Bettuch, das mir als Strick dienen sollte, nach dem Gebrauch zu mir herunterzuziehen; das war ein kleines Stäbchen, an dessen einem Ende ein langer Bindfaden befestigt war. Mein Strick sollte an meiner Bettstelle nur mittels dieses Stäbchens befestigt sein; der Bindfaden hing bis zum Fußboden des Inquisitorensaales hinunter; sobald ich unten wäre, würde ich mit einem Ruck das Stäbchen frei machen, und die Bettücher fielen zu Boden. Er überzeugte sich von der sicheren Wirkung und wünschte mir Glück dazu. Diese Vorsichtsmaßregel war unerläßlich; denn wenn die Bettücher hängengeblieben wären, hätte ich durch sie sofort verraten werden müssen. Lorenzo wäre es augenblicklich gewahr geworden, wenn er durch den Saal zu den Gefängnissen ging. Dann hätte er mich sofort gesucht, gefunden und angehalten.

Mein edler Gefährte ließ sich von mir überzeugen, daß ich meine Arbeit aufschieben mußte; denn ich wollte vor einer Überraschung auf der Hut sein, da ich noch mehrere Tage brauchte, um das Loch fertig zu machen, das dem Schließer Lorenzo das Leben kosten würde. Konnte wohl der Gedanke mich zurückhalten, daß ich meine Freiheit auf Kosten eines solchen Menschen erkaufte? Ich hätte ebenso gehandelt, auch wenn meine Flucht allen Sbirren der Republik und sogar den Staatsinquisitoren selber das Leben gekostet hätte. Sogar das Heiligste von allem, das Vaterland, wird ein Nichts dem Menschen, den es unterdrückt!

Meine gute Laune hielt meinem Gefährten nicht alle Anfälle von Schwermut fern. Er liebte Signora Alessandri, vormals Sängerin und jetzige Geliebte oder Gattin seines Freundes Martinengo, und er wurde ohne Zweifel erhört; aber je glücklicher ein Liebhaber ist, desto unglücklicher wird er, wenn man ihn von der Geliebten fernhält. Er seufzte, er vergoß Tränen, und oft rief er aus, er liebe eine Frau, die ein Muster aller Tugenden sei. Ich beklagte ihn, und es fiel mir nicht ein, ihm zum Trost zu sagen, daß die Liebe nur eine Kleinigkeit sei. Dieser Trost, den oft die Toren Liebenden geben, ist kein Trost; es ist nicht einmal wahr, daß die Liebe nur eine Kleinigkeit ist.

Die acht Tage, die ich ihm prophezeit hatte, vergingen sehr schnell. Ich verlor den lieben Gefährten, aber ich hielt mich nicht damit auf, ihm nachzutrauern: er bekam seine Freiheit wieder, und das war für mich Grund genug, mich zu freuen. Ich dachte nicht daran, ihn zur Verschwiegenheit zu ermahnen; der geringste Zweifel in dieser Hinsicht hätte seine schöne Seele beleidigt. Während der acht Tage, die er bei mir verbrachte nährte er sich nur von Suppe, Früchten und Kanarienwein, sein gutes Essen verzehrte ich, und dies machte ihm viel Freude. Beim Abschied schworen wir uns die innigste Freundschaft.

Am nächsten Tage legte Lorenzo mir Rechnung über mein Geld für den Monat Juni ab. Es war ein Rest von vier Zechinen zu meinen Gunsten vorhanden, und er wurde gerührt, als ich ihm sagte, daß ich sie seiner Frau schenke. Ich sagte ihm nicht, daß es Mietgeld für die Lampe sei, aber er konnte sich dies wohl denken.

Ich nahm nun meine Arbeit wieder auf und setzte sie ohne Unterlaß fort; am 23. August sah ich sie fertig. Daß es so lange dauerte, daran war ein sehr natürliches Ereignis schuld: das letzte Brett durchbohrte ich mit der größten Vorsicht, indem ich ganz allmählich einen Splitter nach dem andern abhob, bis das Brett sehr dünn geworden war; als ich bis an die Oberfläche vorgedrungen war, legte ich mein Auge an ein kleines Loch, durch welches ich das Zimmer der Inquisitoren sehen mußte. Ich sah es auch wirklich, bemerkte aber zur gleichen Zeit einen Balken von etwa acht Zoll Dicke. Was ich immer gefürchtet hatte, war geschehen: ich war auf einen der Deckenbalken gestoßen. Dies zwang mich, meine Öffnung nach der entgegengesetzten Seite zu erweitern; denn durch den Balken wäre der Durchgang so eng geworden, daß meine ziemlich kräftige Gestalt niemals hindurchgekonnt hätte. Ich vergrößerte also das Loch um ein Viertel, wobei ich zwischen Furcht und Hoffnung schwebte; denn es hätte wohl sein können, daß der Raum zwischen diesem bis zum nächsten Deckenbalken nicht ausreichte. Als ich mit der Erweiterung fertig war, erlaubte ein zweites kleines Loch mir, festzustellen, daß Gott mein Werk gesegnet hatte. Die kleinen Löcher stopfte ich sorgfältig wieder zu, damit nichts in den Saal hinunterfalle und kein Strahl meiner Lampe von dort aus gesehen werden könne; denn dadurch wäre ich entdeckt worden und verloren gewesen.

Ich setzte meine Entweichung auf die Nacht vor dem Augustinustage[14] fest, weil ich wußte, daß aus Anlaß dieses Festes der Große Rat sich versammelte und daß infolgedessen niemand sich in der Bussola befinden würde, die unmittelbar an das Zimmer stieß, durch das ich auf meiner Flucht hindurchmußte. Die Ausführung sollte also am 27. stattfinden; aber am Mittag des 25. August stieß mir ein Unglück zu, dessen Erinnerung mich noch jetzt schaudern macht, obgleich seitdem so viele Jahre verflossen sind.

Genau um zwölf Uhr hörte ich das Geräusch der Riegel, und ich glaubte zu sterben; mich befiel ein so heftiges Herzklopfen, daß ich fürchtete, mein letzter Augenblick sei gekommen. Halb bewußtlos warf ich mich in meinen Lehnstuhl und wartete. Lorenzo betrat den Dachboden und rief mir mit fröhlicher Stimme durch mein Gitterfenster zu: »Ich wünsche Ihnen Glück zu der guten Nachricht, die ich bringe.« Ich glaubte, er wollte mir melden, daß ich frei wäre, denn an etwas anderes dachte ich nicht. Ich zitterte bei dem Gedanken; denn ich glaubte, daß durch die Entdeckung des Lochs meine Begnadigung rückgängig gemacht werden könnte.

Lorenzo trat ein und sagte mir, ich solle mitkommen.

»Wartet, ich werde mich anziehen.«

»Das ist nicht nötig; denn Sie brauchen nur von diesem schlechten Gefängnis nach einem andern, ganz neuen zu gehen, wo Sie durch zwei Fenster eine Aussicht über halb Venedig haben und wo Sie aufrecht stehen können.«

Ich fühlte mich einer Ohnmacht nahe und sagte zu ihm: »Gebt mir Essig und sagt dem Sekretär, ich danke dem Tribunal für diese Gnade, aber ich bitte, mich hier zu lassen.«

»Sie machen mich lachen, Signore! Sind Sie verrückt geworden?

Man will Sie aus der Hölle befreien und Sie ins Paradies bringen, und Sie weigern sich! Vorwärts, vorwärts! Der Befehl muß befolgt werden; stehen Sie auf! Ich werde Ihnen den Arm geben und werde durch die Büttel Ihre Sachen und Ihre Bücher nachbringen lassen.«

Da ich sah, daß jeder Widerstand vergeblich war, stand ich auf. Ich fühlte eine große Erleichterung, als ich hörte, daß einem der Sbirren befohlen wurde, mir meinen Lehnstuhl nachzutragen: also folgte mir mein Spieß und mit ihm die Hoffnung. Gar zu gern hätte ich auch mein schönes Loch mitnehmen mögen, das mir so viele Mühe gekostet und worauf ich so viele Hoffnungen gesetzt hatte, die nun alle verloren waren. Ich kann wohl sagen: Als ich diesen schrecklichen Ort der Schmerzen verließ, blieb meine ganze Seele dort zurück.

Auf Lorenzos Schultern gestützt, der durch seine dummen Späße mich zu erheitern glaubte, durchschritt ich zwei enge Korridore. Dann ging es drei Stufen hinab, und ich betrat einen sehr hellen Saal; in dessen linker Ecke am Ende führte eine kleine Türe in einen anderen, zwei Fuß breiten und ungefähr zwölf Fuß langen Korridor, und in der Ecke war mein neues Gefängnis. Dieses hatte ein vergittertes Fenster nach dem Korridor hinaus, der durch zwei ebenfalls vergitterte Fenster sein Licht erhielt, und durch diese hatte man eine herrliche Aussicht bis zum Lido.

Ich war in diesem traurigen Augenblick nicht in der Stimmung, mich daran zu erfreuen. Indessen sah ich später mit Vergnügen, daß durch dieses Fenster, wenn es offen war, ein sanfter und frischer Wind eindrang, der die unerträgliche Hitze milderte. Dies war ein wahrer Balsam für den Unglücklichen, der hier oben atmen mußte, besonders während der heißen Jahreszeit.

Wie der Leser sich denken kann, fanden alle diese Beobachtungen erst später statt. Als ich mein neues Gefängnis betreten hatte, ließ Lorenzo meinen Lehnstuhl hineinstellen; dann entfernte er sich mit den Worten, den Rest meiner Sachen werde er mir bringen lassen.

Der Stoizismus des Zenon[15] und die Ataraxia des Pyrrhon[16] beschäftigen den Geist mit sonderbaren Vorstellungen. Sie werden gepriesen und belacht, bewundert und verspottet. Nur mit Vorbehalt halten die Gelehrten sie für möglich. Aber nach meiner Meinung kann jeder Urteiler über moralisch Mögliches und

Unmögliches immer nur von sich selbst sprechen; denn wenn man redlich ist, kann man eine innere Kraft nicht anerkennen, deren Keim man nicht in sich selber fühlt. Und so finde ich in mir selbst, daß der Mensch durch eine mühe- und kunstvoll erworbene Kraft vielleicht Wehklagen über den Schmerz unterdrücken und sich gegen seine ersten Anfälle wehren kann. Aber dies ist auch alles. Das *abstine et sustine* [verzichte und dulde][17] kennzeichnet einen guten Philosophen. Aber die körperlichen Schmerzen, die ein Stoiker empfindet, werden denen eines Epikureers nichts nachgeben. Die Schmerzen brennen heftiger den, der sie verbirgt, als den, der sich durch Klagen eine wirkliche Erleichterung verschafft. Der Mensch, der bei einem für ihn entscheidenden Ereignis gleichgültig erscheinen will, trägt nur den leeren Schein des Gleichmuts zur Schau, falls er nicht etwa blödsinnig oder verrückt ist. Der sich völliger Ruhe rühmt, der lügt – und Sokrates möge mir diese Bemerkung nicht übelnehmen. Ich will Zenon alles glauben, sobald er mir zeigt, daß er das Geheimnis gefunden hat, der Natur das Erbleichen und Erröten, das Lachen und Weinen zu verwehren.

Unbeweglich wie eine Bildsäule saß ich in meinem Lehnstuhl und erwartete das Gewitter. Und doch hatte ich keine Furcht. Mich lähmte nur der niederschmetternde Gedanke, daß alle Mühe und Pläne verloren waren. Trotzdem empfand ich keine Reue, sondern nur Bedauern. Nicht an die Zukunft zu denken, war der einzige Trost, den ich mir verschaffen konnte.

Indem ich meine Gedanken zu Gott erhob, konnte ich nicht umhin, das neue Unglück, das mich traf, als eine Strafe anzusehen, die Gott selber mir sandte, weil ich nicht geflohen war, sobald die Mittel dazu bereit waren. Indessen, wenn ich auch anerkannte, daß ich drei Tage früher hätte entfliehen können, so mußte ich doch die Strafe zu hart finden; denn ich hatte mein Unternehmen nur aus Vorsicht aufgeschoben, und dies schien mir eher eine Belohnung zu verdienen; denn wenn ich meiner eigenen Ungeduld gefolgt wäre, so hätte ich allen Gefahren getrotzt. Aus Gründen der Vernunft hatte ich meine Flucht auf den 27. August verschoben; um gegen diese Vernunft zu handeln, hätte es einer Offenbarung bedurft, und so verrückt hatte mich das Buch der Maria de Agreda noch nicht gemacht.

ACHTES KAPITEL

In diesem Zustand voll ängstlicher Erwartung und Verzweiflung befand ich mich, als zwei Sbirren mir mein Bett brachten. Sie entfernten sich sofort wieder, um das übrige zu holen; aber es vergingen mehr als zwei Stunden, bevor ich jemanden wiedersah, obgleich die Tür meines neuen Gefängnisses offengeblieben war. Diese Verzögerung war nicht natürlich, und ich machte mir eine Menge Gedanken darüber; doch konnte ich zu einer festen Meinung nicht kommen. Ich wußte nur, daß ich alles zu befürchten hatte, und diese Gewißheit befähigte mich, alles aufzubieten, um in einen Zustand von Ruhe zu gelangen, der mich zum Widerstand gegen jedes Mißgeschick wappnete.

Außer den Bleikammern und den Quattro besitzen die Staatsinquisitoren noch neunzehn andere fürchterliche Gefängnisse. Sie befinden sich im Dogenpalast selber, unter der Erde, und sind entsetzliche Löcher für solche Unglückliche, die man nicht zum Tode verurteilen will, obgleich ihre Verbrechen sie einer solchen Strafe würdig erscheinen lassen.

Alle Richter und Herrscher der Erde haben stets gewissen Verbrechern eine große Gnade zu erweisen geglaubt, indem sie ihnen das Leben lassen, während ihre Handlungen den Tod verdient hätten. Aber oft tritt an die Stelle des augenblicklichen Todesschmerzes eine Lage, die nur ein unaufhörliches Leiden und darum schlimmer als der Tod ist. Vom religiösen und philosophischen Standpunkt aus kann man diese Strafumwandlungen nur dann als eine Gnade betrachten, wenn auch der Unglückliche, dem sie zuteil werden, sie als solche ansieht; aber der Verbrecher wird sehr selten befragt, und so artet die angebliche Gnade oft in eine wahre Ungerechtigkeit aus. Diese unterirdischen Gefängnisse sind wahre Gräber; aber man nennt sie die *pozzi*, weil in ihnen stets das Meerwasser zwei Fuß hoch steht; dieses dringt durch dasselbe Gitter ein, wodurch sie ein wenig

Licht empfangen. Das Gitterfenster ist nur einen Quadratfuß hoch. Wenn der unglückliche Gefangene, der in diesen schmutzigen Kloaken zu leben verdammt ist, nicht beständig ein Salzwasserbad nehmen will, muß er den ganzen Tag auf einem Gestell sitzen, worauf ein Strohsack liegt und das ihm auch als Speiseschrank dient. Am Morgen gibt man ihm einen Krug Wasser, eine dünne Suppe und eine Portion Schiffszwieback, die er sofort essen muß, wenn sie nicht die Beute der großen Wasserratten werden soll, von denen diese entsetzlichen Höhlen wimmeln. Für gewöhnlich sind die Unglücklichen, die man in dieses schreckliche Gefängnis sperrt, auf Lebenszeit verurteilt, und zuweilen kommt es vor, daß einer ein hohes Alter erreicht. Ein Verbrecher, der dieser Tage starb, während ich unter den Bleidächern war, hatte siebenunddreißig Jahre dort unten verbracht, und er war vierundvierzig Jahre alt gewesen, als er gefangengesetzt wurde. Da er überzeugt sein mußte, den Tod verdient zu haben, so hat er vielleicht die Umwandlung der Strafe als eine Gnade angesehen; denn es gibt Menschen, die nur den Tod fürchten. Er hieß Beguelin und war aus Frankreich gebürtig. Er hatte während des letzten Türkenkrieges im Jahre 1716 als Hauptmann bei den Truppen der Republik gedient und stand unter dem Befehl des Marschalls Graf von der Schulenburg, der den Großwesir nötigte, die Belagerung von Korfu aufzuheben. Beguelin diente dem Marschall als Spion: als Türke verkleidet, ging er in das Lager der Moslems; zugleich aber bediente er auch den Großwesir. Er wurde dieser doppelten Spionage überführt, und gewiß erwies man ihm eine Gnade, indem man ihn in die Pozzi schickte, dort zu sterben. Er hat da unten nur hungern und sich langweilen können; aber mit seinem gemeinen Charakter hat er sich vielleicht oft das Wort wiederholt: *dum vita superest bene est* [Wenn nur das Leben bleibt, ist alles gut][1].

Ich sah im Spielberg[2] in Mähren noch viel fürchterlichere Kerker; in diese brachte man aus Barmherzigkeit Verbrecher, die zum Tode verurteilt waren, und niemals hat es einer ein Jahr lang darin aushalten können, da man dort einen Tod stirbt, wie ihn *siculi non invenere tyranni* [die Tyrannen Siziliens nicht erfunden haben][3].

Während ich diese zwei tödlich langen Stunden wartete, kamen mir die düstersten Gedanken, und ich stellte mir alles mögliche Unglück vor. Natürlich bildete ich mir auch ein, man würde mich in eins dieser schrecklichen Löcher werfen, in denen der Unglückliche sich nur von trügerischen Hoffnungen nährt und ebenso unvernünftigen panischen Schrecken erliegt. Das Tribunal, das über die höchsten Höhen und über die tiefsten Tiefen des Palazzo verfügt, war wohl imstande, jemanden, der dem Fegefeuer zu entrinnen versucht hatte, nunmehr in die Hölle zu schicken.

Endlich hörte ich einige Schritte, und bald sah ich Lorenzo vor mir. Sein Gesicht war ganz verzerrt vor Zorn; er schäumte vor Wut und fluchte auf Gott und alle Heiligen. Er befahl mir, ihm die Hacke und die Werkzeuge herauszugeben, mittels deren ich den Fußboden durchbrochen hatte, und ihm den Sbirren zu nennen, der sie mir verschafft hätte. Ich antwortete ihm ganz kaltblütig und ohne mich zu rühren, ich wisse nicht, wovon er spreche. Auf diese Antwort hin befahl er, mich zu durchsuchen; ich stand aber mit entschlossenem Gesicht auf, zog mich selber ganz nackt aus und rief dem Halunken drohend zu: »Tut, was eures Amtes ist! Aber keiner unterstehe sich, mich anzurühren!«

Man durchsuchte meine Matratze, schüttete den Strohsack aus, befühlte die Polster meines Lehnstuhls und sah sogar in meinem stinkenden Fäßchen nach; man fand nichts.

»Sie wollen mir nicht sagen, wo die Werkzeuge sind, mit denen Sie das Loch gemacht haben; aber man wird Mittel finden, Sie zum Sprechen zu bringen!«

»Wenn es wahr ist, daß ich irgendwo ein Loch gemacht habe, so werde ich sagen, daß Ihr selber mir die Werkzeuge dazu gegeben habt und daß ich Euch alles zurückgegeben habe.«

Diese Drohung rief bei den Bütteln, die bei ihm waren und die er wahrscheinlich durch irgendwelche Bemerkungen verärgert hatte, ein beifälliges Lächeln hervor. Er stampfte mit dem Fuß auf, raufte sich die Haare und lief wie ein Besessener zur Tür hinaus. Seine Leute kamen wieder und brachten mir alle meine Sachen, mit Ausnahme meines Steines und meiner Lampe. Nachdem er mein Gefängnis geschlossen hatte, machte er die beiden Fenster zu, durch die ich ein wenig frische Luft empfing. So fand ich mich in einen engen Raum eingesperrt, wo ich von nirgendsher auch nur ein bißchen Luft erhalten konnte. Dies nahm ich mir aber nicht sehr zu Herzen, denn ich gestehe, daß ich der Meinung war, noch gut davongekommen zu sein. Lorenzo war ein alter erfahrener Gefängniswärter; trotzdem kam er glücklicherweise nicht auf den Gedanken, meinen Lehnstuhl umzudrehen. So besaß ich denn weiterhin meinen Spieß und dankte dafür der Vorsehung; denn ich glaubte, ihn immer noch als das Werkzeug des Glücks betrachten zu dürfen, das mir früher oder später meine Freiheit verschaffen würde.

Ich konnte die ganze Nacht kein Auge schließen, teils wegen der Hitze, teils wegen der gehabten Aufregung. Mit Tagesanbruch kam Lorenzo und brachte mir ungenießbaren Wein, dazu Wasser, das kein Mensch trinken konnte. Dementsprechend war auch alles übrige: der Salat war vertrocknet, das Fleisch stank, und das Brot war sehr hart. Er ließ mein Zimmer nicht reinigen, und als ich ihn bat, die Fenster zu öffnen, stellte er sich taub; aber ein Sbirre klopfte mit einer Eisenstange überall gegen die Wände und auf den Fußboden, ganz besonders unter dem Bett. Ich sah das alles mit unerschütterlichem Gesicht mit an; dabei entging es mir nicht, daß der Sbirre nicht gegen die Decke klopfte, und ich sagte zu mir selber, auf diesem Wege würde ich die Hölle hier verlassen. Um jedoch diesen Plan ausführen zu können, mußte ich abwarten, daß Umstände einträten, die nicht von mir abhingen; denn ich durfte nichts machen, was Lorenzos Blicken ausgesetzt war. Die Zelle war ganz neu; die kleinste Schramme wäre sofort von meinen Wächtern bemerkt worden.

Ich verbrachte einen fürchterlichen Tag, denn die Hitze war erstickend wie in einem Backofen, und außerdem waren die mir verabreichten Nahrungsmittel völlig ungenießbar. Das Schwitzen und der Mangel an Nahrung machten mich so schwach, daß ich weder lesen noch umhergehen konnte. Am nächsten Tage bekam ich ebensolches Essen; vor dem fauligen Gestank des Kalbfleisches, das der Kerl mir brachte, wich ich entsetzt zurück. »Hast du«, rief ich, »Befehl erhalten, mich an Hunger und Hitze sterben zu lassen?« Er antwortete nicht und schloß meinen Kerker wieder zu. Am dritten Tage die gleiche Behandlung. Ich verlangte Bleistift und Papier, um dem Sekretär zu schreiben; keine Antwort.

Verzweifelt aß ich meine Suppe und etwas Brot, in Zypernwein getunkt. Ich beschloß Kräfte zu sammeln, um mich am nächsten Tag an Lorenzo rächen zu können. Ich wollte ihm meinen Spieß durch die Kehle stoßen. In meiner Wut schien mir kein anderer Entschluß möglich zu sein. Die Nacht beruhigte mich, und als am andern Morgen der Wächter erschien, begnügte ich mich damit, ihm zu sagen, ich würde ihn töten, sobald ich wieder frei wäre. Er lachte nur über meine Drohung und ging wiederum hinaus, ohne den Mund aufzutun.

Ich begann zu glauben, er handle so auf Befehl des Sekretärs, dem er wahrscheinlich alles gemeldet hatte. Ich wußte nicht, was ich machen sollte: meine Geduld kämpfte mit meiner Verzweiflung. Meine Lage war fürchterlich, ich fühlte mich an Erschöpfung zugrunde gehen. Am achten Tage endlich übermannte mich die Wut: mit Donnerstimme nannte ich ihn in Gegenwart der Sbirren einen niederträchtigen Henker und befahl ihm, mir Rechnung über mein Geld abzulegen. Er antwortete mir kurz angebunden, ich würde die Abrechnung am nächsten Tage bekommen. Als er gehen wollte, ergriff ich den Kübel und tat, wie wenn ich ihn auf den Korridor ausgießen wollte. Er kam mir jedoch zuvor und befahl einem der Sbirren, mir den Kübel abzunehmen. Um den Geruch zu vertreiben, der sich unterdessen im Korridor verbreitet hatte, öffnete er ein Fenster, das er aber wieder schloß, sobald die Sache besorgt war, und ich blieb trotz meinem Geschrei in der Pestluft. Ich glaubte, daß ich diesen ekelhaften, aber unumgänglich notwendigen Dienst gerade den Beleidigungen verdankte, die ich ihm gesagt hatte, und beschloß daher, ihn am nächsten Tage noch schlechter zu behandeln. Aber meine Wut legte sich, sobald ich ihn sah, denn bevor er mir meine Rechnung vorlegte, übergab er mir einen Korb voll Zitronen, den Signor Bragadin mir geschickt hatte, und eine große Flasche mit Wasser, das gut zu sein schien; dazu ein sehr appetitliches gebratenes Huhn. Außerdem öffnete einer von den Sbirren die beiden Fenster. Als er mir meine Rechnung vorlegte, warf ich nur einen Blick auf die Gesamtsumme und sagte ihm, er solle den Rest seiner Frau geben mit Ausnahme einer Zechine. Diese befahl ich ihm den Sbirren zu geben, die mit ihm meine Aufwartung besorgten. Diese kleine Freigebigkeit gewann mir die Herzen der armen Teufel, die sich sehr eifrig bei mir bedankten.

Sobald Lorenzo mit mir allein war, fing er an zu sprechen: »Sie haben mir bereits gesagt, daß Sie von mir selber die Werkzeuge erhalten haben, die Sie brauchten, um das Riesenloch zu machen. Danach bin ich also nicht mehr neugierig; aber würden Sie wohl die Gnade haben, mir zu sagen, wer Ihnen die notwendigen Bestandteile verschafft hat, um eine Lampe zu machen?«

»Ihr selber.«

»Oho; da bin ich verblüfft! Was Sie da sagen, ist sehr kühn, aber nicht gescheit.«

»Ich lüge nicht. Ihr selber habt mir mit Euren Händen alles

gegeben, was ich brauchte: Öl, Feuerstein, Holzspäne, das übrige besaß ich schon.«

»Sie haben recht; aber könnten Sie mich ebenso leicht auch davon überzeugen, daß ich Ihnen die Werkzeuge geliefert habe, um das Loch zu machen?«

»Ganz gewiß; denn ich habe alles nur von Euch erhalten.«

»Barmherzigkeit! Was höre ich da? Sagen Sie mir doch, wann ich Ihnen eine Hacke gegeben habe!«

»Ich werde Euch alles sagen, und ich werde die Wahrheit sagen, aber es wird nur in Gegenwart des Sekretärs geschehen.«

»Ich will gar nichts mehr wissen, ich glaube Ihnen alles. Ich bitte Sie, schweigen Sie! Bedenken Sie, ich bin ein armer Mann und habe Kinder.« Er hielt sich mit beiden Händen den Kopf und ging hinaus.

Ich wünschte mir von ganzem Herzen Glück, daß ich ein Mittel gefunden hatte, den Spitzbuben in Furcht zu setzen, der durch mich nach dem Willen des Schicksals sein Leben verlieren sollte. Ich sah, daß sein eigenes Interesse ihn nötigte, seinen Herren kein Wort von dem Vorgefallenen zu sagen.

Ich hatte Lorenzo befohlen, mir die Werke des Marchese Maffei[4] zu kaufen. Diese Ausgabe wurmte ihn, aber er wagte mir dies nicht offen heraus zu sagen, sondern fragte mich, warum ich denn immer noch neue Bücher brauchte, da ich schon so viele besäße.

»Ich habe alle gelesen und brauche neue.«

»Ich werde Ihnen von einem der Gefangenen Bücher leihen lassen, wenn Sie ihm dafür die Ihrigen leihen wollen. Auf diese Weise sparen Sie Ihr Geld.«

»Es sind vielleicht Romane, und die liebe ich nicht.«

»Es sind wissenschaftliche Bücher; wenn Sie vielleicht glauben, Sie seien der einzige kluge Kopf hier oben, so irren Sie sich.«

»Nun, mir soll es recht sein; wir werden sehen. Da habt Ihr ein Buch, das ich auf gut Glück verleihe. Bringt mir dafür ein anderes.«

Ich hatte ihm das ›Rationarium‹ von Pétau[5] gegeben; vier Minuten später brachte er mir dafür den ersten Band von Wolff[6]. Dies war mir recht angenehm; ich sagte ihm, ich wolle auf den Maffei verzichten, und darüber freute er sich sehr.

Mich erfreute weniger das Lesen dieser gelehrten Bücher als die günstige Gelegenheit, eine Korrespondenz mit einem anderen anknüpfen zu können, der mir bei meinem Fluchtplan, den ich bereits im Kopf entworfen hatte, behilflich sein konnte. Sobald

Lorenzo hinaus war, schlug ich das Buch auf und war außerordentlich erfreut, als ich auf einem Blatte eine Umschreibung des Senecaschen Wortes *calamitosus est animus futuri anxius* [Wer sich wegen künftigen Unglücks Sorgen macht, ist zu beklagen][7], in sechs guten Versen fand. Ich machte sofort ebenfalls sechs, und um diese niederschreiben zu können, ersann ich folgendes Mittel: Ich hatte den Nagel meines kleinen Fingers wachsen lassen, um ihn als Ohrlöffel benützen zu können; ich schnitt ihn spitz zu, so daß er als Feder dienen konnte. Tinte hatte ich nicht, und ich wollte mich schon in den Finger stechen, um mit meinem Blut zu schreiben, als mir plötzlich einfiel, daß ich statt Tinte auch Maulbeerensaft benutzen könnte, und solchen hatte ich. Außer den sechs Versen schrieb ich das Verzeichnis der Bücher auf, die ich besaß, und legte es in den Rücken des gleichen Buches. Man muß wissen, daß in Italien die Bücher gewöhnlich in Pergament gebunden sind, und zwar so, daß beim Öffnen der Rücken eine Tasche bildet. Unter den Rückentitel schrieb ich: *latet* [Es ist etwas versteckt]. Ich war ungeduldig, eine Antwort zu erhalten; als daher Lorenzo am anderen Morgen erschien, sagte ich ihm, ich hätte das Buch gelesen und bäte die Person, mir ein anderes zu schicken. Einen Augenblick darauf hatte ich den zweiten Band in Händen.

Kaum war ich allein, so schlug ich den Band auf und fand darin auf einem losen Blatt folgende Worte in lateinischer Sprache: ›Wir sind zu zweien in demselben Gefängnis, und es macht uns den größten Spaß, zu sehen, daß die Unwissenheit eines habsüchtigen Kerkermeisters uns ein Vorrecht verschafft, das an diesem Ort beispiellos ist. Ich, der Schreiber dieser Zeilen, bin Marin Balbi[8], venezianischer Nobile und Mitglied des Ordens der Somasker; mein Gefährte ist der Graf Andrea Asquin[9] aus Udine, der Hauptstadt des Friaul. Ich teile Ihnen in seinem Namen mit, daß alle Bücher, die er besitzt und deren Verzeichnis Sie im Rücken des Buches finden werden, Ihnen zu Diensten stehen; aber wir machen Sie darauf aufmerksam, Signore, daß wir außerordentlich vorsichtig sein müssen, um unseren Verkehr vor Lorenzo geheimzuhalten.‹

Es war nicht eben zu verwundern, daß wir in der Lage, worin wir uns befanden, auf den gleichen Gedanken verfielen, nämlich, uns gegenseitig das Verzeichnis unseres kleinen Büchervorrats mitzuteilen; und daß wir dafür den Rücken des Buches wählten: diesen Gedanken gab uns der gesunde Menschenverstand ein; aber ich fand es eigentümlich, daß er auf einem losen Blatt Vorsicht empfahl. Es schien unmöglich zu sein, daß Lorenzo nicht das Buch öffnete; dann hätte er das Blatt gesehen, und da er es nicht lesen konnte, hätte er es in die Tasche gesteckt, um sich von irgendeinem den Inhalt auf italienisch sagen zu lassen. So wäre alles schon im ersten Anfang entdeckt worden. Dies ließ mich darauf schließen, daß mein Korrespondent ein recht unbesonnener Mensch sein mußte.

Nachdem ich das Bücherverzeichnis gelesen hatte, schrieb ich, wer ich wäre, wie man mich verhaftet hätte, daß ich nicht wüßte, für welches Verbrechen man mich strafte, und daß ich hoffte, mich bald frei zu sehen. Balbi schrieb mir einen sechzehn Seiten langen Brief; der Graf Asquin schrieb nichts. Der Mönch erzählte mir all sein Mißgeschick: Seit vier Jahren saß er gefangen, und zwar weil er die Gunst von drei jungen Mädchen genossen hatte; er hatte von ihnen drei Kinder gehabt, die er aus Gutmütigkeit auf seinen Namen hatte taufen lassen. Sein Pater Superior hatte ihn das erstemal mit einer Strafpredigt seines Oberen davonkommen lassen. Das zweitemal hatte man ihm eine scharfe Strafe angedroht, und das drittemal endlich hatte man ihn einsperren lassen. Der Pater Superior seines Klosters schickte ihm jeden Morgen sein Essen. Er sagte mir in seinem Brief, der Superior und das Tribunal seien Tyrannen, denn sie hätten keine Gewalt über sein Gewissen; er sei überzeugt gewesen, daß die drei Kinder von ihm seien, darum habe er als anständiger Mann sie nicht des Vorteils berauben dürfen, den ihnen vielleicht sein Name bringen könnte. Weiter sagte er mir, er habe nicht umhingekonnt, seine Kinder öffentlich anzuerkennen, damit sie nicht verleumderischerweise anderen Vätern zugeschrieben würden, denn dies hätte dem guten Ruf der drei anständigen Mädchen geschadet, von denen er diese Kinder gehabt habe; außerdem hätte er nicht die Stimme der Natur ersticken können, die zugunsten der unschuldigen Geschöpfe gesprochen habe. Er schloß mit den Worten: ›Es ist keine Gefahr vorhanden, daß mein Superior in denselben Fehler verfällt; denn seine Zärtlichkeit betätigt sich nur seinen Schülern gegenüber.‹

Der Brief genügte, um den Mann kennenzulernen. Ein sonderbarer Kauz, sinnlich, in falschen Vorstellungen befangen, boshaft, dumm, unvorsichtig, undankbar – so zeigte er sich schon in diesem ersten Brief; denn nachdem er mir gesagt hatte, er würde sich ohne den siebzigjährigen Grafen Asquin, welcher Bücher und Geld besäße, sehr unglücklich befinden, schrieb er zwei ganze Seiten voll, um mir Böses von ihm zu sagen und mir die Fehler und Lächerlichkeiten des alten Mannes zu schildern. Als freier Mann würde ich einem Menschen von diesem Charakter nicht geantwortet haben; aber unter den Bleidächern mußte ich mir alles zunutze machen. Ich fand im Rücken des Buches Bleistift, Federn und Papier, so daß ich nunmehr ganz bequem schreiben konnte.

Er schrieb mir auch genaue Mitteilungen über alle Gefangenen, die sich damals unter den Bleidächern befanden oder während seiner vierjährigen Haft dort gewesen waren. Er sagte mir, der Büttel Niccolo kaufe ihm im geheimen alles, was er wünsche, nenne ihm die Namen der Gefangenen und erzähle ihm, was er von ihnen wisse. Zum Beweise berichtete er mir alles, was er über mein Loch erfahren hatte: Man habe mich aus meinem Gefängnis herausgenommen, um den Patrizier Priuli Gran Can dort unterzubringen. Lorenzo habe zwei Stunden dazu gebraucht, den von mir angerichteten Schaden wieder auszubessern; er habe dem Tischler, dem Schlosser und allen Wächtern bei Todesstrafe verboten, ein Wort davon zu sagen. ›Noch einen Tag‹, hatte Niccolo gesagt, ›und Casanova wäre auf sinnreiche Art entflohen, Lorenzo aber wäre an den Galgen gekommen; denn obwohl er sich beim Anblick des Loches sehr erstaunt stellte, sei es doch nicht zweifelhaft, daß nur er die erforderlichen Werkzeuge geliefert haben könne, um eine so schwierige Arbeit auszuführen. Niccolo hat mir ferner gesagt‹, fuhr mein Korrespondent fort, ›daß Signor Bragadin ihm tausend Zechinen versprochen hat, wenn er Ihnen bei einer Flucht behilflich sein kann. Lorenzo aber weiß dies und hofft, sich die Belohnung ohne Gefahr verdienen zu können, indem er durch seine Frau Ihre Befreiung bei Signor Diedo erwirkt. Von den Wächtern wagt keiner über den Vorfall zu sprechen, weil jeder befürchtet, Lorenzo würde, gelänge es einem, sich auszureden, sich dadurch rächen, daß er ihn wegjagen ließe.‹ Der Mönch bat mich, ihm die ganze Geschichte ausführlich zu erzählen und ihm zu sagen, wie ich mir die Werkzeuge verschafft hätte; auf seine Verschwiegenheit könne ich rechnen.

An seiner Neugier zweifelte ich nicht, wohl aber sehr an seiner Verschwiegenheit, zumal schon aus seiner Bitte hervorging, daß er ein höchst indiskreter Mensch war. Indessen glaubte ich, ihn gut behandeln zu müssen, denn er schien mir der Mann zu sein, alle meine Anordnungen auszuführen, um mir bei der Wiedererlangung meiner Freiheit zu helfen. Daher antwortete ich ihm. Plötzlich aber kam mir ein Verdacht, der mich veranlaßte, das von mir Geschriebene vorläufig nicht abzuschicken. Es fiel mir nämlich ein, dieser Briefwechsel könnte vielleicht ein Kniff von Lorenzo sein, um auf diese Weise zu erfahren, von wem ich die Werkzeuge erhalten und wo ich sie gelassen hätte. Um seinen Wunsch zu erfüllen, ohne mich bloßzustellen, schrieb ich ihm, ich hätte das Loch mit Hilfe eines starken Messers gemacht, das ich besäße und das ich oben auf das Gesimse des Korridorfensters gelegt hätte. Mehr als drei Tage vergingen; ich war beruhigt, denn Lorenzo unterließ es, auf dem Gesimse nachzusuchen, was er unfehlbar getan haben würde, wenn er den Brief aufgefangen hätte. Übrigens schrieb Pater Balbi mir, er wisse, daß ich wohl ein solches Messer besitzen könne; denn Lorenzo habe ihm erzählt, daß man mich vor der Einsperrung nicht durchsucht habe. Lorenzo hätte keinen Befehl dazu empfangen; und dieser Umstand würde ihn vielleicht gerettet haben, wenn mir meine Flucht gelungen wäre; denn er behauptete: wenn er jemanden aus den Händen des Messergrande erhielte, müßte er annehmen, daß er bereits durchsucht wäre. Der Messergrande seinerseits würde gesagt haben: er hätte mich aus meinem Bett steigen sehen und wäre daher sicher gewesen, daß ich keine Waffen bei mir haben konnte. Durch diesen Widerstreit wären sie vielleicht alle beide mit heiler Haut davongekommen. Zum Schluß bat der Mönch mich, ich möchte ihm durch Niccolo, dem ich vertrauen könnte, mein Messer schicken.

Die Leichtfertigkeit des Mönches schien mir unbegreiflich. Ich schrieb ihm, ich hätte durchaus keine Neigung, mich dem Niccolo anzuvertrauen, und mein Geheimnis wäre so wichtig, daß ich es nicht zu Papier bringen könnte. Seine Briefe machten mir immerhin Spaß. In einem teilte er mir mit, warum Graf Asquin unter den Bleidächern war. Es war eigentümlich, daß man ihn trotz seinem unbeholfenen körperlichen Zustand dort behielt, denn er war ungeheuer dick und konnte sich kaum bewegen, da ein gebrochenes Bein schlecht wieder angeheilt war. Der Graf, der nicht reich war, übte in Udine den Advokatenberuf aus; kraft dieses Berufes verteidigte er im Stadtrat den Bauernstand gegen den Adel, der ihm mit gewohnter Anmaßung das Stimmrecht in den Provinzialversammlungen bestreiten wollte. Die Ansprüche der

Bauern störten angeblich den öffentlichen Frieden, und um sie durch das Recht des Stärkeren zur Vernunft zu bringen, wandten die Adeligen sich an die Staatsinquisitoren, und diese befahlen dem gräflichen Advokaten, die Vertretung seiner Klienten niederzulegen. Der Graf antwortete, das Stadtrecht ermächtige ihn, die Verfassung zu verteidigen, und verweigerte den Gehorsam. Die Inquisitoren ließen ihn trotz des Stadtrechts verhaften, und seit fünf Jahren atmete er die heilsame Luft der Bleigefängnisse. Er bekam wie ich täglich fünfzig Soldi, durfte aber selbst über sein Geld verfügen. Der Mönch, der niemals einen Soldo hatte, sagte mir viel Böses über den Geiz seines Kameraden. Er teilte mir ferner mit, daß in dem Gefängnis jenseits des Saales zwei Edelleute aus den Sieben Gemeinden säßen, die sich ebenfalls wegen Ungehorsams in Haft befänden; einer von diesen wäre wahnsinnig geworden und würde in Ketten gehalten. Endlich schrieb er mir noch, daß in einem anderen Gefängnis zwei Notare säßen.

Zu der Zeit hatte man einen Marchese aus Verona, aus der Familie Pindemonte, eingesperrt, weil er dem Befehl, sich vorzustellen, nicht gehorcht hatte. Dieser vornehme Herr genoß große Vorrechte; man hatte seinen Dienern sogar erlaubt, ihm seine Briefe selbst zu übergeben. Er blieb dort nur acht Tage.

Nachdem mein Verdacht gänzlich geschwunden war, hielt ich folgendes Selbstgespräch:

Ich will um jeden Preis mir die Freiheit verschaffen. Der Spieß, den ich besitze, ist ausgezeichnet; aber es ist mir unmöglich, mich seiner zu bedienen, weil jeden Morgen mein ganzes Gefängnis, mit Ausnahme der Decke, mit einer Eisenstange abgeklopft wird. Will ich also aus meinem Gefängnisse herauskommen, so muß es auf dem Wege durch die Decke geschehen. Dazu brauche ich aber ein Loch, und ein solches kann ich von unten her nicht durchbrechen, und in einem Tage läßt sich diese Arbeit nicht machen. Ich brauche einen Gehilfen, und dieser kann dann mit mir entfliehen.

Die Wahl konnte mich nicht in Verlegenheit bringen, denn sie konnte nur auf den Mönch fallen. Er war achtunddreißig Jahre alt, und wenn er auch nicht eben übermäßig klug war, so dachte ich doch, die Freiheitsliebe, das erste Bedürfnis des Menschen, verliehe ihm soviel Entschlossenheit, daß er meine Befehle ausführen würde. Zunächst mußte ich mich entschließen, ihm alles anzuvertrauen, dann aber galt es, ein Mittel auszudenken, um ihm meinen Spieß zuzustellen. Dies waren zwei schwierige Punkte.

Vor allen Dingen fragte ich ihn, ob er die Freiheit zu erlangen wünsche und ob er bereit sei, alles zu unternehmen, um sie sich mit mir zu verschaffen. Er antwortete mir, sein Kamerad und er seien zu allem bereit, um ihre Ketten zu brechen; aber er fügte hinzu, es sei zwecklos, sich mit unausführbaren Fluchtplänen den Kopf zu zerbrechen. Er füllte vier lange Seiten mit einer Aufzählung der Gründe, die nach seinem armen Verstand die Ausführung unmöglich machten; der unglückliche Mensch sah nicht die geringste Aussicht auf Erfolg. Ich antwortete ihm, die allgemeinen Schwierigkeiten beschäftigten mich nicht; beim Entwerfen meines Planes hätte ich nur an die besonderen Schwierigkeiten gedacht, und diese würden sich überwinden lassen. Zum Schluß gab ich ihm mein Ehrenwort, ihn frei zu machen, wenn er sich verpflichten wollte, alle meine Anweisungen buchstäblich auszuführen.

Das versprach er mir.

Ich teilte ihm nun mit, daß ich einen zwanzig Zoll langen Spieß besäße; mit diesem müßte er die Decke seines Gefängnisses durchbrechen und hierauf ein Loch in der Mauer machen, die uns voneinander trennte. Durch dieses Loch würde er auf den Boden über meinem Gefängnis gelangen; er müßte die Decke durchbrechen und mir dann helfen, durch das Loch hindurchzukommen.

›Wenn wir so weit sind, ist Ihre Arbeit getan und die meinige beginnt: ich werde Sie und den Grafen Asquin befreien.‹

Er antwortete mir: Wenn er mich aus meiner Zelle befreit hätte, so wäre ich gleichwohl immer noch im Gefängnis und unsere Lage würde sich von der jetzigen nur dadurch unterscheiden, daß wir etwas mehr Platz hätten; wir würden ganz einfach uns auf den Dachböden befinden, und diese wären durch drei starke Türen verschlossen.

›Dies weiß ich alles, ehrwürdiger Vater‹, antwortete ich ihm; ›aber wir werden auch nicht durch die Türen entfliehen. Mein Plan ist fertig, und ich bin des Erfolges gewiß. Ich verlange von Ihnen nur, daß Sie alles genau ausführen und sich aller Einwendungen enthalten. Denken Sie nur darüber nach, wie ich Ihnen am besten unser Befreiungswerkzeug zustellen kann, ohne daß der Überbringer Verdacht schöpft. Lassen Sie einstweilen durch den

Kerkermeister vierzig oder fünfzig Heiligenbilder kaufen, die so groß sind, daß Sie damit die ganze Oberfläche Ihres Gefängnisses tapezieren können. Diese religiösen Bilder werden bei Lorenzo keinen Verdacht erwecken. Ihnen werden sie dazu dienen, das Loch zu verkleben, das Sie durch die Decke brechen müssen. Sie werden dazu mehrere Tage nötig haben, Lorenzo wird aber morgens nicht sehen können, was Sie am Tage vorher gemacht haben, denn Sie werden es mit einem Bilde zudecken. Wenn Sie mich fragen, warum ich es nicht selber mache, so antworte ich Ihnen: ich kann es nicht, weil unser Kerkermeister Verdacht auf mich hat; und dieser Grund wird Ihnen ohne Zweifel triftig erscheinen.‹

Obwohl ich den Mönch gebeten hatte, über ein Mittel nachzudenken, wie ich ihm am besten den Spieß schicken könnte, so beschäftigte ich mich doch unaufhörlich auch selber damit, ein solches zu finden. Und da kam mir ein glücklicher Gedanke, den ich sofort erfaßte. Ich sagte Lorenzo, er solle mir eine gerade erschienene Foliobibel kaufen; es war die Vulgata mit der Übersetzung der Septuaginta. Ich hoffte, meinen Spieß im Rücken des großen Bandes verbergen und so dem Mönch schicken zu können; aber als ich das Buch bekam, sah ich, daß mein Spieß um zwei Zoll zu lang war.

Mein Korrespondent hatte mir schon geschrieben, sein Gefängnis sei mit den Bildern austapeziert; ich hatte ihm meine Idee mit der Bibel mitgeteilt, und daß mir die Länge des Spießes Schwierigkeiten mache. Glücklich, auch einmal seinen Geist leuchten lassen zu können, verspottete er mich wegen der Dürre meiner Phantasie und schrieb mir: ich brauche doch einfach nur den Spieß in meinen Fuchspelz eingewickelt zu schicken. Lorenzo habe ihnen von dem schönen Pelz erzählt, und es werde gar keinen Verdacht erregen, wenn Graf Asquin den Wunsch äußere, sich ihn einmal anzusehen, weil er einen gleichen kaufen wolle. ›Sie brauchen ihn mir nur zusammengefaltet zu schicken; Lorenzo wird ihn nicht öffnen.‹

Ich war vom Gegenteil fest überzeugt, schon deshalb, weil ein zusammengelegter Pelz viel unbequemer zu tragen ist. Um ihn jedoch nicht zu entmutigen und ihn zugleich zu überzeugen, daß ich nicht so leichtsinnig sei wie er, schrieb ich ihm, er solle den Pelz nur holen lassen. Lorenzo bat mich darum, ich gab ihm den Pelz zusammengelegt, aber ohne den Spieß, und eine Viertelstunde darauf brachte er ihn mir zurück mit dem Bescheid, die Herren hätten ihn sehr schön gefunden.

Der Mönch schrieb mir einen sehr wehleidigen Brief, worin er sich schuldig bekannte, mir einen schlechten Rat gegeben zu haben, aber er meinte, ich hätte diesen nicht befolgen sollen. Der Spieß wäre verloren, denn Lorenzo hätte den Pelz offen über dem Arm getragen. Durch dieses Unglück wäre aber jede Hoffnung vernichtet. Ich tröstete ihn, indem ich ihn über seinen Irrtum aufklärte und ihn bat, in Zukunft weniger kühn in seinen Ratschlägen zu sein. Es mußte etwas geschehen, und ich entschloß mich daher, meinen Spieß doch unter dem Schutz der Bibel zu schicken. Dabei war allerdings eine Vorrichtung nötig, um den Träger des Riesenbuches daran zu hindern, den Spieß zu entdecken. Ich machte nun folgendes:

Ich sagte Lorenzo, zur Feier des Tages des heiligen Michael[10] wolle ich Makkaroni[11] in Butter mit Käse essen; um dem Herrn, der mir freundlicherweise seine Bücher leihe, eine Anerkennung seiner Liebenswürdigkeit zu geben, wolle ich auch ihm eine große Schüssel Makkaroni schicken, und zwar wolle ich diese selber zubereiten. Lorenzo sagte mir, der würdige Graf wünsche das große Buch zu lesen, das drei Zechinen gekostet habe; dies sei zwischen uns verabredet worden.

»Sehr schön; ich werde es ihm zusammen mit den Makkaroni schicken; bringt mir nur die größte Schüssel, die Ihr im Hause habt, denn ich will die Sache im großen veranstalten.«

Er versprach mir, er wolle mich nach Wunsch bedienen. Ich wickelte meinen Spieß in Papier und brachte ihn so im Rücken der Bibel unter, daß er auf beiden Seiten genau gleich weit hervorragte. Wenn ich nun auf die Bibel eine große Schüssel Makkaroni mit viel zerlassener Butter stellte, war ich sicher, daß Lorenzo die Enden des Spießes nicht würde sehen können; denn er mußte seine Blicke auf den Rand der Schüssel heften, um keine Butter über das Buch zu gießen. Ich setzte den Pater Balbi von allem in Kenntnis, indem ich ihm besonders empfahl, beim Abnehmen des Buches nicht ungeschickt zu sein, und vor allen Dingen, die beiden Gegenstände gleichzeitig zu nehmen und nicht etwa eins nach dem anderen.

Am Tage des heiligen Michael kam Lorenzo früher als gewöhnlich mit einer Wärmpfanne voll von ganz heißen Makkaroni und mit allen erforderlichen Zutaten, um sie zurechtzumachen. Ich ließ ein großes Stück Butter zergehen, legte die Makkaroni auf die Schüssel und goß diese bis an den Rand mit Butter voll.

Die Schüssel war riesig groß, viel größer als das Buch, worauf ich sie gestellt hatte. Dies alles vollzog sich an der Tür meines Gefängnisses; Lorenzo stand draußen auf dem Korridor.

Sobald alles fertig war, hob ich sorgfältig Bibel und Schüssel hoch, und zwar so, daß der Rücken des Buches dem Träger zugewandt war. Dann sagte ich Lorenzo, er solle seine Arme ausstrecken, solle sich in acht nehmen, daß keine Butter auf das Buch laufe, und solle das Ganze schnell hintragen. Während ich ihm dic beträchtliche Last auf die Arme legte, sah ich ihm fest auf die Augen und bemerkte mit dem größten Vergnügen, daß er seine Blicke nicht von der Butter abwandte, die er zu verschütten fürchtete. Er sagte mir, es wäre doch besser, erst die Schüssel hinzutragen; er würde dann zurückkommen und auch das Buch holen; aber ich antwortete ihm, dadurch würde das Geschenk an Wert verlieren, und es müßte alles zusammen gehen. Hierauf beklagte er sich, ich hätte zuviel Butter an die Makkaroni getan, und er sagte mir, indem er eine komische Grimasse schnitt: wenn er Butter verschütte, so wäre er für den Schaden nicht verantwortlich.

Sobald ich die Bibel auf den Armen des Kerls sah, fühlte ich mich des Erfolges gewiß; denn die Enden des Spießes waren nicht zu bemerken, wenn der Träger nicht eine starke Bewegung nach der Seite machte, und ich sah keinen Grund, warum er seine Augen von der Schüssel, die er doch im Gleichgewicht halten mußte, hätte abwenden sollen. Ich folgte ihm mit den Augen, bis ich ihn in den Vorraum des anderen Gefängnisses eintreten sah. Der Mönch schneuzte sich dreimal und gab mir dadurch das verabredete Zeichen, daß alles glücklich vonstatten gegangen war. Dies wurde mir von Lorenzo gleich darauf bestätigt.

Pater Balbi ging nun sofort an die Arbeit und machte in acht Tagen ein hinreichend großes Loch; dieses verbarg er hinter einem Heiligenbild, das er mit Brotkrume anheftete. Am 8. Oktober schrieb er mir, er habe die ganze Nacht an der Mauer gearbeitet, die unsere beiden Gefängnisse trennte, habe aber nur einen einzigen Stein herausbrechen können. Er übertrieb zwar die Schwierigkeit, die Ziegel loszubrechen, die durch einen sehr festen Zement verkittet waren; aber er versprach mir, die Arbeit fortzusetzen, obwohl wir dadurch unsere Lage nur verschlimmern würden. Ich antwortete ihm, ich sei des Gegenteiles gewiß, er solle mir dies glauben und ausharren.

Leider war ich ganz und gar nicht sicher; aber ich mußte so handeln oder alles aufgeben. Ich wollte heraus aus der Hölle, in der mich die entsetzlichste Tyrannei gefangenhielt; weiter wußte ich nichts. Nur vorwärts! hieß es für mich; ich war entschlossen, meinen Plan durchzusetzen und erst abzulassen, wenn ich auf unüberwindliche Schwierigkeiten stieße. Ich hatte in dem großen Buch der Erfahrung gelesen und hatte daraus gelernt, daß man bei großen Unternehmungen nicht zuviel bedenken darf, sondern daß man sie frisch ausführen und dabei auch darauf zählen muß, daß bei jedem menschlichen Vorhaben das Glück das letzte Wort spricht. Hätte ich dem Pater Balbi diese hohen Geheimnisse der Moralphilosophie mitgeteilt, so hätte er mich für verrückt erklärt.

Seine Arbeit war nur in der ersten Nacht schwierig, je weiter er vordrang, desto leichter wurde sie, und schließlich hatte er sechsunddreißig Ziegel ausgehoben.

Am 16. Oktober um zehn Uhr morgens hörte ich in dem Augenblick, als ich gerade damit beschäftigt war, eine Horazische Ode zu übertragen, über meinem Kopf ein Stampfen und drei leise Schläge. Dies war das verabredete Zeichen, um uns zu vergewissern, daß wir nicht geirrt hatten. Er arbeitete bis zum Abend und schrieb mir am nächsten Tage: wenn meine Decke nur zwei Bretter dick wäre, würde er am selben Tage mit der Arbeit fertig sein. Er gab mir die Versicherung, darauf zu achten, daß das Loch kreisrund würde, wie ich gewünscht hatte, und die Decke nicht zu beschädigen. Dies war vor allen Dingen notwendig, denn das kleinste Loch in der Decke würde uns verraten haben. Er schrieb mir, er werde das Loch so machen, daß zur Vollendung der Arbeit dann nur eine Viertelstunde nötig sein werde. Ich setzte fest, daß ich am übernächsten Tage mein Gefängnis verlassen wolle, um es niemals wieder zu betreten; denn ich war sicher, daß ich, gemeinsam mit einem Kameraden, in drei oder vier Stunden ein Loch durch das Dach des Dogenpalastes brechen könnte, von dort aus mußte ich dann alle Mittel benutzen, die mir der Zufall darbieten würde, um auf die ebene Erde zu gelangen. Aber ich war noch nicht so weit; mein böses Geschick hielt noch mehr als eine Schwierigkeit für mich bereit, die es zu überwinden galt.

An demselben Tage, einem Montag, um zwei Uhr nachmittags hörte ich, während Pater Balbi an der Arbeit war, die Tür des neben meinem Gefängnis liegenden Saales sich öffnen. Ich fühlte all mein Blut zu Eis erstarren; doch hatte ich noch Geistesgegenwart genug, um durch zwei Schläge das verabredete Alarmzeichen zu geben, auf das hin Pater Balbi schnell durch das Loch in der Wand kriechen, in seinen Kerker zurückkehren und alles in Ordnung bringen sollte. Weniger als eine Minute später schloß Lorenzo mein Gefängnis auf und bat mich um Verzeihung, daß er mir ein sehr schlechtes Subjekt zur Gesellschaft brächte. Dies war ein Mann von vierzig bis fünfzig Jahren: klein, mager, häßlich, schlecht gekleidet und mit einer schwarzen runden Perücke auf dem Kopf. Während ich ihn betrachtete, wurden ihm von zwei Sbirren die Fesseln abgenommen. Ich konnte nicht daran zweifeln, daß der Mann ein Halunke war; denn Lorenzo hatte ihn in seiner Gegenwart als solchen bezeichnet, ohne daß diese Worte einen sichtbaren Eindruck auf ihn machten. Ich antwortete ihm: »Es steht dem Tribunal vollständig frei, zu tun, was es will.« Lorenzo ließ ihm einen Strohsack bringen und sagte ihm, das Tribunal bewillige ihm zehn Soldi für den Tag; hierauf schloß er uns zusammen ein.

Ganz untröstlich über diesen bösen Streich des Schicksals, sah ich mir den Schuft an, den schon sein gemeines Gesicht als solchen verriet. Ich war gerade im Begriff, ihn zum Sprechen zu bringen, als er von selber anfing, indem er sich dafür bedankte, daß ich ihm hätte einen Strohsack geben lassen. Da ich die Absicht hatte, ihn für mich zu gewinnen, sagte ich ihm, er könne mit mir essen; er küßte mir die Hand und fragte mich, ob er trotzdem die zehn Soldi bekommen könnte, die das Tribunal ihm angewiesen hätte; ich bejahte dies. Hierauf warf er sich auf die Knie, zog einen riesigen Rosenkranz aus der Tasche und sah sich in allen Ecken des Gefängnisses um.

»Was sucht Ihr?«

»Sie werden mir verzeihen, Signore – aber ich suche irgendein Bild der Heiligen Jungfrau, denn ich bin Christ. Wenn doch nur ein armseliges, kleines Kruzifix hier wäre; denn ich habe es niemals so nötig gehabt, mich dem heiligen Franz von Assisi zu empfehlen, dessen Namen ich unwürdigerweise trage.«

Ich konnte mir kaum das Lachen verhalten; nicht wegen seiner christlichen Frömmigkeit – denn in Gewissens- und Glaubenssachen hat kein Mensch das Recht, sich einzumischen –, sondern wegen seiner eigentümlichen Ausdrucksweise. Ich sah, daß er mich für einen Juden hielt. Und um ihn von seinem Irrtum zu befreien, gab ich ihm schnell das Offizium der Heiligen Jungfrau. Er küßte ihr darauf befindliches Bild, gab mir das Buch zurück und sagte in bescheidenem Tone, sein Vater, der Galeerenaufseher gewesen sei, habe es verabsäumt, ihn lesen lernen zu lassen. Er fügte hinzu, er sei Anhänger des heiligen Rosenkranzes, und erzählte mir eine Menge von Wundergeschichten, die ich mit einer Engelsgeduld anhörte. Er bat mich, ihm zu gestatten, daß er seinen Rosenkranz bete und dabei das Bild der Jungfrau ansehe. Als er damit fertig war, fragte ich ihn, ob er zu Mittag gegessen habe; er antwortete, er sei halbtot vor Hunger. Ich gab ihm alles, was ich hatte, und er verschlang es förmlich. Dazu trank er allen meinen Wein aus, und als er betrunken war, fing er an zu weinen und allen möglichen Unsinn zu schwatzen. Ich fragte ihn nach der Ursache seines Unglücks, und er erzählte mir folgendes:

»Meine einzige Leidenschaft war stets der Ruhm Gottes und unserer heiligen Republik und pünktliche Befolgung ihrer Gesetze. Ich beobachtete ständig aufmerksam die Übeltaten der Schelme, deren Gewerbe es ist, Leute zu betrügen, die Gebote des Staates zu übertreten und ihre Handlungen im verborgenen zu begehen. Darum habe ich unablässig danach getrachtet, ihre Geheimnisse zu entdecken, und habe stets alles, was ich entdecken konnte, getreulich dem Messergrande hinterbracht. Allerdings hat man mich stets dafür bezahlt; aber das Geld, das man mir gab, machte mir niemals soviel Freude wie die Genugtuung, die ich darüber empfand, etwas zum Ruhme des allerseligsten San Marco beitragen zu können. Stets lachte ich über das Vorurteil der Leute, die im Gewerbe eines Spitzels eine Schande sehen wollen. Dieser Name hat einen schlechten Klang nur in den Ohren solcher, die die Regierung nicht lieben; denn der Spitzel ist Freund des Staatswohles, eine Geißel der Verbrecher und ein treuer Untertan seines Fürsten. Wenn es galt, meinen Eifer auf die Probe zu stellen, hat das Gefühl der Freundschaft, das bei anderen Leuten vielleicht mitspricht, auf mich niemals den geringsten Einfluß geübt, noch weniger die sogenannte Dankbarkeit. Oft habe ich Verschwiegenheit geschworen, um irgend jemandem ein wichtiges Geheimnis zu entlokken, das ich dann gewissenhaft sofort hinterbracht habe. Dies konnte ich mit gutem Gewissen tun; denn mein Beichtvater, ein frommer Jesuit, hatte mir versichert, ich könnte das Geheimnis angeben, nicht nur deshalb, weil ich nicht die Absicht gehabt hätte, es zu bewahren, sondern auch, weil kein Eid bindend wäre, wenn es sich um das öffentliche Wohl handelte. Ich fühlte, ich würde in meinem Eifer meinen eigenen Vater verraten und die Stimme der Natur zum Schweigen gebracht haben. Vor drei Wochen bemerkte ich, daß auf der kleinen Insel Isola, wo ich wohnte, zwischen vier oder fünf angesehenen Personen des Städtchens ein verdächtiger Verkehr stattfand. Ich wußte, daß sie mit der Regierung unzufrieden waren, weil die Vornehmsten unter ihnen wegen einer entdeckten und beschlagnahmten Schmuggelware eine Gefängnisstrafe erlitten hatten. Der erste Kaplan, ein gebürtiger Untertan der regierenden Kaiserin, gehörte mit zur Verschwörung. Sie trafen sich abends im Wirtshaus in einem Zimmer, worin auch ein Bett stand; dort zechten und plauderten sie, bis sie nach Hause gingen. Entschlossen, die von ihnen geplante Verschwörung zu entdecken, faßte ich Mut und versteckte mich eines Tages, als ich sicher war, von keinem Menschen gesehen werden zu können, unter dem Bett. Gegen Abend kamen meine Leute und begannen sofort ihr Gespräch. Sie sagten unter anderem, die Stadt Isola gehöre nicht zur Gerichtsbarkeit von San Marco, sondern vielmehr zu der des Freihafens Triest; denn sie könne keinesfalls als zum venezianischen Istrien gehörend angesehen werden. Der Kaplan sagte zum Leiter der Verschwörung, einem gewissen Pietro Paolo, wenn er und die anderen eine Schrift unterzeichnen wollten, so würde er persönlich zum kaiserlichen Botschafter gehen, und die Kaiserin würde nicht nur die Stadt in Besitz nehmen, sondern obendrein ihnen eine Belohnung bewilligen. Alle erklärten sich bereit, und der Kaplan erbot sich, am nächsten Tage die Schrift mitzubringen und dann sofort nach Venedig abzureisen, um sie dem Botschafter zu übergeben.

Ich beschloß, diesen niederträchtigen Plan zu vereiteln, obgleich einer der Verschworenen mein Taufpate war und infolge dieser geistlichen Verwandtschaft mir näherstand, wie wenn er mein leiblicher Bruder gewesen wäre.

Als die Verschwörer fortgegangen waren, hatte ich Zeit genug, mich in Sicherheit zu bringen. Ich hielt es nicht für notwendig, mich noch ein zweites Mal unter dem Bett zu verstecken und dadurch einer Gefahr auszusetzen, denn ich hatte genug entdeckt. Ich segelte noch in derselben Nacht ab und kam am nächsten Vormittag an. Ich ließ mir die Namen der sechs Rebellen aufschreiben, brachte sie dem Sekretär des Tribunals und erzählte ihm alles, was ich gehört hatte. Er befahl mir, am nächsten Morgen in aller Frühe zum Messergrande zu gehen; dieser würde mir einen Menschen mitgeben, mit dem ich nach Isola zurückfahren sollte; ich müßte ihm den Kaplan zeigen, der wahrscheinlich noch nicht abgereist sein würde. Hierauf sollte ich mich um nichts mehr kümmern.

Ich führte seinen Befehl aus und zeigte dem mir vom Messergrande mitgegebenen Mann den Kaplan; dann ging ich meinen Geschäften nach.

Nach dem Essen ließ mein Taufpate mich rufen, um sich rasieren zu lassen, denn ich bin Barbier; und als ich meine Arbeit getan hatte, gab er mir ein Glas ausgezeichneten Refosco mit einigen Scheiben Wurst und vesperte mit mir in guter Freundschaft. Da fiel es mir auf die Seele, daß er mein Taufpate war; unter echten Tränen ergriff ich seinen Arm und riet ihm, den Umgang mit dem Kaplan zu meiden und vor allen Dingen die bewußte Schrift nicht zu unterzeichnen. Er sagte mir, er sei mit dem Kaplan nicht mehr befreundet als mit irgendeinem anderen, und schwor, auch wisse er nicht, von was für einer Schrift ich spräche, worauf ich ihm lachend sagte, ich hätte nur gescherzt. Ich ärgerte mich, einer augenblicklichen Rührung nachgegeben und dadurch einen so großen Fehler begangen zu haben. Am anderen Tage waren weder der Mann noch der Kaplan zu sehen; acht Tage darauf fuhr ich nach Venedig und suchte den Messergrande auf, der mich ohne Umstände einsperren ließ; und so bin ich nun hier bei Ihnen, teurer Meister. Ich danke dem heiligen Franz, daß ich mich in der Gesellschaft eines guten Christen befinde, der hier aus Gründen sitzt, die ich nicht zu wissen brauche, denn ich bin nicht neugierig. Mein Name ist Soradaci, und meine Frau ist eine Legrenzi, Tochter eines Sekretärs des Rates der Zehn, die sich über das Vorurteil hinweggesetzt und mich der ganzen Welt zum Trotz geheiratet hat. Sie wird in Verzweiflung sein, da sie nicht weiß, was aus mir geworden ist; ich hoffe aber, nur wenige Tage hier oben zu sein, denn ich kann hier wohl nur sein, weil der Sekretär mich in seiner Bequemlichkeit hat einsperren lassen, um mich nach seinem Gutdünken jederzeit verhören zu können.«

Ich schauderte bei dem Gedanken, mit welchem Ungeheuer ich zusammen war, aber ich fühlte zugleich, daß ich mich in einer heiklen Lage befand und ihn schonen mußte. Darum heuchelte ich wie ein Jesuit gefühlvolle Teilnahme, beklagte ihn, pries seine Vaterlandsliebe und prophezeite ihm, er werde in wenigen Tagen wieder frei sein. Ein paar Augenblicke später schlief er ein, und ich machte mir seinen Schlaf zunutze, um dem Pater Balbi alles zu schreiben und ihm klarzumachen, daß wir unbedingt unsere Arbeit unterbrechen müßten, um sie erst bei günstigerer Gelegenheit wiederaufzunehmen. Am nächsten Tage befahl ich Lorenzo, mir ein hölzernes Kruzifix, ein Bild der Heiligen Jungfrau zu kaufen und mir zwei Flaschen Weihwasser mitzubringen. Soradaci verlangte von ihm seine zehn Soldi, und Lorenzo gab ihm mit verächtlicher Miene zwanzig. Ich trug ihm auf, mir in Zukunft viermal soviel Wein zu kaufen, dazu Knoblauch und Salz, Leckerbissen für meinen greulichen Kameraden. Als der Kerkermeister fort war, zog ich geschickt Balbis neuesten Brief aus dem Buch. Er schilderte mir darin sein Entsetzen. Er war mehr tot als lebendig in sein Gefängnis zurückgekehrt und hatte das Loch mit dem Heiligenbild verdeckt. Er wiederholte immer von neuem, welches Glück wir gehabt hätten, daß Lorenzo den Soradaci zu mir gebracht hätte. ›Denn‹, schrieb er, ›wenn er ihn in unser Gefängnis gebracht hätte, würde er mich nicht gefunden haben, und er hätte das Loch entdeckt.‹

Aus Soradacis Erzählung ging für mich unzweifelhaft hervor, daß man ihn verhören würde; denn es schien mir klar zu sein, daß der Sekretär ihn nur deshalb einsperrte, weil er ihn im Verdacht der Verleumdung hatte. Ich entschloß mich nun, ihm zwei Briefe anzuvertrauen, die mir, wenn sie bestellt wurden, weder nützen noch schaden konnten, die aber zu meinen Gunsten wirken mußten, wenn der Verräter, woran ich nicht zweifelte, sie dem Sekretär auslieferte, um ihm einen Beweis seiner Treue abzulegen.

Ich verbrachte zwei Stunden damit, diese beiden Briefe mit Bleistift zu schreiben. Am nächsten Tage brachte Lorenzo mir das Kruzifix, das Bild der Jungfrau und das Weihwasser. Ich gab meinem Halunken tüchtig zu essen und sagte ihm dann:

»Ich erwarte von Euch einen Dienst, wovon mein Glück abhängt; ich rechne auf Eure Freundschaft und auf Euren Mut; hier sind zwei Briefe, die ich Euch zu bestellen bitte, sobald Ihr in Freiheit seid. Mein Glück hängt von Eurer Treue ab; Ihr müßt diese Briefe verstecken, denn wenn man sie bei Eurer Freilassung in Eurem Besitz fände, wären wir alle beide verloren. Ihr müßt mir bei diesem Kruzifix und bei diesem Heiligenbild schwören, daß Ihr mich nicht verraten werdet.«

»Ich bin bereit, Signore, alles zu schwören, was Sie verlangen; ich bin Ihnen zu sehr zu Dank verpflichtet, als daß ich Sie verraten könnte.«

Hierauf vergoß er reichlich Tränen, jammerte und wehklagte, er wäre ein unglücklicher Mensch, daß ich ihn im Verdacht haben könnte, einen Herrn verraten zu wollen, für den er sein Leben hingeben würde. Ich wußte, was ich davon zu halten hatte, aber ich spielte meine Komödie weiter. Ich gab ihm ein Hemd und eine Mütze, entblößte meinen Kopf und besprengte unsern Kerker und ihn selber lange mit Weihwasser. Dann ließ ich ihn unter sinnlosen Beschwörungen, die aber gerade darum seine Seele in Schrecken setzen mußten, einen furchtbaren Eid schwören. Nachdem er sich mittels dieser possenhaften Zeremonie endlich verpflichtet hatte, meine Briefe an ihre Adresse zu bestellen, gab ich sie ihm. Er selber schlug vor, sie in das Rückenfutter seiner Weste einzunähen; ich ließ ihn gewähren.

Ich war fest überzeugt, daß er bei der ersten Gelegenheit dem Sekretär meine Briefe ausliefern würde; darum hatte ich sie mit aller Kunst so abgefaßt, daß ihr Stil nicht meine List verraten konnte; sie konnte mir nur die Achtung des Tribunals und vielleicht dessen Gnade eintragen. Der eine war an Signor Bragadin überschrieben, der andere an Abbate Grimani. Ich sagte ihnen, sie möchten sich nicht über mein Schicksal beunruhigen, denn ich hätte allen Grund zur Hoffnung auf baldige Befreiung; wenn ich herauskäme, würden sie finden, daß die Strafe nur zu meinem Besten gewesen wäre; denn in ganz Venedig wäre kein Mensch, der der Besserung mehr bedürftig gewesen wäre als ich.

Ich bat Signor Bragadin, mir Pelzstiefel für den Winter zu schicken, denn mein jetziges Gefängnis wäre so hoch, daß ich aufrecht stehen und darin herumgehen könne.

Ich hütete mich wohl, den Soradaci ahnen zu lassen, daß meine Briefe so unschuldiger Natur waren; denn dann hätte er Lust bekommen können, eine anständige Handlung zu begehen und sie an ihre Adresse zu bestellen, und das wünschte ich durchaus nicht.

NEUNTES KAPITEL

Seit zwei oder drei Tagen hatte Soradaci meine Briefe, als eines Nachmittags Lorenzo ihn holte, um ihn vor den Sekretär zu führen. Da er mehrere Stunden ausblieb, hoffte ich schon, ihn nicht wiederzusehen, aber zu meiner großen Überraschung brachte man mir ihn gegen Abend zurück. Als Lorenzo wieder fortgegangen war, sagte der Kerl zu mir, der Sekretär habe ihn im Verdacht, den Kaplan gewarnt zu haben; denn der Priester sei niemals beim Gesandten gewesen, und man habe kein Schriftstück bei ihm gefunden. Nach einem sehr langen Verhör habe man ihn in einen engen Kerker gebracht und ihn mehrere Stunden dort gelassen; dann habe man ihn abermals gefesselt und so vor den Sekretär geführt, dieser habe von ihm verlangt, er solle gestehen, daß er in Isola zu jemandem gesagt habe, der Priester werde nicht wiederkommen; dies habe er jedoch nicht gestehen können, denn so etwas habe er zu keinem Menschen gesagt. Der Sekretär sei der Sache müde geworden, habe geklingelt, und er sei von den Sbirren wieder zu mir gebracht worden.

Diese Erzählung betrübte mich tief; denn ich sah klar und deutlich, daß der Unselige lange bei mir bleiben würde. Da ich Balbi von dem bösen Mißgeschick in Kenntnis setzen mußte, schrieb ich ihm während der Nacht; und da ich dies mehr als einmal tun mußte, gelang es mir schließlich durch die Übung, ziemlich richtig im Dunkeln zu schreiben.

Am anderen Tage wollte ich mich überzeugen, daß ich mich in meinem Verdacht nicht getäuscht hatte. Ich sagte dem Spitzel, er solle mir den Brief herausgeben, den ich an Signor Bragadin geschrieben hätte; ich müßte noch etwas hinzufügen. »Ihr könnt ihn dann sofort wieder einnähen.«

»Das ist gefährlich, denn der Schließer könnte während dieser Zeit kommen, und dann wären wir verloren.«

»Das macht nichts; gebt mir meine Briefe heraus.«

Plötzlich warf das Scheusal sich mir zu Füßen und schwor mir, bei seiner zweiten Vorführung vor den gestrengen Sekretär habe ihn ein heftiges Zittern befallen, und er habe auf seinem Rücken, genau an der Stelle, wo die Briefe eingenäht gewesen seien, einen unerträglichen Druck verspürt. Der Sekretär habe ihn gefragt, warum er so zittere, und er habe nicht die Kraft gehabt, ihm die Wahrheit zu verhehlen. Dann habe der Sekretär geklingelt, Lorenzo sei hereingekommen, habe ihm die Fesseln abgenommen, die Jacke ausgezogen und das Futter aufgetrennt. Der Sekretär habe die beiden Briefe gelesen und in eine Schublade seines Schreibtisches gelegt. Der Sekretär habe ihm gesagt, wenn er die Briefe bestellt hätte, so würde man es erfahren haben, und das hätte ihn das Leben kosten können.

Ich tat, als würde mir schlecht, bedeckte mein Gesicht mit den Händen, warf mich neben dem Bett vor dem Bilde der Jungfrau auf die Knie und verlangte von ihr in feierlichem Tone Rache an dem Schurken, der den heiligsten Eid gebrochen und mich verraten hatte. Hierauf legte ich mich auf mein Bett, drehte das Gesicht zur Wand und besaß die Ausdauer, den ganzen Tag in dieser Stellung zu bleiben, ohne mich zu rühren, ohne auch nur ein Wort zu sprechen und ohne auf das Weinen, das Geschrei und die Unschuldsbeteuerungen des Halunken zu achten. Ich spielte ausgezeichnet meine Rolle in einer Komödie, deren Plan ich vollständig in meinem Kopf hatte. Während der Nacht schrieb ich Balbi, er solle Punkt zwei Uhr mittags kommen, keine Minute früher oder später, und in seiner Arbeit fortfahren, aber nur vier Stunden arbeiten, nicht eine Minute länger. ›Unsere Freiheit hängt von Ihrer genauesten Pünktlichkeit ab, und Sie haben nichts zu befürchten.‹

Wir hatten den 25. Oktober, und es nahte der Zeitpunkt, da ich meinen Plan ausführen oder ihn unwiderruflich aufgeben mußte. Die Staatsinquisitoren und der Sekretär verbrachten jedes Jahr die ersten drei Tage des Novembers an irgendeinem Ort der ›Terra ferma‹[1]. Lorenzo machte sich die Abwesenheit seiner Herren zunutze, betrank sich jeden Abend, schlief länger als sonst und erschien erst spät unter den Bleidächern.

Dies wußte ich, und die Vorsicht verlangte, daß ich diesen Zeitpunkt zu meiner Flucht wählte; denn ich konnte überzeugt sein, daß meine Flucht erst spät am Morgen bemerkt wurde. Daß ich meinen Entschluß faßte, obgleich ich an der Verruchtheit meines Mitgefangenen nicht mehr zweifeln konnte, hatte noch einen anderen Grund, der mir wichtig genug erscheint, um ihn meinen Lesern nicht vorzuenthalten.

Der größte Trost für einen Menschen, der sich in Not befindet, ist die Hoffnung, bald daraus befreit zu werden. Er sehnt das Ende seines Unglücks herbei und glaubt es durch seine Gebete zu beschleunigen; er würde alles mögliche tun, um genau die Stunde zu erfahren, die das Ende seiner Qual bedeutet. Leider kann niemand wissen, in welchem Augenblick ein Ereignis eintreten wird, das von dem Willen eines anderen abhängt, es sei denn, daß dieser andere selbst es ihm sagt. Der leidende Mensch wird ungeduldig und schwach und neigt unwillkürlich zum Aberglauben. Gott, sagt er zu sich, muß den Augenblick wissen, der meiner Not ein Ende machen wird; Gott kann erlauben, daß dieser Augenblick mir offenbart wird, einerlei, auf welche Weise. Wenn er erst einmal auf solche Gedanken verfallen ist, zögert er nicht mehr, das Schicksal zu befragen. Er wählt dazu ein Verfahren, das ihm seine Phantasie eingibt, und es kommt nicht darauf an, ob er mehr oder weniger fest an die Offenbarungen des von ihm gewählten Orakels glaubt. In diesem Geiste handeln auch die Leute, die sich heute noch an die Kabbala wenden oder die gewünschte Erleuchtung in einem Text der Bibel oder Vers des Vergil suchen; das hat die ›sortes virgilianae‹[2], von denen so viele Schriftsteller uns berichten, so berühmt gemacht.

Da ich nicht wußte, durch welche Methode ich das Schicksal zwingen könnte, durch die Bibel das mir bestimmte Los, das heißt, den Augenblick der Wiedererlangung des unvergleichlichen Gutes der Freiheit zu erfahren, so entschloß ich mich, das göttliche Gedicht des Orlando Furioso von Messer Lodovico Ariosto zu befragen, das ich hundertmal gelesen. Ich wußte ihn auswendig, und selbst unter den Bleidächern entzückte er mich. Abgöttisch verehrte ich den Genius des großen Dichters, und er war nach meiner Meinung viel mehr als Vergil geeignet, mir mein Glück zu prophezeien.

In diesem Sinne schrieb ich eine Frage auf, die an die vermeintliche Allwissenheit gerichtet war. Ich fragte sie, in welchem Gesange des Ariosto ich den Tag meiner Befreiung prophezeit finden würde. Ich bildete aus den Zahlen, die sich aus den Worten der Frage ergaben, eine umgekehrte Pyramide.

Indem ich von jedem Zahlenpaar die Zahl Neun abzog, fand ich die Endzahl Neun. Dies bedeutete also, daß die von mir gesuchte Prophezeiung sich im neunten Gesange befinden sollte. Dieselbe Methode befolgte ich, um Stanze und Vers festzustellen, und erhielt die Zahl Sieben für die Stanze und die Zahl Eins für den Vers.

Ich nahm das Gedicht zur Hand, und das Herz klopfte mir so, wie wenn ich völlig an das Orakel geglaubt hätte. Ich öffnete das Buch, suchte und fand die Stelle: *Tra il fin d'ottobre è il capo di novembre* [Zwischen Ende Oktober und Anfang November][3]. Das genaue Zutreffen dieses Verses erschien mir wunderbar. Ich will nicht sagen, daß ich ganz fest daran glaubte, aber der Leser wird begreifen, daß ich alles aufbot, um das Orakel wahr zu machen. Das Eigentümliche an der Sache ist, daß zwischen dem Ende des Oktobers und dem Anfang des Novembers nur der Augenblick der Mitternacht liegt. Und genau mit dem Glockenschlage der Mitternacht vom 31. Oktober auf den 1. November verließ ich mein Gefängnis, wie der Leser bald sehen wird.

Übrigens bitte ich den Leser, mich trotz dieser Auseinandersetzung nicht für abergläubischer halten zu wollen als irgendeinen anderen; er würde sich täuschen. Ich erzähle die Sache, weil sie wahr und weil sie außerordentlich ist und weil mir meine Flucht vielleicht nicht gelungen sein würde, wenn ich ihr keinen Wert beigemessen hätte. Der Fall lehrt jeden, der es noch nicht weiß, daß ohne die vorangegangenen Prophezeiungen mehrere wichtige Ereignisse niemals stattgefunden haben würden. Das Ereignis leistet der Prophezeiung den Dienst, die Prophezeiung wahr zu machen; tritt das Ereignis nicht ein, so wird die Weissagung hinfällig. Ich verweise den Leser auf die Weltgeschichte, wo er viele Ereignisse finden wird, die niemals eingetreten wären, wenn sie nicht vorhergesagt gewesen wären. Ich bitte, mir diese Abschweifung freundlichst zu verzeihen.

Den ganzen Morgen bis zum Mittag verbrachte ich damit, auf den Geist des boshaften dummen Viehs einzuwirken, um seine schwache Vernunft in Verwirrung zu bringen, ihn durch wunderbare Vorstellungen zu verblüffen und ihn unschädlich für mich zu machen.

Sobald Lorenzo uns allein gelassen hatte, sagte ich Soradaci, er solle seine Suppe essen. Der Schuft lag auf seinem Strohsack und hatte zu Lorenzo gesagt, er sei krank. Er hätte es nicht gewagt, zu mir zu kommen, wenn ich ihn nicht gerufen hätte. Er stand auf, warf sich der Länge nach vor meine Füße, küßte diese und sagte unter heißen Tränen, wenn ich ihm nicht verziehe, würde er an demselben Tage sterben müssen, denn er spüre schon die Rache der Heiligen Jungfrau, die ich auf ihn herabbeschworen hätte. Er hätte schneidende Schmerzen in den Eingeweiden, und sein Mund wäre voll von Geschwüren. Er zeigte mir diese, und ich sah, daß es Mundschwämmchen waren; ob er sie schon am Tage vorher gehabt hatte, weiß ich nicht. Ich gab mir keine große Mühe, zu untersuchen, ob er mir die Wahrheit sagte; es lag in meinem Interesse, mich so zu stellen, als ob ich ihm glaubte, und ihn auf Gnade hoffen zu lassen. Der Verräter hatte vielleicht die Absicht, mich zu betrügen; und da ich selbst entschlossen war, ihn zu täuschen, so kam es darauf an, wer von uns beiden der Geschicktere sei. Ich hatte einen Angriff gegen ihn vorbereitet, gegen den er sich schwerlich verteidigen konnte.

Eine verzückte Miene annehmend, sagte ich zu ihm: »Setze dich und iß deine Suppe. Nachher werde ich dir dein Glück verkünden. Denn wisse, heute bei Tagesanbruch ist mir die Heilige Jungfrau des Rosenkranzes erschienen und hat mir befohlen, dir zu verzeihen. Du wirst nicht sterben, sondern wirst mit mir das Gefängnis verlassen.«

Ganz verblüfft aß er knieend – denn er hatte keinen Stuhl – seine Suppe. Dann setzte er sich auf seinen Strohsack, um mich anzuhören. Ich sagte ihm ungefähr folgendes:

»Der Kummer über deinen entsetzlichen Verrat bereitete mir eine schlaflose Nacht; denn meine Briefe müssen mich dazu verdammen, bis an mein Lebensende im Kerker zu bleiben. Erfüllt von diesem Gefühl, das eines Christen unwürdig ist – denn Gott befiehlt uns, zu vergeben –, lag ich in meinem Bett; endlich versank ich vor Müdigkeit in Schlaf, und während dieses glücklichen Schlummers habe ich eine wirkliche Vision gehabt. Ich habe die Heilige Jungfrau gesehen, diese Mutter Gottes, deren Bild du dort an der Wand siehst. Ich sah sie lebend vor mir stehen, und sie öffnete den Mund und sprach folgende Worte zu mir:

›Soradaci ist Anhänger meines heiligen Rosenkranzes – er steht unter meinem Schutz, ich will, daß du ihm vergibst; dann wird der Fluch, den er auf sich gelenkt hat, seine Wirkung verlieren. Zur Belohnung für deine Großmut werde ich einem meiner Engel befehlen, menschliche Gestalt anzunehmen und vom Himmel herabzusteigen, um die Decke deines Gefängnisses zu durchbrechen und dich in fünf oder sechs Tagen frei zu machen. Dieser Engel wird heute mittag Punkt zwei Uhr seine Arbeit beginnen und wird eine halbe Stunde vor Sonnenuntergang aufhören, denn er muß noch bei hellem Tage in den Himmel zurückkehren. Wenn du, begleitet von meinem Engel, das Gefängnis verläßt, wirst du Soradaci mitnehmen und wirst für ihn sorgen, doch unter der Bedingung, daß er sein Spitzelgewerbe aufgibt. Du wirst ihm alles sagen.‹ Mit diesen Worten verschwand die Heilige Jungfrau, und ich erwachte.«

Während ich im Tone eines Verzückten und mit dem ernstesten Gesicht diese Worte sprach, beobachtete ich die Züge des Verräters. Er saß da wie versteinert. Ich nahm nun mein Gebetbuch, besprengte das ganze Gefängnis mit Weihwasser und stellte mich, wie wenn ich zu Gott betete, wobei ich von Zeit zu Zeit das Bild der Jungfrau küßte. Eine Stunde darauf fragte mich der Kerl, der bis dahin nicht den Mund aufgetan hatte, ganz plötzlich, wann der Engel vom Himmel herunterkommen würde und ob wir das Geräusch hören würden, das er beim Durchbrechen unseres Kerkers machen müßte.

»Ich bin sicher, er wird um zwei Uhr kommen; wir werden ihn arbeiten hören, und er wird zu der von der Heiligen Jungfrau gesagten Zeit sich entfernen.«

»Sie haben vielleicht nur geträumt.«

»Ganz gewiß nicht. Fühlst du dich imstande, mir zu schwören, daß du die Spitzelei aufgeben wirst?«

Statt mir zu antworten, drehte er sich um und schlief ein. Er erwachte erst nach zwei Stunden und fragte mich sofort, ob er den von mir verlangten Eid noch aufschieben könnte.

»Du kannst ihn aufschieben, bis der Engel kommt, um mich zu befreien; aber wenn du dann nicht unter deinem Eide deinem niederträchtigen Gewerbe entsagst, das dich hierhergebracht und dich noch an den Galgen bringen wird, so werde ich dich hierlassen. So lautet der Befehl der Mutter Gottes, die dir ihren Schutz entzogen hat.«

Ich las auf seinem häßlichen Gesicht die Befriedigung, die er empfand; denn er war überzeugt, daß der Engel nicht kommen würde. Er schien mich zu bedauern. Mit Ungeduld erwartete ich den Glockenschlag; denn diese Komödie machte mir ungeheuren Spaß, und ich war überzeugt, daß die Ankunft des Engels seine kümmerliche Vernunft gänzlich über den Haufen werfen würde. Mein Plan konnte nicht fehlschlagen, Lorenzo hätte denn vergessen müssen, das Buch abzuliefern, und das war nicht möglich.

Eine Stunde vor dem verabredeten Zeitpunkt sagte ich ihm, wir wollten zusammen essen. Ich trank nur Wasser, Soradaci aber trank allen Wein und aß zum Nachtisch den ganzen Knoblauch, den ich hatte, für ihn die größte Leckerei. Dadurch wurde seine Aufregung nicht wenig vermehrt. Im Augenblick, da ich die Uhr schlagen hörte, warf ich mich auf die Knie und befahl ihm mit schrecklicher Stimme, es ebenso zu machen. Er sah mich mit einem irren Blick an, aber er gehorchte. Als ich das leise Geräusch hörte, das der Mönch beim Durchkriechen durch das Mauerloch machte, rief ich: »Der Engel kommt!«

Ich warf mich platt auf den Bauch und gab ihm einen kräftigen Faustschlag, so daß er dieselbe Stellung einnahm. Das Zersplittern des Brettes machte ein starkes Geräusch. Eine Viertelstunde lang besaß ich die Geduld, in meiner unbequemen Stellung liegenzubleiben. Unter anderen Umständen würde ich herzlich gelacht haben, wie der Halunke so unbeweglich dalag. Aber ich lachte nicht, denn ich vergaß keinen Augenblick meine löbliche Absicht, den Menschen ganz und gar verrückt oder wenigstens verdreht zu machen. Seine verworfene Seele konnte nur dadurch zur Menschlichkeit zurückgeführt werden, daß ich sie mit Schrecken überströmte. Endlich stand ich auf, doch kniete ich sofort wieder hin, indem ich ihm erlaubte, dieselbe Stellung einzunehmen. Dann ließ ich ihn drei und eine halbe Stunde lang den Rosenkranz herunterbeten. Von Zeit zu Zeit schlief er dabei ein, mehr durch die unbequeme Stellung als durch das eintönige Murmeln der Gebete ermüdet. Nicht ein einziges Mal wagte er es, mich zu stören. Zuweilen erkühnte er sich, einen verstohlenen Blick auf die Decke zu werfen oder mit verblüfftem Gesicht dem Bilde der Jungfrau zuzuwinken. Dies alles war überwältigend komisch. Als ich die Uhr die sechste Stunde schlagen hörte, sagte ich in halb feierlichem, halb frommem Ton zu ihm: »Wirf dich nieder; der Engel wird jetzt gehen.« Balbi kehrte in sein Gefängnis zurück, und wir hörten nichts mehr.

Ich stand auf, sah den Elenden fest an und bemerkte auf seinem Gesicht Verwirrung und Schrecken; darüber war ich entzückt. Ich sprach ein paar Worte mit ihm, um zu sehen, wie es mit seiner Vernunft bestellt wäre. Er vergoß Ströme von Tränen, und was er sagte, war so verworren und unzusammenhängend, daß es sich nicht beschreiben läßt. Er sprach von seinen Sünden, von seiner großen Frömmigkeit, von seinem Eifer für den heiligen Markus, von seinen Pflichten gegen die Republik, und diesen Verdiensten schrieb er die Gnade zu, die ihm von Maria widerfahren war. Mit salbungsvoller Miene mußte ich eine lange Geschichte von Wundern des Rosenkranzes anhören, welche seine Frau, deren Beichtvater ein Dominikaner war, ihm erzählt hatte. Schließlich sagte er mir, er sehe nur nicht ein, was ein unwissender Mensch wie er mir nützen könnte.

»Du wirst in meinem Dienst stehen und wirst alles erhalten, was du nötig hast, ohne daß du das gefährliche Gewerbe eines Spitzels zu betreiben brauchst.«

»Aber dann werden wir nicht mehr in Venedig bleiben können?«

»Nein, natürlich nicht, der Engel wird uns in ein Land führen, das nicht dem heiligen Markus gehört. Bist du bereit, mir zu schwören, daß du dein schändliches Gewerbe aufgeben wirst? Und, wenn du schwörst, wirst du nicht etwa zum zweiten Mal meineidig werden?«

»Wenn ich schwöre, werde ich sicherlich meinem Schwur treu sein, das ist ganz gewiß. Aber geben Sie zu, daß ohne meinen Eidbruch die Heilige Jungfrau Ihnen nicht die hohe Gnade erwiesen hätte. Meine Untreue ist Ursache Ihres Glücks, Sie müssen mich also lieben und sich meines Verrates freuen.«

»Liebst du Judas, der Jesus Christus verraten hat?«

»Nein.«

»Du siehst also: man verabscheut den Verräter und betet zugleich die Vorsehung an, die aus Bösem Gutes zu schaffen weiß. Bis jetzt bist du nur ein Schurke gewesen; du hast Gott und seine jungfräuliche Mutter beleidigt, und ich werde deinen Eid nur annehmen, wenn du deine Sünde büßen willst.«

»Welche Sünde habe ich begangen?«

»Du hast durch Stolz gesündigt, Soradaci, weil du dachtest, ich sei dir Dank schuldig dafür, daß du mich verraten hast, indem du meine Briefe dem Sekretär abliefertest.«

»Wie werde ich diese Sünde büßen können?«

»Das werde ich dir sagen: Wenn morgen Lorenzo kommt, bleibst du auf deinem Strohsack liegen, das Gesicht zur Wand gedreht, ohne auch nur die kleinste Bewegung zu machen und ohne Lorenzo einen Blick zuzuwerfen. Wenn er zu dir spricht, antwortest du ihm, ohne ihn anzusehen, du habest nicht schlafen können und müssest dich ausruhen. Versprichst du mir dies ohne Vorbehalt?«

»Ich verspreche Ihnen, alles, was Sie mir sagen, genau auszuführen.«

»Schwöre es mir vor diesem heiligen Bilde! Schnell!«

»Ich verspreche dir, allerheiligste Mutter Gottes, daß ich Lorenzo nicht ansehen und daß ich mich nicht auf meinem Strohsack rühren werde.«

»Und ich, heiligste Jungfrau, ich schwöre dir bei dem Herzen deines göttlichen Sohnes: Wenn ich Soradaci die kleinste Bewegung machen und Lorenzo anblicken sehe, werde ich mich sofort auf ihn werfen und ihn erbarmungslos zu deiner Ehre und zu deinem Ruhm erdrosseln.«

Ich rechnete mindestens ebensosehr auf die Wirkung dieser Drohung als auf seinen Eid. Um mir jedoch eine möglichst große Gewißheit zu verschaffen, fragte ich ihn, ob er gegen diesen Schwur etwas einzuwenden hätte. Nachdem er einen Augenblick überlegt hatte, antwortete er mir: Nein, er sei vollkommen einverstanden. Hiermit war ich sehr zufrieden. Ich gab ihm nun zu essen und befahl ihm hierauf, sich niederzulegen, weil ich Schlaf nötig hätte.

Sobald er eingeschlafen war, schrieb ich zwei Stunden lang an Balbi. Ich erzählte ihm die ganze Geschichte und sagte ihm, wenn die Arbeit weit genug vorgeschritten sei, so brauche er nur noch einmal zu kommen, um die Decke zu durchbrechen. Ich teilte ihm mit, daß wir in der Nacht vom 31. Oktober auf den 1. November entfliehen müßten und daß wir im ganzen vier sein würden. Diesen Brief schrieb ich am 28. Oktober.

Am nächsten Tage schrieb der Mönch mir, der kleine Verbindungsweg sei fertig, und er brauche nur noch die letzte Schicht über meinem Gefängnis einzuschlagen; dies sei in vier Minuten geschehen. Soradaci hielt seinen Schwur; er tat, als ob er schliefe, und Lorenzo sprach ihn nicht einmal an. Ich verlor ihn nicht einen Augenblick aus dem Auge, und ich glaube, ich würde ihn erdrosselt haben, wenn er die geringste Bewegung mit dem Kopf gemacht hätte; denn um mich zu verraten, brauchte er nur Lorenzo zuzublinzeln. Der ganze Rest des Tages wurde Gesprächen über die erhabensten Gegenstände geweiht. Ich sprach so feierlich, wie ich nur konnte, und in den übertriebensten Ausdrücken, und es war für mich ein Genuß, zu sehen, wie er immer fanatischer wurde. Außer diesen mystischen Reden rief ich auch noch die Dienste des Weines zu Hilfe. Von Zeit zu Zeit ließ ich ihn große Mengen trinken, bis ihn endlich der Rausch und die Müdigkeit übermannten und er in Schlaf sank.

Obgleich seinem Kopf jedes metaphysische Denken fremd war und er seine Denkfähigkeit stets nur dazu gebraucht hatte, um Listen eines Spitzels zu ersinnen, brachte er mich doch einen Augenblick in Verlegenheit, als er mir sagte, er begreife nicht, warum ein Engel so viele Arbeit nötig habe, um uns unseren Kerker zu öffnen. Ich erhob meine Blicke zum Himmel oder vielmehr zur Decke meines traurigen Gefängnisses und sagte ihm: »Gottes Wege sind den Sterblichen unbekannt; außerdem arbeitet der Abgesandte des Himmels nicht als Engel, denn alsdann würde ein Hauch seines Mundes ihm genügen; er arbeitet als Mensch, dessen Gestalt er ohne Zweifel deshalb angenommen hat, weil wir nicht würdig sind, ihn in seiner himmlischen Gestalt zu erleben.«

»Übrigens sehe ich voraus«, sagte ich nun, »daß der Engel, um uns für deinen boshaften Gedanken, der die Heilige Jungfrau beleidigt hat, zu bestrafen, heute nicht kommen wird. Unglückseliger! Du denkst niemals wie ein frommer und gottesfürchtiger Ehrenmann, sondern stets wie ein verruchter Sünder, der es mit dem Messergrande und seinen Sbirren zu tun hat.«

Ich hatte ihn zur Verzweiflung bringen wollen, und dies war mir gelungen. Er weinte heiße Tränen, und sein Schluchzen erstickte ihn fast, als er zwei Uhr schlagen hörte und der Engel nicht kam. Statt ihn zu beruhigen, suchte ich seine Verzweiflung noch zu vermehren, indem ich bittere Klagen ausstieß. Am nächsten Tage war er seinem Schwur gehorsam; denn als Lorenzo ihn nach seinem Befinden fragte, antwortete er, ohne den Kopf herumzudrehen. Auch am folgenden Tage betrug er sich ebenso und ebenfalls am Morgen des 31. Oktober, als ich Lorenzo zum letzten Male sah. Ich gab ihm das Buch für Balbi, und ich hatte dem Mönch geschrieben, er solle um elf Uhr kommen und die Decke durchbrechen. Ich fürchtete jetzt nicht mehr, daß noch etwas dazwischenkommen könnte; denn wie ich von Lorenzo gehört hatte, waren die Inquisitoren und der Sekretär bereits aufs Land gefahren. Ich hatte nicht mehr die Ankunft eines neuen Gefangenen zu befürchten, und ich brauchte meinen niederträchtigen Halunken nicht mehr zu schonen.

Es könnte wohl sein, daß meine Erinnerungen einem jener Prinzipienreiter in die Hände fallen, die sich mit kaltem Blut über alles mögliche erhitzen. Ein solcher könnte mich wohl wegen des Mißbrauchs verdammen, den ich mit den heiligen Mysterien trieb, und besonders deshalb, weil ich dem boshaften Dummkopf weismachte, die Heilige Jungfrau sei mir erschienen.

Da ich den Zweck verfolge, die Geschichte meiner Flucht mit allen Nebenumständen zu berichten, so habe ich mich für verpflichtet gehalten, nichts von dem auszulassen, was zum Gelingen meines Planes beigetragen hat. Ich will nicht sagen, daß diese Erzählung eine Beichte darstellen soll, denn ich fühle mich durchaus von keiner Reue belastet; aber ich bin auch ebenso weit entfernt, mich mit meinem Vorgehen zu rühmen, denn nur widerwillig bediente ich mich des Betruges, und wenn ich zwischen diesen Mitteln und einem anderen, edleren hätte wählen können, so würde ich nicht einen Augenblick geschwankt haben; das wird man mir wohl glauben. Übrigens würde ich, um meine Freiheit wiederzuerlangen, noch heutigen Tages das gleiche tun und vielleicht noch viel mehr.

Die Natur trieb mich, mir meine Freiheit wieder zu verschaffen, und die Religion konnte mir nicht befehlen, Sklave zu bleiben. Ich hatte keine Zeit zu verlieren, und es galt, einem Spitzel die Fähigkeit zu nehmen, mir zu schaden, indem er Lorenzo verriet, daß die Decke meines Gefängnisses durchbrochen wurde. Ich mußte ihn um so mehr fürchten, da er mich bereits einmal verraten hatte. Was mußte ich zu diesem Ende tun? Ich hatte nur zwei Mittel: Entweder mußte ich handeln, wie ich es tat, indem ich die Seele dieses Halunken durch Schrecken lähmte; oder ich mußte ihn erdrosseln, wie jeder vernünftige und mutige, aber grausamere Mann es getan haben würde. Dies wäre für mich viel leichter und vollkommen gefahrlos gewesen; denn ich würde gesagt haben, er sei eines natürlichen Todes gestorben, und ganz gewiß machte man sich unter den Bleidächern zuwenig aus dem Leben eines solchen Menschen, um erst lange zu untersuchen, ob ich die Wahrheit gesagt hätte oder nicht. Wird unter meinen Lesern irgendeiner sein, der der Meinung ist, ich hätte besser daran getan, ihn zu erdrosseln? Wenn auch nur ein einziger unter ihnen dieser Meinung ist, so bitte ich Gott, ihn zu erleuchten; seine Religion wird niemals die meinige sein. Ich glaube, meine Pflicht getan zu haben, und der Sieg, der meine Mühe krönte, kann wohl als ein Beweis angesehen werden, daß die Vorsehung die von mir angewandten Mittel nicht mißbilligte. Der Eid, den ich mir von dem Schurken schwören ließ, war ohne Bedeutung, denn der Mann hatte sich nichts dabei gedacht; mein Schwur dagegen, daß ich immer für ihn sorgen wolle, wurde mir von ihm selber abgenommen, und so brauche ich nicht zu untersuchen, ob ich ihn gehalten haben würde, was ich allerdings nicht glaube. Er hatte nicht den Mut, mir zu folgen und mit mir zu fliehen. Ein Schuft wie Soradaci ist selten mutig. Übrigens konnte ich natürlich gewiß sein, daß seine Erregung nur bis zum Erscheinen des Paters Balbi dauern würde, der durchaus nicht wie ein Engel aussah. *Non merta fé chi non la serba altrui* [Treue verdient nicht, wer anderen sie nicht hält][4]. Zum Schluß will ich nur noch meine Überzeugung aussprechen, daß der einzelne viel mehr recht hat, wenn er alles seiner Selbsterhaltung opfert, als ein Herrscher, wenn er für die Erhaltung des Staates sorgt.

Als Lorenzo fort war, sagte ich Soradaci, der Engel würde um elf Uhr eine Öffnung in die Decke unseres Kerkers machen. »Er wird eine Schere mitbringen, und du wirst mir und dem Engel den Bart abschneiden.«

»Hat denn der Engel einen Bart?«

»Ja, du wirst es sehen. Hierauf werden wir hinausgehen und das Dach des Palazzo durchbrechen; von da steigen wir auf den Markusplatz hinunter und gehen nach Deutschland.«

Er antwortete nicht. Zu Mittag aß er allein, denn mir war Geist und Herz zu voll, um essen zu können. Ich hatte nicht einmal schlafen können.

Die Stunde schlug – der Engel kam. Soradaci wollte sich auf den Boden werfen, aber ich sagte ihm, dies sei nicht nötig. In drei Minuten war das Loch fertig, das letzte Stück des Brettes fiel mir vor die Füße, und Pater Balbi warf sich mir in die Arme.

»Jetzt ist Ihre Arbeit fertig«, rief ich, »und die meinige beginnt.«

Wir umarmten uns, und er gab mir den Spieß und eine Schere. Ich sagte Soradaci, er solle uns den Bart schneiden, und ich konnte das Lachen nicht zurückhalten, als ich sah, wie der Dummkopf mit offenem Munde dastand und den seltsamen Engel betrachtete, der wie ein Teufel aussah.

Ich war ungeduldig, die Örtlichkeit zu untersuchen, und sagte dem Mönch, er möchte bei Soradaci bleiben; denn ich wollte diesen nicht allein lassen. Dann ging ich. Ich fand das Loch in der Mauer eng, aber ich zwängte mich hindurch. Nun war ich über dem Gefängnis des Grafen; ich ließ mich hinunter und umarmte herzlich den ehrwürdigen Greis. Ich sah, daß er seiner Gestalt wegen nicht imstande war, eine Flucht über ein abschüssiges und ganz mit Bleiplatten gedecktes Dach mitzumachen. Er fragte mich nach meinem Plan und sagte mir, nach seiner Meinung wäre ich wohl etwas leichtsinnig vorgegangen.

»Ich will nur vorwärts, bis ich die Freiheit oder den Tod finde.«

Er schüttelte mir die Hand und sagte: »Wenn Sie daran denken, das Dach zu durchbrechen, sich einen Weg über die Bleiplatten zu suchen und von dort aus hinabzusteigen, so sehe ich keine Möglichkeit des Gelingens, wenn Sie nicht Flügel haben, und ich habe nicht den Mut, Sie zu begleiten; ich werde hierbleiben und für Sie zu Gott beten.«

Ich ging wieder hinaus, um das große Dach zu untersuchen. Indem ich soweit wie möglich in den äußersten seitlichen Winkel hineinkroch, setzte ich mich schließlich auf das Dachgebälk, womit die Böden aller großen Palazzi ausgefüllt sind. Ich prüfte die Bretter mit der Spitze meines Spießes und hatte das Glück, sie halb vermodert zu finden. Bei jedem Stoß meines Spießes zerfiel in Staub, was ich berührte. Als ich sah, daß ich in weniger als einer Stunde ein hinreichend großes Loch machen konnte, begab ich mich in mein Gefängnis zurück und verbrachte dort vier Stunden damit, Tücher, Decken, Matratzen und Strohsack zu zerschneiden, um Stricke daraus zu machen. Alle Knoten machte ich selber und vergewisserte mich ihrer Festigkeit, denn ein einziger schlecht zugezogener Knoten hätte uns das Leben kosten können. Schließlich sah ich mich im Besitz von Stricken, deren Gesamtlänge hundert Armlängen[5] betrug.

Bei großen Unternehmungen gibt es gewisse Umstände, von denen alles abhängt und in denen der Anführer, der Erfolg haben will, sich auf keinen anderen Menschen verläßt. Als die Stricke fertig waren, packte ich meinen Rock, meinen seidenen Mantel, einige Hemden, Strümpfe und Taschentücher zusammen, und wir begaben uns alle drei in den Kerker des Grafen. Der gute alte Herr wünschte Soradaci Glück dazu, daß er in mein Gefängnis gesteckt worden wäre und nun so bald seine Freiheit zurückerlangen würde. Soradacis verdutztes Gesicht machte mich lachen. Ich tat mir keinen Zwang mehr an, denn ich hatte die Maske des Tartüff[6] abgeworfen, die mir entsetzlich unbequem gewesen war, die ich aber doch des Halunken wegen hatte anlegen müssen. Er war nun offensichtlich überzeugt, daß ich ihn betrogen hatte; aber er begriff von der ganzen Sache nichts, denn er konnte nicht erraten, wie ich mit dem angeblichen Engel verkehrt hatte, so, daß ich ihn zur bestimmten Stunde kommen und gehen lassen konnte. Er hörte aufmerksam dem Grafen zu, der uns sagte, wir würden alle ins Verderben rennen, und als echter Feigling wälzte er schon in seinem Kopf den Plan, sich von der gefährlichen Reise loszusagen. Ich sagte dem Mönch, er möchte sein Paket machen; inzwischen würde ich das Loch zum Dach hinaus beginnen.

Um acht Uhr abends hatte ich mein Loch fertig, ohne einer anderen Hilfe bedurft zu haben. Ich hatte die Bretter zu Staub zerstoßen, und die Öffnung war doppelt so groß, wie nötig gewesen wäre. Die ganze Bleiplatte lag vor mir. Diese konnte ich nicht allein hochheben, weil sie vernietet war. Der Mönch half mir; indem ich den Spieß zwischen die Dachrinne und die Platte stieß, gelang es mir, die letztere loszumachen. Dann stemmten wir unsere Schultern gegen sie und bogen sie so weit auf, daß wir hinauskriechen konnten. Ich steckte den Kopf durch das Loch und sah voll Schmerz, daß der Mond, der im ersten Viertel stand, eine große Helligkeit verbreitete. Dieses Mißgeschick mußte mit Geduld ertragen werden; wir mußten bis Mitternacht warten, bis der Mond verschwinden würde, um die andere Erdseite zu beleuchten; denn in einer so herrlichen Nacht war die ganze gute Gesellschaft auf dem Markusplatz, und darum konnten wir uns nicht auf dem Dache dem Mondschein aussetzen. Unsere Schatten wären auf den Markusplatz gefallen. Alle Augen hätten sich auf uns gerichtet, und das seltsame Schauspiel hätte unfehlbar die allgemeine Neugier erregt, besonders aber die des Messergrande und seiner Sbirren, die die einzigen Wächter über Venedig während der Nacht sind. Unser schöner Plan wäre gar bald durch ihren unangenehmen Eifer gestört worden. Ich entschied mich also, daß wir erst nach dem Untergang des Mondes das Dach betreten würden. Ich rief Gottes Hilfe an, aber ich verlangte keine Wunder. Den Launen des Glückes preisgegeben, mußte ich ihm möglichst wenig Angriffspunkte darbieten; wenn mein Plan scheitern sollte, so mußte ich wenigstens vor dem Vorwurf sicher sein, Fehler begangen zu haben. Der Mond mußte nach elf Uhr untergehen, und die Sonne erhob sich erst um halb acht; so blieben uns bis zur Morgendämmerung sieben Stunden vollständiger Dunkelheit, in denen wir handeln konnten. Wir hatten zwar eine harte Arbeit vor uns, aber in sieben Stunden mußten wir unser Ziel erreichen können.

Ich sagte dem Pater Balbi, wir könnten drei Stunden mit dem Grafen Asquin verplaudern. Er möchte ihm vorher mitteilen, daß ich dreißig Zechinen nötig hätte, die ich ihn mir zu leihen bäte, da sie für mich vielleicht ebenso wichtig werden könnten, wie es für das bisher Vollbrachte mein Spieß gewesen wäre. Er richtete meinen Auftrag aus und kam nach vier Minuten mit dem Bescheid zurück, ich möchte selber gehen, der Graf wünsche mit mir ohne Zeugen zu sprechen. Der arme alte Herr sagte mir sehr freundlich: um zu fliehen, brauche ich kein Geld; er besitze auch keins; er hätte eine zahlreiche Familie, und wenn ich umkäme, wäre das Geld, das er mir gegeben hätte, verloren. Kurz und gut, er sagte noch eine Menge überflüssige Dinge gleicher Art, um damit seinen Geiz oder seine Abneigung gegen das Verleihen des Geldes zu bemänteln. Meine Antwort dauerte eine halbe Stunde. Ich führte ausgezeichnete Gründe an; aber diese sind stets machtlos gewesen, solange die Welt besteht; denn die schönsten rhetorischen Wendungen prallen von dem Stahlpanzer der zähesten aller Leidenschaften ab. Hier war nun der Fall des *nolenti baculus* [Wer nicht will, muß den Prügel haben]; aber ich war nicht grausam genug, gegen einen unglücklichen Greis Gewalt anzuwenden. Schließlich sagte ich ihm: wenn er mit mir fliehen wolle, würde ich ihn auf meinen Schultern tragen, wie Aeneas den Anchises, wenn er aber zurückbleiben wolle, um Gott um sein Geleit für uns zu bitten, so wäre sein Gebet inkonsequent; denn er würde zu Gott beten, eine

Sache gelingen zu lassen, zu der er selber nicht einmal durch die einfachsten Mittel hätte beitragen wollen.

Er antwortete mir, indem er Tränen vergoß. Ich wurde gerührt. Er fragte mich, ob zwei Zechinen mir genügen könnten; ich erwiderte ihm, mir müsse alles genügen. Er gab mir die zwei Zechinen, indem er mich bat, sie ihm jedoch zurückzugeben, wenn ich eine Runde über das Dach gemacht und gesehen hätte, daß es das vernünftigste für mich wäre, in mein Gefängnis zurückzukehren. Ich versprach es ihm, ein wenig überrascht, daß er von mir annehmen konnte, ich würde mich zur Umkehr entschließen. Er kannte mich nicht; ich war fest entschlossen, lieber zu sterben, als an einen Ort zurückzukehren, den ich alsdann lebend nicht mehr verlassen hätte.

Ich rief meine Kameraden, und wir legten unser ganzes Gepäck neben das Loch, nachdem ich die hundert Armlängen Stricke auf zwei Pakete verteilt hatte. Dann plauderten wir zwei Stunden lang und erinnerten uns nicht ohne Vergnügen an die verschiedenen Wechselfälle unseres Unternehmens. Die erste Probe, die Pater Balbi mir von seinem edlen Charakter gab, bestand darin, daß er mir zehnmal wiederholte, ich hätte ihm mein Wort gebrochen; denn ich hätte ihm versichert, mein Plan wäre fertig und sicher; dies wäre aber durchaus nicht der Fall: er sagte mir sehr frech, wenn er das vorausgesehen hätte, würde er mich nicht aus meinem Kerker befreit haben. Der Graf sagte mir ebenfalls mit dem ganzen Ernst seiner siebzig Jahre: es sei das klügste von mir, von meiner waghalsigen Unternehmung zurückzutreten, denn gelingen könne es mir unmöglich; dagegen sei augenscheinlich größere Gefahr vorhanden, daß wir dabei unser Leben verlieren würden. Was er mir sagte, war eine richtige Advokatenrede; ich erriet gleich, daß die wahre Ursache seines Eifers die zwei Zechinen waren, die ich ihm hätte zurückgeben müssen, wenn es ihm gelungen wäre, mich zum Bleiben zu überreden.

»Das mit Bleiplatten bedeckte Dach«, sagte er, »ist so abschüssig, daß Sie nicht darauf werden gehen können, denn Sie werden kaum imstande sein, sich aufrecht zu halten; das Dach ist allerdings mit sieben oder acht Dachluken versehen, aber diese sind sämtlich mit eisernen Stäben vergittert, und sie sind unzugänglich, weil sie alle weit vom Rande entfernt sind und weil man vor ihnen nicht festen Fuß fassen kann. Die Stricke, die Sie besitzen, werden Ihnen nichts nützen, weil Sie keine Stelle finden werden, um sie zu befestigen. Und selbst, wenn Sie eine solche Stelle finden sollten, so wäre Ihnen damit nicht geholfen; denn aus einer solchen Höhe kann ein Mensch nicht herabsteigen, weil er sich nicht festhalten kann, bis er unten ist. Sie müßten sich also den Strick um den Leib binden, und einer von Ihnen dreien müßte seine beiden Kameraden, einen nach dem andern, hinunterlassen wie einen Eimer oder ein Bündel Holz. Derjenige aber, der dies täte, müßte bleiben und in seinen Kerker zurückkehren. Wer von euch dreien fühlt sich wohl zu solchem barmherzigen, aber gefährlichen Werk bereit? Und selbst angenommen, einer von Ihnen wäre ein solcher Held, so sagen Sie mir doch, auf welcher Seite wollen Sie sich hinunterlassen? Jedenfalls nicht zu der Piazzetta mit den Säulen hin, denn da würde man Sie sehen; nach der Kirche zu ist es unmöglich, denn da würden Sie eingeschlossen sein; an die Seite zum Hof ist gar nicht zu denken, denn da würden Sie den Arsenalotti, die ständig die Runde machen, in die Hände fallen. Sie können also nur an der Kanalseite hinuntersteigen. Und haben Sie dort eine Gondel, die auf Sie wartet, oder ein Schiff? Nein. Sie werden also genötigt sein, ins Wasser zu springen und bis Santa Apollonia zu schwimmen; dort werden Sie in kläglichem Zustande ankommen und nicht wissen, wohin Sie weiterfliehen sollen. Bedenken Sie auch, daß Sie auf den Bleiplatten leicht ausrutschen können; und wenn Sie in den Kanal fallen, so sind Sie verloren, selbst wenn Sie schwimmen können wie die Haifische; denn infolge der Höhe des Gebäudes und der geringen Tiefe des Wassers kann der Sturz nur tödlich ablaufen. Sie werden zerschmettert werden, denn drei oder vier Fuß Wasser sind keine genügende Menge Flüssigkeit, um die Wirkung der Schwere aufzuheben, wenn Ihre Körper aus so großer Höhe herabfallen. Sie würden sich noch glücklich schätzen können, wenn Sie nur mit zerbrochenen Armen und Beinen unten ankämen.«

Diese Rede, die unter den Umständen jedenfalls sehr unvorsichtig war, brachte mein Blut in heiße Wallung; indessen hatte ich den Mut, ihn mit einer Geduld anzuhören, die sonst nicht meine Sache war. Die rücksichtslosen Vorwürfe des Mönches empörten mich, und ich hatte große Lust, sie schroff zurückzuweisen; aber ich fühlte, daß ich in einer kniffligen Lage war und leicht mein eigenes Werk zerstören konnte; denn ich hatte es mit einem Feigling zu tun, der imstande war, mir zu antworten: er sei nicht so verzweifelt, um es auf Leben und Tod ankommen zu lassen; ich möge also nur allein gehen. Wenn ich aber allein war, konnte ich mir keine Hoffnung auf Gelingen machen. So tat ich mir denn Gewalt an und sagte ihnen in freundlichem Ton, ich sei des Erfolges meiner Unternehmung sicher, obgleich ich ihnen die Einzelheiten nicht mitteilen könne. »Ihre weisen Bedenken«, sagte ich zum Grafen Asquin, »werden mich zu vorsichtigem Handeln veranlassen. Ich habe Vertrauen zu Gott und meinen eigenen Kräften, und dadurch werde ich alle Schwierigkeiten überwinden.«

Von Zeit zu Zeit streckte ich die Hand aus, um mich zu versichern, ob Soradaci noch da wäre, denn er sprach während der ganzen Zeit kein Wort. Ich lachte bei dem Gedanken, was wohl in seinem Kopf vorgehen mochte, nachdem er jetzt ganz sicher war, daß ich ihn getäuscht hatte. Etwa um halb elf Uhr sagte ich ihm, er möchte nachsehen, in welcher Himmelsgegend der Mond jetzt stände. Er gehorchte, kam sofort zurück und sagte mir, in einer halben Stunde würde man den Mond nicht mehr sehen und ein sehr dichter Nebel müßte die Bleidächer höchst gefährlich machen.

»Es genügt mir«, antwortete ich ihm, »daß der Nebel kein Öl ist. Packe deinen Mantel mit einem Teil unserer Stricke zusammen. Wir müssen diese in gleiche Pakete verteilen.«

Zu meiner größten Überraschung fühlte ich plötzlich, wie er meine Knie umfaßte, dann meine Hände ergriff und sie küßte. Weinend sagte er zu mir: »Ich flehe Sie an, verlangen Sie nicht meinen Tod! Ich weiß gewiß, daß ich in den Kanal fallen werde. Ich kann Ihnen nicht den geringsten Nutzen bringen. Ach! lassen Sie mich hier, und ich werde die ganze Nacht zum heiligen Franziskus für Sie beten. Es steht in Ihrer Macht, mich zu töten; aber niemals werde ich mich entschließen, Ihnen zu folgen.«

Wie sehr er meinen eigenen Wünschen entgegenkam, das wußte der Dummkopf natürlich nicht!

»Du hast recht, bleibe hier; aber ich erlaube es dir nur unter der Bedingung, daß du zum heiligen Franziskus betest. Vorher aber schaffe alle meine Bücher hierher, ich will sie dem Grafen hinterlassen.«

Er gehorchte ohne Widerrede und ohne Zweifel mit großer Freude. Meine Bücher waren mindestens hundert Scudi wert.

Der Graf sagte mir, er würde sie mir bei meiner Rückkehr wiedergeben.

»Sie werden mich hier nicht wiedersehen, darauf können Sie sich verlassen. Die Bücher werden Sie für Ihre zwei Zechinen entschädigen. Daß der Halunke Soradaci nicht den Mut hat, mir zu folgen, ist mir höchst angenehm; er würde mich in Verlegenheit setzen. Außerdem ist der elende Mensch nicht würdig, mit Pater Balbi und mir die Ehre einer so schönen Flucht zu teilen.«

»Das ist wahr«, sagte der Graf; »nur wäre es möglich, daß er morgen Anlaß hätte, sich dazu Glück zu wünschen.«

Ich bat den Grafen um Feder, Tinte und Papier, die er trotz des Verbotes besaß; denn die Verbote bedeuteten nichts für Lorenzo, der für einen Scudo den heiligen Markus selber verkauft haben würde. Ich schrieb hierauf nachstehenden Brief, den ich Soradaci übergab und den ich nicht wieder durchlesen konnte, weil wir uns im Dunkeln befanden. Ich begann mit dem Ausspruch eines schwärmerischen Kopfes, den ich in lateinischer Sprache niederschrieb:

Non moriar sed vivam, et narrabo opera domini [Ich werde nicht sterben, sondern leben und des Herrn Werk verkündigen][7].

Die hochlöblichen Staatsinquisitoren müssen alles tun, um einen Schuldigen mit Gewalt unter den Bleidächern festzuhalten. Der Schuldige, der so glücklich ist, nicht Gefangener auf Ehrenwort zu sein, muß ebenfalls sein möglichstes tun, um sich die Freiheit zu verschaffen. Ihr Recht hat zur Grundlage die Justiz; das Recht des Schuldigen stützt sich auf die Natur. Und sowenig, wie Sie seiner Einwilligung bedürfen, um ihn einzusperren, kann er der Ihrigen bedürfen, um seine Freiheit wiederzuerlangen.

Giacomo Casanova, der dies mit Bitterkeit im Herzen schreibt, weiß, daß er das Unglück haben kann, wieder eingefangen zu werden, bevor er den Staat verlassen und sich in ein gastliches Land in Sicherheit bringen kann. Dann wäre er wieder unter dem Richtschwert derer, denen er jetzt zu entfliehen sich anschickt. Aber falls ihm dieses Unglück zustoßen sollte, so wendet er sich an die Menschlichkeit seiner Richter und bittet sie, ihm das grausame Los, dem er zu entfliehen sucht, nicht dadurch härter zu machen, daß sie ihn dafür bestrafen, der Stimme der Natur gefolgt zu sein. Wenn er wieder eingefangen wird, so bittet er, ihm alles zurückzugeben, was ihm gehört und was er in dem Kerker läßt. Wenn er aber das Glück hat, sein Ziel zu erreichen, so schenkt er alles dem Francesco Soradaci der hier als Gefangener bleibt, weil er nicht den Mut hat, sich der Gefahr auszusetzen. Er zieht nicht wie ich die Freiheit dem Leben vor. Casanova bittet Ihre Exzellenzen, dem Unglücklichen dies Geschenk, das er ihm macht, nicht vorenthalten zu wollen. Geschrieben eine Stunde vor Mitternacht, ohne Licht, im Kerker des Grafen Asquin, am 31. Oktober 1756.‹

Castigans castigavit me Deus, et mortio non tradidit me [Der Herr züchtigt mich schwer, aber er gibt mich dem Tode nicht preis][8]. Ich sagte Soradaci, er solle diesen Brief nicht Lorenzo geben, sondern nur dem Sekretär persönlich; denn er würde ihn ohne Zweifel rufen lassen, wenn er nicht gar selber heraufkäme, wie es noch wahrscheinlicher wäre. Der Graf sagte ihm, die Wirkung meines Briefes wäre zweifellos so; aber er müßte mir alles wiedergeben, wenn ich zurückkäme. Der Dummkopf antwortete ihm, er wünsche mich wiederzusehen, um mir zu beweisen, daß er mir alles von Herzen gern zurückgeben werde.

Aber es war Zeit, uns auf den Weg zu machen. Der Mond war nicht mehr zu sehen. Ich hängte Pater Balbi den auf ihn entfallenden Teil unseres Gepäcks um den Hals, so daß er auf der einen Seite die Hälfte unserer Stricke, auf der anderen seine eigenen Sachen trug. Ich machte es ebenso bei mir. Dann traten wir beide in Hemdärmeln, den Hut auf dem Kopf, an die Öffnung im Dache: *E quindi uscimmo a rimirar le stelle* [Dann traten wir hinaus und sahen die Sterne][9].

ZEHNTES KAPITEL

Ich kroch zuerst hindurch, Balbi folgte mir. Soradaci, der uns bis an das Loch im Dach begleitet hatte, erhielt Befehl, die Bleiplatte wieder zurechtzulegen und hierauf zu seinem heiligen Franziskus zu beten. Ungeachtet des Nebels waren alle Gegenstände so ziemlich zu erkennen. Auf allen vieren kriechend, packte ich mit fester Hand meinen Spieß, stieß ihn schräg in die Fuge zweier Bleiplatten und packte dann mit vier Fingern den Rand der von mir hochgebogenen Platten. So kam ich allmählich bis an den First des Daches. Der Mönch, der mir folgte, hielt sich mit vier Fingern seiner rechten Hand an meinem Hosenbund fest. So befand ich mich in der unangenehmen Lage eines Lasttiers, das gleichzeitig ziehen und tragen muß, und noch dazu auf einem abschüssigen Dach, das von einem dichten Nebel schlüpfrig geworden war.

Als wir diesen gefahrvollen Aufstieg erst zur Hälfte hinter uns hatten, rief der Mönch mir zu, ich solle halten; eins von seinen Paketen habe sich losgelöst, er hoffe aber, daß es nicht über die Dachrinne hinausgerutscht sei. Mein erster Gedanke war, ihm einen Fußtritt zu versetzen und ihn hinter seinem Paket herzuschicken. Gott sei Dank beherrschte ich mich und tat es nicht; die Strafe wäre für beide Teile zu hart gewesen; denn allein hätte meine Flucht unmöglich gelingen können. Ich fragte ihn, ob es das Paket mit den Stricken sei; er antwortete mir jedoch, es sei sein eigenes Päckchen mit Kleidung, worin sich auch ein von ihm auf dem Dachboden gefundenes Manuskript befinde, das ihm großen Gewinn bringen werde. Ich sagte ihm, diesen Verlust müsse er ertragen; ein Schritt zurück könne uns ins Verderben stürzen. Der arme Mönch seufzte, und wir kletterten weiter.

Nachdem wir mit außerordentlicher Anstrengung über fünfzehn oder sechzehn Platten hinaufgeklettert waren, kamen wir auf dem First an. Hier setzte ich mich bequem rittlings hin, und

Pater Balbi machte es so wie ich. Wir saßen mit dem Rücken zur kleinen Insel San Giorgio Maggiore und hatten auf zweihundert Schritte vor uns die zahlreichen Kuppeln der Markuskirche, die zum Dogenpalast gehört; denn San Marco ist eigentlich nur die Kapelle des Dogen, und kein Monarch kann sich rühmen, eine schönere zu besitzen. Vor allen Dingen legte ich mein Bündel ab und forderte meinen Kameraden auf, das gleiche zu tun. Er legte seinen Pack Stricke, so gut er konnte, unter seine Schenkel; als er aber seinen Hut abnehmen wollte, der ihm lästig war, benahm er sich dabei ungeschickt; der Hut rollte von Platte zu Platte bis an die Dachrinne und folgte dem Kleiderpaket in den Kanal. Hierüber war mein armer Kamerad ganz verzweifelt, und er rief: »Böses Vorzeichen! Jetzt habe ich schon gleich am Anfang kein Hemd und keinen Hut mehr und habe noch dazu eine kostbare Handschrift verloren, die die interessante und gänzlich unbekannte Geschichte aller im Dogenpalast abgehaltenen Festlichkeiten enthielt.« Meine Wut hatte sich inzwischen gelegt, und ich sagte ihm ruhig: die beiden Unfälle hätten weiter nichts Außerordentliches an sich und könnten darum auch von einem abergläubischen Geist nicht als böse Vorzeichen angesehen werden. Ich hielte sie nicht dafür und ließe mich durchaus nicht von ihnen entmutigen. »Sie müssen Ihnen, mein Lieber, zur Lehre dienen, daß Sie vorsichtig und vernünftig sind. Sie müssen daraus entnehmen, daß Gott uns ohne Zweifel beschützt; denn wäre Ihr Hut, statt nach der rechten Seite, nach der linken gefallen, so wären wir verloren gewesen, denn er wäre in den Palasthof gefallen. Dort hätten die Wachen ihn gefunden und dadurch notwendigerweise erkennen müssen, daß sich irgend jemand auf dem Dach befindet. Und dann wären wir sofort wieder eingefangen gewesen.«

Nachdem ich einige Minuten lang nach rechts und links mich umgesehen hatte, sagte ich dem Mönch, er solle warten, bis ich zurückkäme, und sich nicht von der Stelle rühren. Nur meinen Spieß in der Hand haltend, rutschte ich ohne Schwierigkeit rittlings auf dem Dachfirst entlang. Fast eine Stunde lang untersuchte ich alle Dächer des Palastes, aber vergeblich; denn ich sah nirgends etwas, woran ich einen Strick hätte befestigen können. Ich war vollkommen ratlos. An den Kanal oder an den Palasthof war nicht zu denken, und die Kirche bot mir zwischen ihren Kuppeln nur tiefe Abgründe dar, die nach allen Seiten umschlossen waren. Um über die Kirche zur Calle Canonica zu gelangen, hätte ich über so abschüssige Dächer steigen müssen, daß ich keine Möglichkeit sah, diesen Weg zu wählen; denn natürlich verwarf ich sofort alles als unmöglich, was ich nicht für ausführbar hielt. Meine Lage erforderte kühnes Wagen, verbot aber jede Unvorsichtigkeit. Hier das Richtige zu treffen, war ungeheuer schwierig.

Mein Blick fiel auf eine Dachluke nach der Kanalseite. Sie war von der Stelle, von der ich ausgegangen war, weit genug entfernt, um mir die Annahme zu gestatten, daß der von ihr erhellte Dachboden nicht zum Bereich der Gefängnisse gehörte. Sie mußte auf einen Dachboden über irgendeiner der Wohnungen des Palastes führen, deren Türen ich natürlich offen gefunden haben würde. Ich war fest überzeugt, daß die Diener des Palastes, sogar die der Dogenfamilie, wenn sie uns bemerkt hätten, uns bereitwillig unsere Flucht erleichtert haben würden. Ganz gewiß hätten sie uns nicht der Gewalt der Inquisitoren ausgeliefert, selbst wenn sie in uns die größten Staatsverbrecher erkannt haben würden. So verhaßt war die Inquisition in den Augen aller Venezianer.

Ich mußte nun diese Dachluke näher untersuchen. Indem ich mich vom First in grader Linie sachte herabgleiten ließ, befand ich mich bald rittlings auf dem kleinen Dach des Ausbaues, das etwa drei Fuß lang und eineinhalb Fuß breit[1] war. Mich mit beiden Händen am Rande festhaltend, streckte ich den Kopf vor und sah und fühlte ein kleines Gitter; hinter diesem befand sich ein Fenster mit Glasscheiben, die in Blei eingelassen waren. Das Fenster brachte mich nicht in Verlegenheit, aber das Gitter schien mir, so dünn es auch war, eine unüberwindliche Schwierigkeit darzubieten; denn ich glaubte es ohne Feile nicht beseitigen zu können, und ich hatte nur meinen Spieß.

Ich wußte nicht, was ich machen sollte, und begann den Mut zu verlieren, als plötzlich das einfachste und natürlichste Ereignis meine Seele wieder aufrichtete.

Philosophischer Leser, versetze dich bitte einen Augenblick in meine Lage! Dann wird das Geständnis, das ich aufrichtig und wahrheitsgetreu dir machen will, mich in deiner Meinung nicht herabsetzen, besonders wenn du nicht vergissest, daß der Mensch in Unruhe und Not natürlich nicht halb so stark ist wie im Zustande unbekümmerter Ruhe.

Die Glocke von San Marco, die in diesem Augenblick Mitternacht schlug, befreite mich mit einem heftigen Stoß aus dem Zustande der Ratlosigkeit, der mich lähmte. Diese Glockenschläge erinnerten mich daran, daß in demselben Augenblick der Allerheiligentag begann und daß dieser Tag der Festtag meines Schutzheiligen sein mußte, wenigstens wenn ich einen hatte; und die Weissagung des Jesuiten, der mir die Beichte abgenommen hatte, kam mir in den Sinn. Besonders aber, ich will es gestehen, erhöhte meinen Mut und vermehrte tatsächlich meine körperlichen Kräfte das weltliche Orakel, das ich von meinem lieben Ariost empfangen hatte: *Tra il fin d'ottobre è il capo di novembre.*

Wenn ein großes Unglück zuweilen einen kleinen Geist fromm macht, so ist es fast unmöglich, daß der Aberglaube nicht dazu beiträgt. Der Klang der Glocke erschien mir als ein sprechender Talisman, der mich zum Handeln aufrief und mir den Sieg verhieß. Meiner ganzen Länge nach ausgestreckt, den Kopf gegen das Gitter geneigt, stieß ich meinen Spieß in den Rahmen, in den es eingelassen war, und beschloß, diesen ganz loszubrechen. In einer Viertelstunde gelang mir dies. Das Gitter befand sich unversehrt in meinen Händen, und ich legte es neben die Dachluke. Ohne Schwierigkeit zertrümmerte ich nun das Dachfenster, obgleich ich mir an der linken Hand eine stark blutende Verletzung zugezogen hatte. Mit Hilfe meines Spießes gelangte ich auf die vorhin beschriebene Art wieder auf den First und kehrte auf diesem an die Stelle zurück, wo ich meinen Kameraden zurückgelassen hatte. Ich fand ihn in wütender Verzweiflung. Er sagte mir die gröbsten Beleidigungen, weil ich ihn so lange allein gelassen hätte, und erklärte, er hätte nur bis Schlag ein Uhr gewartet, um in sein Gefängnis zurückzukehren.

»Was dachten Sie denn von mir?«

»Ich glaubte, Sie seien in irgendeinen Abgrund gestürzt.«

»Und Ihre Freude, die Sie doch darüber empfinden müssen, mich wiederzusehen, spricht sich nur in Beleidigungen aus?«

»Was haben Sie denn so lange gemacht?«

»Kommen Sie mit, Sie werden sehen!«

Ich lud mir meine Pakete wieder auf und machte mich auf den Weg zu der Dachluke. Als wir uns dieser gegenüber befanden, berichtete ich Balbi genau über alles, was ich getan hatte, und beriet mich mit ihm, wie wir auf den Dachboden gelangen könnten. Dies war leicht für einen von uns, denn der andere konnte ihn an dem Strick hinunterlassen; aber ich sah keine Möglichkeit, wie nachher der zweite ihm folgen könnte, da der Strick sich nicht am Eingang der Dachluke befestigen ließ. Wenn ich einstieg und hinuntersprang, konnte ich Arme und Beine brechen, denn die Entfernung von der Dachluke bis zum Fußboden war mir unbekannt. Als ich ihm dies vernünftige Bedenken im freundlichsten Ton vorgestellt hatte, antwortete der Mensch mir: »Lassen Sie mich nur einstweilen hinunter, wenn ich unten bin, haben Sie Zeit genug, darüber nachzudenken, wie Sie mir folgen können.«

Ich gestehe, daß ich in der ersten Entrüstung in Versuchung war, ihm meinen Spieß in die Brust zu stoßen. Ein guter Geist hielt mich zurück, und ich warf ihm mit keinem einzigen Wort seine niedrige Selbstsucht vor, sondern öffnete sofort mein Paket mit den Stricken. Nachdem ich ihm den Strick unter den Achseln fest um die Brust geschnürt hatte, ließ ich ihn mit den Füßen nach unten sich platt auf den Bauch legen und hinunterrutschen, bis er auf der Dachluke ankam. Als er soweit war, sagte ich ihm, er solle bis ans Gesäß sich in die Öffnung hinunterlassen und sich mit den Händen am Rand festhalten. Als er dies getan hatte, rutschte ich wie früher über das Dach hinunter, legte mich ganz lang auf die Dachluke hin, zog den Strick straff an und sagte dem Mönch, er solle sich nun ohne Furcht loslassen. Unten angekommen, band er den Strick los; ich zog diesen herauf und fand, daß die Entfernung von der Dachluke bis zum Boden zehnmal die Länge meines Armes betrug. Dies war zuviel, um den gefährlichen Sprung zu wagen. Des Mönches war ich nunmehr sicher. Er hatte fast zwei Stunden angstvoll auf dem Dachfirst verbracht, in einer, wie ich zugeben will, nicht eben Vertrauen erweckenden Lage. Er rief mir zu, ich solle ihm nur die Stricke herunterwerfen; er wolle dann schon für das Weitere sorgen. Natürlich hütete ich mich, diesen dummen Rat zu befolgen. Ich wußte nicht, was ich anfangen sollte. Auf eine Eingebung wartend, kletterte ich einstweilen zu dem Dachfirst zurück. Mein Blick fiel auf eine Stelle neben einer Kuppel, die ich noch nicht besucht hatte, und ich machte mich dorthin auf den Weg. Ich sah eine mit Bleiplatten bedeckte ebene Terrasse neben einer großen Dachluke mit zwei verschlossenen Läden. Auf dieser Terrasse stand ein Trog mit fertigem Mörtel, Maurergerät und eine Leiter, die mir lang genug zu sein schien, um auf ihr auf den Dachboden hinuntersteigen zu können, wo mein Kamerad mich erwartete. Dies genügte mir, um meinen Entschluß zu fassen. Ich befestigte meinen Strick an der ersten Sprosse und schleppte die unbequeme Last bis an die Dachluke. Nun galt es aber, die schwere Leiter, welche zwölfmal so lang war wie mein Arm[2], in die Luke hineinzubringen. Die Schwierigkeiten, die mir dies machte, ließen mich bedauern, daß ich mich der Hilfe des Mönches beraubt sah.

Ich hatte die Leiter so weit geschleppt, daß das eine Ende die Luke berührte, während sie um ein Drittel ihrer Länge über die Dachrinne hinausragte. Nun ließ ich mich bis auf die Luke hinabgleiten, zog seitwärts die Leiter an mich heran und befestigte das Ende meines Strickes an ihrer achten Sprosse. Hierauf ließ ich sie wieder so weit hinunter, bis ihre Spitze sich unmittelbar neben der Luke befand. Ich bemühte mich nun, sie in diese hineinzubringen, aber es war mir unmöglich, sie weiter als bis zur fünften Sprosse eindringen zu lassen; denn ihre Spitze stieß innen gegen das Dach der Luke an, und keine Kraft auf der ganzen Welt hätte sie tiefer hineingebracht, ohne entweder die Dachluke oder die Leiter zu zerbrechen. Hiergegen gab es nur ein einziges Mittel: ich mußte sie am anderen Ende anheben; durch die Neigung konnte die Spitze an dem Hindernis vorbeigelangen, und dann mußte die Leiter durch ihr eigenes Gewicht nach unten gleiten. Ich hätte allerdings die Leiter quer legen und meinen Strick an ihr befestigen können, um ohne Gefahr an ihr hinabzugleiten. Aber dann wäre die Leiter dort liegengeblieben und hätte am anderen Morgen den Sbirren und Lorenzo den Ort verraten, wo wir uns vielleicht noch befinden würden.

Ich wollte es nicht riskieren, durch eine Unvorsichtigkeit die Frucht so vieler Mühen und Gefahren zu verlieren; um alle Spuren zu beseitigen, mußte die Leiter ganz und gar verschwinden. Da niemand da war, um mir zu helfen, entschloß ich mich, selber bis zur Dachrinne hinunterzusteigen, um die Leiter hochzuheben und so meinen Zweck zu erreichen. Dies tat ich denn auch, aber unter so großer Gefahr, daß ich es nur einer Art Wunder verdankte, wenn ich für meine Waghalsigkeit nicht mit dem Leben büßte. Ich ließ den Strick los, ohne mich weiter um die Leiter zu kümmern; denn ich brauchte nicht zu befürchten, daß sie in den Kanal fallen würde; sie hing nämlich mit der dritten

Sprosse an der Dachrinne fest. Meinen Spieß in der Hand, ließ ich mich nun bis zur marmornen Dachrinne hinuntergleiten. Ich berührte diese mit meinen Fußspitzen, während ich platt auf dem Bauch lag. In dieser Stellung konnte ich mit Aufgebot aller Kraft die Leiter unten um einen halben Fuß anheben und sie zugleich vorwärtsstoßen. Zu meiner großen Freude sah ich, daß sie um einen Fuß tiefer in die Dachluke eingedrungen war. Der Leser wird begreifen, daß hierdurch ihr Gewicht sich beträchtlich verminderte. Es galt nun, sie noch um zwei Fuß weiter hineinzubringen, indem ich sie um ebensoviel emporhob; denn sobald dies geschehen war, brauchte ich mich nur wieder auf das Dach der Luke zu legen, um mit Hilfe des Stricks die ganze Leiter hineinzubringen. Um sie nun so weit emporzuheben, wie es nötig war, richtete ich mich auf meinen Knien auf. Aber infolge der Kraftanstrengung glitt ich mit den Fußspitzen aus, mein Körper rutschte bis zur Brust über den Rand hinaus, und ich hing nur noch mit den beiden Ellbogen auf dem Dach.

Entsetzlicher Augenblick! Im Selbsterhaltungstriebe bot ich fast unbewußt alle meine Kräfte auf, um mich festzuhalten, und es glückte mir, ich möchte fast sagen: durch ein Wunder. Ich verlor keinen Augenblick die Kaltblütigkeit, und es gelang mir endlich, indem ich die ganze Kraft meiner Arme aufbot, mich hochzustemmen, so daß nunmehr mein Körpergewicht auf den Handgelenken ruhte, während ich mich zugleich mit dem Unterleib auf die Dachrinne stützte. Um die Leiter brauchte ich mir glücklicherweise keine Sorgen mehr zu machen, denn bei der ungeheuren Kraftanstrengung, die mich beinahe so teuer zu stehen gekommen wäre, hatte ich das Glück gehabt, sie um drei Fuß tiefer in die Dachluke hineinzustoßen, so daß sie nun unbeweglich fest stand.

Indem ich mich also, auf meine Handgelenke und auf die Leistengegend zwischen Unterleib und Schenkeln aufgestützt, am Rande der Dachrinne festhielt, sah ich, daß ich außer aller Gefahr sein würde, wenn ich mein rechtes Bein hochheben und erst das eine, dann das andere Knie auf die Dachrinne bringen könnte. Aber meine Leiden waren noch nicht zu Ende. Infolge der Anstrengung zogen sich meine Sehnen so stark zusammen, daß ein überaus schmerzhafter Krampf mich an allen Gliedern lähmte. Ich verlor jedoch nicht den Kopf, sondern hielt mich unbeweglich, bis der Anfall vorüber war: ich wußte, daß dies das beste Mittel gegen den Krampf ist, denn ich habe es oft an mir selber erprobt. Wie entsetzlich war dieser Augenblick! Nach zwei Minuten erneuerte ich ein wenig meine Anstrengungen und erreichte glücklich nacheinander mit beiden Knien die Dachrinne. Nachdem ich Atem geschöpft hatte, hob ich vorsichtig die Leiter empor, bis sie sich endlich parallel mit dem kleinen Dach der Luke befand. Dies genügte mir, da mir die Gesetze des Gleichgewichts und des Hebels genügend bekannt waren. Ich nahm meinen Spieß wieder zur Hand und kletterte in schon bekannter Weise zur Dachluke empor. Mit Leichtigkeit brachte ich nun die ganze Leiter hinein, deren Ende mein Kamerad mit seinen Armen auffing. Ich warf meine Kleider, die Stricke und die Trümmer des ausgebrochenen Gitterrahmens auf den Boden und stieg auf der Leiter hinunter. Der Mönch empfing mich voller Freuden und brachte die Leiter auf die Seite. Mit den Armen umhertastend, untersuchten wir nun den dunklen Ort, an dem wir uns befanden; er war etwa dreißig Fuß lang und zehn Fuß breit[3].

An dem einen Ende fanden wir eine Doppeltür, die aus eisernen Stäben bestand; dies war ein übles Vorzeichen. Als ich aber meine Hand auf die in der Mitte befindliche Klinke legte, gab diese dem Druck nach, und die Tür öffnete sich. Wir gingen zunächst an den Wänden entlang um den neuen Raum herum; als wir ihn aber durchqueren wollten, stießen wir auf einen großen Tisch, der von Stühlen und Lehnsesseln umgeben war. Wir gingen nach der Stelle zurück, wo wir Fenster gefunden hatten, und öffneten eines. Aber wir bemerkten beim Schimmer der Sterne nur Abgründe zwischen Kuppeln. Ich dachte nicht einen Augenblick daran, hier hinabzusteigen. Denn der Ort, wo ich mich befand, war mir unbekannt, und ich wollte wissen, wohin ich geriete. Ich machte das Fenster wieder zu; wir verließen den Saal und gingen zu dem Ort zurück, wo wir unser Gepäck hatten liegenlassen. Über alle Maßen körperlich und geistig erschöpft, ließ ich mich auf den Fußboden sinken; ich schob mir ein Paket Stricke unter den Kopf, und ein sanfter Schlummer bemächtigte sich meiner Sinne. Ich überließ mich ihm, völlig willenlos; es wäre mir unmöglich gewesen, dem Schlaf zu widerstehen, selbst wenn ich gewußt hätte, daß er mich das Leben kosten würde. Ich erinnere mich noch jetzt sehr gut, welch ein wonniges Gefühl es für mich war, als ich einschlief.

Ich schlief drei und eine halbe Stunde lang. Das Geschrei und das heftige Rütteln des Mönches vermochten mich kaum zu wecken. Er sagte mir, es habe soeben sechs Uhr geschlagen und es sei ihm unverständlich, wie ich in der Lage, in der wir uns befänden, schlafen könnte. Ihm war das unbegreiflich, mir aber nicht: mein Schlaf war nicht freiwillig gewesen; ich hatte nur meiner erschöpften Natur nachgegeben und lag sozusagen in den letzten Zügen. Meine Erschöpfung konnte nicht überraschen: seit zwei Tagen hatte ich vor Aufregung nichts essen und kein Auge schließen können, und die Anstrengungen, die ich hatte machen müssen, gingen über das hinaus, was ein Mensch unter gewöhnlichen Umständen leisten kann. Sie würden genügt haben, um auch die Kräfte eines jeden anderen Menschen vollkommen zu erschöpfen. Übrigens hatte dieser wohltätige Schlaf mir meine alte Kraft zurückgegeben, und in der Zwischenzeit war, wie ich mit großer Freude sah, die Dunkelheit so weit gewichen, daß wir zuversichtlicher und schneller handeln konnten.

Sobald ich mich umgesehen hatte, rief ich aus: »Dieser Ort ist kein Gefängnis; es muß hier einen leicht zu findenden Ausgang geben.« Wir gingen nun zu der Wand, die der eisernen Tür gegenüberlag, und ich glaubte, in einem sehr engen Winkel eine Tür zu erkennen. Ich betastete sie mit den Fingern und fand endlich ein Schlüsselloch. In dieses stieß ich meinen Spieß hinein und sprengte mit drei oder vier Stößen das Schloß. Wir betraten eine kleine Kammer, wo ich auf einem Tisch einen Schlüssel fand. Ich versuchte diesen an einer gegenüberliegenden Tür, drehte ihn herum und fand, daß das Schloß offen war. Ich legte den Schlüssel wieder auf den Tisch, wo ich ihn gefunden hatte, und bat den Mönch, unsere Pakete zu holen. Dann verließen wir das Zimmer und befanden uns in einem Gange, worin Nischen ganz mit Papieren angefüllt waren. Es waren Archive. Ich entdeckte eine kleine steinerne Treppe und ging diese hinunter; ich fand eine andere, stieg sie ebenfalls hinab und stieß auf eine Glastür. Diese öffnete ich und befand mich plötzlich in einem Saale, den ich kannte; wir befanden uns in der Cancelleria ducale[4]. Ich öffnete ein Fenster. Es wäre mir leicht gewesen, hinauszuklettern; aber dann hätte ich mich in dem Labyrinth der kleinen Höfe befunden, die die Markuskirche umgeben. Um Gottes willen, nur nicht eine solche Torheit!

Auf einem Schreibtisch sah ich ein eisernes Werkzeug mit abgerundeter Spitze und hölzernem Griff. Es diente dem Sekretär der Cancelleria dazu, die Pergamente zu durchbohren, um mittels eines Fadens das Bleisiegel[5] anzuhängen. Ich nahm das Instrument an mich. Ich öffnete den Schreibtisch und fand die Abschrift eines Briefes, worin dem Provveditore Generale von Korfu die Absendung von dreitausend Zechinen zur Ausbesserung der Festung gemeldet wurde. Ich suchte die Zechinen; sie waren nicht da. Gott weiß, mit welchem Vergnügen ich mich ihrer bemächtigt hätte und wie ich den Mönch ausgelacht hätte, wäre ich von ihm beschuldigt worden, dadurch einen Diebstahl zu begehen. Ich hätte diese Summe als ein Geschenk vom Himmel angesehen und mich ganz aufrichtig nach dem Rechte des Eroberers als ihren Eigentümer betrachtet.

Ich ging an die Tür der Cancelleria und steckte meinen Spieß in das Schlüsselloch. Aber in weniger als einer Minute erlangte ich die Gewißheit, daß es mir unmöglich sein würde, das Schloß zu sprengen, und nun entschloß ich mich, schnell ein Loch durch den einen Türflügel zu brechen. Ich suchte mir die Stelle aus, wo das Holz am wenigsten Äste hatte. Schnell ging ich ans Werk und bohrte und spaltete mit schnellen Stößen meines Spießes das Holz, so gut ich konnte. Der Mönch half mir nach Kräften mit der dicken Ahle, die ich auf dem Schreibtische gefunden hatte. Aber er zitterte bei dem hallenden Lärm, den mein Spieß hervorbrachte, sooft ich ihn in das Holz stieß, und den man auf weite Entfernung hören mußte. Ich fühlte recht wohl die große Gefahr, aber es blieb mir nichts anderes übrig, als es darauf ankommen zu lassen.

Nach einer halben Stunde war das Loch groß genug, und dies war gut für uns; denn es wäre schwierig gewesen, es ohne eine Säge noch größer zu machen. Die Ränder dieses Loches sahen grausig aus; denn sie starrten von Spitzen, an denen man sich die Kleider und die Glieder zerreißen konnte. Das Loch befand sich fünf Fuß[6] über dem Boden. Wir stellten unter das Loch zwei Schemel nebeneinander und stiegen hinauf.

Der Mönch kroch, mit gekreuzten Armen und dem Kopf voraus, in das Loch hinein; ich hielt ihn zuerst an den Schenkeln, dann an den Füßen fest, und es gelang mir, ihn durchzustoßen. Daß das Zimmer, in welches die Tür führte, dunkel war, machte mir keine Sorgen; denn ich kannte die Örtlichkeit. Als mein Kamerad draußen war, warf ich ihm unsere Sachen zu; nur die Stricke ließ ich liegen. Dann setzte ich einen dritten Schemel auf die beiden ersten und stieg hinauf, so daß nunmehr das Loch sich in der Höhe meiner Schenkel befand. Ich kroch bis zum Unterleib hinein, obgleich mir dies große Schwierigkeiten machte, weil das Loch sehr eng war, weil ich keinen Stützpunkt für meine Hände hatte und weil mich niemand von hinten schieben konnte, wie ich den Mönch hindurchgeschoben hatte; ich sagte Balbi, er solle mich um den Leib packen und ohne Rücksicht an sich ziehen, wenn ich auch dabei in Fetzen ginge. Er gehorchte, und ich besaß die Standhaftigkeit, den furchtbaren Schmerz zu ertragen, den mir die spitzigen Zacken des Holzes bereiteten, indem sie mir die Flanken und Schenkel zerrissen, so daß das Blut herunterströmte.

Als ich endlich glücklich draußen war, nahm ich schnell mein Paket an mich, stieg zwei Treppen hinunter und öffnete ohne Schwierigkeit die Tür des Ganges, der zu der großen Tür der Prachttreppe führt und neben dem sich das Kabinett des Savio alla scrittura[7] befindet. Diese große Tür war verschlossen, wie es auch die Tür zur Sala delle Quattro Porte gewesen war, und ich sah auf den ersten Blick, daß ich ohne eine Ramme oder eine Sprengpatrone gegen diese Tür nichts ausrichten konnte. Mein Spieß, den ich in der Hand hatte, schien mir zu sagen: *hic fines posuit* [Hier ist es zu Ende], ich kann dir nichts mehr nützen, du kannst mich fortwerfen. Der Spieß war das Werkzeug meiner Freiheit; ich liebte ihn; er war würdig, als ex-voto über dem Altar der Freiheit und Erlösung zu hängen. Darum behielt ich ihn.

Vollkommen ruhig und gefaßt setzte ich mich auf einen Stuhl und sagte zu dem Mönch:

»Setzen Sie sich ebenfalls! Mein Werk ist getan; Gott oder das Glück müssen das übrige tun: *Abbia, chi regge il ciel cura del resto. O la fortuna, se non tocca a lui* [Laß für den Rest des Himmels Lenker sorgen / Oder das Glück, wenn's ihn nicht betrifft][8].«

Ich weiß nicht, ob die Leute des Palazzo heute, am Allerheiligentage, und morgen, am Allerseelentage, zum Ausfegen kommen werden. Wenn einer kommt, so laufe ich hinaus, sobald die Tür sich öffnet, und Sie müssen mir auf dem Fuße folgen. Wenn aber niemand kommt, so rühre ich mich nicht von hier; und wenn ich vor Hunger sterben sollte, so ist eben nichts dabei zu machen.«

Über dies Wort geriet der arme Mönch in fürchterliche Wut. Er nannte mich einen hirnverbrannten Narren, einen Verführer, Betrüger, Lügner; dies rührte mich nicht, ich ließ ihn schimpfen. Plötzlich schlug es sieben Uhr. Seit meinem Erwachen auf dem Dachboden war nur eine Stunde vergangen.

Am wichtigsten war es nun für mich, mich völlig umzukleiden. Pater Balbi sah wie ein Bauer aus, aber er war unversehrt; seine Kleider waren nicht wie die meinigen zerfetzt und mit Blut bedeckt; seine Weste von rotem Flanell und seine Hose von violettem Leder waren heil. Ich dagegen sah erbarmungswürdig aus – blutüberströmt und in ganz zerlumpten Kleidern. Über meinen Knien bluteten zwei tiefe Schrammen, die ich mir an der Dachrinne gerissen hatte; das Loch in der Tür der Cancelleria hatte mir Weste, Hemd, Hosen, Hüften und Schenkel zerfetzt. Überall hatte ich fürchterliche Schrammen. Ich zerriß einige Taschentücher und verband mich damit, so gut es ging. Dann zog ich meinen schönen Anzug an, in welchem ich an dem kalten Herbsttage ziemlich komisch aussehen mußte. Ich ordnete meine Haare, so gut es eben gehen wollte, und legte sie in meinen Haarbeutel, zog weiße Strümpfe an, legte in Ermangelung eines anderen ein Spitzenhemd an und zog noch zwei andere darüber. Taschentücher und Strümpfe steckte ich in meine Taschen, und alles übrige warf ich in eine Ecke. Meinen schönen Mantel hängte ich dem Mönch um die Schultern, und der gute Mann sah aus, wie wenn er ihn gestohlen hätte. Ich mußte aussehen wie ein Kavalier, der einen Ball mitgemacht, hierauf die Nacht an einem schlechten Ort verbracht hatte und dort etwas zerzaust worden war. Nur die Verbände an meinen Knien, die man sah, stimmten nicht zu meiner etwas unangebrachten Eleganz.

In diesem eleganten Aufzug, meinen schönen Hut mit spanischer Goldspitze und weißer Feder auf dem Kopf, trat ich an ein offenes Fenster. Einige Faulenzer, die (wie ich fünf oder sechs Monate später in Paris erfuhr) sich zufällig im Hof des Dogenpalastes befanden und sich wunderten, daß ein so vornehm gekleideter Herr wie ich zu solcher Stunde dort oben sein könne, gingen zu dem Mann, der den Schlüssel zu diesem Saal hatte, und sagten ihm Bescheid. Er glaubte, er hätte vielleicht am Tage vorher jemand eingeschlossen, holte seinen Schlüssel und kam herauf.

Ich ärgerte mich, daß ich mich am Fenster gezeigt hatte. Ich wußte nicht, daß gerade dies das größte Glück für mich war. Ich setzte mich wieder neben den Mönch und ließ mich von ihm ausschelten, als plötzlich ein Klirren von Schlüsseln an mein Ohr drang. Ganz aufgeregt sprang ich auf und spähte durch eine schmale Ritze, die sich glücklicherweise zwischen den beiden Türflügeln befand. Ich sah einen einzelnen Mann, ohne Hut, nur mit einer schwarzen Perücke auf dem Kopf; er stieg langsam, einen großen Schlüsselbund in der Hand haltend, die Treppe herauf. Ich sagte dem Mönch in sehr ernstem Ton, er solle nicht den Mund auftun, sondern hinter mich treten und mir sofort folgen. Meinen Spieß hielt ich in der rechten Hand unter meinem Rock verborgen. Ich trat nun so vor die Tür, daß ich hinauskonnte, sobald sie geöffnet wurde. Ich betete zu Gott, daß der Mann mir keinen Widerstand leisten möchte; denn in diesem Fall hätte ich mich genötigt gesehen, ihn niederzustoßen, und dazu war ich entschlossen.

Die Tür ging auf. Bei meinem Anblick stand der arme Mann wie versteinert da. Ohne mich aufzuhalten und ohne ein Wort zu sagen, machte ich mir seine Verblüffung zunutze und lief schnell die Treppe hinunter, der Mönch hinter mir her. Mit schnellen Schritten, aber nicht wie ein Fliehender, wandte ich mich nach der prachtvollen sogenannten Gigantentreppe, ohne auf Balbi zu hören, der mir unaufhörlich zurief: »In die Kirche!«

Die Kirchentür war nur zwanzig Schritt von der Treppe entfernt; aber die Kirchen boten in Venedig verfolgten Verbrechern schon längst keine Sicherheit mehr, und deshalb suchte kein Mensch darin seine Zuflucht. Der Mönch wußte das, aber in der Angst vergaß er es. Später sagte er mir, er habe mich nur deshalb aufgefordert, in die Kirche einzutreten, weil ihn ein religiöses Gefühl zum Altar hingezogen habe.

»Warum sind Sie nicht allein hineingegangen?«

»Ich wollte Sie nicht verlassen.«

Er hätte lieber sagen sollen: ich wollte Sie nicht verlieren.

Die Sicherheit, die ich suchte, lag jenseits der Grenzen der Durchlauchtigsten Republik, und dorthin hatte ich den Weg nunmehr angetreten. Im Geiste war ich schon da. Aber es galt, auch noch körperlich dahin zu gelangen. Ich ging geraden

Weges zur Porta della Carta, dem Prachttor des Dogenpalastes. Ohne einen Menschen anzusehen – dies ist das beste Mittel, um nicht beachtet zu werden –, ging ich über die Piazzetta bis an das Ufer, bestieg die erste beste Gondel und sagte dem Gondoliere, der im Heck stand, ganz laut: »Ich will nach Fusina; rufe schnell noch einen zweiten Ruderer.« Es war einer ganz in der Nähe, und während die Gondel losgemacht wurde, warf ich mich auf das Mittelpolster, der Mönch dagegen setzte sich auf die Seitenbank. Die sonderbare Gestalt Balbis, ohne Hut und mit einem schönen Mantel auf den Schultern, dazu mein unzeitgemäßer Anzug, das alles mußte die Leute auf den Gedanken bringen, ich sei ein Scharlatan oder ein Astrologe.

Sobald wir um die Dogana[9] herumgefahren waren, begannen die Gondolieri kräftig den großen Canale della Giudecca entlangzufahren, durch den man hindurch muß, um nach Fusina oder nach Mestre zu gelangen, wohin ich in Wirklichkeit wollte. Als wir über die Hälfte des Kanals hinaus waren, streckte ich den Kopf zum Fenster hinaus und fragte den hinteren Gondoliere: »Glaubst du, daß wir vor sieben Uhr in Mestre sind?«

»Aber, Signore, Sie haben gesagt, Sie wollten nach Fusina.«

»Du bist verrückt; ich habe gesagt: nach Mestre.«

Der zweite Gondoliere sagte mir, ich irrte mich, und mein dummer Mönch, als eifriger Christ und großer Freund der Wahrheit, bestätigte natürlich, ich hätte unrecht. Ich hatte Lust, ihm einen Fußtritt zu versetzen zur Strafe für seine fürchterliche Dummheit; dann aber fiel mir ein, daß ja nicht jeder gescheit ist, der es gerne sein möchte. Ich lachte hellauf und gab zu, ich könnte mich vielleicht geirrt haben, in Wirklichkeit hätte ich aber die Absicht, nach Mestre zu fahren. Ich bekam keine Antwort; aber einen Augenblick später sagte der Gondelführer zu mir, er sei bereit, nach England zu fahren, wenn ich wollte.

»Bravo! Also nach Mestre.«

»Wir werden in drei Viertelstunden dort sein, denn Wind und Flut sind uns günstig.«

Sehr zufrieden sah ich auf den Kanal zurück, der mir nie zuvor so schön erschienen war, besonders, weil nicht ein einziges Boot hinter uns herfuhr. Der Morgen war herrlich, die Luft rein, die Sonne sandte uns ihre ersten wunderschönen Strahlen, und meine beiden jungen Gondolieri ruderten kräftig und gewandt. Und als ich nun an die entsetzliche Nacht dachte, die ich durchgemacht, an die Gefahren, denen ich entronnen war, an den Ort, wo ich noch den Tag vorher ein Gefangener gewesen war, ferner an alle Fügungen des Zufalls, die mir günstig gewesen waren, und an die Freiheit, die ich eben zu genießen begann und die in ihrem vollen Glanze vor mir war – da überwältigte mich Dankbarkeit gegen Gott; der Überschwang der Gefühle erstickte mich fast, und ich brach in Tränen aus.

Mein wunderbarer Kamerad, der bis dahin kein Wort gesagt hatte, außer daß er den Schiffern recht gegeben, glaubte mich trösten zu müssen. Er täuschte sich über die Ursache meiner Tränen, und die ungeschickte Art, wie er sich bei seinen Tröstungsversuchen benahm, hatte zur Folge, daß meine Tränen in ein eigentümliches Lachen übergingen, das ihn auf eine andere, ebenso falsche Vermutung brachte: er glaubte, ich wäre wahnsinnig geworden. Der arme Mönch war dumm, wie ich bereits gesagt habe, und boshaft war er nur, weil er dumm war. Ich hatte mich in der harten Notwendigkeit befunden, mir seine Dummheit zunutze zu machen, aber er hätte mich durch sie beinahe ins Verderben gestürzt, wenngleich ohne böse Absicht. Es war mir unmöglich, ihn zu überzeugen, daß ich den Gondolieri, in der Absicht, Mestre zu erreichen, befohlen hätte, nach Fusina zu fahren; er sagte mir, dieser Gedanke könnte mir erst auf dem Kanal gekommen sein.

Wir kamen in Mestre an. Auf der Post fand ich keine Pferde; aber in der Osteria della Campana war eine Menge Fuhrleute, mit denen man ebensogut fährt. Mit einem von ihnen machte ich ab, daß er mich in fünf Viertelstunden nach Treviso fahren sollte. In drei Minuten waren die Pferde eingespannt; in der Annahme, daß Balbi hinter mir stände, drehte ich mich um und sagte: »Steigen Sie ein.« Aber er war nicht da. Ich befahl einem Stallknecht, ihn herbeizuholen, und nahm mir vor, ihn tüchtig auszuschelten, selbst wenn er genötigt gewesen sein sollte, ein Bedürfnis zu befriedigen. Denn wir befanden uns in einer Lage, daß wir alle Bedürfnisse unterdrücken mußten, selbst solche der natürlichsten Art. Der Stallbursche kam zurück und sagte, er könnte den Mönch nicht finden. Ich war wütend. Ich dachte daran, ihn einfach im Stich zu lassen. Ich hätte es tun müssen; nur ein Gefühl der Menschlichkeit hielt mich davon ab.

Ich steige wieder aus und erkundige mich; jedermann hat ihn gesehen, aber kein Mensch kann mir sagen, wo er ist oder wo er sein mag. Ich eile die Arkaden der Hauptstraße entlang, stecke instinktmäßig den Kopf zum Fenster eines Kaffeehauses hinein und sehe den unglückseligen Mönch am Schenktisch stehen, Schokolade trinken und mit der Kellnerin schäkern. Er sieht mich, zeigt mir das Mädchen, sagt mir, sie sei hübsch, und fordert mich auf, ebenfalls eine Tasse Schokolade zu trinken. Zugleich bittet er mich, für ihn zu bezahlen, denn er habe keinen Soldo bei sich. Ich unterdrücke meine Entrüstung und sage zu ihm: »Ich will keine, beeilen Sie sich!« Zugleich kneife ich ihn in den Arm, daß er vor Schmerz ganz blaß wird. Ich bezahle, und wir gehen.

Ich bebte vor Wut.

Wir kamen nach dem Gasthof zurück und stiegen ein. Kaum aber waren wir zehn Schritte weit gefahren, so begegneten wir einem Einwohner von Mestre, einem gewissen Bilbo Tomasi, einem gutmütigen Mann, der aber im Rufe stand, Beziehungen zu dem heiligen Tribunal der Inquisition zu unterhalten. Er kannte mich, blieb stehen und rief mir zu: »Wie, Signor Casanova, Sie hier? Ich bin entzückt, Sie zu sehen. Sie sind also entflohen? Wie haben Sie das angefangen?«

»Ich bin nicht entflohen; man hat mich entlassen.«

»Das ist nicht möglich; denn ich war erst gestern abend im Hause des Signor Grimani in San Polo und würde es erfahren haben.«

Lieber Leser, du wirst dir leichter vorstellen können, in welchem Zustande ich mich in diesem Augenblick befand, als ich es dir schildern kann. Ich sah mich von einem Mann entdeckt, der, wie ich glaubte, bezahlt war, um mich zu verhaften, und der zu diesem Zweck nur einem von den Sbirren zuzuwinken brauchte, von denen es in Mestre wimmelte. Ich sagte ihm, er möchte leise sprechen, stieg vom Wagen herunter und bat ihn, mit mir ein bißchen zur Seite zu treten. Ich führte ihn hinter das Haus bis zu einem Graben, auf dessen anderer Seite freies Feld war. Als ich sah, daß niemand uns bemerkte, faßte ich nach meinem Spieß und packte ihn am Kragen. Er sah meine Absicht, riß sich los, sprang über den Graben und lief aus Leibeskräften davon, ohne sich umzusehen. Sobald er einen gewissen Vorsprung gewonnen hatte, mäßigte er seinen Lauf, sah sich um und warf mir Kußhändchen zu, um mir anzudeuten, daß er mir gute Reise wünschte. Als ich ihn nicht mehr sah, dankte ich Gott, daß der Mann durch seine Gelenkigkeit mich davor bewahrt hatte, ein

Verbrechen zu begehen; denn ich wollte ihn töten, und er hatte, wie es scheint, keine bösen Absichten.

Ich war in einer fürchterlichen Lage. Ich war allein und befand mich in offenem Kriege mit den gesamten Streitkräften der Republik. Vor der Vorsicht mußte alles andere zurücktreten, und meine eigene Sicherheit gebot mir, kein Mittel außer acht zu lassen, um mein Ziel zu erreichen.

Finster wie ein Mensch, der soeben einer großen Gefahr entgangen ist, warf ich dem jämmerlichen Mönch, der nun einsah, welcher Gefahr er uns ausgesetzt hatte, nur einen Blick der Verachtung zu und stieg wieder auf den Wagen. Ich dachte darüber nach, wie ich mir den Tölpel vom Halse schaffen könnte, und er saß da und wagte nicht den Mund aufzutun. Ohne weiteren Zwischenfall kamen wir in Treviso an, wo ich dem Postmeister sagte, er solle uns um elf Uhr einen Zweispänner bereithalten. In Wirklichkeit hatte ich jedoch nicht die Absicht, mit der Post weiterzureisen, erstens, weil ich nicht soviel Geld hatte, zweitens, weil ich verfolgt zu werden fürchtete. Der Gastwirt fragte mich, ob ich frühstücken wollte. Ich hatte es nötig, um mich bei Kräften zu erhalten; denn ich war halbtot vor Hunger. Aber ich hatte nicht den Mut, die Einladung anzunehmen: der Verlust einer Viertelstunde konnte verhängnisvoll für mich werden. Ich fürchtete, erwischt zu werden, und dessen hätte ich mich mein Leben lang geschämt; denn ein kluger Mann muß es auf freiem Felde mit viermalhunderttausend Mann aufnehmen können; wenn er sich nicht zu verstecken versteht, ist er ein Dummkopf.

Ich ging zum St.-Thomas-Tor hinaus, wie wenn ich einen Spaziergang machen wollte. Eine Meile blieb ich auf der Landstraße, dann aber schlug ich mich querfeldein. Ich war entschlossen, keine Straße mehr zu betreten, solange ich mich noch im Gebiet der Republik befände. Der kürzeste Weg führte über Bassano, aber ich wählte den längsten; denn es war nicht unmöglich, daß man am Ausgang des nächsten Weges auf mich wartete, während man wahrscheinlich nicht daran denken würde, daß ich über Feltre gehen würde; denn dies war der längste Weg, um in das Gebiet des Bischofs von Trient zu gelangen. Nachdem wir drei Stunden marschiert waren, ließ ich mich auf die Erde niedersinken. Ich konnte nicht mehr. Ich mußte etwas essen oder auf dem Platze sterben. Ich sagte dem Mönch, er möchte den Mantel neben mich legen und in ein nahes Bauernhaus gehen, sich gegen Bezahlung etwas Essen geben lassen und es mir bringen. Ich gab ihm das nötige Geld dazu. Er ging, aber er sagte mir, er hätte mich für mutiger gehalten. Der Elende wußte nicht, was Mut heißt, aber er war kräftiger als ich und hatte ohne Zweifel vor unserem Ausbruch tüchtig seinen Magen versorgt. Außerdem hatte er Schokolade getrunken; er war mager, außerdem war er Mönch, und Vorsicht und Ehrgefühl beunruhigten nicht seinen Geist auf Kosten seines Körpers. Obgleich das Haus kein Wirtshaus war, schickte die gute Bäuerin mir durch ein Mädchen ein reichliches Essen, das mich nur dreißig Soldi kostete. Als ich meinen Hunger gestillt hatte, fühlte ich, daß der Schlaf mich übermannen wollte, und machte mich sofort wieder auf den Weg, nachdem ich mich ziemlich genau nach der Richtung erkundigt hatte. Nach einem vierstündigen Marsch machte ich in der Nähe des Dörfchens halt und erfuhr, daß ich vierundzwanzig Meilen von Treviso entfernt war. Ich war völlig erschöpft; meine Schuhe waren zerrissen und meine Knöchel geschwollen. Ich hatte nur noch eine Stunde bis zum Dunkelwerden vor mir. Ich streckte mich in einem Wäldchen auf den Boden aus, bat Balbi, sich neben mich zu setzen, und hielt ihm folgende Ansprache: »Wir müssen nach Borgo di Valsugana, dies ist der erste Ort jenseits der Grenzen der Republik. Wir werden dort ebenso sicher sein wie in London und können uns dort ausruhen. Aber um diesen Ort zu erreichen, der dem Fürsterzbischof von Trient gehört, müssen wir außerordentlich vorsichtig sein, und die erste Vorsichtsmaßregel ist die, daß wir uns trennen. Sie gehen durch die Wälder von Mantello, ich gehe über die Berge; Sie auf dem leichtesten und kürzesten Wege, ich auf dem längsten und schwierigsten; endlich bekommen Sie alles Geld, und ich behalte keinen Soldo. Ich schenke Ihnen meinen Mantel; Sie tauschen diesen gegen einen Bauernrock und einen Hut ein, und dann wird ein jeder Sie für einen Bauern halten, denn zum Glück sehen Sie so aus. Hier ist alles Geld, das mir von den beiden Zechinen des Grafen Asquin übriggeblieben ist, es sind siebzehn Lire; nehmen Sie sie. Sie werden übermorgen abend in Borgo sein; vierundzwanzig Stunden später komme ich an. Sie erwarten mich im ersten Gasthof linker Hand, und Sie können sich darauf verlassen, daß ich kommen werde. Ich muß diese Nacht in einem guten Bett schlafen, und die Vorsehung wird mir helfen, ein solches irgendwo zu finden. Aber ich muß ganz ruhig sein können, und dies ist unmöglich, solange Sie bei mir sind.

Ich weiß gewiß, daß wir jetzt überall gesucht werden, und unsere Personen werden so genau beschrieben sein, daß man uns in jeder Herberge, die wir zusammen zu betreten wagten, sofort verhaften würde. Sie sehen, in welchem traurigen Zustande ich mich befinde und daß ich mich unbedingt zehn Stunden ausruhen muß. Leben Sie also wohl! Gehen Sie, und lassen Sie mich allein meiner Wege gehen; ich werde hier in der Nähe ein Nachtlager finden.«

»Alles, was Sie mir da sagen, habe ich längst erwartet. Ich habe Ihnen nichts darauf zu antworten, als daß ich Sie an das erinnere, was Sie mir versprachen, als ich mich von Ihnen überreden ließ, Ihr Gefängnis aufzubrechen. Sie versprachen mir, wir würden uns nie trennen. Geben Sie also die Hoffnung auf, daß ich Sie verlasse: Ihr Schicksal wird das meine sein, mein Schicksal das Ihre. Wir werden ein gutes Nachtlager für unser Geld finden und brauchen nicht in einen Gasthof zu gehen; man wird uns nicht festnehmen.«

»Sie sind also entschlossen, den guten Rat nicht zu befolgen, den ich Ihnen gegeben habe, weil die Klugheit es verlangt?«

»Vollkommen entschlossen.«

»Wir werden sehen!«

Nicht ohne Mühe stand ich auf, maß seine Gestalt und verzeichnete seine Größe auf dem Boden; dann zog ich meinen Spieß aus der Tasche, hockte mich hin, so daß ich fast auf der linken Seite lag, und begann mit der größten Ruhe ein kleines Loch zu graben, ohne auf seine Fragen ein Wort zu erwidern. Nachdem ich eine Viertelstunde gearbeitet hatte, sah ich ihn traurig an und sagte zu ihm: »Als guter Christ halte ich mich für verpflichtet, Ihnen zu sagen, daß Sie Ihre Seele Gott empfehlen müssen; denn ich werde Sie tot oder lebendig hier begraben, und wenn Sie stärker sind als ich, so werden Sie mich begraben. Zu diesem verzweifelten Entschluß zwingt mich Ihr rücksichtsloser Eigensinn. Indessen können Sie sich noch entfernen, denn ich werde Sie nicht verfolgen.«

Als ich sah, daß er mir nicht antwortete, machte ich mich wieder an die Arbeit. Ich muß doch gestehen, ich begann zu fürchten, daß der Dummkopf mich zum Äußersten treiben würde; ich war aber fest entschlossen, mich seiner zu entledigen.

Sei es, daß er Furcht hatte, sei es, daß er sich die Sache überlegt hatte – genug, er warf sich endlich neben mich. Da ich nicht wußte, was er beabsichtigte, bedrohte ich ihn mit meinem Spieß. Aber ich hatte nichts zu befürchten; denn er sagte zu mir: »Ich will alles tun, was Sie wünschen.«

Sogleich umarmte ich ihn, gab ihm all mein Geld und versprach ihm noch einmal, in Borgo mit ihm zusammenzutreffen. Obwohl ich nun keinen Soldo mehr hatte und zwei Ströme überqueren mußte, wünschte ich mir doch Glück, von der Gesellschaft eines Menschen mit solchem Charakter befreit zu sein. Denn nun, da ich allein war, fühlte ich mich sicher, und ich traute mir zu, die Grenzen meines Staates zu überschreiten.

Ich sah in kurzer Entfernung auf einem Hügel einen Schäfer seine Herde weiden; zu ihm ging ich, um mir einige notwendige Auskünfte zu verschaffen, und fragte ihn: »Lieber Freund, wie heißt dieses Dorf?«

»Valdobbiádene, Signor.«

Ich war überrascht, denn ich hatte einen viel größeren Weg zurückgelegt, als ich geglaubt hatte. Ich fragte hierauf nach dem Namen der Besitzer von fünf oder sechs Häusern, die ich von Ferne in der Runde liegen sah, und zufällig waren es lauter mir bekannte Personen, die ich jedoch nicht durch mein Erscheinen in Ungelegenheiten bringen durfte. Ich fragte ihn auch nach dem Namen eines Palazzos, den ich sah, und er sagte mir, er gehöre der Familie Grimani, deren Oberhaupt, der Staatsinquisitor, sich gerade in jenem Augenblick dort aufhalten mußte; ich hatte mich also sehr in acht zu nehmen und durfte mich dort nicht blicken lassen. Auf meine letzte Frage endlich, wem ein rotes Haus gehöre, das ich in der Ferne sah, antwortete der Schäfer mir, es gehöre dem sogenannten Landamtmann, dem Anführer der Sbirren. Ich war aufs höchste überrascht, aber ich sagte kein Wort weiter, grüßte den guten Schäfer und ging mechanisch hügelabwärts. Noch jetzt kann ich nicht begreifen, welcher Instinkt mich gerade auf dieses Haus zulenkte, von dem mich die Vernunft sowohl wie die Furcht hätte fernhalten sollen. Ich ging stracks auf das Haus los, und ich kann der Wahrheit gemäß versichern, daß dies nicht aus eigenem Entschluß geschah. Wenn es wahr ist, daß jeden Menschen eine unsichtbare Kraft lenkt, ein wohltätiger Geist, der uns zum Glück führt, wie es dem Sokrates zuweilen geschah – so muß ich meinem Schutzgeist den unwiderstehlichen Antrieb zuschreiben, dorthin zu gehen. Wie dem auch sei, es war der kühnste Schritt, den ich je in meinem Leben tat.

Ohne Zögern und mit völlig unbefangener Miene trat ich ein. Auf dem Hofe sah ich einen kleinen Jungen, der mit einem Kreisel spielte; ich ging zu ihm heran und fragte ihn, wo sein Vater sei. Statt mir zu antworten, rannte das Kind fort und rief seine Mutter, und einen Augenblick darauf sah ich eine sehr hübsche, schwangere junge Frau erscheinen, die mich sehr höflich fragte, was ich von ihrem Manne wünsche, der leider nicht zu Hause sei.

»Es tut mir recht leid, daß mein Gevatter nicht zu Hause ist; doch bin ich sehr erfreut, in diesem Augenblick die Bekanntschaft seiner schönen Gattin zu machen.«

»Ihr Gevatter? Ich spreche also mit Seiner Exzellenz Signor Vitturi? Er hat mir gesagt, daß Sie die große Güte gehabt und ihm versprochen haben, bei dem Kinde, das ich erwarte, Gevatter stehen zu wollen. Ich bin entzückt, Sie kennenzulernen, und mein Mann wird untröstlich sein, daß er nicht zu Hause war.«

»Ich hoffe, er wird bald zurückkommen, denn ich will ihn bitten, mir für heute nacht Unterkunft zu geben. Ich wage in dem Zustand, in welchem Sie mich sehen, sonst nirgendwo hinzugehen.«

»Sie sollen das beste Bett im Hause haben, und ich werde Ihnen ein recht gutes Nachtessen bereiten lassen; mein Mann wird sich bei Eurer Exzellenz für die uns erwiesene Ehre bedanken, sobald er wieder daheim ist. Vor kaum einer Stunde ist er mit allen seinen Leuten fortgeritten, und ich erwarte ihn erst in drei oder vier Tagen zurück.«

»Warum wird er denn so lange ausbleiben, Signora?«

»Wissen Sie denn nicht, daß zwei Gefangene aus den Bleikammern entsprungen sind? Der eine ist ein Patrizier, der andere ein Bürgerlicher namens Casanova. Mein Mann hat vom Messergrande einen Brief erhalten, worin ihm befohlen wurde, sie zu suchen. Wenn er sie findet, wird er sie nach Venedig bringen; wenn nicht, so wird er wieder nach Hause kommen. Aber er wird sie mindestens drei Tage lang suchen.«

»Das tut mir außerordentlich leid, meine liebe Gevatterin; aber ich möchte Ihnen nicht zur Last fallen, zumal ich das Bedürfnis habe, sofort zu Bett zu gehen.«

»Dies kann augenblicklich geschehen; meine Mutter wird Sie bedienen. Aber was haben Sie denn an Ihren Knien?«

»Ich habe in den Bergen auf der Jagd einen Sturz getan und mir dabei einige böse Schrammen zugezogen. Ich habe Blut verloren und bin dadurch etwas geschwächt.«

»Oh, oh, mein armer Herr; aber meine Mutter wird Sie wieder gesund machen.«

Sie rief ihre Mutter und sagte ihr alles, was ich brauchte; dann entfernte sie sich. Die hübsche Polizistenfrau hatte nicht den Geist ihres Gewerbes; denn die Geschichte, die ich ihr erzählt hatte, sah doch sehr nach einem Märchen aus. Zu Pferde in weißen Seidenstrümpfen! Auf der Jagd in einem Taftrock! Ohne Mantel, ohne Bedienten! Ihr Mann wird sie ausgelacht haben, als er heimkam! Ihre Mutter sorgte für mich mit einer Höflichkeit, wie ich sie nur bei Personen von vornehmstem Range hätte erwarten können. Die ehrwürdige, mitleidige Frau sprach wie eine Mutter zu mir und nannte mich nur mehr ihren Sohn, während sie meine Wunden verband. Wenn mir meine Lage nicht so große Sorge gemacht hätte, würde ich ihr ihre Pflege auf das unzweideutigste durch Höflichkeit und Dankbarkeit vergolten haben; aber der Ort, wo ich mich befand, und die Rolle, die ich spielte, beschäftigten meine Gedanken so ernstlich, daß ich für nichts anderes Sinn hatte.

Die gute Mutter untersuchte meine Knie und meine Hüfte und sagte mir dann in liebevollem Tone, ich müßte mich entschließen, ein wenig zu leiden, aber ich könnte mich darauf verlassen, daß ich am nächsten Tage geheilt sein würde; ich müßte mir nur angefeuchtete Tücher auf meine Wunden legen lassen und dann ganz ruhig in meinem Bett liegen und mich bis zum andern Morgen nicht rühren.

Man trug mir ein gutes Abendessen auf; ich aß und trank mit gutem Appetit. Hierauf ließ ich mich von ihr verbinden und schlief unter ihren Händen ein. Wahrscheinlich hat sie mich wie ein Kind ausgezogen; als ich erwachte, wußte ich von nichts mehr. Jedenfalls hatte ich kein Wort mehr zu ihr gesprochen, ja nicht einmal mehr einen Gedanken gehabt. Ich hatte gut gegessen; aber ich tat es nur, weil mein Magen es verlangte und weil ich neue Kräfte sammeln mußte. Als ich einschlief, wich ich nur einer unwiderstehlichen Gewalt: Ich war körperlich so geschwächt, daß ich bei allem, was ich tat, mir nicht das geringste denken konnte. Es war sieben Uhr abends, als ich zu Nacht speiste, und als ich am anderen Morgen erwachte, hörte ich es acht schlagen. Mir war zumute, als wäre ich von einem Zauber umfangen. Es dauerte mehr als fünf Minuten, bis ich richtig wach und bei Besinnung war; dann nahm ich schnell meine Verbände ab und sah zu meinem Erstaunen, daß meine Wunden trocken waren und mir nicht mehr den geringsten Schmerz bereiteten. Ich ordnete meine Haare und zog mich in weniger als vier Minuten an. Meine Zimmertür war nicht verschlossen; ich stieg die Treppen hinab und ging quer über den Hof zum Tor hinaus, ohne auf zwei Männer zu achten, die im Hof standen und nur Sbirren sein konnten. Mit schnellen Schritten entfernte ich mich von diesem Ort. Ich hatte dort die wohlwollendste Gastfreundschaft, die aufrichtigste Höflichkeit, die liebevollste Pflege gefunden; mehr als dies: Ich hatte dort meine Gesundheit und meine Kräfte wiedererlangt; aber mit einem unwillkürlichen Gefühl des Entsetzens dachte ich an die Gefahr, der ich mit knapper Not entronnen war. Unwillkürlich schauderte ich bei dem Gedanken an die Gefahr, in die ich mich so unvorsichtig begeben hatte. Ich war erstaunt, daß ich das Haus hatte betreten können, und noch mehr, daß ich es hatte wieder verlassen können. Es schien mir unmöglich zu sein, daß man mich nicht verfolgte. Fünf Stunden lang lief ich durch die Wälder und über die Berge; ich begegnete nur ein paar Bauern und sah mich nicht ein einziges Mal um.

Es war noch nicht Mittag, als plötzlich der Klang einer Glocke mich veranlaßte stehenzubleiben. Ich befand mich auf einer Anhöhe; indem ich mich nach der Gegend umblickte, aus der die Glockenklänge kamen, sah ich unten im Grunde ein Kirchlein, in das viele Leute hineingingen, um die Messe zu hören. Mir kam der Gedanke, sie ebenfalls anzuhören; mein Herz empfand das Bedürfnis, seine Dankbarkeit für den sichtlichen Schutz auszudrücken, den ich von der Vorsehung empfing.

Es war Allerseelentag. Ich stieg ins Tal hinab, trat in die Kirche ein und sah dort zu meiner großen Überraschung Signor Marcantonio Grimani, den Neffen des Staatsinquisitors, mit seiner Gattin, Signora Maria Pisani. Sie waren nicht weniger erstaunt als ich. Ich machte ihnen eine Verbeugung, die sie erwiderten. Nachdem ich die Messe angehört hatte, ging ich hinaus. Signor Grimani folgte mir allein, holte mich kurz darauf ein und sagte: »Was machen Sie hier, Casanova? Wo ist Ihr Kamerad?«

»Ich habe ihm siebzehn Lire, die ich noch hatte, gegeben, um sich auf einem anderen, leichteren Wege in Sicherheit zu bringen, während ich ohne einen Soldo in der Tasche auf diesem gefährlicheren Wege durchzukommen suche. Wenn Eure Exzellenz mir eine Unterstützung geben wollten, würde ich leichter mein Ziel erreichen.«

»Ich kann Ihnen nichts geben; aber Sie werden unterwegs Einsiedler finden, die Sie nicht werden Hungers sterben lassen. Aber erzählen Sie mir doch, wie es Ihnen gelingen konnte, aus den Bleikammern auszubrechen.«

»Die Erzählung würde interessant sein, aber auch lang, und unterdessen könnten die Einsiedler die Nahrungsmittel essen, die mich vor dem Hungertode bewahren sollen.«

Nach dieser ironischen Antwort machte ich ihm eine tiefe Verbeugung und setzte meinen Weg fort. Trotz meiner dringenden Geldbedürftigkeit machte es mir Vergnügen, daß er mir das Almosen abgeschlagen hatte. Ich dünkte mich viel mehr Edelmann als die Exzellenz, die mich an die Wohltätigkeit der Einsiedler verwies. Später, in Paris, hörte ich, daß seine Frau, als sie die Sache erfuhr, ihn ausschalt und ihm seine Hartherzigkeit vorwarf. Es ist nicht zweifelhaft, daß Gefühle des Wohlwollens und der Großmut öfter in den Frauenherzen wohnen als in den unsrigen.

Bis Sonnenuntergang wanderte ich immer weiter. Müde, mit wunden Füßen und zum Sterben hungrig, machte ich bei einem einsam liegenden Hause von gutem Aussehen halt. Ich fragte nach dem Herrn des Hauses. Die Wirtschafterin antwortete mir, er sei nicht anwesend, er sei zu einer Hochzeit jenseits des Flusses gegangen und werde erst in zwei Tagen zurückkommen; aber er habe ihr beim Fortgehen aufgetragen, sie solle seine Freunde gut aufnehmen.

Ich trat ein; man gab mir ein ausgezeichnetes Abendessen und ein gutes Bett. Aus der Adresse mehrerer Briefe ersah ich, daß ich mich im Hause des Signors Rombenchi, Konsul von ich weiß nicht mehr welcher Nation, befand. Ich schrieb einen Brief, den ich ihm versiegelt zurückließ. Nachdem ich sehr gut gegessen und geschlafen hatte, stand ich auf und zog mich sorgfältig an, dann ging ich; leider konnte ich der guten Haushälterin kein Zeichen meiner Erkenntlichkeit zurücklassen. Ich ging über den Fluß, indem ich so tat, wie wenn ich nur einen Spaziergang machte, und versprach, bei meiner Rückkehr zu bezahlen. Nach einem fünfstündigen Marsch aß ich zu Mittag in einem

Kapuzinerkloster. Nachdem ich mich gestärkt hatte, machte ich mich wieder frisch und kräftig auf den Weg und marschierte rüstig bis vier Uhr nachmittags. Dann machte ich halt bei einem Hause, das, wie ich von einem Bauern erfuhr, einem Herrn gehörte, der mein Freund war. Ich trat ein und fragte, ob der Herr zu Hause sei; man zeigte mir das Zimmer, worin er sich, mit Schreiben beschäftigt, allein befand. Ich eilte auf ihn zu, um ihn zu umarmen. Er aber machte bei meinem Anblick eine Gebärde des Entsetzens und sagte mir, unter Angabe von nichtigen und beleidigenden Gründen, ich solle mich sofort entfernen. Ich setzte ihm meine Lage und meine Geldnot auseinander und bat ihn um sechzig Zechinen gegen einen Wechsel, den Signor Bragadin bestimmt einlösen würde. Er antwortete mir, er könne mir nicht helfen, ja mir nicht einmal ein Glas Wasser anbieten, denn er fürchte, beim Tribunal in Ungnade zu fallen, wenn man mich in seinem Hause sehe. Er war ein Mann von etwa sechzig Jahren, ein Börsenmakler, der mir sehr zu Dank verpflichtet war. Seine hartherzige Weigerung machte auf mich einen ganz anderen Eindruck als die des Signors Grimani. Ob nun Zorn, Unwille, Wut mich übermannten oder ob ich der Stimme der Vernunft und Natur folgte, genug, ich packte ihn am Kragen, setzte ihm meinen Springstock auf die Brust und bedrohte ihn mit dem Tode, wenn er Krach schlagen würde. Am ganzen Leibe zitternd, zog er einen Schlüssel aus der Tasche, zeigte auf einen Sekretär und sagte, da drinnen liege Geld; ich brauche nur zu nehmen, soviel ich haben wolle. Ich befahl ihm, selber zu öffnen. Er gehorchte und zog eine Schublade auf, worin Goldstücke lagen. Ich befahl ihm, mir sechs Zechinen aufzuzählen.

»Sie haben sechzig von mir verlangt.«

»Ja, als ich als freundschaftliches Darlehen sie zu bekommen erwartete. Jetzt aber, da ich gezwungen bin, sie mir mit Gewalt zu verschaffen, will ich nur sechs haben, und du bekommst keinen Wechsel. Man wird sie dir in Venedig wiedergeben, wohin ich morgen berichten werde, wozu du mich gezwungen hast, du elender, erbärmlicher Feigling, der zu leben unwürdig ist!«

»Ich bitte Sie um Verzeihung und flehe Sie an: Nehmen Sie alles!«

»Nein, nichts mehr. Ich gehe jetzt und rate dir, mich ruhig ziehen zu lassen; wenn du mich zur Verzweiflung treibst, kehre ich um und zünde dir das Haus an!«

Ich verließ das Haus und marschierte zwei Stunden, bis der Einbruch der Nacht und die Müdigkeit mich zwangen, in einem Bauernhause Unterkunft zu suchen. Ich bekam ein schlechtes Abendbrot und schlief auf Stroh. Am Morgen kaufte ich einen alten Überrock und mietete einen Esel, um meinen Weg fortzusetzen; in der Nähe von Feltre kaufte ich ein Paar Stiefel. In diesem Aufzug passierte ich die zerfallene Festung, die man La Scala nennt. Es stand dort eine Schildwache, die mir nicht einmal die Ehre erwies, mich nach meinem Namen zu fragen. Ich nahm nun ein Wägelchen mit zwei Pferden und kam noch bei guter Tageszeit in Borgo di Valsugana an, wo ich Pater Balbi in dem von mir bezeichneten Gasthof fand. Wenn er mich nicht angeredet hätte, würde ich ihn nicht erkannt haben. Ein grüner Überrock und ein Schlapphut, den er über einer dicken baumwollenen Mütze trug, machten ihn völlig unkenntlich. Er sagte mir, er habe die Sachen von einem Bauern gegen meinen Mantel und noch eine Zechine zusätzlich eingetauscht, sei unangefochten über die Grenze gekommen und habe in Borgo gut gelebt. Er war so freundlich, mir zu versichern, daß er mich nicht erwartet habe; denn er habe nicht geglaubt, daß es mir mit meinem Versprechen, ihn aufzusuchen, Ernst gewesen sei. Ich verbrachte den nächsten Tag im Gasthof und schrieb, ohne das Bett zu verlassen, mehr als zwanzig Briefe nach Venedig, darunter zehn oder zwölf Rundschreiben, in denen ich erzählte, was ich hatte tun müssen, um mir die sechs Zechinen zu verschaffen.

Der Mönch schrieb unverschämte Briefe an seinen Oberen, Pater Barbarigo, und an seine Brüder, die Patrizier; an die Zofen aber, die ihn ins Unglück gestürzt hatten, schrieb er Liebesbriefe. Ich ließ die Tressen von meinem Rock abnehmen und verkaufte meinen Hut, um mich zugleich eines Luxus zu entledigen, der nicht zu meiner augenblicklichen Lage paßte; denn er war zu auffällig.

ANMERKUNGEN

Erstes Kapitel

1 *Caterina Capretta* – (1738 bis nach 1780) aus Venedig.
2 *Ghetto* – Seit 1516 waren die Juden in Venedig gezwungen, im »ghetto veccio« und im »ghetto nuovo« zu leben, zu dem im 17. Jh. noch das »ghetto nuovissimo« hinzukam; alle diese Wohnbezirke der Juden lagen im Stadtviertel Cannaregio nördlich vom Canale Grande.
3 *Äskulaps Orakel ... Orakel Apolls* – Äskulap, griechischer Gott der Heilkunst; Apoll, Gott der Weissagung.
4 *Traghettoboot* – Gondel, die in Venedig am Canale Grande ausschließlich für Überfahrten benutzt wurde.
5 *Kasino* – Solche »Casini« (Landhäuser, Lusthäuser, Gartenhäuser) gehörten in Venedig zum standesgemäßen Besitz jedes Vornehmen, der dort allein als unabhängiger Mann in geheimnisumwitterter Abgeschlossenheit lebte.
6 *beim Kloster der XXX* – gemeint ist wahrscheinlich das Kloster S. Maria degli Angeli auf der Insel Murano.
7 *M.M.* – Die Identifizierung dieser Nonne aus Murano hat der Casanova-Forschung die meisten Schwierigkeiten bereitet. Erst 1975 gelang es dem französischen Casanova-Forscher Pierre Gruet, den offensichtlich stichhaltigsten Beweis für die Identität der M.M. als Marina Maria Morosini anzutreten: Sie wurde am 11. September 1731 geboren, war also 1753 wirklich zweiundzwanzig bis dreiundzwanzig Jahre alt, als sie Casanova kennenlernte, und entstammte einer der angesehensten Patrizierfamilien Venedigs, worauf auch der Text der »Memoiren« hinweist.

Zweites Kapitel

1 *affixa humo* – nach Horaz, »Satiren«, II, 2, V. 79.
2 *Sincerum est nisi vas ...* – nach Horaz, »Episteln«, I, 2, V. 54.
3 *Vestalin* – Vestalinnen waren sechs römische Priesterinnen, die das ewige Feuer im Vestatempel am Forum Romanum hüten mußten. Sie mußten dreißig Jahre Dienst tun und genossen hohe Ehren und Vorrechte. Übertrat jedoch eine Vestalin das Keuschheitsgelübde, wurde sie lebendig begraben.
4 *quae nisi parent imperant* – nach Horaz, »Episteln« I, 2, V. 62–63.

Drittes Kapitel

1 *Nec metuam quid ...* – nach Horaz, »Episteln«, II, 2, V. 191–192.
2 *Monsieur A. de B.* – Hier wird andeutungsweise der Abbé de Bernis als Geliebter der M.M. zum erstenmal genannt. François-Joachim de Pierre de Bernis (1715–1794); 1752–1755 französischer Gesandter in Venedig; 1757/58 Außenminister Frankreichs; 1758 Kardinal, wird jedoch auf Betreiben der Mme. de Pompadour für fünf Jahre aus Paris verbannt; ab 1769 französischer Botschafter in Rom.
3 *Graf von Lyon* – Titel aller Mitglieder des Kapitels der Kathedrale von Lyon, dem Bernis seit 1747 angehörte; sie mußten sechzehn adlige Vorfahren nachweisen.
4 *Belle-Babet* – Bernis galt in jungen Jahren als ausgesprochen »hübsch«.
5 *Am Tag der heiligen Katharina* – 25. November.
6 *Flandrischen Post* – Auf dem Campicello Valmarana wohnte seit Beginn des 18. Jh. die Familie Taxis, die seit dem 16. Jh. das Privileg der Kaiserlichen Post innehatte, die man in Italien »Posta di Fiandra« nannte.
7 *englischen Örtchen* – Wasserklosett (nach englischem Vorbild).
8 *sächsischen Porzellan* – aus der Meißner Manufaktur (gegründet 1710).
9 *L'Etorière* – Der Marquis de L'Etorière, ein französischer Gardeoffizier, galt als einer der schönsten Männer von Paris.
10 *Antinoos* – Der Lieblingsknabe Antinoos des Kaisers Hadrian galt als Schönheitsideal seiner Zeit.
11 *dritten Himmel* – Casanova bezieht sich hier auf das ptolemäische Weltsystem, das durch Kopernikus längst überwunden war. Dort war der dritte Himmel der der Venus. Mit dem poetischen Bild Mutter und Sohn ist die Liebesgöttin und ihr Sohn Amor gemeint.

Viertes Kapitel

1 *hört die Maskenfreiheit auf* – In der Zeit vom 16. bis 24. Dezember war wegen der Novene (vgl. Anm. 4) in Venedig das Tragen von Masken verboten.
2 *Lord Bolingbroke* – Henry Saint-John of Lydiard Tregoze, Viscount Bolingbroke (1678–1751), ein glänzender englischer Deist und einer der Bahnbrecher der Aufklärung.
3 *»Über die Weisheit«* – In dem Buch »Traité de la Sagesse« (Bordeaux 1601) vertrat der französische Theologe Pierre Charron (1541–1603) in der Nachfolge des skeptischen Moralisten Montaigne die Auffassung, daß der Mensch nicht von sich aus zur wahren Erkenntnis Gottes kommen könne.
4 *Novene* – die »neuntägige Andacht«; seit dem 17. Jh. in der katholischen Kirche bestehender Brauch, an neun aufeinanderfolgenden Tagen für die Erfüllung eines Wunsches zu beten, vielfach mit Ablässen verbunden. Hier ist die Novene vor Weihnachten gemeint.
5 *»Portier des Chartreux«* – gemeint ist das erotische Buch »Histoire de Dom Bougre, portier des Chartreux, écrite par luimême« (ersch. 1742) von Jean-Charles Gervaise de la Touche (1715–1782).

6 *Aloisia Sigea Toletana* – Das erotische Werk, »Elegantiae latini Sermonis Aloisiae Sigeae Toletanae Satyra sotadica de arcanis Amoris et Veneris. Aloisia hispanice scripsit. Latinitate donavit Jahnnes Meursius«, wurde zuerst um 1680 in Holland gedruckt. Ursprünglich vermutete man in dem niederländischen Altertumswissenschaftler Johannes Meursius (1613 bis 1654) den Autor einer lateinischen Fassung eines spanischen Textes von Luisa Sigea (1530–1560), Hofdame der spanischen Königin Maria von Portugal; der Verfasser ist jedoch der französische Rechtsanwalt und Schriftsteller Nicolas Chorier (1612–1692).

7 *Stephanstage* – 25. Dezember. An diesem Tag spielten – nach der Novene – in Venedig wieder die Theater.

8 *Ridotto* – Der Ridotto, im Stadtviertel San Moisè gelegen, bestand seit 1676 und war der Name des venezianischen Spielkasinos, wo nur Patrizier als Bankhalter in ihrer Amtstracht (schwarzer oder, wenn sie Senatoren waren, in roter Toga) und unmaskiert sitzen durften, während die anderen Spieler Masken tragen mußten. Am 27. November 1774 wurde der Ridotto als Spielkasino geschlossen und diente fortan für Maskenbälle.

9 *Stimmkugeln* – Bis ins 18. Jh. wählte man mit (schwarzen und weißen) Stimmkugeln, nicht mit Stimmzetteln.

10 *Primo dei Correttori* – Die »Correttori delle leggi e del palazzo« war ein seit 1553 aus fünf Patriziern bestehendes richterliches Gremium, dessen Aufgabe es war, Vorschläge zur Änderung oder Verbesserung von Gesetzen zu unterbreiten; der »Primo« (ital. »der Erste«) war der Vorsitzende.

11 *Luccaöl* – Olivenöl aus der Gegend von Lucca (Toskana), das in Italien als besonders gut galt.

12 *à gogo …* – À gogo stammt aus der Gaunersprache, bedeutet »in Hülle und Fülle«, »frustratoire« heißt in der Rechtssprache »auf Täuschung hinzielend« oder »Zeit gewinnend«, »rater« bedeutet »versagen« oder »fehlschlagen«, »dorloter« soviel wie »verhätscheln«.

13 *con rondo* – im Französischen (»con rond«, d.h. »runder weiblicher Geschlechtsteil«) obszönes Wortspiel, das im Italienischen nicht mehr erkennbar ist.

14 *Kondomen* – Präservative, damals aus feinster Seide.

15 *Andreaskreuz* – vgl. I, Kap. 2, Anm. 3.

16 *Kerze* – eine der Liebesstellungen, die der italienische Renaissancedichter Pietro Aretino (1492–1556) in seinen »Sonetti lussuriosi« zu den Stichen von Marc Antonio Raimondi nach Zeichnungen von Guilio Romano (1499[?]–1546) beschreibt.

Fünftes Kapitel

1 *Austern vom Arsenal* – Der große Fischerhafen in Venedig wurde nach dem dort gelegenen Zeughaus auch »Arsenale« genannt.

2 *O-Morphi* – Marie Louise O'Morphy (1737–1815) war 1752/55 die Mätresse des französischen Königs Ludwig XV.

3 *Parc aux Cerfs* – ursprünglich Hirschgehege in Versailles, später Park mit Gartenhäuschen.

4 *»Akademie der Damen«* – »Académie des Dames ou le Meursius français« war eine französische Bearbeitung des erotischen Werkes von Nicolas Chorier (vgl. Kap. 4, Anm. 6).

5 *Du hast's gewollt, Georges Dandin* – in Frankreich sprichwörtlich gewordene Redensart aus der Komödie »Georges Dandin« von Molière (Akt I, Szene 9).

Sechstes Kapitel

1 *Messergrande* – Titel des venezianischen Polizeichefs.

2 *Jacobustag* – 25. Juli.

3 *Erberia* – Der Gemüse- und Obstmarkt Venedigs.

4 *acht Monate* – Der Staatsinquisitor, und zwar der sogenannte »rote Inquisitor«, saß im Rat der Zehn, der aus siebzehn Mitgliedern bestand, nämlich den eigentlichen zehn Räten, sechs Räten des Dogen (Consiglieri) und dem Dogen selbst. Während die beiden anderen Staatsinquisitoren, die aus dem Rat der Zehn gewählt wurden, ihr Amt ein Jahr lang versahen, war die Amtszeit des »roten Inquisitors«, der aus dem Gremium der Consiglieri ausgewählt wurde, auf acht Monate begrenzt.

5 *fata viam inveniunt* – nach Vergil, »Aeneis« III, V. 395, ebenso X, V. 113.

6 *»Schlüssel Salomons«* – Die »Clavicula Salomonis« war ein bekanntes Zauberbuch. Der König von Israel, Salomo (um 950 v. Chr.), galt schon im alten Orient als großer Magier.

7 *»Zecor-ben«* – Schlüsselwerk der Kabbala.

8 *Picatrix* – mittelalterliches Manuskript, das Vorschriften zur Beschwörung des Teufels enthält.

9 *Soldat als Philosoph* – Das Manuskript »Le Militaire philosophe ou difficultés sur la Religion proposées aus R. P. Malabranche prête de l'Oratoire par un ancien officier« wurde erst 1768 von Jacques-André Naigeon (1738 bis 1810) in London (Amsterdam) in 2 Bänden veröffentlicht (2. Auflage 1769). Casanova hat am 22. Dezember 1781 dieses eindeutig antireligiöse Werk der venezianischen Staatsinquisition als gefährliches Buch denunziert.

10 *Mathilde* – Hier taucht erstmalig der Name »Mathilde« für die Nonne M. M. auf. Wahrscheinlich handelt es sich um einen Versuch Casanovas, den tatsächlichen Namen zu verschleiern.

11 *»Pförtner der Karthäuser«* – zeitgenössisches erotisches Werk (vgl. Kap. 4, Anm. 5).

12 *ne Hercules ...* – zitiert nach Platons »Phaidon«, Kap. 38.

13 *Campana di Terza* – Die Glocken des Campanile von San Marco, die verschiedene Namen führten, hatten nach einer bestimmten Monatseinteilung die Stunden zu schlagen, die man an ihrem Klang erkannte. Im Monat Juli läutete die Glocke Terza um zwölf Uhr.

14 *Bleidächer* – Das Gefängnis war seit 1561 unter dem mit Bleiplatten bedeckten Dach des Dogenpalastes untergebracht.

15 *Rio delle Prigioni* – gemeint ist offensichtlich das Gefängnis beim Dogenpalast, offiziell auch »Rio del Palazzo« genannt.

16 *geschlossene Brücke* – Die berühmte »Seufzerbrücke«, 1589 erbaut.

17 *Klafter* – Ein Klafter entsprach etwa 1,95 m. Der Raum war also etwa 11,70 m lang und 3,90 m breit.

18 *acht Zoll* – Die Tür war etwa 1,10 m hoch; das Loch hatte einen Durchmesser von etwa 22 cm.

19 *fünf Fuß neun Zoll* – 1,87 m groß war also Casanova.

20 *von zwei mal zwei Klaftern* – Die Größe der Zelle war demnach etwa 3,90 x 3,90 m. Davon entfiel ein Viertel auf den Alkoven. Der Kerker war etwa 1,80 m hoch. Licht erhielt er nur durch ein zum Dachboden führendes Gitter, das 65 cm im Quadrat groß war. Der Dachbalken, der den Lichteinfall behinderte, war fast 50 cm breit.

21 *»Die mystische Gottesstadt«* – Das Buch »La mística ciudad de Dios« erschien zum erstenmal 1670 in Madrid. Autorin war die Nonne, seit 1627 Äbtissin, Maria de Agreda (Maria de Jesús), mit weltlichem Namen Maria Coronel (1602–1665); das Werk wurde anfangs verfolgt und besonders im 18. Jh. stark angegriffen.

22 *Klarissinnen* – Klarissinnen waren das weibliche Gegenstück zu den Franziskanern.

23 *Gesellschaft* – die »Gesellschaft Jesu«, der Jesuitenorden.

24 *den Boëthius* – Anicius Manlius Severinus Boëthius (um 480–524), römischer Philosoph und Ratgeber des Ostgotenkönigs Theodorich in Ravenna; wurde 523 wegen Fürsprache für einen des Hochverrats bezichtigten Freund selbst angeklagt, in Pavia eingekerkert und hingerichtet. Im Kerker schrieb er seine berühmte Schrift »De consolatione philosophiae« (»Trost der Philosophie«).

25 *mein Urteil* – Es gab jedoch keine Gerichtsverhandlung, an der Casanova teilnahm, und man ließ ihn über die Gründe und Dauer seiner Haft im unklaren.

26 *Deliberata morte ferocior* – nach Horaz, »Oden«, I, 37, V. 29.

27 *Lissabon zerstört wurde* – Das große Erdbeben von Lissabon ereignete sich am 1. November 1755.

Siebentes Kapitel

1 *Bleiplatten* – Die Platten waren demnach 96 cm lang und breit sowie 2,3 mm dick.

2 *il trave* – Im französischen Originalmanuskript erklärt Casanova am Rand: »Das Wort bedeutet Balken. Es handelt sich um den riesigen Balken, dessen Schatten die Zelle des Lichtes beraubte.«

3 *anderthalb Fuß langer eiserner Riegel* – etwa 49 cm lang.

4 *schwarzen Marmors* – Das Marmorstück war etwa 2,7 cm dick, 16 cm lang und 8 cm breit.

5 *vier Zoll* – etwa 11 cm lang.

6 *»Über die Weisheit«* – Vgl. Kap. 4, Anm. 3.

7 *Montaigne* – Michel Eyquem de Montaigne (1533–1592), französischer Philosoph und Schriftsteller.

8 *Stragiudiziale* – von einem Notar verfaßtes Schriftstück, um Klagen außergerichtlich beizulegen.

9 *quam siculi ...* – nach Horaz, »Episteln«, I, 2, V. 58.
10 *fünf Savii* – bildeten seit 1506 das Handelsgericht der Republik.
11 *sechzehn Zoll breit* – 43 cm breit.
12 *Durchmesser zirka zehn Zoll* – Casanova hatte also den zwölften Teil eines Kreises ausgehöhlt; der Durchmesser dieses Ausschnitts betrug 27 cm.
13 *mich hierherzubringen* – Graf Fenaroli hatte das strenge venezianische Gesetz verletzt, das Patriziern verbot, mit ausländischen Diplomaten außerdienstlich zu sprechen.
14 *Augustinustage* – 28. August.
15 *Zenon* – Zenon von Kition [Zypern] (um 335–um 262 v. Chr.), griechischer Philosoph; begründete um 300 v. Chr. die stoische Schule.
16 *Pyrrhon* – Pyrrhon aus Elis (um 360–um 270 v. Chr.), griechischer Philosoph, Begründer des antiken Skeptizismus als selbständiger philosophischer Richtung. »Ataraxia« (Unverwirrtheit) und »Apatheia« (Unerschütterlichkeit) werden in seiner Lehre als erstrebenswerte Ziele gefordert.
17 *abstine et sustine* – Aulus Gellius, »Noctes atticae«, XVII, 19.

Achtes Kapitel

1 *Dum vita superest bene est* – Seneca, »Episteln«, CI.
2 *Spielberg* – Die Zitadelle Spielberg in Brünn (Brno) war das berühmt-berüchtigte Staatsgefängnis der k. u. k. Monarchie Österreich-Ungarn (wurde 1809 durch französische Truppen zerstört).
3 *Siculi non invenere tyranni* – nach Horaz, »Episteln«, I, 2, V. 58.
4 *Marchese Maffei* – Scipione Francesco Marchese Maffei (1675–1755), italienischer Dramatiker und prominentes Mitglied der Dichterakademie »Arcadia«.
5 *»Rationarum« von Pétau* – Gemeint ist das Werk »Rationarum temporum« [»Verzeichnis der Zeitrechnungen«] (Paris 1633) des französischen Jesuiten und Kirchenschriftstellers Denis Pétau (1583–1652).
6 *ersten Band von Wolff* – Vermutlich handelt es sich um das Werk »Philosophie moralis sive ethica« [»Moralphilosophie oder Ethik«] (Halle 1750/53, 5 Bde.) des Popularphilosophen der deutschen Aufklärung, Christian Reichsfreiherr von Wolff (1679–1754).
7 *calamitosus est ...* – nach Seneca, »Episteln«, XCVIII, 6.
8 *Marin Balbi* – Marino Balbi (geb. 1719), ein Patrizier und Mönch des Somaskerordens (der nur in Italien verbreitet war; 1532 gegründet und 1540 von Papst Paul IV. bestätigt).
9 *Andrea Asquin* – Andrea Graf Asquin aus Udine war 1753 zu lebenslänglichem Kerker verurteilt worden. 1762 gelang dem Grafen Asquin mit 16 Gefährten am hellichten Tag die Flucht aus ihren Kerkern unter den Bleidächern.
10 *Tages des heiligen Michael* – am 29. September.
11 *Makkaroni* – Damals waren Makkaroni in Italien nicht die bekannten langen Nudeln, sondern ein Gericht von kleinen Klößchen aus Grieß, die heute »gnocchi« heißen.

Neuntes Kapitel

1 *Terra ferma* – Bezeichnung für die von der Republik Venedig beherrschten Gebiete auf dem Festland. Die ersten Tage im November waren offizielle Urlaubszeit.

2 *sortes virgilianae* – eine Art Prophezeiung oder Weissagung, bei der man das Werk des römischen Dichters Vergil (70–19 v. Chr.) willkürlich an irgendeiner Stelle aufschlug und diese Textstelle, auf die zuerst der Blick fiel, ausdeutete.

3 *Tra il fin d'ottobre …* – nach Ariost, »Orlando Furioso«, IX, 7, V. I.

4 *Non merta fé …* – Pietro Metastasio (1698–1782) »La Didone abbadonata« (1723), I. Akt, 7. Szene.

5 *hundert Armlängen* – Die Länge der Stricke betrug etwa 65 Meter.

6 *Maske des Tartüff* – Typ des Heuchlers in Molières (1622–1673) berühmter Komödie »Le Tartuffe ou l'imposteur« (1669).

7 *Non moriar sed vivam …* – nach Vulgata, 118. Psalm, V. 17.

8 *Castigans castigavit me Deus …* – nach Vulgata, 118. Psalm, V. 18.

9 *E quindi …* – Schlußverse des Inferno Gesang XXXIV, V. 139 aus Dantes »Divina commedia«, 1472.

Zehntes Kapitel

1 *eineinhalb Fuß breit* – Länge etwa 97 cm, Breite etwa 49 cm.

2 *zwölfmal so lang war wie mein Arm* – Wenn man das Maß des Unterarms (Elle) zugrunde legt, war die Leiter etwa 6 Meter lang.

3 *zehn Fuß breit* – etwa 9,70 m Länge und etwa 3,23 m Breite.

4 *Cancelleria ducale* – Kanzlei des Dogen.

5 *das Bleisiegel* – Das Privileg, mit Blei zu siegeln, war der Republik Venedig von Papst Alexander VIII. (1610–1691) verliehen worden; dieses Vorrecht hatten in Europa nur noch der Papst und die römische Kurie sowie der Großmeister des Deutschen Ordens, sonst wurde im allgemeinen mit Wachs gesiegelt.

6 *fünf Fuß* – etwa 1,60 m hoch.

7 *Savio alla scrittura* – Kriegsminister der venezianischen Republik.

8 *… se non tocca a lui* – Ariost, »Orlando Furioso«, XXII, 57, V. 3–4.

9 Dogana – Spitze des südlichen Stadtteils von Venedig, wo sich die venezianische Zollbehörde befand.

AUFBAU BIBLIOTHEK

Zum zweiten Mal in Paris, avanciert Casanova zum Lotterieeinnehmer Ludwigs XV. und reist in dessen Auftrag als Geheimagent nach Dünkirchen. Durch geniale Hochstapelei erringt er das Vertrauen der steinreichen Okkultistin Madame d'Urfé. Bei ihr trifft er den König der Abenteurer, den Grafen Saint-Germain. Eine Reise durch die Schweiz beschert ihm amouröse Eskapaden mit seiner schönen und geistreichen Haushälterin Madame Dubois sowie mit der angebeteten Madame de ... Zwischen finanziellen und erotischen Abenteuern bleibt Zeit für Besuche bei Rousseau, von Haller, Voltaire und Winckelmann.

Giacomo Casanova

GESCHICHTE MEINES LEBENS III

Auf der Grundlage der von B. und G. Albrecht herausgegebenen Ausgabe ausgewählt und mit einem Nachwort versehen von Johanna von Koppenfels

Aus dem Französischen von Heinrich Conrad

Aufbau Taschenbuch Verlag

Titel der Originalausgabe
Histoire de ma vie

ISBN 3-7466-6028-9 (I–V)

1. Auflage 1998
Aufbau Taschenbuch Verlag GmbH, Berlin

Umschlaggestaltung Torsten Lemme
nach einem Gestaltungskonzept von Andreas Heilmann,
freigestellt nach einem Kupferstich von J. Berka, AKG Berlin
Druck Ebner Ulm
Printed in Germany

INHALT

ERSTES KAPITEL

Nach seiner Flucht aus den Bleikammern ist Casanova 1757 zum zweiten Mal nach Paris gereist. Ein neues Leben beginnt.

So bin ich also wieder in dem großen Paris, das ich von nun an als meine Heimatstadt betrachten muß, um mein Glück zu machen. Paris war mir nicht fremd, hatte ich mich doch schon einmal zwei Jahre lang dort aufgehalten. Aber ich muß gestehen, daß ich damals nichts anderes zu tun gehabt hatte, als die Zeit totzuschlagen; ich hatte mich nur um mein Vergnügen gekümmert, und demgemäß war mein Leben verlaufen. Ich hatte die Göttin des Glücks nicht umworben, und deshalb hatte sie mir auch nicht ihr Heiligtum geöffnet. Jetzt aber fühlte ich, daß ich sie mit größerer Ehrerbietung behandeln mußte; ich mußte mich an ihre Günstlinge heranmachen, die sie mit ihren Gaben überhäufte. Dies wußte ich, und ich sah, daß ich, um etwas zu erreichen, alle meine körperlichen und geistigen Kräfte aufbieten mußte. Ich durfte es nicht versäumen, Bekanntschaften mit großen und einflußreichen Persönlichkeiten anzuknüpfen. Ich mußte Selbstbeherrschung üben und mich zu der Partei derer halten, deren Wohlwollen meinen Interessen nützlich sein konnte. Um mich mit Erfolg diesen Betrachtungen entsprechend verhalten zu können, war es für mich wichtig, alles zu vermeiden, was man in Paris schlechte Gesellschaft nennt. Ich mußte auf alle meine alten Gewohnheiten verzichten und alle Ansprüche fallenlassen, wodurch ich mir hätte Feinde machen können; denn diese hätten natürlich nicht verfehlt, mich als einen wenig zuverlässigen Menschen hinzustellen, den man nicht wohl mit Aufträgen von einiger Bedeutung betrauen könnte. Diese Gedanken waren, wie ich glaube, sehr richtig: ›Ich werde‹, sagte ich zu mir, ›zurückhaltend in meinem Benehmen und in meinen Reden sein; dadurch werde ich mir einen guten Ruf erwerben, dessen Früchte nicht ausbleiben können.‹

Meine augenblicklichen Bedürfnisse machten mir keine Sorgen; denn ich konnte auf ein Monatsgeld von hundert Talern rechnen, die der gute und freigebige Signor Bragadin nie verfehlte, mir zu schicken. Diese Summe mußte mir in Erwartung eines Besseren einstweilen genügen. Nur mußte ich darauf bedacht sein, stets gut gekleidet zu sein und eine anständige Wohnung zu haben; denn in allen großen Städten kommt es auf das äußere Auftreten an; nach diesem wird man zunächst beurteilt. Doch gerade deswegen war ich im Augenblick in Verlegenheit, denn ich hatte, offen heraus gesagt, weder die nötigen Kleider noch die notwendige Wäsche – mit einem Wort: nichts.

Überzeugt, daß der Schweizer[1] mir sagen würde, Seine Exzellenz sei beschäftigt, wappnete ich mich mit einem Brief und begab mich gleich am nächsten Morgen in das Palais Bourbon. Der Schweizer nahm meinen Brief, und ich gab ihm meine Adresse an; weiter war nichts nötig, und ich ging wieder.

Überall, wohin ich kam, mußte ich über meine Flucht erzählen; das wurde für mich eine wahre Anstrengung, die beinahe ebenso ermüdend war wie die Flucht selbst; denn ich brauchte zu meiner Erzählung zwei Stunden, selbst wenn ich gar nichts ausschmückte. Meine Lage verlangte jedoch von mir, gefällig gegen die Neugierigen zu sein; denn ich mußte annehmen, daß sie alle die freundlichste Teilnahme für mich empfanden. Wenn man gefallen will, so ist es im allgemeinen gewiß das sicherste Mittel, bei allen, mit denen man zu tun hat, eine wohlwollende Gesinnung vorauszusetzen.

Als ich bei Silvia[2] zu Abend speiste, erkannte ich, etwas ruhiger geworden, an, daß ich von all den Freundschaftsbezeugungen, die ich mir nur wünschen konnte, und vom Wert ihrer Tochter beeindruckt war. Sie besaß trotz ihres zarten Alters von fünfzehn Jahren alle Vorzüge, die bezaubern. Ich machte ihrer Mutter, die sie erzogen hatte, Komplimente darüber, und ich dachte einfach nicht daran, mich gegen ihre Reize zur Wehr zu setzen; ich fühlte mich noch nicht so wohl in meiner Haut, daß ich mir vorstellen konnte, sie könnten eine Gefahr für mich werden. Ich zog mich ziemlich zeitig zurück, denn ich war voller Ungeduld, die Antwort des Ministers auf mein Schreiben zu erfahren.

Ich brauchte nicht lange zu warten; schon um acht Uhr erhielt ich von ihm ein Briefchen, worin er mich auf zwei Uhr nachmittags zu sich bat. Wie man sich denken kann, war ich pünktlich. Ich wurde, anders hatte ich es nicht erwartet, von Seiner Exzellenz auf das zuvorkommendste empfangen. Er sprach seine Freude darüber aus, daß ich meine Schwierigkeiten siegreich überwunden hätte und daß er in der Lage wäre, mir nützlich sein zu können. Er sagte mir, M.M. habe ihm meine Flucht mitgeteilt und er habe stets gehofft, daß mein erster Besuch in Paris, wohin ich natürlich mich hätte begeben müssen, ihm gelten würde. Er zeigte mir den Brief, worin sie ihm meine Verhaftung meldete, und einen andern, worin sie ihm die Geschichte meiner glücklichen Flucht mitteilte, wie sie ihr erzählt worden war, aber alle Einzelheiten beruhten auf reiner Phantasie. Sie schrieb ihm: Jetzt, da sie keine Hoffnung mehr habe, einen der beiden Männer wiederzusehen, die allein sie an das Leben fesselten und auf deren Liebe sie hätte rechnen können, sei ihr das Dasein zur Last geworden und sie fühle sich unglücklich, daß sie keine Zuflucht mehr bei der Frömmigkeit finden könnte. ›C.C. besucht mich oft‹, schrieb sie; ›aber leider ist meine liebe Freundin mit ihrem Mann durchaus nicht glücklich.‹

Ich sagte ihm, die Umstände meiner Flucht aus den Bleikammern, wie unsere Freundin sie ihm mitgeteilt habe, seien durchaus falsch; ich würde mir daher die Freiheit nehmen, eine ausführliche Schilderung niederzuschreiben. Er bat mich dringend, dieses Versprechen zu halten, und versicherte mir, er werde M.M. eine Abschrift schicken. Zugleich drückte er mir auf die anmutigste Art eine Rolle von hundert Louisdors in die Hand, indem er mir sagte, er werde an mich denken und mir sofort Bescheid geben, wenn er mir etwas mitzuteilen habe. Im Besitze genügender Mittel, dachte ich nunmehr zunächst an meine Ausstattung. Sobald ich die nötigen Einkäufe gemacht hatte, ging ich an die Arbeit. Acht Tage darauf schickte ich meinem großmütigen Beschützer die Geschichte meiner Flucht zu. Ich schrieb ihm, er möchte davon so viele Abschriften machen lassen, wie er wünschte, und von diesen nach seinem Gutdünken Gebrauch machen, um die Persönlichkeiten, die mir nützlich sein könnten, zu meinen Gunsten zu interessieren.

Drei Wochen später ließ der Minister mich rufen und sagte mir, er habe mit dem venezianischen Gesandten, Signor Erizzo, über mich gesprochen. Dieser habe ihm gesagt, er werde mir keine Unannehmlichkeiten bereiten; aber er habe keine Lust, sich mit den Staatsinquisitoren zu überwerfen, und werde mich deshalb nicht empfangen. Da ich ihn nicht brauchte, war diese Zurückhaltung mir keineswegs unangenehm. Bernis teilte mir hierauf mit, er habe meine Geschichte der Marquise de Pompadour gegeben, die sich meiner noch erinnere; er versprach mir, die erste Gelegenheit zu benützen, um mich der einflußreichen Dame vorzustellen. »Sie können, mein lieber Casanova, sich Monsieur de Choiseul[3] und dem Generalkontrolleur Monsieur de Boulogne[4] vorstellen; Sie werden gut aufgenommen werden, und wenn Sie ein bißchen Kopf haben, können Sie von dem letzteren große Vorteile erwarten. Er selber wird Ihnen die nötigen Hinweise geben, und Sie werden die Wahrheit des Sprichwortes erkennen: Wer angehört wird, erreicht seinen Zweck.

Trachten Sie, irgend etwas zu erfinden, was den königlichen Finanzen günstig ist, aber vermeiden Sie verwickelte Sachen und Hirngespinste; schreiben Sie es auf, und wenn es nicht allzulang ist, werde ich Ihnen meine Meinung darüber sagen.«

Ich verließ den Minister zufrieden und dankbar, aber ich war in großer Verlegenheit, wie ich passende Mittel ausfindig machen sollte, um die Einkünfte des Königs zu vermehren.

Ich verstand von den Finanzen gar nichts. Soviel ich auch meine Einbildungskraft abquälte, alles, was mir einfiel, lief auf neue Steuern hinaus, also auf verhaßte oder törichte Mittel, die ich nach gründlicher Überlegung selber wieder verwarf. Mein erster Besuch galt Monsieur de Choiseul, sobald ich erfuhr, daß er in Paris war. Er empfing mich an seinem Toilettentisch, an dem er schrieb, während sein Kammerdiener ihn frisierte. Er trieb die Höflichkeit so weit, seine Arbeit mehrere Male zu unterbrechen, um Fragen an mich zu richten. Aber während ich diese beantwortete, schrieb Seine Exzellenz ruhig weiter, wie wenn ich gar nicht vorhanden wäre, und ich bezweifle sehr, daß er den Sinn meiner Ausführungen erfaßte, obgleich er zuweilen so tat, als ob er mich ansähe. Offenbar waren seine Augen und seine Gedanken nicht mit dem gleichen Gegenstand beschäftigt. Trotz dieser sonderbaren Art, Leute oder wenigstens mich zu empfangen, war der Herzog ein sehr geistvoller Mann.

Als sein Brief fertig war, sagte er mir auf italienisch: »Signor Abbate de Bernis hat mir einen Teil der Geschichte Ihrer Flucht erzählt; sagen Sie mir doch, wie Sie es angefangen haben, um glücklich herauszukommen?«

»Monsieur, die Geschichte ist ein bißchen lang; ich brauche mindestens zwei Stunden dazu, und Eure Exzellenz scheinen mir sehr beschäftigt zu sein.«

»Erzählen Sie sie mir abgekürzt.«

»Wenn ich es auch noch so kurz mache, brauche ich trotzdem zwei Stunden.«

»Sparen Sie die Einzelheiten für ein anderes Mal auf.«

»Das einzige Interessante bei der Geschichte sind gerade die Einzelheiten.«

»Oho, man kann alles abkürzen, soviel man will, und eine Geschichte braucht deshalb fast gar nicht an Interesse zu verlieren.«

»Sehr wohl. Ich werde also erzählen, daß die Staatsinquisitoren mich in die Bleikammern einsperren ließen; daß es mir nach fünfzehn Monaten und fünf Tagen gelang, das Dach zu durchbrechen; daß ich unter tausend Schwierigkeiten durch eine Dachluke in die Cancelleria[5] geriet, deren Tür ich aufbrach; daß ich hierauf auf den Markusplatz ging, mich nach der Anlegestelle begab und eine Gondel nahm, die mich nach dem Festland brachte, von wo ich über München nach Paris kam, wo ich die Ehre habe, Ihnen meine Verbeugung zu machen.«

»Aber was sind die Bleikammern?«

»Monseigneur, um dies zu erklären, brauche ich mindestens eine Viertelstunde.«

»Wie haben Sie es gemacht, um nach dem Dach durchzubrechen?«

»Das kann ich Ihnen in weniger als einer halben Stunde nicht sagen.«

»Warum ließ man Sie gefangensetzen?«

»Noch eine halbe Stunde mehr.«

»Ich glaube, Sie haben recht. Das Interessanteste der Geschichte kann nur auf den Einzelheiten beruhen.«

»Wie ich mir die Freiheit nahm, Eurer Exzellenz zu bemerken.«

»Ich muß nach Versailles; aber Sie werden mir ein Vergnügen machen, wenn Sie mich zuweilen besuchen. Unterdessen überlegen Sie sich, worin ich Ihnen gefällig sein kann.«

Ich begab mich von dem hohen Herrn unmittelbar zum Monsieur de Boulogne und fand in ihm einen ganz anderen Mann als den Herzog, sowohl in seinem Aussehen wie in seiner Kleidung und Haltung. Er empfing mich sehr höflich und machte mir sofort ein Kompliment über die hohe Meinung, die Abbé de Bernis von mir und von meinen Kenntnissen auf dem Gebiete der Finanzen habe. Ich fühlte, daß niemals ein Kompliment weniger begründet gewesen war, und es fehlte nicht viel, so hätte ich laut aufgelacht. Mein guter Geist ließ mich ernst bleiben.

Bei Monsieur de Boulogne war ein alter Herr von etwa achtzig Jahren, dessen Züge den Stempel des Genies trugen und der mir Ehrfurcht einflößte. »Teilen Sie mir Ihre Ansichten schriftlich oder mündlich mit«, sagte der Generalkontrolleur zu mir. »Sie werden mich sehr geneigt finden, auf Ihre Ideen einzugehen. Monsieur Pâris-Duverney[6] hier braucht zwanzig Millionen für seine Militärakademie. Es handelt sich darum, diese Summe zu finden, ohne den Staat zu belasten und ohne den königlichen Schatz zu leeren.«

»Nur ein Gott, Monsieur, hat schöpferische Gewalt.«

»Ich bin kein Gott«, fiel Monsieur Duverney ein; »trotzdem habe ich zuweilen etwas geschaffen; aber alles ist ganz anders geworden.«

»Alles ist schwieriger geworden, das weiß ich; aber trotz der Schwierigkeiten habe ich eine Operation im Kopf, die dem König jährlich hundert Millionen einbringen würde.«

»Und wieviel würde diese Einnahme den König kosten?«

»Nichts als die Kosten des Einziehens.«

»So würde also die Nation diese Einnahme liefern?«

»Gewiß, natürlich; aber freiwillig.«

»Ich weiß, woran Sie denken.«

»Das würde mich sehr wundern, Monsieur; denn ich habe über meinen Gedanken mit keinem Menschen gesprochen.«

»Wenn Sie sich nicht anderweitig verpflichtet haben, so erweisen Sie mir die Ehre, morgen bei mir zu dinieren. Ich werde Ihnen Ihren Plan zeigen, den ich schön finde, der aber nach meiner Meinung auf unüberwindliche Schwierigkeiten stoßen wird. Trotzdem können wir ja einmal darüber plaudern, und wir werden dann sehen. Werden Sie kommen?«

»Ich werde die Ehre haben.«

»Schön; ich werde Sie in Plaisance erwarten.«

Als er fort war, pries Monsieur de Boulogne mir das Talent und die Rechtschaffenheit des alten Herrn. Er war der Bruder von Monsieur Pâris de Montmartel, der nach einem geheimen Zeitbericht der Vater der Madame de Pompadour war, denn er liebte Madame Poisson zu gleicher Zeit wie Monsieur Le Normand.

Vom Hause des Generalkontrolleurs begab ich mich nach den Tuilerien, um im Park spazierenzugehen und über die letzte Schicksalsfügung nachzudenken. Man sagt mir, man brauche zwanzig Millionen; ich rühme mich, hundert geben zu können, ohne die geringste Ahnung zu haben, wie dies möglich sein werde – und ein berühmter Finanzkünstler lädt mich zum Diner ein, um mir zu beweisen, daß er meinen Plan kennt: Es war etwas scherzhaft Seltsames dabei; aber das Ganze entsprach meiner Denk- und Handlungsweise. Wenn er mir die Würmer aus der Nase ziehen will, so kann ich es mit ihm aufnehmen. Wenn er mir seinen Plan mitteilt, so steht es völlig bei mir, zu sagen, daß er sich geirrt oder daß er richtig geraten habe, je nachdem, was mir der Augenblick eingeben wird. Wenn ich von dem Gegenstand etwas zu verstehen glaube, werde ich vielleicht irgend etwas Neues vorbringen; wenn ich nichts davon verstehe, werde ich mich in ein geheimnisvolles Schweigen hüllen.

Der Abbé de Bernis hatte mich Monsieur de Boulogne gegenüber nur deshalb als Kenner des Finanzwesens bezeichnet, um ihn leichter zugänglich zu machen; denn sonst würde er mich vielleicht nicht empfangen haben. Es tat mir leid, daß ich nicht wenigstens die Fachausdrücke beherrschte. Ich war etwas traurig und nachdenklich, als ich am nächsten Tage in einen Lohnwagen stieg und dem Kutscher sagte, er solle mich nach Plaisance zu Monsieur Duverney fahren. Plaisance liegt eine kurze Strecke jenseits von Vincennes.

Bald hielt ich vor der Tür des berühmten Mannes, der vor vierzig Jahren Frankreich vor dem Abgrund gerettet hatte, in den das Lawsche System[7] es hinabzustürzen drohte. Ich trat ein und fand ihn vor einem großen Feuer, umgeben von sieben oder acht Personen, denen er mich vorstellte, indem er ihnen meinen Namen nannte und mich als Freund des Ministers der Auswärtigen Angelegenheiten und des Generalkontrolleurs bezeichnete. Hierauf stellte er mir die Herren einzeln vor, indem er mir eines jeden Namen und Titel sagte; ich bemerkte, daß drei oder vier Finanzintendanten unter ihnen waren. Nachdem ich jedem meine Verbeugung gemacht hatte, weihte ich mich dem Kultus des Harpokrates.[8]

Die Unterhaltung war allerdings nicht besonders interessant; denn man sprach zuerst von der Seine, die damals zugefroren war und fußdickes Eis hatte. Dann kam der Tod Monsieur de Fontenelles[9] an die Reihe; hierauf wurde davon gesprochen, daß Damiens nicht gestehen wolle und daß der Prozeß den König fünf Millionen kosten werde. Endlich sprach man vom Kriege und rühmte Monsieur de Soubise, den der König zum Oberbefehlshaber seiner Heere ausersehen hatte. Ein natürlicher Übergang führte auf die Kosten, die der Krieg verursachen würde, und auf die Mittel, wie diese Kosten gedeckt werden könnten.

Ich hörte zu und langweilte mich anderthalb Stunden; denn alle ihre Reden waren dermaßen mit Fachausdrücken gespickt, daß ich niemals recht ihren Sinn erfassen konnte. Gerade in dem Augenblick, da ich das Gähnen nicht mehr zurückhalten konnte, wurde zur Tafel gerufen; wieder saß ich anderthalb Stunden bei Tisch, ohne den Mund zu einem anderen Zweck zu öffnen, als um einer ausgezeichneten Mahlzeit reichliche Ehre anzutun. Einen Augenblick, nachdem der Nachtisch aufgetragen war, lud Monsieur Duverney mich ein, mit ihm in ein Nebenzimmer zu kommen, während die anderen Gäste bei Tische blieben. Ich folgte ihm, und wir gingen durch einen Saal, wo wir einen gutaussehenden Mann von etwa fünfzig Jahren fanden, der uns in ein Kabinett begleitete, wo Monsieur Duverney ihn mir unter dem Namen Calzabigi vorstellte. Nachdem unmittelbar darauf noch zwei Finanzintendanten eingetreten waren, überreichte Monsieur Duverney mir lächelnd und mit der liebenswürdigsten Miene ein Folioheft mit den Worten: »Hier, Monsieur Casanova, ist Ihr Plan.«

Ich nahm das Heft und las die Aufschrift: Lotterie mit neunzig Losen, deren Gewinne bei monatlicher Ziehung nur auf fünf Zahlen fallen können usw.

Ich gab ihm das Heft zurück und sagte mit der größten Sicherheit: »Monsieur, ich gestehe, dies ist allerdings mein Plan.«

»Man ist Ihnen zuvorgekommen; der Plan ist von Monsieur de Calzabigi, den Sie hier sehen.«

»Ich bin entzückt – nicht, daß man mir zuvorgekommen ist, sondern daß ich, wie ich sehe, ebenso denke wie Monsieur. Aber wenn Sie den Plan nicht angenommen haben, darf ich es wagen, Sie nach Ihren Gründen zu fragen?«

»Man führt gegen den Plan mehrere sehr triftige Gründe an, auf die uns nur sehr unbestimmte Antworten gegeben worden sind.«

»Ich sehe«, sagte ich kühl, »in der ganzen Welt nur einen einzigen Grund, der dagegen sprechen könnte: daß nämlich der König seinen Untertanen das Spielen nicht erlauben wollte.«

»Dieser Grund kommt, wie Sie begreifen werden, nicht in Betracht; der König wird seinen Untertanen erlauben zu spielen, soviel sie wollen. Aber werden sie spielen?«

»Ich wundere mich, daß man daran zweifeln kann – vorausgesetzt natürlich, daß die Gewinner sicher sind, ihr Geld zu erhalten.«

»Nehmen wir also an, daß die Leute spielen werden, sobald

sie sicher sind, daß eine Kasse zur Auszahlung vorhanden ist – aber wie wollen Sie die Mittel beschaffen?«

»Die Mittel? Nichts einfacher als dies: königlicher Schatz; Verfügung des Ministerrats. Mir genügt es, wenn die Nation annimmt, daß der König imstande ist, hundert Millionen zu zahlen.«

»Hundert Millionen?«

»Jawohl! Man muß blenden.«

»Wenn man glauben soll, daß der König hundert Millionen bezahlen könne, muß man die Möglichkeit annehmen, daß er sie verlieren kann. Nehmen Sie diese Möglichkeit an?«

»Ja, gewiß nehme ich sie an; aber dieser Fall könnte erst dann eintreten, nachdem man mindestens hundertfünfzig Millionen eingenommen hätte, und dann wäre die Verlegenheit nicht groß. Als Kenner politischer Berechnungen können Sie dies nicht leugnen.«

»Ich stehe nicht allein. Geben Sie zu, daß schon bei der ersten Ziehung der König eine ungeheure Summe verlieren kann?«

»Ich gebe es zu, Monsieur; aber zwischen der Möglichkeit und der Tatsache liegt ein unendlicher Spielraum; und ich wage zu behaupten, daß es für einen völligen Erfolg der Lotterie keinen größeren Glücksfall geben könnte, als wenn der König bei der ersten Ziehung eine erhebliche Summe verlöre.«

»Wie, Monsieur? Aber dies wäre ja ein großes Unglück!«

»Ein wünschenswertes Unglück. Man berechnet die moralischen Einflüsse wie Wahrscheinlichkeiten. Wie Sie wissen, sind alle Versicherungsgesellschaften reich. Ich werde Ihnen vor allen Mathematikern Europas beweisen, daß, da Gott sich neutral verhält, der König unbedingt bei dieser Lotterie eins auf fünf gewinnen muß. Dies ist das Geheimnis. Geben Sie zu, daß gegen einen mathematischen Beweis die Vernunft nichts einwenden kann?«

»Das gebe ich zu. Aber sagen Sie mir, warum das Castelletto[10] nicht für einen sicheren Gewinn des Königs garantieren kann?«

»Das Castelletto sowenig wie irgendein Mensch auf der Welt kann eine offenkundige und vollkommene Sicherheit dafür geben, daß der König stets gewinnen wird. Übrigens ist das Castelletto nur dazu da, eine, zwei oder drei Nummern vorläufig in einem gewissen Gleichgewicht zu halten, wenn sie übermäßig besetzt sind, so daß ihr Herauskommen dem Lotteriehalter einen beträchtlichen Verlust verursachen könnte. Das Castelletto erklärt dann die Nummern für gesperrt; für einen sicheren Gewinn könnte es Ihnen nur dann garantieren, wenn die Ziehung so lange hinausgeschoben würde, bis alle Chancen gleichmäßig besetzt wären. Aber dann würde die Lotterie nicht gehen; denn man müßte vielleicht zehn Jahre auf die Ziehung warten. Außerdem muß man bekennen, daß in diesem Fall die Lotterie zu einer Halsabschneiderei, zum offenbaren Diebstahl würde. Was sie davor schützt, daß ein ehrenrühriger Vorwurf gegen sie erhoben werden kann, ist die Bestimmung, daß jeden Monat unbedingt eine Ziehung stattfindet; denn dadurch ist das Publikum sicher, daß der Lotteriehalter gleichfalls verlieren kann.«

»Werden Sie die Güte haben, vor dem ganzen Rat ebenso zu sprechen und Ihre Gründe geltend zu machen?«

»Mit großem Vergnügen werde ich dies tun.«

»Werden Sie auf alle Einwendungen antworten?«

»Ich glaube es versprechen zu können.«

»Wollen Sie mir Ihren Plan einreichen?«

»Ich werde diesen erst hergeben, wenn man sich entschlossen hat, ihn anzunehmen, und wenn man mir die angemessenen Vorteile zugesichert hat, um die ich bitten werde.«

»Aber Ihr Plan kann doch nur derselbe sein wie dieser hier.«

»Das bezweifle ich. Ich gebe in meinem Plan an, wieviel der König ungefähr jährlich gewinnen muß, und weise dies unwiderlegbar nach.«

»Man könnte also die Unternehmung an eine Gesellschaft abgeben, die dem König eine bestimmte Summe bezahlen würde?«

»Ich bitte um Verzeihung.«

»Warum nicht?«

»Aus folgendem Grunde: Die Lotterie kann nur gedeihen, wenn das Publikum zu ihren Gunsten eingenommen ist. Dies wird unfehlbar der Fall sein. Ich möchte mit der ganzen Sache nichts zu tun haben, wenn sie von einer Gesellschaft ausginge, die, um ihren Gewinn zu vermehren, vielleicht daran denken könnte, alle möglichen Operationen vorzunehmen; dadurch würde der Zuspruch des Publikums vermindert werden. Wenn ich mich mit der Sache befassen soll, muß es eine königliche Lotterie sein oder gar keine.«

»Monsieur de Calzabigi ist derselben Meinung wie Sie.«

»Haben Sie das Personal für das Castelletto zur Hand?«

»Dazu brauche ich nur intelligente Hilfskräfte, und an diesen fehlt es in Frankreich nicht.«

»Wie hoch nehmen Sie den Gewinn an?«

»Auf zwanzig vom Hundert. Wer dem König eine Münze von sechs Francs bringt, bekommt fünf Francs zurück, und ich verspreche Ihnen, daß *caeteris paribus* [wenn die übrigen Verhältnisse die selben bleiben] der Zulauf ein derartiger sein wird, daß die ganze Nation dem König mindestens fünfhunderttausend Francs im Monat zahlen wird. Ich werde dies vor einem Komitee nachweisen, vorausgesetzt, daß dieses aus Mitgliedern besteht, die keine Umschweife machen, sondern gerade aufs Ziel losgehen, sobald sie eine sich aus mathematischen und politischen Berechnungen ergebende Wahrheit erkannt haben.«

Ich fühlte mich imstande, Wort halten zu können, und diese innere Gewißheit beglückte mich. Ich ging einen Augenblick hinaus und fand, als ich wieder eintrat, alle Herren in Gruppen beieinander stehen und sehr ernsthaft über den Plan sprechen Calzabigi trat auf mich zu und fragte mich freundschaftlich, ob ich in meinem Plan auch die Quaterne vorgesehen habe. »Das Publikum«, antwortete ich ihm, »muß sogar das Recht haben, die Quine zu spielen; ich mache jedoch in meinem Plan die Einsätze stärker, denn man wird auf den Viertreffer und Fünftreffer nur spielen können, wenn man gleichzeitig auch die Terne[11] besetzt.«

»In meinem Plan lasse ich die einfache Quaterne zu, mit einem Gewinn von fünfzigtausend zu eins.«

»Es gibt in Frankreich gute Rechner, Monsieur, und wenn sie nicht den Gewinn für alle Chancen gleich finden, werden sie sich diesen Umstand zunutze machen.«

Calzabigi schüttelte mir herzlich die Hand und sagte mir, er wünschte, wir könnten einmal miteinander sprechen. Nachdem ich Monsieur Duverney meine Adresse gegeben hatte, verabschiedete ich mich von der Gesellschaft; ich sah mit Befriedigung, daß ich dem Hausherrn einen vorteilhaften Begriff von meiner Intelligenz beigebracht hatte.

Drei oder vier Tage später ließ Calzabigi sich bei mir melden; ich empfing ihn auf das liebenswürdigste und versicherte ihm, ich hätte mich nur deshalb noch nicht bei ihm eingefunden, weil ich befürchtet hätte, ihm lästig zu fallen. Er erwiderte meine höflichen Komplimente und sagte mir, die freie Art, wie ich gesprochen, hätte auf die Herren Eindruck gemacht. Er wäre überzeugt, daß wir die Lotterie unter sehr vorteilhaften Bedingungen durchsetzen könnten, wenn ich mich beim Generalkontrolleur darum bemühen wollte.

»Dies glaube ich; aber der Vorteil, den sie selber davon haben würden, wäre noch viel größer, und trotzdem haben die Herren es gar nicht eilig damit, denn sie haben mich noch nicht rufen lassen. Die Sache steht bei ihnen; denn für mich ist sie nur von untergeordneter Bedeutung.«

»Sie werden unzweifelhaft heute etwas Neues hören; denn ich weiß, daß Monsieur de Boulogne mit Monsieur de Courteil[12] über sie gesprochen hat.«

»Schön; aber ich versichere Ihnen, ich habe ihn nicht darum gebeten.«

Nachdem wir noch einige Augenblicke geplaudert hatten, bat er mich in freundschaftlichster Weise, bei ihm zu speisen. Ich nahm die Einladung an. Im Augenblick, da wir fortgehen wollten, überbrachte man mir einen Brief von Monsieur de Bernis. Der liebenswürdige Abbé schrieb mir, wenn ich am nächsten Tage nach Versailles kommen könnte, würde er mich Madame la Marquise[13] vorstellen und ich würde auch Monsieur de Boulogne sehen.

Weniger aus Eitelkeit als aus Berechnung zeigte ich diesen Brief Calzabigi. »Sie haben«, sagte er, »alles, was Sie brauchen, um sogar Duverney zwingen zu können, Ihre Lotterie zu genehmigen, und Ihr Glück ist gemacht, falls Sie nicht etwa so reich sind, daß es für Sie nicht darauf ankommt.

Wir geben uns schon seit zwei Jahren eine unmenschliche Mühe, um unser Projekt durchzusetzen; aber man kommt uns immer nur mit dummen Einwänden, die Sie im Nu zu Staub zerrieben haben. Ihr Plan kann aber doch kaum von dem meinigen abweichen. Folgen Sie meinem Rat und vereinigen Sie sich mit uns, denn allein werden Sie auf unüberwindliche Schwierigkeiten stoßen. Seien Sie überzeugt, die intelligenten Hilfskräfte, die Sie brauchen, werden Sie in Paris nicht finden. Mein Bruder wird die ganze Last der Arbeit auf sich nehmen, und Sie können alle Vorteile der Direktion genießen und dabei ein lustiges Leben führen.«

»Ich bin nicht habsüchtig, und die Teilung des Gewinns würde keine Schwierigkeiten machen. Aber sind denn Sie nicht der Urheber des Plans, den ich gesehen habe?«

»Er ist von meinem Bruder.«

»Werde ich die Ehre haben, ihn zu sehen?«

»Selbstverständlich. Er ist körperlich krank, aber sein Geist ist vollkommen frisch. Wir wollen sofort zu ihm gehen.«

Ich fand einen bettlägerigen Mann von wenig appetitlichem

Aussehen, denn er war über und über mit Flechten bedeckt; aber diese hinderten ihn nicht, gut zu essen, zu schreiben und alle körperlichen und geistigen Geschäfte vollkommen zu verrichten; er sprach gut und war von sehr heiterer Laune. Er ließ sich vor keinem Menschen sehen, nicht nur deshalb, weil seine Krankheit ihn entstellte, sondern auch, weil er sehr häufig ein unwiderstehliches Bedürfnis hatte, sich bald hier, bald da zu kratzen. Und da es in Paris für etwas Entsetzliches gilt, sich zu kratzen, einerlei, ob dies infolge einer Krankheit oder aus Gewohnheit geschieht, so zog er den Annehmlichkeiten eines geselligen Verkehrs das Glück vor, nach Herzenslust seine Nägel zu gebrauchen. Er sagte gerne, er glaube an Gott und dessen Werke und er sei überzeugt, Gott habe ihm die Nägel nur gegeben, um sich durch sie die einzig mögliche Erleichterung zu verschaffen, wenn ihn das Jucken beinahe rasend mache.

»Sie glauben also an einen Zweck der Schöpfung, und ich wünsche Ihnen Glück dazu; aber ich glaube, Sie würden sich auch dann kratzen, wenn Gott vergessen hätte, Ihnen Nägel zu geben.«

Über meine Bemerkung lachte er und sprach dann von unserer Angelegenheit. Ich sah bald, daß er ein sehr kluger Mann war. Er war der ältere der beiden Brüder und unverheiratet. Er war ein großer Rechner, gewandt in allen Finanzoperationen, kannte den Handel aller Nationen, war Gelehrter, Historiker, Schöngeist, Dichter und Anbeter des schönen Geschlechts. Er war gebürtig aus Livorno, hatte im Ministerium in Neapel gearbeitet und war mit Monsieur de l'Hôpital nach Paris gekommen. Sein Bruder hatte zwar ebenfalls viele Talente und Kenntnisse; aber er erkannte mit Recht die Überlegenheit des Älteren an.

Er zeigte mir einen Haufen Schriften, worin er alle Probleme seiner Lotterie gelöst hatte, und sagte zu mir: »Wenn Sie glauben, alles machen zu können, ohne meiner zu bedürfen, so mache ich Ihnen mein Kompliment, aber ich denke, Sie werden sich da einer trügerischen Hoffnung hingeben. Denn wenn Sie keine praktische Erfahrung haben und nicht über Leute verfügen, die bereits eingearbeitet sind, so wird Ihre Theorie nicht hinreichend sein. Was werden Sie machen, wenn Sie die Bewilligung durchgesetzt haben? Ich erlaube mir, Ihnen einen Rat zu geben: Wenn Sie vor dem Komitee sprechen, so setzen Sie einen bestimmten Termin fest, über welchen hinaus Sie alle Verantwortlichkeit ablehnen; sonst wird man Sie *ad Kalendas graecas*[14] vertrösten. Andererseits kann ich Ihnen versichern, daß es Monsieur Duverney sehr angenehm sein wird, wenn wir zusammenhalten. Was Ihre Theorie anbetrifft, daß die Gewinne bei allen Chancen verhältnismäßig gleich sein müssen, so hoffe ich Sie zu überzeugen, daß dies bei der Quaterne nicht der Fall sein darf.«

Ich war sehr gerne bereit, mich mit den Herren zu einigen, schon aus dem sehr triftigen Grunde, weil ich sie gar nicht entbehren konnte; aber ich hütete mich wohl, sie dies merken zu lassen. Ich ging mit dem jüngeren Bruder nach dessen Privatwohnung hinunter, und er hatte die Freundlichkeit, mich vor dem Essen seiner Frau vorzustellen. Ich lernte eine in Paris unter dem Namen ›die Generalin La Mothe‹ sehr bekannte alte Dame kennen, berühmt durch ihre frühere Schönheit und ihre Heiltropfen, und fand bei ihr eine andere bejahrte Dame, die man in Paris Baronin Blanche nannte und die noch immer die Geliebte von Monsieur de Vaux war; eine weitere, die als Präsidentin angeredet wurde, und eine vierte, schön wie ein Engel, eine Piemontesin, Madame Razzetti, die Gattin eines Geigers von der Oper; man sagte von ihr, daß der Intendant für Festlichkeiten, Monsieur de Fondpertuis, ihr den Hof mache und sie mit mehreren anderen eng befreundet sei.

Wir setzten uns zu Tisch, aber ich sprach kein Wort und spielte überhaupt eine traurige Figur, weil der Lotterieplan alle meine Gedanken beherrschte. Am Abend bei Silvia fand man mich zerstreut und unaufmerksam, und ich war es auch, trotz des zärtlichen Gefühls, das mir die junge Balletti einflößte und das mit jedem Tage neue Kraft gewann.

Am nächsten Morgen fuhr ich zwei Stunden vor Sonnenaufgang nach Versailles. Monsieur de Bernis empfing mich lachend mit den Worten, er möchte wetten, daß ich ohne ihn von meinen hohen Kenntnissen auf dem Gebiete der Finanzen niemals eine Ahnung gehabt haben würde. »Wie mir Monsieur de Boulogne sagte, haben Sie Monsieur Duverney in Erstaunen gesetzt, und dieser gilt im allgemeinen für einen der besten Köpfe in ganz Frankreich. Ich rate Ihnen, mein lieber Casanova, diese Bekanntschaft nicht zu vernachlässigen, sondern ihm in Paris fleißig den Hof zu machen. Übrigens kann ich Ihnen die Versicherung geben, daß die Lotterie genehmigt werden wird; dies wird auf Ihre Anregung geschehen, und Sie müssen darauf bedacht sein, für sich Vorteil daraus zu ziehen.

Sobald der König auf die Jagd gegangen ist, finden Sie sich in den kleinen Appartements[15] ein; ich werde Sie Madame la Marquise vorstellen, sobald mir der Augenblick günstig erscheint. Hierauf dürfen Sie nicht versäumen, sich in das Ministerium des Auswärtigen zu begeben und sich in meinem Auftrage dem Abbé de Laville vorzustellen. Er ist der Erste Sekretär, und Sie werden von ihm gut aufgenommen werden.«

Monsieur de Boulogne versprach mir, er werde das Dekret wegen Einrichtung der Lotterie erlassen, sobald Monsieur Duverney ihm mitgeteilt hätte, daß das Komitee der Militärakademie einverstanden wäre. Er forderte mich auf, ihm auch etwaige andere Vorschläge auf dem Gebiete der Finanzen mitzuteilen.

Um zwölf Uhr begab Madame de Pompadour sich mit dem Prinzen Soubise nach den kleinen Appartements, und mein Beschützer beeilte sich, die große Dame auf mich aufmerksam zu machen. Sie machte mir ihre Reverenz, trat auf mich zu und sagte mir, die Geschichte meiner Flucht hätte sie sehr interessiert.

»Die Herren da oben«[16], sagte sie lächelnd zu mir, »sind sehr zu fürchten. Gehen Sie zuweilen zum venezianischen Gesandten?«

»Ich kann ihm meine Ehrerbietung nicht deutlicher bezeugen, Madame, als indem ich ihn nicht besuche.«

»Ich hoffe, Sie werden jetzt daran denken, sich dauernd bei uns niederzulassen.«

»Es wäre mein sehnlichster Wunsch, Madame; aber ich habe Protektion nötig, und ich weiß, daß man solche in diesem Lande nur dem Talent gewährt. Dies entmutigt mich.«

»Ich glaube im Gegenteil, Sie können alles hoffen; Sie haben gute Freunde. Ich werde mit Vergnügen die Gelegenheit ergreifen, Ihnen nützlich zu sein.«

Ich begab mich dann zum Abbé de Laville, der mich außerordentlich freundlich empfing und mir versicherte, er würde an mich denken, sobald sich die Gelegenheit böte.

Ich ging in einen Gasthof, um dort zu essen. Als ich mich zu Tisch setzen wollte, redete ein sehr gutaussehender Abbé mich an und fragte mich, ob es mir recht wäre, wenn wir zusammen speisten. Die Höflichkeit gestattete es mir nicht, dies abzulehnen. Ich nahm daher seinen Vorschlag an. Sobald wir einander gegenübersaßen, machte er mir ein Kompliment über die zuvorkommende Art, womit Abbé de Laville mich behandelt hätte.

»Ich war zugegen und schrieb gerade einen Brief; so konnte ich alle verbindlichen Worte hören, die er Ihnen sagte. Dürfte ich mir erlauben, Sie zu fragen, Monsieur, wer Ihnen Zutritt bei dem liebenswürdigen Abbé verschafft hat?«

»Wenn Sie nicht so neugierig wären, dies zu erfahren, Monsieur l'Abbé, so würde ich nicht zögern.«

»Und von meiner Seite einfache Diskretion, wenn ich schweige.«

»Oh, keineswegs! Ich bitte Sie, mich zu entschuldigen.«

Ich hatte dem indiskreten Neugierigen den Mund gestopft; er sprach nur noch von gleichgültigen und angenehmen Dingen. Wir fuhren zusammen in einem *pot de chambre*[17] ab und kamen um acht Uhr in Paris an. Nachdem wir uns einander vorgestellt und uns gegenseitig einen Besuch versprochen hatten, stieg er in der Rue des Bons Enfants aus, und ich ging zu Silvia in der Rue du Petit Lion zum Abendessen. Die ebenso gute wie interessante Frau wünschte mir Glück zu meinen Bekanntschaften und forderte mich dringend auf, diese weiter zu pflegen. In meiner Wohnung fand ich einen Brief von Monsieur Duverney, der mich bat, am nächsten Tage um elf Uhr in die Militärakademie zu kommen. Schon um neun Uhr erschien Calzabigi, um mir guten Morgen zu sagen und mir im Auftrag seines Bruders ein großes Blatt zu überbringen, worauf die ganze Berechnung der Lotterie in einer Form stand, daß ich sie ohne weiteres dem Komitee vorlegen konnte. Es war eine Wahrscheinlichkeitsrechnung, die auf bekannte Zahlen angewendet war, so daß durch sie bewiesen wurde, was ich bisher nur behauptet hatte. Die Sache lief darauf hinaus, daß das Lotteriespiel in Verlust und Gewinn vollkommen im Gleichgewicht gewesen wäre, wenn man statt fünf Zahlen ihrer sechs gezogen hätte. Indem man nur fünf zog, hatte man die mathematische Gewißheit, achtzehn von neunzig zu gewinnen. Hieraus folgte natürlich, daß die Lotterie nicht hätte bestehen können, wenn man sechs Nummern gezogen hätte; denn vom Gewinn mußten vor allen Dingen die Betriebskosten bestritten werden, die sich damals auf hunderttausend Taler belaufen mußten.

Mit diesen Informationen, und überzeugt, daß ich auf dem richtigen Weg sei, begab ich mich in die Militärakademie, wo sofort nach meiner Ankunft die Konferenz eröffnet wurde. Monsieur d'Alembert war in seiner Eigenschaft als großer Arithmetiker gebeten worden, der Sitzung beizuwohnen. Dies wäre nicht für notwendig gehalten worden, wenn Monsieur Duverney allein gewesen wäre; aber es waren im Komitee eigensinnige Köpfe, die das Ergebnis einer politischen Berechnung nicht anerkennen wollten und daher den offenbaren Augenschein leugneten.

Die Konferenz dauerte drei Stunden. Nachdem ich in kaum einer halben Stunde mit meinem Vortrag fertig geworden war, faßte Monsieur de Courteil alles von mir Gesagte zusammen; hierauf machte man mir eine halbe Stunde lang alle möglichen Einwendungen, die ich mit der größten Leichtigkeit widerlegte. Ich sagte, die Kunst des Rechnens sei im allgemeinen nichts anderes als die Kunst, aus mehreren bekannten Größen eine andere, bis dahin unbekannte Größe zu bestimmen. Dieselbe Erklärung treffe für eine psychologische Berechnung genauso zu wie für eine mathematische. Ich wies nach, daß ohne diese Gewißheit niemals Versicherungsgesellschaften auf der Welt hätten sein können; diese seien alle reich und blühend und lachten über das Glück und über die Schwachköpfe, die dessen Einwirkung fürchteten.

Zum Schluß sagte ich den Herren, deren Mehrzahl noch zu schwanken schien, kein gelehrter und ehrenwerter Mann könne die Leitung einer solchen Lotterie übernehmen, wenn er dafür garantieren sollte, daß sie bei jeder Ziehung gewinnen würde. Sollte jemand so kühn sein, mit solcher Versicherung vor sie hinzutreten, so müßten sie ihn hinauswerfen. Denn entweder würde er sein Wort nicht halten oder, wenn er es hielte, so wäre er ein Betrüger.

Dies wirkte. Niemand erwiderte etwas, und Monsieur Duverney stand auf und sagte, man könne ja auf alle Fälle die Lotterie jederzeit wieder eingehen lassen. Als ich diese Worte hörte, fühlte ich, daß die Sache gewonnen war. Alle Anwesenden unterzeichneten das Protokoll, das Duverney ihnen vorlegte, und entfernten sich.

Am nächsten Tage kam Calzabigi zu mir und brachte mir die angenehme Nachricht, die Sache sei beschlossen und man warte nur noch auf die Ausfertigung des Dekrets.

»Ich bin entzückt über den Erfolg«, sagte ich zu ihm, »und verspreche Ihnen, alle Tage zu Monsieur de Boulogne zu gehen, um die Übertragung der Regie an Sie zu betreiben, sobald ich von Monsieur Duverney erfahren habe, was man mir bewilligen wird.«

Man bot mir sechs Lotteriebüros an, die ich natürlich gerne annahm, dazu ein Jahrgeld von viertausend Francs, die vom Ertrag der Lotterie angewiesen wurden. Diese Summe entsprach den Zinsen eines Kapitals von hunderttausend Francs, das ich mir auszahlen lassen konnte, sobald ich auf meine Büros verzichtete; denn dieses Kapital diente als Bürgschaft für mich.

Acht Tage darauf erschien die Verordnung. Die Leitung erhielt Calzabigi mit einem Gehalt von dreitausend Francs für jede Ziehung, einem Jahrgeld von viertausend Francs wie ich und dem Hauptbüro der Unternehmung im Hôtel de la Loterie in der Rue Montmartre.

Von meinen sechs Büros verkaufte ich sofort fünf für je zweitausend Francs. Das sechste eröffnete ich mit großem Luxus in der Rue St. Denis und übergab es meinem Kammerdiener als Geschäftsführer. Er war ein sehr intelligenter junger Italiener, der beim Gesandten von Neapel, dem Fürsten della Cattolica, Kammerdiener gewesen war.

Der Tag der ersten Ziehung wurde festgesetzt, und man zeigte an, daß die Gewinne acht Tage nach der Ziehung im Hauptbüro der Lotterie ausbezahlt würden.

Um die Kundschaft anzulocken und mein Büro vor den anderen auszuzeichnen, ließ ich Plakate anschlagen, daß die Gewinne der von mir unterzeichneten Lose schon vierundzwanzig Stunden nach der Ziehung in meinem Büro in der Rue St. Denis erhoben werden könnten. Dadurch vermehrte ich den Zuspruch der Spieler und zugleich in sehr beträchtlicher Weise meine Einkünfte; denn ich hatte sechs Prozent von der Einnahme. Etwa fünfzig oder sechzig Agenten anderer Büros waren dumm genug, sich bei Calzabigi zu beschweren, daß ich durch mein Verfahren ihre Einnahmen schmälere; aber er wies sie ab, indem er ihnen sagte, sie brauchten es ja nur ebenso zu machen wie ich, wenn sie die Mittel dazu hätten.

Meine Einnahme bei der ersten Ziehung betrug vierzigtausend Francs. Eine Stunde nach der Ziehung brachte mein Geschäftsführer mir die Liste und zeigte mir, daß wir siebzehn- bis achtzehntausend Francs zu bezahlen hatten. Alle Gewinne waren Amben[18], und ich übergab ihm das erforderliche Geld, um sie auszuzahlen.

Durch meine Maßregel machte, ohne daß ich daran gedacht hatte, mein Geschäftsführer sein Glück; denn jeder Gewinner gab ihm ein Trinkgeld, und ich verlangte von ihm natürlich nicht, daß er dieses mit mir teilte.

Die Gesamteinnahme betrug zwei Millionen, und der Gewinn machte sechshunderttausend Francs aus. Paris allein hatte vierhunderttausend Francs zur Einnahme beigetragen. Für das erste Mal ein recht schöner Erfolg.

Am Tage nach der Ziehung speisten Calzabigi und ich bei Monsieur Duverney, und ich hatte das Vergnügen, ihn sich darüber beklagen zu hören, daß wir zuviel gewonnen hätten. Paris hatte nur achtzehn oder zwanzig Ternen, aber diese brachten der Lotterie einen glänzenden Ruf ein, obgleich sie nur klein waren. Schon begann die Spielwut zu wirken, und es war leicht vorauszusehen, daß bei der nächsten Ziehung die Einnahme doppelt so groß sein würde. Der scherzhafte Krieg, den man bei Tisch gegen mich führte, versetzte mich in gute Laune; Calzabigi sagte, ich hätte durch einen kühnen Gedanken mir ein Jahreseinkommen von hundertzwanzigtausend Francs verschafft; aber die anderen Lotterieeinnehmer würden den Schaden davon haben.

»Solche Schläge habe ich oft gemacht«, sagte Monsieur Duverney, »und habe mich für gewöhnlich gut dabei gefunden; übrigens steht es jedem Einnehmer frei, es ebenso zu machen, und dadurch kann der Ruf der Lotterie nur gewinnen.«

Bei der zweiten Ziehung nötigte eine Terne von vierzigtausend Francs mich, Geld zu leihen; meine Einnahme hatte sechzigtausend betragen; da ich aber am Tage vor der Ziehung meine Kasse abliefern mußte, konnte ich nur aus meinen eigenen Mitteln zahlen, und ich erhielt das Geld erst acht Tage darauf zurück.

In allen großen Häusern, die ich besuchte, und in den Theatern gaben alle möglichen Leute mir Geld und baten mich, nach meinem Gutdünken für sie zu spielen und ihnen Lose zu geben; denn kein Mensch verstand schon etwas von dem Spiel. Infolgedessen nahm ich die Gewohnheit an, Lose von allen Arten oder vielmehr zu allen Preisen bei mir zu tragen und davon jedem nach seiner Wahl abzugeben. Jeden Abend kam ich mit goldgefüllten Taschen nach Hause. Dies war ein ungeheurer Vorteil, eine Art Vorrecht, das ich allein genoß; denn die anderen Lotterieeinnehmer waren keine Angehörigen der guten Gesellschaft und fuhren nicht im eigenen Wagen wie ich. Paris war eine Stadt und ist es noch, in der man im allgemeinen den Wert eines Menschen nach dem Glanz beurteilt, der ihn umgibt. Mein Luxus verschaffte mir überall Eintritt, und ich hatte überall offenen Kredit.

ZWEITES KAPITEL

Der Außenminister empfing mich wie gewöhnlich, das heißt weniger als Minister denn als Freund. Er fragte mich, ob ich nicht geneigt wäre, geheime Aufträge zu übernehmen.

»Werde ich auch das nötige Talent dazu haben?«

»Daran zweifle ich nicht.«

»Ich fühle mich zu allem geneigt, womit ich auf anständige Weise Geld verdienen kann. Was mein Talent anbetrifft, so verlasse ich mich recht gern auf das Urteil Eurer Exzellenz.«

Er sagte mir, ich möchte in seinem Namen den Abbé de Laville aufsuchen.

Dieser Abbé war sein Erster Sekretär, ein kalter, eingefleischter Politiker, die Seele des Ministeriums, und Seine Exzellenz hielt große Stücke auf ihn. Als Geschäftsträger in Den Haag hatte er dem Staat gute Dienste geleistet, und der dankbare König belohnte ihn, indem er ihm an seinem Todestage ein Bistum verlieh. Die Belohnung kam ein bißchen zu spät. Der Erbe dieses braven Mannes war ein gewisser Garnier, ein Glückspilz. Er war früher Koch bei Monsieur d'Argenson gewesen und hatte die beständige Freundschaft des Abbé de Laville zu nutzen gewußt, um ein reicher Mann zu werden. Die beiden Freunde, die ungefähr gleichaltrig waren, hatten ihre Testamente bei demselben Notar hinterlegt und sich gegenseitig zu Universalerben eingesetzt. Garnier war derjenige, der den anderen überlebte. Der Abbé de Laville hielt mir einen kurzen Vortrag über den Charakter geheimer Aufträge. Nachdem er mir auseinandergesetzt hatte, wie klug damit betraute Personen sich benehmen müßten, sagte er mir, er werde mir Bescheid geben, sobald sich etwas Passendes für mich böte; hierauf lud er mich zum Essen ein.

Bei Tisch machte ich die Bekanntschaft des neapolitanischen Gesandtschaftssekretärs, Abbé Galiani. Er war ein Bruder des Marquis Galiani, von dem ich erzählen werde, wenn wir bei meiner Reise nach jenem schönen Lande angekommen sind. Abbé Galiani war ein sehr geistreicher Mann. Er besaß ein hervorragendes Talent, seinen ernsthaften Bemerkungen einen komischen Anstrich zu geben. Er sprach gut und stets ohne zu lachen und gab seinem Französisch den unwiderstehlichen neapolitanischen Akzent; daher war er in allen Gesellschaften, die er seiner Gegenwart würdigte, außerordentlich beliebt. Der Abbé de Laville sagte ihm, Voltaire beklage sich, daß man seine ›Henriade‹ in neapolitanische Verse so übersetzt habe, daß sie lächerlich geworden sei.

»Voltaire hat unrecht«, sagte Galiani, »denn es liegt in der Natur der neapolitanischen Sprache, daß man sie nicht in Verse bringen kann, ohne daß etwas Lächerliches herauskommt. Stellen Sie sich nur vor! Wir haben eine Übersetzung der Bibel und eine der Ilias, und beide reizen zum Lachen.«

»Von der Bibel will ich es gern glauben; aber von der Ilias überrascht es mich.«

»Es ist aber doch wahr.«

Ich kehrte erst am Tage vor der Abreise von Mademoiselle de la M-re[1], die inzwischen Madame P. geworden war, nach Paris zurück. Ich glaubte nicht umhin zu können, Madame XXX aufzusuchen, um meiner früheren Geliebten Glück und gute Reise zu wünschen. Ich fand sie fröhlich und vollkommen zufrieden; weit entfernt, mich zu ärgern, freute ich mich darüber; dies war ein sicheres Zeichen meiner völligen Heilung. Wir sprachen ganz ungezwungen miteinander, und ihr Gatte schien ein vortrefflicher Mann zu sein. Auf seine Bitten versprach ich ihm, sie in Dünkirchen zu besuchen, obwohl ich nicht im entferntesten daran dachte, mein Wort zu halten; aber die Umstände fügten es anders.

Tiretta blieb nun also allein mit seinem Püppchen, die von Tag zu Tag verrückter wurde.

Ich selber machte in dem ruhigen Leben, das ich nun führte, meiner Manon Balletti[2] den Hof, und diese gab mir täglich irgendeinen neuen Beweis der Fortschritte, die ich in ihrem Herzen machte.

Die Gefühle der Freundschaft und Achtung, die mich mit ihrer Familie verbanden, schlossen jeden Gedanken an Verführung aus; da ich aber immer verliebter wurde und nicht daran dachte, um ihre Hand anzuhalten, so wurde es mir schwer, mir selber Rechenschaft zu geben, was ich eigentlich bezweckte.

Im Anfang des Monats Mai schrieb Abbé de Bernis mir, ich

möchte ihn in Versailles aufsuchen, mich aber vorher beim Abbé de Laville einfinden. Dieser empfing mich mit der Frage, ob ich mir wohl zutraue, acht oder zehn Kriegsschiffe, die auf der Reede von Dünkirchen lägen, zu besuchen, indem ich auf geschickte Weise mit den befehligenden Offizieren Bekanntschaft machte, so daß ich imstande wäre, ihm einen ausführlichen Bericht über die Verproviantierung jeder Art, die Anzahl der Matrosen jedes Schiffes, den Vorrat an Munition, die Verwaltung, die Disziplin und so weiter einzureichen.

»Ich werde den Versuch machen; nach meiner Rückkehr werde ich Ihnen den Bericht einreichen, und Sie werden mir sagen, ob ich meine Sache gut gemacht habe.«

»Da es sich um eine geheime Sendung handelt, kann ich Ihnen keinen Empfehlungsbrief geben; ich kann Ihnen nur eine glückliche Reise wünschen und Geld geben.«

»Ich will kein Geld im voraus; wenn ich wieder zurück bin, können Sie mir geben, was ich nach Ihrer Meinung verdient habe. Bis zur Abreise brauche ich mindestens drei Tage; denn ich muß mir erst einige Empfehlungsbriefe verschaffen.«

»Nun, suchen Sie nur bis Ende des Monats wieder hier zu sein. Weiter ist nichts nötig.«

An demselben Tage hatte ich im Palais de Bourbon eine halbstündige Unterhaltung mit meinem Beschützer; er bewunderte mein Zartgefühl, daß ich keine Vorauszahlung hatte annehmen wollen, und benutzte sogleich den Umstand, um mich in seiner vornehmen Weise zu nötigen, eine Rolle von hundert Louis anzunehmen. Seitdem habe ich mich nicht mehr in der Notwendigkeit befunden, die Börse des freigebigen Mannes in Anspruch zu nehmen, nicht einmal in Rom, wo ich ihn vierzehn Jahre später traf.

»Da es sich um einen geheimen Auftrag handelt, mein lieber Casanova, so kann ich Ihnen keinen Paß geben; es tut mir leid, aber Sie würden sich dadurch verdächtig machen. Um diesem Übelstande abzuhelfen, werden Sie sich leicht unter irgendeinem Vorwand einen Paß vom diesjährigen ersten Kammerherrn des Königs verschaffen können. Am besten wird Ihnen hierbei Silvia behilflich sein können. Sie sehen wohl ein, wie vorsichtig Sie sich benehmen müssen. Vermeiden Sie besonders, sich in Angelegenheiten *in munere*[3] einzulassen; denn Sie wissen wohl, daß Ihnen eine Berufung auf Ihren Auftraggeber nichts nützen würde, falls Ihnen irgend etwas zustoßen sollte. Man würde gezwungen sein,

Sie zu verleugnen; denn die einzigen anerkannten Spione sind die Gesandten. Vergessen Sie nicht, daß Sie mit mehr Zurückhaltung und Umsicht beobachten müssen als diese; daß Sie aber, wenn Sie Erfolg haben wollen, diese beiden Eigenschaften nicht merken lassen dürfen, sondern daß Sie ungezwungen und natürlich auftreten müssen, um Vertrauen zu erwecken. Wenn Sie mir nach Ihrer Rückkehr Ihren Bericht vorlegen wollen, ehe Sie ihn dem Abbé de Laville einreichen, so werde ich Ihnen sagen, was besser gestrichen werden könnte.«

Ganz erfüllt von dieser Angelegenheit, von deren Bedeutung ich mir eine um so übertriebenere Vorstellung machte, da ich ein völliger Neuling war, sagte ich zu Silvia, ich wünschte einige mir bekannte Engländer nach Calais zu begleiten, und sie würde mir ein Vergnügen machen, wenn sie mir vom Herzog von Gesvres einen Paß verschaffte. Die würdige Dame, die mir gern in allen Dingen gefällig war, schrieb sofort einen Brief an den Herzog; sie sagte mir, ich müßte diesen selbst bestellen, weil derartige Pässe nur mit einer genauen Beschreibung der empfohlenen Person ausgestellt würden. Sie galten nur für die sogenannte Ile de France, aber sie wurden im ganzen Norden des Königreiches anerkannt.

Mit Silvias Empfehlung versehen und von ihrem Mann begleitet, begab ich mich zum Herzog, der auf seinem Landgut St.-Quen war; kaum hatte er den von mir überreichten Brief angesehen und gelesen, so ließ er mir den Paß ausstellen. Nachdem dieses in Ordnung war, fuhr ich nach La Villette, um Madame XXX zu fragen, ob sie mir etwas für ihre Nichte aufzutragen hätte. »Sie könnten ihr«, antwortete sie, »die Kassette mit den Porzellanfiguren bringen, wenn Monsieur Kornmann sie noch nicht geschickt hat.«

Ich suchte den Bankier auf, erhielt die Kassette und gab ihm hundert Louis gegen einen Kreditbrief auf ein Dünkirchener Haus, indem ich ihn bat, mich ganz besonders zu empfehlen, da ich zu meinem Amüsement hinginge. Kornmann tat dies alles mit Vergnügen, und ich reiste denselben Abend ab; drei Tage später stieg ich in Dünkirchen im Gasthof zur Conciergerie ab.

Eine Stunde nach meiner Ankunft überraschte ich die liebenswürdige Madame P. auf die angenehmste Weise, indem ich ihr die Kassette nebst Grüßen von ihrer Tante überbrachte. Während sie mir ihren Mann lobte, der sie glücklich mache, trat dieser ein. Er war hocherfreut, mich zu sehen, und bot mir ein Zimmer an, ohne mich zu fragen, ob ich mich längere oder kürzere Zeit in

Dünkirchen aufhalten werde. Ich lehnte natürlich dankend ab, versprach aber, hin und wieder bei ihm zu speisen, und bat ihn, mich zu dem Bankier zu führen, an welchen mich Monsieur Kornmann empfohlen hatte. Der Bankier hatte kaum meinen Brief gelesen, so zählte er mir hundert Louis auf und bat mich, ihn gegen Abend in meinem Gasthof zu erwarten; er werde mich dem Kommandanten vorstellen. Dieser, ein Monsieur du Bareil, war sehr höflich, wie es die Franzosen dort im allgemeinen sind, und bat mich, nachdem er die üblichen Fragen an mich gerichtet hatte, mit ihm und seiner Gemahlin, die noch im Theater war, zu Abend zu speisen. Die Dame nahm mich ebenso freundlich auf wie ihr Mann. Nach dem ausgezeichneten Abendessen erschienen noch mehrere Personen, und man begann zu spielen; ich nahm jedoch nicht daran teil, da ich zuerst die Anwesenden studieren wollte, besonders mehrere Land- und Seeoffiziere, die sich unter der Gesellschaft befanden. Indem ich mit Vorliebe von allen europäischen Flotten sprach und mich für einen Kenner ausgab, weil ich in den Seestreitkräften meiner kleinen Republik gedient hatte, so brauchte ich nur drei Tage, um nicht nur alle Linienschiffskapitäne persönlich kennenzulernen, sondern sogar mit ihnen befreundet zu werden. Ich sprach ins Blaue hinein über den Bau von Kriegsschiffen und über die venezianische Art des Manövrierens, und ich bemerkte, daß die braven Seeleute mir mit noch größerer Teilnahme zuhörten, wenn ich Unsinn sagte, als wenn ich etwas Gescheites vorbrachte.

Am vierten Tage lud einer von diesen Kapitänen mich zum Essen an Bord seines Schiffes ein, und dies genügte für mich, um von allen anderen ebenfalls eingeladen zu werden. Der Kapitän, der mir die Ehre erwies, behielt mich den ganzen Tag bei sich. Ich zeigte mich neugierig nach allem, und Seeleute sind so vertrauensselig! Ich stieg in den Schiffsraum hinunter, stellte hundert Fragen und fand so viele junge Offiziere, die sich gerne wichtig taten, daß es mir keine Mühe machte, sie zum Plaudern zu bringen. Ich ließ mir im Vertrauen alles sagen, was ich für meinen Bericht nötig hatte; sobald ich am Abend zu Hause war, brachte ich sehr sorgfältig alle meine Beobachtungen, gute wie schlechte, zu Papier. Ich schlief nur vier oder fünf Stunden, und in vierzehn Tagen glaubte ich genügend Bescheid zu wissen.

Von Liebeleien, Spiel und den Leichtfertigkeiten, denen ich mich für gewöhnlich hingab, war auf dieser Reise gar nicht die

Rede; meine Sendung beschäftigte mich ganz und gar und lenkte alle meine Schritte. Ich dinierte nur ein einziges Mal bei Kornmanns Bankier, einmal bei Monsieur P. in der Stadt und ein anderes Mal in seinem hübschen Landhause eine Stunde von Dünkirchen. Madame P. fuhr mit mir hinaus, und bei meinem Zusammensein mit dieser Frau, die ich so sehr geliebt hatte, entzückte ich sie durch mein zartfühlendes Benehmen; denn ich bezeigte ihr nur meine ehrfurchtsvolle Freundschaft. Da ich sie reizend fand und meine Verbindung mit ihr erst seit fünf, sechs Wochen zu Ende war, so war ich erstaunt über die Ruhe meiner Sinne, denn ich kannte mich selbst zu gut, um meine Zurückhaltung meiner Tugend zuzuschreiben. Woher kam das? Ein italienisches Sprichwort, das die Natur erklärt, gibt den richtigen Grund an: *C... non vuol pensieri* [Der Schwanz mag keine Sorgen].

Da ich mit meinem Auftrag fertig war, verabschiedete ich mich von allen Bekannten und setzte mich in einen Postwagen, um nach Paris zurückzufahren. Zu meinem Vergnügen wählte ich einen anderen Weg als den, auf welchem ich gekommen war. Gegen Mitternacht verlangte ich auf irgendeiner Poststation Pferde, aber man machte mich darauf aufmerksam, die nächste Poststelle sei in Aire, einer Festungsstadt, und daß man dort bei Nacht nicht Einlaß finde. »Pferde her!« rief ich; »ich werde mir öffnen lassen.« Man gehorchte mir, und bald waren wir vor dem Tor der Festung. Der Kutscher knallte mit der Peitsche.

»Wer da?«

»Kurier!«

Nachdem man mich eine Stunde hatte warten lassen, öffnete man das Tor und sagte, ich müßte mit dem Kommandanten sprechen. Fluchend, wie wenn ich eine Person von Bedeutung wäre, gehorchte ich. Man führte mich vor den Alkoven eines Mannes, der mit einer eleganten Nachtmütze auf dem Kopf an der Seite einer sehr hübschen Frau im Bett lag.

»Für wen sind Sie Kurier?«

»Für niemanden, aber da ich es eilig habe ...«

»Genug. Wir werden morgen darüber sprechen; einstweilen bleiben Sie in der Wachstube. Lassen Sie mich schlafen!«

Man führte mich in die Wachstube, wo ich die übrige Nacht sitzend auf der Erde verbrachte. Sobald der Tag erscheint, mache ich Lärm. Ich schreie, ich fluche: ich will abreisen. Kein Mensch antwortet mir.

Es schlägt zehn Uhr. Über alle Maßen ungeduldig, schreie ich den Offizier an und sage ihm: der Kommandant habe es allerdings in der Macht, mich ermorden zu lassen; aber man könne mir nicht Schreibzeug verweigern und müsse mir die Freiheit lassen, einen Kurier nach Paris zu schicken.

»Bitte, wie ist ihr Name, Monsieur?«

»Hier ist mein Paß.«

Er sagt mir, er werde ihn dem Kommandanten bringen; ich reiße ihm das Papier aus der Hand.

»Wünschen Sie, daß ich Sie zu ihm führe?«

»Gern.«

Wir gehen. Der Offizier tritt zuerst ein und kommt vier Minuten darauf zurück, um mich eintreten zu lassen. Ich überreiche mit stolzer Miene und schweigend meinen Paß. Der Kommandant liest ihn, sieht mich prüfend an, um sich zu überzeugen, daß die Beschreibung stimmt, gibt mir den Paß zurück, sagt mir, ich sei frei, und befiehlt dem Offizier, mir Postpferde verabfolgen zu lassen.

»Jetzt, Monsieur Kommandant, habe ich es nicht mehr so eilig. Ich werde einen Kurier nach Paris schicken und dessen Rückkehr abwarten. Indem Sie meine Reise verzögerten, haben Sie das Völkerrecht verletzt.«

»Im Gegenteil, Sie haben es verletzt, indem Sie sich für einen Kurier ausgaben.«

»Ich habe Ihnen im Gegenteil gesagt, ich sei es nicht.«

»Ja, aber Sie haben es dem Postillon gesagt, und das genügt.«

»Der Postillon hat gelogen; denn ich habe ihm nichts weiter gesagt, als daß ich mir würde öffnen lassen.«

»Warum haben Sie mir nicht früher Ihren Paß gezeigt?«

»Warum haben Sie mir nicht die Zeit dazu gelassen? Übrigens werden wir ja in drei oder vier Tagen sehen, wer von uns beiden recht hat.«

»Tun Sie, was Ihnen beliebt.«

Ich ging; der Offizier führte mich nach der Post, und gleich darauf sah ich meinen Wagen kommen. Die Post war zugleich Gasthof; ich wandte mich an den Posthalter und sagte ihm, er solle mir einen Boten bereithalten, mir ein gutes Zimmer mit einem guten Bett geben und mir eine gute Fleischbrühe auftragen lassen. Um zwei Uhr würde ich dann zu Mittag essen. Ich ließ meinen Koffer und alle Sachen, die ich in meinem Wagen hatte, auf mein Zimmer bringen. Nachdem ich mich ausgezogen und gewaschen hatte, setzte ich mich zum Schreiben hin; nur wußte ich nicht, an wen ich schreiben sollte, denn im Grunde hatte ich unrecht. Aber ich hatte mich nun einmal darauf eingelassen, den Wichtigen zu spielen, und ich glaubte, es meiner Ehre schuldig zu sein, die Rolle durchzuführen; zurückweichen konnte ich ja immer noch. Nur ärgerte ich mich, daß ich mich verpflichtet hatte, in Aire zu bleiben, bis der Kurier zurückkehrte. Indessen, da ich die ganze Nacht kein Auge hatte schließen können, so hatte ich immerhin die Aussicht, zu Bett zu gehen und mich auszuruhen. Ich war im Hemde und trank gerade die Fleischbrühe, die man mir gebracht hatte, als ich den Kommandanten ganz allein eintreten sah. Sein Erscheinen überraschte mich und machte mir Vergnügen.

»Das Vorgefallene tut mir leid, Monsieur, besonders deshalb, weil Sie Grund zur Klage zu haben glauben, während ich doch nur meine Pflicht getan habe; denn wie in aller Welt konnte ich annehmen, daß Ihr Postkutscher Sie ohne Ihren Befehl als Kurier ausgegeben hätte?«

»Dies ist alles sehr schön, Monsieur; aber Ihre Pflicht ging nicht so weit, mich aus Ihrem Zimmer zu weisen.«

»Ich hatte Schlaf nötig.«

»Ich befinde mich jetzt in dem gleichen Fall, aber die Höflichkeit hindert mich, es ebenso zu machen wie Sie.«

»Darf ich mir erlauben, Sie zu fragen, ob Sie jemals gedient haben?«

»Ich habe zu Lande und zu Wasser gedient, und ich verließ den Dienst in einem Alter, da viele erst anfangen.«

»Dann müssen Sie wissen, daß man bei Nacht die Tore einer Festung nur königlichen Kurieren oder höheren militärischen Befehlshabern öffnet.«

»Allerdings; aber sobald man das Tor einmal geöffnet hatte, war es geschehen; und wenn etwas nicht mehr zu ändern ist, kann man höflich sein.«

»Sind Sie der Mann, sich anzukleiden und einen Gang mit mir zu machen?«

Sein Vorschlag gefiel mir um so mehr, als der Gedanke mich geärgert hatte, daß er mich mit hochmütigem Stolz behandelte. Schnell einen Degenstoß auszuteilen oder zu empfangen, hatte für mich großen Reiz, zumal hierdurch alle Schwierigkeiten beseitigt wurden und ich aus aller Verlegenheit herauskam. Ich antwortete ihm ruhig und ehrerbietig, die Ehre, mit ihm einen Gang zu machen, veranlasse mich, jedes andere Geschäft aufzuschieben. Ich bat ihn höflich, so lange Platz nehmen zu wollen, bis ich mich schnell angezogen hätte. Ich zog meine Hosen an und warf die prachtvollen Pistolen, die ich in den Taschen hatte, auf das Bett; ich ließ den Friseur heraufkommen, und in zehn Minuten war ich mit dem Anziehen fertig. Ich schnallte meinen Degen um, und wir gingen.

Ziemlich schweigsam durchschritten wir zwei oder drei Straßen, traten durch einen Torweg in einen Hof, den ich für einen Durchgang hielt, und hielten in der Ecke vor einer Türe still. Mein Führer lud mich ein, einzutreten, und ich sah mich plötzlich in einem schönen Saal mit zahlreicher Gesellschaft. Ich dachte gar nicht daran, mich zurückzuziehen, sondern fühlte mich sofort wie zu Hause.

»Dies ist meine Frau; und dies«, fuhr er ohne Unterbrechung fort, »ist Monsieur de Casanova, der mit uns speisen wird.«

»Es freut mich außerordentlich, Monsieur; denn sonst würde ich Ihnen nie verziehen haben, daß Sie mich heute nacht haben wecken lassen.«

»Mein Vergehen habe ich allerdings grausam gebüßt, Madame; aber nachdem ich ein solches Fegefeuer überstanden habe, erlauben Sie mir nun, mich in diesem Paradiese glücklich zu fühlen.«

Sie sah mich mit einem reizenden Lächeln an und lud mich ein, neben ihr Platz zu nehmen. Sie setzte ihre Spielpartie fort, zugleich aber auch die Unterhaltung mit mir, soweit eben die Aufmerksamkeit auf die Karten es erlaubte.

Ich sah, daß ich nach allen Regeln der Kunst angeführt worden war, aber der Schabernack war so anmutig, daß ich nicht daran denken konnte, mich darüber zu ärgern. Mir blieb nichts anderes übrig, als gute Miene zu machen, und dies fiel mir um so leichter, da ich mich mit aufrichtigem Vergnügen von der törichterweise auf mich genommenen Verpflichtung befreit sah, einen Kurier ins Blaue hineinzuschicken.

Der Kommandant, seines Sieges froh und im geheimen stolz darauf, war plötzlich heiter geworden; er sprach von Kriegs-, Hof- und Staatsangelegenheiten und richtete oft das Wort an mich mit jener Liebenswürdigkeit und Ungezwungenheit, die die gute Gesellschaft Frankreichs so trefflich mit der Beachtung der Formen zu vereinigen weiß; man hätte schwerlich erraten können, daß jemals ein Streit zwischen uns vorgefallen war. Er hatte diese angenehme Lage herbeizuführen gewußt und war dadurch zum Helden des Stückes geworden; aber wenn ich auch nur in zweiter Reihe stand, so glänzte ich darum doch nicht weniger; denn aus allem ging hervor, daß ich einen älteren höheren Offizier zu nötigen gewußt hatte, mir eine Genugtuung zu geben, die um so schmeichelhafter war, da sie bewies, daß ich ihm trotz meiner jugendlichen Unbesonnenheit Achtung eingeflößt hatte.

Das Essen wurde aufgetragen. Da der Erfolg meiner Rolle nur davon abhing, wie ich sie spielte, so bin ich selten besser aufgelegt gewesen als bei diesem Essen, wo nur angenehme Gespräche geführt wurden; besonders ließ ich es mir angelegen sein, Madame glänzen zu lassen. Sie war eine reizende Frau, sehr hübsch und noch jung, denn sie war mindestens dreißig Jahre jünger als ihr teurer Gatte. Von dem Mißverständnis, dem ich einen sechsstündigen Aufenthalt in der Wachstube verdankte, wurde kein Wort gesprochen; aber beim Nachtisch hätte der Kommandant durch eine überflüssige Frotzelei beinahe etwas Böses angerichtet.

»Es war sehr gütig von Ihnen, zu glauben, daß ich mich mit Ihnen schlagen würde. Ich habe Sie auf einen Leim gelockt.«

»Wer sagt Ihnen, daß ich an ein Duell geglaubt habe?«

»Gestehen Sie, Sie haben daran geglaubt.«

»Ich bestreite es; denn zwischen Glauben und Vermuten ist ein großer Unterschied. Das eine ist positiv, das andere rechnet nur mit einer gewissen Möglichkeit. Übrigens gebe ich zu, daß Ihre Einladung zu einem Gang mich neugierig gemacht hatte, zu erfahren, worauf Sie hinauswollten, und ich bewundere Ihren Geist. Indessen werden Sie mir wohl glauben, wenn ich Ihnen versichere, daß ich mich durchaus nicht für angeführt halte; ich fühle mich ganz im Gegenteil so befriedigt, daß ich Ihnen dankbar bin.«

Darauf erwiderte er nichts, und wir standen im selben Moment vom Tische auf. Madame ließ mich bei ihrem Tri[4] mitspielen, am Nachmittag gingen wir spazieren; ich reichte ihr den Arm, und sie war entzückend; am Abend aber verabschiedete ich mich, und am nächsten Tage reiste ich in der Frühe ab, nachdem ich vorher noch meinen Bericht ins reine geschrieben hatte.

Um fünf Uhr morgens schlief ich in meinem Wagen, als ich geweckt wurde. Wir waren am Tore von Amiens. Der Lästige, der an meinem Wagenschlag stand, war ein Zollbeamter, bei dem man Zoll für die Durchfuhr bestimmter Waren zahlen muß. Er fragte mich, ob ich nichts Verbotenes bei mir habe. Ich war schlechter Laune, wie jeder Mensch, der aus süßem Schlaf gerissen wird, um eine lästige Frage beantworten zu müssen; ich antwortete ihm fluchend: »Nein! Sie hätten mich wohl auch schlafen lassen können.«

»Da Sie grob sind«, versetzte der Kerl, »so wollen wir doch mal sehen.«

Er befahl dem Postillon, mit meinem Wagen hineinzufahren, und ließ meine Koffer abschnallen. Ich konnte ihn daran nicht hindern, ich ballte die Fäuste, mußte aber warten, bis man alles visitiert hatte. Ich merkte, welchen Fehler ich gemacht hatte, aber daran war nichts mehr zu ändern. Übrigens hatte ich nichts Zollpflichtiges und brauchte deshalb auch nichts zu befürchten; aber mein Ungestüm sollte mich zwei langweilige Stunden kosten. Das Vergnügen der Rache stand auf ihren unverschämten Gesichtern geschrieben. Zu jener Zeit waren die Steuerbeamten in Frankreich der Abschaum des gemeinsten Gesindels; aber wenn sie sich von vornehmen Leuten höflich behandelt sahen, setzten sie eine Ehre darein, umgänglich zu sein. Ein Vierundzwanzigsousstück, freundlich ihnen in die Hand gedrückt, machte sie geschmeidig wie einen Handschuh. Sie machten den Reisenden ihre Verbeugung und wünschten ihnen gute Reise, ohne sie zu belästigen. Ich wußte das; aber es gibt Augenblicke, da der Mensch ohne Überlegung handelt, und dies war mir passiert; dafür mußte ich nun leiden.

Die Schinder packten meine Koffer aus und breiteten sogar meine Hemden aus, weil ich nach ihrer Behauptung zwischen diesen englische Spitzen versteckt haben könnte.

Nachdem sie alles durchsucht hatten, gaben sie mir meine Schlüssel wieder; aber damit war die Sache noch nicht zu Ende: Mein Wagen mußte auch noch durchsucht werden. Der Halunke, der dies zu besorgen hatte, rief plötzlich: »Viktoria!« Er hatte den Rest von einem Pfund Tabak gefunden, das ich auf der Hinreise nach Dünkirchen in St. Omer gekauft hatte. Sofort befahl der Anführer der Bande mit triumphierender Stimme, meinen Wagen mit Beschlag zu belegen, und sagte mir, ich hätte außerdem zwölfhundert Franken Buße zu bezahlen.

Nun war aber meine Geduld zu Ende. Ich überlasse es dem Leser, die Namen zu erraten, mit denen ich die Spitzbubengesellschaft belegte; aber gegen Worte waren sie gepanzert. Ich befahl ihnen, mich zum Intendanten zu führen.

»Gehen Sie hin, wenn Sie Lust haben«, antworteten sie mir; »hier haben Sie keinem was zu befehlen.«

Umgeben von einer großen Anzahl von Neugierigen, die der Lärm angelockt hatte, lief ich mit langen Schritten wie ein Rasender in die Stadt. Ich trat in den ersten Laden ein, den ich offen fand, und bat den Besitzer, mich zum Intendanten führen zu lassen. Ich erzählte, was mir zugestoßen war, und ein anständig aussehender Mann, der sich in dem Laden befand, sagte mir, er werde das Vergnügen haben, mich selber zu ihm zu begleiten, indessen würde ich ihn wahrscheinlich nicht finden, weil man ihn ohne Zweifel schon benachrichtigt hätte.

»Wenn Sie nicht bezahlen oder Bürgschaft stellen, werden Sie schwerlich aus dieser üblen Lage herauskommen.«

Ich bat ihn, mich nur in die Stadt zu führen und im übrigen mich machen zu lassen. Er riet mir, mir das Gesindel, das mich begleitete, vom Halse zu schaffen, indem ich den Leuten einen Louis zum Vertrinken gäbe. Ich bat ihn, dies zu besorgen, gab ihm den Louis, und das Gesindel verschwand unter Jubelgeschrei. So ist das Volk, das sich jetzt als Herrscher von Frankreich fühlt. Der Herr war, wie er sagte, Staatsanwalt, der seine Leute kannte.

Wir kamen zum Intendanten; aber der Herr war nicht da, wie mein Führer richtig vorausgesehen hatte. Der Hausmeister sagte uns, der Intendant sei allein ausgegangen und würde erst nachts nach Hause kommen; wo der Herr speise, wisse er nicht.

»Nun, so ist der Tag verloren«, sagte der Staatsanwalt.

»Lassen Sie uns überall suchen, wo er sein kann; er muß doch bestimmte Gewohnheiten, er muß Freunde haben; wir werden ihn entdecken. Ich gebe Ihnen einen Louis für Ihren Tag; wollen Sie mir das Vergnügen machen, ihn mir zu opfern?«

»Sie haben über mich zu verfügen.«

Vier Stunden lang suchten wir ihn vergeblich in zehn oder zwölf Häusern. Überall sprach ich mit den Herren oder Damen und schilderte in übertriebenen Ausdrücken die Geschichte, die man mir auf den Hals geladen hatte. Man hörte mich an, man bedauerte mich; aber man konnte mir zum Troste nichts anderes sagen, als daß er gewiß zum Schlafen nach Hause kommen würde und daß er mich dann wohl anhören müsse. Das konnte mir natürlich nichts nützen, und so setzte ich denn mein Suchen fort.

Um halb zwei Uhr führte der Staatsanwalt mich zu einer alten

Dame, die in der Stadt großes Ansehen genoß. Sie saß ganz allein bei Tisch. Nachdem sie mich aufmerksam angehört hatte, sagte sie mir sehr ruhig, sie glaube keine Indiskretion zu begehen, wenn sie einem Fremden den Aufenthaltsort eines Mannes verrate, der von Berufs wegen niemals unzugänglich sein dürfe.

»Ich kann Ihnen also enthüllen, was kein Geheimnis ist. Meine Tochter sagte mir gestern abend, sie sei bei Madame XX zum Mittagessen eingeladen und der Intendant werde ebenfalls dort sein. Gehen Sie also sofort dorthin; Sie werden ihn bei Tische in der allerbesten Gesellschaft von Amiens finden; aber«, fügte sie lächelnd hinzu, »ich rate Ihnen, unangemeldet einzutreten. Die Bedienten, die zur Aufwartung bei Tische aus und ein gehen, werden Ihnen den Weg zeigen, ohne daß Sie zu fragen brauchen. Sie werden einfach gegen seinen Willen mit ihm sprechen, und obgleich er Sie nicht kennt, wird er doch von Ihnen die ganze entsetzliche Geschichte hören, die Sie mir in Ihrem gerechten Zorn erzählt haben. Es tut mir nur leid, daß ich bei diesem hübschen Knalleffekt nicht zugegen sein kann.«

Ich empfahl mich der ehrenwerten Dame, indem ich ihr meinen besten Dank aussprach, und begab mich in aller Eile mit dem Staatsanwalt, der vor Müdigkeit kaum noch weiterkonnte, nach dem mir bezeichneten Ort. Ohne die geringste Schwierigkeit trat ich mit der Dienerschaft und meinem Führer in den Saal, wo mehr als zwanzig Personen an einer reich besetzten Tafel saßen.

»Entschuldigen Sie, meine Damen und Herren, wenn ich in dem schrecklichen Zustand, worin Sie mich sehen, mich gezwungen sehe, Ihre Ruhe und die Freude Ihres Gastmahls zu stören!«

Bei dieser Ansprache, die ich mit Donnerstimme vorbrachte, sprangen alle Anwesenden auf. Meine Haare hingen mir wirr um den Kopf; ich war schweißüberströmt; mein Gesicht war teuflisch entstellt. Man stelle sich die Überraschung vor, die mein Erscheinen in dieser zahlreichen Gesellschaft reizender Frauen und eleganter Kavaliere hervorbringen mußte.

»Seit sieben Stunden suche ich von Tür zu Tür in allen Straßen dieser Stadt den Herrn Intendanten, den ich glücklicherweise endlich hier finde, denn ich weiß bestimmt, daß er hier ist, und wenn er Ohren hat, so weiß ich, daß er in diesem Augenblick mich hört. Daher sage ich ihm: Er befehle sofort seinen niederträchtigen Trabanten, die meinen Wagen mit Beschlag belegt haben, daß sie mich freilassen, damit ich meine Reise fortsetzen kann. Wenn die katalanischen Gesetze befehlen, daß ich für sieben Unzen Tabak, den ich zu meinem eigenen Gebrauch bei mir habe, zwölfhundert Franken bezahlen soll, so erkenne ich diese Gesetze nicht an und erkläre dem Herrn, daß ich keinen Sou bezahlen will. Ich werde hierbleiben und werde einen Kurier an meinen Gesandten schicken, der sich beim König darüber beschweren wird, daß man an meiner Person in der Ile de France das Völkerrecht verletzt hat. Ich werde Genugtuung erhalten. Ludwig XV. ist so groß, daß er sich nicht zum Mitschuldigen eines so ungeheuerlichen Anschlages wird machen wollen. Wenn man mir nicht die Genugtuung gewährt, die ich mit vollem Recht verlange, so wird hieraus eine Staatsangelegenheit entstehen; denn meine Republik wird Vergeltung üben, nicht, indem sie Franzosen wegen einiger Prisen Tabak ermorden läßt, sondern indem sie sie ohne Ausnahme ausweist. Hier steht geschrieben, wer ich bin; lesen Sie!«

Schäumend vor Wut werfe ich meinen Paß auf den Tisch. Ein Herr ergreift ihn und liest ihn; ich weiß also, daß dies der Intendant ist. Mein Dokument ging von Hand zu Hand, und ich bemerkte Überraschung und Unwillen auf allen Gesichtern. Der Intendant jedoch sagte mir hochfahrend, er sei in Amiens, um die Verordnungen ausführen zu lassen; ich könnte daher nur abreisen, wenn ich bezahlte oder Bürgschaft stellte.

»Wenn dies Ihres Amtes ist, so müssen Sie meinen Paß als eine Verordnung betrachten, und ich fordere Sie auf, selber für mich Bürgschaft zu leisten, wenn Sie ein Edelmann sind.«

»Leistet bei Ihnen der Adel Bürgschaft für Gesetzesübertreter?«

»Bei uns erniedrigt der Adel sich nicht so weit, entehrende Ämter auszuüben.«

»Im Dienste des Königs gibt es kein entehrendes Amt.«

»Wenn ich zum Henker spräche, würde er mir dasselbe antworten.«

»Mäßigen Sie Ihre Ausdrücke.«

»Mäßigen Sie Ihre Handlungen! Erfahren Sie, Monsieur, daß ich ein freier Mann bin, daß ich Gefühl habe, daß man mich beschimpft hat, und vor allem, daß ich keine Furcht habe. Ich fordere Sie heraus, mich zum Fenster hinauswerfen zu lassen!«

»Monsieur«, sagte jetzt eine Dame in bestimmtem Ton zu mir, »in meinem Hause wirft man niemanden zum Fenster hinaus.«

»Madame, in seinem Zorn gebraucht der Mensch Ausdrücke, die sein Herz und seinen Geist verleugnen; ich leide unter der

Aufregung, in die eine schreiende Ungerechtigkeit mich versetzt hat, und ich bitte Sie fußfällig um Verzeihung, daß ich Sie beleidigt habe. Bedenken Sie gütigst, daß ich zum erstenmal in meinem Leben mich unterdrückt und beschimpft sehe, und zwar in einem Reiche, wo ich nur gegen gewalttätige Angriffe der Straßenräuber auf der Hut sein zu müssen glaubte. Für diese habe ich Pistolen, für die Herren da habe ich einen Paß; aber ich finde, daß er wertlos ist. Wegen sieben Unzen Tabak, die ich vor drei Wochen in St. Omer gekauft habe, plündert dieser Herr mich aus und unterbricht meine Reise, während der König mir verbürgt, daß kein Mensch sie zu unterbrechen wagen darf; man verlangt von mir fünfzig Louis; man liefert mich der Wut unverschämter Beamter aus, dem Gelächter einer frechen Volksmenge, von der der brave Mann, den Sie hier sehen, mich nur durch Geld befreit hat; ich sehe mich wie ein Verbrecher behandelt, und der Mann, der mich verteidigen, ja mich beschützen soll, verbirgt sich, versteckt sich vor mir und fügt den von mir erlittenen Beschimpfungen noch neue hinzu! Seine Schergen, die am Tor dieser Stadt Wache halten, haben meine Kleider durchwühlt, meine Wäsche und meine Spitzen zerknittert, um sich zu rächen und mich dafür zu bestrafen, daß ich ihnen nicht ein Vierundzwanzigsousstück gegeben habe. Was mir widerfahren ist, wird morgen die große Neuigkeit für das diplomatische Korps in Versailles, für ganz Paris sein, und in einigen Tagen wird man es in allen Zeitungen lesen. Ich will nichts bezahlen, weil ich nichts schuldig bin. Sprechen Sie, Monsieur: Soll ich einen Kurier an den Herzog von Gesvres schicken?«

»Bezahlen Sie! Und wenn Sie das nicht wollen, so machen Sie, wozu Sie Lust haben.«

»Leben Sie wohl, meine Damen und Herren, und Ihnen, Monsieur Intendant, sage ich: Auf Wiedersehen!«

Im Augenblick, da ich wie ein Rasender hinausstürzen wollte, hörte ich eine Stimme, die mir in gutem Italienisch zurief, ich möchte noch einen Augenblick warten. Ich kehrte um und erblickte einen Herrn in reiferen Jahren, der zum Intendanten sagte: »Befehlen Sie, den Herrn abreisen zu lassen; ich bürge für ihn. Verstehen sich mich, Monsieur? Ich bürge für den Herrn. Sie kennen den Hitzkopf eines Italieners nicht. Ich habe in Italien den ganzen letzten Krieg mitgemacht, und da habe ich Gelegenheit gehabt, den Charakter des Volkes kennenzulernen; übrigens finde ich, daß der Herr recht hat.«

»Sehr wohl«, sagte der Intendant zu mir, »bezahlen Sie nur dreißig oder vierzig Franken im Büro; denn es sind bereits Schreibgebühren aufgelaufen.«

»Ich glaube Ihnen gesagt zu haben, daß ich nichts bezahlen will, und ich wiederhole es Ihnen. Aber wer sind Sie, Monsieur«, wandte ich mich an den freundlichen alten Herrn, »daß Sie für mich Bürgschaft leisten wollen, ohne mich zu kennen?«

»Ich bin Kriegskommissar, Monsieur, und heiße La Bretonnière. Ich wohne in Paris im Hôtel de Saxe in der Rue Colombier; übermorgen werde ich dort sein und Sie alsdann mit Vergnügen sehen. Wir werden zusammen zu Monsieur Brissard gehen, der mich, sobald ihm Ihre Angelegenheit auseinandergesetzt wird, von der Bürgschaft entbinden wird, die ich mit großem Vergnügen für Sie angeboten habe.«

Nachdem ich ihm meine herzliche Dankbarkeit ausgesprochen und ihm versichert hatte, daß ich mich bestimmt bei ihm einfinden würde, richtete ich einige Worte der Entschuldigung an die Herrin des Hauses und an die übrigen Gäste und ging.

Ich nahm meinen ehrenwerten Staatsanwalt mit mir zum Essen in den besten Gasthof der Stadt und gab ihm aus Dankbarkeit einen Doppellouisdor für seine Mühe. Ohne diesen Mann und den braven Kriegskommissar wäre ich in großer Verlegenheit gewesen, obgleich es mir nicht an Geld fehlte, hätte ich mich niemals dazu entschließen können, mir fünfzig Louis stehlen zu lassen.

Mein Wagen stand fertig eingespannt vor der Tür des Gasthofes; im Augenblick, als ich einstieg, erschien einer von den Beamten, die mich visitiert hatten, und sagte mir, ich würde in meinem Wagen alles vorfinden, was darin gewesen wäre.

»Das würde mich von Leuten Eures Schlages überraschen; werde ich auch meinen Tabak finden?«

»Der Tabak, mein Prinz, ist konfisziert worden.«

»Das tut mir Euretwegen leid; denn ich hätte Euch einen Louis gegeben.«

»Ich werde den Tabak augenblicklich holen.«

»Ich habe keine Zeit mehr, zu warten. Los, Kutscher!«

Am nächsten Tage kam ich in Paris an, und am vierten Tage ging ich zu La Bretonnière, der mich aufs beste aufnahm. Er führte mich zum Generalsteuerpächter Brissard, der ihn von seiner Bürgschaft entband. Monsieur Brissard war ein sehr liebenswürdiger junger Mann; er errötete über die Behandlung, die ich erduldet hatte. Ich brachte meinen Bericht dem Minister ins Palais de Bourbon, und Seine Exzellenz widmete mir zwei Stunden und ließ mich alles überflüssige streichen. Die ganze Nacht hindurch schrieb ich den Bericht ins reine, und am nächsten Morgen brachte ich ihn nach Versailles zum Abbé de Laville, der ihn mit kalter Miene durchlas und mir dann sagte, er werde mir das Ergebnis mitteilen. Einen Monat später erhielt ich fünfhundert Louis und hatte das Vergnügen, zu erfahren, daß der Marineminister, Monsieur de Crémille, meinen Bericht nicht nur vollkommen genau, sondern sogar sehr belehrend gefunden habe. Mehrere begründete Bedenken hielten mich ab, mich als Verfasser zu nennen, obwohl mein Gönner mir diese Ehre verschaffen wollte.

Als ich ihm die beiden Abenteuer erzählte, die mir unterwegs zugestoßen waren, lachte er darüber; aber er sagte mir, die Tüchtigkeit eines Menschen, der mit einem geheimen Auftrag betraut sei, bestehe darin, sich niemals in Händel einzulassen; denn selbst wenn er das Talent habe, sich herauszuziehen, mache er doch von sich reden; und gerade dies müsse er sorgfältig vermeiden.

Dieser Auftrag kostete das Marineministerium zwölftausend Francs, und der Minister hätte alle Auskünfte, die ich ihm lieferte, sich leicht verschaffen können, ohne einen Sou dafür auszugeben. Der erste beste junge Offizier hätte ihn ebensogut bedienen können wie ich und würde allen Eifer und alle Vorsicht aufgeboten haben, um sich sein Lob zu erwerben. Aber so waren unter der monarchischen Regierung in Frankreich alle Ministerien.

Sie verschwendeten das Geld, das sie nichts kostete, an ihre Kreaturen und an diejenigen, die sie liebten; sie waren Despoten, das Volk wurde mit Füßen getreten, der Staat war verschuldet und die Finanzen in solch einem schlechten Zustand, daß der unausbleibliche Bankrott ihn niedergestürzt hätte: Eine Revolution wurde notwendig. Das ist die Sprache der heutigen Regierungsrepräsentanten Frankreichs, die so tun, als wären sie die getreuen Diener des Volkes, von dem alle Macht in der Republik ausgeht. Armes Volk! Törichtes Volk, das vor Hunger und Elend zugrunde geht oder das sich niedermetzeln lassen wird von ganz Europa, um jene zu bereichern, die es betrogen haben.

DRITTES KAPITEL

Casanova trifft in Paris die Schauspielerin Camilla und bei ihr den Grafen de la Tour d'Auvergne, der sein Freund wird.

Bei meinem Besuch, den ich bei Camilla machte, sagte sie zu mir, La Tour d'Auvergne müsse wegen eines Hüftwehs zu Bett liegen. Wenn ich wollte, könnten wir ihm am nächsten Tage einen Besuch machen. Ich erklärte mich einverstanden, und wir gingen hin. Nachdem wir gefrühstückt hatten, sagte ich in ernstem Tone zu ihm: Wenn er mich gewähren lassen wollte, würde ich ihn heilen; denn sein Leiden wäre kein eigentliches Hüftweh, sondern ein feuchter Wind, den ich mit Salomos Talisman[1] und fünf Worten vertreiben würde. Er lachte, sagte mir aber, ich möchte nur tun, was ich wollte.

»Ich werde also einen Pinsel kaufen.«

»Ich werde einen Diener ausschicken.«

»Nein, das geht nicht; denn ich muß sicher sein, daß nicht dabei gefeilscht worden ist; außerdem brauche ich noch einige Sachen aus der Apotheke.«

Ich kaufte Salpeter, Schwefelblüte, Quecksilber und einen kleinen Pinsel. Als ich mit allen Sachen wieder da war, sagte ich zu ihm: »Ich brauche jetzt ein bißchen eben gelassenen Urin.«

Camilla und er lachten aus vollem Halse. Ich aber blieb meiner Rolle als Scharlatan getreu und bewahrte meinen vollen Ernst. Ich gab ihm einen Becher und zog ehrbar den Bettvorhang zu. Er tat, was ich verlangte.

Aus allen diesen Bestandteilen machte ich eine Mischung. Dann sagte ich zu Camilla, sie müßte ihm den Oberschenkel reiben, während ich eine Beschwörung murmeln würde; aber ich machte sie darauf aufmerksam, daß alles verloren sein würde, wenn sie während der Handlung lachen sollte. Nachdem sie sich gut eine Viertelstunde lang die Seiten gehalten hatten, überwanden sie sich endlich, ernst zu werden und die unerschütterliche Ruhe nachzuahmen, deren Beispiel ich ihnen gab. La Tour d'Auvergne war der erste, der sich beherrschte. Mit ernstem Gesicht bot er seinen Oberschenkel Camilla dar, die, mit einem Gesicht, wie wenn sie auf der Bühne eine Rolle spielte, den Kranken zu reiben begann, während ich halblaut Worte murmelte, die sie niemals hätten verstehen können, selbst wenn ich sie ganz deutlich ausgesprochen hätte; und zwar aus dem einfachen Grunde, weil ich sie selber nicht verstand.

Beinahe hätte ich selbst die Wirksamkeit der ganzen Handlung zerstört, als ich die Grimassen sah, die das Pärchen schnitt, um ernst zu bleiben. Nichts konnte komischer sein als Camillas Gesicht. Endlich sagte ich ihnen, es sei jetzt genug gerieben, tauchte meinen Pinsel in die Mischung und zeichnete in einem Zuge den fünfzackigen Stern, das sogenannte Zeichen Salomos, auf den Schenkel, den ich hierauf mit drei Handtüchern umwickelte. Ich sagte ihm: wenn er vierundzwanzig Stunden ruhig im Bett liegen könnte, ohne die Tücher abzunehmen, so stände ich für seine völlige Heilung ein.

Das Lächerlichste beim Ganzen war, daß der Graf und Camilla nicht mehr lachten, als ich fertig war. Sie sahen ganz verwundert aus; ich aber – ich glaubte, das schönste Ding von der Welt vollbracht zu haben. Wenn man eine Lüge oft wiederholt, kann man schließlich dahin kommen, sie für Wahrheit zu halten.

Einige Augenblicke nach dieser Operation, die ich ohne jede vorherige Absicht gewissermaßen instinktmäßig gemacht hatte, fuhren Camilla und ich in einer Kutsche ab; ich erzählte ihr tausend alberne Geschichten, die sie so aufmerksam anhörte, daß sie schließlich ganz verdutzt war, als ich sie bei ihrem Hause verließ.

Einige Tage nachher, als ich diese Posse schon fast ganz vergessen hatte, hörte ich einen Wagen vor meiner Tür halten; ich blickte aus dem Fenster und sah Monsieur de La Tour d'Auvergne leichtfüßig vom Pferd springen und in mein Haus hineingehen.

»Sie waren Ihrer Sache sicher, lieber Freund«, sagte er, indem er mich umarmte; »deshalb haben Sie mich am Morgen nach Ihrer erstaunlichen Operation nicht einmal besucht, um nach meinem Befinden zu sehen.«

»Natürlich war ich meiner Sache sicher, aber wenn ich Zeit gehabt hätte, würden Sie mich trotzdem gesehen haben.«

»Sagen Sie mir, ob ich ein Bad nehmen darf.«

»Kein Bad, solange Sie nicht wieder ganz hergestellt zu sein glauben.«

»Ich werde Ihnen gehorchen. Alle Welt ist erstaunt über diese Heilung, lieber Freund, denn ich habe mich nicht enthalten können, dieses Wunder allen meinen Bekannten zu erzählen. Ich stoße allerdings auch auf Freigeister, die sich über mich lustig machen, aber ich lasse sie reden.«

»Sie hätten verschwiegen sein sollen, denn Sie kennen doch Paris. Man wird mich als Scharlatan behandeln.«

»Nicht alle denken so, und ich bin gekommen, um Sie um eine Gefälligkeit zu bitten.«

»Worum handelt es sich?«

»Ich habe eine Tante, die wegen ihrer Kenntnisse in allen abstrakten Wissenschaften bekannt und anerkannt ist, eine große Chemikerin, geistvoll, sehr reich und alleinige Herrin über ihr Vermögen; ihre Bekanntschaft kann Ihnen nur nützlich sein. Sie stirbt vor Begierde, Sie zu sehen; denn sie behauptet, Sie zu kennen, und sagt, Sie seien nicht der, für den man Sie halte. Sie hat mich beschworen, Sie ihr zum Essen zu bringen, und ich hoffe, Sie werden die Güte haben, die Einladung anzunehmen. Meine Tante ist die Marquise d'Urfé[2].«

Ich kannte diese Dame nicht, aber der Name d'Urfé machte sofort großen Eindruck auf mich; denn ich kannte die Geschichte des berühmten Anne d'Urfé[3], der am Ausgang des sechzehnten Jahrhunderts geglänzt hatte. Die Dame war die Witwe seines Urenkels, und ich begriff sehr wohl die Möglichkeit, daß sie durch ihren Eintritt in diese Familie alle erhabenen Lehrsätze einer Wissenschaft in sich aufgenommen hatte, für die ich mich sehr interessierte, obgleich ich sie für ein reines Hirngespinst hielt. Ich antwortete also meinem Freunde, ich stände ihm zu Befehl, doch nur unter der Bedingung, daß wir bei Tisch nur zu dritt wären.

»Sie hält täglich offene Tafel von zwölf Gedecken, und Sie werden mit der allerbesten Gesellschaft der Hauptstadt speisen.«

»Das wünsche ich eben gerade nicht, mein lieber Graf; denn ich verabscheue den Ruf eines Zauberers, in den Sie mich natürlich gebracht haben werden.«

»Darum handelt es sich nicht; Sie sind bekannt und werden mit Leuten zusammen sein, die eine hohe Meinung von Ihnen haben.«

»Wissen Sie das bestimmt?«

»Die Herzogin von Lauraguais hat mir erzählt, daß Sie vor vier oder fünf Jahren oft ins Palais-Royal gekommen seien und dort ganze Tage bei der Herzogin von Orléans verbracht haben; Madame de Boufflers, Madame du Blot und sogar Melfort haben mir von Ihnen gesprochen. Sie haben unrecht, daß Sie nicht Ihre alten Gewohnheiten wieder aufnehmen. Was Sie an meinem Leibe gemacht haben, läßt keinen Zweifel daran zu, daß Sie ein glänzendes Vermögen erwerben können. Ich kenne in Paris hundert Personen von höchstem Range, Herren und Damen, die an derselben Krankheit leiden, von der Sie mich geheilt haben, und die Ihnen die Hälfte ihres Vermögens geben würden, wenn Sie sie heilten.«

La Tour d'Auvergne hatte ganz recht; aber da ich selber wohl wußte, daß die Wunderkur nur einem eigentümlichen Zufall zuzuschreiben war, so fühlte ich durchaus keine Lust, mich vor der Öffentlichkeit lächerlich zu machen. Ich sagte ihm daher, ich wolle durchaus nicht auffallen; er möge daher Madame d'Urfé nur sagen, ich würde die Ehre haben, sie zu besuchen, aber nur, wenn keine andere Gesellschaft käme; sonst nicht.

»Sie können mir Tag und Stunde anzeigen, zu denen es ihr angenehm wäre, meine Huldigungen anzunehmen.«

Am selben Tage gegen Mitternacht schon fand ich beim Nachhausekommen ein Briefchen des Grafen vor: Er bestellte mich für den nächsten Mittag zwölf Uhr bei den Tuilerien auf der Terrasse des Capucins; er werde dort sein und dann mit mir zu seiner Tante gehen, die mich voll Ungeduld erwarte; das Diner werde nur für uns drei sein und die Marquise werde für keinen Menschen außer uns zu sprechen sein.

Ich erschien ebenso pünktlich wie der Graf am verabredeten Ort, und wir gingen zur Madame d'Urfé, die am Quai des Théatins neben dem Hôtel de Bouillon wohnte.

Madame d'Urfé war trotz ihres Alters[4] schön. Sie empfing mich mit der ganzen Ungezwungenheit des alten Hofes zur Zeit der Regentschaft[5]. Wir plauderten anderthalb Stunden von gleichgültigen Dingen, aber beiderseitig in der Absicht, uns zu studieren, wir wollten uns gegenseitig die Würmer aus der Nase ziehen.

Es kostete mich keine Mühe, den Unwissenden zu spielen, denn ich war es in der Tat; Madame d'Urfé zeigte sich nur interessiert, aber sie verriet, ohne es zu wollen, ihre Lust, gelehrt zu erscheinen.

Um zwei Uhr trug man an einem Tisch zu drei Gedecken dasselbe Diner auf, woran sonst jeden Tag zwölf teilnahmen.

Nach dem Essen verließ La Tour d'Auvergne uns, um den Prinzen Turenne zu besuchen, der am Morgen ein starkes Fieber gehabt hatte. Als er fort war, begann Madame d'Urfé mit mir über Chemie, Magie und ihren ganzen Kultus oder, besser gesagt, über ihren ganzen Wahnwitz zu sprechen. Als wir auf das ›Große Werk‹[6] zu sprechen kamen und ich sie aus Gutmütigkeit fragte, ob sie den Grundstoff kenne, lachte sie nur aus Höflichkeit mich nicht aus, sondern sagte mir mit einem anmutigen Lächeln, sie besitze bereits den sogenannten ›Stein der Weisen‹ und sei in allen großen Operationen desselben bewandert. Hierauf zeigte sie mir ihre Bibliothek, die dem großen d'Urfé und seiner Frau, der Renée von Savoyen, gehört hatte; aber sie hatte sie um Handschriften vermehrt, für die sie mehr als hunderttausend Francs ausgegeben hatte. Paracelsus[7] war ihr Lieblingsautor; er war nach ihrer festen Überzeugung weder Mann noch Weib, aber auch kein Zwitter gewesen und hatte das Unglück gehabt, sich mit einer zu starken Dosis seiner Universalmedizin[8] zu vergiften. Sie zeigte mir ein kleines Manuskript, worin das ›Große Werk‹ in französischer Sprache und in sehr deutlichen Ausdrücken beschrieben wäre. Sie sagte mir, sie halte es nicht unter Verschluß, weil es in Chiffren geschrieben sei, zu denen sie allein den Schlüssel besitze.

»Sie glauben also nicht an die Steganographie[9], Madame?«

»Nein, Monsieur; und wenn Sie es annehmen wollen, so schenke ich Ihnen gerne die Abschrift, die ich hier habe.«

»Ich nehme sie um so dankbarer an, da ich ihren ganzen Wert kenne.«

Von der Bibliothek gingen wir in das Laboratorium, das mich tatsächlich in Erstaunen setzte. Sie zeigte mir einen Stoff, den sie seit fünfzehn Jahren über dem Feuer hatte und der noch vier oder fünf Jahre gekocht werden mußte. Es war ein Streupulver[10], das augenblicklich alle Metalle in das reinste Gold verwandeln sollte. Sie zeigte mir ein Rohr, durch welches die Kohle in den Ofen gelangte, um das Feuer stets in gleicher Stärke zu erhalten.

Die Kohle gelangte durch ihr eigenes Gewicht stets nach und nach und in gleicher Menge in den Ofen, so daß sie diesen oft drei Monate lang nicht untersuchte, ohne daß das Feuer die geringste Veränderung erlitt. Die Asche wurde durch ein anderes, sehr geschickt angebrachtes Rohr entfernt, das zugleich der Luftzufuhr diente. Das Ausglühen von Quecksilber war für diese wahrhaft erstaunliche Frau wirklich nur ein Kinderspiel. Sie zeigte mir pulverisiertes Quecksilber und erbot sich, mir das Verfahren zu zeigen, wenn ich es wünschte. Hierauf zeigte sie mir den Baum der Diana[11] des berühmten Talliamed, dessen Schülerin sie war. Dieser Talliamed war, wie man weiß, der Gelehrte Maillet, der nach ihrer Behauptung nicht in Marseille gestorben war, wie der Abbé Le Maserier fälschlich behauptet hatte; denn er lebte, und sie erhielt, wie sie mit einem leisen Lächeln hinzufügte, oftmals Briefe von ihm. »Wenn der Regent von Frankreich«[12], sagte sie, »auf ihn gehört hätte, so wäre er noch heute am Leben. Der liebe Regent! Er war mein erster Freund, von ihm erhielt ich den Kosenamen Egeria, und er vermittelte meine Heirat mit dem Monsieur d'Urfé.«

Sie besaß einen Kommentar des Raimundus Lullus, worin alles erklärt war, was Arnauld de Villeneuve, gestützt auf Roger Bacon und Geber, die nach ihrer Behauptung nicht tot waren, geschrieben hatte. Dieses kostbare Manuskript befand sich in einem Elfenbeinkasten, dessen Schlüssel sie sorgfältig verwahrt hielt; übrigens war ihr Laboratorium keinem Menschen zugänglich. Sie zeigte mir ein Fäßchen voll von Platin aus dem Rio Pinto, das sie in Gold verwandeln zu können behauptete, sobald sie Lust hätte. Monsieur Wood hatte es ihr im Jahre 1743 geschenkt. Sie zeigte mir Proben des Metalls in vier verschiedenen Gefäßen. In dreien lag das Platin unangegriffen von Schwefel-, Salpeter- und Salzsäure; im vierten jedoch hatte es der Einwirkung von Königswasser[13] nicht widerstehen können. Sie schmolz es mittels eines Brennspiegels und behauptete, es sei das einzige Metall, das man nicht auf andere Weise schmelzen könne, und dies beweise, daß es über dem Golde stehe. Sie zeigte mir Platin, das mit Salmiak ausgefällt war, womit man Gold nicht ausfällen kann.

Sie hatte einen Glühofen, der seit fünfzehn Jahren brannte. Ich sah, daß die Röhre mit schwarzen Kohlen gefüllt war, und schloß daraus, daß sie ihn vor ein paar Tagen nachgesehen hatte.

Beim Hinausgehen trat ich an ihren Baum der Diana heran und fragte sie ehrerbietig, ob sie nicht zugebe, daß dies nur eine Spielerei zur Unterhaltung von Kindern sei. Sie antwortete voll Würde, sie habe ihn auch nur zur Unterhaltung aufgebaut, indem sie Silber, Quecksilber und Salpetersäure habe kristallisieren lassen; sie betrachte ihren Baum nur als eine metallische Vegetation, die im Kleinen zeige, was die Natur im Großen machen könne; aber sie fügte allen Ernstes hinzu, sie könne einen Baum der Diana machen, der ein wirklicher Baum der Sonne sein und goldene Früchte hervorbringen würde, die man ernten könnte und die wieder neue Früchte hervorbringen würden, bis ein gewisser Bestandteil ausginge, den sie den sechs aussätzigen Metallen[14] im Verhältnis zu ihrer Menge beimischen würde. Ich antwortete ihr in bescheidenem Tone, ich hielte die Sache nicht für möglich ohne das Streupulver. Madame d'Urfé antwortete nur durch ein Lächeln. Hierauf zeigte sie mir eine Porzellanschüssel, worin sich Salpeter, Quecksilber und Schwefel befanden, und einen Teller, worauf ein Grundsalz lag. »Ich denke mir«, sagte die Marquise zu mir, »diese Bestandteile sind Ihnen bekannt?«

»Ich kenne sie, wenn dieses Salz ein Niederschlag von Urin ist.«

»Ganz recht.«

»Ich bewundere Ihren Scharfsinn, Madame. Sie haben die Mischung analysiert, womit ich Ihrem Neffen das Pentagramm auf den Oberschenkel zeichnete; aber es gibt kein Salz, durch das Sie die Worte erfahren könnten, durch die das Pentagramm erst Kraft erhält.«

»Dazu ist kein Salz nötig, sondern nur das Manuskript eines Adepten, das ich in meinem Schlafgemach habe und Ihnen zeigen werde. Sie werden darin die erforderlichen Worte finden.«

Ich antwortete nur durch eine Neigung des Kopfes, und wir verließen das seltsame Laboratorium.

Kaum waren wir in ihrem Schlafgemach angekommen, so nahm Madame d'Urfé ein kleines schwarzes Buch aus einem hübschen Kasten, legte es auf einen Tisch und begann ein Stück Phosphor zu suchen. Während sie suchte, öffnete ich hinter ihrem Rücken das Buch und sah, daß es lauter Fünfecke enthielt; durch einen glücklichen Zufall stieß ich sofort auf das gleiche Zeichen, das ich dem Grafen auf den Oberschenkel gemalt hatte. Rundherum standen die Namen der Planetengeister[16], mit Ausnahme des Saturn und des Mars. Schnell machte ich das Buch wieder zu. Die Planetengeister waren die des Agrippa[17], die ich kannte. Wie wenn ich nichts gesehen hätte, trat ich an sie heran, und bald fand sie den gesuchten Phosphor, bei dessen Anblick ich wirklich überrascht war; ich werde jedoch an einem anderen Orte davon sprechen.

Die Marquise setzte sich auf ihr Kanapee, bat mich, neben ihr Platz zu nehmen, und fragte mich, ob ich die Talismane des Grafen von Trier kenne. »Von diesen habe ich niemals ein Wort gehört; aber ich kenne die des Polyphilus[18].«

»Man behauptet, es seien dieselben.«

»Das glaube ich nicht.«

»Wir werden es erfahren, wenn Sie die Worte aufschreiben wollen, die Sie aussprachen, als Sie das Pentagramm auf den Schenkel meines Neffen zeichneten. Das Buch wird das gleiche sein, wenn ich in diesem hier Ihre Worte im Kreise um denselben Talisman herumgeschrieben sehe.«

»Dies wäre allerdings ein Beweis; ich werde sie aufschreiben.« Ich schrieb die Namen der Planetengeister auf. Die Marquise fand das Pentagramm und nannte mir die Namen. Ich spielte den Erstaunten, gab ihr mit einer Miene der Bewunderung mein Papier, und sie zeigte die größte Befriedigung, als sie die gleichen Namen las.

»Wie Sie sehen, besaßen Polyphilus und der Graf von Trier die gleiche Wissenschaft.«

»Ich werde dies zugeben, Madame, wenn Ihr Buch die Methode angibt, die unaussprechlichen Namen[19] auszusprechen. Kennen Sie die Theorie der Planetenstunden[20]?«

»Ich glaube ja; aber diese sind hierbei nicht nötig.«

»Ich bitte um Vergebung, aber sie sind unentbehrlich; denn von ihnen hängt die Unfehlbarkeit ab. Ich habe das Fünfeck Salomos dem Grafen de La Tour d'Auvergne in der Stunde der Venus auf den Oberschenkel gemalt, und wenn ich nicht mit Anael, dem Geiste dieses Planeten, begonnen hätte, wäre mein Werk wirkungslos geblieben.«

»Dies wußte ich nicht, und wer kommt nach Anael?«

»Von der Venus muß man zum Merkur übergehen, vom Merkur zum Mond, vom Monde zum Jupiter und vom Jupiter zur Sonne. Wie Sie sehen, ist es der magische Kreis des Zoroasterschen Systems[21]; ich überspringe Saturn und Mars, die die Wissenschaft bei dieser Operation ausschließt.«

»Und wenn Sie nun zum Beispiel in der Stunde des Mondes begonnen hätten?«

»Dann wäre ich vom Monde zum Jupiter gegangen, von diesem zur Sonne, von dieser zu Anael, das heißt: Venus, und hätte mit Merkur geschlossen.«

»Wie ich sehe, Monsieur, handhaben Sie die Planetenstunden mit überraschender Leichtigkeit.«

»Ohne dieses, Madame, kann man in der Magie nichts machen, denn zum Nachrechnen hat man keine Zeit. Aber es ist nicht so schwierig; ein Studium von einem Monat gibt jedem Anfänger die erforderliche Übung. Viel schwieriger ist der Kultus; denn er ist viel komplizierter. Aber auch ihn beherrscht man mit der Zeit. Ich gehe niemals aus, ohne vorher auszurechnen, wie viele Minuten die Stunde an dem betreffenden Tage hat, und ich achte stets darauf, daß meine Uhr vollkommen richtig geht; denn eine Minute mehr oder weniger ist entscheidend.«

»Würden Sie die Gefälligkeit haben, mich in diese Theorie einzuweihen?«

»Sie haben sie im Artephius und noch klarer bei Sandivonius.«

»Ich besitze sie, aber sie sind lateinisch geschrieben.«

»Ich werde sie Ihnen übersetzen.«

»Wollen Sie so gütig sein? Sie würden mich glücklich machen.«

»Sie haben mich Dinge sehen lassen, Madame, die mich zwingen, Ihnen nichts zu verweigern, und zwar aus Gründen, die ich Ihnen vielleicht morgen werde sagen können.«

»Warum nicht heute?«

»Weil ich zuvor den Namen Ihres Genius wissen muß.«

»Sie wissen, daß ich einen Genius habe?«

»Sie müssen einen haben, wenn Sie wirklich das Streupulver besitzen!«

»Ich besitze es.«

»Leisten Sie mir den Ordenseid!«

»Ich wage es nicht, und Sie wissen, warum.«

»Vielleicht morgen schon werde ich Ihnen jede Möglichkeit des Zweifels nehmen.«

Dieser lächerliche Eid war kein anderer als der der Rosenkreuzer[22], den man sich gegenseitig nur ablegt, wenn man sich kennt. Madame d'Urfé befürchtete also und mußte befürchten, eine Indiskretion zu begehen, und ich meinerseits mußte mich stellen, wie wenn ich dasselbe befürchtete. Der wahre Grund, weshalb ich ihn verlangte, war der, daß ich glaubte, Zeit gewinnen zu müssen; denn ich wußte ganz genau, was es mit diesem Eide auf sich hatte. Männer können ihn einander ablegen, ohne unanständig zu werden; aber einer Frau wie der Marquise d'Urfé mußte es einigermaßen widerstreben, ihn einem Manne zu leisten, den sie zum erstenmal sah. Sie sagte zu mir: »Wo wir diesen Eid in unserer Heiligen Schrift erwähnt finden, wird er durch die Worte bezeichnet: ›Er schwor, indem er ihm die Hand auf den Schenkel legte.‹ Aber es ist nicht der Schenkel damit gemeint; daher findet man niemals, daß ein Mann einem Weibe auf die angegebene Weise schwört; denn das Weib hat kein Verbum[23].«

Es war neun Uhr abends, als der Graf de la Tour d'Auvergne zu uns in das Zimmer trat, und er war nicht wenig erstaunt, mich noch bei seiner Tante zu finden. Er sagte uns: »Das Fieber meines Vetters, des Prinzen Turenne, ist stärker geworden; die Blattern sind ausgebrochen, und ich werde mich daher, liebe Tante, für mindestens einen Monat von Ihnen beurlauben; denn ich beabsichtige, mich mit dem Kranken einzuschließen.«

Madame d'Urfé lobte seinen Eifer und gab ihm ein Säckchen gegen das Versprechen, es nach der Heilung des Prinzen ihr wiederzugeben.

»Hänge es ihm um den Hals und verlasse dich darauf, daß der Ausbruch der Blattern glücklich vonstatten gehen und eine vollkommene Heilung erfolgen wird.«

Er versprach es ihr, wünschte uns guten Abend und ging.

»Ich weiß nicht, Madame, was Ihr Säckchen enthält; aber wenn es ein magisches Mittel ist, so habe ich kein Vertrauen zu seiner Wirkung, denn Sie haben ihm keine Vorschrift über die Stunde gegeben.«

»Diesmal ist es ein Electrum[24], und Magie und Planetenstunden haben nichts damit zu schaffen.«

»Sie werden mir meine Bemerkung verzeihen.«

Sie sagte mir, sie könne meine Zurückhaltung nur loben; aber sie sei überzeugt, daß ich mit ihrem kleinen Kreise nicht unzufrieden sein werde, wenn ich an demselben teilnehmen werde.

»Ich werde Sie mit allen meinen Freunden bekannt machen,

indem wir mit jedem einzelnen zu dritt speisen; so können Sie sich mit allen verständigen.«

Ich nahm ihren Vorschlag an.

Dieser Anordnung gemäß speiste ich am nächsten Tage mit einem Monsieur Gerin und seiner Nichte, die mir aber in keiner Weise gefielen. Am zweiten Tage speiste ich mit einem Iren namens Macartney, einem Physiker von der alten Art, der mich sehr langweilte. Am darauffolgenden Tage war mein Mitgast ein Mönch, der über Literatur redete, er sagte tausend Unverschämtheiten gegen Voltaire, den ich damals sehr liebte, und gegen den ›Geist der Gesetze‹[25], den ich bewunderte und dessen Urheberschaft der dumme Kuttenträger dem großen Montesquieu abstritt, um das erhabene Werk der Gehässigkeit eines Mönches zuzuschreiben! Am nächsten Tage ließ Madame d'Urfé mich mit dem Chevalier d'Arzigni speisen, einem neunzigjährigen eitlen, geckenhaften und folglich lächerlichen Greise, den man den Dekan der *petits maîtres*[26] nannte; aber da er am Hofe Ludwigs XIV. gewesen war, so war er ziemlich interessant, denn er besaß die ganze Höflichkeit jener Zeiten, und sein Gedächtnis war voll von Anekdoten über den Hof dieses Königs.

Der alte Herr ergötzte mich sehr durch seine Lächerlichkeit; er hatte sich rot geschminkt, seine Kleider waren mit Quasten geschmückt wie im vorigen Jahrhundert. Er behauptete, seiner Geliebten zärtlich ergeben zu sein; diese unterhielt für ihn ein Lusthäuschen, wo er täglich in Gesellschaft seiner Freundinnen zu Abend speiste, lauter reizender junger Mädchen, die um seinetwillen alle anderen Gesellschaften aufgaben; trotzdem geriet er nicht in Versuchung, ihr untreu zu werden, denn er schlief regelmäßig mit ihr. Trotz seiner Altersschwäche war der Chevalier d'Arzigni liebenswürdig. Er besaß eine Milde des Charakters, die allen seinen Worten den Anstrich einer Wahrheit verlieh, die er in seiner Laufbahn als Höfling wohl niemals gekannt hatte. Er war außerordentlich reinlich. Sein Knopfloch war stets mit einem Strauß von stark duftenden Blumen geschmückt, zum Beispiel Tuberosen und Narzissen. Seine falschen Haare waren mit Ambrapomade gesalbt; seine gemalten und parfümierten Augenbrauen und sein Elfenbeingebiß verbreiteten einen starken Duft, der der Marquise d'Urfé nicht unangenehm war, den ich jedoch kaum ertragen konnte. Ohne diese Unannehmlichkeit hätte ich mir wahrscheinlich seine Gesellschaft so oft wie möglich verschafft. Er war Epikuräer aus Überzeugung und besaß eine erstaunliche Gemütsruhe. Er sagte, er würde die Verpflichtung eingehen, sich jeden Morgen vierundzwanzig Stockschläge geben zu lassen, wenn er dadurch die Sicherheit erlangte, daß er innerhalb der nächsten vierundzwanzig Stunden nicht sterben würde; und je älter er würde, desto mehr Prügel würde er auf sich nehmen.

Eines anderen Tages speiste ich mit Monsieur Charon, Rat in der Großen Kammer[27] und Berichterstatter in einem Prozeß der Madame d'Urfé gegen ihre herzlich von ihr gehaßte Tochter, Madame du Châtelet. Der alte Rat war vierzig Jahre früher glücklicher Liebhaber der gelehrten Marquise gewesen; dank diesen alten Erinnerungen hielt er sich für verpflichtet, die Sache seiner früheren Geliebten zu unterstützen. In Frankreich glaubten damals die richterlichen Beamten berechtigt zu sein, ihren Freunden oder Schützlingen aus Freundschaft oder Habsucht recht zu geben; sie hatten ihre Ämter gekauft und glaubten, deshalb von Rechts wegen die Gerechtigkeit verkaufen zu können.

Dieser Parlamentsrat langweilte mich sehr.

Am nächsten Tage gab es ein anderes Bild: Ich unterhielt mich sehr gut mit einem jungen Rat, Monsieur de Viarmes, der mit seiner Frau zum Essen kam. Er war ein Neffe der Madame d'Urfé, und seine sehr hübsche Frau hatte Geist. Kurz und gut, es war ein liebenswürdiges Paar. Er war Verfasser der ›Remontrances au Roi‹[28], eines Werkes, das ihm große Ehre eingetragen hatte und von ganz Paris eifrig gelesen worden war. Er sagte mir, ein Parlamentsrat habe sich von Berufs wegen allem zu widersetzen, was der König tun könne, selbst im Guten. Zur Rechtfertigung dieses Grundsatzes führte er dasselbe an, was die Minderheiten aller Volksvertretungen stets zur Begründung des Widerstandes vorbringen; ich brauche wohl meine Leser damit nicht zu langweilen.

Die angenehmste Mahlzeit hatte ich in der Gesellschaft der Madame de Gergy, die mit dem unter dem Namen des Grafen Saint-Germain[29] berühmten Abenteurer kam. Er aß nicht, sondern sprach von Beginn der Mahlzeit bis zum Ende, und ich hätte es beinahe zum Teil ebenso gemacht wie er, denn ich aß ebenfalls nichts, sondern hörte ihm mit der größten Aufmerksamkeit zu. Es war allerdings schwierig, einen Menschen zu finden, der besser gesprochen hätte als er.

Saint-Germain gab sich für einen Wundermann aus; er wollte verblüffen, und oft gelang ihm dies. Er sprach in bestimmtem Ton, aber so sorgfältig, daß er nicht mißfiel. Er war gelehrt, sprach tadellos die meisten Sprachen; war ein großer Musiker und Chemiker; hatte ein angenehmes Gesicht und wußte sich bei allen Frauen beliebt zu machen; denn er gab ihnen Schminken und Schönheitsmittel und erweckte in ihnen die Hoffnung, nicht etwa sie jünger zu machen – denn so bescheiden war er doch, daß er gestand, dies wäre ihm unmöglich –, wohl aber sie in dem Zustande zu erhalten, in dem er sie vorfand, und zwar mittels eines Wassers, das ihn nach seiner Behauptung viel Geld kostete, trotzdem aber von ihm nur verschenkt wurde.

Dieser eigentümliche Mann, der zum Betrüger allerersten Ranges wie geschaffen war, sagte im zuversichtlichsten Ton und so ganz beiläufig, er sei dreihundert Jahre alt, besitze das Allheilmittel, mache mit der Natur, was er wolle; er besitze das Geheimnis, Diamanten zu schmelzen und aus zehn oder zwölf kleinen ohne Gewichtsverlust einen großen von vollkommener Reinheit zu machen. Alle diese Operationen waren für ihn nur Kleinigkeiten. Trotz seiner Aufschneidereien, lächerlichen Lügen und übertriebenen Seltsamkeiten konnte ich mich doch nicht überwinden, ihn unverschämt zu finden. Allerdings fand ich ihn auch nicht achtenswert, aber beinahe wider Willen und unbewußt fand ich ihn erstaunlich; denn ich war wirklich erstaunt über ihn. Ich werde noch Gelegenheit haben, von diesem Original zu sprechen.

Nachdem mich Madame d'Urfé alle diese Bekanntschaften hatte machen lassen, sagte ich ihr, ich würde die Ehre haben, bei ihr zu speisen, sooft sie es wünschte; aber ich bäte, daß wir nur unter vier Augen wären, ausgenommen wenn sie ihre Verwandten oder Monsieur de Saint-Germain zu Tisch hätte. Dessen Beredsamkeit und Prahlereien hatten mir wirklich Spaß gemacht; der sonderbare Mann kam oft in die besten Häuser der Hauptstadt zum Diner, rührte aber niemals etwas an, weil, wie er sagte, sein Leben von einer bestimmten Art Diät abhinge, die außer ihm selber niemand kennen könnte. Man paßte sich dieser Schrulle ziemlich willig an, denn man war nur auf seine Reden neugierig, durch die er allerdings die Seele aller Gesellschaften wurde, an denen er teilnahm.

Ich hatte inzwischen Madame d'Urfé gründlich kennengelernt. Sie glaubte steif und fest, ich sei ein vollendeter Adept, der sich nur nicht zu erkennen geben wolle. Fünf oder sechs Wochen darauf wurde sie in dieser phantastischen Idee vollends bestärkt, als sie mich fragte, ob ich das Manuskript mit der angeblichen Erklärung des Großen Werkes entziffert hätte.

»Ja, ich habe es entziffert und folglich auch gelesen; aber ich gebe es Ihnen zurück und versichere Ihnen auf mein Ehrenwort, daß ich keine Abschrift davon genommen habe; denn ich habe nichts Neues darin gefunden.«

»Entschuldigen Sie, Monsieur, aber ohne den Schlüssel scheint mir dies unmöglich zu sein.«

»Soll ich Ihnen den Schlüssel nennen?«

»Ich bitte Sie darum.«

Ich nannte ihr das Wort, das keiner Sprache angehörte. Meine Marquise war völlig starr vor Erstaunen und rief: »Das ist zuviel! Das ist zuviel! Ich glaubte, allein im Besitz dieses geheimnisvollen Wortes zu sein; denn ich bewahre es nur in meinem Gedächtnis, habe es niemals niedergeschrieben und bin völlig sicher, es niemals einem Menschen mitgeteilt zu haben.«

Ich hätte ihr sagen können, daß die Berechnung, durch die ich das Manuskript entziffert hatte, mir natürlich auch den Schlüssel angegeben hätte; aber ich bekam den Einfall, ihr zu sagen, ein Genius habe ihn mir enthüllt. Dieser Unsinn brachte eine sonst wirklich gelehrte und wirklich vernünftige Frau völlig unter meine Herrschaft. Wie dem auch sein möge, mein falsches Eingeständnis verlieh mir einen ungeheuren Einfluß auf Madame d'Urfé; von diesem Augenblick an wurde ich der Herrscher ihrer Seele, und ich habe oft die Macht mißbraucht, die ich über sie hatte. Jetzt, da ich selber von den Illusionen zurückgekommen bin, die einst mein Leben begleiteten, denke ich nur noch errötend daran und büße dafür, indem ich mir die Verpflichtung auferlegt habe, in diesen Erinnerungen die volle Wahrheit zu sagen.

Die große Selbsttäuschung der guten Marquise bestand darin, daß sie fest an die Möglichkeit glaubte, mit den Genien, den sogenannten Elementargeistern[30], Verkehr haben zu können. Sie hätte all ihr Hab und Gut dafür gegeben, um dieses Ziel zu erreichen, und sie hatte schon mit Betrügern zu tun gehabt, die sie bereits durch die falsche Hoffnung getäuscht hatten, ihr bei der Erfüllung ihres Wunsches behilflich sein zu können. Mit mir, der ihr einen so augenscheinlichen Beweis der Wissenschaft gegeben hatte, glaubte sie am Ziel ihrer Wünsche.

»Ich wußte nicht«, sagte sie zu mir, »daß Ihr Genius die Macht hat, den meinigen zur Enthüllung meiner Geheimnisse zu zwingen.«

»Es war nicht nötig, Ihren Genius zu etwas zu zwingen; denn mein Genius ist seiner Natur nach allwissend.«

»Weiß er auch, was ich als das größte Geheimnis in meiner Seele verschlossen halte?«

»Ohne Zweifel; und er muß es mir sagen, wenn ich ihn frage.«

»Können Sie ihn fragen, wann Sie wollen?«

»Immer; vorausgesetzt, daß ich Papier und Tinte habe. Ich kann ihn sogar durch Sie befragen lassen, indem ich Ihnen seinen Namen sage. Mein Genius heißt Paralis. Stellen Sie schriftlich eine Frage an ihn wie an irgendeinen beliebigen Menschen; fragen Sie ihn zum Beispiel, wie ich Ihr Manuskript habe entziffern können, und Sie werden sehen, wie ich ihn zwingen werde, Ihnen zu antworten.«

Vor Freude zitternd, stellt Madame d'Urfé ihre Frage, ich schreibe sie in Zahlen nieder und bilde wie gewöhnlich eine Pyramide. Ich lasse sie die Antwort finden, die sie selber in Buchstaben überträgt.

Zunächst erhielt sie nur Konsonanten; aber mittels einer zweiten Operation, die die Vokale gab, fand sie die Antwort in sehr klarer Form. Die höchste Überraschung malte sich auf ihren Zügen: sie hatte aus der Pyramide das Wort gezogen, das den Schlüssel zu ihrem Manuskript bildete. Als ich ging, nahm ich ihre Seele, ihr Herz, ihren Geist, und was ihr noch an gesundem Menschenverstand geblieben war, mit mir.

Der Prinz Turenne war von den Blattern völlig genesen; Graf de La Tour d'Auvergne hatte ihn daher wieder verlassen, und da er die Vorliebe seiner Tante für die abstrakten Wissenschaften kannte, so wunderte er sich nicht, daß ich bei ihr wie zu Hause und ihr einziger Freund geworden war.

Ich sah ihn, wie überhaupt alle Verwandten der Marquise, mit um so größerem Vergnügen als Tischgäste, da mich ihr edles Benehmen gegen mich entzückte. Es waren ihre Brüder Pontcarré und Viarmes, der soeben zum Prevotalrichter der Kaufmannschaft gewählt worden war, sowie dessen Sohn, von dem ich ja schon gesprochen habe. Die Tochter der Marquise war Madame du Châtelet; aber ein unglücklicher Prozeß hatte sie zu unversöhnlichen Feindinnen gemacht; ihr Name wurde niemals erwähnt.

Nachdem La Tour d'Auvergne zu seinem Boulogneser Regiment hatte abgehen müssen, das in der Bretagne in Garnison lag, speisten die Marquise und ich fast alle Tage unter vier Augen, und ihre Leute sahen mich als ihren Mann an, obgleich dieses kaum denkbar erschien; aber sie glaubten, es sich nur auf diese Weise erklären zu können, daß wir so lange Stunden miteinander verbrachten. Madame d'Urfé hielt mich für reich und hatte sich in den Kopf gesetzt, ich hätte nur deshalb die Stellung bei der Lotterie angenommen, um unerkannt zu bleiben.

Nach ihrer Meinung besaß ich nicht nur den Stein der Weisen, sondern stand auch mit allen Elementargeistern in Verkehr. Sie zog daraus den ganz natürlichen Schluß, daß es nur von mir abhinge, die ganze Welt auf den Kopf zu stellen und Frankreich glücklich oder unglücklich zu machen. Daß ich inkognito bleiben mußte, erklärte sie sich aus meiner berechtigten Furcht, verhaftet und eingesperrt zu werden; denn dieses Schicksal mußte mir nach ihrer Meinung unfehlbar widerfahren, sobald das Ministerium erführe, wer ich in Wirklichkeit wäre. Diese Ungeheuerlichkeiten wurden ihr nachts von ihrem Genius offenbart; mit anderen Worten, es waren Träume ihrer erhitzten Phantasie, die ihr dann von ihrer betörten Vernunft als Wirklichkeit dargestellt wurden.

Im besten Glauben erzählte sie mir regelmäßig davon, und bei einem unserer Gespräche sagte sie mir eines Tages allen Ernstes, ihr Genius habe sie überzeugt, daß ich ihr den Verkehr mit den Geistern nicht verschaffen könne, weil sie Weib sei; denn die Geister könnten nur mit Männern Verkehr pflegen. Ich könnte aber mittels einer Operation, die mir bekannt sei, ihre Seele in den Leib eines männlichen Kindes übergehen lassen, das aus der philosophischen Paarung eines Unsterblichen mit einer Sterblichen oder eines gewöhnlichen Mannes mit einem Weibe von göttlicher Art hervorgegangen sei.

Wenn ich geglaubt hätte, der Marquise ihren Irrtum nehmen und sie zu einem vernünftigen Gebrauch ihrer Kenntnisse und ihres Geistes zurücklenken zu können, so würde ich dies wahrscheinlich versucht haben, und dies wäre ein verdienstliches

Werk gewesen; aber ich war überzeugt, daß ihre Betörung unheilbar war, und glaubte daher, nichts Besseres tun zu können, als auf ihren verrückten Gedanken einzugehen und meinen Nutzen daraus zu ziehen.

Wenn ich ihr als anständiger Mensch gesagt hätte, alle ihre Ideen seien albern, so würde sie mir nicht geglaubt haben, und so zog ich es vor, die Sache ihren Lauf gehen zu lassen. Übrigens konnte ich mich in meinem Selbstgefühl nur geschmeichelt fühlen, daß eine berühmte Frau, die im Rufe bedeutender Kenntnisse stand, die mit den ersten Familien Frankreichs verwandt war und außerdem aus ihren Wertpapieren ein noch höheres Einkommen hatte als die achtzigtausend Francs Rente, die ein herrliches Landgut und eine Anzahl schöner Häuser in Paris ihr eintrugen – daß eine solche Frau, sage ich, mich als den tiefsinnigsten Rosenkreuzer und als den Mächtigsten aller Sterblichen ansah. Ich wußte auf das bestimmteste, daß sie im Notfalle mir nichts hätte verweigern können; und obgleich ich keinen besonderen Plan hatte, um mir ihre Reichtümer ganz oder zum Teil zunutze zu machen, so empfand ich doch ein gewisses Vergnügen bei dem Gedanken, daß es in meiner Macht stände, dies zu tun.

Madame d'Urfé war geizig; denn sie gab jährlich kaum dreißigtausend Francs aus und spekulierte mit ihren Ersparnissen, die mehr als das Doppelte betrugen, an der Börse. Ein Makler brachte ihr Staatspapiere, wenn diese am niedrigsten standen, und verkaufte sie wieder für sie, wenn der Kurs stieg. Da sie in der Lage war abzuwarten, hatte sie ein beträchtliches Vermögen in Papieren erworben.

Mehrere Male hatte sie gesagt, sie sei bereit, mir ihr ganzes Vermögen zu geben, um ein Mann zu werden, und sie wisse, daß dies nur von mir abhänge. Als sie eines Tages wieder in jenem Tone der Überzeugung, der so leicht ansteckt, mit mir darüber sprach, sagte ich ihr, ich müsse ihr gestehen, daß ich allerdings imstande sei, diese Operation zu vollziehen; ich könne mich aber nicht entschließen, sie an ihr vorzunehmen, weil ich zu diesem Zwecke genötigt sein würde, sie sterben zu lassen. Ich glaubte, diese Erklärung würde ihr die Lust nehmen, einen solchen Versuch zu machen; man stelle sich meine Überraschung vor, als ich sie sagen hörte: »Ich weiß es. Ich kenne sogar die Todesart, die mir beschieden sein würde, aber ich bin bereit.«

»Wirklich? Und was für eine Todesart wäre dieses?«

»Ich werde an demselben Gift sterben, woran Paracelsus starb.«

»Und glauben Sie, daß Paracelsus zur Hypostase[31] gelangt ist?«

»Nein; aber ich weiß auch, warum nicht.«

»Wollen Sie mir dies wohl sagen?«

»Weil er weder Mann noch Weib war und weil eine gemischte Natur die Hypostase ausschließt; man muß, um diese zu erreichen, ganz das eine oder das andere sein.«

»Das ist wahr. Aber wissen Sie, wie man dieses Gift bereitet? Wissen Sie, daß dies ohne Beihilfe eines Salamanders nicht möglich ist?«

»Das kann sein; ich wußte es nicht. Ich bitte Sie, die Kabbala zu befragen, ob es in Paris eine Person gibt, die dieses Gift besitzt.«

Ich konnte leicht erraten, daß sie sich im Besitze des Giftes zu sein glaubte; und ich ließ es ohne Zögern sie in der Antwort finden, die die Pyramide erteilte. Ich stellte mich erstaunt; sie aber sagte ganz stolz: »Sie sehen, es ist nur noch das Kind nötig, das in sich das aus einem unsterblichen Geschöpf entsprossene männliche Verbum enthält. Ich habe die Belehrung empfangen, daß dieses nur von Ihnen abhängt, und ich glaube nicht, daß es Ihnen aus falschem Mitleid mit meinem alten Leichnam an dem nötigen Mut dazu fehlen kann.«

Bei diesen Worten stand ich auf und trat an das nach dem Quai hinausgehende Fenster ihres Zimmers; dort stand ich eine gute Viertelstunde und dachte über ihre Tollheit nach. Als ich wieder an den Tisch zurückkam, wo sie sitzengeblieben war, sah sie mich aufmerksam an und sagte ganz gerührt: »Ist es möglich, lieber Freund? Ich sehe, Sie haben geweint.«

Ich suchte ihr nicht ihren Irrtum zu nehmen, nahm meinen Degen und Hut und ging mit einem Seufzer hinaus. Ihr Wagen, der stets zu meiner Verfügung stand, hielt vor der Tür; ich stieg ein und fuhr auf den Boulevards spazieren.

VIERTES KAPITEL

Auf dem Pariser Opernball im Januar 1759 wird Casanova der bei Hof sehr einflußreichen Madame du Rumain vorgestellt. Auch sie wird sich später bei wichtigen Entscheidungen seines Orakels bedienen. Auf dem Ball klagt ihm außerdem Mademoiselle XCV ihr Leid. Sie soll zu einer Ehe mit dem alten Generalsteuerpächter de la Popelinière gezwungen werden.

Zwei Tage nach meiner langen Unterhaltung mit Mademoiselle XCV sagte mir mein Kammerdiener, ein junger Mensch wünsche mir einen Brief zu eigenen Händen zu übergeben. Ich ließ ihn eintreten. Auf meine Frage, wer ihn mit der Bestellung beauftragt habe, antwortete er mir, der Brief werde mich über alles aufklären, und er habe Befehl, auf meine Antwort zu warten. Der Brief lautete folgendermaßen:

›Es ist jetzt zwei Uhr nach Mitternacht; ich habe Ruhe nötig, aber eine Last, unter der ich erliege, hindert mich, Schlaf zu finden. Das Geheimnis, das ich Ihnen, mein Freund, anvertrauen will, wird für mich keine Last mehr sein, sobald Sie es kennen. Ich bin schwanger, und meine Lage bringt mich zur Verzweiflung. Ich habe mich entschlossen, Ihnen dies zu schreiben, weil ich fühle, daß es mir unmöglich sein würde, es Ihnen mündlich zu sagen. Gönnen Sie mir ein Wort der Erwiderung!‹

Ich war wie versteinert und konnte nur die folgenden Worte schreiben: ›Ich werde um elf Uhr bei Ihnen sein.‹

Ein Unglück kann nur dann wirklich groß genannt werden, wenn der, den es trifft, den Kopf darüber verliert. Das Eingeständnis, das Mademoiselle XCV mir schriftlich machte, bewies mir, daß ihre wankende Vernunft einer Stütze bedurfte. Ich fühlte mich glücklich, daß sie vor allen anderen Menschen an mich gedacht hatte, und ich nahm mir vor, ihr beizustehen, und wenn ich mit ihr zugrunde gehen sollte. Kann man anders denken, wenn man liebt?

Allerdings konnte ich mir die Unklugheit ihres Schrittes nicht verhehlen. Man muß auf alle Fälle entweder sprechen oder schweigen; das Gefühl, das einen unter ähnlichen Umständen die Feder dem gesprochenen Worte vorziehen läßt, kann nur einer falschen Scham *(malus pudor)*[1] entspringen, die im Grunde nur Feigheit ist. Wäre ich nicht in das liebenswürdige, unglückliche Mädchen verliebt gewesen, so wäre es mir leichter gewesen, ihr meine Dienste schriftlich zu verweigern, als mündlich. Aber ich betete sie an.

»Ja«, rief ich aus, »sie kann um so mehr auf mich rechnen, da ihr Unglück sie mir noch teurer macht.« Außerdem sagte mir ein geheimes Gefühl – ein Gefühl, das nicht weniger laut spricht, weil es scheinbar schweigt –, daß mir meine Belohnung sicher wäre, wenn ich das Glück hätte, sie retten zu können. Diese Belohnung ist das Ziel jedes liebenden Mannes.

Ich stellte mich pünktlich ein und fand meine schöne Betrübte vor der Tür ihres Hauses.

»Sie gehen aus? Wohin?«

»Zu den Augustinern in die Messe.«

»Ist denn heute Feiertag?«

»Nein, aber meine Mutter verlangt, daß ich jeden Tag zur Messe gehe.«

»Ich werde Sie begleiten.«

»Ja, bitte. Geben Sie mir den Arm; wir wollen im Kreuzgang miteinander sprechen.«

Wir ließen ihre Zofe in der Kirche und gingen hinaus.

»Haben Sie meinen Brief gelesen?«

»Ja, gewiß! Aber hier ist er, ich gebe ihn Ihnen zurück, verbrennen Sie ihn!«

»Nein, ich will ihn nicht; verbrennen Sie selber ihn. Ich bin im vierten Monat schwanger; die Sache ist gewiß, und das bringt mich zur Verzweiflung. Ich überlasse mich ganz Ihnen; versuchen Sie mich abtreiben zu lassen!«

»Niemals, meine Liebe; das ist eine Schändlichkeit.«

»Ach, ich weiß es wohl; aber es ist keine größere, als sich das Leben zu nehmen. Mir bleibt nur die Wahl, entweder abzutreiben oder mich zu vergiften. Das Mittel, um diesen zweiten Plan auszuführen, besitze ich schon. Sie sind mein einziger Freund; von Ihnen hängt mein Schicksal ab. Sprechen Sie! Tut es Ihnen leid, daß ich Ihnen nicht den Chevalier Farsetti vorgezogen habe?«

Da sie mich sprachlos sah, schwieg sie plötzlich und hielt ihr

Taschentuch an die Augen, um die Tränen zu trocknen, die diesen entströmten. Mir blutete das Herz.

»Abgesehen von der Schändlichkeit, meine liebe Mademoiselle«, sagte ich zu ihr, »steht es nicht in unserer Gewalt, eine Abtreibung vorzunehmen. Wenn die Mittel, die man anwendet, nicht gewaltsam genug sind, ist ihre Wirkung zweifelhaft; sind sie aber gewaltsam, so bringen sie das Leben der Schwangeren in die größte Gefahr. Niemals werde ich mich der Möglichkeit aussetzen, Ihr Henker zu werden; aber zählen Sie auf mich, ich werde Sie nicht verlassen. Ihre Ehre ist mir ebenso teuer wie Ihr Leben. Beruhigen Sie sich, und nehmen Sie von Stund an an, ich befände mich in Ihrer Lage. Verlassen Sie sich darauf, ich werde Sie aus Ihrer üblen Lage befreien, ohne daß Sie sich vergiften müssen. Unterdessen gestatten Sie mir, Ihnen zu sagen, daß ich beim Lesen Ihres Briefes unwillkürlich ein Gefühl der Freude darüber empfunden habe, daß Sie bei diesem so wichtigen Anlaß mir den Vorzug vor allen anderen gegeben haben. Sie haben sich nicht getäuscht, indem Sie Ihr Vertrauen auf mich setzten, denn in ganz Paris ist kein Mensch, der Sie so zärtlich liebt wie ich; und auf der ganzen Welt kann kein Mensch so lebhaft wünschen, Ihnen nützlich zu sein, wie ich. Spätestens morgen werden Sie beginnen, die Drogen einzunehmen, die ich Ihnen zubereiten werde; aber ich mache Sie darauf aufmerksam, daß Sie gar nicht vorsichtig genug in der Wahrung des Geheimnisses sein können; denn es handelt sich für uns darum, die strengsten Gesetze zu verletzen. Darauf steht die Todesstrafe. Haben Sie sich vielleicht schon irgend jemandem anvertraut, etwa Ihrer Kammerzofe oder einer Ihrer Schwestern?«

»Keinem Menschen außer Ihnen, mein Freund; nicht einmal dem Urheber meines Unglücks! Ich schaudere, wenn ich daran denke, was meine Mutter sagen, was sie tun würde, sobald sie von meinem Zustande erführe. Ich fürchte, sie wird ihn erraten, wenn sie meine Gestalt beobachtet.«

»Ihre Figur verrät noch gar nichts; sie hat noch nichts von ihrer Schlankheit verloren.«

»Aber sie wird mit jedem Tage unförmiger werden, und darum müssen wir uns beeilen. Sie werden mir einen Wundarzt ausfindig machen, der mich nicht kennt, und werden mich zu ihm führen, während ich bei der Messe sein sollte. Er wird mich nach Belieben zur Ader lassen können.«

»Solcher Gefahr werde ich mich nicht aussetzen; denn er

könnte uns verraten. Ich selber werde Sie zur Ader lassen, die Sache ist leicht.«

»Wie dankbar bin ich Ihnen! Mir ist schon, wie wenn Sie mir das Leben wiederschenkten; aber um eine Gefälligkeit bitte ich Sie: Führen Sie mich zu einer Hebamme, um sie um Rat zu fragen. Während des nächsten Opernballes können wir uns leicht zu einer solchen begeben, ohne bemerkt zu werden.«

»Das, liebe Freundin, ist aber nicht notwendig, und ein solcher Schritt könnte uns außerdem bloßstellen.«

»Durchaus nicht. In der Riesenstadt gibt es überall Hebammen, und wir können unmöglich erkannt werden, da es ja in unserer Macht steht, maskiert zu bleiben. Tun Sie mir den Gefallen! Die Ratschläge einer Hebamme können mir nur nützlich sein.«

Ich hatte nicht die Kraft, ihr ihre Bitte abzuschlagen; aber ich bewog sie, bis zum letzten Ball zu warten, weil auf diesem gewöhnlich das Gedränge größer ist, wir also Aussicht hatten, ihn sicherer verlassen zu können. Ich versprach ihr, im schwarzen Domino mit einer weißen venezianischen Maske zu erscheinen, auf welche neben dem linken Auge eine Rose gemalt wäre. Sobald sie mich hinausgehen sähe, sollte sie mir folgen und in dieselbe Kutsche steigen, in die ich einsteigen würde. Alles ging so vor sich; aber wir werden noch darauf zurückkommen.

Ich ging mit ihr nach Hause und speiste mit der Familie, ohne auf Farsetti zu achten, der ebenfalls mit aß und der mich mit ihr hatte zurückkommen sehen. Wir sprachen kein Wort miteinander, es war mir gleichgültig.

Ich muß hier einen schweren Fehler berichten, den ich beging, und den ich mir heute noch nicht verziehen habe.

Da ich mich verpflichtet hatte, Mademoiselle XCV zu einer Hebamme zu begleiten, so hätte ich sie natürlich zu einer anständigen Matrone führen sollen; denn es handelte sich nur darum, diese wegen der Verhaltungsmaßregeln zu befragen, die eine Frau während ihrer Schwangerschaft beobachten mußte. Leider veranlaßte mich ein böser Geist eines Tages, als ich nach den Tuilerien wollte, durch die Rue St.-Louis zu fahren. Ich sah die Montigny mit einer hübschen Person, die ich nicht kannte, in ihr Haus eintreten. Aus Neugier ließ ich meinen Wagen halten und ging zu ihr hinauf. Nachdem ich mich eine Weile unterhalten hatte, fiel mir die Angelegenheit wieder ein, und ich bat die Frau, mir die Wohnung einer Hebamme zu sagen, da ich eine solche noch etwas fragen müßte. Sie bezeichnete mir ein Haus im Marais und sagte, ich würde dort die Perle aller Hebammen finden. Hierauf erzählte sie mir eine Menge Heldentaten, wodurch diese sich ausgezeichnet hätte und die mir alle bewiesen, daß es ein nichtswürdiges Weib war. Da ich jedoch wußte, daß ich sie nicht zu unerlaubten Zwecken gebrauchen wollte, so wählte ich sie. Ich ließ mir ihre Adresse geben, und da ich nachts hingehen wollte, so sah ich mir gleich am nächsten Tage ihr Haus von außen an.

Mademoiselle XCV begann die Drogen zu nehmen, die ich ihr brachte und die sie schwächen und dadurch das Werk der Liebe zerstören sollten; da sie aber gar keine Wirkung bemerkte, so war sie ungeduldig, eine Hebamme zu Rate zu ziehen.

Die Nacht des letzten Opernballs kam heran; sie erkannte mich an dem verabredeten Zeichen, folgte mir hinaus und stieg mit mir in eine Kutsche. In kaum einer Viertelstunde befanden wir uns in der Wohnung des alten niederträchtigen Weibes.

Eine Frau von etwa fünfzig Jahren empfing uns sehr beflissen und bot uns sofort ihre Dienste an.

Mademoiselle sagte ihr, sie glaube schwanger zu sein und wolle gerne wissen, wie sie ihre Schwangerschaft bis zum Ende nach Möglichkeit verbergen könne. Das Weib antwortete ihr lächelnd, sie könne ihr ohne Umschweife sagen, daß sie gerne das Kind abtreiben möchte. »Für fünfzig Louis bin ich bereit, Ihnen zu dienen; davon ist die Hälfte im voraus zahlbar, um die Mittel einzukaufen, der Rest aber sofort nach dem glücklichen Gelingen. Da ich Ihrer Ehrlichkeit vertraue, so werden Sie auch der meinigen vertrauen. Geben Sie mir zuerst die fünfundzwanzig Louis, und kommen Sie morgen wieder oder lassen Sie die Drogen mit der Gebrauchsanweisung abholen.«

Nachdem sie dies gesagt hatte, hob sie Mademoiselle ohne Umstände die Röcke hoch, und diese bat mich schüchtern, ich möchte nicht hinsehen. Nachdem die Alte sie mit den Fingern untersucht hatte, ließ sie den Vorhang wieder fallen und sagte zu ihr, sie könne höchstens im vierten Monat schwanger sein.

»Sollten meine Drogen unwirksam bleiben, was ich nicht glaube, so werde ich Ihnen andere Mittel angeben; auf alle Fälle gebe ich Ihnen Ihr Geld zurück, wenn es mir nicht gelingt, Sie vollkommen zufriedenzustellen.«

»Daran zweifle ich nicht«, sagte ich zu ihr; »aber was sind das bitte für andere Mittel?«

»Ich werde Ihnen Anweisung geben, den Fötus zu zerstören, der dann sofort abgehen muß.«

Ich hätte ja antworten können, daß es unmöglich ist, das Kind zu töten, ohne die Mutter tödlich zu verletzen; aber ich fühlte keine Lust, mich mit einem so gemeinen Geschöpf herumzustreiten.

»Wenn Madame sich entschließt, Ihre Mittel zu nehmen«, sagte ich zu ihr, »so werde ich Ihnen morgen das zum Ankauf der Drogen notwendige Geld bringen.«

Ich gab ihr zwei Louis, und wir gingen.

Mademoiselle sagte mir, sie halte das Weib für eine verruchte Verbrecherin; denn sie sei überzeugt, daß man die Frucht nicht zerstören könne, ohne das Leben der Mutter in Gefahr zu bringen. Sie habe nur zu mir allein Vertrauen. Plötzlich beklagte sie sich über die Kälte und sagte zu mir: »Hätten wir nicht noch Zeit, uns in ›Petite Pologne‹ ein wenig zu wärmen? Ich habe große Lust, Ihre hübsche Wohnung zu sehen.«

Diese Laune überraschte mich und gefiel mir. Da die Nacht sehr dunkel war, konnte sie von den äußerlichen Schönheiten des Landhauses nichts sehen; das Innere mußte ihr genügen. Ich hütete mich, Einspruch zu erheben. Ich glaubte tatsächlich, der Augenblick des Glückes sei da. Ich ließ die Kutsche in der Rue de la Feronnerie halten, wir nahmen einen anderen Wagen, und in einer Viertelstunde hielt er vor meiner Tür.

Ich klingelte als Hausherr, die Küchenperle macht mir auf und meldet, es sei niemand da. Ich wußte das sehr gut; aber es war bei uns so Gewohnheit.

»Schnell, mache Feuer im Kamin und gib uns irgend etwas, um dazu eine Flasche Champagner zu trinken.«

»Eine Omelette?«

»Gut.«

»Eine Omelette, ausgezeichnet!« sagte Mademoiselle.

Sie war entzückend, und ihr lachendes Gesicht schien mir einen köstlichen Augenblick zu verkünden.

Vor einem guten Feuer sitzend, nehme ich sie auf den Schoß, bedecke sie mit Küssen, die sie zärtlich erwidert, und bin dem Augenblick des Triumphes nahe, als sie mich mit der sanftesten Miene bittet, mich zu mäßigen. Ich glaubte ihr zu gefallen, indem ich ihr gehorchte, denn ich war überzeugt, sie wolle meinen Sieg nur verzögern, um ihn schöner zu machen, und werde sich nach dem Champagner ergeben. In ihren Zügen las ich Liebe,

Sanftmut, Vertrauen und größte Dankbarkeit, und ich hätte mich geärgert, wenn sie hätte glauben können, ich wünschte Beweise der Zärtlichkeit oder einfache Gefälligkeit als Belohnung von ihr. Ich war so großmütig, nur Liebe zu verlangen.

Als wir unser letztes Glas Champagner geleert hatten, standen wir auf, und halb mit Leidenschaft, halb mit sanfter Gewalt lege ich sie auf ein Sofa und umschlinge sie liebend mit meinen Armen; aber anstatt sich zu ergeben, widersetzt sie sich meinem Willen, zunächst durch sanfte Bitten, die ja für gewöhnlich den Angreifer nur noch unternehmender machen, dann durch ernsthafte Vorstellungen und endlich durch Anwendung ihrer Körperkräfte. Dies war zuviel; der bloße Gedanke an Gewaltanwendung hat mich stets empört. Ich führe alle möglichen Wunder an; ich spreche als Liebhaber, der zuerst bevorzugt, dann getäuscht, endlich verschmäht worden ist, schließlich sage ich ihr, sie habe mich auf grausame Weise enttäuscht; ich sehe sie schmerzlich bewegt, ich falle ihr zu Füßen, bitte sie um Verzeihung.

»Ach«, sagte sie in traurigstem Tone zu mir, »ich bin nicht mehr Herrin meines Herzens, und darum bin ich tausendmal mehr zu beklagen als Sie.«

Ihre Tränen flossen in Strömen; ihr Kopf sank auf den meinigen, und mein Mund heftete sich an ihre Lippen. Aber das Stück war aus. Ich dachte nicht einmal an einen neuen Angriff, ich hätte einen solchen Gedanken mit Verachtung von mir gewiesen. Es folgte ein ziemlich langes Schweigen, dessen wir beide gleich sehr bedurften – sie, um das Gefühl der Scham zu ersticken; ich, um meiner Vernunft die Zeit zu geben, den Zorn zu beschwichtigen, der mir wohl berechtigt erschien. Dann legten wir unsere Masken wieder an und kehrten nach dem Opernhause zurück. Unterwegs wagte sie mir zu sagen, sie würde genötigt sein, auf meine Freundschaft zu verzichten, wenn ich einen solchen Preis dafür verlangte.

»Die Gefühle der Liebe, Mademoiselle, müssen denen der Ehre nachstehen, und Ihre Ehre sowohl wie die meinige zwingt mich, Ihr Freund zu bleiben, wäre es auch nur, um Sie in Ihren eigenen Augen der Ungerechtigkeit zu überführen. Ich werde aus Ergebenheit tun, was ich gerne aus Liebe getan hätte, und ich werde lieber sterben, als mich in Zukunft noch einmal um Gunstbezeigungen zu bewerben, von denen ich annahm, daß Sie mich ihrer für würdig hielten.«

Wir trennten uns im Opernhause, wo ich sie in dem ungeheuren Gedränge sofort aus den Augen verlor. Am nächsten Tage sagte sie mir, sie habe die ganze Nacht hindurch getanzt; vielleicht hoffte sie, in der heftigen körperlichen Bewegung ein Heilmittel zu finden, das sie von der Medizin wohl nicht mehr erwartete.

Ich kam in sehr schlechter Laune nach Hause. Vergeblich suchte ich nach Gründen, um meine Abweisung zu erklären, die mir demütigend und beinahe unglaublich erschien. Ich konnte die Beweggründe von Mademoiselle mir nur erklären, indem ich Sophismen auf Sophismen häufte. Als einziger vernünftiger Grund schien mir, daß ich schnöde beschimpft war, allen Anstandsrücksichten und sittlichen Vorurteilen unserer gesellschaftlichen Erziehung zum Trotz. Ich dachte an den Witz der Populia, die sich Verstöße gegen die eheliche Treue nur erlaubte, wenn sie schwanger war: *non tollo vectorem nisi navi plena* [Ich nehme keinen Schiffer auf, wenn das Schiff nicht schon voll ist][2].

Ich ärgerte mich, die Überzeugung erlangt zu haben, daß ich nicht geliebt wurde, und es schien mir meiner unwürdig zu sein, noch weiterhin eine Frau zu lieben, die ich nicht mehr zu besitzen hoffen konnte. Ich schlief mit dem Entschluß ein, mich dadurch zu rächen, daß ich sie ihrem Schicksal überließe; im entgegengesetzten Benehmen hätte sie allerdings Heroismus finden müssen, aber dies war mir gleichgültig. Ich glaubte, meine Ehre erfordere, mich von keinem Menschen zum besten haben zu lassen.

Aber guter Rat kommt über Nacht. Als ich erwachte, war ich wieder ruhig und immer noch verliebt. Ich faßte einen neuen Entschluß: mich großmütig gegen die Unglückliche zu benehmen. Ohne mich war sie sicherlich verloren; ich mußte ihr also auch fernerhin meine Dienste widmen und mich gleichgültig gegen ihre Gunst zeigen. Die Rolle war nicht leicht; aber ich hatte den Mut, sie ausgezeichnet zu spielen.

Ich besuchte sie ab jetzt jeden Morgen, und da ich wirklich an ihrem Zustand Anteil nahm, meine Rolle eine ganz natürliche war, so konnte sie meinen Eifer, sie aus der Verlegenheit zu befreien, nur für das nehmen, was er war; denn da ich von der Glut, die ich für sie empfand, nichts mehr merken ließ, so mußte sie alles dem zartesten Gefühl zuschreiben. Sie ihrerseits schien mit meiner Veränderung zufrieden zu sein; aber es war recht wohl möglich, daß ihre Zufriedenheit nur eine scheinbare war; ich kannte die Frauen gut genug, um zu wissen, daß sie, selbst wenn sie mich nicht liebte, sich darüber ärgern mußte, daß ich mich so leicht mit meinem Schicksal abgefunden hatte.

Eines Morgens machte sie mir inmitten eines leichtfertigen und unzusammenhängenden Geplauders ein Kompliment darüber, daß ich die Kraft gehabt hätte, mich zu überwinden; dann fügte sie lächelnd hinzu, meine Leidenschaft müßte nicht so stark gewesen sein, da sie in kaum acht Tagen so friedlich geworden wäre. Ich antwortete ihr ruhig: »Ich verdanke meine Heilung nicht der Schwäche meiner Leidenschaft, sondern meinem Selbstgefühl. Ich kenne mich, Mademoiselle, und glaube keine zu hohe Meinung von meinem Wert zu haben. Natürlich habe ich mich gedemütigt und empört gefühlt, als ich mich überzeugte, daß Sie solchen Wert mir nicht zuerkennen. Kennen Sie, Mademoiselle, die Wirkung dieses doppelten Gefühls?«

»Leider nur zu gut. Ihm folgt die Verachtung des Gegenstandes, der es hervorgerufen hat.«

»Dies geht doch zu weit; wenigstens insofern ich in Betracht komme. Meiner Empörung folgte nur eine Rückkehr zur Besinnung und ein Plan, mich zu rächen.«

»Sich zu rächen? Auf welche Art denn?«

»Ich wollte Sie nötigen, mich zu achten, und Ihnen dabei zugleich beweisen, daß ich mich selbst zu beherrschen weiß und ein Glück, das ich heiß ersehnt habe, zu entbehren verstehe. Ob mir dies vollständig gelungen ist, weiß ich nicht; ich kann aber doch wenigstens heute Ihre Reize ansehen, ohne deren Besitz zu wünschen.«

»Und ich denke mir, Sie finden die Erfüllung Ihrer Rache in meiner Achtung. Aber Sie haben sich getäuscht; denn Sie haben annehmen müssen, daß ich Sie nicht achte, und das ist falsch, denn ich achtete Sie vor acht Tagen nicht weniger als heute. Ich habe Sie nicht einen einzigen Augenblick für fähig gehalten, mich im Stich zu lassen, um mich dafür zu bestrafen, daß ich mich Ihrer Leidenschaft nicht hingeben wollte, und ich freue mich, Sie richtig erkannt zu haben.«

Hierauf sprach sie mit mir von dem Opiat, das ich sie einnehmen ließ, und da sie keine Veränderung ihres Zustandes bemerkte, so bat sie mich, ihr eine größere Dosis zu geben; ich jedoch hütete mich wohl, auf diese Bitten einzugehen; denn ich wußte, daß mehr als ein halbes Gros[3] sie das Leben hätte kosten können. Auch verbot ich ihr, sich zum drittenmal zur Ader zu lassen, weil sie sich damit sehr hätte schaden können, ohne doch ihren Zweck zu erreichen. Ihre Kammerzofe, die sie hatte ins Vertrauen ziehen müssen, hatte sie zweimal durch einen Wundarzt, der ihr Liebhaber war, zur Ader gelassen. Ich sagte Mademoiselle, sie müßte gegen solche Leute freigebig sein, um sich ihre Verschwiegenheit zu sichern; aber sie antwortete mir, solche Freigebigkeit sei für sie eine Unmöglichkeit. Ich bot ihr Geld, und sie nahm fünfzig Louis an, indem sie mir sagte, sie würde mir diesen Betrag, den sie für ihren Bruder Richard bedürfte, zurückerstatten. Ich hatte das Geld nicht bei mir, schickte es ihr aber noch am selben Tage mit einem Briefe, worin ich sie herzlich bat, sich in jeder Notlage nur an mich zu wenden. Ihr Bruder hielt mich für den Mann, ihm einen viel größeren Dienst zu leisten. Er kam nämlich am nächsten Tage zu mir, um sich zu bedanken, und bat mich um meinen Beistand in einer Angelegenheit, die für ihn von der größten Wichtigkeit sei. Als junger und ausschweifender Mensch war er an einen schlechten Ort geraten und hatte sich dort einen üblen Tr...[4] zugezogen. Er beklagte sich bitter über Monsieur Farsetti, der ihm nicht einmal vier Louis hätte leihen wollen, unter dem Vorwande, daß er mit einer so ekelhaften Geschichte nichts zu tun haben möchte. Er bat mich, mit seiner Mutter darüber zu sprechen, damit sie ihn heilen ließe. Ich erfüllte seinen Wunsch; als aber seine Mutter erfuhr, worum es sich handelte, sagte sie mir, er befände sich schon zum dritten Male in diesem Zustand, darum wäre es besser, ihn darin zu lassen, als unnützerweise für seine Heilung Geld auszugeben; kaum geheilt, würde er sofort wieder den alten Lebenswandel beginnen.

Sie hatte recht. Ich ließ ihn auf meine Kosten behandeln, aber es dauerte nicht einen Monat, so fiel er in seine alte Sünde zurück. Mit vierzehn Jahren war er ein zügelloser Wüstling.

Seine Schwester war nun im sechsten Monat schwanger, und ihre Verzweiflung wuchs in demselben Maße wie ihr Leib. Sie hatte den Entschluß gefaßt, ihr Bett nicht mehr zu verlassen, und ich war untröstlich, ihr nicht helfen zu können. Da sie mich von meiner Leidenschaft für sie vollkommen geheilt hatte, verkehrte sie mit mir wie mit einer vertrauten Freundin; sie ließ mich alle Teile ihres Leibes betasten, um mich zu überzeugen, daß sie es nicht mehr wagen könnte, sich vor den Leuten sehen zu lassen. Ich spielte bei ihr die Rolle einer Hebamme; aber welche Überwindung kostete es mich, ruhig und gleichgültig zu erscheinen, während das Feuer, das mich verzehrte, aus allen meinen Poren drang! Ich konnte es nicht mehr aushalten. Sie sprach vom Vergiften in jenem Tone der Entschlossenheit, vor dem man erschaudert, weil er für eine reifliche Überlegung spricht. Ich war in einer schwer zu beschreibenden Verlegenheit, als plötzlich das Glück mir auf die scherzhafteste Art meine Ruhe wiedergab.

Als ich eines Tages mit Madame d'Urfé allein speiste, fragte ich sie, ob sie ein sicheres Abtreibungsmittel kenne. »Ein unfehlbares«, antwortete sie mir, »nämlich den Aroph des Paracelsus! Er ist nicht schwer anzuwenden. Sind Sie neugierig, es kennenzulernen?« Mit diesen Worten stand sie auf, ohne meine Antwort abzuwarten, und holte ein Manuskript, das sie mir übergab. Dieses starke Abtreibungsmittel war eine Art Salbe, bestehend aus Safran, Myrrhe und anderen Kräutern, die mit Honig gemischt waren. Um die erwartete Wirkung zu erzielen, war ein zylinderförmiges Instrument erforderlich, das mit einer sehr weichen Haut überzogen war, es mußte dick genug sein, um den ganzen Raum der Scheide auszufüllen, und lang genug, um den Eingang des Beckens zu berühren, das den Fötus enthält. Das Ende dieses Zylinders mußte reichlich mit Aroph bestrichen sein, und da dieser nur im Augenblick einer Erregung des Uterus wirken konnte, so mußte diese durch eine beischlafähnliche Bewegung hervorgerufen werden. Außerdem mußte die Operation eine ganze Woche lang mindestens drei- bis viermal täglich wiederholt werden, damit der Eingang sich öffne und der Fötus herauskomme.

Ich fand das Rezept und die Operation so lächerlich, daß es mir unmöglich war, ernst zu bleiben. Ich lachte herzlich darüber, verbrachte aber trotzdem reichlich zwei Stunden damit, den stets erstaunlichen Paracelsus zu studieren, hierauf las ich mit Vergnügen Boerhaave[5], der von diesem Aroph wie ein vernünftiger Mensch spricht.

Als ich am Tage danach allein zu Hause war, beschloß ich, Mademoiselle, an die ich unaufhörlich dachte, dieses Abtreibungsmittel mitzuteilen, in der Hoffnung, daß sie vielleicht zur Einführung des Zylinders meiner bedürfen möchte. Ich begab mich gegen zehn Uhr zu ihr und fand sie wie gewöhnlich im Bett, sie weinte darüber, daß das Opiat, das ich sie nehmen ließ, keine Wirkung hatte. Der Augenblick erschien mir günstig, um mit ihr von dem Aroph des Paracelsus zu sprechen, den ich ihr als ein unfehlbares Mittel zum Erreichen des von ihr gewünschten

Zweckes schilderte. In diesem Augenblick kam mir der Einfall, hinzuzufügen, daß der Aroph, um ganz sicher zu wirken, mit Sperma vermischt sein müsse, das noch nicht seine natürliche Wärme verloren habe. »Wenn diese Mischung«, sagte ich ihr, »täglich drei- bis viermal fünf bis sechs Tage hintereinander den Gebärmuttermund benetzt, so schwächt sie ihn dermaßen, daß der Fötus durch sein eigenes Gewicht heraustritt.«

An diese Einzelheiten schloß ich lange Reden an, um sie von der Wirksamkeit des Mittels zu überzeugen. Als ich sie nachdenklich geworden sah, sagte ich ihr, da ihr Geliebter abwesend sei, so müsse sie einen sicheren Freund haben, der bei ihr weile und ihr die Dosis täglich drei- bis viermal verabreiche.

Plötzlich lachte sie laut auf und fragte mich, ob wirklich das von mir Gesagte nicht ein bloßer Spaß wäre.

»Wenn Sie es wünschen, Mademoiselle«, sagte ich zu ihr im Tone der Überzeugung, »werde ich Ihnen das kostbare Manuskript anvertrauen, worin alles, was ich Ihnen gesagt habe, ganz genau aufgezeichnet ist; außerdem können Sie das bündige Urteil sehen, das Boerhaave darüber abgibt.« Diese Worte überzeugten sie, sie hatten auf sie wie mit Zaubergewalt gewirkt, und ich ließ ihre Überzeugung sich nicht abkühlen. »Der Aroph«, sagte ich zu ihr, »ist das stärkste Mittel zum Hervorrufen der monatlichen Regel.«

»Und die monatliche Regel kann nicht eintreten, solange eine Frau schwanger ist; demnach muß der Aroph ein hervorragendes Mittel sein, um eine geheime Entbindung herbeizuführen. Können Sie es anfertigen?«

»Gewiß; dies ist nicht schwer, denn es sind dazu nur einige Bestandteile nötig, die ich kenne und aus denen man mit Honig oder frischer Butter eine Salbe bereiten muß. Aber es ist notwendig, daß diese Mischung den Gebärmuttermund gerade im Augenblick der höchsten Erregung berührt.«

»Aber dann scheint mir, daß auch derjenige, der es verabreicht, lieben muß.«

»Ohne Zweifel – wenn er nicht einfach ein Tier ist, das nur der körperlichen Erregung bedarf.«

Sie schwieg lange Zeit. Obwohl sie ein kluges Mädchen war, hinderte sie doch die natürliche weibliche Schamhaftigkeit und die Unbefangenheit ihres Gemütes, an eine List zu denken, die ich ohne Schonung angewendet hatte, wie ich gestehen muß. Ich schwieg ebenfalls, weil ich erstaunt war, eine solche Fabel ohne vorherige Überlegung mit allem Anschein der Wahrheit vorgebracht zu haben.

Endlich brach sie das Schweigen und sagte traurig zu mir: »Das Mittel scheint mir natürlich und wundervoll zu sein; aber ich muß darauf verzichten.«

Hierauf fragte sie mich, ob die Zubereitung des Arophs längere Zeit beanspruche.

»Höchstens zwei Stunden, wenn man englischen Safran[6] haben kann, den Paracelsus dem orientalischen vorzieht.«

In diesem Augenblick trat ihre Mutter mit dem Chevalier Farsetti ein; nachdem wir einige nichtssagende Bemerkungen gewechselt hatten, lud sie mich zum Essen ein. Ich wollte ablehnen, aber Mademoiselle sagte mir, sie würde mit uns speisen. Infolgedessen nahm ich die Einladung an, und wir verließen das Zimmer, um ihr Zeit zum Ankleiden zu lassen. Sie ließ nicht auf sich warten und erschien mit der Taille einer Nymphe. Ich war starr; kaum konnte ich meinen Augen trauen, und es fehlte nicht viel, so hätte ich geglaubt, von ihr angeführt zu sein; denn ich begriff nicht, wie sie es angefangen haben konnte, um bis zu einem solche Grade die Fülle zu verbergen, die ich mit meinen eigenen Händen hatte berühren dürfen.

Farsetti saß neben ihr und ich neben ihrer Mutter. Beim Nachtisch fragte Mademoiselle, der der Aroph im Sinne lag, ihren Tischnachbar, der sich für einen großen Chemiker ausgab, ob er ihn kenne.

»Ich glaube«, sagte Farsetti mit selbstgefälliger Miene, »ich kenne ihn besser als irgendeiner.«

»Wozu dient er?«

»Diese Frage ist zu unbestimmt.«

»Was bedeutet das Wort?«

»Aroph ist ein arabisches Wort, das ich nicht kenne. Man müßte im Paracelsus nachsehen.«

»Das Wort«, sagte ich zu ihm, »ist weder arabisch noch aus einer anderen Sprache. Es ist aus zwei Wörtern zusammengezogen.«

»Könnten Sie uns«, sagte der Chevalier, »diese Worte nennen?«

»Nichts leichter als das: ›Aro‹ kommt von ›Aroma‹, und ›ph‹ ist der Anfangsbuchstabe von ›philosophorum‹.«

»Hat Paracelsus«, fragte Farsetti spitz, »Ihnen diese Belehrung gegeben?«

»Nein, Monsieur, ich verdanke sie Boerhaave.«

»Das ist ja komisch! Boerhaave sagt dies nirgends; aber es gefällt mir, wenn man recht kühn zitiert!«

»Lachen Sie nur, Monsieur«, rief ich stolz, »das steht Ihnen natürlich frei; aber hier ist der Prüfstein: Nehmen Sie eine Wette an, wenn Sie es wagen. Ich verwende niemals falsche Zitate.«

Mit diesen Worten warf ich eine Börse voll Gold auf den Tisch, aber Farsetti, der seiner Sache nichts weniger als sicher war, antwortete mir verächtlich, er wette niemals.

Mademoiselle freute sich über seine Verwirrung und sagte ihm, das sei das richtige Mittel, niemals zu verlieren. Ich steckte meine Börse wieder in die Tasche, tat, als ob ich einmal hinausgehen müßte, und schickte meinen Bedienten zu Madame d'Urfé, um den Boerhaave zu holen.

Dann setzte ich mich wieder zu Tisch und unterhielt mich heiter, bis mein Bedienter zurückkam und mir das Buch brachte. Ich schlug es auf, und da ich es erst am Tage vorher benutzt hatte, fand ich sofort die Stelle wieder. Ich zeigte sie Farsetti und bat ihn, sich zu überzeugen, daß ich nicht mit angemaßter Zuversicht, sondern mit voller Gewißheit zitiert hätte. Anstatt das Buch zu nehmen, stand er auf und ging hinaus, ohne ein Wort zu sagen.

»Er ist ärgerlich fortgegangen«, sagte die Mutter, »und ich möchte wetten, er wird nicht wiederkommen.«

»Ich wette auf das Gegenteil!« rief die Tochter; »der morgige Tag wird nicht vorübergehen, ohne daß er uns mit seiner angenehmen Gegenwart beehrt.«

Sie hatte richtig geraten. Farsetti wurde von diesem Tage an mein unversöhnlicher Feind und ließ keine Gelegenheit vorübergehen, mir dies zu beweisen.

Nach dem Essen gingen wir alle nach Passy zu einem Konzert, das Monsieur de la Popelinière veranstaltete. Er lud uns zum Abendessen ein. Ich fand dort Silvia und ihre reizende Tochter, die mit mir schmollte, und nicht ohne Grund, denn ich hatte sie vernachlässigt. Der berühmte Wundermann, St.-Germain, erheiterte die Tischgesellschaft durch seine Prahlereien, die er sehr geistvoll und mit allem Anstande vorbrachte. Ich habe niemals einen geistreicheren, geschickteren und unterhaltenderen Betrüger gekannt.

Am nächsten Tage schloß ich mich in meinem Hause ein und war für niemanden zu sprechen, weil ich eine Menge Fragen beantworten mußte, die Esther an mich gerichtet hatte. Auf alle jene, die den Handel betrafen, antwortete ich sehr dunkel, denn abgesehen von der Furcht, mein Orakel bloßzustellen, hätte ich es mir nie verzeihen können, ihrem Vater durch Erregung von Irrtümern einen finanziellen Schaden zuzufügen. Der brave Mann war der anständigste von allen holländischen Millionären. Esther war für mich, ich muß es gestehen, nur noch eine angenehme Erinnerung.

Mademoiselle XCV beschäftigte mich ganz und gar, trotz meiner zur Schau getragenen Gleichgültigkeit war ich mir klar, daß ich sie liebte und nur als ihr Geliebter ganz glücklich werden konnte. Ich sah nicht ohne Unruhe den Augenblick herannahen, da sie ihren Zustand nicht mehr vor ihrer Familie hätte verbergen können. Ich bereute es, mit ihr von dem Aroph gesprochen zu haben, denn seit drei Tagen war er nicht mehr erwähnt worden; ich befürchtete sogar, daß ich ihren Verdacht erregt hätte und daß bei ihr das Gefühl der Achtung sich in ein für mich viel weniger schmeichelhaftes Gefühl verwandelt haben möchte. Ihre Verachtung hätte ich nicht ertragen können. Ich fühlte mich dermaßen gedemütigt, daß ich nicht den Mut hatte, sie aufzusuchen, und ich weiß nicht, ob ich mich überhaupt dazu entschlossen hätte, wenn sie mir nicht entgegengekommen wäre. Sie schrieb mir in einem Briefchen, sie habe keinen anderen Freund als mich und bitte um keinen anderen Freundschaftsbeweis, als daß ich sie jeden Tag besuche, wenn auch nur für einen kurzen Augenblick. Ich beeilte mich, ihr meine Antwort mündlich zu übermitteln. Ich versprach ihr, sie nicht im Stich zu lassen, und versicherte ihr, meine Freundschaft sei beständig und sie könne unter allen Umständen auf mich zählen. Ich hatte gehofft, sie würde von dem Aroph sprechen, aber vergebens. Ich glaubte, sie würde wohl reiflich darüber nachgedacht und es ganz richtig als ein Trugbild erkannt haben. Ich entschloß mich daher, auf dieses Hilfsmittel nicht mehr zu rechnen.

»Ist es Ihnen recht«, fragte ich sie, »wenn ich Ihre Mutter und die ganze Familie einlade, in meinem Hause zu speisen?«

»Dies würde mir viel Freude machen; es wäre ein Genuß, den ich mir etwas später nicht mehr werde verschaffen können.«

Das Essen war prächtig und zugleich heiter; ich hatte an den Kosten nicht gespart, und alles war für den feinsten Geschmack berechnet. Meine Gäste waren außer der Familie XCV, Silvia, deren Tochter, ein italienischer Musiker namens Magali, in den eine Schwester von Mademoiselle verliebt war, und der Bassist

La Garde, den man in allen guten Gesellschaften traf. Mademoiselle war die ganze Zeit über von einer entzückenden Heiterkeit. Wir trennten uns erst um Mitternacht, und vor dem Abschiednehmen fand sie Gelegenheit, mich zu bitten, am nächsten Morgen in der Frühe bei ihr vorzusprechen, da sie mir etwas Wichtiges zu sagen habe.

Wie man sich denken kann, versäumte ich es nicht, der Einladung zu folgen. Schon um acht Uhr war ich bei ihr. Ich fand sie sehr traurig, und sie sagte mir, sie sei in Verzweiflung: »Monsieur de la Popelinière verlangt den Abschluß der Heirat, und meine Mutter drängte mich dazu. Sie hat mir angekündigt, ich müsse den Ehevertrag unterzeichnen; ein Schneider werde kommen und mir zu Miedern und neuen Kleidern Maß nehmen. Hierzu kann ich nicht einwilligen, denn es ist unmöglich, daß ein Schneider nicht meinen Zustand bemerkt. Ich bin entschlossen, mir lieber das Leben zu nehmen, als mich vor meiner Niederkunft zu verheiraten oder mich meiner Mutter anzuvertrauen.«

»Der Tod ist ein Hilfsmittel, das man immer noch anwenden kann; zu ihm darf man erst dann seine Zuflucht nehmen, wenn man andere Rettungsmittel erfolglos versucht hat. Von Monsieur de la Popelinière können Sie sich, scheint mir, leicht frei machen: Vertrauen Sie ihm Ihren Zustand an; er ist ein Ehrenmann und wird zurücktreten, ohne Sie bloßzustellen, denn es liegt in seinem eigenen Vorteil, das Geheimnis zu bewahren.«

»Aber werde ich damit viel weiter sein? Und meine Mutter?«

»Ihre Mutter? Ich übernehme es, sie zur Vernunft zu bringen.«

»O mein Freund! Wie wenig kennen Sie sie! Um der Ehre willen würde sie genötigt sein, mich verschwinden zu lassen; aber vorher würde ich von ihr Leiden zu erdulden haben, denen der grausamste Tod vorzuziehen wäre. – Aber wie kommt es, daß Sie gar nicht mehr vom Aroph sprechen? Sollte es nur ein Scherz gewesen sein? Das wäre grausam.«

»Nein, ich halte es im Gegenteil für ein unfehlbares Mittel, obgleich ich seine wunderbaren Wirkungen niemals selber beobachtet habe. Aber welchen Zweck hätte es, mit Ihnen darüber zu sprechen? Sie haben gewiß erraten, daß mich Zartgefühl zum Schweigen zwang. Vertrauen Sie Ihren Zustand Ihrem Geliebten in Venedig an; schreiben Sie ihm, und ich erbiete mich, ihm die Botschaft in fünf oder sechs Tagen durch einen sicheren

Mann zustellen zu lassen. Wenn er nicht reich ist, werde ich Ihnen das nötige Geld geben, damit er unverzüglich hierher kommen kann, um Ihnen Ehre und Leben zu retten, indem er Ihnen selbst den Aroph beibringt.«

»Der Plan ist schön, und Ihr Anerbieten ist großmütig, aber es läßt sich nicht ausführen. Sie würden daran nicht zweifeln, wenn Ihnen der Zusammenhang der ganzen Geschichte besser bekannt wäre. An ihn dürfen wir nicht denken, lieber Freund, aber nehmen wir an, ich könnte mich entschließen, den Aroph von einem anderen als von ihm zu empfangen – so sagen Sie mir: wie könnte ich es tun? Wenn nun wirklich mein Geliebter sich in Paris verborgen hielte, wäre es möglich, daß er sieben oder acht Tage in aller Freiheit mit mir verbrächte, wie es doch ohne Zweifel nötig sein würde, um mir das Mittel beizubringen und alle Vorschriften einzuhalten? Sie sehen wohl, es ist nicht möglich, an dieses Heilmittel zu denken.«

»Sie würden also, um Ihre Ehre zu retten, sich entschließen, sich einem anderen hinzugeben?«

»Ja, ganz gewiß – wenn ich sicher wäre, daß niemand etwas davon erführe. Aber wo ist dieser Mann? Halten Sie es für möglich, einen solchen zu finden, oder glauben Sie, daß ich selbst in diesem Fall mich entschließen könnte, ihn holen zu lassen?«

Ich stand wie versteinert, als ich sie dies sagen hörte; denn Mademoiselle XCV kannte meine Liebe zu ihr, und es erschien mir unnatürlich, daß sie daran denken sollte, mit großer Unbequemlichkeit in der Ferne zu suchen, was sie doch ganz in der Nähe finden konnte. Sie wollte ganz augenscheinlich, daß ich sie bat, mich zum Verabreicher des Mittels zu wählen, sei es, um ihrem Schamgefühl ein so heikles Anerbieten zu ersparen, sei es, um sich das Verdienst zu erwerben, nur meiner Liebe nachzugeben, und mich dadurch zu größerer Dankbarkeit zu verpflichten. Aber trotz meiner Liebe und meinem Begehren wollte ich mich nicht dem Schimpf und der Demütigung einer abschlägigen Antwort aussetzen. Andererseits konnte ich mir kaum vorstellen, daß sie die Absicht haben sollte, mich zu beleidigen. Um sie zu einer Erklärung zu zwingen, stand ich mit einem schweren Seufzer auf, ging auf die Tür zu und rief: »Grausame, ich bin unglücklicher als Sie!« Sie richtete sich in ihrem Bett auf und flehte mich an, zu bleiben, indem sie mich mit Tränen in den Augen fragte, wie ich mich für unglücklicher halten könne als sie. Eine gekränkte, aber gefühlvolle Miene annehmend, antwortete ich ihr, sie habe mich ihre Geringschätzung zu deutlich merken lassen, indem sie in ihrer traurigen Notlage mir einen Unbekannten vorzöge, den ich ihr ganz sicherlich nicht verschaffen würde.

»Wie grausam Sie sind! Wie ungerecht!« rief sie weinend. »Jetzt sehe ich wohl, daß Sie keine Liebe zu mir empfinden, da Sie aus meiner entsetzlichen Lage einen Triumph für sich machen wollen, der eines großmütigen Mannes wenig würdig ist.«

Ihre Tränen rührten mich, und ich warf mich vor ihr auf die Knie und rief: »Da Sie doch wissen, daß ich Sie anbete – wie können Sie mir wohl Rachepläne zutrauen? Sie müssen mich doch für unempfindlich halten, indem Sie mir mit klaren Worten sagen, daß Sie nicht wissen, an wen Sie sich in Abwesenheit Ihres Liebhabers wenden sollen, um sich aus der Verlegenheit zu retten!«

»Aber sagen Sie mir, ob ich schicklicherweise nach meiner ersten Ablehnung mich an Sie wenden sollte?«

»Sie glauben also, ein leidenschaftlich liebender Mann könne wegen einer Abweisung, deren Grund nur die Tugend sein kann, zu lieben aufhören? Lassen Sie mich Ihnen mein Herz offenbaren: ich habe allerdings glauben können, daß Sie mich nicht lieben; aber jetzt glaube ich gewiß zu sein, daß ich mich getäuscht habe, und daß Sie mich unabhängig von der Zwangslage, in der Sie sich befinden, auch aus Gefühl glücklich gemacht haben würden; und weiter: Sie sind mir ohne Zweifel böse, daß ich mir das Gegenteil hatte einbilden können.«

»Sie sind, mein lieber Freund, der getreue Dolmetsch meiner Gefühle. Aber wir müssen noch feststellen, wie wir in aller erforderlichen Freiheit zusammenkommen können.«

»Sorgen Sie sich darum nicht; ich werde darüber nachdenken und unterdessen den Aroph zubereiten.«

Ich hatte beschlossen, wenn es mir je gelingen sollte, Mademoiselle zur Anwendung meines Mittels zu überreden, nur Honig zu gebrauchen; die Anfertigung des Aroph konnte mich also nicht in Verlegenheit bringen. Aber ich sollte ohne Unterbrechung mehrere Nächte mit ihr in beständiger Arbeit verbringen; ich fürchtete, mich über meine Kraft hinaus verpflichtet zu haben, und es war nicht möglich, etwas davon rückgängig zu machen. Da eine jüngere Schwester im gleichen Zimmer schlief, konnte ich sie nicht ganze Nächte in einen Gasthof führen, das war unmöglich. Die Gottheit des Zufalls kam mir zu Hilfe.

Als ich einmal wegen eines Bedürfnisses in die vierte Etage hinaufgehen mußte, begegnete ich dem Küchenjungen; er erriet, was ich wollte, und bat mich, nicht weiterzugehen, weil der Platz besetzt wäre.

»Aber du kommst ja eben heraus.«

»Allerdings, aber ich bin nur eingetreten und gleich wieder hinausgegangen.«

»Nun, so werde ich warten, bis der Ort wieder frei ist.«

»O bitte, warten Sie nicht!«

»Aha, ich verstehe, du hast dich mit einem Mädchen vergnügt; ich werde nichts sagen, aber ich will sie sehen.«

»Sie wird nicht herauskommen; denn sie hat Sie gehört und sich eingeschlossen.«

»Sie kennt mich also?«

»Ja, und Sie kennen sie ebenfalls.«

»Gut, geh nur und sei deinetwegen und ihretwegen unbesorgt.«

Ich ging hinaus und bemerkte durch eine Spalte Mademoiselles Kammerzofe Madeleine. Ich beruhigte sie, indem ich ihr zu schweigen versprach. Ich bat sie zu öffnen, denn ich mußte sehr dringend. Sie öffnete, ich drückte ihr einen Louis in die Hand, und sie lief ein bißchen verlegen schnell weg. Nachdem ich fertig war, ging ich wieder hinunter, und der Küchenjunge, der mich auf dem Treppenabsatz erwartete, bat mich, Mademoiselle zu veranlassen, daß sie ihm die Hälfte von dem Louis abgäbe.

»Ich verspreche dir einen ganzen«, sagte ich zu ihm, »wenn du alles gestehen willst.«

Dies tat der Bursche gern. Er erzählte mir seine Liebesgeschichte und sagte mir, er verbringe mit ihr alle Nächte in der Dachkammer; seit drei Tagen jedoch seien sie ihres Vergnügens beraubt, weil Madame jetzt Wildbret dort aufbewahre und darum den Schlüssel abgezogen habe. Ich ließ mich von ihm hinführen und sah durch das Schlüsselloch, daß eine Matratze noch sehr gut Platz hatte. Ich gab dem Küchenjungen einen Louis und entfernte mich, um mir meinen Plan reiflich zu überlegen.

Ich war der Meinung, daß Mademoiselle im Einverständnis mit Madeleine leicht die Nacht in dieser Dachkammer verbringen könnte. Ich versah mich mit einem Dietrich und mehreren Nachschlüsseln und legte in eine Blechdose mehrere Gaben des angeblichen Aroph, das heißt: Honig, den ich mit Hirschhornpulver vermischt hatte, um ihm Festigkeit zu geben. Am nächsten Morgen ging ich in das Hôtel de Bretagne, um sofort meinen Dietrich zu versuchen, ich brauchte ihn nicht, denn schon der erste Schlüssel, den ich probierte, genügte, um das schadhafte Schloß zu öffnen.

Stolz auf meine Entdeckung und auf meinen Erfolg, ging ich zu Mademoiselle hinunter und gab ihr mit ein paar Worten von allem Bescheid.

»Aber, lieber Freund, ich kann mein Zimmer nur verlassen, indem ich durch die Kammer gehe, worin Madeleine schläft.«

»Nun, mein Herz, so müssen wir das Mädchen auf unsere Seite bringen.«

»Ihr mein Geheimnis anvertrauen?«

»Ganz recht.«

»Das würde ich niemals wagen.«

»So übernehme ich es; der goldene Schlüssel öffnet alle Türen.«

Sie war mit allem einverstanden, nur der Küchenjunge setzte sie in Verlegenheit; denn wenn er hinter unser Geheimnis gekommen wäre, so hätte er uns schaden können. Ich glaubte, ich würde ihn durch Madeleine gewinnen können oder diese würde als kluges Mädchen uns den Jungen vom Halse schaffen können.

Bevor ich ging, sagte ich dem Mädchen, ich hätte etwas Wichtiges mit ihr zu besprechen, und bestellte sie nach dem Kreuzgang der Augustinerkirche. Sie kam pünktlich, und ich setzte ihr meinen Plan in allen Einzelheiten auseinander. Er war nicht schwer zu begreifen. Sie sagte mir, sie würde dafür sorgen, daß ihr eigenes Bett zur bestimmten Stunde in der Dachkammer sei; aber sie fügte hinzu, damit wir ganz ruhig sein könnten, wäre es unbedingt notwendig, den Küchenjungen für uns zu gewinnen. »Er ist ein kluger Bursche, und ich glaube, für seine Treue bürgen zu können; überlassen Sie es nur mir, die Sache in Ordnung zu bringen.«

Ich gab ihr den Schlüssel und sechs Louis und befahl, ihre Herrin von allem zwischen uns Verabredeten zu unterrichten, sich mit ihr zu verständigen und die Dachkammer zu unserer Aufnahme bereit zu machen. Sie ging ganz vergnügt nach Hause. Eine Kammerzofe, die einen Liebsten hat, ist niemals so glücklich, wie wenn sie ihre Herrin in die Notwendigkeit versetzen kann, ihre Liebschaft zu beschützen.

Am nächsten Morgen suchte der Küchenjunge mich in ›Petite

Pologne‹ auf; ich hatte dies erwartet. Bevor er sprechen konnte, sagte ich ihm, er solle vor der Neugier meiner Dienstboten auf der Hut sein und nicht ohne zwingenden Grund zu mir kommen. Er versprach mir, vorsichtig zu sein, und versicherte mir seine Ergebenheit. Er gab mir den Schlüssel zur Dachkammer und sagte mir, er habe sich einen anderen verschafft. Ich bewunderte und lobte seine Umsicht und schenkte ihm sechs Louis, die, wie ich sah, mehr wirkten als die schönsten Worte.

Am nächsten Vormittag sah ich Mademoiselle nur einen Augenblick, um ihr zu sagen, daß sie mich abends um zehn Uhr am bewußten Ort finden werde. Ich ging ziemlich frühzeitig dorthin, ohne von einem Menschen gesehen zu werden. Ich war im Überrock und hatte in den Taschen meine Dose mit dem Aroph, ein ausgezeichnetes Feuerzeug und eine Kerze. Ich fand in der Dachkammer eine gute Matratze, zwei Kopfkissen und eine warme Bettdecke, einen sehr nützlichen Gegenstand, denn die Nächte waren kalt, und wir mußten in den Pausen der Operation schlafen können.

Um elf Uhr hörte ich ein leises Geräusch. Mir klopfte das Herz, was immer ein gutes Vorzeichen ist. Ich ging auf den Fußspitzen hinaus und Mademoiselle entgegen. Ich beruhigte sie mit leisen Worten, führte sie in unser Schlafgemach, verrammelte die Tür und verhängte das Schlüsselloch.

Als ich dann meine Kerze anzündete, wurde sie unruhig. »Das Licht kann uns verraten, wenn jemand den Abort aufsucht«, sagte sie zu mir.

»Es ist nicht anzunehmen, daß jemand kommt: aber abgesehen davon, müssen wir es eben doch wagen; denn wie könnten Sie ohne Licht mir den Aroph auflegen?«

»Nun, so werden wir die Kerze unmittelbar darauf auslöschen.«

Ohne uns mit jenen Vorspielen zu unterhalten, die sonst, wenn man frei ist, in der Liebe so süß sind, entkleideten wir uns und gingen ernstlich an unsere Rollen, die wir mit der größten Vollkommenheit spielten. Ich sah aus wie ein Chirurg, der eine Operation vornehmen will, sie wie eine Kranke, die sich in ihr Schicksal ergibt, nur mit dem Unterschied, daß in diesem Fall die Kranke die Vorbereitungen traf. Sie öffnete die Büchse und stellte sie an ihre rechte Seite und nahm eine bequeme Rückenlage ein. Nun spreizte sie ihre Schenkel, zog die Beine an und beugte sich nach vorn, um mir im Schein der Kerze, die ich in der linken Hand hielt, den Aroph als kleines Häubchen auf den Kopf meines Dinges aufzulegen. Jetzt erweiterte sie mit beiden Händen die Mündung, durch die das Mittel an den Ort gelangen sollte, wo sich die Vermischung mit dem Lebenssaft vollziehen sollte.

Wirklich komisch würde einem Dritten, der uns hätte sehen können, der doktorale Ernst erschienen sein, den wir beide zur Schau trugen.

Als die Einführung vollständig bewerkstelligt war, löschte die ängstliche Mademoiselle die Kerze aus; aber einige Minuten später mußte sie mir gestatten, sie wieder anzuzünden. Ich hatte mein Werk meisterhaft vollbracht, aber zu schnell, so daß meine Schöne, die am Anfang noch mit ihrer Angst zu tun hatte, im Rückstand geblieben war. Ich sagte ihr dienstfertig, ich sei hocherfreut, noch einmal beginnen zu müssen, und der Ton, worin ich dieses Kompliment vorbrachte, brachte uns beide zu lautem Lachen. Sie hatte nun keine Mühe, mich zurechtzumachen und aufzunehmen, nachdem sie gesehen hatte, daß sich das Aroph nur ein ganz klein wenig verfärbt hatte.

Bei der zweiten Operation ging es nicht so schnell wie bei der ersten, und diesmal hatte Mademoiselle vollkommen Zeit, auch ihrerseits tüchtig mitzuarbeiten.

Die Scham war dem Vertrauen gewichen, und als sie den an seinem Platze gebliebenen Aroph untersuchte, machte sie mich auf den sehr deutlich erkennbaren Anteil ihrer Mitwirkung aufmerksam. Sodann sagte sie mir mit zärtlicher und zufriedener Miene, wir hätten, um den erhofften Erfolg zu erreichen, noch einen weiten Weg vor uns, und forderte mich auf, mich etwas auszuruhen.

»Wie Sie sehen«, antwortete ich ihr, »bedarf es dessen nicht, und ich denke, wir tun gut, wenn wir gleich wieder anfangen.«

Sie fand ohne Zweifel diesen Grund überzeugend, denn sie machte sich sofort, ohne ein Wort zu erwidern, von neuem an die Arbeit. Hierauf überließen wir uns einem ziemlich langen Schlummer. Als ich erwachte, fühlte ich mich vollkommen frisch und beantragte eine neue Operation. Nachdem diese von ihr bewilligt und von mir tadellos ausgeführt worden war, bestimmte eine ökonomische Betrachtung meiner vorsichtigen Mademoiselle mich, meine Kräfte zu schonen, denn wir mußten uns auch für die folgenden Nächte bei Kräften erhalten. Gegen vier Uhr morgens verließ sie mich daher und ging leise nach ihrem Zimmer zurück; ich schwand mit Tagesanbruch aus dem Haus unter dem Schutz meines Küchenjungen, der mich durch eine mir bis dahin unbekannte Nebentür entschlüpfen ließ.

Ich machte gegen Mittag wie gewöhnlich Mademoiselle meine Aufwartung. Sie sprach mir von ihrer Dankbarkeit und dankte mir sofort und so feurig, daß ich, der ich mich mit Recht für ihren Schuldner hielt, allen Ernstes ärgerlich zu werden begann.

»Begreifen Sie denn wirklich nicht, Mademoiselle«, rief ich aus, »daß Ihre Danksagungen mich demütigen. Sie beweisen mir, daß Sie mich nicht lieben oder, wenn Sie mich lieben, daß Sie meine Liebe nicht für so groß halten wie die Ihrige.«

Schließlich wurden wir beide gerührt und hätten unsere gegenseitige Liebe ohne die Beihilfe des Arophs besiegelt, wenn nicht die Vorsicht uns zu Hilfe gekommen wäre, und so warteten wir bis zur Nacht.

Meine Lage war sonderbar; denn obwohl ich das anziehende Mädchen sehr lieb hatte, machte ich mir doch nicht den geringsten Vorwurf darüber, sie getäuscht zu haben. Nur aus einem kleinen Rachegefühl verletzter Eitelkeit freute ich mich darüber, daß ich mir durch einen Betrug so große Genüsse verschaffte. Sie sagte mir, sie fühle sich gedemütigt, daß sie meinen Wünschen Widerstand geleistet habe, als sie mir durch ihre Hingabe einen echten Beweis ihrer Liebe hätte ablegen können, während sie jetzt voll Bitterkeit fühle, daß ich über ihre wirklichen Empfindungen einigen Zweifel hegen könne. Während meiner nächtlichen Arbeiten, die freilich für den von ihr verfolgten Zweck, eine Fehlgeburt herbeizuführen, sehr nutzlos waren, hatte ich das Glück, ihr so viel Vertrauen und Ergebung einzuflößen, daß sie aus eigenem Antriebe mir versprach, sich nicht mehr der Verzweiflung zu überlassen, sondern allem, was kommen könnte, zum Trotz sich nur mir zu überlassen und nur meine Ratschläge zu befolgen. Während unserer nächtlichen Gespräche wiederholte sie mir oft, sie fühle sich glücklich und werde es auch selbst dann sein, wenn der Aroph keine Wirkung haben sollte. Nicht als ob sie nicht das größte Vertrauen dazu gehabt hätte, denn sie hörte mit der Anwendung des unschuldigen Mittels erst bei den letzten Kämpfen auf, die wir mit einem beinahe fanatischen Eifer uns lieferten, wie wenn wir die Schale der Wollust bis auf den letzten Tropfen hätten leeren wollen.

»Mein lieber Freund«, sagte sie zu mir, als wir uns zum letzten Male trennten, »was wir getan haben, scheint mir viel mehr geeignet, zu schaffen als zu zerstören, und wenn die Tür nicht schon hermetisch verschlossen gewesen wäre, so hätten wir wahrscheinlich dem kleinen Einsiedler gute Gesellschaft verschafft.« Man hätte nicht besser reden können.

Drei oder vier Tage später fand ich sie nachdenklich, aber ruhig, sie sagte mir, sie habe alle Hoffnung verloren, ihrer Bürde vor der Zeit ledig zu werden; sie werde fortwährend von ihrer Mutter bedrängt und binnen sehr wenigen Tagen bleibe ihr keine andere Wahl mehr, als entweder ihren Zustand einzugestehen oder den Ehevertrag mit de la Popelinière zu unterzeichnen. Sie könnte sich jedoch für keine dieser Möglichkeiten entschließen und wolle deshalb entfliehen. Sie bat mich, ihr dies zu ermöglichen.

Ich war entschlossen, ihr behilflich zu sein. Dieser Entschluß stand völlig fest, aber ich wollte den äußeren Schein retten, denn ich hätte mir eine böse Geschichte an den Hals ziehen können, wenn man die Gewißheit erlangt hätte, daß ich sie empfing oder ihr die Mittel zur Flucht aus Frankreich verschafft hätte. Übrigens hatten wir beide niemals daran gedacht, uns durch eine Heirat für das ganze Leben zu vereinigen. Ich verließ sie sehr nachdenklich und begab mich nach den Tuilerien, wo ein geistliches Konzert stattfand. Es wurde eine von Mondonville komponierte Motette gespielt; der Text war vom Abbé de Voisenon, dem ich dazu die Idee gegeben hatte: ›Die Kinder Israel auf dem Berge Horeb‹. Die Dichtung war in freien Versen geschrieben und machte als etwas Neues in dieser Art Aufsehen. Als ich im Cul-de-sac-Dauphin aus meinem Wagen stieg, bemerkte ich Madame du Rumain, welche allein aus dem ihrigen stieg. Ich eilte auf sie zu und wurde von ihr als ein guter Bekannter begrüßt: »Ich freue mich, Sie hier zu finden; es ist wirklich ein Glücksfall. Ich will mir die Uraufführung anhören und habe zwei reservierte Plätze; Sie werden mir ein Vergnügen machen, wenn Sie den einen annehmen.« Ich fühlte den ganzen Wert einer so ehrenvollen Einladung und nahm sie natürlich an, obwohl ich meine Eintrittskarte in der Tasche hatte. Ich reichte ihr ehrerbietig meinen Arm, und wir nahmen zwei der besten Plätze ein.

Man plaudert in Paris nicht, wenn man geistliche Musik hört, besonders wenn es etwas Neues ist. Madame du Rumain konnte also aus meinem notgedrungenen Schweigen während des Konzertes nicht auf den Zustand meiner Seele schließen, aber sie erriet ihn an meinen Gesichtszügen, als alles zu Ende war; denn ich sah niedergeschlagen und sorgenvoll aus, und dies war bei mir etwas Ungewöhnliches.

»Monsieur Casanova«, sagte sie zu mir, »erweisen Sie mir den Gefallen, auf eine Stunde zu mir zu kommen, ich habe Ihnen einige kabbalistische Fragen zu stellen; Sie müssen sie mir lösen, denn sie liegen mir am Herzen; aber wir müssen uns beeilen, weil ich heute abend außerhalb des Hauses speise.«

Begreiflicherweise ließ ich mich nicht bitten; ich fuhr mit ihr nach Hause, und in weniger als einer halben Stunde waren meine Antworten fertig. Hierauf sagte die liebenswürdige Dame in wohlwollendstem Ton zu mir: »Was haben Sie denn, Monsieur Casanova? Sie sind nicht in Ihrer gewöhnlichen Stimmung, und wenn ich mich nicht täusche, erwarten Sie irgendein großes Unglück. Sollten Sie vielleicht vor der Notwendigkeit stehen, einen wichtigen Entschluß fassen zu müssen? Ich bin nicht neugierig; aber wenn ich Ihnen bei Hofe nützlich sein kann, so verfügen Sie über meinen Einfluß und zählen Sie auf mich. Ich werde, wenn die Sache dringlich ist, nötigenfalls morgen früh nach Versailles fahren; ich bin bei allen Ministern gut angeschrieben. Teilen Sie mir Ihren Kummer mit, lieber Freund; wenn ich ihn nicht lindern kann, werde ich ihn wenigstens teilen, verlassen Sie sich auf meine Verschwiegenheit.«

Diese Ansprache kam mir vor wie eine himmlische Stimme, wie eine Ermahnung meines guten Genius, mich dieser Dame anzuvertrauen, die beinahe meine Gedanken gelesen und mir in unzweideutigen Ausdrücken erklärt hatte, daß sie an meinem Glück großen Anteil nehme. Nachdem ich sie schweigend, aber mit dem Ausdruck der tiefen Dankbarkeit einige Augenblicke angesehen hatte, sagte ich zu ihr: »Ja, Madame, ich befinde mich in einer sehr kritischen Lage und stehe vielleicht im Begriff, mich zugrunde zu richten; aber Ihr Wohlwollen gibt mir meine Ruhe wieder, indem es mich einige Hoffnung schöpfen läßt; ich werde Ihnen meine Lage schildern. Ich will Ihnen ein Geheimnis anvertrauen, das die Ehre unverletzlich macht; ich kann an Ihrer Verschwiegenheit so wenig zweifeln wie an Ihrer Güte.

Wenn Sie dann mir gnädigst einen Rat erteilen wollen, so verspreche ich Ihnen, diesen zu befolgen, und ich schwöre Ihnen, niemals zu sagen, von wem ich ihn erhalten habe.«

Nach dieser Einleitung, die sie mit der größten Aufmerksamkeit anhörte, erzählte ich ihr die ganze Geschichte mit allen Einzelheiten. Ich verschwieg ihr weder den Namen der jungen Dame noch irgendeinen der Umstände, die mich nötigten, für sie einzutreten. Nur von dem Aroph und dessen Anwendung schwieg ich: Die Sache erschien mir zu komisch, um sie in dieses ernste Drama hineinzumischen; aber ich gestand ihr, daß ich ihr in der Hoffnung, sie von ihrer Last zu befreien, Drogen verschafft hätte.

Nach dieser wichtigen Mitteilung schwieg ich, und Madame du Rumain blieb eine Viertelstunde lang in Gedanken versunken. Endlich stand sie auf und sagte zu mir: »Ich werde bei Madame de la Marck erwartet; ich muß unbedingt hingehen, denn ich soll dort den Bischof von Montrouge treffen, mit dem ich etwas zu besprechen habe. Ich hoffe jedoch, ich werde Ihnen nützlich sein können. Bitte, kommen Sie übermorgen um acht Uhr wieder; Sie werden mich allein finden; vor allen Dingen tun Sie keine Schritte, bevor Sie mich gesehen haben; leben Sie wohl.«

Ich verließ sie voller Hoffnung und fest entschlossen, bei dieser heiklen Angelegenheit mich nur von ihrem Rat leiten zu lassen.

Der Bischof von Montrouge, mit dem sie wegen einer wichtigen, mir sehr wohl bekannten Angelegenheit zu sprechen hatte, war der Abbé de Voisenon, den man so nannte, weil er oft dorthin ging. Montrouge ist ein Landgut in der Nähe von Paris, das damals dem Herzog de la Vallière gehörte.

Am nächsten Morgen besuchte ich Mademoiselle XCV; ich sagte ihr jedoch nur, daß ich die Hoffnung hätte, ihr in ein paar Tagen gute Nachrichten geben zu können. Ich war mit ihr zufrieden; denn sie zeigte sich gefaßt und vertrauensvoll.

Den Tag darauf stellte ich mich pünktlich um acht Uhr bei meiner edlen Gönnerin ein. Der Diener sagte mir lächelnd, ich würde den Arzt bei Madame finden, dies hielt mich jedoch nicht ab, hinaufzugehen; er entfernte sich, sobald ich erschien. Es war der Doktor Herrenschwandt, um den sich alle hübschen Frauen von Paris rissen. Der unglückliche Dichter Poinsinet brachte ihn im ›Le Cercle‹ auf die Bühne, einem kleinen Einakter von sehr mäßigem Werte, der jedoch zu seiner Zeit einen großen Erfolg hatte.

»Mein lieber Betrübter«, sagte Madame du Rumain zu mir, sobald wir allein waren, »ich habe Ihre Sache in Ordnung gebracht. Nun aber müssen Sie mein Geheimnis unverletzlich bewahren. Nachdem ich über den Gewissensfall, den Sie mir anvertraut hatten, reiflich nachgedacht hatte, begab ich mich gestern nach dem Kloster C., dessen Äbtissin meine Freundin ist. Ich vertraute ihr das Geheimnis an, da ich vollkommen sicher bin, daß sie nicht imstande ist, es zu mißbrauchen. Wir haben abgemacht, daß sie die junge Dame in ihr Kloster aufnimmt und ihr eine gute Laienschwester zuteilt, um sie im Wochenbett zu pflegen. Ihre Schutzbefohlene wird allein nach dem Kloster gehen und durch die Pförtnerin der Äbtissin einen Brief überreichen lassen, den ich Ihnen geben werde. Sie wird sofort eingelassen und in ein anständiges Zimmer gebracht werden. Sie wird niemals Besuche empfangen, und alle ihre Briefe müssen durch meine Hände gehen. Die Äbtissin wird mir ihre Antworten schicken, und ich werde Ihnen diese eigenhändig übergeben. Sie begreifen, daß sie nur mit Ihnen Briefe wechseln darf und Sie nur durch meine Vermittlung Nachrichten von ihr erhalten können. Sie müssen auf die gleiche Weise verfahren, und Ihre Briefe dürfen nicht adressiert sein. Ich habe der Äbtissin den Namen der jungen Dame sagen müssen, aber den Ihrigen habe ich ihr nicht genannt, weil sie mich nicht danach gefragt hat. – Teilen Sie dies alles Ihrer Freundin mit; sobald sie bereit ist, melden Sie es mir, und ich werde Ihnen meinen Brief geben. Sagen Sie ihr, sie solle nur das Allernotwendigste mitnehmen und vor allen Dingen keine Diamanten oder wertvolle Schmucksachen mitbringen. Sie können ihr versichern, daß die Äbtissin sie von Zeit zu Zeit in freundschaftlicher Weise besuchen und daß sie ihr anständige Bücher geben wird. Sagen Sie ihr auch, sie möge sich der Laienschwester, die sie bedienen wird, in keiner Weise anvertrauen; denn obwohl sie anständig und gut ist, ist sie doch eine Nonne, und das Geheimnis wäre vielleicht bei ihr nicht sicher; nach ihrer Niederkunft wird sie zur Beichte gehen und hierauf das Osterabendmahl erhalten. Die Äbtissin wird ihr ein Zeugnis in aller Form ausstellen, mit dem sie ohne Schwierigkeit sich wieder zu ihrer Mutter begeben kann; diese wird nur zu glücklich sein, sie wiederzuhaben, und von der Heirat wird nicht mehr die Rede sein, um so weniger, da sie diese als Grund ihrer Entfernung angeben wird.«

Nachdem ich ihr tausendmal gedankt und ihre kluge Vorsicht gelobt hatte, bat ich sie, mir den Brief sofort zu geben, da keine Zeit mehr zu verlieren sei. Dienstbereit setzte sie sich sofort an ihren Schreibtisch und schrieb folgendes:

›Meine liebe Äbtissin! Die junge Dame, die Ihnen diesen Brief überbringen wird, ist jene, von der ich das Vergnügen hatte mit Ihnen zu sprechen. Sie wünscht drei oder vier Monate unter Ihrem Schutze in Ihrem Kloster zu verbringen, um ihre Seelenruhe wiederzuerlangen, ihre Andacht zu verrichten und sicher zu sein, daß bei ihrer Rückkehr zu ihrer Mutter nicht mehr von einer Heirat die Rede sein wird, zu der sie sich nicht entschließen kann und die sie veranlaßt hat, sich für einige Zeit von ihrer Familie zu entfernen.‹

Nachdem sie mir den Brief vorgelesen hatte, übergab sie mir ihn unversiegelt, damit Mademoiselle ihn lesen könnte. Die Äbtissin war eine Prinzessin, das Kloster daher vor jedem Verdacht sicher. Als ich den Brief von Madame empfing, fühlte ich mich so von Dankbarkeit erfüllt, daß ich mich vor ihr auf die Knie warf.

Vom Hôtel du Rumain begab ich mich stracks nach dem Hôtel de Bretagne; Mademoiselle hatte nur gerade soviel Zeit, mir zu sagen, daß sie für den ganzen Tag beschäftigt sei; sie werde aber abends um elf Uhr in die Dachkammer kommen, wo wir Zeit genug haben würden, uns zu unterhalten. Diese Mitteilung freute mich sehr, denn ich sah voraus, daß unser schöner Traum zu Ende sein und daß ich keine Gelegenheit mehr haben würde, mit ihr allein zu sein. Ehe ich das Haus verließ, sagte ich noch Madeleine ein Wörtchen; sie übernahm es, dem Küchenjungen Bescheid zu sagen, daß er alles in besten Stand setzen solle.

Vor der Zeit war ich da und brauchte nicht lange auf meine Schöne zu warten. Nachdem ich ihr den Brief von Madame du Rumain vorgelesen hatte, deren Namen ich ihr verschwieg, ohne daß sie etwas Arges dabei fand, löschte ich das Licht aus. Ohne von dem Aroph noch zu reden, überließen wir uns dem Vergnügen, uns gegenseitig unsere Liebe zu beweisen. Als es am Morgen Zeit wurde, uns zu trennen, gab ich ihr mündlich genau alle Weisungen, die ich selber empfangen hatte. Wir verabredeten, daß sie um acht Uhr mit den notwendigen Sachen das Haus verlassen und in einer Kutsche bis zur Place Maubert fahren solle; von dort solle sie eine andere bis zur Porte St.-Antoine nehmen und von dort endlich eine dritte, die sie auf dem nächsten Wege zum Kloster zu bringen hätte. Ich bat sie, nicht zu vergessen, alle von mir empfangenen Briefe zu verbrennen und mir vom Kloster aus sooft wie möglich zu schreiben, ihre Briefe zu versiegeln, aber nicht zu adressieren. Sie versprach mir, meine Anordnungen pünktlich zu befolgen; hierauf nötigte ich sie, eine Rolle von zweihundert Louis anzunehmen, für die sie vielleicht Bedarf haben konnte, obgleich wir nicht voraussahen, auf welche Weise. Sie weinte, aber weniger über ihre eigene, sehr schwierige Lage als über die peinliche Verlegenheit, worin sie mich zurückließ. Ich beruhigte sie jedoch, indem ich ihr sagte, ich hätte viel Geld und mächtige Gönner. »Ich werde übermorgen zur verabredeten Stunde fortgehen«, sagte sie. Ich versprach, am Tage darauf zu ihrer Mutter zu gehen, wie wenn ich von nichts wüßte, und darauf ihr alles zu schreiben, was man über ihre Flucht sagen würde.

Ihr Schicksal beunruhigte mich sehr; sie war klug und entschlossen; aber wenn die Erfahrung fehlt, veranlaßt gerade unser Verstand uns sehr oft, große Dummheiten zu begehen.

Etwa um diese Zeit bekam Madame d'Urfé Lust, J.-J. Rousseau[7] kennenzulernen. Wir fuhren nach Montmorency und machten ihm einen Besuch unter dem Vorwande, ihm Noten zum Abschreiben zu geben. Er lieferte ausgezeichnete Arbeit; man bezahlte ihm das Doppelte von dem, was andere Notenschreiber erhielten, dafür aber bürgte er für tadellose Ausführung. Zu jener Zeit lebte er nur hiervon.

Wir fanden einen Mann von einfacher und bescheidener Haltung. Was er sagte, war vernünftig, im übrigen aber war weder an seiner Person noch an den Äußerungen seines Geistes etwas Besonderes. Rousseau schien uns nicht das zu sein, was man einen liebenswürdigen Mann nennt; und da er keineswegs die auserlesene Höflichkeit der guten Gesellschaft besaß, so genügte dies für Madame d'Urfé, um ihn ungeschliffen zu finden. Wir sahen auch die Frau, mit der er zusammenlebte und von der hatten wir sprechen hören, aber sie blickte uns kaum einmal an. Als wir fort waren, erheiterte das sonderbare Benehmen des Philosophen unsere Unterhaltung.

Ich will hier den Besuch schildern, den ihm der Prinz Conti, der Vater des damaligen Grafen de la Marche, machte. Der liebenswürdige Prinz begab sich allein nach Montmorency, ausdrücklich, um einen angenehmen Tag mit dem Philosophen zu verbringen, der damals schon berühmt war. Er fand ihn im Park, ging auf ihn zu und sagte ihm, er komme, um das Vergnügen zu haben, mit ihm zu speisen und den Tag in zwanglosem Geplauder zu verbringen.

»Eure Hoheit werden schlecht essen«, sagte Rousseau, »aber ich werde noch ein Gedeck auflegen lassen.«

Der Philosoph geht, erteilt seine Befehle, kehrt zum Prinzen zurück und geht zwei oder drei Stunden mit ihm spazieren. Als es Zeit zum Essen war, führte er den Prinzen in einen Salon. Als dieser jedoch drei Gedecke erblickte, fragte er: »Wen wollen Sie denn mit uns speisen lassen? Ich dachte, wir würden allein essen.«

»Der Dritte, Monseigneur, ist mein anderes Ich. Es ist ein Wesen, das weder meine Frau noch meine Geliebte noch meine Magd noch meine Mutter noch meine Tochter und doch dies alles zugleich ist.«

»Ich glaube es, mein Lieber; da ich aber nur hierhergekommen bin, um mit Ihnen allein zu speisen, so werde ich nicht mit Ihrem anderen Ich speisen und will Sie mit Ihrem Universalwesen allein lassen. Leben Sie wohl.«

Das sind die Dummheiten der Philosophen, die sich, wenn sie sich von anderen unterscheiden wollen, durch sonderbares Benehmen auffällig machen. Diese Frau war Mademoiselle Levasseur, die er bis auf einen Buchstaben genau mit seinem Namen als Anagramm geehrt hatte.

FÜNFTES KAPITEL

Im Winter 1759/60 reist Casanova zum zweiten Mal nach Holland. Mit seinem Freund Rigerboos ist er im nächtlichen Amsterdam unterwegs.

Ich weiß nicht mehr, aus welchem Anlaß beim Eintritt in ein Lokal Rigerboos mich ziemlich laut bei meinem Namen nannte. In demselben Augenblick trat eine von jenen Frauen, die man stets in diesen unsauberen Bordellen findet, auf mich zu und sah mich scharf an. Obgleich das stinkende Zimmer ziemlich schlecht beleuchtet war, erkannte ich doch die unglückliche Lucia, die ich ein Jahr zuvor an einem ähnlichen Orte getroffen[1] hatte, ohne von ihr wiedererkannt zu werden. Ich tat, als ob ich sie nicht kenne, und drehte mich um, denn ihr Anblick war mir lästig; aber sie rief mich mit trauriger Stimme, erinnerte mich an die alten Zeiten und wünschte mir Glück, daß ich mich in glänzenden Verhältnissen befände, während sie mir in solcher Lage vor Augen treten müßte. Da ich sah, daß ich ihr nicht ausweichen konnte – denn es wäre eine grausame Härte gewesen, sie zurückzuweisen –, so rief ich Rigerboos und bat ihn, mit mir in ein Zimmer nach oben zu gehen, wo das Mädchen uns mit einer Erzählung ihrer Erlebnisse unterhalten würde.

Lucia war eigentlich nicht häßlich geworden, viel schlimmer, sie wirkte abscheulich, weil ihre Züge auf frühere Schönheit schließen ließen; deshalb war sie ekelhaft. Seit unserer Bekanntschaft in Pasiano hatten neunzehn Jahre des Elends, der Ausschweifung und der Erniedrigung sie zum verworfensten und gemeinsten Geschöpf gemacht, das man sich denken kann. Sie erzählte uns lang und breit ihre Geschichte, die man ohne große Kunst in wenigen Zeilen wiedergeben kann.

Der Laufbursche L'Aigle war mit ihr nach Triest gegangen, wo sie niedergekommen war; hierauf hatte er ein halbes Jahr lang von dem Handel mit ihrer Schönheit gelebt. Dann nahm ein Schiffskapitän, der in sie verliebt war, sie und L'Aigle, der für ihren Gatten galt, mit nach Zakynthos[2], wo er Ladung nehmen wollte. Dort wurde der Laufbursche Soldat; vier Jahre darauf desertierte er. Da sie nun allein war, so lebte sie fünf oder sechs Jahre lang von ihrem Körper. Von Zakynthos aus reiste sie mit einem sehr hübschen Mädchen nach England. Ein englischer Seeoffizier behandelte diese wie seine Frau, verließ sie aber, als er ihrer satt war. Nachdem sie sich hier zwei oder drei Jahre lang herumgetrieben hatte, kam Lucia nach Holland, wo ich sie getroffen habe. Neben ihrer Muttersprache konnte sie ein wenig Griechisch, Englisch, Französisch und Holländisch sprechen. Sie wurde Kupplerin, da sie mit ihrem eigenen Leibe kein Geschäft mehr machen konnte; dies war das notwendige Ende der Laufbahn, in die das Schicksal sie geschleudert hatte. Lucia war erst dreiunddreißig Jahre alt, aber sie sah aus wie fünfzig, und Frauen sind immer so alt, wie sie aussehen.

Während sie in einem den Umständen angemessenen Ton ihre Geschichte erzählte, leerte sie zwei Flaschen Burgunder, die ich hatte kommen lassen und von denen mein Freund und ich keinen Tropfen anrührten. Zum Schluß sagte sie uns, sie lebe jetzt von dem Verdienst zweier hübscher Mädchen, die sie zu Hause hätte und die ihr die Hälfte von ihren ganzen Einnahmen abgeben müßten.

Rigerboos fragte sie zum Scherz, ob diese schönen Mädchen im Lokal wären.

»Nein, sie sind nicht hier und werden niemals hierherkommen; denn sie sind adelig, und ihr Onkel, unter dessen Aufsicht sie stehen, ist ein venezianischer Edelmann.«

Bei diesen Worten mußte ich unwillkürlich laut auflachen; Lucia aber sagte, ohne außer Fassung zu geraten, sie könne nur wiedergeben, was jene ihr gesagt hätten; wenn wir uns übrigens davon überzeugen wollten, so fänden wir sie ganz in der Nähe in einem Hause, das sie für sie gemietet hatte; wir könnten sie unbesorgt besuchen, denn ihr Onkel wohne in einem anderen Stadtteil.

»Wie? Er wohnt nicht bei seinen adeligen Nichten?«

»Nein; er kommt nur zum Essen; dann erkundigt er sich nach den Besuchen, die sie gehabt haben, und nimmt ihnen ihren ganzen Verdienst ab.«

»Vorwärts!« rief Rigerboos; »sehen wir sie uns einmal an!«

Da ich selber sehr große Lust hatte, mir adelige Venezianerinnen anzusehen, die ein so sehr schönes Handwerk trieben, so sagte ich Lucia, sie möchte uns zu ihnen führen. Ich wußte recht wohl, daß diese angeblichen adeligen Mädchen nur H... sein konnten und daß ihr adeliger Onkel ein Schuft sein mußte; aber das Schicksal wollte es nun einmal so.

Wir fanden zwei hübsche junge Mädchen. Lucia stellte mich als Venezianer vor, und sie waren ganz außer sich vor Entzücken, daß sie einen Menschen sahen, mit dem sie sprechen konnten. Ich bemerkte sofort, daß sie keine Venezianerinnen, sondern aus dem Paduanischen waren, denn sie sprachen die mir sehr gut bekannte Mundart der dortigen Gegend. Ich sagte ihnen dies, und sie gaben es zu. Ich fragte sie nach dem Namen ihres Onkels, aber sie antworteten mir, wie ich erwartet hatte, daß sie aus höheren Rücksichten diesen verschweigen müßten. »Nun, wir brauchen ihn ja nicht zu wissen«, sagte Rigerboos, und damit bemächtigte er sich ohne Umstände des Mädchens, das ihm am besten gefiel. Lucia ließ Schinken, Austern, eine Pastete und eine Menge Flaschen kommen; hierauf zog sie sich auf ihr Zimmer zurück.

Ich hatte nicht die geringste Lust zu Ausgelassenheiten, aber Rigerboos war zum Scherzen aufgelegt. Seine Schöne spielte die Prüde; er lachte sie aus, ich lachte ebenfalls, und nach dem üblichen Brauch wurden die Mädchen bald zahm; wir gingen von der einen zur anderen, und bald waren sie in dem Zustande, worin Eva sich befand, bevor unsere neugierige Ältermutter das Bedürfnis nach einem Feigenblatt empfand. Nachdem wir drei oder vier Stunden mit solchen wollüstigen Spielen verbracht hatten, bezahlten wir. Jedes Mädchen bekam vier Dukaten außer der Zeche, und Lucia erhielt außerdem sechs Dukaten. Dann gingen wir.

Ich war in sehr schlechter Laune und legte mich zu Bett. Am anderen Morgen erwachte ich spät und in verdrießlicher Stimmung, wegen der Orgie der letzten Nacht – denn die Ausschweifungen stimmen die Seele traurig, *adfigit humo* [sie zieht zu Boden].

SECHSTES KAPITEL

Auf seiner Reise durch die Schweiz im Jahre 1760 ist Casanova der schönen Madame de ... begegnet. Er folgt ihr nach Solothurn, wo er in dem französischen Gesandten de Chavigny einen Verbündeten findet. Um die Dame zu erobern, freundet Casanova sich mit ihrem Gatten an. Er mietet ein Landhaus, in dem er mit seiner Haushälterin, der schönen und geistreichen Madame Dubois, wohnt. Doch nicht alle Leute in Solothurn sehen seine Liebespläne mit Wohlwollen.

Der Nachmittag verging sehr angenehm. Monsieur de Chavigny verbrachte mehrere Stunden bei mir. Er war mit allem zufrieden, besonders mit der schönen Haushälterin, von welcher Lebel[1] ihm gar nichts gesagt hatte. »Sie ist«, sagte er, »ein ausgezeichnetes Mittel, Sie von der Liebe zu heilen, die Madame de ... Ihnen eingeflößt hat.«

»Sie irren sich. Sie könnte mir wohl Liebe einflößen, aber ohne mich von jener zu heilen, die ich für meine Amazone empfinde.«

Am nächsten Tage sah ich im Augenblick, als ich mich mit meiner Haushälterin zu Tisch setzen wollte, einen Wagen auf den Hof fahren und Madame F. aussteigen. Mir war dies sehr unangenehm, indessen zwang mich die Höflichkeit, ihr entgegenzugehen und sie zu begrüßen.

»Die Ehre, die Sie mir erweisen, Madame, ist mir gänzlich unerwartet.«

»Dies wundert mich nicht. Ich möchte Sie um einen Dienst nach dem Mittagessen bitten.«

»Bitte, treten Sie ein; es wird grade eben aufgetragen. Ich stelle Ihnen Madame Dubois vor.«

Hiermit wandte ich mich zu meiner reizenden Haushälterin und sagte ihr, Madame F. werde mit uns speisen.

Madame Dubois spielte die Hausfrau und machte ganz ausgezeichnet die Honneurs; die F. betrug sich trotz ihres Adelsstolzes sehr gut gegen sie. Ich sprach während der Mahlzeit keine zwanzig Worte und behandelte die abscheuliche Person ohne alle Rücksicht; indessen war ich ungeduldig, zu erfahren, was für einen Dienst sie wohl von mir erwarten könnte. Sobald Madame Dubois hinausgegangen war, sagte sie mir ohne Umschweife, sie bäte mich, ihr für drei oder vier Wochen zwei Zimmer abzutreten.

Überrascht von einer solchen Frechheit, sagte ich ihr, dies wäre ein Dienst, den ich ihr unmöglich leisten könnte.

»Sie können ihn mir nicht verweigern, denn die ganze Stadt weiß, daß ich eigens hinausgefahren bin, um Sie darum zu bitten.«

»Nun, potzblitz, so wird die ganze Stadt erfahren, daß ich Ihnen die Bitte abgeschlagen habe. Ich will allein sein, völlig allein, und will meine volle Freiheit haben. Jede Art von Gesellschaft würde mich belästigen.«

»Ich werde Sie in keiner Weise belästigen, und es steht nur bei Ihnen, meinen Aufenthalt unter Ihrem Dach völlig unbeachtet zu lassen. Ich werde es Ihnen durchaus nicht übelnehmen, wenn Sie sich nicht nach meinem Befinden erkundigen, und werde mich nicht nach dem Ihren erkundigen, selbst wenn Sie wirklich krank sein sollten. Ich werde mir von meiner Magd in der kleinen Küche mein Essen bereiten lassen und werde mich nur dann in den Garten begeben, wenn ich sicher bin, daß Sie nicht dort sind. Die Wohnung, um die ich Sie bitte, sind die beiden letzten Zimmer im ersten Stock, da ich dort über die kleine Treppe ein- und ausgehen kann, ohne gesehen zu werden und ohne jemanden zu sehen. Sagen Sie mir jetzt, ob die einfachste Höflichkeit Ihnen gestattet, mir meine Bitte abzuschlagen.«

»Wenn die einfachsten Gebote des Anstandes Ihnen vertraut wären, Madame, so würden Sie nicht darauf bestehen, von mir einen Dienst zu verlangen, den ich Ihnen in aller Form verweigert habe, was ich hiermit wiederhole.«

Sie schwieg, aber meine Worte hatten offenbar keinen Eindruck gemacht. Mir war zumute, als wenn ich ersticken sollte. Ich ging mit großen Schritten im Zimmer auf und ab und dachte daran, sie als eine Verrückte hinauswerfen zu lassen. Dann dachte ich jedoch daran, daß sie Verwandte hatte, die in der Gesellschaft einen hohen Rang einnahmen, und daß ich durch schonungslose Behandlung sie zu einer Feindin machen konnte, die imstande wäre, eine schreckliche Rache auszuüben; und daß endlich Madame de ... vielleicht alle gewaltsamen Entschlüsse gegen diese Schlange mißbilligen könnte. Ich sagte daher zu ihr: »Nun gut, Madame, Sie sollen die Wohnung haben, die Sie auf so zudringliche Weise verlangen, und eine Stunde, nachdem Sie hier eingetroffen sind, werde ich nach Solothurn zurückkehren.«

»Ich nehme die Wohnung an und werde übermorgen einziehen. Ihre Drohung, nach Solothurn zurückzukehren, macht auf mich keinen Eindruck; denn die ganze Stadt würde Sie auslachen.«

Nach dieser unverschämten Bemerkung stand sie auf und verließ das Zimmer, ohne mich zu grüßen. Ich ließ sie hinausgehen, ohne mich vom Fleck zu rühren. Ich war wie betäubt. Einen Augenblick nachher bereute ich, nachgegeben zu haben, denn ihre freche Zumutung war beispiellos. Ich fand mich dumm und lächerlich. Ich hätte die Sache scherzhaft nehmen sollen; ich konnte ihr auf feine Art die Tür weisen, ihr sagen, sie sei toll, und sie zum Verlassen meines Hauses nötigen, indem ich alle meine Leute zu Zeugen anrief.

Meine liebe Dubois kam herein; ich erzählte ihr die Geschichte, über die sie ganz starr war. Sie sagte: »Ein Verlangen solcher Art ist unglaublich, und Ihre Einwilligung in eine derartige Erpressung ist es ebenso, es sei denn, daß Sie ganz bestimmte Gründe hätten.«

Sie hatte vollkommen recht; da ich sie jedoch nicht in die Verhältnisse einweihen wollte, so beschloß ich zu schweigen und ging aus, um meiner Galle Luft zu machen. Ermüdet kam ich nach Hause; denn ich hatte einen langen Spaziergang gemacht. Ich aß mit der Dubois zu Abend, und wir blieben bis Mitternacht bei Tisch. Ihre Unterhaltung gefiel mir immer mehr; sie war sehr gebildet, sprach gewandt und erzählte mit reizender Anmut eine Menge Anekdoten und Witze. Sie hatte keine Vorurteile, wohl aber Grundsätze. Ihre Sittsamkeit beruhte mehr auf Grundsätzen als auf Tugend; aber wenn sie nicht ein starkes Ehrgefühl gehabt hätte, würden ihre Grundsätze sie nicht gegen die Verirrungen der Leidenschaft und gegen die Verführung des Lasters geschützt haben.

Der Auftritt mit der F. hatte mich dermaßen aufgeregt, daß ich mich nicht enthalten konnte, am nächsten Morgen in aller Frühe zu Monsieur de Chavigny zu fahren und ihm die Geschichte zu erzählen. Ich sagte Madame Dubois, sie möchte nicht auf mich warten, wenn ich zum Mittagessen nicht zurück wäre.

Monsieur de Chavigny hatte bereits erfahren, daß die F. mich aufsuchen wollte; aber er lachte laut auf, als er hörte, wie sie es angefangen hatte, um ihren Zweck zu erreichen.

»Eure Exzellenz finden dies komisch; aber ich nicht.«

»Ich sehe es; aber folgen Sie meinem Rat und tun Sie, als wenn Sie zuerst darüber lachten. Benehmen Sie sich in allem, als wenn Sie gar nicht wüßten, daß sie Ihre Nachbarin ist, und sie wird dadurch genügend bestraft sein. Man wird natürlich sagen, daß sie in Sie verliebt sei und daß Sie sie verschmäht haben. Erzählen Sie diese scherzhafte Geschichte Monsieur de … und bleiben Sie ohne Umstände zum Essen bei ihm. Ich habe mit Lebel über Ihre schöne Haushälterin gesprochen. Der gute Mann hat sich nichts Böses dabei gedacht. Als er nach Lausanne reiste, hatte ich ihm gerade eine Stunde vorher den Auftrag gegeben, Ihnen eine gute Haushälterin zu besorgen; unterwegs fiel ihm dies ein, er dachte an die ihm bekannte Madame Dubois, und die Sache kam ohne irgendeine Absichtlichkeit zustande. Sie ist für Sie ein Glücksfund, ein wahres Kleinod; denn wenn Sie neugierig auf sie wären, so wird sie, denke ich, Sie nicht schmachten lassen.«

»Das ist nicht sicher; sie scheint Grundsätze zu haben.«

»Nun, ich denke, Sie werden sich dadurch nicht anführen lassen. Ich lade mich zu morgen ein, bei Ihnen selbdritt zu speisen, und werde sie mit Vergnügen plaudern hören.«

Monsieur de … empfing mich auf das freundschaftlichste und wünschte mir Glück zu der schönen Eroberung, die meinen Landaufenthalt zu einer Zeit der Wonne machen müsse. Ich ging natürlich auf den Scherz ein und tat dies um so lieber, da auch seine Gattin mir die gleichen Komplimente machte, obgleich sie die Wahrheit ahnte. Aber ihre liebenswürdigen Scherze nahmen bald eine andere Richtung, als ich ihnen die Geschichte ausführlich erzählte. Sie erbleichten vor Entrüstung, und Monsieur de … sagte mir: wenn sie mir wirklich lästig wäre, so läge es nur an mir, ihr durch die Regierung den Befehl zustellen zu lassen, mein Haus nicht mehr zu betreten.

Ich antwortete hierauf: »Dieses Mittels will ich mich nicht bedienen; denn abgesehen davon, daß ich sie entehren würde, so wäre es auch ein Zeichen meiner Schwäche; denn schließlich muß doch jeder wissen, daß ich in meinem Hause Herr bin und daß es ohne meine Einwilligung ihr unmöglich sein würde, sich an einem Ort festzusetzen, wo ich allein zu befehlen habe.«

»Dies ist auch meine Meinung«, sagte Madame de ...; »ich gebe Ihnen recht, daß Sie ihrem zudringlichen Verlangen nachgegeben haben. Dies beweist Ihre Höflichkeit. Ich werde ihr einen Besuch machen und ihr zu der guten Aufnahme Glück wünschen; denn sie hat mich von dem Erfolg ihres Schrittes in Kenntnis gesetzt.«

Ich sprach nicht mehr davon und nahm ihre Einladung zum Mittagessen an. Ich benahm mich freundschaftlich, aber mit jener auserlesenen Höflichkeit, die dem Verdacht keinen Raum läßt; der Gatte schöpfte denn auch keinen.

Die liebenswürdige Fee fand eine Gelegenheit, mir unbemerkt zu sagen, ich hätte wohl daran getan, dem frechen Verlangen des boshaften Frauenzimmers nachzugeben; wenn Monsieur de Chauvelin, den man erwarte, wieder abgereist wäre, könnte ich ihren Gatten einladen, zwei oder drei Tage bei mir zu verbringen, und ohne Zweifel werde sie auch dabeisein. »Die Frau Ihres Verwalters ist meine Amme; ich erweise ihr Wohltaten und kann nötigenfalls durch sie ohne Gefahr Ihnen schreiben.«

Nachdem ich zwei italienischen Jesuiten, die auf der Durchreise in Solothurn waren, einen Besuch gemacht und sie für den nächsten Tag zum Essen eingeladen hatte, fuhr ich nach Hause, wo die reizende Dubois mich bis Mitternacht durch philosophische Gespräche unterhielt. Sie liebte Locke[2]. Sie sagte, die Fähigkeit des Denkens sei kein Beweis für das geistige Wesen unserer Seele, denn es stehe in Gottes Macht, die Denkfähigkeit aus der Materie zu verleihen. Ich mußte herzlich lachen, als sie mir sagte, zwischen denken und richtig urteilen sei ein großer Unterschied, und erkühnte mich, ihr zu sagen: »Ich denke, Sie würden richtig urteilen, wenn Sie sich überreden würden, mit mir zu schlafen; und Sie glauben richtig zu urteilen, wenn Sie sich nicht darauf einlassen.«

»Glauben Sie mir, Monsieur«, antwortete sie, »zwischen der Vernunft des Mannes und der des Weibes ist ein ebenso großer Unterschied wie zwischen der körperlichen Beschaffenheit der beiden Geschlechter.«

Am nächsten Morgen um neun Uhr tranken wir gerade unsere Schokolade, als Madame F. ankam. Ich hörte ihren Wagen, aber ich rührte mich nicht von der Stelle. Das häßliche Geschöpf schickte den Wagen wieder fort und richtete sich mit einer Kammerfrau in der Wohnung ein.

Ich hatte Leduc nach Solothurn geschickt, um meine Briefe

von der Post abzuholen, und mußte daher meine Haushälterin bitten, mich zu frisieren; sie machte dies ausgezeichnet, als ich ihr gesagt hatte, daß wir den Botschafter und die beiden Jesuiten zu Tisch haben würden. Den Koch hatte ich schon beauftragt, gute Fleisch- und Fastenspeisen zu kochen, denn es war Freitag. Ich dankte ihr, indem ich sie zum erstenmal auf die Wange küßte, denn sie erlaubte mir nicht, ihre schönen Lippen zu berühren. Ich fühlte, daß die Liebe durch alle Poren in uns eindrang; aber wir blieben vernünftig, was ihr wegen der dem schönen Geschlecht angeborenen Koketterie weniger schwer wurde als mir; denn diese Koketterie ist oft mächtiger als die Liebe.

Monsieur de Chavigny kam um elf Uhr. Ich hatte die Jesuiten nur mit seiner Einwilligung eingeladen und hatte ihnen meinen Wagen geschickt. Bis die Herren kamen, gingen wir spazieren, und Monsieur de Chavigny bat meine hübsche Haushälterin, uns nachzukommen, sobald sie einige kleine Haushaltungsgeschäfte erledigt hätte, die sie in dem Augenblicke hinderten, das Haus zu verlassen. Er war einer jener Männer, deren sich unter der Monarchie Frankreich bediente, um sie aus gegebenem Anlaß und den Umständen entsprechend dorthin zu schicken, wo es galt, die Mächte für sich zu gewinnen, die es für seine Interessen ausnutzen wollte. Ein solcher Mann war auch Monsieur de l'Hôpital, der das Herz der Kaiserin Elisabeth Petrowna[3] zu gewinnen wußte; und ein solcher Mann war auch der Herzog von Nivernois; der im Jahre 1762 den englischen Hof nach seinem Gefallen lenkte.

Madame Dubois, die uns inzwischen eingeholt hatte, unterhielt uns sehr angenehm, und Monsieur de Chavigny sagte, er finde an ihr alle Eigenschaften, um einen Mann glücklich zu machen. Sie bezauberte ihn vollends, als sie bei Tisch die beiden Jesuiten durch die feinsten und geistreichsten Scherze ins Gedränge brachte. Am Abend sagte der wundervolle alte Herr zu mir, er habe einen glücklichen Tag verbracht; nachdem er mich noch eingeladen hatte, während des Aufenthaltes von Monsieur de Chauvelin bei ihm zu speisen, und mich herzlich umarmt hatte, fuhr er ab.

Dieser Herr, den ich in Versailles beim Herzog von Choiseul kennenzulernen die Ehre gehabt hatte, war sehr liebenswürdig. Er kam zwei Tage darauf in Solothurn an, und da der Botschafter mir Bescheid sagen ließ, beeilte ich mich, ihm meine Aufwartung zu machen. Er erkannte mich wieder und stellte mich seiner Gemahlin vor, die ich noch nicht die Ehre hatte zu kennen. Da ich bei Tisch zufällig neben Madame de ... saß, geriet ich in fröhliche Stimmung und erzählte eine Menge scherzhafter Sachen, die alle Anwesenden in heitere Laune versetzten. Als Monsieur de Chauvelin bemerkte, er wisse mehrere hübsche Geschichtchen über mich, sagte Monsieur de Chavigny ihm, die schönste kenne er noch nicht, und erzählte mein Züricher Abenteuer. Monsieur de Chauvelin sagte zu Madame de ..., um sie zu bedienen, würde er sogar zum Lakaien werden, worauf Monsieur de ... das Wort ergriff und ihm sagte, ich hätte einen viel feineren Geschmack, denn die Dame, um derentwillen ich den Kellner gespielt hätte, wohne in meinem Landhause unter einem Dache mit mir.

»Nun, Monsieur Casanova«, rief Monsieur de Chauvelin, »da kommen wir alle hinaus und machen Ihnen einen Besuch.« Ich wollte ihm antworten, Monsieur de Chavigny kam mir jedoch zuvor und sagte: »Ei, gewiß! Ich hoffe, er wird mir seinen schönen Saal leihen, um dort Sonntag einen Ball zu geben.«

Auf diese Weise hinderte mich der liebenswürdige Hofkavalier, mich zu verpflichten, selber einen Ball zu geben, und entband mich von einem prahlerischen Versprechen, das man mir übel ausgelegt haben würde, denn ich hätte damit in die Rechte des Botschafters eingegriffen, der allein seine erlauchten Gäste während der fünf oder sechs Tage des Solothurner Aufenthaltes bewirten durfte. Außerdem hätte meine Prahlsucht mich zu einer beträchtlichen Ausgabe verleitet, die für mich ganz zwecklos gewesen wäre.

Von Komödien, die man bei Monsieur Voltaire aufführte, kam das Gespräch auf die ›Schottin‹, und man rühmte meine Nachbarin, die darüber errötete und schön wie ein Stern wurde, was zu neuen Lobpreisungen Anlaß gab.

Nach dem Essen lud der Gesandte uns alle für den nächsten Tag zum Ball ein. Ich fuhr nach meinem Landhause zurück, verliebter denn je in meine wunderbare Amazone, die der Himmel erschaffen hatte, um mir das schwerste Leid meines ganzen Lebens zu bereiten, wie der Leser bald sehen wird.

Ich fand meine Haushälterin schon zu Bett, und dies war mir lieb, denn die Nähe meiner Madame de ... hatte mich dermaßen entflammt, daß meine Vernunft wahrscheinlich nicht imstande gewesen wäre, mich innerhalb der Schranken des Respekts zu halten. Am anderen Morgen fand sie mich traurig; aber sie eröffnete gegen mich eine Plänkelei, die meine Seele wieder heiter machte. Während wir die Schokolade tranken, ließ die Kammerfrau von Madame F. sich melden und übergab mir einen Brief; ich schickte sie fort, indem ich ihr sagte, mein Bedienter würde ihrer Herrin die Antwort überbringen. Das eigentümliche Billett lautete folgendermaßen: ›Der Botschafter hat mich für Sonntag zum Ball einladen lassen. Ich habe antworten lassen, ich befände mich nicht wohl; sollte es mir jedoch gegen Abend besser gehen, so würde ich teilnehmen. Mir scheint, da ich bei Ihnen wohne, so muß ich von Ihnen selber eingeführt werden oder darf überhaupt nicht erscheinen. Wenn Sie also keine Lust haben, mir dieses Vergnügen zu erweisen und mich auf den Ball zu führen, so bitte ich Sie, tun Sie mir den Gefallen und sagen Sie, daß ich krank sei. Entschuldigen Sie, daß ich geglaubt habe, in diesem ganz besonderen Falle gegen unsere Abmachungen verstoßen zu dürfen, denn es gilt doch, dem Publikum gegenüber zum mindesten den äußeren Schein guten Einvernehmens zu wahren.‹

»Nein!« rief ich, außer mir vor Entrüstung. Ich ergriff eine Feder und schrieb folgende Zeilen:

›Ich finde Ihre Ausrede köstlich, Madame. Man wird sagen, daß Sie krank seien, denn ich bleibe den Bedingungen getreu, die Sie selber aufgestellt haben, und da ich meine volle Freiheit genießen will, so werde ich nicht die Ehre haben, Sie auf den Ball zu führen, den der Botschafter so freundlich ist, in meinem Saale geben zu wollen.‹

Ich gab meiner Haushälterin den unverschämten Brief und meine Antwort zu lesen; sie fand, diese sei so, wie die freche Person sie verdiene. Hierauf schickte ich meinen Brief an die Adresse.

In köstlicher Ruhe verbrachte ich die beiden nächsten Tage zu Hause. Ich sah keinen Menschen; aber die Gesellschaft meiner lieben Dubois war vollkommen ausreichend. Am Sonntag kamen in aller Frühe die Leute des Gesandten, um die nötigen Vorbereitungen für den Ball und das Abendessen zu treffen. Als ich bei Tisch saß, kam Lebel, um mir seine Aufwartung zu machen. Ich ließ ihn Platz nehmen und dankte ihm für das schöne Geschenk, das er mir gemacht, indem er mir eine so vollkommene Haushälterin besorgt hätte. Lebel war ein schöner Mann mittleren Alters, von heiterem, seinem Stande angemessenem Wesen, und ein vollkommener Ehrenmann.

»Wer von Ihnen beiden ist mehr hereingefallen?« fragte er mich.

»Da ist von einem mehr oder weniger nicht die Rede«, sagte

meine liebenswürdige Hausdame, »denn wir sind beide gleich miteinander zufrieden.«

Zu meiner Freude waren Monsieur und Madame de … das erste Paar, das am Abend erschien. Sie war sehr nett gegen Madame Dubois und ließ nicht die geringste Überraschung merken, als ich ihr diese als meine Haushälterin vorstellte. Sie sagte mir, ich könnte nicht umhin, sie zu Madame F. zu führen, und trotz meinem Widerstreben mußte ich ihr wohl gehorchen. Wir wurden mit dem Anschein herzlichster Freundschaft empfangen; Madame F. ging mit uns in den Garten, um einen Spaziergang zu machen. Monsieur de … reichte ihr seinen Arm, während meine Amazone sich verliebt auf den meinen stützte.

Nachdem wir ein paarmal um den Garten herumgegangen waren, bat Madame de … mich, sie zu ihrer Amme zu führen. Da ihr Gemahl in der Nähe war, fragte ich sie: »Wer ist denn Ihre Amme, Madame?«

»Die Frau Ihres Verwalters«, beeilte der Gatte sich zu antworten; »wir werden dann bei Madame F. auf Sie warten.«

»Sagen Sie mir, lieber Freund«, fragte sie mich unterwegs, »ob Ihre hübsche Haushälterin bei Ihnen schläft?«

»Nein! Ich schwöre es Ihnen! Ich kann nur Sie lieben.«

»Ich will es gern glauben, obgleich es mir schwierig erscheint. Aber wenn Sie die Wahrheit sagen, tun Sie unrecht, sie zu behalten, denn kein Mensch wird es glauben.«

»Es genügt mir, wenn Sie überzeugt sind, daß ich Ihnen nichts vorlüge. Ich lasse der jungen Frau volle Gerechtigkeit widerfahren, und ich begreife, daß wir zu keiner anderen Zeit unter einem Dache schlafen könnten, ohne dasselbe Bett zu teilen; aber in dem Zustand, in den Sie mein Herz versetzt haben, kann ich nicht in sie verliebt werden.«

»Ich glaube es Ihnen herzlich gern, aber ich finde sie sehr hübsch!«

Wir traten bei der Amme ein, die sie ihr Töchterchen nannte und mit Liebkosungen überhäufte; hierauf ließ sie uns allein, um eine Limonade zu bereiten. Kaum waren wir allein, so preßte Mund sich auf Mund, und meine Hände betasteten tausend Schönheiten, die nur durch ein leichtes Taftkleid verhüllt waren. Leider konnte ich sie nur durch diese Hülle hindurch genießen, die um so verräterischer war, da sie keinen von den Reizen des wonnigen Weibes verbarg. Ich bin überzeugt, die treffliche

Amme hätte länger auf sich warten lassen, wenn sie geahnt hätte, wie sehr wir es nötig hatten, noch einige Augenblicke länger miteinander allein zu sein. Aber ach! niemals wurden zwei Limonaden schneller zubereitet!

»Sie war also schon fertig!« rief ich, als ich die Frau erscheinen sah.

»O nein, Monsieur! Aber ich bin flink!«

»Ja – sehr!«

Über diese doppelte Naivität lachte meine reizende Freundin hell auf, indem sie mich zugleich mit einem sehr bedeutungsvollen Blick ansah. Auf dem Rückwege sagte sie mir: da das Schicksal immer noch gegen uns wäre, so müßten wir, um glücklicher zu werden, warten, bis ihr Gemahl sich entschlösse, einige Tage bei mir zu verbringen.

Madame F. bot uns eingemachte Früchte an, die sie sehr lobte, besonders ein Quittenmus, das sie uns dringend aufnötigte. Wir lehnten ab, und Madame de … trat mir dabei auf den Fuß. Als wir draußen waren, sagte sie mir, ich hätte gut daran getan, nichts anzurühren, denn man habe die Hinkende in Verdacht, ihren Mann vergiftet zu haben.

Der Ball war glänzend, ebenso das Souper, es fand an zwei Tischen mit je dreißig Gedecken statt; dann gab es noch ein Büfett, an dem mehr als hundert Personen aßen. Ich tanzte mit Madame de Chauvelin nur ein einziges Menuett, da ich fast die ganze Nacht hindurch mit ihrem Gemahl plauderte. Ich schenkte ihm meine Übersetzung seines kleinen Gedichtes über die sieben Todsünden; er nahm sie mit großem Vergnügen an.

»Ich werde«, sagte ich zu ihm, »Ihnen in Turin einen Besuch machen.«

»Werden Sie Ihre Haushälterin mitbringen?«

»Nein.«

»Da tun Sie aber sehr unrecht, denn sie ist eine reizende Person.«

Alle Welt sprach von meiner lieben Dubois wie Monsieur de Chauvelin. Sie hatte ein sehr feines Schicklichkeitsgefühl und wußte sich Achtung zu verschaffen, ohne jemals über die Grenzen ihrer Stellung hinauszugehen. Vergeblich nötigte man sie zu tanzen; sie sagte mir später, wenn sie den Bitten nachgegeben hätte, würde sie sich den Haß aller Damen zugezogen haben. Sie wußte sehr wohl, daß sie zum Entzücken tanzte.

Am zweiten Tage darauf reiste Monsieur de Chauvelin ab, und am Ende der Woche erhielt ich einen Brief von Madame d'Urfé; sie schrieb mir, sie habe zwei Tage in Versailles verbracht, um meine Angelegenheit zum guten Ende zu führen.[4] Sie schickte mir eine Abschrift des vom König unterzeichneten Begnadigungsbriefes zugunsten des Vetters von Monsieur de … und versicherte mir, das Original sei an den Obersten des Regimentes geschickt worden, in das der junge Mann mit seinem früheren Range wieder eintreten würde. Ich ließ anspannen, um in aller Eile diese gute Nachricht Monsieur de Chavigny zu überbringen. Ich war wonnetrunken und verhehlte meine Freude nicht vor dem Botschafter, der mir viele Komplimente machte: Monsieur de … habe durch meine Vermittlung, ohne einen Sou auszugeben, erlangt, was er sehr teuer hätte bezahlen müssen, wenn er es überhaupt durch Geld hätte erreichen können.

Um der Sache einen möglichst wichtigen Anstrich zu verleihen, bat ich den alten Herrn, sich die Mühe zu machen und selber Monsieur de … diese Begnadigung mitzuteilen. Er schrieb ihm sofort einige Zeilen und bat ihn, bei ihm vorzusprechen.

Als Monsieur de … erschien, gab der Botschafter ihm die Abschrift und sagte ihm, er verdanke nur mir allein diesen glücklichen Ausgang. Der wackere Mann war außer sich vor Freude und fragte mich, was er mir schuldig sei.

»Nichts, Monsieur, als Ihre Freundschaft; und wenn Sie mir einen recht großen Beweis derselben geben wollen, so tun Sie mir die Ehre an, einige Tage bei mir zu verbringen, denn ich sterbe vor Langeweile. Die Angelegenheit, womit Sie mich beauftragt hatten, muß von geringer Bedeutung sein, denn Sie sehen, mit welcher Schnelligkeit man Ihren Wunsch erfüllt hat.«

»Von geringer Bedeutung? Mein werter Herr, seit einem Jahre habe ich alle meine Mittel aufgeboten; ich habe Himmel und Erde in Bewegung gesetzt, ohne etwas zu erreichen, und Sie setzen es in vierzehn Tagen durch. Verfügen Sie über mein Leben!«

»Umarmen Sie mich und kommen Sie zu mir zu Besuch. Ich fühle mich überglücklich, wenn ich einem Mann wie Ihnen gefällig sein kann.«

»Ich will die gute Nachricht sofort meiner Frau mitteilen; sie wird Ihnen dafür ebenso dankbar sein wie ich.«

»Ja, gehen Sie!« sagte der Botschafter zu ihm, »und lassen Sie uns morgen zu viert miteinander speisen.«

Als wir allein waren, machte der Marquis de Chavigny als alter Höfling und geistvoller Mann sehr philosophische Bemerkungen über den Hof eines Herrschers, wo an und für sich nichts leicht oder schwer sei, weil in jedem Augenblick das Leichte schwer und das Schwere leicht werde, und wo man oft der Gerechtigkeit versage, was man der Gunst oder gar der Zudringlichkeit bewillige. Er hatte Madame d'Urfé gekannt; er hatte ihr sogar zu einer Zeit den Hof gemacht, als der Regent ein geheimes Liebesverhältnis mit ihr hatte. Er hatte ihr den Spitznamen Egeria gegeben, weil sie sagte, sie hätte einen Genius, der sie begeisterte und jede Nacht zu ihr komme, wenn sie allein schlafe. Hierauf sprach er mit mir über Monsieur de ..., der für mich die größte Freundschaft fühlen müßte. »Das richtige Mittel, einem eifersüchtigen Gatten Hörner aufzusetzen, besteht darin, seine Zuneigung zu gewinnen, denn unter Freunden ist Eifersucht fast unmöglich.«

Als wir am nächsten Tage alle vier miteinander speisten, sprach Madame de ..., durch die Dankbarkeit dazu ermächtigt, auf tausendfache Art mir ihre Freundschaft aus, und mein Herz deutete ihre Worte als Beweise der Liebe. Beide versprachen mir, im Laufe der folgenden Woche drei Tage in meinem Landhaus zuzubringen.

Sie hielten Wort, ohne mir ihre Ankunft vorher zu melden; aber ich wurde dadurch nicht überrascht, denn ich hatte alles vorbereitet, um sie gut zu empfangen.

Mein Herz bebte vor Freude, als ich auch die Zofe aus dem Wagen steigen sah; aber diese Freude war nicht ungemischt, denn Monsieur de ... kündigte mir an, sie müßten unbedingt am vierten Tage nach Solothurn zurückkehren, und seine Frau sagte mir, es sei unerläßlich, Madame F. stets zu unseren Unterhaltungen zuzuziehen.

Ich führte meine Gäste in die Zimmer, die ich für sie hatte zurechtmachen lassen, da sie mir für meine Absichten am passendsten schienen. Sie lagen im Erdgeschoß, den meinen gegenüber. Das Schlafzimmer hatte einen Alkoven mit zwei Betten, die durch eine Scheidewand mit einer Verbindungstür voneinander getrennt waren. Man gelangte dorthin durch zwei Vorzimmer, von denen das erste eine Tür nach dem Garten hatte. Zu allen diesen Türen besaß ich die Schlüssel; die Zofe schlief in einer Kammer oberhalb des Vorzimmers. Dem Wunsche meiner Göttin gehorchend, gingen wir zu Madame F., die uns sehr gut aufnahm;

sie weigerte sich jedoch, während der drei Tage sich unserer Gesellschaft anzuschließen, indem sie sagte, sie wolle uns unsere Freiheit lassen. Doch gab sie nach, als ich erklärte, daß unsere Bedingungen nur Gültigkeit hätten, wenn wir allein wären.

Meine liebe Dubois hatte ein zu feines Schicklichkeitsgefühl, um nicht, ohne daß ich ihr ein Wort zu sagen brauchte, sich das Essen auf ihr Zimmer bringen zu lassen. Wir hielten zu vieren eine köstliche Mahlzeit, denn ich hatte Befehle gegeben, die Tafel besonders reich zu decken. Hierauf konnte ich nicht umhin, auch Madame F. in ihre Wohnung zu begleiten. Sie lud mich ein, ihrer Nachttoilette beizuwohnen; aber ich ersparte mir dies, indem ich ihr meine Verbeugung machte. Sie sagte mir spöttisch, nachdem ich mich so gut aufgeführt hätte, verdiente ich es, das Ziel meiner Wünsche zu erreichen. Ich antwortete ihr kein Wort.

Am nächsten Morgen sagte ich zu Madame de ... bei einem Spaziergang in meinem Garten, ich hätte alle Schlüssel und könnte jederzeit zu ihr und in ihr Bett kommen.

»Ich erwarte«, sagte sie, »einen Besuch meines Mannes; denn er hat diesen durch die bei ihm in solchen Fällen üblichen Liebkosungen bereits angedeutet; Sie müssen also Ihren Ausflug auf die nächste Nacht verschieben. Dann wird es keine Schwierigkeiten bieten, denn es ist noch niemals vorgekommen, daß er zwei Nächte hintereinander der Liebe gehuldigt hat.«

Gegen Mittag erhielten wir den Besuch von Monsieur de Chavigny, der sich bei mir zum Essen einlud; als er aber sah, daß meine Haushälterin in ihrem Zimmer speiste, schlug er Lärm. Die Damen gaben ihm recht, und wir gingen alle zusammen zu ihr und nötigten sie, sich mit uns zu Tisch zu setzen. Ohne Zweifel schmeichelte ihr dies und kam ihrer guten Laune zustatten; denn sie ergötzte uns durch eine Menge witziger Bemerkungen und durch die pikantesten Anekdoten über Mylady Montagu. Nach Tisch sagte Madame de ... zu mir: »Es ist unmöglich, daß Sie nicht in die junge Frau verliebt sind, denn sie ist entzückend.«

»Ich werde Ihnen beweisen, daß ich nur in Sie verliebt bin, wenn ich heute nacht zwei Stunden in Ihren Armen verbringen kann.«

»Leider ist es mir unmöglich; denn mein Gatte hat bemerkt, daß heute Vollmond ist.«

»Er braucht also die Erlaubnis des Mondes, um eine so süße Pflicht bei Ihnen zu erfüllen?«

»Ganz recht. Dies ist, nach seiner Astrologie, das Mittel, seine Gesundheit zu erhalten und einen Sohn zu bekommen, den der Himmel ihm gewähren möge; denn ohne dessen Beihilfe ist es kaum wahrscheinlich, daß seine Wünsche in Erfüllung gehen.«

Ich mußte also warten. Am anderen Morgen beim Spaziergang sagte sie zu mir: »Das Mondopfer ist vollbracht, und um jeder Furcht vorzubeugen, werde ich ihn heute abend vor dem Zubettgehen zu einer Wiederholung nötigen; hierauf wird er zweifellos in einen tiefen Schlaf versinken. Sie können also um ein Uhr kommen; die Liebe wird Sie erwarten!«

Meines Glückes gewiß, überließ ich mich der Freude, womit eine so süße Verheißung ein glühendes Herz erfüllen mußte. Es war die einzige Nacht, auf die ich hoffen konnte, denn Monsieur de … hatte erklärt, daß sie am folgenden Tage nach Solothurn zurückkehren würden; auf eine zweite Nacht, die wohl noch stürmischer geworden wäre, konnte ich nicht spekulieren.

Nach dem Abendessen begleitete ich die Damen in ihre Zimmer; hierauf ging ich in das meine und sagte meiner Haushälterin, ich hätte viel zu schreiben und sie könnte zu Bett gehen.

Fünf Minuten vor ein Uhr ging ich hinaus, und da es dunkel war, so schlich ich auf den Zehen um das halbe Haus herum. Gegen meine Erwartung fand ich die Tür offen, doch achtete ich nicht auf diesen Umstand. Ich öffnete die Tür zum zweiten Vorzimmer, und im Augenblick, wo ich sie wieder schloß, fühlte ich mich von einer Hand erfaßt, während eine andere sich auf meinen Mund legte.

Ich hörte nur ein sehr leises Pst!, das mir Schweigen gebot. Ein Sofa stand neben uns; wir machten einen Altar daraus, und im selben Augenblick befand ich mich im Innern des Tempels. Es war die Zeit der Sommersonnenwende; ich hatte nur zwei Stunden vor mir und verlor keine Minute davon, und da ich in meinen Armen das herrliche Weib zu halten glaubte, nach dem ich so lange geschmachtet hatte, erneuerte ich unaufhörlich die Beweise meiner glühenden Liebe. In der Fülle meines Glückes fand ich es wundervoll, daß sie beschlossen hatte, mich nicht in ihrem Bett zu erwarten, denn das Geräusch unserer Küsse und unserer lebhaften Bewegungen hätte den Gatten aufwecken können. Ihre zärtliche Glut kam der meinen gleich und verdoppelte mein Glück, indem sie mir, in meinem unseligen Irrtum, bewies, daß dieses Weib von allen meinen Eroberungen die rühmlichste war.

Die Uhr verkündete mir zu meinem höchsten Bedauern, daß es

für mich Zeit war, den Platz zu räumen. Ich bedeckte sie noch einmal mit den zärtlichsten Küssen; dann ging ich in mein Zimmer zurück und überließ mich mit freudevollem Herzen dem Schlaf.

Um neun Uhr weckte Monsieur de … mich; er zeigte mir mit glückstrahlendem Gesicht einen eben erhaltenen Brief, worin sein Vetter mir für seine Wiedereinstellung in das Regiment dankte. Dieser Brief, den die Dankbarkeit diktiert hatte, stellte mich als einen Gott hin.

»Ich bin glücklich, mein Freund«, sagte ich zu ihm, »daß ich Ihnen habe dienen können.«

»Und ich werde glücklich sein, wenn ich Ihnen meine Dankbarkeit beweisen kann. Kommen Sie und frühstücken Sie mit uns; meine Frau ist noch beim Ankleiden. Kommen Sie!«

Ich stand in aller Eile auf. Im Augenblick, wo ich ausgehen wollte, sah ich Madame F., die mit strahlendem Gesicht mir sagte: »Ich danke Ihnen, Monsieur; ich danke Ihnen von ganzem Herzen. Ich fahre wieder nach Solothurn zurück.«

»Warten Sie eine Viertelstunde, Madame, wir werden mit Madame de … frühstücken.«

»Keinen Augenblick länger! Ich habe ihr soeben guten Morgen gesagt und reise nun! Leben Sie wohl, denken Sie an mich!«

»Leben Sie wohl, Madame.«

Kaum war sie hinaus, so fragte Monsieur de … mich, ob das Weib verrückt sei.

»Man könnte es glauben«, antwortete ich ihm; »denn da sie hier nur mit Höflichkeit behandelt worden ist, so hätte sie wohl bis zum Abend warten können, um mit Ihnen zurückzufahren.«

Wir setzten uns zum Frühstück nieder und sprachen allerlei über diese plötzliche Abreise. Hierauf gingen wir in den Garten, um einen Spaziergang zu machen. Wir trafen dort meine Haushälterin, mit der sich Monsieur de … sofort beschäftigte. Seine Frau sah ein wenig niedergeschlagen aus, und ich fragte sie, ob sie gut geschlafen hätte.

»Ich bin erst um vier Uhr eingeschlafen, nachdem ich, in meinem Bette sitzend, so lange auf Sie gewartet hatte. Welcher Zwischenfall hat Sie nur abhalten können, zu mir zu kommen.«

Auf eine solche Frage war ich nicht gefaßt. Ich war wie versteinert. Ohne ihr zu antworten, sah ich sie starr an; ich konnte mich von meiner Überraschung nicht erholen. Endlich sagte eine schreckliche Ahnung mir, daß ich das Unglück gehabt hätte, zwei Stunden in den Armen von Madame F. zu verbringen, die ich aus Feigheit in mein Haus aufgenommen. Ein entsetzlicher Schauer durchrann mich, und ich mußte hinter eine Hecke treten, um mich von einem Schreck zu erholen, den kein Mensch ahnen konnte. Ich fühlte mich dem Tode nahe und würde unfehlbar gefallen sein, wenn ich nicht meinen Kopf gegen einen Baum gelehnt hätte.

Der erste Gedanke, der in mir aufstieg, war ein schrecklicher Gedanke, den ich sofort zurückwies: daß nämlich Madame de … den Genuß gerne hingenommen hätte, nun aber ihn leugnen wollte; denn dieses Recht hat jede Frau, die sich an einem dunklen Ort hingibt, weil es immerhin unmöglich sein kann, sie der Lüge zu überführen. Aber ich kannte zu gut Madame de … und konnte daher nicht lange sie einer so gemeinen Hinterlist für fähig halten. Ich fühlte, daß es unzart von ihr gewesen wäre, zum Scherz mir zu sagen, daß sie vergeblich auf mich gewartet hätte; denn in solchen Dingen genügt der leiseste Zweifel, um das edelste Gefühl zu entwürdigen. Ich konnte also den entsetzlichen Gedanken nicht abweisen, daß die elende Witwe ihre Stelle eingenommen hätte.

Wie hatte sie dies gemacht? Woher hatte sie etwas gewußt? Dies vermochte ich nicht zu ergründen, und so quälte ich mich nutzlos mit allen möglichen Vermutungen. Wenn ein Gedanke den Geist bedrückt, so tritt vernünftiges Nachdenken erst dann ein, wenn dieser Druck fast seine ganze Kraft verloren hat.

Ich sah also ein, daß ich zwei Stunden mit einem scheußlichen Ungeheuer verbracht hatte. Es vermehrte meinen Schmerz, ja, es erfüllt mich noch jetzt mit Abscheu und Ekel vor mir selber, daß ich mir gestehen mußte, vollkommen glücklich gewesen zu sein. Dieser Irrtum war unverzeihlich; denn zwischen den beiden Frauen bestand ein Unterschied wie zwischen schwarz und weiß, und obgleich ich wegen der Dunkelheit nicht hatte sehen und wegen der Notwendigkeit des Schweigens nicht hatte hören können, so hätte das Gefühl allein mich aufklären müssen, wenigstens nach dem ersten Sturmangriff. Aber meine Phantasie war im Taumel. Ich fluchte auf die Liebe, auf die Natur und besonders auf meine unbegreifliche Schwachheit, eine Schlange bei mir aufzunehmen, die mich des Besitzes meines Engels beraubt hatte. Der Gedanke, daß ihre Berührung mich besudelt hatte, erregte mir Ekel vor mir selber. Ich beschloß zu sterben, vorher aber mit eigenen Händen die abscheuliche Megäre zu erwürgen, die mich so unglücklich machte.

Während ich in diesem Styx versank, trat Monsieur de ... teilnehmend zu mir und fragte mich, ob ich krank sei; er erschrak, als er mich totenbleich und von Schweiß überströmt sah. »Meine Frau«, sagte der wackere Mann zu mir, »ist unruhig und hat mich zu Ihnen geschickt.«

Ich antwortete ihm: »Ich mußte sie verlassen, weil mich plötzlich ein Schwindel befiel, aber ich fühle mich bereits etwas besser. Gehen wir zu ihr!«

Madame Dubois brachte mir ein Fläschchen Karmelitergeist und sagte mir scherzend: sie sei überzeugt, daß die Abreise der Witwe an meiner Erregung schuld sei.

Wir setzten unsern Spaziergang fort, und als wir weit genug von dem Gemahl entfernt waren, der mit meiner Haushälterin ging, sagte ich ihr, ihre Worte, die sie ohne Zweifel nur im Scherz gesagt, hätten mich so außer Fassung gebracht.

»Ich habe durchaus nicht gescherzt, lieber Freund«, sagte sie zu mir mit einem Seufzer; »sagen Sie mir also: Was hat Sie abgehalten, zu mir zu kommen?«

Ich war starr. Ich konnte mich nicht entschließen, ihr etwas zu gestehen, was mich tief beschämte, und ich wußte keine Ausrede zu ersinnen, um mich zu rechtfertigen. Ganz verwirrt schwieg ich, als die kleine Schlafgenossin meiner Haushälterin ihr einen Brief übergab, den Madame F. ihr durch Eilboten gesandt hatte. Sie öffnete ihn und übergab mir eine Beilage, die an mich gerichtet war. Ich steckte sie in die Tasche und sagte, ich würde sie bei Muße lesen. Man drang nicht in mich, aber Monsieur de ... sagte scherzend, ich sei liebeskrank.

Ich war nicht zum Lachen aufgelegt und antwortete nicht. Wir wurden zum Essen gerufen, aber es war mir unmöglich, etwas anzurühren. Man schrieb meine Enthaltsamkeit meinem Unwohlsein zu.

Ich war ungeduldig, den Brief zu lesen; aber dazu hätte ich allein sein müssen, und dies war schwer zu machen.

Um mich der Partie Pikett zu entziehen, die wir für gewöhnlich jeden Nachmittag machten, trank ich nur eine Tasse Kaffee und sagte, ich glaubte, die frische Luft würde mir wohltun. Madame de ... erriet meine Absicht und kam mir zu Hilfe, indem sie vorschlug, wir wollten alle in einem geschlossenen Laubengang des Gartens spazierengehen. Ich bot ihr meinen Arm, ihr Gemahl bot meiner Haushälterin den seinen, und wir gingen hinaus.

Sobald Madame de ... sah, daß man uns nicht mehr hören konnte, sagte sie mir folgendes: »Ich bin überzeugt, mein lieber Freund, Sie haben die Nacht mit jenem boshaften Frauenzimmer verbracht, und ich habe große Furcht, bloßgestellt zu werden. Sagen Sie mir alles, lieber Freund, vertrauen Sie mir alles ohne Rückhalt an; es ist mein erster Liebeshandel, und wenn dieser mir als Schule dienen soll, so müssen Sie mich alles wissen lassen. Ich bin überzeugt, Sie haben mich geliebt; lassen Sie mich, ich bitte Sie, nicht glauben, daß Sie mein Feind geworden sind!«

»Gerechter Himmel, was sagen Sie da? Ich Ihr Feind?«

»Sagen Sie mir also die ganze Wahrheit, und vor allen Dingen sagen Sie sie mir, bevor Sie den Brief der boshaften Person gelesen haben. Ich beschwöre Sie im Namen meiner Liebe. Bemänteln Sie nichts!«

»Nun denn, göttliches Weib, Ihr Wunsch sei erfüllt! Ich bin um ein Uhr bei Ihnen eingetreten; in dem Augenblick, wo ich das zweite Vorzimmer betrat, ergriff eine Frau meinen Arm und legte mir die Hand auf den Mund, um mir Schweigen zu gebieten. Ich glaubte, Sie in meinen Armen zu halten, und legte Sie sanft auf das Sofa. Begreifen Sie: ich mußte mich sicher glauben, mit Ihnen zusammen zu sein, und es ist mir noch jetzt unmöglich, daran zu zweifeln. Ich habe also mit Ihnen die beiden köstlichsten Stunden meines Lebens verbracht, ohne daß wir ein einziges Wort gesprochen haben. Verfluchte zwei Stunden, deren Erinnerung die Qual meines ganzen Lebens sein wird! Kurz nach drei Uhr habe ich Sie verlassen, alles übrige wissen Sie.«

»Wer kann diesem Scheusal gesagt haben, daß Sie um ein Uhr zu mir kommen sollten?«

»Ich weiß es nicht, und dieser Gedanke peinigt mich.«

»Geben Sie zu, daß von uns dreien ich am meisten zu beklagen und ach! vielleicht die einzige Unglückliche bin!«

»Oh, wenn Sie mich lieben, so glauben Sie um des Himmels willen dies nicht! Ich bin entschlossen, sie zu erdolchen und dann mich zu töten, nachdem sie ihre gerechte Strafe erhalten hat.«

»Haben Sie auch bedacht, daß ich die unglücklichste aller Frauen bin, wenn diese Geschichte in die Öffentlichkeit kommt? Mäßigen wir uns, mein lieber Freund! Sie tragen keine Schuld, und ich liebe Sie nur noch um so mehr, wenn dies überhaupt möglich ist. Geben Sie mir den Brief, den jene Ihnen geschrieben hat. Ich werde auf die Seite gehen, um ihn zu lesen, und Sie werden ihn nachher lesen; denn wenn mein Mann uns den Brief zusammen lesen sähe, müßten wir ihm den Inhalt mitteilen.«

»Da ist der Brief.«

Ich holte den Gatten ein, der sich über die Bemerkung der Haushälterin zu Tode lachen wollte. Die Unterhaltung mit Madame de … hatte mich ein wenig beruhigt. Das Vertrauen, womit sie mich um den Brief gebeten hatte, tat mir wohl. Ich brannte vor Begierde, den Inhalt zu kennen, und trotzdem empfand ich einen unüberwindlichen Widerwillen, ihn zu lesen; denn er konnte nur meinen Zorn reizen, und ich befürchtete dessen Wirkungen.

Madame de … kam zu uns heran, und nachdem wir uns von neuem von den beiden anderen getrennt hatten, gab sie mir den verhängnisvollen Brief zurück, indem sie mir sagte, ich möchte ihn erst lesen, wenn ich allein wäre und den Kopf klar hätte. Sie nahm mir mein Ehrenwort ab, in dieser Angelegenheit nichts zu tun, ohne mich mit ihr beraten zu haben, und ihr von allen meinen Absichten durch ihre zuverlässige Amme Kenntnis zu geben. »Wir haben nicht zu befürchten«, schloß sie, »daß die F. die Sache weitererzählt, denn sie würde sich selber zuallererst bloßstellen; für uns beide aber ist es das sicherste, unsere Gefühle zu verbergen. Übrigens, lieber Freund, gibt das abscheuliche Frauenzimmer Ihnen einen Rat, den Sie nicht verachten dürfen.«

Es zerriß mit das Herz, zu sehen, wie während dieser Worte große Tränen der Liebe und des Kummers ihren schönen Augen entrollten, obgleich sie sich, um meinen Schmerz zu lindern, zu lächeln bemühte. Ich wußte nur zu gut, welch hohen Wert sie auf ihren guten Ruf legte; ich erkannte, es peinigte sie die Gewißheit, daß die abscheuliche Witwe unser Verhältnis kenne, und dies verdoppelte meine Qual.

Das liebenswürdige Ehepaar verließ mich um sieben Uhr, und ich dankte dem Gatten mit Worten einer so aufrichtigen Freundschaft, daß er unbedingt daran glauben mußte; ich drückte in der Tat nur meine wirklichen Gefühle aus. Gewiß ist die Liebe zu einer Frau kein Grund, für ihren Mann, wenn sie einen solchen hat, nicht die aufrichtigste Freundschaft zu empfinden. Das entgegengesetzte Gefühl ist ein hassenswertes Vorurteil, gegen das sowohl die Philosophie wie die Natur streitet. Nachdem ich ihn umarmt hatte, wollte ich seiner reizenden Gemahlin die Hand küssen; aber er bat mich, sie ebenfalls zu umarmen, und ich tat dies ebenso ehrerbietig wie gefühlvoll.

Sobald sie fort waren, ging ich in meiner Ungeduld, den schändlichen Brief zu lesen, schnell in mein Zimmer, wo ich mich einschloß, um von niemandem gestört zu werden. Der Brief lautete bis auf einige Sätze, die ich gemildert habe, folgendermaßen:

›Ich habe Ihr Haus, Monsieur, recht befriedigt verlassen – befriedigt ganz gewiß nicht deshalb, weil ich zwei Stunden mit Ihnen verbracht habe, denn Sie sind nicht anders als andere Männer, sondern weil ich mich für die Geringschätzung gerächt habe, die Sie häufig mir öffentlich bezeigten. Für die Verachtung, die Sie mir unter vier Augen aussprachen, bin ich wenig empfindlich und verzeihe sie Ihnen daher. Ich habe mich gerächt, indem ich Ihre Absichten und die Heuchelei Ihrer schönen Tugendstolzen entlarvte, die mich nun nicht mehr mit jener beleidigenden Überlegenheit wird ansehen können, die sie unter dem Deckmantel einer scheinheiligen Tugend zur Schau trug. Ich habe mich gerächt, indem sie die ganze Nacht auf Sie gewartet haben muß, und ich würde alles in der Welt darum geben, wenn ich das amüsante Gespräch anhören könnte, das unzweifelhaft heute früh zwischen Ihnen beiden stattfinden wird, wenn sie erfährt, daß ich mir, aus Rache und nicht aus Liebe, einen Genuß angeeignet habe, der für sie bestimmt war. Ich habe mich gerächt, indem Sie sie nicht mehr für ein Wunder der Natur halten können; denn da Sie mich für sie genommen haben, muß der Unterschied zwischen ihr und mir gleich Null sein; aber ich habe Ihnen einen wichtigen Dienst erwiesen, denn diese Gewißheit muß Sie von Ihrer törichten Leidenschaft heilen. Sie werden sie nicht mehr vor allen andern Frauen anbeten, die nicht mehr noch weniger wert sind als diese Schöne. Wenn ich Sie also aus Ihrer törichten Leidenschaft gerissen habe, so verdanken Sie mir eine Wohltat; aber ich entbinde Sie von jeder Pflicht der Dankbarkeit und erlaube Ihnen sogar, mich zu hassen, vorausgesetzt, daß Ihr Haß mich in Frieden läßt; denn wenn in Zukunft Ihr Verhalten mir beleidigend erscheinen sollte, so erkläre ich Ihnen, daß ich imstande bin, die Geschichte öffentlich bekanntzumachen. Für mich habe ich ja nichts zu befürchten, denn ich bin Witwe, unabhängig und meine eigene Herrin. Ich brauche keinen Menschen und kann mich daher über alle Welt lustig machen. Ihre Schöne dagegen muß notwendigerweise den Schein wahren. – Übrigens mache ich Ihnen noch eine Mitteilung, die Sie von meiner Großmut überzeugen muß.

Seit zehn Jahren leide ich an einem kleinen Übel, das jeder Behandlung widerstanden hat. Sie haben sich recht viel Mühe gegeben, um mir Ihre Liebe zu beweisen, und es ist unmöglich, daß Sie sich nicht angesteckt haben sollten. Ich rate Ihnen daher, sofort Arzneien zu nehmen; vor allen Dingen aber warne ich Sie aus dem Grunde, damit Sie nicht etwa Ihrer Schönen ein Geschenk damit machen; diese würde es unwissentlich ihrem Gemahl und vielleicht noch anderen weitergeben. Dadurch würde sie unglücklich werden, und dies würde mir leid tun, denn sie hat mir niemals etwas zuleide getan. Ich hielt es für unmöglich, daß Sie beide nicht den guten Trottel von Mann betrögen, und ich wollte mich davon überzeugen. Zu diesem Zweck habe ich Sie genötigt, mich in Ihr Haus aufzunehmen. Schon die Lage der Wohnung, die Sie dem Ehepaar anwiesen, würde genügt haben, um mir jeden Zweifel zu nehmen; aber ich wünschte einen vollen Beweis, ich hatte keinen fremden Menschen nötig, um meine Absichten zu erreichen, und es erschien mir pikant, Sie anzuführen, wie ich es getan habe. Nachdem ich auf dem Sofa zwei Nächte ganz ohne Erfolg verbracht hatte, entschloß ich mich, auch noch die dritte Nacht zu opfern, und meine Ausdauer ist von Erfolg gekrönt gewesen. Kein Mensch hat mich gesehen, und selbst meine Zofe weiß nichts von dem Zweck meiner nächtlichen Ausflüge; übrigens ist sie zu schweigen gewöhnt. Es steht also vollkommen in Ihrer Macht, diese Geschichte in Stillschweigen zu begraben, und ich rate Ihnen dazu.

P.S. Wenn Sie einen Arzt nötig haben sollten, so empfehlen Sie ihm Verschwiegenheit, denn man weiß in Solothurn, daß ich an dieser kleinen Krankheit leide, und man könnte sagen, Sie hätten sie von mir. Dies würde mir schaden und Ihnen auch.‹

Ich fand die Schamlosigkeit des unseligen Weibes so ungeheuerlich, daß ich beinahe Lust hatte, darüber zu lachen. Ich wußte wohl, daß sie nach meinem Benehmen gegen sie mich nur hassen konnte; aber niemals hätte ich gedacht, daß eine Frau die Verruchtheit so weit treiben konnte. Sie hatte mir eine Krankheit vermacht, deren Anzeichen ich noch nicht bemerken konnte; aber ich zweifelte nicht, daß sie zutage treten würden, und spürte bereits Traurigkeit darüber, daß ich an einem andern

Ort Heilung suchen mußte, um mich dem Geschwätz der Spötter zu entziehen. Ich versank in tiefes Nachdenken, und nachdem ich zwei Stunden lang alles hin und her erwogen hatte, faßte ich den vernünftigen Entschluß zu schweigen; zugleich aber bestärkte sich meine Absicht, mich zu rächen, sobald die Gelegenheit dazu sich bieten würde.

Da ich nicht zu Mittag gegessen hatte, mußte ich mich durch das Abendessen stärken, um mir einen gesunden Schlaf zu verschaffen. Ich setzte mich mit meiner Haushälterin zu Tisch; aber ich wagte nicht ein einziges Mal, meine Blicke auf ihrem entzückenden Gesicht ruhen zu lassen.

Als die Bedienten hinausgegangen waren und wir uns miteinander allein befanden, versuchte die junge Witwe, die mich zu lieben begann, weil ich sie glücklich machte, mich zum Plaudern zu bringen.

»Ihre Traurigkeit«, sagte sie, »ist bei Ihnen nicht natürlich und erschreckt mich. Sie könnten Ihr Herz erleichtern, indem Sie mir anvertrauten, was Sie bedrückt; aber glauben Sie mir, ich bin nur deshalb neugierig, weil Sie mir Teilnahme einflößen und weil ich Ihnen vielleicht doch nützlich sein könnte. Zweifeln Sie nicht an meiner vollständigen Verschwiegenheit! Um Sie zu einer freien Aussprache zu ermutigen und um Ihnen das Vertrauen einzuflößen, das ich zu verdienen glaube, will ich Ihnen alles erzählen, was ich von Ihnen weiß und was ich erfahren habe, ohne mich zu erkundigen und ohne mich zu bemühen, aus unziemlicher Neugier Sachen zu erfahren, die ich nicht zu wissen brauche.«

»Sehr schön, meine Liebe, Ihre Erklärung gefällt mir. Ich sehe, Sie empfinden Freundschaft für mich, und bin Ihnen dankbar dafür. Sagen Sie mir also zunächst alles, was Sie über die Angelegenheit wissen, die mir so sehr zu Herzen geht; aber verbergen Sie mir nichts.«

»Sehr gern. Sie sind der Liebhaber von Madame de … Madame F., die Sie sehr schlecht behandelt haben, hat Ihnen irgendeinen Schabernack gespielt, der Sie beinahe mit Ihrer Geliebten entzweit hat; hierauf hat die boshafte Person sich entfernt, wie man ein anständiges Haus nicht verlassen darf. Dies quält Sie. Sie fürchten irgendwelche unangenehmen Folgen und befinden sich vor der grausamen Notwendigkeit, einen Entschluß fassen zu müssen; Ihr Herz kämpft mit Ihrem Verstand; Leidenschaft und Gefühl liegen im Widerstreit. Vielleicht täusche ich mich; aber soviel weiß ich: gestern sahen Sie glücklich aus, und heute scheinen Sie mir unglücklich. Ihr Zustand rührt mich, denn Sie haben mir die zärtlichste Freundschaft eingeflößt. Ich habe mir heute große Mühe gegeben, den Gatten zu unterhalten, damit Sie ungestört mit seiner Frau sprechen konnten, die mir Ihrer Liebe recht würdig erscheint.«

»Dies alles ist wahr. Ihre Freundschaft ist mir teuer, und ich halte sehr viel von Ihrer Klugheit. Madame F. ist ein Ungeheuer; sie hat mich unglücklich gemacht, um sich wegen meiner Verachtung zu rächen, und ich kann mich nicht wieder rächen. Die Ehre erlaubt mir nicht, Ihnen mehr zu sagen; übrigens könnten Sie so wenig wie irgendein anderer mir einen Rat geben, der mich von meinem Schmerz erlöst. Vielleicht werde ich daran sterben, meine liebe Dubois; jedenfalls aber bitte ich Sie, mir Ihre Freundschaft zu bewahren und sich mit voller Aufrichtigkeit gegen mich auszusprechen. Ich werde Ihnen stets aufmerksam zuhören, und so werden Sie mir von großem Nutzen sein. Ich werde nicht undankbar sein.«

Ich verbrachte eine schreckliche Nacht, was übrigens bei meinem Temperament sehr ungewöhnlich war. Nur gerechter Zorn, die Mutter der Rachsucht, hatte immer die Kraft, mich um den Schlaf zu bringen, ebenso bewirkte auch die Nachricht von einem unverhofften Glück oft gleiches. Die große Befriedigung darüber bringt mich um die Süße des Schlummers und auch des Appetits. Hingegen aß ich in der größten Herzensnot und schlimmsten Geistesverfassung immer gut und schlief noch besser; ich half mir dadurch aus heiklen Situationen, denen ich sonst erlegen wäre. Ich klingelte am frühen Morgen nach Leduc; das junge Mädchen sagte mir, daß Leduc krank wäre und daß die Dubois mir die Schokolade bringen würde.

Sie kam und sagte, ich wäre in einem erbärmlichen Zustand und hätte recht daran getan, auf das Bad zu verzichten. Kaum hatte ich die Schokolade ausgetrunken, erbrach ich sie zum erstenmal in meinem Leben. Hätte sie nicht meine Haushälterin selbst zubereitet, so wäre der Verdacht in mir aufgestiegen, die F. habe mich vergiften lassen. Eine Minute später erbrach ich alles, was ich zum Abendessen zu mir genommen hatte; unter heftigem Würgen kam grüner, klebriger und bitterer Schleim zum Vorschein. Das überzeugte mich, daß das erbrochene Gift vom finsteren Zorn verabreicht worden war, der, wenn er sehr stark ist, den Menschen töten kann, weil ihm die Rache versagt wird, nach der es ihn verlangt. Er forderte das Leben der F. Ohne die Schokolade, die ihn zum gewaltsamen Ausbruch veranlaßte, hätte er mich getötet. Meine Haushälterin weinte wegen der Anstrengung, die ich hinter mir hatte.

Ich fragte sie: »Warum weinen Sie?«

»Großer Gott, was werden Sie von mir denken?«

»Seien Sie ruhig, liebe Freundin; ich denke, daß mein Zustand Ihnen Teilnahme einflößt. Lassen Sie mich allein; ich hoffe, ich werde schlafen können.«

Ich schlief wirklich ein und erwachte erst nach einem siebenstündigen Schlafe. Ich fühlte mich zu neuem Leben geboren. Ich klingelte; meine Haushälterin trat ein und meldete mir den Besuch des Wundarztes aus dem nächsten Dorfe. Sie war sehr traurig eingetreten, aber als sie mich näher ansah, wurde ihr hübsches Gesicht wieder heiter. Ich sagte zu ihr: »Wir werden miteinander essen, meine Liebe. Vorher aber lassen Sie den Wundarzt hereinkommen, ich möchte hören, was er mir zu sagen hat!«

Der gute Mann trat ein und sah sich vorsichtig nach allen Seiten um; als er sicher war, daß er sich mit mir allein befand, näherte er sich meinem Ohr und sagte mir, Leduc habe einen Tripper.

Ich lachte laut auf; denn ich hatte mich auf irgend etwas Furchtbares gefaßt gemacht.

»Mein lieber Doktor«, sagte ich zu ihm, »sparen Sie keine Mühe, um ihn gesund zu machen, und ich werde Sie reichlich belohnen; aber ein anderes Mal machen Sie mir Ihre Mitteilungen nicht mit einer solchen Trauermiene. Wie alt sind Sie?«

»Gerade achtzig Jahre.«

»Möge Gott Sie erhalten!«

Ich war um so mehr geneigt, meinen armen Spanier wegen seines Unglücks zu bedauern, da ich für mich selber einen ähnlichen Zustand befürchtete. Übrigens war Leduc zum ersten Mal in solcher Lage, während ich sie bestimmt schon zum zwanzigsten Male hatte; allerdings war ich 14 Jahre älter als er.

Meine Haushälterin war wieder eingetreten, um mir beim Ankleiden zu helfen; sie fragte mich, was der gute Mann von mir gewollt hatte.

»Er hat Sie zum Lachen gebracht; also hat er Ihnen gewiß etwas sehr Lächerliches erzählt.«

»Ganz recht, und ich will es Ihnen gerne sagen; aber sagen Sie mir vorher, ob Sie wissen, was man unter Tripper versteht.«

»Ich weiß es, denn ein Botengänger von Mylady Montagu starb daran, während ich bei der Dame diente.«

»Schön, meine Liebe; aber tun Sie nur lieber, als wüßten Sie es nicht. Der arme Leduc ist davon angesteckt.«

»Der arme Junge! er tut mir leid; aber darüber haben Sie gelacht?«

»Nicht darüber; ich lachte über die geheimnisvolle Miene des guten alten Mannes.«

»Monsieur, auch ich habe Ihnen ein wichtiges Geständnis zu machen; und wenn ich dies getan habe, müssen Sie mir verzeihen oder mich sofort aus dem Hause jagen.«

»Sie machen mir angst! Was, zum Kuckuck können Sie getan haben? Sprechen Sie schnell!«

»Monsieur, ich habe Sie bestohlen.«

»Was? Wann? Wie? Können Sie mir das Gestohlene wiedergeben? So etwas hätte ich Ihnen nicht zugetraut. Einem Dieb oder Lügner verzeihe ich niemals.«

»O Gott, Monsieur, wie sind Sie hitzig! Ich werde Sie Lügen strafen, und ich bin fest überzeugt, daß Sie mir verzeihen werden; denn es ist erst eine halbe Stunde her, daß ich Sie bestohlen habe, und ich werde meine Beute sofort wieder herausgeben.«

»Sie sind ein eigentümliches Geschöpf, meine Liebe. Nun, ich verzeihe Ihnen alles, aber geben Sie mir schnell zurück, was Sie sich unrechtmäßigerweise angeeignet haben!«

»Hier ist das Gestohlene.«

»Wie? Der Brief der F.? Haben Sie ihn gelesen?«

»Aber würde ich denn sonst gestohlen haben?«

»Sie haben mir also mein Geheimnis gestohlen, und dieses können Sie mir nicht zurückerstatten. Ah, meine liebe Dubois, Sie haben ein großes Verbrechen begangen.«

»Ich gestehe es. Der Diebstahl ist um so schlimmer, da ich ihn nicht wiedergutmachen kann. Indessen kann ich Ihnen versprechen, mein Leben lang niemals ein Wort jemand zu sagen, und darum müssen Sie mir verzeihen. Schnell, schnell!«

»O Zauberin! schnell, schnell! Ich verzeihe Ihnen und hier das Unterpfand meiner Vergebung!«

Mit diesen Worten preßte ich meine Lippen auf ihren schönen Mund.

»Ja, aber in Zukunft hüten Sie sich, meine Papiere anzurühren, geschweige denn, sie zu lesen, denn ich habe Geheimnisse, die nicht mir allein gehören. Vergessen Sie das greuliche Zeug, das Sie gelesen haben.«

»Hören Sie mich an! Gestatten Sie mir im Gegenteil, mich dessen zu erinnern; vielleicht wird dies zu Ihrem Vorteil sein. Sprechen wir von dieser abscheulichen Geschichte, bei der mir die Haare zu Berge gestanden sind. Das schamlose Ungeheuer hat Sie an Leib und Seele tödlich verwundet; aber dies ist noch nicht das schlimmste. Sie glaubt es in der Hand zu haben, Madame de ... ihre Ehre zu nehmen, und dieses Verbrechen ist in meinen Augen viel größer als die anderen. Denn trotz jener Beschimpfung wird Ihre gegenseitige Liebe fortdauern, und die Krankheit, die das gemeine Weib Ihnen vielleicht angehängt hat, wird vorübergehen; dagegen ist die Ehre der reizenden Madame de ... unwiederbringlich verloren, wenn jene böse Hexe ihre Drohung verwirklicht. Verlangen Sie also nicht mehr von mir, diese Geschichte zu vergessen; lassen Sie uns vielmehr davon sprechen und einen Ausweg suchen. Glauben Sie mir, ich verdiene Ihr Vertrauen, und ich bin überzeugt, Sie werden mir Ihre Achtung schenken.«

Ich glaubte zu träumen, als ich eine junge Frau ihres Standes weiser sprechen hörte als Minerva mit Telemach. Mehr brauchte sie nicht, um nicht nur meine Achtung, sondern sogar meine Ehrfurcht zu gewinnen.

»Ja, teure Freundin, wir wollen daran denken, wie wir Madame de ... vor der großen Gefahr bewahren können, die ihr droht; ich bin Ihnen schon dafür dankbar, daß Sie es für möglich halten. Wir wollen daran denken und morgens und abends davon sprechen. Lieben Sie Madame de ..., verzeihen Sie ihr einen Fehltritt, der der erste ist! Schützen Sie ihre Ehre und haben Sie Mitleid mit meinem Zustande. Seien Sie von jetzt an meine wahre Freundin; vergessen Sie mir gegenüber den unwürdigen Namen eines Gebieters, und geben Sie mir nur noch den eines Freundes. Ich werde bis in den Tod der Ihre sein, das schwöre ich Ihnen. Ihre Worte voller Weisheit haben Ihnen mein Herz gewonnen. Umarmen Sie mich!«

»Nein, nein – das ist nicht nötig. Wir sind jung und das Gefühl könnte uns zu leicht fortreißen. Ich bedarf, um glücklich zu sein, nur Ihrer Freundschaft, aber ich will sie nicht umsonst. Ich will sie dadurch verdienen, daß ich Ihnen unwiderlegliche Beweise der meinen gebe. Einstweilen werde ich das Essen auftragen lassen, und ich hoffe, nach Tisch werden Sie sich wieder vollständig wohl befinden.«

Ich war erstaunt über so viel Weisheit. Sie konnte gekünstelt sein; denn um zu verführen, brauchte die reizende Person ja nur die Regeln der Verführung zu kennen. Aber hierüber zerbrach ich mir nicht den Kopf. Ich sah, daß ich sehr nahe daran war, mich in sie zu verlieben, und daß ich in Gefahr schwebte, von ihrer Moral zum besten gehalten zu werden; denn ihr Selbstgefühl würde ihr nicht gestattet haben, diese Sittenstrenge zum Schweigen zu bringen, selbst wenn sie meine Liebe aufrichtig geteilt hätte. So dachte ich, und ich beschloß, das Feuer nicht zu schüren; ich war überzeugt, es würde aus Mangel an Nahrung verlöschen. Wenn ich meine Liebe nicht groß werden ließ, mußte sie schließlich an Schwäche sterben.

Ich urteilte wie ein Dummkopf; ich vergaß, daß es nicht möglich ist, sich auf einfache Freundschaft zu beschränken, wenn man eine Frau schön findet, wenn man sich jeden Augenblick mit ihr unterhält und besonders wenn man glaubt, daß sie selber verliebt ist. Freundschaft wird auf ihrem Höhepunkt zur Liebe, und das Linderungsmittel, das man anwenden muß, um sie für einen Augenblick zum Schweigen zu bringen, reizt sie nur noch mehr. So erging es dem zärtlichen Anakreon[5] mit Smerdias, Kleobulos und Bathyllos. Ein Platoniker, der behauptet, es sei möglich, einer jungen Frau, die einem gefällt und mit der man zusammenlebt, nur Freund zu sein, ist ein Träumer, der nicht weiß, was er sagt. Meine Haushälterin war zu jung, zu schön und vor allen Dingen zu liebenswürdig; sie hatte einen zu angenehmen Geist, als daß nicht alle diese in ihr vereinten Eigenschaften auf mich wirken sollten; ich mußte mich notwendigerweise in sie verlieben.

Wir speisten in aller Ruhe, ohne von der Sache zu sprechen, die uns so sehr am Herzen lag; denn nichts ist unvorsichtiger und gefährlicher, als in Gegenwart der Bedienten über dergleichen zu sprechen; diese sind boshaft oder unwissend, verstehen schlecht, fügen hinzu oder lassen weg und glauben das Vorrecht zu haben, die Geheimnisse ihrer Herrschaft auszuplaudern, um so mehr, da sie diese wissen, ohne daß man sie darin eingeweiht hat.

Sobald wir allein waren, begann meine liebe Dubois mit der Frage, ob ich hinlängliche Beweise für Leducs Treue besitze.

»Er ist, meine Liebe, zuweilen ein Spitzbube, ein großer Wüstling, kühn bis zur Verwegenheit, klug, ungebildet, ein schamloser Lügner. Niemand außer mir kann ihn bändigen. Indessen hat dieses schlechte Subjekt eine kostbare Eigenschaft; er führt nämlich blindlings alles aus, was ich ihm befehle, und trotzt jeder Gefahr, um mir zu gehorchen. Er fürchtet nicht den Stock, aber er würde sich selbst aus dem Galgen nichts machen, solange er diesen nicht in der Nähe sähe. Wenn auf meinen Reisen ein Fluß auf einer Furt zu überschreiten ist, so zieht er sich aus, ohne daß ich ihm ein Wort sage, und springt ins Wasser, um zu untersuchen, ob ich ohne Gefahr hindurchkommen kann.«

»Dies genügt. Der Bursche ist unter den jetzigen Umständen ein wahrer Schatz. Zuerst, mein lieber Freund – Sie wünschen ja, daß ich Sie so nenne – zuerst will ich Ihnen sagen, daß die Ehre von Madame de ... vollkommen ungefährdet ist. Tun Sie, was ich Ihnen sagen werde, und wenn die F. nicht vernünftig ist, wird sie allein bloßgestellt sein. Aber wir brauchen Leduc; ohne ihn können wir nichts machen. Vor allen Dingen müssen wir die Geschichte seiner Krankheit wissen; denn mehrere Umstände könnten meinem Plan hinderlich sein. Erkundigen Sie sich also recht schnell bei ihm selber nach allen Umständen und vor allen Dingen danach, ob er mit den Bedienten über seinen Zustand gesprochen hat. Sobald Sie alles gehört haben, verbieten Sie ihm auf das strengste, von Ihrer Anteilnahme für sein Leiden ein Wort zu sagen.«

Ohne einen Einwand zu machen, ohne mich zu bemühen, den Plan zu erraten, ging ich zu Leduc. Er war allein und lag auf seinem Bett. Ich setzte mich mit lachendem Gesicht neben ihn und versprach zunächst, ihn kurieren zu lassen, wenn er mir ganz genau erzählen wollte, wie er sich seine Krankheit geholt hätte.

»Sehr gern, Monsieur! Die Geschichte war so: An dem Tage, als Sie mich nach Solothurn schickten, um Ihre Briefe abzuholen, stieg ich unterwegs ab und ging in eine Meierei, um Milch zu trinken. Ich fand dort eine junge Bäuerin, die mir gefiel; ich küßte sie; sie sträubte sich nicht, und in einer Viertelstunde versetzte sie mich in den Zustand, worin Sie mich jetzt sehen.« Er zeigte mir eine riesige Schwellung eines Hodens, die ihn zwang, im Bett zu bleiben.

»Hast du das irgend jemandem gesagt?«

»Ich habe mich gehütet! Man hätte mich ausgelacht. Nur der Wundarzt weiß von meiner Krankheit; aber er weiß nicht, von wem ich sie habe. Er hat mir versprochen, daß die Schwellung im Laufe des Tages schwinden werde, und ich hoffe, ich werde Sie morgen bei Tisch bedienen können.«

»Gut, denke daran, daß ich von dir weiterhin die strengste Verschwiegenheit verlange.«

Ich erstattete meiner Minerva Bericht über dies Gespräch, und sie fragte mich:

»Sagen Sie mir, ob im Notfall die F. beschwören könnte, daß sie die zwei Stunden auf dem Sofa mit Ihnen verbracht hat?«

»Nein; denn sie hat mich nicht gesehen, und ich habe keine Silbe gesprochen.«

»Ausgezeichnet! Setzen Sie sich sofort an Ihr Schreibpult und antworten Sie der Unverschämten: sie habe gelogen, denn Sie seien gar nicht außerhalb Ihres Zimmers gewesen; Sie würden aber in Ihrem Hause nachforschen lassen, wer der Unglückliche sei, den sie, ohne ihn zu kennen, angesteckt habe. Schreiben Sie und lassen Sie Ihren Brief augenblicklich abgehen. Anderthalb Stunden darauf schreiben Sie einen zweiten oder vielmehr, Sie kopieren, was ich Ihnen aufschreiben werde.« – »Liebe Freundin, ich errate Ihren Plan! Er ist vorzüglich ausgetüftelt, aber ich habe Madame de … mein Ehrenwort gegeben, in dieser Angelegenheit keinen Schritt zu tun, ohne sie vorher benachrichtigt zu haben.«

»In diesem Fall muß aber das Ehrenwort vor der Notwendigkeit, ihre Ehre zu retten, zurücktreten. Die Liebe hindert Sie, so energisch vorzugehen, wie ich es will; aber hier hängt alles von der Schnelligkeit ab und davon, wieviel Zeitraum zwischen der Absendung des ersten und der des zweiten Briefes liegen wird. Ich bitte Sie sehr, folgen Sie meinem Rat! Das übrige werden Sie aus dem Briefe ersehen, den ich schreiben werde. Schreiben Sie geschwind den ersten!«

Ich handelte gewissermaßen unter dem Einfluß einer mir angenehmen Behexung und erlaubte mir kaum nachzudenken; überzeugt, daß der Plan meiner entzückenden Haushälterin der denkbar beste sein müßte, machte ich es mir zur Pflicht, ihr zu gehorchen, und schrieb folgenden Brief:

›Die Schamlosigkeit Ihres Briefes steht vollkommen damit im Einklang, daß Sie drei Nächte verbracht haben, um sich von einem Verhältnis zu überzeugen, das nur in Ihrer Einbildung besteht. Erfahren Sie, abscheuliches Weib, daß ich mein Zimmer überhaupt nicht verlassen habe und daß ich nicht die Schmach zu beklagen brauche, mit einem Wesen Ihrer Art zwei Stunden verbracht zu haben. Mit wem Sie diese beiden Stunden zugebracht haben, das mag Gott wissen; indes, ich werde es vielleicht noch erfahren, wenn nicht etwa auch dies nur eine Schöpfung Ihres teuflischen Geistes ist, und werde Ihnen darüber berichten.

Danken Sie dem Himmel, schamloses Weib, daß ich Ihren Brief erst nach der Abfahrt von Monsieur und Madame de … geöffnet habe. Ich empfing ihn in deren Gegenwart; aber da ich die Hand verachte, die ihn geschrieben hat, so steckte ich ihn in die Tasche; ich machte mir wenig daraus, zu erfahren, welche Niederträchtigkeiten er etwa enthalten möchte. Wäre ich, zum Unglück für Sie, Madame, neugierig gewesen, ihn zu lesen, und hätten meine Gäste ihn gesehen, so hätte ich – zweifeln Sie nicht daran! – mich sofort zu Ihrer Verfolgung aufgemacht, und dann wären Sie in diesem Augenblick nicht mehr imstande, neue Schändlichkeiten zu begehen. Ich befinde mich wohl und befürchte durchaus nicht krank zu werden, aber ich werde mich nicht dazu erniedrigen, Sie davon zu überzeugen, denn der Blick Ihrer Augen würde mir ebenso wie die Berührung Ihres Gerippes ein Brandmal aufdrücken.‹

Ich zeigte den Brief meiner lieben Dubois; sie fand die Ausdrücke ein wenig stark, aber sie billigte ihn. Hierauf schickte ich ihn an das entsetzliche Geschöpf, das mich so unglücklich gemacht hatte. Anderthalb Stunden darauf sandte ich ihr folgenden Brief, den ich abschrieb, ohne etwas hinzuzufügen oder wegzulassen:

›Eine Viertelstunde nach der Absendung meines Briefes kam der Dorfarzt zu mir und sagte mir, mein Kammerdiener bedürfe seiner Dienste zur Heilung von einer schmutzigen Krankheit, die er sich kürzlich zugezogen habe. Ich habe ihm aufgetragen, ihn zu behandeln. Als er fort war, suchte ich den Kranken auf, der nicht ohne einiges Sträuben mir anvertraute, daß er dieses schöne Geschenk von Ihnen erhalten habe. Ich fragte ihn, wie er denn mit Ihnen zusammengekommen sei, und er hat mir gesagt, er habe Sie im Dunkeln ganz allein in die Zimmer von Madame de … eintreten sehen. Da ich schon zu Bett gewesen sei und er nichts mehr zu tun gehabt habe, so habe ihn die Neugier gepackt und er habe sehen wollen, was Sie dort so heimlich suchten. Denn wenn Sie zu der Dame hätten gehen wollen, die um jene Stunde schon im Bett liegen mußte, so wären Sie nicht durch die Gartentür gegangen. Zuerst hat er geglaubt, Sie gingen mit bösen Absichten um; er hat eine Stunde lang gewartet, ob Sie nicht etwas forttragen würden; er würde Sie festgehalten haben. Als er Sie aber nicht wieder herauskommen sah und keinerlei Geräusche hörte, bekam er Lust, ebenfalls hineinzugehen, er bemerkte nämlich, daß Sie die Tür offengelassen hatten. Er hat mir geschworen, er habe nicht die geringsten Absichten gehabt, sich einen Genuß zu verschaffen, und dieses habe ich ihm gerne geglaubt. Er hat mir gesagt, er sei im Begriff gewesen, um Hilfe zu rufen, als Sie sich seiner bemächtigten und ihm die Hand auf den Mund legten; aber er habe seine Absicht aufgegeben, als er sich sanft auf ein Sofa gezogen und mit Küssen bedeckt fühlte. Er war überzeugt, daß Sie ihn mit einem anderen verwechselten; „aber", hat er mir gesagt, „ich habe sie so bedient, daß ich eine ganz andere Belohnung erwarten durfte als die, womit sie mich beglückt hat." Ohne ein einziges Wort gesprochen zu haben, hat er Sie verlassen, sobald der Tag zu grauen begann, weil er erkannt zu werden fürchtete. Es ist leicht möglich, daß Sie meinen Bedienten für mich gehalten haben. Ich wünsche Ihnen Glück, daß er Ihnen ein Vergnügen bereitet hat, das Sie sich ganz gewiß von mir nicht verschafft haben würden. Übrigens mache ich Sie darauf aufmerksam, daß der arme Bursche wütend ist; er ist entschlossen, Ihnen einen Besuch zu machen, und ich glaube, ihn davon nicht abhalten zu dürfen. Ich rate Ihnen, freundlich, geduldig und großmütig gegen ihn zu sein; denn er ist entschlossen wie ein echter Spanier. Er würde die Geschichte bekanntmachen, und Sie begreifen, welche Folgen dies haben würde. Er wird Ihnen selber sagen, was er beansprucht, und Sie werden so vernünftig sein, seine Forderungen zu erfüllen.‹

Eine Stunde nach Absendung dieses Briefes erhielt ich ihre nur zehn oder zwölf Zeilen lange Antwort auf meinen ersten. Sie schrieb mir, meine Ausrede sei sehr sinnreich; würde mir aber nichts nützen; denn sie sei ihrer Sache gewiß. Sie forderte mich heraus, in einigen Tagen ihr handgreiflich zu beweisen, daß ich vollkommen gesund wäre.

Beim Abendessen bot meine liebe Dubois alles auf, um mich zu erheitern. Aber dies war verlorene Liebesmüh; ich war zu trübsinnig, um fröhlich sein zu können. Nun stand noch der dritte Schritt bevor, der das freche Weib beschämen und als Ende das Ganze krönen sollte. Da ich die beiden Briefe nach dem Willen meiner Haushälterin geschrieben hatte, so fühlte ich, daß ich bis zum Schluß ihren Ratschlägen folgen mußte. Sie gab mir denn auch wirklich an, wie ich am nächsten Morgen Leduc instruieren müßte, und da sie gern wissen wollte, wes

Geistes Kind mein Bote wäre, so bat sie mich, sich hinter meinen Bettvorhängen verstecken zu dürfen, um alles anzuhören.

Am nächsten Morgen ließ ich Leduc kommen und fragte ihn, ob er imstande sei, nach Solothurn zu reiten und einen Auftrag auszurichten.

»Jawohl, Monsieur; aber der Doktor will durchaus, daß ich morgen anfangen soll, Bäder zu nehmen.«

»Meinetwegen. Sobald dein Pferd fertig ist, reitest du ab und gehst zu Madame F. Laß dich aber nicht anmelden, als wenn du von mir kämest; denn sie darf nicht wissen, ja nicht einmal ahnen, daß ich dich schicke. Laß ihr sagen, du habest mit ihr zu sprechen. Wenn sie sich weigert, dich zu empfangen, so erwarte sie auf der Straße; aber ich denke, sie wird dich empfangen und sogar ohne Zeugen. Du wirst ihr sagen: ›Sie haben mir einen Tripper verpaßt, ohne daß ich Sie darum gebeten habe; ich verlange, daß Sie mir das nötige Geld geben, damit ich mich behandeln lassen kann!‹ Ferner wirst du ihr sagen, sie habe dich zwei Stunden lang im Dunkeln arbeiten lassen, ohne dich zu erkennen; du würdest niemals etwas davon gesagt haben, wenn sie dir nicht dieses böse Geschenk gemacht hätte; da du nun aber in dieser schlimmen Lage seiest – und hierbei zeigst du ihr einfach die ganze Geschichte –, so dürfe sie sich über deinen Schritt nicht wundern. Bleibt sie abwehrend, so drohst du ihr, sie zu verklagen. Das ist alles. Von mir aber sage kein Wort! Reite hierauf sofort zurück, damit ich erfahre, wie alles verlaufen ist.«

»Das ist alles sehr schön, Monsieur, wenn aber das Weibsbild mich zum Fenster hinauswerfen läßt, werde ich nicht so schnell wiederkommen können.«

»Allerdings nicht, aber du hast nichts zu befürchten, dafür steh ich dir.«

»Ein eigentümlicher Auftrag!«

»Du bist der einzige auf der Welt, der ihn ordentlich ausführen kann.«

»Ich bin vollkommen bereit, aber ich muß Ihnen noch einige wichtige Fragen stellen: Hat die Dame wirklich einen Tripper?«

»Ganz gewiß.«

»Da tut sie mir leid. Aber wie kann ich behaupten, daß ich ihn von ihr habe, da ich doch niemals ein Wort mit ihr gesprochen habe?«

»Bekommt man das vielleicht beim Sprechen, du Tölpel?«

»Nein, aber man spricht, um es zu bekommen oder während man es bekommt.«

»Du hast mit ihr zwei Stunden im Dunkeln verbracht, ohne daß ihr beide ein Wort gesprochen habt, und sie wird jetzt erfahren, daß sie dir dieses schöne Geschenk gemacht hat, während sie es einem andern zu machen glaubte.«

»Jetzt, Monsieur, fängt die Geschichte an, mir klarzuwerden. Indessen, wenn wir im Dunkeln waren, wie kann ich wissen, daß ich mit ihr zu tun gehabt habe?«

»Die Sache ist so: Du hast sie durch die Gartentür in das Vorzimmer eintreten sehen und hast sie erkannt, ohne von ihr bemerkt zu werden. Aber du kannst dich darauf verlassen, sie wird dich nicht danach fragen.«

»Nun weiß ich Bescheid. Ich reite sofort hin und bin noch neugieriger als Sie, was sie mir antworten wird. Noch eine wichtige Frage: vielleicht wird sie wegen der Summe feilschen, die sie mir als Kurkosten geben soll; kann ich mich in diesem Fall mit hundert Talern begnügen?«

»Für die Schweiz ist das zuviel; die Hälfte genügt.«

»Das ist aber doch recht wenig für zwei Stunden Arbeit.«

»Den Rest werde ich dir geben.«

»Dann lasse ich's mir gefallen. Ich denke mir, ich weiß alles, aber ich werde davon nichts sagen; wissen Sie, Monsieur, ich wette, das Ekel hat Ihnen selber dieses schöne Geschenk gemacht, aber Sie schämen sich dessen und wollen sie auf eine falsche Spur leiten.«

»Das kann wohl sein; aber sei verschwiegen und reite sofort ab.«

»Wissen Sie was, lieber Freund? Der Bengel ist einzig in seiner Art!« sagte meine liebe Dubois zu mir, indem sie aus dem Alkoven hervorkam. »Ich habe große Mühe gehabt, nicht laut aufzulachen, als ich ihn sagen hörte, er könnte nicht so schnell wiederkommen, wenn sie ihn zum Fenster hinauswerfen ließe. Ich bin überzeugt, er wird seinen Auftrag besser ausrichten als der geschickteste Diplomat. Wenn er in Solothurn ankommt, wird die abscheuliche Hexe die Antwort auf Ihren zweiten Brief schon abgeschickt haben. Ich bin schrecklich neugierig darauf.«

»Ihnen, liebe Freundin, gebührt die ganze Ehre für diesen Schwank. Sie haben die Intrige meisterhaft angesponnen. Man würde niemals glauben, daß dies alles das Werk einer jungen Anfängerin ist.«

»Es ist wirklich mein erster Versuch; und ich hoffe, es wird auch mein letzter sein.«

»Wenn sie nur nicht von mir verlangt, das Beweisstück auf den Tisch zu legen!«

»Aber bis jetzt sind Sie doch ganz gesund, wie ich glaube.«

»Ja, vollkommen.«

»Es wäre scherzhaft, wenn sie sich für krank hielte, ohne es zu sein, und wenn sie nicht einmal den weißen Ausfluß hätte.«

»Dann würde ich natürlich auch nicht an meiner Gesundheit zweifeln; aber was wäre mit Leduc? Ich kann es kaum erwarten, den Schluß der Entwicklung zu sehen, damit mein Gewissen ruhig ist.«

»Sie werden dies alles Madame de … schreiben?«

»Selbstverständlich; aber Sie begreifen, daß ich ihr gegenüber von Ihrem Anteil der Komödie nichts sagen darf.«

»Ihre eigene Anerkennung genügt mir.«

»Sie dürfen nicht daran zweifeln, daß ich Ihr Verdienst daran sehr hoch stelle, meine Liebe, und ganz gewiß werde ich Ihnen die Belohnung nicht vorenthalten, worauf Sie Anspruch haben.«

»Wenn ich eine Belohnung wünsche, so ist es die, daß Sie jede Heimlichtuerei gegen mich fallenlassen.«

»Natürlich, liebe Freundin! Aber sagen Sie mir, wie ist es möglich, daß Sie für meine Angelegenheiten überhaupt Teilnahme haben? Es widerstrebt mir, von Ihnen zu glauben, daß Sie von Natur aus neugierig sind.«

»Sie würden unrecht haben, mir einen Fehler zuzutrauen, der mich in meinen eigenen Augen erniedrigen würde. Seien Sie versichert, Monsieur, Sie werden mich nur neugierig sehen, wenn ich Sie traurig sehe.«

»Aber was hat Ihnen so hochherzige Gefühle für mich einflößen können?«

»Nur Ihr anständiges Benehmen gegen mich.«

»Ich bin tief davon gerührt, meine schätzenswerte Freundin, und ich verspreche, Ihnen in Zukunft alles anzuvertrauen, was Sie gegebenenfalls von Ihrer Besorgnis befreien kann.«

»Sie werden mich glücklich machen!«

Leduc war kaum eine Stunde fort, als ein Bote zu Fuß eintraf und mir einen zweiten Brief von der F. brachte. Er übergab mir zugleich ein kleines Paket, indem er mir sagte, er habe Befehl, auf meine Antwort zu warten. Ich sagte ihm, er möchte draußen warten und gab Madame Dubois den Brief zu lesen. Währenddessen lehnte ich mich zum Fenster hinaus, denn ich hatte ein Herzklopfen, daß ich kaum atmen konnte.

»Alles geht vortrefflich, lieber Freund!« rief meine Haushälterin mir zu; »alles geht herrlich! Hier, lesen Sie!«

›Mag nun alles, was Sie mir geschrieben, wahr oder mag ich das Opfer einer Fabel sein, die Ihre fruchtbare Einbildungskraft schnell geschmiedet hat – eine Einbildungskraft, die zu Ihrem Unglück in Europa bereits allzugut bekannt ist – genug, ich nehme alles als wahr an, weil ich die Wahrscheinlichkeit nicht leugnen kann. Ich bin in Verzweiflung, einen Unschuldigen, der mir niemals etwas zuleide getan hat, geschädigt zu haben, und ich trage gerne die Strafe dafür, indem ich ihm einen Geldbetrag schicke, der mehr als ausreichend ist, um ihn von seiner durch mich erworbenen Krankheit zu heilen. Ich bitte Sie, ihm die fünfundzwanzig Louis zu übergeben. Aber werden Sie auch so großmütig sein, Ihren Einfluß als Herr aufzubieten, damit er das strengste Schweigen bewahrt? Ich hoffe es; denn wie Sie mich kennen, müssen Sie vor meiner Rache auf der Hut sein. Sollte dieser üble Spaß in die Öffentlichkeit dringen, so bedenken Sie, daß es mir leicht sein würde, ihm eine Wendung zu geben, die Ihnen nichts weniger als angenehm wäre und die den Ehrenmann, den Sie betrügen, zwingen würde, die Augen zu öffnen. Da ich übrigens nicht wünsche, daß wir einander noch begegnen, so schütze ich eine dringende Familienangelegenheit vor und reise nach Luzern zu meinen Verwandten. Bestätigen Sie mir den Empfang dieses Briefes.‹

»Es tut mir leid«, sagte ich zu meiner Freundin, »daß ich Leduc habe abreiten lassen; die Megäre ist gewalttätig, und ich fürchte, es kann ihm irgendein Unglück zustoßen.«

»Seien Sie unbesorgt! Es wird nichts Unangenehmes geschehen, und es ist besser, daß sie sich sehen; die Gewißheit wird dadurch größer. Schicken Sie ihr sofort das Geld zurück; sie soll es ihm selber übergeben; dadurch wird Ihre Rache vollständig sein. Sie wird dann nicht mehr an der Tatsache zweifeln können, wenn Leduc mit seinen handgreiflichen Beweisen kommt! In zwei oder drei Stunden werden Sie das Vergnügen haben, alles aus seinem eigenen Munde zu erfahren. Schätzen Sie sich glücklich: die Ehre der reizenden Frau, welcher Ihre ganze Zärtlichkeit gehört, ist vor jedem Makel geschützt. Ihnen bleibt kein anderer Verdruß als die Gewißheit, von der Krankheit dieser Elenden angesteckt worden zu sein. Indessen hoffe ich, Ihre Krankheit wird unbedeutend und leicht zu heilen sein. Ein chronischer weißer Ausfluß ist eigentlich keine Geschlechtskrankheit, und ich habe in London sagen hören, er sei selten ansteckend. Übrigens müssen wir uns sehr freuen, daß sie nach Luzern abreist. Lachen Sie, lieber Freund, um Gottes willen, lachen Sie! Unser Stück ist doch wirklich komisch.«

»Leider ist es eher tragisch. Ich kenne das menschliche Herz, und ich muß das Herz von Madame de … verloren haben.«

»Allerdings hat sich irgend etwas verändert – aber daran ist jetzt nicht Zeit zu denken. Schnell, schnell! Antworten Sie der F. in wenigen Zeilen und schicken Sie ihr die fünfundzwanzig Louis zurück!«

Meine kurze Antwort lautete:

›Ihr unwürdiger Verdacht, Ihr abscheulicher Racheplan und der schamlose Brief, den Sie mir geschrieben haben, sind die einzige Ursache Ihrer gegenwärtigen Reue. Die Boten haben sich gekreuzt; dies ist nicht meine Schuld. Ich schicke Ihnen die fünfundzwanzig Louis zurück; Sie können sie Leduc selber übergeben. Ich habe meinen Bedienten nicht abhalten können, Ihnen einen Besuch zu machen; aber Sie werden ihn leicht beschwichtigen. Ich wünsche Ihnen eine gute Reise und verspreche Ihnen, jede Gelegenheit Ihres Anblicks zu vermeiden; denn es ist meine Gewohnheit, allem auszuweichen, was mir widerlich ist. Außerdem, Sie boshaftes Geschöpf, sollten Sie wissen, daß die Welt nicht nur mit Ungeheuern bevölkert ist, die der Ehre von Leuten, die etwas auf ihren Ruf halten, Fallen stellen. Wenn Sie in Luzern den apostolischen Nuntius sehen, so sprechen Sie mit ihm über mich, und Sie werden von ihm erfahren, in welchem Rufe ich in Europa stehe. Übrigens kann ich Ihnen versichern, daß Leduc mit keinem Menschen außer mir von seinem Mißgeschick gesprochen hat, und wenn Sie ihn gut behandeln, so wird er schweigen, zumal da er auf sein Erlebnis nicht eitel sein kann. Leben Sie wohl.‹

Da dieser Brief von meiner Dubois gebilligt wurde, so übergab ich ihn nebst dem Gelde dem Boten.

»Das Stück ist noch nicht zu Ende«, sagte meine Freundin zu mir; »wir haben noch drei Szenen vor uns.«

»Welche denn?«

»Die Rückkehr Ihres Spaniers, den Ausbruch Ihrer Krankheit

und das Erstaunen von Madame de ..., wenn sie die ganze Geschichte erfährt.«

Es vergingen jedoch zwei, drei und vier Stunden und endlich der ganze Tag, ohne daß Leduc kam. Ich war in einer schrecklichen Angst, obgleich meine liebe Dubois mich zu überzeugen suchte, er könnte nur deshalb so lange ausbleiben, weil die F. nicht zu Hause wäre. Es gibt glückliche Charaktere, die nicht an die Möglichkeit eines Unglückes glauben können. Ein solcher war auch ich, bis man mich in meinem dreißigsten Jahre unter die Bleidächer schickte. Jetzt fange ich an zu faseln, und alles erscheint mir schwarz. Sogar, wenn man mich zu Hochzeiten einlädt, sehe ich alles schwarz, und als ich in Prag bei der Krönung Leopolds II. zugegen war, sagte ich: *»nolo coronari«* [Ich möchte nicht gekrönt werden]. Verfluchte Greisenhaftigkeit, würdig, die Hölle zu bewohnen, wohin schon so viele andere es vor mir gewünscht haben: tristisque senectus [und trostloses Alter][6].

Gegen halb zehn Uhr sah meine Haushälterin im Mondenschein Leduc im Schritt zurückkehren. Dies belebte mich wieder. Ich hatte kein Licht im Zimmer. Meine Freundin versteckte sich schnell im Alkoven, denn sie hätte nicht eine Silbe von dem Bericht des Spaniers verlieren mögen.

»Ich bin halbtot vor Hunger, Monsieur«, sagte er beim Eintreten; »bis halb sieben habe ich auf das Weib warten müssen. Als sie nach Hause kam, fand sie mich auf der Treppe und sagte zu mir, ich möchte gehen, sie hätte mir nichts zu sagen.

›Das kann wohl sein, meine schöne Dame‹, sagte ich; ›aber wissen Sie, ich habe nämlich zwei Wörtchen mit Ihnen zu reden, und darum warte ich hier schon verdammt lange auf Sie.‹

›Einen Augenblick‹, antwortete sie; dann steckt sie ein Paket und einen Brief, worauf ich Ihre Handschrift zu erkennen glaubte, in die Tasche und sagte zu mir: ›Kommen Sie mit!‹

Als wir in ihrem Zimmer sind und ich da keinen Menschen sehe, sage ich zu ihr, sie hätte mich mit einem Tripper angesteckt und ich verlangte Geld von ihr, um den Doktor zu bezahlen. Da sie nichts antwortet, mache ich Miene, sie durch den Augenschein zu überzeugen; sie wendet aber den Kopf ab und sagt: ›Warten Sie schon lange auf mich?‹

›Seit elf Uhr stehe ich im Hof.‹

Sie geht hinaus, erkundigt sich bei dem Bedienten, den sie offenbar hierhergeschickt hatte, wann er zurückgekommen sei, kommt wieder hinein, schließt die Tür und gibt mir dies Paket, indem sie mir sagt, ich würde fünfundzwanzig Louis darin finden, um mich heilen zu lassen, wenn ich krank wäre; aber wenn mir etwas an meinem Leben läge, so sollte ich mich hüten, mit irgendeinem Menschen über die Geschichte zu sprechen. Ich habe ihr versprochen zu schweigen und bin weggeritten. Ist das Paket mein?«

»Ganz gewiß. Laß dir dein Abendessen geben und geh zu Bett!«

Meine liebe Dubois kam aus dem Alkoven hervor und umarmte mich mit triumphierender Miene. Wir verbrachten den Abend in fröhlicher Stimmung. Am nächsten Morgen sah ich die ersten Anzeichen der Krankheit; aber drei oder vier Tage darauf erkannte ich, daß sie von harmlosester Art war, und nach acht Tagen war ich, nur durch Trinken von Nitratwasser, sie völlig los. Meinem armen Spanier ging es nicht so gut. Er befand sich in einem kläglichen Zustand.

Den ganzen nächsten Morgen verbrachte ich damit, an Madame de ... zu schreiben. Ich erzählte ihr ganz ausführlich, was ich trotz meinem Versprechen, sie vorher um Rat zu fragen, getan hatte, und schickte ihr Abschriften aller Briefe, um sie zu überzeugen, daß die F., die nach Luzern gereist sei, sich in dem Glauben befinde, nur in ihrer Einbildung sich gerächt zu haben, und daß zum Glück ihre Ehre vor jedem Schimpf sicher sei. Am Schluß meines zwölf Seiten langen Briefes gestand ich ihr, daß ich die ersten Anzeichen meiner Krankheit erkannt hätte, jedoch sicher wäre, in zwei oder drei Wochen davon befreit zu sein. Ich gab meinen Brief heimlich ihrer Amme und erhielt am dritten Tage einige Zeilen von ihrer Hand, durch die sie mir anzeigte, daß ich im Laufe der Woche sie mit ihrem Gatten und Monsieur de Chavigny bei mir sehen würde.

Ich Unglücklicher! Ich mußte auf jeden Gedanken an Liebe verzichten; aber meine Dubois, die wegen Leducs Krankheit den ganzen Tag um mich war, fing an, mir alles andere zu ersetzen. Je mehr ich mich darauf versteifte, in ihr nur eine Freundin sehen zu wollen, desto verliebter wurde ich; vergeblich hoffte ich, daß sie schließlich das Gefühl, das ich ihr eingeflößt, unterdrücken würde, wenn wir in solcher harmlosen Weise miteinander verkehrten. Ich hatte ihr einen Ring geschenkt und ihr gesagt, ich würde ihr hundert Louis dafür geben, sobald sie Lust bekäme, sich desselben wieder zu entäußern; aber dazu konnte sie nur kommen, wie sie mir versicherte, wenn sie in Bedürftigkeit geriet, und dies könnte nicht geschehen, solange ich sie bei mir behielt; der Gedanke aber, sie zu entlassen, erschien mir abgeschmackt. Sie war unverbildet, aufrichtig, scherzte gern, hatte viel natürlichen Verstand und ein sehr treffsicheres Urteil. Sie hatte noch niemals geliebt und sich nur auf Wunsch von Mylady Montagu verheiratet. Sie schrieb nur an ihre Mutter, und ich las auf ihren Wunsch diese Briefe. Sie atmeten kindliche Liebe und waren ausgezeichnet geschrieben. Eines Tages fiel mir ein, sie zu bitten, die Briefe ihrer Mutter lesen zu dürfen.

»Sie antwortet mir niemals.«

»Und warum nicht?«

»Aus einem guten Grunde: sie kann nicht schreiben. Ich hielt sie für tot, als ich von England zurückkam, und war angenehm überrascht, als ich sie bei meiner Heimkehr nach Lausanne vollkommen gesund vorfand.«

»Wer hat Sie von England begleitet?«

»Niemand.«

»Das ist unbegreiflich. Sie sind jung, ganz dazu angetan, heftige Begierden zu erregen; Sie kleiden sich gut und befanden sich in Gesellschaft so vieler Leute von verschiedenem Charakter; darunter waren auch junge Leute, Wüstlinge – denn die gibt es ja überall; wie haben Sie sich verteidigen können?«

»Mich verteidigen? Das habe ich niemals nötig gehabt. Das große Geheimnis für ein junges Mädchen, nicht belästigt zu werden, besteht darin: niemanden anzusehen, so zu tun, als ob man nichts verstünde, auf gewisse Fragen nicht zu antworten, allein in einem Zimmer zu schlafen, das man sorgfältig verriegelt, oder in den Gasthöfen, wo es möglich ist, bei der Wirtin zu schlafen. Wenn ein junges Mädchen Reiseabenteuer hat, so wird man in den allermeisten Fällen sagen können, daß sie selber dazu Anlaß gegeben haben muß; denn es ist leicht, überall tugendhaft zu sein, wenn man nur will.«

Sie hatte recht. Sie versicherte mir, sie habe niemals ein Abenteuer gehabt und sei niemals von ihrer Pflicht abgewichen, weil sie nie so unglücklich gewesen sei, sich zu verlieben. Ihre naiven Erzählungen, die von jeder Zimperlichkeit frei waren, und ihre Bemerkungen voll von Witz und gesundem Menschenverstand erheiterten mich vom Morgen bis zum Abend. Zuweilen duzten wir uns. Sie sprach mit mir begeistert von den Reizen der Madame de ... und hörte mir mit der lebhaftesten Teilnahme zu, wenn ich ihr von meinen verschiedenen Liebesabenteuern erzählte. Wenn ich an heikle Stellen kam und Miene machte, in meiner Erzählung gewisse schlüpfrige Umstände zu überspringen, bat sie mich so anmutig, ihr nichts zu verbergen, daß ich mich mit sanfter Gewalt gezwungen sah, ihren Wunsch zu erfüllen; wenn aber dann das allzu getreue Gemälde uns zu entflammen drohte, lachte sie plötzlich laut auf, legte mir die Hand auf den Mund, entfloh und schloß sich in ihrem Zimmer ein. Ich fragte sie, warum sie sich immer einschlösse, und sie antwortete: »Dies geschieht, damit Sie nicht etwas von mir verlangen, was ich in jenen Augenblicken unmöglich Ihnen verweigern könnte.« Das gestand sie mir aber erst in Bern. Unsere tiefe Zuneigung hatte einen gefährlichen Höhepunkt erreicht, als die F. mein Blut vergiftet hatte.

Am Vorabend des Tages, an welchem Monsieur de Chavigny und Monsieur und Madame de ... sich unangemeldet bei mir zum Mittagessen einluden, fragte meine Haushälterin, ob ich auch in Holland ein Liebesabenteuer gehabt hätte. Ich erzählte ihr meine Erlebnisse mit Esther, und als ich an die Stelle des Berichts über die Besichtigung des kleinen Muttermals an den Schamlippen kam, hielt die reizende Neugierige mir den Mund zu, wobei sie sich vor Lachen ausschütten wollte. Ich hielt sie mit sanfter Gewalt fest, und da sie sich auf mich niedersinken ließ, konnte ich dem Wunsche nicht widerstehen, auch bei ihr an dieser Stelle nach irgendeinem kleinen Mal zu suchen, und sie vermochte mir nur schwachen Widerstand entgegenzusetzen. Da mein unglückseliger Zustand mich verhinderte, das Opfer auf dem Altar der Liebe zu vollziehen, so bat ich sie in meiner Not, mir zum Höhepunkt zu verhelfen, ich erwies ihr dabei denselben Liebesdienst. Das Scheinopfer dauerte nur eine Minute; aber unsere Augen waren daran beteiligt, und dies war nicht geeignet, uns zu beruhigen. Als wir fertig waren, sagte sie lachend, aber mit einem ganz sittsamen Gesicht zu mir: »Mein lieber Freund, wir lieben uns, und wenn wir uns nicht in acht nehmen, wird es nicht lange beim bloßen Tändeln bleiben.«

Nachdem sie dies mit einem Seufzer gesagt hatte, stand sie auf, wünschte mir gute Nacht und legte sich mit ihrem kleinen Mädchen zu Bett. Es war das erste Mal, daß wir uns von dem Triebe unserer Sinne fortreißen ließen; der erste Schritt war getan. Vollkommen verliebt legte ich mich zu Bett; ich sah voraus, daß die liebenswürdige Person bald meine Seele ganz und gar beherrschen würde.

Am andern Morgen überraschten Monsieur und Madame de ... mit Monsieur de Chavigny uns auf angenehme Weise. Bis zum Mittagessen gingen wir spazieren. Bei Tisch machte meine liebe Dubois die Hausherrin, und ich sah mit Vergnügen, daß meine beiden männlichen Gäste ganz entzückt von ihr waren, denn sie gingen während unseres Nachmittagsspazierganges nicht einen Augenblick von ihrer Seite. Ich erhielt dadurch Gelegenheit, ganz ungestört meiner göttlichen Amazone noch einmal mündlich zu berichten, was ich ihr bereits geschrieben hatte. Natürlich hütete ich mich, ein Wort davon zu sagen, daß meine Haushälterin an der ganzen Geschichte beteiligt gewesen war; denn es wäre der schönen Frau peinlich gewesen, zu erfahren, daß ihre Schwachheit der anderen bekannt war.

»Das Lesen Ihres Briefes«, sagte Madame de ... zu mir, »hat mir das größte Vergnügen gemacht, weil die F. sich nun nicht mehr schmeicheln darf, die zwei Stunden mit Ihnen verbracht zu haben. Aber sagen Sie mir, ich bitte Sie, wie ist es nur möglich gewesen, daß Sie selbst im Dunkeln nicht den Unterschied bemerkt haben, der doch zwischen uns vorhanden sein muß? Sie ist viel kleiner, viel magerer und zehn Jahre älter als ich. Außerdem hat sie einen starken Mundgeruch, und Sie haben doch wissen können, daß ich diesen Fehler nicht habe. Sie waren allerdings des Gesichtssinnes beraubt, aber Sie konnten doch fühlen. Und dennoch haben Sie nichts bemerkt! Das ist unglaublich!«

»Und doch ist es leider nur zu wahr. Ich war von Liebe berauscht, und da Sie allein meine ganze Seele einnahmen, so habe ich nur Sie sehen wollen.«

»Ich begreife, daß im ersten Augenblick Ihre Phantasie Sie fortreißen mußte, aber nach dem ersten oder zweiten Sturmlauf mußte doch die Glut nachlassen, da jener etwas mangelt, was ich nicht verbergen kann und was alle Kunst der Koketterie bei ihr nicht nachahmen kann.«

»Sie haben recht – Ihr Venusbusen! Und wenn ich daran denke, daß ich nur zwei schlaffe Hängebrüste berührt habe, so fühle ich mich unwürdig, noch weiter zu leben.«

»Sie haben es bemerkt und fühlten sich doch nicht angeekelt?«

»Konnte ich wohl Ekel fühlen, konnte ich überhaupt einen Gedanken fassen, da ich doch gewiß war, Sie in meinen Armen zu halten – Sie, für die ich mein Leben hingeben würde? Nein, eine rauhe Haut, ein übelriechender Atem, ein viel zu bequemes Schlupfloch, dies alles konnte meine Glut nicht mäßigen.«

»Was höre ich! Abscheuliches, unreines Weib! Ekelhaftes Kehrichtfaß! Ich kann es nicht begreifen; und Sie haben mir dies alles verzeihen können?«

»Ich wiederhole Ihnen: der Glaube, Sie zu besitzen, machte mich unfähig zu denken; alles erschien mir göttlich.«

»Sie hätten mich wie ein liederliches Weibsbild behandeln, mich sogar schlagen sollen, da Sie mich so fanden!«

»Ach, meine Herzallerliebste, wie ungerecht sind Sie in diesem Augenblick!«

»Das ist wohl möglich, mein lieber Freund, denn ich bin so aufgebracht gegen dieses Scheusal, daß ich im Zorn vielleicht Unsinn rede. Jetzt aber, wo sie sich einem Bedienten hingegeben zu haben glaubt, und nach seinem sie erniedrigenden Besuche muß sie vor Scham und Wut dem Tode nahe sein. Es wundert mich nur, daß sie es geglaubt hat; denn er ist um Handbreite kleiner als Sie – und dann, wie konnte sie glauben, daß ein Bedienter so etwas ebensogut könnte wie Sie! Es ist undenkbar! Ich bin überzeugt, sie ist in diesem Augenblick in ihn verliebt. Fünfundzwanzig Louis! Er wäre mit zehn zufrieden gewesen. Welches Glück, daß der arme Junge gerade zur rechten Zeit krank wurde. Aber Sie haben ihn doch in alles einweihen müssen?«

»Ganz und gar nicht, ich habe ihn glauben lassen, sie hätte mir ein Stelldichein in jenem Zimmer gegeben und ich wäre wirklich zwei Stunden mit ihr zusammen gewesen, hätte aber, aus Furcht, gehört zu werden, kein Wort gesprochen. Aus dem, was ich ihm auftrug, hat er geschlossen, sie hätte mich krank gemacht, sie wäre mir dadurch zum Ekel geworden und ich hätte die Gelegenheit benutzt, meine Beteiligung abzuleugnen, sie mir vom Halse zu schaffen und mich an ihr zu rächen.«

»Ausgezeichnet! Die Frechheit des Spaniers ist unglaublich, aber am allerunglaublichsten ist die Frechheit dieser gemeinen Person. Wenn aber nun das Weib nur aus Prahlerei und um Ihnen einen Schreck einzujagen gesagt hätte, sie sei krank, welcher Gefahr hätte sich dann der Bursche ausgesetzt.«

»Diese Befürchtung habe ich gehabt, denn ich hatte noch kein Anzeichen der Krankheit bemerkt.«

»Jetzt aber sind Sie in Behandlung, und ich bin die Ursache. Das bringt mich zur Verzweiflung!«

»Beruhigen Sie sich, mein Engel; meine Krankheit hat nicht viel auf sich. Ich wende nichts weiter an als Nitratwasser, und in acht Tagen werde ich vollkommen wiederhergestellt sein. Ich hoffe, dann …«

»Ach, mein lieber Freund …«

»Wie?«

»Denken wir nicht mehr daran, ich beschwöre Sie.«

»Ein solcher Ekel kann sehr natürlich sein, wenn die Liebe nicht sehr stark ist. Ich bin sehr unglücklich!«

»Ich bin es mehr als Sie. Ich liebe Sie, und Sie wären undankbar, wenn Sie aufhörten, mich zu lieben. Lieben wir uns, aber suchen wir nicht uns unsere Liebe zu beweisen; dies könnte verhängnisvoll für uns werden. Verfluchte Witwe! Sie ist abgereist, und in vierzehn Tagen reisen auch wir nach Basel, wo wir bis Ende November bleiben.«

»Der Streich hat getroffen! Ich sehe, ich muß mich Ihren Gesetzen unterwerfen oder vielmehr meinem Schicksal; denn in der Schweiz ist mir lauter Unglück zugestoßen. Mich tröstet nur, daß es mir gelungen ist, Ihre Ehre vor jedem Angriff zu sichern.«

»Sie haben die Achtung und Freundschaft meines Mannes gewonnen; wir werden immer gute Freunde sein.«

»Wenn Sie abreisen müssen, so fühle ich, daß es meine Pflicht ist, vor Ihnen abzureisen. Dies wird die unwürdige Urheberin meines Unglückes noch mehr überzeugen, daß unsere Freundschaft nicht sündhaft war.«

»Sie denken wie ein Engel und überzeugen mich immer mehr von Ihrer Zärtlichkeit. Wohin gehen Sie?«

»Nach Italien; vorher aber werde ich nach Bern und Genf reisen.«

»Sie werden also nicht nach Basel kommen. Das ist mir lieb, so großes Vergnügen mir es auch machen würde, Sie dort zu sehen. Ohne Zweifel würde man darüber reden, und dies würde mir schaden. Aber wenn es Ihnen möglich ist, so zeigen Sie sich in den wenigen Tagen, die Sie noch hier zubringen werden, recht vergnügt; denn das traurige Wesen steht Ihnen nicht.«

Wir gingen wieder zum Botschafter und Monsieur de …, die

gar keine Zeit gehabt hatten, an uns zu denken, so sehr erheiterte meine liebe Dubois sie durch ihre hübschen Bemerkungen. Ich warf ihr vor, daß sie gegen mich mit ihrem Geist geize, und Monsieur de Chavigny nahm diese Bemerkung auf und sagte uns, daran wäre unsere Verliebtheit schuld, denn Verliebte hätten keine geistreichen Worte nötig. Aber meine Dubois blieb die Antwort nicht schuldig; sie ging den beiden Herren tapfer zu Leibe, und dies verschaffte mir Gelegenheit, den Spaziergang mit Madame de ... fortzusetzen. Sie sagte mir: »Ihre Haushälterin, lieber Freund, ist ein Meisterwerk der Natur. Beantworten Sie mir wahrheitsgetreu eine Frage, und ich verspreche Ihnen, vor Ihrer Abreise Ihnen ein Zeichen der Dankbarkeit zu geben, woran Sie Ihre Freude haben werden.«

»Sprechen Sie! Was wünschen Sie zu wissen?«

»Sie lieben sie, und sie erwidert Ihre Liebe.«

»Ich glaube es, aber bis jetzt ...«

»Mehr will ich nicht wissen; denn wenn es noch nicht geschehen ist, so wird es geschehen, und das ist so gut, als wenn es schon geschehen wäre. Wenn Sie mir gesagt hätten, Sie liebten sich nicht, so hätte ich Ihnen nicht geglaubt; denn ich begreife nicht, wie ein junger Mann wie Sie mit einer solchen Frau zusammenleben kann, ohne sie zu lieben. Sie ist sehr hübsch, sehr scharfsinnig, heiter und redegewandt; dies ist mehr als genug, um einen Mann zu bezaubern, und ich bin überzeugt, es wird Ihnen schmerzlich sein, sich von ihr zu trennen. Lebel hat ihr einen schlechten Dienst erwiesen, indem er sie zu Ihnen gebracht hat; denn sie stand in einem ausgezeichneten Ruf, jetzt aber wird es ihr nicht mehr möglich sein, bei einer anständigen Dame einen Dienst zu finden.«

»Ich werde mit ihr nach Bern gehen.«

»Daran werden Sie guttun.«

Als sie abfuhren, sagte ich ihnen, ich würde binnen kurzem nach Solothurn kommen, um Abschied zu nehmen und ihnen für ihren ausgezeichneten Empfang zu danken, weil ich in einigen Tagen nach Bern abzureisen gedachte. Der Gedanke, Madame de ... nicht wiederzusehen, war mir so schmerzlich, daß ich mich sofort zu Bett legte; Madame Dubois achtete meine Traurigkeit und zog sich zurück, nachdem sie mir gute Nacht gewünscht hatte.

Zwei oder drei Tage darauf erhielt ich einen Brief von Madame de ...; sie schrieb mir, ich möchte sie am folgenden Tage um zehn

Uhr besuchen und mich zum Essen einladen. Pünktlich befolgte ich ihren Befehl. Monsieur de … empfing mich sehr freundlich, sagte mir aber, er müsse aufs Land fahren und könne nicht vor ein Uhr zurück sein; er bitte mich also, es nicht übelzunehmen, wenn er es seiner Frau überlasse, mich bis dahin zu unterhalten. Madame de … stickte mit einem jungen Mädchen an einem Rahmen; ich nahm ihre liebenswürdige Einladung an, aber nur unter der Bedingung, daß sie sich in ihrer Arbeit nicht stören ließe.

Gegen zwölf Uhr entfernte das junge Mädchen sich, und sogleich gingen wir, um die frische Luft zu genießen, auf eine Terrasse neben dem Hause; es befand sich dort ein hübsches Kabinett, von dessen Inneren aus wir, ohne gesehen zu werden, alle ankommenden Wagen schon in der Ferne bemerken konnten.

»Warum, göttliche Freundin, haben Sie mir dieses Glück nicht verschafft, als ich vollkommen gesund war?«

»Weil damals mein Gatte argwöhnte, Sie hätten sich nur meinetwegen als Kellner verkleidet und könnten mir nicht gleichgültig sein. Ihr kluges Verhalten hat seinen Verdacht beseitigt und mehr denn alles Ihre Haushälterin, die er für Ihre Geliebte hält und in die er ebenfalls verliebt ist, daß ich glaube, er würde ganz gerne tauschen, wenigstens für ein paar Tage. Würden Sie mit dem Tausch einverstanden sein?«

Da ich kaum eine Stunde vor mir hatte und voraussah, daß ich zum letztenmal das Glück haben würde, bei ihr zu weilen, so warf ich mich ihr zu Füßen. Voll Zärtlichkeit sträubte sie sich nicht gegen meine Wünsche, die ich zu meinem großen Bedauern nur zum Schein erfüllen durfte; denn ich liebte sie aufrichtig, als daß ich ihre Gesundheit hätte in Gefahr bringen mögen. Ich tat alles, was ich in Ermangelung eines vollständigen Glückes tun konnte; ohne Zweifel hatte an dem Genuß, den ich ihr verschaffen konnte, das Vergnügen, mich zu überzeugen, daß sie mehr wert sei als die F., einen nicht geringen Anteil.

Als wir den Wagen des Gatten ankommen sahen, eilten wir an das untere Ende der Terrasse, und dort fand der wackere Mann uns. Er entschuldigte sich tausendmal bei uns, daß er nicht früher hätte zurückkommen können.

Wir speisten gut, aber bei Tisch unterhielt er sich mit mir fast ausschließlich über meine Dubois; er schien unzufrieden zu sein, als ich ihm sagte, ich gedächte sie nach Lausanne zu ihrer Mutter zurückzuführen.

Um fünf Uhr nahm ich Abschied von ihnen und begab mich zu Monsieur de Chavigny, dem ich alles Vorgefallene mitteilte. Ich hätte die Pflicht der Dankbarkeit zu verletzen geglaubt, wenn ich dem liebenswürdigen alten Herrn nicht die ganze Komödie erzählt hätte, die ihm ohne Zweifel scherzhaft erschien, wie sie mir heute erscheint. Er hatte ein Recht darauf, denn er hatte ganz gewaltig zum Gelingen eines Planes beigetragen, der nur durch ein Mißgeschick ohnegleichen fehlschlug.

Er bewunderte den Verstand meiner treuen Dubois, denn ich verhehlte ihm nicht, wie sehr sie an der Intrige beteiligt war, und sagte zu mir, trotz seines Alters würde er sich glücklich schätzen, wenn er eine Frau wie sie bei sich haben könnte, und er freute sich sehr, als ich ihm sagte, daß ich in sie verliebt sei. Hierauf sagte der liebenswürdige Kavalier zu mir: »Ersparen Sie sich, mein lieber Casanova, die Mühe, in sämtliche Häuser Solothurns zu laufen, um Abschiedsbesuche zu machen. Sie können sich dieser Anstandspflicht entledigen, indem Sie bei mir die ganze Gesellschaft versammelt finden werden, und Sie brauchen nicht einmal zum Abendessen zu bleiben, wenn Sie nicht spät nach Hause kommen wollen.«

Bevor ich ging, begleitete ich den Botschafter in sein Zimmer, um ihm gebührend zu danken und ihn um einen Empfehlungsbrief für Bern zu bitten, wo ich vierzehn Tage zu verbringen gedachte. Zugleich bat ich ihn, mir seinen Haushofmeister zu schicken, um seine Rechnung mit mir zu machen. Er sagte mir, er würde mir durch ihn einen Brief an Monsieur de Muralt, den Stadtschultheiß von Thun, schicken.

Ich fuhr nach Hause. Ich war in trauriger Stimmung über die bevorstehende Abreise von einer Stadt, wo ich im Vergleich zu den erlittenen wirklichen Verlusten nur schwache Siege davongetragen hatte; ich dankte meiner Haushälterin freundlich für ihre Gefälligkeit, auf mich zu warten, wünschte ihr gute Nacht und sagte ihr, wir würden binnen drei Tagen nach Bern abreisen und sie müßte meine Koffer packen.

Am nächsten Morgen sagte sie zu mir, nachdem wir ziemlich schweigsam miteinander gefrühstückt hatten: »Sie nehmen mich also mit, lieber Freund?«

»Ja, gewiß, wenn Sie mich genug lieben, um gern mit mir zu gehen.«

»Sehr gern; und um so lieber, da ich Sie traurig und gewissermaßen krank sehe, während Sie heiter und gesund waren, als ich bei Ihnen den Dienst antrat. Wenn ich Sie verlassen müßte, könnte nur das mich trösten, daß ich Sie glücklich sähe.«

In diesem Augenblick kam der alte Wundarzt und sagte mir, meinem armen Spanier ginge es so schlecht, daß er das Bett nicht verlassen könnte.

»Ich werde ihn in Bern kurieren lassen«, antwortete ich. »Sagen Sie ihm, wir werden übermorgen abreisen und schon mittags dort sein.«

»Monsieur, ich gestatte mir, Sie darauf aufmerksam zu machen, daß er unmöglich diese Reise machen kann, obgleich die Entfernung nur sieben Meilen beträgt; denn er ist an allen Gliedern gelähmt.«

Ich ging zu Leduc und fand den armen Kerl wirklich nicht imstande, sich zu bewegen; nur seine Zunge und die Augen waren frei.

»Du bist ja reizend zugerichtet«, sagte ich zu ihm.

»Scheußlich, obgleich ich mich im übrigen sehr wohl fühle.«

»Ich glaube es, aber im Augenblick kannst du dich nicht bewegen, und ich will übermorgen zum Mittagessen in Bern sein.«

»Lassen Sie mich hintragen, Sie werden mich dort kurieren lassen.«

»Du hast recht; ich werde dich in einer Sänfte hintragen lassen.«

Ich beauftragte einen Bedienten, für ihn zu sorgen und alles für die Abreise in Ordnung zu bringen. Ich ließ ihn mit zwei Pferden, die die Sänfte trugen, nach Bern in den Gasthof ›Zum Falken‹ bringen.

SIEBENTES KAPITEL

Nach kurzem Aufenthalt in Bern fährt Casanova im Sommer 1760 nach Lausanne, um von dort aus Albrecht von Haller zu besuchen.

Am folgenden Tage fuhr ich nach Roche, um den berühmten Haller zu besuchen.

Haller war ein sechs Fuß[1] großer Mann, kräftig und von schönem Angesicht. Er empfing mich höflich; als er aber den Brief von Monsieur de Muralt gelesen hatte, zeigte er mir die größte Liebenswürdigkeit – was mir bewies, daß eine gute Empfehlung niemals von Übel ist. Der große Gelehrte öffnete mir alle Schatzkammern seiner Wissenschaft; er beantwortete alle meine Fragen mit Bestimmtheit, namentlich aber mit einer seltenen Bescheidenheit, die mir beinahe übertrieben erschien; denn während er mir die schwierigsten Fragen erklärte, gab er sich den Anschein eines Schülers, der sich zu belehren sucht; wenn er dagegen wissenschaftliche Fragen an mich richtete, geschah dies mit einer sozusagen zarten Kunst, die mich zwang, die genaueste Antwort zu finden.

Herr von Haller war ein großer Physiologe, ein großer Arzt und ein großer Anatom. Er nannte Morgagni seinen Lehrer, obgleich er ebenso zahlreiche Entdeckungen im Mikrokosmos gemacht hatte wie dieser. Während meines Aufenthaltes bei ihm zeigte er mir eine Menge Briefe von Morgagni und dem Botaniker Professor Pontedera; in der Wissenschaft der Botanik nahm Haller den größten Rang ein. Als ich von diesen großen Männern sprach, die ich gekannt hatte, beklagte er sich über Pontedera, dessen Briefe fast unleserlich und in einem sehr dunklen Latein geschrieben wären. Er zeigte mir einen Brief von einem Berliner Akademiker, dessen Namen ich vergessen habe; dieser schrieb ihm: seitdem der König von Preußen seinen Brief gelesen habe, denke er nicht mehr daran, die lateinische Sprache allgemein abzuschaffen. Haller hatte an Friedrich den Großen geschrieben: ›Ein Herrscher, dem der unglückselige Plan gelänge, die Sprache eines Cicero und eines Horaz aus der Gelehrtenrepublik zu verbannen, würde seiner eigenen Unwissenheit ein unvergängliches Denkmal errichten. Und in der Tat, wenn die Gelehrten einer gemeinsamen Sprache bedürfen, um einander ihre Entdeckungen mitzuteilen, so ist von den toten Sprachen die lateinische sicherlich dazu am besten geeignet, denn die griechische und arabische passen sich nicht annähernd so gut wie sie dem Geiste der neueren Völker an.‹

Haller war ein guter Dichter im pindarischen Stil[2]; seine Verse atmeten Kraft und Geist; er war auch ein ausgezeichneter Staatsmann und leistete seinem Vaterlande große Dienste. Seine Sitten waren untadelig, und ich erinnere mich, daß er mir sagte: es gebe nur ein einziges gutes Mittel, Vorschriften zu erlassen, nämlich das gute Beispiel. Da er ein guter Bürger war, so mußte er ein ausgezeichneter Hausvater sein; denn wie hätte er wohl dem Vaterland seine Liebe sicherer beweisen können als dadurch, daß er ihm in seinen Kindern tüchtige und tapfere Untertanen gab! Dies aber läßt sich nur durch eine gute Erziehung erreichen. Seine Frau, die er in zweiter Ehe geheiratet hatte, war noch jung und trug auf ihrem schönen Antlitz den Ausdruck des Wohlwollens und der Sittsamkeit. Er hatte eine reizende Tochter von etwa achtzehn Jahren; sie war von bescheidenem Wesen und öffnete bei Tisch ihren Mund nur ein paarmal, um leise mit einem neben ihr sitzenden jungen Mann zu sprechen. Als ich nach Tisch mit Haller allein war, fragte ich ihn, wer dieser junge Mann sei. Er antwortete mir, es sei der Hauslehrer seiner Tochter.

»Ein solcher Lehrer und eine so hübsche Schülerin könnten leicht ein Liebespaar werden.«

»Das walte Gott.«

Diese sokratische Antwort machte mir fühlbar, wie wenig angebracht meine Bemerkung gewesen war, und ich wurde darüber etwas verlegen. Um mich zu sammeln, öffnete ich ein Buch, das ich in meiner Nähe liegen sah. Es war ein Oktavband von seinen Werken, und ich las darin die Überschrift: *utrum memoria post mortem dubito* [Ich zweifle, ob das Gedächtnis nach dem Tod weiterbesteht].

»Sie glauben also nicht«, fragte ich ihn, »daß das Gedächtnis ein wesentlicher Teil der Seele sei.«

Was war darauf zu antworten? Herr Haller wich aus; denn er hatte seine Gründe, keine Zweifel an seiner Rechtgläubigkeit aufkommen zu lassen.

Bei Tisch fragte ich ihn, ob Monsieur de Voltaire oft zu ihm zu Besuch komme. Als Antwort sagte er mir nur den bekannten Vers des großen Dichters der Vernunft her: *»Vetabo qui Cereris sacrum vulgarit arcanae sub iisdem sit trabibus«* [Ich werde nicht dulden, daß derjenige, der die heiligen Geheimnisse der Ceres verraten hat, unter demselben Dache mit wir wohnt][3].

Ich blieb drei Tage bei dem berühmten Mann, aber ich konnte keine Frage über religiöse Dinge an ihn richten, so große Lust ich auch dazu hatte. Als ich ihm sagte, ich sähe mit fröhlicher Erwartung dem Besuch entgegen, den ich bei Voltaire zu machen gedächte, antwortete er mir, ich hätte recht, und fügte ohne die geringste Bitterkeit hinzu: »Monsieur de Voltaire ist ein Mann, der verdient, daß man seine Bekanntschaft sucht, obgleich manche Leute, den Gesetzen der Physik zum Trotz, ihn von ferne größer gefunden haben als in der Nähe.«

Herrn von Hallers Tisch war gut und reichlich, obgleich er selber sehr enthaltsam war, denn er trank nur Wasser. Nur beim Nachtisch erlaubte er sich ein kleines Gläschen Likör, das er in ein großes Glas Wasser schüttete. Er erzählte mir viel von Boerhaave[4], dessen Lieblingsschüler er gewesen war, und sagte mir, nächst Hippokrates sei Boerhaave der größte Arzt und überhaupt der größte Chemiker gewesen, den die Welt jemals gesehen habe.

»Wie kommt es«, fragte ich ihn, »daß er nicht zur Reife des Alters hat gelangen können?«

»Weil *contra vim mortis nullum est medicamen in hortis* [Gegen den Tod ist kein Kraut gewachsen]. Boerhaave war ein geborener Arzt, sonst würde der große Mann schon vor seinem vierzehnten Jahre an einem giftigen Geschwür gestorben sein, das der Kunst der damaligen Ärzte widerstanden hat. Er heilte sich selber, indem er sich oft mit seinem eigenen Urin einrieb, worin er eine gewisse Menge Salz aufgelöst hatte.«

»Man hat mir gesagt, er habe den Stein der Weisen besessen.«

»Man hat es behauptet, aber ich glaube es nicht.«

»Halten Sie ihn für möglich?«

»Ich arbeite seit dreißig Jahren daran, die Überzeugung vom Gegenteil zu gewinnen; dies ist mir noch nicht gelungen, aber ich bin überzeugt, daß niemand ein guter Chemiker sein kann, wenn er nicht die Möglichkeit anerkennt, daß das ›Große Werk‹ im Bereiche der Natur liegt.«

Als ich Abschied von ihm nahm, bat er mich, ihm mein Urteil über den großen Voltaire zu schreiben, und dies war der Beginn unseres Briefwechsels in französischer Sprache. Ich besitze zweiundzwanzig Briefe von diesem mit Recht berühmten Mann, und der letzte war sechs Monate vor seinem allzu frühen Tode[5] geschrieben. Je älter ich werde, desto mehr bedeuten mir meine Papiere. Sie sind der wahre Schatz, der mich an das Leben fesselt und mir den Tod verhaßter macht.

Ich hatte in Bern Rousseaus ›Heloïse‹ gelesen und wünschte zu wissen, was Herr Haller von diesem Werke denke. Er sagte mir, das Wenige, was er von diesem Roman gelesen habe, um einem Freunde einen Gefallen zu tun, habe ihn instand gesetzt, das ganze Werk zu beurteilen: »Es ist der schlechteste aller Romane, weil er der wortreichste ist. Sie werden jetzt das Waadtland sehen; erwarten Sie aber nicht, dort die Originale der glänzenden Porträts zu erblicken, die Rousseau zeichnet. Er hat geglaubt, in einem Roman sei es erlaubt zu lügen, und er hat mit diesem Vorrecht Mißbrauch getrieben. Petrarca[6] hat nicht gelogen. Ich habe seine in lateinischer Sprache geschriebenen Werke, die leider niemand liest, weil sein Latein sich nicht schön anhört. Petrarca war ein Gelehrter und kein Lügner; er sprach von seiner Liebe zur ehrsamen Laura, die er wirklich liebte, wie ein jeder Mann die Frau liebt, in die er vernarrt ist; und wenn Laura ihren erlauchten Liebhaber nicht glücklich gemacht hätte, wo würde er sie nicht gefeiert haben.«

So sprach Haller von Petrarca, indem er einer Erklärung über Rousseau auswich; er liebte nicht einmal dessen Beredsamkeit, weil diese nach seiner Ansicht nur durch Antithesen und Paradoxe glänzte. Haller war ein Gelehrter ersten Ranges, aber er ließ dies niemals sehen, besonders nicht in seinem Familienkreise oder in Gesellschaft von Leuten, die keiner wissenschaftlichen Gespräche bedürfen, um sich zu unterhalten. Niemand verstand es besser als er, sich dem geistigen Verständnis eines jeden anzupassen; er war liebenswürdig gegen jeden und mißfiel keinem. Aber wodurch gefiel er denn allen? Das weiß ich nicht. Es wäre leichter zu sagen, welche Eigenschaften er nicht hatte, als welche er hatte. Er hatte keinen Hochmut, keine Selbstgefälligkeit und nicht den Ton der Überlegenheit, mit einem Wort, keinen jener Fehler, die man gemeinhin mit Recht den sogenannten gelehrten und geistreichen Männern vorwirft.

Seine Tugenden waren von strenger Art, aber er wußte die Strenge zu verbergen, und sie verschwand unter dem Schleier wirklichen Wohlwollens, das er für alle hatte. Ohne Zweifel hielt er wenig von jenen Unwissenden, die fortwährend über alles mögliche sprechen wollen, anstatt in der durch ihren Geisteszustand gebotenen Dürftigkeit zu verharren, und die im Grunde nur andere Leute, die wirklich etwas verstehen, lächerlich zu machen wissen; aber er drückte seine Verachtung nur durch Schweigen aus. Er wußte, daß der verachtete Ignorant ein Feind ist, und Haller wollte geliebt sein. Übrigens hielt er seinen Geist nicht geheim, wenn er sich auch nicht damit brüstete; er ließ ihn frei sich ergießen. Niemals brachte er das Gespräch auf seine Werke, und wenn man mit ihm über diese sprach, so schlug er ein anderes Thema an, sobald er es in unauffälliger Weise tun konnte. Ungern widersprach er der Überzeugung von Leuten, die sich mit ihm unterhielten.

ACHTES KAPITEL

Casanovas Reise führt ihn nun nach Genf, wo er Voltaire zu treffen hofft.

Als ich am anderen Morgen aufgestanden war, bat ein Pastor der Genfer Kirche mich, ihm einen Platz im Wagen einzuräumen. Ich erklärte mich einverstanden und hatte es nicht zu bereuen.

Der Pastor war ein Mann von großer Beredsamkeit und wußte als Theologe vom Fach die schwierigsten religiösen Fragen zu beantworten, die ich ihm vorlegte. Für ihn gab es kein Mysterium, alles war Vernunft. Ich habe niemals einen Priester gefunden mit einem bequemeren Christentum als diesen braven Mann, dessen Sitten, wie ich später in Genf erfuhr, vollkommen rein waren. Aber ich hatte Gelegenheit, mich zu überzeugen, daß seine Auffassung des Christentums nicht ihm allein eigentümlich war, denn alle seine Glaubensgenossen hatten die gleiche Lehre.

Als ich ihn überzeugen wollte, daß er nur dem Namen nach Calvinist wäre, da er nicht glaubte, daß Jesus Christus dem Gott Vater wesensgleich wäre, antwortete er mir: Calvin hat sich nie für unfehlbar erklärt wie unser Papst. Ich sagte ihm, daß auch wir nur an die Unfehlbarkeit des Papstes glauben, wenn er *ex cathedra* entscheide. Ich brachte ihn aber zum Verstummen, indem ich die Worte des Evangeliums anführte. Er errötete, als ich ihm vorwarf, Calvin habe geglaubt, daß der Papst der Antichrist der Apokalypse sei. »Es ist unmöglich«, antwortete er mir, »in Genf dieses Vorurteil zu zerstören, solange die Regierung nicht eine Inschrift entfernen läßt, die ein jeder über einer Kirchentür liest und worin das Oberhaupt der römischen Kirche so bezeichnet wird. Das Volk ist überall unwissend; aber ich habe eine zwanzigjährige Nichte, die in dieser Hinsicht nicht zum Volk gehört. Ich werde die Ehre haben, Sie mit ihr bekannt zu machen; sie ist Theologin und hübsch.«

»Ich werde sie mit Vergnügen sehen, Monsieur, aber Gott soll mich davor bewahren, mit ihr zu disputieren.«

»Sie wird Sie zum Disputieren zwingen, aber ich glaube, Ihnen im voraus versichern zu können, daß es Ihnen nicht leid tun wird.«

»Wir werden sehen; haben Sie die Güte, mir Ihre Adresse zu geben.«

»Nein, Monsieur, aber ich werde die Ehre haben, Sie in Ihrem Gasthof abzuholen, und werde Ihnen als Führer dienen.«

Ich stieg im Hotel ›A la balance‹ ab und erhielt dort eine sehr schöne Wohnung. Es war der 20. August 1760. Ich trat an das Fenster, und meine Blicke fielen auf eine Scheibe, auf welcher ich mit einem Diamanten eingeritzt die Worte las: *Tu oublieras aussi Henriette.* [Du wirst auch Henriette vergessen]. Sofort fiel mir der Augenblick ein, als Henriette vor dreizehn Jahren diese Worte geschrieben hatte, und ich fühlte die Haare sich mir auf dem Kopfe sträuben. Wir hatten in diesem Zimmer gewohnt, als sie sich von mir trennte, um nach Frankreich zurückzukehren. Wie zerschmettert warf ich mich auf einen Lehnstuhl und überließ mich tausend Gedanken. Die edle und zärtliche Henriette, die ich so sehr geliebt hatte! Wo war sie jetzt? Ich hatte niemals etwas von ihr gehört und hatte mich niemals nach ihr erkundigt. Wenn ich mich mit mir selber verglich, so mußte ich mir gestehen, daß ich jetzt ihres Besitzes weniger würdig war als damals. Wohl vermochte ich noch zu lieben, aber ich fand in mir nicht mehr das Zartgefühl, das ich damals besaß, nicht die Gefühle, die die Verirrungen der Sinne entschuldbar machen, nicht mehr die Sanftmut des Charakters und endlich nicht mehr eine gewisse Redlichkeit, die sogar die Schwächen adelt. Am meisten aber erschreckte es mich, daß ich mich nicht mehr so kräftig fand wie früher. Doch schien es mir, als ob die bloße Erinnerung Henriette mir die alte Kraft zurückgäbe. Da ich meine Dubois[1] nicht mehr hatte, empfand ich eine große Leere, und es ergriff mich eine solche Begeisterung, daß ich augenblicklich mich aufgemacht hätte, um Henriette zu finden, wenn ich nur gewußt hätte, wo ich sie suchen sollte; und doch hatte ich ihr Verbot nicht vergessen.

Am nächsten Morgen ging ich in aller Frühe zum Bankier Tronchin, der all mein Geld hatte. Nachdem er mit mir abgerechnet hatte, gab er mir einen Kreditbrief auf Marseille, Genua, Florenz und Rom; an barem Gelde nahm ich nur zwölftausend Franken. Ich hatte kaum noch fünfzigtausend Taler französischer

Währung. Sobald ich meine Briefe abgegeben hatte, ging ich in den Gasthof zurück; ich war ungeduldig, Monsieur de Voltaire zu sehen. Ich fand meinen Reisegefährten in meinem Zimmer. Er lud mich zum Mittagessen ein und sagte mir, ich würde mit Monsieur Villars Chandieu zusammen speisen, der mich nach Tisch zu Monsieur de Voltaire führen würde, wo man mich schon seit einigen Tagen erwarte. Ich ging mit dem wackeren Pastor und fand bei ihm eine auserlesene Gesellschaft, darunter auch die junge Theologin[2], die ihr Onkel erst beim Nachtisch zum Sprechen brachte. Ich werde die Äußerungen dieses jungen Mädchens so getreu wie möglich berichten.

»Womit, liebe Nichte, hast du dich heute vormittag beschäftigt?«

»Ich habe den heiligen Augustin gelesen und habe ihn im sechzehnten Kapitel abgeschmackt gefunden; ich glaube, ihn mit wenigen Worten widerlegt zu haben.«

»Worum handelt es sich?«

»Um die Mutter des Heilands.«

»Was sagt der heilige Augustin von ihr?«

»Etwas, das Sie vielleicht nicht bemerkt haben. Er sagt, die Jungfrau Maria habe Jesus Christus durch die Ohren empfangen.«

»Und du hast dies nicht geglaubt?«

»Ganz gewiß nicht, und zwar aus drei guten Gründen. Erstens ist Gott nicht materiell und braucht daher kein Loch, um an irgendeinen Ort zu gelangen oder ihn zu verlassen; zweitens haben die Gehörgänge keine Verbindung mit der Gebärmutter; drittens endlich hätte Maria, wenn sie durch das Ohr empfangen hätte, auf demselben Wege auch gebären müssen. Dies wäre sehr gut für die Katholiken«, sagte sie mit einem Blick auf mich, »denn dann könnten sie sie mit Recht als Jungfrau vor, während und nach ihrer Schwangerschaft betrachten.«

Ich war aufs höchste überrascht, aber mein Erstaunen wurde von allen Gästen geteilt. Der göttliche Geist der Theologie weiß sich über jede fleischliche Sinnlichkeit zu erheben, und nach den eben gehörten Worten mußten wir der jungen Theologin dieses Vorrecht zubilligen. Die gelehrte Nichte hatte keine Furcht, dieses Vorrecht zu mißbrauchen, denn sie fragte mich, was ich davon hielte.

»Wenn ich Theologe wäre und mir erlaubte, die Wunder durch

Vernunft erklären zu wollen, so würde ich vielleicht Ihrer Meinung sein, Mademoiselle. Da aber dies durchaus nicht der Fall ist, so beschränke ich mich darauf, Sie zu bewundern und den heiligen Augustin zu verurteilen, weil er das Mysterium der Verkündigung hat erklären wollen. Soviel halte ich für sicher, daß der heilige Augustin einen greifbaren Unsinn gesagt haben würde, wenn die junge Frau taub gewesen wäre; denn dann wäre die Fleischwerdung unmöglich gewesen, da die drei Nervenpaare, die das Hören vermitteln, keine Verbindung mit der Gebärmutter haben; es wäre demnach unbegreiflich, wie die Sache hätte vor sich gehen können. Aber die Fleischwerdung, Mademoiselle, ist ein Wunder.«

Sie antwortete mir sehr artig, ich hätte mich in meiner Antwort als ein viel größerer Theologe als sie erwiesen, und ihr Onkel dankte mir dafür, daß ich seiner Nichte eine Lehre gegeben hätte. Man ließ sie über verschiedene Gegenstände sprechen, aber was sie sagte, war nicht eben glänzend. Ihre Stärke war das Neue Testament. Ich werde gelegentlich meiner Rückkehr nach Genf von dem jungen Mädchen mehr zu erzählen haben. Nach dem Essen gingen wir zu Voltaire, der gerade vom Tisch aufstand, als wir eintraten. Er war sozusagen von einem Hofe von Kavalieren und Damen umgeben, und dadurch erhielt meine Vorstellung etwas Feierliches; aber diese Feierlichkeit konnte mir bei dem großen Manne keineswegs günstig sein.

»Dies, Monsieur de Voltaire«, sagte ich zu ihm, »ist der schönste Augenblick meines Lebens. Seit zwanzig Jahren bin ich Ihr Schüler, und mein Herz ist voller Freude über das Glück, meinen Lehrer zu sehen.«

»Monsieur, erweisen Sie mir diese Ehre noch zwanzig Jahre lang und versprechen Sie mir, nach Ablauf dieser Zeit mein Honorar zu bringen.«

»Sehr gern – vorausgesetzt, daß Sie so lange warten wollen.«

»Darauf gebe ich Ihnen mein Versprechen, eher werde ich zusammenbrechen, als mein Wort nicht zu halten.«

Voltaires Witz brachte alle Zuhörer zum Lachen; dies war ganz in Ordnung, denn die Lacher sind dazu da, um die eine Partei auf Kosten der anderen in Atem zu halten, und die Partei, die die Lacher auf ihrer Seite hat, ist stets sicher zu gewinnen; so will es nun einmal die gute Gesellschaft.

Übrigens hatte ich mich nicht überrumpeln lassen; ich war auf etwas Derartiges gefaßt und hoffte es ihm heimzahlen zu können.

Unterdessen stellte man ihm zwei neu angekommene Engländer vor. »Die Herren sind Engländer«, sagte Voltaire; »ich möchte es auch wohl sein.« Ich fand das Kompliment falsch und unangebracht, denn er zwang dadurch die Engländer, aus Höflichkeit ihm zu antworten, sie möchten wohl Franzosen sein; wenn sie aber nicht Lust hatten zu lügen, so mußte es sie in Verlegenheit bringen, die Wahrheit zu sagen. Ich glaube, es ist einem Ehrenmann erlaubt, seiner eigenen Nation den höchsten Rang anzuweisen, wenn es sich um eine Wahl handelt.

Einen Augenblick darauf richtete Voltaire abermals das Wort an mich und sagte, als Venezianer müsse ich den Grafen Algarotti[3] kennen.

»Ich kenne ihn; freilich nicht als Venezianer, denn sieben Achtel meiner Landsleute wissen nicht, daß er auf der Welt ist.«

Ich hätte sagen sollen: ›als Literat‹.

»Ich kenne ihn, weil ich vor sieben Jahren in Padua zwei Monate bei ihm verbracht habe; und was meine besondere Aufmerksamkeit auf ihn lenkte, war seine Bewunderung für Monsieur de Voltaire.«

»Das ist schmeichelhaft für mich, aber er braucht nicht der Bewunderer eines anderen Menschen zu sein, um die Achtung aller zu verdienen.«

»Wenn er nicht als Bewunderer begonnen hätte, würde Algarotti sich niemals einen Namen gemacht haben. Als Bewunderer Newtons wußte er die Damen instand zu setzen, vom Licht zu sprechen.«

»Ist es ihm gelungen?«

»Nicht so gut wie Monsieur de Fontenelle in seinen ›Dialogen über die Mehrheit der Welten‹; trotzdem kann man sagen, es sei ihm gelungen.«

»Sie haben recht! Wenn Sie ihn in Bologna sehen, bitte ich Sie, ihm zu sagen, daß ich seine Briefe über Rußland[4] erwarte. Er kann sie nach Mailand an meinen Bankier Bianchi schicken; dieser wird sie mir zukommen lassen.«

»Wenn ich ihn sehe, werde ich es ihm gewiß sagen.«

»Man hat mir gesagt, die Italiener seien nicht mit seiner Sprache zufrieden.«

»Ich glaube es; alle seine Schriften wimmeln von Gallizismen. Es kann einem leid tun.«

»Aber machen denn nicht französische Wendungen Ihre Sprache noch schöner?«

»Sie machen sie unerträglich, gerade wie ein mit Italienisch gespicktes Französisch unerträglich sein würde, selbst wenn Monsieur de Voltaire es geschrieben hätte.«

»Sie haben recht; jede Sprache muß rein geschrieben werden. Man hat Titus Livius[5] beanstandet und gesagt, sein Latein habe einen paduanischen Beigeschmack.«

»Als ich begann, mir im Schreiben die Grundlagen anzueignen, hat der Abbé Lazzarini mir gesagt, er ziehe Titus Livius dem Sallust[6] vor.«

»Abbé Lazzarini – Verfasser der Tragödie ›Der junge Odysseus‹? Sie müssen damals sehr jung gewesen sein. – Ich möchte ihn wohl gern gekannt haben. Aber ich habe den Abbé Conti sehr gut gekannt, der Newtons Freund gewesen war und dessen vier Tragödien die ganze römische Geschichte umfassen.«

»Ich habe ihn ebenfalls gekannt und bewundert. Ich war jung, aber ich wünschte mir Glück, als ich mich zum Umgang mit diesen großen Männern zugelassen sah. Mir ist, als wäre es vorgestern gewesen, obgleich seither viele Jahre vergangen sind; ich möchte der Jüngste des ganzen Menschengeschlechts sein.«

»Sie wären als solcher ohne Zweifel glücklicher, als wenn Sie der Älteste wären. Darf ich es wagen, Sie zu fragen, welchem Gebiet der Literatur Sie sich gewidmet haben?«

»Keinem; aber vielleicht kommt dies noch. Einstweilen lese ich, soviel ich kann, und studiere zu meinem Vergnügen den Menschen, indem ich reise.«

»Dies ist das beste Mittel, ihn kennenzulernen; aber das Buch ist zu groß. Es gelingt einem leichter, indem man die Weltgeschichte liest.«

»Ja, wenn sie nicht löge! Man ist der Tatsachen nicht sicher, und darum langweilt sie; dagegen ergötzt es mich, die Welt zu studieren, indem ich sie durchwandere. Horaz, den ich auswendig weiß, ist mein Reisebegleiter, und ich finde, daß er überall Bescheid weiß.«

»Algarotti hat ebenfalls den ganzen Horaz in seinem Kopf. Gewiß lieben Sie die Poesie.«

»Sie ist meine Leidenschaft.«

»Haben Sie viele Sonette gemacht?«

»Zehn oder zwölf, die ich liebe, und zwei- bis dreitausend, die ich vielleicht niemals wieder gelesen habe.«

»Italien ist auf Sonette versessen.«

»Allerdings, wenn man es ›versessen‹ nennen kann, daß man die Neigung hat, einem Gedanken ein harmonisches Maß zu geben, das ihn zur Geltung bringt. Das Sonett ist schwierig, weil man den Gedanken weder in die Länge ziehen noch abkürzen darf, um die einzelnen Verse auszufüllen.«

»Es ist ein Prokrustesbett[7], und darum habt ihr so wenig gute Sonette. Wir Franzosen haben nicht ein einziges gutes, aber daran ist unsere Sprache schuld.«

»Und der französische Geist; man bildet sich ein, ein künstlich ausgesponnener Gedanke müsse alle Kraft und allen Glanz verlieren.«

»Und Sie sind nicht dieser Meinung?«

»Ich bitte um Verzeihung, es handelt sich nur um die Prüfung des Gedankens. Ein Witz zum Beispiel genügt nicht für ein Sonett.«

»Welchen italienischen Dichter lieben Sie am meisten?«

»Ariost; aber ich kann nicht sagen, daß ich ihn mehr liebe als die anderen, denn er ist der einzige, den ich liebe.«

»Sie kennen aber doch die anderen?«

»Ich glaube, sie alle gelesen zu haben; aber alle erbleichen vor Ariost. Als ich vor fünfzehn Jahren Ihr abfälliges Urteil[8] über ihn las, sagte ich, Sie würden es zurücknehmen, wenn Sie ihn gelesen hätten.«

»Ich danke Ihnen, daß Sie geglaubt haben, ich hätte ihn nicht gelesen. Ich hatte ihn gelesen, aber ich war jung, besaß nur eine oberflächliche Kenntnis Ihrer Sprache und war von italienischen Gelehrten voreingenommen, die den Tasso verehrten. So hatte ich das Unglück, ein Urteil zu veröffentlichen, das ich für das meine hielt, während es nur das Echo der unüberlegten Voreingenommenheit jener anderen war, die mich beeinflußt hatten. Ich bete euren Ariost an.«

»Ach, Monsieur de Voltaire, ich atme wieder auf! Aber lassen Sie doch bitte das Buch auf den Index setzen, worin Sie den großen Mann lächerlich gemacht haben.«

»Wozu? meine Bücher stehen schon alle auf dem Index, aber ich werde Ihnen einen schönen Beweis meiner Urteilsänderung geben.«

Ich war starr vor Erstaunen; der große Mann begann die beiden langen Abschnitte des vierunddreißigsten und fünfunddreißigsten Gesanges auswendig herzusagen, in denen der göttliche Dichter Astolfos Gespräch mit dem Apostel St. Johannes besingt, und er tat es, ohne einen einzigen Vers auszulassen und ohne den geringsten Verstoß gegen die Prosodie zu begehen. Hierauf hob er mit seinem ganzen natürlichen Scharfsinn und mit der genialen Auffassung eines großen Mannes die Schönheiten hervor. Von den gelehrtesten Erklärern Italiens hätte man keine bessere Auslegung erwarten dürfen. Ich hörte ihm mit der größten Aufmerksamkeit zu und wagte kaum zu atmen; ich wünschte, ihn ein einziges Mal auf einer falschen Fährte zu ertappen – aber vergeblich. Ich wandte mich zur Gesellschaft und rief, ich sei außer mir vor Überraschung und würde ganz Italien von meiner gerechten Bewunderung in Kenntnis setzen.

»Und ich, Monsieur«, versetzte der große Mann, »ich werde ganz Europa davon in Kenntnis setzen, daß ich dem größten Geiste, den es hervorgebracht hat, eine Ehrenerklärung schulde.«

Unersättlich nach Lobsprüchen, die er in so vieler Hinsicht verdiente, gab Voltaire mir am nächsten Tage seine Übersetzung der Strophe Ariosts, die mit dem Verse beginnt:

Quindi avvien che tra principi e signori. [So geschieht es, daß zwischen Prinzen und Herren ...][9].

Die französische Übersetzung lautet:

Les papes, les césars apaisant leur querelle
Jurent sur l'Evangile une paix éternelle;
Vous les voyez demain l'un de l'autre ennemis;
C'était pour se tromper qu'ils s'étaient réunis:
Nul serment n'est gardé, nul accord n'est sincère;
Quand la bouche a parlé, le cœur dit le contraire.
Du ciel qu'ils attestaient ils bravaient le courroux,
L'intérêt est le dieu qui les gouverne tous.‹

[Daher zerfallen auch der großen Leute,
Der Herren und Fürsten Bünde so geschwind;
Papst, Kaiser, König einigen sich heute,
Die morgen schon geschworene Feinde sind.
Denn freilich nach dem Schein der Außenseite
Ist nicht das Herz, nicht das Gemüt gesinnt;
Indem sie nicht an Recht noch Unrecht denken
Und alles nur nach ihrem Vorteil lenken.]

Als Voltaire mit seiner Deklamation fertig war, klatschten alle Anwesenden Beifall, obgleich keiner von ihnen Italienisch verstand, und seine Nichte, Madame Denis, fragte mich, ob ich das von ihrem Onkel rezitierte Stück für eines der schönsten des großen Dichters hielte.

»Ja, Madame, aber es ist nicht das schönste – bei weitem nicht; denn sonst würde man den Signor Lodovico nicht in den Himmel versetzt haben.«

»Man hat ihn also heiliggesprochen? Das wußte ich nicht.«

Bei diesen Worten waren die Lacher, und Voltaire an ihrer Spitze, auf seiten von Madame Denis; alle lachten; nur ich bewahrte meinen vollen Ernst. Es schien Voltaire zu ärgern, daß ich nicht wie die anderen lachte, und er fragte mich nach dem Grunde. »Sie meinen«, sagte er, »er sei wegen einer übermenschlich schönen Stelle der Göttliche genannt worden?«

»Ganz gewiß.«

»Und was ist das für eine Stelle?«

»Es sind die letzten sechsunddreißig Strophen des dreiundzwanzigsten Gesanges, in denen der Dichter den Hergang im einzelnen beschreibt, wie Roland wahnsinnig wurde. Solange wie die Welt besteht, hat niemals ein Mensch gewußt, wie man wahnsinnig wird – außer Ariost, der es gegen Ende seines Lebens selber wurde. Diese Strophen sind entsetzlich schön, Monsieur de Voltaire, und ich bin überzeugt, Sie haben gezittert, als Sie sie lasen.«

»Ja, ich erinnere mich ihrer; sie erregen Entsetzen vor der Liebe. Ich werde sie sofort wieder lesen.«

»Monsieur wird vielleicht die Gefälligkeit haben, sie uns vorzutragen«, sagte Madame Denis mit einem Seitenblick auf ihren Onkel.

»Sehr gern, Madame, wenn Sie die Güte haben wollen, sie anzuhören.«

»Sie haben sich also die Mühe genommen, sie auswendig zu lernen?« fragte Voltaire mich.

»Sagen Sie: das Vergnügen – denn es hat mich keine Mühe gekostet. Seit meinem fünfzehnten ist kein Jahr vergangen, daß ich nicht den Ariost zwei- oder dreimal gelesen habe; er ist meine Leidenschaft und hat sich ganz natürlich meinem Gedächtnis eingeprägt, ohne daß ich mir die geringste Mühe zu geben brauchte. Ich weiß ihn ganz und gar auswendig, mit Ausnahme seiner langen Geschlechtsregister und seiner geschichtlichen Auseinandersetzungen, die den Geist ermüden, ohne das Herz zu erwärmen. Außer ihm gibt es für mich nur noch Horaz, dessen Verse sich alle meiner Seele eingegraben haben, obwohl seine Episteln oftmals zu prosaisch sind.«

»Horaz will ich gelten lassen, auch mich entzückt er; aber Ariost, sechsundvierzig lange Gesänge – das ist zuviel!«

»Einundfünfzig, Monsieur de Voltaire.«

Der große Mann verstummte, aber Madame Denis sprang für ihn ein und rief: »Lassen Sie uns doch die sechsunddreißig Strophen hören, die einen zum Zittern bringen und denen der Dichter den Namen des Göttlichen verdankt!«

Ich rezitierte sie also, jedoch nicht so deklamierend, wie wir es in Italien tun. Ariost braucht, um zu gefallen, nicht den eintönigen metrischen Vortrag, um ihm Ausdrucksstärke zu verleihen. Die Franzosen finden diese Art des Deklamierens mit Recht unerträglich. Ich sprach die schönen Verse von Ariost wie eine rhythmische Prosa, die ich durch den Klang meiner Stimme und durch die Sprache meiner Augen belebte, und ich modulierte den Tonfall je nach dem Gefühl, wie ich mir Gewalt antun mußte, um meine Tränen zurückzuhalten, und Tränen standen in allen Augen. Aber als ich zu der Strophe kam:

Poichè allargare il freno al dolor puote
Che resta solo senza altrui rispetto.
Giù dagli occhi rigando per le gote
Sparge un fiume di lacrime sul petto.

[Allein gelassen, als der Hirt gegangen,
Dem wilden Weh er freie Zügel gab,
Und von den Augen rann und von den Wangen
Ein Strom von Zähren auf die Brust herab ...][10]

da entströmten mir die Tränen so reichlich, daß alle meine Zuhörer zu schluchzen begannen. Voltaire und Madame Denis fielen mir um den Hals, aber ihre Umarmungen konnten mich nicht unterbrechen. Denn, um rasend zu werden, mußte Roland erst noch bemerken, daß er in demselben Bett lag, worin vor kurzem Angelica in den Armen des überglücklichen Medoro geruht hatte. Und so mußte ich die folgende Strophe beginnen. Statt Klage und Trauer malte sich jetzt in meiner Stimme Schrecken ob der Wut, in der er vermöge seiner ungeheueren

Kraft Verwüstungen anrichtete wie ein schrecklicher Sturm oder wie ein von Erdbeben begleiteter vulkanischer Ausbruch.

Als ich geendet hatte, empfing ich mit traurigem Gesicht die Glückwünsche der ganzen Gesellschaft. Voltaire rief: »Ich habe es immer gesagt: Das Geheimnis, zum Weinen zu bringen, besteht darin, daß man selber weint; aber es sind echte Tränen nötig, und um solche vergießen zu können, muß die Seele tief gerührt sein. – Ich danke Ihnen, Monsieur«, fuhr er fort, indem er mich umarmte, »und ich verspreche Ihnen, morgen die gleichen Strophen zu rezitieren und dabei zu weinen wie Sie.«

Er hielt Wort.

»Es ist erstaunlich«, sagte Madame Denis, »daß das unduldsame Rom niemals den Sänger des Orlando auf den Index gesetzt hat.«

»Ganz im Gegenteil«, rief Voltaire, »Leo X.[11] ist dem zuvorgekommen, indem er jeden in den Kirchenbann tat, der es wagen sollte, ihn zu verdammen. Die beiden großen Familien Este und Medici[12] hatten ein Interesse daran, ihn zu stützen. Ohne diesen Schutz hätte wahrscheinlich ein einziger Vers gereicht, um das ganze Gedicht verbieten zu lassen, nämlich der Vers über Konstantins Schenkung des römischen Gebietes an Sylvester[13], worin der Dichter sagte: *puzza forte* [sie stinkt ganz erheblich][14].«

»Ich glaube«, sagte ich, »der Vers, der den meisten Lärm gemacht hat, war jener, worin Ariost die Auferstehung des Menschengeschlechtes am Jüngsten Tag in Zweifel zieht. Ariost spricht von dem Einsiedler, der den Rodomonte davon abhalten wollte, sich der Witwe des Zerbino, Isabella, zu bemächtigen, und schildert, wie der Afrikaner, gelangweilt durch diese Predigt, ihn packt und so weit fortschleudert, daß er an einem Felsen zerschellt; an diesem Felsen liegt er nun tot, wie eingeschlafen, *Che al novissimo di forse fia desto* [Daß er vielleicht am Jüngsten Tag erwachen wird][15].« Über dieses forse, dieses vielleicht, das der Dichter nur zur Ausschmückung des Verses brauchte, erhob sich viel Geschrei, worüber der Dichter ohne Zweifel herzlich gelacht hätte.

»Es ist schade«, sagte Madame Denis, »daß Ariost nicht etwas nüchterner in solchen bildlichen Ausdrücken war.«

»Still, liebe Nichte; sie sind voller Geist und Witz. Es sind wunderschöne Perlen, die der beste Geschmack über das ganze Werk verstreut hat.«

Wir sprachen hierauf von allen möglichen literarischen Dingen, und schließlich kam die Unterhaltung auf die ›Schottin‹, die wir in Solothurn gespielt hatten.

Man wußte alles.

Monsieur de Voltaire sagte mir: wenn ich bei ihm spielen wolle, werde er an Monsieur de Chavigny schreiben, er möge Madame de … überreden, die Rolle der Lindane zu spielen, er selber werde den Monrose übernehmen. Ich entschuldigte mich und sagte ihm, Madame de … sei in Basel und ich selber müsse am nächsten Tag abreisen. Bei diesen Worten erhob er ein lautes Geschrei, hetzte die ganze Gesellschaft auf mich und sagte mir schließlich, mein Besuch sei eine Beleidigung für ihn, wenn ich nicht mindestens eine volle Woche ihm opfere.

»Monsieur de Voltaire«, antwortete ich ihm, »ich bin nur nach Genf gekommen, um die Ehre zu haben, Sie zu sehen; jetzt, da mir diese Huld zuteil geworden ist, habe ich hier nichts mehr zu tun.«

»Sind Sie hierhergekommen, um mit mir zu sprechen, oder damit ich mit Ihnen spreche?«

»Natürlich, auch um mit Ihnen zu sprechen, aber noch weit mehr, um Sie sprechen zu hören.«

»So bleiben Sie mindestens drei Tage hier; seien Sie alle drei Tage bei mir zu Tisch, und wir werden miteinander sprechen.«

Die Einladung war so dringend und so schmeichelhaft, daß es mir übel angestanden hätte, sie abzulehnen. Ich nahm sie also an und entfernte mich hierauf, weil ich zu schreiben hatte.

Ich war kaum eine Viertelstunde im Gasthof, da kam ein Syndikus der Stadt, ein liebenswürdiger Mensch, den ich nicht nennen will, zu mir und bat mich, mit mir zu Abend speisen zu dürfen. Er sagte zu mir: »Ich habe Ihrem Gefecht mit dem großen Manne beigewohnt und die ganze Zeit über nicht ein einziges Mal den Mund aufgetan; aber ich habe den lebhaften Wunsch, eine Stunde mit Ihnen allein zu verbringen.«

Ich umarmte ihn, bat ihn um Verzeihung, daß er mich im Schlafrock fände, und sagte ihm, es würde mir ein Vergnügen machen, wenn er den ganzen Abend mit mir verbrächte.

Der liebenswürdige Mensch war zwei Stunden lang bei mir, ohne einen einzigen Augenblick von Literatur zu sprechen; aber er brauchte dies auch nicht, denn er war ein Jünger des Epikur und Sokrates, und der Abend verging mit hübschen Geschichtchen, mit lautem Gelächter und mit Erzählungen von all den

Vergnügungen, die man sich in Genf verschaffen konnte. Beim Abschied lud er mich für den nächsten Tag zum Abendessen ein, indem er mir versprach, daß ich mich nicht langweilen würde.

»Ich werde Sie erwarten«, sagte ich.

»Gut, aber sagen Sie keinem Menschen etwas von unserer Partie.«

Ich versprach es ihm.

Am nächsten Morgen besuchte der junge Fox mich mit den beiden Engländern, die ich bei Monsieur de Voltaire gesehen hatte. Sie schlugen mir eine Partie Quinze[16] zu zwei Louis Einsatz vor; ich nahm sie an; nachdem ich etwa fünfzig Louis verloren hatte, hörte ich auf, und wir trieben uns bis zum Mittagessen in der Stadt herum.

In ›Les Délices‹ fanden wir den Herzog von Villars; er war soeben angekommen, um den Doktor Tronchin zu befragen, der ihn seit zehn Jahren mit seiner Kunst am Leben erhielt.

Während des Essens schwieg ich; aber beim Nachtisch brachte Monsieur de Voltaire das Gespräch auf die Regierungsform Venedigs, da er wußte, daß ich keinen Anlaß hatte, mit ihr zufrieden zu sein; aber ich täuschte seine Erwartung, denn ich suchte nachzuweisen, daß es auf der ganzen Erde kein Land gebe, wo man eine vollständigere Freiheit genieße.

»Ja«, sagte er, »wenn man sich damit bescheidet, die Rolle des Stummen zu spielen.« Da er sah, daß das Thema mir nicht behagte, nahm er meinen Arm und führte mich in seinen Garten, dessen Schöpfer er war, wie er mir sagte. Die Hauptallee führte zu einem schönen fließenden Wasser. »Dies«, sagte er, »ist die Rhône, die ich nach Frankreich schicke.«

Er lächelte freundlich und zeigte mir hierauf die schöne Genfer Straße und den Montblanc, den höchsten Berg der Alpen.

Hierauf brachte er das Gespräch wieder auf die italienische Literatur und begann mit Geist und viel Gelehrsamkeit darüber zu reden, indem er stets mit einem falschen Urteil schloß. Ich ließ ihn reden. Er sprach über Homer, Dante und Petrarca, und man weiß ja, wie er über diese großen Geister dachte; er hat sich selber geschadet, indem er veröffentlichte, was er dachte. Ich begnügte mich damit, ihm zu sagen, daß diese großen Männer schon längst von dem hohen Platz, den die Bewunderung der Jahrhunderte ihnen angewiesen hat, herabgestiegen wären, wenn sie nicht der allgemeinen Verehrung würdig wären.

Der Herzog von Villars und der berühmte Arzt Tronchin traten zu uns. Der Doktor war groß, stattlich, schön von Gesicht, höflich, beredt, ohne Schwätzer zu sein. Ein gelehrter Naturkenner und ein geistreicher Mann. Er war ein Schüler Boerhaaves, der ihn geliebt hatte, und da er weder das Kauderwelsch, noch den Scharlatanismus, noch die selbstgefällige Eitelkeit der medizinischen Größen an sich hatte, so gefiel er mir außerordentlich. Seine Heilkunst beruhte auf der Ernährungsweise, und um diese richtig zu verordnen, mußte er Philosoph sein. Man hat mir versichert – was ich aber doch kaum glauben kann –, er habe einen Lungenkranken von einer Geschlechtskrankheit durch die Milch einer Eselin geheilt, der er zuvor von vier kräftigen Packträgern dreißig starke Quecksilbereinreibungen machen ließ.

Auch Villars erregte meine volle Aufmerksamkeit, jedoch ganz anders als Tronchin. Indem ich sein Gesicht und seine Haltung betrachtete, glaubte ich eine siebzigjährige Frau in Männerkleidern zu sehen – ein mageres, dürres Weib, das noch Ansprüche machte und in seiner Jugend wohl schön gewesen sein konnte. Seine kupferroten Wangen waren mit Schminke bekleistert, die Lippen mit Karmin bedeckt, die Augenbrauen schwarz gefärbt. Er hatte falsche Zähne, trug eine ungeheure Perücke, die einen starken Ambraduft ausströmte, und im Knopfloch einen Blumenstrauß, der ihm bis ans Kinn reichte. Seinen Bewegungen gab er etwas übertrieben Anmutiges und sprach dazu mit so sanfter Stimme, daß man oftmals nicht hören konnte, was er sagte. Übrigens war er sehr höflich, liebenswürdig und geziert im Geschmack der Zeiten der Regentschaft[17]. Alles in allem ein überaus lächerliches Wesen. Man hat mir erzählt, in seiner Jugend und in den Zeiten seiner Manneskraft habe er das schöne Geschlecht geliebt; als er aber zu nichts mehr getaugt, habe er den sich bescheidenden Entschluß gefaßt, Frau zu werden, und halte daher drei oder vier schöne Lustknaben in seinem Dienst, welche abwechselnd das ekelhafte Glück hätten, nachts sein altes Gerippe zu wärmen. Villars war Gouverneur der Provence und hatte einen Krebs am ganzen Rücken. Nach der natürlichen Ordnung hätte er schon seit zehn Jahren begraben sein sollen, aber Tronchin erhielt ihn am Leben, indem er die wunden Stellen durch Diät von Kalbfleisch nährte. Ohne diese Ernährung wäre der Krebs gestorben und hätte ihn mitgerissen. Dies kann man wohl ein künstliches Leben nennen!

Ich begleitete Monsieur de Voltaire in sein Schlafzimmer, wo er die Perücke wechselte und eine andere Mütze aufsetzte; denn er trug stets Mützen, um sich gegen Erkältungen zu schützen, an denen er oftmals litt. Ich sah auf einem Tisch die ›Summa‹[18] des heiligen Thomas und mehrere Dichter, unter anderem ›La Secchia rapita‹ von Tassoni[19]. Voltaire sagte zu mir: »Dies ist das einzige tragikomische Gedicht, das Italien besitzt. Tassoni war Mönch, Schöngeist und ein ebenso großer Gelehrter wie Dichter.«

»Als Dichter mag er groß sein, aber als Gelehrter ist er es nicht; denn er hat sich über das System des Kopernikus lustig gemacht und behauptet, man könne danach nicht den Mondwechsel und die Mondfinsternisse bestimmen.«

»Wo hat er diese Dummheit gesagt?«

»In seinen ›Discorsi academici‹.«

»Ich habe sie nicht, aber ich werde sie mir verschaffen.«

Er ergriff eine Feder, um eine Notiz darüber zu machen, und sagte dann: »Aber Tassoni hat mit sehr viel Geist den Petrarca kritisiert.«

»Ja, aber dadurch hat er seinen Geschmack und seine Literaturkenntnisse entehrt; dasselbe gilt von Muratori.«

»Den habe ich hier. Geben Sie zu, daß seine Gelehrsamkeit unermeßlich ist.«

»*Est ubi peccat*« [Gerade das ist sein Fehler].

Voltaire öffnete eine Tür, und ich sah etwa hundert dicke Papierbündel. Er sagte: »Dies ist mein Briefwechsel. Sie sehen hier etwa fünfzigtausend Briefe, die ich beantwortet habe.«

»Besitzen Sie die Abschriften Ihrer Antworten?«

»Zum guten Teil. Ein Bedienter hat dies zu besorgen und hat nichts anderes zu tun.«

»Ich kenne eine Menge Verleger, die viel Geld dafür geben würden, diesen Schatz zu erwerben.«

»Allerdings; aber hüten Sie sich vor den Verlegern, wenn Sie etwas veröffentlichen wollen – falls Sie es nicht schon getan haben.«

»Mit diesen Herren werde ich erst zu tun haben, wenn ich alt bin.«

»Dann werden sie die Plage Ihres Alters sein.«

Bei dieser Gelegenheit zitierte ich einen makkaronischen Vers von Merlin Cocai.

»Was ist das?«

»Ein Vers aus einem berühmten Epos von vierundzwanzig Gesängen.«

»Berühmt?«

»Ja, und sogar mit Recht berühmt; aber um seinen Wert zu schätzen, muß man die Mundart von Mantua kennen.«

»Ich werde es wohl verstehen, wenn Sie es mir beschaffen können.«

»Ich werde die Ehre haben, es Ihnen morgen zu bringen.«

»Ich bin Ihnen sehr verbunden.«

Wir wurden geholt und verbrachten dann zwei Stunden in der Gesellschaft mit allen möglichen Gesprächen. Voltaire entfaltete den ganzen Reichtum seines glänzenden und fruchtbaren Geistes und entzückte alle, obgleich seine scharfen Pfeile selbst die Anwesenden nicht verschonten; aber er besaß eine unnachahmliche Kunst, seine Witze so anzubringen, daß niemand sich verletzt fühlte und er die Lacher immer auf seiner Seite hatte.

Sein Haushalt war aufs vornehmste eingerichtet, und man speiste sehr gut bei dem Dichter. Er war damals sechsundsechzig Jahre und hatte hundertzwanzigtausend Francs Einkommen. Man hat boshafterweise gesagt, der große Mann habe sich bereichert, indem er seine Verleger betrog; tatsächlich ist es ihm aber in dieser Hinsicht nicht besser gegangen als dem geringsten Schriftsteller; weit entfernt, seine Buchhändler betrogen zu haben, ist er vielmehr häufig von ihnen betrogen worden. Hiervon auszunehmen sind die Brüder Cramer, die durch ihn reich geworden sind. Voltaire hatte sich durch andere Mittel als durch seine Feder zu bereichern gewußt, und da er ruhmbegierig war, verschenkte er oft seine Werke unter der einzigen Bedingung, daß sie gedruckt und verbreitet würden. Während der kurzen Zeit, die ich bei ihm verbrachte, wurde ich Zeuge einer solchen Großmut; er verschenkte die ›Prinzessin von Babylon‹, eine reizende Erzählung, die er in drei Tagen schrieb.

Mein epikuräischer Syndikus holte mich seinem Versprechen getreu pünktlich vom Hotel ›À la balance‹ ab und führte mich in ein nahegelegenes Haus, wo er mich drei jungen Damen vorstellte, die zwar nicht gerade Schönheiten im strengen Sinne des Wortes, aber entzückende Geschöpfe waren. Zwei von ihnen waren Schwestern. Sie empfingen uns auf ungezwungene und übermütige Weise, und da sie geistreiche Gesichter hatten und im Tone echter Fröhlichkeit sprachen, so erkannte ich sofort, daß wir einen köstlichen Abend verleben würden; ich hatte mich nicht getäuscht. Die halbe Stunde bis zum Essen verfloß in anständiger, aber zwangloser Unterhaltung; während der Mahlzeit gab der Syndikus den Ton an, und ich sah voraus, was sich nach dem Dessert ereignen würde.

Es war heiß und unter dem anständigen Vorwande, uns Kühlung zu verschaffen, versetzten wir uns beinahe in den Naturzustand, da wir sicher waren, durch keinen Besuch gestört zu werden. Welche Orgie! Als wir, in die ausgelassenste Heiterkeit versetzt, von Liebe, Champagner und wollüstigen Reden erhitzt waren, rezitierte ich Grécourts Gedicht vom Ypsilon. Als ich dieses wollüstige Gedicht, das der Feder eines Abbés würdig ist, beendigt hatte und die Augen der drei Schönen Flammen sprühen sah, sagte ich zu ihnen: »Meine Damen, ich erbiete mich, Ihnen allen dreien, einer nach der anderen zu zeigen, welchen Sinn der Satz hatte: *gaudeant bene nati* [Es freue sich, wer wohlgebaut geboren ist]. Ich sah den Syndikus voller Stolz über das Geschenk, das er den drei Mädchen mit meiner Person gemacht hatte, die, nach dem, was ich bemerkte, sonst von ihm sehr kurzgehalten wurden, denn nur seine Vorstellungskraft machte ihn lüstern. Sie brachten mich aus einem Gefühl der Dankbarkeit eine Stunde nach Mitternacht zu einem Samenerguß, dessen ich dringend bedurfte. Ich küßte wiederholt die sechs schönen Hände, die sich dazu bereit fanden, was für alle Frauen, die für die Liebe geschaffen sind, nicht so recht paßte; um ihnen das Gefühl der Kränkung zu ersparen, da ich sie in der Farce, die wir gespielt hatten, ungeschoren gelassen hatte, gab ich ihnen den gleichen Dienst mit Hilfe des lüsternen Syndikus zurück. Sie dankten mir endlos, und ich sah sie hocherfreut, als mich der Syndikus für den nächsten Tag einlud.

Von mir erhielt er ebenfalls millionenfach Dank, als er mich nach Hause zurückführte. Er sagte mir, daß er allein das Verdienst hätte, die drei Mädchen aufgezogen zu haben, und daß ich der erste Mann sei, den er ihnen vorgestellt hatte. Er bat mich, weiterhin darauf zu achten, daß eine Schwangerschaft vermieden würde, denn solch ein Unglück wäre in einer Stadt wie Genf, wo man so eigensinnig und kleinlich in diesem Punkt sei, fatal.

Am nächsten Tag schrieb ich an Voltaire einen Brief in Blankversen, die mich viermal mehr Mühe kosteten, als wenn ich sie gereimt hätte. Ich schickte ihm diesen Brief mit dem Gedicht des Teofilo Folengo, aber ich tat übel daran; ich hätte voraussehen können, daß er keinen Geschmack daran finden würde. Ich ging hierauf zu Mister Fox hinunter und traf bei ihm die beiden Engländer, die mir Revanche anboten. Ich verlor hundert Louis und sah sie mit Vergnügen nach Lausanne abreisen.

Der Syndikus hatte mir gesagt, die drei jungen Damen seien aus anständigen Familien, aber nicht reich; ich zerbrach mir den Kopf, auf welche Weise ich ihnen ein nützliches Geschenk machen könnte, ohne sie zu demütigen. Schließlich verfiel ich auf etwas ganz Tolles, das ich dem Leser später erklären werde. Ich ging zu einem Goldschmied, gab ihm sechs Achterdublonen und beauftragte ihn, mir sofort drei goldene Kugeln von je zwei Unzen zu machen.

Mittags ging ich zu Monsieur de Voltaire; er war nicht zu sehen, aber Madame Denis entschädigte mich. Sie hatte viel Geist, Vernunft und Geschmack, ein reiches Wissen ohne Anmaßung und hegte einen grimmigen Haß gegen den König von Preußen. Sie erkundigte sich nach meiner schönen Haushälterin und wünschte mir Glück, daß ich sie an einen ehrenwerten Mann verheiratet hätte. Madame Denis bat mich, ihr meine Flucht aus den Bleigefängnissen zu erzählen; da aber die Erzählung ein wenig lang gewesen wäre, so versprach ich ihr, den Wunsch ein anderes Mal zu erfüllen.

Monsieur de Voltaire speiste nicht mit uns; er erschien erst um fünf Uhr mit einem Brief in der Hand und fragte mich: »Kennen Sie den bolognesischen Senator Marchese Albergati Capacelli und den Conte Paradisi?«

»Paradisi kenne ich nicht; Signor Albergati aber kenne ich dem Namen nach und habe von seinem guten Ruf gehört. Er ist nicht Senator, sondern einer von den ›Vierzig‹[20], und in Bologna sind die ›Vierzig‹ fünfzig.«

»Barmherzigkeit! Das ist ein schwer zu lösendes Rätsel.«

»Kennen Sie ihn?«

»Nein, aber er schickt mir Goldonis Theaterstücke, ›Bologneser Würste‹ und die Übersetzung des ›Tankred‹[21], und er wird mich besuchen.«

»Er wird nicht kommen; so dumm ist er nicht.«

»Wieso dumm? Ist es denn eine Dummheit, mich zu besuchen?«

»Nein, sonst ganz gewiß nicht, aber von ihm wäre es eine Dummheit.«

»Warum, bitte?«

»Er weiß, daß er zuviel dabei verlieren würde; denn er ist stolz auf die Meinung, die Sie anscheinend von ihm haben, und wenn er käme, würden Sie sehen, daß er eine Null ist, und mit der Illusion wäre es aus. Übrigens ist er ein braver Edelmann mit einem Einkommen von sechstausend Zechinen, dazu ein Theaternarr. Er ist ein ziemlich guter Schauspieler und hat einige Komödien in Prosa geschrieben, aber man kann sie weder lesen noch auf der Bühne sehen.«

»Sie geben ihm da wahrhaftig ein Kleid, das ihn nicht vergrößert.«

»Ich kann Ihnen versichern, es macht ihn noch nicht so klein, wie er in Wirklichkeit ist.«

»Aber sagen Sie mir, inwiefern die ›Vierzig‹ fünfzig sein können?«

»Wie in Basel um elf Uhr Mittag[22] ist.«

»Ich verstehe: wie Ihr Rat der Zehn aus siebzehn Mitgliedern besteht.«

»Ganz recht; aber die verdammten ›Vierzig‹ von Bologna sind etwas anderes.«

»Warum verdammt?«

»Weil sie nicht der Besteuerung unterliegen; infolge dieser Freiheit begehen sie vollkommen straflos allerlei Frevel; sie brauchen nur ihren Wohnsitz außerhalb des Staates zu nehmen und verzehren dort behaglich ihre Einkünfte.«

»Das ist etwas Gutes und nicht etwas Böses. Aber weiter; der Marchese Albergati ist ohne Zweifel Schriftsteller?«

»Er schreibt gut italienisch; aber er hört sich gerne reden, ist weitschweifig und hat nicht viel im Kopf.«

»Er ist Schauspieler, sagten Sie?«

»Sogar ein sehr guter, besonders in seinen eigenen Stücken, in Liebhaberrollen.«

»Ist er schön?«

»Ja, auf der Bühne, aber sonst nicht; denn sein Gesicht ist ausdruckslos.«

»Seine Stücke gefallen aber doch.«

»Den Kennern nicht; denn man würde sie auspfeifen, wenn man sie verstände.«

»Und was sagen Sie von Goldoni?«

»Was man von ihm sagen kann: Goldoni ist der italienische Molière.«

»Warum nennt er sich Hofdichter des Herzogs von Parma?«

»Um einen Titel zu haben; der Herzog weiß wahrscheinlich nichts davon. Er nennt sich auch Advokat, obgleich er es auch nur in seiner Einbildung ist. Goldoni ist ein guter Lustspieldichter und weiter nichts. Ganz Venedig kennt mich als seinen Freund; ich kann also mit Sachkenntnis über ihn sprechen: in Gesellschaften glänzt er nicht, ist nüchtern und schal wie Eibischtee.«

»So hat man mir gesagt. Er ist arm, und man hat mir versichert, er wolle Venedig verlassen. Das wird den Theaterdirektoren, die seine Stücke spielen, recht unlieb sein.«

»Man hat davon gesprochen, ihm eine Pension auszusetzen; aber der Plan ist ins Wasser gefallen, denn man hat gedacht, wenn er eine Pension hätte, würde er nicht mehr schreiben.«

»Kyme hat Homer eine Pension verweigert, weil man befürchtete, daß dann alle Blinden eine verlangen würden.«

Wir verbrachten den Tag sehr angenehm, und er dankte mir in überschwenglicher Weise für das ›Macaronea‹, das er zu lesen versprach. Er stellte mir einen Jesuiten vor, der in seinen Diensten stand und Adam hieß; nachdem er den Namen genannt hatte, setzte er hinzu: »Er ist aber nicht Adam, der erste der Menschen.«

Wie man mir später erzählt hat, spielte er gerne Tricktrack mit ihm, und wenn er verlor, warf er ihm Würfel und Würfelbecher an den Kopf.

Am Abend erhielt ich gleich nach meiner Rückkehr in den Gasthof meine drei goldenen Kugeln; sobald mein Syndikus gekommen war, brachen wir auf, um unsere Orgie zu erneuern. Unterwegs plauderten wir über die Scham, und er sagte mir: »Dieses Gefühl, das uns abhält, Körperteile zu zeigen, die man von Kindesbeinen an bedeckt zu halten uns gelehrt hat, kann oft von einer Neigung zur Tugend herrühren; aber es ist schwächer als die Macht der Erziehung; denn es vermag einem Angriff nicht zu widerstehen, wenn der Angreifer sich geschickt zu benehmen weiß. Am leichtesten besiegt man, glaube ich, die Scham, wenn man sie bei dem Gegenstand, den man angreifen will, vorausgesetzt, daß man sie lächerlich macht, besonders aber, wenn man ihr rücksichtslos zu Leibe geht, indem man sich über ein dummes Vorurteil einfach hinwegsetzt. Der Sieg ist gewiß. Die Schamlosigkeit des Angreifers besiegt den Angegriffenen, der für gewöhnlich nur besiegt werden will und fast immer zuletzt dem Sieger noch dankt.

Der gelehrte Philosoph Clemens von Alexandria hat gesagt, die Tugend, die anscheinend so tief im Geiste der Frauen wurzle, habe ihren Sitz eigentlich nur in dem Linnen, das sie bedecke, und verschwinde spurlos, wenn man dieses von ihnen wegziehe.«

Wir fanden unsere drei Fräulein, in leichten Gewändern von feiner Leinwand, auf einem großen Sofa sitzend; wir setzten uns ihnen ganz dicht gegenüber auf Stühle. Unter hübschen Bemerkungen und tausend Küssen verstrich die halbe Stunde bis zum Souper, und unsere Liebeskämpfe begannen erst nach einem köstlichen Mahle, als uns der Champagner bereits etwas umnebelt hatte.

Als wir sicher waren, durch das Dienstmädchen nicht mehr gestört zu werden, machten wir es uns bequem, und unsere Liebkosungen wurden lebhafter und glühender. Der Syndikus zog als vorsichtiger Mann ein Päckchen feiner englischer Präservative aus der Tasche und hielt eine lange Lobrede auf dies bewunderungswürdige Schutzmittel gegen einen Unfall, der eine schreckliche, aber unnütze Reue zur Folge haben könnte. Die Schönen kannten es und schienen mit der Vorsichtsmaßregel sehr zufrieden zu sein; sie brachen in ein schallendes Gelächter aus, als sie sahen, welche Form die Futterale annahmen, wenn man hineinblies. Nachdem ich sie einige Zeit mit diesem harmlosen Spiel sich hatte belustigen lassen, sagte ich zu ihnen: »Meine liebenswürdigen jungen Damen, ich schätze Ihre Ehre höher als Ihre Schönheit; aber erwarten Sie nicht von mir, daß ich mich in ein Stück toter Haut einzwängen werde, um Ihnen zu beweisen, daß ich völlig lebendig bin.« Ich zog die drei goldenen Kugeln aus der Tasche und fuhr fort: »Hier habe ich ein zuverlässigeres und weniger unangenehmes Mittel, um Sie gegen jeden verdrießlichen Zufall zu schützen. Nach einer fünfzehnjährigen Erfahrung kann ich Ihnen versichern, daß Sie mit Hilfe dieser goldenen Kugeln das Glück geben und empfangen können, ohne die geringste Gefahr zu laufen. Wenn Sie diese goldenen Kugeln probiert haben, werden Sie in Zukunft nicht mehr dieser demütigenden Futterale bedürfen. Schenken Sie mir volles Vertrauen und nehmen Sie dieses kleine Geschenk von einem Venezianer an, der Sie anbetet.«

»Wir sind Ihnen recht dankbar«, sagte die älteste der beiden Schwestern, »aber wie wendet man denn diese hübschen Kugeln an, um sich gegen das verhängnisvolle Dickwerden zu schützen?«

»Es genügt, daß die Kugel im Hintergrunde des Liebestempels ist, während das liebende Paar das Opfer vollzieht. Dem Metall ist durch eine alkalische Lösung, worin es eine gewisse Zeit gelegen hat, eine antipathetische Kraft mitgeteilt worden, die jede Befruchtung verhindert.«

»Aber«, sagte die Cousine, »es kann doch vorkommen, daß vor dem Ende des Opfers die Kugel durch die Bewegung herausgetrieben wird?«

»Dieser Zufall ist nicht zu befürchten, wenn man nur die richtige Stellung einnimmt.«

»Zeigen Sie es uns doch mal!« sagte der Syndikus; zugleich ergriff er eine Kerze, um mir beim Einstecken der Kugel zu leuchten.

Die reizende Cousine hatte zuviel gesagt, um noch zurücktreten zu können; sie mußte ihren Freundinnen gestatten, sich zu überzeugen. Ich ließ sie eine solche Stellung einnehmen, daß die Kugel unmöglich herausfallen konnte, bevor ich mich mit dem Mädchen verbunden hatte. Zum Schluß fiel jedoch die Kugel heraus, das heißt, als ich die Bahn verließ. Das hübsche Opfer merkte wohl, daß ich sie getäuscht hatte; da sie jedoch für ihre eigene Rechnung nichts dabei verlor, so verstellte sie sich, hob die Kugel auf und forderte die beiden Schwestern auf, sich dem angenehmen Versuch ebenfalls zu unterziehen, was diese mit einer Miene höchster Neugier taten. Der Syndikus, der kein Vertrauen zur Kraft des Metalls hatte, beschränkte sich auf die Rolle des Zuschauers; er hatte übrigens keinen Anlaß, sich zu beklagen. Nachdem ich mich nach einer halben Stunde erholt hatte, begann ich das Fest von neuem, aber ohne Kugeln, indem ich ihnen versicherte, ich würde jeden Unfall vermeiden; ich hielt Wort, ohne sie um den geringsten Teil des Vergnügens zu bringen, das sie hätten haben können, wenn ich in voller Freiheit gehandelt hätte.

Als wir scheiden mußten, warfen die jungen Mädchen, die bis dahin nur Entbehrungen gehabt hatten, sich auf mich und überhäuften mich mit Liebkosungen; sie glaubten mir großen Dank schuldig zu sein. Der Syndikus sagte ihnen, ich wolle am übernächsten Tag abreisen, und forderte sie auf, mich einzuladen, ich möchte doch noch einen Tag länger in Genf bleiben. Ich brachte ihnen dieses Opfer mit Freuden. Der gute Syndikus war für den nächsten Tag eingeladen, und auch ich hatte einen Ruhetag sehr nötig. Er dankte mir fast ebenso lebhaft wie seine reizenden Nymphen und begleitete mich nach meinem Gasthof zurück.

Nachdem ein zehnstündiger sanfter Schlaf mich erquickt hatte, nahm ich ein stärkendes Bad; als ich mich angekleidet hatte, fühlte ich mich imstande, die angenehme Gesellschaft von Monsieur de Voltaire zu genießen. Ich begab mich zu ihm, aber ich wurde in meiner Erwartung getäuscht, denn es beliebte dem großen Manne, an diesem Tage streitsüchtig, spottlustig und boshaft zu sein. Er wußte, daß ich am nächsten Tage abreisen würde.

Bei Tisch dankte er mir zunächst für den Merlin Cocai, den ich ihm geschenkt hatte. »Sie haben ihn mir gewiß in guter Absicht angeboten; aber für Ihr Lob dieses Gedichtes danke ich Ihnen nicht, denn Sie sind schuld, daß ich vier Stunden mit dem Lesen von Dummheiten verbracht habe.«

Ich fühlte, wie sich mir die Haare auf dem Kopfe sträubten, aber ich beherrschte mich und antwortete ihm in ziemlich ruhigem Tone, er würde sich vielleicht einstmals selber genötigt sehen, das Gedicht noch höher zu preisen als ich. Ich führte mehrere Beispiele an, daß ein einmaliges Lesen ungenügend sei.

»Das ist wahr; aber Ihren Merlin gebe ich auf. Ich habe ihn neben Chapelains ›Pucelle‹ gestellt.«

»Die allen Kennern gefällt, obgleich ihr Versbau schlecht ist; denn es ist ein gutes Gedicht, und Chapelain war ein Dichter, obgleich er schlechte Verse machte. Ich habe seinen Genius wohl erkannt.«

Mein Freimut mußte ihn verletzen, und ich hätte dies ahnen können, da er mir gesagt hatte, er würde die ›Macaronea‹ neben die ›Pucelle‹ stellen. Ich wußte auch, daß ein schmutziges Gedicht desselben Titels Voltaire zugeschrieben wurde, doch wußte ich zugleich, daß er es verleugnete, und infolgedessen rechnete ich darauf, daß er den Ärger über meine Erklärung verbergen würde. Dem war jedoch nicht so; er widersprach mir in scharfem Ton, und ich erwiderte ihm in derselben Weise.

»Chapelain«, sagte ich, »hat das Verdienst gehabt, sein Thema auf angenehme Weise zu behandeln, ohne durch Mittel, die die Scham oder die Frömmigkeit verletzen, nach dem Beifall seiner Leser zu haschen. Dies ist jedenfalls die Ansicht meines Lehrers Crébillon[23].«

»Crébillon! Da nennen Sie mir einen großen Richter. Aber ich bitte Sie, sagen Sie mir, inwiefern ist denn mein Dichterkollege Crébillon Ihr Lehrer?«

»Er hat mich in weniger als zwei Jahren Französisch sprechen gelehrt, und ich habe, um ihm ein Zeichen meiner Dankbarkeit zu geben, seinen ›Rhadamiste‹ in italienische Alexandriner übersetzt. Ich bin der erste Italiener, der dieses Metrum unserer Sprache anzupassen gewagt hat.«

»Der erste? Ich bitte um Vergebung, diese Ehre gebührt meinem Freunde Pier Jacopo Martelli.«

»Ich bedaure, Ihnen sagen zu müssen, daß Sie sich irren.«

»Alle Wetter, ich habe in meinem Zimmer seine in Bologna gedruckten Werke.«

»Dies bestreite ich keineswegs; ich bestreite nur, daß Martelli Alexandriner angewandt hat. Sie können von ihm nur Verse von vierzehn Silben gelesen haben ohne Wechsel von männlichen und weiblichen Reimen. Indessen gebe ich zu, daß er dummerweise geglaubt hat, eure Alexandriner nachgeahmt zu haben; ich habe über seine Vorrede laut aufgelacht. Vielleicht haben Sie sie nicht gelesen.«

»Nicht gelesen? Ich bin auf Vorreden erpicht. Martelli verweist in seiner darauf, daß seine Verse auf italienische Ohren genauso wirken, wie französische Alexandriner auf unsere Ohren.«

»Ja, das ist gerade das Lächerliche dabei! Der gute Mann hat sich gröblich geirrt; ich bitte, urteilen Sie selber über meine Behauptung: Ihr französischer männlicher Vers hat nur zwölf Silben, und Ihr weiblicher dreizehn. Alle Verse Martellis haben vierzehn, mit Ausnahme derjenigen, die mit einer langen Silbe enden, die am Schluß eines Verses stets für zwei gilt. Sie bemerken, daß der erste Halbvers bei Martelli stets sieben Silben hat, während der französische Alexandriner immer nur sechs hat. Ihr Freund Pier Jacopo war entweder taub oder hatte ein falsches Gehör.«

»Sie befolgen also streng die Theorie unseres Versbaues?«

»Ganz streng, obgleich es sehr schwer ist; denn fast alle unsere Wörter enden mit einer kurzen Silbe.«

»Und welche Wirkung hat Ihre Neuerung hervorgebracht?«

»Sie hat nicht gefallen, weil kein Mensch meine Verse deklamieren konnte; aber ich hoffe doch zu triumphieren, wenn ich selber sie in unseren literarischen Kreisen vortrage.«

»Haben Sie ein Bruchstück Ihres ›Rhadamiste‹ im Gedächtnis?«

»Den ganzen.«

»Wunderbares Gedächtnis! Ich werde Ihnen gern zuhören.«

Ich deklamierte nun dieselbe Szene, die ich zehn Jahre vorher dem alten Crébillon in Blankversen vorgetragen hatte, und es kam mir vor, als ob Monsieur de Voltaire mir mit Vergnügen zuhörte. Er sagte: »Man bemerkt nicht die geringste Schwierigkeit.« Etwas Angenehmeres konnte er mir nicht sagen. Hierauf rezitierte der große Mann mir ein Stück aus seinem ›Tankred‹, den er damals, wie ich glaube, noch nicht veröffentlicht hatte und den man später mit Recht für ein Meisterwerk hielt.

Alles hätte ein gutes Ende genommen, wenn wir dabei stehengeblieben wären. Aber als ich ihm einen horazischen Vers anführte, um eines seiner Stücke zu loben, sagte er mir, Horaz sei an Bühnenkenntnis ein großer Meister gewesen und habe Vorschriften gegeben, die niemals veralten würden. Ich antwortete ihm, er selber habe nur eine einzige Regel verletzt, aber als großer Mann.

»Welche?«

»Sie schreiben nicht *contentus paucis lectoribus* [zufrieden mit wenigen Lesern][24].«

»Hätte Horaz den Aberglauben zu bekämpfen gehabt, er würde, wie ich, für die ganze Welt geschrieben haben.«

»Mir scheint, Sie könnten sich die Mühe sparen, zu bekämpfen, was Sie doch niemals vernichten werden. Aber angenommen: es gelänge Ihnen, den Aberglauben zu zerstören – was würden Sie an dessen Stelle setzen?«

»Das höre ich gern! Wenn ich das Menschengeschlecht von einem wilden Tier befreien will, das es verschlingt – kann man mich fragen, was ich an dessen Stelle setzen werde?«

»Er verschlingt es nicht; er ist im Gegenteil zum Bestehen des Menschengeschlechtes notwendig.«

»Zu seinem Bestehen notwendig! Das ist eine furchtbare Lästerung, die die Zukunft bestrafen wird! Ich liebe das ganze Menschengeschlecht; ich möchte es frei und glücklich sehen, wie ich es bin; doch Aberglaube und Freiheit lassen sich nicht vereinigen. Wo könnte denn wohl die Knechtschaft das Volk glücklich machen?!«

»Sie verlangen also die Souveränität des Volkes?«

»Gott bewahre! ein Herrscher ist notwendig, um die Massen zu lenken.«

»Dann ist also auch der Aberglaube notwendig, denn sonst wird das Volk niemals einem Menschen gehorchen, der den Namen eines Monarchen führt.«

»Nichts von Monarchen! Dies Wort drückt den Despotismus aus, den ich ebenso hasse wie die Knechtschaft.«

»Was wollen Sie denn also? Wenn nur ein einziger herrschen soll, kann ich diesen nur als einen Monarchen ansehen.«

»Ich will, daß der Herrscher einem freien Volk gebiete, daß er dessen Führer sei auf Grund eines Vertrages, der sie gegenseitig bindet und der ihn hindert, jemals Willkür anzuwenden.«

»Addison[25] sagt Ihnen, daß dieser Herrscher, dieser Führer ein Ding der Unmöglichkeit ist. Ich bin für Hobbes[26]. Von zwei Übeln muß man das kleinere wählen. Ein Volk ohne Aberglaube wäre ein Volk von Philosophen, und die Philosophen wollen nicht gehorchen. Das Volk kann nur glücklich sein, wenn es niedergedrückt, zu Boden getreten und an der Kette gehalten wird.«

»Das ist entsetzlich! Und Sie gehören zum Volk! Wenn Sie mich gelesen haben, müssen Sie gesehen haben, wie ich nachweise, daß der Aberglaube der Feind der Könige ist.«

»Ob ich Sie gelesen habe? Gelesen und wieder gelesen, besonders dann, wenn ich nicht Ihrer Meinung bin. Ihre Sie beherrschende Leidenschaft ist die Liebe zur Menschheit. *Est ubi peccas* [Und darin liegt ihr Fehler][27]. Diese Liebe macht blind. Lieben Sie die Menschheit, aber lieben Sie sie so, wie sie ist. Sie verträgt nicht die Wohltaten, die Sie an sie verschwenden wollen; Sie würden sie nur noch unglücklicher und verderbter machen. Lassen Sie ihr die Bestie, die sie verschlingt: sie liebt diese Bestie. Ich habe nie so sehr gelacht, als wie ich Don Quichote genötigt sah, sich mühsam gegen die Galeerensträflinge zu verteidigen, die er aus Großherzigkeit befreit hatte.«

»Es tut mir leid, daß Sie einen so schlechten Begriff von Ihresgleichen haben. Aber, da fällt mir ein – sagen Sie mir doch, sind Sie denn in Venedig sehr frei?«

»So frei, wie man unter einer aristokratischen Regierung überhaupt sein kann. Wir haben nicht soviel Freiheit wie die Engländer; aber wir sind zufrieden.«

»Selbst unter den Bleidächern?«

»Meine Gefangenhaltung war ein Willkürakt des Despotismus; aber da ich überzeugt war, mit vollem Bewußtsein meine

Freiheit mißbraucht zu haben, so fand ich zuweilen, daß die Regierung recht gehabt hätte, mich ohne die gewöhnlichen Formalitäten einsperren zu lassen.«

»Aber auf diese Art kann ja kein Mensch in Venedig sich frei nennen.«

»Das kann wohl sein; aber geben Sie zu, daß es, um frei zu sein, genügt, sich für frei zu halten.«

»Das werde ich durchaus nicht so leicht zugeben. Sie und ich betrachten die Freiheit von einem ganz verschiedenen Standpunkt aus. Die Aristokraten, sogar die Mitglieder der Regierung sind bei Ihnen nicht frei; denn sie können zum Beispiel nicht einmal ohne Erlaubnis reisen.«

»Allerdings nicht; aber dies ist ein Gesetz, das sie sich freiwillig auferlegt haben, um ihre Herrschaft zu bewahren. Sie werden doch nicht sagen, ein Berner sei nicht frei, weil er den Luxusgesetzen unterworfen sei. Er hat sich ja selber seine Gesetze gegeben.«

Um das Thema zu wechseln, fragte er mich ohne jeden Übergang, woher ich käme.

»Von Roche. Ich wäre in Verzweiflung gewesen, wenn ich die Schweiz hätte verlassen sollen, ohne den berühmten Haller gesehen zu haben. Auf meinen Wanderungen bringe ich meinen großen Zeitgenossen meine Huldigungen dar. Das schönste Andenken, das ich mitnehme, ist das an Sie!«

»Monsieur Haller wird Ihnen gefallen haben.«

»Ich habe drei meiner schönsten Tage bei ihm verlebt.«

»Mein Kompliment! Vor diesem großen Manne muß man niederknien.«

»Dies ist auch meine Meinung, und es freut mich, daß Sie ihm Gerechtigkeit widerfahren lassen; ich bedaure ihn, daß er nicht ebenso gerecht gegen Sie ist.«

»Haha! Es ist möglich, daß wir uns beide geirrt haben.«

Diese Antwort, deren ganzes Verdienst nur in ihrer Schlagfertigkeit bestand, begrüßten alle Anwesenden mit lautem Lachen und Händeklatschen.

Es wurde nicht mehr von Literatur gesprochen, und ich spielte den stummen Zuhörer, bis Voltaire sich zurückzog. Nachdem ich noch Madame Denis gefragt hatte, ob sie mir etwas für Rom aufzutragen hätte, entfernte ich mich, recht zufrieden, an diesem letzten Tage, wie ich damals törichterweise glaubte, den Geistesriesen zur Vernunft gebracht zu haben; leider blieb eine verdrießliche Stimmung gegen den großen Mann zurück, die mich veranlaßte, zehn Jahre lang alles, was aus seiner unsterblichen Feder hervorgegangen war, zu kritisieren.

Heute bereue ich es, obwohl ich beim Wiederlesen meiner Kritiken finde, daß ich oft recht gehabt habe mit dem, was ich gegen ihn schrieb. Ich hätte schweigen, ihn verehren und an meinem eigenen Urteil zweifeln sollen. Ich hätte bedenken sollen, daß ich ihn ohne seine Spöttereien, die ihn mir an diesem dritten Tag verhaßt machten, in jeder Beziehung erhaben gefunden hätte. Schon dieser Gedanke hätte mir Schweigen gebieten sollen; aber im Zorn glaubt man immer recht zu haben. Die Nachwelt, die mich liest, wird mich für einen Zoilos[28] halten, und die Ehrenerklärung, die ich heute in aller Demut dem großen Manne gebe, wird vielleicht nicht gelesen werden.

Ich verbrachte einen Teil der Nacht und fast den ganzen folgenden Tag damit, meine drei Gespräche mit Voltaire niederzuschreiben, von denen ich hier nur einen schwachen Abriß gebe. Gegen Abend holte der epikuräische Syndikus mich ab; wir gingen zum Souper zu den drei Nymphen und trieben fünf Stunden lang alle tollen Scherze, die ich erfinden konnte; und auf diesem Gebiete war meine Phantasie damals außerordentlich fruchtbar.

NEUNTES KAPITEL

In Avignon trifft Casanova im Theater eine junge Dame, die sich für die berühmte Pariser Schauspielerin Astrodi ausgibt. Zugleich lernt er auch ihre bucklige Freundin Lepi näher kennen.

Ich lachte über die angebliche Astrodi, die ebenso schlecht spielte, wie sie häßlich war, und während des ganzen Stückes nicht einen Moment ihre weißen Augen von meinem braunen Gesicht abwandte. Beim Singen sah sie mich lachend an und machte dabei kleine Gebärden des Einverständnisses, durch welche der ganze Adel auf mich aufmerksam werden mußte, der ohne Zweifel meinen schlechten Geschmack beklagte. Unter den Künstlerinnen war eine, deren Stimme und Augen mir gefielen, eine Person, wie ich sie nie in meinem Leben gesehen hatte: jung, groß und bucklig. Obwohl sie vorne und hinten einen sehr ausgebildeten Buckel hatte, war sie ungewöhnlich groß, sie wäre sicher sechs Fuß groß geworden, wenn die Rachitis sie nicht zu einer Buckligen gemacht hätte. Ich dachte mir, daß sie wohl, wie fast alle Verwachsenen, auch Geist haben müßte. Sie stand mit meiner Favoritin Astrodi vor der Tür, als ich das Theater verließ. Die eine wartete auf mich, um mir ihren Dank zu sagen, die andere suchte Eintrittskarten für ihre Benefizvorstellung unterzubringen, die in drei Tagen sein sollte.

Nachdem die Astrodi mir gedankt hatte, wandte die Bucklige sich an mich, öffnete lachend ihren Mund, der von einem Ohr zum anderen ging und mindestens vierundzwanzig prachtvolle Zähne sehen ließ, und sprach die Hoffnung aus, ich würde ihr die Ehre erweisen, bei ihrer Benefizvorstellung anwesend zu sein. Ich antwortete ihr, ich würde ihr gerne den Gefallen tun, vorausgesetzt, daß ich nicht übermorgen abreiste. Bei diesen Worten fing die freche Astrodi an zu lachen und sagte in Gegenwart mehrerer Damen, die auf ihren Wagen warteten: sie könne sicher sein, daß ich kommen werde, denn sie werde mich nicht abreisen lassen. »Gib ihm sechzehn Billetts!« Ich mochte ihr keine abschlägige Antwort erteilen und gab ihr zwei Louis.

Hierauf sagte die Astrodi etwas leiser zu mir: »Nach der Vorstellung werden wir zu Ihnen zum Souper kommen; aber nur unter der Bedingung, daß wir allein sind, denn wir wollen uns betrinken.« Ich malte mir dieses Zusammensein so komisch aus, daß ich beschloß, zu bleiben und auf ihren Plan einzugehen.

Als die Nacht anbrach, ging ich nach Hause, und die Astrodi mit der Lepi – so hieß die Bucklige – ließen nicht auf sich warten. Als ich diese beiden Karikaturen vor mir sah, war ich doch sehr verdutzt. Es schien mir unmöglich, daß das geschehen könnte, was erfahrungsgemäß geschehen würde. Die Astrodi war häßlich und wußte es; darum suchte sie ihre Mängel durch eine maßlose Unanständigkeit zu ersetzen. Die Lepi war hinten und vorn bucklig, besaß aber Talent und den Geist ihres Berufes in hohem Grade; sie konnte sicher sein, Begierden zu erregen, denn ihre Augen und Zähne waren von seltener Schönheit; die letzteren schienen nur zur Verschönerung ihres Mundes dazusein. Die Astrodi lief auf mich zu und gab mir einen florentinischen Kuß[1], den ich wohl oder übel hinnehmen mußte, die Lepi war schüchterner und bot mir nur ihre Wange, die ich flüchtig mit den Lippen berührte. Als ich sah, daß die Astrodi schon mit ihren tollen Streichen beginnen wollte, bat ich sie, sie möchte sich mäßigen, denn ich wäre ein Neuling in derartigen Vergnügungspartien und müßte nach und nach dazu animiert werden, wenn ich Geschmack daran finden sollte. Sie versprach mir, daß sie vernünftig sein wollte. Während wir auf das Abendessen warteten, fragte ich sie, in Ermangelung eines anderen Gesprächsstoffes, ob sie in Avignon einen Liebhaber gefunden hätte.

»Ich habe hier nur den Auditor des Vizelegaten, der zwar geschlechtlich unnormal, aber liebenswürdig und freigebig ist. Ich habe mich seinem Geschmack schließlich anbequemt, was ich vor einem Jahr in Paris für unmöglich gehalten haben würde, weil ich mir einbildete, es müsse sehr weh tun; aber ich täuschte mich.«

»Der Auditor behandelt dich also als Knaben?«

»Ja. Meine Schwester würde ihn dafür angebetet haben, denn das ist ihre Leidenschaft.«

»Aber deine Schwester hat sehr stattliche Hüften.«

»Ich vielleicht nicht? Sieh doch nur, fühle doch nur!«

»Du bist sehr gut gebaut. Aber warte doch, bitte, es ist noch zu früh dafür.«

»Nach dem Essen wollen wir richtig toll sein!«

»Weißt du«, sagte die Lepi zu ihr, »du bist jetzt schon toll!«

»Wieso denn toll?«

»Pfui Teufel! Ist es denn erlaubt, sich so zu entblößen?«

»Liebe Freundin, du wirst es genauso machen; wenn man in guter Gesellschaft ist, befindet man sich im goldenen Zeitalter.«

»Ich wundere mich«, sagte ich zu ihr, »daß du dein eigentümliches Verhältnis mit dem Auditor so einem jeden erzählst.«

»Das ist gut! Nicht ich erzähle es, sondern jeder erzählt es mir und macht mir Komplimente darüber. Man weiß, daß er nie Mädchen geliebt hat, und es wäre lächerlich von mir, leugnen zu wollen, was ein jeder errät. Ich wunderte mich über meine Schwester; aber in dieser Welt soll man sich über nichts wundern. Aber bist denn du kein Freund davon?«

»Nein, ich liebe das mehr.«

Indem ich sagte, ›das‹ liebe ich mehr, streckte ich meine Hände nach der Lepi aus, die vor mir stand, und griff in die Nähe der Stelle ihres Kleides, die dem ›das‹ entsprach. Da meine Hand nichts gefunden hatte, brach die Astrodi in lautes Lachen aus. Sie stand auf, nahm meine Hand, um sie mir auf das ›Etwas‹ ihrer Gefährtin zu legen, und führte sie etwa sechs Zoll unter ihren Buckel. An dieser Stelle fühlten meine Finger zu meiner großen Verwunderung das Ende ihres Unterbaus. Die Lepi, die sich schämte, sich zurückzuziehen und prüde zu erscheinen, fing an zu lachen. Ich war jedoch etwas verwirrt, denn statt ›das‹ in der Mitte des Körpers zu haben, hatte sie es nur im oberen Viertel; die anderen drei Viertel waren nur Schenkel und Beine. Ich wurde frohgestimmt bei dem Gedanken, welches Vergnügen mir diese für mich vollkommen neue Entdeckung nach dem Abendessen bereiten würde.

»Haben Sie denn niemals einen Liebhaber gehabt, meine liebe Lepi?«

»Nein«, antwortete die Astrodi für ihre Freundin; »sie ist noch Jungfrau.«

»Das ist nicht wahr!« rief die Lepi etwas verwirrt. »Ich habe je einen Liebhaber in Bordeaux und einen anderen in Montpellier gehabt.«

»Allerdings; trotzdem bist du aber doch noch immer so, wie du auf die Welt gekommen bist.«

»Das kann ich freilich nicht leugnen.«

»Wie, zwei Liebhaber und noch Jungfrau! Das verstehe ich nicht. Bitte, erzählen Sie mir das doch; denn so etwas ist ja einzig in seiner Art.«

»Bevor mein erster Liebhaber mich nahm, war ich ebenso, wie ich jetzt bin, und ich war damals erst zwölf Jahre alt.«

»Was sagte er, als er Sie nicht mehr unberührt fand?«

»Ich schwor ihm, er sei der erste; er glaubte mir das und schrieb meinen Zustand der Rachitis zu.«

»Tat er Ihnen denn nicht weh?«

»Ganz und gar nicht; allerdings ging er sehr sachte mit mir um.«

»Du mußt«, sagte die Astrodi zu mir, »nach dem Essen einen Versuch machen.«

»O nein! Das geht nicht!« rief die Lepi; »Monsieur ist zu groß.«

»Ein schöner Grund! Hast du etwa Angst, daß sein ganzer Körper dabei beteiligt ist? Warte mal, ich will ihn dir zeigen!«

»Ich hatte es mir wohl gedacht!« rief die Lepi. »Das Ding geht niemals hinein!«

»Sicherlich ist das etwas viel verlangt«, sagte die Astrodi; »aber Monsieur wird sich damit begnügen, wenn er nur zur Hälfte sein Unterkommen findet.«

»Ach, meine Liebe, nicht die Länge macht mir angst, sondern der Umfang; denn die Tür ist zu eng.«

»Das ist doch ein wahres Glück für dich; dann kannst du ja deine Jungfernschaft verkaufen, nachdem du schon zwei Liebhaber gehabt hast. Dies wäre freilich nichts Neues.«

Ihr Gespräch, dem es nicht an Witz mangelte, und besonders die Naivität der Buckligen, hatte bereits den Entschluß in mir hervorgerufen, mich nach dem Souper davon zu überzeugen. Das Essen wurde aufgetragen, und ich hatte das Vergnügen, die beiden Mädchen wie zwei Halbverhungerte essen und noch tüchtiger trinken zu sehen. Der Wein übte seine unausbleibliche Wirkung aus, und die Astrodi machte den Vorschlag, zu dem Kostüm unserer Ureltern zurückzukehren. Mit gutem Beispiel vorangehend, legte ich mich als erster ins Bett und drehte ihnen den Rücken zu, bis sie fertig waren.

Ich drehte mich ihnen zu, denn die Astrodi rief mich, und die Lepi beanspruchte meine ganze Aufmerksamkeit. Sie war recht schamvoll, aber da ich all das, was ich im einzelnen vor mir sah, auskosten wollte, machte ich es ihr bequem und überzeugte sie davon, sich neben mich zu legen; aber ohne die Astrodi hätte sie sich nie auf den Rücken legen können, denn sie hatte keinen; sie bestand nur aus Buckel. Aber die Astrodi legte ein Kissen zusammen und bereitete daraus eine Stütze. Sie tat das so geschickt, daß alle Teile parallel lagen, und das Werk wurde schließlich so gut wie möglich. Sie befaßte sich auch mit der Einführung, und es gelang ihr so gut, daß die Lepi mir Mut machte, indem sie sagte, daß ich nichts mehr zu befürchten hätte. So beendeten wir mit viel Vergnügen den ersten Akt.

Sie küßte mich danach, was sie bei unserem Liebesspiel nicht tun konnte, denn ihr Kopf war dabei in ihre Brust versenkt. »Jetzt bin ich an der Reihe«, sagte die Astrodi, »aber da ich nicht gewillt bin, meinen Auditor zu täuschen, betrachte dir vorerst die Landschaft. Das möchte ich, denn danach wirst du mit mehr Bestimmtheit reisen können. Los!«

»Was soll ich mit der halben Zitrone?«

»Du kannst dann den Saft am rechten Ort ausspritzen. Ich möchte gern, daß du sicher bist, nichts zu riskieren. Weißt du nicht, daß ich, wenn ich krank wäre, das Brennen nicht ertragen könnte?«

»Bitte, es ist vollbracht. Bist du zufrieden?«

»Ja, aber schummle vor allem nicht, denn wenn ich schwanger würde, wäre es meinem Rufe abträglich. Und du, Lepi, sei beflissen zu unserem Freund.«

»Was heißt Beflissenheit?«

Ich mußte die Sache unterbrechen, da ich stark lachte. Sie wollte ihr unbedingt diese Tricks beibringen und mit meinem Einverständnis hätte sie zugelassen, daß ich mit ihr das gleiche tat. Da wir uns verpflichteten, nicht zu schummeln, dauerte die Sache lange, aber gerade das wollte sie ja. Sie schimpfte mit der Lepi, die es satt hatte, beflissen zu sein, und sagte, ich solle mich beeilen; und sie zeigte ihr deutlich, daß wir sie nicht brauchten, daß wir gleichzeitig zum Ende kamen.

Nachdem wir so viel gelacht und getan hatten, daß wir glaubten, wir könnten nicht mehr, sagte ich ihnen, daß sie gehen sollten, aber die Astrodi war dagegen und bat um einen Punsch. Ich bereitete ihn ihnen gern, aber da ich von den beiden nichts mehr wollte, zog ich mich wieder an.

Der Punsch, den ich ihnen aus Champagnerwein bereitete, machte sie so verrückt, daß sie mich wieder dazu brachten, mich mit ihnen zu vergnügen. Die Astrodi gab der anderen eine solche Lage, daß man weder den einen noch den anderen Buckel sah, und ich bekam Lust, mir vorzustellen, daß ich die große Tochter Jupiters vergewaltigen würde. Die Lepi sagte mir anschließend, daß sie dabei gewonnen hätte, und ich zweifelte nicht daran. Aber die Astrodi wollte, als sie mich so entkräftet sah, keine Vernunft annehmen. Sie wollte ein Wunder schaffen, aber ich hatte nicht gelitten, daß sie mich tötet, um mich dann wiederzuerwecken. Ich versprach ihnen ein anderes Souper in der gleichen Manier und hatte die Absicht, ihnen nicht Wort zu halten. Als sie beim Gehen zehn Louis erblickten, glaubte ich, sie würden mich vor Freude verschlingen. Sie stiegen in meinen Wagen, der vor der Tür auf sie wartete, und sprachen tausend Segenswünsche. Nach acht Stunden Schlaf war ich nicht in einem Zustand, um mich über das Übermaß der kräftigen Lustpartie zu beklagen; ich zog mich hastig an, um spazierenzugehen.

ZEHNTES KAPITEL

1761 besucht Casanova seinen Bruder Giovanni in Rom, der ein Schüler des berühmten Malers Raphael Mengs ist.

Mein Bruder führte mich zu Signora Cherufini. Ich fand ein Haus voll bester Gesellschaft, dessen Dame mich nach römischer Art empfing. Ich fand sie anziehend und ihre Töchter noch mehr; aber es kam mir vor, als ob die Anbeter aller Art zu zahlreich seien. Überall herrschte ein Scheinluxus, der auf mich einen unangenehmen Eindruck machte; die Töchter, von denen die eine bildhübsch war, schienen mir zu höflich gegen alle Anwesenden zu sein. Man richtete eine interessante Frage an mich, auf die ich so antwortete, daß man eine zweite Frage hätte stellen müssen; ich sah mich in meiner Erwartung getäuscht, doch machte ich mir nicht viel daraus. Ich bemerkte, daß die Stellung der Person, die mich vorgestellt hatte, einen falschen Begriff von meiner Bedeutung gab. Als ich nun einen Abbate sagen hörte: »Es ist Casanovas Bruder«, wendete ich mich zu ihm mit den Worten: »Der Ausdruck ist nicht richtig; Sie hätten sagen müssen, Casanova sei mein Bruder.«

»Das kommt auf dasselbe hinaus.«

»Durchaus nicht, Signor Abbate.«

Der Ton, worin ich diese Worte sprach, erregte Aufmerksamkeit, und ein anderer Abbate sagte: »Der Signor hat vollkommen recht; es kommt nicht auf dasselbe hinaus.«

Der erste Abbate antwortete nicht. Derjenige, der meine Partei ergriffen hatte und mit dem ich mich von diesem Augenblick an befreundete, war der berühmte Winckelmann[1], der zwölf Jahre später so unglücklich in Triest ermordet wurde.[2]

Während ich mich mit ihm unterhielt, trat der Kardinal Alessandro Albani ein. Winckelmann stellte mich dieser fast blinden Eminenz vor; sie sprach viel mit mir, sagte mir aber nichts, was der Mühe wert gewesen wäre. Als er erfuhr, daß ich der Casanova sei, der aus den Bleidächern entflohen war, beging er die Taktlosigkeit, mir in einem wenig höflichen Ton zu sagen, er wäre erstaunt, daß ich die Kühnheit besäße, nach Rom zu kommen, wo auf Veranlassung der venezianischen Staatsinquisitoren ein *ordine santissimo*[3] mich sofort zur Abreise nötigen würde. Ärgerlich über diese unpassende Bemerkung, antwortete ich ihm in würdevollem Ton: »Aus meinem Erscheinen in Rom dürfen Eure Eminenz nicht auf meine Kühnheit schließen, denn ich habe ja nichts zu befürchten; wohl aber würde ein Mensch von gesunder Vernunft über die Kühnheit der Staatsinquisitoren erstaunt sein, wenn sie sich so weit vergessen sollten, ein *ordine santissimo* gegen mich zu beantragen; denn sie würden in großer Verlegenheit sein, wenn sie sagen sollten, wegen welchen Verbrechens sie mich niederträchtigerweise meiner Freiheit beraubt haben.«

Diese etwas derbe Antwort brachte die Eminenz zum Schweigen. Er schämte sich, mich für einen Dummkopf gehalten zu haben und zu sehen, daß ich ihm den Dummkopf zurückgab. Wenige Augenblicke darauf verließ ich das Haus, das ich nicht wieder betreten habe.

Abbate Winckelmann ging mit mir und meinem Bruder; er begleitete mich in den Gasthof ›Ville de Paris‹ und erwies mir die Ehre, zum Abendessen zu bleiben. Winckelmann glich mit seinen männlichen Gesichtszügen dem berühmten Abbé de Voisenon. Am nächsten Morgen holte er mich ab, und wir gingen in die Villa Albani, um den Cavaliere Mengs[4] aufzusuchen, der damals dort wohnte, um ein Deckengemälde auszumalen.

Mein Wirt Roland, der meinen Bruder kannte, machte mir einen Besuch, als wir beim Abendessen saßen. Roland stammte aus Avignon und war ein Lebemann. Ich sagte ihm, ich müßte zu meinem Bedauern sein Haus verlassen und bei meinem Bruder wohnen, weil ich mich in seine Tochter Teresa verliebt hätte, obgleich ich mit ihr nur wenige Minuten gesprochen und weiter nichts als ihren Kopf gesehen hätte.

»Ich wette, Sie haben sie im Bett gesehen.«

»Ganz recht, und ich habe große Lust, sie angezogen zu sehen. Wollen Sie sie in allen Ehren einen Augenblick kommen lassen?«

»Recht gern!«

Sie kam herauf, sehr erfreut, von ihrem Vater gerufen worden zu sein. Mit ihrer eleganten Gestalt, ihren heiteren und unbeschwerten Gesichtszügen sah sie hübsch aus, trotzdem war an ihr nichts weiter auffällig als ihre Augen. Meine Begeisterung schwächte sich ab; aber ohne mir etwas davon zu verraten, warf mein armer Bruder sein Auge auf sie und wurde ihr Sklave. Er heiratete sie im nächsten Jahr und nahm sie zwei Jahre später mit sich nach Dresden. Dort sah ich sie fünf Jahre später mit einem Kind; aber nach einer zehnjährigen Ehe starb sie an der Schwindsucht.

Am nächsten Tag sah ich in der Villa Albani den unermüdlichen Maler Mengs, ein wirklich Großer in seiner Kunst, aber in Gesellschaft ein Original. Er nahm mich freundlich auf und sagte mir, er sei glücklich, mich in Rom in seiner Wohnung beherbergen zu können; er hoffe, in wenigen Tagen mit seiner ganzen Familie nach der Stadt zurückkehren zu können. Die Villa Albani setzte mich in Erstaunen. Kardinal Alessandro hatte dieses Haus erbauen lassen und dazu, um seinen Geschmack an Altertümern zu befriedigen, nur antikes Material verwandt; denn nicht nur Statuen und Vasen, sondern auch Säulen und Postamente waren griechisch. Er war selber ein feiner Grieche und ausgezeichneter Kenner und soll für dieses Meisterwerk, das seine Kunst geschaffen hat, verhältnismäßig sehr wenig Geld ausgegeben haben. Übrigens kaufte er sehr häufig auf Kredit wie Damasippus[5], und so konnte man nicht sagen, daß er sich zugrunde richtete. Hätte ein Monarch *attalicis conditionibus* [um jeden Preis][6] diese Villa bauen lassen, so würde sie ihn fünfzig Millionen gekostet haben. Da er sich keine antiken Wand- und Deckengemälde verschaffen konnte, mußte er sie sich wohl malen lassen, und Mengs war unbestritten der größte Maler und fleißigste Mensch seines Jahrhunderts. Es ist sehr bedauerlich, daß der Tod ihn mitten aus seiner Laufbahn hinweggerafft hat, ohne einen einzigen guten Schüler hervorgebracht zu haben; mein Bruder hat niemals solche Begabung gezeigt, um den Namen eines Schülers zu rechtfertigen.

1761. Ich werde mich noch ausführlich mit Mengs beschäftigen, wenn ich im Jahre 1767 in Spanien sein werde.

Sobald ich mich bei meinem Bruder eingerichtet hatte, nahm ich einen Wagen, einen Kutscher und einen Bedienten, die ich in eine Livree kleiden ließ. Dann stellte ich mich dem Auditor bei der Rota[7], Monsignore Cornaro, vor, um durch ihn Seiner Heiligkeit vorgestellt zu werden und Eingang in die hohe Gesellschaft zu finden. Er fürchtete jedoch, sich in seiner Eigenschaft als Venezianer bloßzustellen, und stellte mich dem Kardinal Passionei vor, der mit dem Pontifex maximus[8] über mich sprach. Bevor ich jedoch hierüber berichte, muß ich meinen Lesern erzählen, was mir begegnete, als ich bei diesem seltsamen Kardinal, der ein großer Feind der Jesuiten, ein geistvoller Mann und ein ausgezeichneter Kenner der Literatur war, meinen zweiten Besuch machte.

Kardinal Passionei empfing mich in einem großen Zimmer, wo er mit Schreiben beschäftigt war. Er bat mich, eine Minute zu warten, bis er fertig wäre; aber einen Stuhl zu nehmen, konnte er mich nicht auffordern, denn auf dem einzigen saß er selber.

Er stand auf, kam auf mich zu und sagte: »Ich werde den Papst benachrichtigen. Monsignore Cornaro hätte übrigens eine bessere Wahl treffen können; denn er weiß, daß der Papst mich nicht liebt.«[9]

»Er hat den Mann, der geachtet wird, dem Mann, der geliebt wird, vorgezogen.«

»Ich weiß nicht, ob der Papst mich achtet; aber mir ist bekannt, er weiß, daß ich ihn nicht achte. Ich habe ihn geliebt und geachtet, als er Kardinal war, aber seit er Papst ist, hat er sich als ein großer *coglione* [Tölpel] gezeigt.«

»Das Heilige Konklave hätte Eure Eminenz wählen sollen.«

»Durchaus nicht; denn bei meiner Unduldsamkeit gegen alles, was mir als Mißbrauch erscheint, würde ich mich ohne Rücksicht auf den Schuldigen eingemischt haben; und Gott weiß, was für Folgen daraus entstanden wären. Der einzige im Konklave, der würdig war, Papst zu werden, war der Kardinal Tamburini. Ich höre Leute kommen; leben Sie wohl, kommen Sie morgen wieder.«

Welches Vergnügen für mich, einen Kardinal den Papst einen ›coglione‹ nennen zu hören und ihn für Tamburini eintreten zu sehen! Ich bewahrte diesen Ausspruch sofort auf. Aber wer war denn dieser Tamburini? Ich fragte Winckelmann danach, als er zu mir zum Mittagessen kam, denn wenn man unterrichtet sein will, muß man sich an einen Philosophen wenden. Er antwortete mir: Tamburini ist ein Mann, der durch seine Tugenden, seinen

Charakter, seine Festigkeit und seinen hellsehenden Geist achtungswert ist. Er hat aus feindseligen Gefühlen gegen die Jesuiten niemals ein Hehl gemacht. Sie widern ihn an, darum singt Passionei sein Lob. Ich glaube wie er, daß Tamburini ein guter Papst sein würde.«

Neun Jahre später, als der Jesuitenorden in den letzten Zügen lag, erfuhr ich beim Prinzen Santa Croce in Rom von einem blindlings ergebenen Anhänger der Jesuiten folgendes: Kardinal Tamburini lag im Sterben; im Gespräch darüber sagte jemand: »Dieser Benediktinerkardinal ist ein Frevler an Gott; er liegt auf dem Totenbett und hat die Letzte Ölung verlangt, ohne sich vorher durch die Beichte zu reinigen.« Ich sagte kein Wort; da ich aber gerne wissen wollte, was daran war, so erkundigte ich mich gleich am nächsten Morgen bei einem, der die Wahrheit wissen mußte und keinen Grund haben konnte, sie mir zu verschweigen. Er sagte mir, der Kardinal habe erst vor drei Tagen Messe gelesen, und wenn er keinen Beichtvater gerufen habe, so sei dies ohne Zweifel unterblieben, weil er ihm nichts zu sagen gehabt habe.

Wehe denen, die die Wahrheit lieben und ihr nicht bis an die Quelle nachzugehen wissen! Der Leser verzeihe mir eine Abschweifung, die nicht ohne ein gewisses Interesse ist.

Am nächsten Morgen ging ich also zum Kardinal Passionei. Er legte sofort seine Feder weg und empfing mich mit den Worten, es sei recht von mir, daß ich so früh gekommen sei, um ihm die Geschichte meiner Flucht zu erzählen, von der er mit Bewunderung habe sprechen hören.

»Monsignore, ich bin bereit, Eure Eminenz zufriedenzustellen; aber die Geschichte ist lang.«

»Um so besser; denn man hat mir gesagt, Sie erzählen gut.«

»Aber, Euer Gnaden, soll ich mich auf den Fußboden setzen?«

»O nein, dazu ist Ihr Anzug zu schön.«

Er klingelte und sagte einem Kammerherrn, er möchte einen Stuhl besorgen. Ein Bedienter brachte einen Schemel. Ein Sitz ohne Rücken- und Armlehnen! Der Anblick machte mich verdrießlich; ich erzählte schnell und schlecht, und in einer Viertelstunde war ich mit allem fertig.

»Ich schreibe besser, als Sie sprechen«, sagte der Kardinal. »Wenn Sie es nicht glauben, sehen Sie, dies ist meine Grabrede auf den Prinzen Eugen. Ich schenke sie Ihnen. Ich hoffe, Sie werden mein Latein nicht schlecht finden. Sie können morgen um zehn Uhr dem Heiligen Vater den Pantoffel küssen.«

In meiner Wohnung angekommen, dachte ich über den Charakter dieses sonderbaren Kardinals nach. Ich erkannte in ihm einen geistvollen, hochmütigen, eitlen und schwatzhaften Mann und beschloß, ihm ein schönes Geschenk zu machen. Es war der Band ›Pandectarum liber unicus‹[10], den der Schweizer M.F. mir in Bern geschenkt hatte und mit welchem ich nichts anzufangen wußte. Es war ein Folioband, auf schönem Papier gedruckt, herrlich gebunden und ausgezeichnet erhalten. Als Großbibliothekar des Vatikans mußte er dies Geschenk kostbar finden, um so mehr, da er eine reiche Privatbibliothek besaß, die von meinem Freunde, dem Abbate Winckelmann, verwaltet wurde. Ich schrieb Seiner Eminenz einen kurzen lateinischen Brief und einen zweiten an Winckelmann, den ich beauftragte, meine Gabe Seiner Eminenz darzubieten. Mich dünkte, dieses seltene Werk sei wohl soviel wert wie seine Grabrede, und ich hoffte, daß er mir ein anderes Mal nicht nur die Ehren des Schemels würde zuteil werden lassen. Darauf schickte ich Costa mit dem Buch zu dem Abbate.

Am nächsten Morgen begab ich mich zur festgesetzten Stunde in den Palazzo Monte Cavallo. Um mich dem Heiligen Vater vorzustellen, hatte ich mich durch niemanden anmelden zu lassen nötig gehabt; denn jeder Christ kann sich vorstellen, sobald er die Tür offen sieht. Übrigens hatte er mich in Padua gekannt, als er den dortigen Bischofssitz einnahm; aber es lag mir an der Ehre, durch einen Kardinal angemeldet zu werden.

Nachdem ich vor dem Oberhaupt der Gläubigen eine Verbeugung gemacht und das auf den heiligen Pantoffel gestickte heilige Kreuz geküßt hatte, sagte der Papst zu mir, indem er seine Rechte auf meine linke Schulter legte, er erinnere sich, daß ich in Padua stets seine Kirche verlassen, sobald er den Rosenkranz angestimmt habe.

»Allerheiligster Vater, ich habe mir viel größere Sünden vorzuwerfen; darum habe ich mich vor Ihren heiligen Füßen niedergeworfen, um die Absolution zu erlangen.«

Er gab mir hierauf salbungsvoll seinen Segen und fragte mich sehr freundlich, welche Gnade er mir erweisen könne.

»Ihre heilige Fürsprache, um mit sicherem Geleit nach Venedig zurückkehren zu können.«

»Wir werden mit dem Gesandten sprechen und Ihnen dann Antwort geben. Gehen Sie oft zum Kardinal Passionei?«

»Ich bin dreimal bei ihm gewesen. Er hat mir seine Grabrede auf den Prinzen Eugen geschenkt. Um ihm meine Erkenntlichkeit zu zeigen, habe ich ihm den Pandektenband gesandt.«

»Hat er ihn angenommen?«

»Ich glaube: ja, Allerheiligster Vater.«

»Wenn er ihn angenommen hat, wird er Winckelmann zu Ihnen schicken, um ihn zu bezahlen.«

»Damit würde er mich wie einen Buchhändler behandeln; Bezahlung werde ich nicht annehmen.«

»Dann wird er Ihnen den Band zurückschicken. Davon sind Wir überzeugt, denn es ist seine Gewohnheit.«

»Wenn Seine Eminenz den Band zurückschickt, sende ich ihm seine Grabrede zurück.«

Über diese Antwort lachte der Papst so, daß er husten mußte; nachdem er ausgespuckt hatte, lachte er wieder.

»Es wird Uns angenehm sein, den Ausgang dieser Geschichte zu hören, ohne daß die Welt etwas von Unserer unschuldigen Neugier hört.«

Nach diesen Worten zeigte ein noch salbungsvollerer Segen mir an, daß meine Audienz beendigt sei.

Als ich den Palazzo Seiner Heiligkeit verließ, wurde ich von einem alten Abbate angeredet, der mich mit großer Ehrfurcht grüßte und mich fragte, ob ich nicht der aus den Bleikammern entflohene Casanova sei.

»Allerdings; der bin ich.«

»Erkennen Sie mich nicht wieder? Ich bin Momolo, der frühere Gondoliere der Cà Rezzonico.«

»Sie sind also Priester geworden!«

»O nein, gewiß nicht! Hier in Rom ist aber die Soutane die Allerweltsuniform. Ich bin erster ›Scopatore‹[11] unseres Heiligen Vaters.«

»Ich wünsche Ihnen Glück dazu. Aber nehmen Sie mir's nicht übel, wenn Sie mich lachen sehen.«

»O lachen Sie nur! Meine Frau und meine Töchter lachen auch, sooft sie mich in der Soutane sehen. Besuchen Sie uns doch mal!«

»Wo wohnen Sie?«

»Hinter der Kirche Trinità de' Monti; hier meine Adresse!«

»Ich werde heute abend das Vergnügen haben.«

Hocherfreut über dies Zusammentreffen, ging ich nach Hause; es war mir ein Fest, den Abend in einer venezianischen Gondolierefamilie verbringen zu können. Ich lud meinen Bruder ein, mich zu dem Gondoliere zu begleiten, der ›scopatore santissimo‹ geworden war, erzählte ihm aber nichts von dem Empfang, den ich beim Papst gehabt hatte.

Am Nachmittag kam Winckelmann und sagte mir, ich habe das Glück, bei seinem Kardinal in höchster Gunst zu stehen, denn der ihm von mir gesandte Band sei ein sehr kostbares Buch; er sei sehr selten und mein Exemplar sei besser erhalten als das in der Vaticana. Er sei beauftragt, es mir zu bezahlen.

»Ich habe Seiner Eminenz geschrieben, daß ich es ihm schenke.«

»Er nimmt keine Bücher als Geschenk an, denn er wünscht Ihren Band für seine Privatbücherei, und da er Bibliothekar der Vaticana ist, so fürchtet er die Verleumdung.«

»Das ist ganz schön und gut, aber der Band hat mich weiter nichts gekostet als die Mühe, ihn anzunehmen; ich kann ihn nur zu demselben Preis weitergeben. Sagen Sie, bitte, dem Kardinal, daß er mir eine Ehre erweisen wird, indem er ihn annimmt.«

»Er wird ihn Ihnen zurückschicken.«

»Das steht ihm frei, aber dann werde ich ihm seine Grabrede zurückschicken, denn ich wünsche kein Geschenk von jemandem, der ein Geschenk von mir zurückweist.«

So kam es auch wirklich. Am anderen Tage schickte der Kardinal mir meinen Band zurück, und ich sandte ihm im selben Augenblick seine Grabrede wieder; obgleich ich sie kaum flüchtig durchgeblättert hatte, schrieb ich ihm, ich hätte in ihr ein Meisterwerk gefunden. Mein Bruder tadelte mich; aber ich ließ ihn reden, da ich durchaus keine Lust hatte, mich nach seinen irrigen Ansichten zu richten.

Am Abend begab ich mich also mit meinem Bruder zum Abbate Momolo, der schon auf mich wartete und mich seiner Familie als einen Wundermann angekündigt hatte. Nachdem ich ihm meinen Bruder vorgestellt hatte, sah ich mir alle Anwesenden an. Ich sah eine alte Frau, vier Mädchen, von denen die Älteste vierundzwanzig Jahre alt war, und zwei kleine Knaben. Alle waren häßlich; aber ich war einmal da, ich blieb und lachte. Dazu bot diese brave Familie auch noch ein Bild der Armut dar, denn der ›scopatore‹ mußte von zweihundert Scudi im Jahre leben. Trotzdem war der brave Mann außerordentlich herzlich; sobald er mich sitzen sah, sagte er, er werde mir ein Abendessen geben, aber er habe nur eine Polenta und frische Schweinsrippchen.

»Erlauben Sie, daß ich aus meiner Wohnung sechs Flaschen Orvietowein holen lasse?«

»Sie haben hier zu befehlen.«

Ich schrieb an Costa einen Zettel und befahl ihm, mir sofort die sechs Flaschen und einen gekochten Schinken zu bringen. Eine halbe Stunde darauf kam er mit dem Lohndiener, der den Korb trug, und bei seinem Anblick riefen die vier Mädchen: »Ei, das ist ein hübscher Junge!«

Da ich sah, daß Costa von diesem Empfang entzückt war, sagte ich zu Momolo: »Wenn er Ihnen so gut gefällt wie Ihren Töchtern, will ich ihm erlauben zu bleiben.«

Costa war hoch erfreut über soviel Ehre, bedankte sich und ging in die Küche, um Signora Momolo bei der Zubereitung der Polenta zu helfen.

Ein großer Tisch wurde mit einem sehr sauberen Tuch gedeckt; bald danach wurden zwei riesige Schüsseln Polenta und eine ebenso große Pfanne mit Schweinsrippchen daraufgesetzt. Wir wollten uns gerade über die Speisen hermachen, als an der Straßentür geklopft wurde.

»Es ist Signorina Maria mit ihrer Mutter«, sagte ein Junge.

Bei dieser Ankündigung sah ich Momolos vier Töchter Gesichter schneiden.

»Wer hat sie gerufen?« sagte die eine. »Was wollen sie hier?« die andere. »Die Zudringlichen!« rief die dritte. »Sie konnten wohl auch zu Hause bleiben!« bemerkte die vierte.

»Liebe Kinder«, sagte der brave Vater, »sie haben Hunger und werden mit uns teilen, was die Vorsehung uns beschert hat.«

Ich sah die beiden Hungrigen eintreten. Die eine war ein hübsches junges Mädchen von bescheidener und anmutiger Miene; ihre Mutter war demütig und schien sich ihrer Armut zu schämen. Die Tochter grüßte und entschuldigte sich, indem sie schüchtern und verlegen sagte, sie würde sich nicht die Freiheit genommen haben, zu ihnen zu kommen, wenn sie hätte ahnen können, daß Fremde da seien.

Nur der gute Momolo antwortete auf ihr Kompliment, indem

er im herzlichen Tone zu ihr sagte, es wäre sehr nett von ihr, daß sie gekommen wäre; mit diesen Worten schob er zwischen meinen Bruder und mich einen Stuhl für sie ein. Ich sah sie näher an und fand in ihr eine vollendete Schönheit.

Man begann zu essen und sprach nicht mehr. Die Polenta war ausgezeichnet, die Schweinsrippchen köstlich, der Schinken tadellos; in weniger als einer Stunde war der Tisch abgeräumt, als wenn gar nichts darauf gewesen wäre; aber beim Orvieto blieb die Gesellschaft fröhlich beisammen. Es wurde von der Lotterieziehung gesprochen, die zwei Tage darauf stattfinden sollte, und alle Mädchen nannten die Nummer, auf die sie drei Soldi gesetzt hatten.

»Wenn ich nur einer einzigen Nummer sicher sein könnte«, sagte ich zu ihnen, »so würde ich mich freuen.«

Die junge Mariuccia sagte mir, wenn ich an einer einzigen Nummer genug hätte, so könnte sie mir diese nennen. Ich lachte über ihr Anerbieten; sie aber nannte mir mit dem ernstesten Gesicht Nummer siebenundzwanzig.

»Kann man noch spielen?« fragte ich den Abbate Momolo.

»Es wird erst um Mitternacht geschlossen, und wenn Sie wollen, werde ich die Nummer für Sie holen.«

»Hier haben Sie vierzig Scudi in Pfandbriefen; setzen Sie zwanzig auf Nummer siebenundzwanzig; ich schenke diese den fünf jungen Damen; die anderen zwanzig Scudi setzen Sie auf dieselbe Nummer, aber auf die fünfte Stelle; diese behalte ich für mich.«

Er ging augenblicklich fort und kam bald mit den beiden Losen wieder.

Meine hübsche Nachbarin dankte mir und sagte, sie sei vollkommen sicher, daß sie gewinnen werde; aber an meinem Lose zweifle sie, denn es sei nicht wahrscheinlich, daß die Siebenundzwanzig als fünfte Nummer herauskomme.

»Ich aber bin dessen sicher«, antwortete ich ihr, »denn Sie sind das fünfte Mädchen, das ich in diesem Hause gesehen habe.«

Über diese Bemerkung lachte die ganze Gesellschaft laut auf. Signora Momolo sagte mir, ich hätte die vierzig Scudi lieber den Armen geben sollen; ihr Mann aber hieß sie schweigen; sie wisse nicht, was für einen klugen Kopf ich hätte. Mein Bruder lachte, sagte mir aber auch, ich hätte eine Dummheit gemacht.

Ich antwortete ihm, ich versuchte eben mein Glück.

Bei diesen Worten drückte ich meiner schönen Nachbarin unbemerkt die Hand, und sie gab mir den Druck mit aller Kraft zurück. Mir war sofort klar, wie es zwischen Mariuccia und mir kommen würde. Gegen Mitternacht verließ ich die Gesellschaft, indem ich den guten Momolo bat, am übernächsten Tage wieder ein solches Abendessen zu veranstalten, damit wir den Lotteriegewinn feiern könnten, den wir machen würden. Auf dem Heimwege sagte mein Bruder zu mir: wenn ich nicht ein Krösus geworden wäre, müßte ich verrückt sein. Ich antwortete ihm, ich sei weder das eine noch das andere, aber Mariuccia sei schön wie ein Engel. Dies gab er zu.

Am nächsten Tage kam Mengs nach Rom zurück, und ich speiste in seiner Familie. Er hatte eine Schwester, die sehr häßlich, aber gut und talentvoll war; sie hatte sich leidenschaftlich in meinen Bruder verliebt, der sie aber überhaupt nicht ansah, wenn sie mit ihm sprach.

Sie war eine ausgezeichnete Miniaturporträtmalerin, die ganz besonders glücklich die Ähnlichkeit zu treffen wußte. Ich glaube, sie lebt noch jetzt in Rom mit ihrem Gatten, einem gewissen Maroni. Eines Tages sagte sie mir, mein Bruder würde sie nicht so mißachten, wenn er nicht der undankbarste aller Menschen wäre.

Die Gattin von Mengs war hübsch, anständig, eine gute Mutter, ihren Pflichten und ihrem Manne treu ergeben, obwohl sie ihn schwerlich lieben konnte, denn er war nichts weniger als liebenswürdig. Er war eigensinnig und grausam, und wenn er zu Hause speiste, stand er nie vom Tische auf, ohne betrunken zu sein; außer dem Hause war er mäßig, da er nur Wasser trank. Seine Frau diente ihm geduldig als Modell für alle nackten Frauenkörper, die er malte. Eines Tages sagte sie zu mir, ihr Beichtvater habe dies von ihr verlangt; er habe zu ihr gesagt: »Wenn Ihr Mann ein anderes Weib zum Modell nimmt, wird er sich an ihm erfreuen, ehe er es malt, und diese Sünde werden Sie sich vorzuwerfen haben.«

Nach Tisch waren alle betrunken. Winckelmann schlug Purzelbäume auf dem Fußboden mit Mengs Söhnen und Töchtern, die ihn vergötterten. Dieser Gelehrte liebte es, nach dem Geschmack von Anakreon und Horaz mit den Kindern umherzutollen: *mille puellarum, puerorum mille furores* [voll Liebe für tausend frische Mädchen und für tausend begeisterte Knaben][12]. Das, was ich eines Morgens bei ihm erlebte, lohnt sich, aufgeschrieben zu werden: Ich trete zu früher Stunde ohne zu klopfen in ein Kabinett ein, in dem er gewöhnlich allein damit beschäftigt ist, antike Schriften zu entziffern, und ich sehe ihn sich schnell von einem jungen Mann zurückziehen, der in Eile seine Hose ordnet. Ich tue so, als hätte ich nichts gesehen, und bewundere ein ägyptisches Götzenbild, das sich hinter der Tür des Kabinetts befand. Der Bathylos[13], der wirklich sehr hübsch war, geht sofort. Winckelmann kommt lachend auf mich zu und sagt mir, daß er mich nach dem, was ich gesehen hatte, nicht daran hindern könne, mir das Übrige zu denken, daß er sich selbst jedoch eine Art Rechtfertigung schuldig sei, die ich anhören sollte. »Sie sollen wissen«, sagte er mir, »daß ich nicht nur kein Päderast bin, sondern auch in meinem ganzen Leben immer gesagt habe, daß es mir unbegreiflich sei, wie sehr dieser Geschmack das Menschengeschlecht immer verlockt hätte. Nach dem, was Sie soeben gesehen haben, konnten Sie mich bei diesen Worten für einen Heuchler halten. Nun, hier ist die Erklärung. Während meiner langen Studien bewunderte ich die Antike zuerst, schließlich betete ich sie an. Die Alten waren ja, wie Sie wissen, fast alle Anhänger der Knabenliebe, ohne es zu verstecken, und mehrere von ihnen verewigten die hübschen Gegenstände ihrer Zärtlichkeit in ihren Gedichten oder auch in wunderschönen Denkmälern. Sie gaben sogar diesen Geschmack als Unterpfand der Reinheit ihrer Sitten an, wie beispielsweise Horaz, um Augustus und Maecenas zu beweisen, daß die Schmähungen ihm nichts anhaben konnten, seine Feinde aufforderte, ihm zu beweisen, daß er sich niemals durch einen Ehebruch befleckt hatte.

Bei der Kenntnis dieser Wahrheit ging ich in mich und ich empfand eine Geringschätzung, eine Art Schamgefühl, daß ich in diesem Punkt so gar nicht meinen Helden ähnelte. Ich fand mich auf Kosten meiner Eigenliebe auf eine gewisse Weise verachtenswert. Da ich mich durch kalte Theorie von meiner Dummheit nicht überzeugen konnte, beschloß ich, mich durch die Praxis aufzuklären, in der Hoffnung, daß mein Geist durch die Analyse der Sache erleuchtet würde, um das Wahre vom Falschen zu trennen. Zu diesem Entschluß gekommen, arbeite ich seit drei oder vier Jahren an der Sache, indem ich die hübschesten Smerdias[14] aus Rom auswähle, aber es ist zwecklos: Wenn ich das Unternehmen beginne, *non arrivo* [es gelingt mir nicht]. Zu meiner Verwirrung merke ich jedes Mal, daß eine Frau ganz und gar vorzuziehen ist, aber ich fürchte den schlechten Ruf; denn was würde man in Rom und überall dort, wo ich bekannt bin, sagen, daß ich eine Geliebte hätte?«

Als ich am nächsten Tage zum Papst ging, um diesem meine Aufwartung zu machen, sah ich Momolo im ersten Vorzimmer; ich verfehlte nicht, ihn an die Polenta für den Abend zu erinnern.

Der Heilige Vater sagte bei meinem Anblick: »Der venezianische Gesandte hat Uns gesagt, Sie müssen sich dem Sekretär des Rates der Zehn vorstellen, wenn Sie gern in Ihre Heimat zurückkehren wollen.«

»Allerheiligster Vater, ich bin vollkommen bereit, diesen Schritt zu tun, wenn Eure Heiligkeit mir einen eigenhändigen Empfehlungsbrief geben wollen. Ohne diesen schützenden Brief werde ich mich niemals der Gefahr aussetzen, wieder an einen Ort gebracht zu werden, aus welchem mich sichtlich Gottes Hand durch ein Wunder befreit hat.«

»Sie tragen ein sehr reich verziertes Gewand, das Sie gewiß nicht in der Absicht angezogen haben, um zu Gott zu beten.«

»Allerdings nicht, Allerheiligster Vater; doch auch nicht in der Absicht, auf den Ball zu gehen.«

»Wir kennen die ganze Geschichte von der Rücksendung der Geschenke. Gestehen Sie, Sie haben es getan, um Ihrem Stolz zu schmeicheln.«

»Ja, aber indem ich einen größeren Stolz demütigte.«

Als ich den Papst über meine Antwort lachen sah, beugte ich ein Knie zur Erde und bat ihn, mir zu gestatten, daß ich meine Pandekten der Vatikanischen Bibliothek schenken dürfe. Statt einer Antwort empfing ich einen Segen, was in der päpstlichen Sprache bedeutet: Stehen Sie auf, die Gnade ist bewilligt.

»Wir werden Ihnen«, sagte er zu mir, »die Zeichen ›Unseres ganz besonderen Wohlwollens‹ zusenden, ohne daß Sie nötig haben, die Einschreibgebühren an die Kammer zu zahlen.«

Ein zweiter Segen hieß mich gehen.

Ich war sehr neugierig, welcherart die Zeichen ›des besonderen Wohlwollens‹ sein würden, von denen der Papst gesprochen hatte. Sobald ich zu Hause war, schickte ich durch Costa meinen Band in die Bibliothek; hierauf ging ich zu Mengs zum Mittagessen. Als die fünf Nummern der Lotterieziehung gebracht wurden, sah mich mein Bruder an. Ich hatte gar nicht mehr daran gedacht, daß ich gespielt hatte.

»Die Siebenundzwanzig«, rief er, »ist als fünfte Zahl herausgekommen!«

»Um so besser; da werden wir lachen.«

Als Mengs die Geschichte gehört hatte, sagte er: »Es ist ein geglückter Spaß, aber eine Verrücktheit bleibt es.«

»Aber«, sagte ich, »um einen würdigen Gebrauch von den fünfzehnhundert römischen Scudi zu machen, die dieser Zufall mir verschafft hat, werde ich für acht bis zehn Tage nach Neapel fahren.«

»Ich mache die Reise mit«, rief der Abbate Alfani, »und werde mich für Ihren Sekretär ausgeben.«

»Sehr angenehm, halten Sie nur Wort.«

Ich lud Winckelmann ein, beim Abbate Momolo die Polenta zu essen, und beauftragte meinen Bruder, ihn hinzuführen; hierauf machte ich meinem Bankier, dem Marchese Bèlloni, einen Besuch, um meine Rechnung in Ordnung zu bringen und einen Kreditbrief auf seinen Geschäftsfreund in Neapel zu nehmen. Ich besaß noch zweihunderttausend Francs, hatte Juwelen für mindestens zehntausend Scudi und nannte außerdem noch über dreißigtausend Gulden in Amsterdam mein eigen.

In der Dämmerung kam ich bei Momolo an und fand dort Winckelmann und meinen Bruder schon vor; aber anstatt die Familie fröhlich zu sehen, fand ich lauter traurige Gesichter.

»Was haben denn Ihre Töchter?« fragte ich Momolo.

»Sie sind ärgerlich, daß Sie nicht auch für sie auf den gleichen Einsatz gesetzt haben wie für sich selber.«

Jede von ihnen hatte siebenundzwanzig Scudi gewonnen, und jetzt waren sie ärgerlich; vor zwei Tagen, als sie nicht einen Soldo hatten, da waren sie zufrieden gewesen. Ich sehe immer deutlicher, daß die Fröhlichkeit nur in sorglosen Herzen wohnen kann.

ELFTES KAPITEL

1761. Von Rom reist Casanova nach Neapel weiter. In der Oper wird er der schönen Leonilda vorgestellt. Sie ist die (platonische) Geliebte der Herzogs von Matalone.

Der Herzog führte mich in die Loge seiner Mätresse, die ich in Gesellschaft einer alten Dame von anständigem Aussehen fand. Er sagte ihr beim Eintreten: »Liebe Leonilda, ich stelle dir meinen Freund, den Venezianer Don Giacomo Casanova, vor.« Sie empfing mich mit liebenswürdigem und bescheidenem Wesen und wandte ihre Aufmerksamkeit von der Musik ab, um ein Gespräch mit mir zu beginnen.

Wenn eine Frau hübsch ist, braucht man nur einen Augenblick, um es zu empfinden; wenn sie, um günstig beurteilt zu werden, erst näher betrachtet werden muß, werden die Reize ihres Gesichtes problematisch. Donna Leonilda machte augenblicklich Eindruck. Ich lächelte und zwinkerte dem Herzog zu, der mir gesagt hatte, er liebe sie wie ein Vater seine Tochter und halte sie nur des Luxus wegen. Er verstand mich und sagte: »Du kannst mir's glauben.«

»Es ist unglaublich«, versetzte ich.

Leonilda, die ohne Zweifel unsere rätselhaften Bemerkungen verstanden hatte, mischte sich in unser Gespräch ein und sagte mit einem feinen Lächeln: »Was möglich ist, ist auch glaubhaft.«

»Das gebe ich zu; aber man kann glauben oder nicht glauben, je nachdem einem die Sache mehr oder weniger schwierig erscheint.«

»Außerordentlich richtig; aber mir scheint, in solchen Fällen soll man lieber glauben. Sie sind gestern in Neapel angekommen; das ist unglaublich und doch wahr.«

»Warum soll denn das unglaublich sein?«

»Kann man glauben, daß ein Fremder in dem Augenblick nach Neapel kommt, da alle Einheimischen vor Furcht zittern?«

»Ich habe allerdings bis jetzt Furcht gehabt; nun aber fühle ich mich vollkommen ruhig; denn da Sie hier sind, muß San Gennaro[1] die Stadt beschützen.«

»Warum?«

»Weil ich überzeugt bin, daß er Sie liebt; aber Sie lachen?«

»Ja, über einen recht komischen Gedanken; mir fällt nämlich ein: wenn ich einen Liebhaber hätte, der dem heiligen Januarius gliche, so wäre der recht unglücklich.«

»Der Heilige ist also wohl sehr häßlich?«

»Wenn sein Bild ähnlich ist – ja. Sie können sich davon überzeugen, wenn Sie seine Statue sehen.«

Solch ein heiterer Ton führt leicht zur Offenherzigkeit, und Offenherzigkeit führt zur Freundschaft. Anmut des Geistes ist noch sieghafter als alle Schönheit.

Ich brachte das Gespräch auf die Liebe, und sie machte über dieses Thema ausgezeichnete Bemerkungen.

»Wenn die Liebe nicht zum Besitz des geliebten Gegenstandes führt, so muß sie eine Qual sein; wenn es verboten ist, sich einer Leidenschaft hinzugeben, muß man nicht lieben.«

»Sie haben recht – um so mehr, da der Besitz einer schönen Person kein wahrer Genuß ist, wenn man sie nicht schon vorher geliebt hat.«

»Wenn die Liebe vorher da war, begleitet sie ohne Zweifel auch den Genuß; aber ob sie nachher noch da ist, das ist fraglich.«

»Allerdings, denn oft tötet der Genuß die Liebe.«

»Aber wenn nach dem Genuß die Liebe nur in dem einen der beiden Beteiligten weiterlebt, so ist das schlimmer als ein Mord; denn was ohne Gegenliebe noch weiterlebt, ist unglücklich.«

»Außerordentlich richtig bemerkt, Signora! Aber wenn Sie diesen Schluß ziehen, der ja den Regeln der strengsten Dialektik entspricht, muß ich annehmen, daß Sie die Sinne zu ewigem Fasten verdammen. Das ist grausam.«

»Gott soll mich vor solchem Platonismus ohne Liebe bewahren! Ich lehne die Liebe ohne Genuß ab, ebenso wie den Genuß ohne Liebe. Aber ich überlasse es Ihnen selber, den Schluß zu ziehen.«

»Lieben und genießen und dann wieder genießen und lieben!«
»Ganz recht.«
Bei diesen letzten Worten mußte Leonilda unwillkürlich lachen, und der Herzog küßte ihr die Hand.
Ihre Gesellschafterin, die kein Französisch verstand, beschäftigte sich mit der Oper. Ich aber hatte nur für Leonilda Augen, denn ich hatte Feuer gefangen.
Leonilda war erst siebzehn Jahre alt; sie war mehr als schön; sie war zum Anbeißen hübsch. Der Herzog zitierte ein etwas schlüpfriges Epigramm über den Genuß von La Fontaine; man findet es nur in der ersten Ausgabe. Seine ersten vier Zeilen lauten:

Genuß und Verlangen
Hat der Mensch am seltensten.
Aber es sind keine wahren Vergnügungen
Von dem Augenblick an, wo man sie trennt.

Ich erzählte, daß ich das Epigramm mit den sechs folgenden Versen ins Italienische und ins Lateinische übersetzt hätte. Im Italienischen brauchte ich zwanzig Verse, um das wiederzugeben, was La Fontaine in zehn Versen gesagt hat; im Lateinischen konnte ich jedoch alles in sechs Versen unterbringen. Donna Leonilda bedauerte, daß sie nicht Latein könne.
Als die beiden Damen sich entfernt hatten, sagte der Herzog zu mir: »Wir müssen uns jetzt trennen, wenn du nicht etwa ein Freund des Glücksspieles bist.«
»Ich habe durchaus nichts dagegen, wenn ich es mit angenehmen Spielern zu tun habe.«
»Ausgezeichnet, dann bitte ich dich, mich zu begleiten: du wirst zehn oder zwölf Herren meines Standes bei einer Pharaobank versammelt finden; später wird ein kleines Souper eingenommen. Ich muß dich jedoch darauf aufmerksam machen, daß die Sache geheim bleiben muß; denn das Spiel ist verboten. Ich bürge für dich.«
»Das kannst du.«
Er führte mich zum Herzog von Monteleone, wo wir im dritten Stock, nachdem wir zehn oder zwölf Zimmer durchschritten hatten, den Spielsaal betraten. Ein Bankhalter, der Gold und Silber im Wert von drei- bis vierhundert Zechinen vor sich liegen hatte, gab die Karten. Der Herzog stellte mich als seinen Freund vor und ließ mich an seiner Seite Platz nehmen. Ich zog

meine Börse; man machte mich jedoch darauf aufmerksam, daß nur auf Ehrenwort gespielt und binnen vierundzwanzig Stunden bezahlt werde. Der Bankhalter gab mir ein Spiel Karten und ein Körbchen mit tausend einfachen und doppelten Spielmarken. Ich kündigte an, daß jede Marke einen neapolitanischen Dukaten gelten solle, und in weniger als zwei Stunden war mein Korb leer. Ich hörte auf zu spielen und speiste in heiterer Laune. Das Essen bestand aus einer riesigen Schüssel Makkaroni und zehn oder zwölf weiteren Schüsseln mit den verschiedensten Arten von Meeresgetier. Als wir fortgingen, ließ ich dem Herzog keine Zeit, mir in der herkömmlichen Weise sein Beileid wegen des Verlustes auszusprechen, sondern unterhielt ihn auf angenehme Weise von seiner Leonilda.

Am nächsten Morgen ließ er mir in aller Frühe durch seinen Pagen sagen, wenn ich mit ihm zu Hofe gehen wolle, um dem König die Hand zu küssen, müsse ich Gala anlegen. Ich zog einen rosafarbenen, mit Gold bestickten Samtrock an und hatte die ungeheure Ehre, eine kleine, neunjährige, ganz mit Frostbeulen bedeckte Hand zu küssen. Der Fürst von San Nicandro hat den jungen König erzogen, so gut er es verstand; die Natur aber hat aus ihm einen vollendeten, leutseligen, gerechten und freigebigen Monarchen gemacht, der allerdings recht ungezwungen war, bei einem König ist das ein schwerwiegender Fehler.

Ich hatte die Ehre, beim Mittagessen der Herzogin zur Rechten zu sitzen; sie geruhte, mir zu sagen, sie habe niemals einen eleganteren Anzug gesehen.

»Auf diese Weise, Signora«, antwortete ich ihr, »suche ich meine Person einer zu strengen Prüfung zu entziehen.«

Sie lächelte. Nach Tisch führte der Herzog mich in die Gemächer seines Onkels Don Lelio, der mich sofort erkannte. Ich küßte dem würdigen Greise die Hand und bat ihn wegen meiner Jugendstreiche um Entschuldigung.

»Vor achtzehn Jahren«, sagte er zum Herzog, »hätte ich Signor Casanova zu deinem Studiengenossen ausersehen.«

Ich machte ihm großes Vergnügen, indem ich ihm in aller Kürze erzählte, wie es mir in Rom beim Kardinal Acquaviva ergangen war. Nach einstündigem Gespräch bat er mich, ihn oft zu besuchen.

Gegen Abend sagte der Herzog zu mir: »Wenn du in die

komische Oper im ›Teatro dei Fiorentini‹ gehen willst, wirst du Leonilda mit einem Besuch in ihrer Loge ein Vergnügen machen.«

Er nannte mir die Nummer ihrer Loge und fuhr fort: »Ich werde dich gegen Ende des Stückes abholen, und dann werden wir wie gestern zum Souper gehen.«

Ich brauchte nicht erst anspannen zu lassen; denn ein Wagen mit zwei prachtvollen Pferden stand ständig im Hofe für mich bereit.

Die Oper hatte bereits begonnen, als ich im ›Teatro dei Fiorentini‹ ankam. Ich stellte mich Leonilda vor, die mit honigsüßer Stimme zu mir sagte: »Lieber Don Giacomo, ich sehe Sie mit großem Vergnügen wieder.«

Ohne Zweifel hielt sie es für angemessen, mich nicht zu duzen. Das verführerische Gesicht der reizenden Person war mir nicht unbekannt; aber ich konnte mich nicht darauf besinnen, an welche Frau es mich erinnerte. Leonilda war eine Schönheit. Sie hatte prachtvolle hellbraune Haare, und ihre schöngeschnittenen, großen schwarzen Augen von einem Glanze hörten, fragten und sprachen gleichzeitig. Am meisten aber entzückte sie mich durch den Ausdruck, den sie ihren Erzählungen zu geben wußte, indem sie mit den Händen, mit den Ellbogen, mit den Schultern und manchmal auch mit dem Kinn sprach. Es war, als wenn die Worte nicht ausreichten, um die Gedanken auszudrücken, die sie mitteilen wollte.

Das Gespräch kam auf das Epigramm von La Fontaine, von dem ich nur die ersten Verse zitiert hatte, weil die übrigen zu anstößig sind. Sie sagte: »Es ist gewiß nur eine Dichterlaune, und über eine solche kann man nur lachen. Ich habe übrigens ein Zimmer, das der Herzog mit chinesischen Karten hat tapezieren lassen; sie zeigen verschiedene Liebesstellungen jener Menschen. Wir besuchen es zuweilen, und ich kann dir versichern, daß diese Bilder nicht im geringsten Eindruck auf mich machen.«

»Vielleicht ist daran ein Mangel an Temperament schuld; denn wenn ich erotische Bilder sehe, die gut gemalt sind, so gerate ich in Feuer und Flamme. Ich wundere mich, daß ihr bei der Betrachtung derselben nicht zuweilen Lust bekommt, einige von ihnen auszuführen.«

»Wir haben nur freundschaftliche Gefühle füreinander.«

»Das glaube, wer will.«

»Ich könnte allerdings darauf schwören, daß er ein Mann ist; aber ich könnte nicht sagen, ob er imstande ist, einer Frau Beweise tatsächlicher Zärtlichkeit zu geben.«

»Er hat aber doch einen Sohn.«

»Ja, er hat ein Kind, aber er gesteht selber, daß er nur bei seiner Frau Mann sein kann.«

»Das ist ein Märchen; denn Sie sind ganz dazu geschaffen, Begierden einzuflößen, und ein Mann, der mit Ihnen zusammenlebt, ohne von Ihren Reizen beeindruckt zu sein, dürfte eigentlich nicht mehr leben.«

»Lieber Don Giacomo, ich bin entzückt, zu hören, daß du mich liebst; da du jedoch nicht in Neapel bleiben kannst, wirst du mich bald vergessen.«

»Verdammtes Spiel! Denn müßte ich nicht zum Spiel gehen, so könnten wir köstliche Abende miteinander verbringen.«

»Der Herzog hat mir erzählt, du habest mit dem vornehmsten Anstand gestern abend tausend Dukaten verloren. Du bist wohl ein unglücklicher Spieler?«

»Nicht immer; aber wenn ich an dem Tage spiele, an dem ich mich verliebt habe, verliere ich ganz gewiß.«

»Du wirst dein Geld heute abend wiedergewinnen.«

»Heute ist der Tag der Erklärung; ich werde abermals verlieren.«

»So spiele doch heute nicht!«

»Man würde sagen, ich hätte Angst vor dem Verlust oder ich hätte kein Geld.«

»So hoffe ich doch, du wirst deinen Verlust wieder hereinbringen und mir Nachricht davon geben. Besuche mich doch morgen früh mit dem Herzog.«

In diesem Augenblick trat der Herzog ein und fragte mich, ob die Oper mir gefallen habe. Leonilda kam mir zuvor und rief: »Wir haben gar nicht auf die Oper geachtet, denn wir haben die ganze Zeit über Liebe gesprochen.«

»Das war recht!«

»Ich bitte Sie, morgen mit Signor Casanova zu mir zu kommen; denn ich hoffe, er wird mir mitteilen, daß er heute abend gewonnen hat.«

»Heute abend, meine Liebe, ist an mir die Reihe, Bank zu halten; aber ich werde dir meinen Freund zuführen, einerlei, ob er verliert oder gewinnt. Du wirst uns ein Frühstück geben.«

Wir verabschiedeten uns und begaben uns dann an denselben Ort wie am Abend vorher. Die Gesellschaft war bereits versammelt und wartete auf den Herzog. Sie bestand aus zwölf Mitgliedern, die abwechselnd Bank hielten. Sie behaupteten, dadurch gliche das Spiel sich aus; aber ich mußte über diese Behauptung lachen, denn nichts ist schwieriger, als gleiche Chancen für alle Spieler herzustellen.

Der Herzog von Matalone nahm seinen Platz ein, zog seine Börse hervor, legte an Gold, Silber und Banknoten zweitausend Dukaten in die Bank, indem er die Gesellschaft um Verzeihung bat, daß er zugunsten des Gastes die Bank verdoppele.

»Ich werde also«, bemerkte ich, »ebenfalls zweitausend Dukaten aufs Spiel setzen und nicht mehr, denn man sagt in Venedig, ein kluger Spieler dürfe nicht mehr riskieren, als was er gewinnen kann. Meine Marken werden also je zwei Dukaten gelten.« Mit diesen Worten zog ich zehn Banknoten[3] von je hundert Dukaten aus der Tasche und gab sie dem Bankhalter, der am Abend vorher gewonnen hatte.

Das Spiel begann. Obgleich ich nur auf eine einzige Karte und sehr vorsichtig spielte, war doch nach drei Stunden mein Körbchen leer. Ich hörte auf, obgleich ich noch fünfundzwanzigtausend Dukaten besaß; ich hatte aber gesagt, daß ich nicht höher spielen würde, und ich wollte nicht gerne mein Wort brechen. Ich bin gegen Spielverluste stets sehr empfindlich gewesen; da ich mich jedoch immer zu beherrschen wußte, hat man niemals meinen Ärger bemerken können, eben weil ich mir stets Mühe gab, meine natürliche Heiterkeit zu verdoppeln und dadurch meine Stimmung zu verdecken. Dadurch gefiel ich in allen Gesellschaften, in die ich kam, und fand leicht neue Geldmittel.

Ich speiste mit gutem Appetit, und eine gewisse Aufregung, in der ich mich befand, gab mir so glückliche Bemerkungen ein, daß die ganze Gesellschaft in die heiterste Stimmung versetzt wurde. Es gelang mir sogar, die Traurigkeit des Herzogs von Matalone zu verscheuchen, der in Verzweiflung war, daß er von einem Fremden, der bei ihm wohnte und den er seinen Freund nannte, eine so große Summe gewonnen hatte. Er befürchtete, mich in Geldverlegenheit gebracht zu haben, noch mehr aber, daß man glauben könnte, er habe mich in seinem Hause aufgenommen, um mir mein Geld abzunehmen; denn er war reich, edel, prachtliebend, freigebig und von anständiger Gesinnung.

Auf der Heimfahrt zu seinem Palazzo wagte er nicht, mir zu sagen, daß er das Geld nicht brauchte und daß er mir zur Bezahlung gerne Zeit lassen wolle. Aber nachdem er sich in seine Gemächer zurückgezogen hatte, konnte er sich nicht enthalten, mir in freundlicher Weise zu schreiben: wenn ich Kredit brauche, möge ich nur zu seinem Bankier gehen; dieser werde mir so viel Geld geben, wie ich nötig habe. Ich antwortete ihm sofort, ich fühlte den vollen Wert seines großmütigen Verhaltens; sollte ich in die Lage kommen, Geld nötig zu haben, so würde ich von seinem großzügigen Anerbieten Gebrauch machen.

Am nächsten Morgen ging ich in aller Frühe in sein Zimmer, umarmte ihn herzlich und bat ihn, nicht zu vergessen, daß wir bei seiner schönen Mätresse frühstücken sollten. Er zog sich wie ich leger an, und wir gingen zu Fuß nach Fontana Medina, wo Leonilda in einem hübschen Hause wohnte.

Wir fanden sie noch im Bett; sie empfing uns aufrecht sitzend in einer anständigen Bettoilette mit einem Bombassinleibchen, das vorne von rosafarbenen Schleifen zusammengehalten wurde. Sie war entzückend schön, und ihre anmutige Stellung vermehrte noch ihre Reize. Sie las ›Le Sopha‹ des eleganten jüngeren Crébillon. Der Herzog setzte sich auf das Fußende ihres Bettes, ich aber blieb wie betäubt vor Bewunderung stehen und sah sie nur immer an; vergeblich bemühte ich mich, das Urbild dieses zauberhaften Gesichtes, das ich, wie mich dünkte, schon einmal geliebt haben müßte, in mein Gedächtnis zurückzurufen. Ich sah sie zum erstenmal ohne den trügerischen Glanz des Kerzenlichtes. Sie lachte darüber, daß ich so zerstreut war, und bat mich im freundlichsten Ton, mich in den Lehnstuhl zu setzen, der am Kopfende ihres Bettes stand. Der Herzog sagte ihr, ich sei sehr erfreut, zweitausend Dukaten an seine Bank verloren zu haben, denn dieser Verlust gebe mir die Überzeugung, daß sie mich liebe.

»Mein lieber Don Giacomo, wie leid tut mir das! Es wäre besser gewesen, du hättest gar nicht gespielt; denn darum würde ich dich ja doch lieben, und du hättest zweitausend Dukaten mehr.«

»Die ich weniger hätte!« rief der Herzog lachend.

»Tröste dich, reizende Leonilda, heute abend werde ich gewinnen, wenn du mir heute irgendeine Gunst gewährst. Sonst aber werde ich mein letztes Hemd verspielen und in ein paar Tagen in Neapel tot sein.«

»So gewähre doch, liebe Leonilda, meinem Freunde irgendeine Gunst.«

»Das ist unmöglich.«

Der Herzog bat sie, sich anzukleiden und mit uns im chinesischen Kabinett zu frühstücken. Sie tat es sofort und war weder zu freigebig mit dem, was sie uns sehen ließ, noch geizig mit dem, was sie uns verbergen zu müssen glaubte; sie hielt gerade die richtige Mitte, um einen Mann zu entflammen, den ihr Gesicht, ihr Geist und ihr Benehmen bereits verführt hatten. Immerhin konnte ich einen unbescheidenen Blick auf ihren Busen werfen, ein Genuß, den ich mir durch eine Art Diebstahl verschaffte; doch würde mir dieser niemals gelungen sein, wenn nicht auch ein bißchen Absicht von ihrer Seite dabeigewesen wäre. Ich tat, als wenn ich nichts gesehen hätte.

Wir sprachen über die Zerstreutheit, die eine Frau sich beim Ankleiden erlauben dürfe, und sie vertrat sehr geistreich die Ansicht, daß ein anständiges junges Mädchen gegen einen Mann, den sie liebe, viel zurückhaltender sein müsse als gegen einen anderen, den sie nicht liebe, und zwar aus dem einfachen Grunde, daß sie den ersteren zu verlieren fürchten muß, während sie sich aus dem zweiten nichts macht.

»Bei mir, reizende Leonilda«, sagte ich, »würde das Entgegengesetzte zutreffen.«

»Ich bin überzeugt, du irrst dich.«

Die chinesischen Bilder, mit denen das Frühstückskabinett tapeziert war, waren wundervoll, mehr wegen der Schönheit der Farben und der Zeichnung als durch die Darstellung der abgebildeten Liebesszenen.

»Auf mich macht so etwas gar keinen Eindruck«, sagte der Herzog; zugleich zeigte er es uns. Leonilda wandte ihren Blick ab, mich ärgerte der Zynismus, doch wußte ich meine Gefühle zu verbergen und sagte: »Ich befinde mich in demselben Zustand wie Sie, doch wünsche ich durchaus nicht, Sie davon zu überzeugen.«

»Das ist nicht möglich!« rief er; zugleich überzeugte er sich durch eine schnelle Handbewegung.

»Erstaunlich!« sagte er; »du mußt auch impotent sein wie ich.«

»Um diese Behauptung zu widerlegen, brauche ich nur Leonilda in die Augen zu sehen.«

»O Leonilda, mein Herz, sieh doch bitte meinen Freund an, damit ich mich davon überzeugen kann.«

Leonilda sah mich mit einem zärtlichen Blick an, und dieser brachte sofort die von mir erwartete Wirkung hervor.

»Fassen Sie hin!« sagte ich zum armen Herzog; er tat es und rief: »Ich habe unrecht.«

Als er sich jedoch anschickte, den Gegenstand seiner Überraschung zu entblößen, widersetzte ich mich; er blieb hartnäckig, und dies brachte mich auf den Gedanken, ihm einen Streich zu spielen. Ich ergriff Leonildas Hand, preßte meine Lippen darauf und überströmte in dem Augenblick, als der Herzog zu triumphieren glaubte, seine Hand mit dem Lebenssaft, indem ich laut auflachte. Er lachte ebenfalls und stand auf, um ein Tuch zu holen.

Leonilda hatte von dem ganzen Vorgang nichts sehen können; aber nun wurde auch sie vom Lachen ergriffen wie ich und der Herzog. Es war eine entzückende kleine Partie, wie geschaffen als Ansporn für den immer wieder kindischen Amor, dessen unbekümmertes Lachen zum Labsal wird und ihn unsterblich werden läßt. Obgleich wir alle drei gewisse Grenzen überschritten hatten, blieben wir innerhalb der gebotenen Normen. Wir beendeten den Auftritt, indem wir uns gegenseitig küßten. Als ich mich dann mit dem Herzog verabschiedete, hatten mich Leonildas wonnige Lippen in eine verzehrende Liebesglut versetzt, die ich nicht mehr dämpfen konnte.

Als wir das Haus verlassen hatten, sagte ich dem Herzog, ich würde seine Mätresse nicht mehr wiedersehen, wenn er sie mir nicht abtrete; ich wäre bereit, sie zu heiraten und ihr ein Witwengeld von fünftausend Dukaten auszusetzen.

»Sprich mit ihr; wenn du ihr recht bist, werde ich mich nicht widersetzen. Du wirst von ihr selber erfahren, was sie besitzt.«

Ich kleidete mich um und begab mich zum Mittagessen in den Speisesaal. Ich fand die Herzogin in zahlreicher Gesellschaft, und sie sagte mir mit gütiger Miene, mein Unglück tue ihr leid.

»Nichts ist unbeständiger als das Glück, Signora; Ihre freundliche Anteilnahme beruhigt mich. Ich werde heute abend gewinnen.«

»Ich wünsche es, doch zweifle ich daran; denn du hast heute abend gegen Monteleone zu kämpfen, und der ist ein sehr glücklicher Spieler.«

Im Laufe des Nachmittags überlegte ich mir meine Lage und beschloß, nur bar zu spielen, zunächst, um mich nicht der Gefahr der Entehrung auszusetzen, indem ich, von der Spielwut fortgerissen, mehr verlöre, als ich besäße; außerdem aber, damit der Bankhalter, nachdem ich zweimal verloren, nicht befürchtete, daß ich kein Geld mehr hätte; endlich aber auch, wie ich gestehen muß, aus einem gewissen Spieleraberglauben, der von einer Änderung der Spielweise einen Umschwung des Glückes bestimmt erwartet oder doch wenigstens erhofft.

Ich verbrachte im Teatro San Carlo vier Stunden in der Loge meiner schönen Leonilda; ich fand sie fröhlicher und strahlender als an den vorhergehenden Tagen.

»Teure Leonilda«, sagte ich zu ihr, »die Liebe, die du mir eingeflößt hast, ist derart, daß sie weder Aufschub noch Nebenbuhler duldet, ja daß sie nicht einmal den geringsten Anschein einer künftigen Unbeständigkeit verträgt. Ich habe dem Herzog gesagt, ich sei bereit, dich zu heiraten und dir ein Witwengeld von fünftausend Dukaten auszusetzen.«

»Was hat er dir geantwortet?«

»Ich solle dir den Vorschlag machen; er hat durchaus nichts dagegen.«

»Wir werden also zusammen abreisen?«

»Auf der Stelle, mein Herz, und nur der Tod soll uns trennen.«

»Wir werden morgen früh darüber sprechen, du wirst mich glücklich machen.«

In diesem Augenblick trat der Herzog ein, und Leonilda sagte ihm, daß zwischen uns nur noch die Rede von Heirat sei.

»Eine Heirat ist eine Sache«, erwiderte er, »die man sich so lange wie möglich überlegen muß, bevor man sich dazu entschließt.«

»Ja, so lange wie möglich, wenn man Zeit dazu hat; mein lieber Giacomo kann aber nicht warten, weil er abreisen will; darum müssen wir nachher darüber nachdenken.«

»Lieber Freund«, sagte der Herzog zu mir, »da es sich um eine Heirat handelt, könntest du deine Abreise aufschieben oder später wiederkommen und dich jetzt mit Leonilda nur verloben.«

»Ich kann sie nicht aufschieben, mein lieber Herzog, und kann nicht wiederkommen. Wir sind entschlossen, und wenn wir uns täuschen, werden wir nachher Zeit genug haben, es zu bereuen.«

Er lachte und sagte, wir würden am nächsten Tage darüber sprechen. Hierauf gingen wir in unsere Spielergesellschaft, wo wir den Herzog von Monteleone als Bankhalter trafen.

»Ich habe Pech, wenn ich auf Ehrenwort spiele«, sagte ich zu ihm, »ich hoffe daher, Sie werden mir erlauben, mit barem Gelde zu spielen.«

»Ganz wie Sie wollen; mir ist es einerlei, tun Sie sich nur keinen Zwang an. Ich habe eine Bank von viertausend Dukaten aufgelegt, damit Sie Ihren Verlust wieder hereinholen können.«

»Nun, ich verspreche Ihnen, die Bank zu sprengen oder ebensoviel zu verlieren.«

Ich legte sechstausend Dukaten in Banknoten auf den Tisch, von denen ich zweitausend dem Herzog von Matalone gab; hierauf spielte ich mit Einsätzen von hundert Dukaten. Der Herzog entfernte sich, nachdem er einigemal gesetzt hatte. Nach einem langen Kampfe sprengte ich die Bank. Ich fuhr allein zu dem Palazzo des Herzogs zurück, und als ich ihm am nächsten Tage meinen Sieg meldete, umarmte er mich und riet mir, nur noch gegen bar zu spielen. Da die Prinzessin della Valle ein großes Souper gab, fand an diesem Tage keine Spielpartie statt. Wir gingen zu Leonilda, um ihr guten Tag zu sagen, verschoben jedoch eine Aussprache über unseren Heiratsplan bis zum nächsten Morgen und verbrachten den Tag damit, die Naturwunder der Umgegend von Neapel anzusehen. Am Abend bei dem großen Souper sah ich den vornehmsten Adel von Neapel und eine riesige Verschwendung.

Am nächsten Morgen sagte der Herzog zu mir, er habe einige Geschäfte zu ordnen; ich könne daher allein zu Leonilda gehen, er werde mich abholen. Ich ging zu ihr; da der Herzog jedoch nicht kam, konnten wir über unsere künftige Heirat keine Beschlüsse fassen. Ich verbrachte zwei Stunden bei ihr, doch konnte ich mich nur in Worten verliebt zeigen, da ich mich nach ihrem Willen richten mußte. Bevor ich sie verließ, wiederholte ich die Versicherung, daß es nur von ihr abhänge, durch eine Ehe ihr Geschick unlösbar an das meine zu knüpfen und binnen kürzester Frist mit mir abzureisen.

Als ich den Herzog wiedersah, empfing er mich mit den Worten: »Nun, Don Giacomo? Du hast den ganzen Morgen mit meiner Mätresse unter vier Augen verbracht; hast du immer noch Lust, sie zu heiraten?«

»Mehr denn je; aber was ist denn deine Meinung davon?«

»Ich habe gar keine, lieber Freund; wenn die Sache nun einmal so steht, so wollen wir morgen darüber sprechen.«

Am Abend fand ich bei Monteleone einen Bankhalter, der gut aussah und viel Geld vor sich liegen hatte. Mein Freund sagte mir, es sei Don Marco Ottoboni. Er hielt die Karten fest in der linken Hand und zog sie mit der rechten gut ab; er hielt sie so mit einer Hand, daß ich nichts sehen konnte. Ich setzte immer nur mit einem Dukaten. Obwohl ich entschiedenes Unglück hatte, verlor ich in fünf oder sechs Runden nur achtzehn bis zwanzig Dukaten. Der Bankhalter fragte mich mit vornehmer Höflichkeit, warum ich gegen ihn so klein spiele. Ich antwortete ihm: »Wenn ich nicht mindestens die Hälfte des Kartenspiels sehe, fürchte ich zu verlieren!«

In der nächsten Nacht sprengte ich die Bank des Prinzen von Cassaro. Dieser liebenswürdige, reiche Herr verlangte von mir Revanche, indem er mich zum Abendessen in sein hübsches Haus auf dem Posilipp[4] einlud, wo er mit einer Sängerin lebte, in die er sich in Palermo verliebt hatte. Er lud außer mir auch den Herzog von Matalone und noch drei oder vier andere Herren ein. Ich habe in Neapel nur dieses eine Mal Bank gehalten. Ich legte eine Bank von sechstausend Dukaten, nachdem ich gesagt hatte, daß ich am nächsten Tage abreisen und daher nur gegen bar spielen würde.

Der Prinz von Cassaro verlor zehntausend Dukaten und gab die Partie nur auf, weil er kein bares Geld mehr hatte. Alle entfernten sich, und auch ich wäre gegangen, wenn nicht die Geliebte des Prinzen, die nach einem Verlust von dreißig oder vierzig Unzen auf Ehrenwort gespielt hatte, nicht noch hundert Spielmarken gehabt hätte. In der Hoffnung, daß sie ihr Geld zurückgewinnen würde, zog ich weiter ab; da ich jedoch sah, daß sie immer mehr verlor, legte ich um zwei Uhr morgens die Karten hin und sagte ihr, sie solle mir ihre Schuld in Rom bezahlen.

Ich wollte Neapel nicht verlassen, ohne Caserta gesehen zu haben, und da Donna Leonilda denselben Wunsch hatte, ließ der Herzog uns in einem bequemen Wagen hinfahren, der mit sechs schönen Maultieren bespannt war, deren gleichmäßiger Trab den gewöhnlichen Galopp von Pferden übertraf. Auf diesem Ausflug hörte ich zum ersten Male die Stimme Leonildas Gesellschafterin. Am nächsten Tage setzten wir in einer zweistündigen Unterredung die Bedingungen unserer Heirat fest.

»Leonilda«, sagte der Herzog zu mir, »hat noch ihre Mutter, die auf einem nicht weit entfernten Landgut von einem jährlichen Einkommen von sechshundert Dukaten lebt, die ich ihr auf Lebenszeit ausgesetzt habe; es ist die Entschädigung für ein, ihr von ihrem Gatten hinterlassenes Landgut, das ich von ihr übernahm. Leonilda hängt jedoch nicht von ihr ab. Sie hat sie vor sechs Jahren mir abgetreten, und ich habe ihr eine lebenslängliche Rente von fünfhundert Dukaten sichergestellt; diese wird sie dir nebst allen ihren Diamanten und einer schönen Garderobe als Mitgift zubringen. Ihre Mutter überließ sie gänzlich meiner Zärtlichkeit und meinem Ehrenwort, daß ich für eine vorteilhafte Heirat sorgen würde. Ich habe besondere Sorgfalt auf ihre Erziehung verwandt; als ich ihren Geist sich entwickeln sah, bemühte ich mich, sie vor allen Vorurteilen zu bewahren, mit Ausnahme desjenigen, das einer Frau gebietet, sich ausschließlich für den Mann zu bewahren, den der Himmel ihr zum Gatten bestimmt. Du kannst überzeugt sein, du wirst der erste Mann sein, den Leonilda an ihr Herz gedrückt hat.«

Ich bat den Herzog, den Heiratsvertrag fertigmachen zu lassen und der Mitgift meiner Braut fünftausend Dukaten hinzuzufügen, die ich ihr bei der Unterzeichnung des Vertrages auszahlen würde.

»Ich werde«, sagte er, »diese Summe als Hypothek auf ein Haus eintragen lassen, das das Doppelte wert ist.« Hierauf wandte er sich zu Leonilda, die vor Glück weinte, und sagte zu ihr: »Ich werde deine Mutter holen lassen; sie wird hoch beglückt sein, den Ehevertrag zu unterzeichnen. Die Mutter lebt in Sant' Agata bei der Familie des Marchese Galiani, eine Tagereise von Neapel entfernt. Ich werde ihr morgen einen Wagen schicken, und übermorgen werden wir zusammen zu Abend speisen. Am dritten Tage bringen wir alles vor einem Notar in Ordnung; hierauf gehen wir in die kleine Kirche von Portici, wo ein Priester mit einem Dispens vom Aufgebot euch vermählen wird. Am Tag nach der Hochzeit bringen wir deine Mutter nach Sant' Agata zurück, speisen bei ihr zu Mittag, und ihr setzt, begleitet von ihrem Segen, eure Reise fort.«

Bei diesen Schlußworten überlief mich unwillkürlich ein Schauer; dann lachte ich. Leonilda sank ohnmächtig in die Arme des Herzogs, der sie seine teure Tochter nannte und sie mit Liebkosungen überhäufte, bis sie wieder zu sich kam. Zum Schluß dieses Auftrittes mußten wir alle unsere Tränen trocknen. Von diesem Tage an spielte ich nicht mehr. Ich hatte fünfzehntausend Dukaten gewonnen, sah mich als verheiratet an und hielt mich für verpflichtet, einen anderen Lebenswandel zu beginnen. Als ich am nächsten Abend mit dem Herzog und Leonilda nach der Oper in San Carlo speiste, sagte meine Braut zu mir: »Was wird meine Mutter sagen, wenn sie dich morgen abend sieht?«

»Sie wird sagen, du machst eine Dummheit, daß du einen Fremden heiratest, den du erst seit acht Tagen kennst. Hast du ihr meinen Namen, meine Heimat, meine Vermögenslage und mein Alter mitgeteilt?«

»Ich habe nur ein paar Zeilen geschrieben: ›Kommen Sie sofort, liebe Mama, und unterzeichnen Sie meinen Ehevertrag mit einem Manne, den ich aus den Händen Seiner Durchlaucht empfange und mit dem ich am Montag nach Rom abreisen werde!‹«

»Und ich«, sagte der Herzog, »habe ihr folgendes mitgeteilt: ›Komme unverzüglich, liebe Freundin, unterzeichne den Heiratsvertrag Deiner Tochter und gib ihr Deinen Segen; sie hat mit klugem Sinne einen Gatten gewählt, der ihr Vater sein könnte.‹«

»Das ist nicht wahr!« rief Leonilda, indem sie sich in meine Arme warf, »sie wird dich für alt halten, und das ärgert mich.«

»Ist deine Mutter alt?«

»Ihre Mutter«, sagte der Herzog, »ist eine reizende, geistvolle Frau, die erst siebenunddreißig oder achtunddreißig Jahre alt ist.«

»Was macht sie bei Galiani?«

»Sie ist die vertraute Freundin der Marchesa; sie lebt bei ihnen in der Familie, bezahlt aber ihre Pension.«

Da ich am nächsten Tag die Rechnung mit meinem Bankier abzuschließen hatte, ich mußte ihm die Banknoten geben und gegen einen Wechsel auf Rom eintauschen – ohne die fünftausend Dukaten, die ich für die Unterzeichnung des Vertrages bereithalten mußte –, bat ich den Herzog, mich erst zum Abendessen bei Leonilda zu erwarten. Ich kam gegen acht Uhr und fand sie alle vor dem Kamin sitzend.

»Ah, da ist er!« rief der Herzog.

Die Mutter stieß bei meinem Anblick einen Schrei aus und sank halb ohnmächtig in einen Lehnstuhl. Ich sah sie einen Augenblick an und erkannte Donna Lucrezia Castelli. »Donna Lucrezia!« rief ich, »wie bin ich glücklich!«

»Lassen Sie mich einen Augenblick Atem schöpfen, lieber Freund, und setzen Sie sich neben mich. Sie wollen also meine Tochter heiraten?«

Ich setzte mich auf einen Stuhl. Ich erriet alles. Die Haare sträubten sich mir auf dem Kopf, und ich versank in ein düsteres Schweigen.

Unmöglich wäre es mir, die Bestürzung Leonildas und des Herzogs zu schildern. Sie begriffen wohl, daß wir uns bereits kannten, aber das Weitere konnten sie nicht erraten. In meine traurigen Gedanken versunken, verglich ich Leonildas Alter mit dem Zeitpunkt, da ich Lucrezia Castelli gekannt hatte, und ich erkannte, daß sie recht wohl meine Tochter sein konnte. Ich sagte mir jedoch, die Mutter könne unmöglich die Gewißheit haben, denn sie lebte mit ihrem Gatten, der damals kaum fünfzig Jahre alt war und sie liebte. Ich stand auf, ergriff einen Leuchter, bat den Herzog und Leonilda um Verzeihung und ersuchte Lucrezia, mit mir in ein Nebenzimmer zu gehen.

Kaum saß Lucrezia, die ich in Rom so geliebt hatte, neben mir, sagte sie: »Leonilda ist deine Tochter, dessen bin ich gewiß. Ich habe sie stets als deine Tochter angesehen, und mein Mann wußte es; aber er war darüber nicht böse, im Gegenteil, er betete sie an. Ich werde dir ihren Geburtsschein zeigen; du kannst dann selber nachrechnen. Mein Mann hat mich in Rom nie berührt, und meine Tochter ist zur rechten Zeit geboren worden. Du wirst dich eines Briefes erinnern, den meine Mutter dir mitgeteilt haben muß und worin ich ihr schrieb, ich sei schwanger. Dies war im Januar 1744, und in sechs Monaten wird meine Tochter siebzehn Jahre alt. Mein seliger Mann gab ihr bei der Taufe den Namen Leonilda Giacomina, und im Scherz rief er sie immer bei diesem letzteren Namen. Diese Heirat, mein lieber Freund, erfüllt mich mit Entsetzen; aber du wirst begreifen, daß ich mich ihr nicht widersetzen werde, denn ich könnte mich nicht entschließen, den Grund meines Widerspruches anzugeben. Wie denkst du darüber? Hast du jetzt noch den Mut, sie zu heiraten? Du zögerst. Solltet ihr bereits die Ehe vor der Hochzeit vollzogen haben?«

»Nein, geliebte Lucrezia.«

»Ich atme auf!«

»Ihr Gesicht sieht mir nicht im geringsten ähnlich.«

»Allerdings nicht; aber das beweist nichts, denn sie sieht mir ähnlich. Du weinst, lieber Freund.«

»Wer sollte da nicht weinen! Ich werde den Herzog zu dir schicken; meinem Gefühl nach müssen wir ihnen alles sagen.«

Ich ließ Lucrezia allein und bat meinen Freund, mit ihr zu sprechen. Die zärtliche Leonilda setzte sich ganz erschreckt auf meinen Schoß und bat mich, ihr zu sagen, was das für ein Geheimnis sei, das sie schon ganz unglücklich mache. Ich konnte ihr nicht antworten, denn mir war das Herz zusammengeschnürt; sie küßte mich, und wir brachen in Tränen aus. So saßen wir eine Viertelstunde lang in traurigem Schweigen, bis der Herzog und die Mutter wieder eintraten. Donna Lucrezia war die einzige unter uns, die bei klarer Vernunft war.

Sie sagte: »Meine liebe Leonilda, du mußt in dieses unangenehme Geheimnis eingeweiht werden, und von deiner Mutter mußt du alles erfahren. Erinnerst du dich, mein liebes Kind, welchen Namen dir oft mein seliger Mann gab, wenn er dich liebkoste? Du hast den Namen nach diesem Manne hier. Er ist dein Vater. Umarme ihn, meine Tochter; und wenn er dein Liebhaber gewesen ist, so bereue deine Sünde.«

Es war eine rührende Szene, die uns alle tief bewegte. Leonilda umklammerte die Knie ihrer Mutter und sagte mit tränenerstickter Stimme: »Mutter, ich habe für meinen Vater nur Gefühle kindlicher Zärtlichkeit empfunden!«

Hierauf schwiegen wir alle; die Stille wurde nur durch das Schluchzen der beiden schönen Geschöpfe unterbrochen, die sich eng umschlungen hielten; der Herzog und ich standen unbeweglich wie zwei Marmorstatuen, gesenkten Hauptes und mit gekreuzten Armen, ohne auch nur einen Blick zu wechseln.

Das Abendessen wurde aufgetragen. Wir saßen drei Stunden bei Tisch in trauriger Unterhaltung und ohne zu essen. Wir sprachen nur über diese dramatische, mehr unglückliche als glückliche Wiederfindungsszene und trennten uns erst um Mitternacht, Bitterkeit im Herzen und sehnsüchtig dem nächsten Morgen entgegensehend; denn wir hofften, dann würden wir ruhiger sein und den einzigen Entschluß fassen können, der uns übrigblieb.

Als wir nach Hause fuhren, stellte der Herzog eine Menge

Betrachtungen an über alles, was man in der Moralphilosophie Vorurteil nennen kann. Kein Philosoph wird anzunehmen oder gar zu behaupten wagen, daß die Verbindung eines Vaters mit seiner Tochter vom natürlichen Standpunkt aus etwas Schreckliches sei, denn die Abneigung dagegen ist ein rein gesellschaftliches Vorurteil; aber es ist so weit verbreitet, und die Erziehung hat es so tief in unsere Herzen eingewurzelt, daß nur ein gänzlich verderbter Geist sich darüber hinwegsetzen könnte. Dieses Vorurteil ist eine Frucht der Achtung vor den Gesetzen, die eine gute Erziehung einer edlen Seele gegeben hat; und wenn man es so auffaßt, ist's kein Vorurteil mehr, sondern eine Pflicht.

Diese Pflicht kann als eine natürliche angesehen werden, insofern die Natur uns antreibt, denen, die wir lieben, alles Gute zuzuwenden, das wir uns selber wünschen. Wie es scheint, erheischt gegenseitige Liebe vollkommene Gleichheit in allem: Alter, Stand, Charakter. Man sieht auf den ersten Blick, daß eine solche Gleichheit zwischen Vater und Tochter nicht vorhanden ist. Die Ehrfurcht, welche man Kindern vor ihren Erzeugern einflößen muß, ist bereits ein Hindernis für die Zärtlichkeit, wie zwei Liebende sie füreinander empfinden müssen. Und wenn ein Vater vermöge der Gewalt, welche Natur und Kraft ihm verleihen, sich seiner Tochter zu bemächtigen wagt, so begeht er einen abscheulichen Willkürakt, den die Natur und die gesellschaftliche Ordnung in gleicher Weise verdammen müssen. Die natürliche Liebe bewirkt auch, daß die Vernunft eine solche Verbindung ungeheuerlich findet. Bei den Nachkommen einer so unpassenden Ehe können nur Liederlichkeit und Auflehnung sein. Kurz und gut, obgleich ich selber recht vorurteilsfrei bin, finde ich eine solche Verbindung in jeder Beziehung abscheulich; doch ist sie es nicht, wenn Vater und Tochter sich lieben, ohne von ihrem Verhältnis etwas zu wissen. Über den Inzest, der den immer wiederkehrenden Stoff der griechischen Tragödie bildet, kann ich nicht weinen, sondern nur lachen; über Phädra dagegen muß ich Tränen vergießen[5], aber daran ist Racine schuld.

Ich ging zu Bett, aber ich konnte kein Auge schließen. Der erzwungene schnelle und unerwartete Übergang von fleischlicher zu väterlicher Liebe versetzte alle meine körperlichen und geistigen Kräfte in die größte Aufregung. Gegen Morgen beschloß ich endlich, am nächsten Morgen abzureisen; dann schlief ich zwei Stunden.

Als ich aufgewacht war, fand ich den Entschluß sehr gut und teilte ihn dem Herzog mit, der noch im Bett lag. Er machte mich darauf aufmerksam, daß ja meine baldige Abreise allgemein bekannt sei, aber eine solche Überstürzung Anlaß zu hämischen Bemerkungen geben werde.

»Trinke mit mir eine Tasse Fleischbrühe«, fuhr er fort; »laß uns deinen Heiratsplan als einen Scherz ansehen. Wir wollen die letzten drei oder vier Tage in heiterer Laune zubringen und uns Mühe geben, diesem Mißverständnis alles Traurige zu nehmen; vielleicht finden wir es zuletzt nur noch komisch. Laß dir von mir raten: die Mutter ist so gut wie die Tochter; Erinnerung ist oft besser als Hoffnung; tröste dich mit Lucrezia! Du mußt sie wenig anders gefunden haben, als sie vor achtzehn Jahren war; denn es scheint unmöglich, daß sie damals schöner war als jetzt.«

Diese kleine Zurechtweisung brachte mich zur Vernunft. Ich fühlte, daß es das beste Heilmittel war, den Heiratsplan zu vergessen; aber ich war verliebt, und die Geliebte konnte nicht die Leidenschaft dämpfen, die sie in mir hervorgerufen hatte. Die Liebe ist nicht wie eine Ware, die man begehrt und die man leicht durch eine ähnliche ersetzen kann, wenn man die gewünschte nicht haben kann.

Wir begaben uns zu meiner Tochter. Der Herzog war in seiner gewöhnlichen Stimmung; ich aber war bleich, niedergeschlagen und voller Trauer. Zu meiner großen Überraschung fand ich Mutter und Tochter in fröhlicher Stimmung. Leonilda fiel mir um den Hals, nannte mich ›lieber Papa‹ und küßte mich mit der ganzen Hingebung einer Tochter, Donna Lucrezia streckte mir ihre Hand entgegen und nannte mich ihren lieben Freund. Ich heftete meine Blicke auf sie und konnte nicht umhin, anzuerkennen, daß die achtzehn Jahre an ihren Reizen keine Spuren hinterlassen hatten.

Ohne ein Wort zu sagen, liebkosten wir uns aufs zärtlichste. Leonilda gab und empfing die zärtlichsten Küsse; sie schien nicht zu bemerken, daß sie Begierden erregen konnte. Ohne Zweifel wußte sie, daß ich in meiner neuen Eigenschaft als Vater Kraft zum Widerstand haben würde, und sie hatte recht. Man gewöhnt sich an alles; ich schämte mich und war nicht mehr traurig.

Ich erzählte Donna Lucrezia, wie eigentümlich mich ihre

Schwester in Rom empfangen hätte, und sie lachte herzlich darüber. Dann gedachten wir der Nacht in Tivoli, und diese Erinnerungen rührten uns.

Nach einem kurzen Schweigen sagte ich ihr, wenn sie mit mir nach Rom reisen wolle, um ihre Schwester Angelica zu besuchen, wolle ich mich verpflichten, sie zu Anfang der Fastenzeit wieder nach Neapel zu bringen. Sie versprach mir eine Antwort für den nächsten Tag.

Beim Mittagessen saß ich zwischen ihr und Leonilda. Da ich an meine Tochter nicht mehr denken konnte, so war es natürlich, daß meine alte Leidenschaft für Lucrezia wieder erwachte. War es ihre Heiterkeit oder mein Liebesbedürfnis, das gute Essen oder der Wein, daß ich beim Nachtisch völlig verliebt war und ihr meine Hand anbot. »Ich heirate dich«, rief ich, »und morgen reisen wir alle drei nach Rom; denn da Leonilda meine Tochter ist, will ich sie nicht in Neapel lassen.«

Meine drei Tischgefährten sahen einander an, und niemand sprach ein Wort.

Nach dem Essen fühlte ich mich schläfrig und mußte mich auf ein Bett werfen; ich erwachte erst um acht Uhr und sah zu meiner Überraschung nur Lucrezia, die mit Schreiben beschäftigt war. Als sie hörte, daß ich mich bewegte, trat sie an mein Bett und sagte zärtlich: »Mein lieber Freund, du hast fünf Stunden geschlafen; um dich nicht allein zu lassen, habe ich die Aufforderung, den Herzog und unser liebes Kind in die Oper zu begleiten, abgelehnt.« Die Erinnerung an alte Liebe erwacht gar schnell, wenn man sich in der Nähe des Wesens befindet, das sie einst in uns entzündete; die Begierden werden unwiderstehlich, wenn die Illusion nicht durch die Abwesenheit aller Reize gestört wird. Wenn in zwei Wesen die gleiche Erinnerung erwacht, kommt eines dem anderen entgegen. Es ist dann, als setze man sich in den Besitz eines Gutes, das einem gehört und das man nur durch grausame Schicksalsfügungen lange Zeit entbehren mußte. So kam es, daß wir gleich eins wurden, ohne Umschweife, ohne eitle Worte, ohne Vorspiel, ohne falsches Schmachten, bei dem stets die eine der beiden Parteien lügen muß. In wohligem Schweigen überließen wir uns der wahren, der einzigen Schöpferin der Natur: der Liebe.

Nach dem ersten Akt brach ich das Schweigen. Wenn ein Mensch zum Scherzen geneigt ist, wie könnte er wohl während jener köstlichen Ruhe widerstehen, die einem siegreichen Liebeskampf folgt?

»So bin ich also wieder«, rief ich, »in jenem reizenden Lande, in das ich zum erstenmal bei Trommelwirbel und Flintengeknatter im Dunkel der Nacht eindrang!«

Über diesen Witz mußte sie lachen; er frischte ihr Gedächtnis auf. Mit Entzücken erinnerten wir uns an alle unsere Erlebnisse auf dem Testaccio, in Frascati und in Tivoli. Alles war für uns ein Grund zur Ergötzung; aber wenn zwei Liebende beieinander sind, werden solche Ergötzlichkeiten zum Anlaß, das köstliche Fest der Liebe immer von neuem zu beginnen!

Am Schlusse des zweiten Aktes rief ich in der Begeisterung, die eine glückliche Liebe einflößt: »Laß uns einander fürs Leben angehören! Wir stehen im gleichen Alter; wir lieben uns, unser Vermögen ist hinreichend, wir dürfen hoffen, glücklich miteinander zu leben, ja zu sterben.«

»Es ist der innigste Wunsch meines Herzens«, antwortete Lucrezia mir; »aber wir wollen in Neapel bleiben und Leonilda dem Herzog lassen. Wir werden in trauter Gemeinschaft leben, werden einen würdigen Gatten für sie finden, und unser Glück wird vollkommen sein.«

»Ich kann mich nicht in Neapel niederlassen, meine liebe Freundin; wie du weißt, war deine Tochter bereit, mit mir fortzureisen.«

»Meine Tochter! Sage doch: unsere Tochter. Ich sehe, du möchtest lieber nicht ihr Vater sein; du liebst sie.«

»Leider! Ja, ich bin sicher, daß meine Leidenschaft schweigen wird, solange ich mit dir leben kann; aber ich würde mich für nichts verbürgen, wenn du nicht da wärest. Ich würde fliehen. Leonilda ist reizend, und ihr Geist verführt mich noch mehr als ihre Schönheit. Ich war sicher, daß sie mich liebte, nur darum habe ich sie nicht verführt, weil ich fürchtete, sie mißtrauisch zu machen, denn wenn ich sie beunruhigt hätte, würde ich vielleicht ihre Zärtlichkeit verringert haben. Ich wollte sie glücklich machen, darum wollte ich mir ihre Achtung verdienen und ihre Unschuld schonen. Ich wollte gleiche Rechte für uns beide. Wir haben einen Engel in die Welt gesetzt, meine liebe Lucrezia, und ich kann nicht begreifen, wie der Herzog ...«

»Der Herzog ist unfähig. Begreifst du jetzt alles?«

»Unfähig? Er hat doch einen Sohn.«

»Er ist unfähig, sage ich dir.«

»Wieso ...«

»Kein Wunder. Er ist es, und er weiß es.«

»Laß mich dich so sehen wie einst in Tivoli.«

»Nicht jetzt! Ich höre einen Wagen.«

Im selben Augenblick öffnete sich die Tür, und Leonilda lachte laut auf, als sie ihre Mutter in meinen Armen sah. Sie gab uns viele Küsse. Gleich darauf kam der Herzog, und wir speisten sehr fröhlich zu Abend. Er erklärte mich für den glücklichsten aller Sterblichen, als ich ihm sagte, ich würde die Nacht in allen Ehren mit meiner Frau und meiner Tochter verbringen. Er hatte recht; denn in jenem Augenblick war ich es.

Quand'ero in parte altr'uom da quel ch'io sono [Als ich zum Teil ein anderer Mensch war als heute][6].

Nach seinem Fortgehen zieht Leonilda ihre Mutter aus, während ich meine Kleidung in die Mitte des Zimmers geworfen hatte, nachdem ich meine Haare mit einem Tuch bedeckt hatte. Sie sagte zu ihrer Tochter, daß sie sich neben sie legen solle.

»Dein Vater«, sagt sie ihr, »wird sich nur mit deiner Mutter beschäftigen.«

»Und ich sowohl mit dem einen wie mit dem anderen«, antwortet Leonilda und zieht sich an der anderen Seite des Bettes vollkommen aus, legt sich neben ihre Mutter und sagt, daß ich als Vater die Pflicht hätte, mein Werk ganz zu betrachten. Bei ihrer Mutter sei es nutzlos. Sie bewundert sie und genießt es zu sehen, daß ich sie für schön halte. Es genügt ihr, in der Mitte zu sein und nur an ihr das Feuer zu löschen, von dem sie mich erhitzt sieht. Leonildas Neugierde entzückt meine Seele.

»So machtest du es also vor achtzehn Jahren, als du mich gezeugt hast?«

Aber gerade in dem Augenblick, als bei Lucrezia der Liebestod nahe bevorstand, glaubte ich, mich zurückziehen zu müssen, um sie zu schonen. Leonilda hilft ihrer Mutter mitleidsvoll mit einer Hand, und mit der anderen legt sie ein weißes Taschentuch unter ihren Vater, von dem es herabtropft. Lucrezia ist für die zarten Handreichungen ihrer Tochter dankbar, dreht mir den Rücken zu, drückt sie in ihren Armen, gibt ihr hundert Küsse und sagt schließlich zu mir, wobei sie sich mir wieder zuwendet, in pathetischem Ton: »Schau sie dir richtig an, sie ist ohne Makel. Berühre es, wenn du möchtest, nichts ist versehrt. Es ist so, wie es gemacht worden ist.«

»Ja«, sagt mir Leonilda lachend, »schau mich an und küsse Mama.« Ach, ich liebte diese Mutter. Sonst hätte nichts für meine Leidenschaft garantieren können. Der Krieg begann alsbald erneut und endete erst, als wir einschliefen. Die Sonnenstrahlen weckten uns auf.

»Zieh die Vorhänge auf, meine liebe Tochter«, sagte die Mutter. Leonilda gehorcht, zieht die Vorhänge zurück, ganz nackt, und deckt mir Schönheiten auf, von denen man nicht genug sehen kann, wenn man so etwas liebt. Ach! Ins Bett zurückgekommen, erlaubt sie mir, daß ich alles, was ich sehe, mit Küssen bedecke. Aber sobald sie mich vor dem Rand des Abgrundes sieht, reißt sie aus und übergibt mich ihrer Mutter, die mich mit offenen Armen empfängt und die mir gebieterisch befiehlt, ihr schonungslos eine weitere Leonilda zu zeugen. Am Ende des Kampfes, der sehr lang war, glaubte ich, den Grund gelegt zu haben, aber das Blut, das nach meinem Erguß sich ihren Augen darbot, ließ sie im Zweifel. »Du hast mich an diese schreckliche Erscheinung gewöhnt«, sagt sie mir.

Nachdem wir der unschuldigen Leonilda mitgeteilt hatten, daß nichts war, zogen wir uns an, und der Herzog von Matalone kam. Leonilda beschrieb ihm alle unsere nächtlichen Unternehmungen. In der Pein seiner Unfähigkeit mußte er glücklich sein, daß er abwesend war.

Ich hatte beschlossen, am nächsten Tage abzureisen, weil ich die letzte Woche des Karnevals in Rom verbringen wollte; ich bat daher den Herzog um Erlaubnis, Leonilda die fünftausend Dukaten schenken zu dürfen, die ich ihr als Witwengeld zugedacht hätte, wenn sie meine Frau geworden wäre.

»Da sie deine Tochter ist«, antwortete der Herzog, »darf und muß sie dieses Geschenk von ihrem Vater annehmen; wir können es ja als Mitgift bezeichnen.«

»Machst du mir das Vergnügen, meine Gabe anzunehmen, liebe Leonilda?«

»Ja, lieber Papa«, sagte sie mit einer zärtlichen Umarmung, »aber nur unter der Bedingung, daß du nach Neapel zurückkommst und mich besuchst, sobald du vernimmst, daß ich verheiratet bin.«

Ich versprach es ihr und habe Wort gehalten.

ANMERKUNGEN

Erstes Kapitel

1 *Schweizer* – Schweizer Söldner galten damals nicht nur bei Wachaufgaben beim Vatikan, sondern auch bei den diplomatischen Missionen in verschiedenen Ländern als unbestechlich und besonders zuverlässig.

2 *Silvia* – Mutter des Tänzers Balletti, die Casanova bei seiner ersten Reise nach Paris 1750 kennenlernte. In ihre Tochter, Manon Balletti, ist Casanova verliebt.

3 *Monsieur de Choiseul* – Ètienne-François Graf von Stainville, aber erst ab November 1757 Herzog von Choiseul (1719–1785), wurde durch die Protektion der Madame Pompadour Ende des Jahres 1758 nach de Bernis' Sturz Minister des Auswärtigen.

4 *Monsieur de Boulogne* – Jean-Nicolas de Boulogne, Graf von Nogent-sur-Leine (gest. 1787), Intendant der Finanzen.

5 *Cancelleria* – Kanzlei des Dogen.

6 *Monsieur Pâris-Duverney* – Joseph de Pâris-Duverney (1684–1770), erster Intendant der 1751 gegründeten Militärakademie.

7 *das Lawsche System* – John Law of Lauriston, geb. 1671 in Edinburgh. Laws Theorie besagte, daß durch den Grund und Boden des französischen Kolonialbesitzes in Amerika gedecktes Papiergeld mit Zwangskurs die Aufgaben des Geldes besser erfüllen könne als Metallgeld, da es nicht ins Ausland abfließen, seine Menge dem Geldbedarf beliebig angepaßt werden könne, es wertbeständiger sei, weil sein Wert nicht wie der des Silber- oder Goldgeldes vom Metall abhängig sei. Allmählich erhielt die von Law geleitete Kompanie das Tabakmonopol, die Generalpacht der Steuern, das Münzregal und die Verwaltung der allgemeinen Einnahmen des französischen Staates. Bald gab es maßlose Spekulationen mit den Aktien der Gesellschaft, deren Kurs zeitweise auf 18000 Livres pro Aktie hinaufgetrieben wurde. Schließlich waren 625000 Aktien ausgegeben und für mehr als 3,5 Milliarden Livres Banknoten im Umlauf. Die übersteigerte Banknotenausgabe führte Ende 1720 zu einer Inflation und stürzte Frankreich in eine schwere Finanz- und Wirtschaftskrise. Law mußte nach Beschlagnahme seines Vermögens das Land verlassen und starb 1729 völlig verarmt in Venedig.

8 *Harpokrates* – hellenistische Erscheinungsform des ägyptischen Himmels- und Sonnengottes Horos, der auch außerhalb Ägyptens als Gott des Schweigens verehrt wurde.

9 *de Fontenelle* – Bernard Le Bovier de Fontenelle, bedeutender Schriftsteller der französischen Frühaufklärung, seit 1699 ständiger Sekretär der Académie Française; er starb am 9. Januar 1757 in Paris.

10 *Castelletto* – wörtlich: Einschränkung der Gefahren; man bezeichnete damit in Italien ein Register bei einer Bank, in dem die Kreditwürdigkeit bzw. die Kreditverhältnisse der Wechselgläubiger verzeichnet waren.
11 *Quaterne ..., Quine ..., Terne* – Kombination von 4, 5 bzw. 3 Nummern in der Lotterie.
12 *Monsieur de Courteil* – Jacques-Dominique de Barberie, Marquis de Courteuil (1697–1768), seit 1752 Intendant der Finanzen.
13 *Madame la Marquise* – Marquise de Pompadour.
14 *ad Kalendas graecas* – an den griechischen Kalenden, d.h. nie, denn die Griechen kannten keine besondere Bezeichnung für den Monatsersten wie die Römer (Kalenden), an dem z.B. in Rom die Zinsen bezahlt werden mußten; die spöttische Redensart bedeutet also hier: nie erledigen.
15 *kleinen Appartements* – Gemeint sind die »petits appartements« im Versailler Schloß, die von der königlichen Familie bewohnt wurden. Die Appartements Ludwigs XV. waren durch eine Treppe mit den Zimmern, die der Marquise de Pompadour zur Verfügung standen, verbunden.
16 *Die Herren da oben* – Gemeint sind die venezianischen Staatsinquisitoren.
17 *pot de chambre* – Kutsche.
18 *Amben* – So hieß das Setzen auf zwei Zahlen; alle Gewinner erhielten das 240fache ihres Einsatzes.

Zweites Kapitel

1 *Mademoiselle de la M-re* – Casanova und sein Freund Tiretta hatten in Paris Madame XXX und ihre Nichte Mademoiselle de la M-re kennengelernt. Während Tiretta eine Liaison mit Madame XXX anfängt, die ihn aushält, verliebt Casanova sich in die schöne Nichte. Dieses Liebesverhältnis wird erst beendet, als Mademoiselle de la M-re einen Kaufmann aus Dünkirchen heiratet.
2 *Manon Balletti* – Vgl. III, Kap. 1, Anm. 2.
3 *in munere* – Geschenke (hier vor allem gemeint) zur Bestechung (vgl. Horaz, »Satiren«, I, 9, V. 57: muneribus servos corrumpani).
4 *Tri* – Kartenspiel, aus Spanien stammend, auch »trick« genannt, mit drei Spielern.

Drittes Kapitel

1 *Salomos Talisman* – Der Talisman oder richtiger das Siegel Salomonis (ein fünfzackiger Stern) spielte in der Kabbalistik eine große Rolle und galt als Mittel gegen böse Dämonen.
2 *Marquise d'Urfé* – Jeanne Marquise d'Urfé, geb. 1705. Die Marquise war zeit ihres Lebens allem möglichen Aberglauben verfallen und schenkte Scharlatanen nur allzuleicht Glauben. Gegenüber Casanova erwies sie sich als freigebige Gönnerin. Sie starb jedoch erst am 13. November 1775 und nicht bereits 1763, wie Casanova später in den »Memoiren« behauptet.

3 *Anne d'Urfé* – Anne de Lascaris d'Urfé, Marquis de Bagé, Graf von Lyon (1555–1621), französischer Dichter. Offensichtlich meint Casanova jedoch dessen berühmteren, jüngeren Bruder Honoré d'Urfé, Marquis de Valromey (1567–1625), den Autor des allegorischen Schäferromans »Astrée« (Paris 1607/27, 5 Bde.).

4 *trotz ihres Alters* – Die Marquise war tatsächlich erst 53 Jahre alt, also keineswegs so alt, wie Casanova glauben machen will. Der Autor scheint absichtlich das Alter höher anzusetzen, um keinen Verdacht sexueller Beziehungen aufkommen zu lassen.

5 *zur Zeit der Regentschaft* – Philipp Herzog von Orléans übernahm nach dem Tode Ludwigs XIV. von 1715 bis 1723 die Regentschaft für den noch unmündigen Ludwig XV.; in dieser Zeit lockerte man die starre Hofetikette.

6 *das »Große Werk«* – Dem »Opus alchemicum«, auch »Stein des Weisen« genannt, galt das höchste Streben der Alchimisten: Umwandlung »unedler« Metalle in Gold.

7 *Paracelsus* – Philippus Aureolus Theophrastus Paracelsus (1493–1541), eigtl. Theophrast (Bombastus) von Hohenheim, aus Einsiedeln (Schweiz), berühmter Arzt und Philosoph. In seiner theosophisch-philosophischen Naturanschauung mischen sich wissenschaftlicher Erkenntnisdrang mit spekulativem Wunderglauben, praktische Heilkunde (er war auch Pestarzt) mit irrationalen Auffassungen.

8 *Universalmedizin* – Die »Panazee« (auch »aurum potabile« genannt) war nach alchimistischen Vorstellungen ein Allheil- und Wundermittel, das alle Krankheiten heilt und das Leben verlängert.

9 *Steganographie* – gleichbedeutend mit Kryptographie: Geheimschrift, bestehend aus Abkürzungen und verschlüsselten Zeichen.

10 *ein Streupulver* – nach alchimistischem Glauben jene Zutat (Synonym für »Stein der Weisen«), durch die während des Schmelzprozesses die Metalle in Gold verwandelt werden.

11 *Baum der Diana* – eine künstliche Vegetationsform, die sich durch Mischen zweier Metalle (am geeignetsten sind dafür Silber und Blei) und eines Lösungsmittels ergibt.

12 *Regent von Frankreich* – Philipp Herzog von Orléans, von 1715 bis 1723 Regent von Frankreich (vgl. Anm. 5), war ein begeisterter Anhänger der Alchimie.

13 *Königswasser* – Mischung aus Salzsäure und Salpetersäure.

14 *sechs aussätzigen Metallen* – In der Alchimie werden als minderwertige Metalle Silber, Quecksilber, Blei, Kupfer, Eisen und Zinn bezeichnet.

15 *Grundsalz* – Paracelsus unterschied in seiner alchimistischen Lehre drei Grundsubstanzen: Salz, Schwefel und Quecksilber. So spielten diese Substanzen eine wichtige Rolle bei der Umwandlung von Metallen und bei den ganzen kabbalistischen und alchimistischen Experimenten. Als Salz wurde oft Urin verwendet.

16 *Planetengeister* – Die kabbalistische Lehre, die das Weltsystem des Ptolemäus übernahm, ordnete gemäß den »Clavicula Salomonis« (Schlüssel Salomons, vgl. II, Kap. 6, Anm. 6) den Planeten jeweils einen Genius, d.h. einen Schutzgeist, zu: dem Saturn Aratron, dem Jupiter Bethor, dem Mars Phal, der Sonne Och, der Venus Hagith, dem Merkur Ophiel, dem Mond Phul.

17 *Agrippa* – Cornelius Heinrich Agrippa von Nettesheim (1486–1535), Arzt, Philosoph und Kabbalist.

18 *Polyphilus* – Der allegorische Roman »Hypnerotomachia Polyphili« des Dominikaners Francesco Colonna (um 1432 bis um 1527) wurde um 1467 geschrieben.

19 *unaussprechlichen Namen* – Casanova meint die Namen der bösen Geister; es galt als gefährlich, sie aufzuschreiben oder auszusprechen.

20 *Planetenstunden* – In der Astrologie hat jede Stunde einen kabbalistischen Namen und wird von den Planeten und den diesen zugeordneten Genien (vgl. Anm. 16) regiert.

21 *des Zoroasterschen Systems* – Zarathustra, griech. Zoroaster (zwischen 1000 und 500 v.Chr.), iranischer Religionsstifter, galt in späteren Zeiten als Erfinder der Magie.

22 *Rosenkreuzer* – geheime Bruderschaften des 16.–18. Jh.

23 *Verbum* – Gemeint ist der männliche Samen.

24 *Electrum* – So wurde von den Alchimisten eine Legierung aus drei Teilen Gold und einem Teil Silber bezeichnet.

25 *»Geist der Gesetze«* – »L'Esprit des Lois« von Charles de Secondat Baron de Montesquieu (1689–1755), an dem er lange Jahre arbeitete, wurde 1748 zum ersten Mal gedruckt; darin erklärt er Gesetze, Regierungsformen und das Staatsgebilde aus realen, natürlichen und historischen Bedingungen. Montesquieu war der bedeutendste französische Staatsphilosoph; aus diesem Hauptwerk übernahm die Revolution die Idee der Gewaltentrennung ebenso wie seine humanistischen Reformvorschläge (gegen Folter, Intoleranz u.a.).

26 *Dekan der »petits maîtres«* – Seit dem 18. Jh. wurde die Bezeichnung »petit maître« allgemein auf junge elegante Stutzer angewandt.

27 *Großen Kammer* – »La Grand Chambre« war in dem Parlament von Paris die höchste Kammer, in der Rechtssachen des Hochadels (der Pairs von Frankreich), wie z.B. Majestätsbeleidigung, verhandelt wurde (dieses Privileg existierte seit Karl V.).

28 *Remontrances au Roi* – Erst durch die Registrierung bei den Parlamenten erhielten die Erlasse des Königs Gesetzeskraft; das galt auch für die Erlasse der Gouverneure bei den Parlamenten in den Provinzen. Weigerten sich die Parlamente, die Eintragung vorzunehmen, erschien der Monarch und hielt ein »lit de justice« ab (so benannt nach dem Thron unter einem Baldachin), um die Registrierung durchzusetzen. Die Parlamente formulierten ihre Entgegnungen in den sogenannten »remontrances« (eigtl. Vorhaltungen über Unrecht) an den König, die der Souverän jedoch auch im »lit de justice« zurückweisen konnte.

29 *Grafen Saint-Germain* – Comte de Saint-Germain war eine der rätselhaftesten Erscheinungen des an Abenteurern so reichen 18. Jahrhunderts. Seine Herkunft ist unbekannt, keinem der Biographen oder Historiker ist es bisher gelungen, das von ihm selbst verbreitete Geheimnis zu lüften.

30 *Elementargeister* – Vgl. I, Vorrede, Anm. 8.

31 *Hypostase* – Vereinigung der göttlichen und menschlichen Natur in einer Person.

Viertes Kapitel

1 *malus pudor* – nach Horaz, »Episteln«, I, 16, V. 24.
2 *Non tollo vectorem nisi navi plena* – nach Macrobius, II, 5,9.
3 *ein halbes Gros* – In dem älteren Gewichtssystem entsprach das Gros dem Achtel einer Unze: 3,75 Gramm, ein halbes Gros hatte also 1,88 Gramm.
4 *Tr...* – Tripper (Gonorrhoe), Geschlechtskrankheit.
5 *Boerhaave* – Hermann Boerhaave (1668–1738), berühmter holländischer Arzt, erwähnt den Aroph in seinem Werk »Elementa Chimica« (Lugd. Batav-Leyde 1732).
6 *englischen Safran* – In der Medizin schrieb man dem Safran menstruationsfördernde Wirkung zu.
7 *J.-J. Rousseau* – Jean-Jacques Rousseau (1712–1778) lebte damals (1756 bis 1762), mit vielen zerstritten und von Freunden im Stich gelassen, in Montmorency nördlich von Paris.

Fünftes Kapitel

1 *ähnlichen Orte getroffen* – Bei einem Aufenthalt in Den Haag im Jahre 1757 war Casanova ihr in einer Taverne zufällig begegnet.
2 *Zakynthos* – Insel im Ionischen Meer; war im 18. Jh. in venezianischem Besitz.
3 *adfigit humo* – nach Horaz, »Sermones«, II, 2, V. 79.

Sechstes Kapitel

1 *Lebel* – Monsieur Lebel ist der Haushofmeister von Monsieur de Chavigny.
2 *Locke* – John Locke (1632–1704), englischer sensualistischer Philosoph, Begründer des Empirismus; Autor des berühmten »Essay über die menschliche Erkenntnis« (1690), der zur Quelle der Erkenntnistheorie der französischen Aufklärung wurde, führte alle Erkenntnis auf sinnliche Wahrnehmungen und innere Erfahrung zurück.
3 *Elisabeth Petrowna* – Tochter (1709–1762) Peters des Großen, wurde im Dezember 1741 als Elisabeth Petrowna von den Garden zur russischen Zarin ausgerufen.
4 *zu führen* – Casanova läßt hier seine Beziehungen zum Hof spielen, um die Freundschaft von Monsieur de ... zu erringen, und von der geplanten Liebesaffäre mit seiner Frau abzulenken.
5 *Anakreon* – Anakreon (Mitte des 6. Jh. v. Chr.), griechischer Lyriker aus Teos im ionischen Kleinasien, der in seinen Versen Lebensgenuß, Liebe, besonders auch die Knabenliebe, und den maßvoll genossenen Wein besang.
6 *tristisque senectus* – nach Vergil, »Georgica«, III, V. 67.

Siebentes Kapitel

1 *sechs Fuß* – Haller war also etwa 1,95 m groß.
2 *pindarischen Stil* – Die Hymnen des bedeutendsten griechischen Chorlyrikers Pindar (522–446 oder später v. Chr.) fanden seit dem 16. Jh. in Frankreich und Deutschland Nachahmung.
3 *Vetabo qui Cereris sacrum ...* – nach Horaz, »Carmina«, III, 2, V. 26–28.
4 *Boerhaave* – Vgl. Kap. 4, Anm. 5.
5 *allzu frühen Tode* – Haller starb als Siebzigjähriger.
6 *Petrarca* – Francesco Petrarca (1304–1374), italienischer Dichter und Humanist.

Achtes Kapitel

1 *Dubois* – Madame Dubois hatte 1760 Monsieur Lebel geheiratet und war mit ihm nach Solothurn zurückgekehrt.
2 *junge Theologin* – Bei der Begegnung 1761 in Genf (vgl. IV, Kap. 3) nennt Casanova sie Hedwig.
3 *Grafen Algarotti* – Francesco Algarotti (1712–1764), bekannter Schriftsteller der Aufklärung in Italien.
4 *seine Briefe über Rußland* – Es handelt sich um Algarottis Buch »Viaggi in Russia« (Reisen in Rußland), das 1760 in Venedig veröffentlicht worden war.
5 *Titus Livius* – Der römische Historiker (59 v. Chr.–17 n. Chr.) stammte aus Padua; seine Sprache ist tatsächlich mit Dialektausdrücken durchsetzt.
6 *Sallust* – Gaius Sallustius Crispus (86–35 v. Chr.), römischer Geschichtsschreiber, der in seinen Werken eine philosophische Deutung des historischen Geschehens anstrebte.
7 *Prokrustesbett* – In der griechischen Sage war Prokrustes (Strecker), auch Damastes oder Prokoptas genannt, ein Räuber bei Eleusis, der den Vorübergehenden auflauerte, sie durch Verstümmelung oder Streckung in ein Bett zwang; König Theseus tötete ihn auf die gleiche Weise. Sprichwörtlich wurde das Prokrustesbett für ein Schema, in das alles gewaltsam gezwängt wird.
8 *abfälliges Urteil* – In dem »Essai sur la poésie épique« (1726, Versuch über die epische Dichtung) hatte Voltaire im Kapitel VII. noch das Werk Tassos weit über den »Rasenden Roland« von Ariost gestellt.
9 *Quindi avvien che tra principi e signori ...* – Lodovico Ariost, »Orlando Furioso« [»Der rasende Roland«], XLIV. Gesang, 2. Strophe.
10 *... lacrime sul petto* – »Orlando Furioso«, XXIII. Gesang, Oktave 122, V. 1 bis 4.
11 *Leo X.* – Giovanni de' Medici (1475–1521), als Papst Leo X. (seit 1513) der berühmte Mäzen italienischer Künstler und Schriftsteller der Renaissance.
12 *Familien Este und Medici* – Die berühmte Familie der Este in Ferrara und die der Medici in Florenz galten im 15. und 16. Jh. als Herrscherfamilien mit viel Kunstverständnis. Am Hof in Ferrara lebte Ariost 1503/17 im Dienste des Kardinals Ippolito d'Este.

13 *Konstantins Schenkung ... an Sylvester* – Die sogenannte Konstantinische Schenkung war nach der Darstellung der römischen Kirche eine Schenkungsurkunde des Kaisers Konstantin der Große (4. Jh.), unter dessen Regierung das Christentum zur Staatsreligion erhoben wurde, durch die er dem Papst Sylvester I. kaiserliche Ehren und die weltliche Herrschaft über Rom, Italien und alle europäischen Provinzen einräumte; in Wirklichkeit handelt es sich jedoch um ein gefälschtes Dokument aus dem 8. Jh.

14 *puzza forte* – »Orlando Furioso«, XXXIV, Oktave 80, V. 6.

15 *Che al novissimo ...* – »Orlando Furioso«, XXIV, Oktave 6, V. 4.

16 *Partie Quinze* – Kartenspiel, bei dem die Zahl 15 den Ausschlag gab.

17 *der Regentschaft* – Vgl. Kap. 3, Anm. 5.

18 *die »Summa«* – Das größte Werk der Scholastik, die »Summa theologica« des heiligen Thomas von Aquin (1226–1274).

19 *»La Secchia rapita« von Tassoni* – Alessandro Tassoni (1565–1635), italienischer Dichter und Gelehrter, wurde vor allem berühmt durch das erste und bedeutendste heroisch-komische Stanzenepos »La secchia rapita« (1622, »Der geraubte Eimer«).

20 *Vierzig* – In Bologna wurde der Senat der Stadt als »quaranta« (vierzig) bezeichnet; so hießen auch die Senatoren, obwohl der Senat fünfzig Mitglieder zählte.

21 *»Tankred«* – Tragödie von Voltaire.

22 *elf Uhr Mittag ist* – Bis 1791 gingen die Uhren in Basel eine Stunde vor. Dafür gab es mehrere legendenhafte Erklärungen: Ein Magistrat, dem Verrat drohte, wollte durch diese List der Gefahr entgehen; zum anderen: anläßlich des Konzils von 1431 sollten die Teilnehmer zur Pünktlichkeit gemahnt werden; zum letzten soll ein Handwerker den Zeiger der Sonnenuhr am Turm des Basler Münsters falsch aufgesetzt haben.

23 *Crébillon* – Vgl. I, Kap. 9, Anm. 29.

24 *contentus paucis lectoribus* – Horaz, »Satiren«, I, 10, V. 74.

25 *Addison* – Joseph Addison (1672–1719), englischer Dichter, Publizist und Staatsmann; in seinen brillant geschriebenen Essays, in denen er die Politik der Whigs verfocht, vertrat er liberale Auffassungen.

26 *Hobbes* – Thomas Hobbes (1588–1679), englischer Philosoph; trat in seinem Werk »Leviathan« (London 1651) für die absolute Monarchie ein.

27 *Est ubi peccas* – Horaz, »Episteln«, II, I, V. 63.

28 *für einen Zoilos* – Zoilos (4. Jh. v. Chr.) war ein griechischer Redner und Sophist aus Amphipolis; wegen seiner kleinlichen und unangemessenen Kritik an Homer wurde er »Homeromastix« (Homergeißel) genannt.

Neuntes Kapitel

1 *florentinischen Kuß* – »bacio alla fiorentina«; ein Kuß, bei dem der Partner in die Wange gekniffen wurde.

Zehntes Kapitel

1 *Winckelmann* – Johann Joachim Winckelmann (1717–1768), berühmter Kunstwissenschaftler und Archäologe.
2 *in Triest ermordet wurde* – Winckelmann wurde 1768 in Triest durch einen Raubmörder in einem Gasthof erdolcht.
3 *ordine santissimo* – päpstliche Anordnung.
4 *Cavaliere Mengs* – Vgl. I, Kap. 9, Anm. 6.
5 *Damasippus* – Brutus Damasippus, Prätor (82 v.Chr.) und römischer Kunsthändler, der als sehr unzuverlässig in der Bezahlung galt (vgl. Horaz, »Sermones«, II, 3, V. 16, u. Juvenal, VIII, V. 185).
6 *Attalicis conditionibus* – nach Horaz, »Oden«, I, 1, V. 12.
7 *Auditor bei der Rota* – Titel der Richter bei dem päpstlichen Gericht für die Berufungen in Kirchenprozessen (»Sancra Romana Rota«).
8 *Pontifex maximus* – Offizieller Titel des Papstes seit Leo I. (gest. 461).
9 *Papst mich nicht liebt* – Papst Clemens XIII. war ein Freund der Jesuiten, die Kardinal Passionei bekämpfte.
10 *»Pandectarum liber unicus«* – Die »Pandectes«, auch »Digestes« genannt, war eine auf Veranlassung von Kaiser Justinian veranlaßte Sammlung und Bearbeitung römischer Rechtsvorschriften der klassischen Zeit in Form von Auszügen, die seit 1583 den Hauptteil des Corpus iuris civilis bilden.
11 *Scopatore* – Besenfeger in der Zelle des Papstes.
12 *Mille puellarum …* – nach Horaz, »Sermones«, II, 3, V. 325.
13 *Bathylos* – ein schöner Jüngling von Samos, der von dem griechischen Dichter Anakreon geliebt wurde.
14 *Smerdias* – war ein Jüngling, den der Dichter Anakreon liebte.

Elftes Kapitel

1 *San Gennaro* – San Gennaro (der heilige Januarius) war der Schutzheilige von Neapel.
2 *La Fontaine* – Jean La Fontaine (1621–1695), bedeutender französischer Dichter.
3 *Banknoten* – Papiergeld gab es in England bereits seit dem 16. Jh.; als allgemeines Zahlungsmittel wurde die Banknote im übrigen Europa erst im 18. Jh. anerkannt.
4 *Posilipp* – Hügel am Golf von Neapel.
5 *über Phädra dagegen muß ich Tränen vergießen* – In der Tragödie »Phèdre« (1677) von Jean Racine (1639–1699) entbrennt Phädra in leidenschaftlicher Liebe zu ihrem Stiefsohn Hippolytos.
6 *Quand'ero in parte altr'uom da quel ch'io sono* – Francesco Petrarca, »Il Canzoniere«, X. Sonett, V .4.

AUFBAU BIBLIOTHEK

Nachdem ihn die Tänzerin Cathérine Renaud um die Hälfte seines Vermögens erleichtert hat, ahnt Casanova seinen beginnenden Abstieg. Nach wie vor jedoch lebt er auf großem Fuß. Im Mailänder Karneval inszeniert er eine atemberaubende Maskerade, um die schöne Marquesa Q. zu erobern. 1763 begibt sich Casanova nach England. Er entpuppt sich als geistreicher Beobachter der Londoner Gesellschaft. Sein Leben ist weiterhin dem Spiel und den Frauen gewidmet. Er verliebt sich in Pauline, eine mysteriöse portugiesische Aristokratin, und gerät in die Netze der Charpillon, einer Pariser Schönheit, die mit ihm Katz und Maus spielt.

Giacomo Casanova

GESCHICHTE MEINES LEBENS
IV

Auf der Grundlage
der von B. und G. Albrecht herausgegebenen Ausgabe
ausgewählt und mit einem Nachwort versehen
von Johanna von Koppenfels

Aus dem Französischen
von Heinrich Conrad

Aufbau Taschenbuch Verlag

Titel der Originalausgabe
Histoire de ma vie

ISBN 3-7466-6028-9 (I–V)

1. Auflage 1998
Aufbau Taschenbuch Verlag GmbH, Berlin

Umschlaggestaltung Torsten Lemme
nach einem Gestaltungskonzept von Andreas Heilmann,
freigestellt nach einem Kupferstich von J. Berka, AKG Berlin
Druck Ebner Ulm
Printed in Germany

INHALT

ERSTES KAPITEL

1761 fährt Casanova in diplomatischer Mission von Paris zum Augsburger Kongreß.[1] Er reist im Auftrag des portugiesischen Königs.

Ich ließ meinen Wagen mit vier Mietpferden bespannen, die mich nach der zweiten Poststation brachten; so reiste ich von Paris ab und war am nächsten Abend in Châlons. Zwei Tage darauf kam ich in Straßburg an und stieg im Gasthof ›Zum Raben‹ ab, wo ich Desarmoises[2] mit meinem Spanier[3] fand.

Da ich in Straßburg nichts zu tun hatte, wollte ich sofort über den Rhein fahren, Desarmoises überredete mich jedoch, mit ihm nach dem Gasthof ›Zum Heiligen Geist‹ zu gehen und eine hübsche Dame zu besuchen, die ihre Abreise nach Augsburg nur in der Hoffnung, wir könnten zusammen reisen, so lange aufgeschoben habe.

»Sie kennen die Dame«, sagte der falsche Marquis; »aber ich habe ihr mein Ehrenwort geben müssen, Ihnen nicht ihren Namen zu nennen. Sie hat nur ihre Zofe bei sich, und ich bin überzeugt, Sie werden sich freuen, sie zu sehen.«

Aus Neugier gab ich nach. Ich folgte Desarmoises und trat in ein Zimmer, wo ich eine hübsche Frau sah, die ich jedoch anfangs nicht erkannte. Bald aber kam mir eine Erinnerung, und ich sah, daß es eine Tänzerin war, die ich vor acht Jahren am Dresdner Theater reizend gefunden hatte. Sie gehörte damals dem Grafen Brühl, dem Oberhofmarschall des Königs von Polen und Kurfürsten von Sachsen; ich hatte nicht einmal versucht, ihr den Hof zu machen. Da sie mit einer reichen Ausstattung versehen und bereit war, sofort nach Augsburg abzureisen, so malte ich mir aus, daß diese Begegnung mir viel Vergnügen verschaffen müßte.

Nachdem wir in der üblichen Weise gegenseitig unsere Freude über das angenehme Zusammentreffen ausgesprochen hatten, vereinbarten wir, daß wir am nächsten Morgen zusammen nach

Augsburg abreisen wollten. Die Schöne wollte nach München; da ich jedoch in dieser kleinen Hauptstadt nichts zu tun hatte, so setzten wir fest, daß sie von Augsburg an allein reisen sollte.

»Ich bin fest überzeugt«, sagte sie hierauf, »daß Sie sich zum Mitkommen entschließen werden, denn die Minister der Mächte, die an dem Kongreß teilnehmen sollen, werden sich erst im Laufe des Septembers nach Augsburg begeben.«

Wir aßen zusammen zu Abend. Am nächsten Morgen fuhren wir ab; sie in ihrem Wagen mit der Zofe, ich in dem meinen mit Desarmoises, während Leduc als Kurier vorausritt. In Rastatt aber änderten wir die Fahrordnung: die Renaud glaubte weniger Neugier zu erregen, wenn sie in meinen Wagen käme, als wenn sie in dem ihren bliebe, und Desarmoises nahm gern ihren Platz bei der Zofe ein. Bald waren wir miteinander vertraut. Sie weihte mich in ihre Angelegenheiten ein oder tat wenigstens so, und ich vertraute ihr alles an, was ich nicht für besser hielt, ihr zu verschweigen. Ich sagte ihr, ich hätte einen Auftrag vom Lissaboner Hof; sie glaubte mir, und ich glaubte ihr ebenfalls, daß sie nur nach München und Augsburg gehe, um dort ihre Diamanten zu verkaufen.

Als das Gespräch auf Desarmoises kam, sagte sie mir, ich könne ihn recht gern in meiner Gesellschaft behalten, dürfe ihm jedoch nicht erlauben, sich den Titel Marquis zuzulegen.

»Aber er ist ja der Sohn des Marquis Desarmoises aus Nancy.«

»Er ist weiter nichts als ein früherer Kurier, dem das Ministerium des Auswärtigen eine ganz kleine Pension auszahlt. Ich kenne den Marquis Desarmoises, der in Nancy wohnt; er ist nicht so alt wie dieser.«

»Dann kann er allerdings schwerlich sein Vater sein.«

»Der Wirt vom ›Heiligen Geist‹ hat ihn als Kurier erkannt.«

»Wie haben Sie ihn kennengelernt?«

»Wir speisten zusammen an der großen Tafel. Nach dem Essen suchte er mich in meinem Zimmer auf und sagte mir, er erwarte einen Herrn, der nach Augsburg reisen wolle, und wir könnten die Reise miteinander machen. Er nannte Ihren Namen, und nachdem ich ihm einige Fragen gestellt hatte, sah ich, daß nur Sie es sein könnten. So haben wir uns also getroffen, und ich freue mich sehr darüber. Aber hören Sie – ich rate Ihnen, auf falsche Namen und Titel zu verzichten; warum lassen Sie sich Seingalt nennen?«

»Dies ist mein Name, meine Liebe; das schließt aber nicht aus, daß meine alten Bekannten mich auch Casanova nennen können; denn ich bin der eine wie der andere. Das können Sie doch wohl begreifen.«

»Ja, ich begreife es. Ihre Mutter lebt in Prag, und da sie wegen des Krieges ihre Pension nicht ausgezahlt erhält, so glaube ich, daß es ihr vielleicht nicht zum besten geht.«

»Ich weiß es; aber ich vergesse nicht meine Pflichten als guter Sohn; ich habe ihr Geld geschickt.«

»Das freut mich. Wo werden Sie in Augsburg logieren?«

»Ich werde ein Haus mieten, und wenn es Ihnen Spaß macht, werden Sie seine Herrin sein und die Honneurs machen.«

»Das ist reizend, lieber Freund! Wir werden gute Soupers machen, und die Nächte hindurch werden wir spielen.«

»Der Plan ist köstlich.«

»Ich erbiete mich, Ihnen eine ausgezeichnete Köchin zu besorgen: die bayrischen Köchinnen sind mit Recht berühmt. Wir werden auf dem Kongreß eine gute Figur machen, und man wird sagen, wir seien bis über die Ohren ineinander verliebt.«

»Aber merke dir, liebes Herz, hinsichtlich der Treue verstehe ich keinen Spaß.«

»In diesem Punkte, mein Freund, verlassen Sie sich nur auf mich! Sie wissen doch, wie ich in Dresden lebte.«

»Ich werde mich darauf verlassen, aber nicht wie ein Blinder, das merke dir. Wir wollen aber doch auf leichtem Fuße miteinander verkehren; nenne mich darum ›du‹. Diese Anrede paßt besser für ein Liebespaar.«

»Schön! So umarme mich!«

Meine schöne Renaud reiste nicht gerne nachts; denn sie liebte reichlich zu Abend zu speisen und erst zu Bett zu gehen, wenn sie etwas benebelt war. Der Weinrausch machte aus ihr eine Bacchantin, die schwer zu befriedigen war; aber wenn ich nicht mehr konnte, bat ich sie, mich in Ruhe zu lassen, und sie mußte mir wohl oder übel gehorchen.

In Augsburg wollten wir im Gasthof ›Zu den Drei Mohren‹ absteigen; der Wirt sagte mir, er werde uns ein gutes Mittagessen auftragen lassen, könne mir jedoch kein Logis geben, weil der französische Gesandte das ganze Haus für sich bestellt habe. Ich bat ihn, mir den Bankier Carli zu holen, bei dem ich ein Guthaben von Zappata in Turin hatte, und dieser besorgte mir sofort ein hübsches möbliertes Haus mit einem Garten; ich mietete es auf sechs Monate, und die Renaud fand es sehr nach ihrem Geschmack.

In Augsburg war noch kein Mensch. Da die Renaud nach München mußte, so überzeugte sie mich, ich würde mich während ihrer Abwesenheit langweilen, ich täte daher besser, sie zu begleiten. Carli gab mir einen Kreditbrief für Schmidtmaier. In München stiegen wir im Gasthof ›Zum Goldenen Hirschen‹ ab, wo wir sehr gut untergebracht waren. Desarmoises wohnte in einem anderen Wirtshaus. Da ich andere Geschäfte vorhatte als meine neue Begleiterin, so gab ich ihr einen Wagen und einen Lohndiener für ihre eigene Person und nahm für mich ebenfalls Wagen und Diener.

Abbate Gama hatte mir einen Brief vom Kommandeur Almada an den englischen Gesandten beim Bayrischen Hofe, Lord Stormont, mitgegeben. Da der Lord in München war, beeilte ich mich, meinen Auftrag auszurichten. Er empfing mich sehr freundlich und versicherte mir, er würde, sobald es Zeit wäre, alles tun, was in seinen Kräften stände; Lord Halifax hatte ihn von der ganzen Angelegenheit unterrichtet. Nachdem ich meinen Auftrag in der britischen Gesandtschaft ausgerichtet hatte, machte ich dem französischen Gesandten, Monsieur de Folard, meine Aufwartung und überreichte ihm einen Brief, den Monsieur de Choiseul[4] mir durch Madame d'Urfé hatte zustellen lassen. Monsieur de Folard war überaus liebenswürdig; er lud mich für den nächsten Tag zum Mittagessen ein und stellte mich den Tag darauf dem Kurfürsten[5] vor.

Während der verhängnisvollen vier Wochen, die ich in München verbrachte, war das Haus des französischen Gesandten das einzige, das ich besuchte. Ich nenne diese vier Wochen verhängnisvoll, und mit gutem Recht; denn während dieser Zeit verlor ich all mein Geld, versetzte für mehr als vierzigtausend Francs Juwelen, die ich niemals eingelöst habe, und verlor endlich – das war das Schlimmste – meine Gesundheit. Meine Verderber waren die Renaud und dieser Desarmoises, der mir so viel verdankte und es mir so übel lohnte.

Am dritten Tage nach meiner Ankunft in München mußte ich der Kurfürstenwitwe von Sachsen meine Aufwartung machen. Mein Schwager, der zum Gefolge der Fürstin gehörte, forderte mich dazu auf, und er sagte mir, ich dürfe diesen Besuch nicht unterlassen, denn die Prinzessin kenne mich und habe sich außerdem bereits nach mir erkundigt. Ich erklärte mich infolgedessen bereit und hatte diesen Besuch nicht zu bereuen, denn die Kurfürstin nahm mich gut auf und ließ sich viel von mir erzählen; sie war neugierig wie alle müßigen Leute, die sich nicht selbst genügen, weil sie weder in ihrem Geist noch in ihrer Bildung hinlängliche Hilfsquellen finden.

Ich habe in meinem Leben viele Dummheiten gemacht; dies gestehe ich mit gleicher Aufrichtigkeit[6] wie Rousseau, aber mit geringerer Eitelkeit als dieser unglückliche große Mann; ich habe aber wenige so große und törichte Dummheiten gemacht, als nach München zu gehen, wo ich nichts zu tun hatte. Ich war in einer Krisis; es war eine Epoche, wo mein böser Geist mich seit meiner Abreise aus Turin, ja sogar seit meiner Abreise aus Neapel crescendo von Dummheit zu Dummheit trieb. Der nächtliche Sturz aus dem Wagen, die Abendgesellschaft bei Lismore, die Verbindung mit Desarmoises, die Lustpartie nach Choisy, mein Vertrauen zu Costa, meine Verbindung mit der Renaud und mehr als alles meine unbegreifliche Dummheit, mich auf das Pharaospiel einzulassen an einem Hofe, wo die Bankhalter für die geschicktesten Verbesserer des Glücks in ganz Europa galten – dies waren die Stufen meiner Dummheit. Dort in München befand sich unter anderen auch der berüchtigte, der niederträchtige Afflisio, der Partner des Herzogs Friedrich von Zweibrücken, den dieser Fürst mit dem Titel seines Adjutanten schmückte und den alle Welt als den geschicktesten Spitzbuben kannte, den man sich nur denken konnte.

Ich spielte alle Tage, und da ich oft auf Ehrenwort verlor, so verursachte die Verlegenheit, am nächsten Tage bezahlen zu müssen, mir bittere Sorgen. Als ich meinen Kredit bei den Bankiers erschöpft hatte, mußte ich mich an die Juden wenden, die nur auf Pfänder leihen; mein Vermittler war Desarmoises und mit ihm die Renaud, die schließlich alles in ihren Besitz brachte. Aber das war noch nicht der schändlichste Dienst, den sie mir erwies: sie steckte mich mit einem Leiden an, das sie verzehrte, das aber seine Zerstörungen nur im Innern anrichtete und ihr Äußeres völlig unberührt ließ, das daher um so gefährlicher war, da ihre Frische vollkommenste Gesundheit zu zeigen schien. Diese Schlange, die aus der Hölle hervorgekrochen war, um mich zugrunde zu richten, hatte mich dermaßen bezaubert, daß ich einen Monat lang die Krankheit[7] vernachlässigte, weil sie mich zu überzeugen wußte, sie würde entehrt sein, wenn ich während unseres Aufenthaltes in München einen Wundarzt in Anspruch nähme. Erst in Augsburg, wo sich das Geheimnis besser hüten lasse, solle ich mich einem

Äskulap anvertrauen, da der ganze Hof wüßte, daß wir wie Mann und Frau zusammenlebten.

Wenn ich darüber nachdenke, begreife ich selber nicht meine unglaubliche Nachgiebigkeit, besonders nicht, da ich jeden Tag das Gift erneuerte, das sie meinen Adern eingeflößt hatte!

Mein Aufenthalt in München war für mich eine Art Verdammnis. Ich sah während dieses verhängnisvollen Monats alle Schrecknisse der Hölle vereint, wie um mir einen Vorgeschmack von den Qualen zu geben, die die Seelen der Verdammten leiden. Die Renaud liebte das Spiel, und Desarmoises machte halbpart mit ihr. Ich weigerte mich stets, mich daran zu beteiligen, denn der falsche Marquis betrog ohne jede Rücksicht und oft mehr unverschämt als geschickt. Er lud schlechte Gesellschaft zu mir ein und bewirtete sie auf meine Kosten; an ihrem Spieltische kamen jeden Abend ärgerliche Auftritte vor.

Die Kurfürstenwitwe von Sachsen kränkte mich auf das empfindlichste bei Gelegenheit der beiden letzten Male, wo ich die Ehre hatte, mit ihr zu sprechen.

»Man weiß hier, wie Sie mit der Renaud leben«, sagte die Fürstin zu mir, »und welchen Lebenswandel sie bei Ihnen, vielleicht ohne Ihr Wissen, führt; dies schadet Ihnen sehr, und ich rate Ihnen, ein Ende damit zu machen.«

Sie wußte nicht, daß ich aus allen möglichen Gründen zum Dulden gezwungen war. Seit einem Monat war ich schon aus Paris fort und hatte keine einzige Nachricht weder von Madame d'Urfé noch von Costa erhalten. Ich konnte den Grund nicht erraten, aber ich begann, an der Treue meines Italieners zu zweifeln. Auch befürchtete ich, meine gute Madame d'Urfé wäre gestorben oder vernünftig geworden, was für mich auf dasselbe hinausgelaufen wäre; der Zustand, worin ich mich befand, machte es mir unmöglich, nach Paris zurückzufahren, um mich nach dem zu erkundigen, was ich so notwendig wissen mußte, um meine Seelenruhe wiederherzustellen und meine Börse wieder zu füllen.

Ich befand mich also in großer Not. Am meisten Kummer bereitete es mir, daß ich mir selber einen beginnenden Kräfteverfall eingestehen mußte, der gewöhnlich mit dem herannahenden Alter verbunden ist; ich besaß nicht mehr jene sorglose Zuversicht, welche Jugend und Kraftbewußtsein verleihen; andererseits aber hatte mich die Erfahrung noch nicht reif genug gemacht, um mich zu bessern.

Ein Rest der Gewohnheit, entschlossen zu handeln, veranlaßte mich jedoch, mich plötzlich von der Renaud zu verabschieden und ihr zu sagen, ich würde in Augsburg auf sie warten. Sie gab sich keine Mühe, mich zurückzuhalten, versprach mir jedoch, so bald wie möglich nachzukommen, da sie im Begriff stehe, ihre Juwelen vorteilhaft zu verkaufen. Ich reiste mit Leduc als Vorreiter ab und war froh, daß Desarmoises es für gut befand, bei der unwürdigen Kreatur zu bleiben, deren unglückliche Bekanntschaft ich ihm verdankte. In Augsburg angekommen, legte ich mich in meinem hübschen Haus ins Bett, das ich entschlossen war nicht eher zu verlassen, als bis ich tot oder von dem mich verzehrenden Gift befreit wäre. Mein Bankier Carli, den ich bei mir vorzusprechen bat, empfahl mir einen gewissen Kephalides, einen Schüler des berühmten Fayet, der mich einige Jahre vorher von dem gleichen Leiden in Paris geheilt hatte. Dieser Doktor galt als der beste Arzt von Augsburg. Nachdem er mich untersucht hatte, versicherte er mir, er würde mich durch schweißtreibende Mittel heilen, ohne zu dem unseligen chirurgischen Messer greifen zu müssen. Infolgedessen setzte er mich zunächst auf strengste Diät, verordnete mir Bäder und ließ mir Quecksilbereinreibungen machen. Ich unterzog mich dieser Behandlung sechs Wochen lang. Statt aber geheilt zu sein, fühlte ich mich in einem schlimmeren Zustande als zu Anfang der Behandlung. Ich war von einer schreckenerregenden Magerkeit und hatte zwei Leistengeschwüre von entsetzlicher Größe. Ich mußte mich entschließen, sie öffnen zu lassen, aber diese sehr schmerzhafte Operation, die mich beinahe das Leben gekostet hätte, half mir gar nichts. Kephalides verletzte aus Ungeschicklichkeit die Arterie und verursachte dadurch eine Blutung, die nur mit großer Mühe gestillt werden konnte und die mir den Tod gebracht hätte, wenn sich nicht der bolognesische Arzt Algardi, der Leibarzt des Fürstbischofs von Augsburg, meiner angenommen hätte.

Da ich von Kephalides nichts mehr wissen wollte, machte Doktor Algardi in meiner Gegenwart neunzig Pillen aus achtzehn Gran Manna[8]. Ich nahm jeden Morgen eine Pille, trank hierauf ein großes Glas verdünnter Milch; eine zweite Pille nahm ich abends und aß nachher eine Gerstensuppe. Dies war meine ganze Nahrung. Dieses heroische Heilmittel gab mir in zweieinhalb Monaten meine Gesundheit wieder. Ich verbrachte diese Zeit unter großen Leiden und gewann mein gutes Aussehen und meine Kräfte erst gegen Ende des Jahres wieder.

Während dieser Leidenszeit erfuhr ich die näheren Umstände von Costas Flucht. Er war mit den Diamanten, Uhren, Tabaksdosen nebst der Wäsche und den gestickten Röcken verschwunden, die Madame d'Urfé ihm in einem großen Koffer und dazu hundert Louis Reisegeld gegeben hatte. Die gute Dame schickte mir einen Wechsel auf fünfzigtausend Francs, den sie zum großen Glück nicht mehr Zeit gehabt hatte, dem Spitzbuben zu übergeben. Diese Summe kam mir sehr gelegen, denn ich war durch mein unvernünftiges Benehmen geradezu in eine gewisse Not geraten.

Zu gleicher Zeit hatte ich einen andern Kummer, der mir sehr zu Herzen ging: ich entdeckte, daß Leduc mich bestahl. Ich hätte ihm dies verziehen, wenn er mich nicht gezwungen hätte, die Sache in die Öffentlichkeit zu bringen, wodurch ich nur vermeiden konnte, daß ich mich selber bloßgestellt hätte. Trotzdem behielt ich ihn, bis ich zu Beginn des nächsten Jahres nach Paris zurückkehrte.

Als gegen Ende September feststand, daß der Kongreß nicht zusammentreten würde, reiste die Renaud mit Desarmoises über Augsburg nach Paris zurück; sie wagte nicht, mich zu besuchen, weil sie fürchtete, ich möchte sie zwingen, meine Juwelen herauszugeben, deren sie sich ohne weiteres bemächtigt hatte. Ohne Zweifel nahm sie an, daß ich von dieser Spitzbüberei unterrichtet wäre. Vier oder fünf Jahre später heiratete sie in Paris einen gewissen Böhmer, jenen Juwelier, der dem Kardinal de Rohan das berüchtigte Halsband gab, das er für die unglückliche Königin von Frankreich, Marie Antoinette, bestimmt glaubte. Sie war in Paris, als ich dorthin zurückkehrte, aber ich bemühte mich nicht, sie zu sehen; denn ich wollte, wenn es möglich war, alles vergessen. Ich mußte so handeln, denn von allem, was ich während dieses unglückseligen Jahres tat, fand ich am verächtlichsten meine traurige Aufführung und überhaupt mich selber. Den infamen Desarmoises hätte ich allerdings nicht genügend verachtet, um mir das Vergnügen zu versagen, ihm die Ohren abzuschneiden, wenn er mir dazu Gelegenheit gegeben hätte, aber der alte Schuft machte sich aus dem Staube – ohne Zweifel, weil er voraussah, wie ich ihn behandeln würde. Er ist kurze Zeit darauf in der Normandie im tiefsten Elend an der Schwindsucht gestorben.

ZWEITES KAPITEL

Von Augsburg reiste ich über Konstanz nach Basel, wo ich im teuersten Gasthof der Schweiz abstieg. Der Besitzer, Imhoff, war ein Schinder allerersten Ranges; ich fand jedoch seine Töchter liebenswürdig, und nachdem ich mich drei Tage amüsiert hatte, setzte ich meinen Weg fort. Am letzten Tage des Jahres 1761 kam ich in Paris an und stieg in der Rue du Bac in der Wohnung ab, die mein Schutzengel, Madame d'Urfé, mit ausgesuchter Eleganz für mich hatte einrichten lassen.

In dieser hübschen Wohnung verbrachte ich volle drei Wochen, ohne irgendwohin zu gehen, um die gute Dame zu überzeugen, daß ich nur nach Paris zurückgekehrt wäre, um mein Wort einzulösen und ihre Wiedergeburt als Mann zu bewirken.

Wir machten während dieser drei Wochen die nötigen Vorbereitungen für den göttlichen Vorgang. Diese bestanden darin, jedem der Genien der sieben Planeten[1] an den ihnen geweihten Tagen einen besonderen Kult darzubringen. Nach diesen Vorbereitungen sollte ich an einem Ort, der mir durch Eingebung der Genien bekannt werden würde, eine Jungfrau, Tochter eines Adepten, abholen und diese durch ein Mittel, das nur den Rosenkreuzern bekannt wäre, mit einem Knaben schwanger machen. Dieser Sohn sollte lebend geboren werden, aber nur mit einer sensitiven Seele[2] begabt sein. Madame d'Urfé sollte ihn im Augenblick seiner Geburt in ihren Armen empfangen und ihn sieben Tage lang in ihrem eigenen Bett bei sich behalten. Nach Ablauf dieser sieben Tage sollte sie sterben und dabei ihren Mund auf den des Kindes gepreßt halten, das auf diese Weise ihre intelligible Seele empfangen würde.

Nach dieser Seelenvertauschung sollte mir die Aufgabe zufallen, das Kind in dem mir bekannten Magisterium zu erziehen; sobald es das dritte Jahr erreicht hätte, sollte Madame d'Urfé in ihm wieder zum Bewußtsein gelangen, und alsdann sollte ich beginnen, sie in die vollkommensten Kenntnisse der Geheimwissenschaften einzuweihen.

Das Unternehmen sollte während des Vollmondes im April, Mai oder Juni stattfinden. Vor allen Dingen sollte Madame d'Urfé ein Testament in aller Form machen, um das Kind, dessen Vormund ich bis zu seinem dreizehnten Jahre sein sollte, als Universalerben einzusetzen.

Die prächtige Wahnsinnige hielt den göttlichen Vorgang für selbstverständliche Wahrheit; sie brannte vor Ungeduld, die Jungfrau zu sehen, die das auserwählte Gefäß sein sollte, und bat mich dringend, meine Abreise zu beschleunigen.

Indem ich mein Orakel in dieser Weise sprechen ließ, hatte ich gehofft, ihr einigen Widerwillen einzuflößen; denn schließlich mußte sie doch dabei sterben, und ich rechnete auf die natürliche Lebenslust, um die Sache in die Länge zu ziehen. Da ich jedoch fand, daß genau das Gegenteil der Fall war, so sah ich mich in die Notwendigkeit versetzt, ihr wenigstens dem Anschein nach Wort zu halten und die geheimnisvolle Jungfrau herbeizuschaffen.

Ich sah, daß ich eine Spitzbübin brauchte, die ich abrichten mußte, und ich warf meine Augen auf die Corticelli[3]. Sie mußte seit neun Monaten in Prag sein, und ich hatte ihr in Bologna versprochen, sie vor Ablauf des Jahres zu besuchen. Aber ich kam aus Deutschland, von wo ich nicht allzu angenehme Erinnerungen mitgebracht hatte, und die Reise erschien mir zu lang für die kalte Jahreszeit, besonders wegen einer so unbedeutenden Sache. Ich beschloß daher, mir die Mühe dieser Reise zu ersparen und sie nach Frankreich kommen zu lassen, indem ich ihr das nötige Reisegeld schickte und ihr den Ort bezeichnete, wo ich sie erwarten würde. Ein Freund von Madame d'Urfé, Monsieur de Fouquet, war Intendant von Metz; ich war überzeugt, daß er mir einen ausgezeichneten Empfang bereiten würde, wenn ich mich ihm mit einem Empfehlungsbrief seiner Freundin vorstellte. Außerdem war sein Neffe, Graf Lastic, den ich sehr gut kannte, dort bei seinem Regiment. Aus diesen Gründen wählte ich Metz, um dort die Jungfrau Corticelli zu erwarten, die wohl kaum daran dachte, daß ich sie zu einer solchen Rolle bestimmte. Nachdem mir Madame d'Urfé so viele Empfehlungen gegeben hatte, wie ich wünschte, verließ ich Paris am 25. Januar 1762, reich beladen mit Geschenken und mit einem großzügigen Kreditbrief versehen, von dem ich keinen Gebrauch machte, weil meine Börse überreichlich gefüllt war.

Ich nahm keinen Bedienten, denn nach Costas Diebstahl und Leducs Gaunerei hatte ich das Gefühl, daß ich mich keinem mehr anvertrauen dürfte. In zwei Tagen gelangte ich nach Metz, wo ich in dem ausgezeichneten Gasthof ›Zum König Dagobert‹ abstieg. Ich fand dort den schwedischen Grafen Lewenhaupt, den ich bei der in Paris lebenden Fürstin von Anhalt-Zerbst, der Mutter der Zarin von Rußland, kennengelernt hatte. Er lud mich zum Abendessen mit dem Herzog von Zweibrücken ein, der allein und inkognito nach Paris reiste, um Ludwig XV., dessen treuer Freund er bis zu seinem Tode war, einen Besuch zu machen.

Am Tage nach meiner Ankunft gab ich meinen Brief beim Intendanten ab, der mich für alle Tage zum Mittagessen einlud. Monsieur de Lastic war nicht in Metz; das tat mir leid, denn er würde viel dazu beigetragen haben, meinen Aufenthalt in der schönen Stadt angenehm zu machen. Am selben Tage schickte ich fünfzig Louis an die Corticelli und schrieb ihr, sie möchte mit ihrer Mutter zu mir kommen, sobald sie frei wäre, und sich von irgendeinem des Weges kundigen Mann begleiten lassen. Sie konnte Prag erst zu Beginn der Fastenzeit verlassen; um sicher zu sein, daß sie mich nicht im Stich lassen würde, versprach ich ihr in meinem Brief, ihr Glück zu machen.

Nach vier oder fünf Tagen war ich in der Stadt sehr gut bekannt, ich verließ jedoch die Gesellschaften, um ins Theater zu gehen, wo eine Schauspielerin der komischen Oper mich gefesselt hatte. Sie hieß Raton und war fünfzehn Jahre alt, das heißt, nach der Mode der Bühnenkünstlerinnen, die stets mindestens zwei oder drei Jahre unterschlagen – eine Schwäche übrigens, die allen Frauen gemeinsam ist und die man ihnen wohl vergeben muß, da für sie Jugend der höchste Vorzug ist. Raton war nicht eigentlich schön, aber sehr anziehend; besonders aber wurde sie deshalb begehrt, weil sie ihre Entjungferung zum Preise von fünfundzwanzig Louis ausgeschrieben hatte. Für einen Louis konnte man eine Nacht mit ihr zubringen, um den Versuch zu machen; die fünfundzwanzig sollten erst fällig sein, wenn es dem Neugierigen gelingen würde, das Werk zu vollbringen.

Es war stadtkundig, daß mehrere Offiziere und junge Parlamentsräte den Versuch erfolglos gemacht hatten; jeder hatte seinen Louis bezahlt.

Die Geschichte war zu pikant, als daß ich dem Wunsch hätte widerstehen können, einen Versuch zu machen. Ich ließ mich also sofort vormerken; da ich mich aber nicht anführen lassen wollte, traf ich meine Vorsichtsmaßregeln. Ich sagte der Schönen, sie solle zu mir zum Souper kommen; ich würde ihr fünfundzwanzig Louis geben, wenn ich vollständig glücklich wäre; im entgegengesetzten Fall jedoch sollte sie sechs Louis statt eines erhalten, vorausgesetzt, daß sie nicht versperrt wäre. Ihre Tante versicherte mir, diesen Mangel würde ich nicht an ihr finden.

Raton kam mit ihrer Tante, die uns nach Tisch verließ, um die Nacht in einer Nebenkammer zu verbringen. Das Mädchen war ein Meisterwerk vollendeter Formen, und ich war nicht ganz glücklich bei dem Gedanken, das liebliche, lachende Geschöpf ganz in meiner Verführung zu haben und für die Eroberung dieses nicht goldenen, sondern ebenholzschwarzen Vlieses zu streiten, das die glänzendste Jugend von Metz vergeblich zu erringen sich bemüht hatte. Der Leser wird vielleicht denken, daß mich, der ich nicht mehr in der ersten Jugendkraft stand, die vergeblichen Bemühungen so vieler anderer hätten entmutigen sollen; aber ganz im Gegenteil: ich kannte mich und lachte nur darüber. Die Herren, die den Versuch unternommen hatten, waren Franzosen, die es besser verstanden, Festungen im Sturm zu nehmen, als die List einer jungen Spitzbübin zu vereiteln, die sich beiseite zu stehlen weiß. Als Italiener kannte ich das, und ich hatte meine Vorbereitungen getroffen, so daß ich nicht am Siege zweifelte.

Aber meine Vorbereitungen waren überflüssig, denn sobald Raton in meinen Armen lag und an der Art meines Angriffs merkte, daß ihre List wirkungslos war, kam sie meinen Wünschen entgegen, ohne den Betrug zu versuchen, der sie in den Augen unerfahrener Kämpfer als etwas erscheinen ließ, was sie nicht mehr war. Sie gab sich ehrlich hin, und als ich ihr Geheimhaltung versprach, erwiderte sie Glut mit Glut. Sie war nicht mehr bei ihrem Probestück, und ich hätte folglich nicht nötig gehabt, ihr die fünfundzwanzig Louis zu geben; aber ich war zufrieden, und da mir an der Erstlingsschaft wenig lag, so belohnte ich sie, als wenn ich der erste gewesen wäre, der von dieser Traube naschte.

Ich behielt Raton bis zur Ankunft der Corticelli für einen Louis täglich bei mir, und sie mußte mir wohl treu bleiben, denn ich ließ sie nicht aus den Augen. Um jedoch keinen Anlaß zur Eifersucht zu geben, lud ich ihre bisherigen Liebhaber häufig zum Abendessen ein. Der Umgang mit diesem jungen Mädchen, das einen durchaus liebenswürdigen Charakter hatte, bekam mir so wohl, daß es mir sehr leid tat, meine Italienerin erwarten zu müssen, deren Ankunft man mir eines Tages in dem Augenblick meldete, als ich aus der Loge der Madame Tschudi trat, um mich nach Hause zu begeben. Mein Lohndiener sagte mir laut, meine Frau Gemahlin mit meiner Tochter und einem Herrn sei soeben aus Frankfurt angekommen und erwarte mich im Gasthof.

»Dummkopf«, sagte ich zu ihm, »ich habe weder Frau noch Tochter.«

Trotzdem wußte am nächsten Tage ganz Metz, daß meine Familie angekommen sei.

Die Corticelli fiel mir nach ihrer Gewohnheit lachend um den Hals, und die Alte stellte mir den ehrenwerten Herrn vor, der sie von Prag nach Metz begleitet hatte. Es war ein Italiener namens Monti, der seit langen Jahren in Prag wohnte, wo er italienischen Unterricht gab. Ich ließ Signor Monti und der Alten eine anständige Wohnung geben, und dann führte ich den jungen Tollkopf auf mein Zimmer. Ich fand sie zu ihrem Vorteil verändert; sie war größer geworden, ihre Formen hatten sich mehr entwickelt, und ihre anmutigen Manieren machten vollends aus ihr ein sehr hübsches Mädchen.

»Und warum, du Närrin, hast du deiner Mutter erlaubt, sich für meine Frau auszugeben; glaubst du, dies sei für mich sehr schmeichelhaft? Sie hätte sich für deine Gesellschaftsdame ausgeben müssen, wenn sie dich für meine Tochter gelten lassen wollte.«

»Meine Mutter ist eigensinnig; sie würde sich lieber prügeln lassen, als für meine Gesellschaftsdame gehalten zu werden. Denn in ihrem beschränkten Verstande verwechselt sie die Bedeutung von Gesellschaftsdame und Kupplerin.«

»Das ist dumm und verrückt; aber ich werde sie mit Güte oder mit Gewalt zur Vernunft bringen. Du bist ja, wie ich sehe, gut gekleidet; du hast also dein Glück gemacht?«

»Ich hatte in Prag den Grafen N. für mich gewonnen, und dieser war freigebig. Vor allem aber, lieber Freund, bitte ich dich, Monsieur Monti nach Hause zu schicken. Der brave Mann hat seine Familie in Prag: er kann nicht lange hier bleiben.«

»Du hast recht, ich werde ihn sofort heimschicken.«

Der Postwagen fuhr am selben Abend nach Frankfurt ab; ich ließ Monti rufen, dankte ihm für seine Gefälligkeit und belohnte ihn reichlich; er reiste sehr zufrieden ab.

Da ich in Metz nichts mehr zu tun hatte, verabschiedete ich mich von meinen neugewonnenen Bekannten. Die zweite Nacht schlief ich in Nancy und schrieb von dort aus an Madame d'Urfé, ich käme mit meiner Jungfrau, dem letzten Sproß der Familie Lascaris, die in Konstantinopel regiert hätte. Ich bat sie, das junge Mädchen aus meinen Händen in einem Landhause zu empfangen, das ihrer Familie gehörte und wo wir notwendigerweise einige Tage bleiben müßten, um uns mit etlichen kabbalistischen Zeremonien zu beschäftigen.

Sie antwortete mir, sie erwarte mich in Pont-Carré, einem alten Schloß, vier Meilen außerhalb von Paris, und werde dort die junge Prinzessin in aller Freundschaft empfangen, die sie nur wünschen könne.

›Ich schulde ihr dies um so mehr‹, schrieb die großartige Närrin, ›da die Familie Lascaris mit der Familie d'Urfé verschwägert ist, und ich in der Leibesfrucht dieser Jungfrau wiedergeboren werden soll.‹

Ich fühlte, daß ich ihre Begeisterung zwar nicht abkühlen, wohl aber in Zaum halten konnte und von Ausbrüchen abhalten mußte. Ich schrieb ihr daher sofort über dieses Kapitel und setzte ihr auseinander, warum sie sich damit begnügen müsse, das Mädchen als Gräfin zu behandeln. Zum Schluß meldete ich ihr, wir würden mit der Gesellschaftsdame der jungen Lascaris am Montag der Karwoche eintreffen.

Ich verbrachte in Nancy etwa zwölf Tage damit, meinem jungen Tollkopf Instruktionen zu geben und ihre Mutter davon zu überzeugen, daß sie sich damit begnügen müßte, die bescheidene Dienerin der Gräfin Lascaris zu sein. Dies gelang mir mit großer Mühe: ich mußte ihr nicht nur vorstellen, daß ihr Glück von ihrem unbedingten Gehorsam abhänge, sondern ich mußte ihr sogar drohen, sie allein nach Bologna zurückzuschicken. Ich habe meine Hartnäckigkeit tief bereut. Der Eigensinn der alten Frau war eine Eingebung meines guten Geistes, der mir den schwersten Fehler ersparen wollte, den ich je in meinem Leben begangen habe!

Am verabredeten Tage kamen wir in Pont-Carré an. Madame

d'Urfé, der ich die Stunde unserer Ankunft angezeigt hatte, ließ die Zugbrücken des Schlosses herunter und stand über dem Tor inmitten aller ihrer Leute wie ein General, der uns die Festung mit allen Kriegsehren hätte übergeben wollen. Die liebe Dame, die nur darum verrückt war, weil sie zuviel Geist hatte, empfing die falsche Prinzessin so ausgezeichnet, daß diese sehr erstaunt darüber gewesen wäre, hätte ich sie nicht vorsichtigerweise darauf vorbereitet. Sie drückte sie mit überströmender mütterlicher Zärtlichkeit dreimal in ihre Arme, nannte sie ihre herzlich geliebte Nichte und erzählte ihr die ganze Genealogie der Häuser d'Urfé und Lascaris, um ihr nachzuweisen, inwiefern sie ihre Tante wäre. Es überraschte mich sehr angenehm, daß die ausgelassene Italienerin ihr mit einer Miene herablassender Würde zuhörte und nicht einen Augenblick lachte, obgleich ihr diese Komödie sehr lächerlich erscheinen mußte.

Sobald wir das Haus betreten hatten, nahm Madame d'Urfé wie eine Zauberin geheimnisvolle Handlungen vor; sie beweihräucherte die Neuangekommene, die diese Ehre mit der ganzen Bescheidenheit einer Operngöttin hinnahm und sich hierauf in die Arme der Priesterin stürzte, die sie mit der größten Begeisterung ans Herz drückte.

Bei Tisch war die Gräfin lustig, anmutig und unterhaltsam; dies gewann ihr die Liebe von Madame d'Urfé, die durchaus nicht erstaunt war, daß sie nur gebrochen Französisch sprach. Die Dame Laura, die nur Italienisch verstand, kam gar nicht in Betracht. Man gab ihr ein gutes Zimmer; sie aß dort und verließ es nur, um in die Messe zu gehen.

Schloß Pont-Carré war eine Art Festung, die zur Zeit der Bürgerkriege mehrere Belagerungen bestanden hatte. Das Schloß war viereckig, wie schon sein Name besagt; an den vier Ecken befanden sich zinnengekrönte Türme, und es war von einem breiten Graben umgeben. Die Gemächer waren groß und reich, aber altmodisch möbliert. Die Luft war von giftigen Mücken voll, die uns beinahe auffraßen und uns sehr schmerzhafte Beulen im Gesicht verursachten; ich hatte mich jedoch verpflichtet, acht Tage dort zu verbringen, und es wäre für mich sehr schwer gewesen, einen Vorwand zu finden, um diese Zeit abzukürzen. Die Schloßherrin ließ neben ihrem Bett ein zweites für ihre Nichte aufschlagen; ich hatte jedoch nicht zu befürchten, daß sie versuchen würde, sich von ihrer Jungfräulichkeit zu überzeugen, denn das

Orakel hatte ihr dies verboten, mit der Drohung, daß dadurch die Aktion, die wir auf den vierzehnten Tag des Aprilmondes angesetzt hatten, wirkungslos bleiben würde.

An jenem Tag nahmen wir ein einfaches Abendessen ein, worauf ich mich zu Bett legte. Eine Viertelstunde darauf führte Madame d'Urfé mir die Jungfrau Lascaris zu. Sie entkleidete sie, parfümierte sie und legte ihr einen herrlichen Schleier an. Nachdem sie sie an meine Seite gelegt hatte, blieb sie; denn sie wollte bei der Handlung anwesend sein, deren Ergebnis neun Monate später ihre Wiedergeburt sein sollte.

Der Akt wurde in aller Form vollzogen; als dies geschehen war, ließ die Schloßherrin uns für die Nacht allein, die wir aufs beste anwendeten. Hierauf schlief die Gräfin bis zum Tage des Mondwechsels bei ihrer Tante. An diesem Tage mußte ich das Orakel befragen, um zu erfahren, ob die junge Lascaris durch den Akt empfangen habe. Dies konnte wohl sein, denn es war nichts versäumt worden, um dieses Ziel zu erreichen; ich hielt es jedoch für vorsichtiger, ihr antworten zu lassen, die Operation sei mißlungen, weil der kleine Aranda[4] hinter einem Wandschirm alles gesehen habe. Madame d'Urfé war in Verzweiflung darüber; ich tröstete sie jedoch durch eine zweite Antwort, worin das Orakel ihr sagte, was im Aprilmonat in Frankreich nicht gelungen sei, könne wohl im Maimonat außerhalb des Königreichs gelingen; sie müsse jedoch den neugierigen Knaben, dessen Einfluß so verhängnisvoll gewesen sei, mindestens auf ein Jahr hundert Meilen von Paris fortschaffen. Das Orakel gab zugleich an, wie Aranda reisen sollte: er müßte einen Hofmeister, einen Bedienten und eine gute Ausstattung haben.

Das Orakel hatte gesprochen, mehr war nicht nötig. Madame d'Urfé dachte sofort an einen Abbé, den sie liebte, und der junge Aranda wurde mit dringenden Empfehlungen an seinen Paten Monsieur de Rochebaron nach Lyon geschickt. Der Jüngling war hocherfreut, daß er auf Reisen gehen solle, und hat niemals die geringste Ahnung von der kleinen Verleumdung gehabt, die ich mir erlaubte, um ihn zu entfernen. Daß ich so handelte, geschah nicht aus reiner Laune. Ich hatte auf das deutlichste bemerkt, daß die Corticelli in ihn verliebt war und daß ihre Mutter das Verhältnis begünstigte. Ich hatte sie zweimal auf ihrem Zimmer mit dem jungen Mann überrascht, der sich aus ihr nicht mehr machte, als ein heranwachsender Jüngling sich überhaupt aus Mädchen macht.

Da ich die Absichten meiner Italienerin nicht billigte, so ärgerte Signora Laura sich, daß ich mich der Neigung ihrer Tochter widersetzte.

Die Hauptsache war nun, den Ort im Ausland zu bestimmen, wohin wir uns begeben sollten, um die geheimnisvolle Operation zu erneuern. Wir entschieden uns für Aachen, und in fünf oder sechs Tagen war alles zu unserer Reise bereitet.

Die Corticelli war böse auf mich, daß ich ihr den Gegenstand ihrer Liebe entrissen hatte. Sie machte mir heftige Vorwürfe darüber und begann sich ungezogen gegen mich zu benehmen; sie verstieg sich sogar zu Drohungen, falls ich den hübschen Jungen, wie sie ihn nannte, nicht zurückkommen ließe.

»Es kommt Ihnen nicht zu, eifersüchtig zu sein«, sagte sie zu mir, »ich habe über mich allein zu bestimmen.«

»Zugegeben, meine Schöne; aber in der Lage, in die ich dich versetzt habe, kommt es mir zu, dich davon abzuhalten, daß du dich wie eine Prostituierte beträgst.«

Die Mutter wurde wütend und sagte mir, sie wolle mit ihrer Tochter nach Bologna zurückkehren; um sie zu beruhigen, versprach ich ihr, ich würde sie nach unserer Aachener Reise selber hinbringen.

Da ich jedoch besorgt war und Scherereien befürchtete, beschleunigte ich meine Abreise. Im Mai fuhren wir los. In einer Berline saß ich mit Madame d'Urfé, der falschen Lascaris und ihrer Lieblingszofe namens Brougnole. Ein zweisitziges Kabriolett folgte; in ihm fuhren Signora Laura und eine zweite Kammerzofe. Zwei Bediente in großer Livree saßen auf dem Bock der Berline. Wir ruhten uns einen Tag in Brüssel aus und einen zweiten in Lüttich. In Aachen fanden wir eine große Zahl sehr vornehmer Fremder, und auf dem ersten Ball stellte Madame d'Urfé meine Lascaris zwei mecklenburgischen Prinzessinnen als ihre Nichte vor. Die falsche Gräfin empfing ihre Freundlichkeiten mit bescheidener Anmut; sie erregte die besondere Aufmerksamkeit des Markgrafen von Bayreuth und seiner Tochter, der Herzogin von Württemberg, die sie völlig in Beschlag nahmen und sie erst am Ende des Balles wieder freigaben. Ich saß wie auf Dornen, denn ich hatte Angst, meine Heldin möchte sich durch irgendeine Unvorsichtigkeit verraten. Sie tanzte mit einer Anmut, die ihr die Aufmerksamkeit und den Beifall der ganzen Gesellschaft verschaffte. Man machte mir Komplimente darüber. Ich litt Höllenqualen, denn diese Komplimente kamen mir boshaft vor; ich glaubte, jeder hätte in der Gräfin die verkleidete Ballettänzerin erraten, und ich sah mich schon entehrt. Als ich einen Augenblick Gelegenheit hatte, mit dem ausgelassenen Mädchen unter vier Augen zu sprechen, beschwor ich sie, wie ein Fräulein von Stande und nicht wie eine Ballettfigurantin zu tanzen; sie aber war stolz auf ihre Erfolge und wagte mir zu antworten, ein Fräulein von Stande könne recht wohl wie eine Tänzerin tanzen; sie würde niemals sich dazu herablassen, mir zuliebe schlecht zu tanzen. Dieses Benehmen machte mir die Schamlose so zum Ekel, daß ich mich ihrer sofort entledigt haben würde, hätte ich nur gewußt, wie ich es anfangen sollte. Innerlich gelobte ich ihr jedoch, aufgeschoben sollte nicht aufgehoben sein. Mag es ein Laster oder eine Tugend sein – die Rache erlischt in meinem Herzen erst, wenn sie befriedigt ist.

Am Tage nach diesem Ball schenkte Madame d'Urfé der Corticelli ein Schmuckkästchen mit einer sehr schönen brillantenbesetzten Uhr, einem Paar Ohrringe mit Diamanten und einem Ring, dessen Fassung mit einer Rosette von fünfzehn Karat geschmückt war. Das Ganze hatte einen Wert von sechzigtausend Francs. Ich nahm den Schmuck an mich, damit sie nicht auf den Einfall käme, ohne meine Einwilligung abzureisen.

Um mir die Langeweile zu vertreiben, spielte ich; ich verlor mein Geld und machte schlechte Bekanntschaften. Die schlechteste von allen aber war die eines französischen Offiziers namens d'Aché, der eine hübsche Frau und noch hübschere Tochter hatte. Diese Tochter bemächtigte sich bald des Platzes, den die Corticelli bereits nur noch sehr oberflächlich in meinem Herzen eingenommen hatte. Sobald jedoch Madame d'Aché bemerkte, daß ich ihre Tochter ihr vorzog, nahm sie meine Besuche nicht mehr an.

Ich hatte d'Aché zehn Louis geliehen und glaubte mich daher bei ihm über das Benehmen seiner Frau beklagen zu dürfen; er antwortete mir jedoch in scharfem Ton: da ich nur wegen der Tochter in seine Wohnung komme, so habe seine Frau recht. Seine Tochter könne Anspruch darauf erheben, einen Gatten zu finden, und wenn ich gute Absichten habe, brauche ich mich nur ihrer Mutter zu erklären. An diesen Worten war allerdings weiter nichts beleidigend als der Ton, aber ich fühlte mich durch diesen wirklich verletzt; da ich jedoch den Mann als einen rohen

Grobian und Trunkenbold kannte, der stets bereit war, um ein Ja oder Nein die Klinge zu kreuzen, so entschloß ich mich, zu schweigen und die Tochter zu vergessen; denn ich wollte mich nicht mit einem solchen Menschen bloßstellen. In solcher Verfassung und einigermaßen von meiner Schwärmerei für die Tochter geheilt, betrat ich vier Tage nach diesem Gespräch einen Billardsaal, wo d'Aché mit einem Schweizer Offizier in schwedischen Diensten, namens Schmit, spielte. Als d'Ache mich erblickte, fragte er, ob ich um die zehn Louis wetten wolle, die er mir schuldig sei. Da die Partie gerade begann, so antwortete ich ihm: »Topp! Also zwanzig oder nichts!«

Als gegen Ende der Partie d'Aché sich im Nachteil sah, machte er einen so offenbar regelwidrigen Stoß, daß der Billardkellner es ihm sagte; d'Aché aber, der durch diesen Stoß gewonnen hatte, bemächtigte sich des eingesetzten Geldes und steckte es in die Tasche, ohne auf die Bemerkungen des Kellners und seines Gegners zu achten. Als dieser sich betrogen sah, versetzte er dem Gauner mit dem Billardstock einen Schlag übers Gesicht. D'Aché hatte den Schlag gemildert, indem er ihn zum Teil mit dem Arm parierte; er zog den Degen und stürzte sich auf Schmit, der unbewaffnet war. Der Kellner, ein kräftiger junger Mensch, packte d'Aché um den Leib und verhinderte den Mord. Der Schweizer ging hinaus und sagte: »Auf Wiedersehen.«

Der Spitzbube war inzwischen ruhig geworden, er sah mich an und sagte: »Wir sind also quitt.«

»Sehr quitt.«

»Das ist alles ganz schön, aber zum Teufel noch mal, Sie waren in der Lage, mir eine Beschimpfung zu ersparen, die mich entehrt.«

»Ich hätte das gekonnt, aber mich zwang nichts dazu. Übrigens müssen Sie Ihre Rechte kennen. Schmit hatte seinen Degen nicht bei sich; aber ich halte ihn für einen beherzten Mann, und er wird Ihnen Genugtuung geben, wenn Sie Mut genug haben, ihm sein Geld wiederzugeben, da Sie nun doch mal verloren haben.«

Ein Offizier, namens de Pienne, nahm mich auf die Seite und sagte mir, er würde mir selber die zwanzig Louis bezahlen, die d'Aché in die Tasche gesteckt hätte; aber Schmit müßte ihm mit dem Degen in der Hand Genugtuung geben. Ich versprach ihm ohne Zaudern, daß der Schweizer diese Pflicht erfüllen würde, und erbot mich, ihm am nächsten Tage eine bejahende Antwort zur selben Stelle zu überbringen.

Ich konnte nicht daran zweifeln; ein Ehrenmann, der eine Waffe trägt, muß stets bereit sein, sich ihrer zu bedienen, um eine Beleidigung zurückzuweisen, die seine Ehre verletzt, oder um für eine Beleidigung, die er etwa zugefügt hat, Genugtuung zu geben. Ich weiß, dies ist ein Vorurteil, das man vielleicht mit Recht barbarisch nennt. Aber es gibt gesellschaftliche Vorurteile, denen ein Mann von Ehre sich nicht entziehen kann, und ich hielt Schmit für einen tadellosen Mann.

Bei Tagesanbruch begab ich mich zu ihm; er lag noch im Bett und sagte, sobald er mich sah: »Ich bin überzeugt, Sie wollen mich einladen, mich mit d'Aché zu schlagen. Ich bin gern bereit, einen Schuß loszuknallen, wenn ihm das Vergnügen macht, aber nur unter der Bedingung, daß er mir die zwanzig Louis bezahlt, die er mir gestohlen hat.«

»Sie bekommen sie morgen früh; ich werde Ihnen zur Seite stehen. D'Achés Sekundant wird Monsieur de Pienne sein.«

»Abgemacht. Ich werde Sie mit Tagesanbruch hier erwarten.«

Zwei Stunden später kam ich mit de Pienne zusammen, und wir verabredeten, daß das Duell am nächsten Morgen sechs Uhr mit zwei Pistolen stattfinden sollte. Als Ort wählten wir einen Garten, der eine halbe Meile vor der Stadt lag.

Mit Tagesanbruch fand ich meinen Schweizer vor der Tür seiner Wohnung; er summte den Kuhreigen, der seinen Landsleuten so teuer ist. Dies schien mir ein gutes Vorzeichen zu sein.

»Da sind Sie ja! Gehen wir.«

Unterwegs sagte er: »Ich habe mich stets nur mit anständigen Leuten geschlagen, und ich finde es hart, daß ich einen Spitzbuben töten soll; das wäre ein Henkersgeschäft.«

»Ich begreife«, erwiderte ich, »daß es sehr unangenehm ist, sein Leben gegen solche Leute zu wagen.«

»Ich wage nichts dabei«, sagte Schmit lachend; »denn ich bin sicher, daß ich ihn töten werde.«

»Sicher? Warum?«

»Vollkommen sicher; denn ich werde ihm angst machen.«

Er hatte recht. Dieses Mittel ist unfehlbar, wenn man sich seiner zu bedienen weiß und wenn man es mit einem Feigling zu tun hat. Wir fanden d'Aché und de Pienne bereits an Ort und Stelle und sahen außerdem fünf oder sechs Leute da, die nur aus Neugier gekommen sein konnten.

D'Aché zog zwanzig Louis aus seiner Tasche, gab sie seinem

Gegner und sagte ihm: »Ich kann mich getäuscht haben; aber ich werde Sie Ihre Roheit teuer bezahlen lassen.«

Hierauf wandte er sich zu mir und sagte: »Ich schulde Ihnen zwanzig Louis.«

Ich antwortete ihm nicht.

Schmit steckte mit dem ruhigsten Gesicht und ohne dem Prahlhans ein Wort zu erwidern, das Geld in seine Börse, stellte sich zwischen zwei Bäume, die etwa vier Schritte weit voneinander entfernt waren, zog zwei Pistolen aus der Tasche und sagte zu d'Aché: »Sie können sich in einer Entfernung von zehn Schritten aufstellen und zuerst schießen. Die Entfernung zwischen diesen zwei Bäumen bestimme ich für meine Bewegungsfreiheit. Sie können, wenn Sie Lust haben, ebenfalls hin- und hergehen, wenn ich an der Reihe bin zu schießen.«

Man konnte sich nicht deutlicher und ruhiger ausdrücken.

»Aber«, sagte ich, »es müßte doch erst entschieden werden, wer den ersten Schuß haben soll.«

»Das ist überflüssig«, sagte Schmit, »ich schieße niemals zuerst; übrigens hat Monsieur ein Recht auf den ersten Schuß.«

De Pienne wies seinem Freund einen Platz in der angegebenen Entfernung an und trat dann mit mir zur Seite. D'Aché schoß auf seinen Gegner, der langsam hin- und herging, ohne ihn anzusehen. Schmit drehte sich mit der größten Kaltblütigkeit um und sagte zu ihm: »Sie haben mich verfehlt, Monsieur; ich war dessen sicher; schießen Sie noch einmal.«

Ich glaubte, er wäre verrückt geworden, und dachte, es würde zu Vergleichsverhandlungen kommen. Aber nein: d'Aché machte von der Erlaubnis Gebrauch und feuerte seinen zweiten Schuß ab, verfehlte aber zum zweitenmal seinen Gegner. Dieser sagte kein Wort, feuerte mit fester und entschlossener Miene seinen ersten Schuß in die Luft ab, schlug dann die zweite Pistole auf d'Aché an und traf ihn mitten in die Stirn, so daß er tot zu Boden stürzte. Schmit steckte seine Pistolen wieder in die Tasche und entfernte sich sofort allein, als wenn er seinen Spaziergang fortsetzte. Zwei Minuten später ging ich ebenfalls, als ich mich überzeugt hatte, daß der unglückliche d'Aché leblos war.

Ich war starr vor Erstaunen; ein derartiges Duell kam mir wie ein Traum vor, mehr wie eine Begebenheit aus einem Roman als aus der Wirklichkeit. Es blieb mir völlig unbegreiflich; ich hatte auf Schmits unbeweglichem Gesicht nicht die geringste Veränderung des Ausdrucks bemerkt.

Ich ging zum Frühstück zu Madame d'Urfé, die ich untröstlich fand, weil gerade an dem Tage Vollmond war und ich um vier Uhr drei Minuten die geheimnisvolle Erschaffung des Kindes bewirken sollte, durch das sie wiedergeboren zu werden hoffte. Die göttliche Lascaris aber, die das auserwählte Gefäß sein sollte, krümmte sich in ihrem Bett in angeblichen Krämpfen, die es mir unmöglich machen mußten, das Zeugungswerk zu vollziehen.

Als Madame d'Urfé untröstlich mir dieses Mißgeschick berichtete, heuchelte ich großes Bedauern; in Wirklichkeit war der boshafte Streich meiner Tänzerin mir sehr erwünscht, erstens weil sie mir durchaus kein Verlangen mehr einflößte, zweitens weil ich sah, daß ich diesen Umstand benutzen konnte, um mich zu rächen und sie zu bestrafen.

Ich spendete Madame d'Urfé wortreichen Trost; dann zog ich das Orakel zu Rate und fand, die kleine Lascaris sei durch einen bösen Genius verdorben worden und ich müsse von neuem das vom Schicksal bestimmte Mädchen suchen, dessen Reinheit unter dem Schutze höherer Genien stände. Als ich die Närrin von den Versprechungen des Orakels vollständig beglückt sah, verließ ich sie und suchte die Corticelli auf, die ich auf ihrem Bett liegend fand; ihre Mutter saß neben ihr.

»Du hast also Krämpfe, meine Liebe?«

»Nein, ich befinde mich sehr wohl; aber ich werde so lange Krämpfe haben, bis du mir mein Schmuckkästchen herausgibst.«

»Du bist unartig geworden, arme Kleine, und das kommt davon, daß du den Ratschlägen deiner Mutter folgst. Das Schmuckkästchen wirst du vielleicht niemals bekommen, wenn du dich so aufführst.«

»Dann werde ich alles aufdecken.«

»Man wird dir nicht glauben, und ich werde dich nach Bologna zurückschicken und lasse dir kein einziges von den Geschenken, die Madame d'Urfé dir gemacht hat.«

»Du mußt mir das Schmuckkästchen augenblicklich herausgeben, oder ich erkläre mich für schwanger. Ich bin es. Wenn du mein Verlangen nicht erfüllst, sage ich deiner alten Verrückten alles, und was danach kommt, ist mir einerlei.«

Sehr überrascht sah ich sie an, ohne ein Wort zu sprechen; aber ich dachte bereits über die Mittel nach, wie ich mir das freche

Geschöpf vom Halse schaffen könnte. Signora Laura sagte mir ganz ruhig, ihre Tochter sei wirklich schwanger, aber sie sei es nicht von mir.

»Von wem denn?«

»Vom Grafen N., dessen Geliebte sie in Prag war.«

Dies schien mir nicht möglich, denn es war kein äußeres Anzeichen von Schwangerschaft an ihr zu entdecken; aber immerhin konnte es doch sein. Da ich einen Entschluß fassen mußte, um die Pläne der beiden Spitzbübinnen zu vereiteln, so entfernte ich mich, ohne ein Wort zu sagen, und schloß mich mit Madame d'Urfé ein, um das Orakel wegen der Operation zu befragen, die sie glücklich machen sollte.

Nach einer Menge von Antworten, die alle noch unklarer waren als die Orakel der Pythia auf dem Dreifuß von Delphi und deren Auslegung ich infolgedessen meiner armen verblendeten Madame d'Urfé überließ, fand sie selber – und ich hütete mich wohl, ihr zu widersprechen –, daß die kleine Lascaris wahnsinnig geworden wäre. In dieser Befürchtung bestärkte ich sie, und es gelang mir, sie aus einer kabbalistischen Zahlenreihe die Antwort finden zu lassen: die Prinzessin habe den Erwartungen nicht entsprechen können, weil sie durch einen dem Rosenkreuzerorden feindlichen bösen Genius entweiht worden sei; und da sie einmal so schön auf dem Wege war, so fügte sie aus eigenem Antrieb hinzu, das junge Mädchen müsse von einem Gnomen schwanger sein.

Hierauf bildete sie eine andere Pyramide, um zu erfahren, wie wir uns benehmen müßten, um unser Ziel sicher zu erreichen, und dank meiner Leitung fand sie die Antwort, sie müsse an den Mond schreiben.

Dieser Unsinn, der sie hätte zur Vernunft bringen müssen, erfüllte sie mit höchster Freude. Sie war vor Begeisterung ganz verrückt, und ich gewann die Überzeugung, daß alle meine Mühe vergeblich gewesen wäre, selbst wenn ich ihr die Nichtigkeit ihrer Hoffnungen hätte dartun wollen. Sie hätte höchstens geglaubt, ein feindlicher Genius habe mich beherrscht und ich sei kein vollkommener Rosenkreuzer mehr. Ich dachte jedoch nicht daran, eine Heilung zu versuchen, die für mich so unvorteilhaft gewesen wäre, ohne ihr zu nützen. Ihre Hirngespinste machten sie glücklich, und die Wahrheit würde sie ohne Zweifel unglücklich gemacht haben.

Sie empfing also den Befehl, an den Mond zu schreiben, mit um so größerer Freude, da sie den Ritus, der diesem Planeten gefällt, und die Zeremonien, die dabei erforderlich waren, genau kannte; sie konnte jedoch die Vorschriften nur mit dem Beistand eines Adepten ausführen, und ich wußte, daß sie auf mich rechnete. Ich sagte ihr, ich stände vollkommen zu ihrer Verfügung; wir müßten jedoch das erste Viertel des nächsten Mondes abwarten – was sie ebensogut wußte wie ich. Es war mir sehr angenehm, Zeit zu gewinnen, denn da ich im Spiel viel Geld verloren hatte, so war es mir unmöglich, Aachen vor dem Empfang einer Summe zu verlassen, die ich durch einen Wechsel auf Mijnheer D. O. in Amsterdam gezogen hatte. Unterdessen kamen wir überein, daß wir auf alles, was die Lascaris in ihren Wahnsinnsanfällen sagen würde, nicht achten wollten; denn da ihr Denken sich in der Gewalt eines bösen Geistes befände, der sie besessen hielte, so wurden ihre Worte ihr ja von diesem eingeflößt.

Da jedoch ihr Zustand bemitleidenswert sei, so beschlossen wir, um ihr Los ihr so erträglich wie möglich zu machen, sie auch in Zukunft mit uns essen zu lassen; abends jedoch sollte sie sofort nach Tisch und im Zimmer ihrer Gesellschaftsdame zu Bett gehen.

Nachdem ich auf diese Weise Madame d'Urfé dahin bearbeitet hatte, daß sie von allen Mitteilungen, die die Corticelli ihr etwa machen konnte, nichts glaubte, sondern sich nur mit dem Brief beschäftigte, den sie dem Genius Selenis, der den Mond bewohnt, schreiben sollte, befaßte ich mich ernstlich mit den Mitteln, das verlorene Geld wiederzugewinnen, was nicht auf dem Wege der Kabbala geschehen konnte. Ich versetzte das Schmuckkästchen der Corticelli für tausend Louis und hielt eine Bank in einem englischen Club, wo ich viel mehr gewinnen konnte als von den Franzosen oder Deutschen.

Drei oder vier Tage nach dem Tode d'Achés schrieb seine Witwe mir ein Briefchen und bat mich, bei ihr vorzusprechen. Ich fand de Pienne bei ihr. Sie sagte mir in traurigem Ton, ihr Mann hätte viele Schulden gehabt und seine Gläubiger hätten sich daher aller ihrer Sachen bemächtigt; es sei ihr infolgedessen unmöglich, die Reisekosten zu bestreiten, um sich mit ihrer Tochter zu ihrer Familie nach Colmar zu begeben.

»Sie sind schuld an dem Tode meines Gatten; ich verlange von Ihnen tausend Taler. Wenn Sie mir diese verweigern, werde ich

Sie verklagen; denn da der Schweizer Offizier abgereist ist, kann ich mich nur an Sie halten.«

»Ihre Sprache überrascht mich, Madame«, antwortete ich ihr in kaltem Ton. »Wenn ich nicht vor Ihrem Unglück Achtung hätte, so würde ich darauf mit der ganzen Bittterkeit antworten, die Ihr Vorgehen mir einflößen muß. Zunächst besitze ich überhaupt keine tausend Taler, um sie zum Fenster hinauszuwerfen; und selbst wenn ich sie hätte, so wäre Ihr drohender Ton wenig geeignet, mich zu einem solchen Opfer zu veranlassen. Übrigens bin ich neugierig, wie Sie es anfangen wollen, mich zu verklagen. Monsieur Schmit hat sich als tapferer und ehrlicher Mann geschlagen, und ich weiß noch nicht recht, ob es Ihnen wirklich großen Vorteil bringen würde, ihn zu verklagen, wenn er hier geblieben wäre. Leben Sie wohl, Madame!«

Ich war kaum fünfzig Schritte von dem Hause entfernt, als de Pienne mir nachkam und mir sagte, bevor Madame d'Aché die Klage gegen mich einreichte, müßten wir an einem abgelegenen Ort uns die Kehle abschneiden. Wir hatten alle beide keinen Degen bei uns.

»Ihre Absicht ist wenig schmeichelhaft«, sagte ich ruhig zu ihm; »es liegt darin etwas Brutales, das mir durchaus keine Lust macht, mich mit einem Mann bloßzustellen, den ich nicht kenne und dem ich nichts schuldig bin.«

»Sie sind ein Feigling!«

»Ich wäre es vielleicht, wenn ich wäre wie Sie. Welche Meinung Sie von mir haben, ist mir höchst gleichgültig.«

»Es wird Ihnen leid tun!«

»Vielleicht; einstweilen mache ich Sie als ehrlicher Mann darauf aufmerksam, daß ich niemals ohne zwei gut geladene Pistolen ausgehe und daß ich mich ihrer zu bedienen weiß. Hier sind sie!« Mit diesen Worten zog ich meine Pistolen aus der Tasche und spannte die eine, die ich in der rechten Hand hielt. Bei diesem Anblick stieß der freche Raufbold einen Fluch aus und verschwand; ich entfernte mich nach der anderen Seite.

Dicht bei dem Ort, wo dieser Auftritt vorgefallen war, traf ich einen Neapolitaner, namens Militerni, der damals Oberstleutnant und Adjutant des kommandierenden Generals der französischen Armee, Prinz Condé, war. Dieser Militerni war ein Lebemann, stets zu Diensten bereit und stets ohne Geld. Wir waren Freunde; ich erzählte ihm, was mir zugestoßen war, und sagte zu ihm: es wäre mir unangenehm, mich mit de Pienne einlassen zu müssen, und wenn er ihn mir vom Halse schaffen könne, verspreche ich ihm hundert Taler.

»Das wird nicht unmöglich sein«, antwortete er; »ich werde Ihnen morgen Bescheid sagen.«

Wirklich kam er am nächsten Vormittag zu mir und sagte mir, mein Halsabschneider sei bei Tagesanbruch auf höheren Befehl von Aachen abgereist; zugleich übergab er mir einen guten Paß von Seiner Durchlaucht, dem Prinzen Condé.

Ich gestehe, daß diese Nachricht mir angenehm war. Ich habe mich niemals gefürchtet, mit dem ersten besten den Degen zu kreuzen, obgleich ich auch niemals das barbarische Vergnügen geliebt habe, Menschenblut zu vergießen; diesmal aber widerstrebte es mir im höchsten Grade, mich mit einem Manne einzulassen, den ich für zartfühlender halten konnte als seinen Freund d'Aché. Ich dankte also Militerni recht herzlich und übergab ihm die versprochenen hundert Taler, die nach meiner Meinung sehr gut angewandt waren, so daß mir diese Ausgabe nicht leid tat.

Militerni war ein Günstling des Marschalls d'Estrées, ein Spötter ersten Ranges, es fehlte ihm weder an Verstand noch an Kenntnissen, wohl aber an Selbstzucht und vielleicht auch ein bißchen an Zartgefühl. Übrigens verkehrte es sich sehr angenehm mit ihm, denn er besaß eine unverwüstliche Fröhlichkeit und war ein sehr gewandter Weltmann. Nachdem er im Jahre 1768 zum Brigadegeneral emporgestiegen war, heiratete er in Neapel eine reiche Erbin, die er schon nach dem ersten Jahr seiner Heirat als Witwe zurückließ.

Am Tage nach de Piennes Abreise erhielt ich von Mademoiselle d'Aché ein Briefchen, worin sie mich im Auftrage ihrer kranken Mutter bat, sie zu besuchen. Ich war jetzt überzeugt, daß ich ihre Gunst gewinnen würde. Ich antwortete ihr, ich würde mich zur angegebenen Stunde im Garten L. einfinden und sie könnte mir dort sagen, was sie wünschte.

Ich fand sie am bestimmten Ort mit ihrer Mutter, die trotz ihrer angeblichen Krankheit gekommen war. Da gab es Klagen, Tränen, Vorwürfe! Sie nannte mich ihren Peiniger und sagte mir, die Abreise ihres einzigen Freundes de Pienne bringe sie zur Verzweiflung; sie habe alle ihre Sachen versetzt und besitze keine Hilfsmittel mehr; ich dagegen sei reich und müsse ihr weiterhelfen, wenn ich nicht ein ganz verworfener Mensch wäre.

»Ich bin durchaus nicht unempfindlich gegenüber Ihrem Schicksal, Madame. Ihre Beleidigungen lassen mich zwar kalt, aber ich kann mich nicht enthalten, Ihnen zu sagen, daß Sie sich als verworfenes Weib gezeigt haben, indem Sie de Pienne, der ja sonst vielleicht ein ganz anständiger Mensch ist, aufgehetzt haben, mich zu ermorden. Kurz und gut – mag ich reich sein oder nicht, ich bin Ihnen nichts schuldig, aber ich werde Ihnen das Geld geben, um Ihre Sachen auszulösen, und vielleicht werde ich selber Sie nach Colmar bringen; aber Sie müssen damit einverstanden sein, daß ich gleich hier Ihrer reizenden Tochter Beweise meiner Liebe zu geben beginne.«

»Und Sie wagen es, mir solchen abscheulichen Vorschlag zu machen?«

»Abscheulich oder nicht – ich mache ihn.«

»Niemals!«

»Leben Sie wohl, Madame!«

Ich rief den Kellner, um die Erfrischungen zu bezahlen, die ich hatte kommen lassen, und drückte dem jungen Mädchen sechs doppelte Louisdor in die Hand; die hochmütige Mutter bemerkte es jedoch und verbot ihr, das Geld anzunehmen. Mich überraschte dies nicht, trotz der Not, worin sie sich befand; denn diese Mutter war reizend und mehr wert als ihre Tochter. Dies wußte sie. Ich hätte sie vorziehen und auf diese Weise jedem Streit ein Ende machen sollen. Aber die Launen! Wenn man verliebt ist, fragt man sich nach so etwas nicht. Ich fühlte, daß sie mich hassen mußte, um so mehr, da sie ihre Tochter nicht liebte und daher ihr Stolz gedemütigt war, indem ich diese ihr vorgezogen hatte.

Ich behielt die sechs doppelten Louisdor, die der Stolz oder der Ärger zurückgewiesen hatte, in der Hand, ging damit an die Pharaobank und beschloß, sie Fortuna zu opfern; aber die launenhafte Göttin war nicht weniger stolz als die hochmütige Witwe und verweigerte wie diese ihre Annahme. Ich ließ sie fünfmal auf einer Karte stehen und hatte mit diesem einzigen Einsatz die Bank gesprengt. Ein Engländer namens Martin bot mir an, mit mir halbpart zu machen; ich nahm an, weil ich ihn als guten Spieler kannte, und in acht oder zehn Runden machten wir so gute Geschäfte, daß ich nach der Auslösung des Schmuckkästchens nicht nur meine anderen Verluste gedeckt hatte, sondern noch mit einer ziemlich großen Summe im Gewinn war.

Wütend auf mich, hatte die Corticelli unterdessen Madame d'Urfé alles entdeckt; sie hatte ihr eine Beschreibung ihres Lebens und unserer Bekanntschaft gegeben und ihre Schwangerschaft mitgeteilt. Aber je mehr Wahrheit ihre Erzählung enthielt, desto fester bestärkte die gute Dame sich in der Einbildung, daß das Mädchen wahnsinnig sei. Sie lachte mit mir nur über den vermeintlichen Wahnsinn meiner Verräterin und setzte ihr ganzes Vertrauen in die Unterweisungen, welche Selenis ihr in seiner Antwort geben würde.

Da mir jedoch das Benehmen des Mädchens nicht gleichgültig sein konnte, so beschloß ich, sie künftighin im Zimmer ihrer Mutter essen zu lassen. So blieb ich allein mit Madame d'Urfé, der ich versicherte, wir würden leicht ein anderes ausgewähltes Gefäß finden, da die Lascaris wegen ihres Wahnsinns durchaus nicht imstande sei, an unseren Mysterien teilzunehmen.

Von der Not getrieben, sah d'Achés Witwe sich bald gezwungen, mir ihre Mimi abzutreten; aber ich versöhnte sie durch freundliches Benehmen und bewahrte am Anfang den Schein, so daß sie tun konnte, als wenn sie nichts merkte. Ich löste alle von ihr versetzten Sachen aus; mit ihrem Verhalten zufrieden, obgleich ihre Tochter sich noch nicht meiner Glut ganz hingegeben hatte, beschloß ich, die beiden Damen mit Madame d'Urfé nach Colmar zu begleiten. Um die Dame zu diesem guten Werke zu bestimmen, ohne daß sie etwas von dem Beweggrund bemerkte, kam ich auf den Gedanken, sie diesen Befehl in dem Briefe empfangen zu lassen, den sie vom Mond erwartete; ich war gewiß, daß sie alsdann blindlings gehorchen würde.

Den Briefwechsel zwischen Selenis und Madame d'Urfé brachte ich folgendermaßen zustande.

Am entsprechend den Mondphasen festgesetzten Tage speisten wir zusammen in einem Gartenhaus vor der Stadt zu Abend. Ich hatte in einem Zimmer zu ebener Erde alles vorbereitet, was für den Ritus notwendig war. In meiner Tasche hatte ich den Brief, der vom Monde herabschweben sollte, um den von Madame d'Urfé mit großer Sorgfalt vorbereiteten Brief zu beantworten, den wir an seine Adresse absenden wollten. Dicht neben dem Zimmer, wo die Feierlichkeit stattfand, hatte ich eine große Badewanne aufstellen lassen, die mit lauem Wasser gefüllt war und von Essenzen duftete, wie sie dem Gestirn der Nacht gefallen. In dieses Wasser sollten wir gemeinsam hineinsteigen, sobald der Mond unterging. Dieser Untergang fand an jenem Tage um ein Uhr nach Mitternacht statt.

Nachdem wir würzige Kräuter verbrannt und die Essenzen versprengt hatten, die dem Kultus des Selenis angemessen sind, sagten wir die geheimnisvollen Gebete. Dann zogen wir uns vollständig aus. Meinen Brief in der linken Hand verborgen haltend, führte ich mit der rechten in feierlichem Ernst Madame d'Urfé bis an den Rand der Badewanne, in welcher sich eine Alabasterschale voll Wacholdergeist befand. Ich zündete diesen an, indem ich kabbalistische Worte sprach, die ich selbst nicht verstand und die sie wiederholte, indem sie mir den an Selenis geschriebenen Brief gab. Diesen Brief verbrannte ich an der Wacholdergeistflamme, auf die der Mond mit vollem Schein fiel, und die leichtgläubige Madame d'Urfé versicherte mir, sie habe die von ihrer Hand geschriebenen Buchstaben auf den Strahlen des Gestirns zum Himmel emporschweben sehen.

Hierauf stiegen wir in die Badewanne, und der in meiner Hand verborgen gehaltene Brief, der mit silbernen Buchstaben im Kreise auf grünes Papier geschrieben war, erschien zehn Minuten später auf der Oberfläche des Wassers. Sobald Madame d'Urfé ihn sah, ergriff sie ihn mit Inbrunst und verließ mit mir das Bad.

Nachdem wir uns abgetrocknet und parfümiert hatten, zogen wir unsere Kleider wieder an. Sobald wir in anständiger Verfassung waren, sagte ich zu Madame, sie könne den Brief lesen; sie hatte diesen auf ein parfümiertes weißes Atlaskissen gelegt. Sie gehorchte, und eine sichtbare Traurigkeit bemächtigte sich ihrer, als sie las, ihre Verwandlung sei bis zur Ankunft Querilints verschoben, den sie im Frühling des nächsten Jahres bei mir in Marseille sehen würde. Der Genius schrieb ihr außerdem, die junge Lascaris könne ihr nur schaden und sie müsse meine Anordnungen befolgen, um sich ihrer zu entledigen. Zum Schluß befahl ich ihr, mich zu bitten, ich möchte eine Frau, die ihren Mann verloren hätte, nicht in Aachen lassen; diese Frau habe eine Tochter, die von den Genien bestimmt sei, unserem Orden große Dienste zu leisten. Sie solle sie nebst ihrer Tochter nach dem Elsaß befördern und sie bis zu ihrer Ankunft nicht aus den Augen lassen, damit unser Einfluß sie vor den Gefahren schütze, die ihnen drohen würden, wenn sie sich selber überlassen blieben.

Madame d'Urfé war, abgesehen von ihrer Verrücktheit, sehr

wohltätig; sie empfahl mir diese Witwe mit aller Wärme fanatischer Leichtgläubigkeit und menschlicher Teilnahme und war sehr ungeduldig, ihre ganze Geschichte zu erfahren. Ich sagte ihr in kühlem Ton so viel, wie mir gut schien, um sie in ihrem Entschluß zu bestärken, und versprach ihr, die Damen so bald wie möglich vorzustellen.

DRITTES KAPITEL

1762 hält Casanova sich wieder in Genf auf, wo er zwei Jahre zuvor Voltaire getroffen und die junge Theologin Hedwig kennengelernt hatte.

Ich suchte meinen Syndikus[1] auf, den meine Leser noch nicht vergessen haben werden. Ich hatte ihm seit meinem Aufenthalt in Florenz nicht geschrieben; wahrscheinlich dachte er gar nicht mehr an mich, und ich wollte mich an seiner Überraschung weiden. Diese war wirklich sehr groß; aber nachdem er einen Augenblick gestutzt hatte, fiel er mir um den Hals, küßte mich zehnmal unter Freudentränen und sagte mir endlich, er habe schon alle Hoffnung aufgegeben, mich jemals wiederzusehen.

»Wie geht es unseren lieben Freundinnen?«

»Ausgezeichnet. Sie, Monsieur, sind stets der Gegenstand ihrer Unterhaltungen und ihres zärtlichen Bedauerns; sie werden vor Freude toll werden, wenn sie erfahren, daß Sie hier sind.«

»Wir müssen es ihnen sofort mitteilen.«

»Gewiß! Ich werde ihnen Bescheid sagen, daß wir heute abend zusammen speisen werden. Wissen Sie schon? Monsieur de Voltaire hat sein Landhaus Délices dem Herzog von Villars überlassen und wohnt jetzt auf Ferney.«

»Das ist mir einerlei; ich gedenke ihn diesmal nicht aufzusuchen. Ich werde hier zwei oder drei Wochen bleiben, die ich ganz und gar Ihnen und Ihren reizenden Freundinnen widme.«

»Sie werden sie glücklich machen!«

»Bevor Sie gehen, geben Sie mir bitte Schreibpapier; ich habe drei oder vier Briefe zu schreiben und möchte dazu die Zeit bis zu Ihrer Rückkunft nutzen.«

Er überließ mir seinen Schreibtisch, und ich schrieb sofort an meine frühere Haushälterin, Madame Lebel[2], daß ich etwa drei Wochen in Genf zubringen und daß ich gern nach Lausanne kommen würde, wenn ich sicher wäre, sie wiederzusehen. Zu meinem Unglück schrieb ich auch nach Bern an jenen Genueser Ascanio Pogomas oder Giacomo Passano[3], den schlechten Dichter und Feind des Abbate Chiari, den ich in Livorno kennengelernt hatte. Ich forderte ihn auf, mich in Turin zu erwarten. Zugleich schrieb ich an meinen Freund M. F., an den ich ihn empfohlen hatte, und beauftragte diesen, ihm zwölf Louis Reisegeld zu geben.

Mein böser Geist trieb mich, an diesen Menschen zu denken, der eine imponierende Gestalt und ein wahres Astrologengesicht hatte, um ihn Madame d'Urfé als einen großen Adepten vorzustellen. Ein Jahr weiter, mein lieber Leser, wirst du sehen, wie ich es zu bereuen hatte, dieser unheilvollen Eingebung gefolgt zu sein.

Als der Syndikus und ich abends zu unseren hübschen Cousinen gingen, sah ich einen schönen englischen Wagen, der zum Verkauf stand; ich vertauschte ihn gegen meinen eigenen, indem ich hundert Louis draufzahlte.

Während ich mit dem Verkäufer handelte, sah mich der Onkel der schönen Theologin[4], die so gut über biblische Thesen disputierte und der ich so süßen Unterricht in der Naturlehre gegeben hatte; er erkannte und umarmte mich und lud mich ein, am nächsten Mittag bei ihm zu speisen.

Ehe wir zu unseren liebenswürdigen Freundinnen kamen, sagte der Syndikus mir, wir würden bei ihnen ein sehr hübsches Mädchen finden, das noch nicht in die süßen Mysterien eingeweiht wäre.

»Um so besser!« rief ich, »ich werde mich entsprechend benehmen, und vielleicht werde ich der Einführer sein.«

Ich hatte ein Schmuckkästchen in die Tasche gesteckt, in das ich ein Dutzend sehr hübscher Ringe hineingetan hatte. Ich wußte seit langer Zeit, daß man durch solche Kleinigkeiten schnell weiterkommt. Der Augenblick, da ich diese reizenden Mädchen wiedersah, war wirklich einer der angenehmsten meines Lebens. Ich erkannte an ihrem Empfang Freude, Genugtuung, Unbefangenheit, Dankbarkeit und Bereitschaft zum Vergnügen. Sie liebten sich ohne Eifersucht und ohne Neid; fern waren ihnen alle Gedanken, die ihre gute Meinung von sich selber hätten beeinträchtigen können. Sie zeigten sich meiner Achtung würdig, gerade weil sie mir ohne erniedrigende Hintergedanken, einer Eingebung des gleichen Gefühles folgend, das auch mich zu ihnen hingezogen hatte, ihre Gunst geschenkt hatten.

Die Anwesenheit ihrer neuen Freundin nötigte uns, unsere ersten Umarmungen auf die Formen des sogenannten Anstandes zu beschränken; errötend und ohne die Augen aufzuschlagen, bewilligte die junge Novizin mir die gleiche Gunst.

Nachdem wir die üblichen Redensarten nach langer Abwesenheit ausgetauscht hatten, wechselten wir auch einige Zweideutigkeiten, über die wir lachten und die der jungen Einfalt zu denken gaben. Ich sagte zu ihr, ich fände sie schön wie die Göttin der Liebe und möchte darauf wetten, daß ihr Geist ebenso schön sei wie ihr entzückendes Gesicht und für gewisse Vorurteile nicht empfänglich sei.

»Ich habe«, sagte sie in bescheidenem Ton zu mir, »alle Vorurteile, die die Ehre und die Religion uns auferlegen.«

Diese Antwort ließ mich schweigen. Ich sah, daß ich sie schonen und daß ich mit Zartgefühl langsam vorgehen mußte. Sie war keine Festung, die durch einen Handstreich im Sturmlauf genommen werden konnte. Aber nach meiner Gewohnheit verliebte ich mich in sie.

Als der Syndikus gelegentlich meinen Namen nannte, rief das junge Mädchen: »Ach! dann sind Sie also der Herr, der vor zwei Jahren mit meiner Cousine, der Nichte des Pastors, über so eigentümliche Fragen disputiert hatte! Es freut mich sehr, daß ich Gelegenheit habe, Ihre Bekanntschaft zu machen.«

»Ich bin glücklich, die Ihre zu machen, Mademoiselle, und ich wünsche, daß Ihre Cousine, indem sie Ihnen von mir erzählt hat, Sie nicht gegen mich eingenommen hat.«

»Ganz im Gegenteil! Sie hält große Stücke auf Sie.«

»Ich werde morgen die Ehre haben, mit ihr zusammen zu speisen, und werde nicht verfehlen, ihr meinen Dank abzustatten.«

»Morgen? Ich werde es so einrichten, daß ich an diesem Essen teilnehme, denn ich habe eine große Vorliebe für philosophische Erörterungen, obwohl ich es nicht wage, selber ein Wort dazu zu sagen.«

Der Syndikus pries ihre Klugheit und lobte sehr warm ihre Verschwiegenheit. Ich bemerkte deutlich, daß er in sie verliebt war und daß er sicherlich auf alle Weise versuchen würde, sie zu verführen, wenn er es nicht bereits getan hatte. Das schöne Mädchen hieß Helene. Ich fragte die Mädchen, ob die schöne Helene unsere Schwester sei. Die Älteste antwortete mir mit einem feinen Lächeln, Schwester sei sie, aber sie habe keinen Bruder.

Nachdem sie diese Erklärung gegeben hatte, lief sie auf sie zu und umarmte sie. Der Syndikus und ich machten ihr nun die allerschönsten Komplimente; er sagte, wir hofften, ihre Brüder zu werden. Helene errötete, antwortete aber auf alle anderen galanten Bemerkungen nicht ein Wort. Ich brachte hierauf mein Juwelenkästchen zum Vorschein, und als ich die jungen Damen von der Schönheit meiner Ringe entzückt sah, wußte ich sie zu veranlassen, sich diejenigen auszusuchen, die ihnen am besten gefielen. Die reizende Helene folgte dem Beispiel der Freundinnen und belohnte mich durch einen bescheidenen Kuß. Bald darauf entfernte sie sich, und wir hatten unsere frühere Freiheit wieder.

Der Syndikus hatte recht, wenn er in Helene verliebt war, denn das junge Mädchen besaß alle Eigenschaften, um nicht nur zu gefallen, sondern sogar die heftigste Leidenschaft zu erregen. Die drei Freundinnen gaben sich jedoch nicht der Hoffnung hin, sie zur Teilnahme an unseren Freuden bewegen zu können; denn sie hatte, wie sie sagten, Männern gegenüber ein unüberwindliches Schamgefühl.

Wir waren beim Abendessen sehr lustig und begannen nach Tisch unsere alten Spiele, wobei der Syndikus nach seiner Gewohnheit einfacher Zuschauer unserer Heldentaten blieb. Er war jedoch sehr damit zufrieden. Ich nahm mir jede der drei Nymphen zweimal vor, indem ich sie zu ihrem Vorteil betrog und sie schonte, wenn ich gezwungen war, der Natur nachzugeben. Um Mitternacht trennten wir uns, und der gute Syndikus begleitete mich bis an die Tür meines Gasthofes.

Am nächsten Mittag ging ich zum Pastor, bei welchem ich zahlreiche Gesellschaft fand, unter anderen auch Monsieur d'Harcourt und Monsieur de Ximénès, der mir sagte, Monsieur de Voltaire wisse, daß ich in Genf sei, und hoffe mich zu sehen. Ich begnügte mich, ihm durch eine tiefe Verneigung zu antworten. Die Nichte des Pastors, Mademoiselle Hedwig, machte mir ein sehr schmeichelhaftes Kompliment, das mir jedoch weniger gefiel als der Anblick ihrer Cousine Helene, die neben ihr stand und die sie mir mit den Worten vorstellte, wir könnten doch miteinander zusammenkommen, da wir jetzt Bekanntschaft gemacht hätten. Dies war mein sehnlichster Wunsch. Die zweiundzwanzigjährige Theologin war schön und appetitlich, aber sie besaß nicht jenes gewisse Etwas, das einen eigentümlichen Reiz gibt und sowohl die Hoffnung auf Genuß wie den Genuß selber erhöht – jenes

›Bittersüße‹, das die höchste Wollust noch steigert. Ihre Freundschaft mit ihrer Cousine war aber gerade das, was ich brauchte, um dieser eine günstige Meinung von mir einzuflößen.

Das Essen war ausgezeichnet. Während der Mahlzeit wurde nur von gleichgültigen Dingen gesprochen; beim Nachtisch aber bat der Pastor Monsieur de Ximénès, einige Fragen an seine Nichte zu stellen. Da ich diesen Gelehrten seinem Rufe nach kannte, so erwartete ich, irgendein mathematisches Problem zu hören, aber ich täuschte mich. Er fragte sie nämlich, ob sie glaube, daß ein geistiger Vorbehalt genüge, um einen Menschen zu rechtfertigen.

Hedwig antwortete bescheiden, daß zwar eine Lüge notwendig werden könne, daß jedoch der geistige Vorbehalt stets ein Betrug sei.

»Dann sagen Sie mir doch, wie Jesus Christus behaupten konnte, der Zeitpunkt des Weltendes sei ihm unbekannt.«[5]

»Er hat dies nicht sagen können, weil er es nicht wußte.«

»So war er also nicht Gott?«

»Die Schlußfolgerung ist falsch, denn da Gott allmächtig ist, so steht es auch in seiner Macht, eine Futurität nicht zu wissen.«

Dies Wort ›Futurität‹, das sie so passend gebildet hatte, dünkte mich erhaben. Hedwig erhielt lebhaften Beifall, und ihr Onkel ging um den Tisch herum, um sie zu umarmen. Mir schwebte ein sehr natürlicher Einwand auf den Lippen, der aus der Frage selbst hervorging und der sie wohl hätte in Verlegenheit setzen können; ich wollte ihr jedoch gefallen und schwieg daher.

Nun wurde Monsieur d'Harcourt aufgefordert, eine Frage zu stellen; er antwortete jedoch mit Horaz: *»Nulla mihi religio est* [Mich plagt kein Skrupel].[6]*«*

Hierauf wandte Hedwig sich zu mir und sagte: »Ich erinnere mich der Amphidromie[7]; es war ein heidnisches Fest. Ich möchte jedoch, daß Sie mich nach irgend etwas fragen, was das Christentum betrifft, irgend etwas Schwieriges, was Sie selber nicht entscheiden können.«

»Sie machen es mir leicht, Mademoiselle.«

»Um so besser, dann brauchen Sie nicht so viel nachzudenken.«

»Ich denke nach, um etwas Neues zu finden. Halt – da habe ich etwas! Geben Sie mir zu, daß Jesus Christus alle menschlichen Eigenschaften im höchsten Grade besaß?«

»Gewiß – alle, mit Ausnahme der Schwächen.«

»Zählen Sie die Zeugungsfähigkeit zu den Schwächen?«

»Nein.«

»Wollen Sie mir also sagen, von welcher Art das Geschöpf gewesen wäre, das geboren sein würde, wenn Jesus Christus die Absicht gehabt hätte, mit der Samariterin ein Kind zu zeugen?«

Hedwig wurde feuerrot. Der Pastor und die ganze Gesellschaft sahen einander an; ich aber blickte unverwandt auf die Theologin, die eifrig nachdachte. Monsieur d'Harcourt sagte, um eine so knifflige Frage zu entscheiden, müsse man Monsieur de Voltaire holen; da aber Hedwig mit ruhiger Miene die Augen aufschlug, als wenn sie zur Antwort bereit wäre, schwiegen alle anderen.

»Jesus Christus«, sagte sie, »hatte zwei vollkommene Naturen, die einander ganz das Gleichgewicht hielten; sie waren unzertrennlich voneinander. Wenn also die Samariterin mit unserem Erlöser körperlichen Verkehr gehabt hätte, so würde sie ganz gewiß schwanger geworden sein, denn es wäre albern, anzunehmen, daß ein Gott eine so wichtige Handlung vollziehen sollte, ohne daß diese ihre natürliche Folge hätte. Die Samariterin würde nach neun Monaten ein Kind zur Welt gebracht haben, und zwar ein männliches, nicht ein weibliches, und dieses Geschöpf, von einer menschlichen Frau und einem Gottmann geboren, würde ein Viertel Gott und drei Viertel Mensch gewesen sein.«

Bei diesen Worten klatschten alle Gäste in die Hände, und Monsieur de Ximénès bewunderte die vernünftige Berechnung; hierauf sagte er: »Wenn der Sohn der Samariterin sich verheiratet hätte, so würden natürlich die Kinder, die aus dieser Ehe hervorgegangen wären, zu sieben Achteln Menschlichkeit und zu einem Achtel Göttlichkeit gehabt haben.«

»Wenn er nicht etwa eine Göttin geheiratet hätte«, fügte ich hinzu; »denn dadurch würden sich die Beziehungen wesentlich geändert haben.«

»Sagen Sie mir ganz genau«, begann Hedwig wieder, »wieviel Göttliches ein Kind in der sechzehnten Generation gehabt haben würde?«

»Warten Sie einen Augenblick, und geben Sie mir einen Bleistift!« sagte Monsieur de Ximénès.

»Es ist nicht nötig, das auszurechnen«, sagte ich; »es hätte einen winzigen Bruchteil des Geistes gehabt, der Sie beseelt.«

Alle Anwesenden zollten dieser Galanterie Beifall, die der damit Bedachten nicht mißfiel.

Die schöne Blonde entflammte mich durch die Reize ihres Geistes. Wir erhoben uns vom Tisch, um sie zu umringen, und sie zerstäubte alle unsere Komplimente auf die vornehmste Weise. Ich nahm Helene auf die Seite und bat sie, ihre Cousine zu veranlassen, daß sie einen Ring aus meinem Schmuckkästchen wähle; die am vorigen Tag entstandene Lücke hatte ich wieder aufgefüllt. Das reizende Mädchen übernahm sehr gern diesen Auftrag. Eine Viertelstunde darauf zeigte Hedwig mir ihre Hand, und ich sah daran mit Vergnügen den Ring, welchen sie sich ausgesucht hatte; ich küßte voll Entzücken diese Hand, und ohne Zweifel fühlte sie an der Glut meiner Küsse, welche Gefühle sie mir eingeflößt hatte. Am Abend erzählte Helene dem Syndikus und den drei Freundinnen von den Fragen, die beim Mittagessen gestellt worden waren, ohne auch nur den kleinsten Umstand auszulassen. Sie erzählte gewandt und anmutig; ich brauchte ihr nicht ein einziges Mal zu Hilfe zu kommen. Wir baten sie, zum Abendessen zu bleiben, sie nahm jedoch ihre Freundinnen beiseite und machte ihnen klar, daß dies unmöglich wäre; aber sie sagte ihnen zugleich, vielleicht könnte sie zwei Tage auf einem Landgut verbringen, das sie am See besäßen, wenn sie persönlich ihre Mutter um Erlaubnis fragen wollten.

Auf Wunsch des Syndikus gingen die drei Freundinnen schon am nächsten Tage zu der Mutter; den übernächsten Tag reisten sie mit Helene ab. Am selben Abend fuhren wir hinaus, um mit ihnen zu soupieren; wir konnten jedoch nicht dort übernachten. Es wurde vereinbart, daß der Syndikus mich nach einem nicht weit entfernt gelegenen Hause bringen sollte, wo wir sehr gut aufgehoben sein würden. Unter diesen Umständen brauchten wir uns nicht zu beeilen; die Älteste, die ihrem Freunde gern einen Gefallen tun wollte, sagte ihm, er könne mit mir fortgehen, wann er wolle; sie würden sich zu Bett legen. Mit diesen Worten nahm sie Helene unter den Arm und führte sie in ihr Zimmer; die beiden andern begaben sich in das ihre. Wenige Augenblicke später betrat der Syndikus das Zimmer, worin Helene sich befand, und ich suchte die beiden anderen auf.

Ich lag seit kaum einer Stunde zwischen meinen beiden Freundinnen, als der Syndikus meine erotischen Spiele unterbrach, indem er mich bat, mit ihm fortzugehen.

»Was haben Sie mit Helene gemacht?« fragte ich ihn.

»Gar nichts. Sie ist eine störrische Gans. Sie versteckte sich unter der Decke und wollte sich die Scherze, die ich mit ihrer Freundin machte, nicht einmal ansehen.«

»Sie hätten sich an sie selber wenden müssen.«

»Das habe ich getan, aber sie stieß mich mehrere Male zurück. Ich kann nicht mehr, denn ich bin völlig erschöpft; außerdem bin ich überzeugt, daß ich bei diesem Wildfang nichts erreichen werde, wenn Sie sie mir nicht zähmen.«

»Wie soll ich das machen?«

»Gehen Sie morgen zum Mittagessen hin; ich werde nicht dasein, denn ich muß den ganzen Tag in Genf verbringen. Aber zum Abendessen werde ich kommen. Wenn wir sie vielleicht betrunken machen könnten?«

»Das wäre schade. Lassen Sie mich nur machen.«

Am nächsten Tage lud ich mich also allein bei ihnen zum Mittagessen ein, und sie empfingen mich auf eine wirklich herzliche Weise. Als wir nach Tisch einen Spaziergang machten, kamen die drei Freundinnen meinen Wünschen zuvor und ließen mich mit der schönen Widerspenstigen allein; aber diese widerstand meinen Liebkosungen und meinen Bitten, so daß ich fast alle Hoffnung verlor, sie zu bändigen.

»Der Syndikus«, sagte ich zu ihr, »ist in Sie verliebt; diese Nacht ...«

»Diese Nacht«, antwortete sie mir, »diese Nacht hat er sich mit seiner alten Freundin vergnügt. Ich habe nichts dagegen, daß jeder nach Lust und Laune handelt; aber ich verlange, daß man mir die Freiheit läßt, meinem eigenen Geschmack zu folgen.«

»Wenn es mir gelingen könnte, Ihr Herz zu gewinnen, so würde ich mich glücklich schätzen.«

»Warum laden Sie nicht den Pastor und meine Cousine irgendwo zum Mittagessen ein; sie würden mich mitnehmen, denn mein Onkel liebt alle, die seine Nichte lieben.«

»Es freut mich, das zu hören. Hat sie einen Liebhaber?«

»Nein!«

»Wie ist das möglich? Sie ist jung, hübsch, fröhlich und außerdem sehr geistvoll.«

»Sie kennen Genf nicht. Gerade ihr Geist ist schuld, daß kein junger Mann ihr seine Liebe zu erklären wagt. Diejenigen, die an ihr ein persönliches Wohlgefallen finden, bleiben ihr fern, weil sie soviel Geist hat, denn sie würden es in der Unterhaltung nicht mit ihr aufnehmen können.«

»Aber sind denn die jungen Genfer so ungebildet?«

»Im allgemeinen ja. Doch muß man gerechterweise sagen, daß viele eine gute Erziehung genossen und gute Schulen besucht haben; aber im Durchschnitt genommen haben sie sehr viele Vorurteile. Niemand will für dumm oder albern gelten; außerdem suchen die jungen Leute hier bei einer Frau durchaus keinen Geist und keine gute Erziehung. Im Gegenteil: wenn ein junges Mädchen geistvoll oder gebildet ist, so muß sie dies sorgfältig verbergen, wenigstens wenn sie die Absicht hat, sich zu verheiraten.«

»Jetzt begreife ich, reizende Helene, warum Sie während des Essens bei Ihrem Onkel nicht ein einziges Mal den Mund aufgetan haben.«

»Ich weiß, daß ich nicht nötig habe, mich zu verbergen. Ich habe also nicht aus diesem Grunde an jenem Tage geschwiegen, und ich kann Ihnen ohne Eitelkeit und ohne mich zu schämen gern sagen, daß ich vor lauter Vergnügen den Mund nicht geöffnet habe. Ich habe meine Cousine bewundert, die von Jesus Christus sprach, wie ich von meinem Vater sprechen würde, und die sich nicht fürchtete, sich auf einem Gebiete beschlagen zu zeigen, wo jedes andere Mädchen Unkenntnis vorgetäuscht hätte.«

»Vorgetäuscht, und wenn Sie so gut davon Bescheid gewußt hätten wie Ihre Großmutter.«

»Das bringt die Sitte so mit sich oder vielmehr das Vorurteil.«

»Sie sprechen zum Entzücken, meine liebe Helene, und ich sehne mich bereits nach der Partie, die Sie mir vorgeschlagen haben. Das war ein höchst glücklicher Einfall von Ihnen.«

»Sie werden das Vergnügen haben, mit meiner Cousine zusammenzusein.«

»Ich lasse ihr volle Gerechtigkeit widerfahren, schöne Helene: Hedwig ist liebenswürdig und interessant; aber glauben Sie mir: gerade darum, weil Sie daran teilnehmen werden, entzückt mich der Gedanke an diese Gesellschaft.«

»Und wenn ich Ihnen dies nicht glaubte?«

»Das wäre unrecht von Ihnen, und Sie würden mir damit sehr weh tun, denn ich liebe Sie zärtlich.«

»Trotzdem haben Sie versucht, mich zu täuschen. Ich bin überzeugt, Sie haben den drei jungen Damen Beweise von Ihrer Zärtlichkeit gegeben; sie tun mir sehr leid.«

»Warum?«

»Weil keine von ihnen sich einbilden kann, daß Sie sie allein lieben.«

»Und glauben Sie, dieses Zartgefühl mache Sie glücklicher als jene?«

»Ja, das glaube ich, obgleich ich in dieser Hinsicht durchaus keine Erfahrung habe. Sagen Sie mir aufrichtig, ob Sie der Meinung sind, daß ich recht habe.«

»Ja, ich bin dieser Meinung.«

»Das freut mich; aber wenn ich recht habe, so kann ich mich nicht zu diesen dreien gesellen; denn geben Sie zu: Sie würden mir keinen Beweis solcher Liebe geben, wie ich ihn wünschen müßte, um von Ihrer Liebe überzeugt zu sein.«

»Ja, ich gebe auch dies zu und bitte Sie aufrichtig um Verzeihung. Jetzt aber, göttliche Helene, sagen Sie mir, wie ich es anfangen muß, um den Pastor zum Mittagessen einzuladen.«

»Das ist nicht schwer. Gehen Sie zu ihm und laden Sie ihn ganz einfach ein; und wenn Sie sicher sein wollen, daß auch ich daran teilnehme, so bitten Sie ihn, mich mit meiner Mutter einzuladen.«

»Weshalb mit Ihrer Mutter?«

»Weil er vor zwanzig Jahren sehr verliebt in sie war und weil er sie noch immer liebt.«

»Und wo kann ich dieses Mittagessen veranstalten?«

»Ist nicht Monsieur Tronchin Ihr Bankier?«

»Ja.«

»Er hat ein schönes Landhaus am See; bitten Sie ihn, es Ihnen für einen Tag zu überlassen; er wird es Ihnen mit Vergnügen leihen. Tun Sie dies, aber sagen Sie weder dem Syndikus noch seinen drei Freundinnen etwas davon; wir wollen es ihnen später sagen.«

»Aber glauben Sie, daß Ihre gelehrte Cousine gern zu mir kommen wird?«

»Mehr als gern – verlassen Sie sich darauf.«

»Gut; morgen werde ich alles in Ordnung bringen. Übermorgen kehren Sie in die Stadt zurück, und die Gesellschaft soll dann zwei oder drei Tage darauf stattfinden.«

In der Dämmerung fand der Syndikus sich wieder ein; wir verbrachten den Abend sehr fröhlich. Nach dem Abendessen gingen die jungen Mädchen wie am Tage vorher zu Bett; ich ging in das Zimmer der Älteren, während mein Freund die beiden Jüngeren aufsuchte. Ich wußte, daß jede Bemühung, Helene zu verführen, zwecklos sein würde; ich begnügte mich daher mit einigen Küssen, wünschte ihr gute Nacht und ging sofort zu den beiden Jüngeren. Ich fand sie im tiefsten Schlafe liegen; der Syndikus langweilte sich ganz allein.

Es machte ihm nicht eben Vergnügen, als ich ihm sagte, ich hätte keinen einzigen Gunstbeweis erlangen können.

»Ich sehe wohl«, rief er, »ich werde bei dieser dummen Kleinen meine Zeit verlieren, und ich werde mich wohl mit diesem Gedanken abfinden müssen.«

»Ich glaube wohl«, antwortete ich ihm, »das ist das einfachste und vielleicht das beste, was Sie tun können, denn wenn man nach einer unempfindlichen oder launenhaften Schönen schmachtet, so ist das vergebliche Liebesmühe. Das Glück darf weder zu leicht noch zu schwer zu erlangen sein.«

Am nächsten Morgen fuhren wir zusammen nach Genf, und ich folgte sofort Helenes Rat; Monsieur Tronchin war entzückt, mir den erbetenen Gefallen tun zu können. Der Pastor nahm meine Einladung an und sagte mir, er sei überzeugt, es werde mir viel Vergnügen machen, Helenes Mutter kennenzulernen. Man konnte leicht sehen, daß der wackere Mann noch immer ein zärtliches Gefühl für sie hatte; und wenn sie dies nur ein bißchen erwiderte, konnte das meinen Absichten nur günstig sein.

Ich gedachte an dem Abend mit den Freundinnen und der reizenden Helene in dem Hause am See zu speisen, aber ein Brief, den ich durch besonderen Boten erhielt, nötigte mich, sofort nach Lausanne zu reisen: meine frühere Haushälterin, Madame Lebel, die ich noch heute liebe, lud mich ein, mit ihr und ihrem Gatten zu Abend zu essen. Sie schrieb mir, sie habe sofort nach Empfang meines Briefes ihren Gatten veranlaßt, mit ihr nach Lausanne zu reisen, und sie sei überzeugt, ich würde alles andere im Stich lassen, um ihr das Vergnügen des Wiedersehens zu bereiten. Zugleich teilte sie mir mit, zu welcher Stunde sie bei ihrer Mutter eintreffen würde.

Madame Lebel ist eine von den zehn oder zwölf Frauen, die ich in meiner glücklichen Jugendzeit auf das zärtlichste geliebt habe. Sie besaß alle Eigenschaften, die ich wünschen konnte, um in einer glücklichen Ehe zu leben, wenn es mir vergönnt gewesen wäre, dieses Glück kennenzulernen. Aber bei meiner Veranlagung habe ich vielleicht gut daran getan, mich nicht unwiderruflich zu binden, obgleich in meinem Alter Unabhängigkeit eine Art von Sklaverei ist. Hätte ich mich mit einer Frau verheiratet, die es verstanden hätte, mich geschickt zu lenken, ohne daß ich ihr Regiment bemerkt hätte, so hätte ich mich um mein Vermögen gekümmert, hätte Kinder gehabt und stände jetzt nicht allein und arm in der Welt da. Aber lassen wir diese Abschweifungen in eine Vergangenheit, die sich doch nicht zurückrufen läßt; da ich durch meine Erinnerungen glücklich bin, so wäre ich töricht, wollte ich mich mit nutzlosen Selbstanklagen abplagen!

Ich berechnete, daß ich eine Stunde vor meiner lieben Dubois in Lausanne ankommen könnte, wenn ich sofort abreiste; ich zögerte daher nicht, ihr diesen Beweis meiner Achtung zu geben. Dabei muß ich an dieser Stelle meinen Lesern erklären, daß ich diese Frau zwar liebte, daß aber mein Eifer nichts mit sinnlichen Hoffnungen zu tun hatte. Ich war in jenem Augenblick von einer anderen Leidenschaft in Anspruch genommen. Schon meine Achtung vor ihr hätte genügt, um meine Liebe im Zaum zu halten; aber ich achtete auch Lebel, und es wäre mir niemals eingefallen, diese beiden Freunde in ihrem Glück stören zu wollen.

Ich schrieb in aller Eile dem Syndikus einen Brief, worin ich ihm meldete, eine unvorhergesehene, sehr wichtige Angelegenheit nötigte mich, nach Lausanne zu fahren, aber am übernächsten Tage würde ich das Vergnügen haben, in Genf mit den drei Freundinnen und ihm zu Abend zu speisen.

Um fünf Uhr traf ich bei der Mutter Dubois mit einem Riesenhunger ein. Die gute Frau war außerordentlich überrascht, als sie mich sah, denn sie wußte nicht, daß ihre Tochter sie besuchen würde. Ohne viele Komplimente zu machen, gab ich ihr zwei Louis und bat sie, uns ein gutes Abendessen zu besorgen, wie ich es brauchte.

Um sieben Uhr kam Madame Lebel mit ihrem Gatten und einem achtzehn Monate alten Kinde, das ich ohne Mühe als das meine erkannte, ohne daß die Mutter es mir sagte. Unser Beisammensein war reines Glück. Während der zehn Stunden, die wir bei Tisch verbrachten, schwammen wir in Wonne. Mit Tagesanbruch reisten sie wieder nach Solothurn, wo Lebel zu tun hatte. Monsieur de Chavigny[8] ließ mir tausend Grüße bestellen. Lebel sagte mir, der Gesandte sei außerordentlich freundlich gegen seine Frau; er dankte mir für das Geschenk, das ich ihm gemacht hätte, indem ich sie ihm überlassen hätte. Ich konnte mich mit eigenen Augen überzeugen, daß er glücklich war und auch seine Gemahlin glücklich machte. Meine liebe Haushälterin erzählte mir von meinem Sohn. Sie sagte mir, niemand habe eine Ahnung von der Wahrheit; sie aber und Lebel wären ihrer Sache gewiß, denn sie hätten die Bedingung, erst nach Ablauf von zwei Monaten die Ehe zu vollziehen, pünktlich eingehalten.

»Und das Geheimnis«, sagte Lebel zu mir, »wird niemals bekannt werden; Ihr Sohn wird mein einziger Erbe sein, oder er wird sich mit meinen Kindern in mein Vermögen teilen, wenn ich welche bekommen sollte, woran ich zweifle.«

»Lieber Freund«, sagte seine Frau, »es ist allerdings jemand da, der die Wahrheit vermutet, besonders, wenn das Kind heranwächst; aber wir haben von dieser Seite nichts zu befürchten; denn die betreffende Person hat ein Interesse daran, die Sache geheimzuhalten.«

»Und was ist denn das für eine Person, meine liebe Lebel?« fragte ich.

»Madame de ...[9], die Sie nicht vergessen hat, denn sie spricht oft von Ihnen.«

»Wollen Sie, meine Liebe, ihr meine Grüße überbringen?«

»Oh, sehr gern, lieber Freund; ich bin gewiß, ich werde ihr damit ein großes Vergnügen bereiten.«

Lebel zeigte mir meinen Ring, und ich zeigte ihm den seinen; zugleich gab ich ihm für meinen Sohn eine herrliche Uhr mit meinem Porträt.

»Geben Sie ihm diese Uhr, liebe Freunde«, sagte ich zu ihnen, »wenn Sie es für angemessen halten.«

Wir werden dieses Kind einundzwanzig Jahre später[10] in Fontainebleau wiederfinden.

Mehr als drei Stunden lang erzählte ich ihnen, was mir in den siebenundzwanzig Monaten seit unserer Trennung zugestoßen war. Ihre Geschichte dagegen war nicht lang; ihr Leben war einförmig, wie es einem friedlichen Glück entspricht.

Madame Lebel war immer noch schön; ich fand sie nicht verändert; aber ich war es. Sie fand mich weniger frisch und weniger fröhlich als zur Zeit unserer Trennung. Sie hatte recht: die unglückselige Renaud hatte mir übel mitgespielt, und die falsche Lascaris hatte mir viel Kummer gemacht. So saßen wir zusammen, bis beim Morgengrauen der Abschied nahte.

Nachdem wir uns aufs zärtlichste umarmt hatten, reiste das Ehepaar nach Solothurn ab. Ich fuhr nach Genf zurück, um dort zu Mittag zu essen; da ich aber der Ruhe sehr bedurfte, so ging ich abends nicht zu dem Syndikus und seinen Freundinnen, sondern schrieb ihnen, mir sei nicht wohl und ich könne daher erst am nächsten Tage das Vergnügen haben, sie zu sehen. Hierauf legte ich mich zu Bett.

Am anderen Morgen befahl ich meinem Wirt, für den nächsten Tag, an welchem mein Diner in Tronchins Landhaus stattfinden sollte, eine Mahlzeit zurechtzumachen, bei welcher nichts gespart werden sollte. Besonders machte ich ihn darauf aufmerksam, daß er die besten Weine, die feinsten Liköre, Eis und alle Zutaten zu einem Punsch besorgen solle. Ich bestellte das Essen für sechs Personen, denn ich sah voraus, daß Monsieur Tronchin ebenfalls daran teilnehmen würde. Ich täuschte mich nicht, denn er war in seinem hübschen Hause, um uns zu empfangen, und es kostete mich keine große Mühe, ihn zum Bleiben zu überreden.

Am Abend glaubte ich dem Syndikus und seinen drei Freundinnen von diesem Diner Mitteilung machen zu müssen. Ich tat dies in Helenes Gegenwart, die sich stellte, als wenn sie nichts davon wüßte. Sie sagte: »Meine Mutter hat mir nur mitgeteilt, daß wir zum Mittagessen eingeladen sind. Ich vernehme es mit größter Freude, da dies in Monsieur Tronchins hübschem Haus stattfindet.«

Mein Mittagessen war von einer Güte, wie der größte Feinschmecker es sich nur wünschen kann. Hedwig war in der Tat die Zierde dieses Mahles. Das erstaunliche Mädchen spielte die Theologin mit solcher Anmut und machte die Vernunft so ungemein reizvoll, daß man hingerissen wurde, auch wenn man sich nicht überzeugt fühlte. Ich habe niemals einen Theologen gesehen, der imstande gewesen wäre, unvorbereitet die abstraktesten Fragen dieser Wissenschaft mit solcher Leichtigkeit, Gedankenfülle und wahrhaften Würde zu behandeln wie dieses junge hübsche Mädchen, das mich während des Essens vollständig entflammte. Monsieur Tronchin, der Hedwig niemals gehört hatte, dankte mir hundertmal dafür, daß ich ihm dieses Vergnügen verschafft hatte. Er mußte uns verlassen, als wir vom Tisch aufstanden, und lud uns ein, uns am übernächsten Tage erneut einzufinden. Beim Nachtisch erregte es meine ganz besondere Teilnahme, daß der Pastor sich seiner alten Liebe zu Helenes Mutter erinnerte. Seine verliebte Beredsamkeit wuchs, je reichlicher er seine Kehle mit Champagner, Zyperwein und süßen Likören befeuchtete. Die Mutter hörte ihm freundlich zu und trank mit ihm, während die jungen Mädchen und ich nur mäßig getrunken hatten. Doch taten immerhin die verschiedensten Getränke und der Punsch ihre Wirkung, und meine Schönen waren ein bißchen beschwipst. Sie waren ungeheuer lustig, dabei aber reizend. Ich benutzte die allgemeine gute Laune, um das bejahrte Liebespaar um Erlaubnis zu bitten, mit den jungen Damen in den Garten, der am See lag, gehen zu dürfen. Diese Erlaubnis wurde mir auf das freundlichste gewährt. Wir gingen Arm in Arm hinaus und waren in wenigen Minuten von keinem Menschen mehr zu sehen.

»Wissen Sie«, fragte ich Hedwig, »daß Sie Monsieur Tronchins Herz gewonnen haben?«

»Ich weiß nichts damit anzufangen. Übrigens hat der brave Bankier dumme Fragen an mich gerichtet.«

»Glauben Sie nur ja nicht, daß jeder junge Mann imstande ist, Ihnen Fragen zu stellen, die Ihrem Geist angemessen sind.«

»Ich muß Ihnen sagen, daß niemals ein Mensch Fragen an mich richtete, die mir so gefallen hätten wie die Ihren. Ein dummer, frömmelnder Theologe, der am anderen Ende des Tisches saß, schien an der Frage und noch mehr an der Antwort Anstoß zu nehmen.«

»Und warum?«

»Er behauptet, ich hätte Ihnen antworten müssen, Jesus Christus hätte die Samariterin niemals begatten können. Er sagte, er würde mir den Grund auseinandersetzen, wenn ich ein Mann wäre; da ich jedoch eine Frau und sogar eine unverheiratete wäre, so könnte er sich nicht erlauben, mir etwas zu sagen, was mich durch das Nachdenken über die gottmenschliche Zusammensetzung auf gewisse Ideen bringen könnte. Ich möchte gern, daß Sie mir sagten, was der Dummkopf mir nicht sagen wollte.«

»Gern; aber Sie müssen mir erlauben, klar und deutlich zu sprechen; außerdem muß ich voraussetzen, daß Ihnen die Körperbildung des Mannes bekannt ist.«

»Ja, sprechen Sie nur deutlich, denn niemand kann uns hier hören; ich bin jedoch genötigt, Ihnen zu gestehen, daß ich die Körperbildung eines Mannes nur theoretisch und aus Büchern kenne. Praktische Erfahrung besitze ich gar nicht. Ich habe wohl Statuen gesehen, aber einen richtigen Mann habe ich noch niemals gesehen, noch weniger untersucht. Und du, Helene?«

»Ich habe es nicht gewollt.«

»Warum nicht? Es ist gut, wenn man alles weiß.«

»Nun, reizende Hedwig, er hat Ihnen sagen wollen, daß Jesus Christus keiner Erektion fähig gewesen sei.«

»Was ist das?«

»Geben Sie mir die Hand.«

»Ich fühle es; ich hatte es mir auch bereits gedacht, denn ohne diese Naturerscheinung könnte der Mann seine Gefährtin nicht befruchten. Und dieser dumme Theologe behauptet, daß das eine Unvollkommenheit sei!«

»Ja; denn diese Erscheinung wird durch Begehren hervorgerufen. Sie würde auch bei mir nicht eingetreten sein, schöne Hedwig, wenn ich Sie nicht reizend gefunden hätte und wenn nicht das, was ich von Ihnen sehe, mir einen höchst verführerischen Begriff von den Schönheiten gäbe, die ich nicht sehe. Sagen Sie mir nur frei heraus, ob nicht auch Sie, indem Sie diese Steife fühlen, ein angenehmes Gefühl empfinden?«

»Ich gestehe es; und zwar verspüre ich es gerade an der Stelle, die Sie drücken. Fühlst du nicht auch wie ich, liebe Helene, ein Jucken an dieser Stelle, indem du die sehr richtige Erklärung von Monsieur hörst?«

»Ja, ich fühle es; aber ich fühle es überhaupt sehr oft, ohne daß es durch irgendwelche Worte erregt wird.«

»Und dann«, fragte ich sie, »nötigt die Natur Sie wohl, es zu beschwichtigen?«

»O nein!«

»O doch!« rief Hedwig. »Sogar im Schlaf greift unsere Hand instinktmäßig dahin; ich habe gelesen, wir würden uns entsetzliche Krankheiten zuziehen, wenn wir nicht dieses Erleichterungsmittel hätten.«

Unter diesen philosophischen Gesprächen, wobei die junge Theologin einen ernsten, lebhaften Ton bewahrte und die schöne Haut ihrer Cousine sich mit der Röte der Lust belebte, kamen wir an ein prachtvolles Wasserbecken, in das man auf einer Marmortreppe hinabsteigen konnte, um sich zu baden. Es war allerdings kalt, aber unsere Köpfe waren erhitzt, und ich kam auf den Einfall, ihnen den Vorschlag zu machen, sie möchten die Füße ins Wasser stellen. Ich sagte ihnen, dies würde ihnen wohltun, und wenn sie mir erlauben wollten, so würde ich die Ehre haben, ihnen die Schuhe auszuziehen.

»Vorwärts!« rief die Nichte; »mir ist es recht.«

»Mir auch!« sagte Helene.

»Also setzen Sie sich, meine Damen, auf die erste Stufe!«

Sie setzten sich; ich stellte mich auf die vierte Stufe und zog ihnen die Schuhe aus; dabei rühmte ich die Schönheit ihrer Beine, zeigte mich jedoch für den Augenblick nicht neugierig, von dem, was oberhalb des Knies war, etwas zu sehen. Nachdem ich sie hierauf bis an das Wasser hinuntergeführt hatte, mußten sie wohl die Röcke hochheben; ich ermutigte sie, dies zu tun.

»Na«, sagte Hedwig, »Männer haben auch Beine.«

Helene schämte sich, weniger tapfer zu sein als ihre Cousine, und blieb nicht zurück.

»Kommen Sie, meine reizenden Najaden[11]«, sagte ich zu ihnen, »jetzt ist es genug; wenn Sie noch länger im Wasser bleiben, könnten Sie sich erkälten.«

Sie gingen rückwärts aus dem Wasser, wobei sie die Röcke fortwährend aufgeschürzt hielten, um sie nicht naß zu machen. Meine Aufgabe war es dann, sie mit allen Taschentüchern abzutrocknen, die ich bei mir hatte. Diese angenehme Beschäftigung erlaubte mir, nach Herzenslust alles zu besehen und zu befühlen, und ich brauche dem Leser wohl nicht unter Eid zu versichern, daß ich dies mit großem Eifer tat. Die schöne Nichte sagte mir, ich sei zu neugierig; Helene aber ließ mich mit so zärtlicher und schmachtender Miene gewähren, daß ich mich mit Gewalt zurückhalten mußte, um nicht weiter zu gehen. Nachdem ich ihnen Strümpfe und Schuhe wieder angezogen hatte, rief ich aus, ich sei entzückt, die geheimen Schönheiten der beiden schönsten Mädchen von Genf gesehen zu haben.

»Welche Wirkung hat dies auf Sie hervorgebracht?« fragte Hedwig mich.

»Ich wage es nicht, Sie aufzufordern, sich das anzusehen; aber fühlen Sie nur alle beide.«

»Gehen Sie doch auch ins Bad!«

»Das ist nicht möglich; für einen Mann sind die Vorbereitungen zu umständlich.«

»Aber wir können ja noch zwei Stunden hierbleiben; wir brauchen nicht zu befürchten, daß irgend jemand hierherkommt.«

Diese Antwort zeigte mir das volle Glück, das mich erwartete; ich hielt es jedoch für nicht angebracht, mich der Gefahr einer Krankheit auszusetzen und in dem Zustand, worin ich mich befand, ins Wasser zu gehen. Ich sah in geringer Entfernung ein Gartenhäuschen, und da ich überzeugt war, daß Monsieur Tronchin es offengelassen hatte, so nahm ich meine Schönen unter die Arme und führte sie dorthin, ohne sie meine Absichten ahnen zu lassen.

Das Gartenhäuschen war voll von Töpfen mit wohlriechenden Pflanzen; die Wände waren mit hübschen Kupferstichen geziert; besser als dies alles aber war ein breiter Diwan, der für Ruhe und Genuß bereitstand. Auf diesen setzte ich mich zwischen die beiden Schönen und sagte ihnen nach tausend Liebkosungen, ich wollte ihnen zeigen, was sie noch nie gesehen hätten. Zugleich enthüllte ich ihren Blicken das Hauptwerkzeug der Menschheit. Sie standen auf, um mich zu bewundern; ich nahm von jeder eine Hand und verschaffte ihnen einen flüchtigen Genuß; als bei dieser Arbeit sich reichlich Flüssigkeit ergoß, gerieten sie in größtes Erstaunen.

»Das ist das ›Verbum‹[12]«, sagte ich zu ihnen, »der große Schöpfer der Menschen.«

»Das ist köstlich!« rief Helene, über das Wort ›Verbum‹ lachend.

»Aber das ›Verbum‹ habe ich auch!« rief Hedwig, »und ich werde es Ihnen zeigen, wenn Sie einen Augenblick warten wollen.«

»Setzen Sie sich auf mich, schöne Hedwig, ich werde Ihnen die Mühe ersparen, das ›Verbum‹ selber hervorzurufen, und ich werde es besser machen als Sie.«

»Das glaube ich wohl, aber ich habe das noch nie mit einem Manne getan.«

»Ich auch nicht«, sagte Helene.

Ich ließ sie nun sich vor mich hinstellen, und während ihre Arme mich umschlungen hielten, versetzte ich sie abermals in Verzückung. Dann setzten wir uns, und während meine Hände alle ihre Reize betasteten, ließ ich sie sich daran ergötzen, mich nach Herzenslust zu befühlen, bis ich endlich ihre Hände durch eine zweite Entladung des Lebenssaftes befeuchtete, den sie neugierig an ihren Fingern untersuchten.

Als wir wieder in einer anständigen Verfassung waren, verbrachten wir noch eine halbe Stunde damit, uns Küsse zu geben.

Hierauf sagte ich zu ihnen: »Sie haben mich zur Hälfte glücklich gemacht; um aber Ihr Werk zu vollenden, werden Sie, hoffe ich, daran denken, auf welche Weise Sie mir Ihre Gunst gewähren können.« Hierauf zeigte ich ihnen jene kleinen schützenden

Hüllen, die die Engländer erfunden haben, um dem schönen Geschlecht jede Furcht zu nehmen. Diese kleinen Beutelchen, deren Gebrauch ich ihnen erklärte, erregten ihre Bewunderung, und die Theologin sagte zu ihrer Cousine, sie würde darüber nachdenken. Wir waren vertraute Freunde geworden und auf dem besten Wege, noch vertrauter zu werden. Wir gingen nach dem Hause zurück und begegneten Helenes Mutter und dem Pastor, die am Strande des Sees spazierten.

Nach Genf zurückgekehrt, verbrachte ich den Abend bei den drei Freundinnen. Ich hütete mich wohl, dem Syndikus etwas von meinem Siege über Helene zu sagen; denn diese Nachricht hätte nur seine Hoffnungen wieder angeregt, und er würde doch alle Liebesbemühungen verloren haben. Auch ich würde ohne die Theologin nichts erreicht haben; aber sie bewunderte ihre Cousine und würde befürchtet haben, daß sie sie für töricht hielte, wenn sie sich nicht ebenso frei benommen hätte wie jene, bei welcher freie Handlungen nur der Freiheit ihres Geistes entsprachen.

Helene kam an diesem Abend nicht; aber ich sah sie am nächsten Tage bei ihrer Mutter, denn die Höflichkeit erforderte, daß ich der Witwe für die mir erwiesene Ehre meinen Dank abstattete. Sie empfing mich auf das freundlichste und stellte mir zwei sehr hübsche junge Mädchen vor, die bei ihr in Pension waren; sie würden meine Teilnahme erregt haben, wenn ich länger hätte in Genf bleiben wollen; da ich jedoch nur einige Tage dort zubringen konnte, so verdiente Helene meine ungeteilte Liebe.

»Morgen«, sagte das reizende Mädchen zu mir, »wenn wir bei Monsieur Tronchin speisen, werde ich Ihnen etwas Neues sagen können. Ich denke, Hedwig wird das Mittel gefunden haben, Ihre Wünsche in vollem Maße zu befriedigen.«

Das Essen des Bankiers war sehr gut. Seine Eitelkeit trieb ihn an, mir zu zeigen, daß eine Mahlzeit, die von einem Gastwirt bezogen ist, niemals mit derjenigen wetteifern kann, die ein reicher Hausbesitzer veranstaltet, der einen guten Koch, einen gepflegten Keller, schönes Silbergeschirr und Porzellan von bester Güte hat. Wir waren zwanzig Personen bei Tisch. Das Fest galt der gelehrten Theologin und mir als reichem Fremden, der mit vollen Händen sein Geld ausgab. Ich traf dort auch Monsieur de Ximénès, der eigens dazu von Ferney herübergekommen war; er sagte mir, ich werde bei Monsieur de Voltaire erwartet; ich hatte aber den törichten Entschluß gefaßt, nicht hinzugehen.

Hedwig glänzte. Die Gäste legten nur mit geistreichen Fragen Ehre ein. Monsieur de Ximénès bat sie, unsere Stammutter nach besten Kräften deswegen zu rechtfertigen, daß sie ihren Mann getäuscht hätte, indem sie ihn veranlaßte, den verhängnisvollen Apfel zu essen.

»Eva«, antwortete sie, »hat ihren Mann überhaupt nicht getäuscht; sie hat ihn nur verführt, und zwar in der Hoffnung, ihn noch vollkommener zu machen. Übrigens hatte Eva das Verbot nicht von Gott selber erhalten, sondern hatte es nur von Adam gehört; man kann ihr also nur Verführung, aber keinen Betrug zur Last legen; außerdem erlaubte wahrscheinlich ihr gesunder Frauenverstand nicht, das Verbot für ernst zu halten.«

Nach dieser Antwort, die nach meiner Meinung vernünftig, geistreich und zart war, fingen zwei Genfer Gelehrte und sogar der Onkel der jungen Theologin zu murren an. Madame Tronchin sagte ernsten Tones zu Hedwig, Eva habe das Verbot ebensogut wie ihr Mann von Gott selber erhalten; das junge Mädchen antwortete ihr jedoch nur mit einem demütigen »Ich bitte um Vergebung, Madame.«

Diese wandte sich nun beunruhigt an den Pastor und fragte ihn: »Was sagen Sie dazu, Monsieur?«

»Madame, meine Nichte ist nicht unfehlbar.«

»Ich bitte um Verzeihung, lieber Onkel: wenn ich mit den Worten der Heiligen Schrift spreche, bin ich so unfehlbar wie diese.«

»Schnell eine Bibel! Wir wollen nachsehen ... Hedwig, meine liebe Hedwig ... wahrhaftig, du hast recht. Hier ist die Stelle. Das Verbot ging der Erschaffung der Frau voraus.«

Alle Anwesenden klatschten Beifall; Hedwig aber blieb ruhig und bescheiden und änderte ihr Benehmen nicht, nur die beiden Gelehrten und Madame Tronchin konnten sich gar nicht beruhigen. Als eine Dame sie fragte, ob man mit gutem Gewissen glauben könne, daß die Geschichte von dem Apfel nur symbolisch sei, sagte sie: »Das glaube ich nicht, Madame; denn man könnte das Symbolische nur auf die Begattung anwenden, und es steht fest, daß zwischen Adam und Eva im Garten Eden eine solche nicht stattgefunden hat.«

»Aber darüber sind die Meinungen der Gelehrten geteilt.«

»Um so schlimmer für die Gelehrten, die anderer Meinung sind, Madame; denn die Heilige Schrift spricht sich deutlich darüber aus. Sie sagt im ersten Vers des vierten Kapitels: Adam hat Eva nach ihrer Vertreibung aus dem Paradiese erkannt, und sie hat Kain empfangen.«

»Allerdings; aber in dem Verse steht nicht, daß Adam bis dahin Eva nicht erkannt hätte; es ist folglich wohl möglich, daß er sie vorher erkannt hat.«

»Das kann ich nicht zugeben; wenn er sie vorher erkannt hätte, wäre sie schwanger geworden; denn nach meiner Meinung wäre es eine törichte Annahme, daß der Zeugungsakt zwischen zwei Geschöpfen, die unmittelbar aus den Händen Gottes hervorgegangen und daher so vollkommen waren, wie ein Mann und eine Frau es nur sein können, ohne seine natürliche Wirkung geblieben wäre.«

Diese Antwort wurde von der ganzen Gesellschaft mit Händeklatschen aufgenommen, und jeder flüsterte seinem Nachbarn die schmeichelhaftesten Bemerkungen über Hedwig ins Ohr.

Monsieur Tronchin fragte sie, ob man aus dem Alten Testament allein die Unsterblichkeit der Seele nachweisen könne.

»Das Alte Testament«, antwortete sie, »lehrt dieses Dogma nicht; aber wenn es auch nicht davon spricht, so stellt die Vernunft es auf, denn alles Existierende muß notwendigerweise unsterblich sein, da die Zerstörung einer wirklich vorhandenen Substanz der Natur sowohl wie dem Denken widerspricht.«

»So möchte ich denn fragen«, begann der Bankier von neuem, »ob in der Bibel das Vorhandensein der Seele festgestellt ist.«

»Der Gedanke springt in die Augen: wo Rauch ist, muß auch Feuer sein.«

»Sagen Sie mir, ob die Materie denken kann?«

»Das werde ich Ihnen nicht sagen, denn auf diesem Gebiete bin ich nicht zu Hause. Wohl aber will ich Ihnen sagen, daß ich Gott für allmächtig halte und daher keinen genügenden Grund finde, warum er nicht imstande gewesen sein sollte, der Materie Denkfähigkeit zu verleihen.«

»Was glauben Sie denn aber von sich selber?«

»Ich glaube, daß ich eine Seele habe, durch die ich denke; aber ich weiß nicht, ob ich nach meinem Tode vermöge meiner Seele mich erinnern werde, daß ich die Ehre gehabt habe, heute bei Ihnen zu speisen.«

»Sie glauben also, es wäre möglich, daß Ihr Gedächtnis nicht zu Ihrer Seele gehörte? Aber dann wären Sie keine Theologin mehr.«

»Man kann wohl Theologe und zugleich Philosoph sein, denn die Philosophie verdirbt nichts. Wenn ich sage: Ich weiß nicht, so heißt das nicht: Ich weiß.«

Dreiviertel der Gäste äußerten ihre Bewunderung durch laute Beifallsrufe; die schöne Philosophin freute sich, als sie mich vor Vergnügen über den Beifall lachen sah. Der Pastor weinte vor Freude und sagte leise etwas zu Helenes Mutter. Plötzlich wandte er sich an mich und sagte: »Stellen Sie doch meiner Nichte irgendeine Frage.«

»Ja«, rief Hedwig, »aber eine ganz neue oder gar keine!«

»Sie bringen mich in Verlegenheit; denn wie kann ich bestimmt wissen, ob ich etwas Neues frage? Indessen sagen Sie mir doch, Mademoiselle, ob man, um ein Ding zu verstehen, von dessen Grundbegriff ausgehen muß?«

»Das ist unbedingt notwendig; eben aus diesem Grunde ist Gott unbegreiflich, denn es gibt keinen Grundbegriff von Gott.«

»Gott sei gelobt, Mademoiselle! Ihre Antwort ist gerade so, wie ich es wünschte. Wollen Sie mir also jetzt sagen, ob Gott seine eigene Existenz wissen kann?«

»Ja – da bin ich mit meinem Latein am Ende. Ich weiß nicht, was ich Ihnen antworten soll. Das ist aber jedenfalls nicht höflich von Ihnen, Monsieur.«

»Warum haben Sie eine ganz neue Frage von mir verlangt?«

»Das ist aber doch ganz natürlich.«

»Ich habe geglaubt, Mademoiselle, das neueste wäre, Sie in Verlegenheit zu setzen.«

»Sehr galant! Haben Sie die Güte, für mich zu antworten und mich zu belehren!«

Alle redeten hin und her, aber keiner brachte etwas Befriedigendes zutage. Endlich ergriff Hedwig wieder das Wort und sagte: »Ich bin aber doch der Ansicht, daß Gott, der alles weiß, auch seine Existenz begreifen muß; aber fragen Sie mich bitte nicht, wie dies möglich ist.«

»Gut! Ausgezeichnet! Mehr kann kein Mensch darüber sagen.«

Alle Gäste sahen mich als einen galanten Atheisten an, denn in der Welt ist man ja gewöhnt, oberflächlich zu urteilen. Ich machte mir aber wenig daraus, ob sie mich für einen Atheisten oder gläubigen Christen hielten.

Monsieur de Ximénès fragte Hedwig, ob die Materie erschaffen sei.

»Das Wort ›erschaffen‹ kenne ich nicht«, antwortete sie.

»Fragen Sie mich, ob die Materie gestaltet worden ist, und meine Antwort wird bejahend lauten. Das Wort ›erschaffen‹ kann nicht existiert haben; denn die Existenz eines Dinges muß der Bildung des Wortes, das es bezeichnet, vorangehen.«

»In welchem Sinne verstehen Sie das Wort ›erschaffen‹?«

»Etwas aus nichts machen. Sie sehen die Widersprüchlichkeit; denn Sie müssen annehmen, das Nichts sei eher vorhanden gewesen als ... Es freut mich sehr, Sie lachen zu sehen. Glauben Sie, das Nichts sei etwas, was erschaffen werden kann?«

»Sehr richtig, Mademoiselle!«

»Oho!« sagte einer der Gäste mit gerunzelter Stirn, »doch nicht ganz, doch nicht ganz!«

Alle lachten laut auf, denn der Widersprechende schien nicht zu wissen, was er sagen sollte.

»Sagen Sie mir bitte, Mademoiselle, wer ist hier in Genf Ihr Lehrer gewesen?« fragte Monsieur de Ximénès.

»Mein Onkel hier.«

»O nein, liebe Nichte; denn ich will sterben, wenn ich dir jemals etwas von alledem gesagt habe, was du heute hier vorgebracht hast. Aber, Monsieur, meine Nichte hat nichts zu tun; sie liest, und vielleicht denkt sie etwas kühn, ich liebe sie aber, weil sie zuletzt immer sagt, daß sie nichts davon versteht.«

Eine Dame, die bis dahin kein Wort gesagt hatte, bat sie sehr höflich um eine Erklärung des Geistes.

»Madame, Ihre Frage ist rein philosophisch; ich muß Ihnen daher sagen, daß ich weder Geist noch Materie genügend kenne, um eine befriedigende Erklärung geben zu können.«

»Sie müssen aber doch eine abstrakte Vorstellung von dem wirklichen Vorhandensein haben, und da Sie das Dasein Gottes zugeben, so müssen Sie unbedingt auch einen Begriff von diesem Wesen haben, Sagen Sie mir nun, wie Sie sich die Möglichkeit einer Einwirkung des Geistes auf die Materie vorstellen.«

»Man kann auf eine abstrakte Idee kein festes Gebäude gründen. Hobbes[13] nannte diese Ideen leer; man kann wohl solche haben, aber man muß sie auf sich beruhen lassen, denn wenn man sie ergründen will, geht die Vernunft irre. Ich weiß, daß Gott mich sieht; aber ich würde mich unglücklich machen, wenn ich durch Vernunftschlüsse mich davon überzeugen wollte; denn nach unseren sinnlichen Wahrnehmungen müssen wir zugeben, daß man ohne Organe nichts machen kann. Da nun Gott keine Organe haben kann, weil wir ihn als einen reinen Geist im philosophischen Sinne auffassen, so kann Gott uns ebensowenig sehen, wie wir ihn sehen. Aber Moses und mehrere andere haben ihn gesehen, und ich glaube, ohne das verstandesmäßig nachzuprüfen.«

»Daran tun Sie sehr gut«, sagte ich zu ihr; »denn wenn Sie das untersuchen wollten, so würden Sie es unmöglich finden. Aber wenn Sie Hobbes lesen, laufen Sie Gefahr, Atheistin zu werden.«

»Das befürchte ich nicht, denn ich begreife nicht einmal die Möglichkeit des Atheismus.«

Nach Tisch überhäufte die ganze Gesellschaft das wirklich erstaunliche junge Mädchen mit Schmeicheleien, so daß es mir unmöglich war, sie auch nur einen ruhigen Augenblick allein zu sprechen, um ihr meine zärtliche Liebe zu erklären; aber ich ging mit Helene beiseite, und sie sagte mir, ihre Cousine werde mit dem Pastor am nächsten Tage bei ihrer Mutter zu Abend essen.

»Hedwig«, fuhr sie fort, »wird bei uns bleiben, und wir werden zusammen schlafen, wie es jedesmal der Fall ist, wenn sie mit ihrem Onkel abends zum Essen kommt. Es kommt also darauf an, ob Sie, um die Nacht mit uns zu verbringen, sich entschließen können, sich an einem Ort zu verstecken, den ich Ihnen morgen früh um elf Uhr zeigen werde. Machen Sie um diese Stunde meiner Mutter einen Besuch, und ich werde einen günstigen Augenblick benutzen, um Ihnen den Winkel zu zeigen. Sie werden es dort nicht bequem haben, aber Sie sind vollkommen in Sicherheit, und wenn Sie sich langweilen, so vergessen Sie zu Ihrer Zerstreuung nicht, daß wir viel an Sie denken. Hedwig bittet Sie um Ihre Antwort.«

»Werde ich lange in dem Versteck sein?«

»Höchstens vier Stunden; denn um sieben Uhr wird die Haustür geschlossen und dann nur noch auf Klingeln geöffnet.«

»Würde man mich hören können, wenn ich an dem Ort husten müßte?«

»Ja, das wäre wohl möglich.«

»Das ist eine große Schwierigkeit. Alles übrige ist ohne Bedeutung; aber einerlei, ich werde alles wagen, um mir das größte

Glück zu verschaffen, das mir je entgegengebracht wurde. Sagen Sie Ihrer Cousine, daß ich mit allem einverstanden bin.«

Am nächsten Morgen machte ich meinen Besuch bei der Witwe, und Helene zeigte mir, als sie mich an die Tür brachte, zwischen den beiden Treppen eine geschlossene Tür.

»Um sieben Uhr«, sagte sie, »werden Sie sie offen finden. Sobald Sie eingetreten sind, schließen Sie sich ein, indem Sie den Riegel vorschieben. Wenn Sie kommen, müssen Sie aufpassen, daß im Augenblick des Eintretens niemand Sie sieht.«

Um viertel vor sieben war ich bereits in der Nische eingeschlossen. Ich fand darin einen Stuhl, und dies war ein sehr glücklicher Umstand, denn sonst hätte ich mich weder hinlegen noch aufrecht stehen können. Es war ein richtiges Loch, und ich erkannte am Geruch, daß man dort Speck und Käse aufbewahrte; in jenem Augenblick waren allerdings keine solchen Sachen darin, wie ich merkte, als ich rechts und links umhertastete, um mich in der tiefen Dunkelheit zurechtzufinden. Als ich vorsichtig mit den Füßen nach allen Seiten herumfühlte, traf ich auf etwas Weiches, das mir Widerstand leistete. Ich griff mit der Hand danach und merkte, daß es ein Stück Stoff war. Es war eine Serviette, in der eine zweite steckte, und darin befand sich zwischen zwei Tellern ein schönes gebratenes Huhn und Brot. Dicht daneben fand ich eine Flasche und ein Glas. Ich war meinen schönen Freundinnen dankbar, daß sie an meinen Magen gedacht hatten, aber ich hatte reichlich zu Mittag gegessen, und zwar aus Vorsicht ein bißchen spät; ich beschloß daher, dem Imbiß nicht eher Ehre anzutun, als bis die Schäferstunde nahe wäre.

Um neun Uhr ging ich ans Werk, und da ich weder Korkenzieher noch Messer hatte, so mußte ich mit einem Ziegel, den ich zum Glück aus dem schadhaften Boden losmachen konnte, den Flaschenhals abschlagen. Es war ein köstlicher alter Wein aus Neuchâtel. Außerdem war das Huhn ganz nach meinem Geschmack getrüffelt, und diese beiden Reizmittel zeigten mir, daß entweder meine beiden Nymphen einige Ahnung vom Körperlichen hatten oder daß der Zufall zu Hilfe gekommen war, um mich nach Wunsch zu bedienen. Ich hätte meine Zeit ziemlich geduldig in diesem Loch verbracht, wenn ich nicht ab und zu von einer Ratte besucht worden wäre, die sich durch ihren ekelhaften Geruch ankündigte, der mir Übelkeit bereitete.

Endlich schlug es zehn, und eine halbe Stunde später hörte

ich die Stimme des Pastors, der plaudernd die Treppe herabkam; er legte Helene ans Herz, während der Nacht keinen Unsinn mit seiner Nichte zu machen, sondern ruhig zu schlafen. Ich erinnerte mich jenes Prokurators Rosa, der vor zweiundzwanzig Jahren um dieselbe Stunde das Haus der Signora Orio in Venedig verlassen hatte; indem ich einen Blick auf mich selber warf, fand ich mich sehr verändert, aber nicht vernünftiger geworden. Doch wenn ich auch nicht mehr so empfänglich für den Genuß war, so schienen mir doch die beiden Schönheiten, die mich erwarteten, hoch über den Nichten der Signora Orio[14] zu stehen.

Während meiner langen Laufbahn als Libertin hat mein unbesiegbarer Hang zum weiblichen Geschlecht mich dazu getrieben, alle Künste der Verführung anzuwenden. Ich habe etlichen hundert Frauen, deren Reize meine Vernunft überwältigt hatten, den Kopf verdreht. Die besten Erfolge aber habe ich ständig dadurch erzielt, daß ich Neulinge, deren moralische Grundsätze und Vorurteile dem Gelingen meiner Absichten hinderlich waren, nur in Gesellschaft einer zweiten Frau angriff. Ich wußte bereits in jungen Jahren, daß ein Mädchen sich schwer verführen läßt, eben weil es ihm an Mut fehlt; wenn sie dagegen mit einer Freundin zusammen ist, so ergibt sie sich ziemlich leicht: jede Schwachheit der einen veranlaßt den Fall der andern. Väter und Mütter glauben das Gegenteil; aber sie haben unrecht. Sie weigern sich gewöhnlich, einem jungen Mann ihre Tochter anzuvertrauen, um sie auf einen Ball zu führen oder mit ihr einen Spaziergang zu machen. Sie geben jedoch nach, wenn das junge Mädchen eine ihrer Freundinnen zur Obhut hat. Ich wiederhole ihnen: sie haben unrecht; denn, wenn der junge Mann es richtig anzufangen weiß, ist ihre Tochter verloren. Ihre falsche Scham hält alle beide ab, der Verführung einen unerschütterlichen Widerstand zu leisten; sobald aber der erste Schritt einmal getan ist, ist der Sturz unvermeidlich und ungeheuer schnell. Sobald die Freundin sich die geringste Gunst entreißen läßt, wird sie, um nicht erröten zu müssen, die erste sein, die ihre Freundin dazu antreibt, eine größere Gunst zu gewähren; und wenn der Verführer geschickt ist, wird die Unschuldige, ohne eine Ahnung zu haben, bereits zu weit gegangen sein, um noch zurück zu können. Je unschuldiger übrigens ein junges Mädchen ist, desto weniger weiß sie von den Wegen und der Absicht der Verführung. Ihr völlig unbewußt, zieht der Reiz eines Vergnügens sie an, die Neugier mischt sich hinein, und die Gelegenheit tut das übrige.

Zum Beispiel wäre es mir vielleicht ohne Helene nicht gelungen, die gelehrte Hedwig zu verführen; aber ich bin überzeugt, daß ich bei Helene nichts erreicht hätte, wenn diese nicht gesehen hätte, daß ihre Cousine mir Freiheiten gewährte und sich selber Freiheiten mit mir herausnahm, die nach der Ansicht der beiden zweifellos gegen die Schamhaftigkeit eines wohlerzogenen Mädchens und gegen alle Anstandsbegriffe verstießen.

Ohne meine Liebesabenteuer im geringsten zu bereuen, wünsche ich doch durchaus nicht, daß mein Beispiel dazu dienen könnte, das schöne Geschlecht zu verderben, das aus so vielen Gründen unsere Huldigungen verdient. Ich wünsche lediglich, daß meine Beobachtungen vorsichtigen Vätern und Müttern nützlich sein und mir dadurch zum mindesten deren Achtung eintragen können.

Kurz nach dem Fortgehen des Pastors hörte ich dreimal leicht an die Tür meines Verstecks klopfen. Ich öffnete, und eine atlasweiche Hand ergriff die meine. Alle meine Nerven erbebten. Es war Helenes Hand; sie hatte mich elektrisiert, und dieser Augenblick des Glücks war schon Lohn genug für mein langes Warten.

»Folgen Sie mir leise!« flüsterte sie, sobald sie die kleine Tür wieder verschlossen hatte. Aber in meiner glücklichen Ungeduld schloß ich sie zärtlich in meine Arme, und ich ließ sie die Wirkung fühlen, die ihre bloße Gegenwart auf mich ausgeübt hatte, und vergewisserte mich zugleich ihrer vollständigen Fügsamkeit.

»Seien Sie vernünftig, lieber Freund!« flüsterte sie; »wir müssen sachte nach oben gehen.« Ich folgte ihr, um mich herumtastend, und am Ende eines langen Ganges führte sie mich in ein unbeleuchtetes Zimmer, dessen Tür sie hinter uns verschloß; hierauf öffnete sie ein anderes Zimmer, worin Licht war. Ich sah darin Hedwig, die beinahe schon ausgekleidet war. Sie kam mit offenen Armen auf mich zu, sobald sie mich sah, umarmte mich voller Glut und dankte mir auf das herzlichste, daß ich in einem so traurigen Loch so geduldig ausgehalten hätte.

»Meine göttliche Hedwig«, sagte ich zu ihr, »wenn ich Sie nicht rasend liebte, wäre ich keine Viertelstunde in dem Versteck geblieben; aber Sie brauchen nur zu befehlen, und ich bringe jeden Tag, den ich noch hier in Genf verweile, vier Stunden darin zu.

Aber lassen Sie uns keine Zeit verlieren, liebe Freundinnen! Gehen wir zu Bett!«

»Geht nur beide zu Bett«, sagte Helene, »ich werde die Nacht auf dem Sofa zubringen.«

»Oh, das gibt es nicht, Cousine«, rief Hedwig, »daran ist nicht zu denken, unser Los muß vollkommen gleich sein.«

»Ja, göttliche Helene, ja!« rief ich und umarmte sie, »ich liebe euch beide gleich. Alle diese Förmlichkeiten dienen nur dazu, uns eine kostbare Zeit verlieren zu lassen, während der ich euch meine glühende Zärtlichkeit beweisen könnte. Macht es wie ich! Ich werde mich ausziehen und in die Mitte des Bettes legen. Kommt schnell an meine Seiten! Ihr werdet sehen, ob ich euch liebe, wie ihr geliebt zu werden verdient. Wenn wir hier sicher sind, so werde ich euch Gesellschaft leisten, bis ihr mir sagt, daß ich gehen muß; aber ich bitte euch: löscht das Licht nicht aus!«

Während ich mit der gelehrten Theologin über die Schamhaftigkeit philosophierte, war ich im Handumdrehen ausgezogen und bot mich ihren Augen nackt wie ein zweiter Adam dar. Hedwig errötete und ließ, sicher aus Angst, daß sie durch allzu große Zurückhaltung in meinen Augen verlieren würde, die letzte Hülle fallen, indem sie den heiligen Clemens von Alexandria zitierte, daß die Scham nur im Hemde liegt. Ich pries laut ihre Schönheiten und die Vollendung ihrer Formen, um dadurch Helene zu ermutigen, die sich langsam auskleidete. Als ihr aber Hedwig ihre falsche Scham vorwarf, wirkte dieses mehr als alle meine ausführlichen Lobreden. Endlich war diese Venus im Naturzustande; sie wußte nicht, wo sie mit ihren Händen hin sollte, und bedeckte mit der einen einen Teil ihrer geheimsten Reize, mit der anderen ihre Brust; daß sie nicht alles verbergen konnte, schien sie bestürzt zu machen. Ihre schamhafte Verlegenheit, dieser Kampf zwischen erliegender Scham und der Sinnlichkeit entzückte mich.

Hedwig war größer als Helene, ihre Haut weißer und ihr Busen doppelt so stark; aber Helene war erregter, ihre Formen waren lieblicher, und ihr Busen glich dem der Venus von Medici. Als sie durch das Beispiel ihrer Cousine allmählich mutiger geworden war, verbrachten wir einige Augenblicke damit, uns gegenseitig zu bewundern; dann legten wir uns zu Bett. Die Natur sprach gebieterisch, und wir mußten ihrem Rufe folgen. Nachdem ich mich mit einem Sicherheitshäubchen versehen hatte, dessen Zerreißen ich nicht zu befürchten brauchte, machte ich Hedwig zur

Frau. Als das Opfer vollzogen war, bedeckte sie mich mit Küssen und sagte, der Augenblick des Schmerzes sei nichts im Vergleich mit dem Genuß.

Helene, die sechs Jahre jünger war als Hedwig, kam bald an die Reihe. Das schönste Vlies, das ich jemals gesehen habe, war ein wenig hinderlich; sie strich es mit ihren beiden Händen zur Seite, und obwohl sie in die Geheimnisse der Liebe nicht ohne schmerzhafte Gewaltanstrengung eingeweiht werden konnte, stieß sie nur Seufzer des Glücks aus, eifersüchtig auf die Erfolge ihrer Cousine; sie erwiderte alle meine Anstrengungen und schien an Zärtlichkeit und Glut mit mir wetteifern zu wollen. Die Bewegungen des schönen Mädchens kürzten das süße Opfer ab, und als ich das Heiligtum verließ, sahen meine beiden Schönen, daß ich der Ruhe bedurfte.

Der Altar wurde vom Blute der Opfer gesäubert; hierauf wurde eine gemeinsame Abspülung vorgenommen, wobei wir uns mit Freuden gegenseitig halfen.

Unter ihren eifrigen und neugierigen Händen erwachte ich zu neuem Leben, und dieser Anblick erfüllte sie mit Freude. Ich sagte ihnen, ich müßte unbedingt während der Zeit, die ich noch in Genf verbringen würde, dieses Glück recht oft genießen; aber sie antworteten mir seufzend, dies sei unmöglich.

»In fünf oder sechs Tagen können wir uns vielleicht wieder ein solches Fest verschaffen, das wird aber auch alles sein. Laden Sie uns«, sagte Hedwig, »morgen zum Abendessen in Ihren Gasthof ein, vielleicht bietet der Zufall uns Gelegenheit, einen süßen Raub zu begehen.« Ich nahm diesen Rat an.

Wir fingen wieder an. Da ich meine Natur kannte und sie nach Belieben täuschen konnte, machte ich sie mehrere Stunden lang glücklich, indem ich fünf- oder sechsmal von der einen zur andern ging, bevor ich meine Kraft erschöpfte und auf den Höhepunkt des Genusses gelangte. Da ich sie gelehrig und wißbegierig sah, ließ ich sie in den Zwischenräumen die schwierigsten Stellungen des Aretino[15] ausführen; dies erhitzte sie über alle Maßen. Alles, was wir bewunderten, überschütteten wir mit unsern Küssen; in einem Augenblick, als Hedwig gerade ihre Lippen auf die Mündung der Pistole preßte, ging der Schuß los und überströmte ihr Gesicht und ihren Busen. Sie strahlte vor Freude darüber und betrachtete diesen Erguß, den die beiden Mädchen wunderbar fanden, mit dem Lerneifer einer Schülerin der Naturwissenschaften. Die Nacht erschien uns kurz, obgleich wir keine Minute verloren hatten; aber im Morgengrauen mußten wir uns trennen. Ich ließ sie in ihrem Bett liegen, und es glückte mir, das Haus zu verlassen, ohne von einem Menschen gesehen zu werden.

Nachdem ich bis Mittag geschlafen hatte, stand ich auf, zog mich sorgfältig an und machte dem Pastor einen Besuch. Ich sparte nicht mit Lob für seine reizende Nichte. Dies war das sicherste Mittel, um ihn zu der Zusage zu veranlassen, daß er am nächsten Tage bei mir im ›Hôtel aux Balances‹ zu Abend essen würde.

»Wir sind ja in der Stadt«, sagte ich ihm, »können also beisammenbleiben, solange wir wollen; aber sehen Sie doch zu, daß Sie auch die liebenswürdige Witwe und ihre reizende Tochter mitbringen können.« Er versprach mir dies.

Am Abend besuchte ich den Syndikus und die drei Freundinnen, die mich begreiflicherweise ein wenig kühl fanden. Ich schützte starkes Kopfweh vor und sagte ihnen, ich hätte die gelehrte Theologin zum Abendessen eingeladen. Ich forderte sie und den Syndikus auf, doch ebenfalls zu kommen; ich hatte jedoch vorausgesehen, daß dieser Einspruch erheben würde, weil die Leute darüber reden könnten.

Meine Hauptsorge war, die auserlesensten Weine zum Wichtigsten an der ganzen Mahlzeit zu machen. Der Pastor und seine Freundin tranken viel, und ich kam ihrem Geschmack nach besten Kräften entgegen. Als ich sah, daß alles nach Wunsch ging, daß sie ein bißchen benebelt und ganz mit ihren alten Erinnerungen beschäftigt waren, winkte ich den beiden Schönen, und sie gingen hinaus, als wenn sie eine gewisse Örtlichkeit suchen wollten. Ich ging mit ihnen hinaus, als wenn ich ihnen Bescheid sagen wollte, ließ sie aber in ein anderes Zimmer eintreten und sagte ihnen, sie möchten auf mich warten.

Ich ging wieder zurück, und da die beiden Alten ganz mit sich selber beschäftigt waren und kaum bemerkten, daß ich da war, so machte ich Punsch zurecht, setzte ihnen diesen vor und sagte dann, ich würde auch den jungen Damen welchen bringen; diese unterhielten sich damit, Kupferstiche zu betrachten. Ich verlor keinen Augenblick und machte ihnen mehrere Besuche, die sie interessant fanden. Solche gestohlenen Genüsse haben einen unaussprechlichen Reiz. Als wir einigermaßen befriedigt waren, gingen wir zusammen wieder in das Zimmer, und ich machte noch einmal Punsch, Helene rühmte ihrer Mutter die Kupferstiche und forderte sie auf, sich diese mit uns anzusehen.

»Ich mache mir nichts daraus«, sagte die alte Dame.

»Na, dann wollen wir sie noch einmal ansehen!« rief Helene.

Ich fand die List köstlich und ging mit meinen beiden Heldinnen hinaus. Wir vollbrachten Wunder. Hedwig philosophierte über den Genuß und sagte, sie würde ihn niemals gekannt haben, wenn ich nicht zufällig ihren Onkel kennengelernt hätte. Helene sprach nicht; aber wollüstiger als ihre Cousine, geriet sie in Verzückung wie eine Taube und belebte sich dann von neuem, um einen Augenblick darauf wieder zu ersterben. Ich bewunderte diese erstaunliche Liebesfähigkeit, obwohl dies ziemlich häufig vorkommt: vierzehnmal wechselte sie in der Zeit, die ich zu einer einzigen Operation brauchte, zwischen Leben und Tod. Allerdings machte ich bereits den sechsten Ritt und verlangsamte zuweilen mein Tempo, um mich an ihrem Glücke zu weiden.

Bevor wir uns trennten, versprach ich ihnen, Helenes Mutter jeden Tag zu besuchen, um bei dieser Gelegenheit erfahren zu können, wann ich vor meiner Abreise noch eine Nacht mit ihnen würde verbringen können. Um zwei Uhr morgens trennten wir uns.

Drei oder vier Tage später sagte Helene mir in zwei Worten, Hedwig werde an diesem Abend bei ihr schlafen. Ich könne mich in ihrem Zimmer verstecken; sie werde daher zur selben Stunde die Tür offenlassen.

»Ich werde kommen.«

»Und ich werde Sie einschließen; aber Sie müssen im Dunkeln bleiben, weil sonst die Magd das Licht sehen könnte.«

Ich war pünktlich, und mit dem Schlage zehn Uhr sah ich sie freudestrahlend ankommen.

»Ich habe vergessen, Ihnen vorher zu sagen«, sagte Helene zu mir, »daß Sie hier ein Huhn finden würden.«

Ich hatte Hunger; ich verschlang es in einem Augenblick, und dann überließen wir uns dem Glück.

Am zweiten Tage darauf mußte ich abreisen. Ich hatte von Monsieur Raiberti zwei Briefe erhalten. In dem einen schrieb er mir, er habe meine Vorschriften hinsichtlich der Corticelli befolgt; im zweiten teilte er mir mit, sie würde wahrscheinlich im Karneval als erste Figurantin auftreten und Gehalt bekommen.

Ich hatte in Genf nichts mehr zu tun, und Madame d'Urfé erwartete mich nach unserer Verabredung in Lyon. Ich mußte also dorthin. Unter diesen Umständen war die Nacht, die ich mit den beiden reizenden Mädchen verbringen sollte, meine letzte.

Mein Unterricht hatte Früchte getragen, meine beiden Schülerinnen waren bereits Meisterinnen in der Kunst, das Glück zu genießen und mitzuteilen, aber in den Pausen wich die Freude der Traurigkeit.

»Wir werden unglücklich sein, lieber Freund«, sagte Hedwig zu mir, »und wir wären bereit, dir zu folgen, wenn du dich unserer annehmen wolltest.«

»Ich verspreche euch, liebe Freundinnen, vor Ablauf von zwei Jahren wiederzukommen.«

Sie brauchten nicht einmal so lange zu warten.[16] Gegen Mitternacht schliefen wir ein; um vier Uhr wachten wir auf und setzten unsere Liebeskämpfe bis sechs Uhr fort. Eine halbe Stunde darauf verließ ich sie; ich war völlig erschöpft und blieb den ganzen Tag im Bett liegen. Am Abend suchte ich den Syndikus und seine Freundinnen auf. Ich fand dort Helene; sie stellte sich heuchlerischerweise, als wenn sie über meine Abreise nicht tiefer betrübt wäre als die andern. Um sich nicht zu verraten, erlaubte sie dem Syndikus, sie ebenso zu küssen wie die andern. Ich ahmte ihre List nach und bat sie, ihrer gelehrten Cousine in meinem Namen Lebewohl zu sagen, indem ich mich entschuldigte, daß ich nicht persönlich käme, um Abschied zu nehmen.

Am folgenden Tage reiste ich in aller Frühe ab, und am Abend des zweiten Tages kam ich in Lyon an. Ich fand Madame d'Urfé nicht dort; sie war in die Bresse gefahren, wo sie ein Gut besaß. Aber ich fand einen Brief, worin sie mir mitteilte, es werde ihr sehr angenehm sein, mich dort zu sehen. Ich verlor keinen Augenblick und fuhr dorthin.

Sie empfing mich auf ihre gewöhnliche Art, und ich sagte ihr, ich müsse nach Turin fahren und dort auf Federico Gualdo warten, das damalige Oberhaupt der Rosenkreuzer[17]. Ich ließ ihr durch das Orakel enthüllen, er werde mit mir nach Marseille kommen; dort werde er sie glücklich machen. Nach diesem Orakelspruch konnte sie also nicht daran denken, nach Paris zurückzukehren, bevor wir uns gesehen hatten. Das Orakel sagte ihr ferner, sie müsse in Lyon auf Nachrichten von mir warten und den jungen Aranda mit hinnehmen. Der Kleine überhäufte mich mit Liebkosungen und bat mich, ihn mit nach Turin zu nehmen. Wie man sich wohl denken kann, wußte ich seinen Bitten auszuweichen.

Als wir wieder in Lyon waren, brauchte Madame d'Urfé vierzehn Tage, um für mich fünfzigtausend Francs aufzutreiben, die ich vielleicht für diese glückliche Reise nötig haben konnte. Während dieser vierzehn Tage machte ich gute Bekanntschaft mit einer Madame Pernon. Ich gab bei ihrem Gemahl, einem reichen Fabrikanten, viel Geld aus, um mir eine elegante Garderobe anfertigen zu lassen. Madame Pernon war schön und geistreich. Ihr Liebhaber war ein Mailänder namens Bono, Geschäftsführer eines Schweizer Bankiers Sacco. Durch Vermittlung von Madame Pernon ließ Bono Madame d'Urfé durch seinen Bankier fünfzigtausend Francs geben. Sie übergab mir diese Summe und zugleich die drei Kleider, die sie der Lascaris versprochen hatte; die Corticelli aber hat sie niemals zu sehen bekommen. Eins von diesen Kleidern war mit Zobelpelz besetzt und von seltener Schönheit. Ausgestattet wie ein Fürst, verließ ich Lyon und reiste nach Turin, wo ich den berühmten Gualdo finden sollte, der kein anderer war als der treulose Ascanio Pogomas, den ich von Bern hatte kommen lassen. Ich dachte, es würde für mich leicht sein, diesem Komödianten die Rolle einzustudieren, für die ich ihn bestimmt hatte. Wie man sehen wird, wurde ich in grausamer Weise getäuscht.

VIERTES KAPITEL

Den Karneval 1763 verbringt Casanova in Mailand. Verliebt in die ebenso schöne wie scheue Marquesa Q., plant er eine Maskerade besonderer Art. Sein Zimmermädchen Zenobia leistet ihm dabei gute Dienste.

Ich hatte zur Durchführung meines Planes einige Vertraute nötig; vor allen Dingen brauchte ich einen Schneider, und wie man sich denken kann, glaubte ich Zenobias Mann den Vorzug geben zu müssen. Zenobia war für mich nicht weniger nützlich als ihr Gatte, teils um gewisse Frauenarbeiten anzufertigen, teils um die drei jungen Damen zu bedienen, die ich verkleiden sollte.

Ich ging zu Fuß aus und begab mich zum Schneider. Ich befahl ihm, seine Arbeit liegenzulassen und mich zum reichsten Trödler von Mailand zu führen.

Der Trödler fragte mich, ob ich alte oder neue Sachen haben wollte.

»Haben Sie neue Sachen?«

»Ja, Signore, für Herren und für Damen.«

»Suchen Sie zunächst einen schönen Samtrock für meine Größe; er muß einfarbig sein, ohne Gold oder Silber, und in Mailand darf ihn kein Mensch kennen.«

Er zeigte mir mehrere. Ich wählte einen blauen Samtrock mit weißem Atlasfutter. Der Trödler nannte mir den Preis, und nachdem der Schneider gefeilscht hatte, wurden wir einig; ich legte den Rock auf die Seite und ließ den Preis anschreiben. Er war für den Liebhaber der schönen Base bestimmt. Ich wählte einen zweiten schönen Rock für einen Mann, der drei Zoll kleiner war als ich, von schwefelgelbem, geschorenem Samt mit Atlasfutter von derselben Farbe, und ließ den Preis anschreiben. Diesen bestimmte ich für den jungen Offizier. Darauf bat ich ihn, mir zwei ganz neue, lange Frauenkleider für gut gebaute, sechs Zoll[1] kleinere Damen zu zeigen.

»Hier sind zwei Kleider von verschiedener Machart, beide sehr hübsch.«

»Sie gefallen mir. Sagen Sie den Preis und legen Sie beide zur Seite.«

Das eine Kleid war aus feuerroter Atlasseide, das andere aus lila Mischseide. Die Basen hatten die gleiche Größe. Jetzt brauchte ich noch ein Kleid für die Geliebte des Offiziers, sie war zwei Zoll kleiner als die beiden. Der Trödler gab mir ein hübsches gestreiftes Seidenkleid. Nun wollte ich elegante Hemden sehen, und er zeigte mir welche aus Batist für Herren und Damen. Ich kaufte zwei für die Herren und drei nette Spitzenhemden für die Damen, außerdem dazu passende Batisttaschentücher und mehrere halbe Ellen Samt in verschiedenen Farben, Atlas und Seide, alles kleine Reste.

Ich bezahlte für alle diese Waren etwa zweihundert Dukaten in Gold, aber unter der Bedingung, daß der Händler mir mein Geld wiedergeben und die Waren zurücknehmen müsse, einerlei, in welchem Zustande sie wären, wenn durch seine Schuld bekannt werden sollte, daß ich sie bei ihm gekauft hätte. Diese Bedingung nahm er an; der Schneider packte alle Sachen ein, ging mit mir und trug den ganzen Packen in die Wohnung, die ich gemietet hatte.

Als alles in meinem Zimmer war, schloß ich mich mit dem Schneider ein und drohte ihm mit dem Tode, wenn er das Unglück haben sollte, zu irgendeinem Menschen ein Wort von der ihm übertragenen Arbeit zu sagen. Hierauf breitete ich alle Herrenröcke auf einem Tisch aus, nahm ein Messer aus der Tasche und begann Löcher hineinzuschneiden, dann steckte ich meine Finger durch und erweiterte sie zu zwei oder drei Zoll langen Rissen; so verfuhr ich auch mit den Hosen, den Westen, den Kleidern, dem Futter.

Ich lachte aus vollem Halse über das klägliche Gesicht, das der Schneider machte, als er mich die herrlichen Sachen auf diese Weise verderben sah. Er glaubte, ich sei verrückt geworden, und erwartete seine Ermordung.

Nach dieser Operation, bei der ich in die beiden Herrenröcke sechzig Löcher geschnitten hatte, gab ich dem Schneider die Stücke von Seide und Samt, die ich in zwanzig verschiedenen Arten gekauft hatte.

»Nun sind Sie dran«, sagte ich zum Schneider, »geben Sie sich Mühe und bessern Sie diese Röcke so aus, daß Sie die zerschnittenen Stellen schlecht flicken und schlecht passende Flicken aufnähen, immer dort, wo es Ihnen günstig erscheint. Wie Sie sehen, haben Sie genug Arbeit. Ich werde dafür sorgen, daß Sie in einem anderen Zimmer etwas Ordentliches zu essen bekommen. Sie werden diese Wohnung nicht verlassen, bevor alles fertig ist. Ich werde Ihre Frau holen, damit sie mit Ihnen arbeitet und auch hier schläft.«

»Aber um Gottes willen, Signore, wollen Sie denn die Kleider ebenso behandeln wie die Röcke?«

»Genau ebenso.«

»Wie schade! Meine Frau wird bitterlich darüber weinen.«

Auf dem Wege zu Zenobia kaufte ich fünf Paar perlweiße Seidenstrümpfe, Handschuhe für Herren und Damen, zwei Hüte aus feinstem Filz, fratzenhafte Männermasken und drei Frauenmasken von natürlicher Form, aber mit ernstem Ausdruck. Auch kaufte ich Porzellanteller. Das Ganze brachte ich in eine Sänfte, setzte Zenobia hinein und führte sie zu dem Zuckerbäcker.

Ich fand ihren Mann damit beschäftigt, die Stoffreste für die Flicken auszuwählen. Zenobia war sprachlos vor Erstaunen; als sie mich aber die Kleider ebenso behandeln sah wie die Herrenröcke, erbleichte sie. Ihr Mann hatte sich inzwischen an den Gedanken gewöhnt; er beruhigte sie, und als sie wußte, worum es sich handelte, begriff sie, daß ich trotz meines verrückten Einfalls noch meinen Verstand behalten hatte. Zenobia gewöhnte sich an mein Vorhaben, als ich sie bat, die Kleider so herzurichten, daß die Damen, wenn sie sie anhätten, noch mehr zur Liebe reizten, als wenn die Gewänder heil wären. Die Kleider wurden besonders am Busen und an den Schultern mißhandelt, danach auch die langen Röcke so zugerichtet, daß man das Batisthemd oder die halben Beine sehen konnte.

Ich ließ beide arbeiten und ihnen gutes Essen servieren. Ich besuchte sie jedoch täglich drei- oder viermal und war jedesmal, wenn ich wieder ging, mit meinem Gedanken und mit ihrer Arbeit immer zufriedener.

Die Arbeit war erst am Sonnabendnachmittag fertig. Ich schickte den Mann fort, indem ich ihm sechs Zechinen gab, und behielt Zenobia da; denn sie war notwendig, um den Damen beim Ankleiden zu helfen. Ich stellte in einem Zimmer Puder,

Pomaden, Kämme und alles, was vornehme Damen sich wünschen können, bereit; ich dachte auch an Schnüre und Bänder.

Am nächsten Tage um fünf Uhr fand ich das Spiel im lebhaften Gang, aber die beiden Basen waren nicht dabei. Ich suchte sie bei ihrer Tante auf, und sie sagten mir, sie spielten nicht, weil Signor Barbaro nur Glück hätte.

»Aber mein Bruder gewinnt«, sagte Signorina Q.

Nachdem die Tante hinausgegangen war, fragten sie mich, ob der Leutnant mir gesagt hätte, daß sie mit einer ihrer Freundinnen auf den Ball gehen würden.

»Ich weiß alles«, antwortete ich, »und ich hoffe, Sie werden zufrieden sein, jedoch nicht zufriedener als ich. Ich muß morgen früh mit Ihrem Offizier sprechen.«

»Sagen Sie uns doch, wie wir maskiert sein werden.«

»So, wie Sie es mir aufgetragen haben.«

»Ich habe Ihnen darüber nichts gesagt.«

»Sie haben mir doch zu verstehen gegeben, daß Sie ganz sicher sein wollen, nicht erkannt zu werden.«

»Aber was werden wir denn anhaben?«

»Sie werden jedermann überraschen und neugierig machen; Sie werden den ganzen Ball über umschwärmt werden. Fragen Sie mich nicht mehr, denn ich will meine Freude an Ihrer Überraschung haben. Ich liebe Theatereffekte, das ist nun mal eine Leidenschaft von mir. Nach dem Abendessen werden Sie alles erfahren.«

»Wir sollen also zu Abend speisen?«

»Ganz gewiß – wenn es Ihnen Vergnügen macht. Ich bin ein großer Esser, und ich hoffe, Sie werden doch nicht so grausam sein, mich allein essen zu lassen.«

»Natürlich nicht, wenn wir Ihnen einen Gefallen damit tun können. Wir werden absichtlich wenig zu Mittag essen. Es tut mir nur leid, daß Sie so viel Geld ausgeben.«

»Das ist unerheblich; wenn ich von Mailand fortgehe, werde ich in dem Glück schwelgen, mit den beiden schönsten Damen der Stadt soupiert zu haben.«

»Wie werden Sie beim Spiel vom Glück behandelt?«

»Carcano gewinnt mir jeden Abend zweihundert Zechinen ab.«

»Und Sie gewannen von ihm zweitausend in einer Nacht?«

»Allerdings; indessen bin ich noch im Verlust.«

»Sonntag werden Sie die Bank sprengen.«

»Wünschen Sie, daß ich Ihnen dieses Schauspiel biete?«

»Es würde mir eine große Freude sein; mein Bruder hat mir jedoch gesagt, Sie würden nicht mit uns zusammen sein.«

»Allerdings nicht, dies geschieht jedoch nur deshalb, weil man mich erkennen würde. Ihr Bruder hat mir aber gesagt, der Kavalier, der Sie begleiten wird, sehe mir ähnlich.«

»Auffallend ähnlich«, sagte die Base; »nur im Gesicht nicht, denn er ist blond.«

»Da hat er aber Glück, denn die blonden Herren verdrängen die braunhaarigen.«

»Nicht immer!« sagte die Schwester. »Aber sagen Sie uns doch wenigstens, ob wir uns etwa als Männer verkleiden werden?«

»Pfui! Ich würde es mir nicht verzeihen können, auf einen solchen Gedanken verfallen zu sein. Ich kann es nicht ausstehen, wenn ein hübsches Mädchen als Mann verkleidet ist.«

»Das ist sonderbar; warum denn nicht? Erklären Sie mir das!«

»Mit Vergnügen. Wenn eine als Mann verkleidete junge Frau wirklich eine Täuschung erregt, so stößt sie mich ab; denn dies ist ein Beweis, daß sie nicht die reizenden Schönheiten besitzt, die eine Frau haben muß, sie ist ja ganz anders gebaut als ein schöner Mann.«

»Und wenn die als Mann verkleidete junge Frau Sie die Schönheiten nur ahnen läßt, die Sie von einer schönen Frau verlangen?«

»Dann nehme ich es ihr übel, daß sie mich der Illusion beraubt, denn ich liebe es, nur ihr Gesicht zu sehen und das übrige zu erraten.«

»Die Phantasie täuscht aber doch oft.«

»Das gebe ich zu; aber ich verliebe mich immer in das Gesicht, und ich fühle mich stets bereit, beim übrigen großzügig zu sein, wenn ich die Gunst erhalte, es zu sehen. Sie lachen?«

»Ich lache über den feurigen Eifer, womit Sie Ihre Meinung vorbringen.«

»Wäre es Ihnen angenehm, als Kavalier verkleidet zu sein?«

»Oh, ich hatte mich darauf gefaßt gemacht; aber nach dem, was Sie soeben gesagt haben, können wir Ihnen nicht mehr antworten.«

Nachdem ich ihnen zwei volle Stunden Liebenswürdigkeiten gesagt hatte, verließ ich sie und eilte zum Zuckerbäcker, darauf in die Oper, wo ich mein Geld verlor. Endlich speiste ich mit der Contessa zu Abend; sie war zuvorkommend geworden, verfiel aber bald wieder in ihre schlechte Laune, als sie merkte, daß ich keine Absichten mehr auf ihr Schlafzimmer hatte.

Am Samstagmorgen kam der junge Offizier zu mir. Ich sagte zu ihm, ich hätte für ihn nur einen einzigen Auftrag; diesen müßte er aber buchstäblich ausführen, und ich müßte im voraus sicher sein, daß er dies tun würde.

»Im Hof soll ein vierspänniger Wagen warten; wenn Sie alle fünf eingestiegen sind, muß er Sie, so schnell die Pferde laufen können, durch das Stadttor von Mailand bringen, durch ein anderes Tor müssen Sie wieder hineinfahren zu der Tür des Hauses, wo ich Sie erwarten werde; sie ziehen sich um und fahren gleich nach Hause zurück. Sobald sie ausgestiegen sind, schicken Sie den Wagen fort. Nach dem Ball nehmen Sie Sänften, um nach Hause zu kommen. Ich glaube bestimmt, daß Sie auf dem Ball auffallen werden, und man wird auf jeden Fall ergründen wollen, wer Sie sind.«

Der Offizier antwortete mir: »Mein Freund, der Marchese F., wird dies alles besorgen, und er wird es aufs beste machen, das verspreche ich Ihnen, denn er brennt vor Verlangen, Ihre Bekanntschaft zu machen.«

»Ich erwarte Sie also morgen um sieben Uhr in dem Ihnen bekannten Haus. Nehmen Sie Sänften; Sie kommen auch in Sänften zum Ball. Der vierspännige Wagen ist nur zum schnellen Verschwinden gedacht. Denken Sie daran, daß kein Mensch den Kutscher kennen darf; nehmen Sie keinen von Ihren Bedienten.«

Dann gab ich ihm den Schlüssel einer Loge, wo man sich bei Bedarf ausruhen konnte. Ich entschloß mich, selbst als Pierrot zu erscheinen. Keine andere Maskierung ist eine so gute Verkleidung; denn sie verbirgt nicht nur vollständig alle Formen, sondern verdeckt auch die Farbe der Haut. Ich beauftragte den Schneider, mir ein Kostüm zu besorgen, das ich zu den übrigen Anzügen legte. Mit zwei neuen Börsen versehen, die mit tausend Zechinen gefüllt waren, begab ich mich schon um halb sieben zu meinem Zuckerbäcker. Ich fand den Tisch gedeckt und das Essen fertig. Ich schloß Zenobia in das Zimmer ein, wo sich alle Dinge für die Maskierung befanden. Punkt sieben Uhr kam die Gesellschaft an. Ich war entzückt, als ich in dem Marchese F. einen vollendeten Kavalier kennenlernte. Er war schön, jung, reich und sehr verliebt in die Base, die er mit großer Achtung behandelte. Die Geliebte des Leutnants war ein wahres Juwel und wahnsinnig in ihren Anbeter verliebt.

Da alle wußten, daß ich ihnen erst nach dem Abendessen ihre Verkleidung bekanntgeben wollte, so setzten wir uns sofort zu Tisch. Das Abendessen war ausgezeichnet, da alles bestens zubereitet war. Der Marchese wollte gar nicht glauben, daß es so einen guten Gastwirt überhaupt gab. Nachdem wir reichlich gegessen hatten und uns von der Tafel erhoben hatten, gab ich folgende Erklärung ab: »Da ich nicht mit Ihnen gehen will, sage ich Ihnen, daß Ihre Masken fünf Bettler darstellen, zwei Männer und drei Frauen. Sie werden jeder einen Teller in der Hand halten, um Almosen zu sammeln, und werden alle zusammen im Ballsaal herumgehen und ihr Bettlergewerbe betreiben. Folgen Sie mir jetzt in dieses Zimmer, um die Gewänder richtiger Bettler in Besitz zu nehmen.«

Zu meiner Freude bemerkte ich bei dieser Ankündigung Verdruß auf den fünf Gesichtern. Sie folgten mir, ich öffnete die Tür, und alle waren erstaunt über die Schönheit Zenobias, die vor dem Tische stand, worauf die in Lumpen verwandelten reichen Kleider lagen, und ihnen mit vollendeter Anmut einen Knicks machte.

Ich sagte zu den beiden Basen: »Dies sind Ihre Kleider, und dieses hier, Signorina, ist für Sie; es ist ein bißchen kleiner. Hier liegen Ihre Hemden, Ihre Taschentücher und Ihre Strümpfe; an diesem Frisiertisch können Sie sich von Ihrer Dienerin als Bettlerinnen kämmen lassen. Hier sind Ihre Masken, deren Züge nicht so frisch sind wie die Ihren, und hier drei Teller für die Almosen, die Sie erbetteln werden. Die Strumpfbänder, die einen Soldo kosten, werden von Ihrer Armut zeugen, wenn zufällig jemand sie sehen sollte, und diese durchlöcherten Strümpfe bezeugen, daß Sie nicht einen Soldo haben, um ein bißchen Seide zum Stopfen zu kaufen. Diese Bindfäden werden statt Schnallen dienen, und wir werden einige Löcher in Ihre Schuhe schneiden; das Leder am Hacken müssen Sie runtertreten. Die Handschuhe werden ebenfalls einige Löcher bekommen, und da alles im Einklang stehen muß, so werden, sobald Sie Ihre Hemden angezogen haben, die Spitzen, die den Hals einfassen, ebenfalls hier und da zerrissen werden.«

Die drei jungen Damen sahen, wie kostbar die Verkleidung war. Trotz der zerfetzten Kleider wagten sie nicht zu sagen: »Wie schade!«

»Hier sind Ihre Gewänder, Signori. Ich habe vergessen, die Hüte zu durchlöchern. Wie finden Sie dies alles? – Und nun, meine Damen, werden wir Sie allein lassen, denn Sie müssen Ihre Hemden wechseln. Auch wir werden uns umziehen.«

Der Marchese F. war begeistert. Er rief: »Welches Aufsehen werden wir in dieser Maskerade machen! Etwas Prachtvolleres kann man sich ja gar nicht denken!«

Man sah absichtlich zerrissene prachtvolle Kleider, deren Löcher so komisch mit Flicken ausgebessert waren, daß es lustig aussah.

In einer halben Stunde waren wir fertig. Absichtlich durchlöcherte Strümpfe und zerrissene Schuhe, absichtlich zerfetzte Batisthemden mit echten Spitzenmanschetten, aufgelöste Haare, Masken mit dem Ausdruck der Verzweiflung und absichtlich am Rand zerbrochene Teller von schönem Porzellan – dieses alles bildete ein aufsehenerregendes Ganzes. Als Pierrot erkannte man mich nicht.

Die jungen Damen brauchten ihrer Frisur wegen längere Zeit für die Toilette. Ihre Haare waren in der schönsten Unordnung und hingen aufgelöst herab. Besonders Signorina Q. glänzte vor den beiden anderen; denn ihr Haar reichte bis zur halben Wade.

Als sie fertig waren, öffneten sie die Tür, und wir sahen alles, was drei entzückende, schöne junge Mädchen sehen lassen konnten, um Begierden zu erregen, ohne den Anstand zu verletzen. Ich bewunderte Zenobias Geschick. Die zerrissenen langen Röcke ließen die Beine sehen, durch die Löcher der Strümpfe kam die weiße Haut zur Geltung; die Hemden hatten dort Löcher, wo sich an den Kleidern offene Stellen befanden, und man konnte Teile ihrer schönen Brüste erblicken. Signorina Q. mit ihren langen Haaren war die Schönste.

Ich zeigte ihnen, wie sie gehen mußten, wie sie die Köpfe zu bewegen hatten, um Mitleid zu erregen, ohne ihrer Anmut zu schaden, und wie sie sich ihrer Taschentücher bedienen mußten, so daß man durch die Löcher in ihnen ihre Bedürftigkeit bemerken mußte. Sie waren hochentzückt und konnten es kaum erwarten, ihre Rollen zu spielen. Ich wollte jedoch vor ihnen auf dem Ball sein, denn ich wünschte mich an dem Anblick ihres Eintritts zu ergötzen. Nachdem ich meine Pierrotmaske angelegt hatte, forderte ich Zenobia auf, zu Bett zu gehen, da wir nicht vor Tagesanbruch zurückkehren würden.

Ich trat in den Ballsaal, und da mehr als zwanzig Pierrots anwesend waren, so achtete kein Mensch auf mich. Fünf Minuten später sah ich die Menge sich herandrängen, um neue ankommende Masken zu sehen; ich stellte mich so auf, daß ich bequem alles sehen konnte. Der Marchese ging zwischen den beiden Basen. Ihr langsamer, kläglicher Gang paßte ausgezeichnet zu ihrer Rolle. Signorina Q. mit ihrem feuerroten zerfetzten Seidenkleid und ihren prachtvollen Haaren ließ alle verstummen. Erst eine Viertelstunde nach ihrem Eintritt begann die Menge wieder zu sprechen; dann aber hörte man von allen Seiten: »Welche Kostüme!« – »Welche Maskerade!« – »Wer sind sie?« – »Wer können sie sein?« – »Ich weiß es nicht.« – »Ich weiß es auch nicht.« – »Ich werde es gleich erfahren.«

Ich freute mich über ihr Verhalten.

Da die Musik zu spielen begann, so traten drei schöne Masken in Dominos auf meine Bettlerinnen zu und forderten sie auf, ein Menuett zu tanzen. Sie entschuldigten sich jedoch, indem sie auf ihre Schuhe zeigten, deren Absätze sie niedergetreten hatten. Es freute mich sehr.

Nachdem ich ihnen länger als eine Stunde gefolgt war und mich überzeugt hatte, daß die Neugier der Ballgäste stetig steigen würde, suchte ich Carcano auf, bei dem an diesem Abend ein großes Spiel im Gange war. Eine Maske in venezianischer Tracht mit Mantel und Umhang spielte auf eine einzige Karte, setzte fünfzig Zechinen, bot Paroli und Paix de Paroli, ganz nach meiner Art. Er hatte meine Gestalt und verlor dreihundert Zechinen. Man behauptete, ich sei es; nur Carcano widersprach dem. Um am Spieltisch bleiben zu dürfen, nahm ich Karten und machte Sätze von drei oder vier Zechinen. In der nächsten Runde setzte die venezianische Maske fünfzig Zechinen auf eine Karte und gewann Paroli und Paix de Paroli und strich somit das ganze verlorene Geld wieder ein, das auf sechs Haufen lag. Als eine zweite Runde ihm ebenfalls günstig war, nahm er sein Geld und ging.

Da sein Stuhl frei blieb, so nahm ich ihn mir. Hierauf sagte eine Dame: »Ich wette, dies ist der Chevalier de Seingalt.«

»Nein«, sagte ein Herr, »ich habe ihn soeben erkannt, er ist als Bettler verkleidet, und es sind vier andere Personen bei ihm, die kein Mensch kennt.«

»Als Bettler? Wieso?« fragte Carcano.

»Als Bettler, in Lumpen gekleidet wie die vier anderen, trotzdem aber prachtvoll und höchst komisch. Sie sammeln alle fünf Almosen.«

»Man sollte sie hinausweisen!« sagte ein anderer.

Ich begann nun Haufen von Zechinen, ohne sie abzuzählen, auf eine Karte zu setzen und verlor fünf- oder sechsmal hintereinander; in weniger als einer Stunde verlor ich fünfhundert Zechinen. Carcano beobachtete mich, ich las aber Unsicherheit auf seinen Zügen. Auf allen Seiten flüsterte man sich zu: »Das ist er nicht!« – »So spielt er nicht!« – »Außerdem ist er auf dem Ball!«

Das Glück wandte sich: In drei glücklichen Runden gewann ich reichlich zurück, was ich verloren hatte, und ich spielte weiter mit einem Haufen Gold, der vor mir lag. Ich setzte eine große Handvoll Zechinen auf eine Karte; diese kam zuerst heraus. Ich bot Paroli und Paix de Paroli. Ich gewann, und da ich sah, daß die Bank in den letzten Zügen lag, so hörte ich auf. Carcano zahlte mich aus und verlangte tausend Zechinen von seinem Kassierer. Während er die Karten mischte, hörte ich sagen: »Da kommen sie! Da kommen die Bettler!«

Die Bettler kamen und stellten sich an den Tisch. Carcano musterte den Marchese F. und bat ihn um eine Prise Tabak. Man stelle sich meine Freude vor, als ich den Marchese ganz bescheiden eine Papiertüte mit Tabak für zwei Soldi aus der Tasche ziehen und Carcano hinreichen sah! Diesen schönen Einfall hatte ich nicht vorausgesehen; er erregte die laute Heiterkeit aller Zuschauer. Signorina Q. streckte ihren Teller aus und heischte von ihm ein Almosen; dieser aber sagte: »Mit so schönen Haaren erregen Sie bei mir kein Mitleid; wollen Sie sie auf eine Karte setzen, so bin ich bereit, sie für tausend Zechinen gelten zu lassen.«

Signorina Q. reichte nun mir ihren Teller hin; ich legte mit den Fingerspitzen eine Prise Zechinen darauf und gab den beiden anderen dasselbe.

»Pierrot scheint die Bettlerinnen zu lieben!« sagte Carcano lachend.

Die drei Bettlerinnen machten mir einen tiefen Knicks und entfernten sich.

Marchese Triulzi, der neben Carcano saß, sagte zu diesem: »Der Bettler in dem gelben Anzug ist ganz gewiß Casanova.«

»Daran ist nicht zu zweifeln«, sagte Carcano; »ich habe ihn sofort erkannt; aber wer sind die anderen?«

»Wir werden es schon erfahren.«

»Es ist die teuerste Maskerade, die man sich denken kann; denn die Kleider sind vollkommen neu.«

Er wartete auf das Geld und mischte. Die tausend Zechinen

kamen. Ich setzte hundert, und in der zweiten Runde gehörte alles mir.

»Wollen Sie noch spielen?« fragte Carcano mich. Ich verneinte durch ein Zeichen und deutete hierauf mit der Hand an, daß ich einen Schuldschein von dem Kassierer wünschte. Dieser brachte seine Waage. Da ich tanzen wollte, gab ich ihm alles Geld und behielt nur fünfzig Zechinen; er schrieb mir einen Schuldschein über neunundzwanzig Pfund und ein paar Unzen Gold aus, Carcano zeichnete gegen. Es waren mehr als zweitausendvierhundert Zechinen. Ich stand auf und ging mit schlenkerndem Pierrotgang durch den Ballsaal. Dann begab ich mich in eine Loge des dritten Ranges, in der ich meine Bettler beieinander fand. Ich wollte mich abtrocknen, weil ich geschwitzt hatte. Nachdem ich angeklopft und mich zu erkennen gegeben hatte, sprachen wir begeistert von unserem Abenteuer. Die Masken konnten wir ohne Bedenken abnehmen, da die beiden Nebenlogen leer waren.

Die drei Bettlerinnen wollten mir mein Almosen wiedergeben; ich antwortete ihnen jedoch auf eine Weise, daß sie nicht darauf bestehen konnten.

»Man hält mich für Sie«, sagte der Marchese zu mir, »und dieser Irrtum könnte dazu führen, daß man etwas erriete.«

»Ich werde mich vor dem Ende des Balles demaskieren«, erwiderte ich darauf.

»Wir haben alle Taschen voll von Zuckerwerk«, sagten die Mädchen zu mir.

»Ja«, rief die Base, »alle Welt bewunderte uns; die Damen kamen aus ihren Logen heraus, um uns in der Nähe anzusehen, und überall rief man, man könne nichts Reizenderes erfinden als eine solche Maskerade.«

»Sie haben also viel Vergnügen gehabt?«

»Oh, sehr viel!«

»Wir wollen in den Saal gehen«, sagten sie zu mir.

»Ich auch, denn ich habe Lust zu tanzen, und ich bin sicher, daß ich als Pierrot Sie zum Lachen bringen werde.«

»Wissen Sie, wieviel Sie einer jeden von uns als Almosen gegeben haben?«

»Genau kann ich es nicht sagen; aber ich bin überzeugt, daß ich Sie alle drei ungefähr gleich bedacht habe.«

»Das stimmt, und wir haben uns sehr darüber gewundert.«

»Ich habe das tausendmal erlebt. Wenn man mir ein Paroli von zehn Zechinen abgewinnt, strecke ich drei Finger aus, und ich bin sicher, dreißig Zechinen zu fassen. Ich möchte wetten, daß ich jeder von Ihnen achtunddreißig oder vierzig Zechinen gegeben habe.«

»Vierzig; keine mehr oder weniger. Das ist erstaunlich. An diese Maskerade werden wir denken.«

»Ich wette«, sagte der Marchese, »kein Mensch wird sie uns nachmachen.«

»Nein«, sagte die Base; »aber wir selber würden nicht ein zweites Mal so zu erscheinen wagen.«

Wir legten unsere Masken wieder an, und ich ging zuerst hinaus. Nachdem ich mir tausend Ungezogenheiten gegen die Harlekine und besonders gegen die weiblichen Harlekine erlaubt hatte, erkannte ich Teresa[2] im Domino und lud sie ganz linkisch zum Kontertanz ein. »Sie sind der Pierrot, der die Bank gesprengt hat?«

Ich bejahte durch ein Kopfnicken. Dann tanzte ich wie ein Besessener, es sah aus, als wenn ich jeden Augenblick hinfallen würde, und doch fiel ich nie.

Nach dem Kontertanz bot ich ihr meinen Arm und führte sie in ihre Loge, worin Greppi ganz allein saß. Sie bat mich einzutreten, und die Überraschung des Pärchens war nicht gering, als ich die Maske abnahm. Sie glaubten, ich sei einer von den Bettlern. Ich gab Signor Greppi Carcanos Anweisung, und nachdem er mir Quittung darüber gegeben hatte, ging ich unmaskiert wieder in den Saal zur großen Überraschung der Neugierigen, die mich ganz sicher in dem Marchese F. erkannt zu haben glaubten. Gegen Morgen entfernte ich mich in einer Sänfte, die ich auf der Piazza Cordusio halten ließ, ging durch ein Haus und nahm eine zweite Sänfte, die mich zum Zuckerbäcker brachte. Ich fand Zenobia im Bett. Sie sagte mir, sie sei überzeugt gewesen, daß ich allein vor den anderen heimkommen werde. Ich kleidete mich aus und lag gar bald an ihrer Seite. Es war das erstemal, daß ich sie wirklich ganz und gar in meinem Besitz hatte. Als wir den Trab von vier Pferden hörten, standen wir schnell auf und waren im Handumdrehen angezogen.

Der Marchese und der Leutnant entfernten sich gleich, um sich umzuziehen; meinen Bettlerinnen sagte ich, ich könne beim Umkleiden zugegen sein, da sie ja nicht das Hemd und die Strümpfe zu wechseln brauchten. Und sie waren denn auch nicht zimperlich.

Bei dieser köstlichen Beschäftigung beschränkte ich jedoch meine Blicke auf Signorina Q. Ich bewunderte alle ihre Schönheiten und sah mit Vergnügen, daß sie sich nicht geizig zeigte. Zenobia band ihr die Haare auf und wandte sich dann zu den beiden anderen, um diesen zu helfen. Ich erbot mich, sie zu ersetzen, und sie erlaubte mir, ihr beim Anziehen des Kleides zu helfen. Sie verhinderte nicht, daß meine Augen durch einen großen Riß drangen, der mir erlaubte, die eine der beiden Halbkugeln, die ihren herrlichen Busen zierten, beinahe ganz zu sehen.

»Was wollen Sie mit diesem Hemd machen, Signorina?«

»Sie werden über die Kinderei lachen! Wir haben beschlossen, zur Erinnerung an den schönen Abend, den wir Ihnen verdanken, alle diese Sachen aufzubewahren. Überlassen Sie bitte meinem Bruder die Mühe, die Sachen zu uns schaffen zu lassen. Wir wollen jetzt zu Bett gehen, werden Sie uns heute abend besuchen?«

»Wenn ich vernünftig wäre, müßte ich Ihre Gegenwart meiden.«

»Wenn ich selber vernünftig wäre, dürfte ich Sie nicht einladen, zu uns zu kommen.«

»Was für eine Antwort! Natürlich werden Sie mich sehen; aber darf ich, bevor wir uns trennen, einen Kuß von Ihren erbitten?«

»Zwei.«

Ihr Bruder und der Marchese F. kamen zurück. Zwei Sänften, die ich vor die Tür bestellt hatte, brachten die beiden Basen nach Hause. Zwei andere, die ein bißchen später kamen, dienten dem Leutnant und seiner Geliebten.

Der Marchese, der bei mir geblieben war, sagte mir mit der größten Höflichkeit, er wünsche, mir die Hälfte meiner Ausgaben für die Maskerade zu erstatten.

»Ich habe mir wohl gedacht, daß Sie mich demütigen würden.«

»Das ist nicht meine Absicht, ich bestehe daher nicht auf meinem Wunsche, aber Sie begreifen wohl, daß ich dann der Gedemütigte bin.«

»Nein; denn ich rechne mit Ihrem Geist. Wie Sie sehen, kostet das Geld mich nichts. Übrigens gebe ich Ihnen mein Ehrenwort, daß ich Sie auf allen Vergnügungspartien, bei denen wir uns während des Karnevals noch treffen könnten, für mich werde bezahlen lassen. Wir können hier soupieren, sooft es Ihnen beliebt; ich bin hier zu Hause. Sie laden die Gäste ein, und ich werde Sie die Rechnung bezahlen lassen.«

»Ausgezeichnet! Diese Anordnung gefällt mir. Lassen Sie uns gute Freunde sein. Ich lasse Sie mit dieser reizenden Zofe allein, und ich begreife nicht, daß eine solche Schönheit ungekannt von aller Welt – ausgenommen von Ihnen – in Mailand hat leben können.«

»Sie ist eine Bürgersfrau, die ein Geheimnis zu bewahren weiß. Habe ich recht, Signora?«

»Ich würde lieber sterben als irgendeinem Menschen sagen, daß der Signore der Marchese F. ist.«

»Vortrefflich, halten Sie stets Ihr Wort, und nehmen Sie bitte dieses kleine Andenken an.«

Es war ein schöner Ring. Zenobia nahm ihn mit reizendem Anstand an und verabschiedete sich. Der Ring hatte eine Rosette, er mochte etwa fünfzig Zechinen wert sein. Sie brachte mich zu Bett, und nachdem ich ihr vierundzwanzig Zechinen gegeben hatte, schickte ich sie eine Stunde später nach Hause. Ich schlief gleich ein und erwachte um zwei Uhr. Ich aß ausgezeichnet und ging nach Hause, um mich umzuziehen und die schöne Q. zu besuchen, die ich, nach dem, was sie mir gesagt hatte, kaum spröde finden konnte. Alle Anwesenden außer ihr saßen am Spieltisch. Sie stand an einer Fensterbrüstung und schien so aufmerksam zu lesen, daß sie mich nicht bemerkte; sobald sie mich aber gesehen hatte, wurde sie rot, klappte ihr Buch zu und steckte es in die Tasche.

»Oh, ich bin nicht indiskret, Signorina, ich werde keinem Menschen sagen, daß ich Sie dabei überrascht habe, wie Sie in einem Gebetbuch lasen.«

»Das freut mich; denn es wäre um meinen guten Ruf geschehen, wenn man wüßte, daß ich fromm bin.«

»Hat man von der Maskerade gesprochen? Weiß man, wer die Masken waren?«

»Man spricht von nichts anderem und bedauert uns, daß wir nicht auf dem Ball gewesen seien; aber man hat die Hoffnung aufgegeben, zu erfahren, wer die Masken waren; denn man sagt, eine unbekannte Kutsche mit vier Pferden habe sie blitzgeschwind nach der ersten Poststation gebracht, von wo sie Gott weiß welchen Weg eingeschlagen haben. Man sagt auch, meine Haare seien falsch gewesen; ich habe wirklich Lust bekommen, ihnen das Gegenteil zu beweisen. Ferner sagt man, Sie müßten die Masken kennen, denn sonst hätten Sie ihnen nicht ganze

Hände voll Zechinen gegeben. Auf jeden Fall haben wir ein großes Vergnügen gehabt. Wenn Sie alle Aufträge, die man Ihnen gibt, ebenso erledigen, sind Sie einzig in Ihrer Art.«

»Aber ich könnte einen solchen Auftrag nur von Ihnen selber in Empfang nehmen.«

»Heute von mir, morgen von einer anderen.«

»Ich sehe, Sie halten mich für unbeständig, aber ich schwöre Ihnen, wenn Sie mich Ihres Herzens würdig fänden, würde Ihr Bild unauslöschlich in meinem Herzen bleiben.«

»Ich bin überzeugt, das haben Sie tausend Mädchen gesagt; ich bin ferner überzeugt, Sie haben sie verachtet, nachdem Sie sie ihres Herzens würdig gefunden haben.«

»Ich bitte Sie, gebrauchen Sie nicht das Wort ›verachtet‹; denn dann müßte ich ja glauben, Sie halten mich für ein Ungeheuer. Die Schönheit verführt mich, ich strebe sie zu besitzen, und ich verachte sie, wenn es nicht Liebe ist, die mir ihren Genuß verschafft. Sie sehen, daß ich unmöglich eine Schönheit verachten kann, die sich mir aus Liebe hingegeben hat. Da müßte ich mich ja vor allen Dingen selber verachten. Sie sind schön, und ich bete Sie an; aber Sie würden sich sehr täuschen, wenn Sie glauben könnten, ich wäre damit zufrieden, daß Sie sich mir aus Gefälligkeit hingäben.«

»Ich sehe, Sie verlangen mein Herz.«

»Ganz recht; nach Ihrem Herzen strebe ich.«

»Um mich in vierzehn Tagen unglücklich zu machen.«

»Um Sie bis in den Tod zu lieben und alle Ihre Wünsche zu erfüllen.«

»Sie würden sich in Mailand niederlassen?«

»Ganz gewiß, wenn Sie mich unter dieser Bedingung glücklich machen.«

»Spaßhaft ist es bei alledem, daß Sie mich betrügen, ohne es selber zu wissen, wenn es wahr ist, daß Sie mich lieben.«

»Jemanden betrügen, ohne es selber zu wissen – das ist für mich etwas Neues. Wenn ich es nicht weiß, so bin ich unschuldig.«

»Unschuldig – meinetwegen. Aber Sie täuschen nicht minder auch mich. Denn es wird nicht in Ihrer Macht stehen, mich noch zu lieben, wenn die Liebe zu mir in Ihnen erloschen ist.«

»Das wäre allerdings möglich; aber ich weise einen so abscheulichen Gedanken weit von mir! Lieber will ich glauben, daß ich in alle Ewigkeit in Sie verliebt sein werde. Seit ich Sie kenne, finde ich in Mailand kein Mädchen mehr hübsch.«

»Auch nicht die reizende Zofe, die uns bedient hat und die Sie vielleicht bis vor wenigen Augenblicken in Ihren Armen gehalten haben?«

»Was sagen Sie da, göttliche Marchesa! Sie ist die Frau des Schneiders, der unsere Kleider gemacht hat. Sie ist eine halbe Stunde nach Ihnen fortgegangen, und ihr Mann würde sie nicht bei mir gelassen haben, wenn er nicht gewußt hätte, daß ich sie brauchte, um die drei Damen zu bedienen, für die er die Kleider gemacht hatte.«

»Sie ist bildhübsch. Ist es möglich, daß Sie sie nicht lieben?«

»Wie kann man eine Frau lieben, wenn man weiß, daß ein Pavian sich mit ihr vergnügt, sooft er Lust hat? Das einzige Vergnügen, das die Frau mir heute früh gemacht hat, bestand darin, daß sie mit mir über Sie sprach.«

»Über mich?«

»Ja. Werden Sie mir verzeihen, wenn ich Ihnen gestehe, daß ich in meiner Neugierde sie gefragt habe, welche der drei jungen Damen, die sie doch ohne Hemd gesehen haben müßte, die Schönste wäre?«

»Eine unverschämte Frage. Nun, was hat sie Ihnen geantwortet?«

»Die Dame, die die langen kastanienbraunen Haare hat, sei überhaupt in jeder Beziehung schön.«

»Das glaube ich nicht; denn ich habe gelernt, anständig das Hemd zu wechseln, und sie kann wohl kaum mehr gesehen haben, als was ich auch einen Mann ohne Gefahr hätte sehen lassen können. Sie hat Ihrer indiskreten Neugier schmeicheln wollen. Wenn ich eine Zofe hätte wie diese, würde ich sie sofort entlassen.«

»Sie sind ärgerlich.«

»Nein.«

»Wenn Sie auch nein sagen – ich habe bei dieser flüchtigen Aufwallung Ihre Seele erkannt. Ich bin in Verzweiflung, Ihnen diese Worte gesagt zu haben.«

»Ei was; das ist nichts. Ich weiß, die Männer fragen Zofen immer nach solchen Sachen, und diese antworten ihnen stets wie Ihre Schöne, die vielleicht nur gerne Ihre Neugier auf sich selber lenken möchte.«

»Aber wie sollte sie wohl hoffen, daß ihr dies gelingen könnte, indem sie Ihre Schönheiten auf Kosten der beiden anderen pries? Sie konnte ja doch nicht wissen, daß ich Sie vorziehe.«

»Wenn sie das nicht weiß, so habe ich unrecht; aber trotzdem hat sie gelogen.«

»Sie kann vielleicht etwas erfunden haben, aber ich glaube nicht, daß sie gelogen hat. Sie lachen! Das entzückt mich.«

»Ich lache, weil es mir Vergnügen macht, Sie glauben zu lassen, was Sie wollen. Ich möchte Sie bitten, mir ein Vergnügen zu erweisen. Hier sind zwei Zechinen. Setzen Sie sie in der Lotterie auf eine Ambe[3]; geben Sie mir den Schein, wenn Sie Ihren nächsten Besuch machen, oder schicken Sie ihn mir zu. Aber lassen Sie nur ja keinen Menschen etwas davon erfahren.«

»Sie sollen ihn morgen ganz bestimmt erhalten; aber warum befehlen Sie mir, Ihnen den Schein zu schicken?«

»Weil Sie vielleicht nicht kämen, wenn Sie sich mit mir langweilen.«

»Sehe ich so aus? Ich bin recht unglücklich. Wie heißen Ihre Zahlen?«

»Die Drei und die Vierzig. Sie selber haben sie mir gegeben.«

»Ich? Wieso denn?«

»Drei Prisen Zechinen und jedesmal vierzig. Ich bin abergläubisch. Es kommt mir so vor, als ob Sie nur nach Mailand gekommen seien, um mich glücklich zu machen.«

»Sie schenken mir das Leben wieder! Ihre Worte erfüllen mich mit inniger Freude. Sie sagen, Sie seien abergläubisch; aber wenn Sie diese Ambe nicht gewinnen, so ziehen Sie daraus nur ja nicht die Folgerung, daß ich Sie nicht liebe: das wäre eine haarsträubende Logik.«

»So unvernünftig denke ich nicht.«

»Glauben Sie, daß ich Sie liebe?«

»Ja.«

»Erlauben Sie mir, Ihnen das hundertmal zu sagen?«

»Ja.«

»Und es Ihnen auf alle Arten zu beweisen?«

»Die Arten will ich vorher kennen; denn es wäre möglich, daß diejenigen, die Sie für die wirksamsten halten, mir sehr überflüssig erscheinen.«

»Ich sehe voraus, Sie werden mich lange schmachten lassen.«

»Solange, wie ich kann.«

»Und wenn Sie nicht mehr können?«

»So werde ich mich ergeben. Sind Sie damit zufrieden?«

»Ja, gewiß; aber ich werde alle meine Kraft aufbieten, um Ihren Widerstand zu vermindern.«

»Tun Sie das nur, Ihre Bemühungen werden mir angenehm sein.«

»Werden Sie mir helfen, zum Ziele zu gelangen?«

»Das auch.«

»Ach, reizende Marchesa. Sie brauchen nur zu sprechen, um einen Menschen glücklich zu machen. Ich bin wirklich glücklich, und ich verlasse Sie, in heißer Liebe entbrannt.«

Ich ging ins Theater und besuchte Carcanos Bank, wo ich die Maske sah, die am Abend vorher dreihundert Zechinen gewonnen hatte.

Er spielte sehr unglücklich, denn er hatte in Marken bereits mehr als zweitausend Zechinen verloren. In weniger als einer Stunde verlor er noch das Doppelte dazu; dann sagte Carcano: »Jetzt ist es genug!« und legte die Karten hin. Er stand auf, und die Maske entfernte sich. Es war ein Genueser, namens Spinola.

»Sehen Sie nun«, sagte ich zu Carcano, »wer die Wette gewonnen hätte? Sagen Sie es ruhig, daß Sie mich im Pierrotkostüm nicht erkannt haben.«

»Allerdings nicht; ich war auf den Bettler versessen, den ich für Sie hielt. Sie wissen doch, wer er ist?«

»Nicht im geringsten.«

»Man sagt, es seien lauter Venezianer und sie seien von hier nach Bergamo gefahren.«

Am Abend speiste ich mit der Contessa A. B., ihrem Gatten und Triulzi. Sie waren derselben Meinung wie Carcano. Triulzi sagte zu mir, alle klugen Leute hätten es mißbilligt, weil ich den Bettlerinnen ganze Hände voll Zechinen gegeben hätte.

Ich erwiderte ihm, daß ich mich dadurch ja nur um die Gunst der Narren beworben hätte.

Am nächsten Tage setzte ich die Ambe und brachte den Schein nachmittags meiner schönen Abergläubischen. Ich war vollständig in sie verliebt, weil alles mir sagte, daß sie mich liebte. Auch ihre Base spielte an diesem Tage nicht, und ich verbrachte drei Stunden mit ihnen, von nichts als Liebe sprechend. Ich fand in ihren Bemerkungen einen unbeschreiblichen Zauber, denn sie hatten unendlich viel Geist. Als ich sie verließ, fühlte ich, daß ich, wenn der Zufall mich mit der Base statt mit Signorina Q. zusammengebracht hätte, mich in die erstere ebenso verliebt haben würde. Der Karneval dauert in Mailand vier Tage länger[4] als in der ganzen übrigen Christenwelt. Er näherte sich seinem Ende. Es sollten noch drei Bälle stattfinden. Ich spielte und verlor jeden Tag zwei- oder dreihundert Zechinen. Alle Welt wunderte sich noch mehr über meine Bedachtsamkeit als über mein früheres Glück. Jeden Tag ging ich zu den schönen Basen und redete mit ihnen von meiner Liebe; aber ich kam nicht weiter: es gab nur Hoffnungen, aber nichts Gewisses. Die schöne Marchesa bewilligte mir nur ein paar Küsse, allerdings hatte ich mich noch nicht erkühnt, sie um ein Stelldichein zu bitten.

Ich fragte sie drei Tage vor dem Ball, ob ich hoffen könnte, sie mit ihren beiden Freundinnen, ihrem Bruder und dem Marchese zum Abendessen einladen zu dürfen.

»Mein Bruder«, antwortete sie mir, »wird Sie morgen aufsuchen, um mit Ihnen das Nötige zu verabreden.«

Dies war ein gutes Zeichen. Der Leutnant kam wirklich. Ich hatte gerade die herausgekommenen Lotteriezahlen erhalten, und man denke sich meine Freude, als ich die Drei und die Vierzig unter den fünf Zahlen der Ziehung sah. Ich war himmelhoch erfreut über diesen Erfolg! Dem jungen Marchese sagte ich nichts, weil seine Schwester mir dies verboten hatte.

»Marchese F.«, sagte der liebenswürdige Botschafter zu mir, »lädt Sie nebst der ganzen Bettlergesellschaft für den Ballabend zum Abendessen in Ihre Wohnung ein; da er uns jedoch eine Überraschung bereiten will, so bedarf er Ihrer Wohnung, um die Maskenkostüme anfertigen zu lassen. Da er sicher sein möchte, daß die Sache geheim bleibt, bittet er Sie auch, dieselbe Zofe zu bestellen, die Sie neulich hatten.«

»Sehr gern.«

»Sorgen Sie dafür, daß sie heute um drei Uhr dort ist, und sagen Sie dem Zuckerbäcker Bescheid, daß Sie dem Marchese freie Verfügung gegeben haben.«

Es war mir nicht schwer, zu erraten, daß der Marchese Lust hatte, Zenobia zu besitzen; aber ich fand dies so natürlich, daß ich mich durchaus nicht darüber ärgerte, sondern im Gegenteil geneigt war, seine zärtlichen Gefühle zu begünstigen. *Fovet et favet* [Leben und leben lassen] war stets mein Wahlspruch und wird bis zu meinem Tode, dank meiner guten Veranlagung, mein Wahlspruch sein.

Ich sagte sofort dem Zuckerbäcker Bescheid und ging dann zu

dem Schneider, der sich sehr freute, als ich ihm sagte, daß ich ihn nicht brauchte, sondern ihn nur um meine Gevatterin bäte. Er antwortete, er werde ihr ab drei Uhr für drei Tage Urlaub geben. Nach dem Mittagessen fand ich die Signorina Q. überglücklich. Ihre Ambe hatte ihr fünfhundert Zechinen eingebracht.

»Dies macht Sie glücklich?« fragte ich sie.

»Es macht mir Vergnügen; aber obwohl ich nicht reich bin, so freue ich mich doch nicht so sehr über den Gewinn, sondern über den herrlichen Einfall, den ich mir zu eigen machte; das Vergnügen, das ich empfinde, beruht auf dem Gedanken, daß ich dieses Glück Ihnen verdanke. Diese Fügung des Zufalls spricht gebieterisch zu Ihren Gunsten.«

»Was sagt sie Ihnen?«

»Sie sagt mir: Sie verdienen, daß ich Sie liebe.«

»Sagt sie Ihnen auch, daß Sie es mir beweisen müssen?«

»Lieber Freund! Können Sie daran zweifeln?«

Mit diesen Worten streckte sie mir ihre Hand hin. Es war das erste Mal. Ich preßte meine Lippen darauf.

»Anfangs«, sagte sie, »dachte ich daran, die ganzen vierzig Zechinen auf die Ambe zu setzen.«

»Hatten Sie nicht den Mut dazu?«

»Das war es nicht; ich schämte mich. Ich fürchtete, Sie möchten etwas denken, was Sie mir gewiß nicht gesagt haben würden. Ich fürchtete nämlich, wenn ich Ihnen die vierzig Zechinen gäbe, um sie für mich in die Lotterie zu stecken, könnten Sie vielleicht sich einbilden, ich wollte Ihnen dadurch andeuten, daß ich dieses Geschenk verachtete. Dies hätte Ihnen eine schlechte Meinung von mir gegeben; aber wenn Sie mir zugeredet hätten, wäre ich sofort bereit gewesen.«

»Daran habe ich nicht gedacht. Sie würden jetzt zehntausend Zechinen besitzen. Ihr Bruder hat mir erzählt, daß Sie unter der Leitung des Marchese den Maskenball besuchen wollen. Sie können sich wohl denken, wie sehr mich die Aussicht freut, daß ich eine ganze Nacht mit Ihnen verbringen werde. Nur eins beunruhigt mich.«

»Was denn?«

»Ich fürchte, es wird nicht so gut gehen wie das erste Mal.«

»Seien Sie unbesorgt: der Marchese ist ein sehr kluger Mann. Er liebt meine Schwester ebenso wie seine eigene Ehre. Ganz gewiß wird man uns nicht erkennen.«

»Das möchte ich wünschen. Er will alles bezahlen, sogar das Abendessen.«

»Da tut er recht.«

Am Abend des Balles ging ich schon sehr früh zu meinem Zuckerbäcker, wo ich den Marchese fand. Er war sehr befriedigt, daß alles nach seinem Wunsche ging. Das Zimmer mit den Maskenanzügen war verschlossen. Ich fragte ihn mit zweideutiger Betonung, ob er mit Zenobia zufrieden gewesen sei.

»Ich kann nur mit ihrer Arbeit zufrieden sein«, antwortete er mir, »denn ich habe weiter nichts von ihr verlangt.«

»Ich will dies gerne glauben; aber ich befürchte, Signorina F. wird in dieser Hinsicht nicht ebenso leichtgläubig sein.«

»Sie weiß, daß ich nur sie lieben kann.«

Nachdem die Gäste gekommen waren, sagte der Marchese zu uns, die Verkleidung werde uns in Heiterkeit versetzen und es sei daher zu empfehlen, wenn wir uns vor dem Abendessen umzögen. Wir folgten ihm in das Zimmer, wo wir auf einem langen Tisch zwei große Pakete sahen.

»Dieses«, so sagte er, »ist für uns, und jenes, meine jungen Damen, ist für Sie. Bleiben Sie ruhig hier und lassen Sie sich beim Ankleiden behilflich sein, wir werden das gleiche im anderen Zimmer tun.«

Er nahm das große Paket, wir folgten ihm, er schloß uns ein, wickelte das Paket aus, das drei kleinere enthielt. Er gab mir meins, dem Leutnant das seine, behielt das andere für sich und sagte: »Kleiden wir uns um.«

Das Lachen konnte nicht ausbleiben, als wir bis zu den Schuhen Frauenkleidung vorfanden. Die Kleider waren aus ganz weißem feinem Leinen. Die Hemden waren für Frauen gedacht, und ich bemerkte die sehr geschmackvollen Strumpfbänder. Die Häubchen sollten zur Nacht getragen werden, um uns die Mühe des Frisierens zu ersparen; sie waren mit herrlichen venezianischen Nadelspitzen benäht. Auch Strümpfe waren dabei, von denen wir allerdings keinen Gebrauch machten, denn wir konnten unsere anbehalten; jedoch mußten wir die Schuhschnallen auswechseln, denn behielten wir unsere dran, würde man uns vielleicht erkennen. Ich war überrascht, daß mir die Damenschuhe paßten; aber ich erfuhr, daß wir denselben Schuster hatten. Korsett, Unterrock, langer Rock, Kleid, Busentuch, Fächer, Strickbeutel, Schminkdöschen, vollständige Masken, nichts hatte er vergessen. Wir kleideten uns an und halfen uns gegenseitig, unsere Haare unter den großen Hauben zurechtzurücken. Der Leutnant sah wirklich wie ein sehr hübsches Mädchen von hohem Wuchs aus, aber der Marchese und ich waren erstaunlich zurechtgemacht. Zwei Mädchen von fünf Fuß und zehn Zoll[5] waren etwas zu Seltenes. Amüsant war, daß wir, ohne uns zu verabreden, alle keine Hosen anzogen. Ich sagte zum Marchese, daß ich wegen der Strumpfbänder darauf verzichten wolle.

»Das Unglück besteht darin«, antwortete er mir, »daß es niemandem einfallen wird, sich von der Sache zu überzeugen.«

Wir hatten alle drei große Handtaschen, in die wir alles, was uns notwendig erschien, hineintaten.

Die jungen Damen waren bereits angekleidet, und wir sahen die drei Schönheiten bei unserem Eintreten vor dem Kamin stehen. Sie sahen in dieser Verkleidung etwas verlegen aus, obwohl sie uns glauben machen wollten, daß sie sich darin sehr wohl befänden. Wir näherten uns ihnen mit der Ehrerbietung und mit der bescheidenen Zurückhaltung des schönen Geschlechts, das wir vertraten. Dies wiederum ließ sie das Benehmen der Männer nachahmen. Jedoch war ihre Kleidung nicht dazu angetan, ein ehrfurchtsvolles Benehmen gegenüber Damen zu erwarten. Sie waren als Laufburschen verkleidet, trugen feines Leinen wie wir, Kniehosen und sehr kurze Westen, ihr Haar war in Flechten gelegt, sie hatten leichte Kappen mit silber- und goldbestickten Wappen aus Karton auf. Ihre langen Hemdkrausen waren mit schönen Spitzen verziert. Die drei auf diese Weise gekleideten Mädchen mußten unsere Lüste nähren, jedoch liebten wir sie zu sehr, um sie scheu zu machen. Als wir beim Plaudern so weit unsere Rolle außer acht ließen, wie es uns dienlich war, versicherten uns die Basen und die Geliebte des Leutnants, daß sie sich noch niemals in ihrem Leben als Männer verkleidet hätten, und sie vertrauten uns ihre Angst vor der Gefahr an, der sie ausgesetzt wären, wenn sie, derartig verkleidet, unglücklicherweise jemand auf dem Ball erkennen würde. Sie hatten recht; dennoch boten wir unsere ganze Redegewandtheit auf, um sie vom Gegenteil zu überzeugen.

Wir gingen zu Tisch, jeder saß neben seinem Liebchen, und gegen meine Erwartung war die Geliebte des Leutnants die erste, die einen fröhlichen Ton anschlug. Sie glaubte ihre Männerrolle nur richtig spielen zu können, wenn sie sich kühn zeigte; infolgedessen ging sie dem weiblichen Leutnant zu Leibe, der sich sträubte und ihr auf die Finger schlug; aber sie ließ sich dadurch nicht entmutigen. Die beiden Basen schämten sich, weniger tapfer zu sein als ihre Freundin, und erwiesen uns einige Liebkosungen, die schon ziemlich ausgelassen waren. Zenobia, die uns bei Tisch bediente, konnte sich des Lachens nicht enthalten, als meine angebetete Q. ihr vorwarf, sie hätte mein Kleid zu eng über der Brust gemacht. Als sie mit der Hand dahin griff, gab ich ihr eine leichte Ohrfeige; sie dagegen nahm mit der Höflichkeit eines reuigen Kavaliers meine Hand und küßte sie, indem sie mich um Verzeihung bat.

Als der Marchese sagte, ihn fröre, fragte die Base ihn, ob er seine Hose anhabe. Sie streckte ihre Hand aus, um sich zu vergewissern, zog sie aber sofort errötend zurück. Wir brachen hierauf in ein lautes Gelächter aus, in das sie klugerweise mit einstimmte, indem sie ihre Rolle eines unverzagten Liebhabers mit entzückendem Geist weiterspielte.

Das Abendessen war genauso gut wie das meine. Von Amor und Bacchus erhitzt, standen wir auf, nachdem wir mehr als zwei Stunden bei Tisch verbracht hatten. Als wir uns erhoben, malte sich Traurigkeit auf den Zügen der beiden schönen Basen. Sie trauten sich nicht, in diesem Aufzug den Ball zu besuchen. Der Marchese begriff dies ebenso gut wie wir und fand ihr Widerstreben sehr natürlich.

»Wir müssen aber doch zu einer Entscheidung kommen«, rief der Leutnant; »entweder fahren wir auf den Ball oder nach Hause.«

»Keins von beidem!« sagte der Marchese; »tanzen wir hier!«

»Wo sind die Geiger?« sagte seine Geliebte. »Heute nacht sind um alles Geld der Welt keine aufzutreiben.«

»Ei, so behelfen wir uns ohne sie!« rief ich. »Wir trinken Punsch, machen allerlei kleine Spiele, plaudern und sind glücklich; werden wir müde, so schlafen wir. Wir haben drei Betten.«

»Zwei genügen«, sagte die Geliebte des Marchese.

»Allerdings; aber zuviel des Guten schadet nie.«

Zenobia war zur Frau des Zuckerbäckers gegangen, um zu Abend zu essen; sie sollte erst wieder heraufkommen, wenn wir sie riefen.

Nachdem wir zwei Stunden lang allerlei Scherzchen getrieben hatten, die für die Liebe nicht verloren waren, ging die Geliebte des Leutnants in eine Kammer neben dem Zimmer, in dem die

Damenkleider lagen, und warf sich auf das Bett. Ihr Geliebter folgte ihr bald.

Signorina Q., die etwas zuviel Punsch getrunken hatte, sagte mir, sie wünsche sich einen Augenblick auszuruhen. Ich führte sie in ein Zimmer, worin sie sich einschließen konnte, und schlug ihr vor, dies zu tun.

»Ich glaube nicht, daß ich mich vor jemandem in acht zu nehmen brauche«, antwortete sie mir.

»Dann lassen wir also den Marchese mit Ihrer liebenswürdigen Base allein; sie können sich ebenfalls ausruhen, und ich werde bei Ihnen Wache halten.«

»Nein, lieber Freund, Sie müssen ebenfalls schlafen.«

Mit diesen Worten ging sie in das Ankleidezimmer, indem sie mich bat, ihr ihren Unterrock zu holen. Als sie wieder eintrat, rief sie: »Ah, ich atme wieder auf. Diese verdammte Hose ist zu eng; sie rieb mich wund.«

Nur mit ihrem Unterrock bekleidet, legte sie sich auf das Bett.

»Wo tat Ihnen denn die abscheuliche Hose weh, mein schöner Engel?« fragte ich, während ich sie in meine Arme nahm und mich neben sie legte. Eine volle Viertelstunde blieben wir so, ohne ein Wort zu sprechen. Ich ließ sie kurz allein und ging einen Augenblick in das Ankleidezimmer, da man ja nie die Rücksicht auf den Anstand vernachlässigen darf. Als ich wieder hereinkam, fand ich sie unter der Bettdecke. Sie sagte mir, sie habe sich ausgezogen, um besser schlafen zu können; dann schloß sie die Augen und drehte sich um. Im Handumdrehen warf ich meine Frauenkleider ab und schlüpfte leise neben sie und wurde für meine Zärtlichkeit und mein Zartgefühl reichlich belohnt.

Ich durfte all ihre Schönheiten enthüllen. Sie sagte mir, daß sie diesen Moment herbeigesehnt hätte und daß wir künftighin auf gar keinen Ball mehr gehen, sondern an diesen Ort zurückkehren sollten, wo wir glücklich und zufrieden seien. Ich küßte tausend Mal diesen schönen Mund, der mir so deutlich mein Glück versprach, und durch meine Glut überzeugte ich sie, daß nie ein Mann auf der Welt sie glühender lieben könnte als ich. Ich hatte keinerlei Mühe, sie vom Schlafen abzuhalten, denn ihre Augen machten keine Anstalten, sich zu schließen. Ihre Reize, ihre Sanftheit und ihre zärtlichen Verzückungen machten mich unersättlich. Wir hielten erst inne, als wir den Tag herannahen sahen.

Wir brauchten uns nicht voreinander zu verbergen, denn jeder hatte in Frieden seinen Teil genossen. Nur eine gegenseitige Zurückhaltung verhinderte, uns zu beglückwünschen. Durch unser Schweigen leugneten wir nicht, unser Glück genossen zu haben, gestanden es uns aber auch nicht.

Als wir angezogen waren, dankte ich dem Marchese und lud ihn, ohne daß von Maskerade die Rede gewesen wäre, für die Nacht des nächsten Balles zum Abendessen ein, wenn es den Damen recht wäre. Der Leutnant sagte in ihrem Namen zu, und seine Geliebte fiel ihm vor Freude um den Hals, dankte ihm und warf ihm zugleich vor, daß er die ganze Nacht geschlafen habe. Der Marchese und ich erklärten darauf, wir hätten dasselbe getan, und die Basen dankten uns für unser anständiges Verhalten. Wir trennten uns wie das erstemal; nur der Marchese blieb allein bei Zenobia.

Ich ging sofort zu Bett und schlief bis drei Uhr; da ich keinen Menschen im Hause sah, ging ich in meine Wohnung zu dem Zuckerbäcker, um dort Mittag zu essen, und fand Zenobia mit ihrem Mann, der sich eingefunden hatte, um sich an den Resten unseres Abendessens gütlich zu tun. Er sagte mir, ich hätte sein Glück gemacht; denn der Marchese hätte seiner Frau vierundzwanzig Zechinen und das Kleid geschenkt. Ich gab ihr auch das meine. Nachdem ich etwas gegessen hatte, ging ich zur Q., die ich jetzt viel mehr liebte als vor der köstlichen Nacht, die ich mit ihr verbracht hatte. Ich konnte es kaum erwarten, sie zu sehen, um zu erfahren, welchen Eindruck sie auf mich machen würde, nachdem sie mich so rückhaltlos beglückt hatte. Ich fand sie noch schöner. Sie empfing mich mit dem Ton und dem Benehmen einer Geliebten, die glücklich ist, ein Recht auf das Herz ihres Geliebten erworben zu haben. Die Schöne sagte mir, sie sei sicher gewesen, daß ich sie besuchen werde; trotz der Anwesenheit ihrer Base empfing und gab sie feurige Küsse. Ich verbrachte mit ihr fünf Stunden, die mir wie fünf Minuten vorkamen; so sehr verkürzt das Vergnügen die Zeit. Wenn man von Liebe spricht und sich von den eigenen Angelegenheiten unterhält, machen Eigenliebe und Gefühl dieses Thema unerschöpflich. Dieser fünfstündige Besuch am Tage nach der Brautnacht bewies mir, daß ich in meine neue Eroberung heftig verliebt war, und ich mußte zugleich meine Schöne überzeugen, daß ich ihrer Zärtlichkeit würdig war.

FÜNFTES KAPITEL

Ostern 1763. In Genua trifft Casanova seinen Bruder, den Priester Gaetano Alvisio. Dieser hat die junge Marcolina entführt und ihr die Ehe versprochen. Casanova findet Gefallen an dem Mädchen und sie reisen alle zusammen nach Marseille. Auch Passano, der ihm als Gehilfe bei Madame d'Urfé dienen soll, ist mit von der Partie. Doch schon beim ersten Treffen mit der Okkultistin laufen die Dinge nicht, wie geplant.

Ich werde meinen Lesern nicht die einzelnen Umstände dieser Zusammenkunft beschreiben, denn sie würden weiter nichts erfahren als die geistige Verwirrung dieser armen Frau, die bis zum Wahnsinn sich in die falscheste und trügerischste aller Lehren verrannt hatte; leider hüllte ich sie mit meinen Antworten in ein Gewebe von Lügen, die nicht einmal das Verdienst der Wahrscheinlichkeit hatten. Ich war in mein Leben als Libertin versunken und liebte ein Dasein, wie ich es führte; darum machte ich mir die Verrücktheit der Frau zunutze, die sich doch nur bemüht hätte, sich von einem anderen betrügen zu lassen, wenn ich sie nicht betrogen hätte. Ich gab mir selber den Vorzug und hatte gleichzeitig Spaß dabei.

Kaum erblickte sie mich, so fragte sie: »Wo ist Querilint[1]?« Sie war erstaunt, als ich ihr antwortete: »Er befindet sich mit uns unter einem Dache.«

»So wird er meine Wiedergeburt aus mir selbst vornehmen. Ich bin davon überzeugt. Mein Genius versichert es mir jede Nacht. Fragen Sie Paralis[2], ob die Geschenke, die ich für ihn vorbereitet habe, würdig sind, von Seramis[3] einem Haupte der Rosenkreuzer dargebracht zu werden?«

Da ich nicht wußte, worin diese Geschenke bestanden, und da ich von ihr nicht verlangen konnte, sie mir zu zeigen, so antwortete ich ihr: bevor wir Paralis mit diesen Fragen beschäftigten, müßten die Geschenke in den Planetenstunden geweiht werden, die dem von uns vorzunehmenden Kultus angemessen wären, Querilint selbst dürfe sie nicht sehen, bevor sie geweiht seien. Infolgedessen ließ sie mich in das Nebenzimmer eintreten, wo sie aus einem Schreibtisch sieben Pakete hervorholte, die, in Gestalt von Opfergaben an die sieben Planeten, für den Rosenkreuzer bestimmt waren.

Jedes Paket enthielt sieben Pfund Metall, das dem betreffenden Planeten geweiht war, und sieben Edelsteine, die ebenfalls dem Planeten entsprachen und die je sieben Karat wogen; es waren Diamant, Rubin, Smaragd, Saphir, Chrysolit, Topas und Opal.

Ich war fest entschlossen, es so einzurichten, daß der Genuese von allen diesen Sachen nichts in die Hände bekäme: darum sagte ich der Schwärmerin, wir müßten uns in bezug auf die Methode ganz und gar nach Paralis richten und die Weihung damit beginnen, daß jedes Paket in ein eigens dafür angelegtes Kästchen gelegt würde. Es könne täglich nur eines geweiht werden und es müsse mit der Sonne angefangen werden.

Da wir einen Freitag hatten, so mußten wir bis zum Sonntag warten. Am Sonnabend ließ ich das Kästchen anfertigen, das sieben Fächer enthielt.

Um diese Weihungen vorzunehmen, verbrachte ich jeden Tag drei Stunden unter vier Augen mit Madame d'Urfé. Der Kultus war daher erst am nächsten Sonnabend beendigt. Während dieser Woche ließ ich Passano und meinen Bruder mit Madame d'Urfé und mir speisen. Mein Bruder verstand kein Wort von allem, was die gute Schwärmerin uns sagte; darum tat er den Mund nicht auf. Madame d'Urfé hielt ihn für schwachsinnig, bildete sich aber ein, wir wollten die Seele eines Luftgeistes in seinen Leib versetzen, um damit in ihr ein Geschöpf zu zeugen, dessen Natur zwischen dem Göttlichen und dem Menschlichen stehen würde. Als sie mir diese schöne Entdeckung ihrer Phantasie anvertraut hatte, sagte sie mir, sie würde mit der Operation einverstanden sein, aber unter der Bedingung, daß er nachher wie ein vernunftbegabtes Wesen aussähe.

Es machte mir Spaß, zu sehen, wie mein Bruder darüber in Verzweiflung war, daß Madame d'Urfé ihn für einen Idioten hielt und daß er ihr doppelt idiotisch erschien, wenn er ausnahmsweise einmal etwas sagte, um ihr dadurch zu beweisen, daß er kein Idiot sei. Ich mußte innerlich darüber lachen; denn wenn ich ihn ausdrücklich gebeten hätte, diese Rolle zu spielen, so würde er sie schlecht gespielt haben. Indessen kam der Bursche dabei nicht zu kurz; denn die gute Marquise machte sich einen Spaß daraus, ihn mit dem ganzen bescheidenen Luxus zu kleiden, den ein Abbé aus einer der erlauchtesten Familien Frankreichs hätte entfalten können.

Am unangenehmsten war das gemeinsame Essen mit Madame d'Urfé dem Dichter Passano, der oft auf die erhabensten Fragen antworten mußte und zuweilen, wenn er keinen Ausweg aus dem Labyrinth wußte, beträchtlichen Unsinn redete.

Da er sich nicht zu betrinken wagte, so gähnte er zuweilen und beachtete nicht immer jenen höflichen Anstand, den der gute Ton an der Tafel verlangte. Madame d'Urfé sagte mir, dem Orden müsse irgendein großes Unglück drohen, da der große Mann so zerstreut sei.

Nachdem ich den Kasten zu Madame d'Urfé hatte bringen lassen, traf ich mit ihr gemeinsam alle Vorbereitungen, um mit den Weihen am Sonntag zu beginnen. Ich ließ mir von meinem Orakel befehlen, sieben Nächte hintereinander auf dem Lande zuzubringen, mich jeden Umgangs mit einer sterblichen Frau zu enthalten und jede Nacht zu der Stunde, die dem Monde geweiht ist, auf freiem Felde diesem Planeten einen Kultus darzubringen, um dadurch die Fähigkeit zu erlangen, selber ihre Wiedergeburt vorzunehmen, falls Querilint aus göttlichen Gründen nicht imstande sein sollte, die Operation in eigener Person zu vollziehen.

Infolge dieses Befehles konnte Madame d'Urfé es nicht nur nicht übelnehmen, daß ich außer dem Hause schlief, sondern sie war mir sogar dankbar dafür, daß ich mir soviel Mühe gab, um ihrem Unternehmen einen glücklichen Ausgang zu sichern.

Von ihr ging ich zu Marcolina. Es verlangte mich, das schöne Kind an mein Herz zu pressen. Sie empfing mich in einer Art von Freudentaumel. Marcolina gefiel mir auch wegen ihres ausgezeichneten Appetits, mit dem sie aß. Die Küche ist in Marseille hervorragend, abgesehen vom Geflügel, das nichts taugt; aber man kann darauf verzichten. Allerdings muß man einen Geschmack für Knoblauch haben, den man in alle Gerichte gibt, um sie würziger zu machen.

Marcolina war reizend im Bett. Seit acht Jahren hatte ich nicht mehr so recht mit vollem Behagen die venezianischen Ausgelassenheiten genossen, und das Mädchen war ein Meisterwerk. Ich lachte über meinen tölpelhaften Bruder, mußte ihm aber zugleich verzeihen, daß er sich in sie verliebt hatte. Da ich sie nirgends hinführen konnte, aber doch den Wunsch hatte, daß sie sich amüsierte, so bat ich meinen gefälligen Wirt, sie jeden Tag mit seiner Nichte in die Komödie gehen zu lassen und jeden Abend eine Mahlzeit für mich bereitzuhalten. Ich kaufte ihr eine glänzende Ausstattung an Kleidern, damit sie so elegant auftreten konnte wie die anderen.

Als ich ihr am nächsten Tage meinen zweiten Besuch machte, kam sie gerade aus dem Theater, als ich bei ihr eintraf; sie sagte mir, die Vorstellung habe ihr uneingeschränkt gefallen, obgleich sie kein Wort von dem Gesprochenen verstanden habe. Am Tage darauf überraschte sie mich sehr durch die Mitteilung, daß mein Bruder sich zu ihr in die Loge gesetzt und so viele unverschämte Bemerkungen gemacht habe, daß sie ihn würde geohrfeigt haben, wenn sie sich nicht erinnert hätte, daß sie nicht in Venedig sei.

»Ich glaube«, fügte sie hinzu, »der Bursche ist mir nachgegangen, und ich fürchte, von ihm belästigt zu werden.«

Als ich in meinen Gasthof zurückgekehrt war, ging ich sofort in das Zimmer des Abbate und sah vor Passanos Bett einen Mann, der chirurgische Instrumente zusammenpackte.

»Was heißt das? Sind Sie krank?«

»Ich habe mir eine häßliche Krankheit geholt, die mich lehren wird, in Zukunft vernünftig zu sein.«

»Mit sechzig Jahren ist das ein bißchen spät.«

»Es ist noch immer Zeit.«

»Sie stinken ja nach Salbe.«

»Ich werde mein Zimmer nicht verlassen.«

»Das wird einen sehr schlechten Eindruck auf die Marquise machen, die Sie für den allergrößten Adepten hält.«

»Die Marquise kann mich mal! Lassen Sie mich in Ruhe!«

In solchem Tone zu mir zu sprechen, hatte der Kerl sich bis dahin niemals erlaubt. Ich glaubte meine Wut verbergen zu müssen und trat zu meinem Bruder heran, der sich rasierte.

»Was wolltest du gestern im Theater von Marcolina?«

»Ich habe sie an ihre Pflicht erinnert und ihr gesagt, daß ich nicht der Mann sei, den Zuhälter zu spielen.«

»Du hast sie beschimpft und auch mich, du elender Dummkopf, der du alles dem reizenden Mädchen verdankst; denn ohne sie hätte ich dich nicht einmal angesehen. Und nach alledem wagst du es noch, auf sie einzudringen und beleidigende Bemerkungen zu machen?«

»Ich habe mich ihretwegen zugrunde gerichtet, und ich kann nicht mehr nach Venedig zurückkehren. Ohne sie kann ich nicht leben, und du nimmst sie mir weg. Welches Recht hast du, dich ihrer zu bemächtigen?«

»Das Recht der Liebe, du Narr, und das Recht des Stärkeren. Darum fühlt sie sich bei mir glücklich und hat keine Veranlassung, von mir wegzuwollen.«

»Du hast sie verführt, und bald wirst du sie verlassen, wie du es mit so vielen anderen gemacht hast. Aber ich habe das Recht, überall, wo ich sie finde, mit ihr zu sprechen.«

»Ich habe es dir verboten, und verlaß dich darauf, du wirst nicht mehr mit ihr sprechen. Ich halte mein Wort.«

Ich ging hinaus, stieg in eine Kutsche und fuhr zu einem Advokaten, um ihn zu fragen, ob ich einen fremden Abbé, der mir Geld schuldig sei, verhaften lassen könne, obwohl ich keine Beweisstücke besäße, aus denen mein Anspruch hervorginge.

»Wenn er ein Fremder ist, so können Sie es tun; jedoch müssen Sie Kaution stellen. Sie lassen ihm verbieten, den Gasthof zu verlassen, worin er sich befindet, und Sie können ihn zwingen, Sie zu bezahlen, es wäre denn, daß er nachwiese, Ihnen nichts schuldig zu sein. Haben Sie viel von ihm zu fordern?«

»Zwölf Louis.«

»Gehen Sie mit mir zur Behörde. Sie hinterlegen zwölf Louis und sind dann im selben Augenblick berechtigt, ihn bewachen zu lassen. Wo wohnt er?«

»In demselben Gasthof wie ich; da ich ihn nicht dort verhaften lassen will, so werde ich ihn in den schlechten Gasthof ›Sainte-Beaume‹ schicken und dann Anklage erheben. Hier haben Sie einstweilen die zwölf Louis für die Kaution; besorgen Sie sich jetzt den Verhaftungsbefehl; zur Mittagsstunde werden Sie mich wiedersehen.«

»Nennen Sie mir seinen Namen und den Ihren.«

Schnell fahre ich in den Gasthof ›Zu den dreizehn Kantonen‹ zurück, wo ich meinem Bruder zum Ausgehen angezogen begegne.

»Komm mit«, sage ich zu ihm; »ich werde dich zu Marcolina führen; du kannst dich in meiner Gegenwart mit ihr aussprechen.«

»Mit Vergnügen.«

Er steigt zu mir in die Kutsche, und ich befehle dem Kutscher, uns nach dem Gasthof ›Sainte-Beaume‹ zu fahren. Als wir dort angekommen waren, befahl ich ihm, mich zu erwarten; ich wolle Marcolina holen und werde bald mit ihr zurückkommen.

Ich fuhr jedoch zum Advokaten, der den Haftbefehl schon hatte und ihn zur Ausführung übergab. Ich kehrte in den Gasthof ›Zu den dreizehn Kantonen‹ zurück, ließ seine Sachen in einen Koffer packen und brachte sie ihm in den Gasthof ›Sainte Beaume‹. Ich fand ihn dort in einem Zimmer nebst einem Wachtposten, der ihn nicht aus dem Auge ließ. Er sprach auf den sehr erstaunten Wirt ein, der von dem ganzen Theater nichts verstand. Zunächst erzählte ich nun mein Märchen dem Wirt; ich übergab ihm den Koffer, und er ging weg, ohne mehr wissen zu wollen.

Hierauf trat ich bei meinem Bruder ein und teilte ihm mit, er solle sich bereithalten, am nächsten Morgen Marseille zu verlassen; die Reise bis nach Paris würde ich bezahlen. Wenn ihm das nicht passe, so könnte er tun, was er wolle; dann aber würde ich ihn unerbittlich seinem Schicksal überlassen und er würde aus Marseille ausgewiesen werden, wie das gehen würde, wüßte ich schon.

Der Feigling brach in Tränen aus und sagte mir, er werde nach Paris gehen.

»Du wirst also morgen früh nach Lyon abreisen; zuvor aber wirst du mir eine Anweisung auf zwölf Louis unterzeichnen, die bei Sicht zahlbar ist.«

»Warum?«

»Weil ich es will. Wenn du es tust, so verspreche ich, dir vor deiner Abreise zwölf Louis zu geben und in deiner Gegenwart deinen Wechsel zu zerreißen.«

»Ich bin gezwungen, alles zu tun, was du willst.«

»Das ist das beste, was du tun kannst.«

Als er mir den Schuldschein unterschrieben hatte, bestellte ich für ihn einen Platz in der Postkutsche; am nächsten Tage erschien ich kurz vor der Abfahrt mit meinem Advokaten vor der Behörde, ließ den Haftbefehl aufheben und mir meine zwölf Louis zurückzahlen. Diese übergab ich meinem Bruder, als er bereits im Postwagen saß. Zugleich gab ich ihm einen Empfehlungsbrief an Monsieur Bono, den ich darauf aufmerksam machte, daß er ihm kein Geld geben dürfe und daß er ihn mit derselben Post nach Paris schicken solle.

Die zwölf Louis, die er von mir hatte, waren mehr, als er brauchte; hierauf zerriß ich seinen Schuldschein. Einen Monat später sah ich ihn in Paris wieder, und bald kehrte er nach Venedig zurück.

Am Tage der Verhaftung meines Bruders speiste ich unter vier Augen mit Madame d'Urfé, nachdem ich vorher den Koffer meines Bruders in den Gasthof ›Sainte-Beaume‹ gebracht hatte; danach ging ich zu Passano, um die Ursachen seiner üblen Laune zu erfahren.

»Übler Laune bin ich deshalb, weil ich überzeugt bin, Sie werden sich einer Summe von zwanzig- oder dreißigtausend Talern in Diamanten und Gold bemächtigen, die die Marquise für mich bestimmt hat.«

»Das kann wohl sein, aber ob ich mich dieser Summe bemächtigen werde oder nicht, das können Sie nicht wissen. Aber soviel kann ich Ihnen sagen: ich werde unter allen Umständen zu verhindern wissen, daß die Marquise Ihnen das Gold oder die Diamanten gibt. Wenn Sie glauben, Ansprüche darauf erheben zu können, so beschweren Sie sich doch bei der Marquise; ich werde Sie nicht daran hindern.«

»Ich soll mir also gefallen lassen, bei Ihren Betrügereien als Helfershelfer zu dienen, ohne daß es mir irgendwelchen Nutzen bringt! Das sollen Sie nicht behaupten können! Ich verlange tausend Louis.«

»Suchen Sie einen, der sie Ihnen gibt!«

Ich ging zur Marquise; ich sagte ihr, das Essen sei angerichtet; wir würden jedoch allein speisen, weil zwingende Gründe mich genötigt hätten, den Abbate fortzuschicken.

»Er war ein Dummkopf. Aber Querilint?«

»Nach Tisch wird Paralis uns alles sagen, was diesen betrifft. Ich hege einen starken Verdacht, den wir aufklären müssen.«

»Ich auch. Der Mann kommt mir verändert vor. Wo ist er?«

»Er liegt zu Bett und hat eine Krankheit, die ich Ihnen nicht zu nennen wage.«

»Der Fall ist recht sonderbar. Es ist ein Werk der dunklen Mächte, wie es vielleicht niemals früher vorgekommen ist.«

»Soviel ich weiß, niemals; aber lassen Sie uns speisen; wir werden heute nach der Weihung des Zinns viel zu arbeiten haben.«

»Um so besser. Wir müssen Oromasis einen Sühnekult weihen; denken Sie sich, wie entsetzlich: in vier Tagen sollte er meine Wiedergeburt beginnen, und nun befindet er sich in diesem abscheulichen Zustande!«

»Lassen Sie uns essen, sage ich Ihnen!«

»Ich fürchte, die Stunde des Jupiter wird uns überraschen.«

»Fürchten Sie nichts; ich sorge für alles.«

Nachdem wir den Jupiterkult abgehalten hatten, verschob ich den Kultus des Oromasis auf einen andern Tag, um eine Menge kabbalistische Berechnungen anzustellen, die die Marquise in Buchstaben übertrug. Das Orakel sagte: sieben Salamander hätten den wahren Querilint nach der Milchstraße gebracht; der Querilint, der im Nebenzimmer im Bett läge, wäre der unselige Saint-Germain[4], den eine Gnomide in jenen ekelhaften Zustand versetzt hätte, um ihn zum Scharfrichter der Seramis zu machen, die noch vor der Entbindung an derselben Krankheit gestorben sein würde. Das Orakel sagte ferner: Seramis soll dem ›Paralisée Galtinarde‹ – das war ich – die ganze Sorge überlassen, den unseligen Saint-Germain beiseite zu schaffen. Am glücklichen Erfolg der Wiedergeburt dürfe sie nicht zweifeln; denn in der siebenten Nacht eines Mondkultus werde mir von dem wahren Querilint selber das Verbum von der Milchstraße her geschickt werden. Das letzte Orakel zeigte uns an, daß ich zwei Tage nach der Beendigung der Mondkulte Seramis schwängern solle, nachdem eine reizende Undine uns im Bade gereinigt hätte. Nachdem ich mich auf diese Weise verpflichtet hatte, die Wiedergeburt meiner guten Seramis zu beginnen, traf ich meine Vorsichtsmaßregeln, um keine traurige Figur zu spielen. Die Marquise war schön, aber alt, und es konnte mir zustoßen, daß ich nicht imstande war, das Werk zu vollenden. Ich war achtunddreißig Jahre alt und begann zu bemerken, daß mir dieses peinliche Unglück öfter passierte. Die schöne Undine, die ich vom Mond erhalten sollte, war meine Marcolina, die mir während des Badens die nötige Zeugungskraft verschaffen sollte. Ich kannte bereits ihre Macht und konnte daher nicht an dem Erfolge zweifeln. Der Leser wird sehen, wie ich es anfing, um sie vom Himmel herunterkommen zu lassen.

Zwei Tage darauf gab mir die Marquise im Augenblick, wo wir zu Tisch gehen wollten, einen Brief Passanos, der in schlechtem Französisch geschrieben, trotzdem aber verständlich war. Er hatte acht Seiten vollgeschmiert, um ihr zu sagen, daß ich sie betrüge. Um sie von dieser Wahrheit zu überzeugen, teilte er ihr die ganze Geschichte mit, ohne einen einzigen Umstand auszulassen, der zu meinen Ungunsten sprach. Außerdem schrieb er ihr, ich sei in Marseille mit zwei Mädchen angekommen; er wisse zwar nicht, wo ich diese versteckt halte, aber sicherlich bringe ich mit ihnen alle Nächte zu.

Nachdem ich den Brief mit der größten Ruhe gelesen hatte, fragte ich sie, ob sie die Geduld besessen habe, den Brief von A bis Z zu lesen. Sie antwortete mir, sie habe ihn überflogen, aber nichts davon verstanden, denn er schreibe so schlecht, daß es nicht der Mühe wert sei, den Brief zu entziffern. Auch könne er ihr nur Lügen geschrieben haben, um sie in einem Augenblick zu verwirren, wo sie es am allernötigsten habe, sich zu keinem Irrtum verleiten zu lassen. Diese Weisheit gefiel mir außerordentlich; denn die Marquise durfte durchaus keinen Verdacht gegen die Undine haben, deren Anblick und Berührungen für mich unerläßlich waren, um das große Werk zu vollbringen, das mir bevorstand.

Nachdem wir gespeist hatten, befaßten wir uns mit allen Kult- und Orakelsprüchen, derer ich bedurfte, um mein armes Opfer in ihrem Glauben zu bestärken. Hierauf ging ich zu einem Bankier und nahm eine Anweisung von hundert Louis auf Lyon an die Order von Monsieur Bono. Ich schickte ihm diese Anweisung mit dem Auftrag, den Betrag an Passano auszuzahlen, wenn dieser einen eigenhändig von mir geschriebenen Brief vorzeigen würde; dies müßte jedoch an dem Tage geschehen, der in dem Briefe vermerkt sei. Bei Vorzeigen nach dem angegebenen Tage solle er nicht zahlen.

Nachdem ich dies erledigt hatte, schrieb ich den Brief, den Passano überbringen sollte. Er lautete folgendermaßen: ›Zahlen Sie bei Sicht des Briefes hundert Louis in Gold an Monsieur Passano, wenn er Ihnen im Laufe des 30. April 1763 vorgezeigt wird; nach diesem Tage wird mein Auftrag hinfällig.‹

Mit diesem Briefe in der Hand ging ich in das Zimmer des Verräters, dem eine Stunde vorher die eine Leistenseite aufgeschnitten worden war.

»Sie sind ein niederträchtiger Verräter«, sagte ich zu ihm; »aber Madame d'Urfé hat Ihren Brief nicht lesen wollen. Ich aber habe ihn gelesen und biete Ihnen nun folgende Belohnung: Sie haben zu wählen; auf Gerede lasse ich mich nicht ein, denn ich habe es eilig. Entweder entschließen Sie sich, unverzüglich sich ins Hospital bringen zu lassen, denn wir wollen Kranke von Ihrer Sorte hier nicht haben; oder fahren Sie in einer Stunde nach Lyon ab und reisen Sie, ohne sich unterwegs aufzuhalten; denn ich bewillige Ihnen nur sechzig Stunden, die übrigens mehr als genug sind, um die Strecke mit vierzig Poststationen zurückzulegen. Im Augenblick, wo Sie in Lyon ankommen, bringen Sie diesen Brief Monsieur Bono; er wird Ihnen hundert Louis übergeben, die ich Ihnen schenke. Hierauf können Sie machen, was Sie wollen; denn Sie sind nicht mehr in meinen Diensten. Ich schenke Ihnen den Wagen, den wir aus dem Schuppen in Antibes geholt haben, und gebe Ihnen fünfundzwanzig Louis für Ihre Reise. Wählen Sie. Ich mache Sie jedoch auf eines aufmerksam: Wenn Sie sich für das Krankenhaus entscheiden, werde ich Ihnen nur ein Monatsgehalt auszahlen; denn mit diesem Augenblick entlasse ich Sie aus meinen Diensten.«

Nachdem er einen Augenblick überlegt hatte, sagte er, er wolle nach Lyon gehen, obgleich ihn dies sein Leben kosten könne, denn er sei sehr krank.

Nun suchte ich Clairmont auf, dem ich befahl, Passanos Koffer zu packen. Dann sagte ich dem Wirt, daß der Mann abreisen werde, und bat ihn, sofort Postpferde holen zu lassen.

Hierauf übergab ich Clairmont meinen Brief an Bono nebst fünfundzwanzig Louis und befahl ihm, beides dem Passano auszuhändigen, sobald er im Wagen säße und zur Abfahrt bereit wäre.

Nachdem diese Angelegenheit erledigt war, konnte ich zu meiner Geliebten gehen. Ich mußte Marcolina, in die ich mich mit jedem Tag mehr verliebte, für ihre Rolle abrichten. Sie wiederholte mir unaufhörlich: Um sich vollständig glücklich zu fühlen, brauche sie weiter nichts als einige Kenntnisse der französischen Sprache und einen Schimmer von Hoffnung, daß ich sie vielleicht mit nach England nähme.

Ich hatte ihr niemals Hoffnung gemacht, daß meine Liebe so weit gehen werde; trotzdem empfand ich eine tiefe Traurigkeit, wenn ich daran dachte, daß ich ein Wesen verlassen mußte, das so ganz und gar von Wollust und Bereitschaft durchdrungen war, das in allen Freuden des Bettes und des Essens unersättlich war, genausoviel wie ich aß und noch mehr trank. Sie war hocherfreut, daß ich mich meines Bruders und Passanos entledigt hatte, und beschwor mich, ich möchte doch manchmal mit ihr in die Komödie gehen; »denn«, sagte sie mir, »alle Leute erkundigen sich, wer ich sei, und die Nichte meines Alten zankt fortwährend mit mir darüber, daß ich ihr nicht erlauben will zu antworten.«

Ich versprach ihr, im Laufe der nächsten Woche ihr dieses Vergnügen zu bereiten, und fügte hinzu: für den Augenblick sei ich ganz und gar von einer magischen Aufgabe in Anspruch genommen. Diese lasse mir gar keine Ruhe, und um sie nach Wunsch durchzuführen, würde ich ihrer Hilfe bedürfen.

»Ich werde dir einen einfachen Jockeyanzug machen lassen. In dieser Verkleidung wirst du zu einer Stunde, die ich dir angeben werde, vor die Marquise treten, mit der ich zusammen wohne, und du wirst ihr einen Brief übergeben. Wirst du den Mut haben, dies zu tun?«

»Ganz gewiß! Wirst du dabeisein?«

»Ja. Sie wird mit dir sprechen, aber du darfst nicht antworten, da du für stumm gelten sollst. In dem Briefe wird stehen, daß du stumm bist, und zugleich, daß du dich erbietest, sie in dem Bade zu bedienen, das ich mit ihr zusammen nehmen muß. Sie wird dein Anerbieten annehmen, und sobald sie es dir befiehlt, wirst du sie völlig entkleiden. Wenn du mit ihr fertig bist, entkleidest du dich ebenfalls; hierauf reibst du die Marquise von den Fußspitzen bis zu den Schenkeln ab, aber nicht höher. Während du sie recht zart reibst, werde ich mich entkleiden und hierauf die Marquise eng umschlingen. Du wirst uns dabei zusehen, sonst hast du nichts dabei zu tun. Wenn ich mich von ihr getrennt habe, wirst du mit deinen zarten Händen ihre Liebesorgane waschen und sie dann abtrocknen. Dann verrichtest du an mir denselben Dienst. Ich werde danach die Marquise abermals umarmen. Dann wirst du dieselben Abwaschungen vornehmen, wäschst auch mich und bedeckst mit deinen Florentiner Küssen[5] das Werkzeug, womit ich ihr die Beweise meiner Zärtlichkeit gegeben habe. Wenn ich wieder ins Leben zurückgekehrt bin, werde ich die Marquise zum dritten Male umarmen, und während dieser letzte Kampf stattfindet, wirst du uns so lebhaft wie möglich liebkosen, bis der Akt vollständig ist. Endlich wirst du uns zum dritten Mal abwaschen. Hierauf kleidest du dich an, nimmst, was sie dir geben wird, und kehrst in diese Wohnung zurück, wo ich eine Stunde später wieder bei dir sein werde.«

»Du kannst dich auf mich verlassen. Ich werde ganz genau alles tun, was du mir befiehlst; aber du begreifst, welche Überwindung mich das kosten wird.«

»Nicht mehr als mich, denn ich würde lieber dich umarmen und nicht die alte Frau, die du sehen wirst.«

»Ist sie sehr alt?«

»Fast siebzig Jahre.«

»Oh, so alt schon? Ich bedaure dich, mein armer Giacometto. Aber danach wirst du doch zum Abendessen hierherkommen und schläfst mit mir?«

»Ganz gewiß.«

»Nun, dann geht es doch wenigstens.«

Ich ließ Marcolina eine bis zur Hüfte reichende Jacke von grünem Samt machen, dazu Kniehosen von demselben Stoff, ich gab ihr grünseidene Strümpfe und Schuhe aus Saffianleder, Handschuhe in der gleichen Farbe und ein grünes spanisches Haarnetz, das hinten ihre schönen schwarzen Haare wie ein Beutel aufnahm. In dieser Kleidung sah das junge Mädchen so wundervoll aus, daß ihr in den Straßen von Marseille alle Leute nachgelaufen wären; denn trotz der Männerkleidung konnte es keinem Menschen entgehen, daß sie ein Mädchen war. Ich führte sie in ihrer gewöhnlichen Kleidung in meine Wohnung, um ihr zu zeigen, wo sie sich nach verrichteter Sache verstecken sollte.

Nachdem am Sonnabend alle Kultushandlungen zu Ende gebracht waren, setzte ich durch das Orakel den nächsten Dienstag für die Wiedergeburt der Seramis fest, und zwar sollte sie in den Stunden der Sonne, der Venus und des Merkur stattfinden, die in dem planetarischen System der Magier gleich wie in der imaginären ptolemäischen Lehre aufeinanderfolgen. Die Stunden entsprachen an jenem Tage der neunten, zehnten und elften Morgenstunde; denn da es ein Dienstag war, so mußte die erste Stunde dem Mars gehören. Da die Sternstunden zu Anfang des Monats Mai fünfundsechzig Minuten lang sind, so wird mein Leser, wenn er von Magie auch nur eine Ahnung hat, wissen, daß ich die große Operation mit Madame d'Urfé von halb drei bis fünf Minuten vor sechs vollziehen mußte.

Am Montag hatte ich mit Einbruch der Nacht in der Stunde, die dem Monde geweiht ist, Madame d'Urfé an das Meeresufer geführt. Clairmont trug die fünfzig Pfund schwere Kiste.

Nachdem ich mich überzeugt hatte, daß wir von keinem Menschen gesehen würden, sagte ich zu Madame d'Urfé, der Augenblick sei da. Ich befahl Clairmont, die Kiste zu unseren Füßen niederzustellen und dann zu unserem Wagen zurückzukehren, um uns dort zu erwarten. Nachdem wir allein geblieben waren, richteten wir ein formelhaftes Gebet an Selenis. Dann warfen wir die Kiste ins Meer, zur großen Befriedigung der Marquise, aber zu meiner eigenen, noch größeren, wie der Leser begreifen wird; denn die ins Meer geworfene Kiste enthielt nur fünfzig Pfund Blei. Die echte Kiste befand sich, vor jedem Blick verborgen, in meinem Zimmer.

Ich begleitete die Marquise in den Gasthof ›Zu den dreizehn Kantonen‹ und ließ sie dort allein, nachdem ich ihr gesagt hatte, ich würde erst dann wieder in den Gasthof kommen, nachdem ich an demselben Ort und zu derselben Stunde ruhig meine sieben Kulte gefeiert und eine Beschwörung an den Mond vorgenommen hätte.

Ich log nicht: denn ich ging zu Marcolina. Während sie sich als Jockey kleidete, schrieb ich mit einem Alaunkristall[6] in verschlungenen großen Buchstaben auf weißes Papier folgende Worte: »Ich bin stumm, aber nicht taub; ich komme aus der Rhône, um Euch zu baden. Die Stunde hat begonnen.«

»Dieses Briefchen«, sagte ich zu Marcolina, »wirst du der Marquise übergeben, sobald du dich ihren Blicken zeigst.«

Nach dem Abendessen gingen wir zu Fuß aus und kamen in unseren Gasthof, ohne von einem Menschen gesehen worden zu sein. Ich versteckte Marcolina in einem großen Schrank; hierauf zog ich meinen Schlafrock an und ging zur Marquise, um ihr anzukündigen, daß Selenis die Operation auf den nächsten Tag vor drei Uhr angesetzt habe; um fünfeinhalb Uhr müsse sie beendet sein, damit wir nicht in die Stunde des Mondes hineingerieten, die auf die des Merkurs folgte.

»Sie werden, Madame, veranlassen, daß vor dem Mittagessen die Badewanne hier neben Ihrem Bett bereitsteht, und Sie müssen sich vergewissern, daß Brougnole nicht vor der Nacht Ihre Zimmer betritt.«

»Ich werde ihr Erlaubnis geben, einen Spaziergang zu machen. Aber Selenis hatte uns doch eine Undine versprochen?«

»Richtig! Ich habe aber noch keine gesehen.«

»Befragen Sie doch das Orakel!«

»Gern!«

Sie stellte selber die Frage, indem sie zugleich abermals zum Genius Paralis betete, die Operation möchte nicht aufgeschoben werden, wenn auch die Undine nicht erschiene; denn sie sei bereit, allein zu baden.

»Die Befehle des Oromasis sind unwandelbar«, antwortete

das Orakel, »und ihr habt gefehlt, indem ihr dem Zweifel Raum gegeben habt.«

Sofort stand die Marquise auf und verrichtete einen Sühnekultus.

Ich konnte mit der alten Frau kein Mitleid haben, denn sie war mir zu lächerlich. Sie umarmte mich und sagte zu mir mit ganz besonderer Feierlichkeit: »Morgen, mein lieber Galtinarde, werden Sie mein Gatte und mein Vater sein! Fordern Sie die Gelehrten auf, dieses Rätsel zu erklären!«

Nachdem ich in mein Zimmer zurückgekehrt war und meine Tür sorgfältig verschlossen hatte, beeilte ich mich, die Undine aus ihrem Schrank zu erlösen. Sie entkleidete sich und legte sich zu Bett, und da sie wohl begriff, daß ich meine Kräfte schonen müsse, so drehte sie mir den Rücken zu, und wir verbrachten in weiser Enthaltsamkeit die Nacht, ohne uns auch nur anzusehen.

Am anderen Morgen ließ ich sie frühstücken, bevor ich Clairmont hineinrief, und gab ihr den Rat, nach der Operation wieder in ihr Versteck zurückzukehren, damit sie beim Verlassen des Gasthofes nicht gesehen würde. Hierauf hörte ich ihr noch einmal ihre Lektion ab und ermahnte sie, heiter, zärtlich und stumm, aber nicht taub zu sein; genau um halb drei müsse sie bei der Marquise ins Zimmer treten und ihr mit einem Kniefall das Papier geben.

Nachdem ich das Mittagessen für zwölf Uhr bestellt hatte, trat ich bei der Marquise ein. Die Badewanne stand zu Füßen des Bettes und war zu zwei Drittel mit Wasser gefüllt. Die Marquise war nicht da, kam aber zwei oder drei Minuten später aus einem Nebenzimmer mit sehr viel Wangenrouge[7], einer prachtvollen Spitzenhaube, einem Spitzenumhang, der ihren Busen bedeckte, der vierzig Jahre früher einer der schönsten von ganz Frankreich gewesen war, und in einem altmodischen, aber sehr reich mit Gold und Silber bestickten Kleid. Sie trug dazu Ohrringe mit herrlichen Smaragden und ein Halsband aus sieben Aquamarinen, die einen Smaragd einfaßten, der von größter Reinheit war, umgeben von achtzehn bis zwanzig sehr klaren Diamanten von je anderthalb Karat. An der Hand trug sie den Karfunkel, den ich bereits kannte und den sie auf eine Million schätzte, während er in Wirklichkeit nur eine glänzend gelungene Fälschung war; aber die anderen, mir unbekannten Steine waren echt, wie ich später merkte.

Als ich Seramis so zum Opfer geschmückt sah, glaubte ich ihr meine Ehrfurcht bezeigen zu müssen. Ich ging ihr daher entgegen und beugte das Knie, um ihr die Hand zu küssen; sie ließ dies jedoch nicht zu, sondern forderte mich auf, sie zu umarmen. Nachdem sie ihrer Kammerfrau Brougnole gesagt hatte, sie gäbe ihr Urlaub bis sechs Uhr, unterhielten wir uns über unsere Sache, bis das Essen aufgetragen wurde. Nur Clairmont durfte uns bei Tisch sehen, und sie aß an diesem Tage nur Fisch. Um halb zwei Uhr sagte ich zu Clairmont, ich sei für niemanden zu Hause, da ich allein arbeiten wolle; zugleich sagte ich ihm, er könnte bis sechs Uhr spazierengehen, wenn er es wolle. Die Marquise begann unruhig zu werden, und auch ich stellte mich, als wenn ich etwas besorgt würde. Ich sah nach meinen Uhren, berechnete die Minuten der planetarischen Stunden und sagte von Zeit zu Zeit: »Wir sind noch in der Stunde des Mars; die Stunde der Sonne hat noch nicht begonnen.«

Endlich schlug es halb drei auf der Pendeluhr, und zwei oder drei Minuten später sahen wir die schöne Undine eintreten. Lächelnden Gesichtes ging sie mit langsamen Schritten auf Seramis zu, ließ sich vor ihr auf ein Knie nieder und reichte ihr das Papier. Da sie sah, daß ich nicht aufstand, blieb auch die Marquise sitzen; aber sie hob mit freundlicher Anmut den Genius auf und nahm ihm das Blatt ab, das sie zu ihrer großen Überraschung völlig weiß fand.

Schnell reichte ich ihr eine Feder, damit sie sich an das Orakel wenden könnte. Sie stellte die Frage, was dieses Blatt zu bedeuten habe. Ich nahm ihr die Feder ab und baute die Zahlenpyramide zu ihrer Frage. Sie zog die Antwort heraus und fand folgende Worte: »Was im Wasser geschrieben ist, kann nur im Wasser gelesen werden.«

»Ich verstehe«, rief sie aus. Sie ging zur Badewanne, tauchte das Blatt hinein und las in Schriftzügen, die noch weißer waren als das Papier, folgende Worte: »Ich bin stumm, aber nicht taub; ich komme aus der Rhône, um Euch zu baden. Die Stunde des Oromasis hat begonnen.«

»So bade mich also, göttlicher Genius!« rief Seramis, indem sie das Blatt Papier auf den Tisch legte und sich auf das Bett setzte.

Meiner Weisung getreu zog Marcolina der Marquise die Strümpfe, das Kleid, das Hemd aus und setzte dann die Füße in die Badewanne; nun warf sie ganz schnell ihre Kleidung ab und stand bis zu den Knien im Badewasser; inzwischen hatte ich mich auch entkleidet und bat den Genius, Seramis die Beine abzutrocknen und der göttliche Zeuge meiner Vereinigung mit ihr zu sein, zum Ruhme des unsterblichen Oromasis, des Königs der Salamander.

Kaum hatte ich diese Bitte ausgesprochen, so beeilte sich die Undine, die stumm, aber nicht taub war, meinen Wunsch zu erfüllen, und ich vollzog meine erste Vereinigung mit Seramis, indem ich die Schönheiten Marcolinas bewunderte, die ich nie zuvor so deutlich gesehen hatte.

Seramis war schön gewesen, aber sie war damals, wie ich jetzt bin, und ohne die Undine wäre die Operation mißlungen. Da jedoch Seramis zärtlich, verliebt und sehr sauber war, stieß sie mich nicht ab. Danach sagte ich zu ihr: »Jetzt müssen wir die Stunde der Venus abwarten.«

Die Undine vollzieht die Waschungen, umarmt die Braut und erweist mir mit verliebter Glut denselben Dienst.

Seramis war entzückt von ihrem Glück; ganz hingerissen von den Reizen der Undine, forderte sie mich auf, sie zu bewundern, und ich fand, daß keine sterbliche Frau ihr gleiche. Von diesen wollüstigen Vorstellungen erregt, fühlt Seramis ihre Zärtlichkeit wieder erwachen. Die Stunde der Venus beginnt, und von der Undine ermutigt, unternehme ich den zweiten Sturm, der der heftigste sein mußte, denn die Stunde dauerte fünfundsechzig Minuten.

Ich betrat den Kampfplatz und arbeitete eine halbe Stunde, von Schweiß triefend und Seramis ermüdend, ohne doch fertig werden zu können. Ich schämte mich indessen, sie zu betrügen. Sanft sich in ihr Schicksal ergebend, trocknete das Opfer mir den Schweiß von der Stirn, der, mit Pomade und Puder vermischt, aus meiner Frisur lief; die Undine aber, die mich erschöpft sah, belebte durch ihre aufreizenden Liebkosungen, was die Berührung mit dem alten Körper getötet hatte. Gegen das Ende der Stunde überwältigte mich die Anstrengung; ich konnte es nicht mehr aushalten und entschloß mich daher, so zu tun, als wenn ich am Ziel wäre; so heuchelte ich denn alle jene Zuckungen, zu denen sonst wirkliche Wollust zwingt. Ich ging als schaumbedeckter Sieger mit allen Zeichen meiner Kraft aus dem Kampf hervor und ließ Seramis keinen Zweifel an meinem Triumph. Sie hätte Anael ungerecht gefunden, wenn er mich bei Venus als Fälscher angezeigt hätte. Die Undine selber wurde davon getäuscht, als sie die zweite Abspülung an mir vornahm. Doch schon hatte die dritte Stunde begonnen, und es galt, Merkur zu befriedigen. Ein Viertel von dieser Stunde blieben wir bis zu den Lenden im Bade. Die Undine entzückte Seramis durch Liebkosungen, um die der Herzog von Orléans, der Regent von Frankreich, sie beneidet haben würde. Die gute Marquise glaubte, bei den Flußgeistern sei dies so Sitte, und ließ gerne alles geschehen, was die Undine an ihr vornahm. Von Dankbarkeit erfüllt, bat Seramis sie, auch mich mit ihren Schätzen zu beglücken, und nun entfaltete Marcolina den ganzen Reichtum der venezianischen Schule. Sie war eine vollendete Lesbierin. Bald war es ihr gelungen, mich wieder zum kräftigsten Leben zu erwecken, und Seramis forderte mich auf, dem Merkur zu opfern. Ich ging ans Werk; leider aber drohte ich nur noch mit dem Blitz, hatte jedoch nicht mehr die Kraft, ihn zu schleudern. Ich sah, wie schmerzlich der mitfühlenden Undine der Anblick meiner vergeblichen Anstrengung war; auch bemerkte ich, daß Seramis die Anstrengungen, die ich ihr verursachte, nicht mehr aushalten konnte und das Ende des Kampfes herbeisehnte. So faßte ich denn den unvermeidlichen Entschluß, sie abermals zu betrügen: ich verfiel in Zuckungen, die mit einer vollständigen Unbeweglichkeit endigten, wie sie wohl die natürliche Folge einer Leistung war, die nach der Meinung der Seramis, wie sie mir später sagte, weit über die Kräfte eines gewöhnlichen Sterblichen ging.

Nachdem ich mich gestellt hatte, als wenn ich wieder zur Besinnung käme, warf ich mich in die Badewanne, in der ich aber nur so lange blieb, um die nötige Abspülung vorzunehmen; hierauf kleidete ich mich an. Marcolina reinigte die Marquise und half ihr dann beim Anziehen. Ich überraschte Seramis bei einer neidischen Bewunderung der reizenden Undine, die sich zum Schluß mit der ganzen anmutigen Gewandtheit und Schnelligkeit eines jungen Mädchens ankleidete. Einer glücklichen Eingebung ihres Genius folgend, nahm Seramis ihr prachtvolles Halsband ab und hängte es der schönen Badedienerin um den Hals, die ihr einen Florentiner Kuß gab, verschwand und sich in dem Schrank versteckte.

Seramis fragte das Orakel, ob die Operation vollständig gelungen sei. Erschreckt durch diese Frage, ließ ich ihr antworten, das Verbum der Sonne sei in ihrer Seele und sie werde zu Anfang des Monats Februar sich selbst als männliches Kind gebären. Aber es wäre unbedingt notwendig, daß sie hundertsieben Stunden ununterbrochen ruhig in ihrem Bett bliebe.

Außer sich vor Glück, fand sie diesen Befehl, daß sie sich hundertsieben Stunden ausruhen solle, von göttlicher Weisheit. Ich umarmte sie und sagte ihr, ich würde auf dem Lande übernachten, um den Rest der Zaubermittel abzuholen, die bei den von mir dem Monde dargebrachten Kulten übriggeblieben wären; aber ich versprach ihr, am nächsten Tage mit ihr zu Mittag zu speisen.

Ich war bis halb acht in fröhlicher Stimmung mit Marcolina zusammen, denn um mit ihr beim Verlassen des Gasthofes nicht gesehen zu werden, mußte ich die Nacht abwarten. Ich zog meinen prachtvollen Hochzeitsanzug aus und einen Rock an; dann brachte uns eine Kutsche zu ihrem Zimmer. Die Kiste mit den Opfergaben für die Planeten, die ich mir schwer verdient hatte, nahm ich mit.

Wir waren halbtot vor Hunger, aber das köstliche Abendessen, das uns erwartete, gab uns die Sicherheit, daß wir am Leben bleiben würden. Kaum waren wir in ihrem Zimmer, so warf Marcolina schnell ihre grüne Jacke beiseite, zog ihre Mädchenkleider wieder an und gab mir das schöne Halsband.

»Ich werde es verkaufen, meine Liebe, und dir den Erlös geben.«

»Ist es denn viel wert?«

»Mindestens tausend Zechinen. Wenn du nach Venedig zurückkehrst, wirst du fünftausend gute Dukaten besitzen; du kannst dir einen Gatten aussuchen, mit dem du als wohlhabende Bürgersfrau leben wirst.«

»Behalte die fünftausend Dukaten und nimm mich als deine zärtliche Freundin mit dir, ich werde dich lieben wie meine eigene Seele, niemals eifersüchtig sein und dich pflegen wie mein Kind.«

»Davon wollen wir später sprechen, schöne Marcolina; jetzt aber, da wir gut gespeist haben, laß uns zu Bett gehen, denn ich war noch niemals so verliebt in dich wie in diesem Augenblick.«

»Aber du mußt doch ermüdet sein.«

»Ermüdet – ja; aber nicht erschöpft; denn ich habe meinen Lebenssaft nur ein einziges Mal vergießen können; dafür danke ich der Liebe.«

»Ich glaubte, es waren zwei Mal. Die gute alte Frau! Sie ist so liebenswert. Vor fünfzig Jahren war sie sicher die Schönste von ganz Frankreich. Welch ein Wahnsinn, noch an Liebe zu denken, wenn man alt ist!«

»Du befeuertest mich, aber sie kühlte mich noch stärker ab.«

»Bedarfst du immer des Reizmittels eines jungen Mädchens, um zärtlich mit ihr zu sein?«

»Nein; denn die anderen Male kam es nicht darauf an, ein männliches Kind zu zeugen.«

»Hast du dich etwa verpflichtet, sie zu schwängern? Oh, wie lächerlich! Vielleicht bildet sie sich sogar ein, empfangen zu haben?«

»Ohne allen Zweifel; diese Hoffnung macht sie glücklich.«

»Sonderbare Schwärmerei! Aber warum hast du dich verpflichtet, die Leistung dreimal zu wiederholen?«

»Ich glaubte, meine Kraft würde ausreichen, wenn ich dich sähe. Ich habe mich sehr getäuscht. Ihre schlaffe Haut, die ich berührte, war nicht das, was meine Augen sahen, und der gewünschte Erfolg wollte sich nicht einstellen. Du wirst diese Wahrheit heute nacht erleben. Gehen wir zu Bett!«

»Gut.«

Der Vergleich mit der alten Frau wirkte besonders stark auf mich, und ich verbrachte mit Marcolina eine der köstlichsten Nächte, die einer in Parma mit Henriette und auf Murano mit M. M. gleichkam. Wir blieben vierzehn Stunden im Bett, und von diesen wurden wenigstens vier darauf verwandt, den Schimpf wiedergutzumachen, den ich der Liebe angetan hatte.

Ich sagte Marcolina, sie möchte sich schmuck anziehen und mich zum Theater erwarten. Ich hätte ihr kaum ein größeres Vergnügen machen können.

Madame d'Urfé fand ich in ihrem Bett liegend, mit gesuchter Eleganz gekleidet und wie eine junge Frau frisiert. Auf ihren Zügen lag ein Ausdruck von Befriedigung, wie ich ihn niemals an ihr gesehen hatte.

»Ich weiß, daß ich Ihnen mein ganzes Glück verdanke«, sagte sie zu mir. Sie begann in vernünftiger Weise mit mir zu sprechen, aber ihre Gedanken waren auf die verrückteste aller Ideen gegründet.

Sie sagte zu mir: »Heiraten Sie mich; Sie bleiben Vormund meines Kindes, das zugleich Ihr Sohn ist. Auf diese Weise erhalten Sie mir mein ganzes Vermögen und werden außerdem Besitzer des Erbteils, das mir von meinem Bruder, Monsieur de Pontcarré, zufallen muß. Er ist alt und kann nicht mehr lange leben. Im nächsten Februar soll ich als Mann wiedergeboren werden, und in was für Hände werde ich da fallen, wenn Sie nicht für mich sorgen! Man wird mich für ein uneheliches Kind erklären, und ich werde dadurch achtzigtausend Francs Leibrente verlieren, die Sie mir erhalten können. Vergessen Sie das ja nicht, mein lieber Galtinarde! Ich muß Ihnen sagen, daß ich mich in meiner Seele schon als Mann fühle. Ich bin in die Undine verliebt, das muß ich Ihnen gestehen, und ich möchte wissen, ob ich in vierzehn oder fünfzehn Jahren mit ihr werde schlafen können. Wenn Oromasis es will, kann er es so fügen, und ich werde dann glücklich sein. Oh, was für ein reizendes Geschöpf! Haben Sie jemals eine schönere Frau gesehen? Wie schade, daß sie stumm ist! Sie muß einen Wassergeist zum Liebhaber haben. Aber alle Wassergeister sind stumm, denn im Wasser kann man nicht sprechen. Ich bin erstaunt, daß sie nicht taub ist. Ich begreife nicht, daß Sie keine Lust verspürt haben, sie anzurühren. Ihre Haut ist unglaublich zart, ihr Speichel süß. Die Wassergeister haben eine mimische Sprache, die man lernen kann. Wie sehr würde es mich freuen, wenn ich mich mit diesem Wesen unterhalten könnte! Ich bitte Sie, das Orakel zu befragen, wo ich niederkommen soll. Wenn Sie mich nicht heiraten können, so scheint es mir nötig zu sein, daß ich all mein Hab und Gut verkaufe, so daß ich für mein ganzes zweites Leben sichergestellt werde; denn in meinen ersten Kinderjahren werde ich natürlich nichts wissen, und es wird Geld erforderlich sein, damit ich eine Erziehung erhalte. Man könnte alles verkaufen und eine große Summe sicher anlegen, die Zinsen müßten meinen Bedürfnissen genügen.«

»Das Orakel«, antwortete ich, »muß unser einziger Führer sein. Übrigens werden Sie mein Sohn sein, und wenn Sie als Mann wiedergeboren werden, werde ich niemals dulden, daß man Sie als Bastard erklärt.«

Diese Zusicherung beruhigte sie. Ihre Überlegungen waren richtig, aber die Voraussetzungen waren unsinnig, sie konnte nur Mitleid erregen.

Ohne Zweifel wird mehr als ein Leser der Meinung sein, ich hätte als ehrenhafter Mann der Frau ihren Irrtum nehmen sollen. Aber es tut mir leid, ihnen sagen zu müssen: die Sache war unmöglich. Ja, ich gestehe, selbst wenn ich es gekonnt hätte, würde ich es nicht gewollt haben; denn indem sie wieder vernünftig geworden wäre, hätte ich sie unglücklich gemacht. Wie ihr Geist nun einmal angelegt war, bedurfte sie fortwährender Hirngespinste.

SECHSTES KAPITEL

1763. Casanova reist mit dem Sohn der Sängerin Teresa Imer, für den er einige Jahre in Paris gesorgt hat, nach England. Der Junge gibt sich als Graf Aranda aus, während seine Mutter sich jetzt Mrs. Cornelys nennt. Sie lebt in London mit ihrer Tochter Sophie, deren Vater Casanova ist, und führt ein großes Ballhaus, für das sie sich sehr verschuldet hat.

Wir brauchten nur zweieinhalb Stunden zur Überfahrt über den Kanal bei sehr günstigem Wind. Die Zolldurchsuchung am nächsten Tag, ob ich Schmuggelware mit mir führe, fand ich lästig und unverschämt, indiskret und sogar schikanös; aber man mußte sie ruhig hinnehmen, denn ein beleidigter englischer Beamter, der das Recht auf seiner Seite hat, ist noch unverschämter als ein französischer.

Nichts ist auf der Insel England wie auf dem Kontinent. Das Meer, es ist ja der Ozean, ist ungewöhnlich; denn es gibt Ebbe und Flut. Das Wasser der Themse hat einen Geschmack, den man bei keinem anderen Flusse antrifft. Das Hornvieh, die Fische, alles was man ißt, schmeckt anders, als man es gewohnt ist; die Pferde sind sogar anders gebaut, und die Menschen haben einen besonderen Charakter, den man nur bei dieser Nation findet. Sie glauben auch, daß sie allen anderen Völkern überlegen sind. Diese Einbildung haftet allen Nationen an, jede stellt sich selber auf den ersten Platz. Alle haben recht.

Was mir sofort auffiel, war die allgemeine Sauberkeit, die Schönheit der Landschaft, die Sorgfalt der Landbestellung, die kräftige Nahrung, die vorzüglichen Straßen und prachtvollen Postwagen, die jedem zur Verfügung stehen, die Gerechtigkeit der Fahrpreise, die Leichtigkeit, wie diese mit einem Stück Papier bezahlt werden konnten, die Schnelligkeit ihrer Wagenpferde, obgleich diese stets nur trabten, und endlich die eigentümliche Anlage ihrer Städte, die auf dem Wege von Dover nach London liegen, wie zum Beispiel die sehr volkreichen Städte Canterbury und Rochester, die außerordentlich lang sind und fast keine Breite haben.

Wir kamen gegen Abend, achtzehn Stunden nachdem wir von Dover abgefahren waren, in London an und stiegen bei Mrs. Cornelys ab.

Gleich in den ersten Tagen stellte ich mich allen Bankiers vor, bei denen ich im ganzen mindestens hunderttausend Taler guthatte. Alle erkannten die Wechsel an, die ich ihnen vorlegte, und alle fanden sich durch die Briefe der Herren Tourton et Baur veranlaßt, mir ihre ganz besonderen Dienste anzubieten.

Da ich keinen Menschen kannte, besuchte ich die Theater von Covent Garden und Drury Lane, ich aß mittags in Gasthäusern, um mich langsam an die Sitten der Engländer zu gewöhnen. Vormittags ging ich auf die Börse, wo ich einige Bekanntschaften machte. Der Kaufmann Bosanquet, an den ich mich gewandt hatte, verschaffte mir einen Neger, der Englisch, Französisch und Italienisch sprach und für dessen Treue er mir bürgte. Derselbe Bosanquet besorgte mir auch einen französisch sprechenden, sehr guten englischen Koch, der mit seiner ganzen Familie in meine Dienste trat. Auch führte er mich in einige sonderbare Klubs ein. Gleich in der ersten Woche lernte ich auch die auserlesenen Badehäuser kennen, wo ein reicher Mann hingeht, wenn er baden, soupieren und mit geistvollen Freudenmädchen schlafen will. Man verschafft sich eine herrliche Lustpartie, die nur sechs Guineen kostet. Mit Sparsamkeit kann man die Ausgabe auf vier Guineen ermäßigen; aber Sparsamkeit, die das Vergnügen verdirbt, war nicht meine Sache.

Am Sonntag legte ich eine elegante Kleidung mitsamt meinen Ringen, meinen Uhren und meinem Orden am roten Band an; und so fuhr ich gegen elf Uhr zu Hofe, wo ich unserer Verabredung gemäß den Grafen Guerchy traf. Er stellte mich Georg III.[1] vor; dieser sagte etwas zu mir, aber er sprach so leise, daß ich ihn nicht verstand und nur durch eine Verbeugung antworten konnte. Die Königin[2] machte dies wieder gut, und ich sah zu meinem Entzücken unter den Kavalieren, die sich um sie bemühten, auch den venezianischen Residenten. Als Monsieur de Guerchy mich als Chevalier de Seingalt vorstellte, machte der Resident ein sehr erstauntes Gesicht; denn der Prokurator Morosini hatte mich in seinem Brief nur mit dem Namen Casanova bezeichnet. Die

Königin fragte mich, aus welcher Gegend von Frankreich ich sei. Als ich ihr antwortete, ich sei Venezianer, sah sie den Residenten von Venedig an, der durch eine Verbeugung bestätigte, daß er es nicht bestreiten könne. Ihre Majestät fragte mich hierauf, ob ich die Gesandten kenne, die vor sechs Wochen abgereist seien. Ich antwortete ihr, ich wäre mit ihnen bekannt und hätte in Lyon drei Tage lang mit ihnen verkehrt; Signor Morosini hätte mir Empfehlungsschreiben an Lord Egremont und an den Residenten übergeben.

»Ich habe sehr gelacht«, sagte die Königin, »als Signor Querini mir sagte, ich sei ein kleiner Teufel.«

»Er hat sagen wollen, Madame, daß Euer Majestät geistreich sind wie ein Engel.«

Ich wünschte nichts sehnlicher, als daß die Königin mich fragen sollte, warum der venezianische Resident mich nicht vorgestellt hätte; denn mir lag eine Antwort auf der Zunge, die Signor Zuccato den Schlaf geraubt haben würde.

Nach der Vorstellung bei Hofe setzte ich mich wieder in meine Sänfte und ließ mich nach Soho Square zu Mrs. Cornelys tragen, bei der ich zum Mittagessen eingeladen war. Ein Herr in Hoftracht kann es nicht wagen, sich zu Fuß in den Straßen von London sehen zu lassen, ohne sich der Gefahr auszusetzen, von gemeinem Pack mit Kot beworfen zu werden, und die ›Gentlemen‹ würden ihm ins Gesicht lachen, ihn anrempeln, um ihn zu einer unüberlegten Handlung hinzureißen, damit sie mit Fäusten auf ihn einschlagen könnten. Der demokratische Geist steckt im englischen Volke zur Zeit tiefer als im französischen; aber die Verfassung beherrscht es. Überall in den großen Städten findet man diesen Geist der Rebellion, und es bedarf einer geschickten Regierung, ihn im Schlaf zu halten, denn wenn er wach wird, verwandelt er sich in einen reißenden Strom, dem kein Hindernis standhält.

Man ließ mich und meinen Neger Jarbe in das Haus der Cornelys eintreten, sobald er die Träger bezahlt hatte. Nachdem ich ein Dutzend große und schöne Zimmer durchschritten hatte, wurde ich in den Salon geführt, wo die Hausherrin nebst zwei englischen Damen und zwei englischen Herren sich aufhielt. Sie empfing mich mit der Höflichkeit vertrautester Freundschaft, wies mir einen Lehnstuhl an ihrer Seite an und setzte das Gespräch auf englisch fort, ohne meinen Namen zu nennen und ohne mir zu sagen, wer die Herrschaften waren. Als ihr Haushofmeister meldete, daß angerichtet sei, befahl sie, ihre Kinder herunterzurufen. Mein Herz wartete auf diesen Augenblick mit lebhafter Ungeduld. Sobald ich die kleine Sophie eintreten sah, eilte ich voll Rührung auf sie zu; aber ihre Mutter hatte sie abgerichtet: sie trat zurück, machte einen tiefen Knicks und sagte ein auswendig gelerntes Kompliment her. Um sie nicht in Verlegenheit zu bringen, war ich so bescheiden, nicht darauf zu antworten; aber mein Herz zog sich schmerzlich zusammen.

Hierauf stellte die Cornelys ihren Sohn vor und sagte der Gesellschaft, ich hätte ihn zu ihr nach London gebracht, nachdem ich sechs Jahre lang seine Erziehung überwacht hätte. Da sie diese Mitteilung auf französisch machte, bemerkte ich mit Vergnügen, daß alle Anwesenden diese Sprache verstanden.

Wir setzten uns zu Tisch; die Cornelys saß zwischen ihren beiden Kindern und ich ihr gegenüber zwischen den beiden Engländerinnen, von denen die eine, obgleich sie bereits ziemlich bejahrt war, mir sofort wegen ihrer Klugheit gefiel. Ich vertiefte mich in ein Gespräch mit ihr, sobald ich bemerkte, daß die Dame des Hauses nur wie zufällig einmal das Wort an mich richtete und daß Sophie mich niemals ansah, obgleich sie ihre schönen Augen fortwährend wandern ließ. Offenbar benahm sie sich nur darum so sonderbar gegen mich, weil ihre Mutter ihr das befohlen hatte. Ich fand diese Komödie ebenso lächerlich wie unverschämt. Ich ärgerte mich, daß ich mich hierüber verdrießlich fühlte, und da ich mir dies nicht merken lassen wollte, so führte ich ein scherzhaftes Gespräch über meine Beobachtungen englischer Gebräuche herbei, doch vermied ich sorgfältig jede Kritik, da eine solche stets den Nationalstolz verletzt, wenn ein Ausländer sie übt. Ich wollte die Gesellschaft nur zum Lachen bringen und mich ihr angenehm machen. Dies gelang mir. Ich vergaß aber dabei meine Rache nicht und redete die Cornelys nicht ein einziges Mal an. Ich sah sie überhaupt nicht.

Meine Nachbarin bewunderte die Schönheit meiner Spitzen und fragte mich dann, was es bei Hofe Neues gäbe.

»Mir war alles neu, Madame; denn ich habe heute den Hof zum erstenmal gesehen.«

»Haben Sie den König gesehen?« fragte Sir Joseph Cornelys[3] mich.

»Mein Sohn«, sagte seine Mutter zu ihm, »man stellt niemals solche Fragen.«

»Warum nicht, liebe Mutter?«

»Weil die Frage möglicherweise Monsieur nicht gefällt.«

»Sie ist im Gegenteil sehr nach meinem Geschmack, Madame. Vor sechs Jahren habe ich Ihrem Sohn die Lehre gegeben, daß er stets fragen solle; denn das sei das beste Mittel, etwas zu lernen. Wer nicht frage, bleibt immer unwissend.«

Die Cornelys schmollte und sagte kein Wort mehr.

»Mit alledem«, fing der Kleine wieder an, »haben Sie mir noch nicht gesagt, ob Sie den König gesehen haben.«

»Ja, mein Freund, ich habe den König und die Königin gesehen, und Seine Majestät hat mir die Ehre erwiesen und mit mir gesprochen, leider habe ich nichts verstanden; die Königin dagegen hat sich sehr angeregt mit mir unterhalten.«

»Wer hat Sie vorgestellt?«

»Der französische Gesandte.«

»Das ist ja recht schön und gut«, rief die Mutter, »aber Sie werden mir zugeben, daß diese letzte Frage zu weit geht.«

»Wenn sie an einen Fremden gerichtet wäre, würde sie allerdings zu weit gehen; aber nicht mir gegenüber, da ich sein Freund bin. Wie Sie sehen, macht das, was ich ihm antworten mußte, mir Ehre. Wenn ich nicht die Absicht gehabt hätte, Sie ausdrücklich wissen zu lassen, daß ich bei Hofe gewesen bin, wäre ich nicht in diesen Kleidern zu Ihnen zum Essen gekommen.«

»Das mag ja sein; da Sie aber nun einmal solche Fragen lieben, so will ich Sie jetzt fragen, warum Sie sich durch den französischen Gesandten und nicht durch den venezianischen haben vorstellen lassen?«

»Weil der venezianische Gesandte das nicht wollte; und er hatte recht.«

Unter hundert anderen Gesprächen waren wir schon beim Nachtisch, und die arme Sophie hatte noch kein Wort gesagt.

»Mein Kind«, sagte ihre Mutter zu ihr, »sage doch Monsieur de Seingalt etwas.«

»Ich weiß nicht, was, liebe Mama. Fordern Sie doch, bitte, Monsieur de Seingalt auf, mit mir zu sprechen; ich werde ihm dann antworten, so gut ich kann.«

»Nun, meine liebe Sophie, so sage mir doch, mit welchen Studien du dich gegenwärtig beschäftigst.«

»Mit Zeichnen; wenn Sie wollen, zeige ich Ihnen Arbeiten von mir.«

»Ich werde alles mit großem Vergnügen sehen; aber sage mir doch bitte, inwiefern du mich beleidigt zu haben glaubst; du machst ja ein ganz schuldbewußtes Gesicht.«

»Ich, Monsieur? Ich glaube wirklich, Ihnen nichts getan zu haben.«

»Das glaube ich auch, mein schönes Kind; aber du sprichst ja immer, ohne mich anzusehen, und da dachte ich, du schämtest dich vor mir. Schämst du dich etwa, daß du so schöne Augen hast? Du wirst rot! Was könntest du denn sonst begangen haben?«

»Sie bringen sie in Verlegenheit!« sagte ihre Mutter zu mir.

»Antworte ihm, meine Liebe, du habest dir durchaus nichts vorzuwerfen, aber du sehest aus lauter Achtung und Bescheidenheit die Personen nicht an, mit denen du sprichst.«

Sie antwortete nicht. Nach einem kurzen Schweigen standen alle vom Tisch auf, und die Kleine holte ihre Zeichnungen, um sie mir vorzulegen.

»Ich will nichts sehen, Sophie, wenn du mich nicht anblicken willst.«

»Nun, so sieh doch Monsieur an!« rief die Mutter.

»Ei, jetzt erkenne ich dich, meine liebe Sophie! Und erinnerst auch du dich, daß du mich schon einmal gesehen hast?«

»Ja, Monsieur! Obgleich es schon sechs Jahre her ist, habe ich Sie auf den ersten Blick erkannt!«

»Wie ist das möglich, du hast mich ja gar nicht angesehen! Wenn du wüßtest, mein kleiner Engel, wie unhöflich es ist, eine Person, mit der man spricht, nicht anzusehen! Wer kann dir nur einen so falschen Grundsatz eingeflößt haben?«

Die Kleine blickte auf ihre Mutter, die inzwischen an ein Fenster getreten war, und ihr Blick sagte mir, von wem sie die Lehre hatte.

Ich sah, daß die Engländer vollkommen Bescheid wußten, und diese Rache genügte mir. Ich begann nun, mir ihre Zeichnungen anzusehen, sie wegen jeder einzelnen Schönheit zu loben und ihr Talent zu preisen. Ich wünschte ihr Glück, daß sie eine Mutter habe, die ihr eine so gute Erziehung geben lasse. Die Mutter war stolz auf das Lob, das ich mal ihrer Tochter, mal ihr aussprach, und von niedergeschlagenen Augen konnte keine Rede mehr sein. Meine kleine Sophie war überglücklich, daß sie sich keinen Zwang mehr anzutun brauchte, und sah mich unaufhörlich mit einem Ausdruck kindlicher Zärtlichkeit an, der mich entzückte.

Sie trug auf ihrem Antlitz alle Kennzeichen einer schönen Seele, und ich beklagte innerlich dieses Engelchen, daß es unter der Herrschaft einer so unvernünftigen Mutter leben mußte. Sophie setzte sich ans Cembalo, sang auf italienisch und nahm dann eine Gitarre zur Hand und begleitete sich zu mehreren Liedern. Dann verlangte die Mutter von ihr, daß sie mit ihrem Bruder ein Menuett tanzen sollte. Er hatte es in Paris gelernt, aber er tanzte sehr schlecht, weil er eine schlechte Haltung hatte. Nachdem seine Schwester ihm das letzte Kompliment gemacht hatte, gab sie ihm einen Kuß, gleichsam als Balsam für eine Verletzung, die sie ihm zufügte: sie bat mich nämlich, mit ihr zu tanzen. Ich tat dies, ohne mich nötigen zu lassen. Ihre Mutter fand mit Recht, sie habe entzückend getanzt, und sagte zu ihr, sie müsse mir erlauben, sie zu umarmen. Sie sprang auf mich zu; ich setzte sie auf meinen Schoß und bedeckte sie mit Küssen, die dadurch unbeschreiblich süß wurden, daß sie sie mir mit der innigsten Zärtlichkeit zurückgab. Ihre Mutter war guter Laune geworden und lachte aus aufrichtigem Herzen. Trotzdem verließ Sophie mich, als wenn sie sich plötzlich einer Schuld bewußt geworden wäre, lief zu ihrer Mutter und fragte diese, ob sie böse sei. Ein Kuß versicherte sie des Gegenteils.

Die Cornelys zeigte mir einen prachtvollen Saal, den sie hatte bauen lassen. Es konnten darin gleichzeitig vierhundert Personen an einer einzigen, ungeheuren Tafel in Hufeisenform speisen. Sie sagte mir – und ich glaubte es ihr gerne –, es gäbe in der ganzen riesigen Stadt London nicht einen zweiten Saal in solcher Ausdehnung.

Das letzte Fest vor dem Schluß des Parlaments sollte in vier oder fünf Tagen stattfinden. Sie hatte in ihrem Dienste etwa zwanzig Mädchen und zehn oder zwölf Kellner in großer Livree. »Dies ganze Pack bestiehlt mich«, sagte sie zu mir, »aber ich muß die Leute haben.« Ich verabschiedete mich von der Cornelys, indem ich ihr meine Bewunderung über ihren Mut aussprach. Ich wünschte ihr viel Glück.

Ich ließ mich von ihrem Hause zum St. James's Park tragen, um Lady Harrington zu besuchen, für die ich einen Brief hatte. Die Dame wohnte im Hofbezirke, und es war deshalb jeden Sonntag bei ihr Gesellschaft. Es war erlaubt, in ihrem Hause zu spielen; denn der Park steht unter der königlichen Gerichtsbarkeit. Sonst darf in ganz England am Sonntag niemand zu spielen oder Konzerte zu geben wagen. Die zahlreichen Spione, die sich in den Straßen der Hauptstadt herumtreiben, horchen auf jedes Geräusch, das aus den Gesellschaftszimmern der Häuser dringt. Wenn sie annehmen können, daß in einem Hause gespielt oder gesungen wird, verstecken sie sich, so gut sie können. Sobald sie die Türe sich öffnen sehen, schlüpfen sie hinein und verhaften alle schlechten Christen, die es wagen, durch eine Unterhaltung, die in der ganzen übrigen Woche für unschuldig gilt, den heiligen Sonntag zu verletzen. Dafür kann aber der Engländer ungestraft den Tag Gottes in den Schänken feiern oder bei den Freudenmädchen, von denen die Stadt wimmelt.

Lady Harrington ließ mich eintreten, sobald sie meinen Brief erhalten hatte. Ich fand sie von fünfundzwanzig oder dreißig Personen beiderlei Geschlechts umgeben, doch erkannte ich sie leicht, da sie mir zur Begrüßung entgegenging, sobald sie mich eintreten sah.

Nachdem ich ihr meine Verbeugung gemacht hatte, sagte sie mir, sie habe mich bei der Königin gesehen und sofort, ohne mich zu kennen, den Wunsch gehabt, mich auch in ihrem Hause zu sehen. Unsere Unterhaltung dauerte mindestens drei Viertelstunden und bestand nur aus nichtigen Redensarten und jenen müßigen Fragen, die man ohne besonderen Zweck an einen Reisenden richtet.

Die Dame war bereits vierzig Jahre alt, aber noch schön. Sie war in London berühmt wegen ihres Einflusses und wegen ihrer galanten Abenteuer. Sie stellte mich auch ihrem Gemahl und ihren reizenden, schon erwachsenen vier Töchtern vor, Lady Stanhope, Belle und Emily; den Namen der vierten weiß ich nicht mehr. Sie fragte mich, warum ich zu einer Zeit nach London gekommen sei, wo alle Welt aufs Land gehe. Ich antwortete ihr, daß ich gedenke, ein Jahr in London zu bleiben.

Meine Antwort schien ihr zu gefallen, und sie sagte, soweit es in ihrer Macht stehe, werde sie mir in ihrer Heimatstadt alle möglichen Dienste anbieten. Sie fuhr fort: »Vor allen Dingen werden Sie damit beginnen, am Donnerstag den ganzen Adel bei Madame Cornelys am Soho Square zu sehen. Ich kann Ihnen eine Eintrittskarte geben. Hier! Sie gilt für Ball und Abendessen; kostet zwei Guineen.«

Ich gab ihr das Geld, und sie nahm mir die Karte wieder ab, um darauf zu schreiben: »Bezahlt, Harrington.«

Ich hütete mich natürlich, ihr zu sagen, daß ich eben mit der Cornelys zu Mittag gespeist hatte.

Während Lady Harrington eine Whistpartie zusammenbrachte, fragte sie mich, ob ich Empfehlungsbriefe an Damen habe. Ich antwortete ihr: »Ich habe einen von eigentümlicher Art und gedenke ihn morgen zu überbringen. Dieser Brief besteht nur aus dem Porträt der betreffenden Person.«

»Haben Sie es bei sich?«

»Ja, Mylady.«

»Kann ich es sehen?«

»Sehr gerne. Hier!«

»Es ist die Herzogin von Northumberland. Kommen Sie, wir wollen es ihr geben.«

»Gern.«

»Aber warten Sie, bis die Dame den ›Rubber‹[4] markiert hat.«

Lord Percy hatte mir dieses Porträt gegeben und mir gesagt, es würde mir als Empfehlungsbrief dienen, wenn ich es seiner Mutter überreichte.

»Liebe Herzogin«, sagte Lady Harrington zu ihr, »hier ist ein Empfehlungsbrief, den Monsieur beauftragt ist, Ihnen zu überreichen.«

»Ach ja! Es ist Monsieur de Seingalt. Mein Sohn hat es mir geschrieben. Ich bin entzückt, Sie zu sehen, Monsieur, und ich hoffe doch, Sie werden zu mir kommen. Ich empfange dreimal wöchentlich.«

»Wollen Sie mir wohl gestatten, Mylady, Ihnen den kostbaren Brief in Ihrem Hause zu überreichen?«

»Gern, Sie haben recht.«

Ich nahm an einer Whistpartie teil, die um kleine Einsätze gespielt wurde, und verlor fünfzehn Guineen, die ich sofort in bar bezahlte. Lady Harrington nahm mich auf die Seite und benützte die Gelegenheit, mir eine Lehre zu geben, die es nach meiner Meinung verdient, hier mitgeteilt zu werden.

»Sie haben verloren«, sagte sie zu mir, »und haben in Gold bezahlt. Ich vermute, Sie haben keine Banknoten bei sich.«

»Verzeihung, Mylady, ich habe Banknoten zu fünfzig und zu hundert Pfund.«

»Sie hätten sie wechseln lassen oder mit dem Bezahlen bis zu einem anderen Tage warten müssen; denn in Gold oder in klingender Münze zu bezahlen, gilt bei uns als ein Verstoß, den man allerdings einem Fremden verzeiht, der unsere Bräuche nicht kennen kann. Aber lassen Sie das nicht wieder vorkommen. Sie haben wohl gesehen, daß die Dame lächelte.«

»Ja; wer ist sie?«

»Lady Coventry, Schwester der Herzogin von Hamilton.«

»Muß ich mich bei ihr entschuldigen?«

»O nein, durchaus nicht. Vielleicht ist es ihr ganz recht so; denn sie gewinnt dabei fünfzehn Schillinge.«

Das ärgerte mich ein bißchen, weil diese Lady Coventry eine entzückend schöne pikante Brünette war.

Ich lernte an diesem Tage auch Lord Hervey kennen, den Eroberer von Havanna, einen liebenswürdigen und geistreichen Herrn. Er hatte Miß Chudleigh geheiratet, später aber die Heirat für ungültig erklären lassen. Diese berühmte Chudleigh war Hofdame der verwitweten Prinzessin von Wales und wurde später Herzogin von Kingston.

Ziemlich befriedigt von meinem Tagewerk, kam ich nach Hause. Am nächsten Tag aß ich zum ersten Male bei mir zu Hause; ich war mit meinem englischen Koch sehr zufrieden; denn außer den Lieblingsgerichten der Engländer, die er mir jeden Tag vorsetzte, wußte er auch Hühnchen und herrliche französische Ragouts zuzubereiten. Nur das Alleinsein behagte mir nicht. Ich hatte keine hübsche Geliebte und keinen fröhlichen Freund! Man kann in London wohl einen Herrn der guten Gesellschaft ins Speisehaus einladen; er bezahlt dann, so will es der Brauch, seinen eigenen Anteil. Aber man kann ihn nicht in sein Haus einladen. Man lachte mir ins Gesicht, wenn ich sagte, ich äße zu Hause, weil man in den Wirtshäusern keine Suppe bekäme. »Sind Sie denn krank?« fragte man mich. Suppe gibt es nämlich nur für Kranke. Der Engländer ißt hauptsächlich Hammelfleisch; Brot ißt er fast gar nicht, und er behauptet, sparsam zu sein, weil er keine Ausgaben für Suppe und Nachtisch hat – was mich zu dem Ausspruch veranlaßte, das englische Diner habe keinen Anfang und kein Ende. Suppe zu essen wird für eine große Verschwendung angesehen, weil nicht einmal die Dienstboten das Suppenfleisch würden essen wollen, aus dem man die Brühe kocht. Sie behaupten, mit dem Kochfleisch könne man nur die Hunde füttern. Allerdings schmeckt das gesalzene Rindfleisch, das sie anstatt der Suppe essen, ganz ausgezeichnet. Anders ist es mit ihrem Bier; es war mir unmöglich, mich an dieses zu gewöhnen, ich mußte nach acht Tagen damit aufhören. Denn es erschien mir unerträglich bitter. Übrigens fand ich es vielleicht nur deshalb so schlecht, weil mein Weinhändler, den mir Bosanquet vermittelt hatte, mir ganz ausgezeichnete französische Weine lieferte. Sie waren naturrein, aber auch sehr teuer.

Ich wohnte nun schon seit einer Woche in meinem hübschen Hause, und noch war Martinelli nicht bei mir gewesen. Erst am zweiten Montag besuchte er mich vormittags, und ich lud ihn zu einem Teller Suppe ein. Er sagte mir, er gehe ins Museum, wo er bis zwei Uhr bleiben werde. Hierdurch bekam ich Lust, mir die berühmten Sammlungen anzusehen, die der englischen Nation so hohe Ehre machen. Ich lernte dort den Doktor Maty kennen.

Bei Tisch leistete Martinelli mir ausgezeichnete Gesellschaft; denn er war sehr gebildet und ein genauer Kenner der englischen Sitten, die ich durchaus kennenlernen mußte, wenn ich mich in dem Lande wohlfühlen sollte. *Dum fueris Romae, Romano vivito more* [Solange du in Rom lebst, mußt du auf römische Art leben]. Da mich noch die Unhöflichkeit wurmte, die ich begangen hatte, indem ich statt mit Papiergeld mit schönen Goldstücken bezahlt hatte, so belehrte er mich in sehr verständiger Weise, indem er mir nachwies, daß eine solche Auffassung ein sicheres Zeichen des Wohlstandes und Reichtums der Nation sei; denn indem die Engländer ihr Papier ihrem Golde vorziehen, bekunden sie damit, daß sie zu ihrer Bank volles Vertrauen haben, auch daraufhin, daß in ihr der Gegenwert allen Papiergeldes der drei Königreiche[5] liege.

Dieser Vorzug des Papiers dem Gold gegenüber war auch durch den Gewinn von fünf Prozent bemerkenswert, der bei der Guinee gegenüber dem Pfund Sterling erzielt wird, den der Engländer übrigens mißachtete. Sie schulden jemandem hundert Guineen und geben ihm hundert Pfund Sterling in Papiergeld; jedoch wird er nichts sagen, obwohl er dabei einen Verlust erleidet, und er wird ihnen obendrein danken. Durch diese Politik hat die englische Nation ihren Zahlungsumlauf verdoppelt. Alle Reichtümer, die sie in barer Münze besitzt, dienen ihr dazu, den Außenhandel zu bestreiten, und sie bedient sich auf dem Binnenmarkt mit den Banknoten, die den realen Reichtum repräsentieren.

Nachdem wir gegessen hatten, ging ich mit Martinelli in eine Komödie ins Drury Lane Theater. Da die Truppe das angekündigte Stück nicht geben konnte, so machte das Publikum Lärm. Der berühmte Schauspieler Garrick, der zwanzig Jahre später ein Grab in Westminster erhielt, betrat vergeblich die Bühne, um die

Leute zu beruhigen. Er mußte die Bühne verlassen. In diesem Augenblick schrien einige Wütende: Rette sich, wer kann! Der König, die Königin und die ganze Gesellschaft nebst dem übrigen besseren Publikum verließen so schnell wie möglich das Haus, und in weniger als einer Stunde wurde das Theater vollständig zerstört. Nur die Mauern blieben stehen; denn sie widerstanden der Wut des gereizten Volkes.

Nachdem die erregten Demokraten diese Heldentat vollbracht hatten, liefen sie in die Schänken und betranken sich mit starkem Schnaps. Zwei oder drei Wochen darauf war der Theatersaal wiederhergestellt, und es wurde eine neue Vorstellung angekündigt. Als der Vorhang aufging, trat Garrick vor, um das Publikum um Verzeihung zu bitten. Eine Stimme aus dem Parkett rief: »Auf die Knie!«, und diese Worte, aus hundert Kehlen wiederholt, zwangen den Roscius[6], vor England die Knie zu beugen. Ein Beifallsdonner erscholl, und alles war erledigt. So ist das englische Volk, besonders das Londoner: König, Königin, Prinzen werden ausgepfiffen, wenn sie sich öffentlich sehen lassen; darum tun sie dies auch so selten.

Vier oder fünf Tage, nachdem ich Sir August Hervey kennengelernt hatte, begegnete ich ihm im Green Park. Er sprach mit einem Herrn, den er aber stehenließ, um mich zu begrüßen. Neugierig fragte ich ihn, wer der andere Herr sei.

»Es ist der Bruder von Lord Ferrers, der vor ein paar Monaten hingerichtet wurde, weil er einen von seinen Leuten getötet hatte.«

»Und Sie sprechen mit ihm?«

»Warum nicht?«

»Ist er denn nicht durch den Tod seines Verwandten entehrt?«

»Entehrt? Das wäre scherzhaft! Nicht einmal sein Bruder selbst ist entehrt. Er hat das Gesetz gebrochen, aber er hat dies mit seinem Leben bezahlt, und da er die Gesellschaft befriedigt hat, so ist er nicht mehr ihr Schuldner. Er ist ein Ehrenmann, der hoch gespielt und verloren hat – weiter nichts! Ich kenne in unserer Verfassung überhaupt keine einzige entehrende Strafe: Eine solche wäre tyrannisch, und wir würden sie nicht dulden. Es ist mir erlaubt, jedes mir unbequeme Gesetz zu verletzen, sobald ich bereit bin, die Strafe zu erdulden, die auf der Verletzung steht. Ich gebe zu, dies klingt ein wenig verrückt; aber gerade auf dieses Recht sind wir eifersüchtig; denn es steht bei uns, unsere Wahl zu treffen. Für entehrt erachten wir nur den Verbrecher, der, um sich der Strafe zu entziehen, gemeine oder niedrige Handlungen begeht, die eines Gentlemans unwürdig sind.«

»Zum Beispiel?«

»Den König um Begnadigung bitten, das Volk um Verzeihung anrufen und andere dergleichen Handlungen.«

»Und fliehen?«

»Nein, denn zur Flucht gehört Mut. Bemerken Sie wohl, daß der Mensch, um zu fliehen, nur seine körperliche oder geistige Kraft nötig hat. Er kämpft mit dem Tode. Indem er vor ihm flieht, fordert er ihn heraus: *Vir fugiens denuo pugnabit* [Ein fliehender Mann wird von neuem kämpfen]!«

»Wie denken Sie dann über die Straßenräuber?«

»Dies sind Elende, die ich verabscheue, weil sie der Gesellschaft lästig sind; aber sie tun mir auch leid, wenn ich daran denke, daß ihr Gewerbe sie fortwährend mit dem Galgen bedroht. Sie fahren in einer Mietskutsche aus, um einen Freund zu besuchen, der in einem Dorf drei oder vier Meilen vor London wohnt. Ein flinker, entschlossener Mensch springt auf das Trittbrett des Wagens, setzt Ihnen eine Pistole auf die Brust und verlangt Ihre Börse – was würden Sie dann tun?«

»Wenn ich eine Pistole zur Hand hätte, würde ich ihm eine Kugel vor den Kopf schießen; sonst aber würde ich ihm meine Börse geben und ihn einen niederträchtigen Dieb nennen.«

»Sie würden in beiden Fällen unrecht haben. Wenn Sie ihn töteten, würde man Sie hängen; denn Sie haben kein Recht, einem Engländer nach dem Leben zu trachten. Und wenn Sie ihn einen niederträchtigen Dieb nennen, so wird er Ihnen antworten, das sei er nicht; denn er greife Sie von vorn an und biete Ihnen daher eine Chance. Das ist eine großmütige Haltung, denn er hätte Sie töten können. Sie können ihm, indem Sie ihm Ihre Börse reichen, sein schändliches Gewerbe vorhalten, und er wird Ihnen sagen, Sie haben recht und er werde dem Galgen, den er allerdings für unabwendbar halte, solange wie möglich fernbleiben. Sodann wird er Ihnen danken und Ihnen den Rat geben, niemals die Stadt London zu verlassen, ohne sich von einem bewaffneten Diener zu Pferde begleiten zu lassen; denn wenn Sie das tun, wird kein Räuber Sie anzufallen wagen. Da wir Engländer wissen, daß dieses Gesindel in unserem Lande vorhanden ist, so führen wir auf Reisen zwei Börsen mit uns, eine kleine für die Räuber, die uns etwa begegnen werden, eine andere für unsere Bedürfnisse.«

Was konnte ich auf eine solche Auseinandersetzung antworten? Was er sagte, habe ich vernünftig gefunden. Die Insel England ist ein Meer mit Sandbänken. Wer sich aus Eigennutz oder Neugier auf die Fahrt begibt, muß vorher seine Maßregeln treffen. Die Belehrung, die Sir August mir hatte zuteil werden lassen, machte mir viel Vergnügen.

Wir kamen in unserem Gespräch von einem auf das andere, und Sir August beklagte das Geschick eines Diebes, der durch Schwindel siebzigtausend Pfund Sterling an der Börse gewonnen, sich damit nach Frankreich geflüchtet hatte, wo er in Sicherheit zu sein glaubte, und den man kürzlich in London gehängt hatte.

»Wie ist denn das möglich?« fragte ich ihn.

»Der König hat beim Herzog von Nivernais die Auslieferung beantragt, und Ludwig XV. hat diese bewilligt, um dadurch England günstig zu stimmen und in bezug auf bestimmte Artikel des Friedensvertrages bessere Bedingungen zu erlangen. Der Herzog, ein kluger Mann, meinte, sein Herrscher werde nichts dagegen haben, in Frankreich einen Dieb weniger zu wissen und ihn in seine Heimat bringen zu lassen; und man hat ihn uns gebracht. Die Nation freute sich, einen Landsmann am Galgen zu sehen, der es gewagt hatte, sie zu betrügen, sie dankte Lord Halifax für seinen Einfall, daß er mit unseren Nachbarn den Frieden zu so schlechten Bedingungen für die Franzosen erlangt hatte, denn sie haben bei dem armen Elenden das Völkerrecht verletzt.«

»Ohne Zweifel hat England auf diese Weise die siebzigtausend Pfund Sterling wiedererlangt?«

»Keinen Penny.«

»Wie ist das möglich!«

»Weil man kein Diebesgut bei ihm gefunden hat. Offenbar hat er auch den kleinen Schatz seiner Frau überlassen; diese lebt nun in sehr angenehmem Wohlstand und wird sich wieder verheiraten können; denn sie ist noch jung und hübsch.«

»Ich wundere mich, daß man sie wegen des Geldes in Ruhe gelassen hat.«

»Was könnte man ihr denn tun? Daß sie gestehen sollte, ihr Mann habe ihr das gestohlene Geld gegeben, ist nicht wahrscheinlich. Man hat nicht einmal daran gedacht, nach dem Geld zu suchen. Das Gesetz gegen die Straßenräuber befiehlt, die Schuldigen zu hängen, aber von dem Gestohlenen sagt es gar nichts; denn man nimmt an, daß dieses verschwunden sei. Wollte man übrigens einen Unterschied machen zwischen Räubern, die das Gestohlene zurückerstatten, und solchen, die es ausgegeben hätten, so müßte man zwei Gesetze machen und zwei Strafen bestimmen, und dann hätte man das schönste Durcheinander. Uns Engländern scheint es richtig, für ein Verbrechen nicht zwei Strafen zu verhängen: Die Strafe des Galgens erscheint uns genügend, ohne daß sie durch Rückerstattung des Gestohlenen verschärft wird. Der Räuber ist Eigentümer geworden, allerdings durch eine Gewalttat; aber diese Gewalttat schließt nicht aus, daß er in Wirklichkeit Eigentümer und tatsächlicher Besitzer ist, denn er kann darüber verfügen. Da dies nun einmal so ist, so muß ein jeder sorgfältig bewachen, was er besitzt; denn wenn er sich bestehlen läßt, so hat er unrecht, weil er weiß, daß eine Rückerstattung beinahe unmöglich ist. Ich habe Spanien die Stadt Havanna weggenommen. Dies ist ein großer Diebstahl, der mit bewaffneter Hand ausgeführt wurde, und man hat das Gestohlene wieder zurückgegeben, weil ich die Insel Kuba nicht in meine Börse stecken konnte, wie ich für Rechnung meiner Regierung vierzig Millionen Piaster eingesteckt habe, ohne daß man überhaupt ein Wort darüber gesprochen hätte.«

Während wir uns über sehr interessante Sachen unterhielten, gingen wir zur Herzogin von Northumberland; ich lernte bei ihr Lady Rochefort kennen, deren Gemahl kurz vorher zum Gesandten in Spanien ernannt worden war. Die Dame war eine von den drei Erlauchten, die durch ihre Galanterien den müßigen Schwätzern der ungeheuren Stadt jeden Tag neuen Gesprächsstoff lieferten. Die Herzogin erzählte mir, daß sie ihren Sohn jeden Tag zurückerwarte.

Am Tage vor der Gesellschaft, die in Soho Square stattfinden sollte, speiste Martinelli[7] bei mir. Er erzählte mir viel von der Cornelys und von ihren Schulden, die sie beinahe erdrückten und sie zwangen, nur am Sonntag ihr Haus zu verlassen, da dies der einzige Tag ist, an welchem die Gläubiger keine Rechte gegen ihre Schuldner geltend machen können. »Ihre ungeheuren Ausgaben, die gar nicht nötig sind«, sagte er zu mir, »haben sie in eine solche Not gebracht, daß sie schon sehr bald am Ende angelangt sein muß. Ihre Schulden betragen viermal soviel wie alles, was sie besitzt, selbst das Haus mit eingerechnet, das doch immerhin nur ein zweifelhafter Besitz ist, da noch ein Prozeß darüber schwebt.«

SIEBENTES KAPITEL

Casanova genießt das Londoner Leben in vollen Zügen. Er bewohnt ein Haus in Pall Mall und besucht mit seinem Freund, Lord Pembroke, regelmäßig die berühmten Vergnügungsstätten Vauxhall Garden und Ranelagh House.

Das Eintrittsgeld kostete für Vauxhall nur die Hälfte von dem, was man in Ranelagh House bezahlen mußte. Trotzdem konnte man sich die größte Abwechslung von Genüssen verschaffen: gutes Essen, Musik, Spaziergänge auf dunklen und einsamen Gartenwegen, wo man lustige Mädchen traf, oder in Alleen, die von tausend Lämpchen beleuchtet waren. Außerdem fand man dort im bunten Gewimmel die berühmtesten Schönheiten Londons vom höchsten bis zum niedrigsten Range.

Trotz aller dieser Vergnügungen langweilte ich mich, weil ich meine gute Tafel und mein Bett nicht mit einer lieben Freundin teilte. Ich war nun doch schon seit fünf Wochen in London.

Meine Wohnung schien geradezu gemacht zu sein, um in der anständigsten Weise eine Geliebte aufzunehmen; und Lord Pembroke hatte recht, wenn er meinte, daß ich die Tugend der Beständigkeit besaß und weiter nichts brauchte, um glücklich zu sein. Aber wie sollte ich in London eine Frau finden, die zu mir paßte und an Charakter einer von denen ähnelte, die ich so innig geliebt hatte?

In London hatte ich bereits etwa fünfzig Mädchen gesehen, die alle Welt als hübsch bezeichnete und die ich selber nicht einmal leidlich gefunden hatte. Indem ich unaufhörlich hierüber nachdachte, hatte ich schließlich einen sonderbaren Einfall. Ich führte diesen aus.

Ich rief die alte Frau, die mein Haus verwaltete, und ließ ihr durch das Mädchen, das uns als Dolmetscherin diente, folgendes sagen: »Ich will das zweite oder dritte Stockwerk vermieten, um Gesellschaft zu haben; obgleich ich hierzu ohne weiteres berechtigt bin, will ich Ihnen doch für die Bedienung wöchentlich eine halbe Guinee schenken. Lassen Sie sofort dieses Plakat an meiner Haustür aushängen:

Zu vermieten:
zweites oder drittes Stockwerk, möbliert, wohlfeil,
an eine alleinstehende und unabhängige junge Dame,
die Englisch und Französisch spricht und weder bei Tage
noch bei Nacht Besuche empfängt.«

Das Mädchen übersetzte der Alten das Plakat, und diese, die früher selber flott gelebt hatte, lachte darüber so sehr, daß ich glaubte, sie würde ersticken.

»Warum lachen Sie denn so sehr, meine gute Frau?«

»Ich lache, weil dieser Anschlagzettel geradezu das Lachen herausfordert.«

»Sie glauben gewiß, es wird keine kommen, um die Wohnung zu mieten?«

»Oh, ganz im Gegenteil. Ich werde vom Morgen bis zum Abend im Hause Neugierige haben; aber mit denen mag Fanny[1] fertig werden. Sagen Sie mir bitte nur, wieviel ich für die Woche verlangen soll.«

»Den Preis will ich selber festsetzen, nachdem ich mit der jungen Dame gesprochen habe. Ich glaube nicht, daß so sehr viele Mädchen kommen werden; denn ich verlange, daß die Mieterin jung ist, daß sie Englisch und Französisch spricht und daß sie außerdem noch ein anständiges Mädchen ist; denn sie darf durchaus keinen Besuch empfangen, nicht einmal von ihren Eltern, wenn sie welche hat.«

»Aber es werden eine Menge Leute stehenbleiben, um den Zettel zu lesen.«

»Um so besser.«

Das Plakat wurde am nächsten Morgen ausgehängt, und wie die Alte gesagt hatte, blieb ein jeder stehen, um die Anzeige nicht nur einmal, sondern zwei- oder dreimal zu lesen. Jeder machte seine Glossen darüber und ging dann lachend weiter. Am ersten und zweiten Tag meldete sich niemand; aber am dritten Tag teilte mein Neger Jarbe mir mit, meine Anzeige sei wörtlich im ›St. James's Chronicle‹ abgedruckt, mit einem scherzhaften Kommentar von dessen Redakteur. Ich ließ mir die Zeitung bringen, und er übersetzte mir den Artikel, der folgendermaßen lautete:

»Der Besitzer des zweiten und dritten Stockwerks bewohnt wahrscheinlich selber das erste. Er muß ein Mann von Geschmack sein, der sich auf diese Art eine ihm angenehme Gesellschaft erhofft, die wegen der besonderen Bedingung unabhängig sei. Zu befürchten ist allerdings, daß der Besitzer der Wohnung bei diesem Handel angeführt wird; denn es ist leicht möglich, daß irgendein hübsches Mädchen die Wohnung sehr billig mietet, um dort nur zu schlafen oder gar nur von Zeit zu Zeit dorthin zu gehen; außerdem könnte dieses hübsche Mädchen, wenn es ihr so paßt, ganz einfach sich den Besuch des Hausherrn verbitten.«

Diese sehr vernünftige Glosse machte mir Spaß und gefiel mir, weil sie mich vor Überraschungen warnte. Diese Artikel machen die englischen Zeitungen so angenehm. Alle Vorgänge werden in voller Unabhängigkeit besprochen, und die Zeitungsschreiber wissen die einfachsten Kleinigkeiten des Alltagslebens interessant zu machen.

Lord Pembroke war der erste, der zu mir kam und mit mir über meinen Anschlag lachte. Später kam Martinelli, der jedoch befürchtete, ich könnte allzu leicht zu Schaden kommen; »denn«, so sagte er mir, »in London gibt es sehr viele Mädchen, die eine große Erfahrung besitzen und vielleicht nur zu dem Zweck kommen würden, Ihnen den Kopf zu verdrehen.«

Einer Menge Mädchen, die während der nächsten acht oder zehn Tage kam, schlug ich unter verschiedenen Vorwänden die Wohnung ab, sie sind einer genauen Beschreibung nicht wert. Alle von mir abgewiesenen hatten mir nicht gefallen; da waren Alte, die für jung gelten wollten, welche, die aufdringlich, liederlich und frech waren. Endlich aber, als ich gerade beim Essen saß, erschien ein junges Mädchen von zweiundzwanzig bis vierundzwanzig Jahren. Sie war groß, gut gewachsen, ihre Kleidung war nett und sauber, jedoch ohne Luxus, ihr Gesicht edel und von sanftem Ausdruck, obgleich ernst. Sie hatte regelmäßige Züge, eine etwas blasse Farbe, schwarze Haare und war in jeder Beziehung schön. Sie machte mir einen vornehmen und zugleich ehrerbietigen Knicks, den ich erwidern mußte, indem ich mich erhob. Als ich stehen blieb, bat sie mich im Tone der guten Gesellschaft, ich möchte mich nicht stören lassen, sondern ruhig weiteressen. Ich bat sie, Platz zu nehmen. Sie tat es. Hierauf bot ich ihr eingemachtes Obst an, denn sie hatte bereits Eindruck auf mich gemacht; sie lehnte jedoch dankend ab, und zwar in einem bescheidenen Tone, der mich entzückte.

Hierauf sagte die junge Dame, nicht in dem tadellosen Französisch, wie sie begonnen hatte, sondern in einem Italienisch, das ohne den geringsten fremden Akzent war, sie würde ein Zimmer im dritten Stock nehmen und gebe sich der Hoffnung hin, daß ich ihr dies nicht abschlagen würde, denn sie glaubte, noch jung zu sein; den anderen Bedingungen, die in meiner Ankündigung erwähnt wären, unterwürfe sie sich gern.

»Es steht Ihnen frei, sich nur des einen Zimmers zu bedienen, doch wird die ganze Wohnung Ihnen gehören.«

»Der Anschlag besagt allerdings, die Wohnung sei billig; trotzdem würde die ganze Wohnung zu teuer für mich sein, denn ich kann für meine Unterkunft nur zwei Schillinge in der Woche ausgeben.«

»Das ist gerade der Preis, den ich für die ganze Wohnung verlange, und vier Schillinge für die im zweiten Stock. Sie können also, wie Sie sehen, darüber verfügen, Mademoiselle. Das Hausmädchen wird Sie bedienen und Ihnen das Essen besorgen, das Sie brauchen; außerdem wird sie für Sie waschen. Sie können auch Ihre Besorgungen von ihr machen lassen, damit Sie nicht wegen jeder Kleinigkeit auszugehen brauchen.«

»Dann werde ich also meine Zofe entlassen, und das ist mir nicht unlieb; denn sie bestiehlt mich. Allerdings stiehlt sie mir nur Pennies, aber das ist trotzdem viel zuviel für meine Verhältnisse. Ich werde Ihrem Mädchen sagen, was sie mir jeden Tag zu essen holen soll; die kleine Summe, die ich hierfür aussetze, darf niemals überschritten werden. Ich werde ihr für ihre Mühe wöchentlich zehn Pennies geben.«

»Sie wird damit sehr zufrieden sein. Ich kann Ihnen sogar empfehlen, sich an die Frau meines Kochs zu wenden; denn diese kann Ihnen Mittag- und Abendessen für dasselbe Geld liefern, das Sie ausgeben würden, wenn Sie es sich von draußen holen ließen.«

»Das halte ich kaum für möglich; denn ich schäme mich, Ihnen zu sagen, wie wenig ich ausgebe.«

»Wenn Sie zwei Pennies täglich ausgeben könnten, so würde ich der Frau sagen, sie soll Ihnen nicht mehr liefern, als für diesen Preis zu haben ist. Ich rate Ihnen, nehmen Sie ruhig das Essen, das Sie in der Küche bekommen können, und machen Sie sich wegen der Billigkeit keine Gedanken; denn ich habe die Gewohnheit, reichlich kochen zu lassen, obgleich ich fast immer allein speise; was übrigbleibt, gehört dem Koch. Ich werde nichts weiter tun, als daß ich Sie ihm empfehle, damit Sie gut bedient werden, und ich hoffe, Sie werden es mir nicht übelnehmen, daß ich mich für Sie interessiere. Warten Sie einen Augenblick. Sie werden sofort sehen, daß es auf die allernatürlichste Art von der Welt geregelt wird.«

Ich befahl Clairmont, das Hausmädchen und die Frau des Kochs zu rufen, und sagte zu dieser letzteren: »Wieviel verlangen Sie täglich für Mittag- und Abendessen für diese junge Dame, die nicht reich ist und nicht mehr essen will, als sie zum Leben braucht?«

»Ich werde ihr das Essen sehr billig liefern; denn der Herr speist fast immer allein und läßt für vier Personen kochen.«

»Schön; infolgedessen, hoffe ich, können Sie die Dame sehr gut für den Preis beköstigen, den sie Ihnen bezahlen will.«

»Ich kann täglich nur fünf Pennies ausgeben.«

»Für fünf Pennies, Mademoiselle, werden wir Sie beköstigen.«

Ich befahl sofort, das Aushängeschild zu entfernen und das Zimmer im dritten Stock, das die junge Dame wählen würde, mit allen Bequemlichkeiten zu versehen. Als die Köchin und das Hausmädchen sich entfernt hatten, sagte die junge Dame mir, sie werde nur am Sonntag ausgehen, um in der Kapelle des bayerischen Gesandten die Messe zu hören; außerdem gehe sie einmal monatlich zu einer Person, die ihr drei Guineen für ihren Lebensunterhalt auszahle.

»Sie können ausgehen, wann Sie wollen, Mademoiselle, und brauchen keinem Menschen Rechenschaft zu geben.«

Schließlich bat sie mich, niemals Besuche zu ihr zu führen und der Hausbesorgerin zu befehlen, sie solle jedem, der sich nach ihr erkundige, antworten, man kenne sie nicht. Ich versprach ihr, daß alles nach ihren Wünschen geschehen solle, und sie entfernte sich, indem sie mir sagte, sie werde ihren Koffer bringen lassen.

Sobald sie gegangen war, befahl ich allen meinen Leuten, ihr mit der größten erdenklichen Rücksicht zu begegnen. Die alte Hausverwalterin sagte mir, sie habe für die erste Woche vorausbezahlt und sich darüber eine Quittung geben lassen; hierauf habe sie sich in einer Sänfte entfernt, wie sie gekommen sei. Zum Schluß faßte die gute Alte sich Mut und ließ mir durch unsere Dolmetscherin sagen, ich möchte mich vor einer Falle hüten.

»Vor was für einer Falle? Ich sehe keine. Wenn sie vernünftig ist und ich mich in sie verliebe – nun, um so besser; das wünsche ich ja gerade. Ich brauche nur acht Tage, um sie ganz kennenzulernen. Welchen Namen hat sie Ihnen angegeben?«

»Mistreß Pauline[2]; als sie ankam, war sie ganz blaß; aber als sie wieder fortging, war sie feuerrot.«

Ich war schon voller Hoffnung; dieser Glücksfund erfüllte mich mit inniger Freude. Um mein Lustgefühl zu befriedigen, brauchte ich keine Frau – denn die findet man überall; aber ich brauchte eine, um sie zu lieben. Es war für mich eine Notwendigkeit, an dem Gegenstand meiner Zärtlichkeit Schönheit des Leibes und der Seele zu finden, und meine Liebe wuchs im Verhältnis zu den Schwierigkeiten, die sich meiner Voraussicht nach dem Erfolge entgegenstellten. Ich gestehe, daß ich einen Mißerfolg als unmöglich ansah; denn ich wußte, daß es keine Frau gibt, die der ausdauernden Werbung und den Aufmerksamkeiten eines Mannes widerstehen könnte, der sie verliebt machen will.

Als ich am Abend nach dem Theater nach Hause kam, sagte das Hausmädchen mir, Madame habe ein Hinterstübchen gewählt, das nur einem Dienstboten genügen könne; dennoch habe sie sich damit zufriedengegeben und es unterlassen, ihren großen Koffer auszupacken, da es keine Kommode gäbe, nur einen kleinen Tisch und vier Stühle. Sie habe zu Abend gegessen und dazu nur Wasser getrunken; als sie die Frau des Kochs gebeten habe, ihr nur einen Teller Suppe und ein Gericht zu liefern, habe diese ihr geantwortet: sie müsse annehmen, was man ihr vorsetze; was sie nicht wolle, werde das Hausmädchen essen. Nach dem Essen habe sie ihr gute Nacht gesagt und sich dann eingeschlossen, um zu schreiben.

»Was nimmt sie morgen zum Frühstück?«

»Ich habe sie danach gefragt, und sie hat mir geantwortet, sie esse nur ein wenig Brot.«

»Du wirst ihr morgen früh sagen: es sei im Hause Brauch, daß der Koch zum Frühstück allen, die hier wohnen, Kaffee, Tee, Schokolade oder Fleischbrühe kostenlos liefere, wie es einem jeden beliebe; wenn sie es zurückweise, werde sie mich vielleicht verletzen. Laß dir aber nicht einfallen, ihr zu sagen, daß ich mit dir hierüber gesprochen habe. Da hast du eine Krone; du sollst jede Woche eine bekommen, wenn du sie auf das freundlichste bedienst.«

Bevor ich zu Bett ging, schrieb ich ihr ein sehr höfliches Briefchen, worin ich sie bat, das erwählte Kämmerchen mit einem anderen Zimmer zu vertauschen. Sie tat dies, aber sie ließ ihre Sachen in ein Zimmer bringen, das ebenfalls nach hinten hinaus lag. Die Dienerin brachte sie dazu, zum Frühstück Milchkaffee zu nehmen. Ich wünschte, sie zu veranlassen, daß sie mit mir zu Mittag und zu Abend äße. Darum kleidete ich mich an, um ihr einen Besuch zu machen und sie auf eine Art darum zu bitten, daß sie sich nicht gut weigern konnte. In diesem Augenblick meldete Clairmont mir den jungen Cornelys, der mich zu sprechen wünschte. Ich empfing ihn lachend, indem ich ihm dafür dankte, daß er mich seit sechs Wochen, die wir in London waren, zum ersten Male besuche.

»Mama hat mir niemals erlaubt, zu Ihnen zu gehen. Ich kann es nicht mehr aushalten. Bitte, lesen Sie diesen Brief; Sie werden darin etwas finden, was Sie überraschen wird. Ich war dabei, wie sie ihn geschrieben hat.«

Ich öffnete den Brief; er lautete:

›Ein Gerichtsbote benutzte gestern einen Augenblick, wo meine Türe offenstand, trat in mein Zimmer ein und verhaftete mich. Ich war gezwungen, ihm zu folgen, und ich befinde mich jetzt bei ihm im Gefängnis; wenn ich nicht im Laufe des Tages Kaution stelle, wird er mich heute abend in das Gefängnis von King's Bench[3] bringen. Die Kaution beträgt zweihundert Guineen für einen bereits verfallenen Wechsel, den ich nicht habe zahlen können. Ich flehe Sie an, mein wohltätiger Freund: befreien Sie mich sogleich aus diesem Ort! Sonst könnte ich das Unglück haben, daß schon morgen eine Menge Gläubiger erscheinen und mich einsperren lassen würden; dadurch würde mein Zusammenbruch unvermeidlich werden. Verhindern Sie mein Verderben, ich bitte Sie flehentlich, und damit auch das Unglück meiner unschuldigen Familie. Als Ausländer können Sie keine Kaution für mich leisten; aber Sie brauchen nur einem Hausbesitzer ein Wort zu sagen, und Sie werden ihn bestimmt bereit finden. Wenn Sie Zeit haben, bei mir vorzusprechen, so kommen Sie! Sie werden dann erfahren, daß ich den letzten Ball nicht hätte geben können, wenn ich nicht diesen unglückseligen Wechsel unterschrieben hätte; denn ich hatte mein ganzes Silbergeschirr und Porzellan versetzt. Mein Sohn kennt die Adresse des Hauses, in dem ich mich aufhalten muß.‹

Empört, in der festen Absicht, sie fallenzulassen, schrieb ich ihr, ich könne sie nur bedauern, ich habe keine Zeit, sie zu besuchen, und schäme mich außerdem, meine Freunde zu bitten, für sie Kaution zu leisten für einen abgelaufenen Wechsel, dessen Fälligkeit man rechtlicherweise nicht anzweifeln könne.

Nachdem der junge Mann mit dem versiegelten Brief, die Adresse des Gerichtsdieners brauchte ich ja nicht, sehr traurig fortgegangen war, befahl ich Clairmont, zu Mistreß Pauline hinaufzugehen und sie zu fragen, ob sie mir gestatten wolle, ihr guten Tag zu wünschen. Sie ließ mir sagen, es stehe bei mir, sie aufzusuchen. Ich ging zu ihr hinein und fand auf dem Tisch mehrere Bücher und das Nötige zum Schreiben liegen; außerdem sah ich auf einer Kommode Schmuckstücke, die nicht auf Bedürftigkeit, geschweige Not, schließen ließen.

»Ich bin Ihnen für Ihre Freundlichkeit unendlich dankbar«, sagte sie zu mir.

»Sprechen wir nicht davon, Madame; glauben Sie mir, daß ich im Gegenteil Ihnen dankbar sein muß.«

»Was kann ich tun, Monsieur, Ihnen meine Erkenntlichkeit zu zeigen?«

»Sie können dies tun, Madame, indem Sie sich den Zwang auferlegen und mir die Ehre erweisen, bei Tisch mir Gesellschaft zu leisten, sooft niemand bei mir speist; denn wenn ich allein bin, esse ich wie ein Wolf, und darunter leidet meine Gesundheit; wenn Sie sich nicht geneigt fühlen, mir dieses Vergnügen zu machen, werden Sie mir verzeihen, Sie darum gebeten zu haben; selbst wenn Sie sich weigern, werden die Vorteile, die ich Ihnen in meinem Hause verschafft habe, sich nicht vermindern.«

»Ich werde die Ehre haben, Monsieur, mit Ihnen zu speisen, sooft Sie allein sind und mir Bescheid sagen lassen. Es tut mir nur leid, daß ich nicht sicher bin, ob meine Gesellschaft Ihnen nützlich sein und Sie erheitern kann.«

»Ich bin Ihnen sehr dankbar, Madame, und verspreche Ihnen, daß Ihre Gefälligkeit Sie niemals gereuen soll. Ich werde mir alle Mühe geben, Sie aufzuheitern, und werde glücklich sein, wenn mir das gelingt; denn Sie haben mir gestern die lebhafteste Teilnahme eingeflößt. Um ein Uhr essen wir zu Mittag.«

Ich setzte mich nicht, sah mir nicht ihre Bücher an und fragte sie nicht einmal, ob sie gut geschlafen habe. Ich bemerkte nur so viel, daß sie bei meinem Eintritt blaß und sorgenvoll aussah und daß ihre Wangen feuerrot waren, als ich hinausging.

Ich machte hierauf einen Spaziergang im Park. Ich war bereits in das reizende Mädchen heftig verliebt und war fest entschlossen, alles aufzubieten, damit sie mich lieben mußte; denn ich wollte ihrer Gefälligkeit nichts zu verdanken haben. Ich war außerordentlich neugierig, wer sie war. Ich vermutete in ihr eine Italienerin; aber ich nahm mir vor, sie durch keine Frage zu belästigen; denn ich fürchtete, ihr dadurch zu mißfallen. Dieser Gedanke war etwas romantisch; aber er paßte zu dem Ziel eines Mannes, mit allen möglichen Mitteln das Herz einer Unbekannten, die ihn sehr interessiert, zu fesseln.

Als ich wieder zu Hause war, kam Pauline herunter, ohne daß ich sie hatte bitten lassen. Die Aufmerksamkeit gefiel mir außerordentlich, denn ich sah darin ein gutes Vorzeichen. Ich dankte ihr deshalb lebhaft dafür. Da wir noch eine halbe Stunde vor uns hatten, fragte ich sie, ob sie mit ihrer Gesundheit zufrieden sei.

»Die Natur«, antwortete sie mir, »hat mich mit einer so glücklichen Veranlagung bedacht, daß ich nie in meinem Leben auch nur im geringsten krank gewesen bin, außer auf dem Meere; denn der Wellengang dreht mir den Magen um.«

»Sie sind also über das Meer gereist?«

»Das mußte ich wohl, denn England ist ja eine Insel.«

»Ich konnte vielleicht annehmen, daß Sie Engländerin seien.«

»Das ist auch richtig.«

Wir saßen auf einem Sofa. Auf dem Tische vor uns stand ein Schachspiel. Pauline schob die Figuren hin und her; das veranlaßte mich zu der Frage, ob sie Schach spielen könne.

»Ja; man hat mir sogar gesagt, ich spiele gut.«

»Ich spiele schlecht; aber lassen Sie uns eine Partie machen. Meine Niederlagen werden Ihnen Spaß bereiten.«

Wir beginnen. Pauline hat den ersten Zug, und mit dem dritten bin ich schachmatt; der angegriffene König kann sich weder verteidigen noch angreifen. Sie lacht. Wir fangen wieder an, und beim fünften Zuge bot sie mir wieder Schach. Hierüber lacht meine liebenswürdige Besucherin von ganzem Herzen. Während dieses Lachens berausche ich mich vor Liebe, als ich ihre herrlichen Zähne und ihre entzückende Aufregung sehe, besonders aber, als ich bemerke, welch einen innigen Ausdruck von Glück die Heiterkeit ihr verleiht. Wir beginnen die dritte Partie; doch Pauline ist unaufmerksam, und wir lassen das Spiel stehen.

Als wir uns eben zu Tisch gesetzt hatten, meldete Clairmont mir Miß Cornelys mit Madame Raucour.

»Sagen Sie ihnen, ich sei beim Essen und werde nicht vor drei Stunden fertig sein.«

Als Clairmont hinausging, um meine Antwort zu überbringen, schlüpfte die kleine Sophie ins Zimmer, lief auf mich zu und warf sich vor mir auf die Knie. Dann weinte sie so heftig, daß sie vor Schluchzen nicht sprechen konnte.

Ganz gerührt von diesem Anblick, beeile ich mich, sie aufzuheben; ich setze sie auf meine Knie, trockne ihre Tränen und beruhige sie, indem ich ihr sage, ich wisse schon, was sie wünsche, und wolle aus Liebe zu ihr ihren Wunsch erfüllen.

Plötzlich von der Verzweiflung zur Freude übergehend, umarmt das liebe Kind mich und nennt mich ihren Vater, ihren zärtlichen Vater, so daß ich schließlich ebenfalls zu weinen anfange.

»Iß mit uns, liebes Kind; das wird es mir leichter machen, dir deinen Wunsch zu erfüllen.«

Sophie entwand sich meinen Armen und lief zu Pauline, die ebenfalls aus Sympathie mitweinte. Dann begannen wir voller Glück zu essen. Sophie sagte zu mir: »Bitte, lassen Sie doch auch Madame Raucour etwas zu essen geben. Mama hat ihr verboten, mit heraufzukommen.«

Während der ganzen Mahlzeit unterhielt das Kind uns auf eine erstaunliche Weise. Pauline war ganz Ohr und sagte kein Wort vor lauter Erstaunen, ein solches Kind mit einem Verstande sprechen zu hören, den man an einem Mädchen von zwanzig Jahren bewundert haben würde. Im Gespräch mißbilligte sie die Lebensart ihrer Mutter.

»Wie unglücklich bin ich«, rief sie, »daß meine Pflicht mich zwingt, mich ihr zu fügen und blindlings ihrem Willen zu gehorchen!«

»Ich möchte wetten, du liebst sie nicht?«

»Ich kann sie nicht lieben, denn sie macht mir immer angst. Ich sehe sie niemals ohne Furcht.«

»Warum weintest du denn so?«

»Aus Mitleid mit ihr und unserer ganzen Familie; weil sie mir sagte, nur du kannst ihn rühren, und ich setze meine ganze Hoffnung auf dich.«

»Aber warst du sicher, daß du mich überreden würdest?«

»Nein; denn sicher ist man überhaupt niemals. Aber ich hoffte es; denn ich erinnerte mich der Worte, die Sie zu mir in Den Haag sagten. Meine Mutter sagt, ich sei damals erst drei Jahre alt gewesen; ich weiß jedoch, daß ich schon fünf Jahre alt war. Sie hatte mir auch befohlen, mit Ihnen zu sprechen, ohne Sie anzusehen; allein Sie haben sie beschämt. Alle Leute sagen zu ihr, Sie seien mein Vater, und in Den Haag hat sie selber mir dies gesagt. Hier aber wiederholt sie mir fortwährend, ich sei die Tochter von Monsieur Montperny.«

»Aber, liebe Sophie, deine Mutter schadet dir und beleidigt dich, indem sie dich für ein uneheliches Kind ausgibt, während du doch die eheliche Tochter des Tänzers Pompeati bist, der sich in Wien selber tötete. Er lebte aber noch, als du zur Welt kamst.«

»Wenn ich dieses Pompeatis Tochter bin, sind Sie also nicht mein Vater?«

»Nein, ganz gewiß nicht, denn du kannst doch nicht die Tochter zweier Väter sein.«

»Aber wie kommt es denn, daß ich Ihnen so ähnlich sehe?«

»Das ist ein Spiel des Zufalls.«

Auf Pauline machte Sophies Beredsamkeit großen Eindruck; sie sagte selbst beinahe kein Wort, aber sie bedeckte die Kleine alle Augenblicke mit Küssen. Diese fragte mich, ob Madame meine Gemahlin sei; als ich diese Frage bejahte, nannte sie sie ihre liebe Mama, worüber Pauline herzlich lachte.

Beim Nachtisch zog ich vier Banknoten von je fünfzig Pfund Sterling aus meiner Brieftasche, gab sie Sophie und sagte ihr, sie könne sie ihrer Mutter schenken; aber ich gäbe sie ihr und nicht ihrer Mutter.

»Wenn du ihr das Geschenk bringst, liebe Tochter, kann deine Mutter heute in ihrem eigenen Zimmer schlafen.«

»Schreiben Sie ihr, daß Sie mir die zweihundert Pfund schenken; denn ich wage es nicht, ihr dies selber zu sagen.«

»Du fühlst wohl, mein Kind, daß ich ihr das nicht schreiben kann; denn ich würde damit ihren Schmerz verhöhnen. Begreifst du das?«

»Oh, vollkommen!«

»Du kannst ihr sagen, sie werde mir ein großes Vergnügen bereiten, wenn sie dich mittags oder abends schickt, um mit mir zu essen.«

»Oh! Das können Sie ihr aber doch schreiben, daß ich Ihr Gast sein soll, nicht wahr? Oh, tun Sie es doch bitte. Meine liebe Mama« – dabei sah sie Pauline an –, »bitten Sie doch meinen Papa, das zu schreiben; dann werde ich oft mit Ihnen speisen.«

Pauline lachte herzlich, nannte mich ihren Mann und bat mich, ich möchte doch ein paar Worte auf einen Zettel schreiben. Daran würde die Mutter erkennen, daß ich Sophie liebhätte, und das würde nur die Achtung vermehren, die sie für eine solche Tochter hegen müßte. Ich gab nach. Sophie entfernte sich glückstrahlend, nachdem sie uns viele zärtliche Küsse gegeben hatte.

»Ich habe seit langer Zeit nicht soviel gelacht«, sagte Pauline zu mir, »und ich glaube, ich habe in meinem ganzen Leben noch nicht so angenehm gespeist. Diese Kleine ist ein kostbares Juwel. Das arme Kind fühlt sich unglücklich! Sie wäre es nicht, wenn ich ihre Mutter wäre.«

Hierauf erzählte ich ihr im Vertrauen, wer Sophie war und welche Gründe ich hatte, ihre Mutter zu verachten.

»Ich möchte lachen, wenn ich daran denke, was sie sagen wird, wenn Sophie ihr erzählt, sie habe Sie mit Ihrer Frau bei Tisch gefunden.«

»Sie wird es nicht glauben; denn sie weiß, daß die Heirat ein Sakrament ist, das ich verabscheue.«

»Warum?«

»Weil sie das Grab der Liebe ist.«

»Nicht immer.«

Pauline seufzte, schlug ihre schönen Augen nieder und sprach von etwas anderem. Sie fragte mich, ob ich mich lange in London aufzuhalten gedächte. Ich antwortete ihr, ich werde wahrscheinlich neun oder zehn Monate hier verbringen; hierauf glaubte ich, an sie dieselbe Frage stellen zu dürfen.

»Ich weiß es nicht«, antwortete sie mir; »denn meine Rückkehr in die Heimat hängt von einem Briefe ab.«

»Dürfte ich Sie fragen, was Ihre Heimat ist?«

»Ich sehe voraus, daß ich vor Ihnen keine Geheimnisse haben werde, wenn Ihnen etwas daran liegen sollte, diese kennenzulernen; aber lassen Sie bitte noch einige Tage vergehen. Ich habe erst heute begonnen, Sie näher kennenzulernen, und zwar auf eine Art, die Sie in meinen Augen sehr achtungswert macht.«

»Ich werde glücklich sein, wenn ich Ihren Beifall gewinnen und Sie in der guten Meinung bestärken kann, die Sie sich von mir gemacht haben. Aber verschonen Sie mich mit Ihrer Achtung, denn diese schließt, wie mir scheint, die Freundschaft aus. Ich strebe aber nach Ihrer Freundschaft, und ich glaube, Sie darauf aufmerksam machen zu müssen, daß ich Ihnen alle möglichen Fallen stellen werde, um diese Freundschaft zu gewinnen.«

»Ich glaube, Sie sind sehr geschickt in solcher Jagd; aber ich halte Sie auch für großmütig und bin überzeugt, daß Sie mich schonen werden. Sollte ich eine zu innige Freundschaft für Sie fassen, so würde die Trennung zu schmerzlich für mich sein; diese Trennung kann jeden Tag eintreten – ich muß das sogar wünschen.«

Wir spielten unsere Schachpartie zu Ende, und nach einiger Zeit bat sie mich um Erlaubnis, auf ihr Zimmer gehen zu dürfen. Ich hätte gern den ganzen Tag mit ihr verbracht; denn ich hatte selten eine Frau gefunden, die so liebenswürdige Manieren hatte.

Den Rest des Tages verbrachte ich bei der Binetti[4], die mich mit der Frage empfing, wie es dem Lord Pembroke gehe. Sie war ärgerlich auf ihn.

»Er ist ein abscheulicher Mensch!« rief sie. »Er braucht jeden Tag eine neue Frau. Wie findest du das?«

»Ich beneide ihn, daß er so glücklich ist, sich das verschaffen zu können.«

»Er kann es, weil die Frauen dumm sind. Mich hat er überlistet, weil er mich bei dir überrumpelt hat; sonst würde er mich niemals bekommen haben. Du lachst?«

»Ja, ich lache. Denn wenn er dich gehabt hat, so hast du ihn ebenfalls gehabt. Also seid ihr quitt.«

»Du weißt nicht, was du sagst.«

Um acht Uhr kam ich nach Hause. Pauline kam herunter, sobald sie erfuhr, daß ich da sei; die Dienerin hatte ihr auf ihren Befehl meine Rückkunft mitgeteilt. Ich glaubte in diesem Benehmen die Absicht zu sehen, mich durch Aufmerksamkeiten zu fesseln, und da ich dieselben Gefühle hegte, die ich gerne bei ihr vorausgesetzt hätte, so konnte es nicht lange dauern, bis wir zu einer Verständigung gelangten.

Das Abendessen wurde aufgetragen; wir setzten uns um neun Uhr zu Tisch und blieben bis Mitternacht sitzen. Wir plauderten über allerlei Nichtigkeiten. Beim Abschied wünschte sie mir gute Nacht und sagte mir, sie vergesse bei meiner Unterhaltung zu sehr ihr Unglück.

Am nächsten Tage lud Pembroke sich bei mir zum Frühstück ein und beglückwünschte mich zum Verschwinden meines Aushängezettels.

»Ich wäre recht neugierig, Ihre Mieterin kennenzulernen.«

»Ich glaube es, Mylord; aber im Augenblick kann ich Ihre Neugierde nicht befriedigen; denn sie hat einsiedlerische Neigungen und duldet auch mich nur aus Notwendigkeit.«

Er sprach nicht mehr davon, und um seine Gedanken abzulenken, sagte ich ihm, die Binetti verabscheue seine Unbeständigkeit, und dies spreche zu seinen Gunsten. Er lachte darüber, antwortete mir aber nicht, sondern fragte mich: »Speisen Sie heute zu Hause?«

»Nein, Mylord, heute nicht.«

»Ich verstehe alles.«

Martinelli kam und brachte mich durch Vorlesen auf italienisch von drei oder vier Anzeigen in meiner Manier, die im ›Adviser‹ der Stadt standen, zum Lachen. Witzbolde hatten meinen Aushang parodiert. In einer stand, daß er eine leere Wohnung hätte, günstig für eine junge und hübsche Frau, die sich vor ihrem Mann in Sicherheit bringen wolle, weil er es nicht billigte, daß sie ihn am Tage nach ihrer Hochzeit zum Hahnrei gemacht hatte. Er nannte das Haus, in dem sich die Wohnung befände, und gab an, daß die Flüchtige nicht mehr als sechs Schillinge für die Woche zu bezahlen hätte, aber für dieses Geld auch ihre Kost und den Hausbesitzer hätte, der jede Nacht mit ihr schlafen würde. Die anderen Anzeigen waren alle in diesem Stil geschrieben und anstößig. Man mißbraucht die Pressefreiheit in London maßlos.

Martinelli war zu zartfühlend, um überhaupt von meiner Mieterin zu sprechen. Da Sonntag war, bat ich ihn, mit mir zur Messe beim bayerischen Gesandten zu gehen. Ich hoffte, dort Pauline zu sehen. Meine Erwartung erfüllte sich nicht; denn sie hatte sich, wie ich später erfuhr, in einen Winkel gesetzt, wo niemand sie beobachten konnte. Die Kapelle war voll von Menschen, und Martinelli zeigte mir Lords, Ladies und andere hervorragende Persönlichkeiten, die katholisch waren und dies nicht verbargen.

Im Augenblick, als ich nach Hause kam, übergab ein Bedienter der Cornelys mir einen Brief von dieser Dame. Sie schrieb mir: Da sie an Festtagen ohne Furcht ausgehen könne, wünsche sie, daß ich ihr erlauben möge, bei mir zu speisen. Ich ging sofort zu Pauline hinauf und fragte sie, ob sie etwas dagegen einzuwenden habe, wenn die Cornelys mit uns esse. Das liebenswürdige Mädchen antwortete mir, sie würde gerne mit ihr speisen, vorausgesetzt, daß sie keine Männer mitbrächte. Ich ließ ihr daher sagen, ich würde sie mit Vergnügen empfangen, wenn sie mit meiner

Tochter käme. Sie kam, und Sophie ging nicht einen Augenblick von meiner Seite. Die Cornelys fühlte sich durch Paulines Gegenwart verlegen; sie nahm mich daher auf die Seite, um mir ihre Dankbarkeit unter Tränen auszudrücken und mehrere unsinnige Pläne mitzuteilen, die sie in kurzer Zeit reich machen müßten.

Meine kleine Sophie war die Seele unserer Mahlzeit. Als ich aber der Cornelys sagte, Pauline sei eine ausländische Dame, an die ich eine Wohnung vermietet habe, rief Sophie: »Sie ist also nicht Ihre Frau?«

»Nein, so glücklich bin ich nicht. Ich habe es nur zum Scherz gesagt.«

»Wißt ihr was, ich will bei ihr schlafen.«

»So? Wann denn?«

»Sobald Mama es mir erlaubt.«

»Man müßte doch erst sehen, ob Madame damit einverstanden wäre.«

»Sie hat keine abschlägige Antwort zu befürchten«, rief Pauline, indem sie sie umarmte.

»Nun, Madame, ich lasse sie Ihnen mit Vergnügen hier; ich werde sie morgen früh von der Raucour abholen lassen.«

»Es genügt«, sagte ich, »wenn sie morgen um drei Uhr kommt; denn Sophie muß erst mit uns zu Mittag essen.«

Als Sophie sah, daß ihre Mutter stillschweigend zustimmte, eilte sie zu dieser und gab ihr Küsse, die sie sich kalt gefallen ließ. Sie kannte nicht das Glück, sich lieben zu lassen.

Als die Mutter fort war, fragte ich Pauline, ob es ihr recht sei, mit der Kleinen und mir einen Spaziergang vielleicht in der Umgebung von London zu machen, wo kein Mensch uns sehen werde.

»Ich darf aus Vorsicht nur allein ausgehen.«

»So werden wir also hierbleiben?«

»Ja, wir könnten auch nirgend besser aufgehoben sein.«

So verbrachten wir den ganzen Tag miteinander zu Hause, ohne uns irgendwie zu langweilen. Sophie sang italienische, französische und englische Lieder, und wenn ein Cembalo dagewesen wäre, hätte sie sich dazu begleitet. Mit Pauline sang sie englische Duette, die ich entzückend fand. Fröhlich aßen wir zu Abend, und gegen Mitternacht führte ich sie in das dritte Stockwerk hinauf, wo ich zu Sophie sagte, ich würde am Morgen hinaufkommen und mit ihr frühstücken, aber ich wollte sie im Bett finden. Ich hegte den Wunsch, zu sehen, ob ihr Körper ebenso schön sei wie ihr Gesicht.

Sie versprach, mich zu erwarten. Gerne hätte ich Pauline gebeten, mir dieselbe Gunst zu gewähren, aber ich war noch nicht weit genug vorgeschritten, um mir eine solche Kühnheit erlauben zu können. Ich fand sie dann auch am anderen Morgen um acht Uhr schon aufgestanden, obwohl in einem langen Morgenkleide.

Als mich Sophie erscheinen sah, versteckte sie sich lachend unter ihrer Bettdecke; doch gleich, nachdem ich mich neben sie auf das Bett geworfen hatte und begann, sie zu streicheln, streckte sie ihr niedliches Gesichtchen heraus, das ich mit Küssen bedeckte. Ich berief mich auf meine väterlichen Rechte, um ganz und gar zu sehen, wie sie überall beschaffen war, und um all dem Beifall zu zollen, was sie hatte, auch wenn es noch sehr unreif war. Sie war sehr klein, allerdings entzückend gestaltet. Pauline sah mir bei all meinen Liebkosungen zu, ohne den Anschein von Arglist dabei zu vermuten; doch sie täuschte sich. Wäre sie nicht dabei gewesen, hätte die entzückende Sophie auf diese oder jene Art das Feuer, das ihre jungen Reize in ihrem Papa entfacht hatten, löschen müssen.

Nachdem sie aufgestanden war, frühstückten wir sehr heiter. Den ganzen Vormittag vertrieb ich mir mit diesen beiden Geschöpfen auf das angenehmste die Zeit, denn ich war ihnen von Herzen zugetan. Nach dem Mittagessen kam die Raucour, um die Kleine abzuholen. Diese ging traurig mit ihr fort, und ich blieb allein mit meiner großen Pauline, die mich dermaßen in Brand setzte, daß es zu einem Ausbruch meiner Leidenschaft kommen konnte, obwohl ich sie noch nie umarmt, ja noch nicht einmal ihre Hand gehalten hatte. Als Sophie fortgegangen war, bat ich sie, sich neben mich zu setzen, ergriff ihre Hand, küßte sie leidenschaftlich und fragte: »Sind Sie verheiratet, liebe Pauline?«

»Ja. «

»Kennen Sie die Mutterliebe?«

»Nein. Aber es bedarf für mich keiner großen Anstrengung, um mir eine richtige Vorstellung von ihr zu machen. Ich habe einen Gatten, aber wir haben die Ehe noch nicht vollzogen.«

»Ist er in London?«

»Nein, er ist sehr weit von hier; aber bitte, lassen Sie uns nicht mehr davon sprechen.«

»Sagen Sie mir nur noch: Werden Sie alsdann zu ihm gehen, wenn ich Sie einmal verlieren muß?«

»Ja, und ich verspreche Ihnen: Wenn Sie mich nicht etwa fortschicken, werde ich nur von Ihnen gehen, um England zu verlassen; ich werde aber diese glückliche Insel nur verlassen, um in meinem Vaterland mit dem Gatten meiner Wahl glücklich zu sein.«

»Reizende Pauline! Ich werde unglücklich hier zurückbleiben; denn ich liebe Sie, und ich fürchte, Ihnen zu mißfallen, wenn ich Ihnen noch zärtlichere Beweise meiner Liebe gäbe.«

»Seien Sie großmütig, mäßigen Sie sich, denn ich kann mich nicht der Liebe hingeben, noch Ihnen Widerstand leisten, wenn Sie mich nicht schonen.«

»Ich werde Ihnen gehorchen, aber ich werde vor Sehnsucht vergehen; doch wie könnte ich wohl unglücklich sein, wenn ich das Glück habe, Ihnen zu gefallen?«

»Ich habe Pflichten zu erfüllen, lieber Freund, und ich würde mich verächtlich machen, wenn ich diese verletzte.«

»Ich würde mich für den verräterischsten, unwürdigsten aller Menschen halten, wenn ich meine Achtung einer Frau versagen könnte, weil sie mich glücklich gemacht hätte, indem sie einer ihr von mir eingeflößten Neigung nachgegeben hätte.«

»Ich habe allerdings zu große Achtung vor Ihnen, um Sie einer solchen Handlung fähig zu glauben; aber mäßigen wir uns, und denken wir daran, daß wir schon morgen uns genötigt sehen können, uns zu trennen; gestehen Sie: unsere Trennung würde viel bitterer sein. Wenn Sie das nicht zugeben, ist Ihre Liebe von anderer Natur als die meine.«

»Von welcher Natur ist denn die Liebe, die ich das Glück gehabt habe, Ihnen einzuflößen?«

»Sie ist von solcher Art, daß mir der Genuß nur als fast überflüssige Zugabe erscheint.«

»Welches ist denn nach Ihrer Meinung das wesentliche Gefühl jeder Liebe?«

»Daß man in einer durch nichts zu störenden Eintracht beisammenlebt.«

»Dies ist ein Glück, das uns vom Morgen bis zum Abend beschert ist; aber warum sollten wir nicht jene Zugabe hinzufügen, die uns nur wenige Augenblicke beschäftigen und die unseren liebenden Herzen die Ruhe und Eintracht geben wird, deren wir bedürfen? Außerdem werden Sie zugeben, daß diese Zugabe der glücklichen Beständigkeit der eigentlichen Liebe als Nahrung dient.«

»Ich gebe es zu; aber geben auch Sie Ihrerseits zu, daß diese Nahrung fast immer tödlich wirkt.«

»Dies ist, glaube ich, nicht der Fall, wenn man wirklich liebt; und dies gilt von mir. Können Sie glauben, Sie werden mich weniger lieben, wenn Sie mich mit der vollen Glut der Zärtlichkeit besessen haben?«

»Nein, das glaube ich nicht; und weil ich vom Gegenteil überzeugt bin, gerade deshalb fürchte ich, der Augenblick der Trennung würde mich zur Verzweiflung bringen.«

»Ich muß vor Ihrer unwiderstehlichen Dialektik die Segel streichen, reizende Pauline. Ich möchte gern sehen, womit Sie Ihren erhabenen Geist nähren; ich würde gern Ihre Bücher sehen. Sollen wir hinaufgehen? Ich werde nicht ausgehen.«

»Mit Vergnügen; aber Sie werden überrascht sein.«

»Auf welche Weise denn?«

»Kommen Sie nur!«

Wir gehen in ihr Zimmer, ich sehe mir ihre Bücher an und finde lauter portugiesische, mit Ausnahme des Milton in englischer, des Ariost in italienischer und der ›Charaktere‹ von La Bruyère in französischer Sprache.

»Dies alles, meine liebe Pauline, gibt mir einen sehr hohen Begriff von Ihnen; aber woher diese Vorliebe für Camões[5] und alle diese anderen Portugiesen?«

»Aus einem sehr natürlichen Grunde: Ich bin Portugiesin.«

»Sie Portugiesin? Ich habe Sie für eine Italienerin gehalten. In Ihrem Alter sprechen Sie fünf Sprachen – denn Sie müssen auch Spanisch können.«

»Allerdings.«

»Welche Erziehung!«

»Ich bin zweiundzwanzig Jahre alt, aber ich beherrschte diese Sprachen schon mit achtzehn.«

»Sagen Sie mir, wer Sie sind! Sagen Sie mir alles! Ich verdiene Ihr Vertrauen!«

»Ich glaube es, und ich werde es Ihnen beweisen, indem ich mich Ihnen ohne die geringste Furcht anvertraue; denn da Sie mich lieben, so können Sie mir nur wohlwollen.«

»Und was bedeuten alle diese beschriebenen Blätter?«

»Meine Geschichte, die ich hier niedergeschrieben habe. Setzen wir uns.«

ACHTES KAPITEL

Ich bin die einzige Tochter des unglücklichen Grafen X-o, den Carvalho Oeyras[1], nach dem den Jesuiten zugeschobenen Anschlag auf das Leben des Königs[2], im Gefängnis sterben ließ. Ich weiß nicht, ob mein Vater schuldig oder ob er ein unschuldiges Opfer einer Privatrache war; aber soviel weiß ich, daß der tyrannische Minister es nicht gewagt hat, ihm den Prozeß zu machen oder sein Vermögen zu beschlagnahmen; ich bin daher im Besitz desselben, kann aber Einkünfte davon nur beziehen, wenn ich wieder in meine Heimat zurückkehre.

Meine Mutter ließ mich in einem Kloster erziehen, dessen Äbtissin ihre Schwester war; diese hielt mir alle möglichen Lehrer, unter anderem auch einen gelehrten Italiener aus Livorno, der mich in sechs Jahren alles lehrte, was ich nach seiner Ansicht wissen durfte. Ich fand ihn stets bereit, meine Fragen zu beantworten, soweit sie nicht die Religion betrafen; aber ich muß gestehen, daß seine Zurückhaltung in dieser Hinsicht mir durchaus nicht mißfiel, sondern im Gegenteil ihn mir noch lieber machte, denn er ließ es sich angelegen sein, mein Urteil zu bilden, und gab meinem Geist Nahrung, indem er mich lehrte, selber nachzudenken und zu urteilen.

Nach dem Tode meines Vaters, als ich achtzehn Jahre alt war, nahm mein Großvater mich aus dem Kloster, obgleich ich erklärt hatte, ich würde mit Vergnügen so lange bleiben, bis sich die Gelegenheit böte, mich zu verheiraten. Ich hing mit zärtlicher Liebe an meiner Tante, die seit dem Tode meiner guten Mutter alles aufbot, um mir den Verlust, den ich erlitten hatte, weniger schmerzlich zu machen. Mein Austritt aus dem Kloster war für mein ganzes Leben entscheidend, und da er nicht auf meinen Willen hin erfolgt war, so habe ich ihn nicht zu bereuen.

Mein Großvater brachte mich zu seiner Schwägerin, der Marquise X-o, die mir die Hälfte ihres Palastes einräumte. Man gab mir auch eine Hofmeisterin, eine Unterhofmeisterin, eine adlige Gesellschaftsdame, Kammerzofen, Pagen und Bediente, die alle zu meinen Diensten, aber unter dem unmittelbaren und ausschließlichen Befehl der Hofmeisterin standen, einer Adligen, die zum Glück eine redliche und sehr gute Frau war.

Ein Jahr nach meinem Eintritt in die Welt kam mein Großvater zu mir und sagte mir in Gegenwart meiner Hofmeisterin, Graf Fl. bewerbe sich um mich für seinen Sohn, der an demselben Tage aus Madrid eintreffen solle.

›Was haben Sie ihm geantwortet, mein lieber Großpapa?‹

›Daß diese Heirat dem ganzen Adel nur angenehm sein könne und gewiß die Billigung des Königs und der ganzen königlichen Familie finden werde.‹

›Aber, lieber Großpapa, weiß man denn auch gewiß, daß ich dem Grafen gefalle, und andererseits, daß ich ihn nach meinem Geschmack finde?‹

›Daran zweifelt man nicht, liebes Kind.‹

›Aber ich, Großpapa, kann wohl daran zweifeln. Wir werden es ja sehen.‹

›Ihr werdet euch vor der Unterzeichnung des Heiratsvertrages sehen, aber an dem Zustandekommen der Vermählung kann dies nichts mehr ändern.‹

›Ich wünsche es, ich hoffe es sogar, lieber Großpapa.‹

Als mein Großvater fortgegangen war, sagte ich meiner Hofmeisterin, ich würde nie einer Heirat mit einem Manne zustimmen, dessen Charakter ich nicht vorher geprüft hätte. Sie antwortete mir nicht, und als ich sie bestimmte, mir ihre Meinung zu sagen, antwortete sie mir, in einer so zarten Angelegenheit müsse sie sich Schweigen zur Pflicht machen. Dies sagte mir klar und deutlich, daß sie meine Ansicht billigte, oder wenigstens glaubte ich dies.

Gleich am nächsten Tage suchte ich meine Tante, die Äbtissin, auf. Sie hörte mich mit gütiger Teilnahme an und sagte mir dann, es sei zu wünschen, daß der Graf mir gefalle und daß ich seine Eroberung mache. Aber selbst wenn das nicht der Fall wäre, so würde die Heirat wahrscheinlich doch zustande kommen; denn sie glaube zu wissen, daß dieser Plan von der Prinzessin von Brasilien herrühre, die den Grafen Fl. begünstige.

Obgleich diese Nachricht mich sehr betrübte, war es mir doch lieb, daß ich sie erfahren hatte; sie bestärkte mich in meinem

Entschluß, mich nur zu verheiraten, wenn die Partie nach meinem eigenen Wunsch wäre.

Nach vierzehn Tagen kam der junge Graf Fl. mit seinem Vater. Mein Großvater stellte ihn mir vor; mehrere Damen waren dabei zugegen. Vom Heiraten war nicht die Rede, aber man ließ den jungen Herrn viel von fremden Ländern und von den Sitten und Gebräuchen anderer europäischer Nationen erzählen. Ich hörte alles mit der größten Aufmerksamkeit an und tat selber fast nicht ein einziges Mal den Mund auf. Da ich wenig Welterfahrung besaß, konnte ich über den Bewerber nicht durch Vergleichen urteilen; aber es schien mir unmöglich zu sein, daß er wirklich Ansprüche darauf erheben konnte, einer Frau zu gefallen, und daß ich ihm jemals angehören könnte. Er war ein anmaßender Spötter, ein schlechter Spaßmacher, albern, dumm und fromm bis zum Aberglauben. Außerdem war er häßlich, mißgestaltet und dermaßen eitel, daß er sich nicht schämte, in der Gesellschaft in spöttischer und verächtlicher Weise von mehreren galanten Abenteuern zu erzählen, die er in Frankreich und Italien gehabt haben wollte.

Voller Hoffnung, ihm nicht gefallen zu haben, ging ich nach Hause; denn ich hatte mich nicht liebenswürdig gegen ihn gezeigt; ein achttägiges Schweigen bestärkte mich in dieser angenehmen Meinung. Aber meine Täuschung wurde mir gar bald genommen. Meine Großtante lud mich zum Essen ein; ich fand den Dummkopf und dessen Vater anwesend, und mein Großvater stellte mir den Sohn als meinen künftigen Gatten vor und bat mich, den Tag festzusetzen, um den Heiratsvertrag zu unterzeichnen. Da ich entschlossen war, lieber mein Todesurteil zu unterschreiben, so antwortete ich zwar höflich, aber in sehr kaltem und festem Ton: ich würde den Tag bestimmen, wenn ich mich entschlossen hätte zu heiraten. Nach dem Kaffee entfernte ich mich.

Abermals verflossen mehrere Tage, ohne daß ich jemanden sah, und ich begann zu hoffen, daß ich den jungen Herrn von jeder weiteren Bewerbung um meine Person abgeschreckt hätte; da ließ meine Hofmeisterin mir sagen, ein Pater sei im Vorzimmer und wünsche mit mir zu sprechen. Ich ließ ihn eintreten; er war der Beichtvater der Prinzessin von Brasilien, und nach einigen einleitenden Redensarten sagte er mir, ihre Königliche Hoheit habe ihn beauftragt, mir zu meiner bevorstehenden Heirat mit dem Grafen Fl. Glück zu wünschen.

Ohne mir irgendwelche Überraschung anmerken zu lassen, antwortete ich ihm züchtig, ich sei für die Güte Ihrer Königlichen Hoheit gebührend dankbar; aber es sei noch nicht fest entschieden, denn ich denke noch nicht daran, mich zu verheiraten.

Der Priester sagte lächelnd zu mir, ich habe das Glück, mich in dem schönen Alter zu befinden, wo ich an nichts zu denken brauche, da ich diese Sorge meinen mich liebenden Verwandten überlassen könne. Meine Entscheidung sei also eine reine Formsache, die sich in einem Augenblick erledigen lasse.

Ich antwortete ihm nur durch ein ungläubiges Lächeln; da ich aber voraussah, daß man mir hart zusetzen würde, fuhr ich gleich am nächsten Tage mit meiner Hofmeisterin zu meiner Tante, der Äbtissin, die mir in meiner Verlegenheit einen Rat nicht verweigern konnte. Dieser Rat sollte jedoch nur mein Verhalten betreffen, denn ich erklärte ihr von Anfang an meinen festen Entschluß, lieber zu sterben, als jemals meine Einwilligung zur Heirat mit einem mir widerwärtigen Menschen zu geben.

Die gute Nonne antwortete mir, man habe ihr den Grafen vorgestellt; sie habe ihn allerdings ebenfalls unleidlich gefunden, befürchte aber doch, man werde Mittel finden, mich trotz meines Widerwillens zu dieser Vereinigung zu zwingen.

Diese Antwort machte auf mich einen solchen Eindruck, daß es mir nicht möglich war, noch ein Wort über die Sache zu sagen; ich sprach daher bis zum Ende meines Besuches von allen möglichen anderen Dingen. Kaum aber war ich wieder zu Hause, so faßte ich, nur der Stimme meiner Verzweiflung folgend und ohne einen Menschen zu Rate zu ziehen, einen ganz ungewöhnlichen Entschluß. Da meine Hofmeisterin sich aus der Sache raushalten wollte, stand ich allein da.

Ich schloß mich in mein Zimmer ein und schrieb an den Henker meines unglücklichen Vaters, den unbarmherzigen Oeyras. Ich setzte ihm die ganze Angelegenheit auseinander und flehte ihn um seine Fürsprache beim König an. Ich wollte jeden Zwang los sein und wünschte, daß er mich vor der Ungnade der Prinzessin von Brasilien beschütze und daß man mir die Freiheit lasse, über meine Hand nur zugleich mit meinem Herzen zu verfügen.

Ich setzte zwar bei einem Minister keine Menschlichkeit voraus, aber ich konnte doch annehmen, daß auch er ein Menschenherz hätte und daß ich dieses rühren könnte; übrigens glaubte ich durch meine feste und entschlossene Sprache seine Teilnahme zu erregen und durch meinen ungewöhnlichen Schritt seinem Stolz zu schmeicheln. Ich war überzeugt, daß er sich bemühen werde, mir Gerechtigkeit zu verschaffen, um mir zu beweisen, daß er gegen meinen Vater nicht ungerecht gewesen sei. Wie man sehen wird, täuschte ich mich nicht.

Zwei Tage nachdem ich meinen Brief durch einen Pagen hatte bestellen lassen, kam ein junger Edelmann zu mir und ließ mich um die Ehre einer geheimen Unterredung bitten. Er sagte mir, Oeyras lasse mir vertraulich raten, ich solle allen denen, die mir zu dieser Heirat zureden würden, antworten: Ich würde mich nicht eher entscheiden, als bis man mich davon überzeugt hätte, daß Ihre Königliche Hoheit die Prinzessin von Brasilien diese Heirat wünsche. Der Minister ließ mich um Entschuldigung bitten, daß er mir nicht schriftlich antworte; er habe zwingende Gründe, so zu handeln.

Nachdem der Bote das gesagt hatte, machte er mir eine tiefe Verbeugung und entfernte sich, ohne mir Zeit zu einer Antwort zu lassen. Ich kann weder meine Überraschung noch den Eindruck beschreiben, den der junge Mann auf mich machte.

Die Botschaft des Ministers nahm mir alle Unruhe; denn er konnte in solcher Weise nie zu mir gesprochen haben, wenn er nicht die Gewißheit hatte, daß die Prinzessin sich nicht mehr um die Heirat kümmern würde. Ich überließ mich nun völlig dem neuen Gefühl, das mich beherrschte. Aber so stark dies Gefühl auch war, es würde sich ohne Zweifel verflüchtigt haben, wenn es nicht jeden Tag neue Nahrung erhalten hätte. Als ich in der folgenden Woche dem jungen Boten in der Kirche begegnete, erkannte ich ihn kaum; von diesem Augenblick an jedoch traf ich ihn überall: auf der Promenade, im Theater, in den Häusern, wo ich Besuche machte. Wenn ich aus dem Wagen steigen oder wieder einsteigen wollte, stets war er da. Nach drei oder vier Monaten wurde ich unruhig, wenn ich ihn einmal nicht in der Kirche fand, in die ich ging.

Fast alle Tage sah ich die Grafen Fl. bei meiner Großtante; da aber von einer Heirat zwischen uns nicht mehr die Rede war, so sah ich sie ohne Verdruß wie ohne Vergnügen. Ich hatte ihnen verziehen, aber ich war nicht glücklich. Das Bild des jungen Boten, dessen Name mir immer noch unbekannt war, verfolgte mich ohne Unterlaß, ein unbedachter Seufzer entrang sich meiner

Brust, und ich errötete über meine Gedanken, obgleich ich mir selber keine Rechenschaft darüber abzulegen wagte.

In diesem Geisteszustand befand ich mich, als eines Morgens der Klang einer mir unbekannten Stimme mich in das Zimmer meiner Kammerzofe lockte. Ich sah auf einem Tisch Spitzen ausgebreitet und trat heran, ohne auf ein junges Mädchen zu achten, das dabeistand und mir einen Knicks machte. Als ich nichts davon nach meinem Geschmack fand, sagte sie, sie werde am nächsten Tage eine neue Auswahl bringen. Ich warf einen Blick auf sie und sah zu meiner Überraschung vor mir das Gesicht des Jünglings, der Tag und Nacht meine Gedanken beschäftigte. Ich zweifelte jedoch, daß er es wirklich sei, und dachte, ich könne auch durch eine zufällige Ähnlichkeit getäuscht sein. Es beruhigte mich etwas, daß das Mädchen mir größer vorkam. Außerdem erschien eine solche Kühnheit mir doch unwahrscheinlich. Das Mädchen packte die Spitzen wieder zusammen und entfernte sich, ohne mir ins Gesicht zu sehen; dies vermehrte meinen Verdacht.

›Kennen Sie dieses Mädchen?‹ fragte ich in gleichgültigem Ton meine Kammerzofe. Sie antwortete mir: ›Ich sehe es heute zum ersten Mal.‹

Ich glaubte dies nicht, aber ich ging hinaus, ohne ein Wort zu sagen.

Fortwährend mußte ich an diese Ähnlichkeit denken, und da ich mir beinahe lächerlich vorkam, bemühte ich mich, diesen Gedanken zu verjagen; zugleich aber beschloß ich, mit dem Mädchen zu sprechen, wenn es wiederkommen sollte, und in Erfahrung zu bringen, wer sie sei. Ich sagte mir, vielleicht ist sie eine Schwester des jungen Mannes.

Die angebliche Modistin kam pünktlich mit einer Schachtel voll Seidenspitzen. Unverzüglich ließ ich sie in mein Zimmer eintreten, sobald man sie mir meldete. Ich wollte sie nötigen, mich anzusehen, und redete sie daher an. Sofort bemerkte ich, daß ich unzweifelhaft das Wesen vor mir hatte, dem alle meine Gedanken gehörten; ich war nicht imstande, auch nur eine von den zurechtgelegten Fragen an sie zu richten, zumal meine Zofe anwesend war. Mechanisch begann ich einige Spitzen auszusuchen. Als ich aber meine Zofe hinausgeschickt hatte, um meine Börse zu holen, fiel plötzlich die falsche Spitzenhändlerin mir zu Füßen und rief in leidenschaftlichem und doch ehrerbietigem Tone:

›Entscheiden Sie, ob ich leben oder sterben soll, Madame! Sie erkennen mich!‹

›Ja, ich erkenne Sie und kann Sie nur für wahnsinnig halten.‹

›Ich bete Sie an.‹

›Stehen Sie auf, meine Kammerzofe kommt gleich wieder.‹

›Sie kennt mein Geheimnis.‹

›Wie? Sie haben gewagt ...?‹

Er stand auf. Die Kammerzofe trat ein und zählte ihm mit größter Ruhe sein Geld auf. Er warf die auf dem Tisch herumliegenden Spitzen in die Schachtel, machte mir eine tiefe Verbeugung und ging.

Es wäre natürlich gewesen, wenn ich nach seinem Fortgehen mit meiner Zofe gesprochen hätte; noch natürlicher aber wäre es gewesen, wenn ich sie auf der Stelle fortgeschickt hätte. Dieser Gedanke kam mir gar nicht, und so tat ich nicht das, was strenge Pflicht mir sofort geboten hätte, wenn ich mich mit ruhiger Überlegung nach ihr gerichtet hätte. Als ich wieder allein in meinem Zimmer war und darüber nachdachte, sah ich, daß es jetzt zu spät war, um energisch vorzugehen. Ich hätte die Hofmeisterin benachrichtigen und den kecken Jüngling verhaften lassen müssen. Aber mein Herz hatte sich für ihn entschieden; diese Erkenntnis machte es mir unmöglich, die Kammerzofe zu bestrafen. Ich tat gar nichts und redete mir ein, sie wisse nicht, daß er mir mitgeteilt hatte, sie kenne das Geheimnis. Ich beschloß also, nichts zu sagen; ich hoffte, ich würde den kecken Jüngling nicht wiedersehen, und die Sache würde damit erledigt sein.

Als aber vierzehn Tage vergangen waren, ohne daß ich dem jungen Manne auf den Spaziergängen oder im Theater oder an den sonstigen Orten begegnete, wo ich ihn durch Zufall und seine Liebe früher getroffen hatte, wurde ich traurig und bekam regelrechte Angst. Ich brannte vor Verlangen, seinen Namen zu erfahren, und diesen konnte mir nur meine Kammerzofe sagen, denn ich konnte natürlich nicht zu Oeyras gehen und diesen fragen. Ich verabscheute meine Zofe und errötete, wenn ich sie vor mir sah. Ich bildete mir ein, sie wisse, daß ihr Vergehen mir bekannt sei, und sie habe Spaß an meiner Zurückhaltung. Andererseits fürchtete ich, diese Zurückhaltung könnte ihr einen unziemlichen Begriff von meiner Ehre geben. Mit einem Wort, ich befürchtete, sie könnte glauben, daß ich den Jüngling liebte, und der bloße Gedanke an diesen Verdacht, der mir schimpflich schien, brachte mich auf. Der allzu kühne junge Mann erschien mir mehr beklagenswert als tadelnswert; ich fühlte mich daher genügend dadurch gerächt, daß er glauben würde, ich müßte ihn verachten.

Aber so dachte ich nur in den Augenblicken, wo meine Eitelkeit stärker war als meine Liebe, und diese Augenblicke waren von kurzer Dauer; denn bald rächte die Verzweiflung ihn an meinem Stolz. Da ich ihn nicht mehr sah, so bildete ich mir ein, er habe beschlossen, nicht mehr an mich zu denken, und habe mich vielleicht schon vergessen. Sie sehen, welche Kämpfe in mir vorgingen, und solange sie nicht beendet sind, ist der Ausgang stets zweifelhaft.

Ein Zustand so heftiger Gemütsbewegung kann nicht sehr lange dauern; denn wenn kein äußerer Anlaß die Ruhe des gequälten Geistes wiederherstellt, so macht dieser bald eine Anstrengung aus sich selber heraus, um das verlorene Gleichgewicht wiederzufinden.

Als die Zofe mir ein Halstuch umlegte, dessen Spitzenbesatz ich von der angeblichen Modistin gekauft hatte, sagte ich zu ihr:

›Was ist denn eigentlich aus dem Mädchen geworden, von dem ich diese Spitzen gekauft habe?‹

Ich stellte diese Frage ohne vorherige Überlegung; sie war eine Eingebung meines guten oder meines bösen Geistes.

Meine Kammerzofe war ebenso schlau, wie ich naiv gewesen war. Sie antwortete mir, die Modistin habe ohne Zweifel deshalb nicht wiederzukommen gewagt, weil sie befürchtet habe, ich hätte ihre Verkleidung bemerkt.

›Selbstverständlich habe ich diese bemerkt; aber es wundert mich nicht wenig, daß Sie wissen, daß unter dieser Verkleidung sich ein junger Mann verbarg.‹

›Madame, ich glaubte nichts zu tun, was Ihnen mißfallen könnte; denn ich kannte ihn persönlich.‹

›Wer ist er?‹

›Graf von Al, den Sie ohne Zweifel wiedererkannt haben; denn Sie haben ihn vor ungefähr vier Monaten in diesem selben Zimmer empfangen.‹

›Das ist wahr; es ist sogar möglich, daß ich ihn wiedererkannt habe; aber ich wünsche zu wissen, warum Sie gelogen haben, als ich Sie fragte, ob Sie dieses Mädchen kennen?‹

›Madame, ich habe gelogen, um Sie nicht in Verlegenheit zu bringen. Außerdem habe ich befürchtet, Sie würden ärgerlich darüber sein, daß ich von der Verkleidung wußte.‹

›Sie hätten mir mehr Ehre angetan, wenn Sie das Gegenteil angenommen hätten. Als Sie in Ihrem Zimmer waren, befahl ich ihm, sofort zu gehen; ich sagte ihm, seine Handlungsweise sei ein Wahnsinn und er müsse befürchten, daß Sie ihn vor mir auf den Knien fänden. Da sagte er mir: Sie seien in das Geheimnis eingeweiht!‹

›Wenn es ein Geheimnis ist, so gestehe ich es; aber ich sah die ganze Sache als einen Spaß ohne Bedeutung an.‹

›Ich will diese Möglichkeit nicht bestreiten; ich aber habe der Sache eine solche Bedeutung beigelegt, daß ich, um Sie nicht fortjagen zu müssen, beschlossen habe, darüber zu schweigen, als wenn ich nichts gesehen hätte.‹

›Ich hatte mir eingebildet, Madame, diese Maskerade könne Ihnen nur Spaß machen; da ich nun aber erfahre, daß Sie sie ernst genommen haben und böse darüber sind, so bin ich wirklich in Verzweiflung, mir gewissermaßen vorwerfen zu müssen, daß ich meine Pflicht verletzt habe.‹

Diese Erklärung war eine volle Rechtfertigung für meine Zofe, sie machte mein Herz ruhig, und das war damals viel, aber mein Geist fand trotzdem noch nicht jene Ruhe, die er brauchte. Ich wußte, daß es einen jungen Grafen Al gab, der aus sehr gutem Hause stammte, aber gar kein Vermögen hatte. Er hatte weiter nichts als den Schutz des Ministers und Aussicht auf eine gute Anstellung. Der Gedanke, daß der Graf Al mich liebte und daß ich vielleicht dazu bestimmt sei, die Ungerechtigkeit des Glücks wieder auszugleichen, ließ mich zuweilen, wenn ich mit mir allein war, in süße Träume versinken. Ich war jetzt überzeugt, daß meine Kammerzofe mehr Geist hatte als ich, indem sie den gewagten Schritt des Grafen als eine Eulenspiegelei ansah, die die Liebe entschuldigen mußte. Ich ging sogar so weit, mein gewissenhaftes Zartgefühl lächerlich zu finden und es nur für Prüderie zu halten. Aber nach solchen tröstlichen Gedanken kamen andere, die mich sehr verdrossen und mich herabsetzten. Der Graf hatte anscheinend beschlossen, mich nicht mehr zu sehen, und ich mußte annehmen, daß er entweder sehr beschränkten Geistes oder daß seine Liebe sehr gering war. Dies schmerzte mich mehr als alles andere, denn eine solche Annahme demütigte mich. Ich sagte zu mir selber: ›Wenn der Graf es übelgenommen hat, daß sein Wagnis mir als die Handlungsweise eines Wahnsinnigen vorkam, so ist er ganz gewiß nicht zartfühlend und verständig, also auch meiner zärtlichen Achtung nicht würdig.‹

Während ich mich in dieser grausamen Ungewißheit befand, die häufig zum Tod der Liebe führt, nahm meine Kammerzofe es auf sich, dem Grafen zu schreiben, er könne sie in der gleichen Verkleidung besuchen; sie sei überzeugt, ich werde ihre Kühnheit nicht tadeln.

Er folgte ihrem Rat, und eines schönen Morgens trat die schlaue Zofe bei mir ein und sagte lachend, die falsche Modistin sei mit allerlei Tand in ihrem Zimmer. Diese Nachricht regte mich sehr auf; doch gelang es mir, mich zu beherrschen, so daß ich meine Aufregung wenigstens zum Teil verbergen konnte, und ich lachte wie sie, obgleich die Sache mir durchaus nicht lächerlich vorkam.

›Soll ich sie hereinkommen lassen, Madame?‹

›Bist du verrückt?‹

›Soll ich sie fortschicken?‹

›Nein, ich werde selber kommen und mit ihr sprechen.‹

An diesem Tage kam es zu einer großen Aussprache. Während meine Kammerzofe aus und ein ging, hatten wir vollauf Zeit, uns zu verständigen und uns gegenseitig alle gewünschten Erklärungen abzugeben. Ich gestand ihm offen, daß ich ihn liebe; aber ich machte ihm begreiflich, daß die Klugheit von mir verlange, ihn zu vergessen, weil es nicht wahrscheinlich wäre, daß meine Verwandten jemals ihre Einwilligung zu unserer Verbindung geben würden. Er dagegen erklärte mir, der Minister, sein Gönner, habe beschlossen, ihn unverzüglich nach England zu schicken, und er werde an Verzweiflung sterben, wenn er nicht die Hoffnung mitnehmen könne, mich eines Tages zu besitzen. Ich konnte ihm nichts versprechen. Er bat mich, ihm zu erlauben, daß er häufig in seiner Verkleidung meine Zofe aufsuchen dürfe; ich wandte jedoch ein, daß wir uns dadurch großen Gefahren aussetzen könnten.

›Mir genügt es‹, rief er feurig und voller Zärtlichkeit, ›daß ich nichts für Sie zu befürchten habe: meine Besuche können niemals Ihnen zugeschrieben werden, sondern stets nur Ihrer Kammerzofe.‹

›Aber mir genügt es, daß ich um Sie in Furcht sein müßte; denn schon Ihre Verkleidung ist ein Verbrechen; Ihr guter Ruf würde darunter leiden, und das wäre kein gutes Mittel, uns der Erfüllung unserer Wünsche näherzubringen.‹

Obgleich ich diese Einwendungen machte, sprach doch mein

Herz zu seinen Gunsten, außerdem wußte er seine Sache so beredt zu vertreten, er versprach mir, so vorsichtig zu sein, daß ich ihm schließlich sagte, er könne sicher sein, daß ich ihn stets mit dem größten Vergnügen sehen werde.

Graf Al war zweiundzwanzig Jahre alt und ist acht Zoll[3] kleiner als ich; er ist schlank und gut gewachsen, so daß er in seiner Verkleidung als Frau schwer zu erkennen war; auch ist seine Stimme sehr sanft. Er weiß Bewegungen und Benehmen einer Frau täuschend nachzuahmen; er hat sehr schwachen Bartwuchs und ist so schön, daß mehr als eine Frau gern damit einverstanden sein würde, ihm ähnlich zu sehen.

So kam denn also der Graf fast drei Monate lang jede Woche zwei- oder dreimal; wir trafen uns stets im Zimmer meiner Vertrauten, und fast immer war diese zugegen. Aber wenn wir auch volle Freiheit gehabt hätten, so würde er doch niemals auch nur die geringste Taktlosigkeit begangen haben; denn er befürchtete zu sehr, mir zu mißfallen. Heute glaube ich, daß diese gegenseitige Zurückhaltung mächtig dazu beigetragen hat, die Glut anzufachen, die uns verzehrte; denn wenn wir an den nahe bevorstehenden Augenblick der Trennung dachten, kam Traurigkeit über uns, und wir versanken in einen stummen Schmerz. Trotzdem aber dachten wir gar nicht daran, irgendeinen Entschluß zu fassen, um uns glücklich zu machen. Unsere Liebe machte uns betäubt, indem sie unseren Geist zu Boden drückte. Wir schmeichelten uns mit der Hoffnung, daß der Himmel irgendein Wunder tun oder daß der Augenblick der Trennung niemals kommen würde; oder wir hielten uns die Gedanken daran absichtlich fern. So war denn der Augenblick plötzlich ganz unversehens und natürlich viel zu früh da: Wir wußten nicht, ob wir einen Entschluß fassen sollten oder nicht.

Eines Morgens teilte mir mein Geliebter unter Tränen mit, der Minister habe ihm am Tage vorher einen Brief an den portugiesischen Gesandten in London, Monsieur de Saa, gegeben; ein zweiter offener Brief sei an den Kapitän einer Fregatte gerichtet, die von El Ferrol erwartet werde und die nach einem Aufenthalt von wenigen Stunden nach England weitersegeln solle. In diesem zweiten Brief befahl der Minister dem Kapitän, den Grafen Al an Bord zu nehmen, ihn nach England zu bringen und ihn mit Zuvorkommenheit zu behandeln.

Ich faßte augenblicklich den kühnen Plan, mit ihm als sein

Bedienter zu reisen, oder noch besser, ihn als seine Frau zu begleiten, damit ich mein Geschlecht nicht zu verbergen brauchte. Als ich ihm meinen Plan mitteilte, war er von freudiger Überraschung wie geblendet. Das Übermaß des Glückes versetzte ihn in eine solche Aufregung, daß er nicht imstande war, über eine so wichtige Sache nachzudenken, sondern alles meinem Willen überließ. Wir verabredeten, am nächsten Tage ausführlicher darüber zu sprechen, und trennten uns dann.

Da ich voraussah, daß es mir vielleicht Schwierigkeiten machen würde, mein Haus in Frauenkleidern zu verlassen, so beschloß ich, mich als Mann zu verkleiden; da ich aber als solcher nur als Kammerdiener meines Geliebten auftreten konnte, so überlegte ich mir, daß ich im Falle einer stürmischen Seefahrt Strapazen ausgesetzt sein würde, die über die Kräfte einer zarten Frau gehen würden. Infolgedessen kam ich auf den Gedanken, selber den Herrn zu spielen, falls etwa der Kapitän den Grafen nicht persönlich kennen sollte; indem ich diesen Plan weiter ausdachte, widerstrebte es mir jedoch, meinen Geliebten als Diener auftreten zu sehen, und ich beschloß daher, ihn für meine Frau auszugeben. Sobald wir in England an Land gestiegen sind, sagte ich bei mir selber, werden wir heiraten, und dann legt ein jeder wieder die Kleider seines wirklichen Geschlechtes an. Durch unsere eheliche Verbindung wird der Makel unserer Flucht getilgt; vielleicht wird man meinen Gemahl anklagen, mich entführt zu haben; aber man entführt eine junge Dame doch nicht ohne ihre Einwilligung, und es ist nicht anzunehmen, daß Graf Oeyras mich verfolgen wird, weil ich seinen Günstling glücklich gemacht habe. Um bis zum Eintreffen meiner Einkünfte leben zu können, würde der Verkauf meiner Schmucksachen, über die ich verfügen konnte, uns genügende Mittel geben. Die Kassette befand sich in meinen Händen.

Als ich am nächsten Tage dem Grafen diesen ungewöhnlichen Plan mitteilte, konnte oder wollte er nichts dagegen einwenden. Das einzige Hindernis war nach seiner Meinung die Möglichkeit, daß der Kapitän des erwarteten Schiffes ihn persönlich kannte. Dies schien ihm jedoch nicht wahrscheinlich zu sein, und wir mußten das Wagnis eben auf uns nehmen. Wir vereinbarten, daß er mir die nötigen Kleider besorgen sollte. Ich war acht Zoll größer als er.

Ich sah ihn erst drei oder vier Tage darauf bei Einbruch der Nacht wieder. Ihm war von der Admiralität mitgeteilt worden, daß die Fregatte aus El Ferrol angekommen sei und an der Mündung des Tajo liege; der Kapitän werde sofort wieder absegeln, wenn er an Bord komme; er sei nur an Land gegangen, um seine Depeschen dem Premierminister zu bringen. Die Schaluppe erwarte den Kapitän um Mitternacht an einem bestimmten Ort, wo dieser dann bei seiner Rückkehr auch den Grafen Al anzutreffen hoffe.

Da ich fest entschlossen war, so brauchte ich nicht mehr zu wissen als den Ort, wo wir uns treffen sollten. Ein Unwohlsein vorschützend, schloß ich mich in mein Zimmer ein, packte die allernotwendigsten Sachen und das kostbare Juwelenkästchen, das den Schmuck meiner Mutter enthielt, in einen kleinen Beutel, zog Männerkleider an und verließ den Palast über eine Treppe, die nur für die Dienstboten bestimmt war. Ich wurde nicht einmal von dem Türhüter bemerkt, als ich die Schwelle des Palastes überschritt.

Etwa hundert Schritte vom Hause erwartete mich der Graf, der befürchtet hatte, ich könnte mich vielleicht verirren, in Männerkleidern. Ich war überrascht, als er meinen Arm nahm. Wir gingen zusammen in ein Haus, wo er seinen Koffer hatte, dem er Frauenkleider entnahm; in einer halben Stunde war er vollständig umgezogen und packte seine Männerkleidung ein. Dann holte ein Packträger unser geringes Gepäck, und wir gingen ans Ufer des Flusses, wo die Schaluppe bereits auf uns wartete. Es war elf Uhr, als wir sie bestiegen. Da ich glaubte, daß mein Schmuckkästchen in meiner Tasche sicherer sei, nahm ich es aus dem Beutel. Geduldig warteten wir auf die Ankunft des Kapitäns. Gegen Mitternacht kam er mit seinen Offizieren; er trat auf mich zu und sagte mir, er habe Befehl, mich mit Auszeichnung zu behandeln. Ich dankte ihm herzlich für seinen Empfang und stellte ihm hierauf meine Frau vor. Er begrüßte sie ehrerbietig, fand es jedoch nicht eigenartig, daß er vom Minister keinen Befehl erhalten hatte, auch sie mitzunehmen.

In einer knappen Stunde waren wir auf der Fregatte, die drei Meilen seewärts auf der Reede lag; sobald wir an Bord waren, ließ der Kapitän die Anker lichten. Er führte uns in eine Kajüte, die für uns recht bequem war; mit einem großen Bett, einem Liegestuhl und einer Hängematte. Ich übergab dem Kapitän den Brief, worin stand, daß er meinen Geliebten, den er zum Glück nicht kannte, nach England bringen sollte. Er ließ uns allein. Wir verbrachten den ganzen Rest der Nacht damit, uns über den kühnen Schritt, den wir getan hatten, zu unterhalten. Als der Morgen dämmerte, freuten wir uns, daß Lissabon nicht mehr in Sicht war. Da wir der Ruhe bedurften, ließ ich mich in den Liegestuhl fallen, während der Graf sich in eine breite Hängematte legte. Wir blieben beide in unseren Kleidern.

Kaum hatten wir ein wenig zu schlummern begonnen, so wurden wir von der Seekrankheit befallen, die alle spüren, die nicht daran gewöhnt sind. In den ersten vierundzwanzig Stunden wurde unser Magen völlig leer, trotzdem wollte er noch das entleeren, was gar nicht drin war; in den nächsten beiden Tagen schliefen und stöhnten wir nur. Am vierten Tage wurden wir von einem schrecklichen Hunger gequält, alles Essen konnte ihn aber nicht vertreiben.

Obgleich die Überfahrt von Lissabon nach England sehr lange dauert, da man fast den ganzen Atlantik durchsegeln muß, schafften wir es in vierzehn Tagen. Mein Geliebter hatte die Kajüte nie verlassen, der Kapitän zeigte sich auch nicht, um ihm einen Besuch zu machen. Wir konnten diese Zurückhaltung nur als Höflichkeit auffassen; denn bei uns ist es erlaubt, eifersüchtig zu sein, ohne sich lächerlich zu machen. Ich selber war fast den ganzen Tag auf Deck an der frischen Luft und unterhielt mich damit, alle Gegenstände, die ich wegen der Entfernung nicht genau sehen konnte, mit dem Fernrohr zu beobachten. Am siebenten Tage zitterte mir das Herz, als man mir sagte, daß ein Schiff, das in geringer Entfernung zu sehen war, eine Korvette wäre, die einen Tag nach uns von Lissabon abgefahren sei, die aber drei Tage vor uns in England ankommen werde.

Wir kamen bei Tagesanbruch ans Ziel und warfen im Hafen von Plymouth Anker aus.

Der Offizier, den der Kapitän an Land schickte, um die Erlaubnis zur Ausschiffung der Passagiere einzuholen, kam gegen Abend wieder an Bord und überbrachte ihm Pakete und Briefe. Nachdem er einen davon mit ganz besonderer Aufmerksamkeit gelesen hatte, rief der Kapitän mich beiseite. Mein Geliebter war in seiner Kajüte.

›Dieser Brief ist vom Grafen Oeyras, der mich bei meinem Kopfe dafür verantwortlich macht, daß eine junge, portugiesische Dame mein Schiff nicht verläßt, falls sie sich darauf befinden sollte, es sei denn, daß sie mir persönlich bekannt wäre. Er befiehlt mir, sie nach Lissabon zurückzubringen, nachdem ich einige

Aufträge ausgeführt haben werde, die mich noch etliche Tage in Cadiz aufhalten werden. Auf der Fregatte befindet sich weder eine Frau noch ein Mädchen, mit Ausnahme der Frau Gräfin, Ihrer Gemahlin. Beweisen Sie mir, daß sie wirklich Ihre Frau ist, und ich setze ihrer Landung durchaus kein Hindernis entgegen; sonst aber darf ich, wie Sie begreifen werden, gegen die Befehle des Ministers nicht ungehorsam sein.‹

›Sie ist meine Frau‹, erwiderte ich ihm kaltblütig. ›Da ich jedoch auf etwas Derartiges nicht gefaßt gewesen bin, so habe ich nicht ein einziges Papier bei mir, das Sie davon überzeugen könnte.‹

›Das tut mir leid, denn nun wird sie mit mir nach Lissabon zurückfahren. Übrigens können Sie sich darauf verlassen, daß sie, gemäß dem ausdrücklichen Befehl des Grafen, mit aller erdenklichen Ehrerbietung behandelt werden wird.‹

›Aber die Frau ist doch untrennbar von ihrem Gatten!‹

›Das gebe ich Ihnen zu, aber ich kann gegen die von meinem Vorgesetzten empfangenen Befehle nichts machen. Übrigens hindert Sie ja nichts, auf der Korvette nach Lissabon zurückzufahren. Sie werden vor uns dort sein.‹

›Warum kann ich nicht auf dieser Fregatte zurückfahren?‹

›Weil ich ausdrücklichen Befehl habe, Sie an Land zu setzen. Da fällt mir ein: Warum ist in dem Brief, der mir befiehlt, Sie nach England zu bringen, kein Wort von Ihrer Frau gesagt? Wenn Madame nicht die Person ist, die der Minister sucht, so können Sie sich darauf verlassen, daß man sie Ihnen wieder nach London schicken wird.‹

›Werden Sie mir gestatten, noch einmal mit ihr zu sprechen?‹

›Gern, aber nur in meiner Gegenwart.‹

Mir blutete das Herz, indessen galt es gute Miene zum bösen Spiel zu machen. Ich suchte den Grafen auf, redete ihn als meine liebe Frau an und verkündete ihm den grausamen Befehl, der uns trennen wollte.

Ich fürchtete, er würde sich verraten, aber er besaß die Kraft, sich zu beherrschen, und antwortete mir, uns bliebe nichts anderes übrig, als uns zu unterwerfen, da wir ja sicher sein könnten, uns in spätestens zwei Monaten wiederzusehen.

Ich konnte ihm in Gegenwart des Kapitäns nichts sagen, als was alle Welt hören durfte. Ich beschränkte mich daher darauf, ihm mitzuteilen, daß ich von London aus unverzüglich an die Äbtissin schreiben werde, und daß er in Lissabon diese zuallererst aufsuchen müsse; von ihr werde er meine Adresse erfahren. Ich hütete mich wohl, mein Schmuckkästchen von ihm zu verlangen, denn der Kapitän hätte möglicherweise geglaubt, es in Verwahrung nehmen zu müssen, da ein so reicher Schatz von Diamanten ihn auf die Vermutung bringen konnte, meine angebliche Frau wäre vielleicht irgendein reiches Fräulein, das ich verführt hätte. Weinend umarmten wir uns, und der Kapitän, der durch und durch ein Ehrenmann war, weinte ebenfalls, als er den Grafen zärtlich zu mir sagen hörte: ›Legen Sie Ihre Ehre und die meine in die Hände dieses würdigen Kapitäns.‹

Der Koffer des Grafen wurde in die Schaluppe gebracht, und da ich nicht wagte, meinen Beutel an mich zu nehmen, so besaß ich bei meiner Ankunft an Land weiter nichts als eine Ausrüstung von Männerkleidern.

Auf dem Zollamt erfuhr ich, was ich besaß: Schreibhefte, Bücher, Briefe, Wäsche, einige Anzüge, einen Degen, zwei Paar Pistolen, von denen ich das eine sofort in meine Tasche steckte. Hierauf ließ ich mich nach einem Gasthof führen, dessen Wirt mir sofort bei meinem Eintritt sagte: wenn ich am nächsten Morgen mit zwei Damen und einem Herrn nach London reisen wolle, werde ich nur ein Pferd zu bezahlen haben.

›Wer sind die drei Personen, die einen Begleiter wünschen?‹

›Ich werde Sie mit ihnen zu Abend essen lassen, wenn Sie es wünschen.‹

Ich nahm das Anerbieten an und fand einen Herrn und zwei Damen, deren Benehmen es mir angenehm erscheinen ließ, von der Gelegenheit Gebrauch zu machen. Ich hatte das Glück, ihnen ebenfalls zu gefallen, und am nächsten Tage kamen wir bei guter Zeit in London an und stiegen am Strand[4] in einem Gasthof ab. Dort aß ich nur zu Mittag und machte mich sofort auf die Suche nach einer Wohnung, die mit meinen Mitteln und mit der von mir zu beobachtenden Lebensweise in Einklang stände. Ich besaß nur fünfzig Lisboninen und einen Ring von ungefähr gleichem Werte.

Nachdem ich mir einige Zimmer in verschiedenen Häusern angesehen hatte, nahm ich eins im dritten Stock, dessen Wirtin mir wegen ihres guten und ehrbaren Gesichtes gefiel. Da ich weder Erfahrung noch Empfehlungen an irgendeinen Menschen besaß, konnte ich mich nur auf Gott und auf meinen guten Willen verlassen und mußte mein Schicksal dem Mitgefühl meiner Mitmenschen anheimstellen. Die Frau gefiel mir, und ich nahm bei ihr ein Zimmer zu zehn Schilling wöchentlich. Ich bat sie, mir sofort behilflich zu sein, um mich sauber, aber ohne jeden Luxus meinem Geschlecht gemäß zu kleiden; denn in meinen Männerkleidern wagte ich nicht mehr auszugehen.

Schon am nächsten Tage sah ich mich für mein Geld mit Hemden, Kleidern, Schuhen und mit allem versehen, was ein armes Mädchen braucht, das weder blenden noch überhaupt die Blicke seiner Mitmenschen auf sich ziehen will. Da ich gut genug Englisch sprach, um nicht als Ausländerin zu erscheinen, so wußte ich, wie ich mich zu benehmen hatte, um keine Unannehmlichkeiten befürchten zu müssen. Obgleich meine Wirtin eine recht gute Frau war, bemerkte ich doch bald, daß ihr Haus nicht ganz meiner Lage entsprach; denn die Ordnung meiner Angelegenheit konnte lange Zeit dauern, und wenn mir das Geld ausgegangen wäre, hätte ich mich unglücklich gefühlt. Ich beschloß also, das Haus zu verlassen. Da ich meine eigene Herrin war, so hatte ich keine Besuche empfangen; aber ich konnte es nicht verhindern, daß den ganzen Tag Neugierige an meine Türe kamen; es kamen immer mehr, je weiter die Nachricht bekannt wurde, daß ich keine Besuche empfinge. Es verkehrten zu viele Menschen in diesem Hause. Da es nicht weit von Saint Paul's in der Nähe der Börse lag, so wimmelte die Straße von jungen Menschen, und mehrere Herren, die im ersten und zweiten Stock zu Mittag aßen, versuchten alles mögliche, um mich von meiner sogenannten Traurigkeit zu heilen, obgleich ich durchaus nicht so tat, als wenn ich solcher Heilung bedürftig wäre.

Ich beschloß, wöchentlich nur eine Guinee auszugeben, und da mein Ring vollkommen nutzlos für mich war, so entschloß ich mich, ihn zu verkaufen, aber unter der Bedingung, daß ich den Wert nur in Teilzahlungen nach und nach erhielte. Ein alter Händler, der nebenan wohnte, und für dessen Redlichkeit meine Wirtin einstand, schätzte meinen Ring auf hundertundfünfzig Guineen und bat mich, ihm das Vorkaufsrecht zu geben, wenn ich keinen besseren Preis fände. Ich hielt den Ring nicht für so wertvoll und überließ ihm denselben unter der Bedingung, daß er mir monatlich vier Guineen auszahlen solle und daß ich ihn für dieselbe Zahl von Guineen, die ich empfangen haben würde, zurückkaufen könnte, wenn ich dazu vor der völligen Bezahlung imstande wäre.

Das bare Geld, das ich bei mir hatte und noch jetzt besitze, wollte ich behalten, um auf dem Landwege nach Lissabon zurückkehren zu können, sobald man mir schreiben würde, daß ich mich unbesorgt dort wieder sehen lassen könnte. Ich hatte beschlossen, kein Schiff mehr zu nehmen. Für meine Kleidung habe ich nicht viel bezahlt; ich habe noch genug Geld übrig. Von dem Ring kann ich etwa drei Jahre leben, denn jetzt bin ich schon zwölf Monate hier, und ich habe erst ein Drittel seines Wertes ausgegeben.

Ich teilte meine Verlegenheit meiner braven Wirtin mit, die noch jetzt meine Freundin ist. Sie half mir eine andere anständige Wohnung zu suchen, wieder am Strand und für den gleichen Preis; aber ich war genötigt, eine Dienerin anzunehmen, um meine kleinen Einkäufe zu besorgen, da ich mich nicht entschließen konnte, außer dem Hause zu essen. Hieraus entsprangen für mich lauter Unannehmlichkeiten und Verdrießlichkeiten, denn ich fand nichts als Spitzbübinnen. Da ich nun nicht mehr als einen Schilling täglich ausgeben wollte, so konnte ich begreiflicherweise nicht über die kleinen Diebstähle hinwegsehen. Ich aß wenig und trank Wasser, da ich Bier nicht vertrage. Der bei uns so ausgezeichnet schmeckende Portwein ist hier teuer und schlecht. Diese Lebensweise voll Entbehrungen ließ mich von Tag zu Tag mehr abmagern. Ich sah jedoch keine Möglichkeit, mir so bald etwas Besseres gönnen zu dürfen. Da ließ mich ein guter Geist in einer Zeitung von Ihrem eigenartigen Aushängeschild lesen. Ich lachte bei mir selber darüber, aber mich trieb eine unwiderstehliche Gewalt oder auch vielleicht die Neugier, die, wie wir gestehen müssen, unserer Frauennatur innewohnt, und ich konnte nicht der Lust widerstehen, mit Ihnen zu sprechen. Instinktmäßig suchte ich ein Mittel, meine Lage zu verbessern, ohne meine Ausgaben zu vermehren.

Dazu kam die Neugier, denn in der Zeitung stand auch, daß der Herr des Hauses Italiener sei, der sich offenbar vor einem Betrug nicht fürchtete. Da ich meinerseits glaubte, daß ich eine Gewalttätigkeit nicht werde zu befürchten brauchen, so faßte ich den Mut, das Wagnis zu bestehen. Ich fühle jedoch, daß ich sehr anmaßend gewesen bin und daß es süß sein kann, Angriffen keinen Widerstand zu leisten. Da ich von einem Italiener, einem klugen und rechtschaffenen Manne, erzogen worden bin, so habe ich stets eine große Vorliebe für Ihre Nation gehabt.«

»Das war aber wirklich eine schöne kleine Geschichte, die mir sehr gefallen hat. Sie haben die Seele eines Engels; seitdem ich weiß, daß Sie Portugiesin sind, fühle ich mich sogar mit Ihrer Nation völlig wieder ausgesöhnt.«

»Sie liebten uns also nicht?«

»Ich hatte einen Groll auf euch, weil ihr vor zweihundert Jahren euren Virgil habt im Elend sterben lassen.«

»Sie denken an Camões; aber wie können Sie ihn so hoch schätzen, wenn Sie nicht portugiesisch verstehen?«

»Ich las eine Übersetzung in lateinischen Hexametern, die so schön waren, daß ich Virgil zu lesen glaubte.«

»Ist das auch wahr?«

»Ich kann Ihnen nichts vorlügen.«

»Nun, so gelobe ich hiermit vor Gott, daß ich lateinisch lernen will!«

»Dieses Gelübde ist Ihres Geistes würdig; aber Sie müssen von mir diese schöne Sprache lernen. Ich will in Portugal leben und sterben, wenn Sie mir Ihr Herz versprechen.«

»Mein Herz! Warum habe ich nicht zwei! Seitdem ich Sie kenne, liebe ich mich selber weniger, denn ich befürchte sehr, unbeständig zu sein.«

»Ich werde mich damit begnügen, nur so geliebt zu werden, als wenn ich Ihr Vater wäre; nur müssen Sie mir erlauben, zuweilen meine Tochter an mein Herz drücken zu dürfen. Bitte, fahren Sie in Ihrer Geschichte fort; das Wesentliche haben Sie mir noch zu erzählen. Was ist aus Ihrem Geliebten geworden? Und was taten Ihre Verwandten, als Ihre Flucht bekannt wurde?«

»Am dritten Tage nach meiner Ankunft in dieser Riesenstadt schrieb ich meiner Tante, der Äbtissin, einen langen Brief, worin ich ihr ausführlich und wahrheitsgetreu alles schilderte, was mir begegnet war. Ich bat sie, meinen Gatten zu beschützen und mir zu helfen, meinen Entschluß durchzusetzen: Ich würde nicht früher nach Lissabon zurückkehren, als bis sie mir versichert hätte, daß meiner Heirat keine Hindernisse mehr bereitet würden und daß ich, als Herrin meines Vermögens, offen vor aller Welt mit dem Gatten meiner Wahl leben könnte. Zugleich bat ich sie, mich über alles auf dem laufenden zu halten und ihre Briefe an meine Wirtin zu adressieren, indem sie der Adresse nur die Worte hinzufügte: ›Für Miss Pauline‹.

Ich ließ meinen Brief über Paris und Madrid gehen; das ist zu Lande der nächste Weg, ich erhielt daher die Antwort erst nach drei Monaten. In ihrem Brief schrieb meine Tante mir, die Fregatte, die mich nach London gebracht habe, sei erst vor acht oder zehn Tagen wieder in Lissabon angekommen. Sofort nach seiner Ankunft habe der Kapitän dem Minister geschrieben: Die einzige Dame, die er bei seiner Ankunft in England an Bord gehabt habe, befinde sich noch bei ihm; denn er habe sie wieder nach Lissabon zurückgebracht, trotz des Einspruchs des Grafen Al, der ihm erklärt habe, daß die Dame seine Gemahlin sei. Zum Schluß seines Briefes bat der Kapitän seine Exzellenz, ihm nähere Verhaltensmaßregeln zu geben, an welchen Ort er besagte Dame zu bringen habe.

Der Minister Oeyras zweifelte nicht daran, daß ich diese angebliche Gemahlin sei, und befahl dem Kapitän, mich in das Kloster meiner Tante zu bringen und ihr einen Brief zu übergeben, den er ihm zugleich schickte. In diesem Brief schrieb er meiner Tante, er sende ihr ihre Nichte und bitte sie, diese bis auf weiteren Befehl in guter Hut zu halten. Meine Tante war sehr überrascht; aber ihre Überraschung wäre noch größer gewesen, wenn sie nicht drei oder vier Tage vorher bereits meinen Brief empfangen hätte. Sie dankte dem Kapitän und führte die angebliche Nichte in ein Zimmer, in das sie sie einschloß. Hierauf schrieb sie dem Grafen Oeyras: Gemäß dem Befehle Seiner Exzellenz habe sie vom Kapitän eine Dame empfangen, die für ihre Nichte gelte; da jedoch diese Dame weder ihre Nichte noch eine Dame, sondern ein als Mädchen verkleideter Mann sei, so könne sie diesem nicht länger Zuflucht in ihrem Kloster geben und bitte daher Ihre Exzellenz, dieser Verlegenheit sobald wie möglich ein Ende zu machen.

Nachdem die Äbtissin diesen eigenartigen Brief an den Minister abgeschickt hatte, machte sie dem Grafen Al einen Besuch. Er warf sich ihr zu Füßen, meine gute Tante aber hob ihn sofort auf und zeigte ihm meinen Brief. Sie teilte ihm mit, daß sie an den Minister habe schreiben müssen, da sie keinen Mann im Kloster behalten könne, und daß man ihn ohne Zweifel in einer oder zwei Stunden an einen anderen Ort bringen werde. Der Graf brach in Tränen aus, flehte die würdige Äbtissin an, sich unserer gemeinsamen Angelegenheiten anzunehmen, und übergab ihr mein Schmuckkästchen, das er die ganze Zeit bei sich in der Tasche gehabt hatte und das meine Tante bereitwillig in Verwahrung nahm. Bevor sie ging, versprach sie ihm noch, mir alles zu berichten. Sie hat ihn nicht mehr gesehen, obwohl er noch die ganze Nacht und den halben Vormittag des nächsten Tages in seinem Zimmer bleiben mußte, weil der Minister sich auf einem seiner Landgüter drei oder vier Meilen von Lissabon entfernt aufhielt. Deshalb erhielt er den Brief der Äbtissin erst am nächsten Tage. Er beeilte sich, ihr seine Antwort persönlich zu überbringen. Meine Tante überzeugte Seine Exzellenz mit leichter Mühe, daß es von größter Wichtigkeit sei, die Sache geheimzuhalten, da durch die Verletzung der Klosterklausur ihre Ehre ernstlich bedroht sei. Sie gab dem stolzen Minister den Brief, den sie von mir erhalten hatte, und teilte ihm mit, daß der ehrenwerte junge Mann ihr meinen Schmuck übergeben habe. Sie solle ihn einstweilen behalten, erwiderte er. Der Graf dankte der Äbtissin für die Offenheit, womit sie ihn in die ganze Angelegenheit eingeweiht habe, und bat sie lachend um Verzeihung, daß er ihr einen hübschen Jungen zur Gesellschaft geschickt habe. ›Es ist von allergrößter Wichtigkeit‹, sagte Seine Exzellenz, ›daß die Sache geheim bleibt, und um dessen sicher zu sein, dürfen wir keinen Dritten ins Vertrauen ziehen. Ich werde Sie daher in eigener Person von der falschen Nichte befreien und diese auf der Stelle in meinem Wagen mitnehmen.‹

Meine Tante nahm die Exzellenz beim Wort und holte den jungen Eingesperrten. Dieser stieg in den Wagen, der vor der Tür hielt, und fuhr mit dem Minister ab. Die gute Äbtissin sagte mir, von diesem Augenblick an habe sie nichts mehr erfahren. Ganz Lissabon spreche von meiner Geschichte, aber man füge noch einen Umstand hinzu, der die Sachlage wesentlich verändere und den Grafen Oeyras ohne Zweifel höchst ergötzen müßte: Man sagte nämlich in Lissabon und sagt es auch heute noch, der Kapitän der Fregatte habe mich im Auftrage des Ministers der Äbtissin anvertraut, habe sich aber dann später meiner bemächtigt und halte mich verborgen; man kenne jedoch nicht den Ort, wo er mich eingesperrt halte.

Man glaubt also, daß Graf Al in London ist. Ohne Zweifel ist Seine Exzellenz über meinen Aufenthalt hier in London vollkommen unterrichtet, denn er weiß meinen Namen und meine Adresse, und es fehlt ihm sicherlich nicht an Spionen.

Auf den Rat meiner Tante habe ich vor zwei Monaten dem Grafen Oeyras geschrieben: Ich sei bereit, nach Lissabon zurückzukehren, wenn Seine Exzellenz mir die Ehre erweise, mir eigenhändig zu schreiben, daß sofort nach meiner Rückkehr in die Heimat Graf Al vor der Öffentlichkeit mein Gatte werde und daß niemand über mein Tun und Lassen Rechenschaft fordern dürfe, selbst nicht unter dem Vorwande der Freundschaft. Werden diese Bedingungen mir nicht bewilligt, so, habe ich dem Minister erklärt, sei ich entschlossen, niemals London zu verlassen, wo die Gesetze mir völlige Freiheit verbürgen. Ich erwarte jeden Tag die Antwort des Ministers.«

Diese Erzählung wird denen als Roman vorkommen, die die Wahrheit nicht beeindruckt. Obwohl die Namen geändert sind, wissen viele Adlige von Lissabon, um wen es sich in Wirklichkeit handelt; aber sie sind klug und schweigen.

Ich lebte mit der schönen Pauline in inniger Eintracht; von Tag zu Tag fühlte ich meine Liebe zu ihr wachsen, und flößte ich ihr zärtlichere Gefühle ein. Aber wie nun meine Liebe wuchs und immer unwiderstehlicher wurde, magerte ich sichtlich ab, verlor Ruhe, Schlaf und Appetit; ich wäre an meiner Sehnsucht zugrunde gegangen, wenn ich sie nicht hätte befriedigen können. Pauline dagegen blühte auf und wurde jeden Tag schöner.

Eines Tages sagte ich zu ihr: »Wenn mein Leiden dazu dient, Ihre Reize zu vermehren, so müssen Sie dafür sorgen, daß ich nicht sterbe; denn ein Toter leidet nicht mehr.«

»Sie glauben, Ihr Leiden sei eine Folge des Gefühls, das ich Ihnen einflöße?«

»Daran kann ich nicht zweifeln.«

»Ich will gern glauben, daß etwas Wahres an Ihrer Behauptung ist; aber ich schreibe Ihre Veränderung der Lebensweise zu, die Sie führen, seitdem ich in Ihrem Hause bin. Wenn Sie mich lieben, müssen Sie mir einen Beweis davon geben: Machen Sie einen Spazierritt!«

»Ich kann Ihnen nichts abschlagen, schöne Pauline! Und nachher?«

»Nachher? Da werden Sie mich dankbar finden, werden guten Appetit haben und die ganze Nacht schlafen.«

»Schnell ein Pferd, schnell meine Stiefel!«

Ich küsse ihr die Hand – denn weiter war ich noch nicht bei ihr – und reite nach Kensington hinaus. Da das Traben mir unangenehm ist, will ich mein Pferd zum Galopp bringen; es nimmt die Kandare zwischen die Zähne und stürzt plötzlich mit allen vier Beinen hin, und schon liege ich vor der Tür des Herzogs von Kingston auf dem Pflaster. Miss Chudleigh stand gerade am Fenster, sie schickte mir sofort einen ihrer Leute zu Hilfe.

Sobald ich wieder aufrecht stand, wollte ich zu ihr gehen, um ihr meinen Dank auszusprechen, aber es war mir unmöglich, mit dem rechten Fuß aufzutreten. Man trug mich in ein Zimmer des Erdgeschosses und zog mir die Stiefel aus. Ein Kammerdiener, der sich in chirurgischen Dingen auskannte, untersuchte mich und stellte fest, daß ich mir das Bein verstaucht und ausgerenkt hatte. Er befühlte den Knochen und meinte, daß er aus der Pfanne gerutscht sei. Er verordnete mir, acht Tage das Bett nicht zu verlassen, und legte mir einen großen Verband an. Die bezaubernde Miss ließ mich nach Hause bringen und schickte das Pferd wieder zu seinem Besitzer zurück.

Zu Hause angekommen, legte ich mich sofort ins Bett und ließ einen Wundarzt rufen, der nur zwanzig Schritte weiter wohnte; er entfernte den Verband und mußte über die angebliche Verrenkung herzlich lachen.

»Ich wette um hundert Guineen, es ist nur eine einfache Verstauchung, und ich wünschte, der Fuß wäre gebrochen, um Ihnen zeigen zu können, was ich kann.«

»Sie sind Franzose, ich bin froh, daß ich Ihr Talent nicht auf eine solche Probe zu stellen brauche, und ich werde die beste Meinung von Ihnen haben, wenn Sie mich recht schnell wiederherstellen.«

Zu meinem Erstaunen sah ich Pauline nicht. Man sagte mir, sie habe sich in einer Sänfte forttragen lassen. Zwei Stunden darauf trat sie endlich ganz aufgeregt bei mir ein; die alte Hausmeisterin hatte ihr gesagt, ich hätte ein Bein gebrochen.

»Ich Unglückselige!« rief sie, indem sie an mein Bett eilte, »an diesem Unglück bin ich schuld!«

Kaum hatte sie dies gesagt, so erbleichte sie und sank beinahe ohnmächtig auf das Bett.

»Meine teure Freundin, es ist nicht so schlimm, nur eine einfache Verstauchung.«

»Dummes altes Weib! Wie weh hat sie mir getan! Aber, Gott sei gelobt! Fühlen Sie mein Herz.«

»Oh! Ich fühle es mit Entzücken! Glücklicher Sturz!«

Meine Lippen auf die ihren pressend, fühlte ich mit Entzükken, wie unsere Küsse ineinander verschmolzen, und ich segnete meine Verstauchung. Pauline lachte.

»Worüber lachen Sie, entzückende Freundin?«

»Über die Spitzbüberei der Liebe, die schließlich doch immer triumphiert.«

»Wo waren Sie?«

»Ich war bei dem ehrenwerten Mann und habe ihm die achtundvierzig Pfund zurückgegeben, die er mir vorgeschossen hat, vier für jeden Monat, um meinen Ring einzulösen, und ich schenke ihn Ihnen, damit Sie eine Erinnerung an meine Freundschaft haben.«

»O meine Pauline, ein bißchen Liebe wäre mir viel lieber als dieser schöne Solitär.«

»Sie haben den Diamanten und meine Liebe. Bis zu meiner Abreise, die nur zu bald erfolgen wird, werden wir als zwei zärtlich liebende Gatten miteinander leben, und die Hochzeit werden wir heute abend feiern, indem wir hier an Ihrem Bette speisen; denn die Verstauchung und ich, mein süßer Freund, verbietet Ihnen, es zu verlassen.«

»Ach, meine liebe Pauline, was für holde Worte von Ihren Lippen! Welch ein Glück verkünden Sie mir! Nein, ich würde es nicht ertragen, wenn ich es nur in Aussicht hätte. Gestatten Sie mir, daran zu zweifeln, bis ich die volle Wirklichkeit genieße!«

»Gern, mein Freund, wenn Sie das wollen; aber Ihr Zweifel darf nur ganz leicht sein, sonst könnte er mir Unrecht tun. Ich war es müde, so mit Ihnen zusammenzuleben, Sie zu lieben und Sie durch meine Liebe unglücklich zu machen. Darum beschloß ich, Ihnen anzugehören, als ich Sie zu Pferde steigen sah. Infolgedessen ging ich während Ihrer Abwesenheit schnell fort, um meinen Ring einzulösen, und nun will ich nicht mehr Ihre Arme verlassen, bis der verhängnisvolle Brief, den ich aus Lissabon erwarte, mich Ihnen entreißen wird. Seit acht Tagen lebe ich in beständiger Furcht; denn diesen Brief, den ich so sehr ersehnt habe, fürchte ich, jetzt eintreffen zu sehen.«

»Wenn doch der Kurier unterwegs seines Briefsackes beraubt würde.«

Da Pauline noch immer neben meinem Bett stand, bat ich sie, in meine Arme zu kommen; aber da die Türe offenstand, tat sie es nicht. Um mich auf andere Gedanken zu bringen, holte sie den Ariost und las mir das Abenteuer Ricciardettos mit der spanischen Prinzessin Fiordispina[5] vor – die schönste Episode des fünfundzwanzigsten Gesanges dieses Gedichtes, das ich auswendig wußte. Sie stellte sich vor, daß sie die Prinzessin und ich Ricciardetto sei.

Ihr machte der Gedanke Spaß:

... Che il ciel l'abbia concesso,
Bradamante cangiata in miglior sesso ...
[Verwandelt ruht dann neben ihr der echte Genoß, und zwar vom besseren Geschlecht.][6]

Dann kam sie an die Stanze:

Le belle braccia al collo indi mi getta,
E dolcemente stringe, e bacia in bocca:
Tu puoi pensar se allora la saetta
Dirizza Amor, se in mezzo 'l cor mi tocca.
[Der schöne Arm umschlingt mich alldieweile
Und drückt mich hold; dann küßt sie mir den Mund.
Du magst dir denken, wie von Amors Pfeile
Die Spitze mir im tiefsten Herze stund.][7]

Sie wünschte eine Erklärung über das *baciar in bocca* und über die Liebe, die in diesem Augenblick Ricciardettos Pfeil aufrichtete; ich gab ihr eine ausführliche Erläuterung und überraschte sie, indem ich sie plötzlich ebensolchen Pfeil berühren ließ wie jenen, von dem Ariost spricht. Sie wurde darüber böse. Dies war auch ganz in der Ordnung; aber ihr Zorn konnte nicht lange dauern, und sie lachte laut auf, als sie an die Verse kam:

Io il veggo, io il sento, e a pena vero parmi:
Sento in maschio di femmina mutarmi.
[Kaum glaub ich's, doch ich seh's, ich fühl's am Leibe,
Ich wandle mich zum Mann aus einem Weibe.][8]

Und weiter:

Così le dissi, e feci ch'ella stessa
Trovò con man la veritade espressa.
[Ich sag's und führ die Hand dem lieben Kinde,
damit es selbst die volle Wahrheit finde.][9]

Sie war erstaunt, daß Rom nicht dieses Gedicht verboten hätte, das, wie sie sagte, von Schmutzereien wimmelte.

»Ich glaube, Sie irren sich, meine liebe Pauline; nur das verdient, Schmutzerei genannt zu werden, was Widerwillen erregt.«

Sie fand es eigenartig von Ariost, daß er von den Frauen aller Nationen gerade eine Spanierin wählte, um ihr den seltsamen Geschmack zuzuschreiben, der sie gerade in den als Frau verkleideten Bradamante sich verlieben ließ.

Ich glaubte, die Schäferstunde habe geschlagen, als sie an die Stelle kam:

Io senza scale in su la rocca salto,

E lo stendardo piantovi di botto,
E la nemica mia mi caccio sotto.
[Daß ich ins Schlößlein ohne Leiter drang.
Dort pflanz' ich stolz mein Banner auf zum Siege,
Als ich die Feindin glücklich niederkriege.][10]

Ich wollte sofort die Szene dramatisch mit ihr darstellen, aber sie sagte zu mir: »Mein lieber Freund, Sie könnten Ihr Übel verschlimmern; ich bitte Sie, mäßigen Sie sich, bis Ihre Verstauchung geheilt ist.«

»Müssen wir denn meine Heilung abwarten, um unsere Ehe zu vollziehen?«

»Ich glaube ja; denn wenn ich mich nicht irre, können Sie das Werk nicht ohne gewisse Bewegungen vollbringen ...«

»Sie irren sich, meine Liebe! Aber selbst, wenn es so wäre! Verlassen Sie sich darauf, ich würde nicht bis morgen warten, und wenn es mich das Bein kosten sollte! Übrigens werden Sie sehen, daß es Mittel gibt, um den Zweck ziemlich leicht zu erreichen, ohne mein Übel zu verschlimmern. Sind Sie überzeugt? Sagen Sie es mir; denn Ihre Ängstlichkeit beunruhigt mich.«

»Nun gut! Die Frau muß dem Gatten gehorchen. Ich werde all das tun, was Ihnen gefällt.«

»Wann?«

»Nach dem Abendessen.«

»Meine liebe Gattin, verzichten wir auf das Abendessen. Wir werden morgen mittag reichlicher speisen.«

»Nein. Denken Sie daran, daß wir uns davor hüten müssen, den Dienern Veranlassung zu geben, etwas zu erraten.«

Ich stimmte zu; doch wir konnten nichts essen, und um zehn Uhr fühlten wir uns vollständig ungezwungen.

Doch dieses liebreizende Mädchen, das den Mut hatte, so deutlich auszudrücken, daß wir nach dem Abendessen Mann und Frau würden, brachte es nicht übers Herz, sich in meiner Gegenwart zu entkleiden. Sie konnte sich nicht dazu entschließen. Das sagte sie mir und machte sich dabei über sich selbst lustig.

»Aber Sie haben doch vierzehn Tage hintereinander in derselben Kajüte mit Ihrem Geliebten gelebt.«

»Er hat immer in seiner Hängematte gelegen und mir den Rükken zugekehrt, wenn ich mich, auf meinem Klappstuhl sitzend, auszog oder am Morgen ankleidete.«

»Soviel Tugendhaftigkeit ist fast unglaublich.«

»Ich glaube, mein Freund, wenn man noch nicht angefangen hat, ist es einfacher, sich zurückzuhalten, als sich gehenzulassen. In dieser ersten Nacht werde ich angekleidet neben Ihnen liegen.«

»Wollen Sie, daß ich mich ebenfalls ankleide?«

»Sie sind grausam. Verzeihen Sie doch meine Schwäche.«

»Aber, mein Engel, fühlen Sie nicht, wie sehr diese Scham Ihres Geistes unwürdig ist?«

»Löschen Sie die Kerzen, und in einer Minute bin ich in Ihren Armen.«

»Löschen wir sie schnell.«

Trotz der heruntergelassenen Vorhänge bekam das Zimmer durch den strahlenden Mond genügend Licht, um in der günstigen Entfernung, in der sie sich befand, die bezauberndsten Umrisse zu erkennen. Diese ganze Szene schien nur dafür geschaffen zu sein, mich noch feuriger werden zu lassen; doch Pauline wußte, daß sie keine Kunstgriffe nötig hatte.

Pauline kam in meine Arme, und wir vereinigten uns anfangs in tiefem Schweigen. Unser Feuer vermischte sich, und ihre Seufzer bewiesen mir deutlich, daß ihr Verlangen noch lebhafter war als meines und daß sie liebebedürftiger war als ich. Die unerläßliche Pflicht, ihre Ehre zu schonen, ließ mich plötzlich einhalten, und die rühmlichen Spuren ihrer Tugend, über die ich gerade triumphiert hatte, in einem Taschentuch auffangen.

Bis zu diesem Augenblick war ich einzig von der Liebe beseelt; doch nach dem blutigen Opfer war ich zu meiner Überraschung durchdrungen von Respekt und Dankbarkeit. Ich bot all meine Redegewandtheit auf, um ihr die Gewißheit zu verschaffen, daß ich das ganze Ausmaß meines Glücks kannte und stets bereit sei, in meinem Leben alles zu riskieren, um sie von meiner beständigen Zärtlichkeit zu überzeugen. Nachdem wir unsere Kämpfe mehrmals wiederholt hatten, sahen wir uns außerstande, den letzten zu vollenden, und wir schliefen so fest ein, daß wir beim Aufwachen kaum glauben konnten, geschlafen zu haben.

Ich sah in meinen Armen die erste Schönheit Portugals, den einzigen Sproß einer berühmten Familie, die sich mir hingegeben hatte und mir dennoch nur sehr kurze Zeit gehören würde; und ich betrachtete Pauline, die, auf einen Ellenbogen gestützt, sich traurigen Überlegungen hingab.

»Woran denkst du, mein lieber Freund?«

»Ich versuche, mich davon zu überzeugen, daß mein Glück kein

Traum ist. Wenn es Wirklichkeit ist, wünsche ich eher zu sterben, als dich zu verlieren. Ich bin der Glückliche, dem du einen unschätzbaren Schatz überlassen hast, und ich halte mich dessen für unwürdig, obgleich ich dich mehr liebe als mich selbst.«

»Nein, mein Freund. Du bist dessen sehr würdig, wenn du mich noch achten kannst; denn ich zweifle nicht an deiner Zärtlichkeit.«

Pauline, die für meine Zärtlichkeiten, die meinen Worten folgten, empfänglich war, erglühte, bevor sie das erneute Auflodern meines Feuers bemerkte, und ließ vor meinen begierigen Augen alle Schönheiten erstrahlen, auf die ich neugierig sein konnte; so versetzte sie sich in den Zustand, um meinen dritten Angriff zu genießen, während dessen langer Dauer ich sie drei Mal in Liebesverzückung sah. Am Ende zeigte ich ihr die Zeichen meiner Achtung, um die ich sie einzig gebracht hatte, um ihre Ehre zu schonen.

»Ich schwöre dir, mein Freund, daß die Liebe mir keine Zeit gelassen hat, daran zu denken. Das sollte deine Sache sein; doch es ist mir angenehm zu sehen, daß ich nun niemals versucht sein werde, zu bereuen, mich ihrer Macht hingegeben zu haben.«

Sie schlüpfte danach aus dem Bett, um sich anzukleiden, und lachte darüber, daß sie sich in meiner Gegenwart nicht mehr genierte.

»Wenn das Verschwinden der Scham«, sagte sie mir, »eine Auswirkung des erworbenen Wissens ist, sag mir, warum unsere Stammeltern erst schamhaft wurden, nachdem sie es erworben hatten?«

»Das weiß ich nicht, mein Engel; aber sage mir, ob du vor dem Verlassen des Klosters diese Frage an deinen gelehrten italienischen Lehrer gerichtet hast, von dem du mir erzähltest?«

»Hm – ja!«

»Was hat er dir geantwortet?«

»Sie hätten sich geschämt, nicht weil sie genossen hätten, sondern weil sie ungehorsam gewesen wären; indem sie die Körperteile bedeckten, die sie verführt hätten, glaubten sie, den begangenen Fehltritt verleugnen zu können. Was man auch sagen mag, ich bin der Meinung, daß Adam viel mehr Schuld hatte als Eva.«

»Wieso?«

»Weil Adam das Verbot von Gott selber erhalten hatte, während Eva es nur von Adam vernommen haben konnte.«

»Ich glaube, alle beide empfingen das Verbot unmittelbar von Gott.«

»Du hast also die Genesis nicht gelesen?«

»Du machst dich über mich lustig.«

»Dann hast du sie also schlecht gelesen; denn es steht darin klar und deutlich, daß Gott die Eva schuf, nachdem er Adam die Angelegenheit verboten hatte.«

»Ich finde es seltsam, daß unsere Bibelausleger diesen Umstand nicht hervorgehoben haben, denn er scheint mir sehr wichtig zu sein.«

»Die Theologen sind eben Betrüger; sie sind fast alle Feinde unseres Geschlechts.«

»Ach darum.«

»Bitte, laß uns davon nicht mehr sprechen! Aber mein Lehrer war ein ehrlicher Mann.«

»War er Jesuit?«

»Ja, aber in der kurzen Robe.«[11]

»Was heißt das?«

»Darüber wollen wir ein anderes Mal sprechen.«

Meine liebe Pauline war in ihrem Denken so tief in der Religion verwurzelt, daß sie sich viel mehr mit ihr beschäftigte als ich. Ich hätte das nie so gut begriffen, wenn ich es nicht geschafft hätte, mit ihr zu schlafen. Ich habe viele Frauen von solcher Geistesanlage gekannt: Um sich ihres Geistes zu erfreuen, muß man sie zunächst verführen; dann ist man ihres Vertrauens sicher, und sie haben kein Geheimnis mehr vor dem Sieger, der sie zu erobern wußte. Hauptsächlich aus diesem Grunde liebt das schöne Geschlecht die Tapferen und verachtet die Feigen. Allerdings sieht man zuweilen, wie Feiglinge anscheinend bevorzugt werden; aber dies sind Erfolge, die sie nur ihrer Schönheit verdanken, die Frauen treiben ihren Spaß mit ihnen, und wenn ein anderer dem Feigling Stockschläge erteilt, lachen sie darüber.

Nach dieser köstlichen Nacht beschloß ich, mein Haus nicht mehr zu verlassen, solange Pauline noch in London bleiben würde. Dieser Entschluß gefiel ihr. Auch sie entfernte sich nur, um an den Feiertagen die Messe zu hören. Ich verschloß meine Tür vor aller Welt, selbst vor dem Wundarzt, denn meine Verstauchung heilte von selbst. Ich beeilte mich, die ehrenwerte Miss Chudleigh von meiner schnellen Heilung in Kenntnis zu setzen; infolgedessen schickte sie nun nicht mehr zweimal täglich einen Diener zu mir, um sich nach meinem Befinden zu erkundigen, wie sie es bis dahin getan hatte.

Pauline war nach unserem verliebten Streit auf ihr Zimmer gegangen und kam erst zum Mittagessen wieder herunter. Sie kam mir wie ein fleischgewordener Engel vor. Ihr Gesicht, das durch ihr Darben zu bleich geworden war, hatte jene Farbe von Lilien und Rosen angenommen, und auf ihrem Antlitz lag ein Ausdruck von Zufriedenheit und Glück, den ich unermüdlich bewundern mußte.

Da wir beide unsere Miniaturporträts zu besitzen wünschten, schrieb ich an Martinelli, er möchte mir den wegen der Ähnlichkeit seiner Bilder berühmtesten Maler von London schicken; er sandte mir einen Juden zu, dem seine Aufgabe trefflich gelang. Ich ließ die Porträts in Ringe fassen, und dies war das einzige Geschenk, das Pauline von mir annehmen wollte, wobei ich mich doch nur um so reicher gefühlt hätte, wenn sie alles angenommen hätte, was ich besaß.

So vergingen drei Wochen nach unserer Hochzeitsnacht, in denen uns jeder Augenblick immer in gleicher Weise glücklich machte. Wir konnten keinen Unterschied mehr zwischen uns feststellen; es war eine ständige Folge von Genüssen, die nie unterbrochen wurde, so daß wir nichts mehr begehren konnten. Da das Begehren nur durch Bedürfnisse geweckt wird, konnten wir es nicht mehr fühlen, denn da uns die Natur und das Glück alles boten, fehlte es uns an nichts. Jeder Wunsch ist unzertrennlich von Unruhe und Ungewißheit, und Pauline und ich spotteten über die Philosophen, wenn es denen eingefallen wäre, uns zu bemitleiden, da wir keine Wünsche mehr hatten. Es ist unmöglich, solche zu haben, wenn man alles besitzt, und wir besaßen alles. Wir konnten uns unmöglich vorstellen, reicher oder glücklicher sein zu können, außer wenn es um die Zukunft ginge; doch wir hatten keine Zeit, daran zu denken. Diese fehlende Zeit wurde zur wahren Grundlage unseres wirklichen Reichtums. Was hätte unser Glück bei einer vollkommenen Befriedigung unserer Sinne schmälern können, wenn wir uns mit einer strengen Überprüfung unserer selbst aufgehalten hätten? Das hätten nur unsere Gefühle sein können. Unsere Gefühle? Wir hätten unsere reinen Herzen gefunden.

Jeden Tag fand ich etwas Neues und Anbetungswürdiges in ihrem glücklichen Charakter, und sie begann schon sich Hoffnung zu machen, daß dieser vom Schicksal bestimmte Brief, der sie zwingen würde abzureisen, niemals einträfe. Sie dachte nur an den Grafen Al, um Überlegungen über die körperliche Wirkung eines hübschen Aussehens anzustellen, die die Vernunft mißbilligen müsse und aus der nur durch Zufall Glück entstehen könne.

Der erste August war ein verhängnisvoller Tag für sie und für mich. Pauline empfing aus Lissabon zwei Briefe, und ich erhielt aus Paris die Nachricht, daß Madame d'Urfé tot sei. Madame du Rumain schrieb mir: Zufolge der Aussage ihrer Zofe Brognole hätten die Ärzte erklärt, die Marquise habe sich selber umgebracht, indem sie eine zu große Menge einer von ihr als Universalmedizin bezeichneten Flüssigkeit eingenommen habe. Man habe ein ganz verrücktes Testament gefunden, in dem sie ihr ganzes Vermögen ihrem nächsten Kind, Sohn oder Tochter, vermache, das sie gebären werde; denn sie behaupte, schwanger zu sein.

Mich hatte sie zum Vormund des erwarteten Kindes bestellt, was mir sehr schmerzlich war, denn über eine solche Geschichte mußte ganz Paris mindestens drei Tage lang lachen. Die Comtesse du Châtelet, ihre Tochter, hatte sich ihres reichen Nachlasses an Liegenschaften und ihres Barvermögens, das zu meinem großen Erstaunen vierhunderttausend Francs betrug, bemächtigt. Ich war von diesem Schlage wie betäubt, aber ich suchte meinen Schmerz und meine Reue durch die Teilnahme zu vergessen, die die beiden Briefe meiner Pauline in mir erregten. Der eine war von ihrer Tante, der andere vom Grafen Oeyras, der sie aufforderte, sobald wie möglich auf dem See- oder Landwege nach Lissabon zurückzukehren, und ihr versicherte, sie werde sofort nach ihrer Ankunft in den Besitz ihres Vermögens gelangen und könne den Grafen Al offen vor aller Welt heiraten. Er schickte ihr einen Sichtwechsel über zwanzig Millionen. Diese Summe überraschte mich, aber Pauline sagte mir lachend, der Wert betrage nur zweitausend Pfund Sterling, denn die Portugiesen haben den Reis[12], es gibt bei diesen Münzen keine weitere Unterteilung, genau wie beim Maravedis in Spanien. Der Minister riet ihr, den Seeweg zu benutzen, sie brauche in diesem Fall ihren Wunsch nur Monsieur de Saa zu erkennen geben, der den Auftrag habe, ihr eine Kajüte auf einer bestimmten Fregatte, die sich augenblicklich in einem der englischen Häfen befinde, zur Verfügung zu stellen. Ihre Tante, die Äbtissin, war bereits durch den Minister unterrichtet und schrieb ihr das gleiche; aber Pauline wollte weder von der

Seefahrt noch vom portugiesischen Gesandten Saa etwas wissen, denn in Lissabon sollte kein Mensch glauben, daß man sie zur Rückreise genötigt hätte. Sie war ärgerlich, daß der Minister ihr den Wechsel geschickt hatte, weil sie daraus sah, daß er sich dem Glauben hingab, sie befände sich in mißlichen Umständen. Es gelang mir allerdings ohne Mühe, ihr diese Sache im richtigen Lichte darzustellen, und sie gab schließlich zu, daß das Vorgehen des Ministers zartfühlend sei; denn er schrieb ihr nicht, daß er ihr mit dem Wechsel ein Geschenk mache; dies würde sie allerdings beleidigt haben. Pauline war reich und hatte Seelengröße. Dies geht schon daraus hervor, daß sie mich genötigt hatte, ihren Ring anzunehmen, als sie sich tatsächlich in Not befand; ganz gewiß rechnete sie niemals auf meine Börse, obgleich sie überzeugt war, daß ich sie nie verlassen haben würde. Ich ließ sie immer in dem Glauben, daß ich sehr reich sei.

Wir verbrachten den Tag und sogar die Nacht sehr traurig. Am nächsten Morgen sagte Pauline mir dann folgendes:

»Wir müssen uns trennen, mein lieber Freund, und uns zu vergessen suchen; meine Ehre verlangt, daß ich sofort nach meiner Ankunft in Lissabon die Frau des Grafen Al werde. Denn alle Welt muß glauben, daß ich mich ihm bereits hingegeben habe; sobald er wirklich mein Gatte geworden ist, ist es meine Pflicht, ihm mein Herz ungeteilt zu geben. Dies wird mir nicht schwer werden; denn es ist mir nicht möglich, mir vorzustellen, daß ich auf andere Art glücklich sein könnte, und sobald ich dich nicht mehr sehe, wird mein Pflichtgefühl die Oberhand gewinnen; denn was man wirklich will, muß man auch können. Meine erste Liebe, die du beinahe verwischt hast, wird wieder die alte Kraft erlangen, sobald ich dich verlassen habe, und ich bin überzeugt, daß ich meinen Gatten lieben werde, denn er ist gut und anständig; dies habe ich in den wenigen Tagen, die wir zusammen verlebten, wohl erkennen können.

Nach dieser Vorrede, mein lieber Freund, will ich dir nun sagen, worum ich dich bitten muß und was du mir gewähren mußt, sei es auch nur als eine Gnade; versprich mir, niemals nach Lissabon zu kommen, wenn ich dir nicht die Erlaubnis gebe. Ich hoffe, ich brauche dir nicht die Gründe zu sagen; du darfst es nicht wagen, in meine Heimat zu kommen und den Frieden meiner Seele zu stören; denn wenn ich schuldig würde, müßte ich zugleich auch unglücklich werden, und du, der du mich so zärtlich liebst, wirst gewiß nicht der Anlaß meines Unglücks werden wollen. Ach glaube mir, ich stelle mir vor, ich sei deine richtige Gattin gewesen; sobald wir getrennt sind, werde ich mir einbilden, ich sei Witwe und reise nach Lissabon, um dort eine zweite Ehe einzugehen.«

Unter strömenden Tränen schloß ich sie in meine Arme und versprach ihr Gehorsam.

Pauline antwortete dem Minister Oeyras und ihrer Tante, der Äbtissin, sie werde im Laufe des Oktobers in Lissabon eintreffen; sobald sie in Spanien sei, werde sie ihnen weitere Nachricht geben. Da sie über die nötigen Mittel verfügte, stattete sie sich für die Reise aus, kaufte einen Reisewagen und nahm eine Zofe durch Vermittlung der braven Wirtin, bei der sie am Anfang ihres Londoner Aufenthaltes gewohnt hatte. Die letzten acht Tage, die sie mit mir zubrachte, vergingen mit diesen Reisevorbereitungen. Als besondere Gunst bewilligte sie mir, daß mein Kammerdiener Clairmont sie bis nach Madrid begleiten durfte. Sie sollte ihn mir sofort nach ihrer Ankunft in Madrid zurückschicken; aber das Schicksal hatte beschlossen, daß ich ihn nicht wiedersehen sollte.

Wir verbrachten die letzten acht Tage nach außen hin ruhig, aber mit Bitternis in unseren Herzen und Gedanken. Wir sahen uns an, ohne zu sprechen; wir sprachen, ohne zu wissen, was wir sagten. Wir vergaßen, uns zu Tisch zu setzen und zu essen; wir gingen zu Bett und hofften, wir würden vor Liebe und Schmerz nicht schlafen können; aber wir täuschten uns. Mitten in unseren Umarmungen, die uns immer erneut von unserer Unsterblichkeit überzeugen sollten, versenkte eine unbeeinflußbare Gleichgültigkeit unsere traurigen und abgestumpften Sinne in den schwarzen Styx.

Pauline konnte mir und sich das Vergnügen nicht versagen, daß ich sie bis Calais begleitete. Wir reisten am zehnten August ab; ich freute mich, daß ihre Zofe so einen guten Eindruck machte. Am nächsten Tag hielten wir uns in Dover nur so lange auf, wie notwendig war, um den Wagen auf ein Postschiff bringen zu lassen. Vier Stunden später landeten wir in Calais, wo Pauline, um ihre Witwenschaft zu beginnen, mich bat, in einem Zimmer allein zu schlafen.

Am Morgen reiste sie vierspännig ab, Clairmont ritt voran, sie hatte beschlossen, nur bei Tage zu fahren.

Meine Trennung von Pauline in Calais hatte eine große Ähnlichkeit mit der schmerzlichen Trennung von Henriette, die ich fünfzehn Jahre früher in Genf durchmachen mußte. Auffallend ist die Charakterähnlichkeit dieser beiden unvergleichlichen Frauen, die nur in der Art ihrer Schönheit voneinander verschieden waren. Vielleicht war dies nötig, damit ich mich in die zweite ebenso leidenschaftlich verlieben konnte, wie ich mich in die erste verliebt hatte. Beide waren klug und verständig, beide hatten einen tiefreichenden Geist, und nur eine verschiedene Erziehung hatte bewirken können, daß die eine heiterer war, mehr Talente und weniger Vorurteile hatte als die andere. Pauline besaß den edlen Stolz ihrer Nation, sie hatte einen Hang zum Ernst, und die Religion war für sie Herzenssache; außerdem übertraf sie Henriette an verliebter Glut und an Neigung zum Liebesgenuß.

Ich war mit beiden glücklich, weil ich reich war; sonst hätte ich weder die eine noch die andere überhaupt kennengelernt. Ich habe sie vergessen, weil wir Menschen alles vergessen; aber wenn ich mir die Erinnerung an sie zurückrufe, finde ich, daß der Eindruck, den Henriette auf mich machte, doch der tiefere war – ohne Zweifel nur deshalb, weil ich damals erst zweiundzwanzig Jahre alt war und mein Herz weit empfänglicher, während ich in London bereits siebenunddreißig zählte.

Ich schiffte mich am selben Tage wieder ein und hatte eine sehr unangenehme Überfahrt. Um acht Uhr traf ich in Dover ein; auf dem Postschiff waren die zehn oder zwölf Passagiere krank. Mich hatte nur die Traurigkeit ergriffen.

Sobald ich in London angekommen war, schloß ich mich in mein Zimmer ein, um darüber nachzudenken, wie ich Pauline vergessen könnte. Jarbe brachte mich zu Bett. Dieser Jarbe war ein guter und braver Junge, den ich für die Zeit von Clairmonts Abwesenheit in meinen persönlichen Dienst genommen hatte. Als er am nächsten Morgen in mein Zimmer trat, brachte er eine schauderhafte Naivität vor, über die ich bald darauf aber doch lachen mußte.

»Die alte Frau, die das Haus betreut, läßt Sie fragen, ob sie das Schild wieder aushängen soll?«

»Was zum Teufel wagt dieses elende Weib!«

»Aber, mein Gott, sie hat es nicht böse gemeint.«

NEUNTES KAPITEL

Casanova hat seine Tochter Sophie in einem Pensionat untergebracht. Nach Paulines Abreise trifft er bei dem flämischen Offizier Malingan die Charpillon, eine Pariser Schönheit, deren Reizen er sich nicht entziehen kann.

Dieser Tag zu Anfang des Septembers 1763 wurde für mich zum Verhängnis, mein Sterben begann, ich hörte auf zu leben. Ich war damals achtunddreißig Jahre alt. Wenn der aufsteigende Teil des Lebens dem absteigenden gleich ist – wie es der Fall sein muß –, so glaube ich heute, den ersten November 1797, noch auf etwa vier Lebensjahre rechnen[1] zu dürfen, die nach dem Satze *motus in fine velocior* [Die Bewegung wird gegen das Ende immer schneller][2] sehr schnell vergehen werden.

Die Charpillon, die ganz London gekannt hat, und die, wie ich glaube, noch lebt, war eine jener Schönheiten, an denen man kaum den geringsten körperlichen Makel entdecken kann. Ihre schönen Haare waren kastanienbraun, ihre Augen blau, ihre Haut war blendendweiß. Sie war nur etwas kleiner als Pauline, man konnte erwarten, daß sie bis zu ihrem zwanzigsten Lebensjahr noch zwei Zoll wachsen würde; sie war ja damals erst siebzehn Jahre alt. Ihre Brüste waren ein wenig klein, aber vollkommen, ihre Hände weich und zart, vielleicht etwas länger als üblich, ihre Füße niedlich und ihr Gang war sicher und stolz. Ihr sanftes, offenes Gesicht trug den Ausdruck der Würde und jenes feinen Zartgefühls, das stets eine unwiderstehliche Waffe für das schöne Geschlecht ist. Leider hatte die Natur gelogen, indem sie ihrem Gesicht diesen Ausdruck gab. Wäre doch lieber alles übrige Betrug gewesen und hätte sie in diesem Punkte die Wahrheit gesagt! Dieses Mädchen hatte, schon ehe sie mich kannte, daran gedacht, mich unglücklich zu machen, und sie sagte es mir, gleichsam um dadurch ihren Triumph noch zu erhöhen.

Ich war wie betäubt, als ich Malingans Wohnung verließ; ein sinnlicher Mensch wie ich, der in das weibliche Geschlecht leidenschaftlich verliebt war, hätte fröhlich sein müssen, die Bekanntschaft einer seltenen Schönheit gemacht zu haben, die er zur vollständigen Befriedigung seiner Wünsche zu besitzen hoffen durfte. Ich aber war vor Erstaunen wie betäubt und bestürzt, daß Paulines Bild, das mir immer vor Augen stand und sich gebieterisch vor mir aufrichtete, so oft ich eine Frau sah, deren Schönheit Eindruck auf meine Sinne machen konnte, nicht imstande war, die Macht einer Charpillon, die ich unwillkürlich verachten mußte, zu vernichten.

Ich söhnte mich mit mir selber aus, indem ich mir einredete, ich sei nur durch die besonderen Umstände, durch den mächtigen Reiz der Neuheit und durch die Hoffnung, daß die Entzauberung bald eintreten werde, verleitet worden. ›Ich werde sie nicht mehr so wunderbar finden‹, sagte ich mir selber, ›sobald ich mit ihr geschlafen habe, und das kann nicht lange dauern.‹ Was für Schwierigkeiten sollte es auch geben? Die Charpillon hatte sich selber bei mir zum Essen eingeladen; sie war die Freundin des Prokurators Morosini gewesen, der jedenfalls nicht lange nach ihr geschmachtet hatte, denn das war nicht seine Art, und der sie bezahlt haben mußte, denn er war weder jung noch schön. Ganz abgesehen davon, daß ich ihr zu gefallen hoffen durfte, hatte ich Geld und war nicht geizig. So konnte ich also annehmen, daß sie mir keinen Widerstand leisten würde.

Lord Pembroke war mein Freund geworden. Er hatte mir gesagt, wir wollten eine Vergnügungspartie machen und auf diese Weise einen angenehmen Tag verbringen. Als er nun vier Gedecke aufgelegt sah, fragte er mich sofort, wer meine beiden anderen Gäste seien. Er war sehr überrascht, als er hörte, daß die Charpillon und ihre Tante kommen sollten, und daß das Mädchen sich selber eingeladen hatte, sobald sie erfuhr, daß er allein mit mir speisen würde.

»Diese junge Dame«, erzählte der Lord mir, »hatte bei mir großes Verlangen erregt. Als ich sie eines Abends mit ihrer Tante in Vauxhall traf, bot ich ihr zwanzig Guineen, wenn sie allein mit mir in der dunklen Allee spazierengehen wolle. Sie nahm an, aber unter der Bedingung, daß ich ihr das Geld im voraus gäbe; leider war ich so schwach, dies zu tun. Sie ging mit mir in die Allee hinein; als wir aber ein Stück gegangen waren, ließ sie meinen Arm los, und ich konnte sie die ganze Nacht nicht mehr finden.«

»Sie hätten sie öffentlich ohrfeigen sollen.«

»Damit hätte ich mir eine böse Geschichte aufgeladen; außerdem würde man mich ausgelacht haben. Es war unüberlegt von mir, das werfe ich mir jetzt vor. Sind Sie verliebt in sie?«

»Nein, aber ich bin neugierig auf sie, wie Sie es gewesen sind.«

»Nehmen Sie sich in acht; denn sie ist eine kleine Hexe und wird alles versuchen, um Sie anzuführen.«

Die Charpillon trat ein, begrüßte Mylord, sagte ihm die artigsten Dinge von der Welt und beachtete mich überhaupt nicht. Sie lacht, scherzt, erzählt den Streich, den sie ihm in Vauxhall gespielt hat, und neckt ihn damit, daß er wegen einer Eulenspiegelei, die ihn doch eigentlich nur noch mehr habe reizen müssen, nicht mehr den Mut gehabt habe, sie noch weiter zu verfolgen.

»Ein anderes Mal werde ich Ihnen nicht wieder weglaufen.«

»Das kann wohl sein, meine Schöne; denn ein anderes Mal werde ich gewiß nicht wieder vorausbezahlen.«

»Pfui! ›Bezahlen‹ ist ein häßliches Wort, das Sie herabsetzt.«

Lord Pembroke lobte ihren Witz und lachte nur über alle unverschämten Bemerkungen, die sie an ihn richtete; offenbar ärgerte sie sich über die Gleichgültigkeit, womit er fortwährend zu ihr sprach.

Bald nach dem Essen entfernte sie sich, nachdem sie mir das Versprechen abgenommen hatte, am übernächsten Tage bei ihr zu speisen.

Den nächsten Tag verbrachte ich mit dem liebenswürdigen Lord, der mich in ein englisches Bad einführte. Dies ist ein teures Vergnügen, das ich nicht näher beschreiben will, weil ein jeder es kennt, der einige Zeit in London geweilt und willig sechs Guineen ausgegeben hat, um sich diesen Genuß zu verschaffen. Wir hatten bei dieser Partie zwei sehr hübsche Schwestern, die man die Garrick nannte.

Am Tage darauf ging ich zur Charpillon zum Mittagessen, wie ich es bereits zugesagt hatte. Sie stellte mich ihrer Mutter vor, die ich sofort erkannte, obwohl sie alt, krank und abgezehrt war.

Im Jahre 1759 hatte ein Genfer namens Bolomay mich überredet, Schmucksachen im Werte von sechstausend Francs an sie zu verkaufen; sie hatte mir dafür zwei Wechsel gegeben, die von ihr und ihren beiden Schwestern auf eben diesen Bolomay gezogen waren: Sie nannten sich damals Augspurgher. Der Genfer machte vor der Fälligkeit der Wechsel Bankrott, und die drei

Schwestern Augspurgher verschwanden. Man kann sich denken, wie überrascht ich war, sie in England wiederzufinden und besonders durch die Charpillon bei ihnen eingeführt zu werden. Diese wußte von dem üblen Handel ihrer Mutter und ihrer Tanten nichts und hatte ihnen daher nicht gesagt, daß der Chevalier de Seingalt identisch war mit jenem Casanova, den sie um sechstausend Francs geprellt hatten.

»Ich habe das Vergnügen, mich Ihrer zu erinnern, Madame«, waren die ersten Worte, die ich an sie richtete.

»Monsieur, ich erkenne Sie ebenfalls; der Spitzbube Bolomay …«

»Sprechen wir jetzt nicht davon, Madame; verschieben wir die Auseinandersetzung auf einen anderen Tag! Sie sind krank, wie ich sehe.«

»Ich war dem Tode nahe; aber jetzt geht es ein wenig besser. Meine Tochter hat Sie nicht unter Ihrem Namen angemeldet.«

»Verzeihung, sie hat Ihnen den richtigen Namen gesagt. Ich heiße Seingalt und heiße auch Casanova. Diesen letzteren Namen trug ich in Paris, als ich dort Ihre Tochter kennenlernte, ohne zu wissen, daß sie zu Ihnen gehörte.«

In diesem Augenblick trat die Großmutter, die wie ihre Tochter Augspurgher hieß, mit den beiden Tanten ein. Eine Viertelstunde darauf kamen drei Herren, von denen der eine der Chevalier Goudar[3] war, den ich in Paris gekannt hatte. Die beiden anderen kannte ich nicht; sie wurden mir unter den Namen Rostaing und Coumon vorgestellt. Die drei Herren waren Freunde des Hauses – Gauner, deren Aufgabe darin bestand, Dummköpfe heranzuschleppen, um auf diese Weise gegenseitig Vorteil zu haben. In diese niederträchtige Gesellschaft sah ich mich also eingeführt. Obgleich ich sofort wußte, woran ich war, entfernte ich mich nicht und nahm mir nicht einmal vor, nicht wieder hinzugehen. Ohne Zweifel glaubte ich, nichts zu wagen, wenn ich auf meiner Hut wäre; da ich keine andere Absicht hatte, als ein Liebesverhältnis mit der Tochter anzufangen, so sah ich alles übrige als etwas Unwesentliches an, das mit meinen Absichten nichts zu tun hatte.

Bei Tische stimmte ich in den Ton der Gesellschaft ein, ja, ich ging sofort mit meinem Beispiel voran: Ich neckte, ich wurde geneckt, und ich fühlte mich sicher, daß ich meinen Zweck ohne Mühe erreichen würde. Nur eins mißfiel mir: Nachdem sie sich entschuldigt hatte, daß sie mich schlecht bewirtet habe, bat die Charpillon mich, sie und die ganze Gesellschaft an einem Tage, den ich selbst bestimmen möchte, zum Abendessen einzuladen. Da ich mich nicht herausreden konnte, so bat ich sie, den Tag selber zu bestimmen, und sie tat dies, nachdem sie ihre Gauner um ihre Meinung gefragt hatte.

Bis zum Abendessen spielten wir vier Robber Whist. Ich verlor. Gegen Mitternacht ging ich unzufrieden mit mir selber und in die Charpillon verliebt nach Hause.

Immerhin besaß ich die Kraft, zwei Tage vergehen zu lassen, ohne sie aufzusuchen. Am dritten – das war der, den sie für das Abendessen bestimmt hatte – sah ich sie schon am Morgen um neun Uhr mit ihrer Tante eintreten.

»Ich bin gekommen«, sagte sie in liebenswürdigstem Ton, »um mit Ihnen zu frühstücken und mit Ihnen über ein Geschäft zu sprechen.«

»Sofort oder nach dem Frühstück?«

»Nachher; denn wir müssen allein sein.«

Unter vier Augen schilderte die Charpillon mir dann die Lage ihrer Familie und sagte, alle Not würde ein Ende haben, wenn ihre Tante, die im Nebenzimmer war, hundert Guineen besäße.

»Was würde sie dann tun?«

»Sie würde Lebensbalsam herstellen. Sie hat das Rezept und würde gewiß ein Vermögen damit verdienen.«

Hierauf schilderte sie mit Behagen die wunderbaren Eigenschaften dieses Balsams, den wahrscheinlichen Absatz in einer Stadt wie London und die Vorteile, die ich selber davon haben würde; denn ich würde natürlich zur Hälfte am Gewinn beteiligt sein. Außerdem würden ihre Mutter und ihre Tanten sich schriftlich verpflichten, mir die hundert Guineen nach sechs Monaten zurückzuzahlen.

»Ich werde Ihnen nach dem Abendessen eine bestimmte Antwort geben.«

Hierauf nehme ich die schmeichelnde und unternehmende Miene eines Verliebten an, der die erhofften Gunstbeweise zu erhalten sucht, und ich bewege mich auf dem breiten Sofa, auf dem wir saßen, meinem Ziel scheinbar nahe; aber die Charpillon entzieht sich, immer lächelnd, meinen Anstrengungen und verbietet meinen liebkosenden Händen alle Unternehmungen. Sie verweigert mir die ihren, windet sich aus meinen Armen, dreht den Kopf, wenn ich ihr nahe komme, um sie zu küssen, steht schließlich auf und läuft zu ihrer Tante in das andere Zimmer.

Ich folge ihr und muß ebenfalls lachen, als sie mir die Hand hinstreckt und sagt: »Leben Sie wohl! Auf heute abend!«

Als ich allein war, fand ich diesen Anfang ganz natürlich, und er erschien mir durchaus nicht von schlechter Vorbedeutung, besonders, wenn ich an die hundert Guineen dachte, die sie brauchte und von mir erbeten hatte. Ich sah wohl, daß ich nicht daran denken konnte, mich um die Gunst eines Mädchens von ihrem Charakter zu bewerben, ohne diese Summe zu zahlen. Ich dachte daher auch nicht daran zu feilschen, aber sie mußte ihrerseits wissen, daß sie die hundert Guineen nicht bekommen würde, wenn sie es sich einfallen lassen sollte, die Zimperliche zu spielen. Meine Sache war es, mich so einzurichten, daß ich nicht zu befürchten brauchte, von ihr geprellt zu werden. Da ich nicht zu Mittag essen wollte, ging ich im Park spazieren und kam erst abends wieder nach Hause.

Als am Abend die Gesellschaft da war, forderte die Schöne mich auf, bis zum Essen eine kleine Bank aufzulegen; ich antwortete aber nur mit einem lauten Lachen, das sie nicht erwartet hatte.

»Dann wollen wir doch wenigstens eine Partie Whist spielen!«

»Mir scheint«, antwortete ich ihr, »Sie haben es nicht eilig, Ihre Antwort betreffs der schwebenden Angelegenheit zu erhalten.«

»Ach so! Sie haben sich wohl entschlossen, nicht wahr?«

»Ja. Kommen Sie!«

Sie folgte mir ins Nebenzimmer. Ich ließ sie auf dem Sofa Platz nehmen und sagte ihr: »Die hundert Guineen stehen zu Ihrer Verfügung.«

»Geben Sie sie meiner Tante; denn sonst würden die Herren sich einbilden, ich hätte sie durch eine beschämende Gefälligkeit erlangt.«

»Sie können sich darauf verlassen.«

Nach dieser Versicherung wollte ich mich ihrer bemächtigen; aber alle meine Anstrengungen waren wiederum vergeblich, und ich gab sie schließlich auf, als sie zu mir sagte: »Sie werden niemals, weder durch Geld noch durch Gewalt, etwas von mir erlangen; aber Sie können alles von meiner Freundschaft erhoffen, wenn ich Sie unter vier Augen vollkommen sanft finde.«

Ich ging in den Salon zurück, und sie folgte mir. Ich fühlte eine teuflische Wut in allen meinen Adern, und um diese zu verbergen, beteiligte ich mich an einer Whistpartie, die während unserer Abwesenheit zustande gekommen war. Die Charpillon war von sprühender Heiterkeit, aber machte mich verdrießlich. Beim Abendessen saß sie mir zur Rechten; sie ärgerte mich durch hundert Ausgelassenheiten, die mich in den siebenten Himmel versetzt haben würden, wenn sie mich nicht zweimal an einem Tage abgewiesen hätte.

Nach dem Essen nahm sie mich auf die Seite und sagte mir: Wenn ich die hundert Guineen geben wollte, würde sie die Tante ins Nebenzimmer rufen. Ich sagte: »Es müßte ja schriftlich gemacht werden, und das würde zeitraubend sein; wir wollen die Sache auf einen anderen Tag verschieben.«

»Wollen Sie den Zeitpunkt bestimmen?«

Ich zog meine Börse voll Gold aus der Tasche, zeigte sie ihr und sagte: »Der Zeitpunkt wird da sein, sobald Sie ihn kommen lassen wollen.«

Als meine Gäste fort waren, wurde ich mir darüber klar, daß die kleine Hexe es auf mich abgesehen hatte, um mich zu prellen und mir mein Geld zu entlocken, ohne mir dafür etwas zu bewilligen. Ich beschloß daher, auf sie zu verzichten. Diese Verleugnung hatte mich gedemütigt; trotzdem fühlte ich mich im gewissen Sinne tapfer, daß ich sie ertrug.

Um mich zu zerstreuen, fuhr ich am nächsten Tage in das Pensionat zu meiner Tochter mit einem Korb voll Leckerbissen. Sophie strahlte vor Freude, ebenso ihre Kameradinnen, an die sie alles verteilte. Meine Freude war am größten. Ich fuhr eine Zeitlang fast jeden Tag hin. Die Fahrt dauerte fünf Viertelstunden. Ich brachte ihnen eine Menge Kinkerlitzchen und Tand, von denen sie entzückt waren. Die Vorsteherin überhäufte mich mit höflichen Aufmerksamkeiten, und meine Tochter, die mich nur ihren lieben Papa nannte, überzeugte mich jeden Tag mehr, daß ich die zärtlichsten Vatergefühle für sie empfand.

Es waren noch keine drei Wochen vergangen, da konnte ich mir schon Glück wünschen, die Charpillon vergessen und durch eine unschuldige Liebe ersetzt zu haben. Allerdings gefiel eine von den Freundinnen meiner Tochter mir ein bißchen zu sehr, um mich ganz wunschlos zu lassen.

In diesem Zustand befand sich meine Seele, als ich eines Morgens um acht Uhr die Lieblingstante der Charpillon bei mir eintreten sah. Sie sagte mir, ihre Nichte und die ganze Familie seien tief betrübt, daß sie mich seit jener Abendgesellschaft, die ich ihnen gegeben hätte, nicht wiedergesehen hätten; besonders sie bedauere es, da ihre Nichte ihr Hoffnung gemacht habe, ich werde ihr die Mittel zur Bereitung des Lebensbalsams geben.

»Allerdings, Madame, würde ich Ihnen hundert Guineen gegeben haben, wenn Ihre Nichte mich wie einen Freund behandelt hätte; aber sie hat mir sogar die Gunstbeweise verweigert, die eine Vestalin bewilligt haben würde, und Sie wissen wohl, daß sie das nicht ist.«

»Verzeihen Sie, wenn ich lache! Das liebe Kind ist ein bißchen mutwillig und manchmal etwas unbesonnen; sie ergibt sich nur, wenn sie überzeugt ist, geliebt zu werden. Sie hat mir alles erzählt. Sie liebt Sie, aber sie befürchtet, Ihre Liebe sei nur eine Laune. Diesen Augenblick liegt sie wegen einer starken Erkältung zu Bett; sie glaubt, ein wenig Fieber zu haben. Suchen Sie sie auf; ich bin gewiß, Sie werden sie nicht unzufrieden verlassen.«

Diese wohlberechnete Rede, die mir nur Verachtung hätte einflößen sollen, erweckte in mir die heftigste Begierde. Ich stimmte in das Lachen der Alten ein und fragte sie schließlich, zu welcher Stunde ich hingehen solle, um die Schöne ganz bestimmt im Bett zu finden.

»Kommen Sie sofort und klopfen Sie nur einmal an.«

»Gehen Sie voraus und erwarten Sie mich!«

Ich wünschte mir Glück, am Ziel zu sein und keinen Betrug zu fürchten zu haben; denn da ich mich mit der Tante auseinandergesetzt hatte und diese für mich war, so hatte ich keinen Zweifel mehr.

Ich zog meinen Überrock an, und es war noch keine Viertelstunde vergangen, da klopfte ich schon in der verabredeten Weise an die Tür der Charpillon. Die Tante kam auf den Zehenspitzen herangeschlichen, öffnete mir und sagte: »Kommen Sie in einer halben Stunde wieder! Ihr ist ein Bad verordnet worden, und sie hat sich gerade eben ganz nackt in die Wanne gelegt.«

»Das ist wieder eine Unwahrheit. Eine infame Ausrede. Ich glaube nicht ein Wort.«

»Ich lüge nicht; wenn Sie mir versprechen wollen, vernünftig zu sein, will ich Sie in den dritten Stock führen, wo sie ihr Bad nimmt. Sie kann dann sagen, was sie will; jedenfalls werden Sie die Überzeugung haben, daß ich Sie nicht betrüge.«

»Wenn Sie die Wahrheit sagen, so wollen wir gehen!«

Sie geht die Treppe hinauf; ich folge ihr leise; sie öffnet eine Tür und schiebt mich in ein Zimmer hinein, dessen Tür sie hinter mir schließt. Die Charpillon lag ganz nackt in einer Badewanne, mit dem Kopfende nach der Tür. Die Kokotte tat, als wenn sie mich für ihre Tante hielte, machte keine Bewegung und sagte:

»Geben Sie mir Handtücher, Tante!«

Sie lag in der verführerischsten Stellung, die die Liebe sich nur vorstellen konnte; sobald sie mich erblickte, stieß sie einen Schrei aus, kauerte sich zusammen und rief mit geheucheltem Zorn: »Gehen Sie!«

»Schreien Sie nicht, meine Schöne! Ich lasse mich nicht mehr anführen.«

»Gehen Sie!«

»Nein; lassen Sie mich erst wieder zu mir kommen!«

»Ich sage Ihnen noch einmal, gehen Sie!«

»Nein. Aber seien Sie ruhig und fürchten Sie keine Gewalt.«

»Meine Tante soll mir dafür bezahlen.«

»Wie Sie wollen; aber sie wird in mir einen Freund finden. Ich werde Sie nicht anrühren; aber bitte, strecken Sie sich aus.«

»Wie? Ich soll mich ausstrecken?«

»Ja, legen Sie sich wieder so hin, wie Sie bei meinem Eintritt lagen!«

»Oh! das tue ich ganz gewiß nicht. Gehen Sie!«

Sie kauerte sich noch mehr zusammen und bot dabei meinen Blicken ein Bild, das noch verführerischer war als das erste. Dann schlug sie auf einmal einen sanften Ton an, nachdem der zornige nicht geholfen hatte, und bat mich zu gehen. Da ich aber versprochen hatte, sie nicht anzufassen, sah sie mich entschlossen, das Feuer selber zu löschen, das sie in meinen Sinnen entzündet hatte; sie drehte mir den Rücken zu, damit ich nicht denken sollte, sie fände Vergnügen daran, mir zuzusehen, und damit nicht etwa dieser Gedanke meinen brutalen Genuß vermehrte. Ich wußte das alles, aber für mich war es notwendig, meine Besinnung wiederzuerlangen, und ich mußte mich daher erniedrigen, um die mich fortreißende Glut meiner Sinne zu beschwichtigen. Übrigens war es mir nicht unlieb, die rasche Wirkung dieses Notbehelfs zu bemerken, denn diese Selbstbefriedigung bewies mir, daß das Übel nicht tief saß. Als ich eben fertig war, trat die Tante ein. Ohne ein Wort zu sagen, ging ich hinaus. Zu meiner Freude empfand ich nur Verachtung für einen so kalt berechnenden Charakter, der gar kein Gefühl kannte.

An der Haustür holte die Tante mich ein; sie fragte mich, ob ich zufrieden sei, und lud mich ein, in ihr Wohnzimmer zu treten.

»Jawohl, ich bin sehr zufrieden – zufrieden nämlich, daß ich Sie alle beide jetzt kenne. Da ist die Belohnung!«

Mit diesen Worten zog ich eine Banknote von hundert Guineen hervor und warf sie ihr dummerweise zu, indem ich ihr sagte, sie könnte ihren Lebensbalsam anfertigen; aus ihrer Unterschrift mache ich mir nichts, denn ich wisse, was die wert sei. Ich besaß nicht die Kraft fortzugehen, ohne ihr etwas zu geben, wie ich es hätte tun sollen, und die erfahrene Kupplerin war schlau genug, das sofort zu begreifen.

Als ich wieder nach Hause kam und reiflich über das Abenteuer nachdachte, erfüllte mich ein Gefühl von Freude und Befriedigung. So kehrte denn bald meine gute Laune zurück, und ich glaubte sicher zu sein, daß ich das Haus dieser elenden Weiber niemals wieder betreten würde. Es waren sieben, darunter zwei Mägde; um ihren Unterhalt zu bestreiten, war ihnen jedes Mittel recht. Wenn sie bei ihren Beratungen die Notwendigkeit erkannten, sich der Hilfe von Männern zu bedienen, wandten sie sich an die drei, die ich vorhin nannte, und die ihrerseits, um existieren zu können, auf diese Frauen angewiesen waren.

Ich dachte nur noch daran, mich aufs beste zu amüsieren, und besuchte zu diesem Zwecke die Theater, die Landgasthöfe in der Umgebung von London und das Pensionat meiner Tochter. Fünf oder sechs Tage nach der Badeszene traf ich in Vauxhall die Charpillon mit ihrer Tante und Goudar. Ich wich ihr aus; sie ging mir jedoch nach und warf mir mit einer Sirenenstimme mein schlechtes Betragen vor. Ich gab ihr eine schroffe Antwort; sie machte sich jedoch nichts daraus, sondern trat in eine Laube und lud mich ein, eine Tasse Tee mit ihr zu trinken.

»Ich will keinen Tee«, antwortete ich ihr; »ich will lieber zu Abend essen.«

»Ich bin bereit, mit Ihnen zu speisen.«

Ich war einverstanden und befahl, vier Gedecke aufzulegen, und im nächsten Augenblick saßen wir beisammen, als wenn wir die besten Freunde wären.

Ihre verführerischen Reden, ihre Heiterkeit, ihre Reize zwangen mich wieder unter ihren Bann. Der Wein trug dazu bei, meine Seele zu erniedrigen, und ich schlug ihr vor, einen Spaziergang in den dunklen Alleen zu machen, indem ich bemerkte, sie werde mich hoffentlich nicht so behandeln wie Lord Pembroke. Sie antwortete mir sanft und mit einem Schein von Aufrichtigkeit, der mich beinahe getäuscht hätte: Sie wolle ganz und gar die Meine sein, aber bei hellem Licht und nur unter der Bedingung, daß sie die Genugtuung habe, mich jeden Tag wie einen wahren Freund des Hauses bei sich zu sehen.

»Ich verspreche es Ihnen; aber geben Sie mir in der Allee sofort ein kleines Pfand Ihrer Zärtlichkeit.«

»Nein! Unter keinen Umständen!«

Ich stand auf, um die Rechnung zu bezahlen, und entfernte mich, ohne ein Wort zu sagen. Ihre Bitte, sie nach Hause zu bringen, schlug ich ab. Mein Kopf war ein wenig benebelt, als ich nach Hause kam; ich legte mich sofort zu Bett.

Als ich am andern Morgen erwachte, war mein erster Gedanke ein Gefühl des Glücks, daß sie mich nicht beim Wort genommen hatte. Ich fühlte, daß dieses Geschöpf eine unwiderstehliche Herrschaft auf mich ausübte, daß es nur zwei Mittel gab, mich davor zu schützen: entweder mußte ich beharrlich ihren Anblick meiden, oder aber, wenn ich sie noch weiter besuchte, auf den Genuß ihrer gefährlichen Reize völlig verzichten. Da das zweite mir unmöglich erschien, beschloß ich, mich an das erste Mittel zu halten. Aber die kleine Hexe ging darauf aus, meine Vorsätze zu vereiteln. Die Art und Weise, wie sie ihre Absicht zu erreichen suchte, war offenbar das Ergebnis einer von ihrer ganzen Clique abgehaltenen Beratung.

Einige Tage nach dem Abendessen von Vauxhall erschien der Chevalier Goudar bei mir und sagte: »Ich wünsche Ihnen Glück zu Ihrem weisen Entschluß, nicht mehr zu den Augspurghers zu gehen; denn wenn Sie noch weiter hingegangen wären, hätten Sie sich immer mehr in die Schöne verliebt, und diese würde Sie schließlich an den Bettelstab bringen.«

»Sie halten mich wohl für sehr dumm? Wenn ich sie gefällig gefunden hätte, so würde sie mich erkenntlich gefunden haben, ohne daß ich jedoch in den Beweisen dieser Erkenntlichkeit über meine Möglichkeiten gegangen wäre. Hätte ich sie grausam gefunden, so hätte ich jeden Tag tun können, was ich bereits getan habe, und wäre darum doch noch nicht an den Bettelstab gekommem«

»Sie sind also fest entschlossen, sie nicht wiederzusehen?«

»Sehr fest.«

»Sie sind also nicht mehr in sie verliebt?«

»Ich war es, aber ich habe es mir abgewöhnt, und in einigen Tagen werde ich sie vollständig vergessen haben. Ich dachte schon nicht mehr an sie, als ich sie neulich mit Ihnen in Vauxhall traf.«

»Das beweist, daß Sie nicht geheilt sind. Glauben Sie mir, man wird von einer Liebe nicht geheilt, wenn man die Geliebte flieht; denn wenn man in derselben Stadt lebt, kann es zu leicht vorkommen, daß man sich wieder begegnet.«

»Kennen Sie ein besseres Mittel?«

»Gewiß! Man muß sich ihrer erfreuen. Es ist wohl möglich, daß die Charpillon Sie nicht liebt; aber Sie sind reich, und sie hat nichts. Für eine runde Summe hätten Sie sie haben können; Sie wären dann auf angenehme Weise geheilt worden, wenn Sie gefunden hätten, daß sie Ihrer Treue nicht würdig ist; denn schließlich wissen Sie doch, wer sie ist.«

»Ich würde dieses Mittel gern angewandt haben, wenn ich nicht klar und deutlich ihre Absicht entdeckt hätte.«

»Diese hätten Sie zuschanden machen können, wenn Sie eine vernünftige Abmachung getroffen hätten. Sie hätten niemals vorausbezahlen sollen. Ich weiß alles.«

»Was können Sie wissen?«

»Ich weiß, daß sie Sie hundert Guineen gekostet hat und daß Sie nicht einmal einen Kuß von ihr bekommen haben. Für dieses Geld hätten Sie sie ganz bequem in Ihrem Bett haben können. Sie prahlt damit, sie habe Sie angeführt, so klug Sie sich auch dünken mögen.«

»Sie sagt nicht die Wahrheit. Dieses Geld habe ich ihrer Tante gegeben, die es dringend brauchte, wie sie angab, um ein Vermögen zu verdienen.«

»Ja, für die Anfertigung ihres Lebensbalsams; aber Sie werden zugeben, daß ohne die Nichte die Tante nichts bekommen haben würde.«

»Ich gebe es zu; aber sagen Sie mir: was bewegt Sie, heute in dieser Weise zu mir zu sprechen? Sie gehören doch zu ihrer Clique?«

»Nichts, das schwöre ich Ihnen, als ein freundschaftliches Gefühl für Sie. Wenn Sie meinen, daß ich zu ihrer Clique gehöre, so irren Sie sich. Das will ich Ihnen beweisen, indem ich Ihnen erzähle, wie ich das Mädchen, ihre Mutter, ihre Großmutter und ihre beiden Tanten kennenlernte: Vor sechzehn Monaten war ich eines Abends in Vauxhall. Da sah ich den venezianischen Gesandten, den Prokurator Morosini, ganz allein spazierengehen. Er war gerade eben in London eingetroffen, um im Namen seiner Republik dem König die Glückwünsche zur Thronbesteigung zu überbringen. Da ich sah, daß dieser Edelmann ganz entzückt war und mit großem Vergnügen die Londoner Schönheiten musterte, hatte ich den Einfall, ihn anzureden und ihm zu sagen, daß alle diese Schönheiten ihm zu Diensten ständen, und daß er nur der, die ihm am besten gefiele, sein Taschentuch zuzuwerfen brauchte. Als er hierüber lachte, sagte ich ihm, es sei kein Scherz von mir. Hierauf bezeichnete er eine mit dem Auge und fragte mich, ob diese Dame ebenfalls zu seiner Verfügung stehe. Da ich sie nicht kannte, bat ich ihn, er möchte seinen Spaziergang fortsetzen, ich würde ihm sofort Bescheid bringen. Da ich keine Zeit zu verlieren hatte und außerdem an ihrem ganzen Benehmen sah, daß ich es nicht mit einer Vestalin zu tun haben würde, trat ich an das junge Mädchen und ihre Begleiterin heran und sagte ihr, der Gesandte sei in sie verliebt, und wenn sie ihn empfangen wolle, würde ich ihn ihr zuführen. Die Tante sagte mir, die Bekanntschaft eines Edelmannes von so hohem Range könne für ihre Nichte nur eine große Ehre sein. Ich erhielt ihre Adresse und ging dem Gesandten nach. Unterwegs traf ich einen meiner Bekannten, einen Kenner auf diesem Gebiet. Ich fragte ihn nach einer Demoiselle Charpillon, die in der Denmark Street in Soho wohne.«

»War sie es?«

»Ja. Mein Bekannter sagte mir, sie sei eine junge Schweizerin, die noch nicht auf der Straße gelandet sei; das würde aber nicht lange mehr dauern, denn sie sei nicht reich und habe eine zahlreiche Familie, alles nur Frauen, zu ernähren.

Ich ging zu meinem Venezianer, sagte ihm, daß die Sache in Ordnung sei, und bat ihn, mir anzugeben, zu welcher Stunde ich ihn am nächsten Tage vorstellen könne, indem ich ihn darauf aufmerksam machte, daß sie ihn nicht allein empfangen werde, da sie bei ihrer Mutter und ihren Tanten wohne.

›Das ist mir durchaus nicht unangenehm‹, antwortete der Gesandte mir, ›es ist mir im Gegenteil lieb, daß sie kein Straßenmädchen ist.‹

Nachdem wir für den nächsten Tag verabredet hatten, wann ich ihn inkognito in einer Kutsche dorthin bringen sollte, trennten wir uns.

Ich sagte der Tochter und der Tante die Zeit und belehrte sie, daß sie so tun müßten, als wenn sie ihn nicht kennen würden.

Dann ging ich nach Hause. Am nächsten Tag brachte ich ihn zu ihnen. Er verbrachte eine Stunde in allen Ehren mit der Tochter und der Tante, ohne daß irgendein Vorschlag gemacht wurde, hierauf verabschiedeten wir uns wieder. Unterwegs sagte der Gesandte, er werde mir am nächsten Tage in seiner Wohnung seine Bedingungen schriftlich geben; zu diesen Bedingungen wünsche er das Mädchen zu besitzen, aber sonst nicht.

Die Bedingungen lauteten: Mademoiselle sollte allein in einem möblierten Häuschen wohnen, das sie nichts kosten würde. Sie dürfte keinen Menschen dort empfangen. Seine Exzellenz würde ihr monatlich fünfzig Guineen geben und das Abendessen bezahlen, sooft er Lust hätte, die Nacht mit ihr zu verbringen. Er beauftragte mich, ein Haus für sie ausfindig zu machen, wenn seine Bedingungen angenommen würden. Die Mutter sollte den Vertrag mit unterschreiben.

Da der Gesandte es eilig hatte, brachte ich die Angelegenheit in drei Tagen in Ordnung; ich verlangte jedoch von der Mutter ein Schriftstück, wodurch sie sich verpflichtete, mir ihre Tochter für eine Nacht zu überlassen, sobald der Gesandte wieder abgereist wäre; man wußte, daß er in London nur ein Jahr bleiben würde.«

Goudar zog dieses Schriftstück aus der Tasche und zeigte es mir; ich las es mehrere Male mit ebenso großer Überraschung wie Freude; hierauf fuhr er in seiner Erzählung fort:

»Durch die Abreise des Gesandten nach einem Jahr wurde die Charpillon frei; sie hatte nun nacheinander Lord Baltimore, Lord Grosvenor, den portugiesischen Gesandten Saa und mehrere andere, jedoch keinen offiziellen Liebhaber. Ich habe von der Mutter verlangt, sie solle mir laut ihrer Verpflichtung meine Nacht verschaffen; aber sie führt mich an der Nase herum, und die Tochter, die mich nicht leiden kann, lacht mir ins Gesicht, wenn ich ein Wort davon sage. Ich kann sie nicht verhaften lassen, denn sie ist noch minderjährig; aber in wenigen Tagen werde ich die Mutter ins Gefängnis bringen, und dann sollen Sie sehen, wie ganz London lachen wird. Jetzt wissen Sie, warum ich diese Frauenzimmer besuche; Sie haben unrecht, wenn Sie glauben, ich hätte irgend etwas mit ihren Komplotten zu tun. Indessen kann ich Ihnen versichern, daß man auf Mittel und Wege sinnt, Sie zu prellen, und das wird ihnen gelingen, wenn Sie nicht sehr auf Ihrer Hut sind.«

»Sagen Sie der Mutter, ich stelle ihr noch hundert Guineen

zur Verfügung, wenn sie mir eine einzige Nacht mit ihrer Tochter verschaffen kann.«

»Ist das Ihr Ernst?«

»Ganz gewiß; aber ich will erst nachher bezahlen.«

»Das ist das wahre Mittel, um nicht angeführt zu werden. Ich übernehme den Auftrag mit Vergnügen.«

Ich behielt diesen dreisten Gauner zum Mittagessen bei mir; denn bei dem Lebenswandel, den ich in London führte, konnte er mir nur nützlich sein. Er wußte alles und erzählte mir eine Menge galanter Geschichten, die ich mit Vergnügen hörte. Übrigens war er Verfasser mehrerer Werke, die zwar schlecht waren, aber doch einen gewissen Geist bekundeten. Er schrieb damals seinen ›Chinesischen Spion‹ und verfaßte täglich fünf oder sechs Briefe in den verschiedenen Cafés, in die der Zufall ihn führte. Ich schrieb auch einige für ihn, die ihm viel Vergnügen machten.

Schon am nächsten Tage, in einem Augenblick, wo ich durchaus nicht daran dachte, sah ich die Charpillon bei mir eintreten. Mit einer ernsten Miene, die man bei einem anderen Mädchen für Bescheidenheit hätte halten können, sagte sie zu mir: »Ich bitte Sie nicht um ein Frühstück, sondern nur um eine Erklärung und möchte Ihnen Miss Lorenzi vorstellen.«

Ich machte ihr und ihrer Begleiterin eine Verbeugung und sagte: »Was für eine Erklärung wünschen Sie, Mademoiselle?«

Bei diesen Worten glaubte Miss Lorenzi, uns allein lassen zu müssen. Ich fand sie häßlich, und ich sah sie zum ersten Mal. Ich befahl Jarbe, ihr ein Frühstück bringen zu lassen und der Hausmeisterin zu sagen, daß ich für niemanden zu Hause sei.

»Monsieur«, begann die Charpillon, »ist es wahr, daß Sie den Chevalier Goudar beauftragt haben, meiner Mutter zu sagen, Sie würden ihr hundert Guineen dafür geben, wenn ich eine Nacht mit Ihnen verbringe?«

»Das ist richtig. Ist es nicht genug?«

»Keine Scherze, bitte! Es handelt ich hier nicht um ein Feilschen. Ich will nur wissen, woher Sie das Recht nehmen, mich zu beleidigen, und ob Sie sich einbilden, ich sei gegen eine solche Beschimpfung unempfindlich.«

»Wenn Sie sich beschimpft fühlen, bekenne ich mich schuldig, aber damit habe ich nicht gerechnet. An wen hätte ich mich denn wenden sollen? Bei Ihnen weiß ich nicht, woran ich bin. Sie sind hinterlistig und sehen es noch als Ehre an, Ihr Wort zu brechen.«

»Ich habe Ihnen gesagt, daß Sie mich niemals besitzen werden, weder durch Gewalt noch für Geld, sondern nur, wenn Sie mich durch Ihr Benehmen in Sie verliebt machen. Beweisen Sie mir, daß ich Ihnen nicht Wort gehalten habe. Im Gegenteil haben Sie Fehler begangen: Erstens, indem Sie mich durch List im Bade überraschten, dann wieder gestern, indem Sie von meiner Mutter verlangten, mich Ihnen zur Befriedigung Ihrer niedrigen Gelüste auszuliefern. Nur ein Halunke wie Goudar konnte solchen Auftrag von Ihnen übernehmen.«

»Goudar – ein Halunke? Der ist ja Ihr allerbester Freund! Sie wissen doch, daß er Sie liebt und daß er nur in der Hoffnung, Sie zu besitzen, Ihnen den Gesandten verschafft hat. Das Schriftstück, das er bei sich hat, beweist Ihr Unrecht. Sie sind seine Schuldnerin; kommen Sie daher dieser Verpflichtung nach, und dann nennen Sie ihn einen Halunken, wenn Sie sich noch selber unschuldig finden können. Weinen Sie nicht, Mademoiselle! Ich kenne die Quelle Ihrer Tränen; sie ist nicht von der Art, die man mit Stolz nennen kann. Sie ist unrein.«

»Sie kennen sie nicht. Ich liebe Sie, und es ist sehr hart für mich, daß ich mich so von Ihnen behandelt sehen muß.«

»Wenn Sie mich lieben, so haben Sie es sehr verkehrt angefangen, um mich davon zu überzeugen.«

»Ebenso verkehrt, wie Sie es angefangen haben, um mich von Ihrer Achtung zu überzeugen. Sie haben mich von Anfang an wie ein Freudenmädchen behandelt, gestern sogar wie ein willenloses Tier, wie eine erbärmliche Sklavin meiner Mutter. Mir scheint, wenn Sie nur ein wenig Gefühl für die einfachste Schicklichkeit gehabt hätten, so hätten Sie sich an mich selber wenden müssen; aber nicht so, wie Sie es getan haben, sondern schriftlich. Dazu hätten Sie nicht dieses elenden Boten bedurft; ich hätte Ihnen auf alle Fälle schriftlich geantwortet, und Sie hätten deshalb nicht zu befürchten brauchen, von mir betrogen zu werden.«

»Nehmen Sie an, ich hätte an Sie geschrieben – was würden Sie mir geantwortet haben?«

»Ich will ganz offen sein: Ich würde Ihnen, ohne etwas von den hundert Guineen zu sagen, versprochen haben, Sie zufriedenzustellen, unter der Bedingung, daß Sie mir vierzehn Tage lang den Hof machten, indem Sie mich in meiner Wohnung besuchten, ohne jemals auch nur die geringste Gefälligkeit zu verlangen. Wir hätten im Familienkreise miteinander gelebt, hätten gelacht und gescherzt; wir wären ins Theater gegangen, hätten Spaziergänge gemacht, und ich würde mich in Sie verrückt verliebt haben. Dann hätten Sie mich bekommen, wie Sie's verdient hätten, nicht aus Gefälligkeit, sondern aus Liebe. Ich kann immer noch gar nicht begreifen, daß ein Mann wie Sie sich damit begnügen kann, wenn ein Mädchen, das er liebt, sich ihm nur aus Gefälligkeit hingibt. Finden Sie das nicht demütigend für beide Teile? Sie können mir's glauben: ich schäme mich, wenn ich daran denke, daß ich bisher stets nur aus Gefälligkeit geliebt habe. Ich Unglückliche! Ich fühle mich zur Liebe geschaffen, und ich habe einen Augenblick geglaubt, Sie seien der Mann, den mein guter Stern nach England geführt habe, um mich durch wahre Liebe glücklich zu machen. Aber Sie haben im Gegenteil mein Unglück nur verschlimmert! Sie sind der erste Mann, der mich hat weinen sehen. Sie haben mir sogar mein Familienleben verbittert; denn meine Mutter wird niemals das Geld bekommen, das Sie ihr haben anbieten lassen, und wenn es mich nur einen einzigen Kuß kosten sollte.«

»Es tut mir leid, Ihnen weh getan zu haben; denn das konnte niemals meine Absicht sein. Aber ich sehe kein Mittel dagegen.«

»Kommen Sie zu uns – das wird das rechte Mittel sein. Behalten Sie Ihr Geld, das ich verachte. Wenn Sie mich lieben, so erobern Sie mich wie ein verständiger Liebhaber, aber nicht wie ein Rohling. Ich werde Ihnen entgegenkommen; denn Sie können jetzt an meiner Liebe nicht mehr zweifeln.«

Diese Worte betörten mich. Ich versprach ihr, daß ich sie jeden Tag besuchen und mich ihr gegenüber so verhalten würde, wie sie es wünschte; aber nur während der von ihr festgesetzten zwei Wochen. Sie bestätigte ihr Versprechen, indem sie es noch einmal wiederholte, und ihre Stirn erheiterte sich wieder.

Sie stand auf, um zu gehen. Als ich sie um einen Kuß als Pfand für ihre Glaubwürdigkeit bat, sagte sie mir mit einem Lächeln, dem sie den größten Reiz zu verleihen wußte, wir dürften nicht damit anfangen, unsere Bedingungen zu verletzen. Das sah ich ein. Als sie ging, war ich verliebt und bereute mein Benehmen ihr gegenüber. *Amare et sapere vix deo conceditur* [Lieben und vernünftig sein, wird kaum einem Gott zugebilligt][4].

Ihre Beweise, die ich nur undeutlich wiedergeben kann, hätten mich sicher kaltgelassen, wenn sie mir alles in einem Brief geschrieben hätte, aber mündlich schaffte sie es, mich zu fesseln. Denn in einem Brief hätte ich nicht ihre Tränen und ihre entzückenden Gesichtszüge gesehen, die so beredt zu einem Richter sprachen, der schon im voraus durch Amor bestochen war. Noch am gleichen Abend begann ich meine Besuche, und an dem Empfang, der mir zuteil wurde, glaubte ich statt das Auspfeifen meiner Niederlage zu hören, den Triumph meiner heldenmütigen Entsagung zu erkennen:

Quel che l'uom vede, Amor gli fa invisibile,
E l'invisibil fa veder Amor.

[Was man nicht sieht, das läßt uns Amor klar sein,
Der Deutliches als Unsichtbar erweist.][5]

Ich verbrachte die vierzehn Tage, ohne ihr auch nur die Hand zu küssen, und ich betrat nicht ein einziges Mal ihr Haus, ohne ihr ein wertvolles Geschenk mitzubringen, das sie mit bezaubernder Anmut und mit anscheinend grenzenloser Dankbarkeit entgegennahm. Außerdem unternahmen wir, um die Zeit zu verkürzen, jeden Tag irgendeinen Ausflug in die Umgegend von London oder gingen ins Theater. Ich kann rechnen, daß diese vierzehn Tage mich mindestens vierhundert Guineen kosteten.

Am letzten Tage der Frist fragte ich sie in Gegenwart ihrer Mutter, ob sie wünschte, daß wir die Nacht in meinem Hause oder mit mir in ihrem eigenen Bett verbrächten. Die Mutter sagte mir, wir würden darüber nach dem Abendessen entscheiden. Ich wandte nichts dagegen ein, obgleich ich ihr gern gesagt hätte, daß bei mir das Abendessen feiner und reichhaltiger, deshalb auch teurer und der Liebe angemessener sein würde.

Nach dem Essen nahm die Mutter mich auf die Seite und sagte mir, ich möchte mich mit der übrigen Gesellschaft entfernen und später wiederkommen. Obgleich ich bei mir selber über diese überflüssige Geheimtuerei lachte, gehorchte ich. Als ich wiederkam, fand ich im Wohnzimmer Mutter und Tochter, und auf dem Fußboden war ein Bett zurechtgemacht.

Obgleich das nicht nach meinem Geschmack war, glaubte ich, daß jede Gefahr einer Täuschung beseitigt wäre, war jedoch sehr erstaunt, als die Mutter mir gute Nacht wünschte und mich fragte, ob ich die hundert Guineen vorausbezahlen wollte.

»Pfui!« rief die Tochter, und die Mutter ging hinaus.

Wir schlossen uns ein.

Der Augenblick war da, wo meine Liebe, die ganz gegen meine sonstigen Gewohnheiten so lange im Zaum gehalten worden war, endlich der Knechtschaft entrinnen sollte. Ich ging also mit offenen Armen auf sie zu. Sie entzog sich jedoch meinen Liebkosungen, wenngleich mit sanftem Wesen, und bat mich, ich möchte mich zuerst hinlegen; sie würde sich zurechtmachen und mir sogleich folgen.

Ich fügte mich ihrem Willen, kleidete mich aus und legte mich liebesglühend zu Bett. Voller Wonne sah ich sie sich ausziehen; aber als sie fertig war, löschte sie die Kerzen aus. Als ich mich hierüber beklagte, sagte sie mir, sie könne bei Licht nicht schlafen. Da ich wußte, daß dies von der Schönen eine reine Laune sein mußte, begann ich den Verdacht zu hegen, daß sie mir Schwierigkeiten machen wollte, um mich dadurch noch mehr anzustacheln; ich hoffte jedoch, auch diese zu besiegen, und faßte mich abermals in Geduld.

Sobald ich sie neben mir liegen fühlte, näherte ich mich ihr, um sie in meine Arme zu schließen; aber ich fand sie zusammengekauert und mit gekreuzten Armen und den Kopf auf die Brust gelegt in ihr langes Hemd eingewickelt. Soviel ich bat, schalt, fluchte – sie blieb in ihrer Haltung, ohne ein Wort zu sagen. Als ich nun des Scheltens müde war und zum Handeln überging, blieb sie unbeweglich in der gleichen Stellung, trotz meiner Bemühungen. Anfangs hielt ich es für einen Scherz, bald aber überzeugte ich mich, daß es keiner war, und merkte, daß ich wiederum angeführt war. So war ich denn in meinen eigenen Augen ein Gimpel, ein verachtenswerter Dummkopf, um so mehr, da ich mich um einer abscheulichen Prostituierten willen erniedrigt hatte.

In einer solchen Lage schlägt die Liebe leicht in Wut um. Ich packte sie wie einen Sack, rollte sie hin und her, stieß sie; aber vergebens – sie leistete keinen Widerstand, sagte aber auch kein Wort. Ich sah, daß das Hemd ihr Hauptschutzmittel war, und es gelang mir, es auf dem Rücken zu zerreißen, aber es war mir nicht möglich, es vollständig von ihr abzustreifen. Mit den Schwierigkeiten wuchs meine Wut: Meine Hände packten grob zu, und ich ersparte ihr nicht die brutalste Gewalt. Aber das alles nützte mir nichts. Ich entschloß mich endlich, von ihr abzulassen, als ich meine Hand an ihrer Kehle hatte und die Versuchung fühlte, sie zu erwürgen.

Grausame Nacht, entsetzliche Nacht! In allen Tonarten sprach ich zu dem Scheusal: mit Sanftmut, Zorn, Vernunftgründen, Vorstellungen, Drohungen, Wut, Verzweiflung, Bitten, Tränen, Gemeinheiten und den schrecklichsten Beleidigungen drang ich auf sie ein; sie widerstand mir drei volle Stunden, ohne eine einzige

Antwort zu geben, und nur ein einziges Mal veränderte sie ihre Lage etwas, um das zu verhindern, was mich gerächt hätte. Um drei Uhr morgens fühlte ich mich elend und ausgelaugt; mein Kopf schien sich zu drehen, ich faßte den Entschluß, mich im Dunkeln anzuziehen. Ich öffnete die Zimmertür, fand aber die Haustür verschlossen; ich machte Lärm, und eine Magd öffnete mir. Ein Nachtwächter, den ich am Soho Square traf, begleitete mich nach Hause, ich legte mich sofort zu Bett, aber die gereizte Natur verweigerte mir die Ruhe, deren ich bedurfte. Ich trank eine Tasse Schokolade, aber ich konnte sie nicht verdauen. Bald darauf ergriff mich ein Fieberschauer, der erst am nächsten Tage aufhörte; dann aber war ich an allen Gliedern wie gelähmt. Zum Liegen und Fasten gezwungen, blieb ich einige Tage im Bett, aber ich wußte, daß ich bald wieder meine volle Gesundheit erlangt haben würde. Wie Balsam ergoß es sich durch alle meine Adern, als ich die Gewißheit erlangte, endlich von meinem verliebten Wahn geheilt zu sein. Dies erkannte ich daran, daß ich an keinen Racheplan dachte. Ich schämte mich so, daß ich mich selber verabscheute.

Als mich das Fieber befiel, hatte ich meinem Bedienten befohlen, alle Besucher abzuweisen, niemanden bei mir zu melden und alle ankommenden Briefe in meinen Schreibtisch zu legen. Ich wollte nichts hören und sehen, bevor ich gänzlich wiederhergestellt war.

Am vierten Tage fühlte ich mich wieder besser und befahl Jarbe, mir meine Briefe zu geben. Ich fand einen von Pauline, die mir von Madrid aus schrieb, Clairmont habe ihr beim Überqueren über einen Fluß das Leben gerettet; da sie einen Diener wie ihn nicht finden zu können glaube, so habe sie beschlossen, ihn bis Lissabon zu behalten; sie werde ihn von dort aus zu Schiff nach England schicken. Damals freute ich mich über diesen Beschluß; aber er wurde meinem treuen Clairmont und infolgedessen auch mir verhängnisvoll. Vier Monate darauf erfuhr ich, daß das Schiff, mit welchem er gesegelt war, untergegangen war, und da ich ihn nicht wiedergesehen habe, so glaubte ich und glaube es heute noch, daß dieser ausgezeichnete Diener in den Wellen umgekommen ist.

Unter den Briefen der ›Penny Post‹[6] fand ich zwei von der niederträchtigen Mutter der niederträchtigen Charpillon und einen von dieser selbst. Der erste war sofort am Morgen nach der schrecklichen Nacht, die ich mit ihrer Tochter verbracht hatte, geschrieben. Die Mutter, die nicht wußte, daß ich krank war, teilte mir mit, ihre Tochter liege mit einem starken Fieber zu Bett; sie sei infolge der von mir erhaltenen Schläge mit blauen Flecken bedeckt; daher sei sie, die Mutter, genötigt, mich vor Gericht zu belangen. In dem zweiten, der vom nächsten Tage war, schrieb sie mir, sie habe gehört, daß auch ich krank sei wie ihre Tochter; sie bedaure dies, denn ihre Tochter habe ihr gestanden, ich könne vielleicht Gründe haben, mich über sie zu beklagen; aber sie werde sich bei unserer nächsten Zusammenkunft rechtfertigen. Der Brief der Charpillon war am dritten Tage geschrieben. Sie sagte mir, sie sehe ihr Unrecht vollkommen ein und sei nur erstaunt, daß ich sie nicht getötet hätte, als ich sie an der Gurgel packte; sie schwor mir, sie würde sich nicht gewehrt haben, denn in der entsetzlichen Zwangslage, in der sie sich befunden habe, sei es ihre Pflicht gewesen, alles hinzunehmen. Sie sei überzeugt, daß ich entschlossen sei, nicht wieder zu ihr zu gehen; darum bitte sie mich, sie nur ein einziges Mal in meinem Hause zu empfangen, denn sie müsse mir sofort etwas mitteilen, was für mich von Wichtigkeit sei; sie könne es aber nur mündlich tun. Goudar hatte mir auf einer an meiner Tür geschriebenen Briefkarte am Morgen mitgeteilt, er habe mir etwas zu sagen und werde um die Mittagsstunde kommen. Ich gab Befehl, ihn eintreten zu lassen.

Zu meinem Erstaunen erzählte der eigentümliche Mensch mir mit allen Einzelheiten den Auftritt, den ich in den vier Stunden mit der Charpillon im Bett gehabt hatte, sogar von dem zerrissenen Hemd und von der Angst, daß ich sie erwürgen würde. »Ich habe die ganze Schilderung von der Mutter, der die Tochter alles erzählt hat. Die Charpillon hat kein Fieber gehabt, aber ihr ganzer Körper war mit blauen Flecken bedeckt, deutlichen Beweisstücken der empfangenen Schläge. Den größten Kummer aber machte der Mutter, daß sie die hundert Guineen nicht bekommen hat, die Sie ihr gewiß vorausbezahlt haben würden, wenn die Tochter es gewollt hätte.«

»Sie hätte sie am Morgen bekommen, wenn sie gefügig gewesen wäre.«

»Sie hatte ihrer Mutter unter Eid versprochen, es nicht zu sein. Geben Sie nur alle Hoffnung auf, sie zu besitzen, wenn die Mutter nicht ihre Einwilligung gibt.«

»Und warum gibt sie diese nicht?«

»Sie behauptet, Sie werden sie verlassen, sobald Sie sie gehabt haben.«

»Das könnte wohl sein; aber bevor ich sie verlassen hätte, würde ich sie mit Geschenken überhäuft haben. Jetzt ist sie ebenfalls verlassen und hat keine Hoffnung, irgend etwas zu bekommen.«

»Sind Sie fest entschlossen, bei Ihrem Vorsatz zu bleiben?«

»Ganz fest.«

»Das ist der vernünftigste Entschluß, den Sie fassen können; ich rate Ihnen sehr, bleiben Sie dabei. Indessen möchte ich Ihnen etwas zeigen, was Sie überraschen wird. Ich komme in einer Stunde wieder.«

Als er wiederkam, hatte er einen Packträger bei sich, der einen mit Stoff überzogenen Lehnstuhl in mein Zimmer brachte. Sobald wir allein waren, nahm Goudar den Überzug ab und fragte mich, ob ich den Stuhl kaufen wolle.

»Was soll ich denn damit? Das Möbel sieht überdies nicht verlockend aus.«

»Trotzdem verlangt man hundert Guineen dafür.«

»Ich würde keine drei dafür geben.«

»Der Lehnstuhl hat fünf Federn, die sich gleichzeitig lösen, sobald ein Mensch sich hineinsetzt. Der Vorgang vollzieht sich sehr schnell: zwei Federn umgreifen die Arme und halten sie fest umklammert; zwei andere weiter unten bemächtigen sich der Knie und spreizen die Schenkel so weit wie möglich; die fünfte Feder hebt den Sitz in die Höhe, so daß die gefangengehaltene Person nur auf dem Steißbein sitzen kann.«

Nachdem er diese Beschreibung gegeben hatte, setzte Goudar sich auf die gewöhnliche Art in den Stuhl; sofort spielten die Federn, und ich sah ihn in der Stellung einer Frau, die ein Kind gebärt.

»Lassen Sie die Charpillon sich auf diesen Stuhl setzen, und die Sache ist erledigt.«

Ich mußte unwillkürlich über die Erfindung lachen, es widerstrebte mir jedoch, mich eines solchen Mittels zu bedienen. »Ich werde den Stuhl nicht kaufen«, sagte ich zu ihm; »aber Sie tun mir einen Gefallen, wenn Sie ihn mir bis morgen hierlassen.«

»Nicht einmal eine Stunde, wenn Sie ihn nicht etwa kaufen; denn der Besitzer wartet hundert Schritte entfernt auf mich.«

»Dann lassen Sie ihm also den Stuhl zurückbringen und kommen Sie zum Essen wieder.«

Er sagte mir, was ich auf der Rückseite des Stuhles zu tun hatte, um ihm seine Freiheit wiederzugeben. Hierauf zog er die Schutzdecke über den Stuhl, ließ den Packträger hereinkommen und ging.

Die Wirkung des Mechanismus war unfehlbar, und es war durchaus nicht Geiz, was mich davon abhielt, den Stuhl zu kaufen. Sondern ich fand die Erfindung teuflisch und auf den ersten Blick abstoßend; außerdem aber bedurfte es nur geringer Überlegung, um mir zu sagen, daß die Anwendung mich an den Galgen bringen könnte, da ich mich in einem Lande befand, dessen Richter mehr über die bei einem Verbrechen bekundete moralische Gesinnung, als über das Verbrechen selbst urteilen. Überhaupt hätte ich mich bei kaltem Blut niemals entschließen können, mich der Charpillon gewaltsam zu bemächtigen, noch weniger mit Hilfe dieser schrecklichen Maschine, bei deren Anwendung sie vor Furcht hätte sterben können.

Beim Essen sagte ich Goudar, die Charpillon habe an mich geschrieben und mich um eine Unterredung in meinem Hause gebeten. Ich hätte daher den Lehnstuhl gern behalten, um ihr zu zeigen, daß ich mich ihrer hätte bemächtigen können, wenn ich gewollt hätte. Ich zeigte ihm den Brief, und er riet mir, auf ihren Vorschlag einzugehen, wäre es auch nur aus Neugier.

Ich hatte es nicht eilig, dies Geschöpf mit blauen Flecken im Gesicht und auf der Brust wiederzusehen; denn diese Flecken hätte sie mir gewiß gezeigt, um mich zu rühren und wegen meiner Roheit zu beschämen. Ich ließ daher acht oder zehn Tage vergehen, ohne sie zu empfangen. Goudar kam jeden Tag und unterrichtete mich über die Beratungen dieser Frauenbande, die darauf ausging, nur von Gaunereien zu leben.

Ich erfuhr von ihm, daß die Großmutter eine Bernerin war, die sich ohne jedes Recht den Namen Augspurgher angemaßt hatte; denn sie war nur die Geliebte eines ehrenwerten Bürgers dieses Namens gewesen, dem sie vier Mädchen geboren hatte; die Mutter der Charpillon war die jüngste von diesen, und da sie ziemlich hübsch war und einen ausschweifenden Lebenswandel führte, hatte die weise Regierung sie samt ihrer Mutter und ihren Schwestern aus dem Kanton ausgewiesen. Sie hatte sich hierauf in der Franche-Comté[7] niedergelassen, wo sie eine Zeitlang vom Verkauf des Lebensbalsams lebten, dessen Herstellung die Großmutter leitete. Dort kam die Charpillon zur Welt; nach der Behauptung der Mutter soll ein Graf de Boulainvilliers der Vater sein, dessen intime Freundin sie drei Monate lang gewesen war. Da das Mädchen hübsch wurde, glaubte die Mutter, sie müsse in Paris ihr Glück machen. Sie ließ sich dort nieder; da aber ihr Lebensbalsam trotz aller Güte nicht für ihren Unterhalt ausreichte, und da die Charpillon, weil sie noch zu jung war, niemanden fand, der sie unterhalten wollte, da ihr endlich wegen ihrer Schulden das Gefängnis drohte, so faßte sie auf den Rat ihres damaligen Liebhabers Monsieur Rostaing, der ebenfalls wegen seiner Schulden Frankreich verlassen mußte, den Entschluß, nach London zu ziehen.

Fünf oder sechs Monate nach ihrer Ankunft in Paris wäre diese Mutter an der zu starken Dosis Quecksilber beinahe gestorben, die sie einnahm, um die schreckliche Krankheit zu heilen, die sie auf Rostaing, wie sie ihm selbst eingeräumt hatte, übertrug.

Coumon, ein Mann aus dem Languedoc und intimer Freund Rostaings, leistete ihm und der ganzen Familie Dienste, indem er in den Londoner Cafés Leichtgläubige aufliest, um sie zu einem Whistspiel zu ihnen zu bringen. Der Gewinn wurde rechtschaffen und gleichmäßig in sechs Teile geteilt. Doch was die Charpillon bei den flüchtigen Liebschaften gewann, die sie sich bei den großen nächtlichen Zusammenkünften in den Parks Londons besorgte, bleibt geheimnisumwoben; jedoch weiß ich, daß Rostaing von ihrer Mutter ausgehalten wurde.

Das ist die Geschichte, die ich von Goudar erfuhr.

Er machte mich mit den berühmtesten Londoner Kurtisanen bekannt, besonders auch mit der vielgefeierten Kitty Fisher, die damals schon anfing, aus der Mode zu kommen. Ferner zeigte er mir in einem Bierausschank, wo wir eine Flasche Starkbier – das besser ist als Wein – tranken, eine Kellnerin, die sechzehn Jahre alt und ein wahres Wunder an Schönheit war. Sie war eine katholische Irin und hieß Sarah. Ich wollte sie erobern oder kaufen, aber Goudar hatte seine bestimmten Absichten mit ihr und entführte sie auch wirklich das Jahr darauf.

Schließlich heiratete er sie, und sie ist eben jene Sarah Goudar, die in Neapel, Florenz, Venedig und an anderen Orten in seiner Begleitung glänzte. Goudar hatte die Absicht, sie als die Geliebte Ludwigs XV. an die Stelle der Dubarry zu bringen; aber eine *lettre de cachet*[8] nötigte ihn, anderswo sein Glück zu versuchen. Glückliche Zeiten der *lettres de cachet*, ach, ihr seid nicht mehr!

Der Charpillon wurde es schließlich zu langweilig, auf eine Antwort zu warten; als vierzehn Tage verstrichen waren, ohne daß sie ein Wort von mir gehört hatte, beschloß sie, den Angriff zu erneuern. Ohne Zweifel war dies das Ergebnis einer sehr geheimen Beratung; denn Goudar hatte mir nichts davon gesagt.

Man kündigte mir an, sie sei ganz allein in einer Sänfte vor meiner Tür angekommen, und dies bestimmte mich, sie zu empfangen. Ich trank gerade meine Schokolade und begrüßte sie, ohne aufzustehen und ohne ihr ein Frühstück anzubieten. Sie bat mich in bescheidenem Tone selber darum und setzte sich neben mich, indem sie mir ihr Gesicht zum Kuß hinhielt; dies hatte sie früher niemals getan. Ich wandte den Kopf ab, aber selbst diese unerhörte Zurückweisung brachte sie nicht aus der Fassung, sondern sie sagte: »Ohne Zweifel sind es die noch allzu sichtbaren Spuren Ihrer Schläge, die Ihnen mein Gesicht abschreckend erscheinen lassen.«

»Sie lügen! Ich habe Sie nicht geschlagen.«

»Einerlei; Ihre groben Finger haben blaue Flecken auf meinem ganzen Körper hinterlassen. Sehen Sie her! Sie laufen ja keine Gefahr, daß das, was ich Ihnen zeige, Sie verführen könnte. Übrigens ist es Ihnen ja nichts Neues.«

Mit diesen Worten entblößte die verflixte Hexe sich und zeigte mir, daß auf der Oberfläche ihres Körpers trotz der inzwischen verstrichenen Zeit noch einige verfärbte Stellen zu sehen waren. Ich Feigling! Warum habe ich nicht meine Augen abgewandt. Warum? Weil sie schön war, weil ich ihre Reize liebte und weil die ›Reize‹ nicht ihren Namen verdienten, wenn sie nicht die Macht hätten, die Vernunft zum Schweigen zu bringen. Ich tat, als sähe ich nur die Spuren der Quetschungen. Ich Dummkopf! Ja, sie wußte, daß das Gift durch alle meine Poren drang.

Plötzlich, als sie annahm, ich sei vom Gift glühender Begierden genügend durchdrungen, brachte sie ihr Kleid in Ordnung und setzte sich wieder an meine Seite.

Ich nahm mich jedoch, so gut ich konnte, zusammen und sagte ihr, es sei ihre eigene Schuld, wenn ich ihr so weh getan habe; denn ich könnte nicht einmal darauf schwören, daß diese Quetschungen von mir herrührten.

»Ich weiß«, antwortete sie, »daß alles meine eigene Schuld gewesen ist; denn wenn ich gefügig gewesen wäre, wie ich es hätte tun sollen, könnte ich Ihnen jetzt die Spuren Ihrer Küsse zeigen. Aber Reue macht begangenes Unrecht gut, und ich bin hier, um Sie um Verzeihung zu bitten. Kann ich darauf hoffen?«

»Ich kann Ihnen diese Bitte nicht abschlagen. Ich trage Ihnen nichts mehr nach, und es tut mir nur leid, nicht mir selber vergeben zu können. So ist es nun mal. Da Sie jetzt Bescheid wissen, können Sie gehen, denn Sie brauchen auf mich nicht mehr zu rechnen; ich hoffe, Sie werden in Zukunft nicht mehr versuchen, meine Ruhe zu stören.«

»Es geschehe, wie Sie wünschen. Aber Sie wissen nicht alles, und ich bitte Sie, mich noch eine halbe Stunde anzuhören.«

»Da ich nichts zu tun habe, so können Sie bleiben und sprechen; ich werde Ihnen zuhören.«

Vernunft und Ehre zwangen mich, diese hochmütige Rolle zu spielen; in Wirklichkeit aber war ich tief bewegt, und was das Schlimmste war: ich fühlte mich geneigt, zu glauben, daß das Mädchen nur deshalb wieder zu mir gekommen war, weil sie mich liebte und endlich zu verdienen wünschte, daß ich ihr zärtlicher Freund würde.

Was sie mir zu sagen hatte, hätte in einer Viertelstunde gesagt werden können, aber allerlei Abschweifungen, geschickte Wiederholungen, Tränenergüsse brachten es dahin, daß sie zwei Stunden dazu brauchte, mir zu sagen, ihre Mutter habe sie bei ihrer Seele schwören lassen, die Nacht so mit mir zu verbringen, wie sie es getan habe. Zum Schluß sagte sie mir, sie wolle endlich keine Sklavin mehr sein und sei daher bereit, mir unter denselben Bedingungen anzugehören wie Signor Morosini. Sie wolle bei mir wohnen, weder ihre Mutter noch ihre Tanten sehen und werde mit mir nur dahin gehen, wohin ich wünsche; aber ich müsse ihr monatlich eine gewisse Summe aussetzen, die sie ihrer Mutter geben werde, damit diese sie nicht durch die Gerichte behellige; denn sie sei noch nicht in dem Alter, sich für unabhängig erklären zu dürfen.

Sie aß mit mir zu Mittag; diesen Vorschlag machte sie mir jedoch erst am Abend, als ich wieder ruhig geworden und nach ihrer Meinung in der richtigen Stimmung war, mich von neuem betören zu lassen. Ich sagte ihr, wir könnten miteinander leben, wie sie es vorschlüge; ich wollte jedoch den Vertrag mit ihrer Mutter abschließen, und sie würde mich daher schon am nächsten Tage in ihrer Wohnung sehen. Diese Erklärung schien sie zu überraschen.

Wahrscheinlich würde die Charpillon mir an diesem Tage alles bewilligt haben, was ich nur hätte wünschen können; dann wäre in Zukunft von Widerstand nicht mehr die Rede gewesen und ich hätte keine Täuschung mehr fürchten müssen. Warum habe ich also nicht alles von ihr verlangt?

Weil die Liebe, die einen Mann dumm macht, zuweilen auch das Gegenteil bewirkt; weil ich mir einbildete, ich sitze an diesem Tage gewissermaßen über die Hexe zu Gericht, und es würde daher eine niedrige Handlung sein, wenn ich mich an ihr rächte, indem ich ihr als Liebender entgegentrat. Sie muß mich voll Verachtung mit dem Entschluß, sich für meinen Stolz zu rächen, verlassen haben. Aber ein verliebter Mann sieht seine Fehler erst dann ein, wenn er nicht mehr verliebt ist.

Goudar war sehr überrascht, als ich ihm am nächsten Tage von dem Besuch erzählte und ihm sagte, wie kläglich ich den Tag verwandt hatte. Ich bat ihn, mir ein möbliertes Häuschen in Chelsea zu besorgen, das pro Monat zu vermieten sei; er wollte es tun. Am Abend suchte ich das ruchlose Weib in ihrer Wohnung auf; ich war immer noch auf den ernsten Ton gestimmt, dessen Lächerlichkeit ihr ohne Zweifel nicht entgehen konnte.

Da ich sie mit ihrer Mutter allein fand, setzte ich ihnen sofort meinen Plan auseinander. »Ihre Tochter«, sagte ich zur Mutter, »bekommt in Chelsea ein Haus, in dem sie wohnen kann, außerdem erhält sie monatlich fünfzig Guineen, womit sie anfangen kann, was sie will.«

»Wieviel Sie ihr monatlich geben, ist mir einerlei; ich will davon nichts wissen. Aber wenn sie von mir fortgeht, um anderswo zu wohnen, soll sie mir die hundert Guineen geben, die sie eigentlich von Ihnen dafür bekommen sollte, daß Sie die Nacht mit ihr geschlafen haben.«

Ich erwiderte darauf: »Sie wird Ihnen das Geld geben.«

»Bis Sie das Haus gefunden haben«, sagte die Tochter, »werden Sie mich, hoffe ich, besuchen.«

»Ja.«

Schon am nächsten Tage kam Goudar, um mir zu erzählen, daß in Chelsea etwa zwanzig Häuser zu vermieten seien und ich ihn begleiten solle, um das Vergnügen der Auswahl zu haben. Wir fuhren hin, ich wählte eins aus, mietete es und zahlte zehn Guineen für einen Monat voraus, nachdem ich meine Bedingungen gemacht und mir eine Quittung hatte geben lassen. Am Nachmittag ging ich zu der Mutter und schloß mit ihr den Handel ab. Die Tochter war dabei zugegen; ich ließ beide unterschreiben. Ich sagte der Tochter, sie solle ihre Sachen einpacken und mir folgen. Sie warf ein paar Habseligkeiten in einen Koffer, den ich durch einen Kutscher in mein neues Haus bringen ließ, eine halbe Stunde später kam sie dann mit mir mit. Die Mutter verlangte von mir die hundert Guineen, und ich gab sie ihr. Ich fürchtete nicht mehr, betrogen zu werden, denn die ganze kleine Ausrüstung ihrer Tochter war bereits bei mir.

Wir fuhren ab und waren bald in Chelsea. Die Charpillon fand das Haus vollkommen nach ihrem Geschmack; wir machten einen Spaziergang und speisten dann fröhlich zu Abend. Nach dem Essen legten wir uns zu Bett, und sie bewilligte mir Liebkosungen und das Vorspiel; als ich aber zum Hauptangriff schritt, fand ich einen Widerstand, den ich nicht erwartet hatte. Sie schützte gewisse natürliche Gründe vor. Ich war nicht der Mann, mir aus einer solchen Kleinigkeit etwas zu machen; aber alle meine Anstrengungen waren vergeblich: sie widerstand mir, aber sie tat dies so sanft und liebenswürdig, daß ich schließlich von ihr abließ und einschlief.

Da ich vor ihr erwachte, wollte ich mich überzeugen, ob sie die Wahrheit gesagt hatte. Vorsichtig hob ich die Decke auf, schob ihr Hemd zur Seite und sah, daß sie mich wiederum angeführt hatte. Sie wachte auf und wollte sich mir widersetzen; aber es war zu spät. Ich machte ihr wegen der neuen Täuschung nur sanfte Vorwürfe, und bereit, alles zu verzeihen, schickte ich mich an, die verlorene Zeit wieder einzuholen. Sie schlug jedoch einen bösen Ton an und schimpfte, daß ich sie überrascht hätte. Ich suchte ihren Zorn zu besänftigen, indem ich sie bat, sich mir zu ergeben; das unwillige Geschöpf aber machte sich meine Sanftmut zunutze, verdoppelte den Widerstand und wollte mir nichts erlauben. Ich durchschaute ihre Absicht und beschloß, sie in Ruhe zu lassen, machte jedoch meiner Entrüstung in Worten Luft, wie ihr Benehmen es verdient hatte. Anfangs lächelte die freche Person nur verächtlich; sie richtete sich im Bett auf und begann sich anzukleiden; dann aber erlaubte sie sich die unverschämtesten Antworten. Außer mir über den gemeinen Ton, den sie anschlug, gab ich ihr eine kräftige Ohrfeige und versetzte ihr einen Fußtritt, daß sie der Länge nach aus dem Bett fiel. Sie fing an zu schreien, stampfte mit den Füßen und machte einen fürchterlichen Lärm. Der Wirt kam herauf, und sie sprach mit ihm englisch, während ihr das Blut aus der Nase strömte.

Zu meinem Glück sprach der Wirt italienisch. Er sagte mir, sie wolle gehen, und riet mir, mich dem nicht zu widersetzen, denn sonst könnte sie mir eine sehr unangenehme Geschichte an den Hals hängen und er würde genötigt sein, gegen mich auszusagen. Ich antwortete ihm: »Lassen Sie sie so schnell wie möglich verschwinden; hoffentlich sehe ich sie niemals wieder.«

Sie stillte die Blutung, zog sich fertig an und entfernte sich in einer Sänfte. Ich blieb stumm und unbeweglich länger als eine Stunde liegen; ich fühlte mich unwürdig, noch weiter zu leben, und fand das Benehmen dieses Mädchens unbegreiflich und unglaublich.

Endlich entschloß ich mich, mit dem Koffer der Hexe in einer Kutsche nach Hause zu fahren, wo ich mich niedergeschlagen ins Bett legte und befahl, keinen Menschen vorzulassen.

Ich verbrachte vierundzwanzig Stunden mit bitteren Gedanken. Als schließlich die Vernunft sich geltend machte, sah ich ein, daß ich ihr unrecht getan hatte, und fand mich in meinen eigenen Augen verächtlich. Von dem Gefühl, das mich damals beherrschte, ist nur ein Schritt zum Selbstmord.

Am nächsten Tage wollte ich gerade ausgehen, als Goudar kam. Er bat mich, mit ihm wieder hineinzugehen, da er mir etwas Wichtiges mitzuteilen habe. Er sagte mir, die Charpillon sei zu Hause und habe eine so stark geschwollene Wange, daß sie sich nicht sehen lassen könne. Er riet mir, ihr den Koffer zu schicken und alle Ansprüche gegen die Mutter aufzugeben; sonst sei sie entschlossen, mich durch eine falsche Beschuldigung, die mich das Leben kosten könne, zugrunde zu richten. Der Leser kann sich denken, welcher Art sie war[9], und man weiß, wie leicht es in London ist, sie glaubhaft zu machen. Goudar sagte mir: »Die Mutter hat mich gebeten, die Sache zu vermitteln; sie will Ihnen durchaus nichts zuleide tun, wenn Sie sie in Ruhe lassen.«

Nachdem ich den Tag mit diesem Vermittler verbracht und mich stundenlang wie der größte aller Dummköpfe in Klagen ergangen hatte, sagte ich ihm, er könne der Mutter mitteilen, daß ich nicht daran dächte, den Koffer der Tochter zu behalten; daß ich aber gerne wüßte, ob sie den Mut hätte, ihn aus meiner Hand entgegenzunehmen.

»Ich will es ausrichten«, antwortete er mir; »aber ich bedauere Sie, denn Sie werden wieder in ihre Netze geraten, und sie werden Sie zugrunde richten, ohne Ihre Wünsche zu befriedigen. Sie tun mir leid.«

Ich bildete mir ein, die beiden Geschöpfe würden nicht den Mut haben, mich zu empfangen, denn nach den von ihr unterzeichneten Vereinbarungen mußte die Mutter mir zumindest die hundert Guineen wiedergeben. Doch zu meinem Erstaunen sagte Goudar mir lachend, Madame Augspurgher hoffe, ich werde stets ein guter Freund des Hauses bleiben. Gegen Abend ging ich zu ihnen, ließ den Koffer ins Besuchszimmer bringen und saß eine Stunde, ohne eine Silbe zu sprechen, der Charpillon gegenüber, die ihre Blicke auf eine Näharbeit gesenkt hielt. Von Zeit zu Zeit tat sie, als wenn sie eine Träne trocknete, und zwei- oder dreimal enthüllte sie ihr Gesicht, um mir zu zeigen, wie ich ihre Wange zugerichtet hatte.

Jeden Abend ging ich zu ihr und saß schweigend da, bis endlich die Spur der bösen Ohrfeige gänzlich verschwunden war. In diesen fünf oder sechs Tagen bereute ich sehr, daß ich sie so schrecklich entstellt hatte; zu meinem Unglück vergaß mein weiches Herz alle ihre schändlichen Taten. Hätte sie geahnt, wie sehr ich mich erneut in sie verlieben würde, hätte sie mich restlos ausplündern und zum Bettler werden lassen können.

Als sie wieder schön war, starb ich vor Begier, sie wieder in meinen Armen zu sehen, wie ich sie sanft und liebkosend bereits einmal, wenn auch nur unvollkommen, besessen hatte. Ich kaufte einen prachtvollen Wandspiegel und ein Service für Kaffee und Tee für zwölf Personen aus Meißner Porzellan und sandte ihr diese Geschenke mit einem Liebesbrief, der mich in ihren Augen als den größten Feigling unter den Menschen erscheinen lassen mußte. Sie antwortete mir, sie erwarte mich in ihrem Zimmer zum Abendessen unter vier Augen, um mir, wie ich es verdiene, die zärtlichsten Beweise ihrer Dankbarkeit zu geben.

Dieser Brief raubte mir so völlig die Besinnung, daß ich in einem Wahnsinnsanfall von Begeisterung den Entschluß faßte, ihr die beiden Wechsel über sechstausend Francs anzuvertrauen, die Bolomay mir ausgestellt hatte und die mir das Recht gaben, ihre Mutter und ihre Tante ins Gefängnis bringen zu lassen.

Beseligt von dem Glück, das meiner wartete, und von dem Gedanken, daß ich es durch die heroische Handlung verdiente, die ich der Charpillon gegenüber begehen wollte, ging ich zum Abendessen zu ihr. Ich war froh, daß die beiden von mir so gehaßten Gauner nicht da waren. Goudar ging immer morgens zu ihr. Sie empfing mich mit ihrer Mutter im Besuchszimmer, und ich sah voller Freude den Spiegel über dem Kamin angebracht und das Porzellanservice auf dem Gesims stehen. Nachdem sie mich hundertmal ihrer Zärtlichkeit versichert hatte, lud sie mich ein, auf ihr Zimmer zu gehen, und ihre Mutter wünschte uns eine glückliche Nacht.

Ich war freudetrunken. Nachdem wir eine leckere kleine Mahlzeit zu uns genommen hatten, zog ich aus meiner Brieftasche die beiden Wechsel, deren Geschichte ich ihr erzählte. Dann übergab ich sie ihr und sagte, ich würde sie an ihre Ordre indossieren[10], sobald sie mich als bevorzugten Liebhaber behandelt hätte; ich wollte ihr dadurch beweisen, daß ich nicht im geringsten daran dächte, mich an ihrer Mutter und an ihren Tanten rächen zu wollen. Ich ließ mir nur von ihr versprechen, die Wechsel nicht aus den Händen zu geben. Sie nahm sie dankbar an, pries mein großmütiges Benehmen und schloß endlich die Wechsel sorgfältig in ihre Kassette ein, nachdem sie mir alles versprochen hatte.

Nun glaubte ich ihr Beweise meiner Leidenschaft geben zu können. Ich fand sie sanft; als ich sie aber dahin bringen wollte, meine Leidenschaft zu belohnen, sträubte sie sich, drückte mich an ihre Brust und weinte wie auf Befehl heiße Tränen.

Ich zwang mich zur Ruhe und fragte sie, ob sie ihr Benehmen ändern würde, wenn wir beieinander im Bett lägen. Sie seufzte, schwieg einen Augenblick und sagte dann: »Nein.«

Diese Antwort versteinerte mich. Länger als eine Viertelstunde saß ich da, ohne mich zu rühren, ohne ein Wort zu sprechen. Dann stand ich mit scheinbarer Ruhe auf und nahm Mantel, Hut und Degen.

»Wie?« rief sie, »Sie wollen nicht die Nacht mit mir verbringen?«

»Nein.«

»Werden wir uns morgen sehen?«

»Ich hoffe es. Leben Sie wohl!«

Ich verließ dieses verfluchte Haus, ging nach Hause und legte mich zu Bett.

ZEHNTES KAPITEL

Am anderen Morgen gegen acht Uhr meldete Jarbe mir die Charpillon und sagte, sie habe ihre Sänftenträger fortgeschickt.

»Sag ihr, daß ich schlafe und daß sie sich entfernen soll.«

Aber in dem Augenblick, als ich diese Worte sprach, trat sie ein, und Jarbe ging hinaus.

»Ich bitte Sie«, sagte ich so ruhig, wie es mir nur möglich war, »mir die beiden Wechsel zurückzugeben, die ich Ihnen gestern abend anvertraut habe.«

»Ich habe sie nicht bei mir, aber warum soll ich sie Ihnen denn zurückgeben?«

Bei dieser Frage, die eine Erklärung notwendig machte, durchbrach meine unselige, mich verbitternde Wut den Damm meiner Zurückhaltung und ergoß sich in einer Flut von Schimpfworten und schrecklichen Drohungen. Meine Natur bedurfte dieses Ausbruches, um ihr Gleichgewicht wiederzufinden. Er endete mit einem unfreiwilligen Tränenerguß, dessen meine Vernunft sich schämte. Sie benutzte diesen Augenblick und sagte mir, daß sie ihrer Mutter geschworen habe, sich niemandem im eigenen Hause hinzugeben; sie sei nun zu mir gekommen, um mich von ihrer Zärtlichkeit zu überzeugen, indem sie sich rückhaltlos hingebe, und um mich niemals wieder zu verlassen, wenn ich sie behalten wolle.

Wenn ein Leser sich einbildet, bei dieser Erklärung habe mein ganzer Zorn sich verflüchtigt und ich habe mich nun unverzüglich von deren Aufrichtigkeit und der damit verbundenen Fügsamkeit überzeugt, so irrt er sich. Er weiß nicht, daß gekränkte Liebe schnell in bitteren Zorn übergehen kann, daß aber der umgekehrte Übergang sich langsam und schwer vollzieht. Der Weg vom einen zum anderen ist gleich; aber wenn der Zorn noch durch Entrüstung ergänzt wird, ist der Mensch unfähig zur Zärtlichkeit. Die Entrüstung gesellt sich zum wütenden Haß durch eine aus der Vernunft entstandene Verachtung, die ihn verdoppelt und unüberwindlich werden läßt. Seine Dauer entspricht dem Temperament. Der Haß weicht erst, wenn er von selber aufgehört hat. Bei mir ist einfacher Zorn immer nur von kurzer Dauer gewesen; *irasci celerem, tamen ut placabilis essem* [schnell aufbrausend im Zorn, aber auch leicht wieder versöhnbar][1]. Aber wenn Entrüstung hinzugekommen ist, dann hat meine stolze Vernunft mich stets unbeugsam gemacht, bis ich meinen Zorn vergessen und dadurch wieder meinen natürlichen Zustand erlangt hatte.

Wenn nun die Charpillon in einem solchen Augenblick sich meinen Gelüsten zur Verfügung stellte, so wußte sie wohl, daß mein Zorn oder mein verletzter Stolz mich abhalten würde, sie beim Wort zu nehmen, und dieses Wissen, das bei dir und bei mir, lieber Leser, ein Kind der Philosophie ist, war bei dieser Kokotte angeboren.

Gegen Abend verließ das junge Scheusal mich. Sie tat, als wenn sie gekränkt, traurig, niedergeschlagen wäre, und sagte nur: »Ich hoffe, Sie werden wieder zu mir kommen, sobald Sie zur Besinnung gelangt sind.« Sie hatte acht Stunden bei mir verbracht und mich während dieser ganzen Zeit nur fünf- oder sechsmal unterbrochen, um Beschuldigungen abzustreiten, die zwar wahr waren, die sie aber nicht zugeben durfte. Ich hatte den ganzen Tag nichts gegessen, um nicht genötigt zu sein, ihr etwas anzubieten und mit ihr zu essen.

Als sie fort war, trank ich eine Tasse Fleischbrühe; hierauf legte ich mich wieder zu Bett und hatte einen sehr ruhigen Schlaf. Beim Erwachen fühlte ich mich völlig wiederhergestellt. Indem ich nun über den Auftritt vom vorigen Tag nachdachte, glaubte ich, daß die Charpillon ihr Benehmen bereue, aber ich fühlte mich vollkommen gleichgültig gegen alles, was sie betraf. So hat mich die Liebe in London, *nel mezzo del camin di nostra vita* [mitten auf dem Pfade unseres Lebens][2], in meinem achtunddreißigsten Jahre verändert. Es war der Schluß des ersten Aktes meines Lebens. Der zweite Akt schloß mit meiner Abreise aus Venedig im Jahre 1783, und der dritte Akt wird offenbar hier schließen, wo ich mich damit unterhalte, diese Erinnerungen niederzuschreiben. Dann wird meine Komödie in drei Akten beendigt sein, und wenn man sie auspfeift, was ja wohl der Fall sein kann, so hoffe ich, dieses Pfeifen nicht zu hören, und dies ist eine Befriedigung, die noch mancher andere Autor sich gleich mir vorbehalten sollte. Aber ich habe dem Leser noch nicht die letzte Szene dieses ersten Aktes vorgeführt, und ich halte diese für die interessanteste.

Chi ha messo il piè sull' amorosa pania
Cherchi ritrarlo, e non v'inveschi l'ale,
Chè non è in somma amor se non insania
a giudizio de' savi universale.

[Wer auf die Schlingen Amors setzt die Füße,
Zieh sie zurück, daß frei die Flügel sei'n,
Denn Lieb ist schließlich nichts als Tollheit, Süße;
Da stimmen alle Weisen überein.][3]

Auf einem Spaziergang, den ich im Green Park machte, wurde ich von Goudar angesprochen. Ich sah ihn mit Vergnügen, denn ich brauchte diesen in allen Lebenslagen erfahrenen Wüstling. Er sagte zu mir: »Ich komme eben von der Charpillon; man ist dort in sehr fröhlicher Stimmung. Vergebens habe ich das Gespräch auf Sie zu bringen gesucht; ich konnte kein Wort aus den Frauen herausbringen.«

»Ich verachte sie und alles, was nah oder fern mit ihr zusammenhängt.«

Er lobte mich und forderte mich auf, bei dieser Meinung zu bleiben. Ich nahm ihn mit mir zum Essen, und wir gingen dann zur Kupplerin Walsh, wo wir die berühmte Kurtisane Kitty Fisher sahen, die dort auf den Herzog XX wartete, um mit ihm auf den Ball zu gehen. Sie war mit Diamanten für mehr als hunderttausend Taler geschmückt. Goudar sagte mir, ich könnte die Gelegenheit benutzen und mich, bevor der Herzog käme, für zehn Guineen mit ihr amüsieren. Ich wollte jedoch nicht, denn sie war zwar reizend, aber sie sprach nur englisch. Da ich gewöhnt war, mit allen Sinnen zugleich zu genießen, so konnte ich mich nicht entschließen, auf das Hören zu verzichten. Als das Mädchen fort war, sagte die Walsh uns, Kitty habe eines Tages eine Banknote von hundert Pfund auf einem Butterbrot verzehrt. Es sei ein Geschenk gewesen, das Sir Atkins, der Bruder der schönen Lady Pitt, ihr gemacht habe. Ich weiß nicht, ob die Bank von London der Phryne für dieses Geschenk ihren Dank aussprechen ließ.

Ich verbrachte eine Stunde mit Miss Kennedy, die mit dem Sekretär Berlendis von der venezianischen Gesandtschaft liiert gewesen war. Vom Champagner belebt, machte sie tausend tolle Sachen; aber das Bild der Charpillon verfolgte mich, mir selber unbewußt, und ich fand den Genuß an dieser entzückenden Irin abgeschmackt. Traurig und unzufrieden ging ich nach Hause. Die Vernunft sagte mir, daß ich mich besiegen und die Charpillon aus meinen Gedanken verjagen müßte; aber ein anderes Gefühl, das ich für Ehrgefühl hielt, sagte mir, ich dürfe ihr nicht den Triumph lassen, mir für nichts die beiden Wechsel abgenommen zu haben. Ich entschloß mich daher, mir die Papiere mit Güte oder mit Gewalt zurückzuverschaffen. Sicherlich würde ich ein Mittel dazu finden, und das Folgende ließ mich hoffen, es gefunden zu haben.

Monsieur Malingan, bei dem ich die unglückselige Bekanntschaft des höllischen Geschöpfes gemacht hatte, lud mich zum Essen ein. Er war schon mehrere Male mit Frau und Tochter mein Gast gewesen, und ich glaubte ihm dieses Vergnügen nicht abschlagen zu können; besonders, da er mich bat, ihm zwei von meinem Koch zubereitete Speisen zu senden. Ich sagte aber erst zu, nachdem er mir die Namen der Eingeladenen genannt hatte; da keine Bekannten von mir dabei waren, hatte ich nichts einzuwenden. Es war am übernächsten Tag.

Ich fand bei ihm zwei junge Lütticherinnen, von denen die eine mich auf den ersten Blick interessierte; sie machte mich mit ihrem Mann bekannt, den Malingan mir nicht vorgestellt hatte, sowie mit einem anderen jungen Mann, der der anderen Dame den Hof zu machen schien, die angeblich ihre Base war.

Da die Gesellschaft nach meinem Geschmack war, so hoffte ich einen schönen Tag zu verleben; wir saßen gerade bei Tisch, als die Charpillon erschien. Sie trat mit lachendem Gesicht ein und sagte zu Madame Malingan: »Ich würde mich nicht bei Ihnen zum Essen eingeladen haben, wenn ich gewußt hätte, daß Sie so zahlreiche Gesellschaft haben.« Man begrüßte sie auf das freundlichste und gab ihr den Platz zu meiner Linken; zu meiner Rechten saß die Dame aus Lüttich, der ich meine Aufmerksamkeit zu widmen beschloß.

Ich kam mir wie in einer Falle vor. Wäre die Charpillon gekommen, bevor wir bei Tisch saßen, so hätte ich leicht einen Vorwand gefunden, um mich zu entfernen; nun ging es nicht mehr. Mir fiel nichts Besseres ein, als den lästigen Gast während der ganzen Mahlzeit nicht ein einziges Mal anzusehen, sondern mich der Dame aus Lüttich zu widmen. Als wir von Tisch aufgestanden waren, gab Malingan mir sein Ehrenwort, daß er sie nicht eingeladen habe, und ich tat aus Höflichkeit so, als wenn ich ihm glaubte.

Die beiden Lütticherinnen und ihre Kavaliere sollten in drei oder vier Tagen nach Ostende an Bord gehen. Indem wir von ihrer Abreise sprachen, sagte die liebenswürdige Dame, die mich interessiert hatte, sie bedaure, England verlassen zu müssen, ohne Richmond gesehen zu haben. Ich bat sie, mir die Ehre zu bewilligen, es ihr am nächsten Tage zeigen zu dürfen. Ohne ihre Antwort abzuwarten, lud ich ihren Gemahl, ihre Base und die ganze Gesellschaft ein, außer der Charpillon, die ich nicht ansah. Als die Einladung angenommen war, sagte ich: »Zwei Wagen mit je vier Sitzen werden um acht Uhr bereit sein; wir sind ja gerade acht.«

»Wir sind neun, denn ich werde mitfahren!« rief die Charpillon, indem sie mich mit der frechsten Miene ansah; »ich hoffe, Monsieur, Sie werden mich nicht fortjagen.«

»Nein; denn das wäre unhöflich. Ich werde vorausreiten.«

»Oh! Das ist durchaus nicht nötig; denn ich werde Emilia auf meinen Schoß nehmen.«

Emilia war Malingans Tochter. Eine Viertelstunde später mußte ich mal hinausgehen; als ich zurückkam, fand ich das freche Geschöpf auf dem Treppenabsatz. Sie redete mich an und sagte: ich hätte ihr einen blutigen Schimpf angetan. Ich wäre ihr dafür Genugtuung schuldig, oder sie würde sich rächen.

»Geben Sie mir zuerst meine Wechsel zurück; dann verhandeln wir weiter«, antwortete ich.

»Sie werden sie morgen bekommen.«

Ich verließ die Gesellschaft gegen zehn Uhr, nachdem ich versprochen hatte, nicht vorauszureiten; die beiden Wagen sollten vor Malingans Haus halten, wo wir alle frühstücken wollten. Am nächsten Morgen nach dem Frühstück stiegen Malingan, seine Frau, seine Tochter und die beiden Herren in den ersten Wagen, und ich mußte mich mit den beiden schönen Lütticherinnen und der Charpillon, die sich mit der Verheirateten von ihnen innig befreundet zu haben schien, in den zweiten setzen. Dies ärgerte mich, und ich war während der ganzen, fünf Viertelstunden dauernden Fahrt nach Richmond verdrießlich. Ich bestellte zunächst ein gutes Mittagessen; hierauf besichtigten wir das Schloß und den Park. Das Wetter war herrlich, obgleich wir schon tief im Herbst waren.

Während des ungezwungenen Spazierganges machte die Charpillon sich an mich heran und sagte mir, sie wolle mir meine Wechsel bei sich zu Hause wiedergeben. Da wir von der übrigen Gesellschaft ziemlich weit entfernt waren, überhäufte ich sie mit Beleidigungen. Ich warf ihr ihre Hinterlist vor, ihre tiefe Verderbtheit in einem Alter, wo man noch einige natürliche Unschuld bei ihr hätte voraussetzen dürfen. Ich nannte sie eine Hure und zählte die Herren auf, mit denen sie geschlafen hatte. Zum Schluß drohte ich ihr mit meiner Rache, die sie fürchten müsse und nicht ich die ihre. Sie blieb aber eiskalt und ließ in vollkommener Ruhe das Gewitter über sich ergehen, das auf sie herniederstürzte. Nur als die Gesellschaft uns so nahe kam, um uns hören zu können, nahm sie lachend meinen Arm und bat mich, leiser zu sprechen. Man hörte mich aber doch, und das war mir sehr angenehm.

Endlich gingen wir zum Essen. Die Charpillon setzte sich neben mich; sie machte und sagte tausend Ausgelassenheiten, die den Glauben erwecken sollten, daß wir auf dem vertrautesten Fuß miteinander ständen, oder daß sie zum mindesten verliebt in mich sei und sich wenig daraus mache, ob man sie für unglücklich halte, weil ihr Entgegenkommen mich offenbar sehr kalt ließ. Ich ärgerte mich darüber sehr; denn die Gesellschaft mußte mich für einen Dummkopf halten oder glauben, daß sie sich ganz offen über mich lustig machte. Die Mahlzeit war eine Qual für mich.

Nach dem Essen gingen wir wieder in den Garten. Die Charpillon wollte durchaus den Sieg davontragen und hängte sich an meinen Arm. Sie führte mich nach einigen Umwegen zum Labyrinth und stellte dort einen neuen Versuch an, welche Macht ihre Reize hätten. Sie zog mich auf das Gras nieder und griff mich mit den liebevollsten Worten, mit den zärtlichsten und leidenschaftlichsten Liebkosungen an. Indem sie meinen Augen den interessantesten Teil ihrer Reize darbot, gelang es ihr, mich zu betören; doch kann ich nicht genau sagen, ob Liebe oder Rachbegier mich bestimmte, ihren Wünschen nachzugeben. Außerdem schien es so, daß sie mir nun doch bald gehören würde, daß sie mir das beweisen wollte, und daß sie nicht im geringsten an Widerstand dachte.

So wurde ich nun liebevoll und zärtlich, tat ihr tausendmal Abbitte, schwor ihr, ich würde die Wechsel nicht zurückhaben wollen, und alles, was ich an Eigentum hätte, solle ihr gehören; glühende Küsse besiegelten die Versöhnung, und ich glaubte mich durch ihre Blicke und das sanfte Anschmiegen ihres Leibes von ihr aufgefordert, mich der süßesten Gunst zu bemächtigen – aber in dem Augenblick, wo ich mich sicher glaubte, wurde sie widerspenstig und warf mich ab.

»Was ist denn nun? Was soll das?«

»Nun ist es genug, mein lieber Freund. Ich verspreche Ihnen, die Nacht bei Ihnen und ohne jeden Rückhalt in Ihren Armen zu verbringen.«

Diese Worte sprach sie noch in meinen Armen; aber meine Seele, mein Blut, meine Erregung zwangen mich, mich zu befriedigen. Mein großer Zorn verlieh mir die Kraft dazu. So hielt ich sie denn mit meinem linken Arm unbeweglich unter mir fest, zog aus meiner Tasche ein kleines Messer, das ich mit meinen Zähnen öffnete, setzte ihr die Spitze an die Kehle, die nur ein dünnes Halsband bedeckte, und bedrohte sie mit dem Tode, wenn sie mir den geringsten Widerstand leisten würde.

»Machen Sie nur, was Sie wollen«, sagte sie im ruhigsten Ton zu mir; »ich bitte Sie nur um mein Leben. Aber wenn Sie Ihre Gelüste befriedigt haben, werde ich nicht von hier fortgehen; man kann mich nur mit Gewalt in den Wagen tragen, aber nichts wird mich abhalten, den Grund meines Benehmens zu sagen.«

Diese Drohung war überflüssig; denn kaum hatte ich den Entschluß gefaßt, sie zu erdolchen, da hatte ich auch schon meine Vernunft wiedererlangt. Ich stand auf, ohne ein einziges Wort zu sagen, steckte das Messer ein, nahm meinen Hut und Stock und verließ schnell den Rasen, auf dem ich mich um ein Haar an den Rand des Abgrundes gebracht hatte.

Der Leser wird es nicht glauben, und doch kam sie mir sofort nach und hängte sich mit ganz natürlicher Miene an meinen Arm, als wenn zwischen uns nichts vorgefallen wäre. Unmöglich kann ein Mädchen von siebzehn Jahren in niederträchtigem Benehmen so gewandt sein, ohne vorher in hundert ähnlichen Kämpfen dies erprobt zu haben. Ist einmal das Gefühl der Scham überwunden, so sieht sie sogar einen Ruhm in dem, was sie eigentlich mit Schande bedecken müßte.

Als wir zur Gesellschaft zurückkamen, fragte man mich, ob mir unwohl geworden sei, aber auf ihren Zügen bemerkte niemand auch nur die geringste Veränderung.

Wir fuhren nach London zurück; ich schützte ein heftiges Kopfweh vor, grüßte die Gesellschaft und ging nach Hause.

Dieses Abenteuer hatte einen schrecklichen Eindruck auf mich gemacht. Ich konnte nicht mehr schlafen. Ich erkannte klar und deutlich, daß ich ein verlorener Mann war, wenn ich nicht jede Gelegenheit floh, mit dem Mädchen zusammenzukommen. Ihrem Gesicht haftete etwas Wunderbares an, dem ich nicht widerstehen konnte. Ich faßte also den Beschluß, sie nicht wiederzusehen; zugleich aber schämte ich mich meiner Schwäche, daß ich ihr meine beiden Wechsel anvertraut und mich jedesmal von ihr hatte betrügen lassen, und schrieb daher der Mutter ein Briefchen, worin ich ihr riet, die Tochter zur Rückgabe zu veranlassen; sonst würde ich gegen sie Schritte tun, die ihr sehr unangenehm sein würden.

Nachdem ich den Brief abgeschickt hatte, ging ich aus, um auf andere Gedanken zu kommen, mittags speiste ich in einem Gasthof, und dann fuhr ich in das Pensionat zu meiner Tochter. Wieder zu Hause angekommen, gab mir Jarbe einen versiegelten Brief, den die ›Penny Post‹ gebracht hatte. Nach dem Öffnen las ich sofort die Unterschrift ›Augspurgher‹; die Mutter der Charpillon schrieb als Antwort: ›Ich bin sehr überrascht, daß Sie sich an mich wenden, um die beiden Wechsel von sechstausend Francs zurückzuerhalten, die Sie meiner Tochter angeblich anvertraut haben. Sie sagt mir soeben, sie werde sie Ihnen persönlich übergeben, wenn Sie vernünftiger geworden seien und sie zu achten gelernt haben.‹

Dieser unverschämte Brief trieb mir das Blut in den Kopf, und ich vergaß meinen Entschluß vom Morgen. Ich steckte zwei Pistolen in die Tasche und ging zu dem Haus in die Denmark Street, um die Hexe mit Stockschlägen zur Herausgabe meiner Wechsel zu zwingen. Meine Pistolen hatte ich nur mitgenommen, um die beiden Gauner, die jeden Tag bei ihr aßen, in Schach zu halten. Wütend kam ich vor dem Hause an, aber ich ging an ihrer Tür vorüber, als ich einen jungen Friseur bei ihr eintreten sah, einen ziemlich schönen, jungen Menschen, der ihr jeden Samstag nach dem Abendessen die Haare zu Locken drehte.

Ich wollte nicht, daß bei der von mir geplanten Szene ein Fremder anwesend sei, und ging daher bis an die Straßenecke, wo ich stehenblieb, um das Herauskommen des Friseurs abzuwarten. Als ich etwa eine halbe Stunde gewartet hatte, sah ich Rostaing und Coumon herauskommen. Dies war mir sehr angenehm. Das Abendessen war also zu Ende. Ich wartete und wartete; es schlug elf Uhr, und der Friseur kam immer noch nicht. Eine dreiviertel Stunde später sah ich, wie die Tür sich öffnete und wie eine Magd mit einem Licht in der Hand herauskam, um etwas zu suchen, was aus einem Fenster gefallen zu sein schien. Geräuschlos gehe ich an das Haus, trete ein, öffne die Tür zum Besuchszimmer, die sich unmittelbar neben der Haustüre befindet, und sehe die Charpillon und den Friseur auf dem Sofa liegen und, wie Shakespeare sagt, das Tier mit den zwei Rücken machen.[4]

Bei meinem Anblick stößt die Hexe höchst erschrocken einen Schrei aus und wirft den Burschen aus dem Sattel. Er versucht schnell seine Kleider in Ordnung zu bringen, während ich meinen Stock, so schnell ich kann, auf ihn niedersausen lasse, bis der Lärm Mägde, Tanten und die gichtkranke Mutter herbeigelockt hat und er die Verwirrung benutzt, um sich aus dem Staube zu machen.

Während dieses Spektakels hockte die Charpillon zitternd zwischen der Wand und dem Ende des Sofas; sie wagte kaum zu atmen, weil der Hagelschauer jeden Augenblick über sie so gut niedergehen konnte wie über ihren Liebsten. Unterdessen gingen die drei alten Weiber wie Furien auf mich los; aber ihre Schimpfereien und Flüche erregten meinen Zorn nur noch heftiger, und ich zertrümmerte den schönen Spiegel und das Porzellan, das ich ihnen geschenkt hatte. Als sie fortwährend weiterschrien, warf ich ihre Stühle auf den Boden, daß sie zerbrachen, dann drohte ich ihnen, ich würde ihnen den Schädel einschlagen, wenn sie nicht still wären. Infolge dieser Drohungen wurde es endlich ruhig. Völlig erschöpft warf ich mich auf das Sofa und befahl der Mutter, mir die Wechsel zurückzugeben. In diesem Augenblick erschien der Nachtwächter auf der Bildfläche.

Auf diesem Nachtwächter[5], der die ganze Nacht hindurch, in der einen Hand eine Laterne, in der anderen einen langen Stock, sein Viertel durchwandert und die Stunden ausruft, beruht der Friede des Viertels und die Ruhe der großen Stadt. Diese Wächter trifft man überall, und niemand wagt, sich gegen sie aufzulehnen. Ich drückte ihm drei oder vier Kronen in die Hand und sagte ihm, er solle gehen. Damit schob ich ihn zur Tür hinaus. Ich setzte mich wieder auf das Sofa und verlangte abermals meine Wechsel von der Mutter. Sie sagte mir: »Ach, ich hab sie nicht; meine Tochter hat sie in Verwahrung.«

Hierauf sagten die beiden Dienerinnen, die Charpillon sei, während ich die Stühle zertrümmert habe, aus der Straßentür gelaufen, und sie wüßten nicht, wohin sie gegangen sei. Als sie dies hörten, fingen Mutter und die beiden Tanten zu weinen an: »Meine arme Tochter! Um Mitternacht allein in den Straßen von London!«

»Meine liebe Nichte ist verloren; wohin mag sie gelaufen sein?«

»Verflucht sei der Augenblick, da Sie nach England gekommen sind, um uns alle unglücklich zu machen!«

Ich schauderte bei der Vorstellung, daß die verängstigte Charpillon zu dieser Stunde allein durch die Straßen irrte.

»Geht«, sagte ich kühl zu den beiden Dienerinnen, »und sucht sie bei den Nachbarn; ihr werdet sie ganz gewiß finden. Wenn ihr mir meldet, daß sie in Sicherheit ist, soll jede von euch eine Guinee bekommen.«

Sie gingen los, und eine der Tanten lief ihnen hinterher, um ihnen mitzuteilen, wo sie sein könnte.

Als die drei sahen, daß mir daran gelegen war, die Charpillon wieder aufzufinden, und daß ich mir der Gefährlichkeit ihrer Flucht bewußt war, fingen sie von neuem an zu jammern, zu schimpfen, mir Vorwürfe zu machen; ich saß stumm und unbeweglich da, als wenn ich ihnen zugeben wollte, daß sie recht hätten und daß das ganze Unrecht auf meiner Seite wäre. Ungeduldig wartete ich auf die Rückkehr der Dienerinnen. Nach ein Uhr kamen sie endlich, ganz außer Atem und mit verzweifelten Gebärden. Sie sagten: »Wir haben sie überall gesucht, aber vergeblich, wir haben sie nirgends finden können.« Ich gab ihnen zwei Guineen, als wenn sie sie wirklich gebracht hätten. Unbeweglich blieb ich sitzen; mich erschreckte der Gedanke, welche entsetzlichen Folgen für das junge Mädchen die fürchterliche Angst haben konnte, in die meine Wut sie versetzt haben mußte. Wie schwach und dumm ist ein Mann, wenn er verliebt ist!

In meiner Aufregung über dies schreckliche Ereignis war ich so einfältig, diesen Spitzbübinnen meine aufrichtige Reue auszudrücken. Ich beschwor sie, sie sofort nach Tagesanbruch überall suchen zu lassen und mir ihre Heimkehr sofort mitzuteilen; ich wolle mich ihr zu Füßen stürzen, sie um Verzeihung bitten und sie dann in meinem ganzen Leben niemals wiedersehen. Außerdem versprach ich ihnen, alles von mir Zerschlagene zu bezahlen, die Einlösung der Wechsel mit meinem Namen zu quittieren und ihnen zu überlassen. Nachdem ich zur ewigen Schande meiner Vernunft diese Torheiten begangen und diesen Leuten, denen die Ehre und meine Person zum Gespött waren, Abbitte geleistet hatte, entfernte ich mich, indem ich der Dienerin, die mir die Wiederauffindung ihrer jungen Herrin melden würde, zwei Guineen versprach.

Vor der Haustür fand ich den Nachtwächter, der auf mich wartete, um mich nach Hause zu bringen. Es war zwei Uhr. Ich warf mich auf mein Bett, und ein sechsstündiger Schlummer bewahrte mich wahrscheinlich vor dem Verlust meiner Vernunft, obwohl mein Schlaf von gräßlichen Gespenstern und bösen Träumen beunruhigt wurde.

Um acht Uhr morgens hörte ich an die Haustür klopfen. Ich eilte an mein Fenster und bemerkte eine von den Dienerinnen meiner Feindinnen. Mit heftigem Herzklopfen rief ich meinen Leuten zu, man solle sie eintreten lassen, und ich atmete erleichtert auf, als ich vernahm, daß Miss Charpillon soeben in einer Sänfte nach Hause gekommen sei; sie befinde sich jedoch in einem kläglichen Zustande, und man habe sie sofort zu Bett gebracht. »Ich bin schnell hergelaufen, um Ihnen dies zu sagen«, sagte sie zu mir, »nicht wegen Ihrer zwei Guineen, sondern weil ich Sie so unglücklich gesehen habe.«

Sofort ging ich auf den Leim, als ich diesen Ausdruck von Teilnahme hörte. Ich gab ihr die zwei Guineen, ließ sie neben meinem Bett Platz nehmen und bat sie, mir alle Umstände der Rückkehr der Charpillon ganz genau zu erzählen. Ich dachte gar nicht daran, daß sie von der Mutter abgerichtet sein könnte. Aber wie konnte ich dermaßen dumm sein? Weil es mir von Herzen kam.

Die Spitzbübin begann damit, daß sie mir sagte, ihre junge Herrin liebe mich und habe mich nur betrogen, weil ihre Mutter es verlangt habe.

»Das weiß ich, aber wo hat sie diese Nacht verbracht?«

»Bei einer Händlerin, auf der anderen Seite des Soho Square, hat sie Schutz gesucht und im Laden sitzend die Nacht verbracht. Sie hat sich mit heftigem Fieber zu Bett gelegt, und ich fürchte, die Sache wird böse Folgen haben, denn sie hat gerade ihre kritischen Tage.«

»Das ist nicht wahr; denn ich habe sie mit ihrem Friseur auf frischer Tat ertappt.«

»Oh! Das beweist nichts! Der arme junge Mann nimmt das nicht so genau.«

»Aber sie ist in ihn verliebt.«

»Das glaube ich nicht, obgleich sie oft ganze Stunden mit ihm verbringt.«

»Und du sagst, sie liebt mich!«

»Aber das hat damit nichts zu tun.«

»Sage ihr, ich will den ganzen Tag an ihrem Bett sitzen, und bringe mir die Antwort!«

»Ich werde das andere Mädchen schicken, wenn es Ihnen recht ist.«

»Nein; die spricht ja nicht französisch.«

Sie ging. Als sie um drei Uhr noch nicht wiedergekommen war, konnte ich es vor Ungeduld nicht länger aushalten und entschloß mich, zur Charpillon zu gehen und nach ihrem Befinden zu fragen. Ich klopfte; eine von den Tanten erschien und bat mich, lieber nicht einzutreten; denn die beiden Freunde seien da und sehr wütend auf mich, und ihre Nichte liege im Fieberdelirium; sie schreie unaufhörlich: ›Da ist Seingalt, mein Quälgeist! Er will mich töten! Rettet mich!‹

»Um Gottes willen, gehen Sie.«

Verzweifelt ging ich nach Hause. Daß man mich belogen hätte, fiel mir nicht ein. Meine Traurigkeit war so groß, daß ich den ganzen Tag nichts essen konnte; denn ich war nicht imstande, etwas hinunterzubringen. Die ganze Nacht tat ich kein Auge zu; ich hatte Schüttelfrost. Vergeblich trank ich mehrere Schnäpse, in der Hoffnung, mich zu betäuben und dann einschlafen zu können. Alles umsonst; ich mußte Galle erbrechen und mir war ganz elend.

Am nächsten Morgen um neun Uhr stand ich wieder vor der Tür der Charpillon; wie am Tage vorher wurde nur ein schmaler Spalt geöffnet. Dieselbe schändliche Tante verbot mir einzutreten und sagte mir, die Kranke habe zwei Anfälle gehabt, sie liege in Krämpfen und im Delirium und rufe fortwährend entsetzt meinen Namen; der Arzt habe erklärt, wenn es sich verschlimmere, habe sie keine vierundzwanzig Stunden mehr zu leben. »Infolge des Schrecks hat die Regel aufgehört; sie ist in einem schrecklichen Zustande.«

»Verdammter Friseur!«

»Jugendschwäche! Sie hätten tun sollen, als wenn Sie nichts sähen.«

»Bei allen Göttern! Halten Sie das wirklich für möglich, Schweizer Hexe? Lassen Sie es ihr an nichts fehlen. Da!«

Mit diesen Worten gab ich ihr eine Zehnpfundnote und rannte wie ein Wahnsinniger davon. Unterwegs begegnete ich Goudar, der über mein Aussehen erschrak. Ich bat ihn nachzusehen, wie die Charpillon sich befinde, und dann den ganzen Tag bei mir zu verbringen. Eine Stunde darauf kam er wieder zu mir und sagte, er habe das ganze Haus in Verzweiflung gefunden, und das Mädchen liege in den letzten Zügen.

»Haben Sie sie gesehen?«

»Nein; man hat mir gesagt, sie wälze sich ganz nackt aus dem Bett, und ich könne sie nicht sehen.«

»Glauben Sie, daß es wahr ist?«

»Ich weiß nicht, was ich davon denken soll; aber die eine Dienerin, die mir sonst gewöhnlich die Wahrheit sagte, hat mir versichert, die Charpillon sei wahnsinnig geworden, weil ihre Regel unterbrochen worden sei; sie habe ständig Fieber und Krämpfe. Das alles ist wohl glaubhaft, denn dies sind die gewöhnlichen Folgen eines großen Schrecks, wenn eine Frau ihre kritischen Tage hat. Sie hat mir gesagt, Sie seien an dem ganzen Unglück schuld.«

Ich erzählte ihm nun die ganze Geschichte und meine Unfähigkeit, bei der Szene mit dem Friseur ruhig zu bleiben. Goudar konnte weiter nichts tun als mich bedauern; als er aber hörte, daß ich seit achtundvierzig Stunden nicht mehr hätte essen noch schlafen können, da sagte er mir sehr richtig, dieser Kummer könne mich das Leben oder den Verstand kosten. Das wußte ich; aber ich sah kein Mittel dagegen. Goudar verbrachte den ganzen Tag bei mir, und das war gut für mich. Da ich nicht essen konnte, so trank ich sehr viel, und da ich nicht schlafen konnte, so ging ich mit großen Schritten in meinem Zimmer auf und ab und sprach grimmig mit meiner Schlafmütze.

Ich schickte meinen Neger laufend zu ihr hin. Als ich am dritten Tage immer noch nichts Bestimmtes über das Befinden der Charpillon hatte erfahren können, ging ich morgens um sieben Uhr nach ihrem Hause. Nachdem ich eine Viertelstunde auf der Straße gewartet hatte, wurde die Tür wiederum nur ein bißchen geöffnet; die Mutter erschien und sagte mit strömenden Tränen, ihre Tochter liege im Todeskampfe, und sie könne mir nicht erlauben, das Haus zu betreten.

Im selben Augenblick kam ein langer, magerer, alter Mann mit blassem Gesicht heraus und sagte ihr auf Schweizerdeutsch, sie müsse sich in Gottes Willen schicken. Ich fragte sie, ob das der Arzt sei.

»Von einem Arzt ist hier nicht mehr die Rede«, sagte die Heuchlerin, indem sie noch heftiger weinte; »es ist ein Diener des heiligen Evangeliums, und ein zweiter ist noch oben. Sie spricht nicht mehr. Spätestens in einer Stunde wird sie nicht mehr sein!«

Ich hatte in diesem Augenblick ein Gefühl, als wenn eine eisige Hand mein Herz zusammenpreßte. Ich ließ meinen Tränen freien Lauf und sagte zu ihr: »Ich bin allerdings die letzte Ursache dieses Todes; aber Sie, Unglückselige, haben sie getötet.«

Ich fühlte meine Beine unter mir wanken und ging nach Hause mit dem festen Entschluß, mir auf die sicherste Art das Leben zu nehmen.

Um diesen Plan mit der größten Kaltblütigkeit auszuführen, befahl ich, alle Besuche abzuweisen; sobald ich in meinem Zimmer war, legte ich Uhren, Ringe, Tabaksdosen, Börse und Brieftasche in meine Kassette, die ich in mein Schreibpult verschloß. Hierauf schrieb ich einen Brief an den venezianischen Residenten und teilte ihm mit, daß nach meinem Tode alle meine Habe Signor Bragadin gehören solle. Ich versiegelte den Brief und legte ihn in dasselbe Schreibpult, worin ich meine Kassette mit meinem ganzen Geld, meinen Diamanten und meinen Schmucksachen hatte. Den Schlüssel sowie zwei oder drei Guineen in Silbergeld steckte ich in die Tasche. Dann nahm ich meine guten Pistolen und verließ mein Haus in der festen Absicht, mich beim Tower in der Themse zu ertränken.

Ich hatte diesen Entschluß nicht im Zorn oder aus Liebe gefaßt, sondern bei kältester Überlegung. Ich ging zu einem Händler und kaufte so viele Bleikugeln, wie meine Taschen tragen konnten und wie ich glaubte, bis zum Tower schleppen zu können; denn ich mußte dorthin zu Fuß gehen. Unterwegs bestärkten alle meine Gedanken mich immer mehr in meinem Plan; denn ich sagte mir: wenn ich weiterlebte, würde ich jeden Tag tausendmal alle Qualen der Hölle erdulden, indem ich das Bild der Charpillon vor mir sehe, die mir mit Recht ihren Tod vorwerfen würde. Ich freute mich sogar, daß ich keiner Selbstüberwindung bedurfte, diesen Entschluß auszuführen. Außerdem fühlte ich einen geheimen Stolz, daß ich den Mut hätte, mich selber für das Verbrechen zu bestrafen, daß ich dem Leben dieses einzigartigen Geschöpfes, das für die Liebe geboren schien, ein Ende bereitet hatte.

Ich ging mit langsamen Schritten wegen des ungeheuren Gewichtes, das ich in meinen Taschen trug und das mir die Sicherheit gab, daß ich sofort untergehen und sterben würde, bevor mein Körper wieder an die Oberfläche kommen könnte.

Mitten auf der Westminster Bridge trat mir Sir Agar in den Weg. Das war ein liebenswürdiger, reicher, junger Engländer, der sein Leben genoß, indem er seinen Leidenschaften folgte. Ich hatte ihn in St. Alban's bei Lord Pembroke kennengelernt, und er hatte bei mir und später hatten wir beide bei General Beckwith gespeist. Wir gefielen einander; er wußte in jugendlicher Weise zu plaudern, und wir hatten in fröhlichen Unterhaltungen angenehme Augenblicke verbracht. Ich wollte ihm ausweichen; aber er hatte mich bereits gesehen und packte freundschaftlich meinen Kragen.

»Wo wollen Sie hin? Kommen Sie mit mir, das heißt, wenn Sie nicht irgend jemand aus dem Gefängnis befreien wollten. Kommen Sie, wir werden einen Spaß haben!«

»Ich kann nicht, mein Lieber! Lassen Sie mich, bitte.«

»Ich erkenne Sie ja gar nicht wieder mit Ihrer düsteren Miene. Was haben Sie denn?«

»Ich? Nichts.«

»Sie haben nichts? Sie wissen nur nicht, wie Sie aussehen. Ich bin überzeugt, Sie haben irgend etwas Böses vor. Man sieht es an Ihrem Gesicht.«

»Sie irren sich.«

»Leugnen hat keinen Zweck.«

»Ich sage Ihnen ja: ich habe nichts. Leben Sie wohl, ein anderes Mal werde ich mit Ihnen gehen.«

»Ei, mein lieber Seingalt, Sie sehen ja ganz düster aus. Ich gehe nicht von Ihrer Seite. Lassen Sie mich mitkommen!«

Gleichzeitig fiel sein Blick auf meine Hosentasche, und er bemerkte den Kolben der einen Pistole. Ohne weitere Umstände griff er nach der andern Tasche, fühlte die Pistole und sagte: »Natürlich wollen Sie sich schlagen! Da will ich dabeisein. Ich werde mich dem Kampf nicht widersetzen, aber ich verlasse Sie nicht!«

Ich zwang mich zu lächeln und versicherte ihm, daß ich mich

nicht schlagen wollte; ohne mir etwas dabei zu denken, sagte ich ihm: »Ich mache nur einen Spaziergang, um mich zu zerstreuen.«

»Sehr schön«, rief Agar; »in diesem Fall, hoffe ich, wird meine Gesellschaft Ihnen ebenso angenehm sein wie mir die ihre. Ich gehe nicht von Ihnen. Nach dem Spaziergang werden wir im ›Cannon‹ zu Mittag essen. Ich werde einem jungen Mädchen, das dort mit mir speisen sollte, Bescheid sagen lassen, daß sie eine verdammt hübsche junge Französin mitbringen soll, und wir machen eine Partie zu vieren.«

»Mein lieber Freund, entbinden Sie mich von der Teilnahme! Ich bin traurig und muß allein sein, um meinen Verdruß loszuwerden.«

»Das können Sie morgen tun, wenn Sie es dann noch nötig haben; aber ich bin überzeugt, binnen drei Stunden ist Ihre schlechte Laune verflogen. Wenn nicht, so werde ich mich eben mit Ihnen zusammen langweilen. Oder gedachten Sie, am anderen Ufer zu speisen?«

»Nirgends. Ich brauche nicht zu essen, denn ich habe keinen Appetit. Ich habe seit drei Tagen nichts gegessen; ich kann nur trinken.«

»Das alles ist unnatürlich; aber die Sache wird mir schon klar: Das ist ein Anzeichen von Cholera, Sie könnten darüber verrückt werden, ja sogar sterben, wie es einem meiner Brüder passiert ist.«

Da Agar hartnäckig blieb und da seine scherzhaften Bemerkungen sehr richtig waren, so sagte ich zu mir selber: ›Auf einen Tag mehr oder weniger kommt es schließlich auch nicht an. Ich kann meine Absicht ausführen, wenn ich wieder allein bin. Ich wage dabei weiter nichts, als daß ich fünf oder sechs Stunden länger lebe.‹ *Credete a chi n'ha fatto esperimento* [Glaubt ihm, der all dies hat an sich empfunden][6], sagt Ariost.

Ich bin überzeugt, daß Menschen, die sich infolge eines großen Kummers das Leben genommen haben, damit nur dem Verlust ihrer Vernunft zuvorgekommen sind, wie es andererseits unbestritten ist, daß diejenigen, die wahnsinnig werden, diesem Unglück nur dadurch ausweichen können, daß sie sich den Tod geben. Erst in dem Augenblick beschloß ich, mich zu töten, als der Wahnsinn meine Vernunft zerstört haben würde, wenn ich noch einen Tag länger gezögert hätte, diesen Entschluß zu fassen. Aber man muß noch einen Zusatz machen: Der Mensch darf sich niemals töten, denn es ist möglich, daß die Ursache seines Kummers aufhört, bevor der Wahnsinn eintritt. Das will sagen, daß diejenigen glücklich sind, die eine so starke Seele haben, um niemals zu verzweifeln. Meine Seele hatte in diesem Augenblick nicht Kraft genug; ich hatte alle Hoffnung verloren, und daß ich mich töten wollte, war vernünftig, was auch der Leser davon denken mag. Nur einem Zufall verdanke ich Leben und neue Hoffnung.

Als Agar hörte, daß ich nur zu einem Spaziergang über die Brücke wollte, sagte er mir, wir könnten ebensogut umkehren. Ich ließ mich überreden. Aber eine halbe Stunde darauf konnte ich mich wegen des Bleis, womit meine Taschen angefüllt waren, nicht weiterschleppen und bat ihn daher, er möchte mich irgendwohin führen, wo ich auf ihn warten könnte, denn ich könnte vor Schwäche nicht mehr gehen. Ich gab ihm mein Wort, ich würde ihn im ›Cannon‹ erwarten und trat dort ein.

Sobald ich allein war, leerte ich meine Taschen und legte die Kugeln in einen Schrank. Als ich mich hierauf ein wenig ausruhte, überlegte ich mir, daß möglicherweise der liebenswürdige junge Mann meinen Selbstmord verhindert habe; denn durch die Verzögerung war die Ausführung bereits ungewiß geworden.

Indem ich diese Betrachtungen anstellte, gab ich mich keinen Hoffnungen hin, sondern ich sah eben nur voraus, daß vielleicht Esquire[7] Agar vom Schicksal dazu bestimmt sein könnte, mich von einem Angriff auf mein Leben zurückzuhalten. Es fragte sich nur noch, ob er mir damit etwas Gutes oder Böses tat. Ich zog den Schluß, daß wir bei allen entscheidenden Handlungen nur bis zu einem bestimmten Grade unsere eigenen Herren sind. Indem ich in diesem Gasthof saß, glaubte ich gezwungen zu sein, auf die Rückkehr des jungen Engländers zu warten; auch wenn es nur ein moralischer Zwang war, so mußte ich ihm doch folgen.

Eine Viertelstunde nach Agar kamen die beiden jungen ausgelassenen Mädchen, von denen die eine eine Französin war. Fröhlichkeit strahlte von ihren reizenden Gesichtern; sie waren zum Vergnügen geschaffen, und die Natur hatte sie reichlich mit allem begabt, was in den kältesten Männern Begierden entzündet. Ich ließ ihnen volle Gerechtigkeit widerfahren, empfing sie aber doch nicht so, wie sie es gewöhnt waren. Offenbar sahen sie in mir einen sauertöpfischen Hypochonder; obwohl ich mich todkrank fühlte, ärgerte dies doch gewissermaßen meine Eitelkeit, und ich zwang mich, den Gefühlvollen zu spielen. Ich gab ihnen einige seelenlose Küsse und bat Agar, der Engländerin zu sagen, wenn ich nicht todkrank wäre, würde ich ihr beweisen, daß ich sie reizend fände. Sie beklagten mich. Ein Mensch, der dreimal vierundzwanzig Stunden lang nichts gegessen und nicht geschlafen hat, ist wenig empfänglich für die Versuchungen der Venus; aber Worte würden auf die beiden keinen Eindruck gemacht haben, wenn Agar ihnen nicht meinen Namen genannt hätte. Ich hatte einen Ruf, und sobald sie hörten, wer ich sei, sah ich sie von Ehrfurcht durchdrungen. Alle drei hofften, daß Bacchus mir zu Hilfe kommen würde. Aber ich wußte wohl, daß ihre Hoffnungen falsch sein würden.

Wir hatten ein Essen nach englischer Art, das heißt ohne Suppe. Ich konnte weder vom Roastbeef noch vom Pudding etwas hinunterkriegen. Ich nahm nur einige Austern und trank von dem köstlichen weißen Bordeaux und freute mich, wie geschickt Agar die beiden beschäftigte.

Als die Freude auf ihrem Höhepunkt war, schlug der junge Tollkopf der Engländerin vor, den Hornpipe[8] ganz nackt zu tanzen. Sie erklärte sich bereit, wenn man blinde Musikanten kommen ließe und wenn wir uns alle ganz ausziehen würden. Ich sagte Agar, ich würde alles tun, was ihm gefalle, könne aber wegen meines Schwächezustandes weder tanzen noch mich von den Reizen der beiden Mädchen beeindruckt zeigen. Man erließ mir die Mühe unter der Bedingung, daß ich mitmachen würde, sobald der Anblick mich zum Leben erwecken sollte; sie meinten, sie würden es erkennen. Man fand die Blinden; sie kamen, und wir schlossen die Türen. Während die Blinden sich setzten und die Instrumente stimmten, versetzten sich die Schönen und der fünfundzwanzigjährige Athlet in den Naturzustand, und die Orgie begann.

Dies war einer jener Augenblicke, die mich viele Wahrheiten gelehrt haben. Bei dieser Gelegenheit erkannte ich, daß die Freuden der Liebe eine Wirkung und nicht eine Ursache der Fröhlichkeit sind. Die drei Körper waren wundervoll, der Tanz, die Anmut, die aufreizenden Bewegungen verführerisch; und trotzdem regte sich in mir nichts. Der Tänzer behielt die Miene des Eroberers auch während des Tanzes, und ich wunderte mich, daß ich selber niemals ein gleiches versucht hatte. Nach dem Tanze beglückte er die beiden Schönen, indem er von der einen zur anderen ging, bis die natürliche Wirkung ihn zur Ruhe zwang.

Die Französin kam zu mir, um sich zu überzeugen, ob ich nicht irgendein Lebenszeichen gäbe; sie fühlte jedoch meine Nichtigkeit und erklärte mich für invalide.

Als sie wieder angezogen waren, bat ich Agar, der Französin vier Guineen zu geben und die Zeche zu bezahlen; denn ich hatte nur wenig Geld bei mir. Hätte ich am Morgen ahnen können, daß ich, anstatt mich zu ertränken, einer so hübschen Partie beiwohnen würde?

Da ich bei dem jungen Engländer diese Schuld gemacht hatte, so verschob ich meinen Selbstmord auf den nächsten Tag. Als die Mädchen fortgegangen waren, wollte ich mich von Agar verabschieden. Aber das war unmöglich. Er sagte mir, ich sähe schon viel besser aus als am Morgen; daß ich die Austern, die ich gegessen, nicht wieder von mir gegeben habe, sei ein Beweis, daß ich nur nötig habe, mich etwas zu zerstreuen, um mich am nächsten Tage wieder ganz wohl befinden und herzhaft essen zu können. Ich solle daher mit ihm die Nacht in ›Ranelagh House‹ verbringen. Er überredete mich dazu. Ich gab dem Kellner des ›Cannon‹ die sechs Bleitüten und versprach, sie am nächsten Morgen um neun Uhr wieder abzuholen; dann stieg ich mit Agar in eine Kutsche, um den Grundsatz der Stoiker zu befolgen, den man mir in meiner kindlichen Jugend eingeprägt hatte: *sequere Deum* [folge dem Gott][9].

Mit heruntergezogenen Hüten traten wir in die schöne Rotunde ein. Es waren viele Leute anwesend, und wir gingen unter ihnen, die Hände auf dem Rücken gekreuzt, auf und ab. Es wurde Menuett getanzt. Eine Dame, die mir den Rücken zudrehte, tanzte sehr gut, und ich blieb daher stehen, um abzuwarten, daß sie sich umdrehte, um die gleichen Schritte von der anderen Seite her zu machen. Ich wollte gern ihr Gesicht sehen, weil ihr Kleid und ihr Hut genau denen glichen, die ich ein paar Tage vorher der Charpillon geschenkt hatte. Sie glich dieser auch an Wuchs und Haltung; da ich aber die Unglückliche für tot oder sterbend hielt, so flößte diese Ähnlichkeit mir keinen Verdacht ein. Plötzlich drehte die Tänzerin sich um, hob das Gesicht, und ich sah – die Charpillon in eigener Person! Agar sagte mir später, er habe in diesem Augenblick geglaubt, ich würde Krämpfe bekommen, so fühlbar hätte ich gezittert.

Ich war indessen von der Krankheit des Mädchens so fest überzeugt, daß ich meinen Augen nicht traute. Der Zweifel trug dazu bei, mich wieder zur Besinnung zu bringen. Es ist nicht möglich, sagte ich zu mir, daß es die Charpillon ist. Eine andere kann ihr ähnlich sehen, oder meine geschwächten Sinne können mich getäuscht haben.

Die Tänzerin war ganz und gar mit ihrem Tänzer beschäftigt und sah sich nicht nach den Zuschauern um; aber ich konnte warten. In diesem Augenblick erhob sie die Arme, um die Verbeugung am Schluß des Menuetts zu machen. Unwillkürlich trat ich auf sie zu, als wenn ich sie zum nächsten Tanz hätte auffordern wollen. Sie sah mich an und lief fort.

Ich beherrschte mich. Aber als ich nun Gewißheit hatte, erneuerte sich mein Zittern, und ich mußte mich schnell hinsetzen. In einem Augenblick überströmte ein kalter Schweiß mein Gesicht und meinen ganzen Körper. Als Agar diesen Zustand sah, riet er mir, Tee zu trinken; ich bat ihn jedoch, mich einige Augenblicke mir selber zu überlassen und sich zu amüsieren.

Der Umschwung, der in einer knappen Stunde in mir vorging, ließ mich böse Folgen befürchten, denn ich zitterte an allen Gliedern, und das Herz klopfte mir so stark, daß ich mich nicht hätte aufrecht halten können, wenn ich hätte aufstehen wollen. Ich hatte Angst, wie dieser schreckliche Zustand enden würde. Würde er mein eigenes Ende sein? Meine Sorgen waren berechtigt. Da der Zustand mich aber nicht hatte töten können, so gab er mir neues Leben. Welch wunderbare Veränderung! Ich fühlte allmählich alle meine Sinne sich beruhigen und konnte mit Vergnügen den Glanz der vielen Kerzen auf mich wirken lassen. Anfangs allerdings rief dieses Licht eine Art Schamgefühl in mir hervor; aber dieses war mir ein Zeichen, daß ich geheilt war, und darum war es mir angenehm. Ich war so tief in meinem Wahn verstrickt gewesen, daß ich ihn erst durchschauen konnte, als ich von ihm befreit war. Im Dunkeln sieht man nichts. Ich empfand ein solches Erstaunen über meine neue Lage, daß ich, als Agar nicht wiederkam, schon zu glauben begann, ich würde ihn überhaupt nicht wiedersehen. Dieser Jüngling, sagte ich bei mir selber, ist mein guter Genius, der diese Gestalt angenommen hat, um mich wieder zur Vernunft zu bringen. Und ich würde bei diesem Gedanken steif und fest geblieben sein, hätte ich ihn nicht nach einer Stunde wieder erscheinen sehen.

Der Zufall hätte Agar ja ein Mädchen zuführen können, und er hätte ›Ranelagh House‹ verlassen können. Dann wäre ich allein nach London zurückgefahren und überzeugt gewesen, daß nicht Agar mich gerettet hätte. Würde ich mich von meinem Irrtum überzeugt haben, wenn ich ihn einige Tage später wiedergesehen hätte?

Vielleicht. Der Mensch kann leicht verrückt werden. In mir war stets ein Kern von Aberglauben, und ich bin weit entfernt, mich dessen zu rühmen.

Endlich kam Agar wieder. Er war sehr lustig, doch auch unruhig wegen meiner Gesundheit. Darum war er sehr überrascht, als ich lebhaft allerlei scherzhafte Bemerkungen über das Treiben in diesem schönen Kuppelsaal machte.

»Mein lieber Freund«, rief er, »du lachst ja! Du bist also nicht mehr traurig?«

»Nein. Aber hungrig bin ich, und ich möchte dich um eine große Gefälligkeit bitten, wenn du nicht etwa morgen etwas Dringendes vorhast.«

»Ich bin bis übermorgen frei und stehe dir vollkommen zur Verfügung.«

»Folgendes. Ich verdanke dir das Leben – das Leben, verstehst du wohl? Aber damit dieses Geschenk vollständig sei, mußt du mit mir diese Nacht und den ganzen nächsten Tag verbringen.«

»Gern.«

»Also vergnüge dich weiter und hole mich ab, wenn es dir angenehm ist.«

»Gehen wir sofort, wenn du Lust hast.«

»Gern.«

Ich sagte ihm unterwegs nichts. Als ich nach Hause kam, fand ich weiter nichts Neues als einen Brief von Goudar. Ich steckte diesen in die Tasche. Es war ein Uhr in der Nacht. Man setzte uns ein gutes Abendessen vor, und ich aß oder vielmehr: ich verschlang die Speisen. Agar lachte und wünschte mir Glück zu meinem Appetit. Dann gingen wir zu Bett, und ich schlief fest und ruhig bis zum Mittag. Als ich aufgestanden war, ging ich in Agars Zimmer, um mit ihm zu frühstücken. Ich erzählte ihm nachträglich in allen Einzelheiten die ganze schreckliche Geschichte, deren Ende mein Tod gewesen wäre, wenn ich ihm nicht zufällig auf der Westminster Bridge begegnet wäre und wenn nicht sein kluger Blick an meinen verstörten Zügen meinen Seelenzustand erraten hätte. Dann führte ich ihn in mein Zimmer und zeigte ihm mein Schreibpult, meine Kassette und mein Testament, ich nahm meine Börse und beglich ihm meine Schuld von fünf oder sechs Guineen. Hierauf öffnete ich Goudars Brief; er enthielt nur die Worte: ›Ich bin sicher, daß das betreffende Mädchen durchaus nicht im Sterben liegt, sondern mit Lord Grosvenor zum ‚Ranelagh House' gegangen ist.‹

Agar, der zwar jung, aber doch sehr vernünftig war, zeigte sich erschüttert. Überzeugt, mir das Leben gerettet zu haben, umarmte er mich glücklich. Er konnte den Charakter der jungen Charpillon und die heimtückische Art ihrer Mutter nicht begreifen. Er sagte mir, ich hätte das Recht, die Mutter und die Tanten verhaften zu lassen, um sie zur Rückgabe der Wechsel zu zwingen; denn in ihrem Brief an mich gestehe die Mutter die Schuld zu und erkenne an, daß die Tochter meine Wechsel nur in Verwahrung habe.

Ohne ihm etwas von meinen Absichten zu sagen, beschloß ich augenblicklich, sie verhaften zu lassen. Bevor wir uns am Abend trennten, schworen wir uns ewige Freundschaft, und gewiß hatte er von meiner Seite Anspruch darauf.

Stolz wie ein Mensch, der einen großen Sieg errungen hat, ging ich am nächsten Morgen zu dem Anwalt, der mich in der Angelegenheit mit dem Grafen Schwerin vertreten hatte. Nachdem er meinen Bericht gehört hatte, sagte er mir, mein Recht sei unbestreitbar und ich könne die drei Betrügerinnen verhaften lassen. Ich ging unverzüglich nach Holborn, schwor dort und erhielt den Haftbefehl gegen die Mutter und die beiden Tanten ausgehändigt. Derselbe Mann, der den Grafen Schwerin verhaftet hatte, übernahm auch diese Sache; aber er kannte die Weibsbilder nicht, und es war notwendig, daß er sie genau erkannte; er war sicher, daß er in ihr Haus gelangen und sie überraschen würde; aber er durfte natürlich nur die verhaften, die in dem Haftbefehl bezeichnet waren, und es war möglich, daß mehrere andere Frauen sich im Hause befanden.

Ich konnte den heiklen Auftrag, ihm die gesuchten Personen zu bezeichnen, keinem anderen Menschen anvertrauen; denn Goudar würde ihn nicht übernommen haben. Ich entschloß mich daher, den Gerichtsboten zu einer Stunde, wo die Betrügerinnen bestimmt im Besuchszimmer beisammen sein würden, in das Haus zu führen. Ich bestellte ihn auf acht Uhr mit einer

Kutsche in die Denmark Street und sagte ihm, er solle in das Haus eintreten, sobald man ihm die Tür geöffnet haben werde. In demselben Augenblick würde auch ich eintreten, und er könnte dann in aller Sicherheit die drei Frauen festnehmen, die ich ihm bezeichnen würde; alles verlief genauso. Er betrat mit einem Konstabler das Besuchszimmer, und ich folgte ihm auf dem Fuße. Ich bezeichnete ihm die Mutter und die beiden Schwestern und entfernte mich dann eiligst, denn der Anblick der Charpillon machte mich schaudern, obwohl ich nur einen flüchtigen Blick auf sie warf. Sie saß schwarz gekleidet am Kamin und drehte mir den Rücken zu. Ich glaubte geheilt zu sein und fühlte auch, daß ich es wirklich war; aber die tiefe Wunde, die die Treulose mir geschlagen hatte, war kaum vernarbt, und ich weiß nicht, wie es hätte kommen können, wenn sie in diesem Augenblick die Geistesgegenwart besessen hätte, mir um den Hals zu fallen und für ihre Mutter und ihre Tanten um Gnade zu bitten.

Sobald ich sah, daß der machtgebietende Stab[10] sie berührte, entfernte ich mich schnell. Ich kostete die ganze Wonne der Rache; denn ich war mir sicher, daß sie keine Kaution stellen konnten. Ihre Zuh... standen entsetzt dabei.

Die Rache ist eine ungeheure Lust, die den, der die Rache übt, glücklich macht. Leider aber sind die Rachebedürftigen nur glücklich, solange sie auf die Rache warten oder sie wünschen. Wirklich glücklich ist nur der Gefühllose, der nicht hassen kann und darum niemals den Wunsch nach Rache verspürt. Der Groll, mit dem ich die drei Betrügerinnen verhaften ließ, und mein Erschrecken beim Anblick der Tochter waren ein Beweis, daß ich noch nicht frei war. Um ganz frei zu werden, mußte ich sie fliehen und vergessen.

ANMERKUNGEN

Erstes Kapitel

1 *Augsburger Kongreß* – gescheiterter Friedenskongreß zur Beendigung des »Siebenjährigen Krieges«.

2 *Desarmoises* – ein Schwindler, der unter dem Namen eines Marquis Antoine-Bernard Desarmoises reiste.

3 *Spanier* – Costa, Sekretär Casanovas.

4 *Monsieur de Choiseul* – Étienne-François, Graf von Stainville, Herzog von Choiseul (1719–1785), war seit Ende November 1758 französischer Minister des Auswärtigen.

5 *Kurfürsten* – Maximilian III. Joseph von Wittelsbach (1727–1777), Kurfürst von Bayern seit 1745.

6 *gleicher Aufrichtigkeit* – Anspielung auf Jean-Jacques Rousseaus (1712–1778) »Les Confessions« (1782/89, 12 Bücher, dt. »Bekenntnisse«, 1786/90).

7 *Krankheit* – Die Renaud hatte ihn mit einer Geschlechtskrankheit (Tripper) angesteckt.

8 *Manna* – leichtes Abführmittel.

Zweites Kapitel

1 *sieben Planeten* – Vgl. III, Kap. 3, Anm. 16.

2 *sensitiven Seele* – Die Unterscheidung in sensitive (für feinste Reize empfindliche) und intelligible (nur gedanklich erfaßbare) Seele, der Wahrnehmung und Vernunft, geht auf Aristoteles zurück und wurde von der Scholastik übernommen.

3 *Corticelli* – Maria Anna Corticelli (1747–1767[?] oder 1773), italienische Tänzerin.

4 *Aranda* – Joseph Maria Pompeati wurde in Paris Graf Aranda genannt. Um die Erziehung dieses Jungen hatten Casanova und Madame d'Urfé sich einige Jahre in Paris gekümmert. 1763 brachte Casanova ihn seiner Mutter, Teresa Imer, nach England zurück. Vgl. IV, Kap. 6.

Drittes Kapitel

1 *Syndikus* – Vgl. III, Kap. 8.

2 *Madame Lebel* – Vgl. III, Kap. 8, Anm. 1.

3 *Giacomo Passano* – Giacomo Passano (1700 bis nach 1770) war ein Abenteurer aus Genua, den Casanova als Sekretär einstellte; er betrog ihn und wurde sein wütender Feind. Als Autor benutzte er die Anagramme Ascanio Pogomas und Cosimo Aspagona.

4 *der schönen Theologin* – von Casanova Hedwig genannt; vgl. III, Kap. 8.

5 *sei ihm unbekannt* – Matth. 24, 2.

6 *Nulla mihi religio est* – nach Horaz, »Sermones«, I, 9, V.70–71.

7 *Amphidromie* – Reinigungsfest im klassischen Griechenland für die neugeborenen Kinder am 5., 7. oder 10. Tag nach der Geburt, bei dem es in die Familie aufgenommen wurde und seinen Namen erhielt.

8 *Monsieur de Chavigny* – Vgl. III, Kap. 6.

9 *Madame de …* – Vgl. III, Kap. 6.

10 *einundzwanzig Jahre später* – Verweis auf den Teil der Memoiren, der ungeschrieben blieb (nach 1774).

11 *Najaden* – griechische Quellennymphen.

12 *Verbum* – Joh. 1,1.

13 *Hobbes* – Thomas Hobbes (1588–1679), englischer materialistischer Philosoph.

14 *Nichten der Signora Orio* – Vgl. I, Kap. 3.

15 *Aretino* – Vgl. II, Kap. 4, Anm. 20.

16 *nicht so lange zu warten* – Über einen weiteren Aufenthalt in Genf wird in den Memoiren nichts berichtet.

17 *Rosenkreuzer* – Vgl. III, Kap. 3, Anm. 22.

Viertes Kapitel

1 *sechs Zoll* – etwa 15 cm. Die jungen Marquisen waren also 1,68 m groß.

2 *Teresa* – Teresa Imer, verh. Pompeati, frühere Geliebte Casanovas. Vgl. Kap. 2, Anm. 4 und IV, Kap. 6.

3 *Ambe* – Setzen auf zwei Zahlen in der italienischen Zahlenlotterie.

4 *vier Tage länger* – In Mailand endete der Karneval erst am Samstag der Karwoche und nicht bereits mit dem Aschermittwoch.

5 *fünf Fuß und zehn Zoll* – Hier gibt Casanova seine Größe mit 1,85 m an.

Fünftes Kapitel

1 *Querilint* – Name eines Alchimisten und Rosenkreuzers. Casanova hatte die Absicht, Passano als dieses angebliche Oberhaupt der Rosenkreuzer auszugeben, um das Betrugsmanöver der »Wiedergeburt« von Madame d'Urfé durch eine mysteriöse Maskerade auszustaffieren.

2 *Paralis* – Name des Geistes, an den Casanova während seiner kabbalistischen Sitzungen Fragen richtete und dessen angebliche Antworten von ihm als Orakel ausgegeben wurden.

3 *Seramis* – Diesen Namen gibt Casanova der Madame d'Urfé.

4 *Saint-Germain* – Casanova betrachtete den berühmten Adepten und Abenteurer als Widersacher (vgl. III, Kap. 3); wenn ihm auch dessen raffinierte Täuschungen Respekt abnötigten, ließ er doch keine Gelegenheit aus – wie hier –, dessen Namen in Mißkredit zu bringen.

5 *Florentiner Küssen* – Vgl. III, Kap. 9, Anm. 1.

6 *Alaunkristall* – Alaunschiefer; das mit Alaun Geschriebene war farblos, wurde aber bei Wässerung des Papiers sichtbar.

7 *Wangenrouge* – In Frankreich durften im 18. Jh. nur die Damen des Adels Rouge auflegen; am Hof war es Pflicht. Frauen des »Dritten Standes«, also auch Bürgerinnen, war dieses Schminken nicht gestattet; ausgenommen von dem Verbot waren nur Schauspielerinnen und Prostituierte.

Sechstes Kapitel

1 *Georg III.* – Georg III. William Frederick (1738–1820), seit dem 25. Oktober 1760 König von England.

2 *Königin* – Charlotte Sophie, Prinzessin von Mecklenburg-Strelitz (1744–1818) war seit dem 8. September 1761 mit Georg III. vermählt.

3 *Sir Joseph Cornelys* – Casanova bezeichnet den jungen Giuseppe Pompeati ironisch mit dem Adelstitel Sir (in Paris nannte er sich Graf Aranda) und verwendet den neuen, offiziellen Namen.

4 *Rubber* – Teil des Whistspiels.

5 *drei Königreiche* – Gemeint sind England, Schottland und Wales.

6 *den Roscius* – nach Quintus Roscius Gallus (um 125–63 v. Chr.), dem berühmten römischen Schauspieler, der als Sklave geboren, sich durch seine Darstellungskunst die Freiheit und ein Vermögen erwarb; er war ein Freund Ciceros.

7 *Martinelli* – Vincenzo Martinelli (1702–1785), italienischer Gelehrter. Casanova traf ihn gleich nach seiner Ankunft in London zufällig in einem Café. Martinelli half ihm, ein Haus in Pall Mall zu finden, wo Casanova jetzt wohnt.

Siebentes Kapitel

1 *Fanny* – Hausmädchen bei Casanova.

2 *Mistreß Pauline* – Diese Pauline, deren Vater ein portugiesischer Graf war, ist bis heute nicht identifiziert worden.

3 *das Gefängnis von King's Bench* – King's Bench war das Schuldgefängnis von London.

4 *Binetti* – Anna Binetti (gest. 1784), italienische Tänzerin. Casanova traf sie erstmals 1747 in Venedig. 1763/64 war sie in London engagiert. 1766 erschien sie in Warschau, wo sie der Anlaß zu Casanovas Duell wurde. (Vgl. V, Kap. 7)

5 *Camões* – Luis Vaz de Camões (1524 oder 1525–1589), portugiesischer Dichter.

Achtes Kapitel

1 *Carvalho Oeyras* – Sebastião José de Carvalho e Mello, Graf von Oeyras, Marquis von Pombal (1699–1782), war ein bedeutender portugiesischer Staatsmann.
2 *Anschlag auf das Leben des Königs* – José I. von Portugal (1715–1777; König seit 1750).
3 *acht Zoll* – etwa 21 cm.
4 *am Strand* – Der »Strand« ist bis heute einer der wichtigsten Geschäftsstraßen Londons.
5 *Abenteuer Ricciardettos mit … Fiordispina* – In »Orlando Furioso«, Gesang XXV, erzählt Ariost, wie Fiordispina sich in Ricciardetto, den Bruder der ihm zum Verwechseln ähnlichen Bradamante, verliebt; zuvor war sie unglücklich über ihre Liebe zu Bradamante, die sie als Frau erkannt hatte, obwohl sie in Ritterrüstung auftrat.
6 *… Che il ciel l'abbia concesso …* – Ariost, XXV. Gesang, Strophe 42.
7 *Le belle braccia …* – Ariost, XXV. Gesang, Strophe 54.
8 *Io il veggo, io il sento …* – Ariost, XXV. Gesang, Strophe 65.
9 *Così le dissi, e feci ch'ella stessa …* – Ariost, XXV. Gesang, Strophe 65.
10 *Io senza scale in su la rocco salto …* – Ariost, XXV. Gesang, Strophe 68.
11 *in der kurzen Robe* – Die Jesuiten nahmen als Novizen auch Laienbrüder auf, von denen man sich später in einflußreichen Stellungen Förderung der Ordensinteressen versprach; sie trugen kein Ordensgewand, sondern weltliche Kleidung à la mode und wurden deshalb »jésuites de robe courte« genannt.
12 *Reis* – Portugiesischer Plural von »real«, einer anfangs aus Silber, später aus Kupfer geprägten Münze.

Neuntes Kapitel

1 *auf etwa vier Lebensjahre rechnen* – Casanova starb schon acht Monate später am 4. Juni 1798.
2 *motus in fine velocior* – nach dem von Galileo Galilei 1638 veröffentlichten Fallgesetz.
3 *Chevalier Goudar* – Ange Gaudar (1720 bis nach 1780), war ein gewandter und vielseitiger Publizist des 18. Jh., zugleich aber eine Abenteurernatur.
4 *Amare et sapere vix deo conceditur.* – nach Publius Syrus, »Sententiae«.
5 *Quel che l'uom vede … fa veder Amor.* – Ariost, »Orlando Furioso«, I. Gesang, Strophe 56.
6 *Penny Post* – Die »Penny-Post«, gegründet 1683, war ein Schnellpostdienst, der nur auf das Stadtgebiet von London beschränkt war. Für das Austragen der Briefe wurde vom Absender eine Gebühr von einem Penny erhoben; daher der Name.
7 *Franche-Comté* – Französische Provinz westlich der Schweizer Jura, die ehemalige Freigrafschaft Burgund.
8 *lettre de cachet* – Im 18. Jh. königliche geheime Verhaftungsbefehle, durch die Mißliebige ohne Gerichtsverfahren eingekerkert wurden. Die Lobpreisung der berüchtigten »Geheimbriefe« bei der Niederschrift dieses Teils

der »Memoiren« nach Ausbruch der Französischen Revolution zeigt, wie sehr Casanova dem »Ancien régime« nachtrauerte.

9 *welcher Art sie war* – Casanova sollte wahrscheinlich der Päderastie (Knabenliebe) angeschuldigt werden, die in England mit dem Todesurteil geahndet wurde.

10 *an ihre Ordre indossieren* – Anweisung geben, die Wechsel an sie zu überschreiben.

Zehntes Kapitel

1 *irasci celerem, …* – nach Horaz, »Episteln«, I, 20, V. 25.

2 *nel mezzo del camin di nostra vita* – nach Dante, »Commedia Divina« [Göttliche Komödie], Inferno, I. Gesang, V. 25, in Anlehnung an den Psalm 90, V. 10.

3 *Chi ha messo il piè sull' amorosa pania …* – Ariost, »Orlando Furioso«, XXIV. Gesang, Strophe I.

4 *das Tier mit den zwei Rücken machen* – nach Shakespeare, »Othello«, I. Akt, 1. Szene, V. 118. Jago: »making the beast with two backs«.

5 *Nachtwächter* – Die Nachtwächter riefen nicht nur die Stunden aus, sondern begleiteten als Wächter mit ihren Laternen auch nächtliche Passanten, da es zu Casanovas Zeiten in London noch keine Straßenbeleuchtung gab.

6 *Credete a chi n'ha fatto esperimento* – Ariost, »Orlando Furioso« (Der rasende Roland), XXXIII. Gesang, Strophe 112.

7 *Esquire* – Titel der vornehmsten Schicht des englischen Adels.

8 *Hornpipe* – Der Hornpipe ist ein alter schottischer Tanz.

9 *sequere Deum* – nach Cicero, »De finibus bonarum et malorum«, III. 22; diese stoische Lebensregel wird auch bei Seneca, »Epistulae ad Lucilium«, XVI, zitiert.

10 *der machtgebietende Stab* – Die englischen Konstabler trugen einen kurzen, mit der königlichen Krone geschmückten Stab von etwa 11 cm Länge. Wenn sie jemand damit berührten, mußte er ihnen ohne Widerrede folgen; bei Widerstand waren vorübergehende Bürger verpflichtet, den damals wie heute unbewaffneten Polizisten zu helfen.

AUFBAU BIBLIOTHEK

In Berlin trifft Casanova 1764 Friedrich II. von Preußen, fährt jedoch bald weiter Richtung St. Petersburg, immer auf der Suche nach einem Amt bei Hofe. Er begegnet der Zarin Katharina II., dann führt ihn sein Weg an den polnischen Hof, doch auch in Warschau kommt er nicht unter. Nach einem Duell reist er quer durch Europa bis Madrid. Scharfsinnig kommentiert er die Verhältnisse in Spanien. Er begegnet der frommen Doña Ignacia und der zügellosen Nina. Die Affäre mit Nina führt zu seiner Ausweisung. In Neapel angekommen, verführt er seine Tochter Leonilda. Müdigkeit, Resignation und der Wunsch, seine Heimatstadt wiederzusehen, bringen ihn dazu, sich der venezianischen Inquisition als Spitzel anzubieten.

Giacomo Casanova

GESCHICHTE MEINES LEBENS
V

Auf der Grundlage
der von B. und G. Albrecht herausgegebenen Ausgabe
ausgewählt und mit einem Nachwort versehen
von Johanna von Koppenfels

Aus dem Französischen
von Heinrich Conrad

Aufbau Taschenbuch Verlag

Titel der Originalausgabe
Histoire de ma vie

ISBN 3-7466-6028-9 (I–V)

1. Auflage 1998
Aufbau Taschenbuch Verlag GmbH, Berlin

Umschlaggestaltung Torsten Lemme
nach einem Gestaltungskonzept von Andreas Heilmann,
freigestellt nach einem Kupferstich von J. Berka, AKG Berlin
Druck Ebner Ulm
Printed in Germany

INHALT

ERSTES KAPITEL

Im Frühjahr 1764 verläßt Casanova, schwer syphiliskrank, England. Mit ihm fährt sein Patensohn Daturi, ein Seiltänzer und Feuerkünstler, den er aus dem Londoner Schuldgefängnis ausgelöst hat. Nach einer sechswöchigen Kur in Wesel reist er geheilt mit Daturi in dessen Heimatstadt Braunschweig.

Sobald ich mich in einem guten Gasthaus eingerichtet hatte, ließ ich Daturi meine Ankunft melden. Er kam sofort, elegant gekleidet, und zeigte großen Eifer, mich dem prachtliebenden Signor Nicolini vorzustellen, dem Impresario für die Theateraufführungen der Stadt und des Hofes. Dieser Nicolini verstand sein Geschäft ausgezeichnet und erfreute sich der vollsten Huld des freigebigen Fürsten, dessen Mätresse seine Tochter Anna war, und lebte in Braunschweig mit einem gewissen Luxus. Ich wurde mit großer Auszeichnung und Herzlichkeit von ihm empfangen. Er wollte mich durchaus bewegen, eine Wohnung in seinem schönen Hause anzunehmen; es gelang mir jedoch, mich dieser mir lästigen Einladung zu entziehen, ohne ihn durch meine Ablehnung zu kränken. Dagegen nahm ich seine Einladung zur Tafel gern an, wegen seines ausgezeichneten Kochs und noch mehr wegen der liebenswürdigen Gesellschaft, die er jeden Tag bei sich versammelte, und in der man sich besser amüsierte als unter Personen von Stand, bei denen die Ausgelassenheit von der Etikette unterdrückt wird. Zu Nicolini kamen Leute mit künstlerischem Talent; Sänger und Tänzer beiderlei Geschlechts boten ein erfreuliches Bild. Ich war noch nicht ganz genesen und nicht mehr reich. Sonst hätte ich mich länger in Braunschweig aufgehalten; denn dieser Ort hatte viele Reize für mich.

Am nächsten Tage schon kam Redegonda zu Nicolini, da sie wußte, daß ich bei ihm zu Mittag speisen würde. Wie es zuging, weiß ich nicht, aber alle Welt wußte, daß sie mit mir von Wesel nach Hannover gereist war.

Zwei Tage später kam der Kronprinz von Preußen[1] aus Potsdam an, um seine künftige Gemahlin[2] zu besuchen; sie war die Tochter des regierenden Herzogs, und er heiratete sie im folgenden Jahre. Jeder weiß, daß die Ehe unglücklich wurde, da die reizende Prinzessin eine Liebschaft hatte. Der mutige Verführer oder der Verführte mußte seinen Kopf dafür opfern. Im letzteren Falle sehr zu Unrecht.

Der Hof gab prachtvolle Feste, und seine Hoheit, der Erbprinz[3], der jetzige regierende Herzog, erwies mir die Ehre, mich dazu einzuladen. Ich hatte Seine Hoheit am Tage nach seinem Empfang beim Bürgermeister von London bei dem großen Souper der Cornelys am Soho Square kennengelernt.

Es war zweiundzwanzig Jahre her, daß ich Daturis Mutter geliebt hatte. Ich war neugierig, welche Verwüstungen die Zeit an ihrer Schönheit angerichtet haben mochte, und suchte sie daher auf. Ich mußte jedoch bedauern, daß ich sie genötigt hatte, meinen Besuch anzunehmen; denn sie war sehr häßlich geworden. Sie wußte dies, und eine gewisse Scham malte sich auf ihren entstellten Zügen, aber dadurch ersparte ich mir langes Reden über meine frühere Unbeständigkeit. Ich habe die Erfahrung gemacht, daß eine Frau mit ausgeprägten Zügen gewöhnlich sehr schnell häßlich wird und dann schrecklich anzusehen ist.

Der Fürst hatte ein kleines, aber sehr gut ausgebildetes Heer von sechstausend Mann Infanterie. Es fand auf einer großen Ebene dicht bei der Stadt eine Parade dieser Truppen statt. Ich bekam Lust, mir dies Schauspiel anzusehen, und ging daher hin. Es regnete den ganzen Tag. Trotzdem waren zahlreiche vornehme Zuschauer da: vor allem viele Damen in schöner Toilette, der ganze Adel aus der Gegend und eine Menge Ausländer. Ich sah die ehrenwerte Miss Chudleigh, die mir die Ehre erwies, das Wort an mich zu richten, und mich unter anderem fragte, seit wann ich London verlassen hätte. Miss Chudleigh hatte nur ein einfaches Kleid aus Musselin an und trug darunter nur ein Hemd, der Regen hatte sie so durchnäßt, daß sie schlimmer als nackt aussah. Dies schien sie jedoch nicht verlegen zu machen. Die anderen Damen fanden unter eleganten Zelten Schutz vor der Sintflut.

Die Truppen, die ja auch das Feuer nicht fürchteten, ließen sich bei ihren Schwenkungen durch den Regen nicht behindern.

Da ich in Braunschweig nichts zu tun hatte, so gedachte ich, mich nach Berlin zu begeben, um dort den Rest des Sommers angenehmer zu verbringen als in einer kleinen Stadt. Ich brauchte einen Überrock und kaufte das Tuch dazu bei einem Juden, der sich erbot, mir ausländische Wechsel zu diskontieren, wenn ich welche hätte. Die Sache war ganz einfach. Ich hatte den Wechsel über fünfzig Louis auf die Bank von Amsterdam bei mir, den die Gräfin du Rumain mir geschickt hatte, und da es mir bequem war, Gold dafür einzutauschen, so zog ich ihn aus meiner Brieftasche und gab ihn dem Juden. Er zahlte mir den Betrag aus, indem er den bei Wechseln auf die Bank von Amsterdam üblichen Abzug von zwei von hundert machte. Da der Wechsel an die Order des Chevalier de Seingalt ausgestellt war, unterschrieb ich ihn mit diesem Namen.

Ich dachte schon nicht mehr an die Sache, als am anderen Morgen zu ziemlich früher Stunde derselbe Jude in mein Zimmer trat und mich aufforderte, ihm sein Geld zurückzugeben oder für den Wert meines Wechsels Kaution zu stellen, bis mit der Post die Nachricht käme, ob mein Wechsel angenommen und bezahlt worden wäre.

Beleidigt über die Frechheit des Mannes und sicher, daß mein Wechsel in Ordnung war, sagte ich ihm: »Sie haben nichts zu befürchten. Ich bitte Sie, mich in Ruhe zu lassen; ich werde durchaus keine Kaution stellen.«

»Ich verlange unbedingt mein Geld oder Kaution«, antwortete der Unverschämte, »sonst werde ich Sie verhaften lassen, denn Sie sind bekannt.«

Das Blut stieg mir bei diesen Worten in den Kopf; ich ergriff meinen Stock und gab ihm fünf oder sechs Schläge, warf ihn hinaus und machte meine Tür hinter ihm zu. Hierauf kleidete ich mich an und speiste bei Nicolini, ohne ein Wort von meinem Erlebnis zu sagen.

Ich beschloß, in zwei oder drei Tagen abzureisen.

Am nächsten Tag machte ich einen Spaziergang vor der Stadt und begegnete dem Erbprinzen zu Pferde, nur von einem Reitknecht begleitet. Ich machte ihm meine Verbeugung; er ritt an mich heran und sagte leutselig: »Sie stehen also im Begriff abzureisen. Ich habe es heute früh von einem Juden gehört, der sich bei mir beklagt hat, weil Sie ihm Stockschläge gegeben haben. Er forderte eine Kaution für einen Wechsel, gegen dessen Echtheit man ihm Bedenken angemeldet hat.«

»Hoheit, ich kann für meine Entrüstung nicht einstehen, wenn ein solcher Kerl zu mir kommt und mich in meinem eigenen Zimmer zu beleidigen wagt; aber ich weiß, daß meine Ehre mir verbietet, meinen Wechsel wiederzunehmen oder Kaution zu stellen. Der Unverschämte hat mir gedroht, er werde meine Abreise verhindern, und behauptet, ich sei dafür bekannt; aber ich weiß, daß nur obrigkeitliche Willkür mich daran hindern kann wegzufahren.«

»Es wäre allerdings ungerecht; aber der Jude hat eben Angst, seine hundert Dukaten zu verlieren; er sagt, er würde Ihnen den Wechsel nicht diskontiert haben, wenn Sie nicht meinen Namen genannt hätten.«

»Das ist eine freche Lüge.«

»Er sagt, Sie haben den Wechsel mit einem Namen unterzeichnet, der nicht der Ihre ist.«

»Auch das ist falsch.«

»Kurz und gut, es handelt sich um einen geprügelten Juden, der angeführt zu sein glaubt. Der Kerl tut mir leid, und ich will es lieber verhindern, daß er nach Mitteln sucht, Sie zum Hierbleiben zu zwingen, bis er erfährt, daß Ihr Wechsel in Amsterdam eingelöst ist. Ich werde den fraglichen Wechsel noch heute morgen bei ihm einlösen lassen, denn ich bezweifle nicht, daß der Wechsel vollkommen gut ist. Sie können also abreisen, wann es Ihnen beliebt. Leben Sie wohl, Monsieur de Seingalt, ich wünsche Ihnen eine glückliche Reise.«

Mit diesem Kompliment sprengte der Prinz davon, bevor ich Zeit gehabt hatte, ihm zu antworten.

Ich hätte ihm sagen können: indem er den Wechsel bei dem Juden einlöste, erweckte er den Glauben, daß seine Hoheit mir dadurch eine Gnade erweise; zum großen Schaden meiner Ehre würde die ganze Stadt das ebenso glauben wie der Jude; ich müßte ihm also dankbar sein, wenn er es nicht täte.

Aber es genügt nicht, als Fürst ein ausgezeichnetes Herz zu haben, freigebig und großmütig zu sein; man muß auch Takt und die nötigen Kenntnisse haben, um nicht das Zartgefühl eines Menschen zu verletzen, dem man ein unzweideutiges Zeichen von Achtung und Wohlwollen geben will. Diese Handlungsweise des Prinzen mir gegenüber lag an seinem großzügigen Charakter. Hätte er mich für einen Gauner gehalten, hätte er mich auch nicht schlechter behandeln können als dadurch, daß er mir gewissermaßen andeutete, er verzeihe mir und nehme alle Folgen des von mir begangenen Schwindels auf sich. Dieser Gedanke ging mir im Kopf herum, und ich sagte bei mir: ›Vielleicht glaubt der Prinz dies wirklich. Warum mischt er sich in die Sache ein? Hat er etwa Mitleid mit dem Juden oder mit mir? Wenn mit mir, so fühle ich die Notwendigkeit, ihm eine Lehre zu geben, jedoch ohne ihn zu beschämen.‹

Während ich langsam zur Stadt zurückging, dachte ich über das Ende unseres Gesprächs nach. Ich fand seine Empfehlung einer guten Reise unter diesen Umständen höchst unangebracht; im Munde eines Prinzen, der bereits selber fast unumschränkter Herrscher war, erschien die Höflichkeitsbezeigung als ein Befehl zur Abreise, und darüber war ich entrüstet.

Der Gedanke ließ mich nicht los, und ich faßte endlich den Entschluß, den mir mein Selbstgefühl vorschrieb: weder abzureisen noch zu bleiben.

›Wenn ich bliebe‹, sagte ich zu mir selber, ›würde man das zugunsten des Juden auslegen; wenn ich abreiste, würde der Prinz denken, ich hätte mir sozusagen das Gnadengeschenk zunutze gemacht, das er mir dadurch erwiesen, daß er dem Juden fünfzig Louis bezahlen müßte, wenn mein Wechsel zu Protest gehen würde. Ich werde niemandem eine Genugtuung geben, die ich nicht schuldig bin.‹

Nachdem ich diese Betrachtungen angestellt hatte, die mir sehr vernünftig und aus dem Ehrgefühl destilliert zu sein schienen, die eines besseren Kopfes als des meinen würdig waren, packte ich meinen Koffer, bestellte Pferde, aß gut zu Mittag, bezahlte meine Rechnung und fuhr, ohne mich von einem Menschen zu verabschieden, nach Wolfenbüttel. Ich wollte dort acht Tage zubringen und war sicher, daß ich mich nicht langweilen würde, denn in Wolfenbüttel war die drittgrößte Bibliothek Europas[4], und ich hatte schon seit langer Zeit große Lust gehabt, sie in Ruhe zu besichtigen.

Der gelehrte Bibliothekar sagte mir bei meinem ersten Besuch mit großer Höflichkeit, die um so angenehmer wirkte, da sie ganz anspruchslos war: Ein Mann werde den Auftrag erhalten, mir in der Bibliothek alle gewünschten Bücher auszuleihen, außerdem aber werde man mir diese auch in mein Zimmer bringen, sogar die Handschriften, die den besonderen Reichtum dieser berühmten Bibliothek bilden.

Ich verbrachte acht Tage in dieser Bibliothek, die ich nur verließ, um zum Essen und zum Schlafen in mein Zimmer zu gehen, und verließ dieses nur, um in die Bibliothek zurückzukehren. Am achten Tag, eine Stunde bevor ich abreiste, sah ich den Bibliothekar wieder, um ihm meinen Dank auszusprechen. Ich lebte dort vollkommen glücklich, dachte weder an die Vergangenheit noch an die Zukunft, und mein Geist, der sich vollständig in die Arbeit versenkt hatte, konnte die Gegenwart nicht bemerken. Heute sehe ich, daß nur einige ganz unbedeutende Umstände hätten zusammenzuwirken brauchen, damit ich in dieser Welt ein wahrer Weiser gewesen wäre, denn die Tugend hat für mich immer viel mehr Reize gehabt als das Laster, und wenn ich mich einmal schlecht aufführte, so tat ich es nur aus Übermut.

Ich brachte von Wolfenbüttel eine große Menge Notizen über die Ilias und die Odyssee mit, die man bei keinem Scholiasten[5] findet und die nicht einmal der große Pope[6] kannte. Man findet einen Teil derselben in meiner Übersetzung der Ilias; der Rest wird hierbleiben und wahrscheinlich verlorengehen; ich selber werde nichts verbrennen, nicht einmal diese Erinnerungen, obgleich ich oft daran denke. Ich sehe voraus, daß ich niemals den richtigen Augenblick finden werde.

In Braunschweig stieg ich wieder in demselben Gasthof ab und ließ gleich nach meiner Ankunft meinem Patenkind Daturi Bescheid sagen.

Zu meiner großen Freude vernahm ich, daß niemand auf den Gedanken gekommen war, ich hätte acht Tage nur fünf Meilen von Braunschweig verbracht. Daturi sagte mir, in der Stadt sei das Gerücht verbreitet, ich hätte vor meiner Abreise den Wechsel von dem Juden wieder zurückgenommen, denn man hätte seitdem nichts wieder davon gehört. Ich war jedoch sicher, daß inzwischen die Antwort von Amsterdam eingetroffen war und daß der Erbprinz ganz genau wußte, daß ich die ganze Zeit meiner Abwesenheit in Wolfenbüttel verbracht hatte.

Daturi sagte mir, man erwarte mich zum Essen bei Nicolini. Damit hatte ich gerechnet, denn ich hatte von keinem Menschen Abschied genommen. Bei diesem Essen erhielt ich nun reichlich Genugtuung: wir waren beim Braten, als ein Kammerdiener des Prinzen mit dem von mir geprügelten Juden eintrat. Der arme Mensch kam mit der demütigsten Miene auf mich zu und sagte: »Ich komme auf Befehl, um Sie sehr um Entschuldigung dafür zu bitten, daß ich die Echtheit Ihres Wechsels auf die Amsterdamer Bank angezweifelt habe. Ich bin dafür bestraft worden, indem ich die zwei Prozent verloren habe, die ich sonst als Bezahlung hätte einbehalten können.«

Ich antwortete ihm: »Ich wünschte, Sie hätten nur diese Strafe erhalten.«

Direktor Nicolini rühmte sich natürlich, daß diese Genugtuung mir seine Hoheit an seiner Tafel zuteil werden ließ, und ich schmeichelte seiner Eitelkeit gern. Gegen Abend erkundigte ich mich, ob er mir Aufträge für Berlin mitzugeben hätte, und empfahl mich. Doch folgendes hat mich noch einen Tag länger verweilen lassen.

In meinem Gasthof fand ich ein Briefchen von Redegonda[7], die mir die zärtlichsten Vorwürfe machte, daß ich während meines ganzen Aufenthaltes in Braunschweig sie nicht ein einziges Mal besucht hätte. ›Ich bitte Sie, bei mir in einem kleinen Haus zu frühstücken, das ich draußen vor der Stadt bewohne. Meine Mutter wird nicht dabeisein, wohl aber eine junge Dame, die Sie kennen und die Sie, davon bin ich überzeugt, mit Vergnügen wiedersehen werden.‹

Sie bat mich noch, auch bestimmt zur angegebenen Stunde dazusein.

Ich liebte Redegonda und hatte sie in Braunschweig nicht nur wegen ihrer Mutter vernachlässigt, sondern weil ich mich nicht in der Lage befand, ihr ein hübsches Geschenk machen zu können. Ich beschloß daher, ihrer Einladung Folge zu leisten, zumal da ich ein wenig neugierig war, was das für eine junge Dame sein mochte, von der sie als meiner alten Bekannten sprach.

Pünktlich zur verabredeten Stunde fand ich mich ein. Redegonda war reizend; sie empfing mich in einem hübschen Salon im Erdgeschoß und hatte eine junge Künstlerin bei sich, die ich, kurz vor meiner Einkerkerung unter den Bleidächern, als Kind gekannt hatte. Ich tat, als wenn ich sie mit Vergnügen wiedersähe, beschäftigte mich aber hauptsächlich nur mit Redegonda, der ich viele Komplimente über ihre hübsche Wohnung machte. Sie sagte mir, sie habe sie auf sechs Monate gemietet, benutze sie aber nicht zum Übernachten.

Nachdem wir den Kaffee getrunken hatten, wollten wir gerade ausgehen, um einen Spaziergang zu machen, als der Erbprinz plötzlich eintrat, der sich mit einem angenehmen Lächeln bei Redegonda entschuldigte, daß er zufällig unsere Unterhaltung gestört habe.

Das Erscheinen des Prinzen klärte mich über die Stellung meiner liebenswürdigen Landsmännin auf, und ich begriff nun, warum sie in ihrem Brief die Stunde meines Besuches so genau angegeben hatte. Redegonda hatte innerhalb von zehn bis zwölf Tagen die Eroberung des liebenswürdigen Prinzen gemacht, der stets galant war, aber im ersten Jahre seiner Ehe mit einer Schwester des Königs von England sich verpflichtet glaubte, auf diesen Abwegen der Liebe sein Inkognito zu wahren.

Wir gingen eine Stunde lang spazieren und unterhielten uns über London und Berlin, aber vom Wechsel und vom Juden wurde kein Wort gesprochen. Er war entzückt von meinem Lob seiner Wolfenbüttler Bibliothek und lachte herzlich, als ich ihm sagte, ohne die geistige Nahrung würde ich infolge des schlechten Essens in meinem Gasthof dort um die Hälfte abgemagert sein.

Nachdem er sich mit sehr graziöser Höflichkeitsbezeigung von Redegonda verabschiedet hatte, verließ er uns, stieg wieder zu Pferd und sprengte davon.

Ich dachte nicht daran, Redegonda um neue Gunstbeweise zu bitten, sondern riet ihr im Gegenteil, dem Prinzen, den ihre Reize gefesselt hatten, treu zu bleiben; sie wollte jedoch nichts zugeben.

Nachdem ich den Rest des Tages in meinem Gasthof verbracht hatte, fuhr ich am anderen Morgen in aller Frühe ab.

In Magdeburg überbrachte ich einem Offizier einen Brief, den General Beckwith mir für ihn gegeben hatte. Er zeigte mir alle Geheimnisse der Festung und behielt mich drei Tage bei sich. Ich genoß die Freuden der Tafel, der Liebe und des Spiels, aber ich war nüchtern, schonte meine Gesundheit und vermehrte meine Barschaft in bescheidener Weise, indem ich mich rechtschaffen mäßigte.

Von Magdeburg fuhr ich geradenwegs nach Berlin, ohne mich in Potsdam aufzuhalten; denn der König war nicht da. Die sandigen Wege waren schuld, daß ich drei Tage brauchte, um achtzehn kleine deutsche Meilen zurückzulegen.

Ich stieg im Gasthof ›Zur Stadt Paris‹ ab, wo ich alles so fand, wie es für meine Ansprüche und für meine Börse paßte. Die Inhaberin, Madame Rufin, war eine ausgezeichnete Wirtin von echt französischer Liebenswürdigkeit; sie hatte es verstanden, ihren Gasthof in guten Ruf zu bringen. Nachdem ich mich in einem sehr schönen Zimmer eingerichtet hatte, kam sie nach einer halben Stunde zu mir und fragte mich, ob ich zufrieden sei. Wir trafen genaue Abmachungen über alles. Man speiste an einer gemeinsamen Tafel, und die Gäste, die auf ihrem Zimmer aßen, zahlten das Doppelte.

»Diese Einrichtung«, sagte ich zu ihr, »mag für Sie bequem sein, mir aber paßt sie augenblicklich nicht. Ich will auf meinem Zimmer essen, aber nicht das Doppelte bezahlen; ich werde bezahlen, als wenn ich an der gemeinsamen Tafel äße, stelle Ihnen jedoch frei, mir nur die Hälfte der Speisen auftragen zu lassen.«

»Ich bin damit einverstanden, aber unter der Bedingung, daß Sie mit mir an einem kleinen Tisch zu Abend speisen; das kostet Sie nichts, und Sie werden bei meinem Souper nur liebenswürdige Freunde finden.«

Um ihr ebenso höflich entgegenzutreten, nahm ich ihren Vorschlag mit dankbaren Worten an. Da ich von der Reise noch müde war, ging ich erst am nächsten Abend zu ihr zum Essen. Sie hatte einen Mann, der die Küche besorgte, und einen Sohn; beide kamen niemals zum Abendessen. Als ich zum ersten Male daran teilnahm, fand ich einen älteren Herrn, der sehr vernünftige Ansichten und ein sehr angenehmes Benehmen hatte; er wohnte in dem Zimmer neben mir und nannte sich Baron Treyden. Seine Schwester hatte den Herzog von Kurland, Johann Ernst Biron, geheiratet. Dieser sehr liebenswürdige Baron wurde mein Freund und blieb es während der zwei Monate, die ich in Berlin verbrachte. Ferner fand ich einen Hamburger Kaufmann namens Greve, nebst seiner Frau, die er kurz zuvor geheiratet hatte. Er war mit ihr nach Berlin gekommen, um ihr die Wunder am Hofe eines kriegerischen Königs zu zeigen. Die junge Frau war ebenso liebenswürdig wie ihr Mann, und ich machte ihr eifrig, aber in allen Ehren, den Hof. Der vierte war ein sehr fröhlicher Herr namens Noël; er war der einzige Koch Seiner Preußischen Majestät, die sehr große Stücke auf ihn hielt. Dieser Herr Noël kam nur selten zum Abendessen zu seiner guten Freundin Madame Rufin; denn sein Amt fesselte ihn an die Küche des Königs. Noël hatte nur einen einzigen Küchenjungen, und der König von Preußen hatte niemals einen anderen Koch. In Angoulême kannte ich seinen, durch ausgezeichnete Pasten berühmten Vater.

Monsieur Noël, der Gesandte des französischen Direktoriums in Den Haag, ist, wie man mir versichert hat, der Sohn dieses Kochs, der übrigens ein sehr liebenswürdiger Mann war.

Ohne den Vater Noël oder vielmehr ohne die Geschicklichkeit dieses Kochkünstlers würde der berühmte atheistische Arzt La Mettrie nicht an einer Verdauungsstörung gestorben sein; denn die Pastete, von der er bei Graf Tyrconnel im Übermaß aß, war von Noël zubereitet worden.

La Mettrie speiste abends zu seinen Lebzeiten oft bei Madame Rufin, und ich bedauerte sehr, daß er so früh gestorben war; denn ich hätte ihn gerne kennengelernt, da er gelehrt und außerordentlich fröhlich war. Er starb lachend, obgleich man behauptet, daß es keine schmerzhaftere Todesart gebe als die durch eine Verdauungsstörung. Voltaire sagte mir, er glaube nicht, daß es einen entschiedeneren Atheisten gegeben habe als La Mettrie und jedenfalls keinen mit gründlicheren Kenntnissen; ich war davon überzeugt, nachdem ich seine Werke gelesen hatte. Der König von Preußen hielt in eigener Person in der Akademie die Leichenrede auf diesen Arzt und sagte: Es sei nicht zu verwundern, daß La Mettrie nur die Materie habe gelten lassen; denn allen Geist, den es gebe, habe er selber besessen. Nur ein König kann sich in einer ernsten Leichenrede eine solche scherzhafte Ansicht erlauben. Der König von Preußen war jedoch niemals Atheist; darauf kommt es auch nicht an, da der Glaube an Gott niemals seine Lebensweise noch seine Handlungen beeinflußt hat. Man behauptet, ein Atheist, der sich mit Gott beschäftige, sei besser als ein Theist, der nie an ihn denkt.

Der erste Besuch, den ich in Berlin machte, galt Calzabigi, dem jüngeren Bruder dessen, mit dem ich mich im Jahre 1757 in Paris zusammengetan hatte, um dort eine Lotterie einzurichten, die nach der Militärschule und dann nach dem Tode von Pâris-Duverney Königliche Lotterie genannt wurde.

Dieser Calzabigi, den ich in Berlin traf, hatte Paris und seine Frau, die sogenannte Generalin La Mothe, verlassen, um in Brüssel die Lotterie einzurichten. Dort hatte er zu luxuriös gelebt und im Jahre 1762 Bankrott gemacht, obgleich Graf Cobenzl alles aufgeboten hatte, um ihn zu halten. Er hatte fliehen müssen, war mit einer ziemlich guten Ausstattung nach Berlin gekommen und hatte sich dem König von Preußen vorgestellt. Da er gut zu sprechen wußte, gelang es ihm, den Herrscher zu überreden, die

Lotterie in seinem Staate einzuführen, ihm die Leitung anzuvertrauen und ihm den Titel eines Staatsrates zu geben. Er versprach Seiner Majestät einen Jahresgewinn von mindestens zweihunderttausend Talern und verlangte für sich selber nur zehn Prozent von der Einnahme und die Kosten der Verwaltung.

Alles wurde genau geregelt. Seit zwei Jahren war die Lotterie eingerichtet. Sie ging gut, denn bis dahin hatte noch keine unglückliche Ziehung stattgefunden. Der König war jedoch immer in Angst, weil er wußte, daß dieser Fall eintreten konnte. Um dieser Angst ein Ende zu machen, sagte er Calzabigi, er wolle die Lotterie nicht mehr auf seine eigene Rechnung führen lassen; er überlasse sie ihm und begnüge sich in Zukunft mit hunderttausend Talern jährlich. Soviel kostete ihn die italienische Oper.

Ich machte bei Calzabigi meinen ersten Besuch gerade an dem Tage, als der König ihm seinen unangenehmen Entschluß hatte mitteilen lassen.

Nachdem wir von unseren früheren Beziehungen und von den Wechselfällen unseres Lebens gesprochen hatten, erzählte er mir von der Entscheidung, die ihm ganz unerwartet kam. Er sagte mir, die laufende Ziehung gehe noch auf Rechnung des Königs; er müsse jedoch durch öffentliche Anschläge das Publikum davon in Kenntnis setzen, daß vom nächsten Ziehungstage an der König nichts mehr damit zu tun habe. Er brauche ein Grundkapital von zwei Millionen Talern; denn sonst werde die Lotterie nicht bestehen können, weil natürlich kein Mensch spielen würde, wenn er nicht die sichere Gewißheit hätte, daß er im Falle eines Gewinnes sein Geld erhalten würde. Er versprach mir zehntausend Taler jährlich, wenn es mir gelänge, den König zur Zurücknahme seines Entschlusses zu bewegen. Er erinnerte mich daran, daß ich vor sieben Jahren gleich nach meiner Ankunft in Paris das Talent besessen hätte, den ganzen Verwaltungsrat der Militärschule von der Gewißheit des Gewinnes zu überzeugen. Er machte mir Mut, das gleiche noch einmal zu versuchen.

»Es ist ein deutliches Zeichen und bestimmt kein Aberglaube«, sagte er, »daß der Schutzgeist der Lotterie Sie in diesem Augenblick nach Berlin geführt hat.«

Ich lachte über seine Illusionen und bedauerte ihn. Ich bewies ihm die Unmöglichkeit, jemanden zu überzeugen, der sagt: ›Ich habe Furcht, und ich will nicht mehr Furcht haben.‹

Er bat mich, zum Essen zu bleiben, und stellte mich seiner Frau vor. Diese Vorstellung verschaffte mir eine doppelte Überraschung: die erste, weil ich glaubte, daß die Generalin La Mothe noch am Leben sei; die zweite, als ich in der neuen Madame Calzabigi Mademoiselle Belanger erkannte. Ich richtete die üblichen Komplimente an sie und erkundigte mich dann nach ihrer Mutter. Sie stieß einen tiefen Seufzer aus und bat mich, nicht von ihrer Familie zu sprechen, denn sie würde mir nur Unglück mitzuteilen haben.

Ich hatte Madame Belanger in Paris kennengelernt; sie war die Witwe eines Wechselmaklers, hatte nur eine einzige Tochter und schien wohlhabend zu sein. Als ich nun diese ziemlich hübsche Tochter verheiratet und sich über ihr Schicksal beklagen hörte, war ich ein wenig in Verlegenheit; doch war meine Neugier nicht sehr groß. Nachdem Calzabigi mich instand gesetzt hatte, ein sehr günstiges Urteil über seinen Koch abzugeben, wollte er auch die Beurteilung seiner Pferde und der Eleganz seines Wagens vernehmen. Er bat mich, seine teure Gemahlin auf ihrer Spazierfahrt in den Tiergarten zu begleiten und dann zum Abendessen zu bleiben, denn das sei seine beste Mahlzeit. Er habe noch zu tun, denn übermorgen sei Ziehung.

Als wir im Wagen saßen, fragte ich sie gesprächsweise, welcher glücklichen Fügung sie es verdanke, mit Calzabigi vermählt zu sein.

»Seine Frau lebt noch, ich habe also nicht das Unglück, seine Gattin zu sein, aber in Berlin hält mich jedermann dafür. Vor drei Jahren sah ich mich plötzlich beim Tode meiner Mutter von allen Mitteln entblößt; denn meine Mutter lebte nur von einer Leibrente. Da ich keine reichen Verwandten hatte, von denen ich Hilfe erwarten konnte, und eine solche Hilfe nicht um den Preis meiner Ehre erkaufen wollte, lebte ich zwei Jahre lang vom Verkauf der Möbel und anderer Sachen, die meiner verstorbenen Mutter gehört hatten. Ich wohnte bei einer guten Frau, die vom Rahmensticken lebte. Ich zahlte ihr monatlich eine kleine Summe und lernte von ihr sticken und ging nur sonntags aus, um die Messe zu besuchen. Ich wurde von Trübsinn verzehrt. Je mehr mein kleines Vermögen zusammenschmolz, desto fester hoffte ich auf die Hilfe der göttlichen Vorsehung; als ich aber meinen letzten Sou ausgegeben hatte, empfahl ich mich Monsieur Brea aus Genua, den ich für unfähig hielt, mich zu täuschen.

Ich mußte ihn bitten, mir eine gute Stellung als Kammermädchen zu verschaffen, wofür ich die nötigen Fähigkeiten zu besitzen glaubte. Er versprach mir, sich damit zu beschäftigen, und nach fünf oder sechs Tagen machte er mir einen Vorschlag: er zeigte mir einen Brief von Calzabigi, den ich nie zuvor gekannt hatte und der ihn beauftragte, ihm eine anständige junge Dame von guter Geburt und Erziehung und ziemlich hübsch nach Berlin zu schicken; er habe die Absicht, sie als seine Frau auszugeben und zu heiraten, sobald seine alte und kranke Frau nicht mehr lebe. Da die gewünschte Person wahrscheinlich nicht reich sein werde, bat er Monsieur Brea, ihr fünfzig Louis zu geben, um ihre Ausstattung in Ordnung zu bringen, und weitere fünfzig Louis, um mit einer Zofe von Paris nach Berlin zu reisen. Monsieur Brea hatte ferner Vollmacht, sich im Namen Calzabigis gesetzlich zu verpflichten, daß Mademoiselle in Berlin als seine Gemahlin empfangen werden und als solche allen, die in seinem Hause verkehrten, vorgestellt werden sollte; außerdem sollte Mademoiselle eine Kammerzofe nach ihrer eigenen Wahl haben, dazu Wagen und Pferde, ihrem Stand angemessene Garderobe und monatlich eine gewisse Summe als Nadelgeld, worüber sie nach ihrem Belieben verfügen könnte. Er verpflichtete sich, sie nach einem Jahr freizugeben, wenn seine Gesellschaft oder Berlin ihr nicht gefielen; in diesem Falle würde er ihr hundert Louis geben und sie könnte alles, das er für ihren Gebrauch habe anfertigen lassen, und die von ihm geschenkten Sachen behalten. Wenn Mademoiselle einverstanden wäre, so lange bei ihm zu bleiben, bis er sie heiraten könnte, würde er ihr zehntausend Taler verschreiben, die als ihr Heiratsgut zu gelten hätten; sollte er aber vorher sterben, so würde sie das Recht haben, sich diese zehntausend Taler aus seiner Hinterlassenschaft auszahlen zu lassen.

Mit allen diesen schönen Versprechungen wußte Brea mich zu überreden, mein Vaterland zu verlassen, um mich hier zu entehren; denn obgleich mir alle Welt die Ehre erweist, die man einer Ehefrau zugesteht, so weiß man doch wahrscheinlich nur zu gut, was ich tatsächlich bin. Vor sechs Monaten bin ich hier angekommen, und ich war noch nicht einen Augenblick glücklich.«

»Nicht glücklich? Hat er denn die Abmachungen nicht eingehalten, die zwischen Ihnen und Monsieur Brea vereinbart wurden?«

»Er hat sie eingehalten, aber seine zerrüttete Gesundheit gestattet Calzabigi nicht, darauf zu hoffen, daß er seine Frau überleben werde; wenn er aber vor ihr stirbt, habe ich nichts; denn die zehntausend Taler, die er mir verschrieben hat, sind alsdann kein Heiratsgut. Er ist überschuldet, und bei der Verteilung seiner Hinterlassenschaft werden seine zahlreichen Gläubiger mir vorangehen und sich an dem Mobiliar schadlos halten. Außerdem ist er mir unerträglich, gerade weil er mich zu sehr liebt. Sie werden mich wohl verstehen. Er bringt sich langsam um, und gerade das macht mich untröstlich.«

»Auf alle Fälle können Sie in sechs Monaten nach Paris zurückkehren oder sonst tun, was Sie wollen, sobald Sie Ihre Freiheit zurückerhalten haben. Sie werden hundert Louis erhalten und eine schöne Ausstattung besitzen.«

»Dann werde ich gerade erst recht entehrt sein, einerlei, ob ich nach Paris zurückkehre oder ob ich hier bleibe. Ich bin recht unglücklich, soviel ist sicher, und der gute Brea ist schuld daran. Trotzdem kann ich es ihm nicht übelnehmen; denn er wußte ohne Zweifel nicht, daß sein Freund hier nur Schulden hat. Jetzt, da der König seine Garantie zurückziehen will, wird die Lotterie zusammenbrechen, und Calzabigis Bankrott wird die unausbleibliche Folge davon sein.«

In der Erzählung der Mademoiselle Belanger war nichts übertrieben, und ich mußte zugeben, daß sie zu beklagen war. Ich riet ihr, sie solle Calzabigis Verschreibung der zehntausend Taler zu verkaufen suchen; denn er könne dagegen nichts einzuwenden haben.

»Ich habe auch daran gedacht«, antwortete sie mir, »aber dafür würde ich einen Freund nötig haben; denn ich sehe voraus, daß ich den Schein nur mit großem Verlust werde verkaufen können.« Ich versprach ihr, daran zu denken.

Beim Abendessen waren wir zu viert. Der vierte war ein junger Mann, der bei der Lotterie in Paris das ›Castelletto‹[8] geführt hatte, später in Brüssel angestellt gewesen war; er war Calzabigi nach Berlin gefolgt. Er war in die Belanger verliebt, schien mir jedoch kein glücklicher Liebhaber zu sein. Auch hier führte er das ›Castelletto‹ und war als Generalsekretär bei der Lotterie angestellt.

Beim Nachtisch bat Calzabigi mich um meine Meinung über einen von ihm niedergeschriebenen Plan, den er veröffentlichen wollte, um sich die zwei Millionen zu verschaffen, die er zur Aufrechterhaltung seines Kredits bedurfte.

Die Dame des Hauses zog sich zurück, um schlafen zu gehen. Diese Frau, die etwa fünfundzwanzig oder sechsundzwanzig Jahre alt sein mochte, hatte alles, was nötig war, zu gefallen; sie glänzte zwar nicht durch ihren Geist, aber sie hatte ein weltgewandtes Benehmen, und das ist bei einer Frau fast mehr wert als Geist. Sie flößte mir durch ihr Vertrauen, das sie mir entgegenbrachte, nur Gefühle der Achtung und Freundschaft ein, und das war mir lieb.

Calzabigis Plan war kurz, aber klar und deutlich abgefaßt. Er lud alle Reichen mit öffentlich bekanntem Vermögen ein, nicht etwa in der Lotteriekasse einen Betrag in barem Gelde einzuzahlen, sondern mit ihren Namen für irgendeine beliebige Summe einzustehen, die ihre Mittel nicht übersteigen würde. Sollte der Fall eintreten, daß die Lotterie einen Verlust erlitte, so würde jeder der Subskribenten im Verhältnis zur garantierten Summe seinen Anteil beizutragen haben, und in demselben Verhältnis würden die Gewinne nach jeder Ziehung unter den Bürgen verteilt werden. Ich versprach ihm, meine Überlegungen zu seinem Plane ihm am nächsten Tage schriftlich mitzuteilen. Das Grundkapital sollte drei Millionen Taler betragen. Ich verabschiedete mich von ihm bis zum Mittagessen am nächsten Tage.

Der Plan, den ich an die Stelle des seinen setzte, lautete folgendermaßen:

1. Ein Grundkapital von einer Million müßte genügen.

2. Diese Million müßte in hundert Aktien zu je zehntausend Talern aufgeteilt werden.

3. Jeder Aktionär müßte sich vor einem bestimmten Notar verpflichten, und dieser Notar müßte für die Zahlungsfähigkeit des Aktionärs bürgen.

4. Die Dividende würde stets am dritten Tage nach der Ziehung verteilt werden.

5. Im Falle eines Verlustes müßte der Aktionär den Betrag seiner Aktie ergänzen, und zwar wieder vor dem Notar.

6. Ein Prüfer, der von vier Fünfteln der Aktionäre gewählt würde, müßte den Lotteriekassierer kontrollieren, in dessen Händen die baren Geldeinnahmen stets verblieben.

7. Die Gewinne würden am Tage nach der Ziehung ausbezahlt werden.

8. Am Abend vor der Ziehung würde der Kassierer der Lotterie das eingenommene bare Geld dem Prüfer der Aktionäre vorzählen; dieser würde die Kasse mit drei verschiedenen Schlüsseln verschließen. Einen von diesen würde der Prüfer behalten, den zweiten bekäme der Kassierer und den dritten der Direktor der Lotterie.

9. Einsätze würden von den Lotterieannahmebüros nur auf eine, zwei oder drei Zahlen angenommen; die Wette auf vier Zahlen würde abgeschafft, weil diese Kombinationen zu große Verluste ermöglichen könnten.

10. Der Einsatz auf drei Zahlen, auf zwei oder auf eine Zahl dürfte nicht mehr als ein Taler und nicht weniger als vier Groschen betragen; die Annahmestelle würde vierundzwanzig Stunden vor der Ziehung geschlossen.

11. Der zehnte Teil der Einnahme würde Monsieur Calzabigi als Generaldirektor der Lotterie gehören; dafür hätte er aber alle Verwaltungskosten zu übernehmen.

12. Er sollte das Recht haben, zwei Aktien zu besitzen, ohne daß ein Notar für seine Zahlungsfähigkeit bürgte.

Ich sah an Calzabigis Gesicht, daß mein Plan ihm nicht gefiel, und prophezeite ihm, daß er Aktionäre nur zu diesen Bedingungen oder zu noch weniger günstigen finden werde.

Er hatte aus der Lotterie eine Art Biribi[9] gemacht. Sein Luxus erregte Anstoß; man wußte, daß er überschuldet war, und der König mußte natürlich befürchten, daß früher oder später irgendeine Gaunerei vorfallen würde, obwohl er einen Kontrolleur hatte, der rechnen konnte.

Die letzte Ziehung, die während der Haftpflicht des Königs stattfand, erregte die Heiterkeit der ganzen Stadt: denn die Lotterie verlor zwanzigtausend Taler; mehr als die ganze Einnahme. Der König schickte den Betrag sofort seinem Geheimrat Calzabigi. Er solle, so erzählte man sich, als er das Resultat der Ziehung vernommen hatte, laut aufgelacht und gesagt haben: »Ich hatte es ja vorausgesehen, und ich danke dem Zufall, daß ich verhältnismäßig billig davongekommen bin.«

Ich glaubte, zum Abendessen zum Direktor gehen zu müssen, um ihn zu trösten. Er war ganz bestürzt; denn er stellte die sehr natürliche, aber auch sehr unangenehme Betrachtung an, daß es infolge dieser unglücklichen Ziehung noch schwieriger sein werde, reiche Leute zu finden, die die Mittel für die Lotterie hergeben könnten. Es war das erste Mal, daß die Lotterie verlor, und dieser Fall konnte wirklich nicht ungelegener kommen.

Calzabigi verlor trotzdem nicht den Mut; gleich am nächsten Tage leitete er neue Schritte ein und benachrichtigte das Publikum durch einen gedruckten Anschlag: die Annahmestellen würden geschlossen bleiben, bis man neue Mittel beschafft habe, um die Spieler sicherzustellen, die auch in Zukunft ihr Geld riskieren wollten.

ZWEITES KAPITEL

Am fünften Tage nach meiner Ankunft in Berlin stellte ich mich dem Lordmarschall[1] vor, der seit dem Tode seines Bruders Keith genannt wurde. Ich hatte ihn zum letzten Male in London gesehen, als er von Schottland zurückreiste; man hatte ihm die Familiengüter zurückgegeben, die von der Regierung konfisziert worden waren, als er dem König Jakob[2] folgte. Er verdankte seine Begnadigung dem König von Preußen. Er lebte nun in Berlin, wo er sich auf seinen Lorbeeren ausruhte und des Friedens erfreute. Er war immer noch ein Liebling des Königs, mischte sich aber mit seinen achtzig Jahren in keine Hofangelegenheiten mehr ein.

Er sagte mir in der ihm eigenen einfachen Art, er sehe mich mit Vergnügen wieder; hierauf fragte er mich, ob ich auf der Durchreise sei oder die Absicht habe, eine Zeitlang in Berlin zu bleiben. Da er zum Teil die Wechselfälle meines Lebens kannte, so antwortete ich ihm, ich würde mich gern dauernd niederlassen, wenn der König mir eine angemessene Anstellung gäbe, die meinen geringen Fähigkeiten entspräche. Als ich ihn aber um seine Protektion zur Erlangung einer solchen Stellung bat, antwortete er mir: »Ich würde Ihnen mehr schaden als nützen, wenn ich versuchen wollte, den König vorher zu Ihren Gunsten zu beeinflussen. Seine Majestät tut sich nämlich etwas darauf zugute, ein ganz besonderer Menschenkenner zu sein, und urteilt daher gerne nach eigener Überzeugung. So kommt es denn ziemlich oft vor, daß er Vorzüge entdeckt, wo kein Mensch solche auch nur vermutet hätte, und umgekehrt. Ich rate Ihnen, dem König zu schreiben, daß Sie nach der Ehre einer Unterredung streben. Wenn Sie mit ihm sprechen, können Sie ihm beiläufig sagen, daß Sie mich kennen, und ich zweifle nicht, daß er mir dann Gelegenheit geben wird, von Ihnen zu sprechen; Sie können sich denken, daß meine Auskunft Ihnen nicht schaden wird.«

»Ich, ein Unbekannter, soll an einen König schreiben, zu dem ich nicht die geringsten Beziehungen habe? Ich weiß gar nicht, wie ein solcher Antrag aussehen soll.«

»Das glaube ich wohl, aber wünschen Sie nicht mit ihm zu sprechen?«

»Gewiß.«

»Nun, da haben Sie ja die Beziehungen. Ihr Brief braucht weiter nichts zu enthalten, als daß Sie ihn zu sprechen wünschen.«

»Wird der König mir antworten?«

»Ohne allen Zweifel; denn er antwortet einem jeden. Er wird Ihnen mitteilen, wo und zu welcher Stunde er Sie empfangen will. Folgen Sie meinem Rat! Seine Majestät ist jetzt in Sanssouci. Ich bin neugierig auf das Gespräch, das Sie mit dem Monarchen haben werden, der, wie Sie sehen, keine Furcht hat, daß jemand seine Achtung ihm gegenüber vermissen läßt.«

Ich ging nach Hause, setzte mich an meinen Schreibtisch und schrieb dem König einen ganz einfachen und sehr ehrfurchtsvollen Brief, in dem ich fragte, wo und wann ich mich Seiner Majestät vorstellen dürfte. Ich unterschrieb und fügte noch Venezianer hinzu, dann gab ich in dem Brief noch den Gasthof an, wo ich wohnte.

Am zweiten Tage darauf erhielt ich einen Brief mit der Unterschrift ›Fédéric‹, der jedoch von einem Sekretär geschrieben war. Man bestätigte mir den Empfang meines Briefes und teilte mir mit, daß der König sich um vier Uhr im Park von Sanssouci befinden würde.

In einen schwarzen Anzug gekleidet, begab ich mich um drei Uhr nach Sanssouci. Durch ein kleines Tor betrat ich den Schloßhof, sah keinen Menschen, nicht einmal eine Schildwache, auch keinen Pförtner, keinen Lakaien. Alles war ruhig; ich ging eine kleine Treppe hinauf, öffnete eine Tür und befand mich in einer Bildergalerie. Der Aufseher kam auf mich zu und erbot sich, mich zu führen. Ich antwortete ihm: »Ich komme nicht, um diese Meisterwerke der Malerei zu bewundern, sondern um den König zu sprechen, der mir geschrieben hat, daß er im Park sein werde.«

»Er ist in diesem Augenblick bei seinem kleinen Konzert, wo er die Flöte spielt. Das tut er jeden Tag nach Tisch. Hat er Ihnen die Stunde bezeichnet?«

»Ja, um vier Uhr; aber er wird es vergessen haben.«

»Der König vergißt niemals etwas; er wird pünktlich sein, und Sie tun gut daran, wenn Sie ihn im Park erwarten.«

Ich befand mich seit einigen Augenblicken im Park, als ich ihn mit seinem Vorleser Catt und einem hübschen Spaniel erscheinen sah. Sobald er mich bemerkte, ging er auf mich zu, nahm mit kecker Miene seinen alten Hut ab, nannte meinen Namen und fragte mich in barschem Ton, was ich von ihm wolle. Überrascht von diesem Empfang, konnte ich kein Wort hervorbringen; ich sah ihn nur an, ohne ihm zu antworten.

»Nun, so sprechen Sie doch! Haben Sie mir denn nicht geschrieben?«

»Ja, Majestät; aber ich erinnere mich an nichts mehr. Ich konnte wohl glauben, daß die Erhabenheit eines Königs mich nicht blenden würde! Doch in Zukunft soll mir dies nicht wieder begegnen. Der Lordmarschall hätte mich warnen sollen.«

»Er kennt Sie also? Wir wollen ein wenig spazierengehen. Worüber wollten Sie mit mir sprechen? Was sagen Sie zu meinem Park?«

Während er mich fragt, worüber ich mit ihm sprechen wollte, befiehlt er mir zugleich, mein Urteil über seinen Park zu sagen. Jedem anderen hätte ich geantwortet, daß ich nichts davon verstünde; aber da der König geruhte, mich für einen Kenner zu halten, so hätte es ausgesehen, als wenn ich ihm unrecht geben wollte, und das verzeiht ein König niemals, selbst wenn er ein Philosoph ist. Auf die Gefahr hin, einen schlechten Geschmack zu zeigen, antwortete ich daher, ich fände den Garten prachtvoll.

»Aber der Park von Versailles ist doch viel schöner.«

»Allerdings, Majestät, aber hauptsächlich wegen der Wasserspiele.«

»Ganz recht; aber das ist nicht meine Schuld: hier gibt es kein Wasser. Ich habe mehr als dreihunderttausend Taler ausgegeben, um Wasser zu bekommen; aber ohne Erfolg.«

»Dreihunderttausend Taler, Majestät! Wenn Eure Majestät die ganze Summe auf einmal ausgegeben hätten, müßte Wasser da sein.«

»Ah, ich sehe, Sie haben sich mit dem Wasserbau befaßt.«

Hätte ich ihm sagen sollen, daß er sich täuscht? Ich fürchtete, ihm zu mißfallen, und senkte nur den Kopf; das hieß weder ja noch nein. Glücklicherweise dachte der König nicht daran, mit mir über diesen Gegenstand zu sprechen; so blieb mir eine große Verlegenheit erspart, denn ich kannte nicht einmal die ersten Anfangsgründe dieser Wissenschaft. Im selben Atemzug fragte er mich, wie groß die Streitkräfte der Republik Venedig im Kriegsfalle seien.

»Zwanzig Schlachtschiffe, Majestät, und eine große Menge Galeeren.«

»Und wieviel Landtruppen?«

»Siebzigtausend Mann, Majestät; lauter Untertanen der Republik, auf jedes Dorf nur einen einzigen Mann gerechnet.«

»Das ist nicht wahr. Sie wollen mich wohl zum Lachen bringen, indem Sie mir derartige Fabeln erzählen? Aber Sie sind sicherlich Finanzmann. Sagen Sie mir, was Sie von der Steuer halten.«

Es war die erste Unterredung, die ich mit einem König hatte. Es kam mir vor, als wenn ich eine Szene in einer italienischen Komödie zu spielen hätte, wo der Schauspieler zu improvisieren hat und, wenn er steckenbleibt, sofort ausgepfiffen wird. Ich legte also mein Gesicht in würdige Falten und antwortete dem stolzen König, ich könnte über die Theorie der Steuer sprechen.

»Das will ich ja gerade; denn die Praxis geht Sie nichts an.«

»Im Hinblick auf die Wirkungen sind drei Arten von Steuern zu unterscheiden: die eine ist verderblich; die zweite leider notwendig, die dritte stets ausgezeichnet.«

»Gut so. Nur weiter!«

»Die verderbliche Steuer ist die königliche; die notwendige ist die militärische; die ausgezeichnete ist die Steuer, die dem Volk zugute kommt.«

»Wie soll ich das verstehen?«

Ich mußte ausführlich werden und warf einige Gedanken hin, wie sie mir in den Sinn kamen.

»Die königliche Steuer, Majestät, ist diejenige, die die Börsen der Untertanen erschöpft, um die Schatzkammern des Monarchen zu füllen.«

»Und diese Steuer ist stets verderblich, sagen Sie?«

»Stets, Majestät; denn sie schadet dem Geldumlauf, der die Seele des Handels und die Stütze des Staates ist.«

»Aber Sie finden die Steuer notwendig, die zur Unterhaltung der Heere dient?«

»Sie ist leider notwendig. Leider – denn der Krieg ist zweifellos ein Unglück.«

»Das kann wohl sein; und die Steuer, die dem Volk dient?«

»Diese ist stets ausgezeichnet; denn der König nimmt seinen Untertanen mit der einen Hand und gibt sie ihnen mit der anderen durch gemeinnützige Bauwerke und Regelungen, die das allgemeine Wohlbefinden erhöhen, wieder zurück.«

»Sie kennen ohne Zweifel Calzabigi?«

»Ich muß ihn wohl kennen, Majestät; denn vor sieben Jahren haben wir beide zusammen die Genueser Lotterie in Paris eingeführt.«

»Und zu welcher der drei Arten rechnen Sie diese Steuer? Denn Sie werden mir zugeben, daß die Lotterie eine Steuer ist.«

»Gewiß, und zwar keine von den unbedeutendsten. Es ist eine Steuer von der guten Art, wenn der König die Erträgnisse zu nützlichen Ausgaben verwendet.«

»Aber der König kann daran verlieren.«

»Einmal unter zehn.«

»Ist dies das Ergebnis einer sicheren Berechnung?«

»Einer so sicheren, Majestät, wie alle wirtschaftspolitischen Berechnungen sind.«

»Diese sind oft fehlerhaft.«

»Niemals, Majestät, wenn Gott neutral bleibt.«

»Das lasse ich gelten. Übrigens denke ich vielleicht wie Sie über moralische Rechtfertigung; aber Ihre Genueser Lotterie liebe ich nicht. Sie scheint mir eine richtige Gaunerei zu sein, und ich möchte nichts von ihr wissen, selbst wenn ich die tatsächliche Sicherheit hätte, daß ich niemals verlieren könnte.«

»Eure Majestät denken wie ein Weiser; denn das unwissende Volk kann nur in der Lotterie spielen, wenn es sich von einem trügerischen Vertrauen hinreißen läßt.«

Nach diesem etwas zusammenhanglosen Dialog, der dem hohen Geiste des erlauchten Herrschers alle Ehre machte, schien er ein wenig zornig, fand mich aber um Antworten nicht verlegen. Als wir bei einem Peristyl mit doppelter Säulenreihe angekommen waren, blieb er vor mir stehen, sah mich vom Kopf bis zu den Füßen an und sagte nach einigen Sekunden: »Wissen Sie, Sie sind ein sehr schöner Mann.«

»Ist es möglich, daß Eure Majestät nach einer langen wissenschaftlichen Unterhaltung an mir den geringsten der Vorzüge bemerken können, durch die Ihre Grenadiere sich auszeichnen?«

Der König lächelte fein und sagte dann zu mir: »Da Lordmarschall Keith Sie kennt, werde ich mit ihm über Sie sprechen.«

Hierauf nahm er seinen Hut ab – mit dieser Höflichkeit geizte er überhaupt gegen keinen Menschen – und grüßte mich.

Drei oder vier Tage darauf machte der Lordmarschall mir die angenehme Mitteilung, daß ich dem König gefallen hätte und daß Seine Majestät daran dächte, mir irgendeine Anstellung zu geben.

Ich war sehr neugierig, für welche Stellung der Herrscher mich ausersehen haben könnte, und da ich es durchaus nicht eilig hatte abzureisen, so beschloß ich zu warten. Wenn ich nicht bei Calzabigi zu Abend speiste, hatte ich an der Tafel meiner Wirtin die vergnügliche Gesellschaft des Barons Treyden; außerdem war der Sommer sehr schön, und ich verbrachte angenehme Stunden beim Spazierengehen im Tiergarten.

Calzabigi erhielt ohne Mühe die Erlaubnis, die Lotterie fortzusetzen auf Rechnung des ersten besten, der ihm für jede Ziehung sechstausend Taler zahlen wollte. Er erließ die dreiste Ankündigung, daß die Lotterie auf seine eigene Rechnung ginge, machte seine Annahmestellen wieder auf und sah seine Kühnheit vom Glück gekrönt. Obgleich sein Ruf sehr schlecht war, strömten ihm die Spieler in solcher Menge zu, daß er einen Gewinn von fast hunderttausend Talern hatte. Er benutzte diesen, um einen großen Teil seiner Schulden zu bezahlen, und löste die Verschreibung von zehntausend Talern in barer Münze ein, die er seiner Geliebten gegeben hatte. Der Jude Ephraim[3] übernahm ihr Kapital gegen Sicherheit und sie erhielt sechs Prozent Zinsen. Nach dieser glücklichen Ziehung fand Calzabigi ohne jede Mühe Bürgen für eine Million Taler, die in tausend Aktien geteilt wurden, und die Lotterie ging zwei oder drei Jahre lang ohne irgendein Mißgeschick weiter. Schließlich machte Calzabigi aber doch bankrott und starb ziemlich arm in Italien. Seine Geliebte machte eine vorteilhafte Heirat und kehrte nach Paris zurück.

Zu jener Zeit machte Friedrichs Schwester, die Herzogin von Braunschweig, dem König einen Besuch; sie wurde von ihrer Tochter begleitet, die im folgenden Jahre den Kronprinzen heiratete. Aus diesem Anlaß kam der König nach Berlin und ließ auf seiner kleinen Bühne in Charlottenburg eine italienische Oper aufführen. Ich sah an diesem Tage den König von Preußen höfisch gekleidet in einem Rock von Glanzseide, der an allen Nähten mit Goldborten besetzt war, und in schwarzseidenen Strümpfen. Seine Erscheinung war geradezu komisch. Den Hut unterm Arm, betrat er den Saal, seine Schwester an der Hand führend. Alle Zuschauer betrachteten ihn mit dem größten Erstaunen;

denn nur alte Leute konnten sich erinnern, ihn ohne seinen Uniformrock und seine Stiefel gesehen zu haben.

Ich wußte nicht, daß die berühmte Tänzerin Denis im Dienst des Königs stand; so war ich denn sehr angenehm überrascht, als ich sie auftreten sah. Ich konnte Anspruch darauf erheben, für einen alten Bekannten zu gelten, und bekam daher Lust, ihr gleich am nächsten Tage einen Besuch zu machen.

Als in meinem zwölften Jahre meine Mutter[4] im Begriff stand, nach Sachsen abzureisen, wo sie eine Stelle am kurfürstlichen Theater erhalten hatte, ließ sie mich mit meinem guten Doktor Gozzi nach Venedig kommen. Dort sah ich mit Herzklopfen im Theater ein achtjähriges kleines Mädchen ein Menuett mit einer Anmut tanzen, die alle Zuschauer zu stürmischem Beifall hinriß. Diese junge Tänzerin, die Tochter des Schauspielers, der den Pantalone[5] spielte, bezauberte mich dermaßen, daß ich der Versuchung nicht widerstehen konnte, in ihre Loge zu gehen, wo sie sich umzog, und ihr mein Kompliment zu machen. Ich trug damals die Kleidung eines Abbate, und sie war sehr überrascht, als ihr Vater ihr befahl, aufzustehen und mich zu umarmen. Sie tat es jedoch mit großer Anmut, während ich diese unschuldige Gunstbezeigung sehr linkisch empfing. Aber ich war so entzückt, daß ich mich nicht enthalten konnte, von einer Juwelenhändlerin, die gerade da war, einen kleinen Ring zu kaufen, den das kleine Mädchen hübsch, aber zu teuer fand. Ich wurde von ihr durch einen Kuß belohnt, den sie mir in der Freude des Herzens und als Zeichen ihrer Dankbarkeit gab.

Das Schönste dabei war, daß die Zechine, die der Ring mich gekostet hatte, dem Doktor gehörte. Ich fühlte mich daher, als ich wieder zu ihm in die Loge ging, sehr unbehaglich; denn trotz meiner Liebe zu der hübschen Tochter des Pantalone fühlte ich, daß ich eine große Dummheit gemacht hatte – erstens, indem ich über Geld verfügte, das mir nicht gehörte; zweitens, weil ich es wie ein rechter Tor ausgegeben hatte, um bloß einen einfachen Kuß dafür zu erhalten.

Da ich wußte, daß ich am nächsten Morgen Rechenschaft über das mir anvertraute Geld abzulegen hatte, und da ich nicht wußte, wie ich mir eine Zechine verschaffen oder wie ich den Verlust beschönigen sollte, verbrachte ich eine sehr unruhige Nacht. Am anderen Morgen wurde alles entdeckt, und meine Mutter gab dem Doktor die Zechine. Heute muß ich lachen, indem ich daran denke, wie rot ich damals über die große Schmach wurde.

Die Händlerin, die mir im Theater den Ring verkauft hatte, kam zu uns, als wir beim Mittagessen saßen, und zeigte ihre Schmucksachen. Als man diese zu teuer fand, fing sie an, mich zu loben, und sagte, ich hätte den Ring nicht zu teuer gefunden, den ich der Pantaloncina geschenkt hätte. Weiter war nichts nötig, daß alle mit mir schimpften. Ich glaubte aber, der Sache ein Ende machen zu können, indem ich um Verzeihung bat, alle Schuld auf die Liebe schob und meiner Mutter fest versprach, es solle der letzte Fehltritt sein, den ich aus ›Liebe‹ begehen werde. Kaum aber sprach ich das Wort Liebe aus, so lachte die ganze Gesellschaft laut auf und machte sich in grausamer Weise über mich lustig. Ich nahm mir innerlich fest vor, mich nie mehr zu verlieben. Doch ich wurde wehmütig, wenn ich an Zanetta dachte; so hieß sie nämlich, da sie das Patenkind meiner Mutter war.

Meine Mutter gab mir die Zechine und fragte mich, ob es mir lieb wäre, wenn sie sie zum Abendessen einlüde. Meine Großmutter war vernünftiger oder strenger: sie erhob Widerspruch, und ich war ihr dafür dankbar.

Am Tage danach reiste ich mit meinem Lehrer nach Padua zurück, wo ich über Bettina[6] bald meine Pantaloncina vergaß. Ich hatte sie seitdem nicht wiedergesehen, bis wir uns dann in Charlottenburg trafen. Es waren siebenundzwanzig Jahre seitdem vergangen. Sie mußte also fünfunddreißig Jahre alt sein. Hätte ich nicht ihren Namen gehört, ich hätte sie nicht wiedererkannt, denn mit acht Jahren konnten ihre Züge nur unfertig gewesen sein. Es drängte mich, sie unter vier Augen wiederzusehen und von ihr zu hören, ob sie sich dieser Geschichte noch erinnerte; denn daß sie mich selber wiedererkennen sollte, hielt ich nicht für wahrscheinlich. Ich erkundigte mich, ob ihr Mann, Monsieur Denis, bei ihr wäre, und ich erfuhr, daß der König ihn ausgewiesen habe, weil er sie mißhandelte.

Ich ließ mich also gleich am nächsten Tage zu ihr führen und ließ mich anmelden. Ich wurde von ihr sehr höflich empfangen; sie sagte mir jedoch, sie glaube nicht, das Vergnügen gehabt zu haben, mich schon von früher zu kennen.

Ich erzählte ihr nun nach und nach alles mögliche von ihrer Familie, von ihrer Kindheit und von der rührenden Anmut, womit sie Venedig durch ihren Menuettanz entzückt habe, und erregte dadurch ihre lebhafteste Teilnahme. Sie unterbrach mich und rief: »Ich war damals erst sechs Jahre alt.«

»Sie können nicht älter gewesen sein; denn ich selber war erst zehn Jahre alt; trotzdem verliebte ich mich leidenschaftlich in Sie. Ich konnte damals meine Gefühle nicht äußern, aber ich habe niemals den Kuß vergessen, den Sie mir auf Befehl Ihres Vaters zum Lohn für ein kleines Geschenk gaben.«

»Schweigen Sie! Sie gaben mir einen Ring, der mir große Freude machte. Sie waren damals als Abbate gekleidet. Ich habe Sie niemals vergessen. Aber ist es möglich, daß Sie das sind? Das freut mich sehr. Aber da ich Sie nicht wiedererkannte, so ist es unmöglich, daß Sie mich erkennen!«

»Allerdings hätte ich Sie gewiß nicht wiedererkannt, wenn ich nicht Ihren Namen gehört hätte.«

»In zwanzig Jahren, mein lieber Freund, ändert sich das Gesicht.«

»Sagen Sie lieber, meine Freundin: mit sechs Jahren sind die Züge noch nicht ausgebildet.«

»Sie können mir also bezeugen, daß ich erst sechsundzwanzig Jahre alt bin, zum Trotz den boshaften Zungen, die behaupten wollen, daß ich zehn Jahre älter sei.«

»Man muß die Leute reden lassen, meine liebe Freundin. Sie stehen in der Blüte Ihrer Jahre und sind zur Liebe geschaffen. Ich halte mich für den glücklichsten aller Menschen, Ihnen sagen zu können, daß Sie das erste weibliche Wesen sind, das mir echte Liebe eingeflößt hat.«

Eine Unterhaltung dieser Art mußte uns bald in eine zärtliche Stimmung bringen; aber die Erfahrung hatte uns beide gelehrt, daß es für den Augenblick besser sei, es dabei bewenden zu lassen und zu warten.

Die Denis war noch jung, schön und frisch, sie unterschlug zehn Jahre ihres Alters, obgleich sie sich in bezug auf mich keiner Täuschung hingeben konnte; trotzdem verlangte sie, daß ich ihr recht geben sollte oder wenigstens so täte. Sie würde mich verabscheut haben, wenn ich ihr dummerweise eine Tatsache hätte nachweisen wollen, die sie besser wußte als ich, die sie aber sich selber nicht eingestehen wollte, damit niemand das Recht hätte, ihr etwas darüber zu sagen. Ohne Zweifel lag ihr wenig daran, was ich vielleicht darüber dächte; vielleicht bildete sie sich ein, daß ich ihr dankbar dafür sein müßte, da sie durch diese verzeihliche Lüge mich selber ermächtigte, mich um zehn Jahre jünger zu machen, damit mein Alter zu dem ihren paßte. Daraus machte ich mir allerdings gar nichts. Die Verheimlichung ihres Alters ist für Theaterdamen gewissermaßen eine Pflicht; denn sie wissen, daß sie trotz aller Talente dem Publikum nicht mehr gefallen, wenn es merkt, daß sie alt sind.

Die Aufrichtigkeit, womit sie ihre kleine Schwäche vor mir enthüllt hatte, schien mir ein gutes Vorzeichen. Ich zweifelte nicht, daß ihre Gefälligkeit meine Liebe dulden würde, und hoffte, daß sie mich nicht lange würde schmachten lassen. Sie zeigte mir ihr Haus, das ich in jeder Beziehung mit gesuchter Eleganz eingerichtet fand. Ich fragte sie, ob sie einen Freund hätte, und sie antwortete mir lächelnd: »Ganz Berlin glaubt es, aber man täuscht sich gerade über den Hauptpunkt; denn mein Freund ist mir mehr ein Vater als ein Liebhaber.«

»Sie verdienen aber doch, einen wirklichen Geliebten zu haben; es erscheint mir unmöglich, daß Sie einen solchen entbehren können.«

»Ich versichere Ihnen, ich mache mir nichts daraus. Ich leide an Krämpfen, die mich unglücklich machen. Ich wollte nach Teplitz[7] gehen und die Bäder nehmen, die mir sichere Heilung bringen würden, aber der König hat mir die Erlaubnis verweigert; ich hoffe, diese im nächsten Jahre zu erhalten.«

Ich war entflammt, sie sah es, und ich glaubte zu bemerken, daß sie mir für meine Zurückhaltung Dank wußte. Ich fragte sie: »Könnte es Ihnen unangenehm sein, wenn ich Sie häufig besuchte?«

»Wenn es Ihnen nicht mißfällt, lieber Freund, werde ich mich für Ihre Nichte oder für Ihre Base ausgeben, und dann könnten wir uns sehen.«

»Aber, liebes Herz, wissen Sie auch, daß es vielleicht wahr sein kann? Ich möchte nicht darauf schwören, daß Sie nicht meine Schwester sind!«

Dieser Scherz brachte unser Gespräch auf die Freundschaft zwischen ihrem Vater und meiner Mutter. Wir erwiesen uns Liebkosungen, die unter nahen Verwandten ganz unverdächtig sind; als wir jedoch fühlten, daß ich zu weit gehen würde, trennten wir uns. Sie begleitete mich bis an die Treppe und fragte, ob ich am nächsten Tage bei ihr zu Mittag essen wollte; natürlich lehnte ich nicht ab.

Ganz verliebt kam ich in meinen Gasthof zurück; ich dachte über die eigentümlichen Verknüpfungen nach und kam zu der Erkenntnis, der ewigen Vorsehung dafür dankbar sein zu müssen; denn schließlich mußte ich anerkennen, daß ich unter einem glücklichen Stern geboren war.

Als ich mich am nächsten Tage zu Madame Denis begab, fand ich bereits die ganze Gesellschaft versammelt, die bei ihr speisen sollte. Der erste, der auf mich zukam und mich wie einen alten Bekannten umarmte, war ein junger Tänzer namens Aubry, den ich in Paris als Figuranten und später in Venedig als ersten Tänzer gekannt hatte. Er war dadurch berühmt geworden, daß er gleichzeitig der Liebhaber einer der vornehmsten Damen Venedigs und der Lustknabe ihres Gatten gewesen war, der sonst nie geduldet hätte, daß seine Frau seine Nebenbuhlerin gewesen war. Aubry befriedigte beide und war ihnen so unentbehrlich, daß er zwischen den beiden Gatten schlief. Zu Beginn der Fastenzeit schickten ihn die Staatsinquisitoren nach Triest. Zehn Jahre später traf ich ihn nun bei der Denis wieder, er stellte mir seine Frau vor, die ebenfalls Tänzerin war, und sich ›La Santina‹ nannte. Er hatte sie in Petersburg geheiratet; sie kamen von dort und wollten den Winter in Paris verbringen. Nach Aubry sah ich einen dicken Herrn auf mich zukommen, der mir die Hand entgegenstreckte und mir sagte: »Wir sind seit fünfundzwanzig Jahren Freunde; aber Sie waren damals so jung, daß Sie mich wohl nicht wiedererkennen können. Wir haben uns in Padua beim Doktor Gozzi kennengelernt: ich bin Giuseppe Dall'Oglio.«

»Ich erinnere mich: Sie waren damals im Dienste der Zarin von Rußland als geschickter Geigenspieler.«

»Ganz recht; jetzt kehre ich in die Heimat zurück, um sie nicht wieder zu verlassen. Ich habe die Ehre, Ihnen meine Frau vorzustellen; sie ist in Petersburg geboren als einzige Tochter des Geigenlehrers Madonis, der in ganz Europa berühmt ist. In acht Tagen werde ich in Dresden sein und die große Freude haben, Signora Casanova, Ihre Mutter, zu umarmen.«

Ich war entzückt, mich in Gesellschaft von Leuten zu befinden, die mir so gut gefielen; aber ich sah, daß Erinnerungen, die über ein Vierteljahrhundert reichten, meiner reizenden Denis nicht lieb waren. Ich brachte das Gespräch auf die Petersburger Ereignisse, die die große Katharina auf den Thron gebracht hatten.

Dall'Oglio sagte uns: »Ich war so ein bißchen in die Verschwörung verwickelt und habe nun den sehr vernünftigen Entschluß gefaßt, meinen Abschied zu erbitten. Zum Glück hatte ich schon seit langer Zeit mit dieser Notwendigkeit gerechnet, und so bin ich jetzt in der Lage, in Italien als unabhängiger Mann von meinem Vermögen bequem leben zu können.«

Die Denis erzählte hierauf: »Vor zehn oder zwölf Tagen erst hat man mir einen Piemontesen namens Odart vorgestellt, der die Verschwörung zum großen Teil angezettelt und geleitet hat. Er erhielt von der Zarin ein Geschenk von hunderttausend Rubeln und den Befehl, Rußland unverzüglich zu verlassen.«

Ich habe seither erfahren, daß dieser Mann sich ein Landgut in Piemont kaufte, um mit seinem Vermögen dort lange leben zu können, er war erst fünfundvierzig Jahre alt; aber er hatte sich den falschen Ort ausgesucht. Zwei oder drei Jahre später wurde er in seinem Zimmer vom Blitz erschlagen. Wenn ihn eine allmächtige und unsichtbare Hand damit traf, so war es gewiß nicht die des Schutzgeistes des russischen Reiches, die den Tod Peters III.[8] hätte rächen wollen; denn wenn dieser unglückliche Monarch länger am Leben geblieben und regiert hätte, hätte er tausendfaches Unglück verschuldet.

Seine Gemahlin Katharina belohnte mit großzügiger Freigebigkeit alle Ausländer, die ihr beigestanden hatten, um sich eines Mannes zu entledigen, der ihr Feind und der Feind seines Sohnes und des ganzen russischen Volkes war; sie zeigte sich erkenntlich gegen alle Russen, die ihr die Hand reichten, damit sie den Thron besteigen konnte. Alle russischen Großen, die sie im Verdacht hatte, keine Freunde des Umsturzes zu sein, schickte sie auf Reisen.

Dall'Oglio und seine nette Frau brachten mich auf den Gedanken, nach Rußland zu gehen, falls der König von Preußen mir keine Anstellung nach meinen Wünschen geben sollte. Sie versicherten mir, daß ich dort mein Glück machen würde, und gaben mir gute Empfehlungsbriefe.

Nachdem sie Berlin verlassen hatten, wurde ich der zärtliche Freund der Denis. Unsere Vertraulichkeit begann, als sie nach einem Abendessen von Krämpfen ergriffen wurde, die die ganze Nacht dauerten. Ich wich nicht einen Augenblick von ihrer Seite, und als sie sich am Morgen wieder ganz wohl fühlte, vollendete die Dankbarkeit, was die Liebe sechsundzwanzig Jahre vorher begonnen hatte, und unser Liebesverhältnis dauerte bis zu meiner Abreise von Berlin.

Einige Tage nach Dall'Oglios Abreise war die Denis so freundlich, mit mir nach Potsdam zu fahren und mir dort alle Sehenswürdigkeiten zu zeigen. Unsere Vertraulichkeit konnte niemanden verletzen, denn sie hatte aller Welt erzählt, ich sei ihr Onkel und sie galt allgemein als meine Nichte, und der General, der sie unterhielt, war davon überzeugt oder tat wenigstens als kluger Mann, als wenn er nicht daran zweifelte.

In Potsdam sahen wir den König bei der Parade; er kommandierte sein erstes Bataillon. Es bestand aus auserwählten Soldaten, die alle eine goldene Uhr in der Uhrentasche ihrer Hosen trugen. So zeichnete der König ihre Tapferkeit aus, als sie ihn unters Joch nahmen, wie damals Cäsar in Bithynien den Nikomedes. Man rühmte sich dessen.

Das Zimmer, worin wir in unserem Gasthof wohnten, lag einem Gang gegenüber, den der König durchschritt, wenn er das Schloß verließ. Da die Fensterläden geschlossen waren, erzählte unsere Wirtin uns den Anlaß dafür. Eine sehr hübsche Tänzerin, die Reggiana, die in unserem Zimmer gewohnt habe, sei eines Tages vom König beim Vorübergehen ganz nackt bemerkt worden; sofort sei befohlen worden, die Fensterläden schließen zu lassen; diese seien seitdem nicht wieder geöffnet worden, obgleich die Tänzerin schon seit vier Jahren nicht mehr da sei.

Der König hatte vor ihren Reizen Furcht gehabt; denn er war von der Barberina hart behandelt worden. Wir sahen im Schlafzimmer des Königs das Bildnis der Barberina, das der Cochois, einer Schwester der Schauspielerin, die die Frau des Marquis d'Argens wurde, und ein Porträt, das die Kaiserin Maria Theresia als junges Mädchen darstellte. Friedrich hatte sich in sie verliebt, weil er Kaiser zu werden wünschte.

Nachdem man die Schönheit und Eleganz der Schloßeinrichtung bewundert hatte, mußte man sich noch mehr über die Art und Weise wundern, wie er selbst untergebracht war: ein armseliges Zimmer; ein schmales Bett, das hinter einem Wandschirm stand. Kein Schlafrock, keine Pantoffeln. Der Kammerdiener zeigte uns eine Nachtmütze, die der König aufsetzte, wenn er erkältet war; sonst behielt er seinen Hut auf, was sehr unbequem sein mußte. Vor einem Kanapee stand ein Tisch, der mit Papieren, Federn, einem Tintengeschirr und halbverbrannten Heften bedeckt war. Der Kammerdiener sagte uns, diese Hefte seien die Geschichte des letzten Krieges; der Unfall, bei dem die Hefte angebrannt seien, habe den König so sehr geärgert, daß er das Werk nicht fortgesetzt habe. Wahrscheinlich hat er die Arbeit später wiederaufgenommen; denn dieses Werk, dem man übrigens keinen großen Wert beimißt, wurde gleich nach dem Tode des Herrschers veröffentlicht.

Fünf oder sechs Wochen waren seit meiner kurzen Unterhaltung mit dem König verflossen, als der Lordmarschall mir mitteilte, Seine Majestät bewilligte mir eine Stelle als Erzieher an einer soeben geschaffenen Kadettenschule für pommersche Junker. Die Gesamtzahl derselben war auf fünfzehn festgesetzt, und er wollte diesen fünf Erzieher geben. Jeder Erzieher hätte also drei Kadetten gehabt; er erhielt sechshundert Taler Gehalt und dasselbe Essen wie die Kadetten. Diese sechshundert Taler brauchte der glückliche Erzieher also nur für die Kleidung. Er hatte die Verpflichtung, seine Schüler überallhin zu begleiten; wenn sie an Festtagen zu Hofe gingen, mußte er im Tressenrock erscheinen. Ich sollte mich unverzüglich entscheiden; denn die vier anderen waren bereits in ihr Amt eingesetzt, und der König wartete nicht gern. Ich fragte Lord Keith, wo die Anstalt sei, und versprach ihm eine Antwort spätestens für den übernächsten Tag.

Ich bedurfte einer Kaltblütigkeit, die sonst nicht meine Art ist, um nicht über diesen wunderlichen Vorschlag eines sonst so weisen Mannes laut herauszulachen, aber meine Überraschung war noch viel größer, als ich die Behausung dieser fünfzehn Junker aus dem reichen Pommern sah: drei oder vier große Säle, fast ohne alle Möbel; mehrere Zimmer mit einem elenden Bett, einem Tisch und zwei Stühlen aus Holz. Die jungen Kadetten waren alle etwa zwölf bis dreizehn Jahre alt; sie waren schlecht gekämmt und in eine ärmliche Uniform eingeschnürt, in der ihre ländlichen Gesichtszüge besonders hervortraten. Sie saßen in bunter Reihe mit den Erziehern, die ich für ihre Bedienten hielt und die mich ganz verblüfft ansahen, da sie sich gar nicht vorstellen konnten, daß ich der zu ihrem Kollegen ausersehene neue Erzieher wäre.

Im Augenblick, als ich diesen armen Tröpfen auf Nimmerwiedersehen Lebewohl sagen wollte, sah einer von den Erziehern zum Fenster hinaus und rief: »Da kommt der König angeritten!«

Ich konnte ihm nicht gut ausweichen; übrigens war es mir

auch ganz angenehm, ihn noch einmal zu sehen, besonders an diesem Ort.

Der König trat mit seinem Freunde Q. Icilius ein, besah sich alles, blickte mich an, sagte mir aber kein Wort. Ich trug das brillantbesetzte Kreuz meines Ordens um den Hals und hatte einen eleganten Taftanzug an. Aber ich mußte mich auf die Lippen beißen, um nicht laut aufzulachen, als ich den großen Friedrich wütend werden sah: sein Zorn galt einem Nachttopf, der unter einem Bett hervorsah und noch die Spuren einer übelriechenden Ablagerung trug.

»Wem gehört dies Bett?« rief der Monarch.

»Mir, Eure Majestät«, sagte ein Kadett.

»Gut; aber mit Ihm will ich nichts zu tun haben, wo ist Sein Erzieher?«

Der glückselige Erzieher tritt vor, und der König nennt ihn einen Lümmel und wäscht ihm gehörig den Kopf. Zum Schluß sagt er ihm, er habe einen Bedienten zu seiner Verfügung und müsse daher auf Sauberkeit achten.

Diese ekelhafte Szene genügte mir; ich schlich mich leise hinaus und begab mich zum Lordmarschall, um ihm für das schöne Glück zu danken, das der Himmel mir durch seine Vermittlung zugedacht hatte. Er fing an zu lachen, als ich ihm ausführlich den Auftritt erzählte, den ich soeben erlebt hatte, und sagte mir, ich habe recht, wenn ich eine derartige Anstellung verschmähe. Trotzdem müsse ich mich aber beim König bedanken, bevor ich von Berlin fortgehe. Seiner Majestät wollte er selbst mitteilen, daß mir die Stelle nicht gefiele. Ich teilte dem Lordmarschall mit, daß ich mich entschlossen habe, nach Rußland zu reisen, und traf allen Ernstes meine Vorbereitungen. Baron Treyden bestärkte mich in meinem Entschluß, indem er sich erbot, mir einen Empfehlungsbrief an seine Schwester, die Herzogin von Kurland, mitzugeben. Ich schrieb Signor Bragadin, er möchte mir eine Empfehlung an einen Petersburger Bankier besorgen, der mir jeden Monat die Summe auszahlen würde, die ich zu einem bequemen Lebensunterhalt benötigen würde.

DRITTES KAPITEL

In seiner Schlafwagenkutsche reist Casanova zwei Tage und drei Nächte von Riga nach Petersburg, wo er im Morgengrauen des 18. Dezember 1764 eintrifft.

Ich kam in Petersburg in dem Augenblick an, als die ersten Strahlen der aufgehenden Sonne den Horizont vergoldeten. Da wir uns zur Zeit der Wintersonnenwende befanden und da ich die Sonne genau um neun Uhr vierundzwanzig Minuten am Rande einer ungeheuren Ebene aufgehen sah, so kann ich meinem Leser versichern, daß die längste Nacht dieser Gegend achtzehn und drei viertel Stunden dauert. Ich nahm eine Wohnung in einer großen und schönen Straße, die die Millionaja genannt wird. Man gab mir zu billigem Preise zwei gute Zimmer, die vollständig leer waren, die man aber im Handumdrehen mit zwei Betten, vier Stühlen und zwei kleinen Tischen möblierte. Da ich Öfen von riesiger Größe sah, so glaubte ich, es sei eine große Menge Holz nötig, um sie zu erwärmen; aber ich irrte mich. Nur in Rußland besitzt man die Kunst, Öfen zu bauen, wie man nur in Venedig Zisternen oder Tiefbrunnen zu graben versteht.

Ich untersuchte zur Sommerzeit das Innere eines viereckigen Ofens, der in der Ecke eines großen Saales stand. Seine Höhe betrug zwölf und seine Breite sechs Fuß. Ich schaute von der Feuerstelle, wo man das Holz verbrennen ließ, bis ganz nach oben, wo das Rohrende war, durch das der Rauch entwich, um dann aus dem Schornstein zu steigen. Ich habe die zahlreichen Rauchkanäle gesehen, die sich schräg hinaufschlängelten. Diese Öfen halten die Zimmer, die sie beheizen, vierundzwanzig Stunden lang warm, wenn die Klappe, die sich am Ende des großen Rohres befindet, durch den Diener geschlossen wird, indem er an einem kleinen Strick zieht, sobald gesichert ist, daß aller Rauch des Holzes abgezogen ist.

Nachdem er durch das kleine Fenster, das sich am unteren Teil des Ofens befindet, festgestellt hat, daß alles Holz zu Glut geworden ist, schließt er den Ofen oben und unten. Nur bei reichen Herren wird täglich zweimal geheizt, wobei es den Bedienten streng verboten ist, jemals die Klappe zu schließen. Der zweifellos sehr vernünftige Grund dieses Verbots ist folgender: Wenn ein Herr ermüdet von der Jagd oder von einer Reise zurückkehrt und schlafen möchte, befiehlt er seiner Dienerschaft, den Ofen zu heizen. Wenn nun aus Unaufmerksamkeit, oder um schneller fertig zu werden, der Bediente die Klappe schließt, bevor alles Holz durchgeglüht ist, geht der Herr zu Bett und schläft ein, um nicht wieder aufzustehen: in drei oder vier Stunden gibt er stöhnend seinen Geist auf, ohne die Augen zu öffnen. Wenn man am Morgen das Zimmer betritt, findet man die Luft erstickend und den Herrn tot; wenn man die Ofentüre öffnet, füllt der Rauch im nächsten Moment das ganze Zimmer aus, man reißt die Fenster und Türen auf, aber der Herr erwacht nicht mehr. Nun verfolgt man den Diener, der geflüchtet ist, den man aber mit erstaunlicher Leichtigkeit zu finden weiß. Man hängt ihn auf der Stelle auf, ohne seine Verteidigungsgründe auch nur anzuhören. Dies Verfahren ist sehr zweckmäßig, denn ohne dieses weise Gesetz könnte jeder Diener ungestraft seinen Herrn beseitigen.

Nachdem ich die Preise für Heizung und Essen abgemacht und alles sehr billig gefunden hatte – was heutzutage nicht mehr der Fall ist, denn jetzt wird alles so teuer bezahlt wie in London –, kaufte ich eine Kommode und einen großen Schreibtisch, wo ich meine Papiere und Bücher unterbringen konnte.

Die Sprache, die jedermann in Petersburg, ausgenommen das einfache Volk, beherrschte, war die deutsche, wie ich feststellen konnte. Ich verstand die deutsche Sprache nur notdürftig, konnte mich aber damals nicht viel besser ausdrücken als heute.

Nach dem Mittagessen sagte mein Wirt mir, am Abend finde ein Gratis-Maskenball für fünftausend Personen bei Hofe statt und dieser Ball dauere sechzig Stunden. Es war Sonnabend. Er gab mir eine Eintrittskarte und sagte mir, jeder Maskierte hätte diese am Eingang zum kaiserlichen Palast vorzuzeigen.

Ich entschloß mich, den Domino anzuziehen, den ich in Mitau gekauft hatte. Ich ließ mir eine Maske besorgen und mich in einer Sänfte zum Hofe hintragen. Ich traf dort eine Menge Menschen, die in mehreren Sälen nach den Klängen der Orchester tanzten.

Ich fand Büfetts, die mit Eßwaren und Getränken beladen waren und wo ein jeder, der Hunger oder Durst hatte, nach Herzenslust aß oder trank. Freude und Freizügigkeit herrschten überall, und die in verschwenderischer Zahl angebrachten Kerzen verbreiteten Helligkeit in jeden Winkel. Ich fand das alles großartig, prachtvoll und bewunderungswürdig. Die drei oder vier Stunden vergingen mir ganz schnell. Plötzlich hörte ich neben mir eine Maske zu einer anderen sagen: »Da kommt die Zarin; sie denkt, daß sie unerkannt bleiben kann. Jetzt werden wir gleich auch Gregor Gregorowitsch Orlow[1] sehen; denn er hat Befehl, ihr von weitem zu folgen, und trägt einen Domino, der wie Katharinas Domino wohl keine zehn Kopeken wert ist.«

Ich folgte dieser Maske und gewann bald die Gewißheit, daß es wirklich die Herrscherin war, denn hundert Maskierte zur Linken und zur Rechten wiederholten es; aber niemand tat, als wenn er sie kenne. Diejenigen, die sie wirklich nicht kannten, stießen sie an, als sie sich so durch das Gedränge schob. Ich stellte mir gern das Vergnügen vor, das sie darüber empfinden mußte; denn hierdurch mußte sie die Überzeugung gewinnen, daß man sie nicht erkannte. Mehrere Male sah ich, wie sie sich neben Leute setzte, die russisch sprachen und sich vielleicht über sie unterhielten. Allerdings setzte sie sich hierdurch einigen Unannehmlichkeiten aus. Aber sie verschaffte sich dadurch den unschätzbaren Vorteil, Wahrheiten zu erfahren, die sie von den Höflingen, welche ihr ohne Maske schmeichelten, niemals zu hören hoffen durfte. In einiger Entfernung sah ich stets die Maske, die man als Orlow bezeichnet hatte. Er verlor sie keine Minute aus den Augen; jedermann erkannte ihn an seinem hohen Wuchs und an der Art, wie er den Kopf vorstreckte.

In einem Saal, wo eine französische Quadrille ganz ausgezeichnet getanzt wurde, blieb ich stehen, um mit Vergnügen zuzusehen. Plötzlich sah ich eine venezianische Maske, ohne Begleitung, mit Bauta[2], schwarzem Mantel, weißer Maske und Dreispitz eintreten. Der Herr war zu gut kostümiert, um nicht mein Landsmann zu sein, dessen war ich sicher; denn ich habe selten gesehen, daß Fremde unsere Tracht so gut nachahmen, um eine Täuschung erzielen zu können.

Um sich den Kontertanz anzusehen, stellte er sich zufällig neben mich. Ich bekam Lust, ihn auf französisch anzusprechen, und sagte ihm, daß ich schon viele venezianische Masken in Europa gesehen hätte, doch sein Kostüm sei so echt, daß man ihn für einen Venezianer halten könnte.

»Ich bin es ja auch.«

»Wie ich.«

»Ich scherze nicht.«

»Ich auch nicht.«

»So sprechen wir doch venezianisch!«

»Sprechen Sie nur; ich werde Ihnen antworten.«

Wir sprachen nun miteinander venezianisch, aber an dem Wort ›Sabato‹, Samstag, das man in Venedig ›Sabo‹ ausspricht, erkannte ich, daß er zwar Venezianer war, aber nicht aus der Hauptstadt stammte. Er gab es zu und sagte mir, er erkenne an meiner Sprache mit Bestimmtheit, daß ich aus der Stadt Venedig selbst sei.

»So ist es.«

»Ich glaubte, in Petersburg gäbe es keinen anderen Italiener als Bernardi.«

»Wie Sie sehen, kann man sich täuschen.«

»Ich bin Graf Volpati aus Treviso.«

»Geben Sie mir Ihre Adresse; ich werde Sie aufsuchen und Ihnen sagen, wer ich bin; hier kann ich Ihnen das nicht sagen.«[3]

»Meine Adresse? Hier!«

Ich trennte mich von ihm. Zwei oder drei Stunden später überraschte mich die Stimme einer jungen Frau im Domino, die im Kreise mehrerer anderer Masken mit Fistelstimme nach der Mode der Opernbälle pariserisch sprach. Die Stimme erkannte ich nicht, aber der Stil ließ keinen Zweifel zu, daß es eine von meinen Bekannten wäre; denn sie gebrauchte dieselben Redewendungen und Ausrufe, die ich in Paris an allen Orten, die ich häufiger besuchte, in Mode gebracht hatte: »Oh, wie hübsch! Der Gute!« Einige von diesen Redensarten waren von mir, sie machten mich neugierig. Ich wartete geduldig in der Nähe, bis sie ihre Maske abnehmen würde und ich unbemerkt ihr Gesicht sehen konnte. Nach einer Stunde etwa gelang es mir. Sie mußte sich die Nase putzen, und zu meiner großen Überraschung erkannte ich die Baret, die Strumpfhändlerin von der Ecke der Rue St. Honoré, auf deren Hochzeit im Palais Elbeuf ich vor sieben Jahren gewesen war. Wie mochte sie wohl nach Petersburg gekommen sein? Meine Liebe erwachte von neuem. Ich trat auf sie zu und sagte ihr mit Fistelstimme, ich sei ihr Freund vom Palais Elbeuf.

Offenbar wurde sie neugierig; aber sie erriet nicht, wer ich war, und wagte kein Wort zu sagen. Ich flüsterte ihr ins Ohr: Gilbert, Baret, Rue des Prouvaires sowie einige Tatsachen, die nur ihr selber und einem Liebhaber bekannt sein konnten.

Als sie sah, daß ich ihre geheimsten Angelegenheiten kannte, ließ sie alle anderen stehen, hängte sich an meinen Arm und bat mich, ihr doch zu sagen, wer ich sei.

»Ich bin Ihr einstmals sehr glücklicher Liebhaber; bevor ich Ihnen aber mehr sage, bitte ich Sie, mir anzugeben, mit wem Sie hier sind und wie es Ihnen geht.«

»Schön! Aber vor allen Dingen bitte ich Sie, keinem Menschen zu sagen, was Sie von mir wissen! Ich verließ Paris mit Monsieur de Langlade, Parlamentsrat in Rouen. Nachdem ich eine Zeitlang mit ihm ziemlich glücklich gelebt hatte, verließ ich ihn, um einem Impresario der Komischen Oper zu folgen, der mich unter dem Namen Langlade als Schauspielerin hierhergebracht hat. Jetzt werde ich vom polnischen Gesandten, Grafen Rzewuski, ausgehalten. Und nun, wo Sie alles wissen, sagen Sie mir, bitte, wer Sie sind.«

Da ich sicher war, daß sie mir glückverheißende Besuche nicht verweigern konnte, nahm ich meine Maske ab. Freudetrunken drückte sie mir die Hände und rief: »Mein guter Engel führt Sie nach Petersburg.«

»Wieso?«

»Rzewuski ist genötigt, nach Polen zurückzukehren; ich kann mich daher nur Ihnen anvertrauen, damit Sie es mir möglich machen, Rußland zu verlassen; denn ich kann es hier nicht mehr aushalten, da ich einen Beruf ausüben muß, für den ich wohl nicht geboren bin: denn ich kann weder singen noch Komödie spielen.«

Sie gab mir ihre Adresse und nannte eine Zeit, und ich ließ sie zum Ball zurückkehren, hocherfreut über meine Entdeckung.

Ich ging an ein Büfett, wo ich einige Leckerbissen aß und Wein trank, dann mischte ich mich wieder unter die Menge und sah die Langlade mit Volpati plaudern. Er hatte sie mit mir gesehen und war sofort zu ihr gegangen, um zu erfahren, wer ich sei; sie war jedoch verschwiegen, wie ich es von ihr verlangt hatte, und hatte ihm gesagt, ich sei ihr Gemahl; mit diesem Namen rief sie mich herbei, indem sie sagte, der neugierige Maskierte wolle es nicht glauben, obwohl es doch wahr sei. Solche Behauptungen, wie die der jungen Närrin, hört man auf Bällen übrigens recht oft.

Ermüdet verließ ich nach mehreren Stunden den Ball; ich nahm eine Sänfte und legte mich mit der Absicht zu Bett, in der Frühe aufzustehen, um in die Messe zu gehen. Rekollektenmönche[4] mit langen Bärten übten diesen katholischen Ritus aus. Nachdem ich tief geschlafen hatte, wachte ich auf; da ich aber alles noch dunkel sah, drehte ich mich auf die andere Seite und schlief wieder ein, nach einer Viertelstunde wachte ich zum zweiten Male auf und war ärgerlich, daß ich nur noch so kurz schlafen konnte. Als es hell wurde, stand ich auf, in dem Bewußtsein, eine sehr schlechte Nacht hinter mir zu haben. Ich rief den Bedienten, zog mich an und ließ den Friseur holen, dabei sagte ich, er solle sich sehr beeilen, denn ich wolle, da Sonntag sei, die Messe hören. Er antwortete jedoch, es sei Montag.

Ich hatte siebenundzwanzig Stunden geschlafen. Nachdem ich herzlich über meinen Irrtum gelacht hatte, überzeugte ich mich bald von der Richtigkeit der Tatsache, denn ich verspürte einen Wolfshunger.

Das ist der einzige Tag in meinem Leben, von dem ich sagen kann, ›ich habe ihn verloren‹.

Ich ließ mich zu dem griechischen Kaufmann Demetrio Papanelopulo tragen, bei dem ich für hundert Rubel monatlich Kredit hatte. Außerdem war ich von Signor Dall'Oglio an ihn empfohlen worden. Er nahm mich ausgezeichnet auf und bat mich, jeden Tag bei ihm zu speisen; die fällige Monatsrate zahlte er mir sofort aus, zeigte mir, daß er meinen Mitauer Wechsel eingelöst hatte, und besorgte mir einen Bedienten, für dessen Treue er mir bürgte, sowie einen Wagen für achtzehn Rubel monatlich, das entsprach etwas weniger als sechs Zechinen. Eine Billigkeit, die heutzutage nicht mehr vorhanden ist.

Er bat mich, gleich zum Mittagessen dazubleiben, und ich lernte bei ihm den jungen Bernardi kennen, den Sohn des Bernardi, der wegen Verdächtigungen vergiftet wurde; weiteres darüber zu sagen, steht mir nicht zu. Der junge Bernardi war in Petersburg, um Geld einzutreiben, das ihm durch Diamantenverkäufe seines verstorbenen Vaters an die Zarin Elisabeth zustand. Er hatte bei Papanelopulo Wohnung genommen und aß dort auch, aber er bezahlte dafür. Als der Nachtisch aufgetragen wurde, kam Graf Volpati und erzählte, er habe auf dem Ball einen

Venezianer getroffen, der ihm versprochen hatte, ihn aufzusuchen. Da er mich vom Namen her kannte, wurde ihm bei meiner Vorstellung klar, daß nur ich es gewesen sein könnte, und ich konnte nichts dagegen einwenden.

Der Graf wollte abreisen; seine Abreise war bereits in der Petersburger Zeitung angekündigt, wie es damals in Rußland Vorschrift war. Niemand bekam einen Paß früher als vierzehn Tage, nachdem seine Abreise öffentlich angekündigt war.[5] Infolgedessen geben die Kaufleute Fremden gern Kredit, während die Fremden es sich zweimal überlegen, bevor sie Schulden machen, da man ihnen kein Verständnis entgegenbringt.

Es verlangte Bernardi danach, sich des Grafen Volpati zu entledigen, der glücklicher Liebhaber einer Tänzerin namens Fusi war und bei der er erst nach dessen Abreise etwas erhoffen konnte. Diese Fusi betrieb die Angelegenheit mit dem jungen verliebten und unerfahrenen Mann nach der Abreise Volpatis so weit, daß er sie heiratete. Das trug ihm großen Schaden bei der Zarin ein, die ihm sein Geld auszahlen ließ und nichts mehr davon hören wollte, ihm irgendeine Anstellung zu geben. Zwei Jahre nach meiner Abreise starb er, und das Schicksal seiner Witwe ist mir nicht bekannt.

Am nächsten Tage überbrachte ich einen Brief an den damaligen Oberst und späteren Artillerie-General Peter Iwanowitsch Melissino. Der Brief war von Signora Dall'Oglio, deren Geliebter er gewesen war. Er empfing mich aufs beste, stellte mich seiner liebenswürdigen Gemahlin vor und lud mich ein für allemal ein, jeden Abend bei ihnen zu speisen. Sein Haushalt wurde nach französischer Art geführt: man spielte, man soupierte danach in zwangloser Weise. Ich lernte bei ihm auch seinen älteren Bruder kennen, Prokurator des Heiligen Synods; dieser war mit einer Prinzessin Dolgoruki verheiratet. Es wurde Pharao gespielt, und die Gesellschaft bestand nur aus zuverlässigen Leuten, die sich weder über ihre Verluste beklagten noch sich ihrer Gewinne rühmten. Man war daher sicher, daß die Regierung niemals die Verletzung des Spielverbotes entdecken würde. Die Bank hielt der Sohn des berühmten Baron Lefort. Er war damals in Ungnade wegen einer Lotterie, die er gelegentlich der Krönung der Zarin in Moskau veranstaltet hatte; und sie selber hatte ihm die Mittel dazu geliefert, um ihrem Hof damit ein Vergnügen zu machen. Aus Mangel an richtiger Berechnung war die

Lotterie bankrott gegangen, und die Verleumdung hatte dem Baron die Schuld daran gegeben. Ich spielte an jenem Abend mit bescheidenen Einsätzen und gewann ein paar Rubel. Beim Essen saß ich neben dem Baron Lefort und wurde mit ihm näher bekannt; nachdem ich ihn später freundschaftlich besuchte, weihte er mich in seine Schicksalsschläge ein.

Während wir vom Spiel sprachen, pries ich die edle Gleichgültigkeit, womit der Prinz XXX tausend Rubel an ihn verloren hatte. Er lachte und sagte mir, der schöne Spieler, dessen vornehme Gleichgültigkeit ich bewundere, bezahle aber nicht.

»Aber die Ehre?«

»Die Ehre leidet hier nicht durch so etwas. Es ist eine stillschweigende Bedingung, daß derjenige, der auf Ehrenwort verliert, nur bezahlt, wenn er will; der Gewinner würde sich lächerlich machen, wenn er ihn an seine Schuld erinnern würde.«

»Ohne Zweifel hat aber dafür ein Bankhalter das Recht, bei jedem ein Spiel auf Ehrenwort zurückzuweisen?«

»Selbstverständlich. Niemand darf sich dadurch beleidigt fühlen. Der Spieler entfernt sich oder gibt Pfänder. Ich kenne junge Leute vom höchsten Adel, die damit renommieren, daß sie das Glück zu meistern verstehen – mit anderen Worten: daß sie betrügen. Ein gewisser Matjuschkin hat sogar alle fremden Spitzbuben herausgefordert, ihm etwas abzugewinnen. Er hat soeben die Erlaubnis erhalten, drei Jahre lang zu reisen. Er hat sich vorgenommen, mit reicher Beute nach Rußland zurückzukehren.«

Ein junger Gardeoffizier namens Zinowjew, ein Verwandter der Orlows, den ich bei Melissino getroffen hatte, verschaffte mir die Bekanntschaft des englischen Gesandten Macartney, eines schönen und geistvollen jungen Mannes. Er hatte die Schwäche, sich in Mademoiselle Schitrow, eine Hofdame der Zarin, zu verlieben; ein Kind war das Ergebnis dieser Verwegenheit gewesen. Die Zarin hatte diese englische Leichtfertigkeit sehr unverschämt gefunden und ließ den Gesandten abberufen. Diese Nachsicht der Zarin wurde dem Umstande zugeschrieben, daß Mademoiselle Schitrow das Talent hatte, sehr anmutig auf der kaiserlichen Bühne zu tanzen. Ich kannte den Bruder dieser Hofdame, einen sehr jungen und sehr schönen Offizier, der zu guten Hoffnungen berechtigte. Ich hatte den Vorzug, zu einer Hofaufführung zugelassen zu werden, und sah bei dieser Gelegenheit Mademoiselle Schitrow tanzen. Ferner tanzte die schöne

Mademoiselle Sievers, die jetzige Prinzessin N.N., die ich vor vier Jahren mit ihrer sehr gut erzogenen und in Malerei begabten Tochter in Dresden wiedersah. Diese Mademoiselle Sievers bezauberte mich. Ich verliebte mich in sie; da ich ihr aber niemals vorgestellt wurde, so habe ich es ihr niemals sagen können. Sie tanzte vollkommen. Der Kastrat Putini besaß ihre Gunst, und er verdiente sie ebensosehr durch sein Talent wie durch seinen Geist. Er wohnte sogar bei dem Grafen Sievers. Dieser Kastrat Putini erreichte, daß der venezianische Kapellmeister Galuppi, den man auch ›Buranello‹ nannte, nach Petersburg berufen wurde. Als ich im folgenden Jahr abreiste, traf er gerade dort ein.

Demetrio Papanelopulo machte mich mit dem Kabinettminister Alsuwiow bekannt. Dies war ein geistvoller Mann, dick und fett und der einzige Gelehrte, den ich in Rußland kennengelernt habe. Er hatte sein Wissen nicht aus Voltaires Schriften geschöpft, sondern in seiner Jugend in Uppsala Studien betrieben. Er liebte die Frauen, den Wein und eine auserlesene Tafel. Er lud mich ein, bei Locatelli in Katharinenhof zu speisen; dies war ein kaiserlicher Landsitz, den die Zarin dem alten Theaterdirektor auf Lebenszeit überlassen hatte. Er war verwundert, mich zu sehen, und ich war noch viel mehr verwundert, als ich sah, daß er Gastwirt geworden war; denn für einen Rubel, ohne den Wein, gab er jedem, der kam, ein ganz ausgezeichnetes Essen. Monsieur Alsuwiow machte mich auch mit dem Kabinettsekretär Teplow bekannt; dieser hatte das Laster, hübsche Knaben zu lieben, und das Verdienst, Peter III. erdrosselt zu haben, als dieser durch den Genuß von Limonade die Wirkungen des Arseniks überwunden hatte.

Die Tänzerin Mécour, der ich einen Brief von der Santina, die ich übrigens in Berlin gekannt hatte, überbracht hatte, machte mich mit ihrem Liebhaber bekannt, dem dritten Kabinettsekretär Jelagin, der zwanzig Jahre in Sibirien verbracht hatte.

Ein Brief von Dall'Oglio verschaffte mir die freundlichste Aufnahme von seiten des sehr befähigten Musikers Luini, eines hübschen und liebenswürdigen Kastraten, bei dem man ausgezeichnet speiste. Er war der Geliebte der Primadonna Colonna; aber sie schienen nur zusammenzusein, um sich zu quälen, denn nicht einen einzigen Tag sah ich sie einträchtig. Bei ihm machte ich die Bekanntschaft eines anderen gewandten und sehr liebenswürdigen

Kastraten namens Millico, eines sehr guten Freundes des Hofjägermeisters Naryschkin. Da Millico oftmals mit Achtung von mir sprach, wünschte er mich ebenfalls kennenzulernen. Dieser Naryschkin, ein liebenswürdiger und in der Literatur bewanderter Fürst, war der Gatte der berühmten Maria Pawlowna.

An der prunkvollen Tafel des Hofjägermeisters lernte ich den Kalogeri Platon kennen, der jetzt Erzbischof von Nowgorod ist. Damals war er Beichtvater der Zarin. Dieser russische Mönch verstand griechisch, sprach lateinisch und französisch, hatte Geist und war, was man einen schönen Mann nennen kann; es war nicht zu verwundern, daß er in Rußland sein Glück machte; denn in diesem Lande hat der Adel sich niemals dazu herbeilassen wollen, sich um geistliche Würden zu bewerben.

Da ich einen Brief von Dall'Oglio für die Fürstin Daschkow hatte, brachte ich ihn ihr nach ihrem drei Werst von Petersburg gelegenen Landgut, wo sie in der Verbannung lebte, weil sie geglaubt hatte, den Thron, den Katharina mit ihrer Hilfe bestiegen hatte, mit der Zarin teilen zu dürfen. Katharina machte ihrem Ehrgeiz ein Ende.

Ich fand die Fürstin in Trauer wegen des Todes ihres Gemahls in Warschau. Sie empfing mich mit großer Güte und versprach mir, meinetwegen mit Monsieur Panin zu sprechen. Drei Tage darauf schrieb sie mir, ich könne mich diesem hohen Herrn vorstellen, sobald ich wolle. Bei dieser Gelegenheit sah ich, daß die Zarin ein großmütiger Mensch war: sie hatte die Fürstin Daschkow in Ungnade fallen lassen, aber sie hielt ihren Günstling und ersten Minister nicht ab, ihr jeden Abend seinen Besuch zu machen. Ich habe von glaubwürdigen Leuten gehört, Graf Panin sei nicht der Liebhaber, sondern der Vater von Madame Daschkow gewesen; diese ist jetzt Präsidentin der Akademie der Wissenschaften, und ohne Zweifel haben die Gelehrten in ihr eine zweite Minerva erkennen müssen; denn sonst würden sie wahrscheinlich darüber erröten, daß eine Frau an ihrer Spitze steht. Man braucht den Russen nur noch eine berühmte Frau zu wünschen, die ihr Heer kommandieren kann.

Am Dreikönigstage wohnte ich mit Melissino einer ganz außerordentlichen Feier bei, nämlich der Taufe in den Wassern der Newa, die damals mit fünf Fuß dickem Eis bedeckt war. Nachdem das Wasser gesegnet ist, tauft man darin Kinder, indem man sie in ein großes Loch im Eise eintaucht. An jenem Tage geschah es, daß dem Popen ein Kind, das er taufen sollte, aus den Händen glitt. »Drugoi!« rief er. Das heißt: ›Gebt mir ein anderes.‹

Man stelle sich meine Überraschung vor, als ich Vater und Mutter des verunglückten Kindes freudetrunken sah! Sie waren überzeugt, daß ihr Kind auf geradem Wege zum Himmel emporgeflogen sei, da es in diesem glückseligen Moment ums Leben kam.

Ich hatte einen Brief von der Florentinerin Bregonzi, die mich in Memel zum Abendessen eingeladen hatte, an ihre Freundin, die Venezianerin Roccolini, die, wie sie meinte, mir von Nutzen sein könnte. Diese hatte Venedig verlassen, um an der Petersburger Oper zu singen, obgleich sie von Musik nichts verstand und niemals vorher die Bühne betreten hatte. Die Zarin hatte über ihre Torheit gelacht und ihr sagen lassen, sie habe keine Stellung zu vergeben. Aber was tat die Signora Roccolini, die man die Vicenza nannte? Sie schloß eine enge Freundschaft mit der Frau eines französischen Kaufmanns namens Proté, der bei dem Hofjägermeister wohnte. Diese Proté war gleichzeitig die Geliebte des Hofjägermeisters und die Vertraute seiner Frau Maria Pawlowna, die ihren Mann nicht liebte und daher glücklich war, daß die Französin sie von ihren ehelichen Verpflichtungen befreite, wenn es ihm einfiel, sie zu fordern.

Diese Proté war ohne Zweifel die schönste, die es damals in Petersburg gab. In der Blüte ihrer Jahre stehend, vereinigte sie mit dem galantesten Wesen den ausgesuchtesten Geschmack, sich zu kleiden. Keine Frau wußte sich so anzuziehen wie sie, und da sie in Gesellschaft außerordentlich fröhlich war, so war sie überall beliebt. Kam in Petersburg die Rede auf die Proté, so neidete jeder dem Hofjägermeister das Glück. Die Vicenza war nun ihre Vertraute geworden. Sie empfing in ihrer Wohnung die Kavaliere, die sich in die Proté verliebt hatten und die zu erhören der Mühe wert erschienen. Die Proté kam dabei auf ihre Rechnung, und Signora Vicenza empfing ohne Skrupel Geschenke von allen Seiten.

Ich erkannte die Signora Vicenza auf den ersten Blick wieder; da aber seit unserer Bekanntschaft schon etwa zwanzig Jahre verflossen waren, so wunderte sie sich nicht, daß ich so tat, als wenn ich mich nicht mehr erinnerte, und suchte auch nicht mein Gedächtnis aufzufrischen. Ihr Bruder hieß Montellato; er hatte mich eines Nachts, als ich vom Ridotto kam, mitten auf dem Markusplatz ermorden wollen. Bei ihr hatte man das Komplott geschmiedet, das mich das Leben gekostet hätte, wenn ich einen Augenblick gezögert hätte, durch das Fenster auf die Straße zu springen. Sie empfing mich, wie man eben einen lieben Landsmann in der Fremde begrüßt. Sie erzählte mir im einzelnen alles Unglück, das sie gehabt hatte, aber sie war stolz auf ihren Mut und sagte zu mir: »Ich brauche keinen Menschen und verkehre vergnügt und guter Dinge mit den liebenswürdigsten Damen von Petersburg. Da Sie oft beim Hofjägermeister Naryschkin speisen, so wundere ich mich, daß Sie dort noch nicht die schöne Madame Proté kennengelernt haben; denn sie ist ja mit ihm ein Herz und eine Seele. Kommen Sie morgen, bei mir den Kaffee zu nehmen; Sie werden ein Wunder sehen!«

Ich stellte mich pünktlich ein und fand die Dame weit über das Lob erhaben. Da ich aber nicht mehr reich war, so bot ich meinen Geist auf, um mich bei ihr in Gunst zu setzen.

Obwohl ich wußte, wie sie hieß, fragte ich sie nach ihrem Namen. Sie antwortete mir: »Proté.«

»Damit, Madame, erklären Sie sich ›pro me‹.«[6]

Ich erklärte ihr das Wortspiel, lachte mit ihr und erzählte Geschichten, damit sie das Feuer spüren sollte, das sie in mir entfacht hatte, und ich glaubte fest an ein glückliches Ende in angemessener Zeit. Jedesmal, wenn ich zum Hofjägermeister ging, besuchte ich sie vor und nach dem Essen in ihrem Zimmer.

Da der polnische Gesandte um diese Zeit aus Warschau zurückkehrte, mußte ich meine Liebschaft mit der schönen Langlade aufgeben; denn sie nahm einen vorteilhaften Antrag an, den ein Graf von Brjuss ihr machte. Ich stellte meine Besuche bei ihr ein. Sechs Monate später starb die reizende Französin an den Blattern. Ich hatte Lust, die Gunst der schönen Proté zu erwerben, und lud sie daher nach Katharinenhof zum Essen bei Locatelli ein; außerdem bat ich Luini mit der Colonna, einen Gardeoffizier Zinowjew, die Signora Vicenza und deren Liebhaber, einen Geigenvirtuosen, dazu. Das fröhliche Mahl brachte die Gäste in die von mir gewünschte Stimmung, so daß nach dem Kaffee ein jeder mit der Seinen die Einsamkeit suchte; bald war ich bei meiner schönen Proté auf dem besten Wege zum Erfolge, als ein Zwischenfall uns störte. Luini rief uns heran, um ihn als Jäger zu bewundern; denn er hatte seine Gewehre mitgebracht und seine Hunde kommen lassen.

Ich hatte mich mit Zinowjew etwa hundert Schritte vom Haus

entfernt, als ich eine junge Bäuerin von wahrhaft überraschender Schönheit entdeckte. Ich machte den jungen Offizier auf sie aufmerksam, und wir gingen auf sie zu; aber sie lief davon und trat in eine nahe gelegene Hütte ein. Wir folgten ihr und sahen in der Hütte ihren Vater, ihre Mutter mit der übrigen Familie und die Schöne, die sich in eine Ecke gedrückt hatte wie ein Hase, der Angst hat, von den verfolgenden Hunden zerrissen zu werden.

Zinowjew – der, nebenbei bemerkt, derselbe ist, der zwanzig Jahre lang in Madrid Gesandter der Zarin war – sprach ziemlich lange Zeit russisch mit dem Vater. Natürlich verstand ich nichts davon, aber ich erriet, daß von dem jungen Mädchen die Rede war; denn der Vater rief sie, und sie trat mit gehorsamer und unterwürfiger Miene heran und blieb vor uns stehen.

Nach einer Viertelstunde ging Zinowjew hinaus; ich gab dem Bauern einen Rubel und folgte meinem Freunde. Zinowjew gab mir Bericht über sein langes Gespräch: er habe den Vater gefragt, ob er mir seine Tochter als Dienerin geben wolle, der Vater habe ihm geantwortet, das wolle er sehr gern tun, aber er verlange hundert Rubel für sie, weil sie noch Jungfrau sei.

»Es ist also, wie Sie sehen, nichts dabei zu machen.«

»Wieso nichts zu machen?«

»Natürlich nicht. Hundert Rubel?«

»Und wenn ich Lust hätte, dieses Geld auszugeben?«

»Dann wäre sie Ihre Dienerin, und Sie könnten mit ihr schlafen, wann Sie wollten.«

»Und wenn sie nicht wollte?«

»Das kommt niemals vor; aber dann könnten Sie sie prügeln.«

»Nehmen wir an, sie sei einverstanden: könnte ich sie noch weiter bei mir behalten, wenn ich sie nach meinem Geschmack gefunden hätte?«

»Sie werden ihr Herr, sage ich Ihnen; Sie können sie sogar festnehmen lassen, wenn sie Ihnen fortläuft; oder sie muß Ihnen die hundert Rubel wiedergeben, die Sie für sie ausgegeben haben.«

»Und was muß ich ihr monatlich geben?«

»Nichts. Sie bekommt nur Essen und Trinken, und Sie müssen sie jeden Samstag baden lassen, damit sie sonntags in die Kirche gehen kann.«

»Und könnte ich sie zwingen, mit mir zu kommen, wenn ich von Petersburg fortginge?«

»Nein; es wäre denn, daß Sie gegen Kaution die Erlaubnis

dazu erhielten; denn das Mädchen wird zwar Ihre Leibeigene, aber sie bleibt darum doch in erster Linie Untertanin der Zarin.«

»Gut. Wollen Sie mir diese Sache in Ordnung bringen? Ich werde die hundert Rubel geben und sie gleich mitnehmen. Ich verspreche Ihnen, sie nicht als Leibeigene zu behandeln. Aber ich verlasse mich auf Sie; ich möchte nicht gerne betrogen werden.«

»Ich werde selber den Handel abschließen und verspreche Ihnen, daß man mich bestimmt nicht betrügen wird. Soll es gleich geschehen?«

»Nein, morgen. Denn ich wünsche nicht, daß unsere Gesellschaft etwas davon erfährt. Ich bin morgen um neun Uhr bei Ihnen.«

Wir fuhren alle zusammen in einem offenen Wagen nach Petersburg zurück. Am anderen Morgen ging ich zu Zinowjew, der entzückt war, mir diesen kleinen Dienst leisten zu können. Unterwegs sagte er mir: »Wenn Sie Lust haben, bringe ich Ihnen in ein paar Tagen einen Harem von soviel schönen Mädchen zusammen, wie Sie wünschen.«

Ich gab ihm die hundert Rubel.

Die Tochter war da, als wir zum Bauern kamen. Zinowjew sagte ihm mit wenigen Worten, worum es sich handelte; der Vater dankte nach dem Landesbrauch dem heiligen Nikolaus für den Schutz, den er ihm gewährte; hierauf sprach er mit seiner Tochter, die mich ansah und auf russisch »ja« sagte. Dies Wort verstand ich.

Zinowjew sagte mir, ich müsse mich überzeugen, daß sie unberührt sei; denn bei der Unterzeichnung des Vertrages müsse ich anerkennen, daß ich sie als Jungfrau gekauft habe. Ich fürchtete, sie dadurch zu beleidigen, und wies daher jede Untersuchung zurück, aber Zinowjew sagte mir, ich würde ihr im Gegenteil ein großes Vergnügen bereiten, wenn sie dadurch ihre Eltern überzeugen könnte, daß sie keusch geblieben wäre. Ich setzte mich, nahm sie zwischen meine Beine und untersuchte mit der Hand, ich fand sie unberührt. Allerdings würde ich sie sicherlich nicht verraten haben, selbst wenn ich sie nicht als Jungfrau gefunden hätte.

Zinowjew übergab hierauf die hundert Rubel dem Vater, der sie seiner Tochter gab; diese aber nahm sie nur, um sie sofort ihrer Mutter zu reichen. Mein Bedienter und mein Kutscher traten ein und unterschrieben als Zeugen den Vertrag, von dessen Inhalt sie keine Ahnung hatten.

Das junge Mädchen, dem ich sogleich den Namen Zaira gab, stieg in ihrem groben Tuchrock und ohne Hemd in unseren Wagen und fuhr mit uns nach Petersburg. Nachdem ich mich bei Zinowjew bedankt hatte, schloß ich mich vier Tage mit ihr zu Hause ein und ging erst wieder aus, als ich sie ohne Luxus, aber sehr geschmackvoll nach französischer Mode eingekleidet hatte. Es war mir sehr schmerzlich, daß ich nicht Russisch konnte, aber in weniger als drei Monaten verstand Zaira zwar sehr schlecht, aber gut genug Italienisch, um mich verstehen zu können und mir alles zu sagen, was sie wünschte. Es dauerte nicht lange, so liebte sie mich, später wurde sie sogar eifersüchtig; einmal hätte sie mich um Haaresbreite umgebracht, aber davon wird der Leser im nächsten Kapitel lesen.

VIERTES KAPITEL

An dem Tage, als ich Zaira zu mir nahm, schickte ich Lambert[1] fort. Er betrank sich jeden Tag, und ich wußte nichts mehr mit ihm anzufangen. Man wollte ihn nur als einfachen Soldaten annehmen. Ich verschaffte ihm einen Paß, um nach Berlin zurückkehren zu können, und gab ihm das nötige Reisegeld. Sieben Jahre später erfuhr ich in Görz, daß er in österreichische Dienste eingetreten sei.

Im Mai war Zaira schon so hübsch geworden, daß ich nicht den Mut hatte, sie in Petersburg zu lassen, als ich Lust bekam, eine Reise nach Moskau zu machen. Ich verzichtete daher auf einen Bedienten und nahm sie mit. Es machte mir ein außerordentliches Vergnügen, wenn sie in ihrer reizenden Weise venezianisch sprach. Samstags ging ich mit ihr ins russische Bad[2]. Dort sind dreißig oder vierzig Männer und Frauen beisammen. Alle sind vollkommen nackt; da aber niemand den anderen ansieht, so hat man gar nicht das Gefühl, gesehen zu werden. Der Mangel an Schamgefühl entspringt einer angeborenen Unschuld. Ich war überrascht, daß niemand Zaira ansah, die mir als das Original der Psychestatue erschien, welche ich in Rom in der Villa Borghese gesehen hatte. Ihr Busen war noch nicht ganz entwickelt, denn sie war erst dreizehn Jahre alt und wies erst leichte Spuren der Pubertät auf. Sie war weiß wie Schnee, ihre schwarzen Haare ließen ihre Weiße noch mehr leuchten. Ohne ihre entsetzliche Eifersucht, die mich täglich verzweifeln ließ, und ohne ihren blinden Glauben an die Karten, die sie sich jeden Tag legte, hätte ich sie niemals verlassen.

Ein junger Franzose von vornehmem und liebenswürdigem Wesen und offenbar sehr gut erzogen, namens Crèvecœur, kam nach Petersburg mit einer leidlich hübschen, jungen Pariserin, die er La Rivière nannte. Leider hatte sie kein anderes Talent und keine andere Erziehung als die, die in Paris alle jungen Mädchen haben, die mit ihren Reizen Handel treiben. Der junge Mann brachte mir einen Brief vom Prinzen Karl von Kurland, der mir schrieb, er werde mir dankbar sein, wenn ich dem jungen Paar gefällig sein könnte. Crèvecœur kam mit seiner Schönen und brachte mir den Brief um neun Uhr morgens, als ich gerade mit Zaira frühstückte.

»Wollen Sie die Güte haben«, sagte ich zu ihm, »mir zu sagen, worin ich Ihnen nützlich sein kann.«

»Indem Sie uns Ihre Gesellschaft gönnen und uns Ihre Bekannten vorstellen.«

»Da ich Fremder bin, so will meine Gesellschaft wenig bedeuten; ich werde Sie besuchen, und Sie kommen zu mir, sooft Sie wollen; es wird mir stets ein Vergnügen sein; aber ich speise niemals zu Hause. Was meine Bekanntschaften anlangt, so begreifen Sie wohl, daß ich als Fremder gegen die Regel verstoßen würde, wenn ich Sie mit Madame zusammen vorstellte. Ist sie Ihre Frau? Man wird mich fragen, wer Sie sind und was Sie in Petersburg wollen. Was soll ich sagen? Ich wundere mich, daß Prinz Karl Sie nicht an andere empfohlen hat.«

»Ich bin lothringischer Edelmann und bin nach Petersburg gekommen, um mich zu amüsieren. Mademoiselle La Rivière ist meine Geliebte.«

»Ich wüßte nicht, wem ich Sie mit solchen Titeln vorstellen sollte; aber ich glaube, Sie können die Sitten des Landes studieren und sich unterhalten, ohne daß Sie einen Menschen nötig haben. Theater, Promenaden, ja sogar die Hoffeste stehen jedermann offen. Ich nehme an, daß es Ihnen an Geld nicht fehlt.«

»Das ist es gerade: ich habe kein Geld und kann auch keins erhalten.«

»Ich habe ebensowenig übrig. Sie setzen mich in Erstaunen. Wie haben Sie die Torheit begehen können, ohne Geld hierherzukommen?«

»Meine Geliebte behauptet, wir brauchen nicht mehr, als was von einem Tage zum anderen langt. Sie hat mich veranlaßt, ohne einen Sou von Paris abzureisen, und bis jetzt scheint mir, daß sie wohl recht haben mag. Wir haben überall zu leben gehabt.«

»Dann hat sie also die Börse?«

»Meine Börse«, sagte sie, »befindet sich in der Tasche meiner Freunde.«

»Ich verstehe und ich begreife, daß Sie überall Mittel finden müssen, wo die Erde bewohnt ist. Wenn ich eine Börse für

Freundschaft solcher Art hätte, würde ich sie Ihnen ebenfalls öffnen; aber ich bin nicht reich.«

Der Hamburger Baumbach, den ich in England gekannt hatte, war von dort seiner Schulden wegen entflohen; er war nach Petersburg gekommen und hatte das Glück gehabt, in den russischen Militärdienst eintreten zu dürfen. Als Sohn eines reichen Kaufmanns hielt er ein großes Haus, Dienerschaft und Wagen; er liebte Mädchen, gutes Essen und Spiel und machte Schulden, wo er nur konnte. Er war häßlich, lebhaft und dachte nur an die Weiber. Er trat bei mir ein, als ich gerade mit der sonderbaren Reisenden sprach, die ihre Börse in der Tasche ihrer Freunde hatte. Ich stellte ihm Monsieur und Madame vor und erzählte ihm alles; nur von der Börse sagte ich nichts. Baumbach war von dem zufälligen Zusammentreffen entzückt und machte sofort der Rivière den Hof. Sie benahm sich vollkommen im Geiste ihres Gewerbes, und schon nach einer Viertelstunde mußte ich im stillen selbst lachen, denn ich sah, daß sie recht hatte. Baumbach lud sie ein, am nächsten Tage bei ihm zu Mittag zu essen und noch am gleichen Tag mit ihm nach Krasnaja Kabak zu fahren, um dort eine ländliche Mahlzeit einzunehmen. Er bat mich mitzukommen, und ich nahm seine Einladung an.

Zaira, die kein Französisch verstand, fragte mich, wovon die Rede sei. Ich sagte es ihr, und sie bat, mich nach Krasnaja Kabak begleiten zu dürfen. Ich erlaubte ihr dies; denn ich sah, daß sie eifersüchtig war, und fürchtete die Folgen, die sich in schlechter Laune, Tränen und Verzweiflung kundgaben und mich bei früheren Gelegenheiten schon mehr als einmal gezwungen hatten, sie zu schlagen; das war das beste Mittel, ihr zu beweisen, daß ich sie liebte. Wenn sie ihre Schläge bekommen hatte, wurde sie allmählich wieder zärtlich, und das Fest der Liebe vollendete die Versöhnung.

Baumbach verließ uns sehr befriedigt, um schnell seine Geschäfte zu erledigen; er versprach um elf Uhr wiederzukommen. Während Zaira sich ankleidete, machte die Rivière Bemerkungen zu mir, daß es mir vorkam, als wenn ich hinsichtlich Welterfahrung der unkundigste aller Männer sei. Am meisten fiel es mir auf, daß ihr Liebhaber sich der Rolle, die er spielte, offenbar nicht im geringsten schämte. Er hätte eine gewisse Entschuldigung gehabt, wenn er in die Kokotte verliebt gewesen wäre; aber dies galt hier nicht.

Unser Ausflug verlief sehr lustig. Baumbach sprach fast nur mit der Abenteurerin; Zaira saß fast immer auf meinen Knien; Crèvecœur aß, lachte, wo es paßte und nicht paßte, und ging dann spazieren. Die schlaue La Rivière veranlaßte Baumbach, Quinze um fünfundzwanzig Rubel zu spielen. Er verlor in sehr galanter Weise, bezahlte und verlangte von ihr nichts weiter als einen Kuß. Zaira war sehr froh, daß sie den Ausflug mitgemacht hatte; denn sie hätte sonst befürchtet, daß ich ihr untreu geworden wäre. Sie sagte mir tausend spaßhafte Sachen über den Liebhaber der Französin, der gar nicht eifersüchtig wäre. Das ging über ihren Horizont; sie begriff nicht, wie die Französin dulden könnte, daß er so täte, als wenn er ihrer vollständig sicher wäre.

»Aber ich bin ja auch deiner sicher, und trotzdem liebst du mich!«

»Ich habe dir aber auch niemals Anlaß gegeben, mich für eine H... zu halten.«

Am nächsten Tage ging ich allein zu Baumbach, denn ich wußte, daß ich bei ihm junge russische Offiziere finden würde, die mich geärgert hätten, wenn sie Zaira in ihrer Sprache den Hof gemacht hätten. Ich traf bei ihm das reizende Paar und die beiden Brüder Lunin, die damals Leutnants waren und heute Generäle sind. Der jüngere war blond und sah aus wie ein hübsches Mädchen. Er war der Geliebte des Kabinettsekretärs Teplow gewesen. Als geistreicher Bursche setzte er sich nicht nur über das Vorurteil hinweg, sondern bekannte sogar, daß er bewußt durch Zärtlichkeiten die Liebe und das Wohlwollen aller mit ihm verkehrenden Männer von Wichtigkeit gewinne.

Er hatte bei dem Hamburger Baumbach denselben Geschmack vorausgesetzt, den er bei Monsieur Teplow gefunden hatte, und hatte sich nicht geirrt. Er würde mich zu entwürdigen geglaubt haben, wenn er bei mir nicht denselben Geschmack angenommen hätte. Infolgedessen setzte er sich bei Tisch neben mich und neckte mich während des Essens in einer Weise, daß ich ihn allen Ernstes für ein als Mann verkleidetes Mädchen hielt.

Als ich nach Tisch zwischen ihm und der weitgereisten Französin vor dem Kaminfeuer saß, teilte ich ihm meinen Verdacht mit. Stolz auf die Überlegenheit seines Geschlechtes stellte Lunin es sofort zur Schau. Um zu wissen, ob ich bei dem Anblick seiner Schönheit kaltbleiben könnte, bemächtigte er sich meiner und nahm, in der festen Überzeugung, daß er mir gefalle, eine geeignete Stellung ein, um, wie er sagte, ihn und mich glücklich zu machen. Ich gestehe, daß es vielleicht dazu gekommen wäre, wenn die Rivière sich nicht geärgert hätte, daß in ihrer Gegenwart ein Lustknabe sich ihre Rechte anzumaßen wagte; sie nötigte ihn daher, seine Heldentat noch aufzuschieben.

Dieser Wettkampf belustigte mich; doch da ich dabei nicht gleichgültig war, glaubte ich auch nicht, so tun zu müssen. Ich sagte zu dem Mädchen, daß sie kein Recht dazu hätte, sich in unsere Angelegenheiten einzumischen; das wurde durch Lunin als eine Erklärung meinerseits zu seinen Gunsten angesehen. Lunin protzte mit all seinen Reichtümern, selbst mit seiner weißen Brust, und forderte das Mädchen heraus, es ebenso zu tun; sie lehnte es ab und nannte uns Böcke. Wir gaben den Hieb zurück mit der Bezeichnung Hure; da verließ sie uns. Der junge Russe und ich gaben uns Beweise zärtlichster Freundschaft und schworen sie uns auf ewig.

Der ältere Lunin, Crèvecœur und Baumbach, die spazierengegangen waren, kehrten bei Anbruch der Nacht zurück und brachten zwei oder drei Freunde mit, die die Französin leicht über die schlechte Gesellschaft, in der sie sich mit uns befunden hatte, hinwegtrösteten.

Baumbach legte eine Pharaobank auf, die erst um elf Uhr endete, als er kein Geld mehr hatte. Dann speisten wir zu Abend. Nach dem Essen begann die große Orgie. Die Rivière nahm es mit Baumbach, dem älteren Lunin und seinen beiden jungen Offiziersfreunden auf. Crèvecœur hatte sich schlafen gelegt. Ich und mein neuer Freund waren die einzigen, die als gelassene Zuschauer in Ruhe die Gefechte beobachteten, die mit stets wechselnden Partnern rasch aufeinander folgten und bei denen die Geliebte des armen Crèvecœur standhaft durchhielt. Verärgert darüber, daß wir uns nur als Zuschauer für ihr Spiel interessierten, bespie sie uns von Zeit zu Zeit mit dem bittersten Hohn, doch wir machten uns darüber lustig. Unsere Haltung ähnelte der Tugend zweier nachsichtiger Greise, die für die Extravaganzen einer zügellosen Jugend Mitleid empfinden. Wir trennten uns eine Stunde vor Tagesanbruch.

Ich komme nach Hause, trete in mein Zimmer ein und entgehe durch einen reinen Glücksfall einer Flasche, die Zaira nach meinem Kopf wirft. Hätte sie mich an der Schläfe getroffen, so wäre ich ein toter Mann gewesen. Zaira zerkratzt mir das Gesicht, wütend wirft sie sich zu Boden und schlägt mit dem Kopf mehrmals gegen die Dielen. Von Mitleid ergriffen, eile ich zu ihr, reiße sie empor und frage sie, was sie hat.

Ich glaubte, sie sei wahnsinnig geworden, und wollte Leute zu Hilfe rufen. Plötzlich beruhigte sie sich; dann aber brach sie wieder in Tränen aus, nannte mich Mörder und Verräter. Um mich meines Verbrechens zu überführen, zeigte sie mir fünfundzwanzig Karten, aus denen sie auf dem Tisch ein Viereck gebildet hatte; in diesem hatte sie gelesen, was für Ausschweifungen mich die ganze Nacht von ihr ferngehalten hätten. Sie nennt mir die Hure, die Gefechte und weiß sogar von meinen abartigen Entgleisungen. Ich kann von allem nichts sehen; aber sie bildet sich ein, alles zu erkennen.

Ohne sie zu unterbrechen, ließ ich sie ruhig ausreden, um sie auf diese Weise von ihrer eifersüchtigen Wut zu erleichtern. Hierauf warf ich ihre verhexten Karten ins Feuer, sah sie mit einem Blick an, worin sich mein gerechter Zorn und zugleich mein Mitleid spiegelten. Ich sagte ihr: sie habe mich beinahe getötet und es sei daher unwiderruflich nötig, daß wir uns schon am nächsten Tage trennten. Ich gestand ihr, daß ich allerdings die Nacht bei Baumbach verbracht hätte und daß ein Mädchen zugegen gewesen wäre; aber ich leugnete natürlich die Ausschweifungen, derer sie mich beschuldigte.

Da ich der Ruhe bedurfte, so ging ich endlich zu Bett und schlief ein, ohne ihr eine einzige Liebkosung zu gönnen, obgleich sie sich neben mich legte und alles aufbot, um mich von ihrer Reue zu überzeugen und meine Verzeihung zu erlangen.

Nach fünf oder sechs Stunden wachte ich auf. Da ich sie in tiefem Schlafe liegen sah, so zog ich mich an und dachte darüber nach, wie ich das Mädchen loswerden könnte, das mich in seiner eifersüchtigen Wut früher oder später vielleicht wirklich töten würde. Aber wie hätte ich dieses Vorhaben ausführen können, als sie mir verzweifelt und voller Reue zu Füßen lag. Sie flehte um meine Verzeihung, rief mein Mitleid an und schwor mir, sie werde in Zukunft sanft wie ein Lamm sein. Das Ende war, daß ich sie in meine Arme schloß und sie nicht eher verließ, bevor ich ihr die deutlichsten Beweise meiner wiedergekehrten Zärtlichkeit gegeben hatte. Ich stellte aber die Bedingung, und sie schwor mir sie einzuhalten, daß sie von jetzt ab, solange sie mit mir zusammenlebte, sich keine Karten mehr legen dürfte. Ich hatte meine Abreise nach Moskau auf den dritten Tag angesetzt, und sie war überselig, als ich ihr versprach, sie mitzunehmen.

Drei Gründe hatten besonders dazu beigetragen, mir die Liebe des Mädchens zu erwerben: erstens nahm ich sie oft mit nach Katharinenhof, um ihre Familie zu besuchen, der ich jedesmal einen Rubel zurückließ; zweitens ließ ich sie mit mir essen, wenn ich mittags Gäste hatte; drittens hatte ich sie drei- oder viermal geschlagen, als sie mich nicht ausgehen lassen wollte.

In Rußland ist es eigentümlicherweise für einen Mann notwendig, daß er seine Bedienten bei gegebenem Anlaß verprügelt. Worte sind ohne Wirkung, nur Prügel zählen. Der Bediente ist noch mehr Sklave mit der Seele als mit dem Körper; wenn er Prügel bekommen hat, stellt er folgende Betrachtung an: mein Herr hat mich nicht fortgejagt, sondern mich nur geschlagen; er hat mich also lieb; folglich muß ich ihm anhänglich sein.

Papanelopulo lachte mich aus, als ich ihm in der ersten Zeit meines Aufenthaltes in Petersburg sagte, mein französisch sprechender Kosake gefalle mir; ich wolle ihn daher durch Milde gewinnen und ihn nur mit Worten schelten, wenn er sich sinnlos mit Branntwein betrinke.

»Wenn Sie ihn nicht prügeln«, sagte er zu mir, »wird er Sie schließlich verprügeln!«

So kam es auch wirklich. Als ich ihn eines Tages so betrunken fand, daß er zu jedem Dienst unfähig war, schalt ich ihn mit heftigen Worten und drohte ihm nur mit meinem Stock. Sobald er den erhobenen Stock sah, lief er auf mich zu und griff danach. Hätte ich ihn nicht sofort niedergeworfen, so würde er mich ohne Zweifel geschlagen haben. Ich jagte ihn augenblicklich fort. Es gibt auf der ganzen Welt keinen besseren Bedienten als den Russen: er ist unermüdlich bei der Arbeit, schläft auf der Schwelle des Zimmers, worin sein Herr schläft, um beim ersten Ruf zur Stelle zu sein, ist stets zu jedem Gange bereit, ist immer unterwürfig, widerspricht nur, wenn ihm allzu offensichtlich Unrecht geschieht, und ist nicht imstande zu stehlen. Aber er wird ein Scheusal oder ein Trottel, wenn er ein Glas starken Branntwein getrunken hat, und diesem Laster frönt das ganze Volk.

Ein Kutscher, der häufig die ganze Nacht vor der Tür des Hauses, weil er auf seine Pferde aufpassen muß, dem härtesten Frost ausgesetzt ist, kennt kein anderes Mittel, als Branntwein zu trinken. Es passiert, daß er nach zwei Gläsern im Schnee einschläft; vielleicht wacht er dann gar nicht mehr auf. Er stirbt ganz steif gefroren. Wenn man nicht aufpaßt, kann man leicht das Unglück haben, ein Ohr, die Nase, ein Stück Wange oder eine Lippe zu verlieren. Als ich eines Tages bei sehr starkem Frost im Schlitten im Peterhof ankam, bemerkte ein Russe, daß ich in Gefahr war, bei der trockenen Kälte ein Ohr zu verlieren. Sofort rieb er mich mit einer Handvoll Schnee, bis der ganze knorpelige Teil durch diese Reibung wieder durchblutet war. Als ich ihn fragte, woran er die Gefahr erkannt hätte, antwortete er mir, man sehe es leicht an der weißen Farbe des durch die Kälte gefährdeten Körperteils. Überraschend war für mich, und es scheint mir noch heute unglaublich, daß zuweilen der verlorene Körperteil wieder nachwächst. Prinz Karl von Kurland hat mir versichert, er habe in Sibirien eines Tages die Nase verloren und diese sei während des Sommers wieder nachgewachsen. Mehrere Muschiks[3] haben mir diese Erscheinung bestätigt.

Zu jener Zeit ließ die Zarin ausgedehnte Tribünen aus Holz als Amphitheater errichten, die den von dem Florentiner Architekten Rastrelli vor ihrem Palast geschaffenen Platz ganz bedeckten. Dieses Amphitheater faßte hunderttausend Zuschauer und war das Werk des Architekten Rinaldi, der seit fünfzig Jahren in Petersburg lebte und nicht mehr in seine Heimatstadt Rom zurückkehren wollte. In der Arena wollte Katharina für alle stolzen Ritter ihres Reiches ein prachtvolles Turnier veranstalten. Es sollten dabei vier Quadrillen gebildet werden, von denen eine jede aus hundert Reitern in den reichsten Trachten der von ihnen vertretenen Völkerschaften bestehen sollte. Die Quadrillen sollten mit Lanzen gegeneinander anreiten, und für die Sieger waren wertvolle Preise bestimmt. Im ganzen Reich wurde das prunkvolle Fest angekündigt, das auf Kosten der Herrscherin stattfinden sollte, und aus den entlegensten Teilen des Reiches kamen schon Prinzen, Grafen und Barone mit ihren schönsten Pferden an. Prinz Karl von Kurland hatte mir geschrieben, er werde ebenfalls kommen. Das große Fest sollte am ersten Tage stattfinden, an dem das Wetter schön sein würde. Diese Zeitbestimmung war ebenso vernünftig wie unsicher; denn in Petersburg kommt es ziemlich selten vor, daß ein Tag ganz ohne Regen, Wind oder drohende Wolken vergeht. In Italien rechnet man auf die schönen Tage, die schlechten sind die Ausnahme. Aber in Rußland ist gerade das Gegenteil der Fall. Ich muß lachen, wenn ich Russen, die in Europa umherreisen, von ihrem günstigen Klima sprechen höre. Tatsächlich hat es im ganzen Jahre 1765 in Rußland nicht einen einzigen schönen Tag gegeben. Der unbestreitbare Beweis dafür ist, daß das Turnier nicht stattfinden konnte. Man mußte die Gerüste des Amphitheaters zudecken, und das Turnier wurde erst im nächsten Jahre abgehalten. Die Adligen verbrachten den Winter in Petersburg, mit Ausnahme derjenigen, deren Börse nicht so gut versehen war, um die Kosten eines Aufenthaltes dort vertragen zu können. Der Prinz Karl von Kurland gehörte zu diesen letzteren.

Nachdem ich alle Vorbereitungen für meine Reise nach Moskau getroffen hatte, legte ich mich mit Zaira in meinen Schlafwagen; hintenauf saß ein Bedienter, der Russisch und Deutsch sprach. Für achtzig Rubel verpflichtete ein Iswostschik[4] sich, mich mit sechs Pferden in sechs Tagen und sieben Nächten nach Moskau zu bringen. Dies war sehr billig. Da ich nicht mit der Post fuhr, konnte ich auf eine größere Schnelligkeit keinen Anspruch erheben; denn die Entfernung beträgt zweiundsiebzig russische Poststrecken, das heißt ungefähr fünfhundert italienische Meilen[5]. Mir kam es unmöglich vor, aber das war seine Angelegenheit.

Wir fuhren in dem Augenblick ab, als der Kanonenschuß von der Zitadelle das Ende des Tages verkündete. Wir befanden uns Ende Mai, und zu dieser Zeit gibt es in Petersburg buchstäblich keine Nacht mehr. Ohne den Kanonenschuß würde kein Mensch zur Kenntnis nehmen, daß die Sonne untergegangen ist. Man kann um Mitternacht einen Brief lesen, und der Mond trägt gar nichts dazu bei, die Nacht heller zu machen. Man sagt, das sei schön, aber mir kam es langweilig vor. Dieser beständige Tag dauert acht Wochen. Während dieser ganzen Zeit zündet kein Mensch eine Kerze an. In Moskau ist das anders: es liegt vier und einen halben Breitengrad südlicher als Petersburg, und man muß daher um Mitternacht stets Licht brennen.

In achtundvierzig Stunden gelangten wir nach Nowgorod, wo der Iswostschik uns eine Ruhepause von fünf Stunden erlaubte. Ich wurde hier Zeuge eines Vorfalls, der mich sehr überraschte. Als ich den Mann einladen ließ, ein Glas zu trinken, machte er ein sehr trauriges Gesicht. Ich wollte den Grund wissen, und er sagte zu Zaira, eines seiner Pferde wolle nicht fressen und er sei darüber ganz verzweifelt; denn wenn es nicht fresse, werde es auch nicht laufen können. Wir gingen mit ihm in den Stall, und da stand das Pferd traurig, unbeweglich da und wollte nicht fressen. Sein Herr beginnt, in einem ganz sanften Ton eine Ansprache an das Pferd zu halten, und sieht es dabei zärtlich an, als wenn er sein Ehrgefühl wecken wollte, damit es sich bemühen solle zu fressen. Nach dieser Ansprache nimmt er den Kopf des Pferdes, küßt ihn liebevoll und drückt ihn in die Krippe hinein. Alles war vergeblich. Hierauf begann der Mann zu weinen, aber auf eine Art, die meine größte Lachlust erregte; denn ich sah deutlich, daß er das Pferd durch seine Tränen zu rühren hoffte. Nachdem er tüchtig geweint hatte, nahm er abermals den Kopf, küßte ihn und steckte ihn wieder in die Krippe. Abermals vergeblich. Nun wurde der Russe wütend und schwor, er wolle sich wegen einer solchen Halsstarrigkeit rächen. Er führte das arme Tier aus dem Stall, band es an einen Pfahl, nahm einen dicken Knüppel und prügelte eine Viertelstunde aus Leibeskräften darauf los. Als er sich müde geprügelt hatte, führte er das Pferd wieder in den Stall zurück, steckte den Kopf des Tieres in die Krippe und sofort begann es mit großem Hunger zu fressen. Der Iswostschik aber lachte, tanzte und machte Freudensprünge, als wenn er seinem Pferde zeigen wollte, daß es ihn glücklich machte. Ich war im höchsten Grade erstaunt, und mir schien, so etwas könne wohl nur in Rußland vorkommen, wo man in Stockschlägen das Allheilmittel gefunden zu haben glaubt, selbst Wunder zu bewirken. Aber ich glaube immer noch, daß es bei einem Esel nicht zum Erfolg geführt hätte, der Stockschlägen mehr widersteht als ein Pferd. Man hat mir gesagt, die Stockschläge seien heute in Rußland etwas aus der Mode gekommen. Leider werden die Russen immer französischer. Jedenfalls müssen sich seit den Tagen Peters I., der voller Zorn seine Generäle verprügelte, wie mir ein russischer Offizier erzählte; die Verhältnisse geändert haben. Damals mußte ein Leutnant demütig die Schläge hinnehmen, die sein Hauptmann ihm gab; den Hauptmann prügelte sein Major, den Major sein Oberstleutnant, diesen sein Oberst und diesen wiederum sein Kommandeur. Das hat sich alles geändert. Ich hörte das in Riga von General Voejkow, der vor der Gründung von Petersburg[6] geboren und ein Schüler Peter des Großen gewesen war.

Ich glaube, über diese heute so berühmte Stadt noch nichts gesagt zu haben, deren Existenz mir immer noch, wenn ich darüber nachdenke, unwahrscheinlich erscheint. Es bedurfte eines Genies in der Art dieses großen Mannes, dem es gefiel, die Natur Lügen zu strafen, indem er eine Stadt, die die Hauptstadt seines ganzen ausgedehnten Reiches werden sollte, in einer Gegend mit dem vielleicht ungeeignetsten Untergrund durch die Architekten planen ließ, die sich in den Kopf gesetzt hatten, ihn zum Tragen der dort täglich in Stein gemauerten und mit ungeheuer hohen Kosten entstehenden Paläste umzugestalten. Man sagte mir, daß diese Stadt heute bereits voll entwickelt ist und der Ruhm gebühre der großen Katharina, doch im Jahre 1765 hatte ich sie noch in den Anfängen erlebt. Alles erschien mir wie Ruinen, als hätte man sie schon so gebaut. Man pflasterte die Straßen in der Gewißheit, daß sie nach sechs Monaten erneut gepflastert werden müßten. Ich sah eine Stadt, die ein ungeduldiger Mann in aller Eile erbauen lassen haben mußte, und tatsächlich hat sie der Zar in neun Monaten das Licht der Welt erblicken lassen; doch diese neun Monate waren nur die Zeit der Geburtswehen; das Kind war vielleicht schon viel früher gezeugt worden. Indem ich über Petersburg nachsann, kam mir das Sprichwort in den Sinn: *Canis faestinans caecos edit catulos* [Ein eiliger Hund gebiert blinde Welpen][7]; doch einen Augenblick später, als ich das große Vorhaben bewunderte, sagte ich, von Hochachtung durchdrungen: *»Diu parturit leaena sed leonem.«* [Spät gebiert die Löwin, aber dann einen Löwen.][8] Ich prophezeie, daß Petersburg in einem Jahrhundert prächtig sein wird, doch es wird mindestens zwei Klafter höher liegen, und damit die großen Paläste nicht zu Ruinen zusammenfallen, wird man Pfahlwerk brauchen. Die barbarische Architektur, die die französischen Architekten hierherbrachten, um Häuser für die Hofschranzen zu bauen, wird geächtet werden. Monsieur Betzkoi, übrigens ein Mann von Geist, wird dann nicht mehr existieren, um Rastrelli und Rinaldi einem Pariser Delamotte den Vorzug zu geben, der ganz Petersburg erstaunen ließ, indem er ein dreigeschossiges Haus baute, das seines Erachtens bewundernswert war, da man die Treppen weder sehen noch erraten konnte.

Wir kamen in Moskau zur rechten Zeit an, wie unser Mann uns versprochen hatte. Da wir mit denselben Pferden reisten, war es nicht möglich, diese Strecke in kürzerer Zeit zurückzulegen; nur mit der Post geht es schneller. Als ich eines Tages darüber sprach, sagte ein Russe mir, die Zarin Elisabeth habe die Reise in zweiundfünfzig Stunden gemacht.

»Das will ich meinen«, sagte ein anderer Russe von altem Schrot und Korn, »die Zarin hatte einen Ukas[9] erlassen, und wenn sie gewollt hätte, hätte sie die Reise auch in kürzerer Zeit machen können. Sie hätte die Anzahl der Stunden nur vorzuschreiben brauchen.«

Es ist Tatsache, daß es zu meiner Zeit nicht erlaubt war, an der Unfehlbarkeit eines Ukas zu zweifeln; wer es wagte, einen Ukas, wie man dort einen Erlaß nennt, für undurchführbar zu halten, hätte sich dadurch einer Majestätsbeleidigung schuldig gemacht. Eines Tages ging ich in Petersburg auf einer kleinen Holzbrücke über einen Kanal. Ich war in Gesellschaft von Melissino, Papanelopulo und drei oder vier andern. Ich sprach einige tadelnde Worte über die kleine Brücke, die sehr jämmerlich erbaut und dem Einsturz nahe war. Einer meiner Begleiter sagte mir, bis zu dem und dem Tage werde die Holzbrücke durch eine schöne Steinbrücke ersetzt sein und der Öffentlichkeit übergeben, weil die Zarin sie passieren müsse. Da dieser Tag nur drei Wochen entfernt war, erklärte ich die Sache für unmöglich. Ein Russe sah mich schief an und sagte, man dürfe nicht daran zweifeln, denn es sei ein Ukas vorhanden, der es so anordne. Ich wollte etwas erwidern, aber Papanelopulo drückte mir stark die Hand und gab mir damit zu verstehen, daß ich schweigen sollte.

Die Brücke wurde nicht gebaut, aber ich bekam trotzdem nicht recht; denn die Zarin veröffentlichte einen zweiten Ukas, worin sie ankündigte, es sei ihr Wille, daß die besagte Brücke erst im Laufe des nächsten Jahres gebaut werde.

Die russischen Zaren haben stets die Sprache des Despotismus geführt und bedienen sich ihrer noch heute. Eines Morgens sah ich die Zarin in männlicher Kleidung, um auszureiten. Ihr Oberhofstallmeister, Fürst Repnin, hielt das Pferd, das sie besteigen sollte, am Zügel. Das Pferd gab dem Fürsten einen Huftritt, der ihm den Fußknöchel zerschmetterte. Mit erschütterter Miene befahl die Zarin, das Pferd solle verschwinden, und verbot bei Todesstrafe, das ungebärdige Tier jemals wieder vor ihre Augen zu bringen.

Noch heute entsprechen alle Ämter in Rußland einem gewissen militärischen Range; dies allein genügt schon, um die Art der Regierung zu kennzeichnen. Der Leibkutscher und desgleichen der Leibkoch der Zarin haben den Rang eines Obersten. Der Kastrat Luini hatte den eines Oberstleutnants, der Maler Torelli aber hatte nur den eines Hauptmanns, weil er nur achthundert Rubel jährlich bekam. Die Schildwachen, die vor den inneren Türen der Kaiserlichen Gemächer stehen, halten stets die Gewehre gekreuzt und fragen jeden, der eintreten will, nach seinem Rang, denn davon hängt es ab, ob sie ihre Gewehre runternehmen und ihn passieren lassen; das Wort heißt ›kakoi ran‹[10]. Als man mir diese Frage zum ersten Mal stellte und das Wort erklärte, wußte ich nicht, was ich sagen sollte. Der Offizier aber fragte mich, wie hoch meine Rente sei, und als ich aufs Geratewohl antwortete, ich hätte dreitausend Rubel, gab er mir Generalsrang und ließ mich passieren. In diesem Zimmer sah ich die Zarin einen Augenblick; sie blieb an der Tür stehen und zog ihre Handschuhe aus, um ihre schönen Hände den beiden Schildwachen zum Kusse zu reichen. Durch solch leutseliges Benehmen gewann sie sich die Liebe ihrer Garde, die von Gregor Gregorowitsch Orlow befehligt wurde und von der, im Falle einer Revolution, die Sicherheit ihrer Person abhing.

Als ich ihr zum ersten Mal in ihre Kapelle folgte, wo sie die Messe hören wollte, bemerkte ich folgendes: Der Bischof, der zelebrierte, empfing sie an der Kirchentür, um ihr das Weihwasser zu bieten; sie küßte ihm den Ring, während der Metropolit, den ein zwei Fuß langer Bart schmückte, sein Haupt neigte, um die Hand seiner Herrscherin zu küssen, die seine weltliche Gebieterin und zugleich sein geistliches Oberhaupt war. Während der ganzen Messe war von Frömmigkeit an ihr nichts zu merken; Heuchelei war ihrer nicht würdig. Sie beehrte bald diesen, bald jenen mit einem lächelnden Blick und richtete von Zeit zu Zeit das Wort an ihren Günstling, dem sie ohne Zweifel nichts zu sagen hatte; sie wollte ihn mit Ehren überhäufen, indem sie aller Welt zeigte, daß sie ihn auszeichnete und über alle anderen stellte.

Als sie eines Abends die Oper verließ, wo man Metastasios ›Olimpiade‹ gegeben hatte, hörte ich sie sagen: »Die Musik dieser Oper hat aller Welt viel Vergnügen gemacht; folglich bin ich von ihr entzückt, aber ich habe mich dabei gelangweilt. Die Musik ist etwas Schönes, aber ich begreife nicht, wie man sie leidenschaftlich lieben kann, wenn man dabei nichts Wichtiges zu tun oder zu denken hat. Ich lasse jetzt Buranello kommen; ich bin neugierig, ob es ihm gelingt, mich für die Musik zu interessieren.«

So ähnlich sprach sie immer. Ich werde am passenden Ort erzählen, was sie nach meiner Rückkehr von Moskau zu mir sagte. In Moskau stieg ich in einem guten Gasthof ab; man gab mir zwei Zimmer und stellte meinen Wagen in die Remise. Nach dem Essen mietete ich einen zweisitzigen Wagen und nahm einen Lohndiener an, der französisch sprach. Mein Wagen wurde von vier Pferden gezogen, denn Moskau besteht aus vier Städten[11], und wenn man viele Besuche zu machen hat, so gilt es, auf den gar nicht oder schlecht gepflasterten Straßen lange Wege zurückzulegen. Ich hatte fünf oder sechs Briefe, die ich sämtlich selbst zuzustellen gedachte. Da ich sicher war, daß ich nicht auszusteigen brauchte, nahm ich meine liebe Zaira mit, die sich mit der Neugier eines dreizehnjährigen Mädchens für alles interessierte. Ich erinnere mich nicht mehr, welches Fest die griechische Kirche an jenem Tage feierte, aber ich werde mich stets des betäubenden Geläutes der Glocken erinnern, die ich in allen Straßen hörte; denn überall sind Kirchen. Man machte damals die Aussaat für die Septemberernte und spottete darüber, daß wir acht Monate früher säen; sie behaupten, dies sei nicht nur nicht notwendig, sondern die Ernte werde sogar weniger reichlich. Ich weiß nicht, ob sie recht oder unrecht haben; aber es ist wohl möglich, daß wir ebenfalls recht haben.

Ich bestellte also alle Briefe, die ich in Petersburg vom Hofjägermeister, vom Fürsten Repnin, von meinem Bankier Papanelopulo und von Melissinos Bruder erhalten hatte. Am nächsten Vormittag erhielt ich die Besuche all jener, an die ich empfohlen worden war. Sie luden mich alle mit meiner geliebten Zaira zum Mittagessen ein. Ich nahm die Einladung des ersten, der kam, für denselben Tag an; dies war ein Monsieur Demidow. Den anderen sagte ich für die folgenden Tage der Reihe nach zu. Ich unterrichtete Zaira, wie sie sich zu benehmen hätte, und sie war hocherfreut, mir zeigen zu können, daß sie dieser Auszeichnung würdig sei. Reizend wie ein kleiner Engel, bezauberte sie überall die Gesellschaft, wohin ich sie mitnahm; diese gab sich aber gar keine Mühe zu ergründen, ob sie meine Tochter, meine Geliebte oder meine Dienerin war. In dieser Hinsicht, wie in hundert anderen, sind die Russen sehr vernünftige Leute. Wer Moskau nicht gesehen hat, kann nicht behaupten, daß er Rußland gesehen hat; denn die Petersburger Russen sind nicht die eigentlichen Russen. Bei Hofe sind sie ganz anders, als die Natur sie geschaffen hat; ja man kann sagen, in Petersburg sind die Russen Ausländer. Die Moskauer Bürger, besonders die Reichen, beklagen jeden, der aus Ehrgeiz oder aus Eigennutz oder seines Amtes wegen ›auswandert‹; denn ›auswandern‹ nennen sie es, wenn jemand fern von Moskau lebt, das sie als ihre eigentliche Heimat ansehen. Petersburg sehen sie gewissermaßen als die Ursache ihres Unglücks an. Ich weiß nicht, ob dies wahr ist; ich wiederhole nur, was man mir gesagt hat.

In acht Tagen sah ich alles: Fabriken, Kirchen, alte Denkmäler, naturgeschichtliche und andere Sammlungen und Bibliotheken. Diese letzten interessierten mich nicht. Ich sah auch die berühmte Glocke[12] und machte die Beobachtung, daß ihre Glokken nicht wie die unseren beweglich ausgehängt sind, sondern fest; man läutet sie mittels eines Seiles, das am Ende des Klöppels befestigt ist. Ich fand die Frauen in Moskau hübscher als in Petersburg. Sie sind sehr sanft und leicht zugänglich, und um von ihnen die Gunst eines Kusses auf den Mund zu erhalten, genügt es, wenn man so tut, als wenn man ihnen die Hand küssen wolle. Das Essen fand ich sehr reichlich, aber es ist nicht lecker zubereitet. Ihre Tafel ist stets für alle ihre Freunde gedeckt; ein Freund bringt ohne alle Umstände fünf oder sechs Menschen zum Essen mit, manchmal sogar erst gegen Ende der Mahlzeit. Es kommt nicht vor, daß ein Russe sagt: ›Wir haben schon gegessen. Sie kommen zu spät.‹ Solche Worte auszusprechen, bringen sie nicht übers Herz. Mag der Koch sehen, wie er fertig wird, das Essen fängt einfach wieder von neuem an; der Herr oder die Herrin bewirten die Gäste. Sie haben ein köstliches Getränk[13], dessen Namen ich vergessen habe, es ist aber weit besser als der Scherbet[14], den man in Konstantinopel bei allen großen Herren trinkt. Der Dienerschaft, die überall sehr zahlreich ist, gibt man kein Wasser zu trinken, sondern ein leichtes, angenehm schmeckendes und nahrhaftes Getränk[15], das auch sehr billig ist; denn für einen Rubel macht man ein großes Faß voll. Alle haben eine große Verehrung für den heiligen Nikolaus. Sie beten zu Gott nur durch die Vermittlung dieses Heiligen, dessen Bild sich stets in einer Ecke des Zimmers befindet, worin der Hausherr seine Besuche empfängt. Wer eintritt, macht die erste Verbeugung vor dem Heiligenbilde, die zweite vor dem Hausherrn. Ist zufällig ein solches Bild nicht da, so wird der Russe, dessen Augen das ganze Zimmer suchend durchmustern, bestürzt stehenbleiben und er weiß nicht, was er sagen soll; es ist, als wenn er den Kopf verloren hätte. Im allgemeinen sind die Russen die abergläubigsten Christen der ganzen Welt. Ihre Sprache ist slawisch, aber ihre Liturgie ist griechisch; das Volk versteht nichts davon, und der Geistlichkeit, die selber sehr wenig Bildung besitzt, ist es angenehm, das Volk in Unwissenheit zu erhalten. Ich konnte einem ›Kalogero‹[16], der Latein sprach, niemals begreiflich machen, warum wir Katholiken das Zeichen des Kreuzes von links nach rechts machen, während die griechischen Christen es von rechts nach links machen. Der einzige Grund ist der, daß wir sagen: *spiritus sancti*, während es in der griechischen Sprache *hagios pneuma* heißt. »Wenn Sie *pneuma hagios* sagen würden«, erzählte ich ihm, »würden Sie sich wie wir bekreuzigen, oder wir wie Sie, wenn wir *sancti spiritus* sagen würden.«

»Das Adjektiv«, antwortete er mir, »muß dem Substantiv vorangehen; denn man darf den Namen Gottes nicht aussprechen, ohne ein ehrendes Beiwort vorauszuschicken.«

Fast alle Unterschiede, die die beiden Religionsgemeinschaften trennen[17], sind von gleicher Art, ungerechnet eine Menge von Lügen, die sie gerade ebenso haben wie wir.

Wir kehrten in derselben Weise, wie wir gekommen waren, nach Petersburg zurück; aber Zaira wäre es am liebsten gewesen, wenn ich Moskau niemals verlassen hätte. Da sie beständig bei mir war, war sie so verliebt geworden, daß ich nicht ohne Betrübnis an den Augenblick denken konnte, wo ich sie würde verlassen müssen. Am Tage nach unserer Ankunft in Petersburg fuhr ich mit ihr nach Katharinenhof. Sie zeigte ihrem Vater alle kleinen Geschenke, die ich ihr gemacht hatte, und beschrieb ihm ausführlich alle Ehren, die man ihr als meiner Tochter erwiesen hatte. Der gute Mann lachte herzlich darüber.

Die erste Neuigkeit, die ich bei meiner Rückkehr vorfand, war ein Ukas, der die Errichtung einer großen Kirche in der Morskaja, gegenüber meiner Wohnung, anordnete. Diese Kirche sollte Gott geweiht sein. Die Erbauung hatte die Zarin dem Architekten Rinaldi anvertraut. Als der philosophische Baumeister ihr sagte, er müsse wissen, was für ein Emblem er über das Portal setzen solle, antwortete ihm die Herrscherin: »Kein Emblem; nur den Namen Gottes in großen Buchstaben; egal in welcher Sprache.«

»Ich werde ein Dreieck anbringen.«

»Kein Dreieck! ›Gott‹, sonst nichts.«

Die zweite Neuigkeit war die Flucht Baumbachs, dessen man in Mitau, wo er sich in Sicherheit glaubte, habhaft wurde. Monsieur de Simolin hatte ihn verhaftet. Der arme Narr saß im Gefängnis, und um seine Sache stand es böse, denn er hatte sich der Desertion schuldig gemacht. Er fand jedoch Gnade, indem man ihn nur nach Kamtschatka in Garnison schickte. Crèvecœur und seine Geliebte waren mit Geld abgereist. Ein Florentiner Abenteurer namens Bilioti war mit achtzehntausend Rubeln geflohen, um die er Papanelopulo geprellt hatte. Aber ein gewisser Bori, ein Leibeigener Papanelopulos, hatte ihn ebenfalls in Mitau gefaßt und ihn nach Petersburg zurückgebracht, wo er im Gefängnis saß.

Prinz Karl von Kurland traf um jene Zeit ein und ließ mir seine Ankunft melden. Ich machte ihm meinen Besuch. Er wohnte in einem Hause, das Monsieur Demidow gehörte. Dieser hatte als Besitzer von Eisenbergwerken sich den Spaß gemacht, das ganze Haus aus Eisen bauen zu lassen. Mauern, Treppen, Türen, Fußböden, Wände, Decken, Dach, alles war aus Eisen, nur die Möbel nicht. Einen Brand hatte er nicht zu befürchten. Der Prinz hatte seine Geliebte bei sich, die immer noch schlechter Laune war; er konnte sie nicht mehr ausstehen, weil sie in der Tat unerträglich war. Er war zu beklagen; denn er konnte sie nur loswerden, indem er ihr einen Gatten verschaffte; ein Gatte aber, wie sie ihn verlangte, fand sich nicht. Ich machte ihr einen Besuch; aber sie langweilte mich mit ihren Klagen über den Prinzen so sehr, daß ich mir vornahm, nicht wieder hinzugehen. Als der Prinz mich besuchte und meine Zaira sah und darüber nachdachte, mit welch geringen Kosten ich glücklich war und sie glücklich machte, da fühlte er, daß jeder vernünftige Mann, der das Bedürfnis nach Liebe hat, sich eine Konkubine halten sollte; aber die Neigung zum Luxus bei einem vernarrten Mann verdirbt alles und macht selbst die Süßigkeit bitter.

Man hielt mich für glücklich; ich gab mir auch gerne den Anschein, es zu sein, aber ich war es nicht. Seit meiner Gefangenschaft unter den Bleidächern litt ich an inneren Hämorrhoiden, die mich alljährlich drei- oder viermal belästigten. In Petersburg wurde dieses Leiden akut; täglich wiederkehrende unerträgliche Schmerzen im Mastdarm machten mich traurig und unglücklich. Ein achtzigjähriger Arzt namens Sinopaeus, den ich hatte rufen lassen, gab mir die traurige Diagnose, daß ich eine unvollständige, eine sogenannte blinde Fistel, auch Eitersack genannt, am Mastdarm habe; nur das grausame Skalpell könne eine Erleichterung verschaffen.

Seiner Meinung nach müßte mich bereit finden, die Operation ohne Zeitverlust zu ertragen. Vorerst müßte man die Höhe der Fistelausbreitung in Erfahrung bringen. Zu diesem Zwecke kam er am Tage, nachdem ich mich ihm anvertraut hatte, mit einem guten Wundarzt zu mir, der meinen Darm untersuchte, indem er ein Stück ölgetränkten Verbandmull in meinen Mastdarm einführte. Als er es herauszog, erkannte er die Lage und Ausdehnung, indem er die Stelle besah, wo sich ein kleiner feuchter Fleck auf dem Verbandpfropfen von der Flüssigkeit, die bei Öffnung der Fistel ausgetreten war, zeigte. Die kleine Öffnung der Fistel in meiner Vertiefung befände sich zwei Daumenbreiten vom Schließmuskel entfernt, meinte der Wundarzt. Die Ausdehnung meiner Fistel konnte viel größer sein. Mein Schmerz rühre daher, daß die beißende Eiterflüssigkeit, die den Herd fülle, das Fleisch zerfresse, um sich einen Ausgang zu verschaffen, was wiederum zu einer vervollkommneten Fistel führen und die Operation erleichtern würde. Nach dieser Öffnung, die sich die Natur verschaffen würde, meinte er, würden sich die Schmerzen lindern, dafür hatte ich jedoch durch das beständige Ausfließen des Eiters an dieser Körperstelle viel größere Beschwerden als bisher. Er riet mir, Geduld zu üben und auf die heilsamen Kräfte der Natur zu bauen. Er vermeinte mich zu trösten, indem er mir sagte, daß eine vollständige Fistel im Mastdarm eine in der ganzen Provinz weitverbreitete Krankheit sei; da man hier das ausgezeichnete Wasser der Newa trinke, das die Kraft hätte, den Körper zu reinigen, indem es die schlechten Säfte austreibe. Aus diesem Grunde beglückwünsche man in Rußland alle, die an Hämorrhoiden leiden. Diese unvollständige Fistel, die mich dazu zwang, nach einer bestimmten Diät zu leben, würde vielleicht heilsam für mich sein.

Der General der Artillerie Melissino lud mich zu einer Parade ein, die drei Werst von Petersburg stattfand, und wobei der kommandierende General Alexis Orlow[18] für die vornehmsten Eingeladenen ein Essen an einem Tisch mit vierundzwanzig Gedecken gab. Man sah dort Schießübungen mit einer Kanone, die zwanzig Schuß in der Minute abfeuern sollte. Ich fuhr mit dem Prinzen von Kurland hin; ich war erstaunt, daß alles stimmte.

Das Feldgeschütz wurde von sechs Artilleristen bedient und von ihnen zwanzigmal pro Minute geladen; auch im Vorrücken gegen den Feind schossen sie ebensooft. Ich habe es auf einer Uhr mit Sekundenzeiger in meiner Hand verfolgt. Innerhalb von drei Sekunden wurde das Geschütz in der ersten gereinigt, in der zweiten geladen und in der dritten abgefeuert.

Ich saß bei Tisch neben dem französischen Gesandtschaftssekretär. Er wollte einmal auf russische Art trinken, und da er den Ungarwein für ebenso unschuldig wie den leichten Champagner hielt, trank er so wacker, daß er nach Tisch nicht mehr auf den Beinen stehen konnte. Graf Orlow kurierte ihn, indem er ihn weitertrinken ließ, bis er sich erbrach und man ihn dann besinnungslos wegtragen konnte.

Bei diesem heiteren Mahl bekam ich einen Begriff von den Gebräuchen des Landes. *Fecundi calices quem non fecere disertum.* [Wen macht der Becher nicht beredt?][19] Da ich kein Russisch verstand, so erklärte mir Monsieur Zinowiew, der neben mir saß, alle Trinksprüche der Gäste, die jedesmal mit donnerndem Beifall begrüßt wurden. Man glänzte mit dem Glas in der Hand, indem man ihn auf die Gesundheit von irgend jemand ausbrachte, und dieser glänzte dann wieder, wenn er darauf antwortete.

Melissino erhob sich, einen großen Becher voll Ungarwein in der Hand. Alles schwieg, um zu hören, was er sagen würde. Er trank auf die Gesundheit seines Generals Orlow, der ihm gegenüber am anderen Ende der Tafel saß. Er rief: »Möchtest du an dem Tage sterben, wo du reich sein wirst!«

Einstimmiger Beifall belohnte ihn; denn er lobte mit diesem Spruch Monsieur Orlows Freigebigkeit. Man hätte allerlei dagegen einwenden können, aber in lustiger Gesellschaft nimmt man es nicht so genau. Orlows Antwort erschien mir weise und edler, obwohl auch sie tartarisch war; denn in ihr war ebenfalls vom Sterben die Rede. Er sprang auf, schwang ein volles Glas und rief: »Möchtest du nur von meiner Hand sterben!« Der Beifall war doppelt so stark und wollte nicht aufhören.

Der Geist der Russen ist kraftvoll und drastisch; sie suchen keine feine und geschickte Wendung, sondern wollen nur genau und scharf treffen.

Voltaire hatte damals gerade der Zarin seine ›Philosophie der Geschichte‹ gesandt, die er für sie geschrieben und ihr mit sechs Zeilen gewidmet hatte. Einen Monat darauf kam zu Schiff eine ganze Auflage von dreitausend Exemplaren an; diese verschwand in acht Tagen, denn alle Russen, die ein bißchen Französisch konnten, trugen das Buch in der Tasche. Die Häupter der Voltairianer waren zwei sehr geistreiche, adlige Herren, ein Stroganow und ein Schuwalow. Ich habe von dem ersteren Verse gesehen, die denen seines vergötterten Vorbildes nichts nachgaben; zwanzig Jahre später sah ich von dem zweiten einen prächtigen Dithyrambus[20]; aber der Gegenstand war gerade der Tod des großen Dichters, und das fand ich sehr seltsam; denn nie zuvor war eine solche Form für ein Thema der Trauer verwendet worden.

Zu jener Zeit kannten, lasen und rühmten die russischen Gebildeten aus dem Adel und den Offizierskreisen nur Voltaire, und wenn sie alles gelesen hatten, was Voltaire veröffentlicht hatte, glaubten sie ebenso klug zu sein wie ihr Apostel. Ich sagte ihnen, sie müßten die Bücher lesen, aus denen Voltaire sein Wissen geschöpft hätte; vielleicht würden sie dann noch mehr davon verstehen. Ich erinnere mich eines Weisen, der mir einmal in Rom sagte: ›Hüten wir uns, mit einem Manne zu streiten, der nur ein einziges Buch gelesen hat.‹ So waren die Russen zu jener Zeit, aber wie man erzählt und wie ich es glaube, sind sie heute viel gründlicher. Ich lernte in Dresden den Fürsten Beloselski kennen, der von seinem Gesandtenposten in Turin nach Rußland zurückkehrte. Der Fürst hat eine geometrische Darstellung der menschlichen Erkenntnisfähigkeit gegeben; er analysierte die Metaphysik. Sein Werkchen gibt dem Geist und der Vernunft mustergültig ihren Platz, und je öfter ich es lese, desto herrlicher finde ich es. Schade, daß ein Atheist Mißbrauch damit treiben kann.

Jetzt folgt eine Geschichte vom Grafen Panin, dem Lehrer des mutmaßlichen Erben des Reiches Paul Petrowitsch[21]. Der war ihm sehr gehorsam, denn er wagte nicht einmal in der Oper bei einer Arie, die Luini sang, Beifall zu klatschen, wenn er nicht die Erlaubnis dazu erhalten hatte.

Als der Kurier die Nachricht von dem plötzlichen Tode des römisch-deutschen Kaisers Franz I.[22] brachte, war die Zarin in Krasnoje Selo. Im Petersburger Palast befand sich der gräfliche Minister mit seinem erlauchten Zögling, der damals elf Jahre alt war. Der Kurier kam in der Mittagsstunde und übergab die Depesche dem Minister; dieser stand in der Mitte eines Kreises von Leuten, unter denen auch ich mich befand. Paul Petrowitsch stand zu seiner Rechten. Der Minister entsiegelte die Depesche, las sie ganz leise und sagte dann, ohne das Wort an einen Bestimmten zu richten: »Da kommt eine wichtige Nachricht: der römisch-deutsche Kaiser ist plötzlich gestorben.«

Hierauf wandte er sich zu dem Großfürsten und fuhr fort:

»Große Hoftrauer, die Eure Hoheit drei Monate länger tragen wird als die Zarin.«

»Warum denn?« fragte Paul.

»Weil Eure Hoheit als Herzog von Holstein das Recht hat, einen Sitz auf dem Reichstag einzunehmen, ein Vorrecht«, fügte er hinzu, indem er sich im Kreise umsah, »das Peter I. so sehr erstrebte und niemals erlangen konnte.«

Ich bemerkte, mit welcher Aufmerksamkeit der Großfürst auf die Worte seines Mentors hörte und wie er die Freude mit Haltung zu verbergen suchte, die er empfand. Diese Art der Belehrung gefiel mir sehr. Einem jungen Kopf Ideen zuzuwerfen und ihm selber die Mühe zu überlassen, sich damit auseinanderzusetzen, das fand ich sehr geschickt. Ich teilte meine Ansicht dem Fürsten Lobkowitz[23] mit, der neben mir stand, und dieser stimmte sehr eifrig in mein Lob ein. Fürst Lobkowitz war bei aller Welt beliebt. Man zog ihn noch seinem Vorgänger Esterházy vor, und das wollte viel sagen, denn Esterházy hatte am russischen Hofe über alles und über alle bestimmen können. Fürst Lobkowitz war mit seiner Heiterkeit und Liebenswürdigkeit die Seele aller Gesellschaften, die er besuchte. Er brachte der Gräfin von Brjuss, der ersten Schönheit bei Hofe, sehr eifrig seine Huldigungen dar, und kein Mensch hielt ihn für unglücklich verliebt.

Zwölf oder vierzehn Werst von Petersburg fand eine große Infanterieparade statt, der die Zarin mit allen ihren Hofdamen und höchsten Höflingen beiwohnte. Die zwei oder drei Dörfer, die in der Nähe lagen, hatten so wenige und noch dazu so erbärmliche Häuser, daß es sehr schwer war, eine Unterkunft zu finden. Trotzdem beschloß ich hinzufahren, hauptsächlich auch meiner Zaira zu Gefallen, die sich viel auf die Ehre zugute tat, sich mit mir in der Öffentlichkeit sehen zu lassen. Das Fest sollte drei Tage dauern, unter Melissinos Leitung sollten Feuerwerke stattfinden; es war eine Mine gelegt worden, um ein Fort in die Luft zu sprengen; außerdem sollten zahlreiche Truppen in der weiten Ebene exerzieren. Das alles versprach einen sehr interessanten Anblick. Ich fuhr mit Zaira in meinem Schlafwagen hin, der mir als Wohnung dienen konnte, wenn ich keine andere fand; übrigens befanden wir uns in der Zeit der Sommersonnenwende, wo es keine Nächte gibt.

Um acht Uhr morgens kamen wir in dem Orte an, wo an diesem Tage die Aufmärsche stattfinden sollten, die bis zum Mittag dauerten. Nach Abschluß fuhren wir vor ein Wirtshaus und ließen uns das Essen in unserem Wagen auftragen; denn das Haus war überfüllt.

Nach dem Essen bemühte mein Kutscher sich vergeblich, ein Nachtquartier zu finden. Da ich nicht nach Petersburg zurückfahren wollte, richteten wir uns darauf ein, in unserem Wagen zu wohnen. Ebenso machte ich es die ganzen drei Tage hindurch und war auf diese Weise viel besser aufgehoben als andere, die für eine erbärmliche Unterkunft viel Geld ausgegeben hatten. Melissino sagte mir, die Zarin habe die Art, wie ich mir zu helfen gewußt, sehr vernünftig gefunden. So hatte ich also ein richtiges fahrbares Haus und stellte mich überall dort auf, wo ich bequem und sicher die Aufmärsche an diesem Tag sehen konnte. Dazu kam, daß mein Wagen dafür gebaut war, um sich mit einer Geliebten wohl zu fühlen, denn er hatte ein Bett. Da ich der einzige war, der bei dieser Parade einen solchen Wagen hatte, so machte man mir Besuche, und Zaira als Dame des Hauses unterhielt sich vortrefflich in russischer Sprache, die ich ja leider nicht verstand. Rousseau, der große J.-J. Rousseau meinte zwar einmal, daß die russische Sprache ein Dialekt der griechischen sei. Ich finde, daß ein solcher Fehler einem so hervorragenden Genie nicht unterlaufen darf, und doch ist es passiert.

Ich unterhielt mich während dieser drei Tage sehr viel mit dem Grafen Tott, dem Bruder des Tott, der damals im diplomatischen Dienst in Konstantinopel stand und den man den Baron nannte. Wir hatten uns in Paris kennengelernt und uns später in Den Haag getroffen, wo ich das Vergnügen gehabt hatte, ihm nützlich sein zu können. Er hatte Frankreich den Rücken gekehrt, um Streitereien mit den Offizieren seines Regiments, die in der Schlacht bei Minden gekämpft hatten, zu vermeiden. Er war mit Madame Saltikow nach Petersburg gekommen, die er in Paris kennengelernt und in die er sich verliebt hatte. Er wohnte bei ihr, ging zu Hofe und war bei jedermann beliebt. Er war sehr heiter, ein schöner Mann und redegewandt.

Trotzdem ließ ihn zwei oder drei Jahre später die Zarin, als es wegen der Unruhen in Polen zum Krieg mit den Türken[24] kam, aus Petersburg ausweisen. Man behauptete, er unterhalte eine Korrespondenz mit seinem Bruder, der sich damals an den Dardanellen damit plagte, die Durchfahrt der von Alexis Orlow befehligten russischen Flotte zu verhindern. Was nach seiner Abreise aus Rußland aus ihm wurde, habe ich nicht erfahren. Er tat mir in Petersburg einen großen Gefallen, indem er mir fünfhundert Rubel lieh, zu deren Rückgabe ich noch keine Gelegenheit fand; aber ich bin ja noch nicht tot.

Ein griechischer Kaufmann, Maruzzi, der in Venedig ein großes Handelshaus gehabt, aber dieses aufgegeben hatte, um ganz seiner Freiheit zu leben, kam in jener Zeit nach Petersburg und wurde bei Hofe vorgestellt. Da er eine recht liebenswürdige Erscheinung war, fand er Zutritt zu allen großen Häusern. Die Zarin zeichnete ihn aus, weil sie ihr Auge auf ihn geworfen hatte, um ihn zu ihrem Geschäftsträger in Venedig zu machen. Er machte der Gräfin von Brjuss den Hof, aber er hatte Nebenbuhler, die ihn nicht fürchteten. So reich er war, hatte er doch nicht den Mut, sein Geld auszugeben; und in Rußland ist der Geiz eine Sünde, womit die Frauen kein Erbarmen kennen.

Ich machte in jenen Tagen kleine Reisen nach Zarskoje Selo, Peterhof, Oranienbaum und Kronstadt; denn man muß sich alles ansehen, wenn man irgendwohin reist und sagen können will: ich bin dagewesen! Ich schrieb über mehrere Probleme, um eine Anstellung im Staatsdienst zu erhalten. Ich reichte meine Arbeiten ein, und sie wurden auch der Zarin vorgelegt. Aber ich hatte keinen Erfolg damit. Man legt in Rußland nur auf Leute Wert, die man gerufen hat; wer von selber kommt, macht dort selten sein Glück. Man hat vielleicht recht.

FÜNFTES KAPITEL

Ich gedachte zu Anfang des Herbstes abzureisen, aber sowohl Monsieur Panin wie Monsieur Alsuwiow sagten mir fortwährend, ich dürfte nicht gehen, wenn ich nicht sagen könnte, daß ich mit der Zarin gesprochen hätte.

»Auch mir würde es leid tun«, antwortete ich ihnen; »da ich aber niemanden gefunden habe, um mich vorzustellen, so bleibt mir nichts anderes übrig, als mich überall über mein Mißgeschick zu beklagen.«

Endlich sagte Monsieur Panin mir eines Tages, ich möchte doch in der Morgenfrühe im Sommergarten spazierengehen, wo Ihre Kaiserliche Majestät häufig lustwandelte; wenn sie mir scheinbar zufällig begegnete, wäre es sehr wahrscheinlich, daß sie mich anreden würde. Ich sagte ihm, es wäre mir sehr angenehm, wenn ich Ihrer Majestät an einem Tage begegnen könnte, wo er bei ihr wäre. Er bezeichnete mir den Tag, und ich ging hin.

Während ich ganz allein spazierenging, besah ich mir die Statuen, die am Rande der Allee aufgestellt waren – Statuen aus schlechtem Sandstein und noch schlechter gemacht, die aber durch die auf ihrem Sockel eingemeißelten Namen eine komische Wirkung erzielten. Eine weinende Statue sollte Demokrit darstellen, eine andere lachende trug den Namen Heraklit, ein Greis mit langem Bart hieß Sappho und ein altes Weib mit schlotterndem Busen wurde Avicenna genannt. In demselben Geschmack war alles übrige. In diesem Moment sah ich die Herrscherin in der Mitte der Allee erscheinen. Graf Gregor Orlow ging vor ihr her, und zwei Damen folgten ihr. Graf Panin ging zu ihrer Linken. Ich trat beiseite, um sie vorüberzulassen, aber sobald sie in Sprechweite war, fragte sie mich lachend, ob die Schönheit der Statuen mich nicht sehr interessiert hätte. Ich schloß mich ihr an und antwortete: »Ich denke mir, man hat die Bilder hier aufgestellt, um Dummköpfen zu imponieren oder um solche, die ein bißchen von Geschichte wissen, zu erheitern.«

Die Zarin antwortete mir: »Ich weiß nur so viel, daß man meine gute Tante angeführt hat, die freilich wenig Wert darauf legte, solchen kleinen Täuschungen auf den Grund zu gehen. Übrigens hoffe ich, daß das, was Sie sonst bei uns gesehen haben, Ihnen nicht ebenso lächerlich vorgekommen ist wie diese Statuen.«

Ich würde einen Verstoß gegen Wahrheit und Höflichkeit begangen haben, wenn ich diese Erklärung einer so mächtigen Frau nicht verstanden hätte. Ich antwortete daher: das Lächerliche, das man in Rußland sehe, würde übertroffen durch das, was es hier zu bewundern gäbe. Hierauf unterhielt ich die große Herrscherin länger als eine Stunde von allem, was ich in Petersburg bemerkenswert gefunden hatte.

Eine Abschweifung führte mich auf den König von Preußen, und ich pries den großen Mann, tadelte jedoch in respektvoller Art seine Gewohnheit, den Leuten, mit denen er sprach, niemals Zeit zu einer vollständigen Antwort zu lassen. Hierauf fragte Katharina mich mit dem anmutigsten Lächeln nach den Gesprächen, die ich mit dem Herrscher gehabt hätte, und ich schilderte ihr alles in einer Weise, die sie offenbar interessierte. Sodann hatte sie die Güte, mir zu sagen, sie habe mich niemals am Cour-Tag gesehen. Der Cour-Tag war ein Instrumental- und Vokalkonzert, das sie jeden Sonntag nach dem Essen in ihrem Palais gab und wozu jedermann Zutritt hatte. Sie ging auf und ab und sprach hier und da ein Wort mit jenen, die sie auszeichnen wollte. Ich sagte ihr, ich sei nur ein einziges Mal dagewesen, da ich das Unglück habe, die Musik nicht zu lieben. Sie wandte sich zu Monsieur Panin und sagte lächelnd, sie kenne jemanden, der dasselbe Unglück habe. Sie meinte sich selbst.

Die Zarin unterbrach unsere Unterhaltung, um mit Monsieur Betzkoi zu sprechen, der an sie herangetreten war. Da Monsieur Panin sich von ihr verabschiedete, so verließ auch ich den Garten, ganz bezaubert von der Ehre, die mir zuteil geworden war.

Die Fürstin war von mittlerer Größe, gut gewachsen und von majestätischer Haltung. Sie besaß die Kunst, allen Liebe einzuflößen, von denen sie glaubte, daß sie neugierig seien, sie kennenzulernen. Ohne schön zu sein, war sie doch sicher, durch ihre Sanftmut, ihre Leutseligkeit und ihren Geist zu gefallen, um den geringsten Anschein von Hochmut zu vermeiden. Wenn sie so in Wirklichkeit nicht war, mußte ihre Bescheidenheit heldenhaft sein, denn sie hätte mit gutem Recht herrisch sein dürfen.

Einige Tage darauf sagte Monsieur Panin mir, die Zarin habe sich zweimal nach mir erkundigt und das sei ein sicheres Zeichen, daß ich ihr gefallen habe. Er riet mir, Gelegenheiten auszuspähen, um ihr zu begegnen, und versicherte mir, da sie bereits Geschmack an mir gefunden habe, so werde sie mich jedesmal zu sich heranrufen, wenn sie mich sehe, und wenn ich bestrebt sei, eine Anstellung zu erhalten, so wäre es wohl möglich, daß sie an mich dächte.

Obwohl ich selber nicht wußte, zu welchem Amt ich in einem Lande, das ich zudem nicht liebte, wohl tauglich sein könnte, so war es mir doch angenehm zu erfahren, daß ich mir mit leichter Mühe Zutritt bei Hofe verschaffen könnte. Infolgedessen ging ich jeden Morgen in dem Garten spazieren, und bald hatte ich ein zweites Gespräch mit ihr, das ich ganz genau mitteilen will.

Sie bemerkte mich von ferne und schickte mir einen Offizier, der mich einlud, näher zu kommen. Das Tagesgespräch war damals das Turnier, dessen Abhaltung durch das schlechte Wetter verhindert worden war. Sie fragte mich, um ein Gespräch anzuknüpfen, ob man auch in Venedig Schauspiele dieser Art geben könnte. In meiner Antwort machte ich eine Menge Bemerkungen über die Schauspiele, die man dort nicht geben, und über andere, die man nur dort und nirgends sonst geben könnte. Meine Ausführungen machten ihr viel Vergnügen. Bei dieser Gelegenheit sagte ich auch, das Klima meiner Heimat sei glücklicher als das russische, insofern, als die schönen Tage dort die Regel seien, während sie in Petersburg eine seltene Ausnahme seien, obwohl die Fremden das Jahr hier jünger fänden als sonstwo auf der Welt. »Sie haben recht«, sagte sie, »bei Ihnen ist das Jahr elf Tage älter.«

»Wäre es nicht eine Eurer Majestät würdige Handlung, den Gregorianischen Kalender[1] einzuführen? Alle protestantischen Länder haben sich angepaßt, sogar England nahm ihn vor vierzehn Jahren an, indem es die elf letzten Tage im Februar hat wegfallen lassen, es hat dabei schon mehrere Millionen gewonnen. Europa ist bei dieser allgemeinen Übereinstimmung erstaunt, Madame, daß der alte Stil sich noch in einem Staate erhält, dessen Herrscherin das augenscheinliche Oberhaupt der

Kirche ist und dessen Hauptstadt eine Akademie der Wissenschaften besitzt. Man glaubt, Madame, der unvergängliche Peter, der den Befehl gab, das Jahr mit dem ersten Januar zu beginnen, würde ebenfalls die alte Rechnungsweise abgeschafft haben, wenn er es nicht für notwendig gehalten hätte, sich nach England zu richten, das damals für den Handel des ungeheuren russischen Reiches die größte Bedeutung hatte.«

»Sie wissen doch«, sagte sie mit liebenswürdiger Miene und einem feinen Lächeln, »daß der große Peter kein Gelehrter war.«

»Madame, er war mehr als ein Gelehrter. Dieser Mann war ein Genie ersten Ranges. Wenn er keine wissenschaftliche Bildung besaß, so hatte er statt dessen ein feines Gefühl, und das ließ ihn ein richtiges Urteil fällen über alles, was er sah oder was nach seiner Meinung geeignet war, das Wohl seiner Untertanen zu vermehren. Sein großes Genie bewahrte ihn vor Irrtümern und setzte ihn in den Stand, Mißbräuche zu beseitigen.«

Die Zarin wollte mir antworten, aber sie bemerkte zwei Damen, die sie heranrufen ließ. Sie sagte mir: »Ich werde Ihnen mit Vergnügen ein anderes Mal antworten.« Hierauf wandte sie sich zu den Damen.

Dieses andere Mal geschah acht oder zehn Tage später, als ich bereits zu glauben begann, sie wolle nicht mehr mit mir sprechen. Denn sie hatte mich gesehen, aber nicht rufen lassen.

Sie redete mich mit den Worten an: »Was Sie zum Ruhme Rußlands gerne geschehen sähen, ist bereits gemacht. Alle Briefe, die wir nach fremden Ländern schreiben, alle öffentlichen Urkunden, die von irgendeiner geschichtlichen Bedeutung sein können, sind von jetzt an mit zwei Daten versehen, von denen das eine unter dem anderen steht. Daß das Datum, das dem anderen um elf Tage voraus ist, das moderne ist, weiß jedermann.«

»Darf ich es jedoch wagen, Eure Majestät, darauf aufmerksam zu machen, daß am Ende dieses Jahrhunderts der Unterschied der Tage zwölf betragen wird?«

»Durchaus nicht, auch dafür ist bereits gesorgt. Das letzte Jahr dieses Jahrhunderts, das bei Ihnen nach der gregorianischen Reform kein Schaltjahr ist, wird es auch bei uns nicht sein. Es bleibt also kein wirklicher Unterschied zwischen uns. Nicht wahr, diese Verkürzung genügt doch, da sie ein weiteres Umsichgreifen des Irrtums verhindert. Es ist sogar ein Glück, daß der Irrtum gerade elf Tage beträgt, denn da dies die Zahl ist, um welche jedes Jahr die Epakten[2] vermehrt werden, so können wir sagen, daß Ihre Epakte auch die unsrige ist, nur mit dem Unterschied eines Jahres. Wir haben sogar die gleiche Zahl in den elf letzten Tagen des tropischen Jahres.[3] Was die Feier des Osterfestes betrifft, so muß man die Leute reden lassen. Ihre westliche Tag-und-Nacht-Gleiche ist auf den einundzwanzigsten März festgesetzt, die unsrige auf den zehnten, und die Streitigkeiten unter den Astronomen bei uns gelten auch Ihnen; bald haben wir unrecht, bald Sie. Denn die Tag-und-Nacht-Gleiche tritt oftmals einen, zwei und sogar drei Tage früher oder später ein, und sobald wir die Tag-und-Nacht-Gleiche sicher bestimmen können, hat das Gesetz des Märzmondes[4] recht geringe Bedeutung. Sie wissen doch, daß Sie oft nicht einmal mit den Juden übereinstimmen, die angeblich ein vollkommenes System der Einschalttage[5] haben. Kurz und gut, der Unterschied des Datums der Osterfestfeier stört nicht im geringsten die öffentliche Ordnung und Sicherheit; er ist auch kein Hindernis für die wichtigen Gesetze, die ja die Grundlage für die Regierung sind.«

»Was Eure Majestät mir soeben gesagt haben, ist voller Weisheit. Sie haben mich mit höchster Bewunderung erfüllt; indessen, das Weihnachtsfest ...«

»Nur in diesem Punkt hat Rom allerdings recht; denn Sie wollten mir vermutlich sagen, daß wir Weihnachten nicht in den Tagen der Wintersonnenwende feiern, wie es eigentlich sein sollte. Wir wissen es, aber ich glaube, man darf es auch nicht so genau nehmen. Ich ziehe es vor, lieber diesen geringen Fehler zu dulden als allen meinen Untertanen eine große Betrübnis zu verursachen, indem ich elf Tage aus dem Kalender ausmerze und dadurch zwei oder drei Millionen um ihren Geburts- oder Namenstag bringe – ja sogar allen; denn man würde sagen, ich hätte durch einen unerhört despotischen Befehl ihr Leben um elf Tage verkürzt. Freilich würde man sich nicht laut beklagen, denn das ist hier nicht der Brauch; aber man würde sich ins Ohr flüstern, ich sei eine Atheistin und greife offenbar die Unfehlbarkeit des Konzils von Nicäa an. Diese einfältige Kritik wäre zwar im Grunde lächerlich, aber ich würde durchaus nicht darüber lachen: denn um mich zu erheitern, habe ich andere und viel angenehmere Themen.«

Die Zarin hatte das Vergnügen, mich überrascht zu sehen, und ließ mich dabei. Ich habe nicht daran gezweifelt, daß sie die

Thematik eigens studiert hatte, um mich zu verblüffen, oder daß sie sich nach unserem letzten Gespräch bei irgendeinem Astronomen über die Kalenderreform erkundigt hatte.

Einige Tage darauf sagte Monsieur Alsuwiow mir, es sei sehr wohl möglich, daß die Zarin eine kleine Abhandlung über dieses Thema gelesen habe, worin alles, was sie mir gesagt habe, ganz genau enthalten sei und sogar noch mehr. Übrigens sei es überhaupt möglich, daß Ihre Majestät tiefe Kenntnisse auf diesem Gebiet besitze.

Die Zarin sagte in sehr bescheidenem Ton und in einer sehr einfachen Redeweise ihre Meinung klar und deutlich, und ihr Geist schien ebenso unerschütterlich zu sein wie ihre gute Laune, deren immer gleiche Beständigkeit ihr lachendes Antlitz verkündete. Da diese lachende Miene ihr zur Gewohnheit geworden war, so kostete sie ihr wahrscheinlich keine Mühe; trotzdem ist sie deshalb zu bewundern, denn es gehört dazu eine Selbstbeherrschung, die die gewöhnlichen Regungen der menschlichen Natur im Zaume zu halten weiß. Das Verhalten der Herrscherin war das gerade Gegenteil der des Königs von Preußen, aber es war Zeugnis, daß ihr Genie größer war als das dieses Fürsten. Sie ermutigte durch einen äußeren Schein von Güte und hatte dadurch stets einen Vorteil, während die Schroffheit des Königs nicht selten dazu benutzt wurde, ihn zu täuschen. Katharina konnte mit ihrer liebenswürdigen Art viel mehr fordern und auch erreichen. Prüft man das Leben des preußischen Königs, so bewundert man seinen Mut, aber man sieht zugleich, daß er unterlegen wäre, wenn er nicht viel Glück gehabt hätte. Untersucht man dagegen das Leben der russischen Zarin, so findet man, daß sie offenbar auf den Beistand der blinden Göttin Fortuna sehr wenig gerechnet hat. Sie führte Unternehmungen durch, die vor ihrer Thronbesteigung in ganz Europa für groß gegolten hatten; anscheinend wollte sie den Erdteil überzeugen, daß sie sie für unbedeutend ansah.

Ich las kürzlich einen jener jüngsten modernen Zeitschriftenaufsätze, deren Schreiber sich absichtlich von ihrem Thema zu entfernen scheinen, um die Aufmerksamkeit der Leser auf ihre eigene Person zu lenken. Der Verfasser behauptet, Katharina II. sei glücklich gestorben, wie sie gelebt habe. Alle Welt weiß, daß die große Herrscherin von einem plötzlichen Tod ereilt wurde.[6] Wenn nun dieser Journalist diesen Tod einen glücklichen nennt, so liegt es daran, daß dies die Todesart ist, die er für sich selber wünscht, ohne es ausdrücklich zu sagen. Natürlich hat jeder seinen eigenen Geschmack, und wir können ihm nur wünschen, daß er einen solchen Tod findet, wie er ihm gefällt. Meinetwegen. Wenn aber für die Behauptung, daß dieser Tod ein glücklicher sei, die Voraussetzung gilt, daß der von ihm Betroffene ihn so gewünscht haben müsse – wer hat ihm denn gesagt, daß Katharina sich gerade diesen Tod gewünscht habe? Wenn er etwa glaubt, daß dieser Wunsch dem großen Geist entspreche, den alle Welt ihr zuschrieb, so kann man ihn fragen, mit welchem Recht er die Behauptung aufstellt, daß ein großer Geist einen plötzlichen Tod als das glücklichste Lebensende ansehen müsse. Etwa, weil er selber ihn dafür hält? Aber, wenn er kein Dummkopf ist, so muß er doch befürchten, daß er sich irren kann, und wenn er sich wirklich irrt, so erklärt er sich ja zum Dummkopf. Der Artikelschreiber ist also auf alle Fälle einer Dummheit überführt, einerlei, ob er sich irrt oder nicht. Um die Wahrheit zu erfahren, müßten wir die verstorbene Zarin selber befragen können. Wir würden etwa zu ihr sagen: ›Sind Sie wirklich froh, Madame, daß Sie eines plötzlichen Todes gestorben sind?‹

›Welche Dummheit! Eine solche Frage dürfte nur an einen verzweifelten Menschen gerichtet werden oder an eine Frau, deren schlechte Gesundheit sie befürchten ließe, daß sie nach langer und grausamer Krankheit einen schmerzhaften Tod erleiden würde. Ich befand mich weder in der einen noch in der anderen Lage; denn ich war glücklich und fühlte mich körperlich wohl. Ein größeres Unglück konnte mir gar nicht zustoßen, denn da ich nicht verrückt war, war dies das einzige, worauf ich nicht gefaßt sein mußte. Dieses Unglück hat mich gehindert, hundert Sachen durchzuführen, die ich sehr leicht hätte zu Ende bringen können, wenn Gott mir eine kleine Krankheit vergönnt hätte, deren Symptome mich auf die Möglichkeit meines Todes aufmerksam gemacht hätten. Sie können mir glauben, daß ich mich danach gerichtet hätte und daß es nicht nötig gewesen wäre, daß ein Arzt mich darauf hinwies. Aber so ist es nicht gewesen. Ein Befehl des Himmels hat mich gezwungen, die längste aller Reisen anzutreten, ohne mir Zeit zu lassen, mein Bündel zu schnüren, und in einem Augenblick, wo ich nicht vorbereitet war. Soll man mich etwa wegen dieses Todes glücklich nennen, weil ich nicht die Qual gehabt habe, ihn kommen zu sehen? Wenn man annimmt, ich würde nicht den Mut gehabt haben, mich in Frieden einem Naturgesetz zu fügen, das für mich wie für alle Sterblichen gilt, so traut man mir offenbar eine Feigheit zu, die ich bei Lebzeiten niemals gezeigt zu haben glaube. Heute, da Sie nur meinen Geist vor sich sehen, kann ich Ihnen versichern, daß ich mich glücklich schätzen würde, wenn der gar zu strenge Befehl des Himmels, der mich plötzlich dahinraffte, mir einen Aufschub von vierundzwanzig Stunden ruhiger Überlegung gelassen hätte. Dann würde ich mich nicht über seine Ungerechtigkeit beklagen.‹

›Wie, Madame, Sie klagen Gott der Ungerechtigkeit an?‹

›Das ist ganz natürlich; denn ich bin ja verdammt. Glauben Sie, ein Verdammter, so schwer er auch bei Lebzeiten gesündigt haben möge, könne das Urteil gerecht finden, das ihn dazu verdammt, für die Ewigkeit unglücklich zu sein?‹

›Das halte ich allerdings nicht für möglich, aber ich denke, es hätte Ihnen ein gewisser Trost sein können, wenn Sie die Verurteilung als gerecht anerkennen müßten.‹

›Der Gedankengang ist richtig, aber ein Verdammter muß stets untröstlich sein.‹

›Trotzdem gibt es Philosophen, die gerade wegen dieses Todes Sie glücklich schätzen.‹

›Das sind keine Philosophen, sondern Dummköpfe; denn was ich Ihnen gesagt habe, beweist, daß mein plötzlicher Tod mich zu einer Unglücklichen erklärt hat, selbst wenn ich mich heute glücklich fühlen sollte.‹

›Ein starker Gedanke! Aber dürfte ich mir die Frage erlauben, ob Sie zugeben, daß auf einen unglücklichen Tod ein ewiges Glück folgen kann oder umgekehrt: eine ewige Verdammnis auf einen glücklichen Tod?‹

›Das sind zwei Dinge, die außerhalb des Bereiches der Möglichkeit liegen. Das ewige Glück ergibt sich aus dem seligen Zustande, worin die Seele sich in dem Augenblick befindet, da sie die Materie verläßt, gerade so wird die ewige Verdammnis einer Seele zuteil, die dann scheidet, wenn sie von Gewissensbissen gepeinigt und von vergeblicher Reue verzehrt wird. Doch genug davon: die Strafe, zu der ich verdammt bin, erlaubt mir nicht, noch länger mit Ihnen zu sprechen.‹

›Aber sagen Sie mir wenigstens: was ist das für eine Strafe?‹

Nach dieser langen poetischen Abschweifung wird der Leser

mir Dank sagen, wenn ich wieder zu meiner Erzählung zurückkehre.

Monsieur Panin sagte mir, die Zarin werde in zwei oder drei Tagen nach Krasnoje Selo abreisen. Ich fand mich daher wieder im Garten ein, in der Voraussicht, daß es zum letzten Male sein werde.

Ich befand mich seit einigen Augenblicken im Garten, als es zu regnen begann. Ich wollte mich daher entfernen, aber in diesem Augenblick ließ die Zarin mich rufen und in einen zu ebener Erde gelegenen Raum eintreten, worin sie mit Gregor Gregorowitsch und einer Hofdame auf und ab ging.

»Ich vergaß«, sagte sie mit Würde und liebenswürdigstem Wohlwollen, »Sie zu fragen, ob Sie die Kalenderreform für völlig fehlerfrei halten.«

»Gewiß nicht, Madame; die Reform gibt ja die Abweichung selber zu; aber die Abweichung ist so klein, daß sich eine merkliche Änderung im Maß des Sonnenjahres erst nach neun- oder zehntausend Jahren bemerkbar machen kann.«

»Das habe ich ebenfalls gefunden, und mir scheint daher, daß unter diesen Umständen Papst Gregor die Abweichung nicht hätte zugeben dürfen. Ein Gesetzgeber darf sich niemals schwach und so übertrieben genau zeigen. Ich mußte lachen, als ich vor einigen Tagen sah, daß ohne die Beseitigung des Grundfehlers durch Ausfall eines Schalttages am Ende jeden Jahrhunderts die Welt nach Ablauf von fünfzigtausend Jahren ein ganzes Jahr zuviel gehabt hätte, indem während dieses Zeitraumes die Tag-und-Nacht-Gleiche einhunderteinunddreißigmal durch alle Tage des Jahres sich rückwärts verlagert hätte. Infolgedessen hätte man Weihnachten zehn- bis zwölftausendmal im Sommer gefeiert. Das Oberhaupt der römischen Kirche fand bei der Durchführung seiner weisen Maßregel eine Gefügigkeit, die er in meiner Kirche nicht gefunden haben würde; denn diese hält überaus peinlich an ihren alten Gebräuchen fest.«

»Ich habe mir stets eingebildet, Eure Majestät würden auch in Ihrer Kirche Gehorsam gefunden haben.«

»Daran zweifle ich nicht; aber wie tief würde es meine Geistlichkeit betrübt haben, wenn sie auf etwa hundert Heiligenfeste hätte verzichten müssen, die auf die elf fehlenden Tage gefallen wären! Die römische Kirche hat für jeden Tag nur einen Heiligen, wir aber haben zehn oder zwölf. Ich möchte außerdem noch bemerken, daß alle alten Staaten an ihren alten Gesetzen hängen; sie meinen, sie müssen ja gut sein, weil sie sich so lange gehalten haben. Man hat mir gesagt, Ihre Republik beginne ihr Jahr mit dem ersten März, und ich finde diesen Brauch nicht etwa barbarisch, sondern im Gegenteil als ein angebrachtes ehrenvolles Denkmal, das für das Alter von Venedig zeugt. Übrigens meine auch ich, es ist richtiger, das Jahr am ersten März als am ersten Januar zu beginnen. Aber verursacht dieser Brauch nicht mancherlei Verwirrung?«

»Durchaus nicht, Madame. Die beiden Buchstaben M. V.[7], die wir in den Monaten Januar und Februar dem Datum hinzufügen, machen einen Irrtum unmöglich.«

»Venedig zeichnet sich auch durch sein Wappen aus, das von allen Regeln der Heraldik abweicht; denn man kann es genaugenommen kein Wappenschild nennen. Es unterscheidet sich auch durch die scherzhafte Art, wie Ihr Schutzpatron dargestellt ist, und durch die fünf lateinischen Worte, die sich an den Evangelisten Markus richten und worin, wie man mir gesagt hat, ein grammatikalischer Fehler vorkommt[8], der durch sein Alter ehrwürdig geworden ist. Aber ist es wahr, daß Sie die vierundzwanzig Stunden des Tages in zweimal zwölf Stunden teilen?«

»Ganz recht, Madame, und wir beginnen die Stundenzählung mit dem Einbruch der Nacht.«[9]

»Da sehen Sie die Macht der Gewohnheit! Ihnen erscheint dies bequemer, und ich finde es sehr unbequem.«

»Eure Majestät würde durch einen Blick auf die Uhr sofort erfahren, wieviel Stunden der Tag noch dauern wird, und brauchte nicht auf den Kanonenschuß der Zitadelle zu hören, die die Einwohner benachrichtigt, daß die Sonne unsere Erdhalbkugel verlassen hat.«

»Das ist richtig, aber wenn Sie den einen Vorteil haben, zu wissen, wieviel Uhr es am Ende des Tages ist, so haben wir dafür zwei Vorteile: wir wissen, daß es um zwölf Uhr stets entweder Mittag oder Mitternacht ist.«

Hierauf sprach die Zarin mit mir über die Sitten der Venezianer, besonders über ihre Neigung zum Glücksspiel. Sie fragte mich bei dieser Gelegenheit, ob die Genueser Lotterie bereits bei uns eingerichtet sei, und bemerkte: »Man hat mich überreden wollen, sie in meinem Staate zu erlauben. Ich wäre einverstanden gewesen, aber nur unter der Bedingung, daß der Einsatz nicht weniger als einen Rubel betragen dürfte, damit die Armen nicht spielen würden, denn da sie nicht rechnen können, glaubten sie sicher leicht eine Terne[10] zu gewinnen.«

Ich antwortete auf diese weise Bemerkung durch eine untertänigste Verbeugung, und dies war das Ende der letzten Unterhaltung, die ich mit der großen Frau hatte. Sie hat es verstanden, fünfunddreißig Jahre lang zu regieren, ohne auch nur einen einzigen wesentlichen Fehler zu begehen oder jemals das richtige Maß zu verlieren.

Kurz vor meiner Abreise gab ich allen meinen Freunden ein Festmahl in Katharinenhof mit einem schönen Feuerwerk, das mich nichts kostete, denn es war ein Geschenk meines Freundes Melissino. Mein Abendessen an einer Tafel mit dreißig Gedecken war auserlesen und mein Ball glänzend. Trotz der Schmalheit meiner Börse hielt ich mich für verpflichtet, meinen guten Freunden für die vielen Aufmerksamkeiten, die sie mir erwiesen hatten, dieses Zeichen meiner Dankbarkeit zu geben.

SECHSTES KAPITEL

Im Oktober 1765 reist Casanova von Petersburg nach Warschau. Seine Reisebegleiterin ist die Schauspielerin Valville, die bis Königsberg seinen Schlafwagen teilt.

Da der Regen die Straßen aufgeweicht hatte, brauchten wir acht Tage, um nach Riga zu gelangen, wo ich den Prinzen Karl von Kurland nicht mehr antraf. Von Riga benötigten wir noch vier Tage bis Königsberg, wo die Valville, die in Berlin erwartet wurde, mich verlassen mußte. Wir trennten uns sehr heiter und ohne daß jene traurigen Gedanken, die üblicherweise solche Trennungen begleiten, unsere gute Laune trübten. Wir waren nur deshalb ein Liebespaar gewesen, weil wir uns aus der Liebe selbst nicht viel gemacht hatten; aber zwischen uns hatte sich eine aufrichtige Freundschaft entwickelt.

In Klein-Roop, einem Ort nicht weit von Riga, wo wir die Nacht verbrachten, bot sie mir ihre Diamanten und all ihr Geld an. Wir wohnten bei der Gräfin von Löwenwolde, der ich einen Brief der Prinzessin Dolgoruki überbracht hatte. Die Dame hatte bei ihren Kindern als Erzieherin Campionis Frau, die hübsche Engländerin, die ich im vergangenen Jahr bei meiner Durchreise in Riga kennengelernt hatte.[1] Sie sagte mir, ihr Mann sei in Warschau und wohne bei Villiers. Sie gab mir einen Brief für ihn, in dem sie ihn bat, an sie zu denken. Ich versprach ihr, ihn zu veranlassen, daß er ihr Geld schickte; ich habe Wort gehalten. Ich fand die kleine Betty immer noch reizend, doch wurde sie immer noch von ihrer grausamen Mutter, die auf sie eifersüchtig zu sein schien, schlecht behandelt.

Da ich nun in Königsberg allein geblieben war, so verkaufte ich meinen Schlafwagen und nahm einen Platz in einem viersitzigen Mietswagen, um die Reise nach Warschau zu machen. Meine drei Begleiter waren Polen, die nur deutsch sprachen; so langweilte ich mich denn in den sechs Tagen, die diese unangenehme Reise dauerte, sehr. In Warschau stieg ich bei Villiers ab, wo ich sicher war, meinen alten Freund Campioni zu treffen.

Ich fand ihn bei bester Gesundheit und in einer schönen Wohnung. Er führte eine Tanzschule, und die vielen Schüler und Schülerinnen brachten ihm genug Geld ein, um gut zu leben. Er war hocherfreut, Nachrichten von Fanny und den Kindern zu erhalten, und schickte ihr Geld, dachte aber nicht daran, sie nach Warschau kommen zu lassen, wie sie es wünschte. Er versicherte mir, Fanny sei gar nicht seine Frau.

Er erzählte mir, der bekannte Marquis Darragon sei aus Warschau abgereist, nachdem er sein ganzes Geld, das er in Rußland gewonnen hatte, hier verloren habe, da er Gaunern in die Hände gefallen sei, die ihm überlegen waren. Ganz Warschau war voll von ihnen. Am weitesten haben es Tomatis, der Leiter der Opera Buffa, und eine Mailänder Tänzerin, eine gewisse Catai, gebracht, die mehr durch ihre Reize als durch ihr Talent die Stadt und den Hof entzücke; aber sie hat nur Augen für Tomatis. Das Glücksspiel war erlaubt; er nannte mir die Spieler, die ein offenes Haus hielten. Eine Veroneserin, namens Giropoldi, die mit einem lothringischen Offizier, Bachelier, zusammenlebte, hielt eine Pharaobank; eine Tänzerin, die früher die Geliebte des berüchtigten Afflisio[2] in Wien gewesen war, lockte die Kunden an. Sie gab sich als Jungfrau aus; es war jedoch dieselbe, von der Afflisio eine Tochter hatte, die er im ›Conservatori dei Mendicanti‹ erziehen ließ und die sich mit ihm in Bologna befand, als er auf Befehl des Erzherzogs Leopold, Großherzog von Toskana, festgenommen wurde und bis ans Ende seiner Tage auf die Galeeren geschickt wurde. Ein anderer Gauner, der mit einer hübschen Sächsin zusammenlebte, war der Major Saby. Der Baron de Sainte-Hélène[3] war ebenfalls in Warschau, aber sein Haupttalent bestand nur darin, Schulden zu machen und seine Gläubiger zum Warten zu überreden. Er wohnte ebenfalls in dem Gasthof mit seiner hübschen und anständigen Frau, die von seinen Geschäften nichts wissen wollte. Campioni erzählte mir außerdem von verschiedenen anderen Abenteurern, deren Gesellschaft ich in meinem eigenen Interesse sorgfältig meiden müßte. Es war mir sehr lieb, von ihm diese Warnung zu erhalten.

Am nächsten Tage nahm ich einen Lohndiener und einen monatlich zu bezahlenden Wagen, der in Warschau unentbehrlich war, weil es unmöglich war, zu Fuß zu gehen. Es war gegen Ende Oktober 1765.

Mein erster Besuch galt dem Fürsten Adam Czartoryski, dem Gouverneur von Podolien, für den ich einen Brief des englischen Gesandten hatte. Ich fand ihn vor einem großen, mit Papieren bedeckten Tisch, von etwa vierzig oder fünfzig Menschen umringt, in einer sehr großen Bibliothek, die er sich auch als Schlafzimmer eingerichtet hatte. Er war zwar mit einer sehr hübschen Gräfin Fleming verheiratet, hatte mit ihr aber noch kein Kind gezeugt, weil er sie nicht liebte, da er sie zu mager fand.

Nachdem er den vier Seiten langen Brief gelesen hatte, den ich ihm überbrachte, sagte er mir sehr vornehm in geziertem Französisch, er halte große Stücke auf die Person, die mich empfehle; da er aber für den Augenblick sehr beschäftigt sei, so bitte er mich, mit ihm zu Abend zu speisen, wenn ich nichts Besseres zu tun habe.

Ich stieg wieder in meinen Wagen und ließ mich zum Prinzen Sulkowski fahren, der soeben zum Gesandten am Hofe Ludwigs XV. ernannt worden war. Der Fürst war der älteste von vier Brüdern; er hatte einen tiefschürfenden Verstand und war voll von Plänen; alle schön, aber alle im Geschmack des Abbé de Saint-Pierre[4]. Er war gerade dabei, zum Kadettenkorps zu fahren. Er las meinen Brief und sagte mir, er habe viel mit mir zu besprechen. Falls ich nichts anderes zu tun hätte, würde er gerne mit mir allein um vier Uhr speisen. Ich antwortete, es würde mir eine Ehre sein.

Von dort fuhr ich zu einem Geschäftsmann namens Kempinsky, der mir im Auftrage Papanelopulos jeden Monat fünfzig Dukaten auszahlen sollte. Mein Diener sagte mir, im Theater finde die Probe einer neuen Oper statt, wozu jedermann Zutritt habe. Ich begab mich hin und verbrachte dort drei Stunden; ich kannte unter den Anwesenden keinen Menschen, und niemand erkannte mich. Ich fand die Schauspielerinnen und Tänzerinnen hübsch, besonders aber die Catai als Primaballerina; obwohl sie keinen Schritt tanzen konnte. Trotzdem fand sie allgemeinen Beifall, besonders auch von seiten des russischen Gesandten, Fürst Repnin, der in sehr herablassendem Tone sprach.

Fürst Sulkowski behielt mich vier fürchterliche Stunden bei Tisch und prüfte mich auf allen Gebieten, nur nicht auf denen, wo ich etwas wissen konnte. Seine Stärke waren Politik und

Handel, und da er fand, daß ich davon gar nichts verstand, so glänzte er und faßte eine große Zuneigung zu mir; wie ich glaube, gerade darum, weil er in mir nur einen Bewunderer sah.

›Da ich nichts Besseres zu tun hatte‹ – eine Redensart, die alle polnischen großen Herren im Munde führten –, so ging ich gegen neun Uhr zum Fürsten Adam, der der Gesellschaft meinen Namen nannte und mir hierauf alle anwesenden Personen vorstellte. Es waren Seine Gnaden der Fürstbischof von Ermland, Monsignore Krasicki, der Kronanwalt Rzewuski, den ich in Petersburg gesehen hatte, der Freund der kurz vorher an den Blattern gestorbenen Langlade; der Woiwode von Wilna, Oginski, und der General Ronikier nebst zwei anderen Herren, deren Namen ich nicht behalten habe. Die letzte, die er mir nannte, war seine Frau, die ich sehr hübsch fand. Eine Viertelstunde darauf sah ich einen schön gewachsenen Adligen eintreten, bei dessen Anblick alle Anwesenden sich erhoben. Fürst Adam nannte meinen Namen, wandte sich hierauf zu mir und sagte in sehr kaltem Tone: »Das ist der König.«[5]

Diese Art, einen Fremden mit einem Monarchen bekannt zu machen, hatte sicherlich weder etwas Entmutigendes, noch blendete die Majestät; nichtsdestoweniger war es für mich eine Überraschung, und allzu große Einfachheit kann verwirren. Den Gedanken, daß der Fürst sich über mich lustig machen könnte und mir eine Schlinge legte, wies ich sofort von mir. Ich trat zwei Schritte vor, und in dem Augenblick, als ich das Knie beugen wollte, gab seine Majestät mir mit leutseliger Miene die Hand zum Kuß. Als er mich anreden wollte, gab Fürst Adam ihm den Brief des englischen Gesandten, mit dem er ebenfalls sehr gut bekannt war. Der König begann diesen Brief zu lesen, ohne sich zu setzen; hierauf stellte er mir allerlei Fragen über die Zarin und über die vornehmsten Persönlichkeiten der Hofgesellschaft; er schien sich sehr für Einzelheiten zu interessieren, die ich ihm erzählen konnte.

Als eine Viertelstunde später verkündet wurde, es sei serviert, ging der König in fortwährendem Gespräch mit mir zur Tafel und ließ mich zu seiner Rechten Platz nehmen. Der Tisch war rund. Alle aßen, außer dem König, der wahrscheinlich keinen Appetit hatte, und mir, der sich nicht hätte einfallen lassen, Appetit zu haben, selbst wenn ich nicht gerade vom Essen des Fürsten Sulkowski gekommen wäre – so sehr schmeichelte mir die

Ehre, daß die ganze Gesellschaft aufmerksam meinen Bemerkungen lauschte.

Nach Tisch machte der König in sehr huldvoller und vornehmer Weise Anmerkungen zu allem von mir Gesagten. Als er sich zurückzog, sagte er mir, er werde mich stets mit großem Vergnügen an seinem Hofe sehen, und Fürst Adam sagte mir seinerseits, wenn ich von ihm seinem Vater vorgestellt zu werden wünschte, möchte ich ihn nur am nächsten Tag um elf Uhr aufsuchen.

Der König von Polen war von mittlerer Größe, aber sehr gut gewachsen. Sein Gesicht war nicht schön, aber durchgeistigt und anziehend. Er war kurzsichtig, und wenn er nicht sprach, lag auf seinen Zügen ein Anflug von Melancholie; wenn er dagegen sprach, belebte er sich und glänzte durch seine Beredsamkeit. Er besaß auch das Talent, alle Bemerkungen, die es erlaubten, mit feinem Witz zu würzen.

Mit diesem ersten Auftreten recht zufrieden, kehrte ich nach meinem Gasthof zurück, wo ich Campioni in angenehmer Gesellschaft von Mädchen und Spielern fand, die noch nicht ihr Abendessen beendet hatten. Nachdem ich mich eine halbe Stunde lang mehr aus Neugier als aus Neigung bei ihnen aufgehalten hatte, zog ich mich zurück.

Am nächsten Tage zur bezeichneten Stunde machte ich die Bekanntschaft des prachtliebenden Woiwoden von Rußland.[6] Der hohe Herr stand im Schlafrock in einem Kreise von Edelleuten, die die polnische Nationalkleidung mit den hohen Stiefeln trugen; sie hatten Schnurrbärte, und ihre Köpfe waren glattrasiert. Er sprach mit einem jeden von ihnen mit leutseliger, aber ernster Miene. Sobald sein Sohn, der ihn wohl unterrichtet hatte, meinen Namen nannte, erheiterte sich sein Gesicht, und er empfing mich, indem er weder Hochmut noch Vertraulichkeit zeigte. Er war kein ausgesprochen schöner Mann, hatte aber ein gutgeschnittenes Gesicht, zeigte vornehmes Benehmen und Gewandtheit in der Ausdrucksweise. Er schüchterte nicht ein, aber er ermutigte auch nicht; dies setzte ihn in den Stand, einen Menschen, den er kennenlernen wollte, zu beobachten, wie er wirklich war. Als er erfuhr, daß ich in Rußland mich nur unterhalten und mit der Hofgesellschaft verkehrt hatte, zog er den Schluß, daß ich in Polen mich in derselben Absicht aufhielte, und sagte mir, er werde mir Gelegenheit verschaffen, die ganze vornehme Gesellschaft kennenzulernen. Er fügte hinzu: da ich wie ein Junggeselle für mich allein lebe, so würde ich ihm ein Vergnügen machen, wenn ich alle Tage morgens und abends an seinem Tisch essen würde, falls ich nicht anderweitig eingeladen wäre.

Nachdem er sich hinter einen Wandschirm zurückgezogen hatte, ließ er sich ankleiden; hierauf erschien er, in der Uniform seines Regiments, nach französischer Mode mit einer blonden Zopfperücke und mit langen Koteletten, in der Kleidung wie der verstorbene König August III.[7] Er machte allen Anwesenden eine Verbeugung und begab sich dann in das Innere seiner Gemächer, wo seine Gemahlin, die Woiwodna, wohnte.

Sie litt noch an den Nachwehen einer Krankheit, der sie ohne die Sorgfalt des Doktors Reumann, eines Schülers des großen Boerhaave, erlegen sein würde. Die Dame entstammte der inzwischen erloschenen Familie Dönhoff, als deren letzte Erbin sie dem Woiwoden ein unermeßliches Vermögen zugebracht hatte. Er trat aus dem Orden der Malteser-Ritter aus, als er sie heiratete, und hatte sie durch einen Zweikampf zu Pferde mit Pistolen gewonnen. Die Dame hatte ihr Wort gegeben, den Sieger zu heiraten, und der Prinz hatte das Glück, seinen Nebenbuhler zu töten. Die Kinder aus dieser Ehe waren Fürst Adam und eine Prinzessin, die jetzt verwitwet und unter dem Namen Lubomirska bekannt ist; früher nannte man sie Straznikowa nach dem Range, den ihr Gatte in der königlichen Armee einnahm. Dieser Woiwode von Rußland und sein Bruder, der Großkanzler von Litauen, waren die ersten Anstifter der Unruhen in Polen, die damals erst entstanden. Die beiden Brüder waren unzufrieden mit der geringen Beachtung, die ihnen bei Hofe zuteil wurde; denn König August III. tat nur, was sein Günstling und Premierminister, Graf Brühl, wollte. Sie stellten sich daher an die Spitze der Verschwörung, die den regierenden König absetzen wollte, um unter dem Schutze Rußlands ihren Neffen auf den Thron zu setzen – einen jungen Mann, der als Edelmann im Gefolge einer Gesandtschaft in Petersburg gewesen war und die Gunst der Großfürstin, die bald darauf Zarin wurde und die in diesem Jahre, 1797, starb, zu gewinnen verstanden hatte. Dieser junge Mann war Stanislaus Poniatowski[8], der Sohn von Konstanzia Czartoryska, Schwester der beiden Brüder und des berühmten Poniatowski, des Freundes von Karl XII.[9] Das Glück wollte, daß es nicht einer Verschwörung bedurfte, um einen

Thron zu besteigen, dessen er *dignus fuisset, si non regnasset* [würdig gewesen wäre, wenn er nicht ohnedies schon regiert hätte]. Der König, den sie absetzen wollten, starb, und die Verschwörer konnten nun in aller Offenheit vorgehen. Ich möchte meinen Leser mit der Wiederholung der Ereignisse, die Stanislaus auf den Thron brachten, nicht langweilen. Als ich in Warschau ankam, regierte er seit fast zwei Jahren. Ich fand Warschau in vollem Glanz; denn man traf eben die Vorbereitungen, den Reichstag dort abzuhalten, und jeder war ungeduldig, zu sehen, welche Ansprüche Katharina II. dafür erheben würde, daß sich Polen einen König geben konnte.

Als ich zum Mittagessen kam, fand ich beim Woiwoden von Rußland drei Tafeln zu je dreißig bis vierzig Gedecken, und man sagte mir, für eine solche Anzahl von Gästen werde jeden Tag gedeckt. Der Luxus des Hofes verblaßte vor der Prachtentfaltung des Woiwoden von Rußland. Fürst Adam sagte zu mir: »Monsieur, an der Tafel meines Vaters wird stets ein Gedeck für Sie aufgelegt sein.«

Er stellte mich an demselben Tag seiner Schwester, der netten Prinzessin, sowie auch mehreren Woiwoden und Starosten[10] vor. Da ich nicht verfehlte, allen diesen hohen Herrschaften meinen Besuch zu machen, so war ich in weniger als vierzehn Tagen in allen großen Häusern bekannt und wurde überall zu Galaessen und Bällen eingeladen, die fast jeden Tag bei dem einen oder anderen stattfanden.

Da meine Börse nicht gut genug versehen war, um mich mit den polnischen Spielern einzulassen oder mir eine zärtliche Bekanntschaft mit einer französischen oder italienischen Schauspielerin zu verschaffen, so fand ich Geschmack an der Bibliothek des Bischofs von Kiowien, Monsignore Zaluski, und besonders an ihm selbst. Ich verbrachte bei ihm fast alle Vormittage, und von diesem Prälaten erhielt ich die authentischen Dokumente über alle Ränke und geheimen Kniffe, die auf den Umsturz der alten Verfassung Polens zielten. Der Prälat war eine der stärksten Stützen dieser Verfassung; leider war seine Treue erfolglos. Er war einer von den Polen, die der russische Despotismus unter den Augen des Königs, der zum Widerstand zu schwach war, verhaftete und nach Sibirien schaffen ließ. Dies fand wenige Monate nach meiner Abreise statt.

Das Leben, das ich führte, war also sehr eintönig. Nach dem

Mittagessen saß ich mit dem Woiwoden von Rußland zusammen, um mit ihm eine Partie ›Tressetti‹[11] zu spielen, ein italienisches Kartenspiel, das er sehr liebte und das ich ziemlich gut spielte und deshalb für den Fürsten ein erfreulicher Spielpartner war.

Trotz meiner vernünftigen Lebensweise und Sparsamkeit befand ich mich drei Monate nach meiner Ankunft in Schulden, und leider hatte ich keine Einnahme. Ich erhielt aus Venedig monatlich fünfzig Zechinen; aber die genügten mir nicht, denn die Ausgaben für Wagen, Wohnung, zwei Diener und die unerläßliche gute Kleidung waren zu hoch. So befand ich mich denn in Bedrängnis, aber ich wollte mich niemandem offenbaren. Ich hatte recht; denn ein Mensch, der sich in Not befindet und einen Reichen um Hilfe bittet, verliert dessen Achtung, wenn er Unterstützung erlangt, und erwirbt sich dessen Verachtung, wenn sie ihm versagt wird.

Aber auf folgende Weise ließ mich Fortuna nicht im Stich und schickte mir zweihundert Dukaten. Madame Schmidt, die der König aus gewissen Gründen in seinem Schloß wohnen ließ, lud mich zum Abendessen ein, indem sie mir sagen ließ, daß auch der König anwesend sein werde. Ich ging hin und sah mit Vergnügen den liebenswürdigen Bischof Krasicki, den Abbate Ghigiotti und zwei oder drei andere Herren, die sich für die italienische Literatur interessierten. Der König, den ich in Gesellschaft niemals bei schlechter Laune sah, war sehr gebildet und besaß umfangreiche Kenntnisse über die Klassiker wie sonst kein König; er brachte das Gespräch auf Anekdoten über alte römische Schriftsteller und zitierte dabei Handschriften von Scholiasten[12], die Seine Majestät vielleicht nur erfand und mit denen er mir jedenfalls den Mund verschloß. Alle beteiligten sich an der Unterhaltung. Ich war der einzige, der schlechter Laune war. Da ich nicht zu Mittag gespeist hatte, aß ich wie ein Wolf und gab nur einsilbige Antworten, wenn die Höflichkeit es durchaus verlangte. Die Rede kam auf Horaz; ein jeder zitierte ein oder zwei Sentenzen und sagte seine Meinung über die tiefe Philosophie des großen Dichters der Vernunft. Schließlich nötigte der Abbate Ghigiotti mich zum Sprechen, indem er sagte, ich dürfte nicht schweigen, wenn ich nicht seiner Meinung wäre.

»Wenn Sie mein Schweigen«, antwortete ich ihm, »als eine Bestätigung ansehen, daß Sie mit Recht die von Ihnen zitierte Stelle des Horaz mehreren anderen vorziehen, so gestatte ich mir, Ihnen zu sagen, daß ich in bezug auf hohe Politik bedeutendere von ihm kenne, denn das *nec cum venari volet poemata panges* [Wenn der andere jagen will, so mache du keine Verse][13], das Ihnen so sehr gefällt, ist im Grunde nur eine keineswegs zartfühlende Satire.«

»Es ist schwierig, Zartgefühl und Satire zu vereinigen.«

»Nicht für Horaz, der hauptsächlich deshalb Augustus[14] gefiel. Das spricht zum Lobe dieses Alleinherrschers, der durch die Förderung von Gelehrten seinen Namen unsterblich machte und dadurch manche gekrönten Häupter dazu veranlaßte, sich als seine Nacheiferer zu erklären, indem sie seinen Namen, zuweilen sogar in verschleierter Form, annahmen.« Der König von Polen, der bei seiner Thronbesteigung den Namen Augustus angenommen hatte, wurde nun ernst und konnte sich nicht enthalten, mich zu unterbrechen.

»Wer sind denn«, fragte er, »die gekrönten Häupter, die den Namen Augustus in verschleierter Form angenommen haben?«

»Der erste König von Schweden; er nannte sich Gustav[15], und das ist ein ganz klares Anagramm von Augustus.«

»Das ist lustig und wirklich eine Anekdote. Woher haben Sie sie?«

»Ich fand sie in Wolfenbüttel in dem Manuskript eines Professors aus Uppsala.«

Der König lachte nun herzlich; er erinnerte sich, daß er beim Beginn des Essens ebenfalls ein Manuskript zitiert hatte. Er wandte sich jedoch wieder dem Gesprächsgegenstand zu und fragte mich: »In welchen Äußerungen des Horaz, aber nicht in Manuskripten vorhandenen, sondern allgemein bekannten, finden Sie ein bemerkenswertes Zartgefühl, das geeignet ist, eine Satire besonders angenehm zu machen?«

»Majestät, ich könnte mehrere anführen, begnüge mich aber mit einer einzigen, die ich sehr schön und vor allen Dingen sehr maßvoll finde. Er sagte einmal: *Coram rege sua de paupertate tacentes plus quam poscentes ferent.*«[16]

»Das ist wahr«, sagte der König lächelnd. Madame Schmidt bat den Bischof, die Stelle zu übersetzen. Dieser sagte: »›Wer in Gegenwart des Königs nicht von seinen Nöten spricht, wird mehr erlangen als andere, die davon sprechen.‹«

Die Dame sagte, die Bemerkung scheine ihr nicht satirisch zu sein.

Nachdem ich schon so viel gesagt hatte, mußte ich schweigen; der König aber brachte die Rede auf Ariost und sagte zu mir, er wünschte, daß wir ihn zusammen läsen. Ich neigte das Haupt und antwortete mit Horaz: »*Tempora quaeram.*« [Ich werde trachten, einen geeigneten Zeitpunkt zu finden.][17]

Als am nächsten Tage der freigebige und allzu unglückliche Stanislaus August zur Messe kam, reichte er mir die Hand zum Kuß und gab mir eine nachlässig umhüllte Rolle mit den Worten: »Danken Sie nur Horaz, und sagen Sie keinem Menschen etwas davon!«

Die Rolle enthielt zweihundert Golddukaten, und ich beeilte mich, meine Schulden zu bezahlen. Seit diesem Tage ging ich fast jeden Morgen in die sogenannte Garderobe des Königs, wo er sich das Haar machen ließ und gern mit den Herren sprach, die sich dort einfanden, um ihn zu unterhalten. Es war jedoch niemals die Rede davon, den Ariost zu lesen. Er verstand Italienisch, aber zuwenig, um es zu sprechen oder gar an dem großen Dichter Geschmack finden zu können. Wenn ich an diesen Fürsten denke, an die großen Anlagen, womit er begabt war, so erscheint es mir unmöglich, daß er als König so viele Fehler begangen hat. Daß er das Ende seines Vaterlandes überlebt hat[18], war vielleicht der geringste von diesen Fehlern. Da er keinen Freund fand, der ihn töten wollte, so meine ich, hätte er sich selber töten sollen. Aber er hatte nicht nötig, einen Freund als Henker zu suchen; denn er brauchte nur den unsterblichen Kosciuszko[19] nachzuahmen, und ein Russe würde genügt haben, um ihn in die Unsterblichkeit zu befördern.

Der Karneval zeigte Warschau in vollem Glanz. Die Fremden schienen sich von allen Ecken und Enden Europas hier zusammengefunden zu haben, nur um den glücklichen Sterblichen zu sehen, der König geworden war, ohne daß ihm jemand das an der Wiege hätte voraussagen können. Aber wer ihn gesehen und mit ihm gesprochen hatte, der gab ohne weiteres zu, daß er die Behauptung Lügen strafte, Fortuna sei stets blind und verrückt. Vielleicht ging er jedoch zu weit in seinem Eifer, sich vor Fremden sehen zu lassen. Ich habe bemerkt, daß er unruhig wurde, wenn er wußte, daß in Warschau irgendwelche Fremden waren, die er noch nicht gesehen hatte. Übrigens hatte niemand nötig, sich ihm vorstellen zu lassen, denn sein Hof war für jedermann geöffnet, und wenn er Gäste sah, die er nicht kannte, so war er der erste, das Wort an sie zu richten.

SIEBENTES KAPITEL

Mein Lebenswandel war musterhaft: keine Liebelei, kein Spiel! Ich arbeitete für den König, dessen Sekretär ich zu werden hoffte. Der Woiwodna, die meine Gesellschaft liebte, machte ich den Hof, und mit dem Woiwoden spielte ich ›Tressetti‹ gegen zwei andere, die der Zufall an den Tisch kommen ließ. Am vierten März, dem Vorabend des Festes des heiligen Kasimir, dem Namenstag des älteren Bruders und Großkämmerers des Königs, fand bei Hofe ein großes Diner statt, und ich ging hin. Nach dem Essen fragte der König mich, ob ich an diesem Tage ins Theater gehen werde. Man gab zum ersten Mal eine Komödie in polnischer Sprache. Alle Welt interessierte sich für diese Neuheit, mir jedoch war sie gleichgültig, da ich kein Wort Polnisch verstand. Ich sagte dies dem König, aber er antwortete mir: »Das tut nichts, kommen Sie nur. Kommen Sie in meine Loge!«

Die Einladung war zu schmeichelhaft, als daß ich sie hätte ausschlagen können. Ich gehorchte also und stellte mich hinter seinen Sessel. Nach dem zweiten Akt wurde das Ballett gegeben, und die Casacci, eine Piemontesin, tanzte so sehr nach dem Geschmack des Königs, daß Seine Majestät in die Hände klatschte, was eine ganz außerordentliche Gunst bedeutete. Ich kannte die Tänzerin nur vom Sehen, denn ich hatte niemals mit ihr gesprochen. Sie war nicht ohne Reize. Ihr bevorzugter Anbeter war Graf Poninski, der jedesmal, wenn ich bei ihm speiste, mir Vorwürfe machte, daß ich alle anderen Tänzerinnen, aber niemals die Casacci besuchte, bei der es doch sehr behaglich wäre. Diese Umstände veranlaßten mich, nach dem Ballett die Loge des Königs zu verlassen, zur Bühne zu gehen, um die Casacci in ihrer kleinen Loge aufzusuchen und ihr meinen Glückwunsch abzustatten, daß der König ihrem Talent Gerechtigkeit habe widerfahren lassen. Als ich an der Loge der Binetti[1] vorüberkam, sah ich die Türe offenstehen und verweilte einen Augenblick. Gleich darauf traf Graf Branicki ein, der als ihr Liebhaber galt, und ich entfernte mich, indem ich ihm eine Verbeugung machte. Hierauf ging ich zur Casacci, die sehr erstaunt war, daß ich sie zum ersten Male besuchte; sie machte mir liebenswürdige Vorwürfe, worauf ich mit Komplimenten antwortete. Sodann umarmte ich sie und versprach ihr, sie zu besuchen. In dem Augenblick, gerade während der Umarmung, trat Branicki, den ich vor höchstens einer Minute bei der Binetti gelassen hatte, ein. Es war klar, daß er mir gefolgt war. Aber warum? Natürlich, um Streit mit mir zu suchen; denn er war böse auf mich. Oberstleutnant Bisinski von seinem Regiment begleitete ihn. Sobald er erschien, stand ich auf, teils aus Höflichkeit, teils weil ich ohnehin gehen wollte; er hielt mich jedoch zurück, indem er zu mir sagte:

»Wie ich sehe, bin ich zu sehr ungelegener Zeit für Sie, Monsieur, hier eingetreten; mir scheint, Sie lieben diese Dame?«

»Gewiß, Euer Gnaden; finden Eure Exzellenz sie denn nicht auch sehr liebenswürdig?«

»Über alle Maßen liebenswürdig; ja, noch mehr will ich Ihnen sagen: ich liebe sie und bin nicht gesonnen, Nebenbuhler zu dulden.«

»Jetzt, da ich dies weiß, werde ich sie nicht mehr lieben.«

»Sie weichen mir also?«

»Auf der Stelle; einem Edelmann, wie Sie es sind, muß ein jeder weichen.«

»Sehr schön: aber ein Mensch, der einem anderen weicht, scheint mir ein Feigling zu sein.«

»Die Bemerkung ist etwas stark!«

Indem ich diese Worte sprach, blickte ich ihn an und zeigte ihm den Griff meines Degens. Drei oder vier Offiziere waren Augenzeugen des ganzen Vorfalls. Ich hatte noch kaum vier Schritte gemacht, als er mich mit dem Titel ›venezianischer Feigling‹ beehrte. Ich drehte mich um und sagte zu ihm: »Außerhalb des Theaters könne ein venezianischer Feigling recht wohl einen tapferen Polen töten.« Ohne eine Antwort abzuwarten, ging ich hierauf die große Treppe hinunter, die zum Hauptausgang und auf die Straße führte.

Dort wartete ich vergeblich eine Viertelstunde in der Hoffnung, daß er herauskommen würde. Ich wollte ihn zwingen, sofort den Degen zu ziehen, denn mich hielt ja nicht wie Tomatis die Furcht zurück, vierzigtausend Zechinen zu verlieren. Da ich ihn nicht kommen sah und von der Kälte ganz erstarrt war, so rief ich schließlich meine Dienerschaft, stieg in meinen Wagen und ließ mich zum Woiwoden von Rußland fahren; denn der König hatte mir gesagt, er werde dort zu Abend speisen.

Ich hatte mich ein wenig beruhigt, als ich allein in meinem Wagen saß, und ich wünschte mir Glück, daß ich der ersten Aufwallung widerstanden und nicht schon in der Loge der Casacci meinen Degen gezogen hatte; es war mir sogar lieb, daß der unverschämte Branicki nicht gekommen war, während ich auf ihn wartete; denn da er den mit einem Säbel bewaffneten Bisinski bei sich hatte, so wäre ich in Gefahr gewesen, ermordet zu werden.

Die Polen sind zwar heutzutage im allgemeinen ziemlich höflich, dennoch aber haftet ihnen noch viel von ihrer alten Natur an. Immer noch sind sie Sarmaten oder Daker bei Tisch, im Kriege und in der Raserei ihrer sogenannten Freundschaft. Sie wollen nicht begreifen, daß ein Mensch genügt, es mit einem anderen aufzunehmen, und daß es daher nicht erlaubt ist, rudelweise über einen Menschen, der allein ist und nur mit einem einzigen Streit hat, herzufallen und ihn zu töten. Ich sah deutlich, daß Branicki mich verfolgt hatte, aufgestachelt durch die Binetti, und sich entschieden hatte, mit mir ebenso zu verfahren, wie er Tomatis behandelt hatte. Ich hatte keine Ohrfeige bekommen, aber es war fast dasselbe; drei Offiziere waren Zeugen, daß er mich zum Teufel geschickt hatte, und ich betrachtete mich als entehrt. Es lag nicht in meiner Natur, diesen Makel zu ertragen, und ich fühlte, daß ich einen Entschluß fassen mußte, wußte jedoch nicht welchen. Ich verlangte nach einer vollkommenen Genugtuung und dachte über die Mittel nach, wie ich sie auf maßvollem Wege erlangen könnte, ohne es mit irgendeinem zu verderben. Ich stieg beim Onkel des Königs, Fürst Czartoryski, dem Woiwoden von Rußland ab, in der Absicht, vollkommen auf den König zu setzen und es Seiner Majestät zu überlassen, Branicki zu nötigen, mich um Entschuldigung zu bitten. Sobald der Woiwode mich sah, machte er mir freundliche Vorwürfe, daß ich so lange ihn hätte warten lassen; sodann setzten wir uns hin, um unsere Partie ›Tressetti‹ zu spielen. Ich war sein Partner und machte mehrere Fehler. Als wir die zweite Partie verloren, sagte er zu mir: »Aber wo haben Sie denn heute Ihre Gedanken?«

»Euer Gnaden, vier Meilen weit von hier.«

»Wenn man mit einem ehrenwerten Menschen ›Tressetti‹ zu

seinem Vergnügen spielt, hat man seine Gedanken beim Spiel und nicht vier Meilen weit entfernt.«

Mit diesen Worten warf der Fürst die Karten auf den Tisch, sprang auf und begann, im Saale auf und ab zu gehen. Ich war ein bißchen verdutzt, stand dann auf und stellte mich an den Kamin. Der König konnte nicht lange mehr ausbleiben; nachdem ich jedoch eine halbe Stunde gewartet hatte, kam der Kämmerer Pernigotti und sagte dem Woiwoden, der König könne nicht kommen.

Diese Meldung gab mir einen Stich ins Herz, aber ich verbarg meinen Verdruß. Es wurde zum Essen gerufen, und ich setzte mich auf meinen gewohnten Platz zur Linken des Woiwoden, der mit mir schmollte. Wir waren achtzehn oder zwanzig bei Tisch, und gegen meine Gewohnheit aß ich nicht. Mitten während der Mahlzeit kam Fürst Kaspar Lubomirski, Oberstleutnant in russischen Diensten, und setzte sich zufällig an das Ende der Tafel mir gegenüber. Sobald der Prinz mich bemerkte, sprach er mir mit lauter Stimme sein Beileid zu dem Vorgefallenen aus. »Ich bedauere Sie«, sagte er; »aber Branicki war betrunken, und ein Betrunkener kann einen Ehrenmann nicht beleidigen.«

»Was ist geschehen? Was ist geschehen?« so lief es um den ganzen Tisch herum.

Ich schwieg. Man fragte Lubomirski, aber er sagte: da ich nicht antwortete, so wäre auch er zum Schweigen verpflichtet. Nun glätteten sich die Züge des Woiwoden und er sagte in seinem gewöhnlichen gütigen Ton zu mir: »Was haben Sie mit Branicki gehabt?«

»Gleich nach dem Essen, Euer Gnaden, werde ich Ihnen in einem Winkel des Saales alles ganz genau erzählen.«

Hierauf wurde bis zum Ende der Mahlzeit von gleichgültigen Dingen gesprochen, und sobald wir vom Tisch aufgestanden waren, ging der Woiwode zu der kleinen Tür, durch die er den Speisesaal zu verlassen pflegte. Ich folgte ihm und erzählte ihm in fünf oder sechs Minuten alles ganz genau. Er seufzte, machte ein bedauerndes Gesicht und sagte: »Sie hatten allerdings recht, daß Sie beim Spiel ihre Gedanken woanders hatten.«

»Dürfte ich es wagen, Eure Exzellenz um einen Rat zu bitten?«

»In solchen Dingen gebe ich keinen Rat; da muß man entweder alles oder nichts tun.«

Diese weisen Worte waren ein deutlicher Rat.

Der Woiwode gab mir die Hand und ging hinaus. Ich zog

meinen Pelz an und fuhr mit meinem Wagen nach Hause, und meine gesunde Natur verschaffte mir einen sechsstündigen tiefen Schlaf. Um fünf Uhr, als ich erwachte, setzte ich mich in meinem Bett aufrecht und überlegte, was ich zu tun hätte. ›Alles oder nichts‹ ging mir im Kopf herum. Das ›Nichts‹ verwarf ich sofort, und indem ich mich für das ›Alles‹ entschied, sah ich keine andere Möglichkeit, als mich entweder auf Leben und Tod zu schlagen oder, falls Branicki ein Duell verweigern sollte, ihn zu töten, selbst auf die Gefahr hin, trotz aller Vorsichtsmaßregeln auf dem Schafott dafür büßen zu müssen. Nachdem ich mich entschieden hatte, galt es, ihm ein Duell vorzuschlagen, das vier Meilen von Warschau, außerhalb der Grenzen der Starostei[2], stattfinden mußte, denn in ihr waren Duelle bei Todesstrafe verboten. Ich schrieb ihm folgenden Brief, dessen Entwurf ich bis heute aufbewahrt habe:

›Am 5. März 1766 um fünf Uhr morgens.

Monseigneur,

Eure Exzellenz haben mich gestern abend im Theater mutwillig beleidigt und hatten doch kein Recht und keine Ursache, mich so zu behandeln. Infolgedessen nehme ich an, daß Sie mich hassen und demgemäß den Wunsch haben, mich aus der Reihe der Lebenden zu tilgen. Ich kann und will Eure Exzellenz zufriedenstellen. Haben Sie also die Gefälligkeit, Monseigneur, mich mit Ihrem Wagen abzuholen und mich an einen Ort zu bringen, wo meine Niederlage Sie nicht in Konflikt mit den Gesetzen Polens bringt und wo ich desselben Vorteils teilhaftig werden kann, wenn Gott mir beisteht, Eure Exzellenz zu töten. Ich würde Ihnen diesen Vorschlag nicht machen, Monseigneur, wenn ich nicht an Ihre Hochherzigkeit glaubte. Ich bleibe Eurer Exzellenz untertänigster und ergebenster Diener

Casanova.‹

Ich ließ diesen Brief durch meinen Bedienten eine Stunde vor Tagesanbruch in das Schloß bringen, wo Branicki neben den Gemächern des Königs wohnte. Der Bote hatte Befehl, den Brief nur zu eigenen Händen des Empfängers zu bestellen und so lange zu warten, bis der Graf erwacht wäre, und dann wieder, bis er ihm die Antwort gegeben hätte.

Ich empfing diese Antwort eine halbe Stunde darauf, und sie lautete:

›Monsieur, ich nehme Ihren Vorschlag an, aber Sie werden die Güte haben, mich zu benachrichtigen, wann ich die Ehre haben werde, Sie zu sehen.

Ich bin in jeder Hinsicht, Monsieur, Ihr untertänigster und sehr ergebener Diener

Branicki Podstoli C. P.‹[3]

Hocherfreut über mein Glück, antwortete ich ihm augenblicklich, ich würde am nächsten Morgen um sechs Uhr bei ihm sein, um an einem sicheren Ort den Streit mit ihm auszutragen.

Sofort erhielt ich einen neuen Brief, worin der Podstoli mir schrieb, ich könnte Ort und Waffen wählen, aber unser Handel müßte im Laufe des Tages ausgetragen werden.

Ich schickte ihm das Maß meines Degens, zweiunddreißig Zoll[4], und teilte ihm mit, daß jeder Ort außerhalb der Starostei, den er wählen würde, mir recht wäre. Hierauf sandte er mir folgenden Brief, den letzten:

›Monsieur, wollen Sie sich die Mühe machen, sofort zu kommen? Sie erweisen mir damit ein großes Vergnügen. Ich schicke Ihnen meinen Wagen.

Ich verbleibe usw.‹

Ich antwortete ihm in vier kurzen Zeilen, ich hätte den ganzen Tag zu tun und würde daher nicht ausgehen, und da ich entschlossen wäre, mich nur zu ihm zu begeben, wenn wir uns sofort darauf duellieren würden, so bäte ich ihn, es mir nicht übelzunehmen, daß ich ihm seinen Wagen zurückschickte.

Eine Stunde darauf kam Branicki selber zu mir, betrat mein Zimmer. Er ließ seine Leute draußen, trat ein, befahl drei oder vier Leuten, die mit mir zu sprechen hatten, hinauszugehen, schob den Türriegel vor und setzte sich auf mein Bett, in dem ich arbeitete, weil es bequemer für mich war. Da ich nicht wußte, was dies bedeuten sollte, so ergriff ich meine beiden Pistolen, die auf meinem Nachttisch lagen.

»Bemühen Sie sich nicht!« sagte er; »ich bin nicht zu Ihnen gekommen, um Sie zu ermorden, sondern um Ihnen zu sagen, daß ich Ihre Vorschläge annehme, daß ich aber, wenn es sich um ein Duell handelt, dasselbe niemals auf den nächsten Tag verschiebe. Wir werden uns also heute schlagen oder nie.«

»Heute kann ich nicht. Es ist Mittwoch und Posttag, und ich muß etwas fertigmachen, das ich dem König zu schicken habe.«

»Sie können es nach unserem Duell schicken. Wahrscheinlich werden Sie doch nicht fallen; sollten Sie aber Ihr Leben lassen, so wird der König Ihnen verzeihen. Übrigens hat ein toter Mensch keinen Vorwurf zu fürchten.«

»Ich habe auch mein Testament zu machen!«

»Auch noch ein Testament! Sie fürchten also wirklich, daß Sie sterben werden? Lassen Sie diese Furcht: Sie werden Ihr Testament in fünfzig Jahren machen.«

»Aber was kann es Eurer Exzellenz ausmachen, bis morgen zu warten?«

»Ich will nicht angeführt werden. Aber Sie sowohl wie ich können noch vor heute abend auf Befehl des Königs verhaftet werden.«

»Das ist nicht möglich, es müßte denn sein, daß Sie ihn von der Sache benachrichtigen.«

»Ich? Da muß ich lachen. Ich kenne die Kniffe. Sie haben mich nicht vergeblich herausgefordert. Ich will Ihnen Genugtuung geben – aber heute oder niemals.«

»Also gut! Dieses Duell liegt mir zu sehr am Herzen, als daß ich Ihnen einen Vorwand liefern möchte, ihm auszuweichen. Holen Sie mich ab, aber erst nach dem Mittagessen, denn ich habe alle meine Kräfte nötig.«

»Mit Vergnügen. Ich selber will lieber hinterher gut zu Abend speisen. Wozu schicken Sie mir das Maß Ihres Degens? Ich will mich mit Pistolen duellieren, denn mit Degen schlage ich mich nicht mit einem Unbekannten.«

»Was verstehen Sie unter einem Unbekannten? Ich kann Ihnen in Warschau zwanzig Zeugen beibringen, daß ich im Fechten durchaus kein Meister bin. Mit Pistolen will ich mich nicht duellieren, und Sie können mich nicht dazu zwingen, denn Sie haben mir die Wahl der Waffen überlassen; ich habe Ihren Brief in Händen.«

»Nun gut, genaugenommen haben Sie recht, denn ich weiß, daß ich Ihnen die Wahl überlassen habe, aber Sie sind zu sehr Ehrenmann, als daß Sie sich nicht mit Pistolen duellieren sollten, wenn ich Ihnen versichere, daß Sie mir damit ein Vergnügen machen. Es ist doch die geringste Gefälligkeit, die Sie mir erzeigen können. Ich möchte Ihnen auch sagen, daß Pistolen ein geringeres Wagnis bedeuten, denn meistens verfehlen die Schüsse ihr Ziel, und wenn ich Sie nicht treffe, so verspreche ich Ihnen, mich auf Degen zu schlagen, solange Sie wünschen. Wollen Sie mir den Gefallen tun?«

»Ihre Sprache gefällt mir, denn sie zeugt für Ihren Geist. Ich fühle mich sogar geneigt, Ihnen das barbarische Vergnügen zu bereiten, und bin mit einiger Anstrengung auch in der Lage, es zu empfinden. Ich nehme also an«, fuhr ich fort, »aber unter folgenden genauen Bedingungen: Sie bringen zwei Pistolen mit, die Sie in meiner Gegenwart laden lassen, und ich habe die Wahl. Verfehlen wir uns beim ersten Schuß, so schlagen wir uns mit Degen, und zwar entweder, bis Blut fließt und nicht länger, wenn Sie es wünschen, oder auf Leben und Tod. Sie holen mich um drei Uhr ab, und wir begeben uns an einen Ort, wo wir geschützt sind vor der Wirksamkeit der Gesetze.«

»Vortrefflich. Sie sind ein liebenswürdiger Mensch. Gestatten Sie mir, Sie zu umarmen. Sie geben mir Ihr Ehrenwort, daß Sie keinem Menschen etwas sagen werden; denn man würde uns augenblicklich verhaften.«

»Wie könnte ich mich der Gefahr aussetzen; ich würde ja meilenweit zu Fuß gehen, um die Ehre zu erlangen, die Sie mir erweisen wollen!«

»Um so besser. Es ist abgemacht. Leben Sie wohl bis drei Uhr.«

Dieses Gespräch ist originalgetreu und seit zweiunddreißig Jahren aller Welt bekannt. Sobald der tapfere Haudegen mich verlassen hatte, machte ich aus allen Papieren, die für den König bestimmt waren, ein Paket, das ich versiegelte. Hierauf ließ ich den Tänzer Campioni holen, zu welchem ich volles Vertrauen hatte, und sagte zu ihm: »Dieses Paket werden Sie mir heute abend zurückgeben, wenn ich noch lebe, das Sie aber dem König bringen, wenn ich tot bin. Sie können erraten, worum es sich handelt. Und bedenken Sie: wenn Sie zu irgendeinem Menschen ein Wort sagen, haben Sie keinen grausameren Feind als mich; denn ich würde entehrt sein.«

»Ich begreife Sie vollkommen. Wenn ich die Sache jenen enthülle, die sie sicher verhindern würden, könnte man sagen, Sie selbst hätten mich dazu angestiftet. Ich wünsche von Herzen, daß Sie sie in Ehren bestehen. Aber gestatten Sie mir, Ihnen einen Rat zu geben. Schonen Sie Ihren Gegner nicht, wenn es auch der Herr der Welt selber wäre; denn Ihre Ehrerbietung könnte Sie das Leben kosten.«

»Das weiß ich aus Erfahrung.«

Hierauf bestellte ich ein schmackhaftes Mittagessen und ließ vom Hof besten Burgunderwein kommen; Campioni speiste mit mir. Während ich bei Tisch saß, erhielt ich Besuch von den beiden jungen Grafen Mniszek mit ihrem Erzieher, dem Schweizer Bertrand. Sie waren Zeuge meiner ungewöhnlichen Heiterkeit und meines guten Appetits. Um Viertel vor drei bat ich alle Anwesenden, mich allein zu lassen und stellte mich ans Fenster, um sofort hinunterzugehen, wenn der Wagen des Podstoli Branicki vor meiner Tür ankam.

Er kam in einer sechsspännigen Berline mit zwei vorausreitenden Stallknechten, die zwei gesattelte Pferde führten, ferner mit zwei Husaren und mit zwei Adjutanten. Außerdem standen vier Bediente hinten auf seiner Kutsche. Ich beeilte mich, vom dritten Stock hinunterzugehen, sobald der Wagen vor meiner Tür hielt, und sah, daß mein Gegner von einem Generalleutnant begleitet war, während noch ein Leibjäger auf dem Vordersitz saß; der Wagenschlag wurde geöffnet, und der Generalleutnant räumte mir seinen Platz ein und setzte sich auf den Vordersitz neben den Jäger. Auf dem Trittbrett des Wagens mit einem Fuß stehend, wandte ich mich zu meinen Bedienten um und befahl ihnen, mir nicht zu folgen, sondern zu Hause zu bleiben, um meine Befehle abzuwarten.

»Vielleicht könnten Sie Ihrer Bedienten bedürfen«, sagte der Podstoli zu mir, »und deshalb wäre es vielleicht besser, wenn Sie sie mitkommen ließen.«

»Wenn ich ebenso viele hätte wie Sie, würde ich sie mitnehmen; da ich aber nur diese beiden erbärmlichen Kerle habe, so kann ich mich um so leichter ganz allein in Ihre Hände begeben, denn im Notfall werden Eure Exzellenz mich sicher durch Ihre Leute bedienen lassen.«

Er reichte mir die Hand zur Bekräftigung meiner Worte und sagte mir, er werde seinen Leuten befehlen, sich meiner noch vor ihm selber anzunehmen.

Ich setzte mich, wir fuhren ab.

Er hatte es vorher so angeordnet, denn alle schwiegen. Es wäre lächerlich gewesen, ihn nach dem Ziel unserer Fahrt zu fragen. Ich schwieg, denn es gibt Augenblicke, wo der Mensch sich selber in acht nehmen muß. Aber auch der Podstoli sprach nicht; ich glaubte daher, eine belanglose Unterhaltung beginnen zu müssen, und fragte ihn: »Gedenken Eure Exzellenz den Frühling und den Sommer in Warschau zu verbringen?«

»Dies war gestern noch meine Absicht; aber vielleicht werden Sie mich daran hindern.«

»Ich hoffe, es wird nicht der Fall sein.«

»Haben Sie beim Militär gedient?«

»Ja; aber dürfte ich mir die Frage erlauben, warum Eure Exzellenz mich danach fragen, denn ...«

»Ohne Grund, ganz ohne Grund. Das geschah nur, um überhaupt irgend etwas zu fragen.«

Wir waren kaum eine halbe Stunde unterwegs, als der Wagen vor der Pforte eines schönen Gartens anhielt. Wir stiegen aus und gingen, begleitet von dem ganzen Gefolge des Podstoli, in eine Laube – die, nebenbei bemerkt, am 5. März nicht belaubt war –, an deren Ende ein Steintisch stand. Auf diesen Tisch legte der Leibjäger zwei Pistolen von anderthalb Fuß Länge und holte aus seiner Tasche einen Pulverbeutel und eine Waage. Er entsicherte die Pistolen, wog Pulver und Kugeln, lud sie, sicherte sie, und legte sie kreuzweise auf den Tisch. Hierauf sagte Branicki mit unerschrockenem Gesicht zu mir: »Monsieur, wählen Sie Ihre Waffe!«

In diesem Augenblick fragte der Generalleutnant ihn mit lauter Stimme: »Monsieur, ist dies ein Duell?«

»Ja.«

»Hier können Sie sich nicht duellieren, Sie befinden sich innerhalb der Starostei.«

»Das macht nichts.«

»Das macht sehr viel. Ich darf nicht Zeuge davon sein. Ich bin bei der Wache im Schloß; Sie haben mich überrumpelt.«

»Schweigen Sie. Ich stehe für alles ein. Ich bin diesem Ehrenmann eine Genugtuung schuldig.«

»Monsieur Casanova«, sagte der Generalleutnant zu mir, »Sie können sich hier nicht schlagen.«

»Warum hat man mich denn hierhergebracht! Ich verteidige mich überall, selbst in der Kirche.«

»Tragen Sie Ihre Sache dem König vor, und ich bürge Ihnen dafür, daß seine Entscheidung zu Ihren Gunsten ausfällt.«

»Dazu bin ich gern bereit, wenn Seine Exzellenz bereit ist, mir in Ihrer Gegenwart zu sagen, daß er das gestern zwischen uns Vorgefallene bedauert.«

Nach diesen Worten sah Branicki mich schief an und sagte in zorniger Tonart, er sei mit mir hierhergekommen, um sich zu duellieren, nicht um zu unterhandeln.

Ich erklärte dem General darauf: »Sie können bezeugen, daß ich versucht habe, das Duell zu vermeiden, soweit das von mir abhängt.«

Der General faßte mit beiden Händen nach seinem Kopf und entfernte sich. Ich warf meinen Pelzrock ab und ergriff auf Branickis Aufforderung eine von den beiden Pistolen. Branicki nahm die andere und sagte mir, er bürge mit seiner Ehre für die von mir gewählte Waffe.

»Ich werde sie«, antwortete ich ihm, »an Ihrem Kopf probieren!«

Er erbleichte bei dieser schrecklichen Antwort, warf seinen Degen einem seiner Pagen zu und zeigte mir seine entblößte Brust. Ich sah mich gezwungen, es ebenso zu machen, aber ich bedauerte dies; denn mein Degen war abgesehen von der Pistole meine einzige Waffe. Nachdem ich ihm ebenfalls meine entblößte Brust gezeigt hatte, trat ich fünf oder sechs Schritte zurück. Der Podstoli machte es wie ich; weiter konnten wir uns nicht voneinander entfernen. Als ich sah, daß er stehengeblieben war und, wie ich, die Pistole zur Erde gesenkt hielt, nahm ich mit der Linken meinen Hut ab und bat ihn, mir die Ehre zu erweisen, den ersten Schuß zu tun. Hierauf bedeckte ich mich wieder. Anstatt sofort zu feuern, verlor der Podstoli zwei oder drei Sekunden damit, um sich auszustrecken und seinen Kopf durch seine Pistole zu dekken. Ich war nicht in der Lage, solange zu warten, bis er mit allen diesen Anstalten fertig war. Ich feuerte in demselben Augenblick, als er auf mich schoß. Hieran kann kein Zweifel sein, denn die Leute der in der Nähe liegenden Häuser erklärten übereinstimmend, nur einen einzigen Schuß gehört zu haben. Ich fühlte mich an der linken Hand verwundet und steckte diese in die Tasche; als ich aber meinen Gegner fallen sah, warf ich meine Pistole fort und eilte auf ihn zu. Man stelle sich meine Bestürzung vor, als ich plötzlich drei blanke Säbel über meinem Kopf blitzen sah. Drei adlige Mörder wollten mich neben dem Verwundeten, an dessen Seite ich mich auf die Knie geworfen hatte, in Stücke hacken. Der Podstoli rief ihnen mit Donnerstimme zu: »Gesindel, laßt diesen Ehrenmann in Frieden!«

Sie zogen sich zurück, und ich faßte ihn mit der rechten Hand unter die Achsel, während der General ihn auf der linken Seite stützte. So führten wir ihn zu einem Gasthof, der hundert Schritte vom Garten entfernt lag. Branicki ging sehr gebückt und sah mich dabei aufmerksam von der Seite an, da er nicht begriff, woher das Blut kam, das über meine Hose und meine weißen Strümpfe lief.

Als wir den Gasthof erreicht hatten, warf sich der Podstoli in einen großen Lehnstuhl und streckte sich lang aus. Man knöpfte den Rock auf und streifte das Hemd bis zum Bauch in die Höhe. Er sah, daß er lebensgefährlich verletzt war. Meine Kugel hatte ihn an der rechten Seite unter der siebenten echten Rippe getroffen und war unter der letzten falschen Rippe der linken Seite wieder hinausgefahren. Die beiden Öffnungen der Wunde waren zehn Zoll voneinander entfernt. Der Anblick war beunruhigend; allem Anschein nach waren die Eingeweide durchschossen, und der Mann mußte verloren sein.

Der Podstoli betrachtete mich und sagte zu mir: »Sie haben mich getötet! Retten Sie sich, denn Sie laufen Gefahr, den Kopf auf dem Schafott zu verlieren. Sie sind innerhalb der Starostei, und ich bin königlicher Offizier und trage das Ordensband vom Weißen Adler. Verlieren Sie keine Zeit, fliehen Sie, und wenn Sie nicht genug Geld haben, so nehmen Sie meine Börse!«

Seine schwere Börse fiel auf die Erde; ich hob sie auf, steckte sie ihm wieder in die Tasche, dankte ihm und sagte ihm, die Börse wäre für mich nutzlos; denn wenn ich schuldig an seinem Tod wäre, so würde ich meinen Kopf sofort dem König zu Füßen legen. »Ich hoffe«, fuhr ich fort, »daß Ihre Verletzung nicht tödlich sein wird, und ich bin in Verzweiflung, wozu Sie mich gezwungen haben.«

Hierauf gab ich ihm einen Kuß auf die Stirn und verließ den Gasthof. Draußen sah ich aber weder Wagen noch Pferde noch Bediente. Sie waren alle unterwegs, um Ärzte, Priester, Verwandte und Freunde zu holen. Ich sah mich allein und ohne Degen auf schneebedecktem Felde; ich blutete und wußte nicht, welchen Weg ich einschlagen sollte, um wieder nach Warschau zu kommen. Da sah ich in der Ferne einen Schlitten mit zwei Pferden. Auf mein lautes Rufen hielt der Bauer. Ich zeigte ihm einen Dukaten und sagte: »Warschau.« Meine Sprache wurde verstanden; er hob eine grobe Matte auf, mit der er mich wieder zudeckte, um mich vor dem Schmutz zu schützen. Dann fuhr er in scharfem

Galopp ab. Eine Viertelstunde weiter sah ich Branickis treuen Freund, Bisinski, der mit blankem Säbel in der Hand zu Pferde im Galopp heransprengte. Offenbar suchte er mich. Zum Glück erregte der Schlitten nicht seinen Verdacht; hätte er einen Blick zur Seite getan, so hätte er meinen Kopf sehen können, und ich zweifle nicht, daß er ihn wie ein Rohr abgeschlagen haben würde. Ich kam in Warschau an und ließ mich nach dem Palais des Fürsten Adam fahren, um diesen um Asyl zu bitten, aber ich fand keinen Menschen zu Hause. Ich entschloß mich, in dem hundert Schritte entfernt gelegenen Rekollektenkloster[5] Zuflucht zu suchen, und schickte den Schlitten fort.

Ich läutete an der Klosterpforte. Der Pförtner, ein unbarmherziger Mönch, öffnete mir; als er mich ganz mit Blut bedeckt sah, meinte er, ich wollte mich vor der Justiz in Sicherheit bringen, und versuchte, die Tür wieder zu schließen. Ich ließ ihm jedoch keine Zeit dazu. Mit einem Fußtritt in den Leib streckte ich ihn zu Boden, er reckte die Beine in die Luft, und ich drang ein. Auf sein Geschrei lief eine Menge Mönche herbei; ich rief ihnen zu, daß ich ein Asyl verlange, und bedrohte sie für den Fall, daß sie es mir verweigern würden. Einer von ihnen sprach, und man führte mich in ein schmutziges Loch, das wie ein Gefängnis aussah. Ich ließ ohne Widerstand alles mit mir geschehen; denn ich war vollkommen sicher, daß sie binnen einer Viertelstunde ihre Meinung ändern würden. Ich verlangte einen Mann, um meine Bedienten zu rufen, und sobald diese kamen, schickte ich sie aus, um Campioni und einen Wundarzt zu holen. Bevor jene kamen, ließ auf einmal der Woiwode von Podlachien sich melden. Ich hatte niemals die Ehre gehabt, mit ihm zu sprechen; aber er hatte in seiner Jugend ein Duell gehabt, und da er jetzt vom günstigen Ausgang meines Zweikampfes erfahren hatte, so benutzte er die Gelegenheit, um mir sofort die Geschichte seines eigenen umständlich zu erzählen. Einen Augenblick später erschienen der Woiwode von Kalisz, die Fürsten Jablonowski und Sanguszko und der Woiwode von Wilna, Oginski. Sie alle schimpften entsetzlich vor allen Dingen auf die Mönche, die mich wie einen Sträfling untergebracht hätten. Sie entschuldigten sich damit, daß ich bei meinem Eindringen ihren Pförtner mißhandelt hätte. Die Fürsten lachten darüber; ich aber lachte nicht, denn meine Wunde bereitete mir viele Schmerzen. Sofort erhielt ich zwei schöne Zimmer.

Branickis Kugel war mir unterhalb des Daumens in die Mittelhand eingedrungen und hatte den ersten Knochen zerschmettert, dort war sie steckengeblieben. Die Gewalt der Kugel war durch einen Metallknopf meiner Jacke abgeschwächt worden; außerdem hatte sie meinen Bauch in der Nähe des Nabels leicht verletzt. Es galt nun, diese Kugel aus meiner Hand zu entfernen, da sie mir sehr lästig war. Der aufgeblasene Wundarzt namens Gendron war der erste, den man gefunden hatte; er machte sich daran, sie herauszuholen, schnitt mir am Handrücken eine Öffnung, so daß sich die Wunde auf das Doppelte vergrößerte. Während er diese schmerzhafte Operation vollzog, erzählte ich den Fürsten die ganze Geschichte und verbiß dabei die Qual, die der ungeschickte Wundarzt mir verursachte, indem er mit seiner Pinzette herumsuchte, um das Geschoß zu finden. Welche Macht hat doch die Eitelkeit auf die geistigen Kräfte des Menschen.

Als der Wundarzt Gendron fort war, kam der Leibarzt des Woiwoden von Rußland und bemächtigte sich meiner, nachdem er versichert hatte, er würde den anderen nicht mehr zu mir lassen; denn dieser sei ein Pfuscher. In demselben Augenblick kam Fürst Lubomirski, der Schwiegersohn des Woiwoden von Rußland; er bereitete uns allen eine große Überraschung, indem er uns erzählte, was unmittelbar nach meinem Duell sich ereignet hatte. Bisinski war nach Wola gekommen und hatte die scheußliche Verletzung seines Freundes gesehen. Da er mich nicht erblickte, stieg er zu Pferde, schwor, mich zu töten, wo er mich finden würde, und ritt wie ein Rasender davon. Da er vermutete, daß ich bei Tomatis wäre, so begab er sich zu diesem. Er fand ihn in Gesellschaft seiner Geliebten sowie des Fürsten Lubomirski und des Grafen Mosczynski. Als er mich nicht sah, fragte er, wo ich sei, und als Tomatis ihm antwortete, er wisse nichts davon, feuerte er seinen Pistolenschuß gegen dessen Kopf ab. Wegen dieses Meuchelmordversuches packte Graf Mosczynski ihn um den Leib, um ihn zum Fenster hinauszuwerfen; aber Bisinski entledigte sich seiner, indem er ihm drei Säbelhiebe versetzte, von denen der eine das Gesicht traf und ihm drei Zähne herausschlug.

»Nach dieser Heldentat«, fuhr Fürst Lubomirski fort, »packte er mich am Kragen, setzte mir eine Pistole auf die Brust und drohte abzudrücken, wenn ich ihn nicht auf den Hof begleite, wo sein Pferd stände, damit er sich ohne Furcht vor den Bedienten des Tomatis entfernen könnte. Ich tat dies sofort. Mosczynski ist nach Hause gefahren, wo sein Arzt lange mit ihm zu tun haben wird, und ich bin ebenfalls nach Hause zurückgekehrt und war Zeuge der Verwirrung, die wegen dieses Duells in der ganzen Stadt herrschte. Als man sagte, Branicki sei tot, setzten seine Ulanen sich zu Pferde und durchstreiften die ganze Umgegend, um ihren Oberst zu rächen und Sie niederzumetzeln. Gut, daß Sie hier sind. Der Großmarschall hat das Kloster von zweihundert Dragonern umstellen lassen, angeblich, um sich Ihrer Person zu versichern, in Wirklichkeit aber, um zu verhindern, daß Sie von den rasenden Ulanen ermordet werden, die sehr leicht auf den Gedanken kommen könnten, das Kloster zu stürmen. Branicki befindet sich in großer Gefahr, sagen die Ärzte, wenn die Kugel die Eingeweide verletzt hat; wenn dies aber nicht der Fall ist, bürgen sie dafür, daß er mit dem Leben davonkommt. Hierüber wird man morgen Gewißheit haben. Er hat sich zum Großkämmerer bringen lassen, da er nicht gewagt hat, sein Appartement im Königlichen Schloß aufzusuchen. Der König hat sich jedoch sofort zu ihm begeben, und der General, der bei dem Duell zugegen war, hat ihm gesagt, Sie wären nur deshalb mit dem Leben davongekommen, weil Sie gedroht hätten, nach Branickis Kopf zu zielen. Er hätte seinen Kopf decken wollen und deshalb eine unbequeme Stellung eingenommen; infolgedessen hätte er Sie verfehlt. Sonst hätte er Ihnen das Herz durchbohrt; denn er trifft die Schneide eines Messers, so daß die Kugel in zwei Hälften geteilt wird. Nicht geringer ist Ihr Glück, daß Bisinski Sie nicht gesehen hat und nicht auf den Gedanken kam, daß Sie unter der Matte eines elenden Bauernschlittens lägen.«

»Euer Gnaden, das allergrößte Glück habe ich gehabt; indem ich Branicki nicht getötet habe; denn ich wäre auf der Stelle von seinen Freunden niedergemacht worden. Sie schwangen schon ihre Säbel über meinem Kopf, als er sie mit drei Worten davon abhielt. Was Eurer Exzellenz und dem guten Grafen Mosczynski widerfahren ist, tut mir leid! Wenn Tomatis nicht von dem Pistolenschuß Bisinskis getötet wurde, so verdankt er dies ohne Zweifel nur dem Umstand, daß die Pistole nur mit Pulver geladen war.«

»Das ist auch meine Meinung.«

In diesem Augenblick trat ein Offizier des Woiwoden von Rußland ein und übergab mir ein Briefchen, worin dieser mir schrieb:

›Beiliegendes schickt der König mir in diesem Augenblick; schlafen Sie ruhig!‹

Das Schreiben des Königs, das ich aufbewahrt habe, lautete: ›Mit meinem lieben Onkel Branicki steht es sehr schlecht. Meine Ärzte sind bei ihm, um ihm mit ihrer ganzen Kunst beizustehen. Ich habe aber auch Casanova nicht vergessen. Sie können ihn meiner Huld versichern, selbst wenn Branicki sterben sollte.‹

Ich drückte einen ehrerbietigen Kuß auf diesen Brief und zeigte ihn meinen adligen Besuchern, die mit mir den Mann bewunderten, der wirklich einer Krone würdig war. Da ich der Ruhe bedurfte, ließen sie mich allein. Als sie gegangen waren, gab mir mein Freund Campioni das Paket zurück und vergoß Tränen der Rührung über das Ereignis, das mir unsterbliche Ehre einbrächte. Er hatte in einer Ecke gesessen und alles mit angehört.

Am nächsten Tage kamen Scharen von Besuchern und brachten mir goldgefüllte Börsen von allen Magnaten der dem Grafen Branicki feindlichen Partei. Die Überbringer dieser Börsen sagten mir im Auftrage ihrer Herren oder der Damen, die sie schickten: als Fremder hätte ich vielleicht Geld nötig, und in dieser Annahme nähme man sich die Freiheit, mir etwas zu schikken. Ich dankte und verweigerte die Annahme. Auf diese Weise schickte ich wenigstens viertausend Dukaten zurück, und ich war stolz darauf. Campioni fand meinen Heroismus lächerlich, und er hatte recht, denn ich habe ihn später bereut. Das einzige Geschenk, das ich annahm, war ein gutes Essen für vier Personen, das Fürst Adam Czartoryski mir regelmäßig jeden Tag schickte, obgleich ich nichts aß. *Vulnerati fame crucientur* [Verletzte sollen Hunger leiden] war der Lieblingsspruch meines Arztes, der das Pulver wirklich nicht erfunden hatte. Meine Wunde am Bauch eiterte bereits, und am vierten Tag war mein Arm stark geschwollen, und die Wunde wurde schwarz; da der Brand drohte, stimmten die Ärzte nach einer Beratung darin überein, daß die Hand amputiert werden müßte. Ich las diese sonderbare Nachricht am nächsten Morgen in aller Frühe in der Hofzeitung. Dieses Blatt wurde nachts gedruckt, nachdem der König das Manuskript durch seine Unterschrift genehmigt hatte. Sie erheiterte mich sehr. Ich lachte allen ins Gesicht, die am Morgen kamen und mir ihr Beileid aussprachen. Ich spottete, als Graf Clary mich überreden wollte, mich der Operation zu unterwerfen. In demselben Augenblick kam nicht ein Arzt, sondern es traten die Ärzte ein.

»Meine Herren, warum denn zu dritt?«

Mein gewöhnlicher Arzt antwortete mir: »Bevor ich zur Amputation schreite, wünsche ich die Zustimmung dieser beiden Professoren zu erhalten. Wir werden sehen, in welchem Zustande sich die Wunde befindet.«

Der Verband wird abgenommen, die Wundbedeckung entfernt und die Wunde und die Farbe untersucht, die Schwellung sieht bleifarben aus; sie unterhalten sich polnisch und teilen mir dann alle drei auf lateinisch mit, daß sie mir bei Einbruch der Nacht die Hand abnehmen werden. Das sagen sie mir mit strahlendem Gesicht und meinen, daß ich nichts zu befürchten hätte, ich könnte von meiner Heilung überzeugt sein. Ich antwortete ihnen, daß ich Herr über meine Hand sei und diese lächerliche Amputation niemals zulassen würde.

»Der Brand ist bereits aufgetreten; morgen wird er auf den Arm übergreifen und dann müssen wir Ihnen den Arm abnehmen.«

»Meinetwegen. So werden Sie mir den Arm abnehmen. Soviel ich mich auf Brand verstehe, ist der bei mir nicht vorhanden.«

»Sie verstehen sich darauf jedenfalls nicht besser als wir.«

»Gehen Sie.«

Zwei Stunden darauf hatte ich die langweiligen Besuche von allen denen, welchen die Ärzte von meinem Starrsinn Mitteilung gemacht hatten. Der Woiwode von Rußland schrieb mir sogar, der König sei ganz erstaunt über meinen Mangel an Mut. Darauf schrieb ich dem König: da ich mit meinem Arm ohne die Hand nichts anfangen könnte, so würde ich mir den Arm abschneiden lassen, sobald der Brand wirklich sichtbar wäre. Mein Brief wurde vom ganzen Hof gelesen. Fürst Lubomirski kam und sagte mir gütig, ich hätte unrecht getan, mich über die Menschen lustig zu machen, die Anteil an mir nähmen; denn es wäre doch wirklich unmöglich, daß die drei ersten Wundärzte Warschaus bei einem so einfachen Fall sich täuschten.

»Euer Gnaden, sie täuschen sich nicht, aber sie wollen mich täuschen.«

»Aber welches Interesse haben sie denn daran?«

»Sie wollen Graf Branicki einen Gefallen tun: es steht mit ihm sehr schlecht, und er braucht vielleicht diesen Trost, um zu genesen.«

»Oh, das ist ja aber unglaublich!«

»Was werden Sie aber sagen, wenn Sie sehen, daß ich recht habe?«

»Wenn das der Fall ist, werde ich Sie bewundern, und Ihre Festigkeit wird des höchsten Lobes würdig sein; aber der Fall muß auch wirklich eintreten.«

»Das werden wir heute abend sehen. Wenn der Brand sich am Arm zeigt, werde ich ihn mir morgen abnehmen lassen. Darauf gebe ich Eurer Exzellenz mein Wort.«

Die Ärzte kamen, vier an der Zahl, am Abend. Man wickelte den Arm aus und fand ihn zweimal so dick wie normal, und er war bis zum Ellbogen bleifarben; als aber der Verband abgehoben wurde, sah ich gerötete Ränder, die vereitert waren. Fürst Sulkowski und der Abbé Gourel, der zum Hause des Woiwoden von Rußland gehörte, waren dabei. Die vier Ärzte erklärten: der Arm sei befallen, es genüge nicht mehr, die Hand abzunehmen; die Amputation des ganzen Armes sei unvermeidlich und müsse spätestens am nächsten Morgen stattfinden. Ich war müde des Streites und sagte ihnen daher, sie möchten nur am nächsten Morgen mit ihren Instrumenten kommen, ich würde mich der Operation unterziehen. Befriedigt entfernten sie sich schleunigst, um die Nachricht bei Hofe zu verbreiten und sie dem Grafen Branicki und dem Woiwoden von Rußland mitzuteilen; aber am nächsten Morgen befahl ich meinen Bedienten, sie an der Tür abzuweisen. Das ist das Ende der Geschichte. Ich habe meine Hand behalten.

Am Ostersonntag ging ich mit dem Arm in der Schlinge zur Messe; erst nach achtzehn Monaten war ich völlig gesund. Die Behandlung hat nur fünfundzwanzig Tage gedauert. Alle jene, die mein Verhalten verdammt hatten, sahen sich nun gezwungen, mir Lob wegen meiner Standhaftigkeit zu zollen, die mir zur unsterblichen Ehre gereiche, und ein jeder erklärte mit Recht, die Ärzte müßten entweder Erzdummköpfe oder sehr töricht gewesen sein.

Am dritten Tag nach dem Duell amüsierte mich ein kleines Erlebnis. Ein Jesuit ließ sich im Auftrage des Bischofs von Posen, zu dessen Diözese Warschau gehört, bei mir melden und bat um eine Unterredung unter vier Augen. Ich ließ alle Anwesenden hinausgehen und fragte ihn, was er von mir wünsche.

Er antwortete: »Ich komme im Auftrage von Monsignore« – gemeint war ein Czartoryski, ein Bruder des Woiwoden von Rußland –, »um Sie von der kirchlichen Strafe zu absolvieren, die Sie durch das Duell sich zugezogen haben.«

»Im gegenwärtigen Fall habe ich kein Bedürfnis, denn ich gebe nicht zu, mich einer Verfehlung schuldig gemacht zu haben. Ich bin angegriffen worden und ich habe mich verteidigt. Danken Sie Monsignore. Wenn Sie mich jedoch ohne Schuldbekenntnis von der Sünde lossprechen wollen, so widersetze ich mich nicht.«

»Wenn Sie die Verfehlung nicht eingestehen, so kann ich Sie nicht freisprechen, aber tun Sie eines: verlangen Sie von mir die Absolution für den Fall, daß Sie sich im Duell geschlagen haben.«

»Mit Vergnügen: wenn es ein Duell war, bitte ich Sie, mich loszusprechen, wenn es keins war, so bitte ich um nichts.«

Der Jesuit erteilte mir die Absolution mit denselben Ausdrükken. Die Jesuiten sind bewundernswerte Meister, um überall einen Ausweg zu finden.

Drei Tage, bevor ich aus dem Kloster ging, zog der königliche Großmarschall seine Truppe von dessen Pforte zurück. Am Ostersonntag ging ich nach der Messe zu Hofe. Der König reichte mir die Hand zum Kuß und ließ mich auf den Fußboden niederknien. Er fragte mich, warum ich den Arm in der Schlinge trüge – dies war vorher vereinbart worden –, und ich antwortete ihm, ich hätte Rheumatismus.

»Hüten Sie sich nur, noch mehr solchen Rheumatismus zu bekommen!« sagte der König zu mir.

Nachdem ich den König gesehen hatte, ließ ich mich von meinem Kutscher zum Tor des Palais', in dem Graf Branicki wohnte, fahren; denn ich glaubte, ihm einen Besuch schuldig zu sein. Er hatte sich während meiner Krankheit regelmäßig jeden Tag durch einen Lakaien nach meiner Gesundheit erkundigen lassen und mir meinen Degen zurückgeschickt, den ich auf dem Schlachtfeld zurückgelassen hatte. Er mußte mindestens noch sechs Wochen zu Bette liegen; denn man hatte die beiden Schußöffnungen vergrößern müssen, weil der Verbandmull eingewachsen war und die Heilung verzögerte. Auch wünschte man allgemein ihm Glück, daß der König ihn am Vortag zum ›Lowczy‹, das heißt zum Hofjägermeister, ernannt hatte. Dieses Amt stand im Range unter dem des Podstoli, aber es war sehr einträglich. Man sagte spaßhaft, der König habe ihm diese Gnade erst gewährt, als er erfahren habe, daß Branicki ein guter Schütze sei; aber an jenem Tage hatte ich besser geschossen als Branicki.

Ich trat in ein großes Vorzimmer ein; mein Erscheinen rief unter allen anwesenden Offizieren, Lakaien und Leibjägern die größte Überraschung hervor. Ich fragte einen Adjutanten, ob Seine Gnaden zu sprechen sei, und bat ihn, mich anzumelden. Ohne mir zu antworten, stieß er einen Seufzer aus und ging hinein. Eine Minute darauf öffneten sich die beiden Flügeltüren, und derselbe Offizier forderte mich auf einzutreten.

Branicki lag, in einen goldschimmernden Schlafrock gehüllt, auf seinem Bett und stützte sich auf Kissen, die mit rosaroten Bändern geschmückt waren. Er war bleich wie ein Leichnam. Er grüßte mich, indem er seine Mütze abnahm, und ich sagte zu ihm: »Ich bin gekommen, Euer Gnaden, um Ihre Verzeihung zu erbitten dafür, daß ich mich nicht über eine kleine Beleidigung hinweggesetzt habe, auf die ich gar nicht hätte achten sollen, wenn ich vernünftiger gewesen wäre. Ferner bin ich gekommen, um Ihnen zu sagen, daß Sie mir eine Ehre erwiesen haben, die viel größer ist als die Beleidigung, und um Sie für die Zukunft um Ihren Schutz gegen Ihre Freunde zu bitten, die Ihr Herz nicht kennen und darum glauben, meine Feinde sein zu müssen.«

»Ich gebe zu, Sie beleidigt zu haben«, antwortete er, »aber geben auch Sie zu, daß ich wacker mit meiner Person dafür eingestanden bin! Was meine Freunde anbetrifft, so erkläre ich mich als Feind eines jeden, der Ihnen nicht die gebührende Achtung erweist. Bisinski ist verbannt und aus dem Adelsstande ausgestoßen worden; ihm ist recht geschehen. Meines Schutzes bedürfen Sie nicht: der König schätzt Sie wie mich, wie einen jeden, der die Gesetze der Ehre achtet. Setzen Sie sich und lassen Sie uns künftig gute Freunde sein. Man bringe Monsieur eine Tasse Schokolade! Sie sind also geheilt?«

»Vollkommen, abgesehen von der Beweglichkeit der Hand; bis ich diese wiedererlange, wird noch ein Jahr vergehen.«

»Sie haben sich wacker gegen die Ärzte geschlagen. Sie hatten vollkommen recht, wenn Sie sagten, daß die Dummköpfe mir einen Dienst zu leisten glaubten, indem sie Sie zum Krüppel machen. Jene beurteilen die Gefühle anderer nach ihren eigenen. Ich wünsche Ihnen Glück, daß Sie diese Leute widerlegt haben, indem Sie Ihre Hand behielten. Aber ich begreife noch immer nicht, wie meine Kugel in Ihre Hand eindringen konnte, nachdem sie Sie am Bauch verletzt hatte.«

In diesem Augenblick brachte man mir die Schokolade, und der Großkämmerer trat ein und sah mich lächelnd an. Binnen fünf oder sechs Minuten war das ganze Zimmer voll von Damen und Herren, die erfahren hatten, daß ich beim Lowczy war, und in ihrer Neugier gern sehen wollten, wie wir uns benähmen, und um Zeuge unseres Gesprächs zu sein. Ich sah ihnen an, daß sie nicht erwarteten, uns so einträchtig zu finden, und daß sie angenehm überrascht waren. Branicki nahm das Gespräch wieder auf und bat mich, ihm zu erklären, wie es möglich wäre, daß seine Kugel mich an der Hand verletzt hätte.

»Eure Exzellenz wird mir gestatten, die Stellung einzunehmen, in der ich mich in jenem Augenblick befand.«

»Ich bitte Sie darum.«

Ich stand auf und stellte mich genau so hin, wie ich im Augenblick des Schusses gestanden hatte, worauf er mir sagte: »Jetzt begreife ich.«

Eine Dame ergriff das Wort und sagte: »Sie hätten die Hand hinter Ihrem Körper halten sollen.«

»Verzeihung, Madame, ich dachte vielmehr daran, meinen Körper hinter meiner Hand zu halten.«

»Sie wollten meinen Bruder töten, denn Sie haben auf seinen Kopf gezielt.«

»Davor soll mich Gott bewahren, Madame! In meinem Interesse lag es vielmehr, daß er am Leben blieb, um mich vor seinen Begleitern zu beschützen, wie er es ja auch getan hat.«

»Aber Sie haben zu ihm gesagt, Sie würden auf seinen Kopf schießen.«

»Das ist so eine übliche Redensart; aber ein kluger Mensch schießt mitten auf den Körper, der Kopf ist am äußersten Ende. Deshalb habe ich die Pistole erhoben und abgedrückt, als sie ungefähr in Höhe der Mitte des Körpers war.«

»Das ist wahr«, sagte Branicki. »Ihre Taktik war besser als die meine und Sie haben mir eine Lehre erteilt.«

»Eure Exzellenz haben mir ein Beispiel von Heldenmut und Kaltblütigkeit gegeben, das viel würdiger ist, befolgt zu werden.«

»Man sieht«, begann seine Schwester Sapieha, »daß Sie sich sehr oft im Pistolenschießen geübt haben müssen.«

»Niemals in meinem ganzen Leben. Dieser unglückselige Schuß war mein erster; aber ich hatte stets einen richtigen Begriff von der richtigen Schußlinie, gute Augen und eine sichere Hand.«

»Weiter braucht man auch nichts«, sagte Branicki. »Ich besitze dies alles, und ich freue mich sehr, daß ich nicht so gut geschossen habe wie gewöhnlich.«

»Ihre Kugel hat mir den ersten Fingerknochen zerschmettert, Euer Gnaden. Hier sehen Sie sie; sie hat sich auf meinem Knochen abgeplattet. Gestatten Sie mir, daß ich sie Ihnen zurückgebe.«

»Es tut mir leid, daß ich Ihnen nicht auch die Ihre wiedergeben kann.«

»Mit Ihrer Wunde geht es ja, Gott sei Dank, besser.«

»Sie will sich nicht recht vernarben. Hätte ich es am Tage unseres Duells wie Sie gemacht, so wäre ich nicht mehr am Leben; denn wie man mir gesagt hat, haben Sie sehr gut zu Mittag gespeist.«

»Das habe ich allerdings getan, weil ich fürchtete, diese Mahlzeit würde meine letzte sein.«

»Wenn ich gespeist hätte, würde Ihre Kugel in meine Eingeweide gedrungen sein, doch so glitt sie darüber hinweg.«

Es steht fest, daß Branicki, sobald er sicher war, daß er sich um drei Uhr schlagen würde, in die Messe, zur Beichte und zur Kommunion ging. Der Beichtvater wird ihm die Absolution nicht haben verweigern können, da Branicki ihm gesagt haben wird, die Ehre zwinge ihn, sich zu schlagen. So entsprach es der Schule alter Ritterlichkeit. Ich weiß nicht, ob ich ein besserer oder schlechterer Christ war als Branicki; jedenfalls richtete ich an Gott nur die Worte: »Mein Gott und Herr! Wenn mein Feind mich tötet, so bin ich verdammt. Bewahre mich also vor dem Tode!«

Nachdem wir noch mehrere heitere und interessante Bemerkungen ausgetauscht hatten, verabschiedete ich mich von dem heldenhaften Mann und begab mich zum Großmarschall der Krone, dem neunzigjährigen Grafen Bielinski (die Gräfin Salmour war seine Schwester), er war kraft seines Amtes der höchste Gerichtsherr in Polen. Ich hatte niemals mit ihm gesprochen; aber er hatte mich gegen Branickis Ulanen beschützt und mich begnadigt, ich mußte ihm daher die Hand küssen.

Ich ließ mich melden und trat ein. Er empfing mich mit den Worten: »Was wünschen Sie von mir?«

»Ich möchte Euer Gnaden die Hand küssen, die meine Begnadigung unterzeichnet hat, und Eurer Exzellenz versprechen, daß ich in Zukunft vernünftiger sein werde.«

»Das rate ich Ihnen. Für Ihre Begnadigung müssen Sie dem König danken; denn wenn er sie nicht ausdrücklich befohlen hätte, so hätte ich Sie enthaupten lassen.«

»Trotz der Umstände, Euer Gnaden?«

»Was für Umstände? Ist es wahr oder nicht, daß Sie sich im Duell geschlagen haben?«

»Es ist nicht wahr; denn ich bin gezwungen worden, mich zu verteidigen. Man könnte mich der Teilnahme an einem Duell beschuldigen, wenn Graf Branicki, unserer Verabredung gemäß, auf mein Verlangen hin mich nach einem Ort außerhalb der Starostei gebracht hätte. Wären Eure Exzellenz genau unterrichtet gewesen, so hätten Sie mir nicht mehr den Kopf abschlagen lassen wollen.«

»Ich weiß nicht, was ich getan hätte. Der König hat verlangt, daß ich Sie begnadige; das ist ein Beweis, daß Sie nach seiner Meinung die Gnade verdienen, und ich wünsche Ihnen Glück dazu.«

ACHTES KAPITEL

Am 20. November 1767 verläßt Casanova Paris Richtung Spanien. Nach einem Aufenthalt in Bordeaux nähert er sich nun den Pyrenäen.

Nachdem ich für meine achttausend Francs einen Kreditbrief auf einen Genuesen in Madrid aufgenommen hatte, reiste ich weiter durch die Landes[1] nach St. Jean d'Angély, wo ich meine Postkutsche verkaufte. Von dort begab ich mich nach Pamplona, indem ich die Pyrenäen auf einem Maultier reitend überquerte; ein zweites trug meine Koffer. Das Gebirge erschien mir viel gewaltiger als die Alpen.

In Pamplona übernahm der Fuhrmann Andrea Capello die Beförderung meiner Person und meines Gepäckes, und wir brachen nach Madrid auf. Die ersten zwanzig Meilen ermüdeten mich nicht, denn die Straße war ebenso schön wie eine französische. Sie war ein Denkmal zu Ehren des Monsieur de Gages, der nach dem italienischen Kriege Gouverneur von Navarra gewesen war und, wie man mir versicherte, diese schöne Straße auf seine Kosten hatte bauen lassen. Der berühmte General, der mich vor vierundzwanzig Jahren hatte in Arrest setzen lassen, gelangte auf diese Weise zur Unsterblichkeit und nicht nur das, sondern er verdiente es auch. Als großer Soldat hatte er nur dadurch Lorbeeren gewonnen, daß er Zerstörer von Menschenleben gewesen ist; aber indem er diese schöne Straße bauen ließ, wurde er zu einem Wohltäter und erwarb sich dauernden und unzerstörbaren Ruhm. Ich kann nicht sagen, daß ich nach dem Aufhören dieser schönen Straße eine schlechtere fand, denn ich fand überhaupt keine Straße mehr. Über steile, steinige Hänge ging es bergauf und bergab. Nirgends die geringste Spur, daß schon ein Wagen gefahren war; das ist Alt-Kastilien. Man nimmt nicht an, daß Reisende, die ihre Bequemlichkeit lieben, auf diesem Wege nach

Madrid fahren. Ich war denn auch keineswegs verwundert, nur elende Herbergen zu finden, die kaum für die Maultiertreiber gut genug sind, die mit ihren Tieren im gleichen Raum übernachten. Señor Andrea suchte mir sorgfältig die beste Unterkunft aus, die zu haben war, und nachdem er seine Maultiere mit allem Notwendigen versorgt hatte, lief er durch das Dorf, um mir etwas zu essen zu verschaffen. Der Besitzer der elenden Herberge, wo wir eingekehrt waren, rührte sich nicht; er zeigte mir meine Kammer, wo ich schlafen könnte, einen Kamin, worin ich Feuer machen könnte, wenn ich mir das nötige Holz selbst beschaffen würde, und auch kochen könnte, wenn ich essen wollte. Er kümmerte sich nicht darum, mir zu sagen, wohin ich mich wenden sollte, um mir für mein Geld etwas zu kaufen. Am Morgen vor der Abreise gab ich ihm das bißchen, das er für meine Unterkunft verlangte; außerdem eine *Peseta por el ruido*, ein kleines Geldstück für den Lärm. Er rauchte eine Zigarre, seine Armut war für ihn Reichtum, wenn der Fremde bei der Abreise nur nicht sagen konnte, er habe sich durchaus keine Mühe gegeben, ihn zu bedienen. Diese Denkweise beruht auf großer Faulheit, die mit viel Stolz gemischt ist: man ist ja Kastilianer; man darf sich nicht so weit erniedrigen, einen ›Gabacho‹[2] zu bedienen. Mit diesem Namen bezeichnet die ganze spanische Nation einen Fremden. Das Wort ›Gabacho‹ ist viel beleidigender als das Wort ›Hund‹, womit die Türken uns benennen, und ›French dog‹ wie das englische Volk alle Fremden nennt. Es ist selbstverständlich, daß der Adel und Leute, die durch eine gute Erziehung oder durch Reisen Bildung gewonnen haben, nicht so denken. Ein Fremder, der gute Empfehlungen hat und sich anständig benimmt, findet vernünftige Leute sowohl in Spanien, in England und in der Türkei.

Die zweite Nacht schlief ich in Agreda, einem kleinen Ort, den man mit dem Namen einer Stadt schmückt und der ein wahres Wunder von Häßlichkeit und Trübsinn ist. Hier muß ein Mensch, der nichts tut, wahnsinnig, griesgrämig und überspannt werden. Dort wurde die Nonne Maria d'Agreda wahnsinnig und schrieb das Leben der Heiligen Jungfrau nach deren eigenem Diktat nieder. Man hatte mir ihr Werk zu lesen gegeben, als ich unter den Bleidächern war, und der Leser erinnert sich vielleicht, daß ich durch die Überspanntheiten dieser Seherin beinahe meinen Verstand verloren hätte.[3] Wir machten täglich zehn Meilen. Eines

Morgens glaubte ich vor uns zehn oder zwölf Kapuziner zu sehen, welche langsamer gingen als die Maultiere vor meinem Wagen. Als ich sie jedoch genauer beim Überholen betrachtete, sah ich lauter Frauen von verschiedenem Alter.

»Was ist denn das?« fragte ich den Señor Andrea; »sind denn diese Frauen wahnsinnig?«

»Durchaus nicht. Sie tragen die Kapuzinerkutte aus Frömmigkeit, und ich bin überzeugt, daß keine von ihnen ein Hemd auf dem Leibe hat.«

Daß sie kein Hemd hatten, war weiter nicht verwunderlich; denn Hemden sind in Spanien selten; daß aber jemand das Kapuzinerkleid trug in dem Glauben, dadurch dem Schöpfer mehr zu gefallen, dieser Gedanke erschien mir äußerst seltsam.

Die folgende Begebenheit bereitete mir Vergnügen.

An der Poststation einer Stadt kurz vor Madrid verlangte man von mir meinen Paß. Ich gab ihn und stieg aus. Der Beamte zankte sich mit einem fremden Priester, der nach Madrid reisen wollte, aber keinen Paß für die Hauptstadt hatte. Er zeigte einen Paß, womit er in Bilbao gewesen war; mit diesem war der Beamte jedoch nicht zufrieden. Der Priester war Sizilianer; da man ihn offenbar schikanierte, so erregte er meine Teilnahme, und ich fragte ihn, warum er sich dieser Unannehmlichkeit ausgesetzt hätte. Er antwortete mir, er halte es nicht für notwendig, einen Paß zu haben, um in Spanien zu reisen, wenn man schon einmal im Lande sei.

»Ich will nach Madrid«, fuhr er fort, »wo ich bei einem Grande[4] als Beichtvater eintreten zu können hoffe; ich habe einen Brief für ihn.«

»Zeigen Sie doch diesen Brief; dann wird man Sie ganz sicher passieren lassen.«

»Sie haben recht.«

Er nahm aus seiner Brieftasche das Schreiben, das offen war, und reichte es dem Beamten; dieser warf einen Blick auf die Unterschrift und stieß einen Schrei aus, als er den Namen Squillace[5] las.

»Wie, Señor Abbé, Sie gehen nach Madrid mit einer Empfehlung von Squillace, und Sie wagen, den Brief zu zeigen?«

Als die anwesenden Beamten und Büttel hörten, daß der arme Abbé keine andere Empfehlung hatte als von dem im ganzen Volk verhaßten Minister, den man gesteinigt haben würde, wenn nicht der König, der ihn beschützte, ihm zur Flucht verholfen hätte – da erhoben sie ihre Stöcke und begannen, den armen Abbé zu prügeln, der natürlich nicht darauf gefaßt war, daß die Empfehlung eines Mannes, auf dessen Fürsprache er vielleicht all seine Hoffnungen gesetzt hatte, ihm einen so traurigen Empfang verschaffen würde.

Dieser Monsieur de Squillace wurde von dem König, der ihn liebte, als Gesandter nach Venedig geschickt, wo er in hohem Alter gestorben ist. Er mußte von den Untertanen des Herrschers gehaßt werden, weil er als Finanzminister die Steuern unbarmherzig eintrieb, um die Kassen zu füllen.

Die Tür des Zimmers, das der Wirt mir gab, hatte einen Riegel an der Augenseite, aber innen nichts, womit ich die Tür verschließen konnte, wenn ich schlief. Nur mit dem Riegel ließ sich die Tür öffnen und schließen. Die erste und zweite Nacht sagte ich nichts, aber am dritten Abend erklärte ich meinem Fuhrmann, ich wolle mir das nicht gefallen lassen.

»In Spanien muß man es sich gefallen lassen; denn die heilige Inquisition muß stets nachsehen können, was etwa die Fremden in ihren Zimmern machen, und daher dürfen sich diese nicht einschließen können.«

»Worauf kann denn Ihre heilige Inquisition neugierig sein?«

»Nach allem will sie sehen; ob Sie an Fastentagen Fleisch essen; ob im Zimmer mehrere Personen beiderlei Geschlechts sind; ob die Frauen allein schlafen oder mit Männern und, wenn letzteres der Fall ist, ob die Zusammenschlafenden rechtmäßige Ehepaare sind; wenn sie sich nicht durch Trauscheine ausweisen können, werden sie ins Gefängnis gebracht. Die heilige Inquisition, Señor Don Jaime[6], wacht in unserem Lande ständig über unserem Seelenheil.«

Wenn wir unglücklicherweise einem Priester begegneten, der irgendeinem Sterbenden das heilige Sakrament brachte, hielt Señor Andrea an und befahl mir in gebieterischem Ton, auszusteigen und niederzuknien; ich mußte gehorchen, selbst wenn der Weg voller Schmutz, wenn kein sauberes Fleckchen da war.

Der Hauptgegenstand religiösen Verfolgungseifers waren damals in den beiden Kastilien die Hosen ohne Latz. Man warf alle ins Gefängnis, die solche trugen, auch die Schneider wurden bestraft. Trotzdem wurden sie getragen, und Priester und Mönche schrien sich vergeblich auf der Kanzel heiser, indem sie gegen diese Unanständigkeit wetterten. Man erwartete schon eine Revolution, über die sich ganz Europa schiefgelacht hätte. Zum Glück kam man schließlich doch ohne Blutvergießen zum Ziel. Es wurde eine Verordnung an allen Kirchentüren angeschlagen, worin man erklärte, die Hosen mit Schlitz seien nur dem Henker erlaubt. Dadurch wurde der Mode ein Ende bereitet, denn niemand wollte das Privilegium haben, für einen Henker gehalten zu werden.

Indem ich so allmählich die Nation kennenlernte, in deren Mitte ich zu leben gedachte, kam ich nach Guadalajara, dann nach Alcalá und endlich nach Madrid. Guadalajara, Alcalá! Was für Namen, von denen ich nur den Vokal a hörte?

Die Sprache der Mauren, deren Vaterland Spanien mehrere Jahrhunderte lang war, hat eine Menge Namen und viele Wörter hinterlassen. Wie jedermann weiß, ist das Arabische reich an A, und die Gelehrten haben vielleicht nicht unrecht, wenn sie behaupten, daß das Arabische die älteste Sprache sein muß, denn das A ist der leichteste aller Vokale, weil er der natürlichste ist. Man hätte also nach meiner Meinung sehr unrecht, wenn man spanische Namen für barbarisch erklärt: ala, achala, Aranda, Almada, Acara, bacala, Agapa, Agrada, Agracaramba, Alava, Alamata, Albadara, Alcantara, Alcaraz, Alcavala und tausend andere Wörter machen durch ihren vollen Klang das Kastilianische zur reichsten aller Sprachen; dieser Reichtum muß natürlich, wie der Leser verstehen wird, nur aus Synonymen bestehen, da man zwar neue Worte finden kann, neue Eigenschaften etwas schwerer, aber neue Dinge überhaupt nicht. Jedenfalls ist die spanische Sprache eine der schönsten der Welt, klangreich, kräftig und majestätisch. Wenn sie so recht *ore rotundo* [mit gerundetem Mund][7] gesprochen wird, wirkt sie mit der höchsten poetischen Harmonie. Sie wäre der italienischen an musikalischem Wohllaut gleich, wenn sie nicht die drei Kehllaute hätte, die ihr die Lieblichkeit nehmen, soviel auch die Spanier das Gegenteil behaupten. Man muß sie reden lassen; *quisquis amat ranam ranam putat esse Dianam* [Wer Frösche liebt, hält einen Frosch für die Göttin Diana][8]. Der Tonfall läßt sie einfachen Ohren aber herrischer erscheinen als die anderen Sprachen.

Wir fuhren durch die Puerta de Alcalá in Madrid ein. Man durchsuchte meine Sachen, und die Aufmerksamkeit der Beamten richtete sich hauptsächlich auf Bücher. Zu ihrem großen

Verdruß fanden sie bei mir nur eine griechische ›Ilias‹. Man nahm sie mir weg und brachte sie mir drei Tage später in die Calle de la Cruz ins Café, wo ich Wohnung genommen hatte, obwohl Señor Andrea mich durchaus anderswo unterbringen wollte. Ein braver Mann hatte mir in Bordeaux diese Adresse gegeben. Eine Zeremonie, die man an der Puerta de Alcalá mit mir vornahm, mißfiel mir ganz über alle Maßen. Einer von den Zollbeamten bat mich um eine Prise Tabak. Ich gab sie ihm, es war Schnupftabak.

»Señor, dieser Tabak ist in Spanien mit Bann behaftet.« Der freche Mensch schüttete den Tabak in den Schmutz und gab mir dann meine ausgeleerte Dose wieder.

Nirgends verfährt man hinsichtlich des Tabaks so streng wie in Spanien. Trotzdem wird dort mehr als in allen anderen Ländern geschmuggelt, und zwar ganz öffentlich. Die Spione der Steuerpächter für Tabak, die unter dem besonderen Schutze des Königs stehen, suchen sehr eifrig ausländischen Tabak zu entdecken, und diejenigen, in deren Dosen welcher gefunden wird, müssen ihn teuer bezahlen.

Man verzeiht einzig den ausländischen Gesandten, wenn sie sich diese Freiheit herausnehmen: Der König wußte das und mußte es dulden; doch er duldete den Gebrauch solchen Tabaks nicht in seiner Gegenwart. Er selbst stopfte nur am Morgen, wenn er aus dem Bett stieg, eine große Prise seines spanischen Tabaks in seine große Nase; den restlichen Tag über nahm er keinen mehr. Der spanische Tabak ist vortrefflich, wenn er rein ist, doch das ist er selten. Bei meiner Ankunft fand man keinen guten vor. Jener, den man bei der verstorbenen Königin[9] fand, war verkauft worden, daher konnte ich drei oder vier Wochen keinen Tabak schnupfen, außer wenn ich dem dicken Prinzen della Cattolica meine Aufwartung machte; der empfing mich – außer beim ersten Mal –, um mir einen besonderen Beweis seiner Zuneigung zu geben, stets auf seinem Nachtstuhl, auf dem er sich den ganzen Morgen aufhielt, und auf den er sich auch im Laufe des Tages setzte, sobald er allein war und seine Depeschen schrieb. Die Spanier zogen übrigens den Schnupftabak ihrem eigenen vor, so wie auch manche von uns den spanischen Tabak bevorzugen. Den Menschen gefällt überall, was verboten ist. Eine Möglichkeit, manche zur Erfüllung ihrer Pflicht anzuhalten, bestünde darin, es ihnen zu verbieten; doch die Gesetzgebung ist nirgendwo philosophisch. Ich sah mich in einer ziemlich guten Wohnung und litt nur unter dem Mangel an Feuer; denn der Frost war trocken und schneidender als in Paris, obwohl Madrid auf dem vierzigsten Breitengrad liegt. Der Grund ist indessen sehr einfach: Madrid ist die höchstgelegene Stadt Europas. Einerlei, von welcher Hafenstadt man kommt, man steigt unmerklich bis zu einer Höhe von tausend Klaftern[10], wenn ich mich nicht irre. Außerdem ist die Stadt in der Ferne von hohen Gebirgen umgeben, und in der Nähe ist sie von Hügeln umgürtet; infolgedessen ist jeder aufkommende Wind bitterkalt. Die Luft der Stadt ist für alle Fremden ungesund; sie ist rein und dünn und taugt deshalb nur für die Spanier, die alle mager, dürr und so fröstelnd sind, daß sie sich sogar im August bei wenig Wind bis zu den Augen in einen weiten Stoffmantel einhüllen.

Der Geist der Männer hierzulande ist beschränkt durch eine Menge von Vorurteilen, während die Frauen im allgemeinen recht ungezwungen sind. Beide Geschlechter sind von Begierden und Leidenschaften beseelt, die so hitzig sind wie die Luft, die sie einatmen. Der Spanier haßt jeden Fremden, weiß aber keinen vernünftigen Grund dafür anzugeben, dieser Haß ist angeboren; zu diesem Haß kommt noch eine Überheblichkeit, weil der Fremde eben kein Spanier ist. Die Frauen, die ohne Zweifel die Ungerechtigkeit dieses Hasses und der Geringschätzung erkennen, rächen uns, indem sie uns lieben. Doch gebrauchen sie dabei große Vorsicht, denn der Spanier ist nicht nur von Natur, sondern auch mit Überlegung eifersüchtig.

Der geringste Seitensprung der Frau, die ihm gehört, verletzt seine Ehre; auf diese Weise verbirgt er die Niedertracht einer furchtsamen Seele mit dem ehrwürdigen Schleier, der das Heiligtum der Ehre und sogar der Religion verhüllt. Abergläubisch bis zum Äußersten ist er unverbesserlich, denn er weiß nicht, daß er es ist. Die Liebschaft kann in diesem Land nur geheimnisvoll sein, denn sie strebt einen Genuß an, der außerdem verboten ist. Daher rühren Geheimnistuerei, Intrigen und Gewissenszweifel, die zwischen den von der Religion auferlegten Pflichten und der Kraft der Leidenschaft, die gegen sie ankämpft, wogen.

Die Männer sind eher häßlich als schön, während die Frauen im allgemeinen sehr hübsch sind. Das Blut, das in ihren Adern kocht, macht sie glühend in der Liebe und stets dazu aufgelegt, ihre Hand zu jeder Intrige zu bieten, um die Menschen zu betrügen, die sie umzingeln, um jeden ihrer Schritte auszuspionieren.

Der Liebhaber, der am willigsten bereit ist, allen Gefahren zu trotzen, wird stets dem Furchtsamen, Ehrfurchtsvollen und Zurückhaltenden vorgezogen. Aus Koketterie wollen sie sich deren Bewunderung erhalten, obwohl sie sie im Grunde verachten. Auf den Spaziergängen, in der Kirche, im Theater sprechen sie mit den Augen zu den Männern, die sie begehren; sie beherrschen diese verführerische Sprache in höchster Vollendung. Wenn der Mann, an den diese Sprache sich wendet, den rechten Augenblick zu erkennen und auszunutzen weiß, ist er stets sicher, glücklich zu sein und braucht nicht den geringsten Widerstand zu erwarten; übersieht er die Gelegenheit oder nutzt sie nicht aus, so wird sie ihm nicht mehr geboten.

Da ich ein warmes Zimmer brauchte, aber keinen Kamin hatte und vom Kohlenbecken Kopfschmerzen bekam, so suchte und fand ich schließlich einen intelligenten Mann, der nach meinen Angaben einen Ofen aus grobem Weißblech machte; das Rohr führte durch das Fenster ins Freie und wurde bis zur Dachrinne des Hauses hinaufgeleitet. Der Handwerker war sehr stolz auf sein Erstlingswerk und ließ es mich teuer bezahlen.

In den ersten Tagen, bis mein Ofen fertig war, belehrte man mich, daß ich, um mich am Vormittag bis zum Mittagessen zu erwärmen, nach der ›Puerta del Sol‹ gehen müßte. Das ist jedoch kein Tor, sondern ein Platz, den man so nennt, weil das wohltätige Gestirn dort seine Reichtümer verschwendet und allen, die dort spazierengehen und seine Strahlen genießen wollen, seine Wärme schenkt. Ich fand dort eine Menge Männer der guten Gesellschaft, die entweder allein mit schnellen Schritten auf und ab liefen oder im Gespräch mit ihren Freunden langsam hin und her gingen. Dieser allgemeine Sammelpunkt war jedoch nicht nach meinem Geschmack.

Ich brauchte auch einen Bedienten, der französisch sprach, und es kostete mich eine ungeheure Mühe, bis ich schließlich einen fand, dem ich einen hohen Lohn bezahlen mußte; denn er war ein Page, wie man in Madrid sagt. Ich konnte von ihm nicht verlangen, hinten auf meinen Wagen zu steigen oder ein Paket irgendwohin zu tragen oder mir nachts mit einer Laterne oder Fackel zu leuchten. Dieser Page war ein Mann von dreißig Jahren, sein Gesicht überaus häßlich; aber für seinen Pagenberuf war seine Häßlichkeit ein Vorzug, der ihn zur Erfüllung seiner Pflichten besonders geeignet machte; denn es war keine Gefahr vorhanden, daß er den Ehemännern der Damen, die er bediente, Eifersucht einflößte. Eine Frau, die etwas auf sich hielt, wagt nicht in Madrid auszufahren, ohne von einem sogenannten Pagen begleitet zu sein, der sich auf den Vordersitz setzt und natürlich nur eine Art Spion ist. Ein solcher Schuft ist schwerer zu verführen als eine Dueña, die das ihrer Obhut anvertraute junge Mädchen tyrannisiert. Einen Halunken dieser Art mußte ich also in Ermangelung eines anderen in meinen Dienst nehmen.

Ich überbrachte alle meine Briefe, und zwar zuerst den der Fürstin Lubomirska an den Grafen von Aranda. Dies war der Mann, der an einem Tage Spanien von allen Jesuiten gesäubert hatte.[11] Er war in Madrid mächtiger als der König selber und hatte die Kraft gehabt, die Schlapphüte und knöchellangen Mäntel verbieten zu lassen. Er war Präsident des Königlichen Rates von Kastilien und ging nur in Begleitung eines königlichen Leibgardisten aus, den er stets an seinem Tische essen ließ. Selbstverständlich war er der bestgehaßte Mann in ganz Spanien, aber er schien sich wenig daraus zu machen. Er war ein kluger Mann und großer Politiker, unerschrocken, entschlossen, richtig denkend, ein großer Epikuräer, der aber ausgezeichnet den äußeren Anschein zu wahren wußte. Er tat in seinen vier Wänden alles, was er den anderen verbot, und machte sich nichts daraus, daß man davon sprach.

Dieser Edelmann war ziemlich häßlich und schielte unangenehm. Als ich ihn aufsuchte, empfing er mich recht kalt und sagte: »Was wollen Sie denn in Spanien?«

»Ich will mich belehren, indem ich die Sitten und Gebräuche einer achtungswerten Nation beobachte, die ich nicht kenne, und ich möchte zur gleichen Zeit aus meinen schwachen Talenten Vorteil ziehen, wenn ich mich der Regierung nützlich machen kann.«

»Um hier gut und ruhig zu leben, bedürfen Sie meiner nicht, denn wenn Sie sich den polizeilichen Vorschriften der Stadt fügen, wird niemand Sie in Ihrer Ruhe stören. Wenn Sie Ihre Talente auszunutzen gedenken, um Ihr Glück zu machen, so wenden Sie sich an den Gesandten Ihrer Republik; er wird Sie vorstellen, und Sie können dann Ihre Fähigkeiten zeigen.«

»Der venezianische Gesandte wird mir nicht schaden, aber er wird mich auch nicht beschützen, denn ich befinde mich in der

Ungnade der Staatsinquisitoren. Ich bin sogar sicher, daß er mich nicht empfangen wird.«

»Dann haben Sie bei Hofe nichts zu hoffen; denn der König wird sich zuerst bei ihm nach Ihnen erkundigen, und wenn Ihr Gesandter Sie nicht vorstellt, so rate ich Ihnen, denken Sie hier in Madrid nur daran, sich zu unterhalten.«

Ich begab mich zum neapolitanischen Gesandten, der mir dasselbe sagte. Auch der Marquis von Mora, einer der liebenswürdigsten aller Spanier, dachte nicht anders. Der Herzog von Losada, Haushofmeister Seiner Katholischen Majestät und deren Günstling, bedauerte sehr, trotz seines besten Willens augenblicklich nichts tun zu können. Er riet mir, einen Versuch zu machen, indem ich mich in das Haus des venezianischen Gesandten selber einführte und mir diesen zum Freunde zu machen suchte, trotz meiner Ungnade; denn über diese konnte er hinwegsehen, da er den Grund nicht kannte. Ich beschloß, die Ratschläge des weisen Greises zu befolgen, und schrieb daher nach Venedig einen dringenden Brief an Signor Dandolo[12], um mir einen Empfehlungsbrief zu verschaffen, der den Gesandten nötigen würde, mich trotz der Staatsinquisitoren bei Hofe zu empfehlen. Mein Brief war so geschrieben, daß er auch von den Staatsinquisitoren gelesen werden konnte, und mußte eine gute Wirkung üben.

Nachdem ich diesen Brief geschrieben hatte, begab ich mich nach dem Palais des venezianischen Gesandten und stellte mich dem Botschaftssekretär Gasparo Soderini vor. Er war ein geistvoller, kluger und anständiger Mann und wagte trotzdem mir zu sagen, er sei erstaunt, daß ich die Kühnheit besitze, in die Gesandtschaft zu kommen.

»Ich komme, Signore, damit ich mir nicht den Fehler vorzuwerfen brauche, mich nicht vorgestellt zu haben; denn ich habe nichts getan, um glauben zu können, daß ich dessen unwürdig wäre. Ich würde es viel unpassender finden, wenn ich in Madrid bliebe, ohne mich vorgestellt zu haben. Jedenfalls wünsche ich mir Glück, diesen Schritt getan zu haben, den ich als meine Pflicht ansehe; zugleich aber bedauere ich, daß der Gesandte, wenn er ebenso denkt wie Sie, für eine Keckheit nehmen wird, was in Wirklichkeit nur eine Handlung der Ehrfurcht ist. Sollte übrigens der Gesandte glauben, mich nicht der Ehre eines Empfanges würdigen zu können, weil zwischen der Inquisition und mir ganz besondere Differenzen bestehen, deren Ursache er ebensowenig wissen kann wie ich, so werden Sie es mir nicht übelnehmen, wenn ich mich darüber wundere; denn er ist ja nicht Gesandter der Staatsinquisition, sondern der Republik Venedig, deren Untertan ich immer noch bin; ich fordere ihn andererseits heraus, mir zu sagen, welches Verbrechen ich begangen haben soll, auf Grund dessen man mich meiner Eigenschaft als Venezianer berauben könnte. Wenn es meine Pflicht ist, in dem Gesandten das Abbild und den Vertreter meines Herrschers zu ehren, so ist es, glaube ich, seine Pflicht, mir seinen Schutz angedeihen zu lassen.«

Soderini wurde ganz rot bei dieser Rede, die ihm deutlich eine Reihe von Wahrheiten vermittelt hatte, und er sagte mir: »Warum schreiben Sie nicht dem Gesandten alles, was Sie mir soeben gesagt haben?«

»Ich konnte es ihm nicht schreiben, bevor ich nicht wußte, ob er mich empfangen würde oder nicht. Jetzt, da ich Anlaß habe anzunehmen, daß er nicht anders denkt als Sie, jetzt werde ich die Ehre haben, ihm zu schreiben.«

»Ich weiß nicht, ob Seine Exzellenz ebenso denkt wie ich, und trotzdem, was ich Ihnen gesagt habe, kann es wohl sein, daß Sie noch gar nicht wissen, wie ich denke. Auf alle Fälle schreiben Sie ihm; es kann doch sein, daß Sie erhört werden.«

Ich ging nach Hause und schrieb dem Gesandten alles, was ich seinem Sekretär gesagt hatte. Am nächsten Tage meldete man mir den Grafen Manucci. Ich sah einen hübschen jungen Burschen mit ziemlich schönem Gesicht, der einen ausgezeichneten Eindruck machte. Er sagte mir, er wohne beim Gesandten; Seine Exzellenz habe meinen Brief gelesen und schicke ihn zu mir, um mir zu sagen, daß er gewisse Gründe habe, um mich nicht offiziell zu empfangen; er werde jedoch sehr erfreut sein, mich privat zu sehen, denn er kenne und achte mich.

Dieser junge Manucci sagte mir, er sei Venezianer und kenne mich dem Namen nach, denn er habe seine Eltern hundertmal von mir sprechen und mein Unglück bedauern hören. Ich hatte bald heraus, daß der junge Manucci der Sohn jenes Giovanni Battista Manucci war, der den Staatsinquisitoren als Spion gedient hatte, um mich unter die Bleidächer zu bringen, eben jenes Manucci, der sich so geschickt meine Bücher über Magie verschafft hatte, die wahrscheinlich das Hauptbeweisstück waren, dem ich ohne förmlichen Prozeß die entsetzliche Gefängnisstrafe verdankte. Ich hütete mich, ihm etwas von meiner Entdeckung zu sagen, aber ich brauchte nicht daran zu zweifeln, daß ich richtig geraten hatte. Ich kannte seine Mutter, die Tochter eines Kammerdieners im Hause Loredan, und seinen Vater, der, wie ich in der Geschichte meiner Gefangenschaft erzählt habe, ein armer Steinschneider war.

Ich fragte Manucci, ob man ihn beim Gesandten Graf nenne. Er bejahte diese Frage und sagte, er sei es wirklich auf Grund eines Adelsbriefes, den er vom Kurfürsten von der Pfalz erhalten habe. Als er sah, daß ich seine Herkunft erriet, sprach er offen mit mir, und da er wußte, daß ich die besondere Neigung des Gesandten Mocenigo kannte, so sagte er mir lachend und ohne Scham, er sei dessen widernatürliche Mätresse. »Ich werde für Sie tun«, fügte er hinzu, »was nur in meinen Kräften steht.« Dies war für mich höchst wünschenswert, denn ein solcher Alexis mußte von seinem Corydon[13] alles erlangen, was er wollte. Wir umarmten uns, und er sagte mir beim Abschied, er erwarte mich nachmittags im Palais in der ›Calle ancha‹, in seinem Zimmer eine Tasse Kaffee zu trinken; der Gesandte würde gewiß sogleich kommen, sobald er ihm sagen ließe, daß ich da wäre.

Ich ging zur rechten Zeit hin; der Gesandte empfing mich sehr freundlich und sprach mir voller Gefühl sein Bedauern aus, daß er es nicht wagen dürfe, mich öffentlich zu empfangen. Er hätte es allerdings gekonnt und hätte mich auch bei Hofe vorstellen können, ohne sich bloßzustellen, denn er brauchte von dem formlosen Verfahren der Staatsinquisitoren gegen meine Person nichts zu wissen. Aber er fürchtete, sich Feinde zu machen.

»Ich hoffe«, sagte ich zu ihm, »bald einen Brief zu erhalten, worin Eurer Exzellenz im Auftrag der Staatsinquisitoren gesagt werden wird, daß Sie mich unbedenklich vorstellen können.«

»Ich werde mich alsdann beeilen, Sie allen Ministern vorzustellen.«

Dieser Gesandte Mocenigo ist derselbe, der in Paris durch seinen unglückseligen Hang zur Knabenliebe eine so traurige Berühmtheit erlangte; später wurde er vom Rat der Zehn zu siebenjähriger Haft in der Zitadelle von Brescia verurteilt, weil er von Venedig auf seinen Gesandtschaftsposten in Wien abreisen wollte, ohne dazu vorher die Erlaubnis des Staatskabinetts erhalten zu haben. Die Kaiserin Maria Theresia hatte mitgeteilt, sie werde niemals einwilligen, in ihrer Hauptstadt einen solchen Mann zu empfangen, und in Venedig war man in Verlegenheit, den bereits Ernannten zur Vernunft zu bringen; als er aber den Fehler beging, ohne alle Umstände abreisen zu wollen, benutzte der Senat die Gelegenheit, an seiner Stelle einen anderen Gesandten zu bestimmen, der denselben Geschmack hatte wie Mocenigo, sich aber mit Frauen abgab.

Mocenigo war in Madrid beliebt, obwohl sein Laster bekannt war und man ihn oft mit seinen Lustknaben im Wagen durch Madrid fahren sehen konnte. Ich mußte lachen, als auf einem Ball bei einem spanischen Granden der Hausherr mit einer geheimnisvollen Miene mir sagte, der junge Manucci, mit dem er mich gesehen habe, sei die Frau des Gesandten. Er wußte nicht, daß im Gegenteil der Gesandte Manuccis Frau war und Manucci den Mann abgab. Übrigens war das auch der Geschmack des preußischen Königs Friedrich II. und vieler Männer des Altertums, die Hermaphroditen genannt wurden; dieser Name bezeichnete beide Richtungen ihrer Leidenschaft. Mocenigo ließ Manucci jedoch sehr zurückgezogen leben, auch mußte er nicht bei ihm essen, wenn er große Gastmahle gab.

Ich hatte bereits zwei oder drei Besuche beim Maler Mengs[14] gemacht, der seit sechs Jahren mit einem hohen Gehalt im Dienste Seiner Katholischen Majestät stand, und er hatte mir schöne Essen gegeben, wozu er auch seine anderen Freunde eingeladen hatte. Seine Frau und seine ganze Familie waren in Rom. Er lebte in Madrid allein mit seinen Bedienten in einem Haus, das Eigentum des Königs war, und er stand bei jedermann in hoher Achtung, weil er mit dem König sprechen konnte, sooft er wollte. Ich machte bei Mengs die Bekanntschaft des Baumeisters Sabattini. Diesen talentvollen Mann hatte der König von Neapel kommen lassen, um den Versuch zu machen, Madrid zu säubern; vor Sabattinis Ankunft war Madrid die schmutzigste und stinkendste Stadt der Welt gewesen. Sabattini ließ unterirdische Kanäle und Wasserleitungen anlegen und Abtritte in vierzehntausend Häusern bauen. Dadurch war er reich geworden. Er hatte von Madrid aus die Tochter eines anderen Baumeisters, Vanvitelli, geheiratet; sie befand sich in Neapel und hatte ihn niemals gesehen. Sie war in Madrid zur selben Zeit angekommen wie ich. Sie war eine achtzehnjährige Schönheit und hatte die Kühnheit, sobald sie ihren Gemahl gesehen hatte, zu erklären, sie würde niemals darin einwilligen, seine Frau zu werden. Sabattini war allerdings weder jung noch hübsch. Die reizende junge Dame entschloß sich jedoch, den bitteren Kelch zu leeren, als er ihr sagte, sie hätte nur die Wahl zwischen ihm und einem Kloster. Übrigens brauchte sie ihren Entschluß nicht zu bereuen, denn sie fand in ihrem Gatten einen reichen, zärtlichen und gefälligen Mann, der ihr jede ehrbare Freiheit erlaubte, die sie wünschte. Ich glühte für sie, aber ich seufzte in aller Stille; denn abgesehen davon, daß mein Herz noch um Charlotte[15] blutete, begann es mich zu entmutigen, wenn ich sehen mußte, daß die Frauen mir nicht mehr den Empfang bereiteten wie früher.

Um mich zu zerstreuen, ging ich oft ins Theater, das hundert Schritt von meiner Wohnung entfernt lag, und besuchte die Maskenbälle, für welche Graf Aranda eigens einen Saal hatte bauen lassen; man nannte ihn ›Los Canos del Peral‹. Die spanische Komödie ist voll von sonderbaren Stellen, indessen mißfiel sie mir nicht. Es wurden die ›Autos sacramentales‹[16] aufgeführt, die man kurz darauf in Madrid wieder verbot. Auffällig war mir die Unverschämtheit der örtlichen Polizei, auf deren Anordnung die Logen, die ›aposentos‹ hießen, gebaut sind. Statt durch eine Bretterbrüstung die Beine der Männer und die Röcke der Frauen den Blicken der Besucher im Parkett zu entziehen, läßt man diese Logen vollständig offen, denn die Brüstungen werden nur durch zwei Säulen getragen. Ein Mönch, der neben mir saß, sagte mit salbungsvoller Miene zu mir, diese Anordnung sei sehr weise und er wundere sich, daß in Italien die Polizei sie nicht nachahme.

»Weshalb wundern Sie sich darüber?«

»Nun, wenn eine Dame und ein Herr sicher sind, daß vom Parkett aus ihre Hände nicht zu sehen sind, könnten sie mit ihnen etwas Unanständiges tun.«

»Was denn Unanständiges?«

»*Valgame Dios!* [Bei Gott!] Die Dame könnte bei dem Herrn die ›pugnetta‹[17] machen.«

Ich lachte herzhaft, denn ich wußte, was die ›pugnetta‹ war; ich entgegnete ihm, den Italienern und Franzosen würden derartige Beschuldigungen gar nicht in den Sinn kommen. In einer großen vergitterten Loge, der Bühne gegenüber, saßen die Padres der Inquisition, um sich von dem tadellosen Benehmen der Zuschauer und Schauspieler zu überzeugen. Plötzlich hörte ich, wie die Schildwache, die am Eingang zum Parkett stand, mit lauter Stimme ausrief: »Dios.« Bei diesem Ruf warfen alle Zuschauer, Männer wie Frauen, und alle Schauspieler, die auf der Bühne ihre Rollen unterbrachen, sich auf die Knie und verharrten in dieser Stellung, bis man nicht mehr das Glöckchen auf der Straße klingen hörte. Dieses Glöckchen verkündete, daß ein Priester vorbeikam, um irgendeinem Sterbenden die Sakramente zu bringen. Bei den Spaniern besteht die Religion durchaus nur in der Ausübung des äußerlichen Kults. Wenn eine Kurtisane den wollüstigen Wünschen ihres Geliebten nachgibt, wird sie zuerst das Kruzifix mit einem Taschentuch bedecken und die Heiligenbilder zur Wand drehen. Sollte jemand darüber lachen und diese Zeremonie als abgeschmackt und abergläubisch bezeichnen, so würde er als Atheist gelten, und die Kurtisane wäre bereit, ihn zu denunzieren.

In Madrid muß ein jeder, der in einem Gasthof sich ein besonderes Zimmer geben läßt, um mit einer Frau zu speisen, darauf gefaßt sein, daß der Oberkellner beständig in diesem Zimmer weilt, um nach dem Essen beschwören zu können, daß dieser Mann und diese Frau weiter nichts anderes getan und nur gegessen und getrunken haben. Trotz dieser Verbote oder gerade deswegen herrscht in Madrid die größte Zügellosigkeit. Männer und Frauen scheinen sich verabredet zu haben, jede Überwachung überflüssig zu machen. Alle Frauen haben ein Leiden, das sie den weißen Ausfluß nennen, aber die Unbeherrschten, die sich nicht abhalten lassen, entdecken nach vierundzwanzig Stunden, daß er alles andere als weiß ist. Dieses Leiden findet man allgemein bei Frauen, auch bei Nonnen, die ihrem göttlichen Gatten immer treu gewesen sind.

Die Maskenbälle entzückten mich. Das erste Mal, als ich im Domino hinging, um mir einmal anzusehen, was los wäre, kostete der Spaß mich nur eine Dublone; alle anderen Male kosteten mich vier Dublonen, und das kam so. Ein anderer Maskierter im Domino, der etwa sechzig Jahre alt war und beim Souper neben mir saß, bemerkte, daß ich Schwierigkeiten hatte, mich mit dem Kellner zu verständigen; er erriet, daß ich ein Fremder sei, und fragte mich, wo ich meine weibliche Maske hätte.

»Ich habe keine. Ich bin allein hierhergekommen, um mir dieses entzückende Etablissement anzusehen. Ich bewundere die Freude, die hier herrscht, und die schöne Ordnung, die ich in Madrid nicht zu finden erwartet hatte.«

»Das ist ganz schön und gut; aber um wirklich mit Freude genießen zu können, müssen Sie mit einer Begleiterin kommen, denn Sie sehen mir aus, als wenn Sie Vergnügen am Tanz hätten. Wenn Sie aber allein kommen, so können Sie nicht tanzen; denn jede Frau hat ihren ›parejo‹ [Partner], der ihr nicht erlaubt, mit einem anderen zu tanzen als nur mit ihm.«

»In diesem Falle werde ich allein hierherkommen und nicht tanzen; denn als Fremder kenne ich in dieser Stadt keine Frau, die ich einladen könnte, mit mir den Ball zu besuchen.«

»Gerade als Fremder können Sie sich leicht die Gesellschaft einer Frau oder eines Mädchens verschaffen – viel leichter als ein Spanier aus Madrid. Seitdem der Graf von Aranda eine neue Lebensweise und Freiheit bei uns eingeführt hat, ist dieser Ball die Leidenschaft aller Frauen und Mädchen von Madrid geworden. Sie sehen hier ungefähr zweihundert Tänzerinnen (die Damen, die in den Logen sitzen, rechne ich nicht), und ich glaube, mich nicht zu irren, wenn ich behaupte, daß in diesem Augenblick viertausend junge Mädchen zu Hause weinen, daß sie keinen Verehrer haben, der sie auf den Ball führen will oder kann; denn wie Sie vielleicht wissen, ist es Frauen verboten, allein zu kommen. Darum bin ich überzeugt, daß Sie nur Ihren Namen zu nennen und Ihre Wohnung anzugeben brauchen; kein Vater und keine Mutter werden den Mut haben, Ihnen die Gesellschaft ihrer Tochter zu verweigern, wenn Sie zu ihnen gehen und um die Ehre bitten, das Mädchen auf den Ball führen zu dürfen, hierauf Domino, Maske und Handschuhe senden, sie im Wagen abholen und sie wieder, wie es sich gehört, nach Hause zurückbringen.«

»Und wenn man mir eine abschlägige Antwort gibt?«

»So machen Sie Ihre Verbeugung und gehen. Vater und Mutter des Mädchens werden es bereuen; denn die Tochter wird weinen, krank sein, sich ins Bett legen, toben, die elterliche Tyrannei verfluchen und Gott zum Zeugen anrufen, daß sie Sie noch nie gesehen hat und daß nichts unschuldiger sein konnte als Ihre Bitte.«

Was er sagte, war mir neu, aber es klang überzeugend, und mich erfreute die Hoffnung, auf diese Weise zu einem angenehmen Abenteuer kommen zu können. Ich dankte dem freundlichen Maskierten, der sehr gut Italienisch sprach, und sagte ihm, ich würde mir seine Belehrung zunutze machen und ihn von dem Ergebnis in Kenntnis setzen; am nächsten Tag würde ich mir Gedanken machen, welcher von den Schönen Madrids ich mein Taschentuch zuwerfen könnte.

»Ich werde sehr erfreut sein, von einem günstigen Erfolg zu hören. Sie finden mich jede Ballnacht in der Loge, in die Sie zu führen ich mir gestatten werde, um Sie der Dame vorzustellen, die sich dort befindet und die Sie in allen folgenden Nächten ebenfalls dort finden werden.«

Tief durchdrungen von Dankbarkeit für soviel Höflichkeit sagte ich ihm meinen Namen, bezahlte die anstehende Summe für mein Essen und folgte ihm; er führte mich in eine Loge, wo sich zwei Frauen und ein älterer Mann befanden. Dort stellte er mich als einen ihm bekannten Ausländer vor, wir sprachen Französisch, und die Unterhaltung kam auf den schönen Ball. Ich teilte ihnen meine Meinung mit und machte einige launige Bemerkungen, die der kleinen Gesellschaft gefielen. Eine von den beiden Damen, deren Züge von vergangener Schönheit sprachen, fragte mich, welche Gesellschaften ich besuchte.

»Madame, ich befinde mich erst seit sehr kurzer Zeit in Madrid, und da ich nicht bei Hofe vorgestellt bin, so habe ich durchaus keine Bekanntschaften.«

»Wie! Aber, da bedauere ich Sie, kommen Sie zu mir, Monsieur, Sie werden willkommen sein. Ich heiße Pichona, und jedermann wird Ihnen meine Wohnung sagen.«

»Ich werde die Ehre haben, Madame, Ihnen meine Aufwartung zu machen.«

Gegen Mitternacht bot sich mir ein entzückendes Schauspiel, als zu den Klängen der Musik und mit Händeklatschen die Paare zu dem tollsten Paartanz antraten, den man sich denken kann. Es war der berühmte Fandango, den ich zu kennen glaubte und von dem ich in Wirklichkeit keine Ahnung hatte. Ich hatte ihn bisher nur in Italien und in Frankreich auf der Bühne tanzen sehen, aber die Tanzenden hatten sich wohl gehütet, die Bewegungen der Spanier zu machen, durch die der Fandango der verführerischste Tanz wird. Er läßt sich nicht beschreiben; jedes Paar, Mann und Frau, macht nur drei Schritte aufeinander zu und klappert zum Klange der Musik mit den Kastagnetten, die es in den Händen hält; dabei nehmen sie laufend andere Stellungen ein, wie man sie sich sinnlicher kaum vorstellen kann. Die des Mannes zeigen sein Verlangen als Liebhaber, die der Frau das Mitfühlen, die Ekstase und den Genuß. Es schien mir unmöglich zu sein, daß nach einem solchen Tanze die Tänzerin ihrem Tänzer etwas versagen könnte. Der Anblick entzückte mich dermaßen, daß ich laut aufschrie. Der Maskierte, der mich in die Loge geführt hatte, sagte mir: »Um sich vom Fandango einen richtigen Begriff machen zu können, müßten Sie ihn von einer Zigeunerin tanzen sehen, und zwar mit einem Mann, der ebenso tanzen könnte wie sie.«

»Aber hat denn die Inquisition nichts gegen diesen Tanz einzuwenden?«

Die Pichona antwortete mir an seiner Stelle, der Tanz wäre streng verboten und man würde ihn nicht zu tanzen wagen, wenn nicht der Graf von Aranda ihn erlaubt hätte.

Man erzählte mir später, der Graf hätte einmal den Einfall gehabt, die Erlaubnis zu widerrufen; da hätten alle Tänzer murrend den Ball verlassen; als aber der Tanz wieder von ihm erlaubt worden wäre, hätten alle unermüdlich sein Lob gesungen.

Am nächsten Tage befahl ich meinem elenden Pagen, mir einen Spanier zu verschaffen, von dem ich gegen Bezahlung den Fandango lernen könnte. Er brachte mir einen Schauspieler, bei dem ich auch spanischen Unterricht nahm. In drei Tagen lehrte der junge Mann mich so gut alle Stellungen des Tanzes, daß sogar nach dem Urteil von Spaniern niemand in Madrid sich schmeicheln konnte, den Fandango besser zu tanzen als ich.

Ich gedachte den Rat des Maskierten zu befolgen, und als drei Tage später der nächste Ball stattfinden sollte, traf ich meine Vorbereitungen. Ich wollte jedoch weder eine öffentliche Kurtisane noch eine verheiratete Frau, und an eine reiche oder adlige junge Dame konnte ich vernünftigerweise nicht denken; denn diese würde mir eine abschlägige Antwort gegeben und mich obendrein noch lächerlich gefunden haben.

Am Tag des heiligen Antonius, der auch der Große genannt wird und der mit einem Schwein zusammen dargestellt wird, kam ich an der Kirche ›Nuestra Señora de la Soledad‹ vorbei. Ich trat in der doppelten Absicht ein, die Messe zu hören und mir für den nächsten Tag, den Mittwoch, eine Partnerin zu verschaffen.

Ich bemerkte ein großes und schönes Mädchen, das mit zerknirschter Miene und gesenkten Blicken aus einem Beichtstuhl kam. Mitten in der Kirche kniete sie nach spanischer Gewohnheit auf der Erde nieder. Ich konnte mir denken, daß sie den Fandango wie ein Engel tanzen würde, und folgte ihr mit den Augen;

ich gedachte mit ihr zum ersten Mal in ›Los Canos del Peral‹ mitzuwirken. Ich beschloß daher, ihr zu folgen, um ihre Wohnung zu erfahren; sie sah weder reich noch adlig noch wie eine Dirne aus. Als die Messe zu Ende war und der Priester das Abendmahl reichte, sah ich sie aufstehen, an den Altar treten und fromm die Kommunion empfangen. Hierauf ging sie wieder auf die Seite, um ihr Gebet zu vollenden. Ich besaß die Geduld, solange zu warten, bis die zweite Messe zu Ende war. Endlich ging sie hinaus, begleitet von einem anderen jungen Mädchen; ich folgte ihr von ferne. An einer Straßenecke verließ ihre Begleiterin sie, die mich aber nicht interessierte, und trat in ein Haus ein. Meine Schöne kehrte um, ging etwa zwanzig Schritte zurück, bog in eine andere Straße ein und betrat ein einstöckiges Häuschen. Ich konnte mich nicht täuschen; ich merkte mir den Namen der Straße: ›Calle del Desengaño‹, und ging dann eine Viertelstunde spazieren, um nicht den Verdacht aufkommen zu lassen, daß ich ihr nachgegangen wäre. Hierauf kam ich wieder. Ich war vollkommen darauf vorbereitet, einen abschlägigen Bescheid zu erhalten und meine Verbeugung zu machen, wie der Maskierte mir gesagt hatte. Ich trat ein, ging die Treppe hinauf und fand eine Klingelschnur neben der einzigen Tür, die zu sehen war. Ich klingelte, und man rief: »Wer ist da?«

»Ein friedlicher Mensch!« antwortete ich, das ist in Madrid die Parole, die die Helfershelfer der Inquisition niemals anwenden. Die Tür öffnete sich, und ich sah vor mir einen Mann, eine Frau, das fromme junge Mädchen, dem ich gefolgt war, und ein anderes, sehr häßliches Mädchen.

Ich sprach allerdings sehr schlecht Spanisch, aber doch gut genug, um mich verständigen zu können. Ich zog den Hut und sagte in bescheidenem Tone, ohne die schöne Kirchgängerin anzusehen, zum Vater: »Ich bin Ausländer, möchte auf den Ball gehen und habe keine ›pareja‹. Ich bin auf gut Glück in Ihr Haus gegangen und möchte Sie um Erlaubnis bitten, Ihre Tochter, wenn Sie eine haben, auf den Ball führen zu dürfen. Ich bin ein Ehrenmann und werde sie Ihnen nach dem Ball in demselben Zustande wieder zuführen, wie ich sie von Ihnen erhalten habe.«

»Señor, dies ist meine Tochter; aber ich kenne Sie nicht und weiß nicht, ob sie Lust hat, auf den Ball zu gehen.«

»Wenn Sie es nur erlauben, mein Vater und meine Mutter, werde ich mich glücklich schätzen, hingehen zu dürfen.«

»Du kennst also den Herrn?«

»Ich habe ihn nie gesehen, und auch er wird mich schwerlich je gesehen haben.«

»Ich schwöre, daß ich Sie noch nie gesehen habe.«

Der Mann fragte mich nach meinem Namen und meiner Wohnung und versprach mir zur Mittagsstunde eine Antwort, wenn ich bei mir zu Hause äße. Ich entschuldigte mich bei ihm wegen der Freiheit, die ich mir genommen hätte, und bat ihn, mir ganz bestimmt seine Antwort zu überbringen, damit ich mir, wenn er mir seine Tochter nicht gäbe, eine andere ›pareja‹ auf gut Glück besorgen könnte; meine Bekannten wären lauter reiche Mädchen, die alle bereits ihre Kavaliere hätten. Hierauf entfernte ich mich.

Eine Stunde später, als ich mich zu Tisch setzen wollte, sah ich meinen Mann erscheinen. Ich lud ihn ein, Platz zu nehmen, nachdem ich meinen Pagen hinausgeschickt hatte. Er sagte mir, seine Tochter nehme die Ehre an, die ich ihr erweisen wollte, aber ihre Mutter werde sie begleiten und, in meinem Wagen schlafend, auf sie warten. Ich antwortete ihm, das könne sie nach ihrem Belieben tun, aber es tue mir leid, daß sie jedenfalls frieren werde.

Er antwortete mir: »Sie wird einen guten Mantel haben.«

Hierauf teilte er mir mit, daß er Schuster sei, worauf ich zu ihm sagte: »Dann möchte ich Sie bitten, mir ein Paar Schuhe anzumessen.«

»Das wage ich nicht, denn ich bin ein Hidalgo[18]; wenn ich jemandem Maß nähme, wäre ich genötigt, seinen Fuß zu berühren, und das würde mich in meiner Würde herabsetzen. Ich bin ›zapatero de viejo‹, ein Flickschuster, auf diese Weise vergebe ich meinem Stande nichts.«

»Wollen Sie mir also diese Stiefel flicken.«

»Sie sollen wieder so gut wie neu werden, aber es ist viel daran zu machen, wie ich sehe. Es wird Sie einen ›Peso duro‹ kosten.«

Das sind etwa hundert französische Sous. Ich sagte ihm, ich fände den Preis sehr gut, hierauf nahm er die Stiefel. Mit mir zu essen, schlug er mit aller Bestimmtheit aus.

Er war also ein Flickschuster, der die Schuhmacher verachtete, die ihrerseits ihn verachteten. In Frankreich verachten die Lakaien in Livree die Kammerdiener, weil diese ihren Herren jederzeit die niedrigsten Dienste leisten müssen.

Am nächsten Tage schickte ich dem frommen Mädchen einen Mann mit Dominos, Masken und Handschuhen. Ich selber ging absichtlich nicht hin; ebensowenig schickte ich meinen Pagen, gegen den ich eine natürliche Abneigung hatte. Nachdem ich mir einen geschlossenen viersitzigen Wagen verschafft hatte, begab ich mich mit Einbruch der Nacht vor ihre Tür. Sie war fertig angezogen, und die rosige Farbe, die ihr Gesicht belebte, verriet mir, was in ihrem Herzen vorging. Wir stiegen mit ihrer Mutter, die sich in einen großen Mantel eingewickelt hatte, in den Wagen und fuhren beim Tanzsaal vor, wo wir ausstiegen und die Mutter im Wagen ließen. Als wir hineingingen, sagte die Tochter mir, sie heiße Doña Ignacia. Man hatte schon zu tanzen angefangen, und es waren sehr viele Leute gekommen.

Ich betrat mit der schönen Doña Ignacia den Saal; wir schlenderten anfangs umher und trafen auf zahlreiche Wachsoldaten, die mit aufgepflanztem Bajonett langsam hin und her gingen, um sich sofort derer zu bemächtigen, die die Ruhe durch Lärm stören würden. Wir tanzten Menuette und Paartänze bis zehn Uhr und gingen dann zum Souper. Wir schwiegen beide: sie, um mich nicht zu ermutigen, es ihr gegenüber an Respekt fehlen zu lassen; ich, weil ich nur wenig Spanisch konnte und nicht wußte, was ich ihr sagen sollte. Nach dem Essen ließ ich sie einen Augenblick allein und ging in die Loge, wo ich die Pichona treffen sollte. Da ich jedoch nur unbekannte Masken fand, begannen wir wieder zu tanzen, bis die Erlaubnis zum Fandango kam. Ich trat mit meiner Partnerin an, die ihn ganz ausgezeichnet tanzte und sehr erstaunt war, daß ein Ausländer sie so gut begleitete. Der verführerische Tanz hatte uns in Flammen gesetzt. Sobald er beendigt war, führte ich sie nach dem Büfett, ließ ihr Erfrischungen vorsetzen und fragte sie, ob sie mit mir zufrieden sei; ich sagte ihr, sie habe mich so verliebt gemacht, daß ich sterben werde, wenn sie nicht ein Mittel fände, mich glücklich zu machen. Zugleich versicherte ich ihr, ich sei der Mann, allen Gefahren zu trotzen.

Sie antwortete mir: »Ich darf nur daran denken, Sie glücklich zu machen, wenn ich selber glücklich werde; ich werde Ihnen morgen schreiben, inwiefern Sie dazu beitragen können, und Sie werden meinen Brief in die Kapuze des Dominos zwischen Futter und Oberstoff eingenäht finden, lassen Sie ihn deshalb erst am nächsten Tag abholen.«

»Sie werden mich zu allem bereit finden.«

Es war Zeit zum Aufbrechen; wir gingen auf den kleinen Platz, fanden meinen Wagen und stiegen ein. Die Mutter erwachte, und der Kutscher fuhr ab. Ich ergriff die Hände des Mädchens, um sie ihr zu küssen. Ohne Zweifel dachte sie jedoch, ich hätte andere Absichten, bemächtigte sich meiner Hände und hielt diese so fest, daß ich wohl vergeblich versucht haben würde, sie zu befreien. In dieser seltsamen Stellung und augenscheinlich ohne Kraftanstrengung begann Doña Ignacia ihrer Mutter zu erzählen, wieviel Vergnügen der Ball ihr bereitet habe. Sie ließ meine Hände erst los, als wir in die Calle del Desengaño einbogen und die Mutter dem Kutscher zurief, daß er halten solle. Sie wollte nicht vor ihrer eigenen Tür aussteigen, um den Nachbarn keinen Anlaß zu böser Nachrede zu geben. Sie bat mich, im Wagen zu bleiben, und sie bedankten sich beide nochmals und gingen zu Fuß zu ihrem Haus. Ich ließ mich heimwärts fahren, um mich schlafen zu legen.

Am nächsten Tage ließ ich den Domino abholen. Ich fand darin den Brief, und Doña Ignacia schrieb mir: Don Francisco de Ramos werde sich bei mir melden lassen; er sei ihr Liebhaber und ich werde von ihm erfahren, auf welche Weise ich sie glücklich machen könne; mein Glück werde die Folge des ihren sein.

Dieser Don Francisco ließ nicht lange auf sich warten; denn mein Page meldete ihn mir schon am nächsten Morgen um acht Uhr. Er sagte mir, Doña Ignacia spreche mit ihm jede Nacht von ihrem Fenster aus; sie habe ihm anvertraut, daß sie mit mir und ihrer Mutter auf dem Ball gewesen sei; sie sei überzeugt, daß ich zu ihr eine väterliche Zuneigung gefaßt habe, und habe ihn überredet, sich mir vorzustellen; sie sei gewiß, ich werde ihn wie meinen Sohn behandeln. Infolgedessen habe er den Mut gefaßt, sich mir zu eröffnen und mich um ein Darlehen von hundert Dublonen zu bitten, wodurch er in den Stand gesetzt würde, seine Geliebte noch vor dem Ende des Karnevals zu heiraten. »Ich bin«, fuhr er fort, »im Münzamt angestellt, habe jedoch derzeit nur ein sehr geringes Gehalt. Ich hoffe, daß es später erhöht wird. Mein Vater und meine Mutter wohnen in Toledo, und ich bin allein mit meiner geliebten Braut in Madrid. Ich habe außer Ihnen keinen einzigen Freund und kann mir nicht vorstellen, daß Sie Doña Ignacia mehr lieben als ein Vater seine Tochter.«

Ich antwortete ihm: »Sie lassen mir Gerechtigkeit widerfahren, Don Francisco; ich habe jedoch im Augenblick die hundert Dublonen nicht, und ich weiß überhaupt nicht, wann ich eine solche Summe erhalten werde. Sie können auf meine Verschwiegenheit zählen und werden mir ein Vergnügen bereiten, sooft Sie mich besuchen.«

Er machte mir eine Verbeugung und ging schwer gekränkt hinaus. Don Francisco war ein Jüngling von zweiundzwanzig Jahren, häßlich und schlecht gewachsen. Ich lachte über das Abenteuer; denn ich hatte für Ignacia nur eine flüchtige Neigung empfunden.

NEUNTES KAPITEL

Wegen angeblich illegalen Waffenbesitzes wird Casanova im Haus von Raphael Mengs verhaftet und ins Gefängnis ›Buen Retiro‹ geschleppt. Nach erbosten Briefen an den venezianischen Gesandten Mocenigo, den Justizminister Manuel de Roda, den Grafen Aranda und den Herzog von Losada kommt er wieder frei. Er triumphiert, als der Gesandte einen Brief der venezianischen Staatsinquisition erhält, der ihn anweist, Casanova unter seinen Schutz zu stellen.

Ich ging nach Hause, und bald darauf kam Mengs und holte mich ab. Der Gesandte empfing mich mit tausend Schmeicheleien; er spendete dem Maler Mengs die größten Lobsprüche, weil er mich in seinem Hause aufgenommen und versucht habe, mich vor einem Unglück zu schützen, das jedermann zur Verzweiflung bringen könne. Bei Tisch erzählte ich ausführlich über alle meine Leiden im ›Buen Retiro‹ und mein Gespräch mit dem Grafen von Aranda, der mir meine Briefe zurückgegeben hatte. Man begehrte jene Briefe zu lesen, und jeder sprach seine Meinung darüber aus. Die Gäste waren: der französische Konsul Abbé Béliardi, der sehr berühmte Don Rodrigo de Campomanes und der auch berühmte Don Pablo Olavides. Bei dem Meinungsaustausch über meine Briefe verurteilte der Gesandte sie, indem er sie als grausam bezeichnete. Campomanes dagegen lobte sie und sagte, sie enthielten durchaus keine Beleidigung und wären genauso, wie sie sein müßten, um den Leser, wäre dieser auch König, zu zwingen, mir sofort Gerechtigkeit zu verschaffen.

Olavides und Béliardi stimmten ein. Mengs unterstützte die Meinung des Gesandten und lud mich ein, bei ihm zu wohnen, damit ich nicht mehr den Verleumdungen der Spitzel ausgesetzt sei, von denen es in Madrid wimmelte. Ich nahm seine Einladung erst an, nachdem ich mich lange hatte bitten lassen und besonders, nachdem der Gesandte mir gesagt hatte, ich sei dem

Chevalier Mengs diese Genugtuung schuldig für die mittelbare Beleidigung, außerdem mache mir das die größte Ehre.

Ich war sehr erfreut, Campomanes und Olavides beim Essen kennenzulernen; denn beide waren geistvolle Männer von einer Art, die in Spanien sehr selten ist. Sie waren zwar nicht Gelehrte, aber sie waren über religiöse Vorurteile und Mißbräuche erhaben; denn sie scheuten sich nicht, sich öffentlich darüber lustig zu machen, und arbeiteten ganz offen an deren Ausrottung. Campomanes hatte dem Grafen von Aranda das ganze Material gegen die Jesuiten geliefert, und dieser konnte sie deshalb an einem einzigen Tag aus Spanien vertreiben. Campomanes schielte, Graf von Aranda schielte, und der Jesuitengeneral schielte auch; der Krieg zwischen den drei Schielern erregte beim Essen meine Heiterkeit, wo der eine gegen die beiden anderen verloren hatte. Auf meine Frage, warum er die Jesuiten hasse, antwortete Campomanes: »Ich hasse alle religiösen Orden, und wenn es nur auf mich ankäme, würde ich sie alle abschaffen.«

Er war der Verfasser vieler Schriften gegen den Besitz der toten Hand[1], und da er mit dem venezianischen Gesandten sehr befreundet war, hatte der ihm alles mitgeteilt, was der Senat gegen die Mönche getan hatte. Er hätte dieser Mitteilungen nicht bedurft, wenn er einfach alles gelesen hätte, was unser Frater Paolo Sarpi über dieses Thema ehrlich geschrieben hat. Campomanes war ein scharfsichtiger, tätiger und mutiger Mann; er war Schatzmeister des Hohen Rates von Kastilien, dessen Präsident Graf von Aranda war; er galt allgemein als rechtschaffener Mann, der nicht besondere Interessen im Sinn hatte, sondern der stets nur für das Wohl des Staates handelte. Darum war er von den Staatsmännern geachtet und geschätzt; aber die Mönche, die Priester, die Frömmler und das ganze Lumpenpack, das bei Gott und den Heiligen in Ungnade zu fallen fürchtete, wenn es gegen die weltlichen Interessen der Geistlichen und der Inhaber der Pfründen verstieß, wünschten Campomanes den Tod. Die Inquisition hatte ihm ohne Zweifel seinen Untergang geschworen, und man sagte überall, Campomanes werde in zwei oder drei Jahren Bischof sein oder für den Rest seines Lebens in den Kerkern der Inquisition gefangengehalten. Diese Vorhersage traf nur zum Teil ein. Campomanes wurde wirklich vier Jahre später in den Kerker der Inquisition gesperrt, aber er erlangte nach drei Jahren seine Freiheit wieder, nachdem er eine riesige Geldbuße geleistet hatte. Sein Freund Olavides wurde noch härter behandelt, und selbst Graf von Aranda hätte dem Wüten dieses schrecklichen Ungeheuers nicht entgehen können, wenn er nicht als Mann mit durchdringendem Geist vom König den Posten als Gesandter in Paris für sich erbeten hätte, den dieser ihm gern bewilligte, da ihm dadurch zu seiner Erleichterung die Notwendigkeit erspart blieb, den Grafen der verfluchten Rache der Mönche auszuliefern.

Carlos III., der im Wahnsinn starb, wie fast alle Könige sterben müssen, hatte Dinge vollbracht, die denen, die ihn kannten, unglaublich erschienen; denn er war schwach, schwerfällig, eigensinnig, der Religion bis zum Exzeß treu und fest entschlossen, eher hundertmal zu sterben, als seine Seele mit der allerkleinsten Todsünde zu beflecken. Ein jeder wird begreifen, daß ein solcher Mann der Sklave seines Beichtvaters sein mußte.

Die Exzesse der Jesuiten in Portugal, in Westindien und in Frankreich hatten sie schon verhaßt gemacht und in allen vier Richtungen des Erdballs verschrien. Das Verbrechen des Jesuiten, der als Beichtvater des Königs Ferdinand VI. die Ursache für das Verderben des Marqués Ensenada[2] war, hatte seinen Nachfolger Carlos III. gelehrt, daß er auf einen Jesuiten als Beichtvater verzichten müsse, denn das Staatsinteresse erforderte die Zerstörung der Theatinos.

So nannte man sie in Spanien, dort wurden die Theatiner auch Gaetanos genannt.

Derselbe Beichtvater, der sämtliche Gewissenszweifel des Königs beseitigte, die sich gegen die große Unternehmung richteten, einen religiösen Orden auf ein Nichts zurückzuführen, sah sich allerdings gezwungen, dem König nachzugeben und ihn handeln zu lassen, als zur gleichen Zeit ihm der Graf von Aranda eröffnete, daß er der allzu großen Macht der Inquisition Schranken setzen mußte, deren Hauptwirken darin bestand, die Christen in der Unwissenheit zu belassen, und die Mißbräuche, den Aberglauben und die *pia mendacia* [fromme Lüge][3] mit Macht aufrechtzuerhalten. Die Schlauheit des Beichtvaters gebot, in allem nachzugeben; er war sicher, daß der König in den Abgrund des Aberglaubens zurückfallen werde, sobald er es wollte; und es gelang ihm. Dennoch habe ich nie erfahren können, ob man dem König zwei Jahre nach meiner Abreise einen neuen Beichtvater gab, denn zum Unglück des armen Menschengeschlechts ist es sicher, daß ein frommer König nur das tun wird, was ihm sein Beichtvater gestattet; und es ist augenscheinlich, daß deshalb sein größtes Interesse nie das Wohl des Staates sein wird, da die Religion, so wie sie ist, dem direkt widerspricht. Wenn man mir entgegenhalten sollte, daß ein weiser König vielleicht nicht umsonst die Angelegenheiten des Staates in seinen Glauben einfließen läßt, so wäre ich damit einverstanden; doch ich spreche nicht von einem weisen König, denn wenn er es ist, so braucht er als Christ nur einmal im Jahr beichten zu gehen und die Stimme seines Beichtvaters nur zu hören, wenn jener die Worte zur Absolution ausspricht. Falls dieser König mit ihm sprechen muß, um Zweifel zu vertreiben, so ist er dumm; denn Zweifel und ängstliche Bedenklichkeit sind die gleiche Sache; wer zur Beichte geht, muß sich in seiner Religion auskennen. Beim Beichtvater darf er weder Zweifel hegen, noch mit ihm schwätzen. Ludwig XIV. wäre der größte König der Erde gewesen, größer noch als der preußische König Friedrich II., wie ja auch Frankreich größer als Preußen ist, hätte er nicht die Schwäche besessen, mit seinen Beichtvätern zu schwatzen.

Zu jener Zeit beschäftigte sich das spanische Kabinett mit einem schönen Plan. Man hatte aus verschiedenen Kantonen der Schweiz tausend Familien ins Land geholt, um sie in der schönen, aber verödeten Gegend, die man Sierra Morena nennt, anzusiedeln. Eine in Europa berühmte und bekannte Gegend bei allen, die das Meisterwerk von Cervantes kennen, den großartigen Roman von den Abenteuern des Don Quijote. Die Natur schien sich darin gefallen zu haben, ihre schönsten Gaben über diese Landschaft auszuschütten: ein vortreffliches Klima, fruchtbarer Boden, reines Wasser und endlich die günstigste Lage, denn die Sierras, was ›Berge‹ heißt, bilden die Grenze zwischen den beiden Königreichen Andalusien und Granada; und trotzdem war diese große, köstliche Landschaft verödet.

Der König von Spanien hatte beschlossen, für eine beschränkte Zeit den Ertrag des Bodens ohne Abgaben an Siedler zu vergeben, sie zum Kommen aufgefordert und ihnen die Reise bezahlt. Die Schweizer kamen, zogen dorthin, und die Regierung scheute keine Kosten, um Häuser für sie zu bauen und sie einer guten weltlichen und geistlichen Ordnung zu unterstellen. Don Olavides, der ein kluger Mann und einigermaßen als Schriftsteller erfolgreich war, förderte dieses Unternehmen. Er verhandelte mit den Ministern in Madrid, um unter der neuen Bevölkerung gute Ordnung zu schaffen; sie brauchte Richter für eine schnelle Rechtspflege, Priester, denn die Schweizer waren alle Katholiken, einen Gouverneur und die nötigen Handwerker, um Häuser und Kirchen zu bauen, besonders aber ein Theater oder eine Arena für die Stierkämpfe, die beliebte Unterhaltung aller Spanier, die für sie schön, human, natürlich und angemessen ist, daß die Denker in diesem Lande nicht verstehen, wie es auf der Welt Völker geben kann, die so etwas entbehren können. So bekamen also die guten Auswanderer aus der Schweiz in der Sierra Morena ein riesiges rundes Amphitheater, damit sie an bestimmten Tagen diese köstliche Vorstellung erleben konnten.

In seinen Eingaben hatte Don Pablo Olavides sehr vernünftigerweise gesagt, wenn die Kolonie gedeihen solle, so müsse man jede Niederlassung von Mönchen untersagen. Er hatte die besten Gründe dafür beigebracht, aber selbst wenn er die Richtigkeit seiner Behauptung mit dem Kompaß in der Hand bewiesen hätte, so wäre nichts weiter nötig gewesen, um ihm den Haß aller Mönche Spaniens zuzuziehen, vor allen Dingen den des Bischofs, zu dessen Diözese die Morena gehörte. Die spanischen Priester sagten zwar, Olavides habe recht; aber die Mönche schrien, es sei eine Gottlosigkeit, und so begannen bereits die Verfolgungen. Auf dieses Thema kam unsere Unterhaltung beim Essen des Gesandten.

Nachdem ich sie angehört hatte, sagte ich so bescheiden wie möglich, in wenigen Jahren werde sich aus mehreren physischen und moralischen Gründen die mit so großen Kosten eingerichtete Kolonie auflösen. Der Hauptgrund, den ich vorbrachte, war der, daß der Schweizer sich von allen anderen Sterblichen unterscheidet. Ich sagte folgendes: »Der Schweizer ist eine Pflanze, die sofort abstirbt, wenn sie in ein anderes Erdreich versetzt wird. Die Schweizer sind ein Volk, das unter der Krankheit ›Heimweh‹ leidet; sie wollen zurück, die Griechen sagten ›Nostalgie‹ dazu. Wenn sie weit weg von ihrer Heimat leben, tritt nach einiger Zeit diese Krankheit auf, und das einzige Heilmittel ist, daß sie in ihr Vaterland zurückkehren; können sie das nicht, so gehen sie zugrunde. Ich glaube, es wäre gut, sie mit einer Kolonie aus Spaniern zu vereinen, damit sie sich durch Heiraten vermischen; man dürfte ihnen, wenigstens in der ersten Zeit, nur schweizerische Richter und Priester geben. Vor allen Dingen aber müßte man ihnen zusichern, daß sie in Gewissensfragen außerhalb der Inquisition stehen; denn die Schweizer haben in Liebesangelegenheiten ganz eigene Gewohnheiten und Gesetze, von denen sie ihrer Natur nach niemals lassen können, dazu kommen Gebräuche, die die spanische Kirche niemals billigen würde, und sehr schnell würde ein allgemeines Heimweh hervorgerufen werden.«

Meine Bemerkungen, die Don Olavides anfangs nur für einen Scherz gehalten hatte, leuchteten ihm schließlich doch ein, und er begriff, daß ich wohl recht haben könnte. Er bat mich, meine Gedanken über diesen Gegenstand aufzuschreiben und meine Einsichten nur ihm allein mitzuteilen, die mir vielleicht dazu noch einfallen sollten. Ich versprach, ihm alles aufzuschreiben, und Mengs setzte den Tag fest, an dem er mit mir zusammen bei ihm speisen könnte. Am nächsten Tag ließ ich mein kleines Gepäck zu Mengs bringen und begann, an einer Denkschrift über das Wesen der Ansiedlungen vom naturkundigen und philosophischen Standpunkt zu schreiben.

Ich stellte mich am nächsten Tag Don Manuel de Roda vor, der, was in Spanien sehr selten vorkommt, ein Gelehrter war. Er liebte lateinische Poesie und fand Geschmack an der italienischen, gab jedoch der spanischen den Vorzug. Er empfing mich außerordentlich freundlich, bat mich, ihn oft zu besuchen, und sprach mir wegen der erlittenen Unannehmlichkeiten während meiner Haft im ›Buen Retiro‹ sein tiefstes Bedauern aus. Der Herzog von Losada wünschte mir Glück dazu, daß der venezianische Gesandte überall Gutes von mir sagte. Er ermutigte mich, an eine Verwertung meiner Talente zu denken, indem ich mich der Regierung für einen geeigneten Posten anböte. Er versprach mir zur Erreichung dieses Zweckes seinen besten Beistand. Der Prinz della Cattolica lud mich zusammen mit dem venezianischen Gesandten zum Mittagessen ein. So machte ich im Verlauf von drei Wochen eine Menge schöner Bekanntschaften; ich wohnte bei Mengs und speiste oft beim Gesandten. Ich dachte ernstlich daran, mich in Spanien anstellen zu lassen; denn da ich aus Lissabon keine Briefe erhielt, so wagte ich nicht, auf gut Glück dorthin zu gehen. Da die portugiesische Dame[4] mir nicht mehr schrieb, gab es für mich kein Mittel, zu erfahren, was aus ihr geworden war.

Ich verbrachte meine Abende oft bei einer spanischen Dame, Doña Sabattino, bei der ein Salon stattfand und wo recht klägliche

Literaten empfangen wurden, auch ging ich zum Herzog von Medina Sidonia, dem Oberstallmeister des Königs, einem gelehrten, klugen und zuverlässigen Mann; ich war ihm durch einen Kammerdiener des Königs, dessen Bekanntschaft Mengs mir verschafft hatte, einen gewissen Don Domingo Varnier, vorgestellt worden. Auch ging ich sehr oft zu Doña Ignacia; da es aber nicht möglich war, mit ihr allein zu sein, so langweilte ich mich. Wenn ich einmal einen günstigen Augenblick traf, um ihr zu sagen, sie solle sich doch irgendeine Lustpartie mit ihren beiden häßlichen Basen ausdenken, um ihr auf dem Land meine Beharrlichkeit beweisen zu können, antwortete sie mir, sie wünsche das ebensosehr wie ich, aber in dieser Zeit des Jahres müsse sie jeden Gedanken solcher Art weit fortweisen; denn die Karwoche nahe heran, und da Gott für uns gestorben sei, so müßten wir an Buße und nicht an sündiges Vergnügen denken. Nach Ostern könnten wir vielleicht wieder an unsere Liebe denken. Dies ist die Art aller frommen Schönen in Spanien.

Vierzehn Tage vor Ostern verließ der König von Spanien Madrid, um mit seinem ganzen Hof nach Aranjuez zu gehen. Der venezianische Gesandte lud mich ein, mitzukommen und bei ihm zu wohnen; er werde dort leicht eine Gelegenheit finden, mich vorzustellen. Am Tage vor der Abreise, während ich mit Mengs in seinem Wagen fuhr, um der Witwe des Malers Amigoni einen Besuch zu machen, ergriff mich plötzlich Fieber mit so heftigem Schüttelfrost, wie man es sich gar nicht vorstellen kann; ich zitterte so stark, daß ich mit dem Kopf gegen das Verdeck des Wagens schlug. Meine Zähne klapperten, und ich konnte nicht mehr sprechen. Mengs bekam einen Schreck und ließ sofort umkehren; man brachte mich zu Bett, und vier oder fünf Stunden darauf brach sehr reichlich Schweiß aus, der durch zwei Matratzen und den Strohsack drang und den ganzen Fußboden unter meinem Bett überschwemmte. Dieses Schwitzen dauerte zehn oder zwölf Stunden, und ich verlor mindestens zehn Liter Wasser. Achtundvierzig Stunden darauf hörte das Fieber auf, aber eine außerordentliche Schwäche fesselte mich noch acht Tage ans Bett, und ich konnte erst am Sonnabend vor Ostern mit einem Wagen nach Aranjuez fahren. Ich wurde von dem Gesandten sehr gut aufgenommen und untergebracht; aber in derselben Nacht wurde ein kleines Geschwür, das ich bereits bei der Abfahrt aus Madrid etwa an der Stelle meiner früheren Darmfistel gespürt hatte, durch die Erschütterung des Wagens auf der Fahrt sehr schmerzhaft. In der Nacht wurde das Geschwür so groß wie eine Birne. Es war mir unmöglich, am Ostersonntag aufzustehen und in die Messe zu gehen. In fünf Tagen wurde dieser Abszeß so groß wie eine Melone. Der Gesandte und Manucci waren ganz erschrocken, als sie ihn sahen, und ein alter Chirurg des Königs, ein Franzose, erklärte, er habe so etwas noch nie gesehen. Ich selber war vollkommen ruhig; denn da ich keine Schmerzen hatte und alles weich war, so sagte ich dem Chirurgen, er solle den Abszeß öffnen. Einem Arzt und ihm beschrieb ich den Fieberanfall, den ich in Madrid gehabt hatte, und überzeugte ihn, daß das Geschwür nur eine Ansammlung von Lymphe sein konnte, die sich in diesen Körperteil ergossen hatte; wenn sie abgeflossen sei, würde ich meine Gesundheit wiedererhalten. Der Arzt hielt das alles für richtig, und der Chirurg ging ans Werk; nachdem er ein zweiunddreißigfach gefaltetes Tuch unter mich gelegt hatte, machte er einen sechs Zoll langen Schnitt. Obwohl in dem Abszeß höchstens ein halber Liter Wasser sein konnte, ergoß sich aus der Öffnung in vier Tagen genauso eine Menge Flüssigkeit, wie ich während des Fiebers bei Mengs an Schweiß ausgeschieden hatte. Nach diesen vier Tagen war die Wunde beinahe geschlossen, aber vor Schwäche konnte ich das Bett nicht verlassen. In dieser Lage befand ich mich, als ich durch einen Eilboten ein Schreiben von Mengs erhielt. Ich öffnete den Brief und las in schlechtem Italienisch, was ich jetzt wörtlich wiedergebe:

›Gestern ließ der Pfarrer meiner Gemeinde an der Tür der Pfarrkirche die Namen der in seinem Bezirk wohnenden Personen anschlagen, die nicht an Gott glauben und das Osterfest nicht gefeiert haben. Unter diesen Namen steht auch der Ihre, und ich mußte mir eine unangenehme Bemerkung von besagtem Pfarrer gefallen lassen, der mir voller Bitterkeit den Vorwurf machte, daß ich in meinem Hause Andersgläubigen[5] Gastfreundschaft gewährte. Ich wußte nicht, was ich ihm antworten sollte, denn sicherlich konnten Sie einen Tag länger in Madrid bleiben und Ihre Christenpflicht erfüllen, wäre es auch nur gewesen, um die Rücksichten zu erfüllen, die Sie mir schuldig sind. Meine Verpflichtung gegen meinen König, die Sorge um meinen guten Ruf und um meinen zukünftigen Seelenfrieden nötigen mich, Ihnen mitzuteilen, daß mein Haus nicht mehr das Ihre ist. Wenn Sie nach

Madrid zurückkommen, mögen Sie wohnen, wo Sie wollen; meine Bedienten werden Ihre Sachen den Leuten übergeben, die Sie mit der Abholung beauftragen. Ich bin usw. ...

Antonio Raffael Mengs.‹

Dieser Brief machte auf mich einen solchen Eindruck, daß Mengs ihn nicht ungestraft an mich geschrieben haben würde, wäre ich nicht sieben große spanische Meilen[6] von ihm entfernt und außerordentlich schwach gewesen. Ich sagte dem Eilboten, er könne gehen. Er erwiderte mir, er habe Befehl, auf meine Antwort zu warten. Ich zerriß den Brief und rief ihm zu, daß dies die Antwort sei, die ein derartiger Brief verdiene. Der Bote entfernte sich ganz erstaunt. Der Zorn gab mir Kräfte; ohne eine Minute zu verlieren, kleidete ich mich an und begab mich in einer Sänfte nach der Kirche von Aranjuez, wo ein Franziskanermönch mir die Beichte abnahm, und am nächsten Morgen um sechs Uhr früh empfing ich die Kommunion. Mein Beichtvater war so gefällig, mir eine Bescheinigung zu schreiben, daß ich vom Augenblick meiner Ankunft in der Residenz an hätte das Bett hüten müssen und daß ich trotz meiner großen Schwäche gebeichtet und von ihm die Osterkommunion erhalten hätte; somit hätte ich als guter Christ mein Osterfest gefeiert. Hierauf nannte er mir den Pfarrer, der meinen Namen an seine Kirchentür angeschlagen hatte.

Ich ging in die Wohnung des Gesandten zurück und schrieb dem Priester, die Bescheinigung, die ich ihm übersende, werde ihm begreiflich machen, warum ich meine Osterkommunion habe verschieben müssen. Ich hoffe, er werde meinen Namen von der Schandliste streichen, auf der er mich unrechtmäßig verdächtigt habe. Zum Schluß bat ich ihn, den beiliegenden Brief dem Chevalier Mengs zu überbringen.

Dem Maler schrieb ich: ›ich erkenne an, daß ich die Beschimpfung verdient habe, die Sie mir angetan haben, indem Sie mich aus Ihrem Hause weisen; ich habe die Dummheit begangen und Sie als Gast beehrt. Aber als Christ, der soeben die Osterkommunion empfangen hat, verzeihe ich Ihnen Ihr rohes Betragen und empfehle Ihnen nur, sich einen Vers zu merken, den alle anständigen Leute kennen, der Ihnen aber ohne Zweifel unbekannt ist: *Turpius ejicitur, quam non admittitur hospes.* [Es ist schimpflicher, einen Gast hinauszuwerfen, als ihn nicht zu empfangen.][7]

Nachdem ich diesen Brief abgeschickt hatte, erzählte ich die ganze Geschichte dem Gesandten. Er antwortete mir: »Mengs wird nur wegen seines Talentes geachtet, sonst kennt ihn ganz Madrid nur als Narren.«

In der Tat hatte der ehrgeizige Mann mich nur aus Eitelkeit aufgefordert, bei ihm zu wohnen. Ganz Madrid sollte es in einem Augenblick wissen, wo man überall von der glänzenden Genugtuung sprach, die ich auf Befehl des Grafen Aranda und der Minister erhalten hatte, und man sollte glauben, diese Genugtuung sei mir, wenigstens zum Teil, aus Rücksicht auf ihn gewährt worden. Er hatte tatsächlich in seinem Hochmut gesagt, ich hätte fordern sollen, daß der Alkalde Messa mich nicht in das Café zu meiner Wohnung, sondern nach seinem Hause zurückbrächte, wo ich mir die Verhaftung hätte ankündigen lassen. Mengs war ein ruhmsüchtiger Mann, ein großer Arbeiter, aber eifersüchtig und Feind aller zeitgenössischen Maler, die etwas konnten. Er hatte unrecht; denn obwohl er in Farbengebung und Entwurf ein großer Künstler war, fehlte es ihm an Erfindungsgabe, und diese ist die notwendige und wesentliche Eigenschaft eines großen Malers.

Eines Tages sagte ich ihm: »Wie jeder große Dichter ein Maler sein muß, so muß jeder Maler ein Dichter sein.« Hierüber wurde er ernstlich böse, weil er, übrigens mit Unrecht, glaubte, ich wolle ihm damit seine Fehler vorwerfen. Er war sehr unwissend und wollte trotzdem als gelehrt gelten; er war dem Trunk verfallen, geil, jähzornig, eifersüchtig und geizig und wollte für tugendhaft gehalten werden. Da er ein großer Arbeiter war, so aß er für gewöhnlich nicht zu Mittag; denn nach dem Essen konnte er nichts mehr machen, weil er sich gewöhnlich bis zur Besinnungslosigkeit betrank. Wenn er auswärts speiste, trank er nur Wasser, um sich nicht bloßzustellen.

Er sprach vier Sprachen, aber alle schlecht; und er wollte das nicht einsehen. Einige Tage vor meiner Abreise aus Madrid fing er an, mich zu hassen, weil ich zufällig allzusehr seine Schwächen erkannte und weil er sich meine Zurechtweisungen gefallen lassen mußte. Der Flegel war entrüstet, weil er wesentlichen Anlaß hatte, mir dankbar zu sein. Ich hatte ihn eines Tages gehindert, ein Schreiben an den Hof abzuschicken, das ihn lächerlich gemacht haben würde. Diese Eingabe mußte dem König selber vor Augen kommen, und Mengs hatte sie unterzeichnet *el mas inclito*, womit er sagen wollte: Ihr ergebenster Diener. Ich machte ihn darauf aufmerksam, daß *el mas inclito* der berühmteste Diener bedeutet und nicht der ergebenste Diener. Er wurde zornig, sagte mir, es wäre unrecht von mir, zu glauben, daß ich besser spanisch könnte als er, und war in Verzweiflung, als ein Besucher ihm sagte, daß er mir zu Dank verpflichtet sei, denn durch diesen Irrtum hätte er sich unwiderruflich blamiert.

Ein anderes Mal glaubte ich, ihn hindern zu müssen, eine Kritik gegen einen Artikel zu veröffentlichen, in dem jemand schrieb, wir besäßen auf der Welt keine Bauwerke aus der Zeit vor der Sintflut. Mengs glaubte, den Verfasser zu widerlegen, indem er vorbrachte, man sehe die Überreste des Turms von Babylon; eine doppelte Dummheit; denn man sieht diese angeblichen Überreste nicht, und selbst wenn man sie sähe, so erfolgte doch der Bau dieses eigentümlichen Turms in der Zeit nach der Sintflut. Nachdem ich ihn überzeugt hatte, zerriß er seine Aufzeichnung, doch er haßte mich dennoch von ganzem Herzen, denn er war nun sicher, daß ich das ganze Ausmaß seiner Unwissenheit erkannt habe. Er hatte die Sucht, über metaphysische Themen zu streiten; sein Steckenpferd war es, sich über die Schönheit im allgemeinen auszulassen und sie zu definieren, die Dummheiten, die er dabei sagte, waren haarsträubend.

Über alle Maßen jähzornig, schlug Mengs zuweilen seine Kinder beinahe zu Krüppeln. Mehr als einmal entriß ich seinen Händen in solchen Augenblicken seinen ältesten Sohn, den der rohe Mensch mit seinen Zähnen zerreißen zu wollen schien. Er rühmte sich, daß sein Vater, ein Bohemien und schlechter Maler, ihn mit dem Stock in der Hand erzogen habe. Er behauptete, dadurch sei er ein guter Maler geworden, und hatte beschlossen, dasselbe System anzuwenden, um seine Kinder zu zwingen, ebenfalls etwas zu werden. Er war tief gekränkt, wenn er einen Brief erhielt, dessen Adresse nicht seinen Titel Chevalier und seine Taufnamen trug. Eines Tages sagte ich ihm, ich sei durchaus nicht beleidigt gewesen, daß die Briefe, die er mir nach Florenz und Madrid geschrieben habe, nicht meinen Titel Chevalier getragen hätten, obgleich ich die Ehre hätte, mit demselben Orden geschmückt zu sein wie er. Er antwortete mir nicht. Der Grund, weshalb er seine Taufnamen als eine besondere Ehre ansah, war recht seltsam. Er sagte, da er sich Antonio Raffael nenne und Maler sei, so könnten diejenigen, die diese beiden Namen fortließen, das in seiner verrückten Einbildung nur mit der Absicht tun, zu leugnen, daß die Eigenschaften des Antonio da Correggio und des Raffael[8] aus Urbino in ihm allein vereinigt seien.

Eines Tages wagte ich ihm zu sagen, als ich eines seiner Gemälde betrachtete, die Hand einer Hauptfigur sei mißraten, denn der Ringfinger sei kürzer als der Zeigefinger. Er antwortete ärgerlich, das müßte so sein, und zum Beweis zeigte er mir seine Hand. Lachend zeigte ich ihm meine, indem ich ihm sagte, ich sei überzeugt, daß meine Hand so geformt sei wie die aller Abkömmlinge Adams.

»Von wem behaupten Sie denn, daß ich abstamme?«

»Das weiß ich nicht. Aber ganz gewiß gehören Sie nicht zu meiner Art.«

»Im Gegenteil, Sie gehören nicht zu der meinen, überhaupt nicht zu der der anderen Menschen; denn alle Hände von Männern und Frauen sind allgemein so geformt wie die meinen und nicht wie die Ihren.«

»Ich wette hundert Pistolen, daß Sie unrecht haben.«

Er sprang auf, warf Pinsel und Palette auf die Erde und läutete seinen Bedienten. Die Leute kamen, er sah ihre Hände an, untersuchte sie ganz genau und fand, daß der Zeigefinger kürzer ist als der Ringfinger.

Zum ersten Male sah ich ihn lachen und hörte ihn einem Streit durch ein Scherzwort ein Ende machen. Er sagte nämlich: »Ich bin entzückt, daß ich mich rühmen kann, wenigstens in etwas einzig zu sein.«

Mit Vergnügen teile ich hier eine sehr vernünftige Bemerkung mit, welche Mengs eines Tages zu mir machte und die ich nie vergessen habe. Er hatte eine Magdalena gemalt, die wirklich von überraschender Schönheit war. Zehn oder zwölf Tage sagte er mir jeden Morgen: »Heute abend wird das Bild fertig sein!« Er malte daran bis zum Abend, und am anderen Morgen arbeitete er wieder am gleichen Bild.

Eines Tages sagte ich ihm, er habe sich am Tage vorher getäuscht, indem er mir gesagt habe, das Bild werde am Abend fertig sein.

»Nein!« antwortete er mir, »denn neunundneunzig von hundert Kennern könnten es für vollendet halten; mir aber liegt am Urteil des hundertsten, und mit dessen Auge sehe ich das Bild an. Es gibt überhaupt auf der ganzen Welt nur relativ fertige Bilder, und diese Magdalena wird erst fertig sein, wenn ich nicht mehr an ihr arbeite, und selbst dann wird sie nur relativ fertig sein; denn sicherlich würde sie vollkommener sein, wenn ich einen Tag länger daran arbeiten würde. Bei eurem Petrarca[9] gibt es kein einziges Sonett, das wirklich vollendet wäre. Auf dieser Welt ist nichts vollkommen, was aus der Hand oder dem Geiste des Menschen hervorgeht, es müßte denn etwa eine mathematische Berechnung sein.«

Ich umarmte meinen lieben Mengs vor Freude über seine treffliche Bemerkung. Weniger groß war meine Freude an einem anderen Tag, als er mir sagte: »Ich wünschte, ich wäre Raffael aus Urbino gewesen.« Das war sein großes Vorbild!

»Ganz gewiß; aber wie können Sie sagen: Sie wünschen etwas gewesen zu sein? Dieser Wunsch ist gegen die Natur; denn wenn Sie Raffael gewesen wären, so wären Sie nicht mehr; Sie können so nicht im Ernst reden, wenn Sie sich nicht etwa vorstellen, Sie genössen die Glorie des Paradieses; wenn das der Fall ist, so wünsche ich Ihnen Glück dazu.«

»Ganz und gar nicht! Ich möchte Raffael gewesen sein und würde dann nicht mehr den Wunsch haben, heute körperlich und seelisch vorhanden zu sein.«

»Das ist Unsinn. Denken Sie doch darüber nach! Wenn Sie nicht Ihren Verstand verloren haben, können Sie einen solchen Wunsch nicht hegen.«

Er wurde zornig und sagte mir eine Menge Beleidigungen, über die ich nur lachte. Ein andermal verglich er die Arbeit des Dichters, der eine Tragödie dichtet, mit der eines Malers, der ein Gemälde entwirft, auf dem die ganze Tragödie in einer einzigen Szene zusammengefaßt ist. Nachdem ich eine Menge Unterschiede besprochen hatte, schloß ich mit den Worten: »Der tragische Dichter muß alle Kräfte seines Geistes aufbieten, damit die kleinsten Einzelheiten zueinanderpassen, während der Maler, der sich nur um eine Oberfläche zu kümmern hat, seine Farben auftragen und sich dabei mit anwesenden Freunden über viele Themen unterhalten kann. Das beweist, daß Ihr Gemälde mehr durch Ihre Handfertigkeit als durch Ihren Geist entsteht. Finden Sie mir einen Dichter, der bei seinem Koch sein Abendessen bestellen kann, während er die Verse zu einem Epos verfaßt.«

Wenn Mengs sich besiegt sah, wurde er grob und behauptete,

ich hätte ihn beleidigt. Trotzdem wird dieser Mann, der schon im Alter von fast fünfzig Jahren starb, als Philosoph, großer Stoiker, Gelehrter und Musterbild aller Tugenden in die Nachwelt eingehen, dank der Lebensbeschreibung, die einer der Anbeter seines Talentes im Großformat mit sehr schönen Buchstaben hat drucken lassen und die er dem König von Spanien gewidmet hat. Diese Lebensbeschreibung ist ein Lügengewebe.

Lassen wir Mengs nun, und befassen wir uns mit meinen Erlebnissen.

Meiner Schwäche wegen war ich nicht mehr genötigt, das Bett zu hüten, als Manucci[10] zu mir kam und mir den Vorschlag machte, ihn nach Toledo zu begleiten und die Altertümer zu besichtigen, die sich in dieser alten Stadt befinden. In fünf oder sechs Tagen mußten wir wieder in Aranjuez zurück sein. Manucci wollte ein paar Tage abwesend sein, weil der Gesandte für alle Minister ein Galaessen gab, woran er nicht teilnehmen konnte, da er nicht vorgestellt war.

»Dieser gesellschaftliche Ausschluß wird nicht auffallen, wenn man weiß, daß ich nicht in Aranjuez bin«, sagte er zu mir.

Es war mir sehr angenehm, Toledo zu sehen, und so nahm ich an. Wir fuhren am anderen Morgen ab und kamen abends in der berühmten Stadt an. Bei dem Tor dieser Hauptstadt von Neu-Kastilien, die auf einer Anhöhe liegt, befinden sich die Reste einer Naumachie[11]. Der Tajo, der Gold mit sich führt, umfließt die Stadt von zwei Seiten. Wir fanden für spanische Verhältnisse eine recht gute Unterkunft in einem Gasthof auf dem großen Platz, und gingen am Morgen mit einem Cicerone[12] aus, der uns in den Alcazar führte. Das ist der Louvre von Toledo, ein großer königlicher Palast, in dem der maurische König wohnte. Sein majestätischer Name durfte keinen anderen Vokal haben als die Königin des Alphabets. Hierauf gingen wir in die Kathedrale, ein sehenswertes Kunstdenkmal wegen der Reichtümer, die sie enthält. Ich sah das Tabernakel, worin bei der Fronleichnamsprozession das heilige Sakrament herumgetragen wird. Es ist so schwer, daß dreißig kräftige Männer nötig sind, um es zu tragen. Der Erzbischof von Toledo hat ein Jahreseinkommen von dreihunderttausend Talern, und sein Klerus hat jährlich vierhunderttausend. Ein Kanonikus, der mir die Gefäße mit den Reliquien zeigte, sagte mir, in dem einen befänden sich die dreißig Silberlinge, die Judas für den Verkauf unseres Heilands erhalten hätte. Als ich ihn bat, mir diese Silberlinge zu zeigen, warf er mir grimmige Blicke zu und sagte, der König selber würde nicht wagen, eine solche Neugier an den Tag zu legen. In Spanien sind die Priester ein Lumpenpack, auf das man noch mehr Rücksicht nehmen muß als in anderen Ländern.

Am nächsten Tag sahen wir uns das physikalische und naturgeschichtliche Kabinett an, wo wir aber wenigstens lachen durften. Man machte uns besonders auf Stücke von einem Drachen aufmerksam, und der Besitzer sagte zu mir: »Das beweist, daß der Drache kein Fabeltier ist.«

Nach dem Drachen zeigte er uns noch einen Basilisken[13], dessen Blick uns nicht erschreckte, sondern uns lachen ließ. Dann führte uns der würdige Señor zu einem Freimaurerschurz und versicherte uns, daß jemand, der in der Loge gewesen sei, es seinem Vater geschenkt hätte.

»Das beweist«, setzte er hinzu, »daß diejenigen sich sehr täuschen, die behaupten, es existiere diese Sekte nicht und sie habe niemals existiert.«

Diese Reise kräftigte meine Gesundheit, so daß ich nach meiner Rückkehr nach Aranjuez allen Ministern meine Aufwartung machen konnte. Der venezianische Gesandte stellte mich dem Marchese Grimaldi vor, mit dem ich mehrere Besprechungen über die Kolonie in der Sierra Morena hatte. Es stand mit dieser Kolonie schlecht. Die Familien aus der Schweiz konnten dort nicht gedeihen. Ich reichte ihm meinen Plan ein, worin ich nachwies, daß die Kolonie aus spanischen Familien gebildet werden müßte.

»Allerdings«, sagte er, »aber Spanien ist überall schwach bevölkert, und nach Ihrem Plan müßten wir eine Gegend entvölkern, um eine andere zu bereichern.«

»Durchaus nicht; denn zehn Auswanderer, die in Asturien aus Armut in jungen Jahren sterben, würden in der Sierra Morena fünfzig Kinder hervorbringen. Diese fünfzig würden zweihundert in die Welt setzen, diese tausend, und alles wäre in Ordnung.«

Mein Plan wurde einer Prüfung unterzogen, und der Marchese Grimaldi versicherte mir: wenn der Plan angenommen würde, sollte ich zum Gouverneur der Kolonie ernannt werden.

ZEHNTES KAPITEL

Nach seinem Auszug aus Mengs' Haus hat Casanova eine Wohnung bei Don Diego, dem Vater der schönen Doña Ignacia, gemietet.

»Ich gehe zum Stierkampf«, sagte mein Wirt zu mir; »es ist ein schöner Tag, ganz Madrid wird dort sein; man muß früh hingehen, um einen guten Platz zu finden. Sie haben dieses herrliche Schauspiel nie gesehen? Ich rate Ihnen hinzugehen. Und du, liebe Tochter, bitte den Señor, dich mitzunehmen.«

»Wäre meine Gesellschaft Ihnen angenehm?« fragte sie mich mit zärtlicher Miene.

»Daran können Sie nicht zweifeln, Doña Ignacia, aber ich stelle die Bedingung, daß Ihre Base Sie begleitet, denn ich bin in sie verliebt.«

Don Diego lachte laut heraus, seine Tochter aber sagte, indem sie sie holen ließ: »Ich bin davon überzeugt.«

Wir fuhren also zum großen Amphitheater außerhalb der Puerta de Alcalá, um uns dieses prachtvolle und grausame Schauspiel anzusehen, das alle Spanier entzückt. Wir hatten nicht mehr viel Zeit. Fast alle Logen waren schon besetzt oder vermietet. Wir setzten uns in eine, in der schon zwei Damen waren, und die eine von ihnen war zu meiner Belustigung die Herzogin von Villadarias, die wir am vorherigen Tage in der Kirche ›de Atocha‹ gesehen hatten. Meine beiden Damen setzten sich auf die Vordersitze, und ich nahm auf einem höher liegenden Brett, genau hinter der Herzogin, Platz, so daß sich ihr Kopf zwischen meinen Knien befand.

Sie wünschte mir auf französisch Glück zu dem Zufall, der uns in Kirchen und bei Stierkämpfen zusammenbrächte; hierauf betrachtete sie Doña Ignacia, die neben ihr saß, äußerte mir ihre Bewunderung über deren Schönheit und fragte mich, ob sie meine

Frau oder meine Geliebte sei. Ich antwortete ihr, sie sei eine Schönheit, um die ich vergebens seufze. Sie sagte mir lächelnd: in diesem Punkte sei sie ungläubig; hierauf wandte sie sich zu Doña Ignacia und machte ihr die reizendsten Bemerkungen über die Liebe, der sie die gleiche Erfahrung darin zutraute wie sich selber. Schließlich sagte sie ihr etwas ins Ohr. Doña Ignacia errötete. Die Herzogin wurde feurig und sagte mir, ich hätte mir das schönste Mädchen in ganz Madrid ausgesucht; sie wolle gar nicht wissen, wer sie sei, aber sie werde sich freuen, wenn ich mit dem reizenden Mädchen bei ihr in ihrem Landhause speise.

Ich versprach es ihr, da es eben nicht anders ging. Doch ersparte ich es mir, den Tag festzusetzen. Indessen nötigte sie mich zu dem Versprechen, sie am nächsten Tage um vier Uhr zu besuchen. Ich bekam einen Schreck, als sie mir sagte, sie werde allein sein; denn dieses Wort bedeutete ein regelrechtes Stelldichein in aller Form. Sie war hübsch, aber zu bekannt; es wäre über meinen Besuch zu viel geredet worden.

Der Stierkampf begann, und damit wurde allgemeines Schweigen unerläßlich; denn die ganze Nation ist für dieses Schauspiel so leidenschaftlich begeistert, daß sie sich durch nichts davon ablenken läßt.

Ein Stier kam wutentbrannt durch eine kleine Tür und gelangte schnell in die Arena. Dann blieb er stehen und wandte sich nach rechts und links, als wolle er denjenigen entdecken, der ihm übelwolle. Er sah einen Mann zu Pferde, der ihm entgegengaloppierte und eine lange Lanze in der Hand hielt. Der Stier lief ihm entgegen, und der Picador gab ihm einen Stich mit seiner Lanze und wich ihm geschickt aus. Der gereizte Stier verfolgte ihn, und wenn er nicht gleich bei der ersten Begegnung eines seiner Hörner in den Bauch des Pferdes stieß, so tat er es beim zweiten, dritten oder vierten Mal, oft sogar jedesmal, so daß das Pferd beim schwankenden Laufen durch die Arena seine herausquellenden Gedärme mitschleifte; Blut strömte durch die Stöße aus seinen Wunden, bis es tot hinstürzte. Nur ganz selten gelingt ein so gut gezielter Lanzenstich, daß der Stier auf der Stelle tot zusammenbricht. Wenn das geschieht, so sprechen die Präsidenten des Festes dem tapferen und geschickten Picador, dem es gelungen ist, den Stier so zu töten, ihm diesen zu.

Es kommt sehr oft vor, daß ein Stier in seiner Wut das Pferd und den Mann, der es reitet, tötet. Dieser Grausamkeit schaut die Menge kaltblütig zu; nur der Fremde erschauert. Nach dem einen Stier läßt man einen anderen kommen, ebenso ein anderes Pferd. Es tat mir weh, daß bei diesem barbarischen Schauspiel, dem ich mehrere Male zugesehen habe, das Pferd, für das ich mich mehr als für den Stier interessierte, immer wegen der Feigheit der Memme, die es ritt, aufgeopfert wurde und zugrunde ging. Bei diesem grausamen Schauspiel habe ich jedoch stets die Gewandtheit und Verwegenheit der Spanier bewundert, die zu Fuß in der Arena dem wütenden Stier entgegenlaufen, der, obwohl er von Männern mit Stricken zurückgehalten wurde, sich sogleich sowohl auf den einen wie auf den anderen, der ihn verletzte, stürzte, die sich dann vor seiner Wut retteten, ohne ihm dabei den Rücken zuzukehren. Diese Kühnen haben zu ihrer Verteidigung nur einen ausgebreiteten schwarzen Mantel, der an die Spitze eines Spießes angeknüpft ist. Wenn sie sehen, daß der Stier sich auf sie stürzen will, so halten sie ihm den Spieß mit dem ausgebreiteten Mantel entgegen; das getäuschte Tier wendet sich von dem Mann ab, um sich dem Mantel entgegenzuwerfen, während sich der Verwegene mit einer erstaunlichen Behendigkeit rettet. Er läuft davon, überschlägt sich und vollbringt gefährliche Sprünge, manchmal sogar über die Barrieren hinweg. Das beschäftigt den Zuschauer und kann ihm auch etwas Vergnügen bereiten, doch alles in allem erscheint mir dieses Schauspiel jämmerlich und entsetzlich. Es ist teuer. Die Einnahme beträgt oft vier- oder fünftausend Pistolen. In allen Städten Spaniens gibt es eine Arena für diese Kämpfe. Wenn der König in Madrid weilt, geht der ganze Hof dorthin, nur er nicht, denn er bevorzugt die Jagd. Carlos III. jagte alle Tage des Jahres, außer am Karfreitag.

ELFTES KAPITEL

Im Oktober 1768 ist Casanova in Valencia. Als er gerade nach Barcelona weiterreisen will, macht er eine unerwartete Bekanntschaft.

Ich traf meine Vorbereitungen, um nach Barcelona zu fahren. Kurz vor meiner Abreise sah ich beim Stierkampf außerhalb der Stadt eine Frau, die etwas unbeschreiblich Imposantes an sich hatte. Ich fragte einen Ordensritter von Alcántara, der neben mir saß, wer die Dame sei.

»Es ist die berühmte Nina.«

»Wieso berühmt?«

»Wenn Sie sie nicht dem Ruf nach kennen, ist ihre Geschichte zu lang, um sie hier zu erzählen.«

Eine oder zwei Minuten später entfernte sich ein gut gekleideter, aber ziemlich übel aussehender Mann von der imposanten Schönheit, die meine Blicke anzog, trat an den Ritter, der sich mit mir unterhalten hatte, heran und sagte ihm etwas ins Ohr. Der Ritter wandte sich mit höflicher Miene zu mir und sagte bescheiden: die Dame, nach deren Namen ich ihn gefragt habe, wünsche den meinen zu wissen.

Dummerweise von dieser Neugier geschmeichelt, antwortete ich dem Boten, wenn die Dame es erlaube, werde ich nach dem Stierkampf ihr persönlich meinen Namen sagen.

»Nach Ihrem Akzent scheinen Sie Italiener wie sie zu sein.«

»Ja, Señor. Ich bin aus Venedig.«

»Sie auch.«

Als der Bote fort war, war der Ritter weniger wortkarg und sagte mir, Nina sei eine Tänzerin, die der Generalkapitän (es gab keinen Vizekönig mehr) des Fürstentums Barcelona, Graf von Ricla, seit einigen Wochen in Valencia aushält, bis er sie wieder nach Barcelona zurückkehren lassen könne, wo der Bischof sie wegen des öffentlichen Ärgernisses nicht länger habe dulden wollen.

»Der Graf ist wahnsinnig in sie verliebt und gibt ihr täglich fünfzig Dublonen.«

»Aber sie gibt sie doch hoffentlich nicht aus?«

»Das kann sie nicht; aber sie macht jeden Tag tolle Streiche, die ihn viel Geld kosten.«

Ich war sehr neugierig, eine Frau von solchem Charakter kennenzulernen, und fürchtete durchaus nicht, daß diese Bekanntschaft mir irgendwelche Unannehmlichkeiten zuziehen könnte. Ich konnte daher kaum das Ende des Stierkampfes abwarten, um mit ihr zu sprechen. Auf der Treppe redete ich sie mit dem üblichen Gruß an, und sie erwiderte ihn mit großer Ungezwungenheit, indem sie ihre Hand, die trotz der Ringe und Armreifen wunderschön war, auf die meine legte. Beim Einsteigen in ihren mit sechs Maultieren bespannten Wagen sagte sie mir, sie würde entzückt sein, wenn ich ihr das Vergnügen machte, am nächsten Morgen mit ihr zu frühstücken. Ich entfernte mich mit den Worten, daß ich mich sehr geehrt fühle.

Ich ging natürlich hin. Ich fand sie in einem sehr großen Hause hundert Schritte vor der Stadt, das sie ganz gemietet hatte; es war gut, aber mit wenig Geschmack möbliert, und ein großer Garten umgab es.

Was mir besonders auffiel, waren eine Menge von Bedienten in Livree und mehrere Kammerfrauen, die überall hin und her liefen. Als ich näher trat, hörte ich eine gebieterische Stimme laut schelten. Es war Nina, die einen Mann herunterputzte, der ganz erstaunt vor einem großen Tisch stand, worauf eine Menge Waren ausgebreitet lagen.

»Sie werden meinen Zorn entschuldigen«, sagte sie zu mir; »dieser spanische Dummkopf will behaupten, die Spitzen seien schön. Sehen Sie sich die Spitzen doch an und sagen Sie mir Ihre Meinung darüber.«

Ich erklärte ihr aber, ich verstände nichts davon.

»Señora«, sagte der Händler schließlich unwillig zu ihr, »wenn Sie die Spitzen nicht wollen, so lassen Sie sie liegen; aber wollen Sie die Stoffe?«

»Ja, ich behalte sie. Außerdem will ich Sie überzeugen, daß ich Ihre Spitzen nicht deshalb zurückweise, um Geld zu sparen!« Mit diesen Worten nahm sie eine Schere und zerschnitt die Spitzen.

»Das ist sehr schade«, sagte der Mann, der am Tage vorher mit mir gesprochen hatte. »Man wird in Valencia sagen, Sie seien wahnsinnig!«

»Halt den Mund, elender Zuh...!« rief sie, indem sie ihm eine Ohrfeige mit dem Handrücken versetzte.

Der Kerl ging hinaus, indem er sie eine H... nannte, worüber sie nur laut auflachte; hierauf wendete sie sich zum Spanier und befahl ihm, augenblicklich seine Rechnung zu machen. Der Händler ließ sich das nicht zweimal sagen; er hielt sich mit den Preisen für die Beleidigungen schadlos, mit denen sie ihn überhäuft hatte. Sie nahm die Rechnung, unterschrieb, ohne den Preis zu tadeln, und sagte: »Gehen Sie zu Don Diego Valencia; er wird Sie sofort bezahlen.«

Als wir allein waren, wurde die Schokolade gebracht, und sie ließ dem Mann, der sie eine H... genannt hatte, befehlen, augenblicklich zu kommen und mit uns zu frühstücken.

»Wundern Sie sich nicht«, sagte sie zu mir, »über die Art und Weise, wie ich mit diesem Subjekt umgehe. Er ist ein jämmerlicher Lump, den Ricla mir mitgeschickt hat, um zu spionieren. Ich behandle ihn absichtlich schlecht, damit er ihm alles schreibt.«

Ich glaubte zu träumen, oder die Frau mußte wahnsinnig sein. In meinem ganzen Leben hatte ich weder gesehen noch geahnt, daß es eine Frau von solchem Charakter geben konnte. Der unglückselige Bologneser, der Sänger war und Molinari hieß, kam und trank seine Schokolade, ohne ein Wort zu sagen. Dann ging er wieder hinaus. Hierauf erzählte Nina mir eine Stunde lang Geschichten aus Spanien, Italien und Portugal, wo sie einen Tänzer, namens Bergonzi, geheiratet hatte.

»Ich bin eine Tochter des berühmten Scharlatans Pelandi, der in Venedig das ›Olio di Strazzon‹[1] verkaufte und den Sie vielleicht gekannt haben.«

Ich hatte tatsächlich diesen Mann gekannt, genauso wie ihn ganz Venedig mit dem Verkaufsstand für seinen Balsam gekannt hatte. Nach dieser vertraulichen Mitteilung, aus der sie kein Geheimnis machte, bat sie mich, mit ihr zu soupieren. Das Souper sei ihre Lieblingsmahlzeit. Ich versprach es ihr und machte dann einen Spaziergang, um ungestört über diese seltsame Frau nachzudenken, die ein so großes Glück mit Füßen trat. Nach dem Vorgefallenen glaubte ich, daß sie wirklich fünfzig Dublonen pro Tag bekam.

Nina war eine überraschende Schönheit; aber da ich niemals geglaubt habe, daß Schönheit allein genügen könne, um einen Mann glücklich zu machen, so begriff ich nicht, wie ein Vizekönig von Katalonien bis zu einem solchen Grade verliebt sein konnte. Molinari konnte ich nach allem, was ich gesehen hatte, nur für einen niederträchtigen Schuft und für den verächtlichsten aller Männer halten. Ich ging zu ihrem Souper wie zu einem Schauspiel; denn so schön sie auch war, so hatte sie mir doch keine Gefühle eingeflößt.

Als es dunkel wurde, begab ich mich zu ihrem Haus. Wir hatten Anfang Oktober; in Valencia war es aber so warm wie bei uns im August. Nina ging im Garten mit ihrem Hanswurst spazieren. Beide waren praktisch im Hemd, denn sie hatte dazu nur einen Unterrock an, er nichts außer der Unterhose.

Sobald sie mich sah, kam sie auf mich zu und forderte mich auf, es mir ebenso bequem zu machen; ich unterließ dies jedoch, indem ich einige Gründe anführte, mit denen sie sich zufriedengeben mußte. Die Gegenwart des gemeinen Menschen war mir im höchsten Grade widerwärtig. Bis zum Souper unterhielt sie mich mit schlüpfrigen Gesprächen. Sie gab einige Bettgeschichten preis, deren Hauptperson sie gewesen war und die sie mit ihren zweiundzwanzig Jahren bisher erlebt hatte.

Ohne die Gegenwart des Burschen mit dem ekelhaften Gesicht und dem völligen Mangel an Geist hätten alle diese Geschichten ohne Zweifel ihre natürliche Wirkung auf mich geübt, wenn ich sie auch nicht liebte. So aber verspürte ich gar nichts.

Bei Tisch hatten wir alle großen Appetit; das Essen war schmackhaft, aus Fleisch und Fastenspeisen bestehend, der Wein war vorzüglich. Ich war sehr zufrieden und wäre gerne nach Hause gegangen; aber das lag nicht in ihrer Absicht. Der Wein hatte sie erhitzt, der Hanswurst war betrunken; sie wollte ihren Spaß haben.

Nachdem sie alle Bediensteten hinausgeschickt hatte, verlangte sie von Molinari, er solle sich ganz nackt ausziehen; hierauf begann sie mit ihm unzüchtige und abstoßende Spiele zu treiben, die ich nur mit dem größten Ekel beschreiben könnte. Der Bursche war jung, und obgleich er betrunken war, versetzten Ninas Manipulationen ihn bald in einen recht respektablen Zustand. Offenbar hatte die Dirne die Absicht, daß ich sie bei dieser Orgie in Gegenwart des Halunken bedienen sollte; sein

Anblick nahm mir jedoch sogar die Fähigkeit, Nina zufriedenzustellen, die sich, ohne mich anzusehen, auch völlig ausgezogen hatte. Als sie bemerkte, daß ich untätig blieb, ließ sie sich von diesem Mann bedienen und sagte zu mir, wenn ich lachen wolle, solle ich zusehen, wie er es mache. Ich tat es mit Widerwillen und litt schreckliche Qualen, nicht aus dem Wunsch, an seiner Stelle zu sein, denn in mir war kein Verlangen, sondern aus maßloser Wut darüber, daß eine so vollkommene Frau sich von einem Mann begatten ließ, der seinen einzigen Vorzug mit dem Esel gemeinsam hatte.

Als sie ihn bis zur völligen Erschöpfung hatte arbeiten lassen, wusch sie sich in einer Schüssel, deren Inhalt er dann austrinken mußte, darauf brach das Schwein das ganze Essen aus.

Sie flüchtete unter lautem Lachen in das Nebenzimmer, ich folgte ihr, denn ich konnte den ekelhaften Gestank nicht mehr aushalten, er schlug mir auf den Magen. Als sie aufgehört hatte zu lachen, fragte sie mich, immer noch nackt neben mir sitzend, wie ich dieses Fest gefunden hätte.

Da meine Ehre und Eigenliebe eine Genugtuung verlangten, so sagte ich ihr, der Abscheu, den der Elende mir einflößte, sei so groß, daß er alle Wirkungen zerstöre, die ihre Reize auf mich wie auf jeden Mann, der Augen im Kopfe hätte, ausüben könnten.

»Ich halte das wohl für möglich, denn er ist sehr häßlich; aber jetzt ist er doch nicht da, und trotzdem tut sich bei Ihnen nichts. Man würde das nicht glauben, wenn man Sie sieht.«

»Man würde recht haben, meine liebe Nina, denn ich bin nicht minderwertiger als ein anderer. Aber im Moment geht es nicht. Die Angelegenheit hat mich zu sehr angeekelt. Bitte, lassen Sie mich heute, es ist vergeblich. Morgen vielleicht, wenn ich dieses Ungeheuer nicht mehr sehe, das nicht würdig ist, Sie zu genießen.«

»Sie irren sich, er genießt nicht; ich lasse ihn nur seine Arbeit tun. Wenn ich glauben könnte, er liebte mich, so würde ich eher sterben als ihn zu befriedigen; denn ich verabscheue ihn.«

»Wie? Sie lieben ihn nicht und bedienen sich seiner nur, um zu den Freuden der Liebe zu gelangen?«

»Wie ich mich eines ... bedienen würde.«[2]

Ich sah darin Ninas offenherziges Geständnis einer Natur in ihrer tiefsten Verderbnis.

Sie lud mich für den nächsten Abend zum Souper ein, indem sie mir sagte: »Ich will sehen, ob Sie die Wahrheit gesagt haben. Wir werden unter vier Augen sein, denn Molinari wird krank sein.«

»Er wird seinen Wein verdaut haben und sich sehr wohl befinden.«

»Ich sage Ihnen nochmals, er wird krank sein. Kommen Sie morgen und jeden weiteren Abend.«

»Ich reise übermorgen, ich habe schon einen Platz bestellt.«

»Mein Freund, Sie werden nicht abreisen. Sie werden erst in acht Tagen reisen, und zwar werden Sie nach mir fahren.«

»Das ist unmöglich.«

»Sie werden nicht reisen, sage ich Ihnen; denn Sie würden mir einen Schimpf antun, den ich nicht dulden würde.«

Ich ließ sie reden und ging nach Hause, fest entschlossen, sofort abzureisen. Obwohl es für mich in meinem Alter auf diesem Gebiet nichts Neues mehr gab, war ich doch erstaunt über die Zügellosigkeit dieser Frau, über ihre freie Sprech- und Handlungsweise und vor allen Dingen über ihre Offenheit; denn sie hatte mir eingestanden, was eine Frau sonst niemals einem anderen gesteht:

›Ich bediene mich seiner, um mich zu befriedigen, weil ich sicher bin, daß er mich nicht liebt; wenn ich wüßte, daß er mich liebt, würde ich lieber sterben als ihn zu befriedigen, denn ich verabscheue ihn.‹

Das alles wußte ich bereits, aber keine Frau hatte es mir jemals so direkt gesagt.

Am nächsten Tage ging ich um sieben Uhr abends zu ihr. Sie empfing mich mit einer erheuchelten traurigen Miene, indem sie zu mir sagte: »Leider werden wir beim Abendessen allein sein, denn Molinari hat starke Kolik.«

»Sie haben mir gesagt, er werde krank sein; haben Sie ihn vergiftet?«

»Ich wäre dazu imstande; aber Gott soll mich davor behüten.«

»Sie haben mir aber versichert, er werde krank sein, jetzt ist er krank. Haben Sie ihm irgend etwas eingegeben?«

»Gar nichts. Wir wollen darüber nicht sprechen. Jetzt wollen wir spielen. Hierauf werden wir zu Abend speisen und bis morgen früh lustig sein, und morgen abend fangen wir wieder an.«

»Nein, denn ich werde um sieben Uhr abfahren.«

»Oh, Sie werden nicht abreisen, und Ihr Kutscher wird deshalb keine Händel mit Ihnen anfangen, denn er ist bezahlt. Hier ist die Quittung.«

Dies alles sagte sie in einem heiteren Ton verliebter Tyrannei, die mir nicht mißfallen konnte.

Da ich es mit der Abreise nicht eilig hatte, nahm ich die Sache von der guten Seite und sagte ihr nur: »Sie sind töricht; ich bin des Geschenks nicht würdig, das Sie mir damit gemacht haben. Über eines wundere ich mich jedoch: daß eine Frau mit Ihrer Veranlagung, die ein so schön eingerichtetes Haus hat, sich nichts daraus macht, Gesellschaft zu empfangen.«

»Alle Welt zittert vor mir. Sie fürchten den verliebten und eifersüchtigen Ricla, dem der Hundsfott vor Angst alles schreibt, was ich mache. Er schwört, das sei nicht wahr; aber ich weiß, daß er lügt. Es ist mir sogar sehr lieb, daß er es tut, und ich bedauere außerordentlich, daß er ihm bis jetzt nichts Wichtiges hat melden können.«

»Er wird ihm schreiben, daß ich heute mit Ihnen allein soupiert habe.«

»Um so besser. Haben Sie Furcht?«

»Nein, aber mir scheint, Sie müßten mir sagen, ob ich etwas zu befürchten habe.«

»Nichts; denn er kann sich nur an mich halten.«

»Aber ich möchte nicht die Ursache einer Zwistigkeit sein, die Ihnen zum Schaden gereichen würde.«

»Im Gegenteil; je mehr ich ihn reize, desto mehr wird er mich lieben, und die Aussöhnung wird ihn teuer zu stehen kommen.«

»Sie lieben ihn also nicht?«

»Doch! Aber nur, um ihn zugrunde zu richten. Leider ist er so reich, daß es mir nicht gelingen wird.«

Ich sah vor mir eine Frau, schön wie ein Engel, verdorben wie ein Teufel, eine abscheuliche Hure, die dazu geboren war, einen jeden zu strafen, der das Unglück haben würde, sich in sie zu verlieben. Ich hatte andere dieser Art gekannt, aber niemals ihresgleichen.

Ich dachte nach, wie ich diese Hexe ausnutzen konnte. Sie ließ Karten bringen und lud mich ein, mit ihr ›Primiera‹ zu spielen. Dies ist ein Glücksspiel, aber es enthält solche Komplikationen, daß nur der beste und vorsichtigste Spieler gewinnen kann.

In weniger als einer Viertelstunde bemerkte ich, daß ich besser spielte als sie. Sie hatte jedoch so viel Glück, daß ich mit achtzehn oder zwanzig Pistolen im Verlust war, als wir aufstanden, um uns zu Tisch zu setzen. Ich zahlte sie ihr sofort, und sie nahm das Geld und versprach mir Revanche.

Wir aßen gut zu Abend und begingen hierauf alle Tollheiten, die sie von mir verlangte und die ich noch leisten konnte; denn ich war nicht mehr in dem Alter, wo man Höchstleistungen vollbringt. Aber sie sagte dennoch, daß sie befriedigt sei, und ich konnte nach Hause gehen, als ich ihr begreiflich gemacht hatte, daß ich unbedingt ins Bett müsse, um zu schlafen.

Am anderen Tage ging ich früher zu ihr. Wir spielten, und sie verlor; ebenso an den folgenden fünf oder sechs Tagen, die sie noch in Valencia war, so daß ich von dieser Närrin etwa zweihundert Dublonen gewann, eine Summe, die mir in diesem Moment keine gleichgültige Sache war.

Der Spitzel war wieder von seiner Kolik genesen; am nächsten Tage und ebenfalls an den folgenden Tagen speiste er mit uns; aber seine Gegenwart belästigte mich nicht mehr, seitdem sie sich ihm nicht mehr vor meinen Augen preisgab. Sie hatte sich gerade das Gegenteil ausgedacht; sie gab sich mir hin und sagte ihm, er möchte nur dem Grafen Ricla alles schreiben; darauf verschwand er.

Der Graf schrieb ihr endlich in gutem Italienisch einen Brief, den sie mir zu lesen gab und worin er ihr mitteilte, sie könnte nach Barcelona ohne alle Furcht zurückkehren, denn der Bischof hätte vom Hofe Befehl empfangen, sie lediglich als eine Schauspielerin anzusehen, die sich in Barcelona nur auf der Durchreise aufhielte; sie könnte daher den ganzen Winter dort verbringen und sich darauf verlassen, daß man sie nicht belästigen würde, vorausgesetzt, daß sie kein Ärgernis erregte. Sie sagte mir, während meines Aufenthaltes in Barcelona könnte ich sie nur nachts besuchen, nachdem der Graf sie verlassen hätte, was er stets um zehn Uhr täte. Sie versicherte mir außerdem, es wäre für mich durchaus keine Gefahr dabei. Ich hätte mich vielleicht nicht in Barcelona angehalten, wenn Nina mir nicht gesagt hätte, falls ich etwa Geld nötig haben sollte, würde sie mir jede erforderliche Summe leihen. Sie verlangte, daß ich einen Tag vor ihr aus Valencia abreiste und in Tarragona haltmachte, um auf sie zu warten. Ich tat, was sie wünschte, und verbrachte in dieser Stadt, die voll von Denkmälern des Altertums ist, einen der angenehmsten Tage.

Ich ließ ein köstliches Abendessen zurechtmachen, um Nina so zu empfangen, wie sie es gerne hatte, und sorgte dafür, daß ihr Schlafzimmer an das meine stieß, um kein Ärgernis zu erregen, wenn ich mit ihr schlafen wollte.

Am Morgen reiste sie ab und bat mich, erst am Abend abzufahren, die Nacht hindurch zu reisen und am Morgen in Barcelona anzukommen, wo ich im Gasthof Santa Maria absteigen sollte. Sie befahl mir, sie nicht früher zu besuchen, als bis sie mir Nachricht gegeben hätte. Ich befolgte ihren Willen und kam bei Tagesanbruch in Barcelona an.

Die Stadt liegt nur zwanzig Meilen von Tarragona entfernt. Der Wirt des Gasthofes Santa Maria gab mir sehr schöne Räume. Er war ein alter Schweizer, der mir insgeheim anvertraute, daß er von Nina Befehl erhalten habe, mich gut zu bedienen und achtungsvoll zu behandeln.

ZWÖLFTES KAPITEL

Nach nächtlichen Besuchen in Ninas Haus wird Casanova von Graf Ricla in Haft genommen und später aus Katalonien ausgewiesen. Er kehrt nach Frankreich zurück, wo er im Frühjahr 1769 in Marseille mehr über Nina erfährt.

Zum Mittagessen war ich in Marseille, wo ich in einem schlechten Gasthof abstieg, da ich nicht erkannt werden wollte. Kaum war ich ausgestiegen, so sah ich zu meiner Freude Signora Schizza, Ninas Schwester. Sie war mit ihrem Mann vor drei oder vier Tagen aus Barcelona gekommen, und sie wollten gerade nach Livorno weiterfahren. Sie hatte schon gegessen, und ihr Mann war gerade nicht da. Ich hatte große Neugier, manches zu erfahren, und bat sie daher, in mein Zimmer zu kommen, bis man mir mein Essen brächte.

»Was macht Ihre Schwester? Ist sie immer noch in Barcelona?«

»Ja; aber sie wird nicht mehr lange dort bleiben, denn der Bischof will sie weder in der Stadt noch in seiner Diözese dulden, und der Bischof ist mächtiger als Graf Ricla. Sie ist von Valencia zurückgekehrt, weil Graf Ricla geltend machte, man könne es einer Frau nicht verwehren, durch Katalonien nach Italien zurückzureisen. Man bleibt aber nicht neun oder zehn Monate in einer Stadt, wenn man nur auf der Durchreise ist. Innerhalb eines Monats wird sie sicherlich abreisen, aber daraus macht sie sich nicht viel; denn sie ist sicher, daß der Graf sie überall, wohin sie auch reisen wird, großzügig aushalten wird, und es wird ihr vielleicht gelingen, ihn zugrunde zu richten. Einstweilen freut sie sich, daß sie seinen guten Ruf vernichtet hat.«

»Ich weiß ja, wie sie zu denken pflegt; aber schließlich kann sie doch nicht die Feindin eines Mannes sein, durch den sie bis jetzt reich geworden sein muß.«

»Davon kann nicht die Rede sein. Sie hat nichts als ihre Diamanten. Aber können Sie annehmen, daß dieses Scheusal Dankbarkeit kennt? Glauben Sie, sie denke wie ein Mensch? Sie ist ein richtiges Scheusal; das weiß niemand so gut wie ich; sie ist es, weil sie es sein muß. Sie hat nur darum den Grafen gezwungen, hundert Ungerechtigkeiten zu begehen, weil ganz Spanien von ihr sprechen und weil alle Welt wissen soll, daß sie Herrin über seinen Leib, seine Güter, seine Seele und seinen Willen ist. Je haarsträubender eine Ungerechtigkeit ist, zu der sie ihn veranlaßt, desto sicherer ist sie, daß man von ihr sprechen wird, und weiter will sie nichts. Ihre Verpflichtungen gegen mich, Monsieur, sind unzählig; denn sie verdankt mir alles, sogar das Leben; aber anstatt mir Gutes zu tun, indem sie meinem Mann einen besseren Posten mit einer Gehaltserhöhung verschaffte, was sie nur ein Wort gekostet hätte, hat sie ihn verabschieden lassen.«

»Ich wundere mich, daß sie sich bei solcher Gesinnung gegen mich so edelmütig benommen hat.«

»Ja, ich weiß alles; aber wenn Sie ebenfalls alles wüßten, würden Sie ihr für das, was sie für Sie getan hat, nicht dankbar sein.«

»Nun, sprechen Sie!«

»Sie hat Ihre Rechnung im Gasthof und die Verpflegung im Gefängnisturm nur deshalb bezahlt, damit das Publikum zur Schande des Grafen glauben sollte, Sie wären ihr Liebhaber. Ganz Barcelona weiß, daß man Sie vor ihrer Tür hat ermorden wollen und daß der Attentäter, den Sie verwundet haben, gestorben ist.«

»Aber sie hat doch nicht den Überfall befehlen können, noch davon Kenntnis haben können, denn das wäre nicht natürlich!«

»Das weiß ich wohl, aber an Nina ist eben nichts Natürliches. Ich kann Ihnen bezeugen, was ich selber mit angesehen habe. Während der Stunde, die der Graf bei ihr verbrachte, sprach sie unaufhörlich von Ihnen, von Ihrem Geist, Ihrem Auftreten, und die Vergleiche, die sie mit den Spaniern anstellte, setzten diese herunter. Ungeduldig geworden, forderte der Graf sie auf, von etwas anderem zu sprechen; aber vergeblich. Als er sich schließlich entfernte, stieß er einen Fluch gegen Sie aus. Zwei Tage vor dem Attentat auf Sie verließ er sie mit der Erklärung, daß er ihr einen Dienst erweisen werde, auf den sie nicht gefaßt sei. Als wir dann den Gewehrschuß gleich nach Ihrem Fortgehen hörten, sagte sie ohne die geringste Gemütsbewegung, dieser Schuß sei ohne Zweifel die Höflichkeit, die ihr der unglückliche Edelmann in Aussicht gestellt habe. Ich sagte ihr, vielleicht habe man Sie getötet. ›Um so schlimmer für den Grafen!‹ sagte sie zu mir; ›denn er wird ebenfalls an die Reihe kommen und seinen Mörder finden.‹ Dann lachte sie bei dem Gedanken, welches Aufsehen die Nachricht am nächsten Tage in Barcelona verursachen würde. Am anderen Morgen um acht Uhr bemerkte ich aber, daß sie recht erfreut war, als Ihr Bedienter ihr meldete, man habe Sie verhaftet und auf die Zitadelle gebracht.«

»Wie? Mein Bedienter? Ich habe niemals gewußt, daß er Beziehungen zu ihr hatte.«

»Sie sollten das auch nicht wissen. Übrigens kann ich Ihnen versichern, daß er ein Mann war, der Sie mochte.«

»Davon bin ich überzeugt gewesen. Fahren Sie fort.«

»Nina schrieb Ihrem Wirt ein Briefchen. Sie zeigte es mir nicht; aber ohne Zweifel hat sie ihm darin befohlen, Ihnen alles zu besorgen, was Sie wünschen würden. Der Bediente sagte uns, er habe den blutbefleckten Degen und das Loch in Ihrem Mantel gesehen. Sie freute sich darüber, aber nicht etwa, weil sie Sie liebte; glauben Sie das nur nicht! Sie freute sich, weil Sie dem Attentat entgangen waren und sich daher rächen könnten. Wir hätten nur zu gern gewußt, welchen Vorwand der Graf benutzte, um Sie verhaften zu lassen.

An diesem Abend kam der Graf nicht, aber am nächsten Tage erschien er um acht Uhr, und das niederträchtige Weib empfing ihn lachend mit zufriedenem Gesicht. Sie sagte ihm, sie wisse, daß er Sie ins Gefängnis gesteckt habe; daran habe er wohlgetan, denn er könne sich dazu doch nur entschlossen haben, um Ihr Leben gegen neue Nachstellungen Ihrer Feinde zu sichern. Er antwortete kurz angebunden, Ihre Verhaftung habe mit dem Vorfall der letzten Nacht nichts zu tun. Sie seien nur für einige Tage festgenommen, denn man prüfe Ihre Papiere und werde Sie wieder freilassen, wenn man daran nichts finde, was eine strengere Haft rechtfertigen könnte. Nina fragte ihn, wer der Mann wäre, den Sie verwundet hätten.

Er antwortete: ›Die Polizei stellt Nachforschungen an, denn man hat weder einen Verwundeten noch die geringsten vergossenen Blutspuren gefunden. Man hat nur Casanovas Hut entdeckt, und diesen hat man ihm geschickt.‹ – Hierauf blieben sie bis Mitternacht miteinander allein. Drei Tage darauf erfuhr alle Welt, daß Sie in den Turm gesperrt worden seien.

Am Abend fragte Nina den Grafen nach dem Grunde dieser Maßregel; er antwortete, man hätte Verdacht, daß Ihre drei Pässe falsch seien, denn der vom venezianischen Gesandten in San Ildefonso ausgestellte müsse es sein. Da man wisse, daß Sie in Ihrer Heimat in Ungnade seien, so sei es nicht wahrscheinlich, daß der Gesandte Ihnen einen Paß gegeben habe; wenn aber der venezianische falsch sei, hätten Sie weder den des Königs noch den vom Grafen Aranda erhalten können. Denn man gibt Ausländern keinen Paß, wenn sie nicht einen vom Gesandten ihrer Heimat vorweisen können. Sie meinte dann, daß diese Annahme Sie in diese mißliche Lage gebracht hätte und daß Sie erst wieder freigelassen würden, wenn Ihre Pässe, vom Hof bestätigt, wo sie ausgestellt worden seien, zurückkämen. Das war es.

Als wir erfuhren, daß der Maler Pogomas verhaftet worden war, waren wir überzeugt, daß er Sie bei der Regierung als Fälscher angezeigt hätte, um sich dafür zu rächen, daß Sie ihn aus unserem Hause hatten werfen lassen. Der Maler blieb weiter in der Zitadelle inhaftiert, und wir befanden uns in dem Glauben, daß man ihn als Bürgen für seine Anschuldigung brauchte. Wir gelangten zu dem Schluß, daß man Sie freilassen werde, als wir hörten, daß Pogomas aus dem Gefängnisse entlassen, aber zu Schiff nach Genua gebracht worden war. Das hieß doch, daß Ihre Pässe vom Hof als gültig anerkannt worden waren; als wir aber sahen, daß man Sie immer noch in Haft behielt, da wußte Nina nicht mehr, was sie darüber denken sollte; denn der Graf antwortete nicht mehr auf ihre Fragen nach Ihrem Befinden. Falsch, wie sie ist, hatte sie den Entschluß gefaßt, diese Geheimnistuerei zu loben, ebenfalls seine Gründe, die er haben mochte, über alles, was Sie anging, aber zu schweigen. Da erfuhren wir endlich, daß Sie in Freiheit gesetzt und vollkommen gerechtfertigt seien.

Nina zweifelte nicht, Sie im Parkett zu sehen, und daß sie in ihrer Loge vor dem Publikum triumphieren würde, das sie als die ansehen mußte, die es erreicht hatte, den Generalkapitän zu zwingen, Sie freizulassen. Sie gedachte, sich in ihrer Loge in voller Pracht zu zeigen, und sie war sehr erstaunt, als sie hörte, daß die Theatervorstellungen für drei Tage ausfallen würden. Am Abend erfuhr sie vom Grafen, man habe Ihnen Ihre Pässe und Papiere wiedergegeben und Ihnen den Ausweisungsbefehl erteilt; sie lobte die Vorsicht ihres verrückten Liebhabers. Sie dachte sich wohl, daß Sie nicht wagen würden, sie zu besuchen, denn sie glaubte, Sie hätten gewiß geheime Befehle empfangen, keinerlei Beziehungen zu ihr zu unterhalten; da erfuhr sie, daß Sie abgereist seien, ohne ihr auch nur ein ganz kleines Briefchen zu schreiben. Sie sagte, wenn Sie den Mut gehabt hätten, sie einzuladen, wäre sie mit Ihnen abgereist. Zu ihrer Überraschung hörte sie jedoch acht Tage darauf von Ihrem Bedienten, daß Sie wie durch ein Wunder den Meuchelmördern entronnen seien. Am Abend machte sie dem Grafen lachend ein Kompliment darüber, er schwor aber, er wisse nichts davon. Danken Sie Gott, daß Sie aus Spanien lebend herausgekommen sind, nachdem Sie Nina, dieses Scheusal, in Valencia kennengelernt hatten, das Sie schließlich noch das Leben gekostet hätte; auch ich bin durch ihre Schuld unglücklich, und Gott strafe mich gerecht dafür, daß ich es ihr gegeben habe.«

»Wieso gegeben habe?«

»Ja, damit Sie es wissen, Nina ist meine Tochter.«

»Ist es möglich? Alle Welt hält sie für Ihre Schwester.«

»Sie ist auch meine Schwester, denn sie ist die Tochter meines Vaters.«

»Was höre ich, Ihr Vater hat Sie geliebt?«

»Ja, ich war damals sechzehn Jahre alt, als ich schwanger wurde von ihm. Sie ist aus einem Verbrechen entsprossen, und der gerechte Gott bestraft mich gerade durch sie. Mein Vater ist ihrer Rache durch seinen Tod entgangen; sicher werde ich sie umbringen, ehe sie mich umbringt. Ich hätte sie in der Wiege erdrosseln sollen.«

Außer mir vor Entsetzen, hörte ich schweigend diese furchtbare Erzählung an, deren Wahrheit nicht anzuzweifeln war.

Auf meine Frage, ob Nina wisse, daß sie ihre Tochter sei, sagte sie mir, daß ihr Vater es ihr selber erzählt habe, als sie elf Jahre alt gewesen sei; der gleiche liebe Vater hätte ihr auch die Jungfernschaft genommen, und er würde sie sicherlich auch zur Mutter gemacht haben, wenn er nicht in demselben Jahre gestorben wäre.

Als ich von dieser zweiten Untat des Scharlatans Pelandi hörte, mußte ich lachen. Der Mann hatte eben das Pech, sich in seine Töchter und Enkelinnen zu verlieben. Meiner Ansicht nach gab es von der Natur aus keinen Grund zum Entsetzen, denn das Entsetzen, das man dabei empfindet, entsteht durch die Erziehung und die Gewohnheit. Ich fragte sie dann, wie sich Graf Ricla in Nina verliebte.

»Hören Sie! Die Geschichte ist nicht lang, aber einmalig. Sie hatte ihren Mann Bergonzi in Lissabon verlassen; als sie vor zwei Jahren von Portugal nach Barcelona kam, wurde sie nur wegen ihres schönen Wuchses als Ballettfigurantin angenommen; denn Talent hat sie ja nicht. Das einzige, was sie gut macht, ist ein Drehsprung, der ›Rivoltata‹. Bei diesem Sprung bekam sie immer Applaus aus dem Parkett, denn man konnte ihre Hosen bis zum Gürtel sehen. Nun muß man wissen, daß in Spanien ein Theatergesetz besteht, daß jede Tänzerin, die auf der Bühne dem Publikum ihre Unterhosen zeigt, zu einem Taler Strafe verurteilt wird. Nina wußte davon nichts und machte ihre ›Rivoltata‹, als sie den Beifall hörte, machte sie es gleich noch einmal; aber nach dem Ballett sagte der Inspizient ihr, er würde zur Strafe für ihre schamlosen Sprünge zwei Taler von ihrem Monatsgehalt zurückbehalten. Nina fluchte und wetterte, konnte aber gegen das Gesetz nichts machen. Wissen Sie, was sie am übernächsten Tage tat, um sich zu rächen? Sie trat ohne Hosen auf und machte die ›Rivoltata‹ gleich gut. Dies erregte im Parkett eine so stürmische Heiterkeit, wie man sie in Barcelona noch niemals erlebt hatte.

Graf Ricla, der von seiner Bühnenloge aus alles noch besser gesehen hatte als die anderen und sich von Entsetzen und zugleich von Bewunderung ergriffen fühlte, ließ den Inspizienten rufen und sagte ihm, er müsse diese freche Gesetzesbrecherin auf ganz andere Weise als durch Geldbuße exemplarisch bestrafen. ›Einstweilen schicken Sie sie mal sofort zu mir!‹

Gleich darauf stand Nina in der Loge des Vizekönigs und fragte ihn mit unverschämter Miene, was er von ihr wünsche.

›Sie sind eine schamlose Person und haben es vor dem Publikum und vor den Gesetzen an Achtung fehlen lassen, Sie verdienen eine strenge Bestrafung.‹

›Was habe ich getan?‹

›Sie haben den gleichen Sprung gemacht wie vorgestern.‹

›Allerdings; aber ich habe Ihre katalonischen Gesetze nicht verletzt; kein Mensch kann behaupten, daß er meine Hosen gesehen hat; denn um sicher zu sein, daß man sie nicht sehen würde, habe ich keine angezogen. Konnte ich mehr für Ihr verdammtes Gesetz tun, das mich bereits zwei Taler kostete? Antworten Sie mir!‹

Der Vizekönig und alle die ernsten würdigen Herren, die zugegen waren, mußten sich auf die Lippen beißen, um nicht zu lachen, denn wie Sie wissen, schadet das Lachen der Würde. Das Teufelsweib Nina hatte im Grunde recht, und wenn es zu einem Wortwechsel über diese Gesetzesverletzung gekommen wäre, wenn man von Beweisen der Schuld Ninas gesprochen hätte, hätte man alles ins Lächerliche gezogen. Deshalb hielt sich der Vizekönig zurück und sagte zu ihr nur, wenn sie in Zukunft noch einmal ohne Hosen tanze, werde sie einen Monat bei Wasser und Brot im Gefängnis sitzen. Nina war gehorsam.

Acht Tage darauf gab man ein neues Ballett meines Mannes. Es wurde mit solchem Beifall aufgenommen, daß das Publikum stürmisch die Wiederholung verlangte. Der Graf befahl, den Wunsch des Publikums zu erfüllen, und den Tänzern und Tänzerinnen wurde in ihren Logen gesagt, daß sie noch einmal aufzutreten hätten.

Nina, die sich inzwischen fast gänzlich entkleidet hatte, sagte meinem Mann, er möchte sich verhalten, wie er wollte, sie würde nicht tanzen. Da sie nun eine unentbehrliche Persönlichkeit darstellte, so konnte das Ballett ohne sie nicht aufgeführt werden. Ihr waren seine Gründe gleichgültig; sie wollte eben nicht. Mein Mann berichtete dem Inspizienten, warum er den Wunsch des Publikums nicht erfüllen könne. Der Inspizient begab sich zu Nina in die Garderobe und schaffte es auch nicht, sie zu überreden, er drohte ihr und wurde dann recht wütend; Nina warf ihn darauf an den Schultern mit solcher Kraft zur Tür hinaus, daß der kleine Mann fast gestürzt wäre. Seine Exzellenz hörte in der Loge die ganze Geschichte, und zwei Soldaten brachten Nina sofort zum Gouverneur, so wie sie war, nicht gerade im Hemd, aber trotzdem nur halb angezogen, und das zu seinem Unglück, denn wenn er sie bestrafen sollte, hätte er sie nicht in diesem Aufzug sehen dürfen. Sie wissen ja, wie schön die Spitzbübin ist. Der Gouverneur sagte ihr mit unsicherer Stimme, was er ihr zu sagen hatte; Nina antwortete ihm kühn, es stehe in seiner Macht, sie töten zu lassen, aber nicht, sie gegen ihren Willen zum Tanzen zu veranlassen.

›Ich bin außer mir‹, rief sie, ›sollen doch Spanien, das Parkett und die ganze Erde untergehen; ich will nicht tanzen, ich bin im Recht, Sie können mich nicht zwingen, in meinem Vertrag steht nichts davon, daß ich zweimal im gleichen Ballett an einem Abend tanzen muß. Ihr anmaßendes Benehmen und Ihre Kränkungen, die Sie mir in Ihrem abscheulichen Despotismus zufügen, veranlassen mich, Ihnen sofort zu erklären, daß ich Ihnen nicht mehr die Ehre erweisen werde, in diesem Theater zu tanzen, heute, morgen und niemals mehr. Ich will keinen Peso haben; ich will, daß Sie mich nach Hause lassen, vergessen Sie nicht, ich bin eine freie Venezianerin. Sollten Sie mich jedoch weiteren Mißhelligkeiten aussetzen, werde ich alles standhaft dulden, und wenn Sie mich nicht töten lassen, werde ich Rache üben und in Italien von Ihrem Verhalten gegen anständige Frauen berichten!‹

Erstaunt sagte der Gouverneur, Nina sei verrückt. Er ließ meinen Mann kommen und befahl ihm, das Ballett ohne sie aufführen zu lassen und in Zukunft nicht auf sie zu rechnen, denn sie stehe nicht mehr in seinem Dienst. Dann sagte er zu Nina, sie möchte gehen, und befahl den Soldaten, sie freizulassen. Sie ging in ihre Garderobe zurück, und als sie sich angezogen hatte, kam sie zu uns, denn sie wohnte bei uns. Das Ballett wurde wiederholt, so gut es eben ging; aber Gouverneur Graf Ricla hatte sich heftig in die Unverschämte verliebt. Sie hatte vor, einen kostbaren Ring zu verkaufen, um schnellstens nach Italien zu reisen.

Am folgenden Tage kam der jämmerliche Sänger Molinari zu Nina und sagte ihr, Seine Exzellenz wünsche sich zu überzeugen, ob sie wahnsinnig sei oder es gewesen sei, als sie mit ihm gesprochen habe wie noch niemand in seinem Leben; am nächsten Tage wolle er sie in einem kleinen Landhause sehen.

Das war just, was Nina wollte, und sie antwortete Molinari: ›Sagen Sie Seiner Exzellenz, ich werde der Einladung Folge leisten und er werde mich sanft und verständig finden.‹ So fand die vom Kuppler Molinari vorbereitete Zusammenkunft statt und führte zu allem weiteren. Damit sie sich das Wohlwollen des Edelmannes erhält und ihn ständig zügeln kann, läßt sie ihm ab und zu schlechte Behandlung angedeihen, damit sie ihm sein Glück verdoppelt, wenn sie ihn zärtlich umgarnt. Er kann sie nicht aufgeben.« Das alles hörte ich von der blutschänderischen Schizza, die um diese Zeit etwa vierzig Jahre alt sein mußte.

DREIZEHNTES KAPITEL

Im Sommer 1770 finden wir Casanova in Neapel. Von dort macht er einen Ausflug nach Salerno, wo Donna Lucrezia bei ihrer Tochter Leonilda und deren 70jährigem Ehemann Marchese della C. lebt.

In Salerno kam ich nachmittags um zwei Uhr an; sobald ich meinen Koffer in einem guten Zimmer untergebracht hatte, schrieb ich an Donna Lucrezia Castelli beim Marchese della C. Ich fragte sie, ob ich ihr einen Besuch machen könnte, um Salerno sofort darauf zu verlassen, und bat sie, mir ihre Antwort zukommen zu lassen, während ich zu Mittag essen würde.

Eine halbe Stunde später, ich saß gerade bei Tisch, sah ich Donna Lucrezia selber erscheinen. Sie kam mit freudestrahlendem Gesicht in mein Zimmer, warf sich in meine Arme und nannte sich glücklich, daß sie mich noch einmal in ihrer Heimat wiedersah. Diese reizende Frau war genauso alt wie ich, aber man hätte sie für gut zehn Jahre jünger gehalten als mich. Nachdem ich ihr gesagt hatte, daß ich ihren Aufenthaltsort vom Abbate Galiani erfahren hatte, fragte ich sie nach unserer Tochter.

»Sie erwartet dich, ebenso wie ihr Gatte, ein ehrwürdiger alter Herr, der vor Verlangen brennt, dich kennenzulernen.«

»Woher weiß er denn von mir?«

»Leonilda hat in den fünf Jahren, seitdem sie seine Frau ist, tausendmal von dir gesprochen. Er weiß sogar, daß du ihr fünftausend Dukaten geschenkt hast. Er erwartet dich, und wir werden zusammen zu Abend speisen.«

»Laß uns sofort hingehen, meine liebe Freundin; denn ich sterbe vor Verlangen, meine Leonilda zu sehen und den guten Gatten, den Gott ihr beschert hat. Hat sie Kinder?«

»Nein, und das ist ein Unglück für sie, denn nach dem Tode ihres Mannes wird das ganze Vermögen an seine Verwandten fallen. Trotzdem wird Leonilda stets reich sein; denn sie bekommt ein Vermögen von hunderttausend Dukaten.«

»Du hast dich niemals verheiraten wollen?«

»Nein.«

»Du bist so schön wie vor sechsundzwanzig Jahren, meine liebenswürdige frühe Liebe; ohne den Abbate Galiani wäre ich von Neapel abgereist, ohne dich zu sehen.«

Nachdem ich mein Gepäck im Zimmer eingeschlossen hatte, nahm ich schnell meinen Hut, und wir begaben uns zum Marchese della C. Donna Leonilda war mindestens noch um drei Zoll gewachsen und eine vollendete Schönheit. Sie war jetzt fünfundzwanzig Jahre alt. Die Anwesenheit ihres Gatten legte ihr keinen Zwang auf; sie empfing mich mit offenen Armen und befreite mich aus einer Verlegenheit, da ich mich sonst wegen der herrschenden Vorurteile nicht ohne Zwang hätte bewegen können.

Sie war meine Tochter, aber die Natur hatte Gefühle eines Liebhabers in mir nicht unterdrückt, obwohl ich ihr nicht einmal die einfachen väterlichen Gefühle zeigen durfte. Nach zwei zärtlichen Küssen, die nach einem Augenblick vorbei waren, stellte sie mich ihrem Gatten vor, der von einer bösen Gicht befallen war und nicht aus seinem Lehnstuhl konnte, an den er gebunden war. Er begrüßte mich würdevoll und herzlich und breitete, mit der Kappe in der Hand, beide Arme aus. Ich gab ihm auf jede Wange einen Kuß und staunte, als er mir für einen dritten Kuß seinen Mund darbot. Ich gab ihm auch diesen mit einem Zeichen, und wir erkannten uns als Brüder.[1] Der Marchese hatte dies erwartet, ich aber nicht; denn ein Edelmann von siebzig Jahren, der sich rühmen konnte, das Licht der Aufklärung erblickt zu haben, war vor dreißig Jahren etwas sehr Seltenes im sizilianischen Königreich. Als ich neben ihm saß, umarmten wir uns noch einmal, um uns als Mitglieder des erlauchten Bundes zu begrüßen; die beiden anwesenden Damen waren ganz verblüfft und konnten sich das Wiedererkennen nicht erklären. Donna Leonilda glaubte, daß mich ihr Gatte schon seit langer Zeit kannte, sie sagte es ihm hocherfreut bei einem Kuß, aber der alte Herr bog sich vor Vergnügen. Donna Lucrezia erriet die Wahrheit; ihre Tochter verstand nichts, sie verschob die Befriedigung ihrer Neugier auf später.

Der Marchese della C. war ein Edelmann, der ganz Europa bereist hatte. Er hatte gut gelebt und ans Heiraten nicht eher gedacht als bei dem Tode seines Vaters, der neunzig Jahre alt geworden war. Da er ein jährliches Einkommen von dreißigtausend Dukaten im Wert von hundertzwanzigtausend Francs hatte, also in einem Lande, wo alles billig ist, sehr vermögend war, so bildete er sich ein, er könnte trotz seines vorgerückten Alters noch Kinder haben. Er sah Donna Leonilda im Theater von Neapel und machte sie nach wenigen Tagen zu seiner Frau, indem er ihr in einem Heiratsvertrag ein Witwengeld von hunderttausend Dukaten aussetzte. Donna Lucrezia, die den Herzog von Matalone durch Tod verloren hatte, zog mit ihrer Tochter nach Salerno. Der Marchese della C. konnte, obgleich er mit großer Pracht lebte, nur mit Mühe die Hälfte seiner Einkünfte ausgeben. Er ließ alle seine Verwandten in seinem großen Palazzo wohnen; es waren drei Familien, die jede ihre Haushaltung für sich hatten. Obgleich alle diese Verwandten bequem leben konnten, warteten sie mit Ungeduld auf den Tod des Marchese, um sich seine Reichtümer zu teilen. Dies betrübte ihn tief, der sie nicht liebte. Er hatte sich nur in der Hoffnung verheiratet, einen Erben zu erhalten, und er wagte einen solchen nicht mehr zu erwarten. Darum aber liebte er seine Frau nicht weniger, die ihn durch ihre geistigen Reize glücklich machte.

Der Marchese und seine Frau waren Freigeister, aber davon wußte kein Mensch etwas; denn in Salerno war kein Verständnis dafür vorhanden. Der brave Mann lebte daher mit seiner Frau und Schwiegermutter allem Anschein nach als ein guter Christ, indem er sich äußerlich allen Vorurteilen seiner Landsleute fügte. Ich erfuhr dies alles drei Stunden später von Donna Leonilda selber, als wir in ihrem schönen Garten spazierengingen. Der Marchese hatte uns dorthin geschickt, nachdem dieser drei Stunden lang mit mir über interessante Dinge geplaudert hatte, die aber für seine Frau und seine Schwiegermutter kein Interesse haben konnten. Trotzdem verließen sie uns nicht einen Augenblick, denn sie waren entzückt, daß der würdige alte Herr sich freute, einmal mit jemandem sprechen zu können, der dachte wie er.

Gegen sechs Uhr bat der Marchese Donna Lucrezia, mich in den Garten zu führen und mich bis zum Abend zu unterhalten. Er forderte seine Frau auf, bei ihm zu bleiben, da er etwas mit ihr zu besprechen hätte. Wir befanden uns mitten im August, und die Hitze war übermäßig. Aber ein sanfter Luftzug milderte sie im Zimmer des Erdgeschosses, worin wir uns befanden. Da ich durch das geöffnete Fenster sah, daß die Blätter der Bäume sich nicht bewegten, so mußte die Luft vollkommen ruhig sein, und ich konnte mich nicht enthalten, dem Marchese zu sagen, ich sei erstaunt, in seinem Zimmer mitten in der Sonnenglut wahrhaftig den Frühling zu finden.

»Donna Lucrezia«, antwortete er mir, »wird Sie an die Stelle führen, wo Sie eine Erklärung für die Kühle, die wir so genießen, finden werden.«

Wir gingen durch eine Flucht von fünf oder sechs Gemächern und kamen nach etwa fünfzig Schritten in eine Kammer, in deren Ecke sich eine quadratische Öffnung von vier Fuß befand. Aus diesem dunklen Fenster kam ein frischer, sogar heftiger Wind hervor, der bei zu langem Verweilen vor diesem Fenster der Gesundheit Schaden zufügen konnte. Die Öffnung befand sich über dem oberen Ende einer Steintreppe von mehr als hundert Stufen, und diese Treppe führte zu einer Grotte, worin eine Quelle mit eiskaltem Wasser entsprang. Donna Lucrezia sagte mir, ich würde mich einer großen Gefahr aussetzen, wenn ich in diese Grotte hinunterstiege, ohne mich, wie im strengen Winter, sehr warm anzuziehen.

»Ich bin niemals so waghalsig gewesen, um mich Gefahren dieser Art auszusetzen.«

Lord Baltimore würde sich darüber lustig gemacht haben. Ich sagte meiner lieben Freundin, daß ich mir sehr gut vorstellen könnte, wie die Sache sich verhielte, und daß ich durchaus nicht neugierig wäre, mich zu überzeugen, ob ich mich nicht täuschte. Donna Lucrezia führte mich folglich in den Garten. Dieser Garten war von dem zum gemeinsamen Gebrauch der drei verwandten Familien bestimmten größeren getrennt. Es war alles vorhanden, was man sich nur wünschen konnte. Man fand herrliche Blumen, die die Luft mit Wohlgeruch erfüllten, Springbrunnen, Gartenhäuschen, die ganz mit Muscheln bezogen waren und sehr weiche, mit Daunen gepolsterte Ruhelager enthielten.

Ein großes, mehr als zehn Klafter tiefes Wasserbecken war mit den seltensten Fischen von bestimmt zwanzig verschiedenen Arten und in allen Farben bewohnt, die man schnell umherschwimmen sah; da sie nur der Augenweide dienten und die Freßlust der Feinschmecker, die sie für ihre Tafel hätten fangen können, nicht befürchten mußten, so waren sie zahm geworden und näherten sich den Händen der Besucher, die die Oberfläche ihres Elements berührten. Die dicht bewachsenen Alleen dieses hübschen Paradieses waren von Weinreben gebildet, an denen die dicken Trauben ebenso zahlreich waren wie die Blätter, die sie voneinander trennten; andere mit Früchten beladene Bäume bildeten zur Rechten und zur Linken den Säulengang, der die Reben stützte.

Ich sagte meiner lieben Lucrezia, die sich an meiner Überraschung weidete: ich sei durchaus nicht erstaunt, daß dieser Garten mehr Eindruck auf mich mache als die Weinberge von Tivoli und Frascati; denn je weiträumiger etwas sei, desto mehr verwirre es die Augen, anstatt die Seele zu entzücken.

Während einer halben Stunde berichtete sie mir: »Meine Tochter ist vollkommen glücklich; der Marchese ist ein ausgezeichneter Mensch, der sich, abgesehen von seinen Gichtanfällen, einer vortrefflichen Gesundheit erfreut. Sein größter Schmerz ist, daß er keinen Nachfolger hat; aber er weiß diesen Kummer zu verbergen. Seine Philosophie wird auf eine harte Probe gestellt; denn unter seinen zehn oder zwölf Neffen hat er keinen einzigen gefunden, der es verdiente, wegen seiner körperlichen oder geistigen Eigenschaften von ihm ausgezeichnet zu werden. Sie sind alle häßlich, schwerfällig und von langweiligen Lehrern und unwissenden Priestern wie Bauernlümmel erzogen worden.«

»Aber ist denn unsere Tochter wirklich glücklich?«

»Sehr glücklich, obgleich sie in dem von ihr geliebten Gatten nicht den Liebhaber findet, den sie in ihrem Alter brauchte.«

»Ihr Mann scheint mir wenig zur Eifersucht veranlagt zu sein.«

»Eifersüchtig ist er gar nicht, und ich bin überzeugt, wenn Leonilda einen ihr Gefallen findenden Mann unter den Adligen der Stadt gefunden hätte, so würde der Marchese diesen aufs freundschaftlichste behandeln. Auch bin ich überzeugt, daß er im Grunde nicht böse wäre, wenn er sie schwanger sähe.«

»Kann er tatsächlich die Gewißheit haben, daß er nicht der Vater sein kann, wenn sie ihm ein Kind schenkt?«

»Nein; denn wenn er sich wohl fühlt, geht er zu ihr ins Bett und könnte sich auch, wie meine Tochter mir erzählt hat, einbilden, etwas geleistet zu haben, was er in Wirklichkeit nicht geleistet hat. Indessen ist anscheinend keine Aussicht mehr vorhanden, daß seine Zärtlichkeit günstige Folgen haben kann. In den ersten sechs Monaten ihrer Ehe hatte meine Tochter einigen Grund zur Hoffnung; seitdem sind aber die Gichtanfälle so zahlreich und so stark geworden, daß seine Kräfte nachlassen und sie befürchten muß, eine übermäßige eheliche Zärtlichkeit könne die verhängnisvollsten Folgen haben. Es bereitet ihr daher den größten Kummer, wenn dem Marchese zuweilen die Lust ankommt und er mit ihr schlafen will.«

In meiner Bewunderung für die unvergänglichen Reize meiner alten Freundin begann ich ihr die Gefühle auszusprechen, die sie von neuem in meinem verliebten Herzen weckte; doch da erschien in der Allee, in der wir spazierengingen, die Marchesa mit einem Pagen, der ihr die Schleppe trug, und einem jungen Mädchen, der Kammerzofe, die links hinter ihr ging. Ich begrüßte sie mit der größten Ehrerbietung, und sie beantwortete diese mit der Haltung vornehmster Höflichkeit.

»Ich komme«, sagte sie zu mir, »um eine Angelegenheit zu besprechen, die für mich von der größten Wichtigkeit ist; denn wenn ich mit meinen Bemühungen scheitern sollte, werde ich alles Vertrauen verlieren, das ich bei meinem Gatten besitze.«

»Wer ist denn der Unterhändler, bei dem Sie, schöne Marchesa, fürchten können, sich ohne Erfolg zu bemühen?«

»Sie selber sind es.«

»Wenn ich es bin«, sagte ich lachend, »so ist Ihre Sache bereits gewonnen, denn ich folge Ihren Wünschen blindlings, bevor ich noch weiß, worum es sich handelt. Ich behalte mir nur einen einzigen Punkt vor.«

»Um so schlimmer; denn dieser Punkt könnte der einzige von Bedeutung sein, der sich auf meinen Wunsch bezieht. Nennen Sie ihn mir, bitte, bevor ich spreche.«

»Ich wollte nach Rom abreisen, da sagte Abbate Galiani mir, Donna Lucrezia sei hier bei Ihnen. Ich habe meine Maßregel getroffen, damit ein Umweg von sechzig Meilen nicht meine Geschäfte stört.«

»Kann denn eine kleine Verzögerung irgendwelchen nachteiligen Einfluß auf Ihr Leben und Ihre Ehre haben? Sind Sie denn nicht Ihr eigener Herr? Von wem hängen Sie ab? Sie sehen, da bin ich schon dabei und habe Ihnen meinen Wunsch voreilig verraten.«

»Warten Sie! Rufen Sie bitte die Heiterkeit auf Ihr schönes Gesicht zurück. Ihre Befehle, sogar Ihre Wünsche können weder dem Glück meines Lebens noch meiner Ehre schaden. Ich war bis jetzt mein eigener Herr, aber von diesem Augenblick ab bin ich es nicht mehr, denn ich stelle mich ganz und gar Ihnen zur Verfügung.«

»Vortrefflich. So werden Sie einige Tage mit uns auf einem Landgut verbringen, das nur anderthalb Stunden von hier liegt. Mein Gatte wird sich hintragen lassen. Sie erlauben mir, jemand in Ihren Gasthof zu schicken und Ihr Gepäck holen zu lassen?«

»Hier ist mein Zimmerschlüssel, Signora. Glücklich der Mann, dem Sie erlauben, Ihnen zu gehorchen.«

Leonilda gab den Schlüssel dem Pagen, der ein sehr hübscher Junge war, und befahl ihm, dafür zu sorgen, daß alles mitgenommen würde und nichts verlorenginge.

Ihre Kammerzofe oder Gesellschaftsdame war eine reizende Blondine. Ich machte zu Leonilda über sie eine Bemerkung in französischer Sprache, ohne zu wissen, daß sie Französisch verstand; aber sie lächelte und sagte ihrer Herrin, ich hätte sie früher gekannt, aber dann vergessen.

»Vor neun Jahren haben Sie mich gesehen und mehrere Male mit mir gesprochen und mich sogar geärgert.«

»Aber wo denn, bitte?«

»Bei der Herzogin von Matalone, der jetzigen Fürstin von Caramanica.«

»Das kann wohl sein, vor neun Jahren haben Sie sicher ganz anders ausgesehen, und ich glaube mich jetzt auf Sie zu besinnen; aber es tut mir leid, Signorina, mich nicht erinnern zu können, daß ich Sie geärgert habe.«

Die Marchesa und ihre Mutter lachten ganz herzlich und amüsierten sich über unsere Streiterei. Sie drangen in uns, zu sagen, wie ich sie geärgert hätte; sie sagte aber nur und wurde dabei rot, ich hätte sie gefoppt. Ich glaubte mich zu erinnern, daß ich ihr einige Küsse geraubt hatte, und überließ es den Damen, sich zu denken, was sie wollten. Als Kenner des menschlichen Herzens fand ich, daß Signorina Anastasia – so hieß sie – mir sehr weit entgegenkam, indem sie mir diesen Vorwurf machte, daß sie aber zugleich sehr ungeschickt war; denn wenn sie mir wirklich noch böse war, so mußte sie schweigen.

»Mir scheint«, sagte ich zu ihr, »Sie waren damals viel kleiner und auch sehr mager.«

»Ich war erst zwölf Jahre alt. Sie haben sich ebenfalls sehr verändert, denn ich glaube, daß Ihre Augen damals schwärzer und Ihre Haut heller war.«

»Sie meinen nicht so dunkel. Ich bin alt geworden, Signorina.«

Mein Verlangen war auf die Mutter und die Tochter gerichtet. Wir sprachen von dem verstorbenen Herzog von Matalone, und Anastasia verließ uns. Wir setzten uns in eine Grotte, und da wir allein waren, so überließen wir uns dem Vergnügen, uns mit den zärtlichen Namen Papa und Tochter anzureden. Diese Namen erlaubten uns Freiheiten, die zwar unvollkommen, aber nichtsdestoweniger eigentlich unerlaubt waren. Die Marchesa glaubte, mein Feuer besänftigen zu müssen, und meinte, daß sie damals, als wir uns trotz der Blutsverwandtschaft unseren Sinnen hingegeben hatten, frei gewesen war und daß sie jetzt einen Ehemann hätte. Als Donna Lucrezia mich in höchster Erregung ihre Tochter in den Armen halten und Leonilda ebenfalls entflammt und sich gegen meine Liebkosungen nicht sträuben sah, bat sie uns, vernünftig zu sein und uns vor dem Genuß der doppelten Sünde in acht zu nehmen; hierauf entfernte sie sich nach der anderen Seite der Allee. Ihre Worte im Verein mit ihrem uns so bequemen Fortgehen bewirkten das Gegenteil von dem, was sie gesagt hatte; denn obwohl wir entschlossen waren, die angebliche Sünde nicht zu begehen, waren wir einander so nahe, daß wir durch eine fast unwillkürliche Bewegung sie vollkommen begingen. Wenn wir mit Vorbedacht und Erlaubnis der Vernunft so gehandelt hätten, hätten wir es nicht besser machen können. Unbeweglich blieben wir liegen und sahen einander an, ohne die Stellung zu ändern. Ernst und stumm überließen wir uns unseren Gedanken und waren erstaunt, uns weder schuldig zu finden noch Reue zu verspüren. Wir brachten unsere Kleider in Ordnung; meine Tochter saß wieder neben mir und nannte mich ihren Gatten, während ich sie liebe Frau nannte. Wir besiegelten durch süße Küsse das, was wir getan hatten. Wäre damals ein Engel gekommen und hätte uns gescholten, scheußlich gegen die Natur verstoßen zu haben, wir hätten nur gelacht. Wir waren in unsere sehr dezente Zärtlichkeit so versunken, daß Donna Lucrezia hoch erfreut war, als sie uns so ruhig fand.

Leonilda und ich brauchten uns nicht zu verabreden, daß wir schweigen mußten. Donna Lucrezia war eine verständige Frau, aber die ganzen Umstände mußten uns hindern, ihr etwas anzuvertrauen, was sie nicht zu wissen brauchte. Wir waren überzeugt, daß sie uns nur darum allein gelassen hatte, um nicht Zeuge dessen zu sein, was wir nach ihrer bestimmten Annahme tun würden. Sie meinte sogleich, sie nehme an, daß wir uns Tändeleien hingegeben hätten, und sie lachte, als wir es nicht abstritten. Dann sprachen wir von der wundervollen Nacht, die wir alle drei im gleichen Bett verbracht hatten. Donna Lucrezia freute sich über meine Ehrlichkeit, als ich ihr sagte, daß meine Hand unsere Tochter fast so wie damals vorgefunden habe, als sie vor neun Jahren mit uns geschlafen hatte. Wir verließen dann die Allee und gingen mit Anastasia zum Palazzo zurück.

Der Marchese empfing seine Frau mit großer Freude und wünschte ihr Glück zum Erfolg ihrer Verhandlungen. Mir versicherte er, auf dem Landgut werde ich viel besser wohnen als in dem Zimmer, in das man meine Koffer gebracht hätte.

»Sie werden doch nicht böse sein, liebe Schwiegermutter, daß unser Freund in dem Zimmer neben dem Ihren untergebracht ist?«

»Nein, mein lieber Schwiegersohn, aber wir werden vernünftig sein, denn unsere schöne Zeit ist vorbei.«

Ich war erstaunt, da er ja von meinen Heiratsabsichten damals wußte und glaubte, daß meine Liebe zu Donna Leonilda vorbei sei, daß ich ihr nun die Mutter vorziehen würde. Man deckte für fünf Personen an einem großen Tisch, und als aufgetragen war, sah ich einen alten Geistlichen eintreten, der sich mit zu Tisch setzte, ohne einen von uns anzusehen. Niemand sprach ein Wort mit ihm. Der hübsche Diener, den man Page nannte, trat hinter den Stuhl der Marchesa, und zehn bis zwölf Lakaien liefen hin und her, um uns zu bedienen. Da ich mittags nur eine Suppe gegessen hatte, so aß ich wie ein Vielfraß. Der Marchese besaß einen ausgezeichneten französischen Koch; und so gab es zum Souper Makkaroni und danach nur Vorgerichte. Der Marchese lachte laut vor Vergnügen, als er mich essen sah; zu seinem Bedauern war seine Frau eine schlechte Esserin, ihre Mutter ebenso. Von köstlichen Weinen in fröhliche Stimmung versetzt, vergnügten wir uns beim Dessert mit heiteren Gesprächen, und da wir französisch sprachen, das der Priester nicht verstand, so entfernte er sich, nachdem er das *agimus*[2] gebetet hatte. Der Marchese sagte mir, dieser Geistliche bekleide in seinem Hause seit fünfzehn Jahren die Stelle des Beichtvaters, aber er habe noch niemals einem von der Familie die Beichte abgenommen. Er meinte zu mir, ich müßte mich in Gegenwart dieses ungebildeten Mannes bei allzu freien Äußerungen in acht nehmen, aber auf französisch könnte ich alles sagen, was ich wollte. Ich war in so lustiger Stimmung, daß ich die Gesellschaft bis eine Stunde nach Mitternacht bei Tische hielt. Bevor wir auseinandergingen, sagte der Marchese uns, wir würden nach dem Mittagessen abfahren, und er würde eine Stunde nach uns ankommen. Er versicherte seiner Frau, er befinde sich sehr wohl und hoffe, sie zu überzeugen, daß ich ihn um zehn Jahre verjüngt habe. Leonilda umarmte ihn zärtlich und bat ihn, sich doch ja mit seiner Gesundheit in acht zu nehmen.

»Ja, ja!« antwortete der Marchese; »aber erwarte meinen Besuch!«

»Ich wünsche Ihnen eine gute Nacht und in neun Monaten einen hübschen Knaben.« Mit diesen Worten entfernte ich mich mit Donna Lucrezia.

»Stellen Sie den Wechsel aus!« rief er; »morgen früh werde ich ihn akzeptieren.«

»Ich verspreche dir«, sagte Donna Leonilda, »mein möglichstes zu tun, damit du nicht bankrott machst.«

Donna Lucrezia führte mich in mein Zimmer, übergab mich dort einem großen Lakaien und wünschte mir eine gute Nacht.

Ich schlief acht Stunden in einem ausgezeichneten Bett; als ich mich angekleidet hatte, führte Donna Lucrezia mich zum Frühstück zu der Marchesa, die bereits bei der Toilette war.

»Kann ich es wagen, den Wechsel auf neun Monate aufzustellen?« fragte ich.

»Es wäre wohl möglich, daß er eingelöst würde.«

»Im Ernst?«

»Ja, allen Ernstes. Und Ihnen wird der Marchese das Glück verdanken, wonach er sich am meisten sehnt. Er hat es mir selbst gesagt, als er mich vor einer Stunde verließ.«

Schade, daß ich ihr nicht auf der Stelle hundert Küsse geben konnte! Sie war frisch wie eine Rose, aber wir mußten uns zurückhalten. Sie war von lauter hübschen Mädchen umgeben, die bei ihr im Dienst standen. Ich machte Anastasia den Hof, und Leonilda tat, als wenn sie mich ermutigte. Ich verstand ihre Absicht und spielte den leidenschaftlich Verliebten und konnte leicht merken, daß es mich wenig Mühe kosten würde, erhört zu werden. Infolgedessen hielt ich mich in Grenzen, um nicht beim Wort genommen zu werden.

Zum Frühstück begaben wir uns zum Marchese, der bereits auf uns wartete und mich mit Beteuerungen seiner Freude empfing. Die Gesundheit dieses liebenswürdigen Mannes wäre ausgezeichnet gewesen, wenn er nicht die Gicht gehabt hätte; sie machte ihn unfähig zu gehen. Er konnte weder aufrecht stehen noch die leiseste Berührung der Füße vertragen, sie verursachte ihm unerträglich schneidende Schmerzen. Nach dem Frühstück hörten wir die Messe, und ich sah bei dieser Gelegenheit mehr als zwanzig männliche und weibliche Dienstboten; hierauf leistete ich dem Marchese allein bis zum Mittagessen Gesellschaft. Er schätzte es hoch ein, daß ich seine Gesellschaft der seiner Frau und seiner Schwiegermutter vorzog. Er war überzeugt, daß ich immer noch in Donna Lucrezia verliebt war. Nach dem Mittagessen fuhren wir nach seinem Landgut, ich mit der Mutter und der Tochter in einem Wagen, er in einer geschlossenen Sänfte, die von zwei Maultieren, eins vorn und eins hinten, getragen wurde. In anderthalb Stunden waren wir auf dem Landgut, das zwischen Picenza und Battipaglia lag. Das Herrenhaus war groß und schön und seine Lage herrlich. Da die Zofen der Marchesa noch nicht angekommen waren, führte sie mich durch die Gärten, wo sie sich von neuem meiner neuerwachten Zärtlichkeit überließ. Wir verabredeten, daß ich in ihre Gemächer immer nur kommen sollte, um Anastasia den Hof zu machen; denn wir mußten es vermeiden, auch nur den geringsten Verdacht von unserer zärtlichen Leidenschaft zu erregen. Meine Neigung für Anastasia mußte sogar den Marchese belustigen, dem sie natürlich davon erzählen würde. Donna Lucrezia fand diesen Plan sehr gut, denn sie wünschte nicht, daß der Marchese sich einbilden sollte, ich wäre nur ihretwegen in Salerno geblieben. Mein Zimmer lag neben dem ihren; aber ich konnte nur durch das Zimmer Anastasias zu ihr gelangen, und in dem schlief sie mit einer anderen Zofe, die noch hübscher war als sie.

Eine Stunde darauf kam der Marchese mit allen Bedienten an, auch mit meinem, der sich um mein ganzes Gepäck kümmerte. In einem bequemen Tragstuhl sitzend, war er so freundlich, mir die schönsten Wege seines Gartens zu zeigen, bis seine Frau und seine Schwiegermutter im Schloß alles eingerichtet hatten. Nach dem Abendessen fühlte er sich sehr ermüdet und ging zu Bett, indem er mich mit den Damen allein ließ. Ich begleitete die Marchesa in ihr Zimmer; als ich sie verlassen wollte, sagte sie mir, ich könnte durch das Zimmer der Zofe in meins gehen. Zugleich befahl sie Anastasia, mich zu führen. Die Höflichkeit verpflichtete mich, mich wegen eines solchen Glückes erfreut zu zeigen, und ich sagte zu der Schönen: »Ich hoffe, Sie werden mich nicht kränken und nicht so mißtrauisch gegen mich sein, daß Sie sich einschließen, obgleich ich Ihr Nachbar bin.«

»Ich habe gegen keinen Menschen Mißtrauen, aber ich werde trotzdem mein Zimmer abschließen, weil das meine Pflicht ist. Dieses Zimmer gehört zu den Räumen meiner Herrin, meine Kameradin aber könnte es sehr übel auslegen, wenn ich gegen meine Gewohnheit die Tür offenließe.«

»Diese Gründe sind sehr lobenswert, und ich muß Ihnen beipflichten; aber, schöne Anastasia, wollen Sie sich nicht einen Augenblick zu mir setzen, damit ich mich erinnere, wie ich Sie vor neun Jahren habe ärgern können.«

»Nein, ich will mich dessen nicht mehr erinnern, und ich bitte Sie, mir zu gestatten, daß ich gehe.«

»Daran kann ich Sie nicht hindern«, sagte ich, indem ich sie an mich zog und umarmte, was sie sich notgedrungen gefallen ließ. Sobald sie fort war, trat mein Bedienter ein; ich sagte ihm, daß ich allein zurechtkommen würde. Er verstand mich und kam in den nächsten Nächten auch nicht mehr. Am anderen Morgen erzählte die Marchesa mir lachend die ganze Unterhaltung, die ich mit Anastasia gehabt hatte. Diese hatte ihr nicht die kleinste Einzelheit verschwiegen. Leonilda sagte: »Ich habe sie gelobt, daß sie ihre Tür nicht offenlassen wollte, ihr aber gesagt, sie könne Ihnen ruhig in Ihrem Zimmer alle Dienste anbieten, die Sie vielleicht benötigen.« Leonilda verfehlte nicht, ihren Gatten mit dieser kleinen Geschichte zu ergötzen; der Marchese glaubte allen Ernstes, ich sei in Anastasia verliebt, und neckte mich damit nach dem Essen. Am Abend ließ er sie mit uns soupieren, und so mußte ich denn mit größtmöglichem Anstand dem Mädchen gegenüber die Rolle des Liebhabers spielen. Anastasia fühlte sich sehr geschmeichelt, daß ich ihr den Vorzug vor ihrer reizenden Herrin gab und daß diese die Güte hatte, meine Leidenschaft positiv zu bewerten und ihr weiterhin Nahrung zu geben. Dem Marchese machte diese Liebeständelei viel Spaß, denn indem er mir Gelegenheit gab, diese Komödie zu spielen, glaubte er seinen Pflichten als Hausherr nachzukommen und mich zu veranlassen, meinen Aufenthalt in seinem Hause noch um einige Tage zu verlängern.

Am Abend begleitete Anastasia mich mit einer Kerze in mein Zimmer, und da sie sah, daß ich keinen Bedienten hatte, bestand sie darauf, mir beim Auskleiden zu helfen. Sie fühlte sich geschmeichelt, daß ich es nicht wagte, mich in ihrer Gegenwart zu Bett zu legen, und saß länger als eine halbe Stunde bei mir. Da ich nicht in sie verliebt war, kostete es mich keine Mühe, den schüchternen Liebhaber zu spielen. Als sie mir gute Nacht wünschte, bemerkte sie mit Vergnügen, daß meine Küsse nicht so feurig waren wie am Tage vorher. Am anderen Morgen sagte die Marchesa zu mir: »Wenn das, was Anastasia mir gesagt hat, wahr ist, so muß ihre Gegenwart Ihnen wohl lästig sein; denn ich weiß, wenn Sie sie liebten, so würden Sie nicht schüchtern sein.«

»Sie ist mir in keiner Weise unbequem; denn ihr Anblick ist hübsch und reizvoll; aber ich wundere mich, wie du dir einbilden kannst, daß ich sie lieben kann; wir haben doch abgemacht, es sollte nur ein Spiel sein, um den Marchese zu unterhalten und der Neugierde der Bedienten vorzubeugen.«

»Anastasia glaubt, daß du sie anbetest, und es ist mir nicht unangenehm, wenn du ihr etwas Geschmack an der Koketterie beibringst.«

»Wenn ich sie dahin bringen kann, daß sie die Tür offenläßt, werde ich leicht in dein Zimmer kommen können, ohne daß sie davon das geringste merkt; denn wenn ich ihr Bett verlasse, ohne etwas von Bedeutung getan zu haben, wird sie nicht auf den Gedanken kommen können, daß ich in dein Zimmer gehe, anstatt in das meine zurückzukehren.«

»Sei nur vorsichtig in allen deinen Plänen!«

»Sei unbesorgt; ich werde den Plan schon heute abend einfädeln.«

Der Marchese und Donna Lucrezia glaubten, daß ich mich wie ein verschwiegener Mann benehme; aber sie zweifelten nicht einen Augenblick daran, daß die junge Anastasia jede Nacht mit mir schliefe, und sie freuten sich sehr darüber. Den ganzen Tag verbrachte ich mit dem Marchese, den ich dadurch glücklich machte, wie er sagte. Ich brachte ihm durchaus kein Opfer, denn ich liebte seine Gesinnung und seine Bildung. Beim dritten Abendessen war ich zu Anastasia noch verliebter als sonst, und sie war sehr erstaunt, als sie mich auf meinem Zimmer kühl fand; aber sie ließ sich nichts anmerken, sondern sagte: »Es freut mich, daß Sie ein bißchen ruhiger geworden sind.«

»Ich denke mir, Sie glauben in Gefahr zu sein, wenn Sie mit mir allein sind.«

»Durchaus nicht; ich glaube nur, Sie sind jetzt viel vernünftiger, als Sie vor neun Jahren waren.«

»Was für Torheiten habe ich denn damals gemacht?«

»Keine Torheiten; aber Sie haben meine Jugend zu wenig respektiert.«

»Ich habe Ihnen damals unbedeutende kleine Liebkosungen erwiesen, und das tut mir leid; denn diese sind schuld, daß Sie heute glauben, Sie müßten auf der Hut sein und sich in Ihrem Zimmer einschließen.«

»Ich tue das nicht aus Mißtrauen gegen Sie, sondern aus den Gründen, die Sie bereits gehört und auch anerkannt haben. Übrigens könnte ich ja auch sagen, daß Sie aus einem gewissen Mißtrauen sich nicht zu Bett legen, solange ich bei Ihnen bin.«

»Großer Gott! Da halten Sie mich doch für sehr eingebildet! Ich werde sogleich zu Bett gehen, aber Sie dürfen sich erst entfernen, nachdem Sie mich umarmt haben.«

»Gern.«

Ich legte mich zu Bett, und Anastasia verbrachte eine halbe Stunde an meiner Seite. Es kostete mich große Mühe, mich zurückzuhalten, aber ich befürchtete, sie würde der Marchesa alles erzählen.

Als sie mich verließ, gab Anastasia mir einen so süßen Kuß, daß ich mich nicht länger beherrschen konnte; ihre eigene Hand, von der meinen geführt, zeigte ihr meine Liebe, und ich kann nicht sagen, ob sie über meine Zurückhaltung erfreut oder verärgert war, als sie von mir wegging.

Am nächsten Tage war ich sehr neugierig, in welcher Weise sie davon der Marchesa erzählen würde, und es war mir nicht unlieb, als ich erfuhr, daß sie ihr die Berührung verheimlicht hatte; denn nun wußte ich, daß sie die Tür offenlassen würde, und so versprach ich denn meiner lieben Leonilda, zwei Stunden mit ihr zuzubringen. Als ich mich am Abend wieder mit Anastasia unterhielt, forderte ich sie heraus, mir das gleiche Vertrauen zu zeigen, das ich am Abend vorher ihr gegenüber gehabt hätte. Sie antwortete mir, das würde sie ohne Bedenken tun, unter der Bedingung, daß ich meine Kerze ausbliese und niemals meine Hand nach ihr ausstreckte. Ich versprach ihr dies und war gewiß, daß ich mein Wort halten würde, denn ich durfte mich nicht der Gefahr aussetzen, bei meiner lieben Marchesa eine schlechte Figur zu spielen. Ich machte meine Kerze aus, sobald sie gegangen war, und sah, wie sie sich auskleidete, in ihrem Hemd niederkniete und ihr Gebet sprach, sich dann zu Bett legte und ihre Kerze auslöschte.

Jetzt zog ich mich in aller Eile aus, ging barfuß in ihr Zimmer und setzte mich neben sie; sie hielt sofort meine beiden Hände fest. Ich machte gar keine Anstrengungen, sie zu befreien, und sie hielt das für aufrichtige Liebe und Einhalten meines gegebenen Wortes. Von allen Körperteilen hatten nur unsere Münder freie Bewegung, und so tauschten sie eine halbe Stunde lang stumme Küsse, immer in Angst, daß die Kameradin etwas hören könnte. Deshalb sprachen wir auch kein einziges Wort. Diese halbe Stunde erschien mir über alle Maßen lang und auch mühsam, was man sich sicher schwer vorstellen kann. Während ich annehmen mußte, daß sie für Anastasia unterhaltsam gewesen war; denn sie konnte sich einbilden, daß sie mit mir machen konnte, was sie wollte. Als ich sie verließ, ging ich in mein Zimmer. Als ich annehmen konnte, daß sie eingeschlafen wäre, ging ich durch ihr Zimmer und gelangte in das von Leonilda, die mich erwartete, mein Kommen jedoch erst bemerkte, als sie meinen Mund auf ihren Lippen fühlte. Nachdem ich ihr die lebhaftesten Beweise meiner Zärtlichkeit gegeben hatte, erzählte ich ihr, ohne etwas auszulassen, alles, was ich mit Anastasia getan hatte, um zu erreichen, daß sie die Tür offenließ, und dann noch das, was ich in der halben Stunde an ihrem Bett gemacht hatte. Ich verließ meine liebe Leonilda, nachdem wir zwei köstliche Stunden verbracht hatten, und war sicher, daß es nicht die letzten sein würden. Ich kam ohne das kleinste Geräusch in mein Zimmer zurück, so daß niemand aufwachte. Ich stand erst mittags auf, und der Marchese und Donna Lucrezia neckten mich damit beim Mittagessen. Beim Abendessen scherzten sie darüber mit Anastasia, die ihre Rolle sehr gut zu spielen wußte. Sie sagte mir, als wir allein waren, sie würde ihre Tür nicht mehr abschließen, aber es wäre nicht gut, daß ich sie aufsuchte, denn dies wäre gefährlich; es wäre besser, wenn wir in meinem Zimmer plauderten, wo wir die Kerze nicht auszulöschen brauchten. Damit sie sicher wäre, daß sie mich nicht störe, bat sie mich, zu Bett zu gehen. Ich konnte nicht nein sagen, aber ich hoffte bestimmt, daß nichts vorfallen würde, was mich hindern könnte, die Marchesa noch zwei Stunden aufzusuchen, nachdem Anastasia eine Stunde in dichter Nähe mit mir verbracht hätte. Ich hatte mich aber verrechnet, und ich war selber schuld daran.

Ich lag im Bett und hielt Anastasia in meinen Armen. Während sie mich küßte, sagte ich ihr so nebenbei, sie würde doch wohl nicht genug Vertrauen zu mir haben, um sich zu entkleiden und sich an meine Seite zu legen. Sie antwortete mir mit der Frage, ob ich auch vernünftig sein würde. Hätte ich mit nein geantwortet, so wäre ich ein Dummkopf gewesen. Ich sagte ihr also notgedrungen ja und beschloß augenblicklich, das hübsche Mädchen glücklich zu machen, denn es hatte in der vorhergehenden Nacht genug gegen sich selber gekämpft. Sie zog ihr Kleid und ihre Röcke aus und kam bereitwillig, und ohne mich beim Wort nehmen zu wollen, zu mir in meine Arme. Der Appetit kommt, wie man sagt, beim Essen. Ihre Glut machte mich verliebt, sie wurde ganz leidenschaftlich, und da sie mir alle ihre Reize zur Schau stellte, huldigte ich ihr ununterbrochen, bis ich vor Ermattung einschlief. Anastasia verließ mich, ohne daß ich etwas davon merkte; als ich erwachte, fand ich diesen Zwischenfall eigenartig; er wurde ohne mein Zutun das Hindernis für meinen weiteren Umgang mit der Marchesa. Ich sah mich also gezwungen, ihr alles lachend zu berichten. Ich war, ohne es eigentlich gewollt zu haben, Anastasias Beute geworden. Denn ich konnte sie doch nicht wegschicken, nachdem ich eine halbe Stunde mit ihr getändelt hatte; außerdem hätte sie dann ihre Tür geschlossen. Und selbst wenn sie es nicht getan hätte: was wäre für die Marchesa übriggeblieben, nachdem ich mich bei Anastasia verausgabt hatte?

Als ich Leonilda das Abenteuer erzählte, lachte sie laut auf. Sie sah wie ich ein, daß nichts mehr für sie übrigblieb. Wir fanden uns damit ab, und während der fünf oder sechs Tage, die wir noch beisammen blieben, liebte ich Leonilda nur noch zwei- oder dreimal verstohlen in einem Gartenhäuschen.

Ich mußte Anastasia jede Nacht in meinem Bett empfangen, und sie sah gewiß in mir einen Verräter, als ich mich auf ihren Vorschlag hin weigerte, sie mit mir nach Rom zu nehmen. Sie sagte mir, daß sie dort einen sehr reichen Onkel habe, der für sie sorgen werde, wenn ich sie nicht mehr lieben sollte. Sie meinte, wenn ich sie lieben würde, könnte ich ihren Vorschlag nicht ablehnen. Sie hatte ja recht, aber meine Liebe für sie war nicht groß genug, um sie mitzunehmen, außerdem betrug mein ganzes Vermögen nur tausend Zechinen.

Der Marchese della C. bereitete mir am Tage vor meiner Reise eine eigentümliche Überraschung, als ich mit ihm allein war. Dieser großherzige Mann bedankte sich für die schönen Stunden, die ich ihm bereitet hatte, und dann sagte er mir ohne lange Vorrede, er habe aus dem Mund des Herzogs von Matalone erfahren, warum ich seine Frau nicht geheiratet habe, und er habe es stets bewundert, daß ich beim Abschied aus Neapel ihr die fünftausend Dukaten geschenkt habe, obwohl ich nicht reich gewesen sei.

»Diese fünftausend Dukaten«, fuhr er fort, »nebst fünf- oder sechstausend, die sie der Freigebigkeit des Herzogs verdankt, bildeten Leonildas Mitgift; ich habe für sie hunderttausend Dukaten hinzugefügt, so daß ihre Zukunft gesichert ist, selbst wenn ich ohne Nachkommen sterben sollte. Nun habe ich eine Bitte an Sie, nämlich mit der Rückgabe dieser fünftausend Dukaten einverstanden zu sein, die Sie Leonilda geschenkt haben. Sie selber wünscht Ihnen diesen Beweis ihrer Zuneigung und Achtung zu liefern. Ich habe ihren edlen Wunsch bewundert, aber ich will nicht, daß sie sich um diesen Betrag beraubt. Sie werden ihn jetzt von mir bekommen. Sie hat es nicht gewagt, Ihnen dieses selbst zu sagen, und Sie dürfen ihr dieses Zartgefühl nicht übelnehmen; sie dachte, daß Sie glauben könnten, sie wollte sich durch die Rückgabe des Betrages von ihrem Dank Ihnen gegenüber loskaufen.«

»Ich würde allerdings von Leonilda diese Summe nicht angenommen haben, damit hätte sie recht gehabt; aber von Ihnen nehme ich sie als ein Zeichen Ihrer Freundschaft. Diese Handlungsweise enthüllt die schönste aller Ihrer Tugenden, und wenn ich mich weigern wollte, lieber Marchese, so wäre dies übel angebrachter Stolz; denn ich bin nicht reich. Ich wünsche nur, daß Ihre Gattin und deren Mutter zugegen sind, wenn Sie mir dieses Geschenk machen.«

»Das soll nach Tisch abgemacht werden.«

Neapel war für mich alle vier Male, die ich dort war, der Tempel des Glücks. Wenn ich jetzt hinginge, würde ich dort verhungern. Das Glück mißachtet das Alter. Beim letzten Aufenthalt dort ließ es mich zwei reiche und glückliche Frauen treffen, die mir wiedergaben, was ich ihnen einmal geschenkt hatte, so als hätte ich es ihnen nur geliehen. Leonilda und ihre Mutter weinten Freudentränen, als der Marchese mir die fünftausend Dukaten in

Banknoten übergab und eine gleiche Summe seiner Schwiegermutter schenkte, um ihr dafür zu danken, daß sie ihm die Bekanntschaft mit mir verschafft hätte. Der Marchese war so diskret, den Hauptgrund zu verschweigen. Donna Lucrezia wußte nicht, daß der Herzog von Matalone ihm gesagt hatte, Leonilda sei meine Tochter.

Dankbarkeit setzte meine Heiterkeit für den Rest des Tages herab, und Anastasia verbrachte an meiner Seite eine ziemlich trübsinnige Nacht. Sie warf mir vor, daß ich sie nicht lieben würde, ich antwortete ihr ausweichend. Am anderen Morgen um acht Uhr nahm ich Abschied. Unsere Worte konnten die innigen Gefühle, die wir hatten, nicht ausdrücken. Ich versprach mit größtem Vergnügen dem Marchese, ihm von Rom aus zu schreiben.

VIERZEHNTES KAPITEL

Rom 1771. Zufällig hat Casanova ein Kloster entdeckt, in dem mittellose Mädchen untergebracht sind, die auf ihre Verheiratung warten. Er erhält vom Kardinal die Erlaubnis, zwei der Mädchen, Armellina und Emilia, ins Theater zu begleiten, um ihre Chancen auf dem Heiratsmarkt zu verbessern. Doch nach dem Theater folgt erst einmal ein Abendessen zu dritt.

Nachdem Austern und Champagner uns in eine heitere Stimmung versetzt hatten, aßen wir köstlich zu Abend. Man gab uns unter anderem Stör und wundervolle Trüffel, denen meine schönen Gäste mit einem wollüstigen Appetit zusprachen, der mir noch mehr Vergnügen machte als das eigene Essen. Ein sehr natürliches Gefühl sagt einem denkenden Menschen, daß es eines der sichersten Mittel ist, die Liebe eines Menschen zu gewinnen, wenn man ihm bisher nicht gekannte Freuden verschafft. Als Armellina mich freudig erregt und wieder leidenschaftlich sah, erkannte sie ihr Werk und war stolz, daß sie eine solche Macht auf mich ausübte. Sie gab mir aus eigenem Antrieb ihre Hand und hielt ständig ihre Augen auf mich geheftet, um mich zu hindern, den Kopf nach links zu wenden und Emilia anzusehen. Diese aß und kümmerte sich nicht um uns. Es schien mir unmöglich, daß Armellina sich nach dem Essen, dem Schwelgen in Austern und Punsch, meinen Wünschen versagen könnte.

Nachdem der Kellner das Dessert, die restlichen fünfzig Austern und alle notwendigen Zutaten für den Punsch aufgetragen hatte, entfernte er sich, indem er uns sagte, im Nebenzimmer sei das Wasser auf dem Feuer und alles Nötige für die Damen zur Erfrischung. Da das Zimmer klein war, wurde uns warm; ich forderte sie auf, ins andere Zimmer zu gehen und ihre pelzbesetzten Kleider auszuziehen, um die Austern ungehemmter essen zu können. Ihre Kleider hatten in der Taille Fischbeinstäbe; sie erschienen kurz darauf in weißen Leibchen und kurzen Bombasinröckchen[1], die die Beine nur bis zur halben Wade bedeckten. Sie hielten sich umschlungen und lachten über ihre spärliche Kleidung.

Es gelang mir, die Gefühlsregung zu verbergen, in die mich dieses außerordentlich pikante Kostüm versetzte, und ich starrte nicht einmal ihre Brust an, als sie ihr Bedauern aussprachen, daß sie weder ein Busentuch um den Hals noch eine Spitzeneinfassung an ihren Hemden hätten. Ich sagte ihnen gelassen, ich würde nicht hinsehen, denn der Anblick eines Busens wäre mir sehr gleichgültig. Da ich ein Kenner der Natur war, so glaubte ich lügen zu müssen, denn ich war überzeugt, daß sie nicht sehr auf etwas achten würden, was ich so wenig zu schätzen schien. Armellina und Emilia wußten wohl, daß sie einen sehr schönen Busen hatten, und waren vielleicht erstaunt über meine Gleichgültigkeit; ohne Zweifel dachten sie, ich hätte noch niemals einen schönen Busen gesehen, und in Rom sind diese allerdings viel seltener als hübsche Gesichter.

Trotz der Ehrbarkeit ihrer Sitten mußte also die natürliche Eitelkeit ihnen den Gedanken eingeben, mir zu beweisen, daß ich unrecht hätte. Meine Aufgabe dagegen war, es ihnen leicht zu machen, ihre Hemmungen zu verlieren. Ich bereitete ihnen eine große Freude, als ich ihnen sagte, sie sollten den Punsch selber zubereiten. Der Zitronensaft war schon ausgepreßt in einem Becher. Sie freuten sich, als sie von mir hörten, daß ich den Punsch besser fände als jenen, den ich beim ersten Mal für sie zubereitet hätte. Beim Spiel, als wir wieder die Austern von Mund zu Mund aßen, machte ich Armellina Vorwürfe darüber, daß sie das Wasser hinunterschluckte, bevor ich die Auster bekäme. Ich gab zu, daß es schwierig sei, es anders zu machen, aber ich erbot mich, ihnen zu zeigen, wie man die Auster mit dem Wasser im Mund behalten könnte, indem man nämlich mit der Zunge einen Damm bildete, damit es nicht in die Speiseröhre kam. Ich verpflichtete mich, ihnen vorzumachen, wie sie selber, so wie ich, die Auster und das Wasser in den Mund der anderen bringen könnten und wie sie dabei mit ihrer ganzen Zunge nachhelfen müßten. Ich freute mich, daß sie still hielten, als ich meine Zunge ausstreckte. Auch Armellina fand es angenehm, als ich an ihrer Zunge sog, die sie mir ganz freizügig hinhielt; danach lachte sie, daß sie offenbar ebensoviel Vergnügen daran fand wie ich, wobei sie zugab, daß es ein höchst unschuldiges Spiel sei.

Zufällig glitt eine schöne Auster, die ich Emilia in den Mund legen wollte, aus der Schale und fiel mitten in ihren Ausschnitt. Sie wollte sie herausholen, aber ich machte mein Vorrecht geltend, und sie mußte nachgeben, sich aufschnüren lassen und mir erlauben, die Auster aus der Vertiefung, wo sie liegengeblieben war, mit meinen Lippen hervorzuholen. Sie konnte es nicht verhindern, daß ich sie gänzlich entblößte, aber ich schlürfte meine Auster so geschickt, daß sie durchaus nicht auf den Verdacht kommen konnte, ich empfände dabei ein anderes Vergnügen als das, meine Auster wiederzufinden, zu kauen und zu schlucken. Armellina sah dies alles an, ohne zu lachen; offenbar war sie überrascht, daß ich auf die Schönheiten, die ich vor meinen Augen hatte, gar keinen Wert zu legen schien. Emilia trocknete sich ab und schnürte lachend ihr Mieder wieder zu.

Nach vier oder fünf weiteren Austern gab ich Armellina, die auf meinem Oberschenkel saß, eine Auster und ließ sie geschickt in ihren Ausschnitt fallen. Hierüber lachte Emilia sehr, denn es hatte sie bereits geärgert, daß Armellina nicht auch schon ihren Mut auf dieselbe Weise wie sie gezeigt hatte. Auch Armellina war, wie ich bemerkte, von dem Mißgeschick entzückt, obwohl sie so tat, als wenn sie sich nichts daraus machte. »Ich will meine Auster!« sagte ich zu ihr.

»Nehmen Sie sie.«

Ich schnürte ihr das ganze Mieder auf, und da die Auster ganz tief hinuntergefallen war, beklagte ich mich dabei, daß ich sie mit den Händen hervorholen müßte. Großer Gott! Welches Martyrium für einen verliebten Mann, wenn er in einem solchen Augenblick die höchste Wonne verheimlichen muß! Armellina konnte mich unter keinen Umständen beschuldigen, das als Vorwand genommen zu haben, denn ich berührte ihre entzückenden Marmorhalbkugeln nur, um mir meine Auster zu holen. Als ich diese endlich erhascht und geschluckt hatte, bemächtigte ich mich einer ihrer Brüste und verlangte das Wasser der Auster zurück, das darüber geflossen war, indem meine begehrlichen Lippen die Rosenknospe umschlossen und ich mich ganz der Wollust überließ, in die mich die eingebildete Milch versetzt hatte, die ich zwei oder drei Minuten lang trank. Als ich sie losließ, war sie ganz überrascht und zärtlich gestimmt, und auch ich mußte mich wiederfinden, da die Wollust mich meine Seele hatte an einer Stelle aushauchen lassen, von der sie sicher nichts ahnen konnte. Als sie aber meine Augen sah, die starr und wie geistesabwesend in die ihren blickten, fragte sie mich, ob es mir viel Vergnügen gemacht hätte, den Säugling an der Mutterbrust zu spielen.

»Ja, denn es ist eine ganz unschuldige Tändelei!«

»Das glaube ich nicht, und ich hoffe, Sie werden der Oberin nichts davon sagen. Was Sie mit mir gemacht haben, ist für mich wenigstens nicht unschuldig. Wir dürfen auf diese Weise keine Austern mehr essen.«

»Das sind kleine Schwächen, die man mit Weihwasser abspült«, sagte Emilia. »Wir können beschwören, daß wir uns nicht einen einzigen Kuß gegeben haben.«

Sie gingen in das Nebenzimmer, und einen Augenblick später folgte auch ich ihnen dahin. Wir schoben dann den Tisch beiseite und setzten uns auf das Sofa, das wir vor das Feuer gestellt hatten; der Punsch und die Gläser kamen auf einen kleinen Tisch in der Nähe. Die Austern waren alle.

Als ich nun zwischen ihnen saß, sagte ich zu ihnen, unsere Beine wären doch vollkommen gleich und ich begriffe nicht, warum die Frauen sie durchaus mit Röcken bedecken wollten. Während ich sprach, betastete ich ihre Beine und sagte zu ihnen, es wäre genauso, als wenn ich meine eigenen befühlte. Als ich sah, daß sie sich dieser Untersuchung, die sich bis zum Knie erstreckte, nicht widersetzten, sagte ich zu Emilia, ich verlangte von ihr keine andere Belohnung, als daß sie mich die Stärke ihrer Schenkel messen ließe, um sie mit denen Armellinas zu vergleichen.

»Sie muß«, sagte diese, »stärkere Schenkel haben als ich, obwohl ich größer bin als sie.«

»Es ist nichts Schlimmes dabei, mich dies sehen zu lassen.«

»Ich glaube doch.«

»Nun, so werde ich sie mit den Händen messen.«

»Nein; denn Sie würden hinsehen.«

»Nein, mein Ehrenwort.«

»Lassen Sie sich die Augen verbinden!«

»Gern; aber ich werde Ihnen ebenfalls die Augen verbinden.«

»Gut. Wir werden Blindekuh spielen.«

Bevor wir uns alle drei die Augen verbanden, tranken wir noch einen Schluck Punsch; hierauf begann das große Spiel. Sie ließen sich, aufrecht vor mir stehend, mehrere Male messen und fielen lachend auf mich, sooft ich zu hoch maß. Ich hatte mein Taschentuch in die Höhe geschoben und sah alles; aber sie mußten so tun, als wenn sie keine Ahnung davon hätten. Ohne Zweifel betrogen sie mich auf dieselbe Weise, um das zu sehen, was sie zwischen ihren Schenkeln fühlten, wenn sie vor Lachen auf mich fielen. Das reizende Spiel war erst zu Ende, als meine Natur von Wonnen völlig erschöpft war und ich durchaus nicht mehr konnte. Ich brachte mich schnell in einen anständigen Zustand und bat sie, die Binden abzunehmen; sie taten es und hörten meinem Urteil zu.

»Emilia«, sagte ich zu Armellina, »hat Schenkel und Hüften, die stärker entwickelt sind als Ihre; doch Ihre werden auch noch stärker werden.«

Ohne zu reden, aber lachend, saßen sie neben mir und gedachten, alles leugnen zu können, was sie mich hatten tun lassen. Es kam mir vor, als wenn Emilia einen Liebhaber gehabt hätte, aber ich hütete mich natürlich, ihr dies zu sagen; Armellina war jedenfalls vollkommen unberührt. Sie hatte eine viel beschämtere Miene, und in ihren großen schwarzen Augen lag viel mehr Zärtlichkeit als bei der anderen. Als ich mir einen Kuß von ihrem schönen Mund stehlen wollte, war ich erstaunt, daß sie den Kopf zur Seite wandte, aber fest meine Hände drückte.

Wir hatten von Bällen gesprochen, und sie waren sehr neugierig zu sehen, was da los wäre; denn für den Ball schwärmten alle jungen Römerinnen, da Papst Rezzonico sie während der zehn langen Jahre seines Pontifikats dieses Vergnügens beraubt hatte. Dieser Papst hatte den Römern Glücksspiele jeder Art erlaubt, aber ihnen den Tanz verboten. Sein Nachfolger Ganganelli dachte anders: Er hatte das Spiel verboten und den Tanz uneingeschränkt erlaubt. Er sah keinen Grund, seinen Schäfchen das Herumhüpfen zu untersagen. Ich versprach ihnen also, sie auf einen Ball mitzunehmen, sobald ich in einem abgelegenen Viertel von Rom einen wenig besuchten entdeckt hätte, auf welchem sie wahrscheinlich nicht erkannt werden könnten. Mit dem Schlage drei hielt der Wagen vor der Tür, und ich fuhr sie ins Kloster. Ich war ziemlich zufrieden mit dem, was ich getan hatte, um meine Wünsche zu befriedigen, wenngleich meine Leidenschaft sich nur vermehrt hatte. Ich war mehr denn je überzeugt, daß Armellina dafür da war, von jedem angebetet zu werden, der im Bann der unbeschränkten Herrschaft der Schönheit stand. Auch ich gehörte zu ihren Untertanen, und zu meinem Ärger gehöre ich noch heute dazu und fühle mich als Bettler, da das Weihrauchgefäß durch die Verbrennung des Weihrauchs unzulänglich geworden ist. Ich dachte darüber nach, was für eine Art von Verzauberung mich wohl zwingen könnte, mich immer wieder in eine Frau zu verlieben, die mir neu vorkam und mir dasselbe Verlangen einflößte, das die letzte von mir geliebte in mir erweckt hatte, die ich erst dann zu lieben aufgehört hatte, als sie nicht mehr mein Verlangen erregte. War aber diese Frau, die mir neu vorkam, auch wirklich neu? Durchaus nicht, denn es war immer wieder das gleiche Theaterstück, nur der Titel war neu. Aber wenn es mir gelang, ihre Gunst zu erringen, bemerkte ich dann, daß es dasselbe war, das ich schon so oft genossen hatte?

Beklagte ich mich? Fand ich mich getäuscht?

Ganz gewiß nicht, und der Grund dafür war ohne Zweifel der, daß ich bei der Aufführung des Stückes ständig die Ankündigung vor Augen hatte, das reizende Titelblatt, das ein zauberhaftes Antlitz wiedergibt, das mich verliebt gemacht hatte. Wenn aber die ganze Illusion nur von dem Titel herrührt, wäre es dann nicht besser, sich das Stück anzusehen, ohne die Ankündigung zu lesen? Denn was nützt es uns, den Namen eines Buches zu wissen, das wir lesen wollen, den Namen einer Speise, die wir essen wollen, den Namen einer Stadt, deren Schönheiten wir besichtigen wollen?

Wir finden alles, was wir suchen, in der Stadt, in der Speise, in dem Theaterstück; der Name besagt gar nichts. Aber jeder Vergleich hinkt. Der Mann unterscheidet sich eben von allen anderen Lebewesen dadurch, daß er nur mittels der Sinne sich in eine Frau verlieben kann, und der Sitz aller Sinne, mit Ausnahme des Tastsinnes, befindet sich im Kopf. Und deshalb übt auf einen Mann, der Augen hat, der Anblick eines Gesichtes so wunderbare Wirkung aus, indem es ihn verliebt macht. Wenn die schönste Frau mit nacktem Leib, aber verhülltem Kopf, sich dem Blick eines Mannes darböte, so könnte dieser wohl zum Sinnenrausch angeregt werden, niemals aber zu dem, was man Liebe nennt, denn wenn man vor einem Mann in dem Augenblick, da er sich seinem Instinkt überließe, den Kopf als den Beherrscher dieses schönen Leibes entblößte und wenn dieser Kopf wirklich häßliche Gesichtszüge zeigte, die Ekel und Widerwillen gegen die Freuden der Liebe und oft sogar Abscheu einflößen, so würde der Mann voller Grauen über sein tierisches Wesen, dem er fast nachgeben wollte, entfliehen. Ganz das Gegenteil ist es, wenn ein Gesicht, das einem Mann schön erscheint, ihn verliebt gemacht hat. Erobert er die Frau, so wird keine Entstellung oder Häßlichkeit ihres Körpers ihn zurückstoßen, er wird sogar die Häßlichkeit schön finden, wenn er sich damit genau befaßt; aber darum kümmert er sich nicht. Daß das Gesicht den Sieg davonträgt, liegt also in der Natur des Menschen begründet. Dies ist der Grund, warum bei den Bewohnern in allen gesitteten Ländern die übereinstimmende Moralregel für alle Bedürfnisse herrscht, daß man den ganzen Körper mit Ausnahme des Gesichtes verhüllen müsse, und zwar nicht nur bei Frauen, sondern auch bei Männern; diese fingen allerdings an, im Laufe der Jahrhunderte in mehreren Teilen Europas sich so zu kleiden, daß sich die Frauen ganz leicht vorstellen können, wie sie völlig nackt aussehen müssen. Der Vorteil, den die Frauen durch die Einführung dieses Gesetzes hatten, ist unbestreitbar, obgleich schöne Gesichter viel seltener sind als schöne Leiber, denn es gelingt mit Kunstgriffen leicht, einem unscheinbaren Gesicht Anmut zu geben; dagegen gibt es keine Schminke, um die Häßlichkeit einer Brust, eines Bauches oder irgendeines anderen Teiles des menschlichen Körpers zu verbessern. Trotzdem gebe ich zu, daß die Phainomeriden[2] Spartas recht hatten, indem sie ihren Körper zeigten, und dasselbe Recht muß man allen Frauen zugestehen, die einen sehr schönen Leib, aber ein abstoßendes Gesicht haben. Denn trotz der Schönheit der Komödie finden sie, nur wegen des Titels, keine Zuschauer. Aber wie es nun mal so ist, der Mann hat ein Bedürfnis nach Liebe, wenn er sich aber verlieben will, braucht er einen Titel, der ihn neugierig macht. Die Frau trägt ihn auf der Vorderseite des Kopfes. Glücklich, sehr glücklich sind Mädchen wie Armellina, bei denen das Stück dann so schön ist, daß alle Erwartungen überboten werden.

FÜNFZEHNTES KAPITEL

1772/73. Casanova wünscht sehnlichst, nach Venedig zurückkehren zu können. Man rät ihm, sich in der Nähe der Republik aufzuhalten, damit die Staatsinquisition ihn vor einer eventuellen Rehabilitation überprüfen kann. Er beschließt, nach Triest zu gehen, und macht unterwegs in seinem Geburtsort Ancona halt. In Triest bietet er sich der Inquisition als Spitzel an.

In dieser Stadt Ancona hatte ich zum ersten Male begonnen, im großen Stil das Leben zu genießen, und wenn ich bedachte, daß seitdem fast dreißig Jahre vergangen waren, eine ungeheure Zeitspanne, trotzdem fühlte ich mich eher jung als alt. Doch welcher Unterschied, wenn ich meinen körperlichen und seelischen Zustand jener ersten Jugend mit meinem gegenwärtigen Dasein verglich! Ich kam mir völlig verändert vor. So glücklich ich mich damals gefühlt hatte, so unglücklich mußte ich mich jetzt fühlen: in meiner Phantasie schimmerte nicht mehr ungetrübt die schöne Aussicht auf eine glückliche Zukunft. Ich mußte mir gegen meinen eigenen Willen eingestehen, daß ich meine ganze Zeit vergeudet hatte, und das wiederum bedeutete, daß ich mein ganzes Leben vergeudet hatte. Die zwanzig Jahre, die ich vielleicht noch vor mir hatte und auf die ich rechnen zu können glaubte, erschienen mir trübsinnig. Ich war siebenundvierzig Jahre alt und sah, daß ich in einem Alter war, dem das Glück nicht mehr zugetan ist. Das war genug, um mich traurig zu machen; denn ohne die Gunst der blinden Göttin kann kein Mensch auf der Welt glücklich sein. Alle meine Anstrengungen galten damals der Erlaubnis zur freien Rückkehr in meine Heimat. Mir war, als wenn ich keine anderen Wünsche hätte, als daß mir gnädigst gestattet wurde, an den Anfang zurückzugehen und alles von mir abzutun, was ich bis dahin an Gutem und Bösem gemacht hatte. Alles brachte mir zum Bewußtsein, daß es sich für mich nur noch darum handelte, einen unvermeidlichen Abstieg, dessen unverrückbares Ziel der Tod ist, so wenig unangenehm wie möglich zu machen. Ein Mensch, der sein Leben in Freuden verbracht hat, macht solche düsteren Betrachtungen nur auf dem Abstieg. Unmöglich können sie in der Blüte ihrer Jugend entstehen, denn diese braucht nichts vorauszusehen, sie beschäftigt sich nur mit der Gegenwart, deren immer gleichbleibende und rosige Aussichten sein Leben glücklich machen und seinem Geist erfreuliche Trugbilder vorgaukeln. Er lacht den Philosophen aus, der ihm sagt, daß hinter diesem entzückenden Horizont Alter, Elend und Reue, die immer zu spät kommt, und schließlich der Tod auf ihn warten. Solche Betrachtungen stellte ich vor sechsundzwanzig Jahren an; und nun, mein lieber Leser, male dir die Gedanken aus, die mich heute quälen, wo ich einsam bin. Diese Gedanken würden mich ins Grab bringen, wenn ich nicht alle meine Kraft aufböte, die grausame Zeit totzuschlagen, die sie in meinem glücklicherweise oder unglücklicherweise noch jungen Geist entstehen läßt. Ich schreibe, um die Langeweile zu töten, und ich freue und beglückwünsche mich, daß ich an dieser Beschäftigung Gefallen finde. Was macht es mir aus, wenn es Gefasel ist? Mir genügt es, überzeugt zu sein, daß ich mich damit unterhalte:

Malo scriptor delirus inersque videri
Dum mea delectent male me vel denique fallant,
Quam sapere et ringi.
[Gern wär ich einer der dummen, die Kunst nicht
verstehenden Dichter, könnten dann Schwächen mich freun,
könnt ich selber mich wenigstens täuschen.][1]

Nach dem Osterfest des Jahres 1773 wurde der Gouverneur von Triest, Graf Auersperg, nach Wien berufen, und an seine Stelle kam Graf Wagensperg. Seine älteste Tochter, Gräfin Lantieri, war so schön wie ein Stern; sie flößte mir eine Leidenschaft ein, die mich unglücklich gemacht haben würde, wenn ich nicht Kraft genug besessen hätte, meine Liebe mit dem Schleier der größten Ehrfurcht zu umhüllen. Zur Feier der Ankunft des neuen Gouverneurs ließ ich ein Gedicht drucken, worin ich die Verdienste des Vaters pries und auch den seltenen Vorzügen der Tochter eine glänzende Huldigung darbrachte. Da diese Aufmerksamkeit gut aufgenommen wurde, begann ich ihnen meine Aufwartung zu machen. Der Graf wurde mein Freund und bezeigte mir seine

Freundschaft durch vertrauliche Mitteilungen. Er wünschte, daß ich diese zu meinem Vorteil verwendete; er sagte es mir zwar nicht ausdrücklich, aber es war leicht zu erraten, daß dies seine wohlwollende Absicht war.

Der venezianische Konsul hatte mir mitgeteilt, er bemühe sich seit vier Jahren bei der Regierung in Triest, daß die Post, die wöchentlich einmal von Triest nach Mestre fuhr, ihren Weg um eine einzige Poststrecke verlängerte und Udine, die Hauptstadt des venezianischen Friaul, berührte.

»Wenn die Post über Udine führe«, sagte der Konsul zu mir, »so wäre dies für den Handel beider Staaten[2] von großem Vorteil; der Rat von Triest widersetzt sich jedoch dieser Maßregel aus einem ebenso gesuchten wie unverschämten Grunde. Die Ratsherren der Handelskammer von Triest behaupten als gewitzte Schlauköpfe, wenn die Republik Venedig diese Maßregel so eifrig wünsche, so wäre dies ein offenbarer Beweis, daß sie für Venedig nützlich und folglich für Triest nachteilig sein würde.«

Der Konsul versicherte mir, die Staatsinquisitoren würden eine sehr gute Meinung von mir bekommen, wenn ich diese Sache in Ordnung bringen könnte; wenn ich für diesen wichtigen Dienst nicht durch meine Begnadigung belohnt würde, so würde ich mich zum mindesten ihrer Erwägung würdig machen; ich könnte mich auf seine Freundschaft verlassen, daß er meine Leistung in das richtige Licht stellen würde, so daß das ganze Verdienst mir zufallen würde. Ich hatte dem Konsul versprochen, daran zu denken.

Ich sprach eines Tages mit dem gräflichen Gouverneur über diese Angelegenheit. Er kannte sie und sagte mir, er finde die Halsstarrigkeit der Handelskammer skandalös. Leider könne er jedoch nichts dabei tun, da der Beschluß nicht von ihm abhänge.

»Der hartnäckigste von allen«, sagte der wohlwollende Graf, »ist der Ratsherr Rizzi, und er versteht es, durch unlogische Argumente fast immer seine Meinung durchzusetzen. Reichen Sie nur einen schriftlichen Bericht über die Angelegenheit ein, worin Sie logisch nachweisen, daß die Erfüllung des Wunsches der Republik Venedig viel vorteilhafter für den Freihafen und die große Handelsstadt Triest sein wird als für Udine, dessen Handelsverkehr sehr klein ist. Ich werde der Kammer diese Schrift übersenden, ohne zu sagen, von wem ich sie erhalten habe; ich werde mich den angeführten Gründen anschließen und die gegnerischen Räte auffordern, Ihre Gründe durch überzeugende Einwände zu widerlegen. Schließlich werde ich vor versammeltem Rat erklären, daß ich die Angelegenheit mit meinem Gutachten nach Wien berichten werde, wenn sie nicht zum Abschluß käme.«

Da ich meiner Sache sicher war, hatte ich bald einen Bericht fertig, gegen den man nur Scheingründe anführen konnte.

Der Rat beschloß, daß künftig die Post auf dem Hin- und Rückweg über Udine fahren solle, und Graf Wagensperg übergab mir eine Abschrift des Beschlusses, die ich eilends dem venezianischen Konsul überbrachte. Auf dessen Rat schrieb ich an den Sekretär des Tribunals, ich schätze mich glücklich, daß ich dem Tribunal eine Probe meines Eifers habe geben können; es sei mein Wunsch, mich meiner Heimat nützlich zu machen und die gnädige Erlaubnis zur Rückkehr zu erhalten, sobald Ihre Exzellenzen mich dieser Gnade für würdig erachteten.

Der Gouverneur veröffentlichte mir zuliebe die neue Regelung für die Post erst nach acht Tagen, so daß man in Udine die Änderung durch den Umweg über das Tribunal von Venedig eher erfuhr, bevor die Stadt Triest etwas davon wußte. Man glaubte allgemein, das Tribunal von Venedig, das alles im geheimen abmacht, habe den Erfolg durch Geld erlangt. Der Sekretär antwortete mir nicht, schrieb jedoch dem Konsul einen Brief, den dieser mir zeigte. Hierin befahl er dem Konsul, mir eine Belohnung von hundert Silberdukaten auszuzahlen, das sind vierhundert französische Francs. Der Konsul fügte hinzu, dies solle mich ermutigen und ich könne von der Milde des Tribunals alles erhoffen, wenn ich in der großen Angelegenheit der Armenier Erfolg hätte, über die er mich unterrichten werde.

Der Konsul teilte mir in einer Viertelstunde mit, worum es sich handelte, und ich war sofort der Meinung, daß es unmöglich sei; trotzdem beschloß ich, den Versuch zu machen.

Vier armenische Mönche waren aus dem Kloster San Lazzaro in Venedig entflohen, weil ihnen die Tyrannei ihres Abtes unerträglich geworden war. Sie hatten sehr reiche Verwandte in Konstantinopel und verlachten daher die Exkommunikation durch den Abt, der sie für Abtrünnige erklärte. Sie waren nach Wien gegangen und hatten um Asyl und Schutz gebeten. Sie versprachen, sich dem Staat nützlich zu machen, indem sie auf ihre

Kosten eine armenische Druckerei einrichteten, die alle armenischen Klöster in dem ganzen großen türkischen Herrschaftsbereich mit Büchern versehen würde. Sie verpflichteten sich, eine Summe von einer Million Gulden aufzuwenden, um an dem Ort, wo Ihre Kaiserlich-Königliche Majestät ihnen die Niederlassung gestatten werde, die geplante Druckerei in großem Stil zu begründen und ein Haus zu kaufen oder bauen zu lassen, wo sie in Gemeinschaft, jedoch ohne Oberhaupt, zu leben gedächten. Wie zu erwarten war, erfüllte die österreichische Regierung ohne Zögern ihren Wunsch; sie bewilligte ihnen sogar Privilegien. Es galt, den Venezianern dieses einträgliche Geschäft zu entziehen und für Österreich zu sichern. Das Wiener Kabinett schickte sie mit dringenden Empfehlungen an den Gouverneur nach Triest, und sie hielten sich seit sechs Monaten dort auf. Die Staatsinquisitoren waren natürlich bestrebt, die Mönche nach Venedig zurückzuholen. Nachdem sie vergeblich versucht hatten, auf geradem Wege ihr Ziel zu erreichen, indem ihr Abt ihnen die weitgehendste Genugtuung anbot, versuchten sie auf allen möglichen Geheimwegen, den Mönchen Hindernisse zu bereiten, um ihnen die Niederlassung in Triest zu verleiden. Der Konsul sagte mir ganz offen, er habe sich an diese Sache nicht herangemacht, weil ihm ein Gelingen in jeder Beziehung unmöglich erschienen sei; er sagte mir voraus, ich würde meine Zeit dabei verlieren, wenn ich den Versuch machte.

In einer derartigen Angelegenheit konnte ich nicht mit der Freundschaft des Gouverneurs rechnen, denn ich durfte mir nicht einmal erlauben, mit ihm darüber zu sprechen. Ich mußte sorgfältig alles vermeiden, um ihn nicht ahnen zu lassen, daß ich die Mönche von ihren Plänen abzubringen versuchen wollte. Er dagegen mußte alles, was in seinen Kräften stand, aufbieten, um dem Plan der vier Flüchtlinge zum Gelingen zu verhelfen, nicht nur, weil es seine Pflicht war, sondern auch, weil ihn ein ganz besonderer Eifer bei der Förderung des Handels von Triest beseelte. Trotz aller dieser Erwägungen machte ich mich mit den Mönchen bekannt. Ich besuchte sie unter dem Vorwand, mir ihre armenischen Buchstaben anzusehen, die sie bereits hatten gießen lassen, und ihren Bestand an kostbaren Steinen und Mineralien zu besichtigen, die sie aus Konstantinopel hatten kommen lassen. In acht oder zehn Tagen war ich mit ihnen vertraut geworden. Eines Tages sagte ich zu ihnen, ihre Ehre verlangte, daß sie zu dem Gehorsam zurückkehrten, den sie ihrem Abt geschworen hätten, wäre es auch nur, damit die Exkommunikation aufgehoben würde.

Einer von den vieren, und zwar der starrköpfigste, antwortete mir, daß sie glaubten, daß ihr Patriarch die Exkommunikation aufheben und ihnen ein Oberhaupt geben werde; dann werde er ihnen auch noch mehrere levantische Mönche schicken, um in Triest ein neues Kloster zu gründen. An einem anderen Tage fragte ich sie, welche Bedingungen ihr früherer Abt erfüllen müßte, damit sie nach Venedig zurückkehrten. Der vernünftigste von ihnen antwortete mir, die erste Bedingung würde sein, daß der Abt sich vom Marchese Serpos die vierhunderttausend Dukaten zurückzahlen ließe, die er ihm zu vier Prozent Zinsen geliehen hätte.

Diese vierhunderttausend Dukaten bildeten das Grundvermögen des Klosters San Lazzaro, das die armenischen Basilianer seit dreihundert Jahren in Venedig unterhielten. Dieses Vermögen war von der Nation gestiftet worden, und der Abt konnte nicht einmal unter Zustimmung der Mehrheit seiner Mönche darüber verfügen. Wenn der Marchese Serpos Bankrott gemacht hätte, so wäre das Kloster mittellos gewesen, und es war nicht zu leugnen, daß der Abt dieses beträchtliche Kapital seinem eigentlichen Zweck entfremdet hatte.

Marchese Serpos, ein armenischer Kaufmann, der in Venedig nur mit Edelsteinen handelte, war ein intimer Freund des Abtes.

Auf meine Frage nach den anderen Bedingungen antworteten die Mönche, diese beträfen nur die Ordensregeln und es würde sich darüber ohne Schwierigkeit eine Einigung erzielen lassen; sie würden mir diese anderen Bedingungen schriftlich mitteilen, sobald ich ihnen die Gewißheit geben könnte, daß Serpos nicht mehr das Klostervermögen in Händen hätte.

So hatte also meine Unterhandlung in aller Form begonnen. Ich schrieb alles nieder, und der Konsul sandte meinen Bericht dem Tribunal. Sechs Wochen darauf erhielt ich die Antwort, der Abt würde imstande sein, die strittige Summe auf der Bank zu hinterlegen, wollte jedoch vorher im einzelnen wissen, worin die Abänderungen der Ordensregeln bestehen sollten.

Als ich diesen Bescheid las, der genau das Gegenteil von dem war, was ich vorgeschlagen hatte, und es durchkreuzte, beschloß ich, die Sache aufzugeben. Zu diesem Entschluß veranlaßten mich hauptsächlich auch einige Worte, welche Graf Wagensperg mir im Vertrauen sagte: »Ich weiß, daß Sie die vier Mönche mit ihrem Abt aussöhnen wollen, und dies betrübt mich; denn wenn Ihnen Ihr Plan gelingt, so müssen Sie dem Land schaden, in dem Sie sich zur Zeit aufhalten und dessen Freund Sie sein müssen, weil man Sie hier so achtet und dementsprechend behandelt.«

Ohne Zögern erklärte ich ihm mit voller Aufrichtigkeit den ganzen Zusammenhang. Ich versicherte ihm, ich würde die Angelegenheit niemals in die Hand genommen haben, wenn ich nicht die innere Überzeugung gehabt hätte, daß sie nicht gelingen könnte. Ich hätte nämlich aus Venedig, und zwar aus einer ganz zuverlässigen Quelle, erfahren, daß es dem Marchese Serpos vollständig unmöglich wäre, die von dem Abt erhaltenen vierhunderttausend Dukaten zurückzuerstatten. Der Graf billigte mein Verhalten.

Die Armenier kauften für dreißigtausend Gulden das Haus des Rates Rizzi und richteten sich darin ein. Ich besuchte sie von Zeit zu Zeit, aber von der Rückkehr nach Venedig wurde nicht mehr gesprochen. Bald darauf gab mir Graf Wagensperg, der leider im Sommer desselben Jahres, kaum fünfzig Jahre alt, starb, wieder einen neuen Beweis seiner Güte.

Als ich eines Morgens bei ihm war, zeigte er mir ein Aktenstück, das er soeben von Wien erhalten hatte, und sagte: »Es ist schade, daß Sie nicht Deutsch verstehen; ich hätte Sie gerne dieses Aktenstück lesen lassen. Sie haben hier, mein lieber Casanova, eine Gelegenheit, bei den Behörden Ihrer Heimat Ehre einzulegen, ohne daß Sie das Mißfallen derer zu erregen brauchen, die von Amts wegen verpflichtet sind, unserem Handel jeden möglichen Vorteil zu verschaffen. Es versteht sich von selbst, daß Sie niemals meinen Namen nennen dürfen. Ich will Ihnen etwas anvertrauen, was Ihnen großen Vorteil bringen muß, einerlei, ob Sie mit Ihrem Schritt Erfolg haben oder nicht; denn auf alle Fälle wird man genötigt sein, Ihre Vaterlandsliebe anzuerkennen; man wird Ihnen dankbar sein für die Schnelligkeit, womit Sie diese Nachricht mitteilen, und wird Ihnen die Geschicklichkeit, womit Sie sie entdeckt haben, als Verdienst anrechnen. Nur dürfen Sie niemals enthüllen, wie Ihnen die Angelegenheit bekanntgeworden ist; sagen Sie weiter nichts, als daß Sie für die Wahrheit Ihrer Meldung bürgen und daß Sie dieselbe nicht übermitteln würden, wenn Sie Ihrer Sache nicht vollkommen sicher wären. Es handelt sich um folgendes: Alle Waren, die wir nach der Lombardei schicken, nehmen den Weg durch das venezianische Gebiet oder über Venedig selbst, wo man sie auf dem Zollamt in Empfang nimmt und als Durchgangsgut in Speichern aufstapelt. Dies ist immer so gewesen, ist noch jetzt so und kann noch lange so bleiben, wenn die venezianische Regierung sich entschließt, die Lagergebühren für unsere Waren mindestens auf die Hälfte herabzusetzen. Die vier Prozent, die wir jetzt bezahlen, sind zuviel. Nun ist ein Plan vorgelegt worden, den der Wiener Hof sofort gebilligt hat. Hier habe ich den Befehl, diesen Plan sofort ausführen zu lassen, ohne auch nur die venezianische Regierung vorher zu benachrichtigen; denn diese Maßnahmen sind nicht derart, daß wir bei den bestehenden freundschaftlichen Beziehungen verpflichtet wären, sie der Republik vorher mitzuteilen. In Verkehrsfragen ist jeder Staat frei; kommen die Waren durch einen Ort, so bezahlt man, kommen sie nicht durch, so braucht man auch nichts zu bezahlen, und niemand hat ein Recht, sich zu beklagen, wenn die Waren einen anderen Weg nehmen. So liegt die Sache in diesem Fall. Von jetzt an wird alles, was wir in die Lombardei schikken, nicht mehr das venezianische Gebiet berühren. Es wird hier eingeschifft und in La Mesola ausgeladen. Der Ort gehört zum Gebiet des Herzogs von Modena und liegt Triest gegenüber. Man fährt in einer Nacht durch die Bucht, und unsere Waren werden dort in Speichern gelagert werden, die man sofort bauen lassen wird. Wie Sie sehen, kürzen wir auf diese Weise die Überfahrt um mehr als die Hälfte ab, was schon an sich einen bedeutenden Gewinn ausmacht. Ferner wird der Staat Modena sich mit einem kleinen Wegegeld begnügen, das kaum ein Viertel von dem beträgt, was die Venezianer verlangen. Nehmen Sie hinzu, daß wir damit auch die Kosten für die Wagenladungen über Land verringern. Trotzdem bin ich überzeugt, daß man ein Anerbieten Ihrer Republik annehmen wird, wenn sie nach Erwägung dieser Gründe dem Finanzministerium oder der Handelskammer in Wien mitteilen läßt, daß sie bereit sei, die bisher bezogenen Gebühren um die Hälfte zu vermindern; denn Neuerungen machen stets Schwierigkeiten, erfordern außerordentliche Ausgaben und können zu Störungen Anlaß geben, die sich nicht voraussehen lassen. Ich werde diese Angelegenheit erst in drei oder vier Tagen dem Rat vortragen, denn wir haben es durchaus nicht eilig. Sie dagegen müssen sich beeilen; denn sobald ich die Sache bekanntmache, wird die venezianische Regierung sogleich durch ihren Konsul und die ganze Kaufmannschaft durch ihre Korrespondenten in Kenntnis gesetzt werden. Ich würde mich freuen, wenn Sie die Veranlassung wären, daß ich in dem Augenblick, da ich die Sache in die Hand nähme, von Wien den Befehl erhielte, die Unternehmung einzustellen.«

Ich begriff sofort, welche Verdienste ich mir erwerben könnte, wenn ich diese Neuigkeit unverzüglich den Staatsinquisitoren übermittelte; denn es ist die Marotte des Tribunals, die Welt dadurch in Staunen zu versetzen, daß es alles auf irgendeine unerklärliche Art bereits früher als jedermann weiß. Ich sprach Seiner Exzellenz meine tiefste Dankbarkeit aus, die ich ihm schuldete, und sagte ihm, ich würde sofort den Bericht niederschreiben und diesen, nachdem er ihn gelesen hätte, durch einen Eilboten den Staatsinquisitoren senden.

»Gut, ich werde ihn mit Vergnügen lesen.«

Voller Freude ging ich nach Hause. Ich speiste an diesem Tage nicht zu Mittag, sondern schrieb in vier oder fünf Stunden Entwurf, Reinschrift und Abschrift, dann brachte ich das Ganze dem Gouverneur, der von meiner Schnelligkeit ganz entzückt war. Er fand alles vortrefflich, und ich begab mich sofort zum Konsul, den ich ohne alle Vorrede bat, mein Schreiben zu lesen.

Als er es gelesen hatte, sah er mich ganz erstaunt an und sagte: »Sind Sie wirklich sicher, daß diese ganze Geschichte keine Erfindung ist? Mir erscheint sie unmöglich, denn ich weiß kein Wort davon, so wenig wie irgendein anderer Mensch in Triest.«

Darauf wiederholte ich ihm, was ich schon am Schluß meines Schreibens gesagt hatte: »Ich bürge mit meinem Kopf für die Wahrheit des von mir Berichteten; aber ich bitte Sie, nicht von mir zu verlangen, daß ich Ihnen die Quelle dieser wichtigen Nachricht bekanntgebe.«

Er dachte einige Augenblicke nach und sagte dann: »Wenn ich dieses Schriftstück als einen Bericht, von dem ich Kenntnis genommen habe, nach Venedig schicken soll, kann ich ihn nur an die ›Cinque Savi della Mercanzia‹[3] adressieren, deren Untergebener ich als Konsul bin, und nicht an die Staatsinquisitoren, es sei denn, daß Sie mich ausdrücklich ersuchen, dies zu tun. Da es nun in Ihrem Interesse liegt, dieses Schriftstück den Staatsinquisitoren selber zuzusenden, so rate ich Ihnen, es mir versiegelt zu überreichen und mir dazu einen höflichen Brief zu schreiben, worin Sie mich bitten, es dem Tribunal zu schicken und Ihnen nicht übelzunehmen, daß Sie es mir nicht offen übergeben.«

»Warum soll ich Ihnen denn ein solches Mißtrauen zeigen?«

»Wenn man von mir annehmen könnte, daß ich den Inhalt kenne, so müßte ich für die Wahrheit Ihrer Meldung einstehen. Dann würden die ›Cinque Savi della Mercanzia‹ mich eines Pflichtversäumnisses für schuldig finden; denn ich bin hier in ihrem Dienst und nicht in dem der Staatsinquisitoren, gegen die ich keine Verpflichtungen habe. Gestatten Sie also, daß ich in Ihrem eigenen Interesse die Sache ignoriere, bis sie bekanntgemacht wird. Wenn sie wahr ist, so muß, wie mir scheint, Seine Exzellenz der Gouverneur davon Kenntnis haben, und dann wird sie nach einer Woche für niemanden mehr ein Geheimnis sein. Alsdann werde ich meinen Bericht an die ›Cinque Savi della Mercanzia‹ senden, und damit habe ich meine Pflicht getan.«

»Dann könnte ich ja das Schriftstück direkt an Ihre Obrigkeit schicken, ohne es durch Ihre Hände gehen zu lassen.«

»Ich bitte um Verzeihung: erstens würde man Ihnen nicht glauben, zweitens würde ich Schaden davon haben; man würde mich sicher der Nachlässigkeit beschuldigen, wenn ich die Nachricht mitteilen würde. Drittens würde Ihnen meine vorgesetzte Behörde keinen Soldo geben und Ihnen vielleicht nicht einmal danken. Wenn Sie sicher sind, daß diese sonderbare Nachricht wahr ist, so ist es ein geschickter Streich von Ihnen, indem Sie sie an das Tribunal adressieren; denn Sie können nicht nur auf Anerkennung rechnen, sondern auch auf eine neue Belohnung in Geld, die die sicherste Bürgschaft solcher Anerkennung ist. Wenn die Sache zutrifft, so wünsche ich Ihnen von ganzem Herzen Glück dazu; wenn sie aber erfunden ist, dann, mein Lieber, sind Sie verloren; indem Sie nämlich das gestrenge, unfehlbare Tribunal zu einem groben Mißgriff verleiten, da dieses bestimmt eine Stunde, nachdem es von Ihrem Bericht Kenntnis genommen hat, den ›Cinque Savi di Commercio‹ eine Abschrift schikken wird.«

»Warum eine Abschrift?«

»Weil Sie Ihren Namen nennen und weil niemand die Namen der Vertrauenspersonen Ihrer Exzellenzen wissen darf.«

»Ich begreife.«

Ich verfuhr nach dem Rat meines weisen Freundes; ich schrieb an ihn sofort einen Brief, wie er ihn wünschte, versiegelte meinen Bericht und adressierte ihn an den Sekretär des Tribunals, Signor Marcantonio Businello, einen Bruder desjenigen, während dessen Amtsdauer ich vor siebzehn Jahren aus den Bleikammern entflohen war.

Der Gouverneur war hocherfreut, als ich ihm am anderen Morgen meldete, daß alles vor Mitternacht fertig gewesen sei. Er versicherte mir von neuem, der venezianische Konsul würde vor dem nächsten Sonnabend nichts erfahren. Mein lieber Konsul tat mir in den fünf Tagen, die noch bis zum Bekanntwerden der Angelegenheit vergingen, wegen seiner Unruhe sehr leid. Aus Zartgefühl sagte er mir nichts, und es betrübte mich, daß ich seine schöne Seele nicht beruhigen konnte. Am Sonnabend nach Beendigung der Ratssitzung teilte mir Ratsherr Rizzi im Kasino freudestrahlend die Nachricht mit, er fand sie zum Nachteil für Venedig, da er der Meinung war, daß der Hafen von Triest dem von Venedig bald weit überlegen sein werde. Der Konsul trat ein, während wir uns über diese Neuigkeit unterhielten; er sagte uns, für Venedig würde der Verlust nicht nennenswert sein, doch durch den ersten Schiffbruch bei der Fahrt durch den Golf würde Triest mehr verlieren, als das Lagergeld in zehn Jahren kostete.

»Außerdem werden die deutschen Spediteure das Frachtgeld für die Waren verlieren, die von La Mesola in die venezianische Lombardei und zu allen unseren Jahrmärkten zurückgefahren werden müssen.« Mit einem Wort, der Konsul machte sich über die Neuerung lustig, aber das gehörte zu seiner Aufgabe. In allen kleinen Handelsplätzen wie Triest macht man ein großes Aufheben um kleine Dinge.

Ich speiste zu Mittag bei dem Konsul, der, sobald er sich mit mir allein sah, sein Herz erleichterte und mir seine Unruhe und seine Zweifel gestand. Auf meine Frage, was nach seiner Meinung die Venezianer tun würden, um diesen Schlag abzuwenden, antwortete er mir: »Sie werden große Beratungen abhalten; hierauf werden sie nichts beschließen, und die Österreicher werden ihre Waren auf dem Weg schicken, der ihnen gut erscheint.«

Der Konsul hatte richtig geraten. Er meldete die Neuigkeit am selben Tage seiner vorgesetzten Behörde und erhielt im Laufe der folgenden Woche die Antwort, Ihre Exzellenzen seien bereits seit mehreren Tagen auf indirekten Wegen davon unterrichtet gewesen. Man trug ihm auf, die Behörde auch weiterhin von jeder neuen Wendung in dieser Angelegenheit in Kenntnis zu setzen. Erst drei Wochen später empfing der Konsul vom Sekretär des Tribunals brieflich den Befehl, mir eine Belohnung von hundert Silberdukaten auszuzahlen und mir monatlich zehn Zechinen zu geben, um mich zu neuem Eifer für den Dienst des Tribunals zu ermutigen. Von nun an zweifelte ich nicht mehr daran, daß ich im Laufe des Jahres begnadigt werden würde. Aber ich täuschte mich. Man gestattete mir die Rückkehr erst im folgenden Jahr, und ich werde zur rechten Zeit davon erzählen. Finanziell stand ich nun recht gut da. Denn mit dem, was ich vorher hatte, konnte ich nicht leben, weil gewisse Vergnügungen, die ich nicht entbehren konnte, mich viel Geld kosteten. Es war mir durchaus nicht unangenehm, nunmehr im Dienst desselben Tribunals zu stehen, das mich meiner Freiheit beraubt und dessen Macht ich Trotz geboten hatte. Ich erblickte darin einen Triumph für mich und hielt es für Ehrensache, ihm in allem nützlich zu sein, was nicht gegen die Naturgesetze und das Völkerrecht verstieße.

Ich lebte in Triest mit dem festen Entschluß, nichts zu versäumen, um dem Tribunal gut zu dienen und von seiner Gerechtigkeit die Begnadigung zu erlangen, auf die ich wohl Anspruch hatte, nachdem ich neunzehn Jahre lang ganz Europa als Verbannter durchzogen hatte. Ich war damals neunundvierzig Jahre alt und glaubte, nichts mehr vom Glück erhoffen zu dürfen; denn es begünstigt nur die Jugend und verabscheut das reife Alter. Ich war der Meinung, daß ich nur in Venedig glücklich leben könne, ohne der Gunst der blinden Göttin zu bedürfen. Ich rechnete darauf, für mich allein sorgen und von meinen Talenten leben zu können und keinen Schicksalsschlägen mehr ausgesetzt zu sein, da ich über eine große Erfahrung verfügte und an keiner der Eitelkeiten mehr krankte, die mich vielleicht an den Rand des Verderbens gebracht hätten. Mir schien auch, die Staatsinquisitoren müßten sich verpflichtet fühlen, mir in der Stadt Venedig irgendeine Tätigkeit zuzuweisen,[4] von deren Erträgnissen ich bequem würde leben können, da ich allein stand, keine Familie hatte und bereit war, mich mit dem Notwendigsten zu begnügen und auf das Überflüssige gerne zu verzichten.[5]

EPILOG

Casanovas letzte Jahre

Mit seiner Rückkehr nach Triest im Januar 1774 brechen Casanovas Memoiren ab. Weitere neun Monate wird er warten müssen, bis er das ersehnte Begnadigungsschreiben der Staatsinquisitoren in Händen hält und am 14. September 1774, nach 18 Jahren Exil, wieder venezianischen Boden betreten darf. Die alten Freunde, die noch leben, empfangen ihn mit Freude und unterstützen ihn, soweit das irgend möglich ist, mit kleinen monatlichen Geldbeträgen. Auch beim venezianischen Adel ist er wieder ein gern gesehener Gast, überall ist man begierig, sich über seine spektakuläre Flucht aus den Bleikammern berichten zu lassen (die Staatsinquisitoren selbst bilden dabei keine Ausnahme). Doch Casanova ist in schweren Geldnöten. Immer auf der Suche nach einem Amt, lebt er in den folgenden acht Jahren, die er in Venedig verbringt, stets von der Hand in den Mund. Als Friedrich II. von Preußen ihm im Dezember 1774 anbietet, sein venezianischer Geschäftsträger zu werden, muß Casanova dieses lukrative Angebot ablehnen, um nicht wieder bei den Inquisitoren in Ungnade zu fallen. Auch seine Hoffnungen, die prekären Finanzen beim Glücksspiel aufzubessern, zerschlagen sich, als zwei Monate nach seiner Ankunft in Venedig der »Ridotto« geschlossen wird. Casanova entschließt sich nun, weiter im Dienst der Inquisition zu arbeiten. Zuerst liefert er nur gelegentlich Berichte, ab Oktober 1780 wird er fest angestellter *confidente* (bezahlter Spitzel) für ein regelmäßiges Gehalt von 15 Dukaten monatlich, doch nach einem Mißerfolg ist es Ende 1781 auch damit wieder vorbei. Seine Berichte sind für die Inquisitoren zumeist kaum von Bedeutung. Die Liste der von ihm denunzierten »Verbrechen« liest sich wie eine letzte, erstaunliche Selbstdarstellung: Er verlegt sich darauf, verbotene und obszöne Bücher anzuzeigen (darunter manche von ihm selbst einst hochgeschätzte Perle); außerdem denunziert er Verstöße gegen die »guten Sitten«, gegen Religion und Moral oder etwa gegen das

Spielverbot. Ihm, dem Liebhaber erotischer Bücher, dem leidenschaftlichen Glücksspieler und unbesorgten Freigeist, gelingt hier sein letztes großes Schauspielkunststück. Er flüchtet sich in den Schatten der Inquisition, derjenigen Macht, die ihn vertrieben und sein halbes Leben lang verfolgt hat. Noch einmal nimmt sie Einfluß auf seine Existenz, diesmal als Brotherrin.

1777 trifft er Leonardo Da Ponte, der später als Mozarts genialer Librettist von sich reden machte, im Jahr darauf kommt der berühmte Alchimist und Abenteurer Cagliostro nach Venedig, dessen Bekanntschaft Casanova bereits früher einmal in Aix-en-Provence gemacht hatte. Der Tod seines Gönners Dandolo, in dessen Palazzo er untergekommen war, trifft ihn 1779 wie ein schwerer Schlag. Zwei Jahre zuvor ist seine Jugendliebe Bettina, die Schwester seines alten Lehrers Dr. Gozzi, gestorben. Bei ihrer Beerdigung sieht er seine Jugend zu Grabe getragen. Als 1779 auch Voltaire stirbt, fühlt sich Casanova durch die Flut hymnischer Nachrufe veranlaßt, eine Streitschrift gegen den Aufklärer zu verfassen, die vor allem von seinem eigenen verletzten Selbstgefühl zeugt. Auf der Suche nach Position und Einkommen versucht sich Casanova im Januar 1780 an der Gründung einer Zeitschrift, die den Titel »Opuscoli Miscellanei« trägt und die nur einen Mitarbeiter hat – ihn selbst. Er versucht es jedem recht zu machen, veröffentlicht Briefe, Rezensionen und Artikel über alle möglichen Themen (die Bandbreite reicht von einer Abhandlung über Optik bis zur Beschreibung seines Duells mit Branicki in Warschau). Auch dieser Coup des großen Selbstdarstellers endet in einem Fiasko, wenige Monate nach ihrem ersten Erscheinen wird die Zeitschrift wieder eingestellt. Doch Casanova läßt sich nicht entmutigen. Er versucht sich jetzt als Theaterimpressario, engagiert eine französische Theatertruppe, mietet das Theater »Sant'Angelo«, doch trotz aller Bemühungen schlägt auch dieses Unternehmen fehl, alles was ihm bleibt sind Schulden. 1775 bis 1782, parallel zu seiner Spitzeltätigkeit, arbeitet Casanova als Sekretär des genuesischen Marchese Carlo Spinola di Rocaforte. 1782 lernt er im Hause des venezianischen Patriziers Giovanni Carlo Grimani den toskanischen Offizier Graf Carletti kennen. Dieser erinnert sich einer uneingelösten Wettschuld Spinolas zu seinen Gunsten. Casanova vermittelt zwischen den beiden, wird jedoch von Carletti um die versprochene Belohnung geprellt. Um sich zu rächen, verfaßt er eine bissige Satire auf den Adel. Durch einen Schlüssel, den er verschiedenen Personen zusammen mit der Schrift aushändigt, läßt er keinen Zweifel darüber, auf wen sich seine Anschuldigungen beziehen. Besonders übel aufgenommen wird die Behauptung, Carlo Grimani sei ein Bastard seiner Mutter, und er, Casanova, habe als unehelicher Sohn des Marchese Michele Grimani viel eher Anspruch auf dessen Namen (und sein Vermögen). Die Sache weitet sich zu einem großen Skandal aus, der Adel Venedigs kehrt ihm den Rücken, und die Inquisitoren lassen ihn fallen. Nach einem Wink seines Freundes Francesco Morosini, der sich gemeinsam mit Pietro Zaguri für seine Rückkehr nach Venedig stark gemacht hatte, verläßt Casanova im September 1782 verbittert die Lagunenstadt und begibt sich nach Triest. Im Januar und Juni 1783 kehrt er noch zweimal kurz zurück, um die ihm verbliebenen Habseligkeiten abzuholen und verläßt dann für immer seine Heimatstadt. Das Wanderleben beginnt von neuem. Er geht zuerst für einige Monate nach Wien und reist dann ins belgische Spa, wo er reiche Freunde treffen und seine finanziellen Mittel im Kasino aufzubessern hofft. Im September trifft er in Paris ein, wo er zunächst bei seinem Bruder Francesco unterkommt, der als Hofmaler eine Wohnung im alten Louvre bewohnt. In Paris trifft Casanova in der Akademie für Wissenschaft und Literatur Benjamin Franklin, der als Botschafter der noch jungen Vereinigten Staaten von Amerika am Hof Ludwigs XVI. weilt. In Fontainebleau begegnet er seinem Sohn, einer Frucht der Liebesaffäre mit seiner früheren Haushälterin Madame Dubois. Noch immer ist Casanova voller Pläne, er erwägt die Gründung einer Zeitung und arbeitet an dem Großprojekt eines Schiffahrtskanals entlang der Pyrenäen, für das er jedoch keine Geldgeber findet. Der Zeitpunkt ist nicht günstig für Casanova, nur noch wenige seiner früheren Freunde sind am Leben, die Stimmung ist aufgeheizt im vorrevolutionären Paris. Im November 1783 verläßt er gemeinsam mit seinem Bruder die Stadt. Sie reisen über Dresden nach Wien, wo sie im Dezember ankommen. Während sein Bruder Francesco in Fürst Kaunitz einen Gönner findet, geht Giacomo leer aus. Unerschrocken steigt der fast Sechzigjährige in eine Kutsche und fährt zwei Monate lang bei eisiger Kälte nach Dresden, Berlin und Prag. Erfolglos kehrt er im Februar 1784 nach Wien zurück, wo er schließlich als Sekretär beim venezianischen Gesandten Sebastiano Foscarini angestellt wird. In Wien trifft Casanova Lorenzo Da Ponte wieder, der hier als Theaterdichter und

Opernlibrettist beschäftigt ist. Daß er nachweislich am Libretto zu Mozarts »Don Giovanni« mitgearbeitet hat, ist eine der schönsten Pointen des so pointenreichen 18. Jahrhunderts. In der Habsburgerstadt begegnet er auch seinem untreuen Diener Costa, der ihn einst um Gut und Geld betrogen hatte, das ihm von Madame d'Urfé für seinen Herrn anvertraut worden war.

Als der Gesandte Foscarini im April 1785 stirbt, ist Casanova wieder ohne Anstellung. Im Juli beschließt er, nach Berlin zu reisen, und sich um einen Platz an der Akademie der Wissenschaften zu bewerben. Als er in Brünn Zwischenstation macht, begegnet er seinem Freund Graf Maximilian Lamberg und lernt durch dessen Empfehlung auch den böhmischen Schriftsteller Ferdinand Opitz in Tschaslau kennen. Die Freundschaft dieser beiden Männer wird Casanovas letzte Lebensjahre in Böhmen bereichern. Im September 1785 trifft der Sechzigjährige den Grafen Waldstein, der ihn auf sein Schloß im nordböhmischen Dux einlädt und ihm die Stellung eines Bibliothekars anbietet. Casanova bezieht eine Wohnung im Schloß, erhält eine eigene Kutsche und kümmert sich von nun an für ein jährliches Gehalt von 1 000 Gulden um die Bibliothek des Grafen, die 40 000 Bände umfaßt. Am Ende einer langen, ziellosen Jagd nach Amt und Würden hat er nun etwas gefunden, das ihm geistig entspricht. Man erinnere sich, mit welcher Begeisterung Casanova seinen Aufenthalt in der Bibliothek von Wolfenbüttel schildert. Doch die Dinge gestalten sich schwieriger als zunächst angenommen. Der Graf ist selten auf seinem Schloß, wenn er aber in Dux weilt, arrangiert er vor allem Hetzjagden (an denen Casanova keinen Geschmack findet) und große Empfänge für den böhmischen Adel. Meistens führt er jedoch ein mondänes Leben in Paris, London und Wien. Während dieser Monate ist es nicht nur sehr einsam in Dux, Casanova wird außerdem von der Dienerschaft des Schlosses schikaniert, deren Unmut er sich wegen seines arroganten Auftretens zugezogen hat. Man haßt und verlacht ihn, die Situation eskaliert und endet einmal sogar in einer Prügelei.

In den ersten Jahren vertreibt Casanova sich die tägliche Langeweile, indem er eine umfangreiche Korrespondenz entfaltet. Er steht in Kontakt mit Wissenschaftlern, Politikern und verschiedenen Bibliothekaren, aber auch mit Frauen, vornehmlich jungen Aristokratinnen, die sich in ihrer Ehe geistig eingeschränkt fühlen und bei ihm Anregung und Gespräch suchen.

Er beschäftigt sich außerdem intensiv mit mathematischen Fragen und veröffentlicht 1790 in Dresden drei Schriften darüber. Vereinzelt unternimmt er noch Reisen nach Berlin, Dresden und Prag, wo er 1791 bei den Krönungsfeierlichkeiten für Kaiser Leopold II. Leonildas Sohn trifft, der vielleicht sein eigener Sohn und zugleich sein Enkel ist.

Er widmet sich jetzt verstärkt literarischen Arbeiten. Den Anfang macht die Niederschrift seiner Flucht aus den Bleikammern, die er 1787 in Prag unter dem Titel »Histoire de ma fuite des prisons de la République« veröffentlicht. Außerdem arbeitet er fünf Jahre lang an einem phantastisch-utopischen Roman, »Icosameron«, in dem er eine Reise zum Mittelpunkt der Erde schildert. Für das Werk findet sich zu seiner großen Enttäuschung jedoch kein Verleger. Als 1789 die französische Revolution ausbricht, beginnt Casanova sofort, mit wütenden Aufsätzen und Pamphleten das Ancien régime zu verteidigen. Voller Haß attackiert er führende Revolutionäre wie Mirabeau und Robespierre. Um diese Zeit fängt er jedoch auch an, seine Memoiren aufzuzeichnen. Täglich arbeitet er viele Stunden daran, sie allein machen seinen jammervollen Aufenthalt in Dux weiterhin erträglich. Noch einmal erinnert er sich an seine glanzvollen Jahre, läßt Vergangenes aufleben, genießt noch einmal schon fast vergessene Liebesabenteuer und Triumphe. Mit dem Jahr 1774 brechen die Memoiren plötzlich ab, obwohl Casanova ursprünglich geplant zu haben scheint, sie darüberhinaus fortzusetzen. Er selbst erklärt 1793 in einem Brief an Opitz, er habe die Memoiren nur zu seinem und der Leser Vergnügen geschrieben, da es aber aus den letzten Jahren nur noch Trauriges zu berichten gäbe, breche er die Niederschrift ab. Bis zu seinem Tod arbeitete er jedoch weiter an dem vollendeten Teil des Manuskripts.

Seine letzten Lebensjahre sind überschattet von Krankheit, vor allem die Gicht plagt ihn sehr. Zahnlos und gebrechlich, mit aufgequollenem Leib, das Gesicht voller Runzeln, empfängt er keine Besucher mehr, denn er findet sich zu häßlich. Am Ende bleiben nur noch sein Neffe Carlo Angiolini und sein Hündchen Finette bei ihm. Sie sind an seinem Totenbett, als er am 4. Juni 1798 im Alter von dreiundsiebzig Jahren stirbt. Beigesetzt wird er auf einem Friedhof in Dux, sein Grab ist unbekannt.

Johanna v. Koppenfels

NACHWORT

> Mein ganzes Leben unterlag ich dem Laster,
> und doch war ich stets
> ein leidenschaftlicher Freund der Tugend.
>
> *Casanova*

Giacomo Casanova oder Chevalier de Seingalt, wie er sich auch nannte: der größte Dandy des Ancien régime, ein Don Juan, der wirklich gelebt hat (1725–1798), ein Schürzenjäger, wie er im Buche steht ... dieses Buch gibt es – doch bestätigt es den 200 Jahre alten Casanova-Mythos? Am Ende seines Lebens, das alle Höhen und Tiefen durchmessen hat, verfaßt der umstrittene Abenteurer im böhmischen Dux jene Lebenserinnerungen, die durch ihre schonungslose Offenheit in der alten europäischen Literatur ihresgleichen suchen. Casanovas Autobiographie ist weit mehr, als die Beichte eines notorischen Frauenhelden, sie entrollt vielmehr ein großartiges Panorama des politischen und gesellschaftlichen Lebens im 18. Jahrhundert.

Er kultivierte seine Sinne wie kaum ein anderer: er liebte die Frauen, das Essen und das Reisen. Seine Abenteuer führten ihn von Italien bis England, von Spanien über Frankreich und Deutschland bis nach Rußland und in die Türkei. Er verkehrte mit den Großen seiner Zeit. Ob Ludwig XV. oder Madame Pompadour, Friedrich der Große, die Zarin Katharina II., Voltaire, Rousseau, von Haller, Winckelmann oder Benjamin Franklin – Casanova fühlt sich bei Hofe so zu Hause wie im philosophischen Gespräch. Als Sohn einer Schauspielerin geboren, kämpft er sein Leben lang um den gesellschaftlichen Aufstieg. Das Erbe seiner Mutter – die Kunst des Schauspiels, der Verstellung, das Spielen von Rollen, das Tragen von Masken – wird zu seiner größten Stärke. Er ist nicht nur ein wagemutiger Abenteurer, sondern auch ein erstaunlicher Schauspieler. Mit Lust verkleidet er sich – nicht nur zu den Maskenbällen, die er liebt. Man denke etwa an das Vergnügen, mit dem er sich nach seinem Eintritt in die Armee erst einmal eine Phantasieuniform schneidern läßt und darin herumstolziert, oder an die wunderbare

Maskerade, die er zum Mailänder Karneval inszeniert, um die schöne Marchesa Q. zu erobern. Schnell lernt er gesellschaftliche Spielregeln und entwickelt sich zu einem Virtuosen der Umgangsformen. Getrieben wird er von einer unbändigen Neugier auf alles Unbekannte. Er lotet die verschiedensten Lebensbereiche aus, verkehrt mit der guten und mit der weniger guten Gesellschaft, kennt königliche und päpstliche Vorzimmer ebenso wie Spielhöllen und Bordelle in verrufenen Stadtvierteln, Freimaurer-Logen ebenso wie – von innen – verschiedene berüchtigte Gefängnisse.

Die vorliegende fünfbändige Ausgabe versammelt etwa ein Viertel des Gesamttextes. Die wandlungsfähige Figur des Giacomo Casanova soll dabei in ihrem Facettenreichtum gezeigt werden: vom Priester und Soldaten über den Lotterieeinnehmer bis zum Geheimagenten und bewunderten Okkultisten, vom jugendlichen Liebhaber bis zum rüden Erotomanen, vom Strafgefangenen bis zum grandiosen Unterhalter selbst königlicher Gesellschaften. Vor allem das Werben um die Gunst der Frauen wird zur Triebkraft seines Lebens. In einem scheinbar endlosen Reigen folgt eine Liebesgeschichte der anderen. Doch Casanova ist nicht einfach ein rücksichtsloser Wüstling, sondern vor allem ein Verführer. Die Werbung um die Dame seines Herzens ist so wichtig wie der Sieg. Es geht um Liebe und Eroberung, er will die Geliebte nicht kaufen, sondern ihre Zuneigung erringen und sie beschenken. Auch sie soll sich ihm nur aus Liebe hingeben. Liebe ist für ihn vor allem Sinneslust, und er will Lust und Befriedigung geben und empfangen.

Die meisten Frauen verläßt er ohne Schmerz (was ihn betrifft, versteht sich), schon wieder auf der Suche nach einem neuen Abenteuer. Manchmal sucht er der Geliebten noch einen Ehemann, und das nicht aus plötzlich erwachten Skrupeln, sondern weil er in dem Gefühl lebt, sie damit beglücken zu können, so wie sie ihn beglückt hat. Doch wie viele Mädchen am Rande seines Lebensweges unglücklich wurden, darüber wissen wir nichts. Nicht all seine erotischen Eskapaden sind galant, bisweilen hat er auch keine Hemmungen, sich die Situation zunutze zu machen, um eine Frau zu ihrem Glück zu zwingen. Erinnert sei etwa an eine Kutschfahrt nach Pasiano bei einem »hilfreichen Gewitter«, als der Priester Casanova sich in seinem Wagen einen Liebesdienst erzwingt, oder an seine Umtriebe im nächtlichen

Venedig einige Zeit später, als er sich gemeinsam mit fünf Freunden eines Mädchens bemächtigt, dieses entführt und in ein Zimmer schleppt, wo sie dann nacheinander von allen Freunden »beglückt« wird. Dies sind auch aus der Sicht des 18. Jahrhunderts keine Kavaliersdelikte. Berichtet werden sie indes in aller Unschuld und im Vollgefühl, ein Werk der Liebe getan zu haben.

Im Laufe der Jahre ist bei Casanovas Liebeshändeln immer vordergründiger Geld mit im Spiel. Gemessen an bürgerlicheren Moralvorstellungen würden viele der späteren Beziehungen an Prostitution grenzen. Mag Casanova seine Frauen auch bezahlen und beschenken, im Vordergrund steht doch weiterhin die Lust an der Liebe. Man schätzt nach den Memoiren die Zahl seiner Geliebten auf etwa zweihundert, was für den berühmtesten Frauenhelden aller Zeiten nicht unbedingt viel scheint. Man sollte allerdings bedenken, daß in diese Rechnung nur die auserwählte Gruppe der Geliebten eingeht, denen er in seinen Memoiren ein Denkmal setzte. Vergessen ist dabei die anonyme Zahl der Dienstmädchen, Aufwärterinnen und Dirnen, bei denen erotische und soziale Ausbeutung untrennbar sind, und die aller Bienenfleiß der Casanova-Forscher nicht aus Kirchenbüchern und Prostitutionsregistern auferstehen lassen kann. Insgesamt erlaubt die Vielzahl der Beziehungen einen tiefen Einblick in die Ökonomie des Liebes- und Gefühlslebens jener weit entfernten Epoche vor der französischen Revolution

Casanova verdient uneingeschränkte Bewunderung für seine enorme geistige und körperliche Vitalität. Man bedenke, was Reisen im 18. Jahrhundert bedeutete: oft war der Abenteurer tagelang in zugigen, unbequemen Kutschen unterwegs, unzählige Male hat er sich Geschlechtskrankheiten zugezogen, mehrfach die (damals akut lebensgefährliche) Syphilis mit Quecksilbertabletten und wochenlangen Diäten kuriert, mehrfach die Kerker des Ancien régime überlebt. Noch im Alter zeigt sich diese Vitalität, als er seine Memoiren schreibt. Er beginnt mit den Aufzeichnungen etwa 1790, im Alter von 69 Jahren, und schreibt den über 5000 Seiten umfassenden Text in etwa drei Jahren nieder. Geholfen hat ihm dabei sein außergewöhnliches Gedächtnis und seine ausführlichen Tagebücher, die »Capitulaires«, die er seit seiner Jugend führte. Da sie im Duxer Nachlaß nicht gefunden wurden, geht man davon aus, daß Casanova sie nach der Niederschrift der Memoiren vernichtet hat – wohl weil sie zu viele für ihn selbst und andere noch lebende Personen kompromittierende Details enthielten.

Mit diesen Memoiren begründete Casanova seinen Weltruhm als Schriftsteller. Sein Stil ist wunderbar leicht, mit wenigen Sätzen versteht er es, Menschen, Schauplätze und Situationen treffend zu beschreiben. Dies gilt nicht nur für seine Geliebten oder für wichtige Persönlichkeiten, sondern auch für scheinbar unwichtige Nebenfiguren und –handlungen. Seine Dialoge sind witzig und machen das Geschehen lebendig. Casanova läßt den Leser unmittelbar am alltäglichen Leben des 18. Jahrhunderts teilhaben. Die vielen Details – sie reichen von der Etikette an den verschiedenen europäischen Höfen bis zu Postgebühren und von den Schminkgewohnheiten der Damen (und Herren) bis zur Beschaffenheit von Präservativen – machen diesen Lebensbericht zu einem unschätzbaren kulturhistorischen Dokument, zu einer Quintessenz der europäischen Gesellschaft vor der französischen Revolution.

Immer wieder sind in Casanovas Memoiren geradezu klassische Novellen eingefügt, so etwa seine Begegnung mit dem Kastraten Bellino, oder die Lebensgeschichte der geheimnisvollen portugiesischen Aristokratin Pauline, in die er sich in London verliebt. Diese Geschichten sind durch und durch theatralisch und treiben ein Verwirrspiel mit den Geschlechterrollen, das an Shakespeares »Was ihr wollt« erinnert. Wie bei Shakespeare wird den gesellschaftlichen Konventionen dadurch Genüge getan, daß der Jüngling sich am Ende als verkleidete Frau entpuppt, die dem Verführer in die Arme fallen kann. Manche dieser theatralischen Existenzen unterwerfen ihr Leben den Bühnenkonventionen des 18. Jahrhunderts. Das gilt etwa für Bellino: Da Frauenrollen auf der Bühne nur von Männern gespielt werden dürfen, muß eine Frau, die auf die Bühne will, im Notfall so tun, als sei sie ein Mann in Frauenkleidern. Auch eine für ihn so wichtige Person wie seine Geliebte Henriette trifft Casanova im geschlechtlichen Inkognito – sie ist als junger Offizier verkleidet.

Als Casanova 1798 stirbt, scheint er ein vergessener Mann. Erst 1822, vierundzwanzig Jahre nach seinem Tod, kauft der Brockhaus Verlag Leipzig das Manuskript und veröffentlicht es, zuerst in Auszügen, später komplett. 1826/27 erscheinen die ersten vier Bände in Leipzig. Weiteres wird durch das Einschreiten der Zensur verhindert. Die folgenden vier Bände erblicken daher

1832 in Paris das Licht der Welt, doch auch die französische Zensur greif ein, so daß die letzten vier Bände erst 1838, diesmal in Brüssel, erscheinen können. Doch diese, wie viele andere Casanova-Ausgaben des bürgerlichen 19. Jahrhunderts, verfälschten das Manuskript, glätteten den italienisch-französischen Stil des Originals (und richteten ihn damit zugrunde), verschleierten erotische Passagen und gaben ihnen gerade dadurch eine völlig falsche Tendenz. Sie erst machten Casanova zum Pornographen. In Wirklichkeit sind seine Beschreibungen, bei aller für ihre Zeit beispiellosen Offenheit, niemals vulgär, sie amüsieren vielmehr durch einen schier unendlichen Reichtum an metaphorischen Umschreibungen, durch den virtuosen Gebrauch der Anspielung. Mit kaum einem Werk der Weltliteratur ist so viel Mißbrauch getrieben worden. Erst 160 Jahre nach Casanovas Tod, im Jahre 1960, entschloß sich der Brockhaus Verlag Wiesbaden, eine ungekürzte, unverfälschte Gesamtausgabe zu verlegen, die »édition intégrale«, auf deren Grundlage auch die Übersetzung der vorliegenden Ausgabe revidiert wurde. Als im Bombardement des zweiten Weltkriegs die Leipziger Bank ausbrannte, in deren Safe das Originalmanuskript lagerte, wäre um ein Haar die letzte Chance verlorengegangen, den »echten« Casanova zu rekonstruieren. Wir hätten nie einen anderen als den des 19. Jahrhunderts kennengelernt.

Casanovas schrankenlose Weltoffenheit ist nicht zu trennen von seiner radikal egozentrischen Sicht auf Welt und Menschen. Er war nicht nur der galante Liebhaber und charmante Gesprächspartner, er war auch ein hochbegabter Betrüger und Scharlatan. Man denke etwa an die ihm hörige Madame d'Urfé, die ihn für einen großen Magus hielt und nach und nach um ca. eine Million Franc erleichtert wurde. Er machte dubiose Geldgeschäfte und kannte keine Skrupel, sich mit Lügen aus der Affäre zu ziehen, Gutgläubigkeit und Naivität schamlos auszunutzen. Wie oft er Fortuna am Spieltisch nachhalf, davon wissen wir wenig. Er war ein genialer Hochstapler, machte sich die Sprache der Mächtigen zu eigen, um zu blenden und zu verführen. Man darf dabei jedoch nicht vergessen, daß wir all seine Schwächen von ihm selbst erfahren haben, daß er schonungslos nicht nur seine Umwelt, sondern auch sich selbst betrachtet und analysiert hat. Gerade noch war er berechnend, im nächsten Moment ist er großzügig und verschwendet sich ganz an den Augenblick.

Casanova, der gern die Rolle des weltgewandten Hofmannes spielte, lebte nicht nach bürgerlichen Vernunftkriterien, sondern nach aristokratischem Vorbild, wo der Schein, die Repräsentation, über allem anderen stand und das Prestige eines Menschen bestimmt wurde durch Entfaltung von Luxus, durch die Fähigkeit zu blenden. In diesem Luxus objektivierte der Adlige, der im Prinzip keinen Beruf hatte, seinen gesellschaftlichen Rang.

Casanova, der Spekulant in Prestige, blendete auch mit seinem Namen. Gern nannte er sich »Chevalier de Seingalt«. Sein selbsterwähltes Pseudonym beruht nicht auf einfacher, sondern auf komplexer Hochstapelei, denn 1760 hatte ihm Papst Clemens XIII. den Orden des Goldenen Sporns (!) verliehen, der ihn zumindest berechtigte, den Titel »Chevalier« (Ritter) zu führen. Auf die Frage nach dem Namen »de Seingalt« erklärte Casanova offenherzig: »Das Alphabet ist jedermanns Eigentum; das ist unbestreitbar. Ich habe acht Buchstaben genommen und so zusammengesetzt, daß aus ihnen das Wort ›Seingalt‹ entstand. Dieses neugeformte Wort gefiel mir, und ich habe es mir als Namen zueigen gemacht.« Selten wird man den Monarchisten so radikal demokratische Positionen vertreten hören. Für soziales Elend hat er, der ganz Europa bereist, keinen Blick. Er ist ein monarchistischer Freigeist. Sein Lebenselement ist das Ancien régime, das ihm zum Schicksal wurde. Für die große Revolution, die er um fast zehn Jahre überlebt, hat er nur haßerfüllte Ironie.

Der Schauspielersohn Casanova mußte immer um seine soziale Stellung fürchten. Die Kehrseite des Aufstiegs war jederzeit der drohende Abstieg. Es galt also, die Gunst der Mächtigen zu gewinnen und zu behalten. Auch die Eroberung von Frauen kann nicht immer unabhängig davon gesehen werden. Ihre Gunst hat ihm oft gesellschaftliches Prestige verschafft, man denke an Madame d'Urfé und Madame du Rumain, deren Herzen er durch seinen Charme und seine okkultistischen Fähigkeiten zu gewinnen wußte, und die ihren Einfluß am Hofe Ludwigs XV. für ihn geltend machten. Casanova, den seine Zeitgenossen nicht zuletzt als Magier bewunderten, und der bisweilen selbst nicht ganz frei von Aberglauben war, ist doch als Pragmatiker ein radikaler Aufklärer. Schonungslos spekuliert er mit der jederzeit voraussetzbaren Unaufgeklärtheit der anderen. Keine Sekunde läßt er seine

Leser darüber im Unklaren, daß alle okkultistischen Beschwörungen für ihn nur Humbug sind. Es gehört zu seinem Beruf, vorurteilsloser zu sein als die anderen, und man kann darüber streiten, ob er darin ein echter Sohn der Aufklärung ist oder ein hochprofessioneller, stets rollenbewußter Schauspieler.

Seine Offenheit im Umgang mit bestimmten Tabus hat ihm viele Feinde gemacht. Freimütig erzählt er nicht nur von Verführungen, Ehebruch und Betrügereien, sondern auch vom Inzest. In seinen Memoiren heißt es: »Ich habe nie verstehen können, wie ein Vater seine Tochter richtig lieben kann, ohne auch nur einmal mit ihr geschlafen zu haben.« Als ihn seine achtjährige Tochter Sophie in seinem Londoner Haus besucht, ist Pauline, seine portugiesische Geliebte, die ganze Zeit anwesend: »Wäre sie nicht dabei gewesen, hätte die entzückende Sophie auf diese oder jene Art das Feuer, das ihre jungen Reize in ihrem Papa entfacht hatten, löschen müssen.«

Rastlos ist Casanova sein Leben lang unterwegs, immer auf der Suche nach neuen Abenteuern und Herausforderungen, aber auch nach Amt und Würden. Mit zunehmendem Alter wird dieses Vagabundenleben immer anstrengender für ihn, sein Durchhaltevermögen ist gleichwohl beeindruckend. Er gibt nie auf, kämpft bis zum Ende den gnadenlosen Kampf des Aufsteigers. Erst in seinen letzten Lebensjahren beginnt er zu resignieren, wird sein bis dahin unerschütterliches Selbstbewußtsein durch die ewigen Rückschläge brüchig. Es gibt in den Memoiren eigentlich keine Darstellung von Trauer oder Langeweile. Erst im Abstieg zeigen sich Krisen, und auch dann nur selten. Nur die Charpillon treibt ihn einmal, wie er selber sagt, an den Rand des Wahnsinns. Man mag darin historische Gerechtigkeit sehen, zunächst aber wirkt hier schlicht die Logik von Casanovas Existenz: Sein Selbstbewußtsein war gegen alles gefeit, außer gegen die Frauen.

Als Abenteurer bleibt er immer ein Außenseiter. Seine für die Zeit fast unheimliche Mobilität ist teuer erkauft; das wird er im Alter zu spüren bekommen, wenn er alt, krank, einsam und angefeindet die gräfliche Bibliothek in Dux versorgt. Er zeugt viele Kinder und zieht keines groß, macht viele Heiratsversprechen und hält keines ein. Man mag es »Freiheit« oder »Bindungslosigkeit« nennen – seine größte Stärke ist seine größte Schwäche. Heinrich Heine schrieb 1822 in seinen »Berliner Briefen« über

Casanovas monumentales Werk: »Meiner Geliebten möchte ich es nicht empfehlen, aber allen meinen Freunden ... Es ist keine Zeile in diesem Buche, die mit meinen Gefühlen übereinstimmte, aber auch keine Zeile, die ich nicht mit Vergnügen gelesen hätte.«

Johanna v. Koppenfels

ANMERKUNGEN

Erstes Kapitel

1 *Kronprinz von Preußen* – Friedrich Wilhelm von Preußen (1744–1797), der Neffe Friedrichs II.; er war Kronprinz seit 1758, als Friedrich Wilhelm II. König von Preußen (seit 1786).

2 *künftige Gemahlin* – Elisabeth Christine Ulrike Prinzessin von Braunschweig (1740–1840), ab 1765 mit dem preußischen Kronprinzen vermählt; 1769 wurde die Ehe bereits wieder geschieden.

3 *der Erbprinz* – Karl Wilhelm Ferdinand von Braunschweig (1735–1806), regierender Herzog seit 1780.

4 *die drittgrößte Bibliothek Europas* – Die Herzog-August-Bibliothek in Wolfenbüttel, gegründet 1572, gehört noch heute zu den bedeutendsten Bibliotheken Europas.

5 *Scholiasten* – So nannte man die meist anonymen Verfasser von sogenannten Scholien, d.h. Auslegungen und Kommentare zu antiken Werken griechischer und lateinischer Autoren.

6 *große Pope* – Der englische Dichter Alexander Pope (1688–1744) übersetzte Homers »Ilias« ins Englische (London 1715/18, 6 Bde.).

7 *Redegonda* – Sängerin aus Parma, der Casanova schon in Florenz und Turin begegnet ist. Von Wesel bis Hannover reiste sie mit in seiner Kutsche, wo es zu einer kurzen Liebesaffäre kam.

8 *Castelletto* – Bei der Lotterie war es das Register der gespielten Einsätze und Gewinne (vgl. auch III, Kap. 1, Anm. 10).

9 *Biribi* – Ein vor allem in Genua beliebtes Glücksspiel mit Figuren auf einem Brett mit numerierten Kästchen und Kugeln mit den gleichen Zahlen in einem Beutel, die in die Kästchen geworfen werden mußten.

Zweites Kapitel

1 *Lordmarschall* – Vgl. I, Kap. 5, Anm. 18.

2 *König Jakob* – Gemeint ist James Edward Francis, genannt Jakob III. (1688–1766), der sich 1708 und 1716 erfolglos zum König von England ausrufen ließ.

3 *Jude Ephraim* – Veitel Chaim Ephraim (1703–1775), Bankier und Hofjuwelier in Berlin, Pächter der Leipziger Münzstätte. 1763 übernahm er auch die Pacht der Berliner Gold- und Silbermanufaktur.

4 *meine Mutter* – Vgl. I, Kap. 1.

5 *Pantalone* – Typenfigur der »commedia dell'arte«: ein alter venezianischer bornierter Kaufmann, oft verliebt, immer geprellt.

6 *Bettina* – Vgl. I, Kap. 2.

7 *Teplitz* – Im 18. Jh. war Teplitz (Teplice) in Böhmen ein berühmter Badeort.

8 *Tod Peters III.* – Karl Peter Ulrich, Herzog von Holstein-Gottorp (1728 bis 1762), wurde 1742 als Thronfolger von der Zarin Elisabeth nach Rußland gerufen, da er ein Sohn der Tochter Peters des Großen (Großfürstin Anna Petrowna) war. Seine Ehe mit der Prinzessin Sophie Auguste von Anhalt-Zerbst (der späteren Zarin Katharina II.) war von Anfang an (1745) unglücklich, weil Peter geistig beschränkt, dem Trunk und kindischem Zeitvertreib ergeben war. Seine kritiklose Bewunderung Friedrichs II. und die Vorliebe für »preußischen Geist«, gepaart mit Mißachtung russischen Wesens und Feindseligkeit gegen die russisch-orthodoxe Geistlichkeit, bereiteten besonders beim Adel und Klerus den Boden für die »Palastrevolution«, an deren Spitze sich seine Gemahlin stellte.

Drittes Kapitel

1 *Gregor Gregorowitsch Orlow* – Grigori (Gregor) Grigorjewitsch Orlow (1734–1783), Liebhaber von Katharina II., damals noch Großfürstin, und einer der Hauptverschwörer bei der »Palastrevolution« gegen Peter III.

2 *Bauta* – Vornehme venezianische Maske; sie bestand aus einer Art Kapuze, die mit Spitzen verziert war.

3 *das nicht sagen* – Casanova reiste in Rußland unter dem Namen eines Grafen von Farussi (nach dem Namen seiner Mutter).

4 *Rekollektenmönche* – Die »Minores recollecti« (Recollets) waren Vertreter einer aus dem Franziskaner-Orden zunächst Anfang des 17. Jh. in Frankreich hervorgegangenen Reformrichtung, die durch besondere Bußstrenge gekennzeichnet war.

5 *Abreise öffentlich angekündigt war* – Diese Vorschrift hatte für Ausländer noch bis Ende des 19. Jh. Gültigkeit.

6 *pro me* – für mich, »pro te«: für dich! (lateinisches Wortspiel).

Viertes Kapitel

1 *Lambert* – Seit Berlin stand der junge Lothringer als Sekretär in Casanovas Diensten.

2 *ins russische Bad* – Gemeint ist das russische Schwitzbad in der Art der finnischen Sauna.

3 *Muschiks* – Mushik; russ., Bezeichnung für den Bauern, den einfachen Menschen im vorrevolutionären Rußland.

4 *ein Iswostschik* – russ., Kutscher.

5 *italienische Meilen* – eine italienische Meile entsprach damals 1,86 km.

6 *vor der Gründung von Petersburg* – Petersburg wurde 1703 als Festung erbaut, aber erst 1712 zur Residenzstadt des Zaren erhoben.

7 *Canis faestinans caecos edit catulos* – abgewandelt nach Erasmus von Rotterdam, »Adagia«, II, 2, 35.

8 *Diu parturit leaena sed leonem* – Nach einer Fabel des Aesop, in der der Fuchs die Löwin verhöhnt, weil sie, nach der in der Antike verbreiteten Ansicht, nur ein Junges zur Welt bringt.

9 *Ukas* – russ., damals kaiserlicher Erlaß, der vom Zaren persönlich verfügt wurde.

10 *kakoi ran* – kakoj rang; russ., welcher Rang.

11 *Moskau besteht aus vier Städten* – Damals bestand Moskau tatsächlich aus vier Einzelstädten, dem auf den Borowizker Hügeln ab 1156 errichteten »Kreml« in Form eines unregelmäßigen Dreiecks, der 1534/38 befestigten »Kitaj gorod« (Chinesenstadt), der 1587 mit der halbkreisförmigen »Weißen Stadtmauer« versehenen »Belyj gorod« (Weiße Stadt) und der »Semljanoj gorod« (Landstadt); sie waren mit Mauern und Gräben umgeben bzw. durch Flüsse begrenzt. Die berühmten Moskauer Boulevards entstanden erst nach und nach im 19. Jh.

12 *Glocke* – Gemeint ist die berühmte Glocke »Anna Iwanowna«, die auf Befehl der Zarin Anna 1735 gegossen wurde und seinerzeit als größte der Welt galt (Gewicht mehr als zwei Tonnen, Durchmesser 6,50 m, Höhe 6,17 m). 1737 stürzte sie bei einem Brand herab und bohrte sich in die Erde, wo sie noch heute bewundert wird.

13 *köstliches Getränk* – Gemeint ist wohl ein damals beliebtes Erfrischungsgetränk wie Sorbet, mit Himbeeren, Essenzen und Blättern von Rosen, Veilchen, mit Safran, Orangensaft und unter Zusatz verschiedener Duftstoffe, wie Moschus, Ambra usw., zubereitet.

14 *Scherbet* – Arabisches Getränk, das aus Granatäpfeln hergestellt und gekühlt getrunken wird.

15 *nahrhaftes Getränk* – Wahrscheinlich meint Casanova den »Kwas«, ein Getränk aus vergorenen Brotresten, Hefe, Zucker, Rosinen und Wasser.

16 *Kalogero* – kaloger; alte russische Bezeichnung für Mönch.

17 *die beiden Religionsgemeinschaften trennen* – Casanova vereinfacht als Aufklärer die grundlegenden Glaubensunterschiede zwischen der griechisch-orthodoxen und der römisch-katholischen Kirche, die er beide als »sectes« (Sekten) im französischen Original bezeichnet.

18 *Alexis Orlow* – Alexej Grigorjewitsch Orlow (1737–1808), der dritte der Brüder Orlow (vgl. Kap. 3, Anm. 1). Er holte Katharina II. in der Nacht der »Palastrevolution« von Peterhof nach Petersburg ab. Er war es auch, der Peter III. erdrosselt hat.

19 *Fecundi calices quem non fecere disertum* – Horaz, »Episteln«, I, 5, V. 19.

20 *Dithyrambus* – Ursprünglich Chorlied im Dionysoskult.

21 *Paul Petrowitsch* – Pawel Petrowitsch, geb. 1754, Sohn von Peter III. und Katharina II., wurde während der Regierungszeit Katharinas von seiner Mutter zu vollständiger Untätigkeit verurteilt. Als er ihr 1796 als Zar Paul I. auf dem Thron folgte, wollte er alle Neuerungen, die Rußland Katharina verdankte, abschaffen und stiftete dadurch viel Verwirrung. Wegen seines despotischen Regimes wurde er 1801 von einer russischen Adelspartei ermordet.

22 *Franz I.* – Franz I. Stephan (1708–1765), Herzog von Lothringen, heiratete 1736 Maria Theresia von Österreich und war seit 1745 Kaiser.

23 *Lobkowitz* – Joseph Maria Fürst Lobkowitz (1725–1802), österreichischer Gesandter in Petersburg.

24 *zum Krieg mit den Türken* – In Polen war es 1768 aufgrund von Religionsstreitigkeiten zu bürgerkriegsähnlichen Kämpfen gekommen. Der russische Gesandte in Warschau, Fürst Repnin, rief russische Truppen ins Land. Die Gegner des polnischen Königs wurden von den Russen besiegt und über die Grenze hinaus bis in türkisches Gebiet verfolgt. Darauf erfolgte am 30. Oktober die türkische Kriegserklärung; der russisch-türkische Krieg fand erst 1774 mit dem Frieden von Kütschük-Kainardschi seinen Abschluß.

Fünftes Kapitel

1 *Gregorianischen Kalender* – Da der alte Kalender der Römer nach dem Mondjahr abwechselnd 355 und 377 oder 378 Tage betrug und seit 153 v. Chr. der bisher schwankende Amtsantritt der Konsuln auf den 1. Januar festgelegt wurde, der in der Folge auch den Jahresbeginn markierte, entstand ein beträchtliches Mißverhältnis zum Jahresablauf. Nach Beratung mit Astronomen ließ Julius Cäsar eine Kalenderreform vorbereiten, durch die er 47 v. Chr. den Kalender auf das ägyptische Sonnenjahr umstellen ließ, dabei nahm er eine mittlere Jahreslänge von 365 ein Viertel Tagen an und legte fest, daß nach jeweils 3 Jahren mit 365 Tagen ein Schaltjahr mit 366 einzuschieben sei. Dieser Julianische Kalender blieb das ganze Mittelalter gültig. Da das Jahr nach dieser Einteilung um ein geringes vom tatsächlichen Sonnenjahr (365, 2422 Tage) abwich, andererseits das Datum des Osterfestes durch das Konzil von Nicäa (Nikaia) (325 n. Chr.) festgelegt worden war, ergab sich bis zum 16. Jh. eine Verschiebung zum Sonnenjahr um 10 Tage. Papst Gregor XIII. ordnete deshalb 1582 mit der Bulle »Inter gravissimas« eine erneute Kalenderreform an, durch die auch der Schaltmodus verbessert wurde; auf diese Weise würde erst nach etwa 3400 Jahren eine Differenz von einem Tag auftreten. Der Gregorianische Kalender wurde zunächst nur in den katholischen Ländern eingeführt, von den protestantischen erst um 1700, England sogar erst 1751; die Einführung in den Ländern griechisch-orthodoxen Glaubens erfolgte nach 1914 bzw. nach 1917.

2 *Epakten* – Epakte ist die Zahl, die für einen bestimmten Tag angibt, wieviel Tage seit dem letzten Neumond verflossen sind. Speziell wird die Zahl der Tage vom letzten Neumond bis zum 1. Januar so bezeichnet. Man hat astronomische und kirchliche Epakte. Nach den kirchlichen wird das Osterfest bestimmt. Im Julianischen Kalender bezeichnet die Epakte das Mondalter des 22. März, im Gregorianischen Kalender das des 1. Januar.

3 *des tropischen Jahres* – Als tropisches Jahr wird die tatsächliche Umlaufzeit der Erde um die Sonne, gerechnet von der Frühlingstagundnachtgleiche, bezeichnet.

4 *Gesetz des Märzmondes* – Das Osterfest wurde auf dem Konzil von Nicäa (325 n. Chr.), der ersten christlichen Ökumene, auf den ersten Sonntag nach Vollmond nach Frühlingsanfang (21. März) festgelegt.

5 *vollkommenes System der Einschalttage* – Um eine Übereinstimmung von Mond- und Sonnenjahr zu erreichen, schalteten die Juden in einem Zyklus

von achtzehn Jahren jeweils im dritten, fünften und achten Jahr einen Mondmonat ein.

6 *plötzlichen Tod ereilt wurde* – Katharina II. starb am 17. (6.) November 1796 an Schlaganfall nach einem siebenunddreißigstündigen Todeskampf.

7 *Buchstaben M.V.* – Abkürzung für »more veneto«: nach venezianischer Rechnung.

8 *grammatikalischer Fehler vorkommt* – Das Wappen von Venedig ist der geflügelte Löwe mit dem Antlitz des Evangelisten Markus mit dem Heiligenschein und einem Schwert, in seinen Klauen ein aufgeschlagenes Buch mit der Inschrift »Pax Tibi Marce Evangelista Meus« (es müßte als Vokativ »mi« heißen).

9 *mit dem Einbruch der Nacht* – Das Zählen der Stunden begann in Italien bis zum Ende des 18. Jh. mit dem Angelus-Läuten, also eine halbe Stunde nach Sonnenuntergang.

10 *Terne* – Kombination von 3 Nummern in der Lotterie.

Sechstes Kapitel

1 *in Riga kennengelernt hatte* – Antonio Campioni, venezianischer Tänzer, den Casanova 1752/53 in Wien kennengelernt und den er mit seiner Frau Fanny und deren Tochter Betty 1764 in Riga wiedergetroffen hatte. In Riga galt Casanovas Interesse vor allem der 11jährigen Betty.

2 *Afflisio* – Giuseppe d'Afflisio (gest. 1787), italienischer Abenteurer, dem Casanova wiederholt begegnete (vgl. I, Kap. 11).

3 *Sainte-Hélène* – Antoine Saby (um 1716 bis nach 1778) und Baron de Sainte-Hélène (gest. nach 1768), französische Abenteurer und Berufsspieler, denen Casanova in Amsterdam bzw. in Riga begegnet war.

4 *Abbé de Saint-Pierre* – Abbé Charles Irénée Castel de Saint-Pierre (1658 bis 1743), französischer Schriftsteller und Kritiker der Aufklärung.

5 *Das ist der König* – Graf Stanislaus Poniatowski (1732–1798), durch Katharinas II. Gunst 1764 als Stanislaus II. August auf den polnischen Königsthron gebracht.

6 *Woiwoden von Rußland* – Fürst August-Aleksander Czartoryski (1697 bis 1782), Woiwode von Ruthenien (Rot-Rußland) seit 1731.

7 *August III.* – (1696–1763), seit 1733 König von Polen, als Kurfürst von Sachsen Friedrich August II.

8 *Stanislaus Poniatowski* – Vgl. Anm. 5.

9 *Karl XII.* – König Karl XII. von Schweden (1682–1718), König seit 1697.

10 *Starosten* – In der Hierarchie der hohen königlichen Beamten (Woiwoden, Staroste, Kastellane) im alten Polen war der Starost dem Woiwoden unterstellt, übte aber in dem von ihm verwalteten Bezirk die Rechtsprechung aus und trieb für die königliche Kasse die Steuern ein.

11 *Tressetti* – Italienisches Kartenspiel, bei dem der Spieler, der drei Siebenerkarten hatte, gewann.

12 *Scholiasten* – In der Antike und im Mittelalter Gelehrte, die sogenannte Scholien, d.h. Erläuterungen einer schwer verständlichen Textstelle oder

mitunter auch selbständige Kommentare zu griechischen und lateinischen Autoren, auch zur theologischen Literatur, schrieben.

13 *nec cum venari volet ...* – nach Horaz, »Episteln«, I, 18, V. 40.

14 *Augustus* – (63 v. Chr. bis 14 n. Chr.), seit 27 v. Chr. Imperator.

15 *nannte sich Gustav* – Gemeint ist Gustav Wasa (1496–1560), seit 1523 König von Schweden. Das Anagramm entsteht nur, wenn man für die Buchstabenvertauschung die französische Schreibweise »Gustave« und »Auguste« zugrunde legt und beachtet, daß zu jener Zeit die Buchstaben u und v gleicherweise als v gedruckt wurden.

16 *Coram rege sua de paupertate ...* – nach Horaz, »Episteln«, I, 17, V. 43 bis 44; von Casanova leicht verändert.

17 *Tempora quaeram* – Horaz, »Satiren«, I, 9, V. 58.

18 *das Ende seines Vaterlandes überlebt hat* – Stanislaus II. August starb am 12. Februar 1798, der Vertrag über die dritte Teilung Polens und das damit verbundene Ende des polnischen Staates wurde am 24. Oktober 1795 von den Höfen in Petersburg, Wien und Berlin abgeschlossen; am 25. November 1795 mußte Stanislaus Poniatowski auf Veranlassung Katharinas II. abdanken.

19 *Kosciuszko* – Tadeusz Kościuszko (1746–1817), kämpfte als letzter Oberfeldherr der polnischen Truppen gegen die zaristische Armee und geriet nach der Niederlage von Maciejowice am 10. Oktober 1794 verwundet in russische Gefangenschaft. Casanova spielt offensichtlich darauf an, daß Koœciuszko nach der Schlacht bei Maciejowice in einen Sumpf geriet und dort fast von einem Kosaken getötet worden wäre, wenn ihn ein Russe nicht erkannt und gefangengenommen hätte.

Siebentes Kapitel

1 *Binetti* – Vgl. IV, Kap. 7, Anm. 4.

2 *Starostei* – Vgl. Kap. 6, Anm. 10.

3 *Podstoli C.P.* – Die Abkürzung bedeutet Kammerherr der Krone Polens.

4 *zweiunddreißig Zoll* – etwa 86 cm.

5 *Rekollektenkloster* – Vgl. Kap. 3, Anm. 4.

Achtes Kapitel

1 *die Landes* – Landschaft südlich von Bordeaux.

2 *Gabacho* – wörtlich: »schmutziger, gemeiner Kerl«; man nannte die Dorfbewohner der Pyrenäen so, übertrug den Ausdruck dann aber allgemein auf die Franzosen.

3 *beinahe meinen Verstand verloren hätte* – Vgl. II, Kap. 6.

4 *Grande* – Im Königreich Kastilien war »Grande« seit dem 13. Jh. der erbliche Titel des höchsten Adels, ihn trugen einige Familien Kastiliens, Aragoniens, auch Italiens und Flanderns; seit Kaiser Karl V. (1520) bezeichnete man damit den obersten spanischen Hofadel.

5 *Squillace* – Don Leopoldo de Gregorio, Marchese von Squillace (gest. 1785); er war seit 1759 spanischer Finanzminister und hatte sehr drückende Steuern befohlen, um die finanzielle Misere des Hofes zu beenden. Aber auch zahlreiche Erlasse gegen spanische Nationalbräuche hatten ihn im Volk verhaßt gemacht. Im März 1766 erließ er, der seit 1763 das Kriegsministerium innehatte, z.B. das Verbot, die großen Hüte und langen Mäntel zu tragen, mit der Begründung, daß sich unter ihnen Banditen versteckten.

6 *Señor Don Jaime* – spanische Form des Vornamens »Giacomo«.

7 *ore rotundo* – Horaz, »De arte poetica«, V. 323; Horaz preist damit die den Griechen verliehene Gabe der schönen Rede.

8 *Quisquis amat ranam ...* – mittelalterlicher Hexameter.

9 *verstorbenen Königin* – Maria-Amalia (1724–1760), Tochter des Königs August III. von Polen, seit 1739 Gattin des Königs Carlo Borbone von Neapel, seit 1759 als Carlos III. König von Spanien.

10 *von tausend Klaftern* – Ein Pariser Klafter entsprach der Länge von 1,95 m, das hätte einer Höhe von 1590 m entsprochen. Madrid liegt 655 m hoch.

11 *von allen Jesuiten gesäubert hatte* – Die Vertreibung der Jesuiten aus Spanien erfolgte in der Nacht vom 31. März zum 1. April 1767. Spanien folgte damit dem Beispiel Portugals (1759) und Frankreichs (1764).

12 *Signor Dandolo* – Marco Dandolo (1704–1779), Gönner Casanovas in Venedig.

13 *Alexis mußte von seinem Corydon* – Alexis und Corydon sind Gestalten der zweiten Ekloge von Virgil. Corydon gilt als Personifizierung eines nach der Liebe eines schönen jungen Mannes Schmachtenden.

14 *Maler Mengs* – Vgl. III, Kap. 10, Anm. 4.

15 *Charlotte* – Casanovas Geliebte Charlotte war 1767 in Paris am Kindbettfieber gestorben.

16 *Autos sacramentales* – einaktige geistliche Spiele (Sakraments- oder Fronleichnamsspiele).

17 *pugnetta* – span. eigentlich »puñeta«, Onanie.

18 *Hidalgo* – Angehörige des spanischen Kleinadels.

Neuntes Kapitel

1 *Besitz der toten Hand* – Güter, die von ihrem Besitzer nicht verkauft oder über die nicht testamentarisch verfügt werden durften. Zahlreiche religiöse Orden waren Nutznießer solcher Besitztümer.

2 *Verderben des Marqués Ensenada* – Marqués de la Ensenada (1702–1781), 1743 Staatssekretär der Finanzen, des Kriegswesens, der Marine und für Westindien, fiel 1750 auf Betreiben des königlichen Beichtvaters Ravago in Ungnade und wurde nach Granada verbannt.

3 *pia mendacia* – nach Ovid, »Metamorphosen«, IX, V. 711.

4 *portugiesische Dame* – Gemeint ist Casanovas portugiesische Geliebte, die aus London nach Lissabon zurückgekehrt war (vgl. IV, Kap. 7 und 8).

5 *Andersgläubigen* – Mengs war 1749 vom Protestantismus zum katholischen Glauben konvertiert, er beachtete deshalb besonders streng die religiösen Pflichten.

6 *große spanische Meilen* – In Spanien existierten im 18. Jh. vier verschiedene Längenmaße der Meile. Casanova meint wahrscheinlich die 1760 eingeführte »legua nueva«, die etwa 6,69 km entsprach.

7 *Turpius ejicitur, quam non admittitur hospes* – nach Ovid, »Tristia«, V. 6, V. 13.

8 *Antonio da Correggio und des Raffael* – Antonio Allegri da Correggio (1494–1534) und Raffael, eigtl. Raffaello Santi (1483–1520), berühmte Maler der italienischen Renaissance.

9 *Petrarca* – Der italienische Renaissance-Dichter Francesco Petrarca (1304–1374) schrieb vor allem formvollendete Sonette, die unter dem Titel »Le Rime«, auch »Il Canzioniere«, gesammelt sind.

10 *Manucci* – Antonio Niccolò Manuzzi, italienischer Abenteurer in Madrid. Er war der »Freund« des homosexuellen venezianischen Gesandten Mocenigo, bei dem er auch wohnte.

11 *Naumachie* – In Toledo gibt es noch heute die Ruinen eines antiken Amphietheaters, in dessen Bassin oder im überfluteten Amphietheater Gladiatorenkämpfe in Form einer Seeschlacht nach römischem Vorbild stattgefunden haben.

12 *Cicerone* – Fremdenführer

13 *Basilisken* – In der Bibel genannte Fabeltiere (Psalm 91, 13), die als Symbole des Todes galten.

Elftes Kapitel

1 *Olio di Strazzon* – Über das Heilöl des Quacksalbers Pelandi ist nichts bekannt.

2 *mich eines ... bedienen würde* – Im französischen Original »gaudm...«, »gaudemiche« oder »godemiche«, künstliche Nachbildung des männlichen Gliedes, dessen sich Frauen zur Selbstbefriedigung bedienten.

Dreizehntes Kapitel

1 *wir erkannten uns als Brüder* – Diese besondere Form des Kusses war ein Erkennungszeichen der Freimaurer untereinander.

2 *agimus* – Tischgebet nach einer Mahlzeit.

Vierzehntes Kapitel

1 *Bombasinröckchen* – Bombasin war ein einseitig aufgerauhtes Gewebe.

2 *Phainomeriden* – Der griechische Dichter Ibykos (6. Jh. v. Chr.) nannte so die Frauen von Sparta, weil sie ihre Röcke seitlich offen trugen.

Fünfzehntes Kapitel

1 *…sapere et ringi* – nach Horaz, »Episteln«, II, 2, V. 126–128 (exakt: »Praetulerim scriptor …«)

2 *für den Handel beider Staaten* – Gemeint sind Österreich und Venedig.

3 *Cinque Savi della Mercanzia* – Die fünf »Savi« waren in Venedig für das Handelswesen zuständig.

4 *Tätigkeit zuzuweisen* – die feste Anstellung als Spitzel der Staatsinquisitoren erfolgte jedoch erst am 7. Oktober 1780, er war aber bereits seit 1778 als confidente in Venedig tätig.

5 *verzichten* – Mit den Ereignissen in Triest brechen die Memoiren unvermittelt ab. Im September 1774 erhielt Casanova das Begnadigungsschreiben der Staatsinquisitoren.